[Wissen für die Praxis]

Arbeitsschutz

Gesundheitsschutz

Unfallverhütung

Gesetze, Verordnungen, Technische Regeln (ASR)
für die betriebliche und behördliche Praxis

WALHALLA

Bibliografische Information der Deutschen Nationalbibliothek
Die Deutsche Nationalbibliothek verzeichnet diese Publikation in der Deutschen Nationalbibliografie; detaillierte bibliografische Daten sind im Internet über http://dnb.dnb.de abrufbar.

Zitiervorschlag:
Arbeitsschutz, Gesundheitsschutz, Unfallverhütung
Walhalla Fachverlag, Regensburg 2019

Rechtsstand: 1. November 2019

Produktion Walhalla Fachverlag, 93042 Regensburg
Umschlaggestaltung: grubergrafik, Augsburg
Printed in Germany
ISBN 978-3-8029-5264-7

3WP-CPI-1119-21187-0

Alle Vorschriften für ein erfolgreiches Gefährdungsmanagement

Gefährdungsbeurteilung, Dokumentationspflicht, Bestellung von Betriebsärzten und Fachkräften für Arbeitssicherheit, korrekte Bereitstellung von Arbeitsmitteln: Die Pflichten des Arbeitgebers, um die Sicherheit und den Gesundheitsschutz der Mitarbeiterinnen und Mitarbeiter zu gewährleisten, werden immer umfassender.

Diese Textsammlung fasst die relevanten, in zahlreichen Gesetzen und Verordnungen verstreuten Normen in einem Band zusammen. Sie zeigen auf, welche technischen und organisatorischen Maßnahmen in der betrieblichen und behördlichen Praxis durchzuführen sind.

Zudem stehen in diesem Band die Technischen Regeln für Arbeitsstätten (ASR) zur Verfügung. Sie geben den Stand der Technik, Arbeitsmedizin und Arbeitshygiene sowie sonstige gesicherte arbeitswissenschaftliche Erkenntnisse für das Einrichten und Betreiben von Arbeitsstätten wieder. Die ASR sind für den Arbeitgeber nicht verpflichtend anzuwenden, sie geben aber Hinweise, wie Arbeitsräume, Arbeitsplätze und Arbeitsstätten rechtssicher zu planen, einzurichten und zu überwachen sind. Hält der Arbeitgeber diese Regeln ein, kann er davon ausgehen, dass die entsprechenden Anforderungen der Arbeitsstättenverordnung erfüllt sind.

Die Aufbau, das graue Griffregister sowie die Übersichten vor den einzelnen Kapiteln verdeutlichen die rechts- und themensystematische Gliederung der Arbeitsschutzvorschriften. Das Inhaltsverzeichnisse zu jeder Vorschrift sowie das ausführliche Stichwortverzeichnis helfen, die einschlägige Norm schnell zu finden.

Die Ordnung der Vorschriften durch die Leitziffernsystematik am oberen Seitenrand funktioniert ganz einfach:

Die römische Zahl bezeichnet das Kapitel.

Die nachfolgende arabische Ziffer benennt das jeweilige Gesetz/die jeweilige Verordnung.

V.1 **BetrSichV: Betriebssicherheitsverordnung**

Bearbeitungsstand dieser Auflage ist der 1. November 2019.

Der Ausschuss für Arbeitsstätten (ASTA) hat die Verwendung des Begriffs „Arbeitsplatz" entsprechend der Übergangsvorschrift in § 8 Abs. 2 ArbStättV geprüft und ist zu dem Ergebnis gekommen, dass formelle Änderungen erforderlich sind.

Die Änderungen betreffen folgende Technische Regeln für Arbeitsstätten (ASR):

ASR A1.5/1,2	„Fußböden"
ASR A1.6	„Fenster, Oberlichter, lichtdurchlässige Wände"
ASR A4.3	„Erste-Hilfe-Räume, Mittel und Einrichtungen zur Ersten Hilfe"

Die Änderungen sind in der vorliegenden Auflage berücksichtigt.

Darüber hinaus haben die Verordnung zur arbeitsmedizinischen Vorsorge, das Heimarbeitsgesetz, die Betriebssicherheitsverordnung, das Medizinproduktegesetz, die Medizinprodukte-Betreiberverordnung sowie die Arbeitsschutzverordnung zu elektromagnetischen Feldern Änderungen erfahren.

Wir hoffen, mit der Textsammlung ein benutzerfreundliches, und trotz der Vielzahl der Vorschriften, handliches Werk geschaffen zu haben.

Ihre Walhalla Fachredaktion

Schnellübersicht

Alphabetische Schnellübersicht

Gesamtinhaltsübersicht

I Organisation des betrieblichen Arbeitsschutzes

I

Gesetz über die Durchführung von Maßnahmen des Arbeitsschutzes zur Verbesserung der Sicherheit und des Gesundheitsschutzes der Beschäftigten bei der Arbeit (Arbeitsschutzgesetz – ArbSchG)

Vom 7. August 1996 (BGBl. I S. 1246)

Zuletzt geändert durch
Zehnte Zuständigkeitsanpassungsverordnung
vom 31. August 2015 (BGBl. I S. 1474)

Inhaltsübersicht

Erster Abschnitt
Allgemeine Vorschriften

§ 1 Zielsetzung und Anwendungsbereich

(1) 1Dieses Gesetz dient dazu, Sicherheit und Gesundheitsschutz der Beschäftigten bei der Arbeit durch Maßnahmen des Arbeitsschutzes zu sichern und zu verbessern. 2Es gilt in allen Tätigkeitsbereichen und findet im Rahmen der Vorgaben des Seerechtsübereinkommens der Vereinten Nationen vom 10. Dezember 1982 (BGBl. 1994 II S. 1799) auch in der ausschließlichen Wirtschaftszone Anwendung.

(2) 1Dieses Gesetz gilt nicht für den Arbeitsschutz von Hausangestellten in privaten Haushalten. 2Es gilt nicht für den Arbeitsschutz von Beschäftigten auf Seeschiffen und in Betrieben, die dem Bundesberggesetz unterliegen, soweit dafür entsprechende Rechtsvorschriften bestehen.

(3) 1Pflichten, die die Arbeitgeber zur Gewährleistung von Sicherheit und Gesundheitsschutz der Beschäftigten bei der Arbeit nach sonstigen Rechtsvorschriften haben, bleiben unberührt. 2Satz 1 gilt entsprechend für Pflichten und Rechte der Beschäftigten. 3Unberührt bleiben Gesetze, die andere Personen als Arbeitgeber zu Maßnahmen des Arbeitsschutzes verpflichten.

(4) Bei öffentlich-rechtlichen Religionsgemeinschaften treten an die Stelle der Betriebs- oder Personalräte die Mitarbeitervertretungen entsprechend dem kirchlichen Recht.

§ 2 Begriffsbestimmungen

(1) Maßnahmen des Arbeitsschutzes im Sinne dieses Gesetzes sind Maßnahmen zur Verhütung von Unfällen bei der Arbeit und arbeitsbedingten Gesundheitsgefahren einschließlich Maßnahmen der menschengerechten Gestaltung der Arbeit.

(2) Beschäftigte im Sinne dieses Gesetzes sind:

1. Arbeitnehmerinnen und Arbeitnehmer,
2. die zu ihrer Berufsbildung Beschäftigten,
3. arbeitnehmerähnliche Personen im Sinne des § 5 Abs. 1 des Arbeitsgerichtsgesetzes, ausgenommen die in Heimarbeit Beschäftigten und die ihnen Gleichgestellten,
4. Beamtinnen und Beamte,
5. Richterinnen und Richter,
6. Soldatinnen und Soldaten,
7. die in Werkstätten für Behinderte Beschäftigten.

(3) Arbeitgeber im Sinne dieses Gesetzes sind natürliche und juristische Personen und rechtsfähige Personengesellschaften, die Personen nach Absatz 2 beschäftigen.

(4) Sonstige Rechtsvorschriften im Sinne dieses Gesetzes sind Regelungen über Maßnahmen des Arbeitsschutzes in anderen Gesetzen, in Rechtsverordnungen und Unfallverhütungsvorschriften.

(5) 1Als Betriebe im Sinne dieses Gesetzes gelten für den Bereich des öffentlichen Dienstes die Dienststellen. 2Dienststellen sind die einzelnen Behörden, Verwaltungsstellen und Betriebe der Verwaltungen des Bundes, der Länder, der Gemeinden und der sonstigen Körperschaften, Anstalten und Stiftungen des öffentlichen Rechts, die Gerichte des Bundes und der Länder sowie die entsprechenden Einrichtungen der Streitkräfte.

Zweiter Abschnitt
Pflichten des Arbeitgebers

§ 3 Grundpflichten des Arbeitgebers

(1) 1Der Arbeitgeber ist verpflichtet, die erforderlichen Maßnahmen des Arbeitsschutzes unter Berücksichtigung der Umstände zu treffen, die Sicherheit und Gesundheit der Beschäftigten bei der Arbeit beeinflussen. 2Er hat die Maßnahmen auf ihre Wirksamkeit zu überprüfen und erforderlichenfalls sich ändernden Gegebenheiten anzupassen. 3Dabei hat er eine Verbesserung von Sicherheit und Gesundheitsschutz der Beschäftigten anzustreben.

(2) Zur Planung und Durchführung der Maßnahmen nach Absatz 1 hat der Arbeitgeber

unter Berücksichtigung der Art der Tätigkeiten und der Zahl der Beschäftigten

1. für eine geeignete Organisation zu sorgen und die erforderlichen Mittel bereitzustellen sowie
2. Vorkehrungen zu treffen, daß die Maßnahmen erforderlichenfalls bei allen Tätigkeiten und eingebunden in die betrieblichen Führungsstrukturen beachtet werden und die Beschäftigten ihren Mitwirkungspflichten nachkommen können.

(3) Kosten für Maßnahmen nach diesem Gesetz darf der Arbeitgeber nicht den Beschäftigten auferlegen.

§ 4 Allgemeine Grundsätze

Der Arbeitgeber hat bei Maßnahmen des Arbeitsschutzes von folgenden allgemeinen Grundsätzen auszugehen:

1. Die Arbeit ist so zu gestalten, daß eine Gefährdung für das Leben sowie die physische und die psychische Gesundheit möglichst vermieden und die verbleibende Gefährdung möglichst gering gehalten wird;
2. Gefahren sind an ihrer Quelle zu bekämpfen;
3. bei den Maßnahmen sind der Stand von Technik, Arbeitsmedizin und Hygiene sowie sonstige gesicherte arbeitswissenschaftliche Erkenntnisse zu berücksichtigen;
4. Maßnahmen sind mit dem Ziel zu planen, Technik, Arbeitsorganisation, sonstige Arbeitsbedingungen, soziale Beziehungen und Einfluß der Umwelt auf den Arbeitsplatz sachgerecht zu verknüpfen;
5. individuelle Schutzmaßnahmen sind nachrangig zu anderen Maßnahmen;
6. spezielle Gefahren für besonders schutzbedürftige Beschäftigtengruppen sind zu berücksichtigen;
7. den Beschäftigten sind geeignete Anweisungen zu erteilen;
8. mittelbar oder unmittelbar geschlechtsspezifisch wirkende Regelungen sind nur zulässig, wenn dies aus biologischen Gründen zwingend geboten ist.

§ 5 Beurteilung der Arbeitsbedingungen

(1) Der Arbeitgeber hat durch eine Beurteilung der für die Beschäftigten mit ihrer Arbeit verbundenen Gefährdung zu ermitteln, welche Maßnahmen des Arbeitsschutzes erforderlich sind.

(2) $_1$Der Arbeitgeber hat die Beurteilung je nach Art der Tätigkeiten vorzunehmen. $_2$Bei gleichartigen Arbeitsbedingungen ist die Beurteilung eines Arbeitsplatzes oder einer Tätigkeit ausreichend.

(3) Eine Gefährdung kann sich insbesondere ergeben durch

1. die Gestaltung und die Einrichtung der Arbeitsstätte und des Arbeitsplatzes,
2. physikalische, chemische und biologische Einwirkungen,
3. die Gestaltung, die Auswahl und den Einsatz von Arbeitsmitteln, insbesondere von Arbeitsstoffen, Maschinen, Geräten und Anlagen sowie den Umgang damit,
4. die Gestaltung von Arbeits- und Fertigungsverfahren, Arbeitsabläufen und Arbeitszeit und deren Zusammenwirken,
5. unzureichende Qualifikation und Unterweisung der Beschäftigten,
6. psychische Belastungen bei der Arbeit.

§ 6 Dokumentation

(1) $_1$Der Arbeitgeber muß über die je nach Art der Tätigkeiten und der Zahl der Beschäftigten erforderlichen Unterlagen verfügen, aus denen das Ergebnis der Gefährdungsbeurteilung, die von ihm festgelegten Maßnahmen des Arbeitsschutzes und das Ergebnis ihrer Überprüfung ersichtlich sind. $_2$Bei gleichartiger Gefährdungssituation ist es ausreichend, wenn die Unterlagen zusammengefaßte Angaben enthalten.

(2) Unfälle in seinem Betrieb, bei denen ein Beschäftigter getötet oder so verletzt wird, daß er stirbt oder für mehr als drei Tage völlig oder teilweise arbeits- oder dienstunfähig wird, hat der Arbeitgeber zu erfassen.

§ 7 Übertragung von Aufgaben

Bei der Übertragung von Aufgaben auf Beschäftigte hat der Arbeitgeber je nach Art der

Tätigkeiten zu berücksichtigen, ob die Beschäftigten befähigt sind, die für die Sicherheit und den Gesundheitsschutz bei der Aufgabenerfüllung zu beachtenden Bestimmungen und Maßnahmen einzuhalten.

§ 8 Zusammenarbeit mehrerer Arbeitgeber

(1) ₁Werden Beschäftigte mehrerer Arbeitgeber an einem Arbeitsplatz tätig, sind die Arbeitgeber verpflichtet, bei der Durchführung der Sicherheits- und Gesundheitsschutzbestimmungen zusammenzuarbeiten. ₂Soweit dies für die Sicherheit und den Gesundheitsschutz der Beschäftigten bei der Arbeit erforderlich ist, haben die Arbeitgeber je nach Art der Tätigkeiten insbesondere sich gegenseitig und ihre Beschäftigten über die mit den Arbeiten verbundenen Gefahren für Sicherheit und Gesundheit der Beschäftigten zu unterrichten und Maßnahmen zur Verhütung dieser Gefahren abzustimmen.

(2) Der Arbeitgeber muß sich je nach Art der Tätigkeit vergewissern, daß die Beschäftigten anderer Arbeitgeber, die in seinem Betrieb tätig werden, hinsichtlich der Gefahren für ihre Sicherheit und Gesundheit während ihrer Tätigkeit in seinem Betrieb angemessene Anweisungen erhalten haben.

§ 9 Besondere Gefahren

(1) Der Arbeitgeber hat Maßnahmen zu treffen, damit nur Beschäftigte Zugang zu besonders gefährlichen Arbeitsbereichen haben, die zuvor geeignete Anweisungen erhalten haben.

(2) ₁Der Arbeitgeber hat Vorkehrungen zu treffen, daß alle Beschäftigten, die einer unmittelbaren erheblichen Gefahr ausgesetzt sind oder sein können, möglichst frühzeitig über diese Gefahr und die getroffenen oder zu treffenden Schutzmaßnahmen unterrichtet sind. ₂Bei unmittelbarer erheblicher Gefahr für die eigene Sicherheit oder die Sicherheit anderer Personen müssen die Beschäftigten die geeigneten Maßnahmen zur Gefahrenabwehr und Schadensbegrenzung selbst treffen können, wenn der zuständige Vorgesetzte nicht erreichbar ist; dabei sind die Kenntnisse der Beschäftigten und die vorhandenen technischen Mittel zu berücksichtigen. ₃Den Beschäftigten dürfen aus ihrem Handeln keine Nachteile entstehen, es sei denn, sie haben vorsätzlich oder grob fahrlässig ungeeignete Maßnahmen getroffen.

(3) ₁Der Arbeitgeber hat Maßnahmen zu treffen, die es den Beschäftigten bei unmittelbarer erheblicher Gefahr ermöglichen, sich durch sofortiges Verlassen der Arbeitsplätze in Sicherheit zu bringen. ₂Den Beschäftigten dürfen hierdurch keine Nachteile entstehen. ₃Hält die unmittelbare erhebliche Gefahr an, darf der Arbeitgeber die Beschäftigten nur in besonders begründeten Ausnahmefällen auffordern, ihre Tätigkeit wieder aufzunehmen. ₄Gesetzliche Pflichten der Beschäftigten zur Abwehr von Gefahren für die öffentliche Sicherheit sowie die §§ 7 und 11 des Soldatengesetzes bleiben unberührt.

§ 10 Erste Hilfe und sonstige Notfallmaßnahmen

(1) ₁Der Arbeitgeber hat entsprechend der Art der Arbeitsstätte und der Tätigkeiten sowie der Zahl der Beschäftigten die Maßnahmen zu treffen, die zur Ersten Hilfe, Brandbekämpfung und Evakuierung der Beschäftigten erforderlich sind. ₂Dabei hat er der Anwesenheit anderer Personen Rechnung zu tragen. ₃Er hat auch dafür zu sorgen, daß im Notfall die erforderlichen Verbindungen zu außerbetrieblichen Stellen, insbesondere in den Bereichen der Ersten Hilfe, der medizinischen Notversorgung, der Bergung und der Brandbekämpfung eingerichtet sind.

(2) ₁Der Arbeitgeber hat diejenigen Beschäftigten zu benennen, die Aufgaben der Ersten Hilfe, Brandbekämpfung und Evakuierung der Beschäftigten übernehmen. ₂Anzahl, Ausbildung und Ausrüstung der nach Satz 1 benannten Beschäftigten müssen in einem angemessenen Verhältnis zur Zahl der Beschäftigten und zu den bestehenden besonderen Gefahren stehen. ₃Vor der Benennung hat der Arbeitgeber den Betriebs- oder Personalrat zu hören. ₄Weitergehende Beteiligungsrechte bleiben unberührt. ₅Der Arbeit-

geber kann die in Satz 1 genannten Aufgaben auch selbst wahrnehmen, wenn er über die nach Satz 2 erforderliche Ausbildung und Ausrüstung verfügt.

§ 11 Arbeitsmedizinische Vorsorge

Der Arbeitgeber hat den Beschäftigten auf ihren Wunsch unbeschadet der Pflichten aus anderen Rechtsvorschriften zu ermöglichen, sich je nach den Gefahren für ihre Sicherheit und Gesundheit bei der Arbeit regelmäßig arbeitsmedizinisch untersuchen zu lassen, es sei denn, auf Grund der Beurteilung der Arbeitsbedingungen und der getroffenen Schutzmaßnahmen ist nicht mit einem Gesundheitsschaden zu rechnen.

§ 12 Unterweisung

(1) $_1$Der Arbeitgeber hat die Beschäftigten über Sicherheit und Gesundheitsschutz bei der Arbeit während ihrer Arbeitszeit ausreichend und angemessen zu unterweisen. $_2$Die Unterweisung umfaßt Anweisungen und Erläuterungen, die eigens auf den Arbeitsplatz oder den Aufgabenbereich der Beschäftigten ausgerichtet sind. $_3$Die Unterweisung muß bei der Einstellung, bei Veränderungen im Aufgabenbereich, der Einführung neuer Arbeitsmittel oder einer neuen Technologie vor Aufnahme der Tätigkeit der Beschäftigten erfolgen. $_4$Die Unterweisung muß an die Gefährdungsentwicklung angepaßt sein und erforderlichenfalls regelmäßig wiederholt werden.

(2) $_1$Bei einer Arbeitnehmerüberlassung trifft die Pflicht zur Unterweisung nach Absatz 1 den Entleiher. $_2$Er hat die Unterweisung unter Berücksichtigung der Qualifikation und der Erfahrung der Personen, die ihm zur Arbeitsleistung überlassen werden, vorzunehmen. $_3$Die sonstigen Arbeitsschutzpflichten des Verleihers bleiben unberührt.

§ 13 Verantwortliche Personen

(1) Verantwortlich für die Erfüllung der sich aus diesem Abschnitt ergebenden Pflichten sind neben dem Arbeitgeber

1. sein gesetzlicher Vertreter,
2. das vertretungsberechtigte Organ einer juristischen Person,
3. der vertretungsberechtigte Gesellschafter einer Personenhandelsgesellschaft,
4. Personen, die mit der Leitung eines Unternehmens oder eines Betriebes beauftragt sind, im Rahmen der ihnen übertragenen Aufgaben und Befugnisse,
5. sonstige nach Absatz 2 oder nach einer auf Grund dieses Gesetzes erlassenen Rechtsverordnung oder nach einer Unfallverhütungsvorschrift verpflichtete Personen im Rahmen ihrer Aufgaben und Befugnisse.

(2) Der Arbeitgeber kann zuverlässige und fachkundige Personen schriftlich damit beauftragen ihm obliegende Aufgaben nach diesem Gesetz in eigener Verantwortung wahrzunehmen.

§ 14 Unterrichtung und Anhörung der Beschäftigten des öffentlichen Dienstes

(1) Die Beschäftigten des öffentlichen Dienstes sind vor Beginn der Beschäftigung und bei Veränderungen in ihren Arbeitsbereichen über Gefahren für Sicherheit und Gesundheit, denen sie bei der Arbeit ausgesetzt sein können, sowie über die Maßnahmen und Einrichtungen zur Verhütung dieser Gefahren und die nach § 10 Abs. 2 getroffenen Maßnahmen zu unterrichten.

(2) Soweit in Betrieben des öffentlichen Dienstes keine Vertretung der Beschäftigten besteht, hat der Arbeitgeber die Beschäftigten zu allen Maßnahmen zu hören, die Auswirkungen auf Sicherheit und Gesundheit der Beschäftigten haben können.

Dritter Abschnitt
Pflichten und Rechte der Beschäftigten

§ 15 Pflichten der Beschäftigten

(1) $_1$Die Beschäftigten sind verpflichtet, nach ihren Möglichkeiten sowie gemäß der Unterweisung und Weisung des Arbeitgebers für ihre Sicherheit und Gesundheit bei der Arbeit Sorge zu tragen. $_2$Entsprechend Satz 1 haben die Beschäftigten auch für die Sicherheit und Gesundheit der Personen zu sorgen, die von

ihren Handlungen oder Unterlassungen bei der Arbeit betroffen sind.

(2) Im Rahmen des Absatzes 1 haben die Beschäftigten insbesondere Maschinen, Geräte, Werkzeuge, Arbeitsstoffe, Transportmittel und sonstige Arbeitsmittel sowie Schutzvorrichtungen und die ihnen zur Verfügung gestellte persönliche Schutzausrüstung bestimmungsgemäß zu verwenden.

§ 16 Besondere Unterstützungspflichten

(1) Die Beschäftigten haben dem Arbeitgeber oder dem zuständigen Vorgesetzten jede von ihnen festgestellte unmittelbare erhebliche Gefahr für die Sicherheit und Gesundheit sowie jeden an den Schutzsystemen festgestellten Defekt unverzüglich zu melden.

(2) [1]Die Beschäftigten haben gemeinsam mit dem Betriebsarzt und der Fachkraft für Arbeitssicherheit den Arbeitgeber darin zu unterstützen, die Sicherheit und den Gesundheitsschutz der Beschäftigten bei der Arbeit zu gewährleisten und seine Pflichten entsprechend den behördlichen Aufgaben zu erfüllen. [2]Unbeschadet ihrer Pflicht nach Absatz 1 sollen die Beschäftigten von ihnen festgestellte Gefahren für Sicherheit und Gesundheit und Mängel an den Schutzsystemen auch der Fachkraft für Arbeitssicherheit, dem Betriebsarzt oder dem Sicherheitsbeauftragten nach § 22 des Siebten Buches Sozialgesetzbuch mitteilen.

§ 17 Rechte der Beschäftigten

(1) [1]Die Beschäftigten sind berechtigt, dem Arbeitgeber Vorschläge zu allen Fragen der Sicherheit und des Gesundheitsschutzes bei der Arbeit zu machen. [2]Für Beamtinnen und Beamte des Bundes ist § 125 des Bundesbeamtengesetzes anzuwenden. [3]Entsprechendes Landesrecht bleibt unberührt.

(2) [1]Sind Beschäftigte auf Grund konkreter Anhaltspunkte der Auffassung, daß die vom Arbeitgeber getroffenen Maßnahmen und bereitgestellten Mittel nicht ausreichen, um die Sicherheit und den Gesundheitsschutz bei der Arbeit zu gewährleisten, und hilft der Arbeitgeber darauf gerichteten Beschwerden von Beschäftigten nicht ab, können sich diese an die zuständige Behörde wenden. [2]Hierdurch dürfen den Beschäftigten keine Nachteile entstehen. [3]Die in Absatz 1 Satz 2 und 3 genannten Vorschriften sowie die Vorschriften der Wehrbeschwerdeordnung und des Gesetzes über den Wehrbeauftragten des Deutschen Bundestages bleiben unberührt.

Vierter Abschnitt
Verordnungsermächtigungen

§ 18 Verordnungsermächtigungen

(1) [1]Die Bundesregierung wird ermächtigt, durch Rechtsverordnung mit Zustimmung des Bundesrates vorzuschreiben, welche Maßnahmen der Arbeitgeber und die sonstigen verantwortlichen Personen zu treffen haben und wie sich die Beschäftigten zu verhalten haben, um ihre jeweiligen Pflichten, die sich aus diesem Gesetz ergeben, zu erfüllen. [2]In diesen Rechtsverordnungen kann auch bestimmt werden, daß bestimmte Vorschriften des Gesetzes zum Schutz anderer als in § 2 Abs. 2 genannter Personen anzuwenden sind.

(2) Durch Rechtsverordnungen nach Absatz 1 kann insbesondere bestimmt werden,

1. daß und wie zur Abwehr bestimmter Gefahren Dauer oder Lage der Beschäftigung oder die Zahl der Beschäftigten begrenzt werden muß,
2. daß der Einsatz bestimmter Arbeitsmittel oder -verfahren mit besonderen Gefahren für die Beschäftigten verboten ist oder der zuständigen Behörde angezeigt oder von ihr erlaubt sein muß oder besonders gefährdete Personen dabei nicht beschäftigt werden dürfen,
3. daß bestimmte, besonders gefährliche Betriebsanlagen einschließlich der Arbeits- und Fertigungsverfahren vor Inbetriebnahme, in regelmäßigen Abständen oder auf behördliche Anordnung fachkundig geprüft werden müssen,
4. daß Beschäftigte, bevor sie eine bestimmte gefährdende Tätigkeit aufnehmen oder fortsetzen oder nachdem sie sie beendet haben, arbeitsmedizinisch zu untersuchen

I

sind, und welche besonderen Pflichten der Arzt dabei zu beachten hat,

5. dass Ausschüsse zu bilden sind, denen die Aufgabe übertragen wird, die Bundesregierung oder das zuständige Bundesministerium zur Anwendung der Rechtsverordnungen zu beraten, dem Stand der Technik, Arbeitsmedizin und Hygiene entsprechende Regeln und sonstige gesicherte arbeitswissenschaftliche Erkenntnisse zu ermitteln sowie Regeln zu ermitteln, wie die in den Rechtsverordnungen gestellten Anforderungen erfüllt werden können. Das Bundesministerium für Arbeit und Soziales kann die Regeln und Erkenntnisse amtlich bekannt machen.

§ 19 Rechtsakte der Europäischen Gemeinschaften und zwischenstaatliche Vereinbarungen

Rechtsverordnungen nach § 18 können auch erlassen werden, soweit dies zur Durchführung von Rechtsakten des Rates oder der Kommission der Europäischen Gemeinschaften oder von Beschlüssen internationaler Organisationen oder von zwischenstaatlichen Vereinbarungen, die Sachbereiche dieses Gesetzes betreffen, erforderlich ist, insbesondere um Arbeitsschutzpflichten für andere als in § 2 Abs. 3 genannte Personen zu regeln.

§ 20 Regelungen für den öffentlichen Dienst

(1) Für die Beamten der Länder, Gemeinden und sonstigen Körperschaften, Anstalten und Stiftungen des öffentlichen Rechts regelt das Landesrecht, ob und inwieweit die nach § 18 erlassenen Rechtsverordnungen gelten.

(2) $_1$Für bestimmte Tätigkeiten im öffentlichen Dienst des Bundes, insbesondere bei der Bundeswehr, der Polizei, den Zivil- und Katastrophenschutzdiensten, dem Zoll oder den Nachrichtendiensten, können das Bundeskanzleramt, das Bundesministerium des Innern, das Bundesministerium für Verkehr und digitale Infrastruktur, das Bundesministerium der Verteidigung oder das Bundesministerium der Finanzen, soweit sie hierfür jeweils zuständig sind, durch Rechtsverordnung ohne Zustimmung des Bundesrates bestimmen, daß Vorschriften dieses Gesetzes ganz oder zum Teil nicht anzuwenden sind, soweit öffentliche Belange dies zwingend erfordern, insbesondere zur Aufrechterhaltung oder Wiederherstellung der öffentlichen Sicherheit. $_2$Rechtsverordnungen nach Satz 1 werden im Einvernehmen mit dem Bundesministerium für Arbeit und Soziales und, soweit nicht das Bundesministerium des Innern selbst ermächtigt ist, im Einvernehmen mit diesem Ministerium erlassen. $_3$In den Rechtsverordnungen ist gleichzeitig festzulegen, wie die Sicherheit und der Gesundheitsschutz bei der Arbeit unter Berücksichtigung der Ziele dieses Gesetzes auf andere Weise gewährleistet werden. $_4$Für Tätigkeiten im öffentlichen Dienst der Länder, Gemeinden und sonstigen landesunmittelbaren Körperschaften, Anstalten und Stiftungen des öffentlichen Rechts können den Sätzen 1 und 3 entsprechende Regelungen durch Landesrecht getroffen werden.

Fünfter Abschnitt Gemeinsame deutsche Arbeitsschutzstrategie

§ 20a Gemeinsame deutsche Arbeitsschutzstrategie

(1) $_1$Nach den Bestimmungen dieses Abschnitts entwickeln Bund, Länder und Unfallversicherungsträger im Interesse eines wirksamen Arbeitsschutzes eine gemeinsame deutsche Arbeitsschutzstrategie und gewährleisten ihre Umsetzung und Fortschreibung. $_2$Mit der Wahrnehmung der ihnen gesetzlich zugewiesenen Aufgaben zur Verhütung von Arbeitsunfällen, Berufskrankheiten und arbeitsbedingten Gesundheitsgefahren sowie zur menschengerechten Gestaltung der Arbeit tragen Bund, Länder und Unfallversicherungsträger dazu bei, die Ziele der gemeinsamen deutschen Arbeitsschutzstrategie zu erreichen.

(2) Die gemeinsame deutsche Arbeitsschutzstrategie umfasst

1. die Entwicklung gemeinsamer Arbeitsschutzziele,

2. die Festlegung vorrangiger Handlungsfelder und von Eckpunkten für Arbeitsprogramme sowie deren Ausführung nach einheitlichen Grundsätzen,
3. die Evaluierung der Arbeitsschutzziele, Handlungsfelder und Arbeitsprogramme mit geeigneten Kennziffern,
4. die Festlegung eines abgestimmten Vorgehens der für den Arbeitsschutz zuständigen Landesbehörden und der Unfallversicherungsträger bei der Beratung und Überwachung der Betriebe,
5. die Herstellung eines verständlichen, überschaubaren und abgestimmten Vorschriften- und Regelwerks.

§ 20b Nationale Arbeitsschutzkonferenz

(1) 1Die Aufgabe der Entwicklung, Steuerung und Fortschreibung der gemeinsamen deutschen Arbeitsschutzstrategie nach § 20a Abs. 1 Satz 1 wird von der Nationalen Arbeitsschutzkonferenz wahrgenommen. 2Sie setzt sich aus jeweils drei stimmberechtigten Vertretern von Bund, Ländern und den Unfallversicherungsträgern zusammen und bestimmt für jede Gruppe drei Stellvertreter. 3Außerdem entsenden die Spitzenorganisationen der Arbeitgeber und Arbeitnehmer für die Behandlung von Angelegenheiten nach § 20a Abs. 2 Nr. 1 bis 3 und 5 jeweils bis zu drei Vertreter in die Nationale Arbeitsschutzkonferenz; sie nehmen mit beratender Stimme an den Sitzungen teil. 4Die Nationale Arbeitsschutzkonferenz gibt sich eine Geschäftsordnung; darin werden insbesondere die Arbeitsweise und das Beschlussverfahren festgelegt. 5Die Geschäftsordnung muss einstimmig angenommen werden.

(2) Alle Einrichtungen, die mit Sicherheit und Gesundheit bei der Arbeit befasst sind, können der Nationalen Arbeitsschutzkonferenz Vorschläge für Arbeitsschutzziele, Handlungsfelder und Arbeitsprogramme unterbreiten.

(3) 1Die Nationale Arbeitsschutzkonferenz wird durch ein Arbeitsschutzforum unterstützt, das in der Regel einmal jährlich stattfindet. 2Am Arbeitsschutzforum sollen sachverständige Vertreter der Spitzenorganisationen der Arbeitgeber und Arbeitnehmer, der Berufs- und Wirtschaftsverbände, der Wissenschaft, der Kranken- und Rentenversicherungsträger, von Einrichtungen im Bereich Sicherheit und Gesundheit bei der Arbeit sowie von Einrichtungen, die der Förderung der Beschäftigungsfähigkeit dienen, teilnehmen. 3Das Arbeitsschutzforum hat die Aufgabe, eine frühzeitige und aktive Teilhabe der sachverständigen Fachöffentlichkeit an der Entwicklung und Fortschreibung der gemeinsamen deutschen Arbeitsschutzstrategie sicherzustellen und die Nationale Arbeitsschutzkonferenz entsprechend zu beraten.

(4) Einzelheiten zum Verfahren der Einreichung von Vorschlägen nach Absatz 2 und zur Durchführung des Arbeitsschutzforums nach Absatz 3 werden in der Geschäftsordnung der Nationalen Arbeitsschutzkonferenz geregelt.

(5) 1Die Geschäfte der Nationalen Arbeitsschutzkonferenz und des Arbeitsschutzforums führt die Bundesanstalt für Arbeitsschutz und Arbeitsmedizin. 2Einzelheiten zu Arbeitsweise und Verfahren werden in der Geschäftsordnung der Nationalen Arbeitsschutzkonferenz festgelegt.

Sechster Abschnitt
Schlußvorschriften

§ 21 Zuständige Behörden; Zusammenwirken mit den Trägern der gesetzlichen Unfallversicherung

(1) 1Die Überwachung des Arbeitsschutzes nach diesem Gesetz ist staatliche Aufgabe. 2Die zuständigen Behörden haben die Einhaltung dieses Gesetzes und der auf Grund dieses Gesetzes erlassenen Rechtsverordnungen zu überwachen und die Arbeitgeber bei der Erfüllung ihrer Pflichten zu beraten.

(2) 1Die Aufgaben und Befugnisse der Träger der gesetzlichen Unfallversicherung richten sich, soweit nichts anderes bestimmt ist, nach den Vorschriften des Sozialgesetzbuchs. 2Soweit die Träger der gesetzlichen Unfallversicherung nach dem Sozialgesetzbuch im Rahmen ihres Präventionsauftrags auch Aufgaben zur Gewährleistung von Sicherheit und

Gesundheitsschutz der Beschäftigten wahrnehmen, werden sie ausschließlich im Rahmen ihrer autonomen Befugnisse tätig.

(3) $_{1}$Die zuständigen Landesbehörden und die Unfallversicherungsträger wirken auf der Grundlage einer gemeinsamen Beratungs- und Überwachungsstrategie nach § 20a Abs. 2 Nr. 4 eng zusammen und stellen den Erfahrungsaustausch sicher. $_{2}$Diese Strategie umfasst die Abstimmung allgemeiner Grundsätze zur methodischen Vorgehensweise bei

1. der Beratung und Überwachung der Betriebe,
2. der Festlegung inhaltlicher Beratungs- und Überwachungsschwerpunkte, aufeinander abgestimmter oder gemeinsamer Schwerpunktaktionen und Arbeitsprogramme und
3. der Förderung eines Daten- und sonstigen Informationsaustausches, insbesondere über Betriebsbesichtigungen und deren wesentliche Ergebnisse.

$_{3}$Die zuständigen Landesbehörden vereinbaren mit den Unfallversicherungsträgern nach § 20 Abs. 2 Satz 3 des Siebten Buches Sozialgesetzbuch die Maßnahmen, die zur Umsetzung der gemeinsamen Arbeitsprogramme nach § 20a Abs. 2 Nr. 2 und der gemeinsamen Beratungs- und Überwachungsstrategie notwendig sind; sie evaluieren deren Zielerreichung mit den von der Nationalen Arbeitsschutzkonferenz nach § 20a Abs. 2 Nr. 3 bestimmten Kennziffern.

(4) $_{1}$Die für den Arbeitsschutz zuständige oberste Landesbehörde kann mit Trägern der gesetzlichen Unfallversicherung vereinbaren, daß diese in näher zu bestimmenden Tätigkeitsbereichen die Einhaltung dieses Gesetzes, bestimmter Vorschriften dieses Gesetzes oder der auf Grund dieses Gesetzes erlassenen Rechtsverordnungen überwachen. $_{2}$In der Vereinbarung sind Art und Umfang der Überwachung sowie die Zusammenarbeit mit den staatlichen Arbeitsschutzbehörden festzulegen.

(5) $_{1}$Soweit nachfolgend nichts anderes bestimmt ist, ist zuständige Behörde für die Durchführung dieses Gesetzes und der auf dieses Gesetz gestützten Rechtsverordnungen in den Betrieben und Verwaltungen des Bundes die Zentralstelle für Arbeitsschutz beim Bundesministerium des Innern. $_{2}$Im Auftrag der Zentralstelle handelt, soweit nichts anderes bestimmt ist, die Unfallversicherung Bund und Bahn, die insoweit der Aufsicht des Bundesministeriums des Innern unterliegt; Aufwendungen werden nicht erstattet. $_{3}$Im öffentlichen Dienst im Geschäftsbereich des Bundesministeriums für Verkehr und digitale Infrastruktur führt die Unfallversicherung Bund und Bahn, soweit die Eisenbahn-Unfallkasse bis zum 31. Dezember 2014 Träger der Unfallversicherung war, dieses Gesetz durch. $_{4}$Für Betriebe und Verwaltungen in den Geschäftsbereichen des Bundesministeriums der Verteidigung und des Auswärtigen Amtes hinsichtlich seiner Auslandsvertretungen führt das jeweilige Bundesministerium, soweit es jeweils zuständig ist, oder die von ihm jeweils bestimmte Stelle dieses Gesetz durch. $_{5}$Im Geschäftsbereich des Bundesministeriums der Finanzen führt die Berufsgenossenschaft Verkehrswirtschaft Post-Logistik Telekommunikation dieses Gesetz durch, soweit der Geschäftsbereich des ehemaligen Bundesministeriums für Post und Telekommunikation betroffen ist. $_{6}$Die Sätze 1 bis 4 gelten auch für Betriebe und Verwaltungen, die zur Bundesverwaltung gehören, für die aber eine Berufsgenossenschaft Träger der Unfallversicherung ist. $_{7}$Die zuständigen Bundesministerien können mit den Berufsgenossenschaften für diese Betriebe und Verwaltungen vereinbaren, daß das Gesetz von den Berufsgenossenschaften durchgeführt wird; Aufwendungen werden nicht erstattet.

§ 22 Befugnisse der zuständigen Behörden

(1) $_{1}$Die zuständige Behörde kann vom Arbeitgeber oder von den verantwortlichen Personen die zur Durchführung ihrer Überwachungsaufgabe erforderlichen Auskünfte und die Überlassung von entsprechenden Unterlagen verlangen. $_{2}$Die auskunftspflichtige Person kann die Auskunft auf solche Fragen oder die Vorlage derjenigen Unterlagen verweigern, deren Beantwortung oder Vorlage sie selbst oder einen ihrer in § 383 Abs. 1

Nr. 1 bis 3 der Zivilprozeßordnung bezeichneten Angehörigen der Gefahr der Verfolgung wegen einer Straftat oder Ordnungswidrigkeit aussetzen würde. 3Die auskunftspflichtige Person ist darauf hinzuweisen.

(2) 1Die mit der Überwachung beauftragten Personen sind befugt, zu den Betriebs- und Arbeitszeiten Betriebsstätten, Geschäfts- und Betriebsräume zu betreten, zu besichtigen und zu prüfen sowie in die geschäftlichen Unterlagen der auskunftspflichtigen Person Einsicht zu nehmen, soweit dies zur Erfüllung ihrer Aufgaben erforderlich ist. 2Außerdem sind sie befugt, Betriebsanlagen, Arbeitsmittel und persönliche Schutzausrüstungen zu prüfen, Arbeitsverfahren und Arbeitsabläufe zu untersuchen, Messungen vorzunehmen und insbesondere arbeitsbedingte Gesundheitsgefahren festzustellen und zu untersuchen, auf welche Ursachen ein Arbeitsunfall, eine arbeitsbedingte Erkrankung oder ein Schadensfall zurückzuführen ist. 3Sie sind berechtigt, die Begleitung durch den Arbeitgeber oder eine von ihm beauftragte Person zu verlangen. 4Der Arbeitgeber oder die verantwortlichen Personen haben die mit der Überwachung beauftragten Personen bei der Wahrnehmung ihrer Befugnisse nach den Sätzen 1 und 2 zu unterstützen. 5Außerhalb der in Satz 1 genannten Zeiten, oder wenn die Arbeitsstätte sich in einer Wohnung befindet, dürfen die mit der Überwachung beauftragten Personen ohne Einverständnis des Arbeitgebers die Maßnahmen nach den Sätzen 1 und 2 nur zur Verhütung dringender Gefahren für die öffentliche Sicherheit oder Ordnung treffen. 6Die auskunftspflichtige Person hat die Maßnahmen nach den Sätzen 1, 2 und 5 zu dulden. 7Die Sätze 1 und 5 gelten entsprechend, wenn nicht feststeht, ob in der Arbeitsstätte Personen beschäftigt werden, jedoch Tatsachen gegeben sind, die diese Annahme rechtfertigen. 8Das Grundrecht der Unverletzlichkeit der Wohnung (Artikel 13 des Grundgesetzes) wird insoweit eingeschränkt.

(3) 1Die zuständige Behörde kann im Einzelfall anordnen,

1. welche Maßnahmen der Arbeitgeber und die verantwortlichen Personen oder die Beschäftigten zur Erfüllung der Pflichten zu treffen haben, die sich aus diesem Gesetz und den auf Grund dieses Gesetzes erlassenen Rechtsverordnungen ergeben,
2. welche Maßnahmen der Arbeitgeber und die verantwortlichen Personen zur Abwendung einer besonderen Gefahr für Leben und Gesundheit der Beschäftigten zu treffen haben.

2Die zuständige Behörde hat, wenn nicht Gefahr im Verzug ist, zur Ausführung der Anordnung eine angemessene Frist zu setzen. 3Wird eine Anordnung nach Satz 1 nicht innerhalb einer gesetzten Frist oder eine für sofort vollziehbar erklärte Anordnung nicht sofort ausgeführt, kann die zuständige Behörde die von der Anordnung betroffene Arbeit oder die Verwendung oder den Betrieb der von der Anordnung betroffenen Arbeitsmittel untersagen. 4Maßnahmen der zuständigen Behörde im Bereich des öffentlichen Dienstes, die den Dienstbetrieb wesentlich beeinträchtigen, sollen im Einvernehmen mit der obersten Bundes- oder Landesbehörde oder dem Hauptverwaltungsbeamten der Gemeinde getroffen werden.

§ 23 Betriebliche Daten; Zusammenarbeit mit anderen Behörden; Jahresbericht

(1) 1Der Arbeitgeber hat der zuständigen Behörde zu einem von ihr bestimmten Zeitpunkt Mitteilungen über

1. die Zahl der Beschäftigten und derer, an die er Heimarbeit vergibt, aufgegliedert nach Geschlecht, Alter und Staatsangehörigkeit,
2. den Namen oder die Bezeichnung und Anschrift des Betriebes, in dem er sie beschäftigt,
3. seinen Namen, seine Firma und seine Anschrift sowie
4. den Wirtschaftszweig, dem sein Betrieb angehört,

zu machen. 2Das Bundesministerium für Arbeit und Soziales wird ermächtigt, durch Rechtsverordnung mit Zustimmung des Bundesrates zu bestimmen, daß die Stellen der

Bundesverwaltung, denen der Arbeitgeber die in Satz 1 genannten Mitteilungen bereits auf Grund einer Rechtsvorschrift mitgeteilt hat, diese Angaben an die für die Behörden nach Absatz 1 zuständigen obersten Landesbehörden als Schreiben oder auf maschinell verwertbaren Datenträgern oder durch Datenübertragung weiterzuleiten haben. 3In der Rechtsverordnung können das Nähere über die Form der weiterzuleitenden Angaben sowie die Frist für die Weiterleitung bestimmt werden. 4Die weitergeleiteten Angaben dürfen nur zur Erfüllung der in der Zuständigkeit der Behörden nach § 21 Abs. 1 liegenden Arbeitsschutzaufgaben verwendet sowie in Datenverarbeitungssystemen gespeichert oder verarbeitet werden.

(2) 1Die mit der Überwachung beauftragten Personen dürfen die ihnen bei ihrer Überwachungstätigkeit zur Kenntnis gelangenden Geschäfts- und Betriebsgeheimnisse nur in den gesetzlich geregelten Fällen oder zur Verfolgung von Gesetzwidrigkeiten oder zur Erfüllung von gesetzlich geregelten Aufgaben zum Schutz der Versicherten dem Träger der gesetzlichen Unfallversicherung oder zum Schutz der Umwelt den dafür zuständigen Behörden offenbaren. 2Soweit es sich bei Geschäfts- und Betriebsgeheimnissen um Informationen über die Umwelt im Sinne des Umweltinformationsgesetzes handelt, richtet sich die Befugnis zu ihrer Offenbarung nach dem Umweltinformationsgesetz.

(3) 1Ergeben sich im Einzelfall für die zuständigen Behörden konkrete Anhaltspunkte für

1. eine Beschäftigung oder Tätigkeit von Ausländern ohne den erforderlichen Aufenthaltstitel nach § 4 Abs. 3 des Aufenthaltsgesetzes, eine Aufenthaltsgestattung oder eine Duldung, die zur Ausübung der Beschäftigung berechtigen, oder eine Genehmigung nach § 284 Abs. 1 des Dritten Buches Sozialgesetzbuch,
2. Verstöße gegen die Mitwirkungspflicht nach § 60 Abs. 1 Satz 1 Nr. 2 des Ersten Buches Sozialgesetzbuch gegenüber einer Dienststelle der Bundesagentur für Arbeit, einem Träger der gesetzlichen Kranken-, Pflege-, Unfall- oder Rentenversicherung oder einem Träger der Sozialhilfe oder gegen die Meldepflicht nach § 8a des Asylbewerberleistungsgesetzes,
3. Verstöße gegen das Gesetz zur Bekämpfung der Schwarzarbeit,
4. Verstöße gegen das Arbeitnehmerüberlassungsgesetz,
5. Verstöße gegen die Vorschriften des Vierten und des Siebten Buches Sozialgesetzbuch über die Verpflichtung zur Zahlung von Sozialversicherungsbeiträgen,
6. Verstöße gegen das Aufenthaltsgesetz,
7. Verstöße gegen die Steuergesetze,

unterrichten sie die für die Verfolgung und Ahndung der Verstöße nach den Nummern 1 bis 7 zuständigen Behörden, die Träger der Sozialhilfe sowie die Behörden nach § 71 des Aufenthaltsgesetzes. 2In den Fällen des Satzes 1 arbeiten die zuständigen Behörden insbesondere mit den Agenturen für Arbeit, den Hauptzollämtern, den Rentenversicherungsträgern, den Krankenkassen als Einzugsstellen für die Sozialversicherungsbeiträge, den Trägern der gesetzlichen Unfallversicherung, den nach Landesrecht für die Verfolgung und Ahndung von Verstößen gegen das Gesetz zur Bekämpfung der Schwarzarbeit zuständigen Behörden, den Trägern der Sozialhilfe, den in § 71 des Aufenthaltsgesetzes genannten Behörden und den Finanzbehörden zusammen.

(4) 1Die zuständigen obersten Landesbehörden haben über die Überwachungstätigkeit der ihnen unterstellten Behörden einen Jahresbericht zu veröffentlichen. 2Der Jahresbericht umfaßt auch Angaben zur Erfüllung von Unterrichtungspflichten aus internationalen Übereinkommen oder Rechtsakten der Europäischen Gemeinschaften, soweit sie den Arbeitsschutz betreffen.

Änderung durch das Zweite Datenschutz-Anpassungs- und Umsetzungsgesetz EU (zur Drucklegung im Gesetzgebungsverfahren): In §23 Absatz 1 Satz 4 werden die Wörter „verwendet sowie in Datenverarbeitungssystemen gespeichert oder" gestrichen.

§ 24 Ermächtigung zum Erlaß von allgemeinen Verwaltungsvorschriften

1Das Bundesministerium für Arbeit und Soziales kann mit Zustimmung des Bundesrates allgemeine Verwaltungsvorschriften erlassen

1. zur Durchführung dieses Gesetzes und der auf Grund dieses Gesetzes erlassenen Rechtsverordnungen, soweit die Bundesregierung zu ihrem Erlaß ermächtigt ist,
2. über die Gestaltung der Jahresberichte nach § 23 Abs. 4 und
3. über die Angaben, die die zuständigen obersten Landesbehörden dem Bundesministerium für Arbeit und Soziales für den Unfallverhütungsbericht nach § 25 Abs. 2 des Siebten Buches Sozialgesetzbuch bis zu einem bestimmten Zeitpunkt mitzuteilen haben.

2Verwaltungsvorschriften, die Bereiche des öffentlichen Dienstes einbeziehen, werden im Einvernehmen mit dem Bundesministerium des Innern erlassen.

§ 25 Bußgeldvorschriften

(1) Ordnungswidrig handelt, wer vorsätzlich oder fahrlässig

1. einer Rechtsverordnung nach § 18 Abs. 1 oder § 19 zuwiderhandelt, soweit sie für einen bestimmten Tatbestand auf diese Bußgeldvorschrift verweist oder
2. a) als Arbeitgeber oder als verantwortliche Person einer vollziehbaren Anordnung nach § 22 Abs. 3 oder
   b) als Beschäftigter einer vollziehbaren Anordnung nach § 22 Abs. 3 Satz 1 Nr. 1 zuwiderhandelt.

(2) Die Ordnungswidrigkeit kann in den Fällen des Absatzes 1 Nr. 1 und 2 Buchstabe b mit einer Geldbuße bis zu fünftausend Euro, in den Fällen des Absatzes 1 Nr. 2 Buchstabe a mit einer Geldbuße bis zu fünfundzwanzigtausend Euro geahndet werden.

§ 26 Strafvorschriften

Mit Freiheitsstrafe bis zu einem Jahr oder mit Geldstrafe wird bestraft, wer

1. eine in § 25 Abs. 1 Nr. 2 Buchstabe a bezeichnete Handlung beharrlich wiederholt oder
2. durch eine in § 25 Abs. 1 Nr. 1 oder Nr. 2 Buchstabe a bezeichnete vorsätzliche Handlung Leben oder Gesundheit eines Beschäftigten gefährdet.

Gesetz über Betriebsärzte, Sicherheitsingenieure und andere Fachkräfte für Arbeitssicherheit

Vom 12. Dezember 1973 (BGBl. I S. 1885)

Zuletzt geändert durch
Gesetz zur Umsetzung des Seearbeitsübereinkommens 2006 der Internationalen Arbeitsorganisation
vom 20. April 2013 (BGBl. I S. 868)

Inhaltsübersicht

Erster Abschnitt

§ 1 Grundsatz

Der Arbeitgeber hat nach Maßgabe dieses Gesetzes Betriebsärzte und Fachkräfte für Arbeitssicherheit zu bestellen. Diese sollen ihn beim Arbeitsschutz und bei der Unfallverhütung unterstützen. Damit soll erreicht werden, daß

1. die dem Arbeitsschutz und der Unfallverhütung dienenden Vorschriften den besonderen Betriebsverhältnissen entsprechend angewandt werden,
2. gesicherte arbeitsmedizinische und sicherheitstechnische Erkenntnisse zur Verbesserung des Arbeitsschutzes und der Unfallverhütung verwirklicht werden können,
3. die dem Arbeitsschutz und der Unfallverhütung dienenden Maßnahmen einen möglichst hohen Wirkungsgrad erreichen.

Zweiter Abschnitt
Betriebsärzte

§ 2 Bestellung von Betriebsärzten

(1) Der Arbeitgeber hat Betriebsärzte schriftlich zu bestellen und ihnen die in § 3 genannten Aufgaben zu übertragen, soweit dies erforderlich ist im Hinblick auf

1. die Betriebsart und die damit für die Arbeitnehmer verbundenen Unfall- und Gesundheitsgefahren,
2. die Zahl der beschäftigten Arbeitnehmer und die Zusammensetzung der Arbeitnehmerschaft und
3. die Betriebsorganisation, insbesondere im Hinblick auf die Zahl und die Art der für den Arbeitsschutz und die Unfallverhütung verantwortlichen Personen.

(2) Der Arbeitgeber hat dafür zu sorgen, daß die von ihm bestellten Betriebsärzte ihre Aufgaben erfüllen. Er hat sie bei der Erfüllung ihrer Aufgaben zu unterstützen; insbesondere ist er verpflichtet, ihnen, soweit dies zur Erfüllung ihrer Aufgaben erforderlich ist, Hilfspersonal sowie Räume, Einrichtungen, Geräte und Mittel zur Verfügung zu stellen. Er hat sie über den Einsatz von Personen zu unterrichten, die mit einem befristeten Arbeitsvertrag beschäftigt oder ihm zur Arbeitsleistung überlassen sind.

(3) Der Arbeitgeber hat den Betriebsärzten die zur Erfüllung ihrer Aufgaben erforderliche Fortbildung unter Berücksichtigung der betrieblichen Belange zu ermöglichen. Ist der Betriebsarzt als Arbeitnehmer eingestellt, so ist er für die Zeit der Fortbildung unter Fortentrichtung der Arbeitsvergütung von der Arbeit freizustellen. Die Kosten der Fortbildung trägt der Arbeitgeber. Ist der Betriebsarzt nicht als Arbeitnehmer eingestellt, so ist er für die Zeit der Fortbildung von der Erfüllung der ihm übertragenen Aufgaben freizustellen.

§ 3 Aufgaben der Betriebsärzte

(1) Die Betriebsärzte haben die Aufgabe, den Arbeitgeber beim Arbeitsschutz und bei der Unfallverhütung in allen Fragen des Gesundheitsschutzes zu unterstützen. Sie haben insbesondere

1. den Arbeitgeber und die sonst für den Arbeitsschutz und die Unfallverhütung verantwortlichen Personen zu beraten, insbesondere bei
   a) der Planung, Ausführung und Unterhaltung von Betriebsanlagen und von sozialen und sanitären Einrichtungen,
   b) der Beschaffung von technischen Arbeitsmitteln und der Einführung von Arbeitsverfahren und Arbeitsstoffen,
   c) der Auswahl und Erprobung von Körperschutzmitteln,
   d) arbeitsphysiologischen, arbeitspsychologischen und sonstigen ergonomischen sowie arbeitshygienischen Fragen, insbesondere
   des Arbeitsrhythmus, der Arbeitszeit und der Pausenregelung,
   der Gestaltung der Arbeitsplätze, des Arbeitsablaufs und der Arbeitsumgebung,
   e) der Organisation der „Ersten Hilfe" im Betrieb,
   f) Fragen des Arbeitsplatzwechsels sowie der Eingliederung und Wiedereinglie-

derung Behinderter in den Arbeitsprozeß,

g) der Beurteilung der Arbeitsbedingungen,

2. die Arbeitnehmer zu untersuchen, arbeitsmedizinisch zu beurteilen und zu beraten sowie die Untersuchungsergebnisse zu erfassen und auszuwerten,
3. die Durchführung des Arbeitsschutzes und der Unfallverhütung zu beobachten und im Zusammenhang damit
   a) die Arbeitsstätten in regelmäßigen Abständen zu begehen und festgestellte Mängel dem Arbeitgeber oder der sonst für den Arbeitsschutz und die Unfallverhütung verantwortlichen Person mitzuteilen, Maßnahmen zur Beseitigung dieser Mängel vorzuschlagen und auf deren Durchführung hinzuwirken,
   b) auf die Benutzung der Körperschutzmittel zu achten,
   c) Ursachen von arbeitsbedingten Erkrankungen zu untersuchen, die Untersuchungsergebnisse zu erfassen und auszuwerten und dem Arbeitgeber Maßnahmen zur Verhütung dieser Erkrankungen vorzuschlagen,
4. darauf hinzuwirken, daß sich alle im Betrieb Beschäftigten den Anforderungen des Arbeitsschutzes und der Unfallverhütung entsprechend verhalten, insbesondere sie über die Unfall- und Gesundheitsgefahren, denen sie bei der Arbeit ausgesetzt sind, sowie über die Einrichtungen und Maßnahmen zur Abwendung dieser Gefahren zu belehren und bei der Einsatzplanung und Schulung der Helfer in „Erster Hilfe" und des medizinischen Hilfspersonals mitzuwirken.

(2) Die Betriebsärzte haben auf Wunsch des Arbeitnehmers diesem das Ergebnis arbeitsmedizinischer Untersuchungen mitzuteilen; § 8 Abs. 1 Satz 3 bleibt unberührt.

(3) Zu den Aufgaben der Betriebsärzte gehört es nicht, Krankmeldungen der Arbeitnehmer auf ihre Berechtigung zu überprüfen.

§ 4 Anforderungen an Betriebsärzte

Der Arbeitgeber darf als Betriebsärzte nur Personen bestellen, die berechtigt sind, den ärztlichen Beruf auszuüben, und die über die zur Erfüllung der ihnen übertragenen Aufgaben erforderliche arbeitsmedizinische Fachkunde verfügen.

Dritter Abschnitt
Fachkräfte für Arbeitssicherheit

§ 5 Bestellung von Fachkräften für Arbeitssicherheit

(1) Der Arbeitgeber hat Fachkräfte für Arbeitssicherheit (Sicherheitsingenieure, -techniker, -meister) schriftlich zu bestellen und ihnen die in § 6 genannten Aufgaben zu übertragen, soweit dies erforderlich ist im Hinblick auf

1. die Betriebsart und die damit für die Arbeitnehmer verbundenen Unfall- und Gesundheitsgefahren,
2. die Zahl der beschäftigten Arbeitnehmer und die Zusammensetzung der Arbeitnehmerschaft,
3. die Betriebsorganisation, insbesondere im Hinblick auf die Zahl und Art der für den Arbeitsschutz und die Unfallverhütung verantwortlichen Personen,
4. die Kenntnisse und die Schulung des Arbeitgebers oder der nach § 13 Abs. 1 Nr. 1, 2 oder 3 des Arbeitsschutzgesetzes verantwortlichen Personen in Fragen des Arbeitsschutzes.

(2) Der Arbeitgeber hat dafür zu sorgen, daß die von ihm bestellten Fachkräfte für Arbeitssicherheit ihre Aufgaben erfüllen. Er hat sie bei der Erfüllung ihrer Aufgaben zu unterstützen; insbesondere ist er verpflichtet, ihnen, soweit dies zur Erfüllung ihrer Aufgaben erforderlich ist, Hilfspersonal sowie Räume, Einrichtungen, Geräte und Mittel zur Verfügung zu stellen. Er hat sie über den Einsatz von Personen zu unterrichten, die mit einem befristeten Arbeitsvertrag beschäftigt oder ihm zur Arbeitsleistung überlassen sind.

(3) Der Arbeitgeber hat den Fachkräften für Arbeitssicherheit die zur Erfüllung ihrer Auf-

gaben erforderliche Fortbildung unter Berücksichtigung der betrieblichen Belange zu ermöglichen. Ist die Fachkraft für Arbeitssicherheit als Arbeitnehmer eingestellt, so ist sie für die Zeit der Fortbildung unter Fortentrichtung der Arbeitsvergütung von der Arbeit freizustellen. Die Kosten der Fortbildung trägt der Arbeitgeber. Ist die Fachkraft für Arbeitssicherheit nicht als Arbeitnehmer eingestellt, so ist sie für die Zeit der Fortbildung von der Erfüllung der ihr übertragenen Aufgaben freizustellen.

§ 6 Aufgaben der Fachkräfte für Arbeitssicherheit

Die Fachkräfte für Arbeitssicherheit haben die Aufgabe, den Arbeitgeber beim Arbeitsschutz und bei der Unfallverhütung in allen Fragen der Arbeitssicherheit einschließlich der menschengerechten Gestaltung der Arbeit zu unterstützen. Sie haben insbesondere

1. den Arbeitgeber und die sonst für den Arbeitsschutz und die Unfallverhütung verantwortlichen Personen zu beraten, insbesondere bei
   a) der Planung, Ausführung und Unterhaltung von Betriebsanlagen und von sozialen und sanitären Einrichtungen,
   b) der Beschaffung von technischen Arbeitsmitteln und der Einführung von Arbeitsverfahren und Arbeitsstoffen,
   c) der Auswahl und Erprobung von Körperschutzmitteln,
   d) der Gestaltung der Arbeitsplätze, des Arbeitsablaufs, der Arbeitsumgebung und in sonstigen Fragen der Ergonomie,
   e) der Beurteilung der Arbeitsbedingungen,
2. die Betriebsanlagen und die technischen Arbeitsmittel, insbesondere vor der Inbetriebnahme und Arbeitsverfahren, insbesondere vor ihrer Einführung sicherheitstechnisch zu überprüfen,
3. die Durchführung des Arbeitsschutzes und der Unfallverhütung zu beobachten und im Zusammenhang damit
   a) die Arbeitsstätten in regelmäßigen Abständen zu begehen und festgestellte Mängel dem Arbeitgeber oder der sonst für den Arbeitsschutz und die Unfallverhütung verantwortlichen Person mitzuteilen, Maßnahmen zur Beseitigung dieser Mängel vorzuschlagen und auf deren Durchführung hinzuwirken,
   b) auf die Benutzung der Körperschutzmittel zu achten,
   c) Ursachen von Arbeitsunfällen zu untersuchen, die Untersuchungsergebnisse zu erfassen und auszuwerten und dem Arbeitgeber Maßnahmen zur Verhütung dieser Arbeitsunfälle vorzuschlagen,
4. darauf hinzuwirken, daß sich alle im Betrieb Beschäftigten den Anforderungen des Arbeitsschutzes und der Unfallverhütung entsprechend verhalten, insbesondere sie über die Unfall- und Gesundheitsgefahren, denen sie bei der Arbeit ausgesetzt sind, sowie über die Einrichtungen und Maßnahmen zur Abwendung dieser Gefahren zu belehren und bei der Schulung der Sicherheitsbeauftragten mitzuwirken.

§ 7 Anforderungen an Fachkräfte für Arbeitssicherheit

(1) Der Arbeitgeber darf als Fachkräfte für Arbeitssicherheit nur Personen bestellen, die den nachstehenden Anforderungen genügen: Der Sicherheitsingenieur muß berechtigt sein, die Berufsbezeichnung Ingenieur zu führen und über die zur Erfüllung der ihm übertragenen Aufgaben erforderliche sicherheitstechnische Fachkunde verfügen. Der Sicherheitstechniker oder -meister muß über die zur Erfüllung der ihm übertragenen Aufgaben erforderliche sicherheitstechnische Fachkunde verfügen.

(2) Die zuständige Behörde kann es im Einzelfall zulassen, daß an Stelle eines Sicherheitsingenieurs, der berechtigt ist, die Berufsbezeichnung Ingenieur zu führen, jemand bestellt werden darf, der zur Erfüllung der sich aus § 6 ergebenden Aufgaben über entsprechende Fachkenntnisse verfügt.

Vierter Abschnitt
Gemeinsame Vorschriften

§ 8 Unabhängigkeit bei der Anwendung der Fachkunde

(1) Betriebsärzte und Fachkräfte für Arbeitssicherheit sind bei der Anwendung ihrer arbeitsmedizinischen und sicherheitstechnischen Fachkunde weisungsfrei. Sie dürfen wegen der Erfüllung der ihnen übertragenen Aufgaben nicht benachteiligt werden. Betriebsärzte sind nur ihrem ärztlichen Gewissen unterworfen und haben die Regeln der ärztlichen Schweigepflicht zu beachten.

(2) Betriebsärzte und Fachkräfte für Arbeitssicherheit oder, wenn für einen Betrieb mehrere Betriebsärzte oder Fachkräfte für Arbeitssicherheit bestellt sind, der leitende Betriebsarzt und die leitende Fachkraft für Arbeitssicherheit, unterstehen unmittelbar dem Leiter des Betriebes.

(3) Können sich Betriebsärzte oder Fachkräfte für Arbeitssicherheit über eine von ihnen vorgeschlagene arbeitsmedizinische oder sicherheitstechnische Maßnahme mit dem Leiter des Betriebs nicht verständigen, so können sie ihren Vorschlag unmittelbar dem Arbeitgeber und, wenn dieser eine juristische Person ist, dem zuständigen Mitglied des zur gesetzlichen Vertretung berufenen Organs unterbreiten. Ist für einen Betrieb oder ein Unternehmen ein leitender Betriebsarzt oder eine leitende Fachkraft für Arbeitssicherheit bestellt, steht diesem das Vorschlagsrecht nach Satz 1 zu. Lehnt der Arbeitgeber oder das zuständige Mitglied des zur gesetzlichen Vertretung berufenen Organs den Vorschlag ab, so ist dies den Vorschlagenden schriftlich mitzuteilen und zu begründen; der Betriebsrat erhält eine Abschrift.

§ 9 Zusammenarbeit mit dem Betriebsrat

(1) Die Betriebsärzte und die Fachkräfte für Arbeitssicherheit haben bei der Erfüllung ihrer Aufgaben mit dem Betriebsrat zusammenzuarbeiten.

(2) Die Betriebsärzte und die Fachkräfte für Arbeitssicherheit haben den Betriebsrat über wichtige Angelegenheiten des Arbeitsschutzes und der Unfallverhütung zu unterrichten; sie haben ihm den Inhalt eines Vorschlages mitzuteilen, den sie nach § 8 Abs. 3 dem Arbeitgeber machen. Sie haben den Betriebsrat auf sein Verlangen in Angelegenheiten des Arbeitsschutzes und der Unfallverhütung zu beraten.

(3) Die Betriebsärzte und Fachkräfte für Arbeitssicherheit sind mit Zustimmung des Betriebsrats zu bestellen und abzuberufen. Das gleiche gilt, wenn deren Aufgaben erweitert oder eingeschränkt werden sollen; im übrigen gilt § 87 in Verbindung mit § 76 des Betriebsverfassungsgesetzes. Vor der Verpflichtung oder Entpflichtung eines freiberuflich tätigen Arztes, einer freiberuflich tätigen Fachkraft für Arbeitssicherheit oder eines überbetrieblichen Dienstes ist der Betriebsrat zu hören.

§ 10 Zusammenarbeit der Betriebsärzte und der Fachkräfte für Arbeitssicherheit

Die Betriebsärzte und die Fachkräfte für Arbeitssicherheit haben bei der Erfüllung ihrer Aufgaben zusammenzuarbeiten. Dazu gehört es insbesondere, gemeinsame Betriebsbegehungen vorzunehmen. Die Betriebsärzte und die Fachkräfte für Arbeitssicherheit arbeiten bei der Erfüllung ihrer Aufgaben mit den anderen im Betrieb für Angelegenheiten der technischen Sicherheit, des Gesundheits- und des Umweltschutzes beauftragten Personen zusammen.

§ 11 Arbeitsschutzausschuß

Soweit in einer sonstigen Rechtsvorschrift nichts anderes bestimmt ist, hat der Arbeitgeber in Betrieben mit mehr als zwanzig Beschäftigten einen Arbeitsschutzausschuß zu bilden; bei der Feststellung der Zahl der Beschäftigten sind Teilzeitbeschäftigte mit einer regelmäßigen wöchentlichen Arbeitszeit von nicht mehr als 20 Stunden mit 0,5 und nicht mehr als 30 Stunden mit 0,75 zu berücksichtigen. Dieser Ausschuß setzt sich zusammen aus:

dem Arbeitgeber oder einem von ihm Beauftragten,

zwei vom Betriebsrat bestimmten Betriebsratsmitgliedern,

Betriebsärzten,

Fachkräften für Arbeitssicherheit und

Sicherheitsbeauftragten nach § 22 des Siebten Buches Sozialgesetzbuch.

Der Arbeitsschutzausschuß hat die Aufgabe, Anliegen des Arbeitsschutzes und der Unfallverhütung zu beraten. Der Arbeitsschutzausschuß tritt mindestens einmal vierteljährlich zusammen.

§ 12 Behördliche Anordnungen

(1) Die zuständige Behörde kann im Einzelfall anordnen, welche Maßnahmen der Arbeitgeber zur Erfüllung der sich aus diesem Gesetz und den die gesetzlichen Pflichten näher bestimmenden Rechtsverordnungen und Unfallverhütungsvorschriften ergebenden Pflichten, insbesondere hinsichtlich der Bestellung von Betriebsärzten und Fachkräften für Arbeitssicherheit, zu treffen hat.

(2) Die zuständige Behörde hat, bevor sie eine Anordnung trifft,

1. den Arbeitgeber und den Betriebsrat zu hören und mit ihnen zu erörtern, welche Maßnahmen angebracht erscheinen und
2. dem zuständigen Träger der gesetzlichen Unfallversicherung Gelegenheit zu geben, an der Erörterung mit dem Arbeitgeber teilzunehmen und zu der von der Behörde in Aussicht genommenen Anordnung Stellung zu nehmen.

(3) Die zuständige Behörde hat dem Arbeitgeber zur Ausführung der Anordnung eine angemessene Frist zu setzen.

(4) Die zuständige Behörde hat den Betriebsrat über eine gegenüber dem Arbeitgeber getroffene Anordnung schriftlich in Kenntnis zu setzen.

§ 13 Auskunfts- und Besichtigungsrechte

(1) Der Arbeitgeber hat der zuständigen Behörde auf deren Verlangen die zur Durchführung des Gesetzes erforderlichen Auskünfte zu erteilen. Er kann die Auskunft auf solche Fragen verweigern, deren Beantwortung ihn selbst oder einen der in § 383 Abs. 1 Nr. 1 bis 3 der Zivilprozeßordnung bezeichneten Angehörigen der Gefahr strafgerichtlicher Verfolgung oder eines Verfahrens nach dem Gesetz über Ordnungswidrigkeiten aussetzen würde.

(2) Die Beauftragten der zuständigen Behörde sind berechtigt, die Arbeitsstätten während der üblichen Betriebs- und Arbeitszeit zu betreten und zu besichtigen; außerhalb dieser Zeit oder wenn sich die Arbeitsstätten in einer Wohnung befinden, dürfen sie nur zur Verhütung von dringenden Gefahren für die öffentliche Sicherheit und Ordnung betreten und besichtigt werden. Das Grundrecht der Unverletzlichkeit der Wohnung (Artikel 13 des Grundgesetzes) wird insoweit eingeschränkt.

§ 14 Ermächtigung zum Erlaß von Rechtsverordnungen

Das Bundesministerium für Arbeit und Soziales kann mit Zustimmung des Bundesrates durch Rechtsverordnung bestimmen, welche Maßnahmen der Arbeitgeber zur Erfüllung der sich aus diesem Gesetz ergebenden Pflichten zu treffen hat. Soweit die Träger der gesetzlichen Unfallversicherung ermächtigt sind, die gesetzlichen Pflichten durch Unfallverhütungsvorschriften näher zu bestimmen, macht das Bundesministerium für Arbeit und Soziales von der Ermächtigung erst Gebrauch, nachdem innerhalb einer von ihm gesetzten angemessenen Frist der Träger der gesetzlichen Unfallversicherung eine entsprechende Unfallverhütungsvorschrift nicht erlassen hat oder eine unzureichend gewordene Unfallverhütungsvorschrift nicht ändert.

§ 15 Ermächtigung zum Erlaß von allgemeinen Verwaltungsvorschriften

Das Bundesministerium für Arbeit und Soziales erläßt mit Zustimmung des Bundesrates allgemeine Verwaltungsvorschriften zu diesem Gesetz und den aufgrund des Gesetzes erlassenen Rechtsverordnungen.

§ 16 Öffentliche Verwaltung

In Verwaltungen und Betrieben des Bundes, der Länder, der Gemeinden und der sonstigen Körperschaften, Anstalten und Stiftungen des öffentlichen Rechts ist ein den Grundsätzen dieses Gesetzes gleichwertiger arbeitsmedizinischer und sicherheitstechnischer Arbeitsschutz zu gewährleisten.

§ 17 Nichtanwendung des Gesetzes

(1) Dieses Gesetz ist nicht anzuwenden, soweit Arbeitnehmer im Haushalt beschäftigt werden.

(2) Soweit im Seearbeitsgesetz und in anderen Vorschriften im Bereich der Seeschifffahrt gleichwertige Regelungen enthalten sind, gelten diese Regelungen für die Besatzungsmitglieder auf Kauffahrteischiffen unter deutscher Flagge. Soweit dieses Gesetz auf die Seeschifffahrt nicht anwendbar ist, wird das Nähere durch Rechtsverordnung geregelt.

(3) Soweit das Bergrecht diesem Gesetz gleichwertige Regelungen enthält, gelten diese Regelungen. Im übrigen gilt dieses Gesetz.

§ 18 Ausnahmen

Die zuständige Behörde kann dem Arbeitgeber gestatten, auch solche Betriebsärzte und Fachkräfte für Arbeitssicherheit zu bestellen, die noch nicht über die erforderliche Fachkunde im Sinne des § 4 oder § 7 verfügen, wenn der Arbeitgeber sich verpflichtet, in einer festzulegenden Frist den Betriebsarzt oder die Fachkraft für Arbeitssicherheit entsprechend fortbilden zu lassen.

§ 19 Überbetriebliche Dienste

Die Verpflichtung des Arbeitgebers, Betriebsärzte und Fachkräfte für Arbeitssicherheit zu bestellen, kann auch dadurch erfüllt werden, daß der Arbeitgeber einen überbetrieblichen Dienst von Betriebsärzten oder Fachkräften für Arbeitssicherheit zur Wahrnehmung der Aufgaben nach § 3 oder § 6 verpflichtet.

§ 20 Ordnungswidrigkeiten

(1) Ordnungswidrig handelt, wer vorsätzlich oder fahrlässig

1. einer vollziehbaren Anordnung nach § 12 Abs. 1 zuwiderhandelt,
2. entgegen § 13 Abs. 1 Satz 1 eine Auskunft nicht, nicht richtig oder nicht vollständig erteilt oder
3. entgegen § 13 Abs. 2 Satz 1 eine Besichtigung nicht duldet.

(2) Eine Ordnungswidrigkeit nach Absatz 1 Nr. 1 kann mit einer Geldbuße bis zu fünfundzwanzigtausend Euro, eine Ordnungswidrigkeit nach Absatz 1 Nr. 2 und 3 mit einer Geldbuße bis zu fünfhundert Euro geahndet werden.

§ 21 Änderung der Reichsversicherungsordnung

(hier nicht aufgenommen)

§ 22 (gegenstandslos)

§ 23 Inkrafttreten

(1) Dieses Gesetz, ausgenommen § 14 und § 21, tritt am ersten Tage des auf die Verkündung folgenden zwölften Kalendermonats in Kraft. § 14 und § 21 treten am Tage nach der Verkündung des Gesetzes in Kraft.

(2) § 6 Abs. 3 Satz 2 und § 7 des Berliner Gesetzes über die Durchführung des Arbeitsschutzes vom 9. August 1949 (VOBl. I S. 265), zuletzt geändert durch Artikel LVIII des Gesetzes vom 6. März 1970 (GVBl. S. 474), treten außer Kraft. Im übrigen bleibt das Gesetz unberührt.

I

Unfallverhütungsvorschrift Grundsätze der Prävention (DGUV Vorschrift 1)

Vom 1. November 2013[1])

Inhaltsübersicht

[1]) Herausgeber: Deutsche Gesetzliche Unfallversicherung e. V. (DGUV)
Die Vorschrift ersetzt die bisherigen Unfallverhütungsvorschriften BGV A1 und GUV-V A1. Sie trat bei den meisten Unfallversicherungsträgern im Laufe des Jahres 2014 (größtenteils zum 1. Oktober 2014) in Kraft.

Erstes Kapitel
Allgemeine Vorschriften

§ 1 Geltungsbereich von Unfallverhütungsvorschriften

(1) Unfallverhütungsvorschriften gelten für Unternehmer und Versicherte; sie gelten auch

für Unternehmer und Beschäftigte von ausländischen Unternehmen, die eine Tätigkeit im Inland ausüben, ohne einem Unfallversicherungsträger anzugehören;

soweit in dem oder für das Unternehmen Versicherte tätig werden, für die ein anderer Unfallversicherungsträger zuständig ist.

(2) Für Unternehmer mit Versicherten nach § 2 Absatz 1 Nummer 8 Buchstabe b Sozialgesetzbuch Siebtes Buch (SGB VII) gilt diese Unfallverhütungsvorschrift nur, soweit nicht der innere Schulbereich betroffen ist.

Zweites Kapitel
Pflichten des Unternehmers

§ 2 Grundpflichten des Unternehmers

(1) Der Unternehmer hat die erforderlichen Maßnahmen zur Verhütung von Arbeitsunfällen, Berufskrankheiten und arbeitsbedingten Gesundheitsgefahren sowie für eine wirksame Erste Hilfe zu treffen. Die zu treffenden Maßnahmen sind insbesondere in staatlichen Arbeitsschutzvorschriften (Anlage 1), dieser Unfallverhütungsvorschrift und in weiteren Unfallverhütungsvorschriften näher bestimmt. Die in staatlichem Recht bestimmten Maßnahmen gelten auch zum Schutz von Versicherten, die keine Beschäftigten sind.

(2) Der Unternehmer hat bei den Maßnahmen nach Absatz 1 von den allgemeinen Grundsätzen nach § 4 Arbeitsschutzgesetz auszugehen und dabei vorrangig das staatliche Regelwerk sowie das Regelwerk der Unfallversicherungsträger heranzuziehen.

(3) Der Unternehmer hat die Maßnahmen nach Absatz 1 entsprechend den Bestimmungen des § 3 Absatz 1 Sätze 2 und 3 und Absatz 2 Arbeitsschutzgesetz zu planen, zu organisieren, durchzuführen und erforderlichenfalls an veränderte Gegebenheiten anzupassen.

(4) Der Unternehmer darf keine sicherheitswidrigen Weisungen erteilen.

(5) Kosten für Maßnahmen nach dieser Unfallverhütungsvorschrift und den für ihn sonst geltenden Unfallverhütungsvorschriften darf der Unternehmer nicht den Versicherten auferlegen.

§ 3 Beurteilung der Arbeitsbedingungen, Dokumentation, Auskunftspflichten

(1) Der Unternehmer hat durch eine Beurteilung der für die Versicherten mit ihrer Arbeit verbundenen Gefährdungen entsprechend § 5 Absatz 2 und 3 Arbeitsschutzgesetz zu ermitteln, welche Maßnahmen nach § 2 Absatz 1 erforderlich sind.

(2) Der Unternehmer hat Gefährdungsbeurteilungen insbesondere dann zu überprüfen, wenn sich die betrieblichen Gegebenheiten hinsichtlich Sicherheit und Gesundheitsschutz verändert haben.

(3) Der Unternehmer hat entsprechend § 6 Absatz 1 Arbeitsschutzgesetz das Ergebnis der Gefährdungsbeurteilung nach Absatz 1, die von ihm festgelegten Maßnahmen und das Ergebnis ihrer Überprüfung zu dokumentieren.

(4) Der Unternehmer hat dem Unfallversicherungsträger alle Informationen über die im Betrieb getroffenen Maßnahmen des Arbeitsschutzes auf Wunsch zur Kenntnis zu geben.

(5) Für Personen, die in Unternehmen zur Hilfe bei Unglücksfällen oder im Zivilschutz unentgeltlich tätig werden, hat der Unternehmer, der für die vorgenannten Personen zuständig ist, Maßnahmen zu ergreifen, die denen nach Absatz 1 bis 4 gleichwertig sind.

§ 4 Unterweisung der Versicherten

(1) Der Unternehmer hat die Versicherten über Sicherheit und Gesundheitsschutz bei der Arbeit, insbesondere über die mit ihrer Arbeit verbundenen Gefährdungen und die Maßnahmen zu ihrer Verhütung, entspre-

chend § 12 Absatz 1 Arbeitsschutzgesetz sowie bei einer Arbeitnehmerüberlassung entsprechend § 12 Absatz 2 Arbeitsschutzgesetz zu unterweisen; die Unterweisung muss erforderlichenfalls wiederholt werden, mindestens aber einmal jährlich erfolgen; sie muss dokumentiert werden.

(2) Der Unternehmer hat den Versicherten die für ihren Arbeitsbereich oder für ihre Tätigkeit relevanten Inhalte der geltenden Unfallverhütungsvorschriften und Regeln der Unfallversicherungsträger sowie des einschlägigen staatlichen Vorschriften- und Regelwerks in verständlicher Weise zu vermitteln.

(3) Der Unternehmer nach § 136 Absatz 3 Nummer 3 Alternative 2 Sozialgesetzbuch Siebtes Buch (SGB VII) hat den Schulhoheitsträger hinsichtlich Unterweisungen für Versicherte nach § 2 Absatz 1 Nummer 8 Buchstabe b SGB VII zu unterstützen.

§ 5 Vergabe von Aufträgen

(1) Erteilt der Unternehmer den Auftrag,

1. Einrichtungen zu planen, herzustellen, zu ändern oder in Stand zu setzen,
2. Arbeitsverfahren zu planen oder zu gestalten,

so hat er dem Auftragnehmer schriftlich aufzugeben, die in § 2 Absatz 1 und 2 genannten für die Durchführung des Auftrags maßgeblichen Vorgaben zu beachten.

(2) Erteilt der Unternehmer den Auftrag, Arbeitsmittel, Ausrüstungen oder Arbeitsstoffe zu liefern, so hat er dem Auftragnehmer schriftlich aufzugeben, im Rahmen seines Auftrags die für Sicherheit und Gesundheitsschutz einschlägigen Anforderungen einzuhalten.

(3) Bei der Erteilung von Aufträgen an ein Fremdunternehmen hat der den Auftrag erteilende Unternehmer den Fremdunternehmer bei der Gefährdungsbeurteilung bezüglich der betriebsspezifischen Gefahren zu unterstützen. Der Unternehmer hat ferner sicherzustellen, dass Tätigkeiten mit besonderen Gefahren durch Aufsichtführende überwacht werden, die die Durchführung der festgelegten Schutzmaßnahmen sicherstellen. Der Unternehmer hat ferner mit dem Fremdunternehmen Einvernehmen herzustellen, wer den Aufsichtführenden zu stellen hat.

§ 6 Zusammenarbeit mehrerer Unternehmer

(1) Werden Beschäftigte mehrerer Unternehmer oder selbständige Einzelunternehmer an einem Arbeitsplatz tätig, haben die Unternehmer hinsichtlich der Sicherheit und des Gesundheitsschutzes der Beschäftigten, insbesondere hinsichtlich der Maßnahmen nach § 2 Absatz 1, entsprechend § 8 Absatz 1 Arbeitsschutzgesetz zusammenzuarbeiten. Insbesondere haben sie, soweit es zur Vermeidung einer möglichen gegenseitigen Gefährdung erforderlich ist, eine Person zu bestimmen, die die Arbeiten aufeinander abstimmt; zur Abwehr besonderer Gefahren ist sie mit entsprechender Weisungsbefugnis auszustatten.

(2) Der Unternehmer hat sich je nach Art der Tätigkeit zu vergewissern, dass Personen, die in seinem Betrieb tätig werden, hinsichtlich der Gefahren für ihre Sicherheit und Gesundheit während ihrer Tätigkeit in seinem Betrieb angemessene Anweisungen erhalten haben.

§ 7 Befähigung für Tätigkeiten

(1) Bei der Übertragung von Aufgaben auf Versicherte hat der Unternehmer je nach Art der Tätigkeiten zu berücksichtigen, ob die Versicherten befähigt sind, die für die Sicherheit und den Gesundheitsschutz bei der Aufgabenerfüllung zu beachtenden Bestimmungen und Maßnahmen einzuhalten. Der Unternehmer hat die für bestimmte Tätigkeiten festgelegten Qualifizierungsanforderungen zu berücksichtigen.

(2) Der Unternehmer darf Versicherte, die erkennbar nicht in der Lage sind, eine Arbeit ohne Gefahr für sich oder andere auszuführen, mit dieser Arbeit nicht beschäftigen.

§ 8 Gefährliche Arbeiten

(1) Wenn eine gefährliche Arbeit von mehreren Personen gemeinschaftlich ausgeführt wird und sie zur Vermeidung von Gefahren eine gegenseitige Verständigung erfordert,

hat der Unternehmer dafür zu sorgen, dass eine zuverlässige, mit der Arbeit vertraute Person die Aufsicht führt.

(2) Wird eine gefährliche Arbeit von einer Person allein ausgeführt, so hat der Unternehmer über die allgemeinen Schutzmaßnahmen hinaus für geeignete technische oder organisatorische Personenschutzmaßnahmen zu sorgen.

§ 9 Zutritts- und Aufenthaltsverbote

Der Unternehmer hat dafür zu sorgen, dass Unbefugte Betriebsteile nicht betreten, wenn dadurch eine Gefahr für Sicherheit und Gesundheit entsteht.

§ 10 Besichtigung des Unternehmens, Erlass einer Anordnung, Auskunftspflicht

(1) Der Unternehmer hat den Aufsichtspersonen des Unfallversicherungsträgers die Besichtigung seines Unternehmens zu ermöglichen und sie auf ihr Verlangen zu begleiten oder durch einen geeigneten Vertreter begleiten zu lassen.

(2) Erlässt die Aufsichtsperson des Unfallversicherungsträgers eine Anordnung und setzt sie hierbei eine Frist, innerhalb der die verlangten Maßnahmen zu treffen sind, so hat der Unternehmer nach Ablauf der Frist unverzüglich mitzuteilen, ob er die verlangten Maßnahmen getroffen hat.

(3) Der Unternehmer hat den Aufsichtspersonen des Unfallversicherungsträgers auf Verlangen die zur Durchführung ihrer Überwachungsaufgabe erforderlichen Auskünfte zu erteilen. Er hat die Aufsichtspersonen zu unterstützen, soweit dies zur Erfüllung ihrer Aufgaben erforderlich ist.

§ 11 Maßnahmen bei Mängeln

Tritt bei einem Arbeitsmittel, einer Einrichtung, einem Arbeitsverfahren bzw. Arbeitsablauf ein Mangel auf, durch den für die Versicherten sonst nicht abzuwendende Gefahren entstehen, hat der Unternehmer das Arbeitsmittel oder die Einrichtung der weiteren Benutzung zu entziehen oder stillzulegen bzw. das Arbeitsverfahren oder den Arbeitsablauf abzubrechen, bis der Mangel behoben ist.

§ 12 Zugang zu Vorschriften und Regeln

(1) Der Unternehmer hat den Versicherten die für sein Unternehmen geltenden Unfallverhütungsvorschriften und Regeln der Unfallversicherungsträger sowie die einschlägigen staatlichen Vorschriften und Regeln an geeigneter Stelle zugänglich zu machen.

(2) Der Unternehmer hat den mit der Durchführung und Unterstützung von Maßnahmen nach § 2 Absatz 1 betrauten Personen die nach dem Ergebnis der Gefährdungsbeurteilung (§ 3 Absatz 1 und 2) für ihren Zuständigkeitsbereich geltenden Vorschriften und Regeln zur Verfügung zu stellen.

§ 13 Pflichtenübertragung

Der Unternehmer kann zuverlässige und fachkundige Personen schriftlich damit beauftragen, ihm nach Unfallverhütungsvorschriften obliegende Aufgaben in eigener Verantwortung wahrzunehmen. Die Beauftragung muss den Verantwortungsbereich und Befugnisse festlegen und ist vom Beauftragten zu unterzeichnen. Eine Ausfertigung der Beauftragung ist ihm auszuhändigen.

§ 14 Ausnahmen

(1) Der Unternehmer kann bei dem Unfallversicherungsträger im Einzelfall Ausnahmen von Unfallverhütungsvorschriften schriftlich beantragen. Dem Antrag ist eine Stellungnahme der betrieblichen Arbeitnehmervertretung beizufügen; im Falle eines Antrages durch eine Kindertageseinrichtung, eine allgemein bildende oder berufsbildende Schule oder eine Hochschule ist zusätzlich der Leitung der Einrichtung Gelegenheit zur Stellungnahme zu geben.

(2) Der Unfallversicherungsträger kann dem Antrag nach Absatz 1 entsprechen, wenn

1. der Unternehmer eine andere, ebenso wirksame Maßnahme trifft

   oder

2. die Durchführung der Vorschriften im Einzelfall zu einer unverhältnismäßigen Härte

führen würde und die Abweichung mit dem Schutz der Versicherten vereinbar ist.

(3) Betrifft der Antrag nach Absatz 1 Regelungen in Unfallverhütungsvorschriften, die zugleich Gegenstand staatlicher Arbeitsschutzvorschriften sind, hat der Unfallversicherungsträger eine Stellungnahme der für die Durchführung der staatlichen Arbeitsschutzvorschriften zuständigen staatlichen Arbeitsschutzbehörde einzuholen und zu berücksichtigen.

(4) In staatlichen Arbeitsschutzvorschriften enthaltene Verfahrensvorschriften, insbesondere über Genehmigungen, Erlaubnisse, Ausnahmen, Anzeigen und Vorlagepflichten, bleiben von dieser Unfallverhütungsvorschrift unberührt; die nach diesen Bestimmungen zu treffenden behördlichen Maßnahmen obliegen den zuständigen Arbeitsschutzbehörden.

Drittes Kapitel
Pflichten der Versicherten

§ 15 Allgemeine Unterstützungspflichten und Verhalten

(1) Die Versicherten sind verpflichtet, nach ihren Möglichkeiten sowie gemäß der Unterweisung und Weisung des Unternehmers für ihre Sicherheit und Gesundheit bei der Arbeit sowie für Sicherheit und Gesundheitsschutz derjenigen zu sorgen, die von ihren Handlungen oder Unterlassungen betroffen sind. Die Versicherten haben die Maßnahmen zur Verhütung von Arbeitsunfällen, Berufskrankheiten und arbeitsbedingten Gesundheitsgefahren sowie für eine wirksame Erste Hilfe zu unterstützen. Versicherte haben die entsprechenden Anweisungen des Unternehmers zu befolgen. Die Versicherten dürfen erkennbar gegen Sicherheit und Gesundheit gerichtete Weisungen nicht befolgen.

(2) Versicherte dürfen sich durch den Konsum von Alkohol, Drogen oder anderen berauschenden Mitteln nicht in einen Zustand versetzen, durch den sie sich selbst oder andere gefährden können.

(3) Absatz 2 gilt auch für die Einnahme von Medikamenten.

§ 16 Besondere Unterstützungspflichten

(1) Die Versicherten haben dem Unternehmer oder dem zuständigen Vorgesetzten jede von ihnen festgestellte unmittelbare erhebliche Gefahr für die Sicherheit und Gesundheit sowie jeden an den Schutzvorrichtungen und Schutzsystemen festgestellten Defekt unverzüglich zu melden. Unbeschadet dieser Pflicht sollen die Versicherten von ihnen festgestellte Gefahren für Sicherheit und Gesundheit und Mängel an den Schutzvorrichtungen und Schutzsystemen auch der Fachkraft für Arbeitssicherheit, dem Betriebsarzt oder dem Sicherheitsbeauftragten mitteilen.

(2) Stellt ein Versicherter fest, dass im Hinblick auf die Verhütung von Arbeitsunfällen, Berufskrankheiten und arbeitsbedingten Gesundheitsgefahren

ein Arbeitsmittel oder eine sonstige Einrichtung einen Mangel aufweist,

Arbeitsstoffe nicht einwandfrei verpackt, gekennzeichnet oder beschaffen sind oder

ein Arbeitsverfahren oder Arbeitsabläufe Mängel aufweisen,

hat er, soweit dies zu seiner Arbeitsaufgabe gehört und er über die notwendige Befähigung verfügt, den festgestellten Mangel unverzüglich zu beseitigen. Andernfalls hat er den Mangel dem Vorgesetzten unverzüglich zu melden.

§ 17 Benutzung von Einrichtungen, Arbeitsmitteln und Arbeitsstoffen

Versicherte haben Einrichtungen, Arbeitsmittel und Arbeitsstoffe sowie Schutzvorrichtungen bestimmungsgemäß und im Rahmen der ihnen übertragenen Arbeitsaufgaben zu benutzen.

§ 18 Zutritts- und Aufenthaltsverbote

Versicherte dürfen sich an gefährlichen Stellen nur im Rahmen der ihnen übertragenen Aufgaben aufhalten.

Viertes Kapitel Organisation des betrieblichen Arbeitsschutzes

Erster Abschnitt Sicherheitstechnische und betriebsärztliche Betreuung, Sicherheitsbeauftragte

§ 19 Bestellung von Fachkräften für Arbeitssicherheit und Betriebsärzten

(1) Der Unternehmer hat nach Maßgabe des Gesetzes über Betriebsärzte, Sicherheitsingenieure und andere Fachkräfte für Arbeitssicherheit (Arbeitssicherheitsgesetz) und der hierzu erlassenen Unfallverhütungsvorschriften Fachkräfte für Arbeitssicherheit und Betriebsärzte zu bestellen.

(2) Der Unternehmer hat die Zusammenarbeit der Fachkräfte für Arbeitssicherheit und der Betriebsärzte zu fördern.

§ 20 Bestellung und Aufgaben von Sicherheitsbeauftragten

(1) In Unternehmen mit regelmäßig mehr als 20 Beschäftigten hat der Unternehmer unter Berücksichtigung der im Unternehmen bestehenden Verhältnisse hinsichtlich der Arbeitsbedingungen, der Arbeitsumgebung sowie der Arbeitsorganisation Sicherheitsbeauftragte in der erforderlichen Anzahl zu bestellen. Kriterien für die Anzahl der Sicherheitsbeauftragten sind:

Im Unternehmen bestehende Unfall- und Gesundheitsgefahren,

Räumliche Nähe der zuständigen Sicherheitsbeauftragten zu den Beschäftigten,

Zeitliche Nähe der zuständigen Sicherheitsbeauftragten zu den Beschäftigten,

Fachliche Nähe der zuständigen Sicherheitsbeauftragten zu den Beschäftigten,

Anzahl der Beschäftigten.

(2) Die Sicherheitsbeauftragten haben den Unternehmer bei der Durchführung der Maßnahmen zur Verhütung von Arbeitsunfällen und Berufskrankheiten zu unterstützen, insbesondere sich von dem Vorhandensein und der ordnungsgemäßen Benutzung der vorgeschriebenen Schutzeinrichtungen und persönlichen Schutzausrüstungen zu überzeugen und auf Unfall- und Gesundheitsgefahren für die Versicherten aufmerksam zu machen.

(3) Der Unternehmer hat den Sicherheitsbeauftragten Gelegenheit zu geben, ihre Aufgaben zu erfüllen, insbesondere in ihrem Bereich an den Betriebsbesichtigungen sowie den Untersuchungen von Unfällen und Berufskrankheiten durch die Aufsichtspersonen der Unfallversicherungsträger teilzunehmen; den Sicherheitsbeauftragten sind die hierbei erzielten Ergebnisse zur Kenntnis zu geben.

(4) Der Unternehmer hat sicherzustellen, dass die Fachkräfte für Arbeitssicherheit und Betriebsärzte mit den Sicherheitsbeauftragten eng zusammenwirken.

(5) Die Sicherheitsbeauftragten dürfen wegen der Erfüllung der ihnen übertragenen Aufgaben nicht benachteiligt werden.

(6) Der Unternehmer hat den Sicherheitsbeauftragten Gelegenheit zu geben, an Aus- und Fortbildungsmaßnahmen des Unfallversicherungsträgers teilzunehmen, soweit dies im Hinblick auf die Betriebsart und die damit für die Versicherten verbundenen Unfall- und Gesundheitsgefahren sowie unter Berücksichtigung betrieblicher Belange erforderlich ist.

Zweiter Abschnitt Maßnahmen bei besonderen Gefahren

§ 21 Allgemeine Pflichten des Unternehmers

(1) Der Unternehmer hat Vorkehrungen zu treffen, dass alle Versicherten, die einer unmittelbaren erheblichen Gefahr ausgesetzt sind oder sein können, möglichst frühzeitig über diese Gefahr und die getroffenen oder zu treffenden Schutzmaßnahmen unterrichtet sind. Bei unmittelbarer erheblicher Gefahr für die eigene Sicherheit oder die Sicherheit anderer Personen müssen die Versicherten die geeigneten Maßnahmen zur Gefahrenabwehr und Schadensbegrenzung selbst treffen

können, wenn der zuständige Vorgesetzte nicht erreichbar ist; dabei sind die Kenntnisse der Versicherten und die vorhandenen technischen Mittel zu berücksichtigen.

(2) Der Unternehmer hat Maßnahmen zu treffen, die es den Versicherten bei unmittelbarer erheblicher Gefahr ermöglichen, sich durch sofortiges Verlassen der Arbeitsplätze in Sicherheit zu bringen.

§ 22 Notfallmaßnahmen

(1) Der Unternehmer hat entsprechend § 10 Arbeitsschutzgesetz die Maßnahmen zu planen, zu treffen und zu überwachen, die insbesondere für den Fall des Entstehens von Bränden, von Explosionen, des unkontrollierten Austretens von Stoffen und von sonstigen gefährlichen Störungen des Betriebsablaufs geboten sind.

(2) Der Unternehmer hat eine ausreichende Anzahl von Versicherten durch Unterweisung und Übung im Umgang mit Feuerlöscheinrichtungen zur Bekämpfung von Entstehungsbränden vertraut zu machen.

§ 23 Maßnahmen gegen Einflüsse des Wettergeschehens

Beschäftigt der Unternehmer Versicherte im Freien und bestehen infolge des Wettergeschehens Unfall- und Gesundheitsgefahren, so hat er geeignete Maßnahmen am Arbeitsplatz vorzusehen, geeignete organisatorische Schutzmaßnahmen zu treffen oder erforderlichenfalls persönliche Schutzausrüstungen zur Verfügung zu stellen.

Dritter Abschnitt Erste Hilfe

§ 24 Allgemeine Pflichten des Unternehmers

(1) Der Unternehmer hat dafür zu sorgen, dass zur Ersten Hilfe und zur Rettung aus Gefahr die erforderlichen Einrichtungen und Sachmittel sowie das erforderliche Personal zur Verfügung stehen.

(2) Der Unternehmer hat dafür zu sorgen, dass nach einem Unfall unverzüglich Erste Hilfe geleistet und eine erforderliche ärztliche Versorgung veranlasst wird.

(3) Der Unternehmer hat dafür zu sorgen, dass Verletzte sachkundig transportiert werden.

(4) Der Unternehmer hat im Rahmen seiner Möglichkeiten darauf hinzuwirken, dass Versicherte

1. einem Durchgangsarzt vorgestellt werden, es sei denn, dass der erstbehandelnde Arzt festgestellt hat, dass die Verletzung nicht über den Unfalltag hinaus zur Arbeitsunfähigkeit führt oder die Behandlungsbedürftigkeit voraussichtlich nicht mehr als eine Woche beträgt,
2. bei einer schweren Verletzung einem der von den Unfallversicherungsträgern bezeichneten Krankenhäuser zugeführt werden,
3. bei Vorliegen einer Augen- oder Hals-, Nasen-, Ohrenverletzung dem nächsterreichbaren Arzt des entsprechenden Fachgebiets zugeführt werden, es sei denn, dass sich die Vorstellung durch eine ärztliche Erstversorgung erübrigt hat.

(5) Der Unternehmer hat dafür zu sorgen, dass den Versicherten durch Aushänge der Unfallversicherungsträger oder in anderer geeigneter schriftlicher Form Hinweise über die Erste Hilfe und Angaben über Notruf, Erste-Hilfe- und Rettungs-Einrichtungen, über das Erste-Hilfe-Personal sowie über herbeizuziehende Ärzte und anzufahrende Krankenhäuser gemacht werden. Die Hinweise und die Angaben sind aktuell zu halten.

(6) Der Unternehmer hat dafür zu sorgen, dass jede Erste-Hilfe-Leistung dokumentiert und diese Dokumentation fünf Jahre lang verfügbar gehalten wird. Die Dokumente sind vertraulich zu behandeln.

(7) Der Schulsachkostenträger als Unternehmer nach § 136 Absatz 3 Nummer 3 Alternative 2 Sozialgesetzbuch Siebtes Buch (SGB VII) hat den Schulhoheitsträger bei der Durchführung von Maßnahmen zur Sicherstellung einer wirksamen Ersten Hilfe für Versicherte nach § 2 Absatz 1 Nummer 8 Buchstabe b SGB VII zu unterstützen.

§ 25 Erforderliche Einrichtungen und Sachmittel

(1) Der Unternehmer hat unter Berücksichtigung der betrieblichen Verhältnisse durch Meldeeinrichtungen und organisatorische Maßnahmen dafür zu sorgen, dass unverzüglich die notwendige Hilfe herbeigerufen und an den Einsatzort geleitet werden kann.

(2) Der Unternehmer hat dafür zu sorgen, dass Mittel zur Ersten Hilfe jederzeit schnell erreichbar und leicht zugänglich in geeigneten Behältnissen, gegen schädigende Einflüsse geschützt, in ausreichender Menge bereitgehalten sowie rechtzeitig ergänzt und erneuert werden.

(3) Der Unternehmer hat dafür zu sorgen, dass unter Berücksichtigung der betrieblichen Verhältnisse Rettungsgeräte und Rettungstransportmittel bereitgehalten werden.

(4) Der Unternehmer hat dafür zu sorgen, dass mindestens ein mit Rettungstransportmitteln leicht erreichbarer Erste-Hilfe-Raum oder eine vergleichbare Einrichtung

1. in einer Betriebsstätte mit mehr als 1000 dort beschäftigten Versicherten,
2. in einer Betriebsstätte mit 1000 oder weniger, aber mehr als 100 dort beschäftigten Versicherten, wenn ihre Art und das Unfallgeschehen nach Art, Schwere und Zahl der Unfälle einen gesonderten Raum für die Erste Hilfe erfordern,
3. auf einer Baustelle mit mehr als 50 dort beschäftigten Versicherten

vorhanden ist. Nummer 3 gilt auch, wenn der Unternehmer zur Erbringung einer Bauleistung aus einem von ihm übernommenen Auftrag Arbeiten an andere Unternehmer vergeben hat und insgesamt mehr als 50 Versicherte gleichzeitig tätig werden.

(5) In Kindertageseinrichtungen, allgemein bildenden und berufsbildenden Schulen sowie Hochschulen hat der Unternehmer geeignete Liegemöglichkeiten oder geeignete Räume mit Liegemöglichkeit zur Erstversorgung von Verletzten in der erforderlichen Anzahl vorzuhalten.

§ 26 Zahl und Ausbildung der Ersthelfer

(1) Der Unternehmer hat dafür zu sorgen, dass für die Erste-Hilfe-Leistung Ersthelfer mindestens in folgender Zahl zur Verfügung stehen:

1. Bei 2 bis zu 20 anwesenden Versicherten ein Ersthelfer,
2. bei mehr als 20 anwesenden Versicherten
   a) in Verwaltungs- und Handelsbetrieben 5 %,
   b) in sonstigen Betrieben 10 %,
   c) in Kindertageseinrichtungen ein Ersthelfer je Kindergruppe,
   d) in Hochschulen 10 % der Versicherten nach § 2 Absatz 1 Nummer 1 Sozialgesetzbuch Siebtes Buch (SGB VII).

Von der Zahl der Ersthelfer nach Nummer 2 kann im Einvernehmen mit dem Unfallversicherungsträger unter Berücksichtigung der Organisation des betrieblichen Rettungswesens und der Gefährdung abgewichen werden.

(2) Der Unternehmer darf als Ersthelfer nur Personen einsetzen, die bei einer von dem Unfallversicherungsträger für die Ausbildung zur Ersten Hilfe ermächtigten Stelle ausgebildet worden sind oder über eine sanitätsdienstliche/rettungsdienstliche Ausbildung oder eine abgeschlossene Ausbildung in einem Beruf des Gesundheitswesens verfügen. Die Voraussetzungen für die Ermächtigung sind in der Anlage 2 zu dieser Unfallverhütungsvorschrift geregelt.

(3) Der Unternehmer hat dafür zu sorgen, dass die Ersthelfer in der Regel in Zeitabständen von zwei Jahren fortgebildet werden. Für die Fortbildung gilt Absatz 2 entsprechend. Personen mit einer sanitätsdienstlichen/rettungsdienstlichen Ausbildung oder einer entsprechenden Qualifikation in einem Beruf des Gesundheitswesens gelten als fortgebildet, wenn sie an vergleichbaren Fortbildungsveranstaltungen regelmäßig teilnehmen oder bei ihrer beruflichen oder ehrenamtlich sanitätsdienstlichen/rettungsdienstlichen Tätigkeit regelmäßig Erste-Hilfe-Maßnahmen durchführen. Der Unternehmer

hat sich Nachweise über die Fortbildung vorlegen zu lassen.

(4) Ist nach Art des Betriebes, insbesondere auf Grund des Umganges mit Gefahrstoffen, damit zu rechnen, dass bei Unfällen Maßnahmen erforderlich werden, die nicht Gegenstand der allgemeinen Ausbildung zum Ersthelfer gemäß Absatz 2 sind, hat der Unternehmer für die erforderliche zusätzliche Aus- und Fortbildung zu sorgen.

(5) Die Absätze 1 bis 4 gelten nicht für Unternehmer hinsichtlich der nach § 2 Absatz 1 Nummer 8 Buchstabe b Sozialgesetzbuch Siebtes Buch (SGB VII) Versicherten.

§ 27 Zahl und Ausbildung der Betriebssanitäter

(1) Der Unternehmer hat dafür zu sorgen, dass mindestens ein Betriebssanitäter zur Verfügung steht, wenn

1. in einer Betriebsstätte mehr als 1500 Versicherte nach § 2 Absatz 1 Nummer 1 Sozialgesetzbuch Siebtes Buch (SGB VII) anwesend sind,
2. in einer Betriebsstätte 1500 oder weniger, aber mehr als 250 Versicherte nach § 2 Absatz 1 Nummer 1 SGB VII anwesend sind und Art, Schwere und Zahl der Unfälle den Einsatz von Sanitätspersonal erfordern,
3. auf einer Baustelle mehr als 100 Versicherte nach § 2 Absatz 1 Nummer 1 SGB VII anwesend sind.

Nummer 3 gilt auch, wenn der Unternehmer zur Erbringung einer Bauleistung aus einem von ihm übernommenen Auftrag Arbeiten an andere Unternehmer vergibt und insgesamt mehr als 100 Versicherte gleichzeitig tätig werden.

(2) In Betrieben nach Absatz 1 Satz 1 Nummer 1 kann im Einvernehmen mit dem Unfallversicherungsträger von Betriebssanitätern abgesehen werden, sofern nicht nach Art, Schwere und Zahl der Unfälle ihr Einsatz erforderlich ist. Auf Baustellen nach Absatz 1 Satz 1 Nummer 3 kann im Einvernehmen mit dem Unfallversicherungsträger unter Berücksichtigung der Erreichbarkeit des Unfallortes und der Anbindung an den öffentlichen Rettungsdienst von Betriebssanitätern abgesehen werden.

(3) Der Unternehmer darf als Betriebssanitäter nur Personen einsetzen, die von Stellen ausgebildet worden sind, welche von dem Unfallversicherungsträger in personeller, sachlicher und organisatorischer Hinsicht als geeignet beurteilt werden.

(4) Der Unternehmer darf als Betriebssanitäter nur Personen einsetzen, die

1. an einer Grundausbildung
   und
2. an einem Aufbaulehrgang

für den betrieblichen Sanitätsdienst teilgenommen haben.

Als Grundausbildung gilt auch eine mindestens gleichwertige Ausbildung oder eine die Sanitätsaufgaben einschließende Berufsausbildung.

(5) Für die Teilnahme an dem Aufbaulehrgang nach Absatz 4 Satz 1 Nummer 2 darf die Teilnahme an der Ausbildung nach Absatz 4 Satz 1 Nummer 1 nicht mehr als zwei Jahre zurückliegen; soweit auf Grund der Ausbildung eine entsprechende berufliche Tätigkeit ausgeübt wurde, ist die Beendigung derselben maßgebend.

(6) Der Unternehmer hat dafür zu sorgen, dass die Betriebssanitäter regelmäßig innerhalb von drei Jahren fortgebildet werden. Für die Fortbildung gilt Absatz 3 entsprechend.

§ 28 Unterstützungspflichten der Versicherten

(1) Im Rahmen ihrer Unterstützungspflichten nach § 15 Absatz 1 haben sich Versicherte zum Ersthelfer ausbilden und in der Regel in Zeitabständen von zwei Jahren fortbilden zu lassen. Sie haben sich nach der Ausbildung für Erste-Hilfe-Leistungen zur Verfügung zu stellen. Die Versicherten brauchen den Verpflichtungen nach den Sätzen 1 und 2 nicht nachzukommen, soweit persönliche Gründe entgegenstehen.

(2) Versicherte haben unverzüglich jeden Unfall der zuständigen betrieblichen Stelle zu melden; sind sie hierzu nicht im Stande, liegt

die Meldepflicht bei dem Betriebsangehörigen, der von dem Unfall zuerst erfährt.

Vierter Abschnitt
Persönliche Schutzausrüstungen

§ 29 Bereitstellung

(1) Der Unternehmer hat gemäß § 2 der PSA-Benutzungsverordnung den Versicherten geeignete persönliche Schutzausrüstungen bereitzustellen; vor der Bereitstellung hat er die Versicherten anzuhören.

(2) Der Unternehmer hat dafür zu sorgen, dass die persönlichen Schutzausrüstungen den Versicherten in ausreichender Anzahl zur persönlichen Verwendung für die Tätigkeit am Arbeitsplatz zur Verfügung gestellt werden. Für die bereitgestellten persönlichen Schutzausrüstungen müssen EG-Konformitätserklärungen vorliegen. Satz 2 gilt nicht für Hautschutzmittel.

§ 30 Benutzung

(1) Der Unternehmer hat dafür zu sorgen, dass persönliche Schutzausrüstungen entsprechend bestehender Tragezeitbegrenzungen und Gebrauchsdauern bestimmungsgemäß benutzt werden.

(2) Die Versicherten haben die persönlichen Schutzausrüstungen bestimmungsgemäß zu benutzen, regelmäßig auf ihren ordnungsgemäßen Zustand zu prüfen und festgestellte Mängel dem Unternehmer unverzüglich zu melden.

§ 31 Besondere Unterweisungen

Für persönliche Schutzausrüstungen, die gegen tödliche Gefahren oder bleibende Gesundheitsschäden schützen sollen, hat der Unternehmer die nach § 3 Absatz 2 der PSA-Benutzungsverordnung bereitzuhaltende Benutzungsinformation den Versicherten im Rahmen von Unterweisungen mit Übungen zu vermitteln.

Fünftes Kapitel
Ordnungswidrigkeiten

§ 32 Ordnungswidrigkeiten

Ordnungswidrig im Sinne des § 209 Absatz 1 Nummer 1 Sozialgesetzbuch Siebtes Buch (SGB VII) handelt, wer vorsätzlich oder fahrlässig den Bestimmungen der

§ 2 Abs. 5,

§ 12 Abs. 2,

§ 15 Abs. 2,

§ 20 Abs. 1,

§ 24 Abs. 6,

§ 25 Abs. 1, 4 Nr. 1 oder 3,

§ 26 Abs. 1 Satz 1 oder Abs. 2 Satz 1,

§ 27 Abs. 1 Satz 1 Nr. 1 oder 3, Abs. 3,

§ 29 Abs. 2 Satz 2 oder

§ 30

zuwiderhandelt.

Sechstes Kapitel
Aufhebung von Unfallverhütungsvorschriften

§ 33 Aufhebung von Unfallverhütungsvorschriften

Folgende Unfallverhütungsvorschrift wird aufgehoben:

(Text für Berufsgenossenschaften):

„Grundsätze der Prävention" (BGV A1) vom …

(Text für UVT der öffentlichen Hand):

„Grundsätze der Prävention" (GUV-V A1) vom …

Siebtes Kapitel
Inkrafttreten

§ 34 Inkrafttreten

Diese Unfallverhütungsvorschrift tritt am ….. in Kraft.

I

Anlage 1

Zu § 2 Abs. 1:

Staatliche Arbeitsschutzvorschriften, in denen vom Unternehmer zur Verhütung von Arbeitsunfällen, Berufskrankheiten und arbeitsbedingten Gesundheitsgefahren zu treffende Maßnahmen näher bestimmt sind, sind – in ihrer jeweils gültigen Fassung – insbesondere:

- Arbeitsschutzgesetz (ArbSchG),
- Arbeitsstättenverordnung (ArbStättV),
- Baustellenverordnung (BaustellV),
- Bildschirmarbeitsverordnung (BildscharbV),
- Biostoffverordnung (BioStoffV),
- Betriebssicherheitsverordnung (BetrSichV),
- Gefahrstoffverordnung (GefStoffV),
- Lärm- und Vibrations-Arbeitsschutzverordnung (LärmVibrationsArbSchV),
- Lastenhandhabungsverordnung (LasthandhabV),
- PSA-Benutzungsverordnung (PSA-BV),
- Verordnung zur arbeitsmedizinischen Vorsorge (ArbMedVV),
- Verordnung zum Schutz der Beschäftigten vor Gefährdungen durch künstliche optische Strahlung (OStrV).

Die vorstehende Auflistung ist nicht abschließend.

Der gesetzliche Auftrag der Unfallversicherungsträger zur Verhütung von Arbeitsunfällen, Berufskrankheiten und arbeitsbedingten Gesundheitsgefahren gilt auch für Unternehmer und Versicherte, die nicht unmittelbar durch die Anwendungsbereiche der staatlichen Arbeitsschutzvorschriften erfasst sind.

Anlage 2

Zu § 26 Abs. 2:

Voraussetzungen für die Ermächtigung als Stelle für die Aus- und Fortbildung in der Ersten Hilfe

Stellen, die Aus- und Fortbildung in der Ersten Hilfe durchführen, bedürfen einer schriftlichen Vereinbarung, welche Art und Umfang der Aus- und Fortbildungsleistungen und die Höhe der Lehrgangsgebühren regelt.

1 Allgemeine Grundsätze

1.1 Antrag auf Ermächtigung

Der Antrag auf Ermächtigung ist beim zuständigen Unfallversicherungsträger einzureichen.

1.2 Prüfung

Der Unfallversicherungsträger sowie von dem Unfallversicherungsträger beauftragte Personen sind jederzeit berechtigt, die Lehrgangsräume, die Lehrgangseinrichtungen, die Unterrichtsmittel sowie die Durchführung der Lehrgänge zu prüfen.

1.3 Befristung, Widerruf der Ermächtigung

Die Ermächtigung wird befristet und unter dem Vorbehalt des Widerrufes nach Prüfung der personellen, sachlichen und organisatorischen Voraussetzungen erteilt.

1.4 Änderung einer Voraussetzung

Jede Änderung einer Voraussetzung, die der Ermächtigung zu Grunde liegt, ist unverzüglich dem zuständigen Unfallversicherungsträger anzuzeigen.

2 Personelle Voraussetzungen

2.1 Medizinischer Hintergrund

Der Antragsteller muss nachweisen, dass die Aus- und Fortbildung in der Ersten Hilfe unter der Verantwortung eines hierfür geeigneten Arztes steht.

Geeignet sind Ärzte mit dem Fachkundenachweis Rettungsdienst oder der Zusatzbezeichnung Rettungsmedizin oder vergleichbarer Qualifikation. Ferner müssen die Ärzte eingehende Kenntnisse über Empfehlungen für die Erste Hilfe des Deutschen Beirates für Erste Hilfe und Wiederbelebung bei der Bundesärztekammer besitzen.

2.2 Lehrkräfte

Der Antragsteller muss nachweisen, dass er selbst zur Ausbildung befähigt ist oder über entsprechende Lehrkräfte in ausreichender Zahl verfügt.

Die Befähigung ist gegeben, wenn die Lehrkraft durch Vorlage einer gültigen Bescheinigung nachweist, dass sie an einem speziellen Ausbildungslehrgang für die Erste Hilfe bei einer geeigneten Stelle zur Ausbildung von Lehrkräften teilgenommen hat. Die Lehrkraft muss in angemessenen Zeitabständen fortgebildet werden.

2.3 Erfahrung in Organisation und Durchführung der Ersten Hilfe

Der Antragsteller muss nachweisen, dass er über besondere Erfahrungen in Organisation und Durchführung der Ersten Hilfe verfügt. Das ist der Fall, wenn er oder seine Lehrkräfte in der Regel seit mindestens drei Jahren im öffentlichen oder betrieblichen Rettungsdienst tätig sind und Einsatzerfahrung nachweisen können.

2.4 Versicherungsschutz

Der Antragsteller muss nachweisen, dass er eine Haftpflichtversicherung abgeschlossen hat, die eventuelle Personen- und Sachschäden, die im Zusammenhang mit der Aus- und Fortbildung stehen, abdeckt.

3 Sachliche Voraussetzungen

3.1 Lehrgangsräume, -einrichtungen und Unterrichtsmittel

Für die Lehrgänge müssen geeignete Räume, Einrichtungen und Unterrichtsmittel vorhanden sein. Es muss mindestens ein Raum zur Verfügung stehen, in dem 20 Personen durch theoretischen Unterricht, praktische Demonstrationen und Übungen in der Ersten Hilfe unterwiesen werden können. Der Raum muss über ausreichende Beleuchtung verfügen. Zudem müssen Sitz- und Schreibmöglichkeiten sowie Waschgelegenheiten und Toiletten vorhanden sein.

Es müssen die notwendigen Unterrichtsmittel, insbesondere Demonstrations- und Übungsmaterialien sowie geeignete Medien, wie Tageslichtprojektor und Lehrfolien, vollzählig und funktionstüchtig zur Verfügung stehen.

Die Demonstrations- und Übungsmaterialien, insbesondere die Geräte zum Üben der Atemspende und der Herzdruckmassage, unterliegen besonderen Anforderungen der Hygiene und müssen nachweislich desinfiziert werden.

4 Organisatorische Voraussetzungen

4.1 Anzahl der Teilnehmer

An einem Lehrgang sollen in der Regel mindestens 10 und nicht mehr als 15 Personen teilnehmen. Die Teilnehmerzahl darf jedoch, auch bei Anwesenheit eines Ausbildungshelfers, 20 Personen nicht übersteigen.

4.2 Ausbildungsleistung

Der Antragsteller muss gewährleisten, dass jährlich mindestens 100 Versicherte aus- oder fortgebildet werden.

4.3 Inhalt und Umfang der Lehrgänge

Die Aus- und Fortbildung muss nach Inhalt und Umfang sowie in methodisch-didaktischer Hinsicht mindestens dem Stoff entsprechen, der in sachlicher Übereinstimmung mit den in der Bundesarbeitsgemeinschaft Erste Hilfe vertretenen Hilfsorganisationen und unter Berücksichtigung von Empfehlungen des Deutschen Beirates für Erste Hilfe und Wiederbelebung bei der Bundesärztekammer in den Lehrplänen und Leitfäden zum Erste-Hilfe-Lehrgang festgelegt ist.

4.4 Teilnehmerunterlagen

Jedem Teilnehmer an einer Aus- und Fortbildungsmaßnahme ist eine Informationsschrift über die Lehrinhalte auszuhändigen, die mindestens den Inhalten der Information „Handbuch zur Ersten Hilfe" (BGI/GUV-I 829) entspricht.

4.5 Teilnahmebescheinigung

Jedem Teilnehmer ist eine Teilnahmebescheinigung auszuhändigen. Die Bescheinigung über die Aus- und die Fortbildung in der Ersten Hilfe darf jeweils nur erteilt werden, wenn die Lehrkraft die Überzeugung gewonnen hat, dass der Teilnehmer nach regelmäßigem Besuch die erforderlichen Kenntnisse und Fähigkeiten gemäß Abschnitt 4.3 besitzt.

4.6 Dokumentation

Die ermächtigte Stelle hat über die durchgeführten Lehrgänge folgende Aufzeichnungen zu führen:

- Art der jeweiligen Aus- oder Fortbildungsmaßnahme,
- Ort und Zeit der Maßnahme,
- Name des verantwortlichen Arztes,
- Name der Lehrkraft,
- Name, Geburtsdatum und Unterschrift des Teilnehmers,
- Arbeitgeber des Teilnehmers,
- Kosten tragender Unfallversicherungsträger.

Die Aufzeichnungen sind fünf Jahre aufzubewahren und auf Anforderung des Unfallversicherungsträgers vorzulegen.

5 Besondere Voraussetzungen für die Erste-Hilfe-Aus- und Fortbildung in Bildungs- und Betreuungseinrichtungen für Kinder

Diese Ausbildung enthält Erste-Hilfe-Maßnahmen für Erwachsene und Kinder und bedarf neben den oben genannten Voraussetzungen auf die Ausbildungsform abgestimmte Lehrgangsinhalte, weitere sachliche Ausstattungen, eine Zusatzqualifikation der Lehrkräfte sowie die Aushändigung einer Informationsschrift, die mindestens der Information „Handbuch zur Ersten Hilfe in Bildungs- und Betreuungseinrichtungen für Kinder" (BGI/GUV-I 5146) entspricht.

I

Unfallverhütungsvorschrift – Betriebsärzte und Fachkräfte für Arbeitssicherheit (DGUV Vorschrift 2) Abgestimmter Mustertext

Vom 1. Januar 2012

Inhaltsübersicht

---

[1]) UV-Träger, die Anlage 3 oder 4 nicht übernehmen, führen hier auf "entfällt".

[2]) Die Anhänge 1 bis 4 enthalten keine rechtsverbindlichen Regelungen.

Erstes Kapitel
Allgemeine Vorschriften

§ 1 Geltungsbereich

Diese Unfallverhütungsvorschrift bestimmt näher die Maßnahmen, die der Unternehmer zur Erfüllung der sich aus dem Gesetz über Betriebsärzte, Sicherheitsingenieure und andere Fachkräfte für Arbeitssicherheit (Arbeitssicherheitsgesetz) ergebenden Pflichten zu treffen hat.

§ 2 Bestellung

(1) Der Unternehmer hat Betriebsärzte und Fachkräfte für Arbeitssicherheit zur Wahrnehmung der in den §§ 3 und 6 des Arbeitssicherheitsgesetzes bezeichneten Aufgaben schriftlich nach Maßgabe der nachfolgenden Bestimmungen zu bestellen. Der Unternehmer hat dem Unfallversicherungsträger auf Verlangen nachzuweisen, wie er die Verpflichtung nach Satz 1 erfüllt hat.

(2) Bei Betrieben mit bis zu 10 Beschäftigten richtet sich der Umfang der betriebsärztlichen und sicherheitstechnischen Betreuung nach Anlage 1.

(3) Bei Betrieben mit mehr als 10 Beschäftigten gelten die Bestimmungen nach Anlage 2.

(4) Abweichend von den Absätzen 2 und 3 kann der Unternehmer nach Maßgabe von Anlage 3 bzw. Anlage 4 ein alternatives Betreuungsmodell wählen, wenn er aktiv in das Betriebsgeschehen eingebunden ist und die Zahl der Beschäftigten bis zu . . . *(Konkrete Regelungen des jeweiligen UVT einsetzen; Anlage 3: Obergrenze 50, Anlage 4: 10)* . . . beträgt.

(5) Bei der Berechnung der Zahl der Beschäftigten sind jährliche Durchschnittszahlen zugrunde zu legen; bei der Berechnung des Schwellenwertes in den Absätzen 2, 3 und 4 findet die Regelung des § 6 Abs. 1 Satz 4 des Arbeitsschutzgesetzes entsprechende Anwendung.

(6) Der Unfallversicherungsträger kann im Einzelfall im Einvernehmen mit der nach § 12 Arbeitssicherheitsgesetz zuständigen Behörde Abweichungen von den Absätzen 2, 3 und 4 zulassen, soweit im Betrieb die Unfall- und Gesundheitsgefahren vom Durchschnitt abweichen und die abweichende Festsetzung mit dem Schutz der Beschäftigten vereinbar ist. Als Vergleichsmaßstab dienen Betriebe der gleichen Art.

§ 3 Arbeitsmedizinische Fachkunde

Der Unternehmer kann die erforderliche arbeitsmedizinische Fachkunde als gegeben ansehen bei Ärzten, die nachweisen, dass sie berechtigt sind,

1. die Gebietsbezeichnung „Arbeitsmedizin" oder
2. die Zusatzbezeichnung „Betriebsmedizin"

zu führen.

§ 4 Sicherheitstechnische Fachkunde

(1) Der Unternehmer kann die erforderliche sicherheitstechnische Fachkunde von Fachkräften für Arbeitssicherheit als nachgewiesen ansehen, wenn diese den in den Absätzen 2 bis 5 festgelegten Anforderungen genügen.

(2) Sicherheitsingenieure erfüllen die Anforderungen, wenn sie

1. berechtigt sind, die Berufsbezeichnung Ingenieur zu führen oder einen Bachelor- oder Masterabschluss der Studienrichtung Ingenieurwissenschaften erworben haben,
2. danach eine praktische Tätigkeit in diesem Beruf mindestens zwei Jahre lang ausgeübt und
3. einen staatlichen oder von Unfallversicherungsträgern veranstalteten Ausbildungslehrgang oder einen staatlich oder von Unfallversicherungsträgern anerkannten Ausbildungslehrgang eines anderen Ausbildungsträgers mit Erfolg abgeschlossen haben.

Sicherheitsingenieure, die auf Grund ihrer Hochschul-/Fachhochschulausbildungberechtigt sind, die Berufsbezeichnung „Sicherheitsingenieur" zu führen und eine einjährige praktische Tätigkeit als Ingenieur ausgeübt haben, erfüllen ebenfalls die Anforderungen.

(3) In der Funktion als Sicherheitsingenieur können auch Personen tätig werden, die über gleichwertige Qualifikationen verfügen.

(4) Sicherheitstechniker erfüllen die Anforderungen, wenn sie

1. eine Prüfung als staatlich anerkannter Techniker erfolgreich abgelegt haben,
2. danach eine praktische Tätigkeit als Techniker mindestens zwei Jahre lang ausgeübt haben

   und
3. einen staatlichen oder von Unfallversicherungsträgern veranstalteten Ausbildungslehrgang

   oder

   einen staatlich oder von Unfallversicherungsträgern anerkannten Ausbildungslehrgang eines anderen Veranstaltungsträgers mit Erfolg abgeschlossen haben.

Die Anforderungen erfüllt auch, wer ohne Prüfung als staatlich anerkannter Techniker mindestens vier Jahre lang als Techniker tätig war und einen staatlichen oder von Unfallversicherungsträgern veranstalteten Ausbildungslehrgang oder einen staatlich oder von Unfallversicherungsträgern anerkannten Ausbildungslehrgang eines anderen Veranstaltungsträgers mit Erfolg abgeschlossen hat.

(5) Sicherheitsmeister erfüllen die Anforderungen, wenn sie

1. die Meisterprüfung erfolgreich abgelegt haben,
2. danach eine praktische Tätigkeit als Meister mindestens zwei Jahre lang ausgeübt haben

   und
3. einen staatlichen oder von Unfallversicherungsträgern veranstalteten Ausbildungslehrgang

   oder

   einen staatlich oder von Unfallversicherungsträgern anerkannten Ausbildungslehrgang eines anderen Veranstaltungsträgers mit Erfolg abgeschlossen haben.

Die Anforderungen erfüllt auch, wer ohne Meisterprüfung mindestens vier Jahre lang als Meister oder in gleichwertiger Funktion tätig war und einen staatlichen oder von Unfallversicherungsträgern veranstalteten Ausbildungslehrgang oder einen staatlich oder von Unfallversicherungsträgern anerkannten Ausbildungslehrgang eines anderen Veranstaltungsträgers mit Erfolg abgeschlossen hat.

(6) Der Ausbildungslehrgang nach den Absätzen 2, 4 und 5 umfasst die Ausbildungsstufe I (Grundausbildung), Ausbildungsstufe II (Vertiefende Ausbildung), Ausbildungsstufe III (Bereichsbezogene Ausbildung) und das begleitende Praktikum. Bestandteile der Ausbildungsstufe III sind die nachfolgenden Rahmenthemen:

(Konkrete Regelungen des jeweiligen UVTs einsetzen)

(7) Bei einem Wechsel einer Fachkraft für Arbeitssicherheit, die die Ausbildungsstufe III (Bereichsbezogene Ausbildung) entsprechend den Festlegungen eines anderen Unfallversicherungsträgers absolviert hat, in eine andere Branche, hat der Unternehmer dafür zu sorgen, dass die Fachkraft für Arbeitssicherheit die erforderlichen bereichsbezogenen Kenntnisse durch Fortbildung erwirbt. Der Unfallversicherungsträger entscheidet über den erforderlichen Umfang an Fortbildung unter Berücksichtigung der Inhalte seiner Ausbildungsstufe III.

§ 5 Bericht

Der Unternehmer hat die gemäß § 2 dieser Unfallverhütungsvorschrift bestellten Betriebsärzte und Fachkräfte für Arbeitssicherheit zu verpflichten, über die Erfüllung der übertragenen Aufgaben regelmäßig schriftlich zu berichten. Die Berichte sollen auch über die Zusammenarbeit der Betriebsärzte und Fachkräfte für Arbeitssicherheit Auskunft geben.

Zweites Kapitel
Übergangsbestimmungen

§ 6 Übergangsbestimmungen

(1) Der Unternehmer kann abweichend von § 3 davon ausgehen, dass Ärzte über die erforderliche Fachkunde verfügen, wenn sie

1. eine Bescheinigung der zuständigen Ärztekammer darüber besitzen, dass sie vor dem 1. Januar 1985 ein Jahr klinisch oder poliklinisch tätig gewesen sind und an einem arbeitsmedizinischen Einführungslehrgang teilgenommen haben

   und

2. a) bis zum 31. Dezember 1985 mindestens 500 Stunden innerhalb eines Jahres betriebsärztlich tätig waren

      oder

   b) bis zum 31. Dezember 1987 einen dreimonatigen Kurs über Arbeitsmedizin absolviert haben

      und

   über die Voraussetzungen nach Nummer 2 Buchstabe a) oder b) eine von der zuständigen Ärztekammer erteilte Bescheinigung beibringen.

Die Bescheinigung der zuständigen Ärztekammer muss vor dem 31. Dezember 1996 ausgestellt worden sein.

(2) Der Nachweis der Fachkunde nach § 4 Abs. 2 bis 5 gilt als erbracht, wenn eine Fachkraft für Arbeitssicherheit im Zeitpunkt des Inkrafttretens dieser Unfallverhütungsvorschrift als solche tätig ist und die Fachkundevoraussetzungen der Unfallverhütungsvorschrift „Fachkräfte für Arbeitssicherheit" (BGV A6/GUV-V A 6/7) vom . . . *(setzt UVT ein!)* . . . vorliegen.

(3) *(Übergangsbestimmungen hinsichtlich bisheriger „Unternehmensmodelle" und bestehender Verträge mit Dienstleistungsunternehmen werden vom UVT ergänzt. Gilt nur für die gewerblichen BGen und die EUK; UV-Träger der ö. H. tragen hier ein: „entfällt")*

(4) Abweichend von den Bestimmungen nach § 7 tritt Anlage 3 dieser Unfallverhütungsvorschrift am 1. Januar 2013 in Kraft. *(Gilt nur für die UVT der öffentlichen Hand, die Anlage 3 bisher nicht erlassen haben; BGen tragen hier ein: „entfällt")*

Drittes Kapitel
In-Kraft-Treten und Außer-Kraft-Treten

§ 7 In-Kraft-Treten und Außer-Kraft-Treten

Diese Unfallverhütungsvorschrift tritt am 1. Januar 2011 in Kraft. Gleichzeitig tritt die Unfallverhütungsvorschrift *„Betriebsärzte und Fachkräfte für Arbeitssicherheit" (BGV A2, GUV-V A2) bzw. „Betriebsärzte, Sicherheitsingenieure und andere Fachkräfte für Arbeitssicherheit" (GUV-V A 6/7)* vom . . . . . . in der Fassung vom . . . . . . außer Kraft.

I

Anlage 1
(zu § 2 Abs. 2)

Betriebsärztliche und sicherheitstechnische Regelbetreuung in Betrieben mit bis zu 10 Beschäftigten

Wesentliche Grundlage von Art und Umfang der betriebsärztlichen und sicherheitstechnischen Betreuung sind die im Betrieb vorliegenden Gefährdungen für Sicherheit und Gesundheit der Beschäftigten sowie die Aufgaben gemäß den §§ 3 bzw. 6 Arbeitssicherheitsgesetz.

Der Umfang der zu erbringenden betriebsärztlichen und sicherheitstechnischen Betreuung besteht in der Durchführung von **Grundbetreuungen und anlassbezogenen Betreuungen**. Sie können kombiniert werden.

Grundbetreuungen beinhalten die Unterstützung bei

– der Erstellung bzw.
– der Aktualisierung der Gefährdungsbeurteilung.

Bei der Grundbetreuung muss der Sachverstand von Betriebsärzten und Fachkräften für Arbeitssicherheit einbezogen werden. Dies kann dadurch geschehen, dass der Erstberatende den Sachverstand des jeweils anderen Sachgebietes hinzuzieht.

Die Grundbetreuung wird bei maßgeblicher Änderung der Arbeitsverhältnisse, spätestens aber nach … Jahren wiederholt:

(Konkrete Regelungen des jeweiligen UVT unter Anwendung der Orientierungshilfe für die Einordnung der Branche/Berufsgenossenschaft in die Gruppen I, II und III der betriebsärztlichen und sicherheitstechnischen Betreuung" des Fachausschusses „Organisation des Arbeitsschutzes" einsetzen: Gruppe I: höchstens 1 Jahr; Gruppe II: höchstens 3 Jahre; Gruppe III: höchstens 5 Jahre)

Fristen für arbeitsmedizinische Vorsorgeuntersuchungen bleiben unberührt.

Die **Gefährdungsbeurteilung** besteht aus einer systematischen Feststellung und Bewertung von relevanten Gefährdungen der Beschäftigten. Aus der Gefährdungsbeurteilung sind entsprechende Arbeitsschutzmaßnahmen abzuleiten. Die Gefährdungsbeurteilung und die Maßnahmen sind auf ihre Wirksamkeit zu überprüfen und erforderlichenfalls an sich ändernde Gegebenheiten anzupassen.

Anlassbezogene Betreuungen:

Der Unternehmer ist verpflichtet, sich bei besonderen Anlässen durch einen Betriebsarzt oder eine Fachkraft für Arbeitssicherheit mit branchenbezogener Fachkunde in Fragen der Sicherheit und des Gesundheitsschutzes betreuen zu lassen.

Besondere Anlässe für eine Betreuung durch den Betriebsarzt und die Fachkraft für Arbeitssicherheit können unter anderem sein die

- Planung, Errichtung und Änderung von Betriebsanlagen,
- Einführung neuer Arbeitsmittel, die ein erhöhtes Gefährdungspotenzial zur Folge haben,
- grundlegende Änderung von Arbeitsverfahren,
- Einführung neuer Arbeitsverfahren,
- Gestaltung neuer Arbeitsplätze und -abläufe,
- Einführung neuer Arbeitsstoffe bzw. Gefahrstoffe, die ein erhöhtes Gefährdungspotenzial zur Folge haben,
- Beratung der Beschäftigten über besondere Unfall- und Gesundheitsgefahren bei der Arbeit,
- Untersuchung von Unfällen und Berufskrankheiten,
- Erstellung von Notfall- und Alarmplänen.

Ein weiterer Anlass für das Tätigwerden einer Fachkraft für Arbeitssicherheit kann unter anderem die

- Durchführung sicherheitstechnischer Überprüfungen und Beurteilungen von Anlagen, Arbeitssystemen und Arbeitsverfahren sein.

Weitere Anlässe für das Tätigwerden eines Betriebsarztes können unter anderem sein

- eine grundlegende Umgestaltung von Arbeitszeit-, Pausen- und Schichtsystemen,
- die Erforderlichkeit der Durchführung arbeitsmedizinischer Vorsorgeuntersuchungen, Beurteilungen und Beratungen,
- Suchterkrankungen, die ein gefährdungsfreies Arbeiten beeinträchtigen,
- Fragen des Arbeitsplatzwechsels sowie der Eingliederung und Wiedereingliederung behinderter Menschen und der (Wieder-) Eingliederung von Rehabilitanden,
- die Häufung gesundheitlicher Probleme,
- das Auftreten posttraumatischer Belastungszustände.

(Weitere Konkretisierungen kann der jeweilige UVT vornehmen)

Der Betrieb muss über angemessene und aktuelle Unterlagen verfügen, aus denen das Ergebnis der Gefährdungsbeurteilung, die abgeleiteten Maßnahmen und das Ergebnis der Überprüfung ersichtlich sind. Solche Unterlagen können auch Berichte nach § 5 dieser Unfallverhütungsvorschrift sein.

Ergänzend zur Grundbetreuung können anlassbezogene Beratungen zu spezifischen Fachthemen im Einzelfall auch durch Personen mit spezieller anlassbezogener Fachkunde erbracht werden, die nicht über eine Qualifikation als Betriebsarzt bzw. Fachkraft für Arbeitssicherheit verfügen. Dies kann beispielsweise für Beratungen im Zusammenhang mit Lärmminderungs-, Brandschutz- und Lüftungsmaßnahmen zutreffen. Eine Kombination mit der Grundbetreuung ist in diesen Fällen nicht zulässig.

Unternehmer können sich zur gemeinsamen Nutzung betriebsärztlicher und sicherheitstechnischer Regelbetreuung zusammenschließen, soweit die Möglichkeiten zur Organisation im Betrieb nicht ausreichen.

Die Beschäftigten sind über die Art der praktizierten betriebsärztlichen und sicherheitstechnischen Betreuung zu informieren und darüber in Kenntnis zu setzen, welcher Betriebsarzt und welche Fachkraft für Arbeitssicherheit anzusprechen ist.

Anlage 2
(zu § 2 Abs. 3)

Betriebsärztliche und sicherheitstechnische Regelbetreuung in Betrieben mit mehr als 10 Beschäftigten

1. Allgemeines

Grundlagen von Art und Umfang der betriebsärztlichen und sicherheitstechnischen Betreuung sind die im Betrieb vorliegenden Gefährdungen für Sicherheit und Gesundheit der Beschäftigten sowie die Aufgaben gemäß den §§ 3 bzw. 6 Arbeitssicherheitsgesetz.

Die betriebsärztliche und sicherheitstechnische Betreuung besteht aus der **Grundbetreuung** und dem **betriebsspezifischen Teil der Betreuung**. Grundbetreuung und betriebsspezifische Betreuung bilden zusammen die **Gesamtbetreuung**.

Der Unternehmer hat die Aufgaben der Betriebsärzte und Fachkräfte für Arbeitssicherheit entsprechend den betrieblichen Erfordernissen unter Mitwirkung der betrieblichen Interessenvertretung (z. B. entsprechend Betriebsverfassungsgesetz) sowie unter Verweis auf § 9 Abs. 3 Arbeitssicherheitsgesetz zu ermitteln, aufzuteilen und mit ihnen schriftlich zu vereinbaren.

Die Aufgaben der in allen Betrieben anfallenden Grundbetreuung nach Abschnitt 2 werden in Anhang 3 näher erläutert. Maßgeblich für die Bemessung des Betreuungsumfangs der Grundbetreuung sind die für alle Betriebe geltenden Einsatzzeiten gemäß Abschnitt 2.

Zweiter Bestandteil der Gesamtbetreuung ist der **betriebsspezifische Teil**, dessen Aufgaben nach Abschnitt 3 in Anhang 4 näher erläutert werden. Relevanz und Umfang des betriebsspezifischen Teils der Betreuung werden durch den Unternehmer gemäß Abschnitt 3 ermittelt und regelmäßig überprüft.

Der Unternehmer hat sich durch Betriebsarzt und Fachkraft für Arbeitssicherheit bei der Festlegung der Grundbetreuung und des betriebsspezifischen Teils der Betreuung beraten zu lassen.

Die Beschäftigten sind über die Art der praktizierten betriebsärztlichen und sicherheitstechnischen Betreuung zu informieren und darüber in Kenntnis zu setzen, welcher Betriebsarzt und welche Fachkraft für Arbeitssicherheit anzusprechen ist.

Arbeitsmedizinische Vorsorgeuntersuchungen sind nicht auf die Einsatzzeiten der Grundbetreuung anzurechnen, sondern Bestandteil des betriebsspezifischen Teils der Betreuung.

Wegezeiten können nicht als Einsatzzeiten angerechnet werden.

Maßnahmen und Ergebnisse der Leistungserbringung sind im Rahmen der regelmäßigen Berichte von Betriebsarzt und Fachkraft für Arbeitssicherheit nach § 5 zu dokumentieren.

2. Grundbetreuung

Die Grundbetreuung weist drei Betreuungsgruppen auf, für die jeweils feste Einsatzzeiten als Summenwerte für Betriebsarzt und Fachkraft für Arbeitssicherheit gelten. Die Betriebe sind über ihre jeweilige Betriebsart den Betreuungsgruppen gemäß Abschnitt 4 zugeordnet. Für die Grundbetreuung ist je nach Zuordnung in eine der drei Gruppen folgende Einsatzzeit in Stunden pro Beschäftigtem/r und Jahr erforderlich:

	Gruppe I
Gruppe II	Gruppe III
Einsatzzeit (Std./Jahr pro Beschäftigtem/r)	2,5
1,5	0,5

Bei der Aufteilung der Zeiten auf Betriebsärzte und Fachkräfte für Arbeitssicherheit ist ein Mindestanteil von 20 % der Grundbetreuung, jedoch nicht weniger als 0,2 Std./Jahr pro Beschäftigtem/r, für jeden Leistungserbringer anzusetzen.

(Konkrete Angabe des jeweiligen UVT möglich; der UVT kann in Anhang 1 für bestimmte Betriebsarten die Aufteilung der Summenwerte auf Betriebsarzt und Fachkraft für Arbeitssicherheit empfehlen).

Die Grundbetreuung umfasst folgende Aufgabenfelder:

1 Unterstützung bei der Gefährdungsbeurteilung (Beurteilung der Arbeitsbedingungen)
  - 1.1 Unterstützung bei der Implementierung eines Gesamtkonzeptes zur Gefährdungsbeurteilung
  - 1.2 Unterstützung bei der Durchführung der Gefährdungsbeurteilung
  - 1.3 Beobachtung der gelebten Praxis und Auswertung der Gefährdungsbeurteilung

2 Unterstützung bei grundlegenden Maßnahmen der Arbeitsgestaltung – Verhältnisprävention
  - 2.1 Eigeninitiatives Handeln zur Verhältnisprävention an bestehenden Arbeitssystemen
  - 2.2 Eigeninitiatives Handeln zur Verhältnisprävention bei Veränderung der Arbeitsbedingungen

3 Unterstützung bei grundlegenden Maßnahmen der Arbeitsgestaltung – Verhaltensprävention
  - 3.1 Unterstützung bei Unterweisungen, Betriebsanweisungen, Qualifizierungsmaßnahmen
  - 3.2 Motivieren zum sicherheits- und gesundheitsgerechten Verhalten
  - 3.3 Information und Aufklärung
  - 3.4 Kollektive arbeitsmedizinische Beratung der Beschäftigten

4 Unterstützung bei der Schaffung einer geeigneten Organisation und Integration in die Führungstätigkeit
  - 4.1 Integration des Arbeitsschutzes in die Aufbauorganisation
  - 4.2 Integration des Arbeitsschutzes in die Unternehmensführung
  - 4.3 Beratung zu erforderlichen Ressourcen zur Umsetzung der Arbeitsschutzmaßnahmen
  - 4.4 Kommunikation und Information sichern
  - 4.5 Berücksichtigung der Arbeitsschutzbelange in betrieblichen Prozessen
  - 4.6 Betriebliche arbeitsschutzspezifische Prozesse organisieren
  - 4.7 Ständige Verbesserung sicherstellen

5 Untersuchung nach Ereignissen
   5.1 Untersuchungen von Ereignissen, Ursachenanalysen und deren Auswertungen
   5.2 Ermitteln von Unfallschwerpunkten sowie Schwerpunkten arbeitsbedingter Erkrankungen
   5.3 Verbesserungsvorschläge

6 Allgemeine Beratung von Arbeitgebern und Führungskräften, betrieblichen Interessenvertretungen, Beschäftigten
   6.1 Beratung zu Rechtsgrundlagen, Stand der Technik und Arbeitsmedizin, wissenschaftlichen Erkenntnissen
   6.2 Beantwortung von Anfragen
   6.3 Verbreitung der Information im Unternehmen, einschließlich Teambesprechungen
   6.4 Externe Beratung zu speziellen Problemen des Arbeitsschutzes organisieren

7 Erstellung von Dokumentationen, Erfüllung von Meldepflichten
   7.1 Unterstützung bei der Erstellung von Dokumentationen
   7.2 Unterstützung bei der Erfüllung von Meldepflichten gegenüber den zuständigen Behörden und Unfallversicherungsträgern
   7.3 Dokumentation von Vorschlägen an den Arbeitgeber einschließlich Angabe des jeweiligen Umsetzungsstandes
   7.4 Dokumentation zur eigenen Tätigkeit und zur Inanspruchnahme der Einsatzzeiten

8 Mitwirken in betrieblichen Besprechungen
   8.1 Direkte persönliche Beratung von Arbeitgebern
   8.2 Teilnahme an Dienstgesprächen des Arbeitgebers mit seinen Führungskräften
   8.3 Teilnahme an Besprechungen der betrieblichen Beauftragten entsprechend §§ 9, 10 und 11 Arbeitssicherheitsgesetz
   8.4 Teilnahme an sonstigen Besprechungen, einschließlich Betriebsversammlung
   8.5 Nutzung eines ständigen Kontaktes mit Führungskräften
   8.6 Sitzung des Arbeitsschutzausschusses

9 Selbstorganisation
   9.1 Ständige Fortbildung organisieren (Aktualisierung und Erweiterung)
   9.2 Wissensmanagement entwickeln und nutzen
   9.3 Erfassen und Aufarbeiten von Hinweisen der Beschäftigten
   9.4 Erfahrungsaustausch insbesondere mit den Unfallversicherungsträgern und den zuständigen Behörden nutzen

3. Betriebsspezifischer Teil der Betreuung

Der Bedarf an betriebsspezifischer Betreuung wird vom Unternehmer in einem Verfahren ermittelt, das die nachfolgend aufgeführten Aufgabenfelder sowie Auslöse- und Aufwandskriterien berücksichtigt. Das Verfahren erfordert, dass der Unternehmer alle Aufgabenfelder hinsichtlich ihrer Relevanz für die betriebsärztliche und sicherheitstechnische Betreuung regelmäßig, insbesondere nach wesentlichen Änderungen, prüft. Die Aufgabenfelder sind:

1 Regelmäßig vorliegende betriebsspezifische Unfall- und Gesundheitsgefahren, Erfordernisse zur menschengerechten Arbeitsgestaltung
   1.1 Besondere Tätigkeiten
   1.2 Arbeitsplätze und Arbeitsstätten, die besondere Risiken aufweisen

1.3 Arbeitsaufgaben und Arbeitsorganisation mit besonderen Risiken
1.4 Erfordernis arbeitsmedizinischer Vorsorge
1.5 Erfordernis besonderer betriebsspezifischer Anforderungen beim Personaleinsatz
1.6 Sicherheit und Gesundheit unter den Bedingungen des demografischen Wandels
1.7 Arbeitsgestaltung zur Vermeidung arbeitsbedingter Gesundheitsgefahren, Erhalt der individuellen gesundheitlichen Ressourcen im Zusammenhang mit der Arbeit
1.8 Unterstützung bei der Weiterentwicklung eines Gesundheitsmanagements

(Konkrete Angabe des jeweiligen UVT möglich; soweit es sich bei den regelmäßig vorliegenden Aufgabenfeldern um betriebsbartenspezifische Besonderheiten handelt, kann der UVT in Anhang 1 Einsatzzeiten empfehlen. Arbeitsmedizinische Vorsorgeuntersuchungen sind hiervon ausgenommen.)

- Betriebliche Veränderungen in den Arbeitsbedingungen und in der Organisation
  - Beschaffung von grundlegend neuartigen Maschinen, Geräten
  - Grundlegende Veränderungen zur Errichtung neuer Arbeitsplätze bzw. der Arbeitsplatzausstattung; Planung, Neuerrichtung von Betriebsanlagen; Umbau, Neubaumaßnahmen
  - Einführung völlig neuer Stoffe, Materialien
  - Grundlegende Veränderung betrieblicher Abläufe und Prozesse; grundlegende Veränderung der Arbeitszeitgestaltung; grundlegende Änderung, Einführung neuer Arbeitsverfahren
  - Spezifische Erfordernisse zur Schaffung einer geeigneten Organisation zur Durchführung der Maßnahmen des Arbeitsschutzes sowie der Integration in die Führungstätigkeit und zum Aufbau eines Systems der Gefährdungsbeurteilung
- Externe Entwicklung mit spezifischem Einfluss auf die betriebliche Situation
  - Neue Vorschriften, die für den Betrieb umfangreiche Änderungen nach sich ziehen
  - Weiterentwicklung des für den Betrieb relevanten Stands der Technik und Arbeitsmedizin
- Betriebliche Aktionen, Programme und Maßnahmen
  - Schwerpunktprogramme, Kampagnen sowie Unterstützung von Aktionen zur Gesundheitsförderung

Ein Verfahren zur Ermittlung der Betreuungsleistungen einschließlich der Anwendung der Auslöse- und Aufwandskriterien ist in Anhang 4 näher erläutert.

Die Ermittlung von Dauer und Umfang der betriebsspezifischen Betreuung beinhaltet die Prüfung durch den Unternehmer, welche Aufgaben im Betrieb erforderlich sind und die Festlegung des entsprechenden Personalaufwandes für die Aufgabenerledigung. Er hat auf der Grundlage des ermittelten Personalaufwandes die Betreuungsleistung mit Betriebsarzt und Fachkraft für Arbeitssicherheit festzulegen und schriftlich zu vereinbaren.

4. Zuordnung der Betriebsarten zu den Betreuungsgruppen

Die nachfolgende Tabelle weist die Zuordnung der Betriebe anhand des WZ-Schlüssels der jeweiligen Betriebsart zu den Betreuungsgruppen der Grundbetreuung nach Abschnitt 2 aus.

Auszug für *(Unfallversicherungsträger benennen)* aus der Klassifikation der Wirtschaftszweige, Ausgabe 2008 (WZ 2008). Eine vollständige Liste mit den Angaben aller Unfallversicherungsträger wird bei der Deutschen Gesetzlichen Unfallversicherung (DGUV) geführt.

Lfd. Nr.	WZ 2008 Kode	WZ 2008 – Bezeichnung (a. n. g. = anderweitig nicht genannt)	Gruppe I 2,5 h	Gruppe II 1,5 h	Gruppe III 0,5 h
1	A	ABSCHNITT A – LAND- UND FORSTWIRTSCHAFT, FISCHEREI			
64	01.5	Gemischte Landwirtschaft		X	
79	02	Forstwirtschaft und Holzeinschlag			
80	02.1	Forstwirtschaft	X		
83	02.2	Holzeinschlag	X		
103	B	ABSCHNITT B – BERGBAU UND GEWINNUNG VON STEINEN UND ERDEN			
104	05	Kohlenbergbau			
105	05.1	Steinkohlenbergbau	X		
108	05.2	Braunkohlenbergbau	X		
111	06	Gewinnung von Erdöl und Erdgas			
112	06.1	Gewinnung von Erdöl	X		
115	06.2	Gewinnung von Erdgas	X		
118	07	Erzbergbau			
119	07.1	Eisenerzbergbau	X		
122	07.2	NE-Metallerzbergbau	X		
127	08	Gewinnung von Steinen und Erden, sonstiger Bergbau			
128	08.1	Gewinnung von Natursteinen, Kies, Sand, Ton und Kaolin			
129	08.11	Gewinnung von Naturwerksteinen und Natursteinen, Kalk- und Gipsstein, Kreide und Schiefer	X		
131	08.12	Gewinnung von Ton und Kaolin		X	
133	08.9	Sonstiger Bergbau; Gewinnung von Steinen und Erden a. n. g.	X		
136	08.92	Torfgewinnung		X	
142	09	Erbringung von Dienstleistungen für den Bergbau und für die Gewinnung von Steinen und Erden			
143	09.1	Erbringung von Dienstleistungen für die Gewinnung von Erdöl und Erdgas	X		
146	09.9	Erbringung von Dienstleistungen für den sonstigen Bergbau und die Gewinnung von Steinen und Erden	X		
149	C	ABSCHNITT C – VERARBEITENDES GEWERBE			
150	10	Herstellung von Nahrungs- und Futtermitteln			
151	10.1	Schlachten und Fleischverarbeitung	X		
158	10.2	Fischverarbeitung		X	
161	10.3	Obst- und Gemüseverarbeitung		X	
168	10.4	Herstellung von pflanzlichen und tierischen Ölen und Fetten		X	
173	10.5	Milchverarbeitung			
174	10.51	Milchverarbeitung (ohne Herstellung von Speiseeis)		X	
176	10.52	Herstellung von Speiseeis		X	
178	10.6	Mahl- und Schälmühlen, Herstellung von Stärke und Stärkeerzeugnissen		X	
183	10.7	Herstellung von Back- und Teigwaren		X	
190	10.8	Herstellung von sonstigen Nahrungsmitteln			
191	10.81	Herstellung von Zucker		X	
193	10.82	Herstellung von Süßwaren (ohne Dauerbackwaren)			X

Lfd. Nr.	WZ 2008 Kode	WZ 2008 – Bezeichnung (a. n. g. = anderweitig nicht genannt)	Gruppe I 2,5 h	Gruppe II 1,5 h	Gruppe III 0,5 h
203	10.89	Herstellung von sonstigen Nahrungsmitteln a. n. g.		X	
205	10.9	Herstellung von Futtermitteln		X	
210	11	Getränkeherstellung			
211	11.0	Getränkeherstellung			
	11.01.1	Herstellung von Spirituosen		X	
	11.01.2	Herstellung von Spirituosen (ohne Brennereien)			X
214	11.02	Herstellung von Traubenwein			X
220	11.05	Herstellung von Bier		X	
222	11.06	Herstellung von Malz		X	
224	11.07	Herstellung von Erfrischungsgetränken; Gewinnung natürlicher Mineralwässer		X	
	11.08	Herstellung von sonstigen Getränken a. n. g.			X
226	12	Tabakverarbeitung			
227	12.0	Tabakverarbeitung			X
230	13	Herstellung von Textilien			
231	13.1	Spinnstoffaufbereitung und Spinnerei		X	
234	13.2	Weberei		X	
237	13.3	Veredlung von Textilien und Bekleidung		X	
240	13.9	Herstellung von sonstigen Textilwaren			X
255	14	Herstellung von Bekleidung			
256	14.1	Herstellung von Bekleidung (ohne Pelzbekleidung)			X
271	14.2	Herstellung von Pelzwaren			X
274	14.3	Herstellung von Bekleidung aus gewirktem und gestricktem Stoff			X
279	15	Herstellung von Leder, Lederwaren und Schuhen			
280	15.1	Herstellung von Leder und Lederwaren (ohne Herstellung von Lederbekleidung)			
281	15.11	Herstellung von Leder und Lederfaserstoff; Zurichtung und Färben von Fellen		X	
283	15.12	Lederverarbeitung (ohne Herstellung von Lederbekleidung)			X
285	15.2	Herstellung von Schuhen			X
288	16	Herstellung von Holz-, Flecht-, Korb- und Korkwaren (ohne Möbel)			
289	16.1	Säge-, Hobel- und Holzimprägnierwerke		X	
292	16.2	Herstellung von sonstigen Holz-, Kork-, Flecht- und Korbwaren (ohne Möbel)		X	
303	17	Herstellung von Papier, Pappe und Waren daraus			
304	17.1	Herstellung von Holz- und Zellstoff, Papier, Karton und Pappe		X	
309	17.2	Herstellung von Waren aus Papier, Karten und Pappe		X	
320	18	Herstellung von Druckerzeugnissen; Vervielfältigung von bespielten Ton-, Bild- und Datenträgern			
321	18.1	Herstellung von Druckerzeugnissen			
322	18.11	Drucken von Zeitungen		X	
324	18.12	Drucken a. n. g.		X	
326	18.13	Druck- und Medienvorstufe			X

I

Lfd. Nr.	WZ 2008 Kode	WZ 2008 – Bezeichnung (a. n. g. = anderweitig nicht genannt)	Gruppe I 2,5 h	Gruppe II 1,5 h	Gruppe III 0,5 h
328	18.14	Binden von Druckerzeugnissen u. damit verbundene Dienstleistung		X	
330	18.2	Vervielfältigung von bespielten Ton-, Bild- und Datenträgern		X	
333	19	Kokerei und Mineralölverarbeitung			
334	19.1	Kokerei	X		
337	19.2	Mineralölverarbeitung		X	
340	20	Herstellung von chemischen Erzeugnissen			
341	20.1	Herstellung von chemischen Grundstoffen, Düngemitteln und Stickstoffverbindungen, Kunststoffen in Primärformen und synthetischem Kautschuk in Primärformen		X	
356	20.2	Herstellung von Schädlingsbekämpfungs-, Pflanzenschutz- und Desinfektionsmitteln		X	
359	20.3	Herstellung von Anstrichmitteln, Druckfarben und Kitten		X	
362	20.4	Herstellung von Seifen, Wasch-, Reinigungs- und Körperpflegemitteln sowie von Duftstoffen		X	
367	20.5	Herstellung von sonstigen chemischen Erzeugnissen		X	
376	20.6	Herstellung von Chemiefasern		X	
379	21	Herstellung von pharmazeutischen Erzeugnissen			
380	21.1	Herstellung von pharmazeutischen Grundstoffen		X	
383	21.2	Herstellung von pharmazeutischen Spezialitäten und sonstigen pharmazeutischen Erzeugnissen		X	
386	22	Herstellung von Gummi- und Kunststoffwaren			
387	22.1	Herstellung von Gummiwaren		X	
392	22.2	Herstellung von Kunststoffwaren		X	
401	23	Herstellung von Glas und Glaswaren, Keramik, Verarbeitung von Steinen und Erden			
402	23.1	Herstellung von Glas und Glaswaren		X	
413	23.2	Herstellung von feuerfesten keramischen Werkstoffen und Waren		X	
416	23.3	Herstellung von keramischen Baumaterialien		X	
421	23.4	Herstellung von sonstigen Porzellan- und keramischen Erzeugnissen		X	
432	23.5	Herstellung von Zement, Kalk und gebranntem Gips	X		
437	23.6	Herstellung von Erzeugnissen aus Beton, Zement und Gips			
438	23.61	Herstellung von Erzeugnissen aus Kalksandstein für den Bau		X	
440	23.62	Herstellung von Gipserzeugnissen für den Bau	X		
442	23.63	Herstellung von Frischbeton (Transportbeton)	X		
444	23.64	Herstellung von Mörtel und anderem Beton (Trockenbeton)	X		
446	23.65	Herstellung von Faserzementwaren	X		
448	23.69	Herstellung von sonstigen Erzeugnissen aus Beton, Zement und Gips a. n. g.	X		
450	23.7	Be- und Verarbeitung von Naturwerksteinen und Natursteinen a. n. g.			
	23.71	Industrielle Be- und Verarbeitung von Naturwerksteinen und Natursteinen	X		
	23.72	Steinmetzmäßige Bearbeitung von Naturwerkstein		X	

Lfd. Nr.	WZ 2008 Kode	WZ 2008 – Bezeichnung (a. n. g. = anderweitig nicht genannt)	Gruppe I 2,5 h	Gruppe II 1,5 h	Gruppe III 0,5 h
453	23.91	Herstellung von Schleifkörpern und Schleifmitteln auf Unterlage	X	X	
456	23.99	Herstellung von sonstigen Erzeugnissen aus nichtmetallischen Mineralien a. n. g.			
458	24	Metallerzeugnung und -bearbeitung			
459	24.1	Erzeugung von Roheisen, Stahl- und Ferrolegierungen	X		
462	24.2	Herstellung von Stahlrohren, Rohrform-, Rohrverschluss- und Rohrverbindungsstücken aus Stahl		X	
467	24.3	Sonstige erste Bearbeitung von Eisen und Stahl	X		
476	24.4	Erzeugung und erste Bearbeitung von NE-Metallen		X	
489	24.5	Gießereien	X		
498	25	Herstellung von Metallerzeugnissen			
504	25.2	Herstellung von Metalltanks und -behältern; Herstellung von Heizkörpern und -kesseln für Zentralheizungen		X	
512	25.4	Herstellung von Waffen und Munition		X	
515	25.5	Herstellung von Schmiede-, Press-, Zieh- und Stanzteilen, gewalzten Ringen und pulvermetallurgischen Erzeugnissen		X	
522	25.6	Oberflächenveredlung und Wärmebehandlung; Mechanik a. n. g.			
523	25.61	Oberflächenveredlung und Wärmebehandlung			
	25.61.1	Oberflächenveredlung und Wärmebehandlung (ohne Galvanotechnik/elektrochemische Oberflächenbehandlung)		X	
	25.61.2	Oberflächenveredlung und Wärmebehandlung (Galvanotechnik/elektrotechnische Oberflächenbehandlung)	X		
525	25.62	Mechanik a. n. g.		X	
527	25.7	Herstellung von Schneidwaren, Werkzeugen, Schlössern und Beschlägen aus unedlen Metallen		X	
538	25.9	Herstellung von sonstigen Metallwaren		X	
551	26	Herstellung von Datenverarbeitungsgeräten, elektronischen und optischen Erzeugnissen			
552	26.1	Herstellung von elektronischen Bauelementen und Leiterplatten		X	
558	26.2	Herstellung von Datenverarbeitungsgeräten und peripheren Geräten		X	
561	26.3	Herstellung von Geräten und Einrichtungen der Telekommunikationstechnik		X	
564	26.4	Herstellung von Geräten der Unterhaltungselektronik		X	
567	26.5	Herstellung von Mess-, Kontroll-, Navigations- u. ä. Instrumenten und Vorrichtungen; Herstellung von Uhren		X	
574	26.6	Herstellung von Bestrahlungs- und Elektrotherapiegeräten und elektromedizinischen Geräten		X	
577	26.7	Herstellung von optischen und fotografischen Instrumenten und Geräten		X	
580	26.8	Herstellung von magnetischen und optischen Datenträgern		X	
583	27	Herstellung von elektrischen Ausrüstungen			
584	27.1	Herstellung von Elektromotoren, Generatoren, Transformatoren, Elektrizitätsverteilungs- und -schalteinrichtungen			

Lfd. Nr.	WZ 2008 Kode	WZ 2008 – Bezeichnung (a. n. g. = anderweitig nicht genannt)	Gruppe I 2,5 h	Gruppe II 1,5 h	Gruppe III 0,5 h
585	27.11	Herstellung von Elektromotoren, Generatoren und Transformatoren			
	27.11.1	Herstellung von Elektromotoren, Generatoren, Transformatoren (größer als 5 kVA)	X		
	27.11.2	Herstellung von Elektromotoren, Generatoren, Transformatoren (bis 5 kVA)		X	
588	27.12	Herstellung von Elektrizitätsverteilungs- und -schalteinrichtungen		X	
589	27.2	Herstellung von Batterien und Akkumulatoren		X	
592	27.3	Herstellung von Kabeln und elektrischem Installationsmaterial		X	
599	27.4	Herstellung von elektrischen Lampen und Leuchten		X	
602	27.5	Herstellung von Haushaltsgeräten		X	
607	27.9	Herstellung von sonstigen elektrischen Ausrüstungen und Geräten a. n. g.		X	
610	28	Maschinenbau			
611	28.1	Herstellung von nicht wirtschaftszweigspezifischen Maschinen		X	
622	28.2	Herstellung von sonstigen nicht wirtschaftszweigspezifischen Maschinen		X	
636	28.3	Herstellung von land- und forstwirtschaftlichen Maschinen		X	
639	28.4	Herstellung von Werkzeugmaschinen		X	
647	28.9	Herstellung von Maschinen für sonstige bestimmte Wirtschaftszweige		X	
663	29	Herstellung von Kraftwagen und Kraftwagenteilen			
664	29.1	Herstellung von Kraftwagen und Kraftwagenmotoren			X
668	29.2	Herstellung von Karosserien, Aufbauten und Anhängern		X	
671	29.3	Herstellung von Teilen und Zubehör für Kraftwagen		X	
676	30	Sonstiger Fahrzeugbau			
677	30.1	Schiff- und Bootsbau	X		
682	30.2	Schienenfahrzeugbau			
684	30.20.1	Herstellung von Lokomotiven und anderen Schienenfahrzeugen	X		
685	30.20.2	Herstellung von Eisenbahninfrastruktur		X	
686	30.3	Luft- und Raumfahrzeugbau		X	
692	30.9	Herstellung von Fahrzeugen a. n. g.		X	
699	31	Herstellung von Möbeln			
700	31.0	Herstellung von Möbeln		X	
706	31.03	Herstellung von Matratzen		X	
	31.04	Industrielle Be- und Verarbeitung von Holz zu Möbeln (ohne Polstermöbelherstellung)			X
708	31.09	Herstellung von sonstigen Möbeln		X	
711	32	Herstellung von sonstigen Waren			
712	32.1	Herstellung von sonstigen Münzen, Schmuck und ähnlichen Erzeugnissen		X	
719	32.2	Herstellung von Musikinstrumenten		X	

Lfd. Nr.	WZ 2008 Kode	WZ 2008 – Bezeichnung (a. n. g. = anderweitig nicht genannt)	Gruppe I 2,5 h	Gruppe II 1,5 h	Gruppe III 0,5 h
722	32.3	Herstellung von Sportgeräten		X	
725	32.4	Herstellung von Spielwaren		X	
728	32.5	Herstellung von medizinischen und zahnmedizinischen Apparaten und Materialien		X	
733	32.9	Herstellung von Erzeugnissen a. n. g.		X	
738	33	Reparatur und Installation von Maschinen und Ausrüstungen			
739	33.1	Reparatur von Metallerzeugnissen, Maschinen und Ausrüstungen		X	
756	33.2	Installation von Maschinen und Ausrüstungen a. n. g.		X	
759	D	ABSCHNITT D – ENERGIEVERSORGUNG			
760	35	Energieversorgung			
761	35.1	Elektrizitätsversorgung		X	
772	35.2	Gasversorgung		X	
781	35.3	Wärme- und Kälteversorgung		X	
784	E	ABSCHNITT E – WASSERVERSORGUNG; ABWASSER- UND ABFALLENTSORGUNG UND BESEITIGUNG VON UMWELTVERSCHMUTZUNGEN			
785	36	Wasserversorgung		X	
791	37	Abwasserentsorgung		X	
796	38	Sammlung, Behandlung und Beseitigung von Abfällen; Rückgewinnung			
797	38.1	Sammlung von Abfällen		X	
802	38.21	Abfallbehandlung und -beseitigung		X	
805	38.22	Behandlung und Beseitigung gefährlicher Abfälle	X		
807	38.3	Rückgewinnung		X	
812	39	Beseitigung von Umweltverschmutzungen und sonstige Entsorgung		X	
816	F	ABSCHNITT F – BAUGEWERBE			
817	41	Hochbau			
818	41.1	Erschließung von Grundstücken; Bauträger		X	
823	41.2	Bau von Gebäuden	X		
827	42	Tiefbau			
828	42.1	Bau von Straßen und Bahnverkehrsstrecken			
829	42.11	Bau von Straßen		X	
831	42.12	Bau von Bahnverkehrsstrecken	X		
833	42.13	Brücken- und Tunnelbau	X		
835	42.2	Leitungstiefbau und Kläranlagenbau			
836	42.21	Rohrleitungstiefbau, Brunnenbau und Kläranlagenbau		X	
838	42.22	Kabelnetzleitungstiefbau	X		
840	42.9	Sonstiger Tiefbau		X	
845	43	Vorbereitende Baustellenarbeiten, Bauinstallation und sonstiges Ausbaugewerbe			
846	43.1	Abbrucharbeiten und vorbereitende Baustellenarbeiten	X		
853	43.2	Bauinstallation			
854	43.21	Elektroinstallation		X	

Lfd. Nr.	WZ 2008 Kode	WZ 2008 – Bezeichnung (a. n. g. = anderweitig nicht genannt)	Gruppe I 2,5 h	Gruppe II 1,5 h	Gruppe III 0,5 h
856	43.22	Gas-, Wasser-, Heizungs- sowie Lüftungs- und Klimainstallation		X	
	43.29	Sonstige Bauinstallation; Elektrotechnische Großinstallation	X		
861	43.3	Sonstiger Ausbau		X	
881	G	ABSCHNITT G – HANDEL; INSTANDHALTUNG UND REPARATUR VON KRAFTFAHRZEUGEN			
882	45	Handel mit Kraftfahrzeugen; Instandhaltung und Reparatur von Kraftfahrzeugen			
883	45.1	Handel mit Kraftwagen			X
888	45.2	Instandhaltung und Reparatur von Kraftwagen		X	
894	45.3	Handel mit Kraftwagenteilen und -zubehör			X
899	45.4	Handel mit Krafträdern, Kraftradteilen und -zubehör; Instandhaltung und Reparatur von Krafträdern		X	
902	46	Großhandel (ohne Handel mit Kraftfahrzeugen)			
903	46.1	Handelsvermittlung			X
942	46.18.6	Handelsvermittlung von Karton, Papier und Pappe, Schreibwaren, Bürobedarf, Geschenk- und Werbeartikeln, Verpackungsmitteln und Tapeten			X
943	46.18.7	Handelsvermittlung von Büchern, Zeitschriften, Zeitungen, Musikalien und sonstigen Druckerzeugnissen			X
947	46.2	Großhandel mit landwirtschaftlichen Grundstoffen und lebenden Tieren			X
956	46.3	Großhandel mit Nahrungs- und Genussmitteln, Getränken und Tabakwaren			X
978	46.4	Großhandel mit Gebrauchs- und Verbrauchsgütern			X
985	46.43.1	Großhandel mit Foto und optischen Erzeugnissen			X
1004	46.49.4	Großhandel mit Karton, Papier, Pappe, Schreibwaren, Bürobedarf, Bücher, Zeitschriften und Zeitungen			X
1006	46.5	Großhandel mit Geräten der Informations- und Kommunikationstechnik			X
1011	46.6	Großhandel mit sonstigen Maschinen, Ausrüstungen und Zubehör			X
1028	46.7	Sonstiger Großhandel			
1029	46.71	Großhandel mit festen Brennstoffen und Mineralölerzeugnissen			X
1032	46.72	Großhandel mit Erzen, Metallen und Metallhalbzeug			X
1035	46.73	Großhandel mit Holz, Baustoffen, Anstrichmitteln und Sanitärkeramik			X
1044	46.74	Großhandel mit Metall- und Kunststoffwaren für Bauzwecke sowie Installationsbedarf für Gas, Wasser und Heizung			X
1048	46.75	Großhandel mit chemischen Erzeugnissen			X
1050	46.76	Großhandel mit sonstigen Halbwaren			X
1052	46.77	Großhandel mit Altmaterialien und Reststoffen		X	
1054	46.9	Großhandel ohne ausgeprägten Schwerpunkt			X
1059	47	Einzelhandel (ohne Handel mit Kraftfahrzeugen)			
1060	47.1	Einzelhandel mit Waren verschiedener Art (in Verkaufsräumen)			X

Lfd. Nr.	WZ 2008 Kode	WZ 2008 – Bezeichnung (a. n. g. = anderweitig nicht genannt)	Gruppe I 2,5 h	Gruppe II 1,5 h	Gruppe III 0,5 h
1067	47.2	Einzelhandel mit Nahrungs- und Genussmitteln, Getränken und Tabakwaren (in Verkaufsräumen)			X
1082	47.3	Einzelhandel mit Motorenkraftstoffen (Tankstellen)			X
1086	47.4	Einzelhandel mit Geräten der Informations- und Kommunikationstechnik (in Verkaufsräumen)			X
1093	47.5	Einzelhandel mit sonstigen Haushaltsgeräten, Textilien, Heimwerker- und Einrichtungsbedarf (in Verkaufsräumen)			X
1108	47.6	Einzelhandel mit Verlagsprodukten, Sportausrüstungen und Spielwaren (in Verkaufsräumen)			X
1121	47.7	Einzelhandel mit sonstigen Gütern (in Verkaufsräumen)			X
1127	47.73	Apotheken			X
1147	47.8	Einzelhandel an Verkaufsständen und auf Märkten			X
1154	47.9	Einzelhandel, nicht in Verkaufsräumen, an Verkaufsständen oder auf Märkten			X
1161	H	ABSCHNITT H – VERKEHR UND LAGEREI			
1162	49	Landverkehr und Transport in Rohrfernleitungen			
1163	49.1	Personenbeförderung im Eisenbahnfernverkehr			X
1166	49.2	Güterbeförderung im Eisenbahnverkehr		X	
1169	49.3	Sonstige Personenbeförderung im Landverkehr			X
1178	49.4	Güterbeförderung im Straßenverkehr, Umzugstransporte		X	
1183	49.5	Transport in Rohrfernleitungen		X	
1186	50	Schifffahrt			
1187	50.1	Personenbeförderung in der See- und Küstenschifffahrt		X	
1190	50.2	Güterbeförderung in der See- und Küstenschifffahrt		X	
1193	50.3	Personenbeförderung in der Binnenschifffahrt		X	
1196	50.4	Güterbeförderung in der Binnenschifffahrt		X	
1199	51	Luftfahrt			
1200	51.1	Personenbeförderung in der Luftfahrt			X
1203	51.2	Güterbeförderung in der Luftfahrt und Raumtransport			X
1208	52	Lagerei sowie Erbringung von sonstigen Dienstleistungen für den Verkehr			
1209	52.1	Lagerei		X	
1212	52.2	Erbringung von sonstigen Dienstleistungen für den Verkehr		X	
1215	52.21.2	Betrieb von Verkehrswegen für Straßenfahrzeuge		X	
1221	52.22.1	Betrieb von Wasserstraßen		X	
1222	52.22.2	Betrieb von Häfen		X	
1225	52.23	Erbringung von sonstigen Dienstleistungen für die Luftfahrt		X	
1234	53	Post-, Kurier und Expressdienste			
1235	53.1	Postdienste von Universaldienstleistungsanbietern		X	
1238	53.2	Sonstige Post-, Kurier- und Expressdienste		X	
1241	I	ABSCHNITT I – GASTGEWERBE			
1242	55	Beherbergung			
1243	55.1	Hotels, Gasthöfe und Pensionen		X	
1249	55.2	Ferienunterkünfte und ähnliche Beherbergungsstätten			X
1255	55.3	Campingplätze			X

Lfd. Nr.	WZ 2008 Kode	WZ 2008 – Bezeichnung (a. n. g. = anderweitig nicht genannt)	Gruppe I 2,5 h	Gruppe II 1,5 h	Gruppe III 0,5 h
1262	56	Gastronomie			
1263	56.1	Restaurants, Gaststätten, Imbissstuben, Cafés, Eissaison u. Ä.		X	
1270	56.2	Caterer und Erbringung sonstiger Verpflegungsdienstleistungen			X
1282	J	ABSCHNITT J – INFORMATION UND KOMMUNIKATION			
1283	58	Verlagswesen			
1284	58.1	Verlegen von Büchern und Zeitschriften; sonstiges Verlagswesen (ohne Software)			X
1289	58.13	Verlegen von Zeitungen			X
1295	58.2	Verlegen von Software			X
1300	59	Herstellung, Verleih und Vertrieb von Filmen und Fernsehprogrammen; Kinos; Tonstudios und Verlegen von Musik			
1301	59.1	Herstellung von Filmen und Fernsehprogrammen, deren Verleih und Vertrieb; Kinos			X
1310	59.2	Tonstudios; Herstellung von Hörfunkbeiträgen; Verlegen von bespielten Tonträgern und Musikalien			X
1315	60	Rundfunkveranstalter			
1316	60.1	Hörfunkveranstalter			X
1319	60.2	Fernsehveranstalter			X
1322	61	Telekommunikation			
1323	61.1	Leitungsgebundene Telekommunikation		X	
1326	61.2	Drahtlose Telekommunikation		X	
1329	61.3	Satellitentelekommunikation		X	
1332	61.9	Sonstige Telekommunikation		X	
1336	62	Erbringung von Dienstleistungen der Informationstechnologie			X
1347	63	Informationsdienstleistungen			
1348	63.1	Datenverarbeitung, Hosting und damit verbundene Tätigkeiten; Webportale			X
1353	63.9	Erbringung von sonstigen Informationsdienstleistungen			X
1358	K	ABSCHNITT K – ERBRINGUNG VON FINANZ- UND VERSICHERUNGSDIENSTLEISTUNGEN			
1359	64	Erbringung von Finanzdienstleistungen			
1360	64.1	Zentralbanken und Kreditinstitute			X
1370	64.2	Beteiligungsgesellschaften			X
1373	64.3	Treuhand- und sonstige Fonds und ähnliche Finanzinstitutionen			X
1376	64.9	Sonstige Finanzierungsinstitutionen			X
1385	65	Versicherungen, Rückversicherungen und Pensionskassen (ohne Sozialversicherung)			
1386	65.1	Versicherungen			X
1390	65.12.1	Krankenversicherungen (Betriebskrankenkassen)			X
1392	65.2	Rückversicherungen			X
1395	65.3	Pensionskassen und Pensionsfonds			X

Lfd. Nr.	WZ 2008 Kode	WZ 2008 – Bezeichnung (a. n. g. = anderweitig nicht genannt)	Gruppe I 2,5 h	Gruppe II 1,5 h	Gruppe III 0,5 h
1395	66	Mit Finanz- und Versicherungsdienstleistungen verbundene Tätigkeiten			
1399	66.1	Mit Finanzdienstleistungen verbundene Tätigkeiten			X
1406	66.2	Mit Versicherungsdienstleistungen und Pensionskassen verbundene Tätigkeiten			X
1413	66.3	Fondsmanagement			X
1416	L	ABSCHNITT L – GRUNDSTÜCKS- UND WOHNUNGSWESEN			
1417	68	Grundstücks- und Wohnungswesen			
1418	68.1	Kauf und Verkauf von eigenen Grundstücken, Gebäuden und Wohnungen			X
1422	68.2	Vermietung, Verpachung von eigenen oder geleasten Grundstücken, Gebäuden und Wohnungen			X
1426	68.3	Vermittlung und Verwaltung von Grundstücken, Gebäuden und Wohnungen für Dritte			X
1433	M	ABSCHNITT M – ERBRINGUNG VON FREIBERUFLICHEN, WISSENSCHAFTLICHEN UND TECHNISCHEN DIENSTLEISTUNGEN			
1434	69	Rechts- und Steuerberatung, Wirtschaftsprüfung			
1435	69.1	Rechtsberatung			X
1442	69.2	Wirtschaftsprüfung und Steuerberatung; Buchführung			X
1448	70	Verwaltung und Führung von Unternehmen und Betrieben; Unternehmensberatung			
1449	70.1	Verwaltung und Führung von Unternehmen und Betrieben			X
1453	70.2	Public-Relations- und Unternehmensberatung			X
1458	71	Architektur- und Ingenieurbüros; technische, physikalische und chemische Untersuchung			
1459	71.1	Architektur- und Ingenieurbüros			X
1470	71.2	Technische, physikalische und chemische Untersuchung			X
1473	72	Forschung und Entwicklung			
1474	72.1	Forschung und Entwicklung im Bereich Natur-, Ingenieur-, Agrarwissenschaften und Medizin		X	
1477	72.19	Sonstige Forschung und Entwicklung im Bereich Natur-, Ingenieur-, Agrarwissenschaften und Medizin		X	
1479	72.2	Forschung und Entwicklung im Bereich Rechts-, Wirtschafts- und Sozialwissenschaften sowie im Bereich Sprach-, Kultur- und Kunstwissenschaften			X
1482	73	Werbung und Marktforschung			
1483	73.1	Werbung			X
1488	73.2	Markt- und Meinungsforschung			X
1491	74	Sonstige freiberufliche, wissenschaftliche und technische Tätigkeiten			
1492	74.1	Ateliers für Textil-, Schmuck-, Grafik- u. ä. Design			X
1497	74.2	Fotografie und Fotolabors			X
1501	74.3	Übersetzen und Dolmetschen			X
1505	74.9	Sonstige freiberufliche, wissenschaftliche und technische Tätigkeiten a. n. g.			X

Lfd. Nr.	WZ 2008 Kode	WZ 2008 – Bezeichnung (a. n. g. = anderweitig nicht genannt)	Gruppe I 2,5 h	Gruppe II 1,5 h	Gruppe III 0,5 h
1508	75	Veterinärwesen			X
1513	N	ABSCHNITT N – ERBRINGUNG VON SONSTIGEN WIRTSCHAFTLICHEN DIENSTLEISTUNGEN			
1514	77	Vermietung von beweglichen Sachen			
1515	77.1	Vermietung von Kraftwagen			X
1520	77.2	Vermietung von Gebrauchsgütern			X
1527	77.3	Vermietung von Maschinen, Geräten und sonstigen beweglichen Sachen			X
1540	77.4	Leasing von nichtfinanziellen immateriellen Vermögensgegenständen (ohne Copyrights)			X
1543	78	Vermittlung und Überlassung von Arbeitskräften			
1544	78.1	Vermittlung von Arbeitskräften		X	
1547	78.2	Befristete Überlassung von Arbeitskräften (gewerblich)		X	
1550	78.3	Befristete Überlassung von Arbeitskräften (kaufm.-verw.)			X
1553	79	Reisebüros, Reiseveranstalter und Erbringung sonstiger Reservierungsdienstleistungen			
1554	79.1	Reisebüros und Reiseveranstalter			X
1559	79.9	Erbringung sonstiger Reservierungsdienstleistungen			X
1562	80	Wach- und Sicherheitsdienste sowie Detekteien			
1563	80.1	Private Wach- und Sicherheitsdienste			X
1566	80.2	Sicherheitsdienste mithilfe von Überwachungs- und Alarmsystemen			X
1569	80.3	Detekteien			X
1572	81	Gebäudebetreuung; Garten- und Landschaftsbau			
1573	81.1	Hausmeisterdienste			X
1576	81.21	Allgemeine Gebäudereinigung			X
1583	81.29.1	Reinigung von Verkehrsmitteln		X	
1584	81.29.1	Desinfektion und Schädlingsbekämpfung		X	
1585	81.29.9	Sonstige Reinigung a. n. g.		X	
1590	82	Erbringung von wirtschaftlichen Dienstleistungen für Unternehmen und Privatpersonen a. n. g.			
1591	82.1	Sekretariats- und Schreibdienste, Copy-Shops			X
1596	82.2	Call Center			X
1599	82.3	Messe-, Ausstellungs- und Kongressveranstalter			X
1602	82.9	Erbringung sonstiger wirtschaftlicher Dienstleistungen für Unternehmen und Privatpersonen			
1603	82.91	Inkassobüros und Auskunfteien			X
1606	82.92	Abfüllen und Verpacken		X	
1608	82.99	Erbringung sonstiger wirtschaftlicher Dienstleistungen für Unternehmen und Privatpersonen a. n. g.			X
1611	O	ABSCHNITT O – ÖFFENTLICHE VERWALTUNG, VERTEIDIGUNG; SOZIALVERSICHERUNG			
1612	84	Öffentliche Verwaltung, Verteidigung; Sozialversicherung			
1613	84.1	Öffentliche Verwaltung			X
1620	84.2	Auswärtige Angelegenheiten, Verteidigung, Rechtspflege, öffentliche Sicherheit und Ordnung		X	

Lfd. Nr.	WZ 2008 Kode	WZ 2008 – Bezeichnung (a. n. g. = anderweitig nicht genannt)	Gruppe I 2,5 h	Gruppe II 1,5 h	Gruppe III 0,5 h
1631	84.3	Sozialversicherung			X
1634	P	ABSCHNITT P – ERZIEHUNG UND UNTERRICHT			
1635	85	Erziehung und Unterricht			
1636	85.1	Kindergärten und Vorschulen			X
1640	85.2	Grundschulen			X
1643	85.3	Weiterführende Schulen			X
1645	85.31.1	Allgemein bildende weiterführende Schulen Sekundarbereich I			X
1646	85.31.2	Allgemein bildende weiterführende Schulen Sekundarbereich II			X
1647	85.32	Berufsbildende weiterführende Schulen			X
1649	85.4	Tertiärer und post-sekundärer, nicht tertiärer Unterricht			X
1657	85.5	Sonstiger Unterricht			X
1668	85.6	Erbringung von Dienstleistungen für den Unterricht			X
1671	Q	ABSCHNITT Q – GESUNDHEITS- UND SOZIALWESEN			
1672	86	Gesundheitswesen			
1673	86.1	Krankenhäuser			
1675	86.10.1	Krankenhäuser (ohne Hochschulkliniken, Vorsorge- und Rehabilitationskliniken)		X	
1676	86.10.2	Hochschulkliniken		X	
1677	86.10.3	Vorsorge- und Rehabilitationskliniken			X
1678	86.2	Arzt- und Zahnarztpraxen			X
1679	86.21	Arztpraxen für Allgemeinmedizin			X
1681	86.22	Facharztpraxen			X
1683	86.23	Zahnarztpraxen			X
1685	86.9	Gesundheitswesen a. n. g.			X
1691	87	Heime (ohne Erholungs- und Ferienheime)			
1692	87.1	Pflegeheime			X
1695	87.2	Stationäre Einrichtungen zur psychosozialen Betreuung, Suchtbekämpfung u. Ä.			X
1698	87.3	Altenheime; Alten- und Behindertenwohnheime			X
1701	87.9	Sonstige Heime (ohne Erholungs- und Ferienheime)			X
1704	88	Sozialwesen (ohne Heime)			
1705	88.1	Soziale Betreuung älterer Menschen und Behinderter			
1707	88.10.1	Ambulante soziale Dienste			X
1708	88.10.2	Sonstige soziale Betreuung älterer Menschen und Behinderter		X	
1709	88.9	Sonstiges Sozialwesen (ohne Heime)			X
1710	88.91	Tagesbetreuung von Kindern			X
1712	88.99	Sonstiges Sozialwesen a. n. g.			X
1714	R	ABSCHNITT R – KUNST, UNTERHALTUNG UND ERHOLUNG			
1715	90	Kreative, künstlerische und unterhaltende Tätigkeiten			
1716	90.0	Kreative, künstlerische und unterhaltende Tätigkeiten			
1717	90.01	Darstellende Kunst			X
1722	90.02	Erbringung von Dienstleistungen für die darstellende Kunst		X	

Lfd. Nr.	WZ 2008 Kode	WZ 2008 – Bezeichnung (a. n. g. = anderweitig nicht genannt)	Gruppe I 2,5 h	Gruppe II 1,5 h	Gruppe III 0,5 h
1724	90.03	Künstlerisches und schriftstellerisches Schaffen (Journalisten, Pressefotografen)			X
1730	90.04	Betrieb von Kultur- und Unterhaltungseinrichtungen		X	
1734	91	Bibliotheken, Archive, Museen, botanische und zoologische Gärten			
1735	91.0	Bibliothen, Archive, Museen, botanische und zoologische Gärten			
1736	91.01	Bibliotheken und Archive			X
1738	91.02	Museen			X
1740	91.03	Betrieb von historischen Stätten und Gebäuden und ähnlichen Attraktionen			X
1742	91.04	Botanische und zoologische Gärten sowie Naturparks		X	
1744	92	Spiel-, Wett- und Lotteriewesen			X
1750	93	Erbringung von Dienstleistungen des Sports, der Unterhaltung und der Erholung			
1751	93.1	Erbringung von Dienstleistungen des Sports			X
1752	93.11	Betrieb von Sportanlagen			X
1760	93.2	Erbringung von sonstigen Dienstleistungen der Unterhaltung und der Erholung			
1761	93.21	Vergnügungs- und Themenparks			X
1763	93.29	Erbringung von Dienstleistungen der Unterhaltung und der Erholung a. n. g.		X	
1765	S	ABSCHNITT S – ERBRINGUNG VON SONSTIGEN DIENSTLEISTUNGEN			
1766	94	Interessenvertretungen sowie kirchliche und sonstige religiöse Vereinigungen (ohne Sozialwesen und Sport)			
1767	94.1	Wirtschafts- und Arbeitgeberverbände, Berufsorganisationen			X
1772	94.2	Arbeitnehmervereinigungen			X
1775	94.9	Kirchliche Vereinigungen; politische Parteien sowie sonstige Interessenvertretungen und Vereinigungen a. n. g.			X
1780	94.99	Sonstige Interessenvertretungen und Vereinigungen a. n. g.			X
1786	95	Reparatur von Datenverarbeitungsgeräten und Gebrauchsgütern			
1787	95.1	Reparatur von Datenverarbeitungs- und Telekommunikationsgeräten		X	
1792	95.2	Reparatur von Gebrauchsgütern			
1793	95.21	Reparatur von Geräten der Unterhaltungselektronik		X	
1795	95.22	Reparatur von elektrischen Haushaltsgeräten und Gartengeräten		X	
1797	95.23	Reparatur von Schuhen und Lederwaren			X
1801	95.25	Reparatur von Uhren und Schmuck			X
1805	96	Erbringung von sonstigen überwiegend persönlichen Dienstleistungen			
1806	96.0	Erbringung von sonstigen überwiegend persönlichen Dienstleistungen			
1807	96.01	Wäscherei und chemische Reinigung			X

Lfd. Nr.	WZ 2008 Kode	WZ 2008 – Bezeichnung (a. n. g. = anderweitig nicht genannt)	Gruppe I 2,5 h	Gruppe II 1,5 h	Gruppe III 0,5 h
1809	96.02	Frisör- und Kosmetiksalons			X
1812	96.03	Bestattungswesen			X
1815	96.04	Saunas, Solarien, Bäder u. Ä.			X
1817	96.09	Erbringung von sonstigen Dienstleistungen a. n. g.			X

Anlage 3
(zu § 2 Abs. 4)

Alternative bedarfsorientierte betriebsärztliche und sicherheitstechnische Betreuung in Betrieben mit bis zu (setzt UVT ein, max. 50) . . . Beschäftigten

(Der UVT setzt konkrete Maßnahmen unter Anwendung der „Rahmenbedingungen für einheitliche Strukturlösungen für alternative Betreuungsmodelle der bedarfsorientierten betriebsärztlichen und sicherheitstechnischen Betreuung" des Fachausschusses „Organisation des Arbeitsschutzes" vom 14. Oktober 2003 ein, wobei die Zuordnung zu Gruppen unter Anwendung der „Orientierhungshilfe für die Einordnung der Branche/ Berufsgenossenschaft in die Gruppen I, II und III der betriebsärztlichen und sicherheitstechnischen Betreuung" des Fachausschusses Organisation des Arbeitsschutzes erfolgt.)

1. Allgemeines

Bei der Anwendung der alternativen bedarfsorientierten betriebsärztlichen und sicherheitstechnischen Betreuung wird der Unternehmer zu Fragen der Sicherheit und des Gesundheitsschutzes im Betrieb informiert und für die Durchführung der erforderlichen Maßnahmen motiviert. Die alternative bedarfsorientierte betriebsärztliche und sicherheitstechnische Betreuung besteht aus Motivations- und Informationsmaßnahmen, Fortbildungsmaßnahmen und der Inanspruchnahme der bedarfsorientierten Betreuung.

Die Beschäftigten werden über die Art der praktizierten betriebsärztlichen und sicherheitstechnischen Betreuung informiert und wissen, welcher Betriebsarzt und welche Fachkraft für Arbeitssicherheit anzusprechen ist.

2. Motivations-, Informations- und Fortbildungsmaßnahmen

Die Motivations- und Informationsmaßnahmen umfassen: . . .

Sie sind innerhalb von … Jahren zu absolvieren.

(Konkrete Maßnahmen des jeweiligen UVT einsetzen: s. o.!)

Im Anschluss daran nimmt der Unternehmer im Abstand von höchstens … Jahren an von dem Unfallversicherungsträger durchgeführten oder anerkannten Fortbildungsmaßnahmen teil; der Umfang beträgt mindestens … Lehreinheiten.

(Konkrete Regelungen des jeweiligen UVT einsetzen, s. o.!)

Inhalte der Motivation bei der alternativen bedarfsorientierten Betreuung sind insbesondere:

(Konkrete Regelungen des jeweiligen UVT einsetzen, s. o.!)

Themen der Informationsmaßnahmen sind:

(Konkrete Regelungen des jeweiligen UVT einsetzen. s. o.!)

3. Bedarfsorientierte Betreuung

Nach dem Abschluss der Motivations- und Informationsmaßnahmen kann der Unternehmer über die Notwendigkeit und das Ausmaß einer externen Betreuung selbst entscheiden. Eine sachgerechte bedarfsorientierte betriebsärztliche und sicherheitstechnische Betreuung im Betrieb erfolgt auf der Grundlage der Gefährdungsbeurteilung, die erforderlichenfalls unter Einschaltung von Betriebsarzt und Fachkraft für Arbeitssicherheit mit branchenspezifischen Kenntnissen durchgeführt wird.

Darüber hinaus ist der Unternehmer verpflichtet, sich bei **besonderen Anlässen** qualifiziert in Fragen der Sicherheit und des Gesundheitsschutzes durch einen Betriebsarzt oder eine Fachkraft für Arbeitssicherheit mit branchenbezogener Fachkunde betreuen zu lassen. Besondere Anlässe für eine Betreuung durch den Betriebsarzt und die Fachkraft für Arbeitssicherheit können unter anderem sein die

- Planung, Errichtung und Änderung von Betriebsanlagen,
- Einführung neuer Arbeitsmittel, die ein erhöhtes Gefährdungspotenzial zur Folge haben,
- grundlegende Änderung von Arbeitsverfahren,
- Einführung neuer Arbeitsverfahren,
- Gestaltung neuer Arbeitsplätze und -abläufe,
- Einführung neuer Arbeitsstoffe bzw. Gefahrstoffe, die ein erhöhtes Gefährdungspotenzial zur Folge haben,
- Untersuchung von Unfällen und Berufskrankheiten,
- Beratung der Beschäftigten über besondere Unfall- und Gesundheitsgefahren bei der Arbeit,
- Erstellung von Notfall- und Alarmplänen.

Ein weiterer Anlass für das Tätigwerden einer Fachkraft für Arbeitssicherheit kann unter anderem sein die

- Durchführung sicherheitstechnischer Überprüfungen und Beurteilungen von Anlagen, Arbeitssystemen und Arbeitsverfahren.

Weitere Anlässe für das Tätigwerden eines Betriebsarztes können unter anderem sein

- eine grundlegende Umgestaltung von Arbeitszeit-, Pausen- und Schichtsystemen,
- die Erforderlichkeit der Durchführung arbeitsmedizinischer Vorsorgeuntersuchungen, Beurteilungen und Beratungen,
- Suchterkrankungen, die ein gefährdungsfreies Arbeiten beeinträchtigen,
- Fragen des Arbeitsplatzwechsels sowie der Eingliederung und Wiedereingliederung behinderter Menschen und der (Wieder-)Eingliederung von Rehabilitanden,
- die Häufung gesundheitlicher Probleme,
- das Auftreten posttraumatischer Belastungszustände.

(Weitere Konkretisierungen kann der jeweilige UVT vornehmen)

Anlassbezogene Beratungen zu spezifischen Fachthemen können im Einzelfall auch durch Personen mit spezieller anlassbezogener Fachkunde erbracht werden, die nicht über eine Qualifikation als Betriebsarzt bzw. Fachkraft für Arbeitssicherheit verfügen.

Dies kann beispielsweise für Beratungen im Zusammenhang mit Lärmminderungs-, Brandschutz- und Lüftungsmaßnahmen zutreffen.

4. Schriftliche Nachweise

Im Betrieb sind die nachfolgend aufgeführten schriftlichen Nachweise zur Einsichtnahme durch die zuständigen Aufsichtsorgane vorzuhalten

- Teilnahmenachweis an den Maßnahmen zur Motivation, Information sowie der Fortbildung,
- aktuelle Unterlagen über die im Betrieb durchgeführte Gefährdungsbeurteilung,
- die Berichte nach § 5 dieser Unfallverhütungsvorschrift.

Erfüllt der Unternehmer seine Verpflichtungen im Rahmen der alternativen bedarfsorientierten Betreuungsform nicht, unterliegt er mit seinem Betrieb der Regelbetreuung nach § 2 Abs. 2 oder 3 dieser Unfallverhütungsvorschrift.

I

Anlage 4
(zu § 2 Abs. 4)

Alternative bedarfsorientierte betriebsärztliche und sicherheitstechnische Betreuung in Betrieben mit 10 und weniger Beschäftigten durch Kompetenzzentren

(Der Unfallversicherungsträger, der diese Form der alternativen Betreuung vorsieht, setzt konkrete Maßnahmen unter Anwendung der „Rahmenbedingungen für einheitliche Strukturlösungen für alternative Betreuungsmodelle der bedarfsorientierten betriebsärztlichen und sicherheitstechnischen Betreuung" des Fachausschusses „Organisation des Arbeitsschutzes" vom 14. Oktober 2003 ein. Kompetenzzentren werden nach den vom Fachausschuss entwickelten Kriterien vom 8. Dezember 2003 betrieben.)

Als Voraussetzung für die Teilnahme am alternativen Betreuungsmodell der bedarfsorientierten betriebsärztlichen und sicherheitstechnischen Betreuung durch Kompetenzzentren wird der Unternehmer zu Fragen der Sicherheit und des Gesundheitsschutzes im Betrieb informiert und für die Durchführung der erforderlichen Maßnahmen motiviert. Die alternative bedarfsorientierte betriebsärztliche und sicherheitstechnische Betreuung besteht aus Motivations- und Informationsmaßnahmen, und der Inanspruchnahme der bedarfsorientierten Betreuung.

Die Motivations- und Informationsmaßnahmen umfassen:

(Konkrete Maßnahmen des jeweiligen UVT einsetzen: s. o.!)

Inhalte der Motivation bei der alternativen bedarfsorientierten Betreuung sind insbesondere:

(Konkrete Maßnahmen des jeweiligen UVT einsetzen: s. o.!)

Themen der Informationsmaßnahmen sind:

(Konkrete Maßnahmen des jeweiligen UVT einsetzen: s. o.!)

Der Fortbildung dienen Veranstaltungsangebote der Kompetenzzentren sowie Fachinformationen des Unfallversicherungsträgers.

Nach dem Abschluss der Motivations- und Informationsmaßnahmen kann der Unternehmer über die Notwendigkeit und das Ausmaß einer externen Betreuung selbst entscheiden. Die Betreuung der Betriebe erfolgt über Kompetenzzentren.

Eine sachgerechte bedarfsorientierte betriebsärztliche und sicherheitstechnische Betreuung im Betrieb erfolgt auf der Grundlage der Gefährdungsbeurteilung. Zu deren Erstellung oder Aktualisierung kann der Unternehmer sein zuständiges Kompetenzzentrum hinzuziehen.

Darüber hinaus ist der Unternehmer verpflichtet, sich bei **besonderen Anlässen** qualifiziert in Fragen der Sicherheit und des Gesundheitsschutzes durch das Kompetenzzentrum betreuen zu lassen. Besondere Anlässe für eine Betreuung durch den Betriebsarzt und die Fachkraft für Arbeitssicherheit können sein die

- Planung, Errichtung und Änderung von Betriebsanlagen,
- Einführung neuer Arbeitsmittel, die ein erhöhtes Gefährdungspotenzial zur Folge haben,
- grundlegende Änderung von Arbeitsverfahren,
- Einführung neuer Arbeitsverfahren,
- Gestaltung neuer Arbeitsplätze und -abläufe,
- Einführung neuer Arbeitsstoffe bzw. Gefahrstoffe, die ein erhöhtes Gefährdungspotenzial zur Folge haben,
- Untersuchung von Unfällen und Berufskrankheiten,

- Beratung der Beschäftigten über besondere Unfall- und Gesundheitsgefahren bei der Arbeit,
- Erstellung von Notfall- und Alarmplänen.

Ein weiterer Anlass für das Tätigwerden einer Fachkraft für Arbeitssicherheit kann sein die

- Durchführung sicherheitstechnischer Überprüfungen und Beurteilungen von Anlagen, Arbeitssystemen und Arbeitsverfahren.

Weitere Anlässe für das Tätigwerden eines Betriebsarztes können sein

- eine grundlegende Umgestaltung von Arbeitszeit-, Pausen- und Schichtsystemen,
- die Erforderlichkeit der Durchführung arbeitsmedizinischer Vorsorgeuntersuchungen, Beurteilungen und Beratungen,
- Suchterkrankungen, die ein gefährdungsfreies Arbeiten beeinträchtigen,
- Fragen des Arbeitsplatzwechsels sowie der Eingliederung und Wiedereingliederung behinderter Menschen sowie der (Wieder-)Eingliederung von Rehabilitanden,
- die Häufung gesundheitlicher Probleme,
- das Vorliegen posttraumatischer Belastungszustände.

(Weitere Konkretisierungen kann der jeweilige UVT vornehmen)

Im Betrieb sind die nachfolgend aufgeführten schriftlichen Nachweise zur Einsichtnahme durch die zuständigen Aufsichtsorgane vorzuhalten

- Teilnahmenachweis an den Maßnahmen zur Motivation und Information,
- aktuelle Unterlagen über die im Betrieb durchgeführte Gefährdungsbeurteilung,
- die Berichte nach § 5 dieser Unfallverhütungsvorschrift über die Inanspruchnahme externer bedarfsorientierter Betreuung.

Die Beschäftigten werden über die Art der praktizierten betriebsärztlichen und sicherheitstechnischen Betreuung informiert und wissen, welches Kompetenzzentrum anzusprechen ist.

Erfüllt der Unternehmer seine Verpflichtungen im Rahmen der alternativen bedarfsorientierten Betreuungsform nicht, unterliegt er mit seinem Betrieb der Regelbetreuung nach § 2 Abs. 2 dieser Unfallverhütungsvorschrift.

(Der UVT fügt den Genehmigungsvermerk der zuständigen Genehmigungsbehörde ein)

I

Anhang 1
(zu § 2)

Hinweise zur Bestellung und zum Tätigwerden der Betriebsärzte und Fachkräfte für Arbeitssicherheit

Bei Feststellung der Zahl der Beschäftigten zur Zuordnung der Betreuungsmodelle sind Teilzeitbeschäftigte mit einer regelmäßigen wöchentlichen Arbeitszeit von nicht mehr als 20 Stunden mit 0,5 und nicht mehr als 30 Stunden mit 0,75 zu berücksichtigen.

Als Beschäftigte zählen auch Personen, die nach dem Arbeitnehmerüberlassungsgesetz im Betrieb tätig sind.

In Heimarbeit Beschäftigte nach § 2 Abs. 2 Nr. 3 Arbeitsschutzgesetz werden bei der Berechnung der Einsatzzeiten nicht berücksichtigt. Gleiches gilt für Personen, die auf Grund von Werkverträgen im Betrieb tätig werden (z. B. Fremdfirmenmitarbeiter).

Aufteilung der Einsatzzeiten der Grundbetreuung

(Der UVT kann hier für bestimmte Betriebsarten die Aufteilung der Summenwerte auf Betriebsarzt und Fachkraft für Arbeitssicherheit mit folgendem einleitenden Satz empfehlen:

Bei der Aufteilung der Einsatzzeiten der Grundbetreuung auf Betriebsärzte und Fachkräfte für Arbeitssicherheit gemäß Anlage 2 Abschnitt 2 wird empfohlen, ...)

Einsatzzeiten für regelmäßig vorliegende betriebsspezifische Unfall- und Gesundheitsgefahren, Erfordernisse zur menschengerechten Arbeitsgestaltung

(Der UVT kann hier Einsatzzeiten empfehlen, soweit es sich bei den regelmäßig vorliegenden Aufgabenfeldern um betriebsartenspezifische Besonderheiten handelt. Arbeitsmedizinische Vorsorgeuntersuchungen sind hiervon ausgenommen.

Die Empfehlung wird wie folgt eingeleitet:

Für den betriebsspezifischen Teil der Betreuung gemäß Anlage 2 Abschnitt 3 Nummer 1 wird für Betriebe der (WZ 2008-Bezeichnung, WZ-2008 Kode nennen) eine Einsatzzeit von X Stunden pro Beschäftigtem/r und Jahr empfohlen. Die Arbeitsmedizinische Vorsorge gemäß Aufgabenfeld 1.4 ist von dieser Empfehlung ausgenommen, da Zeiten für die arbeitsmedizinische Vorsorge nicht pauschal kalkuliert werden können. Der Bedarf für die arbeitsmedizinische Vorsorge ist zusätzlich betriebsindividuell zu ermitteln.)

Betriebsbegriff

Ein Betrieb im Sinne dieser Unfallverhütungsvorschrift ist eine geschlossene Einheit, die durch organisatorische Eigenständigkeit mit eigener Entscheidungscharakteristik geprägt ist. Die Eingruppierung eines Betriebs in eine Betreuungsgruppe nach Anlage 2 erfolgt unter Berücksichtigung des jeweiligen Betriebszweckes, aber nicht nach Tätigkeiten. Die nachfolgenden Beispiele verdeutlichen die Zuordnung von Betrieben zu ihren jeweiligen Betreuungsgruppen und die Berechnung der Einsatzzeit für die Grundbetreuung:

Anhang

(zu § 2 Abs. 3 i. V. m. Anlage 2 Abschnitt 2 und Abschnitt 4)

(Der UVT kann hier geeignete Beispiele zur Verdeutlichung der Zuordnung von Betrieben zu ihren jeweiligen Betreuungsgruppen und die Berechnung der Einsatzzeit von Betriebsärzten (BA) und Fachkräften für Arbeitssicherheit (Sifa) für die Grundbetreuung einfügen.)

Beispiel 1: Gemeinde A (öffentlich)

	WZ 2008 Kode	WZ 2008 – Bezeichnung (a. n. g. = anderweitig nicht genannt)	Gruppe	Einsatzzeit BA u. Sifa (Stunden pro Jahr und Beschäftigtem/r)	Zahl der Beschäftigten	Einsatzzeit BA u. Sifa (Stunden pro Jahr)
Verwaltung	84.1	Öffentliche Verwaltung	III	0,5	400	200
Krankenhaus	86.10.1	Krankenhäuser (ohne Hochschulkliniken, Vorsorge- und Rehabilitationskliniken)	II	1,5	280	420
Betriebshof	81.29.9	Sonstige Reinigung a. n. g.	II	1,5	23	34,5
Museum	91.02	Museen	III	0,5	30	15
Abfallentsorgung	38.21	Abfallbehandlung und -beseitigung	II	1,5	15	22,5
Schwimmbad	93.11	Betrieb von Sportanlagen	III	0,5	20	10
					Einsatzzeit der Grundbetreuung BA u. Sifa:	**702**

Beispiel 2: Stadtwerke GmbH (gewerblich)

	WZ 2008 Kode	WZ 2008 – Bezeichnung (a. n. g. = anderweitig nicht genannt)	Gruppe	Einsatzzeit BA u. Sifa (Stunden pro Jahr und Beschäftigtem/r)	Zahl der Beschäftigten	Einsatzzeit BA u. Sifa (Stunden pro Jahr)
Abfallentsorgung und -verwertung	38.3	Rückgewinnung	II	1,5	43	64,5
Straßenbahn	49.3	Sonstige Personenbeförderung im Landverkehr	III	0,5	73	36,5
Omnibus	49.3	Sonstige Personenbeförderung im Landverkehr	III	0,5	35	17,5
					Einsatzzeit der Grundbetreuung BA u. Sifa:	**118,5**

Beispiel 3: Lebensmitteleinzelhandel, Filialunternehmen (gewerblich)

	WZ 2008 Kode	WZ 2008 – Bezeichnung (a. n. g. = anderweitig nicht genannt)	Gruppe	Einsatzzeit BA u. Sifa (Stunden pro Jahr und Beschäftigtem/r)	Zahl der Beschäftigten	Einsatzzeit BA u. Sifa (Stunden pro Jahr)
Lebensmitteleinzelhandel	47.2	Einzelhandel mit Nahrungs- und Genussmitteln, Getränken und Tabakwaren (in Verkaufsräumen)	III	0,5	3000	1500
					Einsatzzeit der Grundbetreuung BA u. Sifa:	**1500**

Beispiel 4: Reifenhersteller (gewerblich)

	WZ 2008 Kode	WZ 2008 – Bezeichnung (a. n. g. = anderweitig nicht genannt)	Gruppe	Einsatzzeit BA u. Sifa (Stunden pro Jahr und Beschäftigtem/r)	Zahl der Beschäftigten	Einsatzzeit BA u. Sifa (Stunden pro Jahr)
Reifenhersteller	22.1	Herstellung von Gummiwaren	II	1,5	1200	1800
					Einsatzzeit der Grundbetreuung BA u. Sifa:	**1800**

Anhang 2
(zu § 4)

Branchenspezifische Themen der Ausbildung von Fachkräften für Arbeitssicherheit

Die Ausbildungslehrgänge werden nach den Grundsätzen gestaltet, die das frühere BMA mit Schreiben vom 29. Dezember 1997 an die Träger der gesetzlichen Unfallversicherung im Rahmen der Fachaufsicht festgelegt hat.

Fachkräfte für Arbeitssicherheit, die einen Ausbildungslehrgang mit Erfolg abgeschlossen haben, der nach den Grundsätzen gestaltet war, die das BMA mit Fachaufsichtsschreiben vom 2. Juli 1979 festgelegt hatte, dürfen weiterhin bestellt werden.

Anforderungen an Ausbildung und Tätigkeit der Fachkräfte für Arbeitssicherheit enthält die Broschüre *„Titel einsetzen"*. Sie wird dem Unternehmer und der angehenden Fachkraft im Vorfeld der Ausbildungsmaßnahmen zugestellt.

Entsprechend Ziffer 7 des Fachaufsichtsschreibens des BMA vom 29. Dezember 1997 (Az: IIIb7-36042-5) zur Ausbildung zur Fachkraft für Arbeitssicherheit werden in der Ausbildungsstufe III (Bereichsbezogene Ausbildung) die erforderlichen bereichsbezogenen Kenntnisse vermittelt, wobei in der Regel auf das in den Ausbildungsstufen I und II erworbene Wissen aufgebaut wird. Dabei werden die Rahmenanforderungen gemäß der Ausbildungskonzeption berücksichtigt, wonach die Rahmenthemen der Ausbildungsstufe III den nachfolgenden 5 Themenfeldern zugeordnet werden:

1. Spezifische Gefährdungsfaktoren,
2. Spezifische Maschinen/Geräte/Anlagen,
3. Spezifische Arbeitsverfahren,
4. Spezifische Arbeitsstätten,
5. Spezifische personalbezogene Themen.

Die Rahmenthemen werden wie folgt untergliedert:

- Rahmenthema 1 (... LE) aus dem Themenfeld „...".
  (angesprochen werden insbesondere die Unterthemen)
- . . .
  (an dieser Stelle erläutert jeder Unfallversicherungsträger die benannten Rahmenthemen durch Angaben zum vorgesehenen Mindestumfang (Anzahl der Lehreinheiten) und zu den Inhalten (in Stichworten). Letzteres gilt auch für Inhalte einer eventuell vorgesehenen Selbstlernphase IV)

Ausbildungsmaßnahmen der Stufe III können bereits in den Zeiträumen zwischen den Präsenzphasen der Ausbildungsstufen I (Grundausbildung)
und II (Vertiefende Ausbildung) durchgeführt werden, soweit die erforderlichen fachlichen Kenntnisse vorhanden sind.

Anhang 3
(zu Anlage 2 Abschnitt 2)

Aufgabenfelder der Grundbetreuung und Beschreibung möglicher Aufgaben

Anhang 3 listet zu den Aufgabenfeldern der Grundbetreuung nach Anlage 2 Abschnitt 2 unverbindlich mögliche Aufgaben von Betriebsarzt und Fachkraft für Arbeitssicherheit auf, die im Rahmen der gesetzlich vorgeschriebenen Aufgaben nach §§ 3 und 6 Arbeitssicherheitsgesetz anfallen können.

1 Unterstützung bei der Gefährdungsbeurteilung (Beurteilung der Arbeitsbedingungen)

1.1 Unterstützung bei der Implementierung eines Gesamtkonzeptes zur Gefährdungsbeurteilung

- Beratung des Arbeitgebers/Leiters des Betriebs bei der Organisation der Gefährdungsbeurteilung
  - Zum Grundanliegen informieren und sensibilisieren
  - Betriebliches Konzept zur Umsetzung entwickeln
  - Regelungen zur Durchführung entwickeln
  - Konzept zur Implementierung eines ständigen Verbesserungsprozesses entwickeln
- Unterstützung der Führungskräfte
  - Zum Grundanliegen, zu betrieblichem Konzept und zu Regelungen zur Durchführung informieren und sensibilisieren
  - Führungskräfte zur eigenständigen Durchführung qualifizieren
  - Hilfsmittel einschl. Dokumentationsvorlagen für Führungskräfte entwickeln und einführen; unter Beteiligung der Führungskräfte bedarfsgerecht anpassen
  - Betriebliche Musterbeispiele entwickeln

1.2 Unterstützung bei der Durchführung der Gefährdungsbeurteilung

- Führungskräfte bei unterschiedlichen Anlässen direkt beraten
- Fachkunde insbesondere bei der Gefährdungsermittlung, Risikobeurteilung und der Ableitung der erforderlichen Maßnahmen als Grundbetreuung einbringen
- Motivierung der Beschäftigten zur Beteiligung unterstützen
- Bei der Wirkungskontrolle erforderlicher Maßnahmen beraten
- Bei der Dokumentation im Sinne von § 6 Arbeitsschutzgesetz (ArbSchG) unterstützen

1.3 Beobachtung der gelebten Praxis und Auswertung der Gefährdungsbeurteilung

- Stichprobenhaft prüfen, ob Beurteilungen der Arbeitsbedingungen bei den relevanten Anlässen in der vorgesehenen Qualität durchgeführt werden (Auditieren)
- Auswertungen zusammenfassen und vergleichen sowie Verbesserungsbedarfe ableiten (z. B. im Rahmen des Jahresberichts)
- Schwerpunktprogramme zur kontinuierlichen Verbesserung vorschlagen

2 Unterstützung bei grundlegenden Maßnahmen der Arbeitsgestaltung – Verhältnisprävention

2.1 Eigeninitiatives Handeln zur Verhältnisprävention an bestehenden Arbeitssystemen

- Erforderliche Arbeitsschutzmaßnahmen überprüfen und Durchführung (Umsetzung) beobachten: Zustand der Arbeitssysteme ermitteln und beurteilen sowie Soll-Zustände festlegen im Hinblick auf Arbeitsmittel, Arbeitsstoffe, Arbeitsorganisation usw. (Erfüllung der Anforderungen nach § 4 ArbSchG)

- In regelmäßigen Abständen Begehungen durchführen, Gefährdungsermittlungen und -beurteilungen mit geeigneten Methoden; Gesundheitsfaktoren in Arbeitssystemen ermitteln und deren Potenziale beurteilen
- Arbeitsmittel, Betriebsanlagen, Arbeitsverfahren, Einsatz von Arbeitsstoffen, Arbeitsplatzgestaltung, soziale und sanitäre Einrichtungen überprüfen – unter Beachtung arbeitsphysiologischer, arbeitspsychologischer und sonstiger ergonomischer sowie arbeitshygienischer Fragen
- Arbeitsablauforganisation einschließlich Arbeitsaufgaben, -rhythmus und Arbeitszeit- und Pausengestaltung überprüfen
- Arbeitsstätten und Arbeitsumgebung überprüfen
- Personaleinsatz (Arbeitsplatzwechsel, Alleinarbeit) überprüfen

- Lösungssuche unterstützen, Gestaltungsvorschläge unterbreiten, Durch- und Umsetzung begleiten und darauf hinwirken
  - Technische Maßnahmen (Sicherheitstechnik, Ergonomie, einschließlich Instandhaltung der Schutzeinrichtungen)
  - Organisatorische Maßnahmen
  - Hygienemaßnahmen
  - Auswahl, Erprobung, Einsatz, Benutzung, Instandhaltung von persönlichen Schutzausrüstungen (PSA)
  - Gestaltung organisationsbezogener Gesundheitsfaktoren (Gestaltung von Arbeitsaufgaben, Arbeitsorganisation, Arbeitsumgebung zur Förderung der Gesundheit)
  - Arbeitsplatzwechsel sowie Eingliederung und Wiedereingliederung behinderter Menschen
- Wirkungskontrollen durchführen
  - Durchführung überprüfen
  - Wirksamkeit von durchgeführten Schutzmaßnahmen
  - Auf neue Gefährdungen überprüfen

2.2 Eigeninitiatives Handeln zur Verhältnisprävention bei Veränderung der Arbeitsbedingungen

Z. B. bei Veränderungen von Arbeitsplätzen, Ersatzbeschaffung von Maschinen, Geräten, Änderung von Arbeitsverfahren, Veränderung betrieblicher Abläufe, Prozesse, Einführung von Arbeitsstoffen, Materialien, Veränderungen der Arbeitszeitgestaltung

- Vor Inbetriebnahme bzw. Einführung prüfen auf
  - Erfüllung von sicherheitstechnischen und ergonomischen Anforderungen
  - Vorhandensein von Betriebsanleitungen, Betriebsanweisungen, Sicherheitsdatenblättern usw.
  - Vorhandensein von Warn- und Gefahrenhinweisen
  - Bereitstellung erforderlicher PSA
  - Fortschreibung Gefährdungsbeurteilung
  - Ggf. Ableitung ergänzender Maßnahmen
- Auf grundlegende Änderungen im Sinne des Geräte- und Produktsicherheitsgesetzes (GPSG) prüfen und ggf. erforderliche Maßnahmen einfordern (einschl. Dokumentationen und Nachweise)
- Zu Festlegungen von erforderlichen Prüfungen im Sinne der Betriebssicherheitsverordnung (BetrSichV) beraten

3 Unterstützung bei grundlegenden Maßnahmen der Arbeitsgestaltung – Verhaltensprävention

3.1 Unterstützung bei Unterweisungen, Betriebsanweisungen, Qualifizierungsmaßnahmen

Hinwirken auf und Mitwirken bei insbesondere

- Aufbau eines Unterweisungssystems und der Durchführung von Unterweisungen
- Erstellung von Betriebsanweisungen
- Entwicklung von Verhaltensregeln
- Durchführung von Qualifizierungsmaßnahmen mit Arbeitsschutzbezug

I

3.2 Motivieren zum sicherheits- und gesundheitsgerechten Verhalten

Insbesondere

- auf sicherheitsgerechtes und gesundheitsgerechtes Verhalten hinwirken
- auf die Benutzung der PSA hinwirken

3.3 Information und Aufklärung

Beschäftigte informieren und aufklären insbesondere über

- Unfall- und Gesundheitsgefahren
- sicherheits- und gesundheitsgerechtes Verhalten
- Sicherheits- und Schutzeinrichtungen

3.4 Kollektive arbeitsmedizinische Beratung der Beschäftigten

4 Unterstützung bei der Schaffung einer geeigneten Organisation und Integration in die Führungstätigkeit

4.1 Integration des Arbeitsschutzes in die Aufbauorganisation

Unterstützen insbesondere bei

- Übertragung von Aufgaben und Befugnissen im Arbeitsschutz
- Kontrolle der Erfüllung der Aufgaben
- Gewährleistung der Beauftragtenorganisation (Arbeitsschutzorganisation: Betriebsarzt, Fachkraft für Arbeitssicherheit, Sicherheitsbeauftragte, Ersthelfer, …)
- Kooperationsverpflichtung der Führungskräfte mit Betriebsarzt und Fachkraft für Arbeitssicherheit
- Zusammenarbeit mehrerer Arbeitgeber im Sinne des § 8 ArbSchG (Unteraufträge, Zeitarbeit, Baustellen u. Ä.)

4.2 Integration des Arbeitsschutzes in die Unternehmensführung

Unterstützen insbesondere bei

- Entwicklung einer betrieblichen Arbeitsschutzstrategie durch die oberste Leitung und Bekanntmachen im Betrieb
- Förderung des arbeitsschutzgerechten Führens
- Berücksichtigung der Arbeitsschutzbelange bei strategischen und operativen Entscheidungen

4.3 Beratung zu erforderlichen Ressourcen zur Umsetzung der Arbeitsschutzmaßnahmen

Unterstützen bei der Organisation der Ressourcenbereitstellung, insbesondere hinsichtlich

- erforderlicher Mittel (gemäß § 3 Abs. 2 ArbSchG) zur Umsetzung der Arbeitsschutzmaßnahmen
- Schaffen personeller Voraussetzungen und Sicherstellen erforderlicher Qualifikation:
  - Mitwirken bei der Schulung der Sicherheitsbeauftragten
  - Mitwirken bei der Schulung der Ersthelfer
- Schaffen der organisatorischen Voraussetzungen für die Mitwirkungspflichten der Beschäftigen (gemäß § 3 Abs. 2 ArbSchG)

4.4 Kommunikation und Information sichern

Insbesondere unterstützen beim

- Einrichten und Betreiben des Arbeitsschutzausschusses
- Bereitstellen erforderlicher Informationen für alle Beteiligten

4.5 Berücksichtigung der Arbeitsschutzbelange in betrieblichen Prozessen

Unterstützen, um Arbeitsschutzbelange in betrieblichen Prozessen durch Regelungen organisatorisch sicherzustellen, insbesondere

- in allen Produktions- und Dienstleistungsprozessen (Integration in den betrieblichen Alltag)
- für Investitions- und Planungsprozesse
- für Neubau-, Umbau-, Anbauvorhaben
- für Beschaffung von Arbeitsmitteln (Maschinen, Anlagen, Werkzeuge, Arbeitsstoffe)
- für Vergabe von Aufträgen an Fremdfirmen; Zusammenarbeit mehrerer Arbeitgeber
- für Instandhaltung (z B. Baulichkeiten, Maschinen, Anlagen)

- für Einstellung neuer Mitarbeiter, Umsetzung von Mitarbeitern

4.6 Betriebliche arbeitsschutzspezifische Prozesse organisieren

Unterstützen, um arbeitsschutzspezifische Prozesse zu organisieren, insbesondere bei

- Umgang mit dem Vorschriften- und Regelwerk zum Arbeitsschutz (Vorschriften- und Regelwerksmanagement)
- Überwachen des Zustands der Arbeitsbedingungen
- Umgang mit externen Vorgaben zum Arbeitsschutz (Auflagenmanagement)
- Organisation der Ersten Hilfe; Einsatzplanung der Ersthelfer
- Notfallmanagement, Störfallorganisation
- Unfallmeldewesen
- Organisation der arbeitsmedizinischen Vorsorgeuntersuchungen

4.7 Ständige Verbesserung sicherstellen

Unterstützen insbesondere bei

- der Ableitung und Vorgabe von Zielen aus der Bestandsaufnahme
- der Durchführung von Maßnahmen
- der Bewertung von Stand und Entwicklung
- der Durchführung von Verbesserungsmaßnahmen

5 Untersuchungen nach Ereignissen

5.1 Untersuchung nach Ereignissen, Ursachenanalysen und deren Auswertungen

- Meldepflichtige Unfälle, nicht-meldepflichtige Unfälle, Beinaheunfälle, Erste-Hilfe-Fälle, relevante Zwischenfälle ohne Personenschäden; speziell auch tödliche, lebensbedrohliche und Massenunfälle
- Berufskrankheiten (Verdachtsfälle, anerkannte Berufskrankheiten)
- Arbeitsbedingte Erkrankungen; Auswertung von Gesundheitsberichten von Krankenkassen
- Wegeunfälle

5.2 Ermittlung von Unfallschwerpunkten sowie Schwerpunkten arbeitsbedingter Erkrankungen

5.3 Verbesserungsvorschläge

Ableiten von Verbesserungsvorschlägen aus den Analysen und Untersuchungen zur

- Vermeidung der Wiederholung der eingetretenen Unfälle und Erkrankungen und anderer Ereignisse
- Vermeidung vergleichbarer Unfälle, Erkrankungen und anderer Ereignisse
- Bekämpfung von Unfallschwerpunkten und Schwerpunkten arbeitsbedingter Erkrankungen

6 Allgemeine Beratung von Arbeitgebern und Führungskräften, betrieblichen Interessenvertretungen, Beschäftigten

6.1 Beratung zu Rechtsgrundlagen, Stand der Technik und Arbeitsmedizin, wissenschaftlichen Erkenntnissen

Beobachtung und Auswertung

- von Vorschriften und ihrer Weiterentwicklung
- der Weiterentwicklung des für den Betrieb relevanten Stands der Technik und Arbeitsmedizin bezüglich
  - des Wissensstandes zu Gefährdungen und zu Gesundheitsfaktoren
  - Fortschritt bei Maßnahmen zu Sicherheit und Gesundheit einschl. menschengerechter Arbeitsgestaltung

6.2 Beantwortung von Anfragen

6.3 Verbreitung der Information im Unternehmen, einschließlich Teambesprechungen

6.4 Externe Beratung zu speziellen Problemen des Arbeitsschutzes organisieren

7 Erstellung von Dokumentationen, Erfüllung von Meldepflichten

7.1 Unterstützung bei der Erstellung von Dokumentationen

Insbesondere bei

- Erfüllung spezieller Forderungen (z. B. Explosionsschutz-Dokument)
- Untersuchung von Unfällen und Berufskrankheiten
- Prüfung von Geräten nach BetrSichV
- Unterstützung bei der Dokumentation von Zugangsberechtigungen zu besonders gefährlichen Arbeitsbereichen (§ 9 ArbSchG)
- Unterweisung
- Unterrichtung über Schutzmaßnahmen bei besonderen Gefahren
- Freigabe von Anlagen usw. für spezielle Tätigkeiten
- Übertragung von Aufgaben
- Kontrollen für Alleinarbeit

7.2 Unterstützung bei der Erfüllung von Meldepflichten gegenüber den zuständigen Behörden und Unfallversicherungsträgern

7.3 Dokumentation von Vorschlägen an den Arbeitgeber einschließlich Angabe des jeweiligen Umsetzungsstandes

7.4 Dokumentation zur eigenen Tätigkeit und zur Inanspruchnahme der Einsatzzeiten

8 Mitwirken in betrieblichen Besprechungen

8.1 Direkte persönliche Beratung von Arbeitgebern

8.2 Teilnahme an Dienstgesprächen des Arbeitgebers mit seinen Führungskräften

Insbesondere zu Themen wie

- Aufarbeitungen der bestehenden Risiken im Unternehmen sowie Gesundheitsfaktoren in den Arbeitssystemen
- Umsetzung von Maßnahmen zu Sicherheit und Gesundheit in den Arbeitssystemen
- Analysen der Verankerung des Arbeitsschutzes in allen Tätigkeiten und in die betrieblichen Führungsstrukturen
- Planungen zu Veränderungen von Arbeitssystemen und der betrieblichen Organisation
- Schlussfolgerungen für die Verbesserung von Sicherheit und Gesundheit

8.3 Teilnahme an Besprechungen der betrieblichen Beauftragten entsprechend §§ 9, 10 und 11 Arbeitssicherheitsgesetz

8.4 Teilnahme an sonstigen Besprechungen, einschließlich Betriebsversammlungen

8.5 Nutzung eines ständigen Kontaktes mit Führungskräften

8.6 Sitzungen des Arbeitsschutzausschusses

Insbesondere

- Vorbereitung
- Teilnahme
- Auswertungen

9 Selbstorganisation

9.1 Ständige Fortbildung organisieren (Aktualisierung und Erweiterung)

9.2 Wissensmanagement entwickeln und nutzen

9.3 Erfassen und Aufarbeiten von Hinweisen der Beschäftigten

9.4 Erfahrungsaustausch insbesondere mit den Unfallversicherungsträgern und den zuständigen Behörden nutzen

I

Anhang 4
(zu Anlage 2 Abschnitt 3)

Betriebsspezifischer Teil der Betreuung

Anhang 4 beschreibt unverbindlich die zu berücksichtigenden Aufgabenfelder sowie Auslöse- und Aufwandskriterien und Leistungen, die im Rahmen der gesetzlich vorgeschriebenen Aufgaben nach §§ 3 und 6 Arbeitssicherheitsgesetz ergänzend zur Grundbetreuung betriebsspezifisch erforderlich sein können. Weitere Aufgaben können sich anhand der betrieblichen Erfordernisse und der Gefährdungsbeurteilung ergeben.

A Verfahren zur Ermittlung der Betreuungsleistungen des betriebsspezifischen Teils der Betreuung

Relevanz und Umfang des betriebsspezifischen Teils der Betreuung sind durch den Arbeitgeber zu ermitteln und regelmäßig zu überprüfen. Dabei hat er sich durch Betriebsarzt und Fachkraft für Arbeitssicherheit beraten zu lassen. Die folgenden Tabellen beschreiben die bei der Ermittlung und Überprüfung zu berücksichtigenden Aufgabenfelder, Auslöse- und Aufwandskriterien sowie zu erbringende Leistungen, die im Rahmen der gesetzlich vorgeschriebenen Aufgaben nach §§ 3 und 6 Arbeitssicherheitsgesetz ergänzend zur Grundbetreuung betriebsspezifisch erforderlich sein können.

Für jedes Aufgabenfeld der nachfolgenden Tabellen sind in zwei Spalten Auslösekriterien und Aufwandskriterien beschrieben. Die Ermittlung und Überprüfung erfolgt in zwei Schritten, die jeweils in Teilschritte unterteilt sind.

Schritt 1: Prüfung und Relevanz der Aufgabenfelder
Jedes Aufgabenfeld ist anhand der beschriebenen Auslösekriterien auf seine Relevanz für eine betriebsspezifische Betreuung zu prüfen. Die Auslösekriterien beschreiben betriebliche Zustände für die einzelnen Aufgabenfelder, deren Zutreffen mit „ja" oder „nein" zu beantworten ist. Bei mindestens einem „ja" in einem Aufgabenfeld ist die Auslöseschwelle für die betriebsspezifische Betreuung für das jeweilige Aufgabenfeld überschritten.

Teilschritt 1.1: Pro Aufgabenfeld jedes Auslösekriterium bewerten nach trifft zu: „ja" oder „nein".
Die Zusammenstellung der Auslösekriterien in den nachfolgenden Tabellen ist nicht abschließend. In der jeweils letzten Zeile (gekennzeichnet mit fortlaufendem Buchstaben und ...) können weitere betriebsspezifische Auslösekriterien ergänzt werden.

Teilschritt 1.2: Jedes Aufgabenfeld überprüfen, ob die Auslöseschwelle überschritten ist.
Wenn mindestens eines der Auslösekriterien in einem Aufgabenfeld zutrifft, ist die Auslöseschwelle überschritten, und für dieses Aufgabenfeld ist dann eine betriebsspezifische Betreuung erforderlich.
Pro Aufgabenfeld bestimmen: Betriebsspezifische Betreuung erforderlich: „ja" oder „nein".

Teilschritt 1.3: Feststellen der zeitlichen Dauer des Erfordernisses betriebsspezifischer Betreuung.
Nur wenn einzelne Auslösekriterien aufgrund spezifischer Bedingungen zeitlich befristet zutreffen, kann auch die betriebsärztliche und sicherheitstechnische Betreuung für diesen Teil des Aufgabenfeldes zeitlich befristet sein.
Treten temporäre Anlässe betriebsspezifisch wiederholend auf, ergibt sich dafür eine ständige betriebsärztliche und sicherheitstechnische Betreuung.

Schritt 2: Festlegen der Leistungen und des Personalaufwandes

Die Festlegung der Leistungen und des Personalaufwandes erfolgt mithilfe von Aufwandskriterien. Aufwandskriterien sind Beschreibungen der möglichen Leistungen von Betriebsarzt und Fachkraft für Arbeitssicherheit, aus denen sich der Aufwand für die betriebsspezifische Betreuung ableiten und quantitativ abschätzen lässt.

Teilschritt 2.1: Ermitteln und Festlegen der betriebsärztlichen und sicherheitstechnischen Leistungen für jedes Aufgabenfeld, bei dem die Auslöseschwelle überschritten ist.

Mithilfe der Spalte „Beschreibung der Leistungen" in den nachfolgenden Tabellen sind die Leistungen für den betriebsspezifischen Teil der Betreuung bezogen auf die konkreten betrieblichen Bedingungen inhaltlich zu beschreiben und betrieblich zu vereinbaren.

Teilschritt 2.2: Ermitteln und Festlegen des betrieblich erforderlichen Personalaufwandes für jedes Aufgabenfeld, getrennt für den Betriebsarzt und die Fachkraft für Arbeitssicherheit.

Anhand der Leistungsbeschreibung ist in der Spalte „Personalaufwand" jeweils getrennt für den Betriebsarzt und für die Fachkraft für Arbeitssicherheit für das jeweilige gesamte Aufgabenfeld der Personalaufwand in Stunden festzulegen.

Der Aufwand soll möglichst als Stunden/pro Jahr bezogen auf ein Jahr festgelegt werden. Handelt es sich um eine temporäre Aufgabe, die über mehrere Jahre auftritt, soll der Jahresaufwand getrennt für die relevanten Jahre ermittelt werden.

B Leistungsermittlung

1 Regelmäßig vorliegende betriebsspezifische Unfall- und Gesundheitsgefahren, Erfordernisse zur menschengerechten Arbeitsgestaltung

1.1 Besondere Tätigkeiten

<table>
<tr><th colspan="4">Auslösekriterien</th><th colspan="3">Aufwandskriterien</th></tr>
<tr><th colspan="2" rowspan="2">Auslösekriterien für betriebsspezifische Betreuung</th><th colspan="2">Trifft zu</th><th rowspan="2">Beschreibung der Leistungen insgesamt für Auslösekriterien a) bis j)</th><th colspan="2">Personalaufwand</th></tr>
<tr><th>ja</th><th>nein</th><th>BA</th><th>Sifa</th></tr>
<tr><td>a)</td><td>Feuerarbeiten in brand- und explosionsgefährdeten Bereichen</td><td>□</td><td>□</td><td rowspan="10">■ Ermitteln und Analysieren der spezifischen Gefährdungssituation (Gefährdungsfaktoren, Quellen, gefahrbringende Bedingungen, Wechselwirkungen)
■ Spezifische tätigkeitsbezogene Risikobeurteilungen
■ Ermitteln des relevanten Stands der Technik und Arbeitsmedizin
■ Beratung zum Festlegen von Soll-Zuständen für die ermittelten Risiken
■ Entwickeln von Schutzkonzepten
■ Umsetzen der Schutzkonzepte unterstützen und begleiten
■ Durchführen von regelmäßigen Wirkungskontrollen
■ Gefährdungsbeurteilung fortschreiben</td><td rowspan="10"></td><td rowspan="10"></td></tr>
<tr><td>b)</td><td>Gefährliche Arbeiten an unter Druck stehenden Anlagen</td><td>□</td><td>□</td></tr>
<tr><td>c)</td><td>Arbeiten in gasgefährdeten Bereichen</td><td>□</td><td>□</td></tr>
<tr><td>d)</td><td>Andere gefährliche Arbeiten (Schweißen in engen Räumen, Sprengarbeiten, Fällen von Bäumen, ...)</td><td>□</td><td>□</td></tr>
<tr><td>e)</td><td>Arbeiten unter Infektionsgefahren</td><td>□</td><td>□</td></tr>
<tr><td>f)</td><td>Umgang mit ionisierender Strahlung, Arbeiten im Bereich elektromagnetischer Felder</td><td>□</td><td>□</td></tr>
<tr><td>g)</td><td>Alleinarbeit</td><td>□</td><td>□</td></tr>
<tr><td>h)</td><td>Andere Tätigkeiten, die besondere Schutzmaßnahmen erfordern</td><td>□</td><td>□</td></tr>
<tr><td>i)</td><td>Tätigkeiten, die nicht typisch für den Wirtschaftszweig bzw. für das Kerngeschäft des Betriebs sind</td><td>□</td><td>□</td></tr>
<tr><td>j)</td><td>. . .</td><td>□</td><td>□</td></tr>
<tr><td colspan="2">Betriebsspezifische Betreuung erforderlich:
Bei mindestens einem zutreffenden „Ja“ ist betriebsspezifische Betreuung erforderlich</td><td>ja
□</td><td>nein
□</td><td>Personalaufwand in Stunden für das Aufgabenfeld insgesamt (siehe Teilschritt 2.2):</td><td>Std.</td><td>Std.</td></tr>
</table>

1.2 Arbeitsplätze und Arbeitsstätten, die besondere Risiken aufweisen

Auslösekriterien				Aufwandskriterien		
Auslösekriterien für betriebsspezifische Betreuung		Trifft zu		Beschreibung der Leistungen insgesamt für Auslösekriterien a) bis j)	Personalaufwand	
		ja	nein		BA	Sifa
a)	Vielzahl von unterschiedlichen Quellen bzw. besondere gefahrbringende Bedingungen für spezifische Gefährdungen (z. B. Lärmquellen)	□	□	■ Ermitteln und Analysieren der spezifischen Gefährdungssituation (Gefährdungsfaktoren, Quellen, gefahrbringende Bedingungen, Wechselwirkungen, …) ■ Spezifische Risikobeurteilungen für die Arbeitsplätze, -stätten ■ Beratung zum Festlegen von Soll-Zuständen ■ Ermitteln des relevanten Stands der Technik und Arbeitsmedizin ■ Entwickeln von Schutzkonzepten ■ Umsetzung der Schutzkonzepte unterstützen und begleiten ■ Durchführen von regelmäßigen Wirkungskontrollen ■ Gefährdungsbeurteilung fortschreiben		
b)	Vielzahl von unterschiedlichen Gefahrstoffen	□	□			
c)	Arbeitsplätze, die besondere Schutzmaßnahmen bei Tätigkeiten mit krebserzeugenden, erbgutverändernden und fruchtbarkeitsgefährdenden Gefahrstoffen gemäß Gefahrstoffverordnung erfordern	□	□			
d)	Arbeitsplätze, an denen mit biologischen Arbeitsstoffen der Risikogruppe 4 gemäß Biostoffverordnung umgegangen wird	□	□			
e)	Gefährliche Arbeitsgegenstände (Abmessungen, Gewichte, Oberflächenbeschaffenheit, thermische Zustände, …) bzw. besondere gefahrbringende Bedingungen im Umgang	□	□			
f)	Arbeiten an hohen Masten, Türmen und an anderen hochgelegenen Arbeitsplätzen	□	□			
g)	Unübersichtliches Werksgelände mit innerbetrieblichem Transport und Verkehr	□	□			
h)	Arbeitsplätze, die besondere Schutzmaßnahmen erfordern	□	□			
i)	Arbeitsplätze mit speziellen Anforderungen an die Funktionsfähigkeit sowie an die Überprüfung der Wirksamkeit von Schutzmaßnahmen (Beispiel: Umfangreiche Prüfungen nach BetrSichV – beachte insbes. § 3 Abs. 3, sowie §§ 10 und 14 ff. BetrSichV)	□	□			
j)	. . .	□	□			
Betriebsspezifische Betreuung erforderlich:						
Bei mindestens einem zutreffenden „Ja" ist betriebsspezifische Betreuung erforderlich		**ja** □	**nein** □	**Personalaufwand in Stunden für das Aufgabenfeld insgesamt (siehe Teilschritt 2.2):**	Std.	Std.

1.3 Arbeitsaufgaben und Arbeitsorganisation mit besonderen Risiken

Auslösekriterien				Aufwandskriterien		
Auslösekriterien für betriebsspezifische Betreuung		Trifft zu			Personalaufwand	
		ja	nein		BA	Sifa
				Beschreibung der Leistungen für Auslösekriterien a) bis c)		
Tätigkeiten mit Potenzialen psychischer und physischer Fehlbeanspruchung:		□	□			
a)	Anforderungen aus der Arbeitsaufgabe (hohe Aufmerksamkeitsanforderungen, große Arbeitsmenge, besonderer Schwierigkeitsgrad, …) mit Potenzialen psychischer Fehlbeanspruchungen	□	□	■ Analyse der Anforderungen aus Arbeitsaufgabe und -organisation an die Psyche ■ Ermitteln spezifischer Quellen und Bedingungen der psychischen Belastungen im Arbeitssystem		
b)	Anforderungen aus der Arbeitsorganisation (Arbeitsablauf, Störungshäufigkeiten, Art der Zusammenarbeit, …) mit Potenzialen psychischer Fehlbeanspruchungen	□	□	■ Beurteilen der Gesundheitsrisiken durch psychische Fehlbeanspruchungen		
c)	Andere Anforderungen mit Potenzialen psychischer Fehlbeanspruchungen	□	□	■ Beratung zum Bestimmen von Soll-Zuständen zur Vermeidung von psychischen Fehlbeanspruchungen ■ Ermitteln des Stands der Technik und Arbeitsmedizin zur menschengerechten Gestaltung der Arbeitsaufgaben und der Arbeitsorganisation ■ Unterstützen bei der Entwicklung von Gestaltungslösungen ■ Umsetzung der Gestaltungslösungen unterstützen und begleiten ■ Durchführen von regelmäßigen Wirkungskontrollen ■ Gefährdungsbeurteilung fortschreiben		
		□	□	**Beschreibung der Leistungen für Auslösekriterien d) bis g)**		

Auslösekriterien				Aufwandskriterien		
Auslösekriterien für betriebsspezifische Betreuung		Trifft zu			Personalaufwand	
		ja	nein		BA	Sifa
d)	Tätigkeiten mit Potenzialen physischer Fehlbeanspruchungen: Manuelle Handhabung von Lasten (Hohe Risikostufe gem. Leitmerkmalmethode)	□	□	■ Analyse der Anforderungen an die Physis ■ Ermitteln spezifischer Quellen und Bedingungen physischer Belastungen im Arbeitssystem ■ Beurteilen der Gesundheitsrisiken durch physische Fehlbeanspruchungen ■ Beratung zum Bestimmen von Soll-Zuständen zur Vermeidung von physischen Fehlbeanspruchungen ■ Ermitteln des Stands der Technik und Arbeitsmedizin zur Reduzierung physischer Fehlbeanspruchungen und zur menschengerechten Arbeitsgestaltung ■ Unterstützen bei der Entwicklung von Gestaltungslösungen ■ Umsetzung der Gestaltungslösungen unterstützen und begleiten ■ Durchführen von regelmäßigen Wirkungskontrollen ■ Gefährdungsbeurteilung fortschreiben		
e)	Tätigkeiten mit Potenzialen physischer Fehlbeanspruchungen: Häufig wiederkehrende kurzzyklische Bewegung kleiner Muskelgruppen	□	□			
f)	Tätigkeiten mit Potenzialen physischer Fehlbeanspruchungen: Arbeit in Zwangshaltungen	□	□			
g)	Tätigkeiten mit Potenzialen physischer Fehlbeanspruchungen: Statische Arbeit (z. B. Haltearbeit)	□	□			
		□	□	**Beschreibung der Leistungen für Auslösekriterium h)**		

Auslösekriterien				Aufwandskriterien		
Auslösekriterien für betriebsspezifische Betreuung		Trifft zu			Personalaufwand	
		ja	nein		BA	Sifa
h)	Schichtarbeit mit Nachtarbeitsanteilen	□	□	■ Analyse der betrieblichen Schichtarbeitssituation und ihrer Bedingungen ■ Beurteilen der gesundheitlichen Risiken der Schichtarbeit ■ Ermitteln des relevanten Stands der Technik und Arbeitsmedizin zur Schichtarbeit ■ Beratung zum Bestimmen von Soll-Zuständen zur Schichtarbeit ■ Unterstützen bei der Entwicklung von Gestaltungslösungen ■ Umsetzung der Gestaltungslösungen unterstützen und begleiten ■ Durchführen von regelmäßigen Wirkungskontrollen ■ Gefährdungsbeurteilung fortschreiben		
		□	□	**Beschreibung der Leistungen für Auslösekriterium i)**		
i)	Einsatz von Fremdfirmen mit einem betriebs- bzw. tätigkeitsspezifischen Gefährdungspotenzial	□	□	■ Ermitteln betrieblicher Einsatzbedingungen von Fremdfirmen ■ Ermitteln der Gefährdungen und spezifischen gefahrbringenden Bedingungen im Zusammenhang mit dem Fremdfirmeneinsatz ■ Risikobeurteilung zum Fremdfirmeneinsatz ■ Unterstützen bei der Erfüllung der Auswahl-, Informations- und Koordinierungspflichten, Vertragsgestaltung, Erlass betrieblicher Regelungen ■ Regelmäßige Kontrollen des Fremdfirmeneinsatzes ■ Gefährdungsbeurteilung fortschreiben		
j)	. . .	□	□			
Betriebsspezifische Betreuung erforderlich:						
Bei mindestens einem zutreffenden „Ja" ist betriebsspezifische Betreuung erforderlich		**ja** □	**nein** □	**Personalaufwand in Stunden für das Aufgabenfeld insgesamt (siehe Teilschritt 2.2):**	Std.	Std.

1.4 Erfordernis arbeitsmedizinischer Vorsorge

Auslösekriterien				Aufwandskriterien		
Auslösekriterien für betriebsspezifische Betreuung		Trifft zu		Beschreibung der Leistungen für Auslösekriterien a) bis c)	Personalaufwand	
		ja	nein		BA	Sifa
a)	Pflichtuntersuchungen erforderlich	☐	☐	■ Erkenntnisse beschaffen über die konkreten Arbeitsbedingungen ■ Individuelles Aufklären der Beschäftigten über die Untersuchungen ■ Durchführen der Untersuchungen ■ Beraten der Beschäftigten zum Ergebnis ■ Bescheinigungen erstellen ■ Auswerten und Ableiten von Konsequenzen für Schutzmaßnahmen ■ Umsetzung der Maßnahmen begleiten ■ Wirkungskontrollen		
b)	Angebotsuntersuchungen erforderlich	☐	☐			
c)	Wunschuntersuchungen gefordert	☐	☐			
Betriebsspezifische Betreuung erforderlich:						
Bei mindestens einem zutreffenden Ja" ist betriebsspezifische Betreuung erforderlich		**ja** ☐	**nein** ☐	**Personalaufwand in Stunden für das Aufgabenfeld insgesamt (siehe Teilschritt 2.2):**	Std.	Std.

1.5 Erfordernis besonderer betriebsspezifischer Anforderungen beim Personaleinsatz

Auslösekriterien				Aufwandskriterien		
Auslösekriterien für betriebsspezifische Betreuung		Trifft zu			Personalaufwand	
		ja	nein		BA	Sifa
a)	Anforderungen an die Qualifikation und andere personelle Voraussetzungen der Beschäftigten entsprechend Forderungen in speziellen Vorschriften	☐	☐	**Beschreibung der Leistungen für Auslösekriterien a) und b)** ■ Ermitteln spezifischer personeller Anforderungen ■ Beraten und Unterstützen bei der Erfüllung besonderer Qualifikationsanforderungen und anderer personenbezogener Anforderungen ■ Unterstützen bei der Erarbeitung betrieblicher Regelungen zur Beachtung personeller Anforderungen ■ Regelmäßige Kontrolle der Erfüllung der Anforderungen		
b)	Qualifikationsanforderungen für Notfallsituationen	☐	☐			

Auslösekriterien				Aufwandskriterien		
Auslösekriterien für betriebsspezifische Betreuung		Trifft zu			Personalaufwand	
		ja	nein		BA	Sifa
		□	□	**Beschreibung der Leistungen für Auslösekriterium c)**		
c)	Personalentwicklungsmaßnahmen (PE) zum Arbeitsschutz	□	□	■ Ermitteln des Qualifizierungsbedarfs im Arbeitsschutz ■ Ermitteln von betrieblichen zielgruppenspezifischen PE-Maßnahmen und der Integration von Arbeitsschutzbelangen ■ Unterstützen bei der Entwicklung von PE-Maßnahmen zu Sicherheit und Gesundheit bei der Arbeit ■ Hinwirken auf die Berücksichtigung von Arbeitsschutzbelangen in PE-Maßnahmen ■ Regelmäßiges Beobachten und Auswerten der Wirkungen von PE-Maßnahmen		
		□	□	**Beschreibung der Leistungen für Auslösekriterium d)**		
d)	Besondere Personengruppen (Schwangere, Jugendliche, …)	□	□	■ Ermitteln besonders schutzbedürftiger Personen ■ Ermitteln der Gefährdungen, denen besonders schutzbedürftige Personen ausgesetzt sind ■ Beurteilen gesundheitlicher Risiken ■ Beratung zum Festlegen von Soll-Zuständen für den Schutz solcher Personen ■ Unterstützen bei der Entwicklung von Gestaltungslösungen und Einsatzmöglichkeiten ■ Umsetzung der Gestaltungslösungen unterstützen und begleiten ■ Durchführen von Wirkungskontrollen ■ Gefährdungsbeurteilung fortschreiben		
		□	□	**Beschreibung der Leistungen für Auslösekriterium e)**		

Auslösekriterien				Aufwandskriterien		
Auslösekriterien für betriebsspezifische Betreuung		Trifft zu			Personalaufwand	
		ja	nein		BA	Sifa
e)	Einsatz von Zeitarbeitnehmern	☐	☐	■ Unterstützen bei der erstmaligen Durchführung von Gefährdungsbeurteilungen für Zeitarbeitnehmer ■ Beraten bei der Auswahl von Zeitarbeitsunternehmen ■ Beraten bei der Vertragsgestaltung ■ Regelmäßige Überprüfung der Arbeitsplätze und Arbeitsbedingungen der Zeitarbeitnehmer ■ Unterstützen bei der Einweisung und Unterweisung der Zeitarbeitnehmer ■ Beraten zu besonderen Problemen der Zeitarbeit		
		☐	☐	**Beschreibung der Leistungen für Auslösekriterium f)**		
f)	Anforderungen an den Arbeitsprozess zur Teilhabe behinderter Menschen	☐	☐	■ Systematische Analyse der Bedingungen zur Teilhabe ■ Analysieren von Kompensationsmöglichkeiten ■ Vergleichen von Fähigkeits- und Anforderungsprofilen ■ Unterstützen bei Suche nach Teilhabemöglichkeiten ■ Unterstützen bei Entwicklung von spezifischen Arbeitsgestaltungsmaßnahmen ■ Zusammenarbeit mit den relevanten Beauftragten ■ Hinwirken auf und Mitwirken beim Abschluss von Integrationsvereinbarungen ■ Hinwirken auf die Einbindung überbetrieblicher Institutionen und Kooperieren mit diesen		
		☐	☐	**Beschreibung der Leistungen für Auslösekriterium g)**		

Auslösekriterien				Aufwandskriterien		
Auslösekriterien für betriebsspezifische Betreuung		Trifft zu			Personalaufwand	
		ja	nein		BA	Sifa
g)	Wiedereingliederung von Beschäftigten	□	□	■ Mitwirken im Rahmen eines betrieblichenWiedereingliederungsmanagements ■ Spezifizieren der Gefährdungsbeurteilung im Hinblick auf die besonderen Leistungsvoraussetzungen ■ Ermitteln des Anpassungsbedarfs der Arbeitssysteme ■ Mitwirken bei der Entwicklung von Gestaltungslösungen und -konzepten zur Wiedereingliederung ■ Unterstützen bei der Umsetzung der Gestaltungslösungen ■ Hinwirken auf die Einbindung überbetrieblicher Institutionen und Kooperieren mit diesen		
		□	□	**Beschreibung der Leistungen für Auslösekriterium h)**		
h)	Betriebsspezifischer Aufwand für die Gewährleistung von Sicherheit und Gesundheit verursacht durch Dritte (z. B. Kinder, Schüler, Studenten, Publikumsverkehr, Kunden, …)	□	□	■ Unterstützen bei der erstmaligen Durchführung von Gefährdungsbeurteilungen zur Berücksichtigung möglicher Gefährdungen der Beschäftigten durch dritte Personen ■ Regelmäßige Überprüfung der Arbeitsplätze und Arbeitsbedingungen hinsichtlich möglicher Gefährdungen durch dritte Personen ■ Beraten zu besonderen Problemen zu Sicherheit und Gesundheit		
i)	…	□	□			
Betriebsspezifische Betreuung erforderlich:						
Bei mindestens einem zutreffenden „Ja" ist betriebsspezifische Betreuung erforderlich		**ja** □	**nein** □	**Personalaufwand in Stunden für das Aufgabenfeld insgesamt (siehe Teilschritt 2.2):**	Std.	Std.

1.6 Sicherheit und Gesundheit unter den Bedingungen des demografischen Wandels

Auslösekriterien				Aufwandskriterien		
Auslösekriterien für betriebsspezifische Betreuung		Trifft zu		Beschreibung der Leistungen insgesamt für Auslösekriterien a) bis e)	Personalaufwand	
		ja	nein		BA	Sifa
a)	Hoher Anteil von älteren Beschäftigten	□	□	■ Analyse der Belegschaftssituation und des betrieblichen Umfeldes unter demografischen Aspekten von Sicherheit und Gesundheit ■ Beurteilen des Bedarfs zur menschengerechten Arbeitsgestaltung unter demografischen Aspekten ■ Beurteilen der Risiken für älter werdende Belegschaften und ältere Beschäftigte ■ Ableiten von Soll-Zuständen ■ Entwickeln von Gestaltungsvorschlägen zur altersgerechten Arbeitsgestaltung ■ Unterstützen bei der Umsetzung von Gestaltungsmaßnahmen ■ Unterstützen bei der Entwicklung des Führungsverhaltens im Hinblick auf älter werdende Belegschaften und ältere Beschäftigte ■ Beobachten der Entwicklungen und erzielten Wirkungen ■ Fortschreiben der Gefährdungsbeurteilung		
b)	Divergenz zwischen Fähigkeitsprofil der Beschäftigten und Anforderungsprofil durch die Arbeitsaufgabe unter den Bedingungen alternder Belegschaften	□	□			
c)	Defizite in der altersadäquaten Arbeitsgestaltung	□	□			
d)	Entwicklung des Führungsverhaltens unter den Bedingungen älter werdender Belegschaften	□	□			
e)	. . .	□	□			
Betriebsspezifische Betreuung erforderlich:						
Bei mindestens einem zutreffenden „Ja" ist betriebsspezifische Betreuung erforderlich		**ja** □	**nein** □	**Personalaufwand in Stunden für das Aufgabenfeld insgesamt (siehe Teilschritt 2.2):**	Std.	Std.

1.7 Arbeitsgestaltung zur Vermeidung arbeitsbedingter Gesundheitsgefahren, Erhalt der individuellen gesundheitlichen Ressourcen im Zusammenhang mit der Arbeit

Auslösekriterien				Aufwandskriterien		
Auslösekriterien für betriebsspezifische Betreuung		Trifft zu		Beschreibung der Leistungen insgesamt für Auslösekriterien a) bis e)	Personalaufwand	
		ja	nein		BA	Sifa
a)	Überdurchschnittlich hoher Krankenstand (Vergleichswerte innerhalb des Unternehmens, vergleichbare Betriebe, Branchendurchschnitt)	□	□	■ Analyse der Ursachen von arbeitsbedingten Gesundheitsgefahren und von Defiziten der		

<table>
<tr><th colspan="4">Auslösekriterien</th><th colspan="3">Aufwandskriterien</th></tr>
<tr><th colspan="2" rowspan="2">Auslösekriterien für betriebsspezifische Betreuung</th><th colspan="2">Trifft zu</th><th rowspan="2">Beschreibung der Leistungen insgesamt für Auslösekriterien a) bis e)</th><th colspan="2">Personalaufwand</th></tr>
<tr><th>ja</th><th>nein</th><th>BA</th><th>Sifa</th></tr>
<tr><td>b)</td><td>Defizite in der menschen- und gesundheitsgerechten Gestaltung von Arbeitsaufgaben, Arbeitsorganisation und Arbeitsumgebung im Hinblick auf den Erhalt der gesundheitlichen Ressourcen</td><td>☐</td><td>☐</td><td rowspan="4">menschengerechten Arbeitsgestaltung
■ Prüfen des relevanten Stands von Technik, Arbeitsmedizin und Hygiene sowie der gesicherten arbeitswissenschaftlichen Erkenntnisse zur menschen- und gesundheitsgerechten Arbeitsgestaltung
■ Ermittlung von Ansatzpunkten zur Erhöhung der Gesundheitskompetenz der Beschäftigten bei der Arbeit und zur menschengerechten Arbeitsgestaltung zum Erhalt der gesundheitlichen Ressourcen
■ Beratung zum Festlegen von Soll-Zuständen zur Vermeidung von arbeitsbedingten Gesundheitsgefahren zur menschengerechten Arbeitsgestaltung und zum Erhalt der individuellen gesundheitlichen Ressourcen
■ Beraten, Informieren und Aufklären der Beschäftigten zur Befähigung, gesundheitsrelevante Faktoren bei der Arbeit selbst positiv zu beeinflussen; Initiieren, Unterstützen von Lernprozessen
■ Beraten und Unterstützen bei der Entwicklung von betrieblichen Aktivitäten und Angeboten zum Erhalt der individuellen gesundheitlichen Ressourcen
■ Beraten und Unterstützen bei der menschengerechten Arbeitsgestaltung zum Erhalt der individuellen gesundheitlichen Ressourcen (Gestaltung der Arbeitsaufgaben, Arbeitsorganisation und Umgebung, soziale Arbeitsbedingungen)
■ Hinwirken auf die Realisierung solcher Gestaltungsansätze
■ Begleiten der Umsetzung
■ Regelmäßiges Beobachten und Auswerten der Wirkungen der Maßnahmen</td><td rowspan="4"></td><td rowspan="4"></td></tr>
<tr><td>c)</td><td>Nicht hinreichende Angebote zu betrieblichen Aktivitäten zum Erhalt der gesundheitlichen Ressourcen im Zusammenhang mit der Arbeit (Rückenschulen, Pausengymnastik, ...)</td><td>☐</td><td>☐</td></tr>
<tr><td>d)</td><td>Unzureichende Gesundheitskompetenz der Beschäftigten zum Erhalt der gesundheitlichen Ressourcen im Zusammenhang mit der Arbeit</td><td>☐</td><td>☐</td></tr>
<tr><td>e)</td><td>. . .</td><td>☐</td><td>☐</td></tr>
</table>

Auslösekriterien			Aufwandskriterien		
Auslösekriterien für betriebsspezifische Betreuung	Trifft zu		Beschreibung der Leistungen insgesamt für Auslösekriterien a) bis e)	Personalaufwand	
	ja	nein		BA	Sifa
Betriebsspezifische Betreuung erforderlich: Bei mindestens einem zutreffenden „Ja" ist betriebsspezifische Betreuung erforderlich	**ja** □	**nein** □	**Personalaufwand in Stunden für das Aufgabenfeld insgesamt (siehe Teilschritt 2.2):**	Std.	Std.

1.8 Unterstützung bei der Weiterentwicklung eines Gesundheitsmanagements

Auslösekriterien				Aufwandskriterien		
Auslösekriterien für betriebsspezifische Betreuung		Trifft zu		Beschreibung der Leistungen insgesamt für Auslösekriterien a) bis c)	Personalaufwand	
		ja	nein		BA	Sifa
a)	Betriebliche Entscheidung für die Einführung eines Gesundheitsmanagements	□	□	■ Mitwirken, Unterstützen bei der Entwicklung von betrieblichen Strukturen zum Gesundheitsmanagement (z. B. Einrichten von Steuerkreisen, Gesundheitszirkeln, Vernetzung mit dem Arbeitsschutzausschuss) ■ Zusammenwirken mit anderen Akteuren der betrieblichen Gesundheit (z. B. Gesundheitsbeauftragte, Akteure der Krankenkassen) ■ Unterstützen, Mitwirken bei der Steuerung von Prozessen eines Gesundheitsmanagements (Prozesse sind insbesondere Erstellen von Gesundheitsberichten, Durchführen von Mitarbeiterbefragungen und von Aktionstagen, PR- und Marketingmaßnahmen, Planung von Programmen, Evaluation und Qualitätsmanagement der entsprechenden Maßnahmen) ■ Hinwirken auf die dauerhafte Integration von Gesundheitsmanagement in Betriebsroutinen (Vernetzung mit dem Arbeitsschutzmanagement, Integration in die Betriebsorganisation und -führung)		
b)	Betreiben eines Gesundheitsmanagements	□	□			
c)	. . .	□	□			

Auslösekriterien			Aufwandskriterien		
Auslösekriterien für betriebsspezifische Betreuung	Trifft zu		Beschreibung der Leistungen insgesamt für Auslösekriterien a) bis c)	Personalaufwand	
	ja	nein		BA	Sifa
Betriebsspezifische Betreuung erforderlich: Bei mindestens einem zutreffenden „Ja" ist betriebsspezifische Betreuung erforderlich	**ja** ☐	**nein** ☐	**Personalaufwand in Stunden für das Aufgabenfeld insgesamt (siehe Teilschritt 2.2):**	Std.	Std.

2 Betriebliche Veränderungen in den Arbeitsbedingungen und in der Organisation

2.1 Beschaffung von grundlegend neuartigen Maschinen, Geräten

Auslösekriterien				Aufwandskriterien		
Auslösekriterien für betriebsspezifische Betreuung		Trifft zu		Beschreibung der Leistungen insgesamt für Auslösekriterien a) bis i)	Personalaufwand	
		ja	nein		BA	Sifa
a)	Für den Betrieb gegenüber der Grundbetreuung neuartige/neue Risiken sind zu erwarten	☐	☐	■ Unterstützen bei Gefährdungsermittlung und Risikobeurteilung der zu verändernden Arbeitssysteme durch die Beschaffung neuer Maschinen, Geräte ■ Beraten zur Ermittlung von Anforderungen an die zu beschaffenden Maschinen, Geräte ■ Beraten zu Anforderungen beim Einsatz neuartiger Maschinen, Geräte (Arbeitssystemgestaltung) ■ Mitwirken an der Erstellung von Pflichtenheften/Ausschreibungen ■ Mitwirken bei der Bewertung von Angeboten sowie Vertragsgestaltungen ■ Überprüfen auf Erfüllung vereinbarter Anforderung bei Lieferung, Aufstellung, Montage, ... ■ Mitwirken bei Realisierung der Veränderungen; Unterstützen bei der Abnahme ■ Wirkungskontrolle ■ Fortschreiben der Gefährdungsbeurteilung		
b)	Neuartige Gefahrenquellen können auftreten	☐	☐			
c)	Grundlegend veränderte Wirkungen auf die Arbeitsumgebung	☐	☐			
d)	Bisherige Schutzmaßnahmen können nicht/nur bedingt übertragen werden	☐	☐			
e)	Es bestehen keine standardisierten Lösungen	☐	☐			
f)	Es sind grundlegend neuartige Anforderungen an die Qualifikation/das arbeitsschutzgerechte Verhalten zu erwarten	☐	☐			
g)	Es wird eine grundlegend veränderte Organisation erforderlich	☐	☐			
h)	Es entstehen andere/neue Schnittstellen zu bestehenden Arbeitssystemen	☐	☐			
i)	. . .	☐	☐			
Betriebsspezifische Betreuung erforderlich: Bei mindestens einem zutreffenden „Ja" ist betriebsspezifische Betreuung erforderlich		**ja** ☐	**nein** ☐	**Personalaufwand in Stunden für das Aufgabenfeld insgesamt (siehe Teilschritt 2.2):**	Std.	Std.

2.2 Grundlegende Veränderungen zur Einrichtung neuer Arbeitsplätze bzw. der Arbeitsplatzausstattung; Planung, Neuerrichtung von Betriebsanlagen; Umbau, Neubaumaßnahmen

Auslösekriterien				Aufwandskriterien		
Auslösekriterien für betriebsspezifische Betreuung		Trifft zu		Beschreibung der Leistungen insgesamt für Auslösekriterien a) bis j)	Personalaufwand	
		ja	nein		BA	Sifa
a)	Für den Betrieb gegenüber der Grundbetreuung neuartige/neue Risiken sind zu erwarten	□	□	■ Unterstützen bei Gefährdungsermittlung und Risikobeurteilung der zu verändernden Arbeitssysteme ■ Unterstützen der Ermittlung und Festlegung von Anforderungen an die Arbeitsplatz-, Arbeitsstättengestaltung ■ Aufarbeiten relevanter Vorschriften und Regeln, des Stands der Technik und Arbeitsmedizin ■ Mitwirken an der Erstellung von Pflichtenheften/Ausschreibungen ■ Beraten zu Anforderungen beim Einsatz neuartiger Arbeitsplatzausstattung, Betriebsanlagen, Räume etc. (technisch, organisatorisch, personell) ■ Mitwirken bei der Bewertung von Angeboten sowie Vertragsgestaltungen ■ Unterstützen bei der Arbeitssystemgestaltung ■ Überprüfen auf Erfüllung vereinbarter Anforderungen bei Baumaßnahmen, Lieferung, Aufstellung, Montage, … ■ Mitwirken bei der Realisierung der Veränderungen; Unterstützen bei der Abnahme ■ Wirkungskontrollen ■ Fortschreiben der Gefährdungsbeurteilung		
b)	Neuartige Gefahrenquellen können auftreten	□	□			
c)	Grundlegend veränderte Wirkungen auf die Arbeitsumgebung bzw. auf die Arbeitsplätze und Arbeitsabläufe	□	□			
d)	Bisherige Schutzmaßnahmen können nicht/nur bedingt übertragen werden	□	□			
e)	Es bestehen keine standardisierten Lösungen					
f)	Es sind grundlegend veränderte Anforderungen an die Qualifikation/das arbeitsschutzgerechte Verhalten zu erwarten					
g)	Es wird eine grundlegend veränderte Organisation erforderlich					
h)	Es entstehen andere/neue Schnittstellen zu bestehenden Arbeitssystemen					
i)	Es entstehen neue Zuständigkeiten/Verantwortlichkeiten	□	□			
j)	. . .	□	□			
Betriebsspezifische Betreuung erforderlich:						
Bei mindestens einem zutreffenden „Ja" ist betriebsspezifische Betreuung erforderlich		**ja** □	**nein** □	**Personalaufwand in Stunden für das Aufgabenfeld insgesamt (siehe Teilschritt 2.2):**	Std.	Std.

I

2.3 Einführung völlig neuer Stoffe, Materialien

Auslösekriterien				Aufwandskriterien		
Auslösekriterien für betriebsspezifische Betreuung		Trifft zu		Beschreibung der Leistungen insgesamt für Auslösekriterien a) bis g)	Personalaufwand	
		ja	nein		BA	Sifa
a)	Für den Betrieb gegenüber der Grundbetreuung andersartige/neue Risiken sind zu erwarten	☐	☐	■ Unterstützen bei der Informationsermittlung hinsichtlich der neuen Stoffe, Materialien ■ Beurteilen der Risiken durch die neuen Stoffe, Materialien ■ Unterstützen bei der Auswahl risikoarmer Stoffe, Materialien ■ Festlegen von Soll-Zuständen für den Einsatz von Stoffen und Materialien ■ Unterstützen bei der betrieblichen Zulassung und Freigabe von Stoffen und Materialien ■ Unterstützen bei der Festlegung von Schutzmaßnahmen ■ Mitwirken bei der Realisierung der Schutzmaßnahmen und Wirkungskontrollen ■ Fortschreiben der Gefährdungsbeurteilung		
b)	Neuartige Gefahrenquellen können auftreten	☐	☐			
c)	Veränderte Wirkungen auf die Arbeitsumgebung bzw. auf die Arbeitsplätze und Arbeitsabläufe	☐	☐			
d)	Bisherige Schutzmaßnahmen können nicht/nur bedingt übertragen werden	☐	☐			
e)	Es bestehen keine standardisierten Lösungen					
f)	Es sind völlig veränderte Anforderungen an die Qualifikation/das arbeitsschutzgerechte Verhalten zu erwarten					
g)	. . .	☐	☐			
Betriebsspezifische Betreuung erforderlich:						
Bei mindestens einem zutreffenden „Ja" ist betriebsspezifische Betreuung erforderlich		**ja** ☐	**nein** ☐	**Personalaufwand in Stunden für das Aufgabenfeld insgesamt (siehe Teilschritt 2.2):**	Std.	Std.

2.4 Grundlegende Veränderung betrieblicher Abläufe und Prozesse; grundlegende Veränderung der Arbeitszeitgestaltung; grundlegende Änderung, Einführung neuer Arbeitsverfahren

Auslösekriterien				Aufwandskriterien		
Auslösekriterien für betriebsspezifische Betreuung		Trifft zu		Beschreibung der Leistungen insgesamt für Auslösekriterien a) bis j)	Personalaufwand	
		ja	nein		BA	Sifa
a)	Für den Betrieb gegenüber der Grundbetreuung andersartige/neue Risiken sind zu erwarten	□	□	■ Gefährdungsermittlung und Risikobeurteilung der zu verändernden Arbeitssysteme ■ Unterstützen der Ermittlung und Festlegung von Anforderungen an die Gestaltung von Abläufen, Arbeitsverfahren, Arbeitszeit ■ Aufarbeiten relevanter Vorschriften und Regeln, des Stands der Technik und Arbeitsmedizin, entspr. umfassende Recherchen ■ Beraten zu Anforderungen bei der Veränderung von Abläufen, Arbeitsverfahren, Arbeitszeit ■ Unterstützen bei der Arbeitssystemgestaltung ■ Mitwirken bei der Realisierung der Veränderungen; Unterstützen bei der Abnahme ■ Wirkungskontrollen ■ Fortschreiben der Gefährdungsbeurteilung		
b)	Neuartige Gefahrenquellen können auftreten	□	□			
c)	Veränderte Wirkungen auf die Arbeitsumgebung bzw. auf die Arbeitsplätze und Arbeitsabläufe	□	□			
d)	Bisherige Schutzmaßnahmen können nicht/nur bedingt übertragen werden	□	□			
e)	Es bestehen keine standardisierten Lösungen					
f)	Es sind völlig veränderte Anforderungen an die Qualifikation/das arbeitsschutzgerechte Verhalten zu erwarten					
g)	Es wird eine völlig veränderte Organisation erforderlich					
h)	Es entstehen andere/neue Schnittstellen zu bestehenden Arbeitssystemen					
i)	Es entstehen neue Zuständigkeiten/ Verantwortlichkeiten	□	□			
j)	. . .	□	□			
Betriebsspezifische Betreuung erforderlich:						
Bei mindestens einem zutreffenden „Ja" ist betriebsspezifische Betreuung erforderlich		**ja** □	**nein** □	**Personalaufwand in Stunden für das Aufgabenfeld insgesamt (siehe Teilschritt 2.2):**	Std.	Std.

2.5 Spezifische Erfordernisse zur Schaffung einer geeigneten Organisation zur Durchführung der Maßnahmen des Arbeitsschutzes sowie zur Integration in die Führungstätigkeit und zum Aufbau eines Systems der Gefährdungsbeurteilung

Auslösekriterien				Aufwandskriterien		
Auslösekriterien für betriebsspezifische Betreuung		Trifft zu		Beschreibung der Leistungen insgesamt für Auslösekriterien a) bis g)	Personalaufwand	
		ja	nein		BA	Sifa
a)	Erfordernisse zur Integration in die Führungstätigkeit und zum Aufbau einer geeigneten Organisation, soweit Bedarf über die Grundbetreuung hinaus besteht	□	□	■ Aufbereiten und Darstellen von Sinnhaftigkeit, Notwendigkeit und Nutzen der Implementierung und Weiterentwicklung einer geeigneten Organisation und der Integration in die Führungstätigkeit bzw. eines Gesamtsystems der Gefährdungsbeurteilung, Beraten der Unternehmensleitung ■ Ermitteln des spezifischen Bedarfs für die Implementierung und Weiterentwicklung, Analyse des erreichten Stands; Systematisieren des weiteren Vorgehens ■ Entwickeln und Vereinbaren von Zielen mit der Unternehmensleitung ■ Entwickeln von betriebsspezifischen Konzepten für die Integration von Arbeitsschutzbelangen in das betriebliche Management, in Managementsysteme, zum Aufbau von Arbeitsschutzmanagementsystemen, für ein Gesamtsystem zur Gefährdungsbeurteilung ■ Unterstützen bei der Realisierung der Konzepte ■ Audits und Wirkungskontrollen ■ Kontinuierlichen Verbesserungsprozess unterstützen		
b)	Betriebsspezifische Erfordernisse zur Implementierung eines Gesamtsystems der Gefährdungsbeurteilung	□	□			
c)	Grundlegende Veränderungen zur Integration des Arbeitsschutzes in das Management	□	□			
d)	Einführung von Managementprinzipien und -systemen mit Relevanz zum Arbeitsschutz	□	□			
e)	Integration des Arbeitsschutzes in bestehende Managementsysteme					
f)	Aufbau eines Arbeitsschutzmanagementsystems					
g)	. . .	□	□			
Betriebsspezifische Betreuung erforderlich:						
Bei mindestens einem zutreffenden „Ja" ist betriebsspezifische Betreuung erforderlich		**ja** □	**nein** □	**Personalaufwand in Stunden für das Aufgabenfeld insgesamt (siehe Teilschritt 2.2):**	Std.	Std.

3 Externe Entwicklung mit spezifischem Einfluss auf die betriebliche Situation

3.1 Neue Vorschriften, die für den Betrieb umfangreichere Änderungen nach sich ziehen

Auslösekriterien				Aufwandskriterien		
Auslösekriterien für betriebsspezifische Betreuung		Trifft zu		Beschreibung der Leistungen insgesamt für Auslösekriterien a) bis d)	Personalaufwand	
		ja	nein		BA	Sifa
a)	Fortschreiben der Gefährdungsbeurteilung ist erforderlich	☐	☐	■ Aufarbeiten grundlegender Konsequenzen für den Betrieb ■ Unterstützen bei der Beurteilung der Arbeitsbedingungen nach Maßgabe der neuen Vorschrift ■ Organisation von erforderlichen Qualifizierungsaktivitäten zur Vorschrift generell ■ Ableiten von Konsequenzen für die Zuweisung von Aufgaben, Zuständigkeiten und Verantwortung ■ Mitwirken bei Veränderungen betrieblicher Ablauforganisation ■ Unterstützen bei notwendigen technischen und organisatorischen Veränderungen in den Arbeitssystemen ■ Unterstützen bei der Vorbereitung und Durchführung von Maßnahmen zum arbeitsschutzgerechten Verhalten der Beschäftigten		
b)	Veränderungen in den bestehenden Arbeitssystemen sind erforderlich	☐	☐			
c)	Veränderungen in der Ausgestaltung einer geeigneten Organisation sind erforderlich	☐	☐			
d)	. . .	☐	☐			
Betriebsspezifische Betreuung erforderlich:						
Bei mindestens einem zutreffenden „Ja“ ist betriebsspezifische Betreuung erforderlich		**ja** ☐	**nein** ☐	**Personalaufwand in Stunden für das Aufgabenfeld insgesamt (siehe Teilschritt 2.2):**	Std.	Std.

3.2 Weiterentwicklung des für den Betrieb relevanten Stands der Technik und Arbeitsmedizin

Auslösekriterien				Aufwandskriterien		
Auslösekriterien für betriebsspezifische Betreuung		Trifft zu		Beschreibung der Leistungen insgesamt für Auslösekriterien a) bis e)	Personalaufwand	
		ja	nein		BA	Sifa
a)	Grundlegend neue Erkenntnisse zu Gefährdungen	□	□	■ Ermitteln des betriebsspezifisch weiterentwickelten Stands der Technik und Arbeitsmedizin ■ Aufarbeiten der grundlegenden Konsequenzen für den Betrieb ■ Unterstützen bei der Beurteilung der Arbeitsbedingungen entsprechend dem weiterentwickelten Stand der Technik und Arbeitsmedizin ■ Entwickeln von Gestaltungs- und Schutzkonzepten entsprechend dem weiterentwickelten Stand der Technik und Arbeitsmedizin ■ Unterstützen bei notwendigen technischen und organisatorischen Veränderungen in den Arbeitssystemen ■ Begleiten der Realisierung ■ Wirkungskontrolle ■ Fortschreiben der Gefährdungsbeurteilung		
b)	Auswertung überbetrieblich auftretender Ereignisse (Großbrände, Epidemien, …)	□	□			
c)	Neuartige Lösungskonzepte zur Vermeidung/Bekämpfung von Gefährdungen	□	□			
d)	Neuartige Ansätze zur Stärkung von Gesundheitsfaktoren	□	□			
e)	. . .	□	□			
Betriebsspezifische Betreuung erforderlich:						
Bei mindestens einem zutreffenden „Ja" ist betriebsspezifische Betreuung erforderlich		**ja** □	**nein** □	**Personalaufwand in Stunden für das Aufgabenfeld insgesamt (siehe Teilschritt 2.2):**	Std.	Std.

4 Betriebliche Aktionen, Programme und Maßnahmen

Schwerpunktprogramme, Kampagnen sowie Unterstützung von Aktionen zur Gesundheitsförderung

Auslösekriterien				Aufwandskriterien		
Auslösekriterien für betriebsspezifische Betreuung		Trifft zu		Beschreibung der Leistungen insgesamt für Auslösekriterien a) bis j)	Personalaufwand	
		ja	nein		BA	Sifa
a)	Initiative, Entscheidung des Arbeitgebers bzw. Erfordernis zu Schwerpunktprogrammen zur Bekämpfung von Gefährdungsschwerpunkten: Anzahl der Exponierten gegenüber speziellen Gefährdungen (getrennt zu betrachten nach den verschiedenen Ge-	□	□	■ Analyse des Problems, zu dem ein Programm durchgeführt werden soll ■ Vorbereiten von Zielsetzungen betrieblicher Schwerpunktprogramme		

Auslösekriterien				Aufwandskriterien		
Auslösekriterien für betriebsspezifische Betreuung		Trifft zu		Beschreibung der Leistungen insgesamt für Auslösekriterien a) bis j)	Personalaufwand	
		ja	nein		BA	Sifa
	fährdungen), zeitliche Häufigkeit der Expositionen			■ Entwickeln von Bewertungskriterien für den Erfolg des Programms ■ Klären der inhaltlichen Ausgestaltung (Programmplanung, Arbeitsschritte, …) ■ Unterstützen bei der Planung erforderlicher Ressourcen und Vorbereitung entsprechender Entscheidungen ■ Beraten, Informieren und Aufklären der Beschäftigten zur Befähigung, gesundheitsrelevante Faktoren bei der Arbeit selbst positiv zu beeinflussen; Initiieren, Unterstützen von Lernprozessen ■ Entwickeln programmspezifischer Organisationsformen ■ Beiträge zur Organisation der Öffentlichkeitsarbeit ■ Aktive Mitwirkung bei der Umsetzung der Programmschritte; Koordinieren von Aktivitäten ■ Controlling; Ergebnismessung ■ Aufarbeiten von Erfahrungen und Schlussfolgerungen ■ Maßnahmen zur Nachhaltigkeit ■ Unterstützen bei der Entwicklung des Führungsverhaltens im Hinblick auf älter werdende Belegschaften und ältere Beschäftigte		
b)	Initiative, Entscheidung des Arbeitgebers bzw. Erfordernis zu Schwerpunktprogrammen zum sicherheits-/ gesundheitsgerechten Verhalten; Aktionen zur Kompetenzentwicklung/Qualifizierung im Arbeitsschutz	□	□			
c)	Initiative, Entscheidung des Arbeitgebers bzw. Erfordernis zu Schwerpunktprogrammen nach besonders schwerwiegenden Unfällen	□	□			
d)	Initiative, Entscheidung des Arbeitgebers bzw. Erfordernis zu Schwerpunktprogrammen zur Gesundheitsförderung	□	□			
e)	Initiative, Entscheidung des Arbeitgebers bzw. Erfordernis zu Schwerpunktprogrammen zur Verbesserung der Arbeitskultur, des sozialen Umfeldes usw.					
f)	Programme, Strategien und Kampagnen zur Bewältigung von körperlichen Belastungen					
g)	Programme, Strategien und Kampagnen zur Bewältigung psychischer Belastungen					
h)	Verbesserungsbedarf der psychosozialen Belastungs-Beanspruchungs-Situation durch die sozialen Arbeitsbedingungen im Hinblick auf den Erhalt der gesundheitlichen Ressourcen(Soziale Arbeitsbedingungen betreffen vor allem: positive soziale Bindungen, gegenseitige Unterstützungsmöglichkeiten, Mitwirkungsmöglichkeiten am Arbeitsplatz, mitarbeiterorientierte Führungstätigkeit, Entwicklung der Unternehmenskultur)					
i)	Entwicklung eines betrieblichen Leitbildes zur Beschäftigung Älterer, einer entsprechenden Arbeitskultur	□	□			
j)	. . .	□	□			

Auslösekriterien			Aufwandskriterien		
Auslösekriterien für betriebsspezifische Betreuung	Trifft zu		Beschreibung der Leistungen insgesamt für Auslösekriterien a) bis j)	Personalaufwand	
	ja	nein		BA	Sifa
Betriebsspezifische Betreuung erforderlich:					
Bei mindestens einem zutreffenden „Ja" ist betriebsspezifische Betreuung erforderlich	**ja** ☐	**nein** ☐	**Personalaufwand in Stunden für das Aufgabenfeld insgesamt (siehe Teilschritt 2.2):**	Std.	Std.

II Arbeitsmedizinische Vorsorge; Besondere Schutzgruppen

Verordnung zur arbeitsmedizinischen Vorsorge (ArbMedVV)

Vom 18. Dezember 2008 (BGBl. I S. 2768)

Zuletzt geändert durch
Zweite Verordnung zur Änderung der Verordnung zur arbeitsmedizinischen Vorsorge
vom 12. Juli 2019 (BGBl. I S. 1082)

Inhaltsübersicht

§ 1 Ziel und Anwendungsbereich

(1) Ziel der Verordnung ist es, durch Maßnahmen der arbeitsmedizinischen Vorsorge arbeitsbedingte Erkrankungen einschließlich Berufskrankheiten frühzeitig zu erkennen und zu verhüten. Arbeitsmedizinische Vorsorge soll zugleich einen Beitrag zum Erhalt der Beschäftigungsfähigkeit und zur Fortentwicklung des betrieblichen Gesundheitsschutzes leisten.

(2) Diese Verordnung gilt für die arbeitsmedizinische Vorsorge im Geltungsbereich des Arbeitsschutzgesetzes.

(3) Diese Verordnung lässt sonstige arbeitsmedizinische Präventionsmaßnahmen, insbesondere nach dem Arbeitsschutzgesetz und dem Gesetz über Betriebsärzte, Sicherheitsingenieure und andere Fachkräfte für Arbeitssicherheit (Arbeitssicherheitsgesetz), unberührt.

§ 2 Begriffsbestimmungen

(1) Arbeitsmedizinische Vorsorge im Sinne dieser Verordnung

1. ist Teil der arbeitsmedizinischen Präventionsmaßnahmen im Betrieb;
2. dient der Beurteilung der individuellen Wechselwirkungen von Arbeit und physischer und psychischer Gesundheit und der Früherkennung arbeitsbedingter Gesundheitsstörungen sowie der Feststellung, ob bei Ausübung einer bestimmten Tätigkeit eine erhöhte gesundheitliche Gefährdung besteht;
3. beinhaltet ein ärztliches Beratungsgespräch mit Anamnese einschließlich Arbeitsanamnese sowie körperliche oder klinische Untersuchungen, soweit diese für die individuelle Aufklärung und Beratung erforderlich sind und der oder die Beschäftigte diese Untersuchungen nicht ablehnt;
4. umfasst die Nutzung von Erkenntnissen aus der Vorsorge für die Gefährdungsbeurteilung und für sonstige Maßnahmen des Arbeitsschutzes;
5. umfasst nicht den Nachweis der gesundheitlichen Eignung für berufliche Anforderungen nach sonstigen Rechtsvorschriften oder individual- oder kollektivrechtlichen Vereinbarungen.

(2) Pflichtvorsorge ist arbeitsmedizinische Vorsorge, die bei bestimmten besonders gefährdenden Tätigkeiten veranlasst werden muss.

(3) Angebotsvorsorge ist arbeitsmedizinische Vorsorge, die bei bestimmten gefährdenden Tätigkeiten angeboten werden muss.

(4) Wunschvorsorge ist arbeitsmedizinische Vorsorge, die bei Tätigkeiten, bei denen ein Gesundheitsschaden nicht ausgeschlossen werden kann, auf Wunsch des oder der Beschäftigten ermöglicht werden muss.

§ 3 Allgemeine Pflichten des Arbeitgebers

(1) Der Arbeitgeber hat auf der Grundlage der Gefährdungsbeurteilung für eine angemessene arbeitsmedizinische Vorsorge zu sorgen. Dabei hat er die Vorschriften dieser Verordnung einschließlich des Anhangs zu beachten und die nach § 9 Abs. 4 bekannt gegebenen Regeln und Erkenntnisse zu berücksichtigen. Bei Einhaltung der Regeln und Erkenntnisse nach Satz 2 ist davon auszugehen, dass die gestellten Anforderungen erfüllt sind. Arbeitsmedizinische Vorsorge kann auch weitere Maßnahmen der Gesundheitsvorsorge umfassen.

(2) Der Arbeitgeber hat zur Durchführung der arbeitsmedizinischen Vorsorge einen Arzt oder eine Ärztin nach § 7 zu beauftragen. Ist ein Betriebsarzt oder eine Betriebsärztin nach § 2 des Arbeitssicherheitsgesetzes bestellt, soll der Arbeitgeber vorrangig diesen oder diese auch mit der arbeitsmedizinischen Vorsorge beauftragen. Dem Arzt oder der Ärztin sind alle erforderlichen Auskünfte über die Arbeitsplatzverhältnisse, insbesondere über den Anlass der arbeitsmedizinischen Vorsorge und die Ergebnisse der Gefährdungsbeurteilung, zu erteilen und die Begehung des Arbeitsplatzes zu ermöglichen. Ihm oder ihr ist auf Verlangen Einsicht in die Unterlagen nach Absatz 4 Satz 1 zu gewähren.

(3) Arbeitsmedizinische Vorsorge soll während der Arbeitszeit stattfinden. Ergibt die

II

Gefährdungsbeurteilung für die Tätigkeit oder die Tätigkeiten des oder der Beschäftigten mehrere Vorsorgeanlässe, soll die arbeitsmedizinische Vorsorge in einem Termin stattfinden. Arbeitsmedizinische Vorsorge soll nicht zusammen mit Untersuchungen, die dem Nachweis der gesundheitlichen Eignung für berufliche Anforderungen dienen, durchgeführt werden, es sei denn, betriebliche Gründe erfordern dies; in diesem Fall hat der Arbeitgeber den Arzt oder die Ärztin zu verpflichten, die unterschiedlichen Zwecke von arbeitsmedizinischer Vorsorge und Eignungsuntersuchung gegenüber dem oder der Beschäftigten offenzulegen.

(4) Der Arbeitgeber hat eine Vorsorgekartei zu führen mit Angaben, dass, wann und aus welchen Anlässen arbeitsmedizinische Vorsorge stattgefunden hat; die Kartei kann automatisiert geführt werden. Die Angaben sind bis zur Beendigung des Beschäftigungsverhältnisses aufzubewahren und anschließend zu löschen, es sei denn, dass Rechtsvorschriften oder die nach § 9 Absatz 4 bekannt gegebenen Regeln etwas anderes bestimmen. Der Arbeitgeber hat der zuständigen Behörde auf Anordnung eine Kopie der Vorsorgekartei zu übermitteln. Bei Beendigung des Beschäftigungsverhältnisses hat der Arbeitgeber der betroffenen Person eine Kopie der sie betreffenden Angaben auszuhändigen; § 34 des Bundesdatenschutzgesetzes bleibt unberührt.

§ 4 Pflichtvorsorge

(1) Der Arbeitgeber hat nach Maßgabe des Anhangs Pflichtvorsorge für die Beschäftigten zu veranlassen. Pflichtvorsorge muss vor Aufnahme der Tätigkeit und anschließend in regelmäßigen Abständen veranlasst werden.

(2) Der Arbeitgeber darf eine Tätigkeit nur ausüben lassen, wenn der oder die Beschäftigte an der Pflichtvorsorge teilgenommen hat.

§ 5 Angebotsvorsorge

(1) Der Arbeitgeber hat den Beschäftigten Angebotsvorsorge nach Maßgabe des Anhangs anzubieten. Angebotsvorsorge muss vor Aufnahme der Tätigkeit und anschließend in regelmäßigen Abständen angeboten werden. Das Ausschlagen eines Angebots entbindet den Arbeitgeber nicht von der Verpflichtung, weiter regelmäßig Angebotsvorsorge anzubieten.

(2) Erhält der Arbeitgeber Kenntnis von einer Erkrankung, die im ursächlichen Zusammenhang mit der Tätigkeit des oder der Beschäftigten stehen kann, so hat er ihm oder ihr unverzüglich Angebotsvorsorge anzubieten. Dies gilt auch für Beschäftigte mit vergleichbaren Tätigkeiten, wenn Anhaltspunkte dafür bestehen, dass sie ebenfalls gefährdet sein können.

(3) Der Arbeitgeber hat Beschäftigten sowie ehemals Beschäftigten nach Maßgabe des Anhangs nach Beendigung bestimmter Tätigkeiten, bei denen nach längeren Latenzzeiten Gesundheitsstörungen auftreten können, nachgehende Vorsorge anzubieten. Am Ende des Beschäftigungsverhältnisses überträgt der Arbeitgeber diese Verpflichtung auf den zuständigen gesetzlichen Unfallversicherungsträger und überlässt ihm die erforderlichen Unterlagen in Kopie, sofern der oder die Beschäftigte eingewilligt hat.

§ 5a Wunschvorsorge

Über die Vorschriften des Anhangs hinaus hat der Arbeitgeber den Beschäftigten auf ihren Wunsch hin regelmäßig arbeitsmedizinische Vorsorge nach § 11 des Arbeitsschutzgesetzes zu ermöglichen, es sei denn, auf Grund der Beurteilung der Arbeitsbedingungen und der getroffenen Schutzmaßnahmen ist nicht mit einem Gesundheitsschaden zu rechnen.

§ 6 Pflichten des Arztes oder der Ärztin

(1) Bei der arbeitsmedizinischen Vorsorge hat der Arzt oder die Ärztin die Vorschriften dieser Verordnung einschließlich des Anhangs zu beachten und die dem Stand der Arbeitsmedizin entsprechenden Regeln und Erkenntnisse zu berücksichtigen. Vor Durchführung der arbeitsmedizinischen Vorsorge muss er oder sie sich die notwendigen Kenntnisse über die Arbeitsplatzverhältnisse verschaffen. In die Arbeitsanamnese müssen alle Ar-

beitsbedingungen und arbeitsbedingten Gefährdungen einfließen. Vor Durchführung körperlicher oder klinischer Untersuchungen hat der Arzt oder die Ärztin deren Erforderlichkeit nach pflichtgemäßem ärztlichen Ermessen zu prüfen und den oder die Beschäftigte über die Inhalte, den Zweck und die Risiken der Untersuchung aufzuklären. Untersuchungen nach Satz 3 dürfen nicht gegen den Willen des oder der Beschäftigten durchgeführt werden. Der Arzt oder die Ärztin hat die ärztliche Schweigepflicht zu beachten.

(2) Biomonitoring ist Bestandteil der arbeitsmedizinischen Vorsorge, soweit dafür arbeitsmedizinisch anerkannte Analyseverfahren und geeignete Werte zur Beurteilung zur Verfügung stehen. Biomonitoring darf nicht gegen den Willen der oder des Beschäftigten durchgeführt werden. Impfungen sind Bestandteil der arbeitsmedizinischen Vorsorge und den Beschäftigten anzubieten, soweit das Risiko einer Infektion tätigkeitsbedingt und im Vergleich zur Allgemeinbevölkerung erhöht ist. Satz 3 gilt nicht, wenn der oder die Beschäftigte bereits über einen ausreichenden Immunschutz verfügt.

(3) Der Arzt oder die Ärztin hat

1. das Ergebnis sowie die Befunde der arbeitsmedizinischen Vorsorge schriftlich festzuhalten und den oder die Beschäftigte darüber zu beraten,
2. dem oder der Beschäftigten auf seinen oder ihren Wunsch hin das Ergebnis zur Verfügung zu stellen sowie
3. der oder dem Beschäftigten und dem Arbeitgeber eine Vorsorgebescheinigung darüber auszustellen, dass, wann und aus welchem Anlass ein arbeitsmedizinischer Vorsorgetermin stattgefunden hat; die Vorsorgebescheinigung enthält auch die Angabe, wann eine weitere arbeitsmedizinische Vorsorge aus ärztlicher Sicht angezeigt ist.

(4) Der Arzt oder die Ärztin hat die Erkenntnisse arbeitsmedizinischer Vorsorge auszuwerten. Ergeben sich Anhaltspunkte dafür, dass die Maßnahmen des Arbeitsschutzes für den Beschäftigten oder die Beschäftigte oder andere Beschäftigte nicht ausreichen, so hat der Arzt oder die Ärztin dies dem Arbeitgeber mitzuteilen und Maßnahmen des Arbeitsschutzes vorzuschlagen. Hält der Arzt oder die Ärztin aus medizinischen Gründen, die ausschließlich in der Person des oder der Beschäftigten liegen, einen Tätigkeitswechsel für erforderlich, so bedarf diese Mitteilung an den Arbeitgeber der Einwilligung des oder der Beschäftigten.

§ 7 Anforderungen an den Arzt oder die Ärztin

(1) Unbeschadet anderer Bestimmungen im Anhang für einzelne Anlässe arbeitsmedizinischer Vorsorge muss der Arzt oder die Ärztin berechtigt sein, die Gebietsbezeichnung „Arbeitsmedizin" oder die Zusatzbezeichnung „Betriebsmedizin" zu führen. Er oder sie darf selbst keine Arbeitgeberfunktion gegenüber dem oder der Beschäftigten ausüben. Verfügt der Arzt oder die Ärztin nach Satz 1 für bestimmte Untersuchungsmethoden nicht über die erforderlichen Fachkenntnisse oder die speziellen Anerkennungen oder Ausrüstungen, so hat er oder sie Ärzte oder Ärztinnen hinzuzuziehen, die diese Anforderungen erfüllen.

(2) Die zuständige Behörde kann für Ärzte oder Ärztinnen in begründeten Einzelfällen Ausnahmen von Absatz 1 Satz 1 zulassen.

§ 8 Maßnahmen nach der arbeitsmedizinischen Vorsorge

(1) Im Fall von § 6 Absatz 4 Satz 2 hat der Arbeitgeber die Gefährdungsbeurteilung zu überprüfen und unverzüglich die erforderlichen Maßnahmen des Arbeitsschutzes zu treffen. Wird ein Tätigkeitswechsel vorgeschlagen, so hat der Arbeitgeber nach Maßgabe der dienst- und arbeitsrechtlichen Regelungen dem oder der Beschäftigten eine andere Tätigkeit zuzuweisen.

(2) Dem Betriebs- oder Personalrat und der zuständigen Behörde sind die getroffenen Maßnahmen mitzuteilen.

(3) Halten der oder die Beschäftigte oder der Arbeitgeber das Ergebnis der Auswertung

nach § 6 Absatz 4 für unzutreffend, so entscheidet auf Antrag die zuständige Behörde.

§ 9 Ausschuss für Arbeitsmedizin

(1) Beim Bundesministerium für Arbeit und Soziales wird ein Ausschuss für Arbeitsmedizin gebildet, in dem fachkundige Vertreter der Arbeitgeber, der Gewerkschaften, der Länderbehörden, der gesetzlichen Unfallversicherung und weitere fachkundige Personen, insbesondere der Wissenschaft, vertreten sein sollen. Die Gesamtzahl der Mitglieder soll zwölf Personen nicht überschreiten. Für jedes Mitglied ist ein stellvertretendes Mitglied zu benennen. Die Mitgliedschaft im Ausschuss für Arbeitsmedizin ist ehrenamtlich.

(2) Das Bundesministerium für Arbeit und Soziales beruft die Mitglieder des Ausschusses und die stellvertretenden Mitglieder. Der Ausschuss gibt sich eine Geschäftsordnung und wählt den Vorsitzenden oder die Vorsitzende aus seiner Mitte. Die Geschäftsordnung und die Wahl des oder der Vorsitzenden bedürfen der Zustimmung des Bundesministeriums für Arbeit und Soziales.

(3) Zu den Aufgaben des Ausschusses gehört es,

1. dem Stand der Arbeitsmedizin entsprechende Regeln und sonstige gesicherte arbeitsmedizinische Erkenntnisse zu ermitteln,
2. Regeln und Erkenntnisse zu ermitteln, wie die in dieser Verordnung gestellten Anforderungen insbesondere zu Inhalt und Umfang von Pflicht-, Angebots- oder Wunschvorsorge erfüllt werden können,
3. Empfehlungen zur arbeitsmedizinischen Vorsorge aufzustellen,
4. Empfehlungen für weitere Maßnahmen der Gesundheitsvorsorge auszusprechen, insbesondere für betriebliche Gesundheitsprogramme,
5. Regeln und Erkenntnisse zu sonstigen arbeitsmedizinischen Präventionsmaßnahmen nach § 1 Abs. 3 zu ermitteln, insbesondere zur allgemeinen arbeitsmedizinischen Beratung der Beschäftigten,
6. das Bundesministerium für Arbeit und Soziales in allen Fragen der arbeitsmedizinischen Vorsorge sowie zu sonstigen Fragen des medizinischen Arbeitsschutzes zu beraten.

Das Arbeitsprogramm des Ausschusses für Arbeitsmedizin wird mit dem Bundesministerium für Arbeit und Soziales abgestimmt. Der Ausschuss arbeitet eng mit den anderen Ausschüssen beim Bundesministerium für Arbeit und Soziales zusammen.

(4) Das Bundesministerium für Arbeit und Soziales kann die vom Ausschuss für Arbeitsmedizin ermittelten Regeln und Erkenntnisse sowie Empfehlungen im Gemeinsamen Ministerialblatt bekannt geben.

(5) Die Bundesministerien sowie die obersten Landesbehörden können zu den Sitzungen des Ausschusses Vertreter entsenden. Auf Verlangen ist diesen in der Sitzung das Wort zu erteilen.

(6) Die Geschäfte des Ausschusses führt die Bundesanstalt für Arbeitsschutz und Arbeitsmedizin.

§ 10 Ordnungswidrigkeiten und Straftaten

(1) Ordnungswidrig im Sinne des § 25 Abs. 1 Nr. 1 des Arbeitsschutzgesetzes handelt, wer vorsätzlich oder fahrlässig

1. entgegen § 4 Abs. 1 eine Pflichtvorsorge nicht oder nicht rechtzeitig veranlasst,
2. entgegen § 4 Abs. 2 eine Tätigkeit ausüben lässt,
3. entgegen § 4 Absatz 4 Satz 1 Halbsatz 1 eine Vorsorgekartei nicht, nicht richtig oder nicht vollständig führt oder
4. entgegen § 5 Abs. 1 Satz 1 eine Angebotsvorsorge nicht oder nicht rechtzeitig anbietet.

(2) Wer durch eine in Absatz 1 bezeichnete vorsätzliche Handlung Leben oder Gesundheit eines oder einer Beschäftigten gefährdet, ist nach § 26 Nr. 2 des Arbeitsschutzgesetzes strafbar.

Anhang

Arbeitsmedizinische Pflicht- und Angebotsvorsorge

Teil 1 Tätigkeiten mit Gefahrstoffen

(1) Pflichtvorsorge bei:

1. Tätigkeiten mit den Gefahrstoffen:
   - Acrylnitril,
   - Alkylquecksilberverbindungen,
   - Alveolengängiger Staub (A-Staub),
   - Aromatische Nitro- und Aminoverbindungen,
   - Arsen und Arsenverbindungen,
   - Asbest,
   - Benzol,
   - Beryllium,
   - Bleitetraethyl und Bleitetramethyl,
   - Cadmium und Cadmiumverbindungen,
   - Chrom-VI-Verbindungen,
   - Dimethylformamid,
   - Einatembarer Staub (E-Staub),
   - Fluor und anorganische Fluorverbindungen,
   - Glycerintrinitrat und Glykoldinitrat (Nitroglycerin/Nitroglykol),
   - Hartholzstaub,
   - Kohlenstoffdisulfid,
   - Kohlenmonoxid,
   - Methanol,
   - Nickel und Nickelverbindungen,
   - Polycyclische aromatische Kohlenwasserstoffe (Pyrolyseprodukte aus organischem Material),
   - weißer Phosphor (Tetraphosphor),
   - Platinverbindungen,
   - Quecksilber und anorganische Quecksilberverbindungen,
   - Schwefelwasserstoff,
   - Silikogener Staub,
   - Styrol,
   - Tetrachlorethen,
   - Toluol,
   - Trichlorethen,
   - Vinylchlorid,
   - Xylol (alle Isomeren),

   wenn
   a) der Arbeitsplatzgrenzwert für den Gefahrstoff nach der Gefahrstoffverordnung nicht eingehalten wird,
   b) eine wiederholte Exposition nicht ausgeschlossen werden kann und der Gefahrstoff ein krebserzeugender oder keimzellmutagener Stoff der Kategorie 1A oder 1B oder ein krebserzeugendes oder keimzellmutagenes Gemisch der Kategorie 1A oder 1B im Sinne der Gefahrstoffverordnung ist oder die Tätigkeiten mit dem Gefahrstoff als krebserzeugende Tätigkeiten oder Verfahren Kategorie 1A oder 1B im Sinne der Gefahrstoffverordnung bezeichnet werden oder
   c) der Gefahrstoff hautresorptiv ist und eine Gesundheitsgefährdung durch Hautkontakt nicht ausgeschlossen werden kann;
2. Sonstige Tätigkeiten mit Gefahrstoffen:
   a) Feuchtarbeit von regelmäßig vier Stunden oder mehr je Tag,
   b) Schweißen und Trennen von Metallen bei Überschreitung einer Luftkonzentration von 3 Milligramm pro Kubikmeter Schweißrauch,
   c) Tätigkeiten mit Exposition gegenüber Getreide- und Futtermittelstäuben bei Überschreitung einer Luftkonzentration von 4 Milligramm pro Kubikmeter einatembarem Staub,
   d) Tätigkeiten mit Exposition gegenüber Isocyanaten, bei denen ein regelmäßiger Hautkontakt nicht ausgeschlossen werden kann oder eine Luftkonzentration von 0,05 Milligramm pro Kubikmeter überschritten wird,
   e) Tätigkeiten mit einer Exposition mit Gesundheitsgefährdung durch Labortierstaub in Tierhaltungsräumen und -anlagen,
   f) Tätigkeiten mit Benutzung von Naturgummilatexhandschuhen mit mehr als

30 Mikrogramm Protein je Gramm im Handschuhmaterial,

g) Tätigkeiten mit dermaler Gefährdung oder inhalativer Exposition mit Gesundheitsgefährdung, verursacht durch Bestandteile unausgehärteter Epoxidharze, insbesondere durch Versprühen von Epoxidharzen,

h) Tätigkeiten mit Exposition gegenüber Blei und anorganischen Bleiverbindungen bei Überschreitung einer Luftkonzentration von 0,075 Milligramm pro Kubikmeter,

i) Tätigkeiten mit Hochtemperaturwollen, soweit dabei als krebserzeugend Kategorie 1A oder 1B im Sinne der Gefahrstoffverordnung eingestufte Faserstäube freigesetzt werden können,

j) Tätigkeiten mit Exposition gegenüber Mehlstaub bei Überschreitung einer Mehlstaubkonzentration von 4 Milligramm pro Kubikmeter Luft.

(2) Angebotsvorsorge bei:

1. Tätigkeiten mit den in Absatz 1 Nr. 1 genannten Gefahrstoffen, wenn eine Exposition nicht ausgeschlossen werden kann und der Arbeitgeber keine Pflichtvorsorge zu veranlassen hat;
2. Sonstige Tätigkeiten mit Gefahrstoffen:
   a) Schädlingsbekämpfung nach der Gefahrstoffverordnung,
   b) Begasungen nach der Gefahrstoffverordnung,
   c) Tätigkeiten mit folgenden Stoffen oder deren Gemischen: n-Hexan, n-Heptan, 2-Butanon, 2-Hexanon, Methanol, Ethanol, 2-Methoxyethanol, Benzol, Toluol, Xylol, Styrol, Dichlormethan, 1,1,1-Trichlorethan, Trichlorethen, Tetrachlorethen,
   d) Tätigkeiten mit einem Gefahrstoff, sofern der Gefahrstoff nicht in Absatz 1 Nummer 1 genannt ist, eine wiederholte Exposition nicht ausgeschlossen werden kann und
      aa) der Gefahrstoff ein krebserzeugender oder keimzellmutagener Stoff der Kategorie 1A oder 1B oder ein krebserzeugendes oder keimzellmutagenes Gemisch der Kategorie 1A oder 1B im Sinne der Gefahrstoffverordnung ist oder
      bb) die Tätigkeiten mit dem Gefahrstoff als krebserzeugende Tätigkeiten oder Verfahren Kategorie 1A oder 1B im Sinne der Gefahrstoffverordnung bezeichnet werden,
   e) Feuchtarbeit von regelmäßig mehr als zwei Stunden je Tag,
   f) Schweißen und Trennen von Metallen bei Einhaltung einer Luftkonzentration von 3 Milligramm pro Kubikmeter Schweißrauch,
   g) Tätigkeiten mit Exposition gegenüber Getreide- und Futtermittelstäuben bei Überschreitung einer Luftkonzentration von 1 Milligramm je Kubikmeter einatembarem Staub,
   h) Tätigkeiten mit Exposition gegenüber Isocyanaten, bei denen ein Hautkontakt nicht ausgeschlossen werden kann oder eine Luftkonzentration von 0,05 Milligramm pro Kubikmeter eingehalten wird,
   i) Tätigkeiten mit Exposition gegenüber Blei und anorganischen Bleiverbindungen bei Einhaltung einer Luftkonzentration von 0,075 Milligramm pro Kubikmeter,
   j) Tätigkeiten mit Exposition gegenüber Mehlstaub bei Einhaltung einer Mehlstaubkonzentration von 4 Milligramm pro Kubikmeter Luft,
   k) Tätigkeiten mit Exposition gegenüber sonstigen atemwegssensibilisierend oder hautsensibilisierend wirkenden Stoffen, für die nach Absatz 1, Nummer 1 oder Buchstabe a bis j keine arbeitsmedizinische Vorsorge vorgesehen ist.

(3) Anlässe für nachgehende Vorsorge:

1. Tätigkeiten mit Exposition gegenüber einem Gefahrstoff, sofern
   a) der Gefahrstoff ein krebserzeugender oder keimzellmutagener Stoff der Kategorie 1A oder 1B oder ein krebserzeugendes oder keimzellmutagenes Ge-

misch der Kategorie 1 A oder 1 B im Sinne der Gefahrstoffverordnung ist oder

b) die Tätigkeiten mit dem Gefahrstoff als krebserzeugende Tätigkeiten oder Verfahren Kategorie 1A oder 1 B im Sinne der Gefahrstoffverordnung bezeichnet werden;

2. Tätigkeiten mit Exposition gegenüber Blei oder anorganischen Bleiverbindungen;
3. Tätigkeiten mit Hochtemperaturwollen nach Absatz 1 Nummer 2 Buchstabe i.

(4) Abweichungen:

Vorsorge nach den Absätzen 1 bis 3 muss nicht veranlasst oder angeboten werden, wenn und soweit die auf der Grundlage von § 9 Absatz 3 Satz 1 Nummer 1 ermittelten und nach § 9 Absatz 4 bekannt gegebenen Regeln etwas anderes bestimmen.

Teil 2 Tätigkeiten mit biologischen Arbeitsstoffen einschließlich gentechnischen Arbeiten mit humanpathogenen Organismen

(1) Pflichtvorsorge bei:

1. gezielten Tätigkeiten mit einem biologischen Arbeitsstoff der Risikogruppe 4 oder mit
   - Bacillus anthracis,
   - Bartonella bacilliformis,
   - Bartonella henselae,
   - Bartonella quintana,
   - Bordetella pertussis,
   - Borellia burgdorferi,
   - Borrelia burgdorferi sensu lato,
   - Brucella melitensis,
   - Burkholderia pseudomallei (Pseudomonas pseudomallei),
   - Chlamydophila pneumoniae,
   - Chlamydophila psittaci (aviäre Stämme),
   - Coxiella burnetii,
   - Francisella tularensis,
   - Frühsommermeningoenzephalitis-(FSME)-Virus,
   - Gelbfieber-Virus,
   - Helicobacter pylori,
   - Hepatitis-A-Virus (HAV),
   - Hepatitis-B-Virus (HBV),
   - Hepatitis-C-Virus (HCV),
   - Influenzavirus A oder B,
   - Japanenzephalitisvirus,
   - Leptospira spp.,
   - Masernvirus,
   - Mumpsvirus,
   - Mycobacterium bovis,
   - Mycobacterium tuberculosis,
   - Neisseria meningitidis,
   - Poliomyelitisvirus,
   - Rubivirus,
   - Salmonella typhi,
   - Schistosoma mansoni,
   - Streptococcus pneumoniae,
   - Tollwutvirus,
   - Treponema pallidum (Lues),
   - Tropheryma whipplei,
   - Trypanosoma cruzi,
   - Yersinia pestis,
   - Varizelle-Zoster-Virus (VZV) oder
   - Vibrio cholerae;
2. nicht gezielten Tätigkeiten mit biologischen Arbeitsstoffen der Risikogruppe 4 bei Kontaktmöglichkeit zu infizierten Proben oder Verdachtsproben oder erkrankten oder krankheitsverdächtigen Personen oder Tieren einschließlich deren Transport sowie
3. nachfolgend aufgeführten nicht gezielten Tätigkeiten
   a) in Forschungseinrichtungen oder Laboratorien: regelmäßige Tätigkeiten mit Kontaktmöglichkeit zu infizierten Proben oder Verdachtsproben, zu infizierten Tieren oder krankheitsverdächtigen Tieren beziehungsweise zu erregerhaltigen oder kontaminierten Gegenständen oder Materialien hinsichtlich eines biologischen Arbeitsstoffes nach Nummer 1;
   b) in Tuberkuloseabteilungen und anderen pulmologischen Einrichtungen: Tä-

tigkeiten mit regelmäßigem Kontakt zu erkrankten oder krankheitsverdächtigen Personen hinsichtlich Mycobacterium bovis oder Mycobacterium tuberculosis;

c) in Einrichtungen zur medizinischen Untersuchung, Behandlung und Pflege von Menschen:

 aa) Tätigkeiten mit regelmäßigem direkten Kontakt zu erkrankten oder krankheitsverdächtigen Personen hinsichtlich
 - Bordetella pertussis,
 - Hepatitis-A-Virus (HAV),
 - Masernvirus,
 - Mumpsvirus oder
 - Rubivirus,

 bb) Tätigkeiten, bei denen es regelmäßig und in größerem Umfang zu Kontakt mit Körperflüssigkeiten, Körperausscheidungen oder Körpergewebe kommen kann, insbesondere Tätigkeiten mit erhöhter Verletzungsgefahr oder Gefahr von Verspritzen und Aerosolbildung, hinsichtlich
 - Hepatitis-B-Virus (HBV) oder
 - Hepatitis-C-Virus (HCV);

 dies gilt auch für Bereiche, die der Versorgung oder der Aufrechterhaltung dieser Einrichtungen dienen;

d) in Einrichtungen zur medizinischen Untersuchung, Behandlung und Pflege von Kindern, ausgenommen Einrichtungen ausschließlich zur Betreuung von Kindern: Tätigkeiten mit regelmäßigem direkten Kontakt zu erkrankten oder krankheitsverdächtigen Kindern hinsichtlich Varizella-Zoster-Virus (VZV); Buchstabe c bleibt unberührt;

e) in Einrichtungen ausschließlich zur Betreuung von Menschen: Tätigkeiten, bei denen es regelmäßig und in größerem Umfang zu Kontakt mit Körperflüssigkeiten, Körperausscheidungen oder Körpergewebe kommen kann, insbesondere Tätigkeiten mit erhöhter Verletzungsgefahr oder Gefahr von Verspritzen und Aerosolbildung, hinsichtlich
 - Hepatitis-A-Virus (HAV),
 - Hepatitis-B-Virus (HBV) oder
 - Hepatitis-C-Virus (HCV);

f) in Einrichtungen zur vorschulischen Betreuung von Kindern: Tätigkeiten mit regelmäßigem direkten Kontakt zu Kindern hinsichtlich
 - Bordetella pertussis,
 - Masernvirus,
 - Mumpsvirus,
 - Rubivirus oder
 - Varizella-Zoster-Virus (VZV); Buchstabe e bleibt unberührt;

g) in Notfall- und Rettungsdiensten: Tätigkeiten, bei denen es regelmäßig und in größerem Umfang zu Kontakt mit Körperflüssigkeiten, Körperausscheidungen oder Körpergewebe kommen kann, insbesondere Tätigkeiten mit erhöhter Verletzungsgefahr oder Gefahr von Verspritzen und Aerosolbildung, hinsichtlich Hepatitis-B-Virus (HBV) oder Hepatitis-C-Virus (HCV);

h) in der Pathologie: Tätigkeiten, bei denen es regelmäßig und in größerem Umfang zu Kontakt mit Körperflüssigkeiten, Körperausscheidungen oder Körpergewebe kommen kann, insbesondere Tätigkeiten mit erhöhter Verletzungsgefahr oder Gefahr von Verspritzen und Aerosolbildung, hinsichtlich Hepatitis-B-Virus (HBV) oder Hepatitis-C-Virus (HCV);

i) in Kläranlagen oder in der Kanalisation: Tätigkeiten mit regelmäßigem Kontakt zu fäkalienhaltigen Abwässern oder mit fäkalienkontaminierten Gegenständen hinsichtlich Hepatitis-A-Virus (HAV);

j) in Einrichtungen zur Aufzucht und Haltung von Vögeln oder zur Geflügelschlachtung: regelmäßige Tätigkeiten mit Kontaktmöglichkeit zu infizierten Proben oder Verdachtsproben, zu infizierten Tieren oder krankheitsverdächtigen Tieren beziehungsweise zu erregerhaltigen oder kontaminierten Gegenständen oder Materialien, wenn dabei der Übertragungsweg gegeben ist, hinsichtlich Chlamydophila psittaci (aviäre Stämme);

k) in einem Tollwut gefährdeten Bezirk: Tätigkeiten mit regelmäßigem Kontakt zu frei lebenden Tieren hinsichtlich Tollwutvirus;

l) in oder in der Nähe von Fledermaus-Unterschlupfen: Tätigkeiten mit engem Kontakt zu Fledermäusen hinsichtlich Europäischem Fledermaus-Lyssavirus (EBLV 1 und 2);

m) auf Freiflächen, in Wäldern, Parks und Gartenanlagen, Tiergärten und Zoos: regelmäßige Tätigkeiten in niederer Vegetation oder direkter Kontakt zu frei lebenden Tieren hinsichtlich

   aa) Borrellia burgdorferi oder

   bb) in Endemiegebieten Frühsommermeningoenzephalitis-(FSME)-Virus.

(2) Angebotsvorsorge:

1. Hat der Arbeitgeber keine Pflichtvorsorge nach Absatz 1 zu veranlassen, muss er den Beschäftigten Angebotsvorsorge anbieten bei

   a) gezielten Tätigkeiten mit biologischen Arbeitsstoffen der Risikogruppe 3 der Biostoffverordnung und nicht gezielten Tätigkeiten, die der Schutzstufe 3 der Biostoffverordnung zuzuordnen sind oder für die eine vergleichbare Gefährdung besteht,

   b) gezielten Tätigkeiten mit biologischen Arbeitsstoffen der Risikogruppe 2 der Biostoffverordnung und nicht gezielten Tätigkeiten, die der Schutzstufe 2 der Biostoffverordnung zuzuordnen sind oder für die eine vergleichbare Gefährdung besteht, es sei denn, nach der Gefährdungsbeurteilung und auf Grund der getroffenen Schutzmaßnahmen ist nicht von einer Infektionsgefährdung auszugehen;

   c) Tätigkeiten mit Exposition gegenüber sensibilisierend oder toxisch wirkenden biologischen Arbeitsstoffen, für die nach Absatz 1, Buchstabe a oder b keine arbeitsmedizinische Vorsorge vorgesehen ist;

2. § 5 Abs. 2 gilt entsprechend, wenn als Folge einer Exposition gegenüber biologischen Arbeitsstoffen

   a) mit einer schweren Infektionskrankheit gerechnet werden muss und Maßnahmen der postexpositionellen Prophylaxe möglich sind oder

   b) eine Infektion erfolgt ist;

3. Am Ende einer Tätigkeit, bei der eine Pflichtvorsorge nach Absatz 1 zu veranlassen war, hat der Arbeitgeber eine Angebotsvorsorge anzubieten.

(3) Gentechnische Arbeiten mit humanpathogenen Organismen:

Die Absätze 1 und 2 zu Pflicht- und Angebotsvorsorge gelten entsprechend bei gentechnischen Arbeiten mit humanpathogenen Organismen.

Teil 3 Tätigkeiten mit physikalischen Einwirkungen

(1) Pflichtvorsorge bei:

1. Tätigkeiten mit extremer Hitzebelastung, die zu einer besonderen Gefährdung führen können;

2. Tätigkeiten mit extremer Kältebelastung (– 25° Celsius und kälter);

3. Tätigkeiten mit Lärmexposition, wenn die oberen Auslösewerte von $L_{ex,8h}$ = 85 dB(A) beziehungsweise $L_{pC,peak}$ = 137 dB(C) erreicht oder überschritten werden.
   Bei der Anwendung der Auslösewerte nach Satz 1 wird die dämmende Wirkung eines persönlichen Gehörschutzes der Beschäftigten nicht berücksichtigt;

4. Tätigkeiten mit Exposition durch Vibrationen, wenn die Expositionsgrenzwerte

   a) A(8) = 5 m/s^2 für Tätigkeiten mit Hand-Arm-Vibrationen oder

   b) A(8) = 1,15 m/s^2 in X- oder Y-Richtung oder A(8) = 0,8 m/s^2 in Z-Richtung für Tätigkeiten mit Ganzkörper-Vibrationen erreicht oder überschritten werden;

5. Tätigkeiten unter Wasser, bei denen der oder die Beschäftigte über ein Tauchgerät mit Atemgas versorgt wird (Taucherarbeiten);
6. Tätigkeiten mit Exposition durch inkohärente künstliche optische Strahlung, wenn am Arbeitsplatz die Expositionsgrenzwerte nach § 6 der Arbeitsschutzverordnung zu künstlicher optischer Strahlung vom 19. Juli 2010 (BGBl. I S. 960) in der jeweils geltenden Fassung überschritten werden.

(2) Angebotsvorsorge bei:

1. Tätigkeiten mit Lärmexposition, wenn die unteren Auslösewerte von $L_{ex,8h}$ = 80 dB(A) beziehungsweise $L_{pC,peak}$ = 135 dB(C) überschritten werden.
   Bei der Anwendung der Auslösewerte nach Satz 1 wird die dämmende Wirkung eines persönlichen Gehörschutzes der Beschäftigten nicht berücksichtigt;
2. Tätigkeiten mit Exposition durch Vibrationen, wenn die Auslösewerte von
   a) A(8) = 2,5 m/s^2 für Tätigkeiten mit Hand-Arm-Vibrationen oder
   b) A(8) = 0,5 m/s^2 für Tätigkeiten mit Ganzkörper-Vibrationen

   überschritten werden;
3. Tätigkeiten mit Exposition durch inkohärente künstliche optische Strahlung, wenn am Arbeitsplatz die Expositionsgrenzwerte nach § 6 der Arbeitsschutzverordnung zu künstlicher optischer Strahlung vom 19. Juli 2010 (BGBl. I S. 960) in der jeweils geltenden Fassung überschritten werden können;
4. Tätigkeiten mit wesentlich erhöhten körperlichen Belastungen, die mit Gesundheitsgefährdungen für das Muskel-Skelett-System verbunden sind durch
   a) Lastenhandhabung beim Heben, Halten, Tragen, Ziehen oder Schieben von Lasten,
   b) repetitive manuelle Tätigkeiten oder
   c) Arbeiten in erzwungenen Körperhaltungen im Knien, in langdauerndem Rumpfbeugen oder -drehen oder in vergleichbaren Zwangshaltungen;
5. Tätigkeiten im Freien mit intensiver Belastung durch natürliche UV-Strahlung von regelmäßig einer Stunde oder mehr je Tag. Der Arbeitgeber hat Maßnahmen des Arbeitsschutzes zu treffen, durch die die Belastung durch natürliche UV-Strahlung möglichst gering gehalten wird.

Teil 4 Sonstige Tätigkeiten

(1) Pflichtvorsorge bei:

1. Tätigkeiten, die das Tragen von Atemschutzgeräten der Gruppen 2 und 3 erfordern;
2. Tätigkeiten in Tropen, Subtropen und sonstige Auslandsaufenthalte mit besonderen klimatischen Belastungen und Infektionsgefährdungen. Abweichend von § 3 Abs. 2 Satz 1 in Verbindung mit § 7 dürfen auch Ärzte oder Ärztinnen beauftragt werden, die zur Führung der Zusatzbezeichnung Tropenmedizin berechtigt sind.

(2) Angebotsvorsorge bei:

1. Tätigkeiten an Bildschirmgeräten
   Die Angebotsvorsorge enthält das Angebot auf eine angemessene Untersuchung der Augen und des Sehvermögens. Erweist sich auf Grund der Angebotsvorsorge eine augenärztliche Untersuchung als erforderlich, so ist diese zu ermöglichen. § 5 Abs. 2 gilt entsprechend für Sehbeschwerden. Den Beschäftigten sind im erforderlichen Umfang spezielle Sehhilfen für ihre Arbeit an Bildschirmgeräten zur Verfügung zu stellen, wenn Ergebnis der Angebotsvorsorge ist, dass spezielle Sehhilfen notwendig und normale Sehhilfen nicht geeignet sind;
2. Tätigkeiten, die das Tragen von Atemschutzgeräten der Gruppe 1 erfordern;
3. Am Ende einer Tätigkeit, bei der nach Absatz 1 Nummer 2 eine Pflichtvorsorge zu veranlassen war, hat der Arbeitgeber eine Angebotsvorsorge anzubieten.

Gesetz zum Schutz von Müttern bei der Arbeit, in der Ausbildung und im Studium (Mutterschutzgesetz – MuSchG)

Vom 23. Mai 2017 (BGBl. I S. 1228)

Inhaltsübersicht

II

Abschnitt 1
Allgemeine Vorschriften

§ 1 Anwendungsbereich, Ziel des Mutterschutzes

(1) Dieses Gesetz schützt die Gesundheit der Frau und ihres Kindes am Arbeits-, Ausbildungs- und Studienplatz während der Schwangerschaft, nach der Entbindung und in der Stillzeit. Das Gesetz ermöglicht es der Frau, ihre Beschäftigung oder sonstige Tätigkeit in dieser Zeit ohne Gefährdung ihrer Gesundheit oder der ihres Kindes fortzusetzen und wirkt Benachteiligungen während der Schwangerschaft, nach der Entbindung und in der Stillzeit entgegen. Regelungen in anderen Arbeitsschutzgesetzen bleiben unberührt.

(2) Dieses Gesetz gilt für Frauen in einer Beschäftigung im Sinne von § 7 Absatz 1 des Vierten Buches Sozialgesetzbuch. Unabhängig davon, ob ein solches Beschäftigungsverhältnis vorliegt, gilt dieses Gesetz auch für

1. Frauen in betrieblicher Berufsbildung und Praktikantinnen im Sinne von § 26 des Berufsbildungsgesetzes,
2. Frauen mit Behinderung, die in einer Werkstatt für behinderte Menschen beschäftigt sind,
3. Frauen, die als Entwicklungshelferinnen im Sinne des Entwicklungshelfer-Gesetzes tätig sind, jedoch mit der Maßgabe, dass die §§ 18 bis 22 auf sie nicht anzuwenden sind,
4. Frauen, die als Freiwillige im Sinne des Jugendfreiwilligendienstegesetzes oder des Bundesfreiwilligendienstgesetzes tätig sind,
5. Frauen, die als Mitglieder einer geistlichen Genossenschaft, Diakonissen oder Angehörige einer ähnlichen Gemeinschaft auf einer Planstelle oder aufgrund eines Gestellungsvertrages für diese tätig werden, auch während der Zeit ihrer dortigen außerschulischen Ausbildung,
6. Frauen, die in Heimarbeit beschäftigt sind, und ihnen Gleichgestellte im Sinne von § 1 Absatz 1 und 2 des Heimarbeitsgesetzes, soweit sie am Stück mitarbeiten, jedoch mit der Maßgabe, dass die §§ 10 und 14 auf sie nicht anzuwenden sind und § 9 Absatz 1 bis 5 auf sie entsprechend anzuwenden ist,
7. Frauen, die wegen ihrer wirtschaftlichen Unselbstständigkeit als arbeitnehmerähnliche Person anzusehen sind, jedoch mit der Maßgabe, dass die §§ 18, 19 Absatz 2 und § 20 auf sie nicht anzuwenden sind, und
8. Schülerinnen und Studentinnen, soweit die Ausbildungsstelle Ort, Zeit und Ablauf der Ausbildungsveranstaltung verpflichtend vorgibt oder die ein im Rahmen der schulischen oder hochschulischen Ausbildung verpflichtend vorgegebenes Praktikum ableisten, jedoch mit der Maßgabe, dass die §§ 17 bis 24 auf sie nicht anzuwenden sind.

(3) Das Gesetz gilt nicht für Beamtinnen und Richterinnen. Das Gesetz gilt ebenso nicht für Soldatinnen, auch soweit die Voraussetzungen des Absatzes 2 erfüllt sind, es sei denn, sie werden aufgrund dienstlicher Anordnung oder Gestattung außerhalb des Geschäftsbereiches des Bundesministeriums der Verteidigung tätig.

(4) Dieses Gesetz gilt für jede Person, die schwanger ist, ein Kind geboren hat oder stillt. Die Absätze 2 und 3 gelten entsprechend.

§ 2 Begriffsbestimmungen

(1) Arbeitgeber im Sinne dieses Gesetzes ist die natürliche oder juristische Person oder die rechtsfähige Personengesellschaft, die Personen nach § 1 Absatz 2 Satz 1 beschäftigt. Dem Arbeitgeber stehen gleich:

1. die natürliche oder juristische Person oder die rechtsfähige Personengesellschaft, die Frauen im Fall von § 1 Absatz 2 Satz 2 Nummer 1 ausbildet oder für die Praktikantinnen im Fall von § 1 Absatz 2 Satz 2 Nummer 1 tätig sind,
2. der Träger der Werkstatt für behinderte Menschen im Fall von § 1 Absatz 2 Satz 2 Nummer 2,

3. der Träger des Entwicklungsdienstes im Fall von § 1 Absatz 2 Satz 2 Nummer 3,
4. die Einrichtung, in der der Freiwilligendienst nach dem Jugendfreiwilligendienstegesetz oder nach dem Bundesfreiwilligendienstgesetz im Fall von § 1 Absatz 2 Satz 2 Nummer 4 geleistet wird,
5. die geistliche Genossenschaft und ähnliche Gemeinschaft im Fall von § 1 Absatz 2 Satz 2 Nummer 5,
6. der Auftraggeber und der Zwischenmeister von Frauen im Fall von § 1 Absatz 2 Satz 2 Nummer 6,
7. die natürliche oder juristische Person oder die rechtsfähige Personengesellschaft, für die Frauen im Sinne von § 1 Absatz 2 Satz 2 Nummer 7 tätig sind, und
8. die natürliche oder juristische Person oder die rechtsfähige Personengesellschaft, mit der das Ausbildungs- oder Praktikumsverhältnis im Fall von § 1 Absatz 2 Satz 2 Nummer 8 besteht (Ausbildungsstelle).

(2) Eine Beschäftigung im Sinne der nachfolgenden Vorschriften erfasst jede Form der Betätigung, die eine Frau im Rahmen eines Beschäftigungsverhältnisses nach § 1 Absatz 2 Satz 1 oder die eine Frau im Sinne von § 1 Absatz 2 Satz 2 im Rahmen ihres Rechtsverhältnisses zu ihrem Arbeitgeber nach § 2 Absatz 1 Satz 2 ausübt.

(3) Ein Beschäftigungsverbot im Sinne dieses Gesetzes ist nur ein Beschäftigungsverbot nach den §§ 3 bis 6, 10 Absatz 3, § 13 Absatz 1 Nummer 3 und § 16. Für eine in Heimarbeit beschäftigte Frau und eine ihr Gleichgestellte tritt an die Stelle des Beschäftigungsverbots das Verbot der Ausgabe von Heimarbeit nach den §§ 3, 8, 13 Absatz 2 und § 16. Für eine Frau, die wegen ihrer wirtschaftlichen Unselbstständigkeit als arbeitnehmerähnliche Person anzusehen ist, tritt an die Stelle des Beschäftigungsverbots nach Satz 1 die Befreiung von der vertraglich vereinbarten Leistungspflicht; die Frau kann sich jedoch gegenüber der dem Arbeitgeber gleichgestellten Person oder Gesellschaft im Sinne von Absatz 1 Satz 2 Nummer 7 dazu bereit erklären, die vertraglich vereinbarte Leistung zu erbringen.

(4) Alleinarbeit im Sinne dieses Gesetzes liegt vor, wenn der Arbeitgeber eine Frau an einem Arbeitsplatz in seinem räumlichen Verantwortungsbereich beschäftigt, ohne dass gewährleistet ist, dass sie jederzeit den Arbeitsplatz verlassen oder Hilfe erreichen kann.

(5) Arbeitsentgelt im Sinne dieses Gesetzes ist das Arbeitsentgelt, das nach § 14 des Vierten Buches Sozialgesetzbuch in Verbindung mit einer aufgrund des § 17 des Vierten Buches Sozialgesetzbuch erlassenen Verordnung bestimmt wird. Für Frauen im Sinne von § 1 Absatz 2 Satz 2 gilt als Arbeitsentgelt ihre jeweilige Vergütung.

Abschnitt 2
Gesundheitsschutz

Unterabschnitt 1
Arbeitszeitlicher Gesundheitsschutz

§ 3 Schutzfristen vor und nach der Entbindung

(1) Der Arbeitgeber darf eine schwangere Frau in den letzten sechs Wochen vor der Entbindung nicht beschäftigen (Schutzfrist vor der Entbindung), soweit sie sich nicht zur Arbeitsleistung ausdrücklich bereit erklärt. Sie kann die Erklärung nach Satz 1 jederzeit mit Wirkung für die Zukunft widerrufen. Für die Berechnung der Schutzfrist vor der Entbindung ist der voraussichtliche Tag der Entbindung maßgeblich, wie er sich aus dem ärztlichen Zeugnis oder dem Zeugnis einer Hebamme oder eines Entbindungspflegers ergibt. Entbindet eine Frau nicht am voraussichtlichen Tag, verkürzt oder verlängert sich die Schutzfrist vor der Entbindung entsprechend.

(2) Der Arbeitgeber darf eine Frau bis zum Ablauf von acht Wochen nach der Entbindung nicht beschäftigen (Schutzfrist nach der Entbindung). Die Schutzfrist nach der Entbindung verlängert sich auf zwölf Wochen

1. bei Frühgeburten,
2. bei Mehrlingsgeburten und,

3. wenn vor Ablauf von acht Wochen nach der Entbindung bei dem Kind eine Behinderung im Sinne von § 2 Absatz 1 Satz 1 des Neunten Buches Sozialgesetzbuch ärztlich festgestellt wird.

Bei vorzeitiger Entbindung verlängert sich die Schutzfrist nach der Entbindung nach Satz 1 oder nach Satz 2 um den Zeitraum der Verkürzung der Schutzfrist vor der Entbindung nach Absatz 1 Satz 4. Nach Satz 2 Nummer 3 verlängert sich die Schutzfrist nach der Entbindung nur, wenn die Frau dies beantragt.

(3) Die Ausbildungsstelle darf eine Frau im Sinne von § 1 Absatz 2 Satz 2 Nummer 8 bereits in der Schutzfrist nach der Entbindung im Rahmen der schulischen oder hochschulischen Ausbildung tätig werden lassen, wenn die Frau dies ausdrücklich gegenüber ihrer Ausbildungsstelle verlangt. Die Frau kann ihre Erklärung jederzeit mit Wirkung für die Zukunft widerrufen.

(4) Der Arbeitgeber darf eine Frau nach dem Tod ihres Kindes bereits nach Ablauf der ersten zwei Wochen nach der Entbindung beschäftigen, wenn

1. die Frau dies ausdrücklich verlangt und
2. nach ärztlichem Zeugnis nichts dagegen spricht.

Sie kann ihre Erklärung nach Satz 1 Nummer 1 jederzeit mit Wirkung für die Zukunft widerrufen.

§ 4 Verbot der Mehrarbeit; Ruhezeit

(1) Der Arbeitgeber darf eine schwangere oder stillende Frau, die 18 Jahre oder älter ist, nicht mit einer Arbeit beschäftigen, die die Frau über achteinhalb Stunden täglich oder über 90 Stunden in der Doppelwoche hinaus zu leisten hat. Eine schwangere oder stillende Frau unter 18 Jahren darf der Arbeitgeber nicht mit einer Arbeit beschäftigen, die die Frau über acht Stunden täglich oder über 80 Stunden in der Doppelwoche hinaus zu leisten hat. In die Doppelwoche werden die Sonntage eingerechnet. Der Arbeitgeber darf eine schwangere oder stillende Frau nicht in einem Umfang beschäftigen, der die vertraglich vereinbarte wöchentliche Arbeitszeit im Durchschnitt des Monats übersteigt. Bei mehreren Arbeitgebern sind die Arbeitszeiten zusammenzurechnen.

(2) Der Arbeitgeber muss der schwangeren oder stillenden Frau nach Beendigung der täglichen Arbeitszeit eine ununterbrochene Ruhezeit von mindestens elf Stunden gewähren.

§ 5 Verbot der Nachtarbeit

(1) Der Arbeitgeber darf eine schwangere oder stillende Frau nicht zwischen 20 Uhr und 6 Uhr beschäftigen. Er darf sie bis 22 Uhr beschäftigen, wenn die Voraussetzungen des § 28 erfüllt sind.

(2) Die Ausbildungsstelle darf eine schwangere oder stillende Frau im Sinne von § 1 Absatz 2 Satz 2 Nummer 8 nicht zwischen 20 Uhr und 6 Uhr im Rahmen der schulischen oder hochschulischen Ausbildung tätig werden lassen. Die Ausbildungsstelle darf sie an Ausbildungsveranstaltungen bis 22 Uhr teilnehmen lassen, wenn

1. sich die Frau dazu ausdrücklich bereit erklärt,
2. die Teilnahme zu Ausbildungszwecken zu dieser Zeit erforderlich ist und
3. insbesondere eine unverantwortbare Gefährdung für die schwangere Frau oder ihr Kind durch Alleinarbeit ausgeschlossen ist.

Die schwangere oder stillende Frau kann ihre Erklärung nach Satz 2 Nummer 1 jederzeit mit Wirkung für die Zukunft widerrufen.

§ 6 Verbot der Sonn- und Feiertagsarbeit

(1) Der Arbeitgeber darf eine schwangere oder stillende Frau nicht an Sonn- und Feiertagen beschäftigen. Er darf sie an Sonn- und Feiertagen nur dann beschäftigen, wenn

1. sich die Frau dazu ausdrücklich bereit erklärt,
2. eine Ausnahme vom allgemeinen Verbot der Arbeit an Sonn- und Feiertagen nach § 10 des Arbeitszeitgesetzes zugelassen ist,

3. der Frau in jeder Woche im Anschluss an eine ununterbrochene Nachtruhezeit von mindestens elf Stunden ein Ersatzruhetag gewährt wird und
4. insbesondere eine unverantwortbare Gefährdung für die schwangere Frau oder ihr Kind durch Alleinarbeit ausgeschlossen ist.

Die schwangere oder stillende Frau kann ihre Erklärung nach Satz 2 Nummer 1 jederzeit mit Wirkung für die Zukunft widerrufen.

(2) Die Ausbildungsstelle darf eine schwangere oder stillende Frau im Sinne von § 1 Absatz 2 Satz 2 Nummer 8 nicht an Sonn- und Feiertagen im Rahmen der schulischen oder hochschulischen Ausbildung tätig werden lassen. Die Ausbildungsstelle darf sie an Ausbildungsveranstaltungen an Sonn- und Feiertagen teilnehmen lassen, wenn

1. sich die Frau dazu ausdrücklich bereit erklärt,
2. die Teilnahme zu Ausbildungszwecken zu dieser Zeit erforderlich ist,
3. der Frau in jeder Woche im Anschluss an eine ununterbrochene Nachtruhezeit von mindestens elf Stunden ein Ersatzruhetag gewährt wird und
4. insbesondere eine unverantwortbare Gefährdung für die schwangere Frau oder ihr Kind durch Alleinarbeit ausgeschlossen ist.

Die schwangere oder stillende Frau kann ihre Erklärung nach Satz 2 Nummer 1 jederzeit mit Wirkung für die Zukunft widerrufen.

§ 7 Freistellung für Untersuchungen und zum Stillen

(1) Der Arbeitgeber hat eine Frau für die Zeit freizustellen, die zur Durchführung der Untersuchungen im Rahmen der Leistungen der gesetzlichen Krankenversicherung bei Schwangerschaft und Mutterschaft erforderlich sind. Entsprechendes gilt zugunsten einer Frau, die nicht in der gesetzlichen Krankenversicherung versichert ist.

(2) Der Arbeitgeber hat eine stillende Frau auf ihr Verlangen während der ersten zwölf Monate nach der Entbindung für die zum Stillen erforderliche Zeit freizustellen, mindestens aber zweimal täglich für eine halbe Stunde oder einmal täglich für eine Stunde. Bei einer zusammenhängenden Arbeitszeit von mehr als acht Stunden soll auf Verlangen der Frau zweimal eine Stillzeit von mindestens 45 Minuten oder, wenn in der Nähe der Arbeitsstätte keine Stillgelegenheit vorhanden ist, einmal eine Stillzeit von mindestens 90 Minuten gewährt werden. Die Arbeitszeit gilt als zusammenhängend, wenn sie nicht durch eine Ruhepause von mehr als zwei Stunden unterbrochen wird.

§ 8 Beschränkung von Heimarbeit

(1) Der Auftraggeber oder Zwischenmeister darf Heimarbeit an eine schwangere in Heimarbeit beschäftigte Frau oder an eine ihr Gleichgestellte nur in solchem Umfang und mit solchen Fertigungsfristen ausgeben, dass die Arbeit werktags während einer achtstündigen Tagesarbeitszeit ausgeführt werden kann.

(2) Der Auftraggeber oder Zwischenmeister darf Heimarbeit an eine stillende in Heimarbeit beschäftigte Frau oder an eine ihr Gleichgestellte nur in solchem Umfang und mit solchen Fertigungsfristen ausgeben, dass die Arbeit werktags während einer siebenstündigen Tagesarbeitszeit ausgeführt werden kann.

Unterabschnitt 2
Betrieblicher Gesundheitsschutz

§ 9 Gestaltung der Arbeitsbedingungen; unverantwortbare Gefährdung

(1) Der Arbeitgeber hat bei der Gestaltung der Arbeitsbedingungen einer schwangeren oder stillenden Frau alle aufgrund der Gefährdungsbeurteilung nach § 10 erforderlichen Maßnahmen für den Schutz ihrer physischen und psychischen Gesundheit sowie der ihres Kindes zu treffen. Er hat die Maßnahmen auf ihre Wirksamkeit zu überprüfen und erforderlichenfalls den sich ändernden Gegebenheiten anzupassen. Soweit es nach den Vorschriften dieses Gesetzes verantwortbar ist, ist der Frau auch während der Schwan-

gerschaft, nach der Entbindung und in der Stillzeit die Fortführung ihrer Tätigkeiten zu ermöglichen. Nachteile aufgrund der Schwangerschaft, der Entbindung oder der Stillzeit sollen vermieden oder ausgeglichen werden.

(2) Der Arbeitgeber hat die Arbeitsbedingungen so zu gestalten, dass Gefährdungen einer schwangeren oder stillenden Frau oder ihres Kindes möglichst vermieden werden und eine unverantwortbare Gefährdung ausgeschlossen wird. Eine Gefährdung ist unverantwortbar, wenn die Eintrittswahrscheinlichkeit einer Gesundheitsbeeinträchtigung angesichts der zu erwartenden Schwere des möglichen Gesundheitsschadens nicht hinnehmbar ist. Eine unverantwortbare Gefährdung gilt als ausgeschlossen, wenn der Arbeitgeber alle Vorgaben einhält, die aller Wahrscheinlichkeit nach dazu führen, dass die Gesundheit einer schwangeren oder stillenden Frau oder ihres Kindes nicht beeinträchtigt wird.

(3) Der Arbeitgeber hat sicherzustellen, dass die schwangere oder stillende Frau ihre Tätigkeit am Arbeitsplatz, soweit es für sie erforderlich ist, kurz unterbrechen kann. Er hat darüber hinaus sicherzustellen, dass sich die schwangere oder stillende Frau während der Pausen und Arbeitsunterbrechungen unter geeigneten Bedingungen hinlegen, hinsetzen und ausruhen kann.

(4) Alle Maßnahmen des Arbeitgebers nach diesem Unterabschnitt sowie die Beurteilung der Arbeitsbedingungen nach § 10 müssen dem Stand der Technik, der Arbeitsmedizin und der Hygiene sowie den sonstigen gesicherten wissenschaftlichen Erkenntnissen entsprechen. Der Arbeitgeber hat bei seinen Maßnahmen die vom Ausschuss für Mutterschutz ermittelten und nach § 30 Absatz 4 im Gemeinsamen Ministerialblatt veröffentlichten Regeln und Erkenntnisse zu berücksichtigen; bei Einhaltung dieser Regeln und bei Beachtung dieser Erkenntnisse ist davon auszugehen, dass die in diesem Gesetz gestellten Anforderungen erfüllt sind.

(5) Der Arbeitgeber kann zuverlässige und fachkundige Personen schriftlich damit beauftragen, ihm obliegende Aufgaben nach diesem Unterabschnitt in eigener Verantwortung wahrzunehmen.

(6) Kosten für Maßnahmen nach diesem Gesetz darf der Arbeitgeber nicht den Personen auferlegen, die bei ihm beschäftigt sind. Die Kosten für Zeugnisse und Bescheinigungen, die die schwangere oder stillende Frau auf Verlangen des Arbeitgebers vorzulegen hat, trägt der Arbeitgeber.

§ 10 Beurteilung der Arbeitsbedingungen; Schutzmaßnahmen

(1) Im Rahmen der Beurteilung der Arbeitsbedingungen nach § 5 des Arbeitsschutzgesetzes hat der Arbeitgeber für jede Tätigkeit

1. die Gefährdungen nach Art, Ausmaß und Dauer zu beurteilen, denen eine schwangere oder stillende Frau oder ihr Kind ausgesetzt ist oder sein kann, und
2. unter Berücksichtigung des Ergebnisses der Beurteilung der Gefährdung nach Nummer 1 zu ermitteln, ob für eine schwangere oder stillende Frau oder ihr Kind voraussichtlich
   a) keine Schutzmaßnahmen erforderlich sein werden,
   b) eine Umgestaltung der Arbeitsbedingungen nach § 13 Absatz 1 Nummer 1 erforderlich sein wird oder
   c) eine Fortführung der Tätigkeit der Frau an diesem Arbeitsplatz nicht möglich sein wird.

Bei gleichartigen Arbeitsbedingungen ist die Beurteilung eines Arbeitsplatzes oder einer Tätigkeit ausreichend.

(2) Sobald eine Frau dem Arbeitgeber mitgeteilt hat, dass sie schwanger ist oder stillt, hat der Arbeitgeber unverzüglich die nach Maßgabe der Gefährdungsbeurteilung nach Absatz 1 erforderlichen Schutzmaßnahmen festzulegen. Zusätzlich hat der Arbeitgeber der Frau ein Gespräch über weitere Anpassungen ihrer Arbeitsbedingungen anzubieten.

(3) Der Arbeitgeber darf eine schwangere oder stillende Frau nur diejenigen Tätigkeiten ausüben lassen, für die er die erforderlichen Schutzmaßnahmen nach Absatz 2 Satz 1 getroffen hat.

II

§ 11 Unzulässige Tätigkeiten und Arbeitsbedingungen für schwangere Frauen

(1) Der Arbeitgeber darf eine schwangere Frau keine Tätigkeiten ausüben lassen und sie keinen Arbeitsbedingungen aussetzen, bei denen sie in einem Maß Gefahrstoffen ausgesetzt ist oder sein kann, dass dies für sie oder für ihr Kind eine unverantwortbare Gefährdung darstellt. Eine unverantwortbare Gefährdung im Sinne von Satz 1 liegt insbesondere vor, wenn die schwangere Frau Tätigkeiten ausübt oder Arbeitsbedingungen ausgesetzt ist, bei denen sie folgenden Gefahrstoffen ausgesetzt ist oder sein kann:

1. Gefahrstoffen, die nach den Kriterien des Anhangs I zur Verordnung (EG) Nr. 1272/2008 des Europäischen Parlaments und des Rates vom 16. Dezember 2008 über die Einstufung, Kennzeichnung und Verpackung von Stoffen und Gemischen, zur Änderung und Aufhebung der Richtlinien 67/548/EWG und 1999/45/EG und zur Änderung der Verordnung (EG) Nr. 1907/2006 (ABl. L 353 vom 31. 12. 2008, S. 1) zu bewerten sind
   a) als reproduktionstoxisch nach der Kategorie 1A, 1B oder 2 oder nach der Zusatzkategorie für Wirkungen auf oder über die Laktation,
   b) als keimzellmutagen nach der Kategorie 1A oder 1B,
   c) als karzinogen nach der Kategorie 1A oder 1B,
   d) als spezifisch zielorgantoxisch nach einmaliger Exposition nach der Kategorie 1 oder
   e) als akut toxisch nach der Kategorie 1, 2 oder 3,
2. Blei und Bleiderivaten, soweit die Gefahr besteht, dass diese Stoffe vom menschlichen Körper aufgenommen werden, oder
3. Gefahrstoffen, die als Stoffe ausgewiesen sind, die auch bei Einhaltung der arbeitsplatzbezogenen Vorgaben möglicherweise zu einer Fruchtschädigung führen können.

Eine unverantwortbare Gefährdung im Sinne von Satz 1 oder 2 gilt insbesondere als ausgeschlossen,

1. wenn
   a) für den jeweiligen Gefahrstoff die arbeitsplatzbezogenen Vorgaben eingehalten werden und es sich um einen Gefahrstoff handelt, der als Stoff ausgewiesen ist, der bei Einhaltung der arbeitsplatzbezogenen Vorgaben hinsichtlich einer Fruchtschädigung als sicher bewertet wird, oder
   b) der Gefahrstoff nicht in der Lage ist, die Plazentaschranke zu überwinden, oder aus anderen Gründen ausgeschlossen ist, dass eine Fruchtschädigung eintritt, und
2. wenn der Gefahrstoff nach den Kriterien des Anhangs I zur Verordnung (EG) Nr. 1272/2008 nicht als reproduktionstoxisch nach der Zusatzkategorie für Wirkungen auf oder über die Laktation zu bewerten ist.

Die vom Ausschuss für Mutterschutz ermittelten wissenschaftlichen Erkenntnisse sind zu beachten.

(2) Der Arbeitgeber darf eine schwangere Frau keine Tätigkeiten ausüben lassen und sie keinen Arbeitsbedingungen aussetzen, bei denen sie in einem Maß mit Biostoffen der Risikogruppe 2, 3 oder 4 im Sinne von § 3 Absatz 1 der Biostoffverordnung in Kontakt kommt oder kommen kann, dass dies für sie oder für ihr Kind eine unverantwortbare Gefährdung darstellt. Eine unverantwortbare Gefährdung im Sinne von Satz 1 liegt insbesondere vor, wenn die schwangere Frau Tätigkeiten ausübt oder Arbeitsbedingungen ausgesetzt ist, bei denen sie mit folgenden Biostoffen in Kontakt kommt oder kommen kann:

1. mit Biostoffen, die in die Risikogruppe 4 im Sinne von § 3 Absatz 1 der Biostoffverordnung einzustufen sind, oder
2. mit Rötelnvirus oder mit Toxoplasma.

Die Sätze 1 und 2 gelten auch, wenn der Kontakt mit Biostoffen im Sinne von Satz 1 oder 2 therapeutische Maßnahmen erforderlich macht oder machen kann, die selbst eine unverantwortbare Gefährdung darstellen. Eine unverantwortbare Gefährdung im Sinne von Satz 1 oder 2 gilt insbesondere als ausgeschlossen, wenn die schwangere Frau über einen ausreichenden Immunschutz verfügt.

(3) Der Arbeitgeber darf eine schwangere Frau keine Tätigkeiten ausüben lassen und sie keinen Arbeitsbedingungen aussetzen, bei denen sie physikalischen Einwirkungen in einem Maß ausgesetzt ist oder sein kann, dass dies für sie oder für ihr Kind eine unverantwortbare Gefährdung darstellt. Als physikalische Einwirkungen im Sinne von Satz 1 sind insbesondere zu berücksichtigen:

1. ionisierende und nicht ionisierende Strahlungen,
2. Erschütterungen, Vibrationen und Lärm sowie
3. Hitze, Kälte und Nässe.

(4) Der Arbeitgeber darf eine schwangere Frau keine Tätigkeiten ausüben lassen und sie keinen Arbeitsbedingungen aussetzen, bei denen sie einer belastenden Arbeitsumgebung in einem Maß ausgesetzt ist oder sein kann, dass dies für sie oder für ihr Kind eine unverantwortbare Gefährdung darstellt. Der Arbeitgeber darf eine schwangere Frau insbesondere keine Tätigkeiten ausüben lassen

1. in Räumen mit einem Überdruck im Sinne von § 2 der Druckluftverordnung,
2. in Räumen mit sauerstoffreduzierter Atmosphäre oder
3. im Bergbau unter Tage.

(5) Der Arbeitgeber darf eine schwangere Frau keine Tätigkeiten ausüben lassen und sie keinen Arbeitsbedingungen aussetzen, bei denen sie körperlichen Belastungen oder mechanischen Einwirkungen in einem Maß ausgesetzt ist oder sein kann, dass dies für sie oder für ihr Kind eine unverantwortbare Gefährdung darstellt. Der Arbeitgeber darf eine schwangere Frau insbesondere keine Tätigkeiten ausüben lassen, bei denen

1. sie ohne mechanische Hilfsmittel regelmäßig Lasten von mehr als 5 Kilogramm Gewicht oder gelegentlich Lasten von mehr als 10 Kilogramm Gewicht von Hand heben, halten, bewegen oder befördern muss,
2. sie mit mechanischen Hilfsmitteln Lasten von Hand heben, halten, bewegen oder befördern muss und dabei ihre körperliche Beanspruchung der von Arbeiten nach Nummer 1 entspricht,
3. sie nach Ablauf des fünften Monats der Schwangerschaft überwiegend bewegungsarm ständig stehen muss und wenn diese Tätigkeit täglich vier Stunden überschreitet,
4. sie sich häufig erheblich strecken, beugen, dauernd hocken, sich gebückt halten oder sonstige Zwangshaltungen einnehmen muss,
5. sie auf Beförderungsmitteln eingesetzt wird, wenn dies für sie oder für ihr Kind eine unverantwortbare Gefährdung darstellt,
6. Unfälle, insbesondere durch Ausgleiten, Fallen oder Stürzen, oder Tätlichkeiten zu befürchten sind, die für sie oder für ihr Kind eine unverantwortbare Gefährdung darstellen,
7. sie eine Schutzausrüstung tragen muss und das Tragen eine Belastung darstellt oder
8. eine Erhöhung des Drucks im Bauchraum zu befürchten ist, insbesondere bei Tätigkeiten mit besonderer Fußbeanspruchung.

(6) Der Arbeitgeber darf eine schwangere Frau folgende Arbeiten nicht ausüben lassen:

1. Akkordarbeit oder sonstige Arbeiten, bei denen durch ein gesteigertes Arbeitstempo ein höheres Entgelt erzielt werden kann,
2. Fließarbeit oder
3. getaktete Arbeit mit vorgeschriebenem Arbeitstempo, wenn die Art der Arbeit oder das Arbeitstempo für die schwangere Frau oder für ihr Kind eine unverantwortbare Gefährdung darstellt.

§ 12 Unzulässige Tätigkeiten und Arbeitsbedingungen für stillende Frauen

(1) Der Arbeitgeber darf eine stillende Frau keine Tätigkeiten ausüben lassen und sie

II

keinen Arbeitsbedingungen aussetzen, bei denen sie in einem Maß Gefahrstoffen ausgesetzt ist oder sein kann, dass dies für sie oder für ihr Kind eine unverantwortbare Gefährdung darstellt. Eine unverantwortbare Gefährdung im Sinne von Satz 1 liegt insbesondere vor, wenn die stillende Frau Tätigkeiten ausübt oder Arbeitsbedingungen ausgesetzt ist, bei denen sie folgenden Gefahrstoffen ausgesetzt ist oder sein kann:

1. Gefahrstoffen, die nach den Kriterien des Anhangs I zur Verordnung (EG) Nr. 1272/2008 als reproduktionstoxisch nach der Zusatzkategorie für Wirkungen auf oder über die Laktation zu bewerten sind oder
2. Blei und Bleiderivaten, soweit die Gefahr besteht, dass diese Stoffe vom menschlichen Körper aufgenommen werden.

(2) Der Arbeitgeber darf eine stillende Frau keine Tätigkeiten ausüben lassen und sie keinen Arbeitsbedingungen aussetzen, bei denen sie in einem Maß mit Biostoffen der Risikogruppe 2, 3 oder 4 im Sinne von § 3 Absatz 1 der Biostoffverordnung in Kontakt kommt oder kommen kann, dass dies für sie oder für ihr Kind eine unverantwortbare Gefährdung darstellt. Eine unverantwortbare Gefährdung im Sinne von Satz 1 liegt insbesondere vor, wenn die stillende Frau Tätigkeiten ausübt oder Arbeitsbedingungen ausgesetzt ist, bei denen sie mit Biostoffen in Kontakt kommt oder kommen kann, die in die Risikogruppe 4 im Sinne von § 3 Absatz 1 der Biostoffverordnung einzustufen sind. Die Sätze 1 und 2 gelten auch, wenn der Kontakt mit Biostoffen im Sinne von Satz 1 oder 2 therapeutische Maßnahmen erforderlich macht oder machen kann, die selbst eine unverantwortbare Gefährdung darstellen. Eine unverantwortbare Gefährdung im Sinne von Satz 1 oder 2 gilt als ausgeschlossen, wenn die stillende Frau über einen ausreichenden Immunschutz verfügt.

(3) Der Arbeitgeber darf eine stillende Frau keine Tätigkeiten ausüben lassen und sie keinen Arbeitsbedingungen aussetzen, bei denen sie physikalischen Einwirkungen in einem Maß ausgesetzt ist oder sein kann, dass dies für sie oder für ihr Kind eine unverantwortbare Gefährdung darstellt. Als physikalische Einwirkungen im Sinne von Satz 1 sind insbesondere ionisierende und nicht ionisierende Strahlungen zu berücksichtigen.

(4) Der Arbeitgeber darf eine stillende Frau keine Tätigkeiten ausüben lassen und sie keinen Arbeitsbedingungen aussetzen, bei denen sie einer belastenden Arbeitsumgebung in einem Maß ausgesetzt ist oder sein kann, dass dies für sie oder für ihr Kind eine unverantwortbare Gefährdung darstellt. Der Arbeitgeber darf eine stillende Frau insbesondere keine Tätigkeiten ausüben lassen

1. in Räumen mit einem Überdruck im Sinne von § 2 der Druckluftverordnung oder
2. im Bergbau unter Tage.

(5) Der Arbeitgeber darf eine stillende Frau folgende Arbeiten nicht ausüben lassen:

1. Akkordarbeit oder sonstige Arbeiten, bei denen durch ein gesteigertes Arbeitstempo ein höheres Entgelt erzielt werden kann,
2. Fließarbeit oder
3. getaktete Arbeit mit vorgeschriebenem Arbeitstempo, wenn die Art der Arbeit oder das Arbeitstempo für die stillende Frau oder für ihr Kind eine unverantwortbare Gefährdung darstellt.

§ 13 Rangfolge der Schutzmaßnahmen: Umgestaltung der Arbeitsbedingungen, Arbeitsplatzwechsel und betriebliches Beschäftigungsverbot

(1) Werden unverantwortbare Gefährdungen im Sinne von § 9, § 11 oder § 12 festgestellt, hat der Arbeitgeber für jede Tätigkeit einer schwangeren oder stillenden Frau Schutzmaßnahmen in folgender Rangfolge zu treffen:

1. Der Arbeitgeber hat die Arbeitsbedingungen für die schwangere oder stillende Frau durch Schutzmaßnahmen nach Maßgabe des § 9 Absatz 2 umzugestalten.
2. Kann der Arbeitgeber unverantwortbare Gefährdungen für die schwangere oder stillende Frau nicht durch die Umgestaltung der Arbeitsbedingungen nach Num-

mer 1 ausschließen oder ist eine Umgestaltung wegen des nachweislich unverhältnismäßigen Aufwandes nicht zumutbar, hat der Arbeitgeber die Frau an einem anderen geeigneten Arbeitsplatz einzusetzen, wenn er einen solchen Arbeitsplatz zur Verfügung stellen kann und dieser Arbeitsplatz der schwangeren oder stillenden Frau zumutbar ist.

3. Kann der Arbeitgeber unverantwortbare Gefährdungen für die schwangere oder stillende Frau weder durch Schutzmaßnahmen nach Nummer 1 noch durch einen Arbeitsplatzwechsel nach Nummer 2 ausschließen, darf er die schwangere oder stillende Frau nicht weiter beschäftigen.

(2) Der Auftraggeber oder Zwischenmeister darf keine Heimarbeit an schwangere oder stillende Frauen ausgeben, wenn unverantwortbare Gefährdungen nicht durch Schutzmaßnahmen nach Absatz 1 Nummer 1 ausgeschlossen werden können.

§ 14 Dokumentation und Information durch den Arbeitgeber

(1) Der Arbeitgeber hat die Beurteilung der Arbeitsbedingungen nach § 10 durch Unterlagen zu dokumentieren, aus denen Folgendes ersichtlich ist:

1. das Ergebnis der Gefährdungsbeurteilung nach § 10 Absatz 1 Satz 1 Nummer 1 und der Bedarf an Schutzmaßnahmen nach § 10 Absatz 1 Satz 1 Nummer 2,
2. die Festlegung der erforderlichen Schutzmaßnahmen nach § 10 Absatz 2 Satz 1 sowie das Ergebnis ihrer Überprüfung nach § 9 Absatz 1 Satz 2 und
3. das Angebot eines Gesprächs mit der Frau über weitere Anpassungen ihrer Arbeitsbedingungen nach § 10 Absatz 2 Satz 2 oder der Zeitpunkt eines solchen Gesprächs.

Wenn die Beurteilung nach § 10 Absatz 1 ergibt, dass die schwangere oder stillende Frau oder ihr Kind keiner Gefährdung im Sinne von § 9 Absatz 2 ausgesetzt ist oder sein kann, reicht es aus, diese Feststellung in einer für den Arbeitsplatz der Frau oder für die Tätigkeit der Frau bereits erstellten Dokumentation der Beurteilung der Arbeitsbedingungen nach § 5 des Arbeitsschutzgesetzes zu vermerken.

(2) Der Arbeitgeber hat alle Personen, die bei ihm beschäftigt sind, über das Ergebnis der Gefährdungsbeurteilung nach § 10 Absatz 1 Satz 1 Nummer 1 und über den Bedarf an Schutzmaßnahmen nach § 10 Absatz 1 Satz 1 Nummer 2 zu informieren.

(3) Der Arbeitgeber hat eine schwangere oder stillende Frau über die Gefährdungsbeurteilung nach § 10 Absatz 1 Satz 1 Nummer 1 und über die damit verbundenen für sie erforderlichen Schutzmaßnahmen nach § 10 Absatz 2 Satz 1 in Verbindung mit § 13 zu informieren.

§ 15 Mitteilungen und Nachweise der schwangeren und stillenden Frauen

(1) Eine schwangere Frau soll ihrem Arbeitgeber ihre Schwangerschaft und den voraussichtlichen Tag der Entbindung mitteilen, sobald sie weiß, dass sie schwanger ist. Eine stillende Frau soll ihrem Arbeitgeber so früh wie möglich mitteilen, dass sie stillt.

(2) Auf Verlangen des Arbeitgebers soll eine schwangere Frau als Nachweis über ihre Schwangerschaft ein ärztliches Zeugnis oder das Zeugnis einer Hebamme oder eines Entbindungspflegers vorlegen. Das Zeugnis über die Schwangerschaft soll den voraussichtlichen Tag der Entbindung enthalten.

Unterabschnitt 3
Ärztlicher Gesundheitsschutz

§ 16 Ärztliches Beschäftigungsverbot

(1) Der Arbeitgeber darf eine schwangere Frau nicht beschäftigen, soweit nach einem ärztlichen Zeugnis ihre Gesundheit oder die ihres Kindes bei Fortdauer der Beschäftigung gefährdet ist.

(2) Der Arbeitgeber darf eine Frau, die nach einem ärztlichen Zeugnis in den ersten Monaten nach der Entbindung nicht voll leistungsfähig ist, nicht mit Arbeiten beschäftigen, die ihre Leistungsfähigkeit übersteigen.

II

Abschnitt 3
Kündigungsschutz

§ 17 Kündigungsverbot

(1) Die Kündigung gegenüber einer Frau ist unzulässig

1. während ihrer Schwangerschaft,
2. bis zum Ablauf von vier Monaten nach einer Fehlgeburt nach der zwölften Schwangerschaftswoche und
3. bis zum Ende ihrer Schutzfrist nach der Entbindung, mindestens jedoch bis zum Ablauf von vier Monaten nach der Entbindung,

wenn dem Arbeitgeber zum Zeitpunkt der Kündigung die Schwangerschaft, die Fehlgeburt nach der zwölften Schwangerschaftswoche oder die Entbindung bekannt ist oder wenn sie ihm innerhalb von zwei Wochen nach Zugang der Kündigung mitgeteilt wird. Das Überschreiten dieser Frist ist unschädlich, wenn die Überschreitung auf einem von der Frau nicht zu vertretenden Grund beruht und die Mitteilung unverzüglich nachgeholt wird. Die Sätze 1 und 2 gelten entsprechend für Vorbereitungsmaßnahmen des Arbeitgebers, die er im Hinblick auf eine Kündigung der Frau trifft.

(2) Die für den Arbeitsschutz zuständige oberste Landesbehörde oder die von ihr bestimmte Stelle kann in besonderen Fällen, die nicht mit dem Zustand der Frau in der Schwangerschaft, nach einer Fehlgeburt nach der zwölften Schwangerschaftswoche oder nach der Entbindung in Zusammenhang stehen, ausnahmsweise die Kündigung für zulässig erklären. Die Kündigung bedarf der Schriftform und muss den Kündigungsgrund angeben.

(3) Der Auftraggeber oder Zwischenmeister darf eine in Heimarbeit beschäftigte Frau in den Fristen nach Absatz 1 Satz 1 nicht gegen ihren Willen bei der Ausgabe von Heimarbeit ausschließen; die §§ 3, 8, 11, 12, 13 Absatz 2 und § 16 bleiben unberührt. Absatz 1 gilt auch für eine Frau, die der in Heimarbeit beschäftigten Frau gleichgestellt ist und deren Gleichstellung sich auch auf § 29 des Heimarbeitsgesetzes erstreckt. Absatz 2 gilt für eine in Heimarbeit beschäftigte Frau und eine ihr Gleichgestellte entsprechend.

Abschnitt 4
Leistungen

§ 18 Mutterschutzlohn

Eine Frau, die wegen eines Beschäftigungsverbots außerhalb der Schutzfristen vor oder nach der Entbindung teilweise oder gar nicht beschäftigt werden darf, erhält von ihrem Arbeitgeber Mutterschutzlohn. Als Mutterschutzlohn wird das durchschnittliche Arbeitsentgelt der letzten drei abgerechneten Kalendermonate vor dem Eintritt der Schwangerschaft gezahlt. Dies gilt auch, wenn wegen dieses Verbots die Beschäftigung oder die Entlohnungsart wechselt. Beginnt das Beschäftigungsverhältnis erst nach Eintritt der Schwangerschaft, ist das durchschnittliche Arbeitsentgelt aus dem Arbeitsentgelt der ersten drei Monate der Beschäftigung zu berechnen.

§ 19 Mutterschaftsgeld

(1) Eine Frau, die Mitglied einer gesetzlichen Krankenkasse ist, erhält für die Zeit der Schutzfristen vor und nach der Entbindung sowie für den Entbindungstag Mutterschaftsgeld nach den Vorschriften des Fünften Buches Sozialgesetzbuch oder nach den Vorschriften des Zweiten Gesetzes über die Krankenversicherung der Landwirte.

(2) Eine Frau, die nicht Mitglied einer gesetzlichen Krankenkasse ist, erhält für die Zeit der Schutzfristen vor und nach der Entbindung sowie für den Entbindungstag Mutterschaftsgeld zu Lasten des Bundes in entsprechender Anwendung der Vorschriften des Fünften Buches Sozialgesetzbuch über das Mutterschaftsgeld, jedoch insgesamt höchstens 210 Euro. Das Mutterschaftsgeld wird dieser Frau auf Antrag vom Bundesversicherungsamt gezahlt. Endet das Beschäftigungsverhältnis nach Maßgabe von § 17 Absatz 2 durch eine Kündigung, erhält die Frau Mutterschaftsgeld in entsprechender Anwendung der Sätze 1 und 2 für die Zeit nach dem Ende des Beschäftigungsverhältnisses.

§ 20 Zuschuss zum Mutterschaftsgeld

(1) Eine Frau erhält während ihres bestehenden Beschäftigungsverhältnisses für die Zeit der Schutzfristen vor und nach der Entbindung sowie für den Entbindungstag von ihrem Arbeitgeber einen Zuschuss zum Mutterschaftsgeld. Als Zuschuss zum Mutterschaftsgeld wird der Unterschiedsbetrag zwischen 13 Euro und dem um die gesetzlichen Abzüge verminderten durchschnittlichen kalendertäglichen Arbeitsentgelt der letzten drei abgerechneten Kalendermonate vor Beginn der Schutzfrist vor der Entbindung gezahlt. Einer Frau, deren Beschäftigungsverhältnis während der Schutzfristen vor oder nach der Entbindung beginnt, wird der Zuschuss zum Mutterschaftsgeld von Beginn des Beschäftigungsverhältnisses an gezahlt.

(2) Ist eine Frau für mehrere Arbeitgeber tätig, sind für die Berechnung des Arbeitgeberzuschusses nach Absatz 1 die durchschnittlichen kalendertäglichen Arbeitsentgelte aus diesen Beschäftigungsverhältnissen zusammenzurechnen. Den sich daraus ergebenden Betrag zahlen die Arbeitgeber anteilig im Verhältnis der von ihnen gezahlten durchschnittlichen kalendertäglichen Arbeitsentgelte.

(3) Endet das Beschäftigungsverhältnis nach Maßgabe von § 17 Absatz 2 durch eine Kündigung, erhält die Frau für die Zeit nach dem Ende des Beschäftigungsverhältnisses den Zuschuss zum Mutterschaftsgeld nach Absatz 1 von der für die Zahlung des Mutterschaftsgeldes zuständigen Stelle. Satz 1 gilt entsprechend, wenn der Arbeitgeber wegen eines Insolvenzereignisses im Sinne von § 165 Absatz 1 Satz 2 des Dritten Buches Sozialgesetzbuch den Zuschuss nach Absatz 1 nicht zahlen kann.

§ 21 Ermittlung des durchschnittlichen Arbeitsentgelts

(1) Bei der Bestimmung des Berechnungszeitraumes für die Ermittlung des durchschnittlichen Arbeitsentgelts für die Leistungen nach den §§ 18 bis 20 bleiben Zeiten unberücksichtigt, in denen die Frau infolge unverschuldeter Fehlzeiten kein Arbeitsentgelt erzielt hat. War das Beschäftigungsverhältnis kürzer als drei Monate, ist der Berechnung der tatsächliche Zeitraum des Beschäftigungsverhältnisses zugrunde zu legen.

(2) Für die Ermittlung des durchschnittlichen Arbeitsentgelts für die Leistungen nach den §§ 18 bis 20 bleiben unberücksichtigt:

1. einmalig gezahltes Arbeitsentgelt im Sinne von § 23a des Vierten Buches Sozialgesetzbuch,
2. Kürzungen des Arbeitsentgelts, die im Berechnungszeitraum infolge von Kurzarbeit, Arbeitsausfällen oder unverschuldetem Arbeitsversäumnis eintreten, und
3. im Fall der Beendigung der Elternzeit nach dem Bundeselterngeld- und Elternzeitgesetz das Arbeitsentgelt aus Teilzeitbeschäftigung, das vor der Beendigung der Elternzeit während der Elternzeit erzielt wurde, soweit das durchschnittliche Arbeitsentgelt ohne die Berücksichtigung der Zeiten, in denen dieses Arbeitsentgelt erzielt wurde, höher ist.

(3) Ist die Ermittlung des durchschnittlichen Arbeitsentgelts entsprechend den Absätzen 1 und 2 nicht möglich, ist das durchschnittliche kalendertägliche Arbeitsentgelt einer vergleichbar beschäftigten Person zugrunde zu legen.

(4) Bei einer dauerhaften Änderung der Arbeitsentgelthöhe ist die geänderte Arbeitsentgelthöhe bei der Ermittlung des durchschnittlichen Arbeitsentgelts für die Leistungen nach den §§ 18 bis 20 zugrunde zu legen, und zwar

1. für den gesamten Berechnungszeitraum, wenn die Änderung während des Berechnungszeitraums wirksam wird,
2. ab Wirksamkeit der Änderung der Arbeitsentgelthöhe, wenn die Änderung der Arbeitsentgelthöhe nach dem Berechnungszeitraum wirksam wird.

§ 22 Leistungen während der Elternzeit

Während der Elternzeit sind Ansprüche auf Leistungen nach den §§ 18 und 20 aus dem wegen der Elternzeit ruhenden Arbeitsverhältnis ausgeschlossen. Übt die Frau während der Elternzeit eine Teilzeitarbeit aus, ist für die Ermittlung des durchschnittlichen Arbeitsentgelts nur das Arbeitsentgelt aus dieser Teilzeitarbeit zugrunde zu legen.

§ 23 Entgelt bei Freistellung für Untersuchungen und zum Stillen

(1) Durch die Gewährung der Freistellung nach § 7 darf bei der schwangeren oder stillenden Frau kein Entgeltausfall eintreten. Freistellungszeiten sind weder vor- noch nachzuarbeiten. Sie werden nicht auf Ruhepausen angerechnet, die im Arbeitszeitgesetz oder in anderen Vorschriften festgelegt sind.

(2) Der Auftraggeber oder Zwischenmeister hat einer in Heimarbeit beschäftigten Frau und der ihr Gleichgestellten für die Stillzeit ein Entgelt zu zahlen, das nach der Höhe des durchschnittlichen Stundenentgelts für jeden Werktag zu berechnen ist. Ist eine Frau für mehrere Auftraggeber oder Zwischenmeister tätig, haben diese das Entgelt für die Stillzeit zu gleichen Teilen zu zahlen. Auf das Entgelt finden die Vorschriften der §§ 23 bis 25 des Heimarbeitsgesetzes über den Entgeltschutz Anwendung.

§ 24 Fortbestehen des Erholungsurlaubs bei Beschäftigungsverboten

Für die Berechnung des Anspruchs auf bezahlten Erholungsurlaub gelten die Ausfallzeiten wegen eines Beschäftigungsverbots als Beschäftigungszeiten. Hat eine Frau ihren Urlaub vor Beginn eines Beschäftigungsverbots nicht oder nicht vollständig erhalten, kann sie nach dem Ende des Beschäftigungsverbots den Resturlaub im laufenden oder im nächsten Urlaubsjahr beanspruchen.

§ 25 Beschäftigung nach dem Ende des Beschäftigungsverbots

Mit dem Ende eines Beschäftigungsverbots im Sinne von § 2 Absatz 3 hat eine Frau das Recht, entsprechend den vertraglich vereinbarten Bedingungen beschäftigt zu werden.

Abschnitt 5
Durchführung des Gesetzes

§ 26 Aushang des Gesetzes

(1) In Betrieben und Verwaltungen, in denen regelmäßig mehr als drei Frauen beschäftigt werden, hat der Arbeitgeber eine Kopie dieses Gesetzes an geeigneter Stelle zur Einsicht auszulegen oder auszuhängen. Dies gilt nicht, wenn er das Gesetz für die Personen, die bei ihm beschäftigt sind, in einem elektronischen Verzeichnis jederzeit zugänglich gemacht hat.

(2) Für eine in Heimarbeit beschäftigte Frau oder eine ihr Gleichgestellte muss der Auftraggeber oder Zwischenmeister in den Räumen der Ausgabe oder Abnahme von Heimarbeit eine Kopie dieses Gesetzes an geeigneter Stelle zur Einsicht auslegen oder aushängen. Absatz 1 Satz 2 gilt entsprechend.

§ 27 Mitteilungs- und Aufbewahrungspflichten des Arbeitgebers, Offenbarungsverbot der mit der Überwachung beauftragten Personen

(1) Der Arbeitgeber hat die Aufsichtsbehörde unverzüglich zu benachrichtigen,

1. wenn eine Frau ihm mitgeteilt hat,
   a) dass sie schwanger ist oder
   b) dass sie stillt, es sei denn, er hat die Aufsichtsbehörde bereits über die Schwangerschaft dieser Frau benachrichtigt, oder
2. wenn er beabsichtigt, eine schwangere oder stillende Frau zu beschäftigen
   a) bis 22 Uhr nach den Vorgaben des § 5 Absatz 2 Satz 2 und 3,
   b) an Sonn- und Feiertagen nach den Vorgaben des § 6 Absatz 1 Satz 2 und 3 oder Absatz 2 Satz 2 und 3 oder
   c) mit getakteter Arbeit im Sinne von § 11 Absatz 6 Nummer 3 oder § 12 Absatz 5 Nummer 3.

Er darf diese Informationen nicht unbefugt an Dritte weitergeben.

(2) Der Arbeitgeber hat der Aufsichtsbehörde auf Verlangen die Angaben zu machen, die

zur Erfüllung der Aufgaben dieser Behörde erforderlich sind. Er hat die Angaben wahrheitsgemäß, vollständig und rechtzeitig zu machen.

(3) Der Arbeitgeber hat der Aufsichtsbehörde auf Verlangen die Unterlagen zur Einsicht vorzulegen oder einzusenden, aus denen Folgendes ersichtlich ist:

1. die Namen der schwangeren oder stillenden Frauen, die bei ihm beschäftigt sind,
2. die Art und der zeitliche Umfang ihrer Beschäftigung,
3. die Entgelte, die an sie gezahlt worden sind,
4. die Ergebnisse der Beurteilung der Arbeitsbedingungen nach § 10 und
5. alle sonstigen nach Absatz 2 erforderlichen Angaben.

(4) Die auskunftspflichtige Person kann die Auskunft auf solche Fragen oder die Vorlage derjenigen Unterlagen verweigern, deren Beantwortung oder Vorlage sie selbst oder einen ihrer in § 383 Absatz 1 Nummer 1 bis 3 der Zivilprozessordung bezeichneten Angehörigen der Gefahr der Verfolgung wegen einer Straftat oder Ordnungswidrigkeit aussetzen würde. Die auskunftspflichtige Person ist darauf hinzuweisen.

(5) Der Arbeitgeber hat die in Absatz 3 genannten Unterlagen mindestens bis zum Ablauf von zwei Jahren nach der letzten Eintragung aufzubewahren.

(6) Die mit der Überwachung beauftragten Personen der Aufsichtsbehörde dürfen die ihnen bei ihrer Überwachungstätigkeit zur Kenntnis gelangten Geschäfts- und Betriebsgeheimnisse nur in den gesetzlich geregelten Fällen oder zur Verfolgung von Rechtsverstößen oder zur Erfüllung von gesetzlich geregelten Aufgaben zum Schutz der Umwelt den dafür zuständigen Behörden offenbaren. Soweit es sich bei Geschäfts- und Betriebsgeheimnissen um Informationen über die Umwelt im Sinne des Umweltinformationsgesetzes handelt, richtet sich die Befugnis zu ihrer Offenbarung nach dem Umweltinformationsgesetz.

§ 28 Behördliches Genehmigungsverfahren für eine Beschäftigung zwischen 20 Uhr und 22 Uhr

(1) Die Aufsichtsbehörde kann abweichend von § 5 Absatz 1 Satz 1 auf Antrag des Arbeitgebers genehmigen, dass eine schwangere oder stillende Frau zwischen 20 Uhr und 22 Uhr beschäftigt wird, wenn

1. sich die Frau dazu ausdrücklich bereit erklärt,
2. nach ärztlichem Zeugnis nichts gegen die Beschäftigung der Frau bis 22 Uhr spricht und
3. insbesondere eine unverantwortbare Gefährdung für die schwangere Frau oder ihr Kind durch Alleinarbeit ausgeschlossen ist.

Dem Antrag ist die Dokumentation der Beurteilung der Arbeitsbedingungen nach § 14 Absatz 1 beizufügen. Die schwangere oder stillende Frau kann ihre Erklärung nach Satz 1 Nummer 1 jederzeit mit Wirkung für die Zukunft widerrufen.

(2) Solange die Aufsichtsbehörde den Antrag nicht ablehnt oder die Beschäftigung zwischen 20 Uhr und 22 Uhr nicht vorläufig untersagt, darf der Arbeitgeber die Frau unter den Voraussetzungen des Absatzes 1 beschäftigen. Die Aufsichtsbehörde hat dem Arbeitgeber nach Eingang des Antrags unverzüglich eine Mitteilung zu machen, wenn die für den Antrag nach Absatz 1 erforderlichen Unterlagen unvollständig sind. Die Aufsichtsbehörde kann die Beschäftigung vorläufig untersagen, soweit dies erforderlich ist, um den Schutz der Gesundheit der Frau oder ihres Kindes sicherzustellen.

(3) Lehnt die Aufsichtsbehörde den Antrag nicht innerhalb von sechs Wochen nach Eingang des vollständigen Antrags ab, gilt die Genehmigung als erteilt. Auf Verlangen ist dem Arbeitgeber der Eintritt der Genehmigungsfiktion (§ 42a des Verwaltungsverfahrensgesetzes) zu bescheinigen.

(4) Im Übrigen gelten die Vorschriften des Verwaltungsverfahrensgesetzes.

§ 29 Zuständigkeit und Befugnisse der Aufsichtsbehörden, Jahresbericht

(1) Die Aufsicht über die Ausführung der Vorschriften dieses Gesetzes und der aufgrund dieses Gesetzes erlassenen Vorschriften obliegt den nach Landesrecht zuständigen Behörden (Aufsichtsbehörden).

(2) Die Aufsichtsbehörden haben dieselben Befugnisse wie die nach § 22 Absatz 2 und 3 des Arbeitsschutzgesetzes mit der Überwachung beauftragten Personen. Das Grundrecht der Unverletzlichkeit der Wohnung (Artikel 13 des Grundgesetzes) wird insoweit eingeschränkt.

(3) Die Aufsichtsbehörde kann in Einzelfällen die erforderlichen Maßnahmen anordnen, die der Arbeitgeber zur Erfüllung derjenigen Pflichten zu treffen hat, die sich aus Abschnitt 2 dieses Gesetzes und aus den aufgrund des § 31 Nummer 1 bis 5 erlassenen Rechtsverordnungen ergeben. Insbesondere kann die Aufsichtsbehörde:

1. in besonders begründeten Einzelfällen Ausnahmen vom Verbot der Mehrarbeit nach § 4 Absatz 1 Satz 1, 2 oder 4 sowie vom Verbot der Nachtarbeit auch zwischen 22 Uhr und 6 Uhr nach § 5 Absatz 1 Satz 1 oder Absatz 2 Satz 1 bewilligen, wenn
   a) sich die Frau dazu ausdrücklich bereit erklärt,
   b) nach ärztlichem Zeugnis nichts gegen die Beschäftigung spricht und
   c) in den Fällen des § 5 Absatz 1 Satz 1 oder Absatz 2 Satz 1 insbesondere eine unverantwortbare Gefährdung für die schwangere Frau oder ihr Kind durch Alleinarbeit ausgeschlossen ist,
2. verbieten, dass ein Arbeitgeber eine schwangere oder stillende Frau
   a) nach § 5 Absatz 2 Satz 2 zwischen 20 Uhr und 22 Uhr beschäftigt oder
   b) nach § 6 Absatz 1 Satz 2 oder nach § 6 Absatz 2 Satz 2 an Sonn- und Feiertagen beschäftigt,
3. Einzelheiten zur Freistellung zum Stillen nach § 7 Absatz 2 und zur Bereithaltung von Räumlichkeiten, die zum Stillen geeignet sind, anordnen,
4. Einzelheiten zur zulässigen Arbeitsmenge nach § 8 anordnen,
5. Schutzmaßnahmen nach § 9 Absatz 1 bis 3 und nach § 13 anordnen,
6. Einzelheiten zu Art und Umfang der Beurteilung der Arbeitsbedingungen nach § 10 anordnen,
7. bestimmte Tätigkeiten oder Arbeitsbedingungen nach § 11 oder nach § 12 verbieten,
8. Ausnahmen von den Vorschriften des § 11 Absatz 6 Nummer 1 und 2 und des § 12 Absatz 5 Nummer 1 und 2 bewilligen, wenn die Art der Arbeit und das Arbeitstempo keine unverantwortbare Gefährdung für die schwangere oder stillende Frau oder für ihr Kind darstellen, und
9. Einzelheiten zu Art und Umfang der Dokumentation und Information nach § 14 anordnen.

Die schwangere oder stillende Frau kann ihre Erklärung nach Satz 2 Nummer 1 Buchstabe a jederzeit mit Wirkung für die Zukunft widerrufen.

(4) Die Aufsichtsbehörde berät den Arbeitgeber bei der Erfüllung seiner Pflichten nach diesem Gesetz sowie die bei ihm beschäftigten Personen zu ihren Rechten und Pflichten nach diesem Gesetz; dies gilt nicht für die Rechte und Pflichten nach den §§ 18 bis 22.

(5) Für Betriebe und Verwaltungen im Geschäftsbereich des Bundesministeriums der Verteidigung wird die Aufsicht nach Absatz 1 durch das Bundesministerium der Verteidigung oder die von ihm bestimmte Stelle in eigener Zuständigkeit durchgeführt.

(6) Die zuständigen obersten Landesbehörden haben über die Überwachungstätigkeit der ihnen unterstellten Behörden einen Jahresbericht zu veröffentlichen. Der Jahresbericht umfasst auch Angaben zur Erfüllung von Unterrichtungspflichten aus internationalen Übereinkommen oder Rechtsakten der Europäischen Union, soweit sie den Mutterschutz betreffen.

§ 30 Ausschuss für Mutterschutz

(1) Beim Bundesministerium für Familie, Senioren, Frauen und Jugend wird ein Ausschuss für Mutterschutz gebildet, in dem geeignete Personen vonseiten der öffentlichen und privaten Arbeitgeber, der Ausbildungsstellen, der Gewerkschaften, der Studierendenvertretungen und der Landesbehörden sowie weitere geeignete Personen, insbesondere aus der Wissenschaft, vertreten sein sollen. Dem Ausschuss sollen nicht mehr als 15 Mitglieder angehören. Für jedes Mitglied ist ein stellvertretendes Mitglied zu benennen. Die Mitgliedschaft im Ausschuss für Mutterschutz ist ehrenamtlich.

(2) Das Bundesministerium für Familie, Senioren, Frauen und Jugend beruft im Einvernehmen mit dem Bundesministerium für Arbeit und Soziales, dem Bundesministerium für Gesundheit und dem Bundesministerium für Bildung und Forschung die Mitglieder des Ausschusses für Mutterschutz und die stellvertretenden Mitglieder. Der Ausschuss gibt sich eine Geschäftsordnung und wählt die Vorsitzende oder den Vorsitzenden aus seiner Mitte. Die Geschäftsordnung und die Wahl der oder des Vorsitzenden bedürfen der Zustimmung des Bundesministeriums für Familie, Senioren, Frauen und Jugend. Die Zustimmung erfolgt im Einvernehmen mit dem Bundesministerium für Arbeit und Soziales und dem Bundesministerium für Gesundheit.

(3) Zu den Aufgaben des Ausschusses für Mutterschutz gehört es,

1. Art, Ausmaß und Dauer der möglichen unverantwortbaren Gefährdungen einer schwangeren oder stillenden Frau und ihres Kindes nach wissenschaftlichen Erkenntnissen zu ermitteln und zu begründen,
2. sicherheitstechnische, arbeitsmedizinische und arbeitshygienische Regeln zum Schutz der schwangeren oder stillenden Frau und ihres Kindes aufzustellen und
3. das Bundesministerium für Familie, Senioren, Frauen und Jugend in allen mutterschutzbezogenen Fragen zu beraten.

Der Ausschuss arbeitet eng mit den Ausschüssen nach § 18 Absatz 2 Nummer 5 des Arbeitsschutzgesetzes zusammen.

(4) Nach Prüfung durch das Bundesministerium für Familie, Senioren, Frauen und Jugend, durch das Bundesministerium für Arbeit und Soziales, durch das Bundesministerium für Gesundheit und durch das Bundesministerium für Bildung und Forschung kann das Bundesministerium für Familie, Senioren, Frauen und Jugend im Einvernehmen mit den anderen in diesem Absatz genannten Bundesministerien die vom Ausschuss für Mutterschutz nach Absatz 3 aufgestellten Regeln und Erkenntnisse im Gemeinsamen Ministerialblatt veröffentlichen.

(5) Die Bundesministerien sowie die obersten Landesbehörden können zu den Sitzungen des Ausschusses für Mutterschutz Vertreterinnen oder Vertreter entsenden. Auf Verlangen ist ihnen in der Sitzung das Wort zu erteilen.

(6) Die Geschäfte des Ausschusses für Mutterschutz werden vom Bundesamt für Familie und zivilgesellschaftliche Aufgaben geführt.

§ 31 Erlass von Rechtsverordnungen

Die Bundesregierung wird ermächtigt, durch Rechtsverordnung mit Zustimmung des Bundesrates Folgendes zu regeln:

1. nähere Bestimmungen zum Begriff der unverantwortbaren Gefährdung nach § 9 Absatz 2 Satz 2 und 3,
2. nähere Bestimmungen zur Durchführung der erforderlichen Schutzmaßnahmen nach § 9 Absatz 1 und 2 und nach § 13,
3. nähere Bestimmungen zu Art und Umfang der Beurteilung der Arbeitsbedingungen nach § 10,
4. Festlegungen von unzulässigen Tätigkeiten und Arbeitsbedingungen im Sinne von § 11 oder § 12 oder von anderen nach diesem Gesetz unzulässigen Tätigkeiten und Arbeitsbedingungen,
5. nähere Bestimmungen zur Dokumentation und Information nach § 14,

6. nähere Bestimmungen zur Ermittlung des durchschnittlichen Arbeitsentgelts im Sinne der §§ 18 bis 22 und
7. nähere Bestimmungen zum erforderlichen Inhalt der Benachrichtigung, ihrer Form, der Art und Weise der Übermittlung sowie die Empfänger der vom Arbeitgeber nach § 27 zu meldenden Informationen.

Abschnitt 6 Bußgeldvorschriften, Strafvorschriften

§ 32 Bußgeldvorschriften

(1) Ordnungswidrig handelt, wer vorsätzlich oder fahrlässig

1. entgegen § 3 Absatz 1 Satz 1, auch in Verbindung mit Satz 4, entgegen § 3 Absatz 2 Satz 1, auch in Verbindung mit Satz 2 oder 3, entgegen § 3 Absatz 3 Satz 1, § 4 Absatz 1 Satz 1, 2 oder 4 oder § 5 Absatz 1 Satz 1, § 6 Absatz 1 Satz 1, § 13 Absatz 1 Nummer 3 oder § 16 eine Frau beschäftigt,
2. entgegen § 4 Absatz 2 eine Ruhezeit nicht, nicht richtig oder nicht rechtzeitig gewährt,
3. entgegen § 5 Absatz 2 Satz 1 oder § 6 Absatz 2 Satz 1 eine Frau tätig werden lässt,
4. entgegen § 7 Absatz 1 Satz 1, auch in Verbindung mit Satz 2, oder entgegen § 7 Absatz 2 Satz 1 eine Frau nicht freistellt,
5. entgegen § 8 oder § 13 Absatz 2 Heimarbeit ausgibt,
6. entgegen § 10 Absatz 1 Satz 1, auch in Verbindung mit einer Rechtsverordnung nach § 31 Nummer 3, eine Gefährdung nicht, nicht richtig oder nicht rechtzeitig beurteilt oder eine Ermittlung nicht, nicht richtig oder nicht rechtzeitig durchführt,
7. entgegen § 10 Absatz 2 Satz 1, auch in Verbindung mit einer Rechtsverordnung nach § 31 Nummer 3, eine Schutzmaßnahme nicht, nicht richtig oder nicht rechtzeitig festlegt,
8. entgegen § 10 Absatz 3 eine Frau eine andere als die dort bezeichnete Tätigkeit ausüben lässt,
9. entgegen § 14 Absatz 1 Satz 1 in Verbindung mit einer Rechtsverordnung nach § 31 Nummer 5 eine Dokumentation nicht, nicht richtig, nicht vollständig oder nicht rechtzeitig erstellt,
10. entgegen § 14 Absatz 2 oder 3, jeweils in Verbindung mit einer Rechtsverordnung nach § 31 Nummer 5, eine Information nicht, nicht richtig, nicht vollständig oder nicht rechtzeitig gibt,
11. entgegen § 27 Absatz 1 Satz 1 die Aufsichtsbehörde nicht, nicht richtig oder nicht rechtzeitig benachrichtigt,
12. entgegen § 27 Absatz 1 Satz 2 eine Information weitergibt,
13. entgegen § 27 Absatz 2 eine Angabe nicht, nicht richtig, nicht vollständig oder nicht rechtzeitig macht,
14. entgegen § 27 Absatz 3 eine Unterlage nicht, nicht richtig oder nicht rechtzeitig vorlegt oder nicht oder nicht rechtzeitig einsendet,
15. entgegen § 27 Absatz 5 eine Unterlage nicht oder nicht mindestens zwei Jahre aufbewahrt,
16. einer vollziehbaren Anordnung nach § 29 Absatz 3 Satz 1 zuwiderhandelt oder
17. einer Rechtsverordnung nach § 31 Nummer 4 oder einer vollziehbaren Anordnung aufgrund einer solchen Rechtsverordnung zuwiderhandelt, soweit die Rechtsverordnung für einen bestimmten Tatbestand auf diese Bußgeldvorschrift verweist.

(2) Die Ordnungswidrigkeit kann in den Fällen des Absatzes 1 Nummer 1 bis 5, 8, 16 und 17 mit einer Geldbuße bis zu dreißigtausend Euro, in den übrigen Fällen mit einer Geldbuße bis zu fünftausend Euro geahndet werden.

§ 33 Strafvorschriften

Wer eine in § 32 Absatz 1 Nummer 1 bis 5, 8, 16 und 17 bezeichnete vorsätzliche Handlung begeht und dadurch die Gesundheit der Frau oder ihres Kindes gefährdet, wird mit Freiheitsstrafe bis zu einem Jahr oder mit Geldstrafe bestraft.

Abschnitt 7 Schlussvorschriften

§ 34 Evaluationsbericht

Die Bundesregierung legt dem Deutschen Bundestag zum 1. Januar 2021 einen Evaluationsbericht über die Auswirkungen des Gesetzes vor. Schwerpunkte des Berichts sollen die Handhabbarkeit der gesetzlichen Regelung in der betrieblichen und behördlichen Praxis, die Wirksamkeit und die Auswirkungen des Gesetzes im Hinblick auf seinen Anwendungsbereich, die Auswirkungen der Regelungen zum Verbot der Mehr- und Nachtarbeit sowie zum Verbot der Sonn- und Feiertagsarbeit und die Arbeit des Ausschusses für Mutterschutz sein. Der Bericht darf keine personenbezogenen Daten enthalten.

II

Gesetz zum Schutze der arbeitenden Jugend (Jugendarbeitsschutzgesetz – JArbSchG)

Vom 12. April 1976 (BGBl. I S. 965)

Zuletzt geändert durch
Branntweinmonopolverwaltung-Auflösungsgesetz
vom 10. März 2017 (BGBl. I S. 420)[1])

Inhaltsübersicht

[1]) Inkrafttreten der Änderung: 1. Januar 2018

Erster Abschnitt Allgemeine Vorschriften

§ 1 Geltungsbereich

(1) Dieses Gesetz gilt in der Bundesrepublik Deutschland und in der ausschließlichen Wirtschaftszone für die Beschäftigung von Personen, die noch nicht 18 Jahre alt sind,

1. in der Berufsausbildung,
2. als Arbeitnehmer oder Heimarbeiter,
3. mit sonstigen Dienstleistungen, die der Arbeitsleistung von Arbeitnehmern oder Heimarbeitern ähnlich sind,
4. in einem der Berufsausbildung ähnlichen Ausbildungsverhältnis.

(2) Dieses Gesetz gilt nicht

1. für geringfügige Hilfeleistungen, soweit sie gelegentlich
   a) aus Gefälligkeit,
   b) auf Grund familienrechtlicher Vorschriften,
   c) in Einrichtungen der Jugendhilfe,
   d) in Einrichtungen zur Eingliederung Behinderter

   erbracht werden,
2. für die Beschäftigung durch die Personensorgeberechtigten im Familienhaushalt.

§ 2 Kind, Jugendlicher

(1) Kind im Sinne dieses Gesetzes ist, wer noch nicht 15 Jahre alt ist.

(2) Jugendlicher im Sinne dieses Gesetzes ist, wer 15, aber noch nicht 18 Jahre alt ist.

(3) Auf Jugendliche, die der Vollzeitschulpflicht unterliegen, finden die für Kinder geltenden Vorschriften Anwendung.

§ 3 Arbeitgeber

Arbeitgeber im Sinne dieses Gesetzes ist, wer ein Kind oder einen Jugendlichen gemäß § 1 beschäftigt.

§ 4 Arbeitszeit

(1) Tägliche Arbeitszeit ist die Zeit vom Beginn bis zum Ende der täglichen Beschäftigung ohne die Ruhepausen (§ 11).

(2) Schichtzeit ist die tägliche Arbeitszeit unter Hinzurechnung der Ruhepausen (§ 11).

(3) Im Bergbau unter Tage gilt die Schichtzeit als Arbeitszeit. Sie wird gerechnet vom Betreten des Förderkorbes bei der Einfahrt bis zum Verlassen des Förderkorbes bei der Ausfahrt oder vom Eintritt des einzelnen Beschäftigten in das Stollenmundloch bis zu seinem Wiederaustritt.

(4) Für die Berechnung der wöchentlichen Arbeitszeit ist als Woche die Zeit von Montag bis einschließlich Sonntag zugrunde zu legen. Die Arbeitszeit, die an einem Werktag infolge eines gesetzlichen Feiertags ausfällt, wird auf die wöchentliche Arbeitszeit angerechnet.

(5) Wird ein Kind oder ein Jugendlicher von mehreren Arbeitgebern beschäftigt, so werden die Arbeits- und Schichtzeiten sowie die Arbeitstage zusammengerechnet.

Zweiter Abschnitt Beschäftigung von Kindern

§ 5 Verbot der Beschäftigung von Kindern

(1) Die Beschäftigung von Kindern (§ 2 Abs. 1) ist verboten.

(2) Das Verbot des Absatzes 1 gilt nicht für die Beschäftigung von Kindern

1. zum Zwecke der Beschäftigungs- und Arbeitstherapie,
2. im Rahmen des Betriebspraktikums während der Vollzeitschulpflicht,
3. in Erfüllung einer richterlichen Weisung.

Auf die Beschäftigung finden § 7 Satz 1 Nr. 2 und die §§ 9 bis 46 entsprechende Anwendung.

(3) Das Verbot des Absatzes 1 gilt ferner nicht für die Beschäftigung von Kindern über 13 Jahre mit Einwilligung des Personensorgeberechtigten, soweit die Beschäftigung leicht und für Kinder geeignet ist. Die Beschäftigung ist leicht, wenn sie auf Grund ihrer Beschaffenheit und der besonderen Bedingungen, unter denen sie ausgeführt wird,

1. die Sicherheit, Gesundheit und Entwicklung der Kinder,

2. ihren Schulbesuch, ihre Beteiligung an Maßnahmen zur Berufswahlvorbereitung oder Berufsausbildung, die von der zuständigen Stelle anerkannt sind, und
3. ihre Fähigkeit, dem Unterricht mit Nutzen zu folgen,

nicht nachteilig beeinflußt. Die Kinder dürfen nicht mehr als zwei Stunden täglich, in landwirtschaftlichen Familienbetrieben nicht mehr als drei Stunden täglich, nicht zwischen 18 und 8 Uhr, nicht vor dem Schulunterricht und nicht während des Schulunterrichts beschäftigt werden. Auf die Beschäftigung finden die §§ 15 bis 31 entsprechende Anwendung.

(4) Das Verbot des Absatzes 1 gilt ferner nicht für die Beschäftigung von Jugendlichen (§ 2 Abs. 3) während der Schulferien für höchstens vier Wochen im Kalenderjahr. Auf die Beschäftigung finden die §§ 8 bis 31 entsprechende Anwendung.

(4a) Die Bundesregierung hat durch Rechtsverordnung mit Zustimmung des Bundesrates die Beschäftigung nach Absatz 3 näher zu bestimmen.

(4b) Der Arbeitgeber unterrichtet die Personensorgeberechtigten der von ihm beschäftigten Kinder über mögliche Gefahren sowie über alle zu ihrer Sicherheit und ihrem Gesundheitsschutz getroffenen Maßnahmen.

(5) Für Veranstaltungen kann die Aufsichtsbehörde Ausnahmen gemäß § 6 bewilligen.

§ 6 Behördliche Ausnahmen für Veranstaltungen

(1) Die Aufsichtsbehörde kann auf Antrag bewilligen, daß

1. bei Theatervorstellungen Kinder über sechs Jahre bis zu vier Stunden täglich in der Zeit von 10 bis 23 Uhr,
2. bei Musikaufführungen und anderen Aufführungen, bei Werbeveranstaltungen sowie bei Aufnahmen im Rundfunk (Hörfunk und Fernsehen), auf Ton- und Bildträger sowie bei Film- und Fotoaufnahmen
   a) Kinder über drei bis sechs Jahre bis zu zwei Stunden täglich in der Zeit von 8 bis 17 Uhr,
   b) Kinder über sechs Jahre bis zu drei Stunden täglich in der Zeit von 8 bis 22 Uhr

gestaltend mitwirken und an den erforderlichen Proben teilnehmen. Eine Ausnahme darf nicht bewilligt werden für die Mitwirkung in Kabaretts, Tanzlokalen und ähnlichen Betrieben sowie auf Vergnügungsparks, Kirmessen, Jahrmärkten und bei ähnlichen Veranstaltungen, Schaustellungen oder Darbietungen.

(2) Die Aufsichtsbehörde darf nach Anhörung des zuständigen Jugendamtes die Beschäftigung nur bewilligen, wenn

1. die Personensorgeberechtigten in die Beschäftigung schriftlich eingewilligt haben,
2. der Aufsichtsbehörde eine nicht länger als vor drei Monaten ausgestellte ärztliche Bescheinigung vorgelegt wird, nach der gesundheitliche Bedenken gegen die Beschäftigung nicht bestehen,
3. die erforderlichen Vorkehrungen und Maßnahmen zum Schutze des Kindes gegen Gefahren für Leben und Gesundheit sowie zur Vermeidung einer Beeinträchtigung der körperlichen oder seelisch-geistigen Entwicklung getroffen sind,
4. Betreuung und Beaufsichtigung des Kindes bei der Beschäftigung sichergestellt sind,
5. nach Beendigung der Beschäftigung eine ununterbrochene Freizeit von mindestens 14 Stunden eingehalten wird,
6. das Fortkommen in der Schule nicht beeinträchtigt wird.

(3) Die Aufsichtsbehörde bestimmt,

1. wie lange, zu welcher Zeit und an welchem Tage das Kind beschäftigt werden darf,
2. Dauer und Lage der Ruhepausen,
3. die Höchstdauer des täglichen Aufenthalts an der Beschäftigungsstätte.

(4) Die Entscheidung der Aufsichtsbehörde ist dem Arbeitgeber schriftlich bekanntzugeben. Er darf das Kind erst nach Empfang des Bewilligungsbescheides beschäftigen.

II

§ 7 Beschäftigung von nicht vollzeitschulpflichtigen Kindern

Kinder, die der Vollzeitschulpflicht nicht mehr unterliegen, dürfen

1. im Berufsausbildungsverhältnis,
2. außerhalb eines Berufsausbildungsverhältnisses nur mit leichten und für sie geeigneten Tätigkeiten bis zu sieben Stunden täglich und 35 Stunden wöchentlich

beschäftigt werden. Auf die Beschäftigung finden die §§ 8 bis 46 entsprechende Anwendung.

Dritter Abschnitt Beschäftigung Jugendlicher

Erster Titel Arbeitszeit und Freizeit

§ 8 Dauer der Arbeitszeit

(1) Jugendliche dürfen nicht mehr als acht Stunden täglich und nicht mehr als 40 Stunden wöchentlich beschäftigt werden.

(2) Wenn in Verbindung mit Feiertagen an Werktagen nicht gearbeitet wird, damit die Beschäftigten eine längere zusammenhängende Freizeit haben, so darf die ausfallende Arbeitszeit auf die Werktage von fünf zusammenhängenden, die Ausfalltage einschließenden Wochen nur dergestalt verteilt werden, daß die Wochenarbeitszeit im Durchschnitt dieser fünf Wochen 40 Stunden nicht überschreitet. Die tägliche Arbeitszeit darf hierbei achteinhalb Stunden nicht überschreiten.

(2a) Wenn an einzelnen Werktagen die Arbeitszeit auf weniger als acht Stunden verkürzt ist, können Jugendliche an den übrigen Werktagen derselben Woche achteinhalb Stunden beschäftigt werden.

(3) In der Landwirtschaft dürfen Jugendliche über 16 Jahre während der Erntezeit nicht mehr als neun Stunden täglich und nicht mehr als 85 Stunden in der Doppelwoche beschäftigt werden.

§ 9 Berufsschule

(1) Der Arbeitgeber hat den Jugendlichen für die Teilnahme am Berufsschulunterricht freizustellen. Er darf den Jugendlichen nicht beschäftigen

1. vor einem vor 9 Uhr beginnenden Unterricht; dies gilt auch für Personen, die über 18 Jahre alt und noch berufsschulpflichtig sind,
2. an einem Berufsschultag mit mehr als fünf Unterrichtsstunden von mindestens je 45 Minuten, einmal in der Woche,
3. in Berufsschulwochen mit einem planmäßigen Blockunterricht von mindestens 25 Stunden an mindestens fünf Tagen; zusätzliche betriebliche Ausbildungsveranstaltungen bis zu zwei Stunden wöchentlich sind zulässig.

(2) Auf die Arbeitszeit werden angerechnet

1. Berufsschultage nach Absatz 1 Nr. 2 mit acht Stunden,
2. Berufsschulwochen nach Absatz 1 Nr. 3 mit 40 Stunden,
3. im übrigen die Unterrichtszeit einschließlich der Pausen.

(3) Ein Entgeltausfall darf durch den Besuch der Berufsschule nicht eintreten.

§ 10 Prüfungen und außerbetriebliche Ausbildungsmaßnahmen

(1) Der Arbeitgeber hat den Jugendlichen

1. für die Teilnahme an Prüfungen und Ausbildungsmaßnahmen, die auf Grund öffentlich-rechtlicher oder vertraglicher Bestimmungen außerhalb der Ausbildungsstätte durchzuführen sind,
2. an dem Arbeitstag, der der schriftlichen Abschlußprüfung unmittelbar vorangeht,

freizustellen.

(2) Auf die Arbeitszeit werden angerechnet

1. die Freistellung nach Absatz 1 Nr. 1 mit der Zeit der Teilnahme einschließlich der Pausen,
2. die Freistellung nach Absatz 1 Nr. 2 mit acht Stunden.

Ein Entgeltausfall darf nicht eintreten.

§ 11 Ruhepausen, Aufenthaltsräume

(1) Jugendlichen müssen im voraus feststehende Ruhepausen von angemessener Dauer gewährt werden. Die Ruhepausen müssen mindestens betragen

1. 30 Minuten bei einer Arbeitszeit von mehr als viereinhalb bis zu sechs Stunden,
2. 60 Minuten bei einer Arbeitszeit von mehr als sechs Stunden.

Als Ruhepause gilt nur eine Arbeitsunterbrechung von mindestens 15 Minuten.

(2) Die Ruhepausen müssen in angemessener zeitlicher Lage gewährt werden, frühestens eine Stunde nach Beginn und spätestens eine Stunde vor Ende der Arbeitszeit. Länger als viereinhalb Stunden hintereinander dürfen Jugendliche nicht ohne Ruhepause beschäftigt werden.

(3) Der Aufenthalt während der Ruhepausen in Arbeitsräumen darf dem Jugendlichen nur gestattet werden, wenn die Arbeit in diesen Räumen während dieser Zeit eingestellt ist und auch sonst die notwendige Erholung nicht beeinträchtigt wird.

(4) Absatz 3 gilt nicht für den Bergbau unter Tage.

§ 12 Schichtzeit

Bei der Beschäftigung Jugendlicher darf die Schichtzeit (§ 4 Abs. 2) 10 Stunden, im Bergbau unter Tage 8 Stunden, im Gaststättengewerbe, in der Landwirtschaft, in der Tierhaltung, auf Bau- und Montagestellen 11 Stunden nicht überschreiten.

§ 13 Tägliche Freizeit

Nach Beendigung der täglichen Arbeitszeit dürfen Jugendliche nicht vor Ablauf einer ununterbrochenen Freizeit von mindestens 12 Stunden beschäftigt werden.

§ 14 Nachtruhe

(1) Jugendliche dürfen nur in der Zeit von 6 bis 20 Uhr beschäftigt werden.

(2) Jugendliche über 16 Jahre dürfen

1. im Gaststätten- und Schaustellergewerbe bis 22 Uhr,
2. in mehrschichtigen Betrieben bis 23 Uhr,
3. in der Landwirtschaft ab 5 Uhr oder bis 21 Uhr,
4. in Bäckereien und Konditoreien ab 5 Uhr

beschäftigt werden.

(3) Jugendliche über 17 Jahre dürfen in Bäckereien ab 4 Uhr beschäftigt werden.

(4) An dem einem Berufsschultag unmittelbar vorangehenden Tag dürfen Jugendliche auch nach Absatz 2 Nr. 1 bis 3 nicht nach 20 Uhr beschäftigt werden, wenn der Berufsschulunterricht am Berufsschultag vor 9 Uhr beginnt.

(5) Nach vorheriger Anzeige an die Aufsichtsbehörde dürfen in Betrieben, in denen die übliche Arbeitszeit aus verkehrstechnischen Gründen nach 20 Uhr endet, Jugendliche bis 21 Uhr beschäftigt werden, soweit sie hierdurch unnötige Wartezeiten vermeiden können. Nach vorheriger Anzeige an die Aufsichtsbehörde dürfen ferner in mehrschichtigen Betrieben Jugendliche über 16 Jahre ab 5.30 Uhr oder bis 23.30 Uhr beschäftigt werden, soweit sie hierdurch unnötige Wartezeiten vermeiden können.

(6) Jugendliche dürfen in Betrieben, in denen die Beschäftigten in außergewöhnlichem Grade der Einwirkung von Hitze ausgesetzt sind, in der warmen Jahreszeit ab 5 Uhr beschäftigt werden. Die Jugendlichen sind berechtigt, sich vor Beginn der Beschäftigung und danach in regelmäßigen Zeitabständen arbeitsmedizinisch untersuchen zu lassen. Die Kosten der Untersuchungen hat der Arbeitgeber zu tragen, sofern er diese nicht kostenlos durch einen Betriebsarzt oder einen überbetrieblichen Dienst von Betriebsärzten anbietet.

(7) Jugendliche dürfen bei Musikaufführungen, Theatervorstellungen und anderen Aufführungen, bei Aufnahmen im Rundfunk (Hörfunk und Fernsehen), auf Ton- und Bildträger sowie bei Film- und Fotoaufnahmen bis 23 Uhr gestaltend mitwirken. Eine Mitwirkung ist nicht zulässig bei Veranstaltungen, Schaustellungen oder Darbietungen, bei denen die Anwesenheit Jugendlicher nach den Vorschriften des Jugendschutzgesetzes verboten ist. Nach Beendigung der Tätigkeit

dürfen Jugendliche nicht vor Ablauf einer ununterbrochenen Freizeit von mindestens 14 Stunden beschäftigt werden.

§ 15 Fünf-Tage-Woche

Jugendliche dürfen nur an fünf Tagen in der Woche beschäftigt werden. Die beiden wöchentlichen Ruhetage sollen nach Möglichkeit aufeinander folgen.

§ 16 Samstagsruhe

(1) An Samstagen dürfen Jugendliche nicht beschäftigt werden.

(2) Zulässig ist die Beschäftigung Jugendlicher an Samstagen nur

1. in Krankenanstalten sowie in Alten-, Pflege- und Kinderheimen,
2. in offenen Verkaufsstellen, in Betrieben mit offenen Verkaufsstellen, in Bäckereien und Konditoreien, im Friseurhandwerk und im Marktverkehr,
3. im Verkehrswesen,
4. in der Landwirtschaft und Tierhaltung,
5. im Familienhaushalt,
6. im Gaststätten- und Schaustellergewerbe,
7. bei Musikaufführungen, Theatervorstellungen und anderen Aufführungen, bei Aufnahmen im Rundfunk (Hörfunk und Fernsehen), auf Ton- und Bildträger sowie bei Film- und Fotoaufnahmen,
8. bei außerbetrieblichen Ausbildungsmaßnahmen,
9. beim Sport,
10. im ärztlichen Notdienst,
11. in Reparaturwerkstätten für Kraftfahrzeuge.

Mindestens zwei Samstage im Monat sollen beschäftigungsfrei bleiben.

(3) Werden Jugendliche am Samstag beschäftigt, ist ihnen die Fünf-Tage-Woche (§ 15) durch Freistellung an einem anderen berufsschulfreien Arbeitstag derselben Woche sicherzustellen. In Betrieben mit einem Betriebsruhetag in der Woche kann die Freistellung auch an diesem Tage erfolgen, wenn die Jugendlichen an diesem Tage keinen Berufsschulunterricht haben.

(4) Können Jugendliche in den Fällen des Absatzes 2 Nr. 2 am Samstag nicht acht Stunden beschäftigt werden, kann der Unterschied zwischen der tatsächlichen und der nach § 8 Abs. 1 höchstzulässigen Arbeitszeit an dem Tage bis 13 Uhr ausgeglichen werden, an dem die Jugendlichen nach Absatz 3 Satz 1 freizustellen sind.

§ 17 Sonntagsruhe

(1) An Sonntagen dürfen Jugendliche nicht beschäftigt werden.

(2) Zulässig ist die Beschäftigung Jugendlicher an Sonntagen nur

1. in Krankenanstalten sowie in Alten-, Pflege- und Kinderheimen,
2. in der Landwirtschaft und Tierhaltung mit Arbeiten, die auch an Sonn- und Feiertagen naturnotwendig vorgenommen werden müssen,
3. im Familienhaushalt, wenn der Jugendliche in die häusliche Gemeinschaft aufgenommen ist,
4. im Schaustellergewerbe,
5. bei Musikaufführungen, Theatervorstellungen und anderen Aufführungen sowie bei Direktsendungen im Rundfunk (Hörfunk und Fernsehen),
6. beim Sport,
7. im ärztlichen Notdienst,
8. im Gaststättengewerbe.

Jeder zweite Sonntag soll, mindestens zwei Sonntage im Monat müssen beschäftigungsfrei bleiben.

(3) Werden Jugendliche am Sonntag beschäftigt, ist ihnen die Fünf-Tage-Woche (§ 15) durch Freistellung an einem anderen berufsschulfreien Arbeitstag derselben Woche sicherzustellen. In Betrieben mit einem Betriebsruhetag in der Woche kann die Freistellung auch an diesem Tage erfolgen, wenn die Jugendlichen an diesem Tage keinen Berufsschulunterricht haben.

§ 18 Feiertagsruhe

(1) Am 24. und 31. Dezember nach 14 Uhr und an gesetzlichen Feiertagen dürfen Jugendliche nicht beschäftigt werden.

(2) Zulässig ist die Beschäftigung Jugendlicher an gesetzlichen Feiertagen in den Fällen des § 17 Abs. 2, ausgenommen am 25. Dezember, am 1. Januar, am ersten Osterfeiertag und am 1. Mai.

(3) Für die Beschäftigung an einem gesetzlichen Feiertag, der auf einen Werktag fällt, ist der Jugendliche an einem anderen berufsschulfreien Arbeitstag derselben oder der folgenden Woche freizustellen. In Betrieben mit einem Betriebsruhetag in der Woche kann die Freistellung auch an diesem Tage erfolgen, wenn die Jugendlichen an diesem Tage keinen Berufsschulunterricht haben.

§ 19 Urlaub

(1) Der Arbeitgeber hat Jugendlichen für jedes Kalenderjahr einen bezahlten Erholungsurlaub zu gewähren.

(2) Der Urlaub beträgt jährlich

1. mindestens 30 Werktage, wenn der Jugendliche zu Beginn des Kalenderjahres noch nicht 16 Jahre alt ist,
2. mindestens 27 Werktage, wenn der Jugendliche zu Beginn des Kalenderjahres noch nicht 17 Jahre alt ist,
3. mindestens 25 Werktage, wenn der Jugendliche zu Beginn des Kalenderjahres noch nicht 18 Jahre alt ist.

Jugendliche, die im Bergbau unter Tage beschäftigt werden, erhalten in jeder Altersgruppe einen zusätzlichen Urlaub von drei Werktagen.

(3) Der Urlaub soll Berufsschülern in der Zeit der Berufsschulferien gegeben werden. Soweit er nicht in den Berufsschulferien gegeben wird, ist für jeden Berufsschultag, an dem die Berufsschule während des Urlaubs besucht wird, ein weiterer Urlaubstag zu gewähren.

(4) Im übrigen gelten für den Urlaub der Jugendlichen § 3 Abs. 2, §§ 4 bis 12 und § 13 Abs. 3 des Bundesurlaubsgesetzes. Der Auftraggeber oder Zwischenmeister hat jedoch abweichend von § 12 Nr. 1 des Bundesurlaubsgesetzes den jugendlichen Heimarbeitern für jedes Kalenderjahr einen bezahlten Erholungsurlaub entsprechend Absatz 2 zu gewähren; das Urlaubsentgelt der jugendlichen Heimarbeiter beträgt bei einem Urlaub von 30 Werktagen 11,6 vom Hundert, bei einem Urlaub von 27 Werktagen 10,3 vom Hundert und bei einem Urlaub von 25 Werktagen 9,5 vom Hundert.

§ 20 Binnenschiffahrt

(1) In der Binnenschiffahrt gelten folgende Abweichungen:

1. Abweichend von § 12 darf die Schichtzeit Jugendlicher über 16 Jahre während der Fahrt bis auf 14 Stunden täglich ausgedehnt werden, wenn ihre Arbeitszeit sechs Stunden täglich nicht überschreitet. Ihre tägliche Freizeit kann abweichend von § 13 der Ausdehnung der Schichtzeit entsprechend bis auf 10 Stunden verkürzt werden.
2. Abweichend von § 14 Abs. 1 dürfen Jugendliche über 16 Jahre während der Fahrt bis 22 Uhr beschäftigt werden.
3. Abweichend von §§ 15, 16 Abs. 1, § 17 Abs. 1 und § 18 Abs. 1 dürfen Jugendliche an jedem Tag der Woche beschäftigt werden, jedoch nicht am 24. Dezember, an den Weihnachtsfeiertagen, am 31. Dezember, am 1. Januar, an den Osterfeiertagen und am 1. Mai. Für die Beschäftigung an einem Samstag, Sonntag und an einem gesetzlichen Feiertag, der auf einen Werktag fällt, ist ihnen je ein freier Tag zu gewähren. Diese freien Tage sind den Jugendlichen in Verbindung mit anderen freien Tagen zu gewähren, spätestens, wenn ihnen 10 freie Tage zustehen.

(2) In der gewerblichen Binnenschifffahrt hat der Arbeitgeber Aufzeichnungen nach Absatz 3 über die tägliche Arbeits- oder Freizeit jedes Jugendlichen zu führen, um eine Kontrolle der Einhaltung der §§ 8 bis 21a dieses Gesetzes zu ermöglichen. Die Aufzeichnungen sind in geeigneten Zeitabständen, spätestens bis zum nächsten Monatsende, gemeinsam vom Arbeitgeber oder seinem Vertreter und von

dem Jugendlichen zu prüfen und zu bestätigen. Im Anschluss müssen die Aufzeichnungen für mindestens zwölf Monate an Bord aufbewahrt werden und dem Jugendlichen ist eine Kopie der bestätigten Aufzeichnungen auszuhändigen. Der Jugendliche hat die Kopien daraufhin zwölf Monate für eine Kontrolle bereitzuhalten.

(3) Die Aufzeichnungen nach Absatz 2 müssen mindestens folgende Angaben enthalten:

1. Name des Schiffes,
2. Name des Jugendlichen,
3. Name des verantwortlichen Schiffsführers,
4. Datum des jeweiligen Arbeits- oder Ruhetages,
5. für jeden Tag der Beschäftigung, ob es sich um einen Arbeits- oder um einen Ruhetag handelt sowie
6. Beginn und Ende der täglichen Arbeitszeit oder der täglichen Freizeit.

§ 21 Ausnahmen in besonderen Fällen

(1) Die §§ 8 und 11 bis 18 finden keine Anwendung auf die Beschäftigung Jugendlicher mit vorübergehenden und unaufschiebbaren Arbeiten in Notfällen, soweit erwachsene Beschäftigte nicht zur Verfügung stehen.

(2) Wird in den Fällen des Absatzes 1 über die Arbeitszeit des § 8 hinaus Mehrarbeit geleistet, so ist sie durch entsprechende Verkürzung der Arbeitszeit innerhalb der folgenden drei Wochen anzugleichen.

§ 21a Abweichende Regelungen

(1) In einem Tarifvertrag oder auf Grund eines Tarifvertrages in einer Betriebsvereinbarung kann zugelassen werden

1. abweichend von den §§ 8, 15, 16 Abs. 3 und 4, § 17 Abs. 3 und § 18 Abs. 3 die Arbeitszeit bis zu neun Stunden täglich, 44 Stunden wöchentlich und bis zu fünfeinhalb Tagen in der Woche anders zu verteilen, jedoch nur unter Einhaltung einer durchschnittlichen Wochenarbeitszeit von 40 Stunden in einem Ausgleichszeitraum von zwei Monaten,
2. abweichend von § 11 Abs. 1 Satz 2 Nr. 2 und Abs. 2 die Ruhepausen bis zu 15 Minuten zu kürzen und die Lage der Pausen anders zu bestimmen,
3. abweichend von § 12 die Schichtzeit mit Ausnahme des Bergbaus unter Tage bis zu einer Stunde täglich zu verlängern,
4. abweichend von § 16 Abs. 1 und 2 Jugendliche an 26 Samstagen im Jahr oder an jedem Samstag zu beschäftigen, wenn statt dessen der Jugendliche an einem anderen Werktag derselben Woche von der Beschäftigung freigestellt wird,
5. abweichend von den §§ 15, 16 Abs. 3 und 4, § 17 Abs. 3 und § 18 Abs. 3 Jugendliche bei einer Beschäftigung an einem Samstag oder an einem Sonn- oder Feiertag unter vier Stunden an einem anderen Arbeitstag derselben oder der folgenden Woche vor- oder nachmittags von der Beschäftigung freizustellen,
6. abweichend von § 17 Abs. 2 Satz 2 Jugendliche im Gaststätten- und Schaustellergewerbe sowie in der Landwirtschaft während der Saison oder der Erntezeit an drei Sonntagen im Monat zu beschäftigen.

(2) Im Geltungsbereich eines Tarifvertrages nach Absatz 1 kann die abweichende tarifvertragliche Regelung im Betrieb eines nicht tarifgebundenen Arbeitgebers durch Betriebsvereinbarung oder, wenn ein Betriebsrat nicht besteht, durch schriftliche Vereinbarung zwischen dem Arbeitgeber und dem Jugendlichen übernommen werden.

(3) Die Kirchen und die öffentlich-rechtlichen Religionsgesellschaften können die in Absatz 1 genannten Abweichungen in ihren Regelungen vorsehen.

§ 21b Ermächtigung

Das Bundesministerium für Arbeit und Soziales kann im Interesse der Berufsausbildung oder der Zusammenarbeit von Jugendlichen und Erwachsenen durch Rechtsverordnung mit Zustimmung des Bundesrates Ausnahmen von den Vorschriften

1. des § 8, der §§ 11 und 12, der §§ 15 und 16, des § 17 Abs. 2 und 3 sowie des § 18 Abs. 3 im Rahmen des § 21a Abs. 1,
2. des § 14, jedoch nicht vor 5 Uhr und nicht nach 23 Uhr, sowie
3. des § 17 Abs. 1 und des § 18 Abs. 1 an höchstens 26 Sonn- und Feiertagen im Jahr

zulassen, soweit eine Beeinträchtigung der Gesundheit oder der körperlichen oder seelisch-geistigen Entwicklung der Jugendlichen nicht zu befürchten ist.

Zweiter Titel Beschäftigungsverbote und -beschränkungen

§ 22 Gefährliche Arbeiten

(1) Jugendliche dürfen nicht beschäftigt werden

1. mit Arbeiten, die ihre Leistungsfähigkeit übersteigen,
2. mit Arbeiten, bei denen sie sittlichen Gefahren ausgesetzt sind,
3. mit Arbeiten, die mit Unfallgefahren verbunden sind, von denen anzunehmen ist, daß Jugendliche sie wegen mangelnden Sicherheitsbewußtseins oder mangelnder Erfahrung nicht erkennen oder nicht abwenden können,
4. mit Arbeiten, bei denen ihre Gesundheit durch außergewöhnliche Hitze oder Kälte oder starke Nässe gefährdet wird,
5. mit Arbeiten, bei denen sie schädlichen Einwirkungen von Lärm, Erschütterungen oder Strahlen ausgesetzt sind,
6. mit Arbeiten, bei denen sie schädlichen Einwirkungen von Gefahrstoffen im Sinne der Gefahrstoffverordnung ausgesetzt sind,
7. mit Arbeiten, bei denen sie schädlichen Einwirkungen von biologischen Arbeitsstoffen im Sinne der Biostoffverordnung ausgesetzt sind.

(2) Absatz 1 Nr. 3 bis 7 gilt nicht für die Beschäftigung Jugendlicher, soweit

1. dies zur Erreichung ihres Ausbildungszieles erforderlich ist,
2. ihr Schutz durch die Aufsicht eines Fachkundigen gewährleistet ist und
3. der Luftgrenzwert bei gefährlichen Stoffen (Absatz 1 Nr. 6) unterschritten wird.

Satz 1 findet keine Anwendung auf gezielte Tätigkeiten mit biologischen Arbeitsstoffen der Risikogruppen 3 und 4 im Sinne der Biostoffverordnung sowie auf nicht gezielte Tätigkeiten, die nach der Biostoffverordnung der Schutzstufe 3 oder 4 zuzuordnen sind.

(3) Werden Jugendliche in einem Betrieb beschäftigt, für den ein Betriebsarzt oder eine Fachkraft für Arbeitssicherheit verpflichtet ist, muß ihre betriebsärztliche oder sicherheitstechnische Betreuung sichergestellt sein.

§ 23 Akkordarbeit; tempoabhängige Arbeiten

(1) Jugendliche dürfen nicht beschäftigt werden

1. mit Akkordarbeit und sonstigen Arbeiten, bei denen durch ein gesteigertes Arbeitstempo ein höheres Entgelt erzielt werden kann,
2. in einer Arbeitsgruppe mit erwachsenen Arbeitnehmern, die mit Arbeiten nach Nummer 1 beschäftigt werden,
3. mit Arbeiten, bei denen ihr Arbeitstempo nicht nur gelegentlich vorgeschrieben, vorgegeben oder auf andere Weise erzwungen wird.

(2) Absatz 1 Nr. 2 gilt nicht für die Beschäftigung Jugendlicher,

1. soweit dies zur Erreichung ihres Ausbildungszieles erforderlich ist
oder
2. wenn sie eine Berufsausbildung für diese Beschäftigung abgeschlossen haben

und ihr Schutz durch die Aufsicht eines Fachkundigen gewährleistet ist.

§ 24 Arbeiten unter Tage

(1) Jugendliche dürfen nicht mit Arbeiten unter Tage beschäftigt werden.

(2) Absatz 1 gilt nicht für die Beschäftigung Jugendlicher über 16 Jahre,

1. soweit dies zur Erreichung ihres Ausbildungszieles erforderlich ist,
2. wenn sie eine Berufsausbildung für die Beschäftigung unter Tage abgeschlossen haben oder
3. wenn sie an einer von der Bergbehörde genehmigten Ausbildungsmaßnahme für Bergjungarbeiter teilnehmen oder teilgenommen haben

und ihr Schutz durch die Aufsicht eines Fachkundigen gewährleistet ist.

§ 25 Verbot der Beschäftigung durch bestimmte Personen

(1) Personen, die

1. wegen eines Verbrechens zu einer Freiheitsstrafe von mindestens zwei Jahren,
2. wegen einer vorsätzlichen Straftat, die sie unter Verletzung der ihnen als Arbeitgeber, Ausbildender oder Ausbilder obliegenden Pflichten zum Nachteil von Kindern oder Jugendlichen begangen haben, zu einer Freiheitsstrafe von mehr als drei Monaten,
3. wegen einer Straftat nach den §§ 109h, 171, 174 bis 184i, 225, 232 bis 233a des Strafgesetzbuches,
4. wegen einer Straftat nach dem Betäubungsmittelgesetz oder
5. wegen einer Straftat nach dem Jugendschutzgesetz oder nach dem Gesetz über die Verbreitung jugendgefährdender Schriften wenigstens zweimal

rechtskräftig verurteilt worden sind, dürfen Jugendliche nicht beschäftigen sowie im Rahmen eines Rechtsverhältnisses im Sinne des § 1 nicht beaufsichtigen, nicht anweisen, nicht ausbilden und nicht mit der Beaufsichtigung, Anweisung oder Ausbildung von Jugendlichen beauftragt werden. Eine Verurteilung bleibt außer Betracht, wenn seit dem Tage ihrer Rechtskraft fünf Jahre verstrichen sind. Die Zeit, in welcher der Täter auf behördliche Anordnung in einer Anstalt verwahrt worden ist, wird nicht eingerechnet.

(2) Das Verbot des Absatzes 1 Satz 1 gilt auch für Personen, gegen die wegen einer Ordnungswidrigkeit nach § 58 Abs. 1 bis 4 wenigstens dreimal eine Geldbuße rechtskräftig festgesetzt worden ist. Eine Geldbuße bleibt außer Betracht, wenn seit dem Tage ihrer rechtskräftigen Festsetzung fünf Jahre verstrichen sind.

(3) Das Verbot des Absatzes 1 und 2 gilt nicht für die Beschäftigung durch die Personensorgeberechtigten.

§ 26 Ermächtigungen

Das Bundesministerium für Arbeit und Soziales kann zum Schutze der Jugendlichen gegen Gefahren für Leben und Gesundheit sowie zur Vermeidung einer Beeinträchtigung der körperlichen oder seelisch-geistigen Entwicklung durch Rechtsverordnung mit Zustimmung des Bundesrates

1. die für Kinder, die der Vollzeitschulpflicht nicht mehr unterliegen, geeigneten und leichten Tätigkeiten nach § 7 Satz 1 Nr. 2 und die Arbeiten nach § 22 Abs. 1 und den §§ 23 und 24 näher bestimmen,
2. über die Beschäftigungsverbote in den §§ 22 bis 25 hinaus die Beschäftigung Jugendlicher in bestimmten Betriebsarten oder mit bestimmten Arbeiten verbieten oder beschränken, wenn sie bei diesen Arbeiten infolge ihres Entwicklungsstandes in besonderem Maße Gefahren ausgesetzt sind oder wenn das Verbot oder die Beschränkung neuer arbeitsmedizinischer oder sicherheitstechnischer Erkenntnisse notwendig ist.

§ 27 Behördliche Anordnungen und Ausnahmen

(1) Die Aufsichtsbehörde kann in Einzelfällen feststellen, ob eine Arbeit unter die Beschäftigungsverbote oder -beschränkungen der §§ 22 bis 24 oder einer Rechtsverordnung nach § 26 fällt. Sie kann in Einzelfällen die Beschäftigung Jugendlicher mit bestimmten Arbeiten über die Beschäftigungsverbote und -beschränkungen der §§ 22 bis 24 und einer Rechtsverordnung nach § 26 hinaus verbieten oder beschränken, wenn diese Arbeiten

mit Gefahren für Leben, Gesundheit oder für die körperliche oder seelisch-geistige Entwicklung der Jugendlichen verbunden sind.

(2) Die zuständige Behörde kann

1. den Personen, die die Pflichten, die ihnen kraft Gesetzes zugunsten der von ihnen beschäftigten, beaufsichtigten, angewiesenen oder auszubildenden Kinder und Jugendlichen obliegen, wiederholt oder gröblich verletzt haben,
2. den Personen, gegen die Tatsachen vorliegen, die sie in sittlicher Beziehung zur Beschäftigung, Beaufsichtigung, Anweisung oder Ausbildung von Kindern und Jugendlichen ungeeignet erscheinen lassen,

verbieten, Kinder und Jugendliche zu beschäftigen oder im Rahmen eines Rechtsverhältnisses im Sinne des § 1 zu beaufsichtigen, anzuweisen oder auszubilden.

(3) Die Aufsichtsbehörde kann auf Antrag Ausnahmen von § 23 Abs. 1 Nr. 2 und 3 für Jugendliche über 16 Jahre bewilligen,

1. wenn die Art der Arbeit oder das Arbeitstempo eine Beeinträchtigung der Gesundheit oder der körperlichen oder seelisch-geistigen Entwicklung des Jugendlichen nicht befürchten lassen und
2. wenn eine nicht länger als vor drei Monaten ausgestellte ärztliche Bescheinigung vorgelegt wird, nach der gesundheitliche Bedenken gegen die Beschäftigung nicht bestehen.

Dritter Titel
Sonstige Pflichten des Arbeitgebers

§ 28 Menschengerechte Gestaltung der Arbeit

(1) Der Arbeitgeber hat bei der Einrichtung und der Unterhaltung der Arbeitsstätte einschließlich der Maschinen, Werkzeuge und Geräte und bei der Regelung der Beschäftigung die Vorkehrungen und Maßnahmen zu treffen, die zum Schutze der Jugendlichen gegen Gefahren für Leben und Gesundheit sowie zur Vermeidung einer Beeinträchtigung der körperlichen oder seelisch-geistigen Entwicklung der Jugendlichen erforderlich sind. Hierbei sind das mangelnde Sicherheitsbewußtsein, die mangelnde Erfahrung und der Entwicklungsstand der Jugendlichen zu berücksichtigen und die allgemein anerkannten sicherheitstechnischen und arbeitsmedizinischen Regeln sowie die sonstigen gesicherten arbeitswissenschaftlichen Erkenntnisse zu beachten.

(2) Das Bundesministerium für Arbeit und Soziales kann durch Rechtsverordnung mit Zustimmung des Bundesrates bestimmen, welche Vorkehrungen und Maßnahmen der Arbeitgeber zur Erfüllung der sich aus Absatz 1 ergebenden Pflichten zu treffen hat.

(3) Die Aufsichtsbehörde kann in Einzelfällen anordnen, welche Vorkehrungen und Maßnahmen zur Durchführung des Absatzes 1 oder einer vom Bundesministerium für Arbeit und Soziales gemäß Absatz 2 erlassenen Verordnung zu treffen sind.

§ 28a Beurteilung der Arbeitsbedingungen

Vor Beginn der Beschäftigung Jugendlicher und bei wesentlicher Änderung der Arbeitsbedingungen hat der Arbeitgeber die mit der Beschäftigung verbundenen Gefährdungen Jugendlicher zu beurteilen. Im übrigen gelten die Vorschriften des Arbeitsschutzgesetzes.

§ 29 Unterweisung über Gefahren

(1) Der Arbeitgeber hat die Jugendlichen vor Beginn der Beschäftigung und bei wesentlicher Änderung der Arbeitsbescheinigungen über die Unfall- und Gesundheitsgefahren, denen sie bei der Beschäftigung ausgesetzt sind, sowie über die Einrichtungen und Maßnahmen zur Abwendung dieser Gefahren zu unterweisen. Er hat die Jugendlichen vor der erstmaligen Beschäftigung an Maschinen oder gefährlichen Arbeitsstellen oder mit Arbeiten, bei denen sie mit gesundheitsgefährdenden Stoffen in Berührung kommen, über die besonderen Gefahren dieser Arbeiten sowie über das bei ihrer Verrichtung erforderliche Verhalten zu unterweisen.

(2) Die Unterweisungen sind in angemessenen Zeitabständen mindestens aber halbjährlich, zu wiederholen.

II

(3) Der Arbeitgeber beteiligt die Betriebsärzte und die Fachkräfte für Arbeitssicherheit an der Planung, Durchführung und Überwachung der für die Sicherheit und den Gesundheitsschutz bei der Beschäftigung Jugendlicher geltenden Vorschriften.

§ 30 Häusliche Gemeinschaft

(1) Hat der Arbeitgeber einen Jugendlichen in die häusliche Gemeinschaft aufgenommen, so muß er

1. ihm eine Unterkunft zur Verfügung stellen und dafür sorgen, daß sie so beschaffen, ausgestattet und belegt ist und so benutzt wird, daß die Gesundheit des Jugendlichen nicht beeinträchtigt wird, und
2. ihm bei einer Erkrankung, jedoch nicht über die Beendigung der Beschäftigung hinaus, die erforderliche Pflege und ärztliche Behandlung zuteil werden lassen, soweit diese nicht von einem Sozialversicherungsträger geleistet wird.

(2) Die Aufsichtsbehörde kann im Einzelfall anordnen, welchen Anforderungen die Unterkunft (Absatz 1 Nr. 1) und die Pflege bei Erkrankungen (Absatz 1 Nr. 2) genügen müssen.

§ 31 Züchtigungsverbot; Verbot der Abgabe von Alkohol und Tabak

(1) Wer Jugendliche beschäftigt oder im Rahmen eines Rechtsverhältnisses im Sinne des § 1 beaufsichtigt, anweist oder ausbildet, darf sie nicht körperlich züchtigen.

(2) Wer Jugendliche beschäftigt, muß sie vor körperlicher Züchtigung und Mißhandlung und vor sittlicher Gefährdung durch andere bei ihm Beschäftigte und durch Mitglieder seines Haushalts an der Arbeitsstätte und in seinem Hause schützen. Soweit deren Abgabe nach § 9 Absatz 1 oder § 10 Absatz 1 und 4 des Jugendschutzgesetzes verboten ist, darf der Arbeitgeber Jugendlichen keine alkoholischen Getränke, Tabakwaren oder anderen dort genannten Erzeugnisse geben.

Vierter Titel
Gesundheitliche Betreuung

§ 32 Erstuntersuchung

(1) Ein Jugendlicher, der in das Berufsleben eintritt, darf nur beschäftigt werden, wenn

1. er innerhalb der letzten vierzehn Monate von einem Arzt untersucht worden ist (Erstuntersuchung) und
2. dem Arbeitgeber eine von diesem Arzt ausgestellte Bescheinigung vorliegt.

(2) Absatz 1 gilt nicht für eine nur geringfügige oder eine nicht länger als zwei Monate dauernde Beschäftigung mit leichten Arbeiten, von denen keine gesundheitlichen Nachteile für den Jugendlichen zu befürchten sind.

§ 33 Erste Nachuntersuchung

(1) Ein Jahr nach Aufnahme der ersten Beschäftigung hat sich der Arbeitgeber die Bescheinigung eines Arztes darüber vorlegen zu lassen, daß der Jugendliche nachuntersucht worden ist (erste Nachuntersuchung). Die Nachuntersuchung darf nicht länger als drei Monate zurückliegen. Der Arbeitgeber soll den Jugendlichen neun Monate nach Aufnahme der ersten Beschäftigung nachdrücklich auf den Zeitpunkt, bis zu dem der Jugendliche ihm die ärztliche Bescheinigung nach Satz 1 vorzulegen hat, hinweisen und ihn auffordern, die Nachuntersuchung bis dahin durchführen zu lassen.

(2) Legt der Jugendliche die Bescheinigung nicht nach Ablauf eines Jahres vor, hat ihn der Arbeitgeber innerhalb eines Monats unter Hinweis auf das Beschäftigungsverbot nach Absatz 3 schriftlich aufzufordern, ihm die Bescheinigung vorzulegen. Je eine Durchschrift des Aufforderungsschreibens hat der Arbeitgeber dem Personensorgeberechtigten und dem Betriebs- oder Personalrat zuzusenden.

(3) Der Jugendliche darf nach Ablauf von 14 Monaten nach Aufnahme der ersten Beschäftigung nicht weiterbeschäftigt werden, solange er die Bescheinigung nicht vorgelegt hat.

§ 34 Weitere Nachuntersuchungen

Nach Ablauf jedes weiteren Jahres nach der ersten Nachuntersuchung kann sich der Jugendliche erneut nachuntersuchen lassen (weitere Nachuntersuchungen). Der Arbeitgeber soll ihn auf diese Möglichkeit rechtzeitig hinweisen und darauf hinwirken, daß der Jugendliche ihm die Bescheinigung über die weitere Nachuntersuchung vorlegt.

§ 35 Außerordentliche Nachuntersuchung

(1) Der Arzt soll eine außerordentliche Nachuntersuchung anordnen, wenn eine Untersuchung ergibt, daß

1. ein Jugendlicher hinter dem seinem Alter entsprechenden Entwicklungsstand zurückgeblieben ist,
2. gesundheitliche Schwächen oder Schäden vorhanden sind,
3. die Auswirkungen der Beschäftigung auf die Gesundheit oder Entwicklung des Jugendlichen noch nicht zu übersehen sind.

(2) Die in § 33 Abs. 1 festgelegten Fristen werden durch die Anordnung einer außerordentlichen Nachuntersuchung nicht berührt.

§ 36 Ärztliche Untersuchungen und Wechsel des Arbeitgebers

Wechselt der Jugendliche den Arbeitgeber, so darf ihn der neue Arbeitgeber erst beschäftigen, wenn ihm die Bescheinigung über die Erstuntersuchung (§ 32 Abs. 1) und, falls seit der Aufnahme der Beschäftigung ein Jahr vergangen ist, die Bescheinigung über die erste Nachuntersuchung (§ 33) vorliegen.

§ 37 Inhalt und Durchführung der ärztlichen Untersuchungen

(1) Die ärztlichen Untersuchungen haben sich auf den Gesundheits- und Entwicklungsstand und die körperliche Beschaffenheit, die Nachuntersuchungen außerdem auf die Auswirkungen der Beschäftigung auf Gesundheit und Entwicklung des Jugendlichen zu erstrecken.

(2) Der Arzt hat unter Berücksichtigung der Krankheitsvorgeschichte des Jugendlichen auf Grund der Untersuchungen zu beurteilen,

1. ob die Gesundheit oder die Entwicklung des Jugendlichen durch die Ausführung bestimmter Arbeiten oder durch die Beschäftigung während bestimmter Zeiten gefährdet wird,
2. ob besondere der Gesundheit dienende Maßnahmen einschließlich Maßnahmen zur Verbesserung des Impfstatus erforderlich sind,
3. ob eine außerordentliche Nachuntersuchung (§ 35 Abs. 1) erforderlich ist.

(3) Der Arzt hat schriftlich festzuhalten:

1. den Untersuchungsbefund,
2. die Arbeiten, durch deren Ausführung er die Gesundheit oder die Entwicklung des Jugendlichen für gefährdet hält,
3. die besonderen der Gesundheit dienenden Maßnahmen einschließlich Maßnahmen zur Verbesserung des Impfstatus,
4. die Anordnung einer außerordentlichen Nachuntersuchung (§ 35 Abs. 1).

§ 38 Ergänzungsuntersuchung

Kann der Arzt den Gesundheits- und Entwicklungsstand des Jugendlichen nur beurteilen, wenn das Ergebnis einer Ergänzungsuntersuchung durch einen anderen Arzt oder einen Zahnarzt vorliegt, so hat er die Ergänzungsuntersuchung zu veranlassen und ihre Notwendigkeit schriftlich zu begründen.

§ 39 Mitteilung, Bescheinigung

(1) Der Arzt hat dem Personensorgeberechtigten schriftlich mitzuteilen:

1. das wesentliche Ergebnis der Untersuchung,
2. die Arbeiten, durch deren Ausführung er die Gesundheit oder die Entwicklung des Jugendlichen für gefährdet hält,
3. die besonderen der Gesundheit dienenden Maßnahmen einschließlich Maßnahmen zur Verbesserung des Impfstatus,
4. die Anordnung einer außerordentlichen Nachuntersuchung (§ 35 Abs. 1).

(2) Der Arzt hat eine für den Arbeitgeber bestimmte Bescheinigung darüber auszustellen, daß die Untersuchung stattgefunden hat und darin die Arbeiten zu vermerken, durch deren

Ausführung er die Gesundheit oder die Entwicklung des Jugendlichen für gefährdet hält.

§ 40 Bescheinigung mit Gefährdungsvermerk

(1) Enthält die Bescheinigung des Arztes (§ 39 Abs. 2) einen Vermerk über Arbeiten, durch deren Ausführung er die Gesundheit oder die Entwicklung des Jugendlichen für gefährdet hält, so darf der Jugendliche mit solchen Arbeiten nicht beschäftigt werden.

(2) Die Aufsichtsbehörde kann die Beschäftigung des Jugendlichen mit den in der Bescheinigung des Arztes (§ 39 Abs. 2) vermerkten Arbeiten im Einvernehmen mit einem Arzt zulassen und die Zulassung mit Auflagen verbinden.

§ 41 Aufbewahren der ärztlichen Bescheinigungen

(1) Der Arbeitgeber hat die ärztlichen Bescheinigungen bis zur Beendigung der Beschäftigung, längstens jedoch bis zur Vollendung des 18. Lebensjahres des Jugendlichen aufzubewahren und der Aufsichtsbehörde sowie der Berufsgenossenschaft auf Verlangen zur Einsicht vorzulegen oder einzusenden.

(2) Scheidet der Jugendliche aus dem Beschäftigungsverhältnis aus, so hat ihm der Arbeitgeber die Bescheinigungen auszuhändigen.

§ 42 Eingreifen der Aufsichtsbehörde

Die Aufsichtsbehörde hat, wenn die dem Jugendlichen übertragenen Arbeiten Gefahren für seine Gesundheit befürchten lassen, dies dem Personensorgeberechtigten und dem Arbeitgeber mitzuteilen und den Jugendlichen aufzufordern, sich durch einen von ihr ermächtigten Arzt untersuchen zu lassen.

§ 43 Freistellung für Untersuchungen

Der Arbeitgeber hat den Jugendlichen für die Durchführung der ärztlichen Untersuchungen nach diesem Abschnitt freizustellen. Ein Entgeltausfall darf hierdurch nicht eintreten.

§ 44 Kosten der Untersuchungen

Die Kosten der Untersuchungen trägt das Land.

§ 45 Gegenseitige Unterrichtung der Ärzte

(1) Die Ärzte, die Untersuchungen nach diesem Abschnitt vorgenommen haben, müssen, wenn der Personensorgeberechtigte und der Jugendliche damit einverstanden sind,

1. dem staatlichen Gewerbearzt,
2. dem Arzt, der einen Jugendlichen nach diesem Abschnitt nachuntersucht,

auf Verlangen die Aufzeichnungen über die Untersuchungsbefunde zur Einsicht aushändigen.

(2) Unter den Voraussetzungen des Absatzes 1 kann der Amtsarzt des Gesundheitsamtes einem Arzt, der einen Jugendlichen nach diesem Abschnitt untersucht, Einsicht in andere in seiner Dienststelle vorhandene Unterlagen über Gesundheit und Entwicklung des Jugendlichen gewähren.

§ 46 Ermächtigungen

(1) Das Bundesministerium für Arbeit und Soziales kann zum Zwecke einer gleichmäßigen und wirksamen gesundheitlichen Betreuung durch Rechtsverordnung mit Zustimmung des Bundesrates Vorschriften über die Durchführung der ärztlichen Untersuchungen und über die für die Aufzeichnungen der Untersuchungsbefunde, die Bescheinigungen und Mitteilungen zu verwendenden Vordrucke erlassen.

(2) Die Landesregierung kann durch Rechtsverordnung

1. zur Vermeidung von mehreren Untersuchungen innerhalb eines kurzen Zeitraums aus verschiedenen Anlässen bestimmen, daß die Untersuchungen nach den §§ 32 bis 34 zusammen mit Untersuchungen nach anderen Vorschriften durchzuführen sind, und hierbei von der Frist des § 32 Abs. 1 Nr. 1 bis zu drei Monaten abweichen,
2. zur Vereinfachung der Abrechnung
   a) Pauschbeträge für die Kosten der ärztlichen Untersuchungen im Rahmen der geltenden Gebührenordnungen festsetzen,
   b) Vorschriften über die Erstattung der Kosten beim Zusammentreffen mehrerer Untersuchungen nach Nummer 1 erlassen.

Vierter Abschnitt
Durchführung des Gesetzes

Erster Titel
Aushänge und Verzeichnisse

§ 47 Bekanntgabe des Gesetzes und der Aufsichtsbehörde

Arbeitgeber, die regelmäßig mindestens einen Jugendlichen beschäftigen, haben einen Abdruck dieses Gesetzes und die Anschrift der zuständigen Aufsichtsbehörde an geeigneter Stelle im Betrieb zur Einsicht auszulegen oder auszuhängen.

§ 48 Aushang über Arbeitszeit und Pausen

Arbeitgeber, die regelmäßig mindestens drei Jugendliche beschäftigen, haben einen Aushang über Beginn und Ende der regelmäßigen täglichen Arbeitszeit und der Pausen der Jugendlichen an geeigneter Stelle im Betrieb anzubringen.

§ 49 Verzeichnisse der Jugendlichen

Arbeitgeber haben Verzeichnisse der bei ihnen beschäftigten Jugendlichen unter Angabe des Vor- und Familiennamens, des Geburtsdatums und der Wohnanschrift zu führen, in denen das Datum des Beginns der Beschäftigung bei ihnen, bei einer Beschäftigung unter Tage auch das Datum des Beginns dieser Beschäftigung, enthalten ist.

§ 50 Auskunft; Vorlage der Verzeichnisse

(1) Der Arbeitgeber ist verpflichtet, der Aufsichtsbehörde auf Verlangen

1. die zur Erfüllung ihrer Aufgaben erforderlichen Angaben wahrheitsgemäß und vollständig zu machen,
2. die Verzeichnisse gemäß § 49, die Unterlagen, aus denen Name, Beschäftigungsart und -zeiten der Jugendlichen sowie Lohn- und Gehaltszahlungen ersichtlich sind, und alle sonstigen Unterlagen, die sich auf die nach Nummer 1 zu machenden Angaben beziehen, zur Einsicht vorzulegen oder einzusenden.

(2) Die Verzeichnisse und Unterlagen sind mindestens bis zum Ablauf von zwei Jahren nach der letzten Eintragung aufzubewahren.

Zweiter Titel
Aufsicht

§ 51 Aufsichtsbehörde; Besichtigungsrechte und Berichtspflicht

(1) Die Aufsicht über die Ausführung dieses Gesetzes und der auf Grund dieses Gesetzes erlassenen Rechtsverordnungen obliegt der nach Landesrecht zuständigen Behörde (Aufsichtsbehörde). Die Landesregierung kann durch Rechtsverordnung die Aufsicht über die Ausführung dieser Vorschriften in Familienhaushalten auf gelegentliche Prüfungen beschränken.

(2) Die Beauftragten der Aufsichtsbehörde sind berechtigt, die Arbeitsstätten während der üblichen Betriebs- und Arbeitszeit zu betreten und zu besichtigen; außerhalb dieser Zeit oder wenn sich die Arbeitsstätten in einer Wohnung befinden, dürfen sie nur zur Verhütung von dringenden Gefahren für die öffentliche Sicherheit und Ordnung betreten und besichtigt werden. Der Arbeitgeber hat das Betreten und Besichtigen der Arbeitsstätten zu gestatten. Das Grundrecht der Unverletzlichkeit der Wohnung (Artikel 13 des Grundgesetzes) wird insoweit eingeschränkt.

(3) Die Aufsichtsbehörden haben im Rahmen der Jahresberichte nach § 139b Abs. 3 der Gewerbeordnung über ihre Aufsichtstätigkeit gemäß Absatz 1 zu berichten.

§ 52 (weggefallen)

§ 53 Mitteilung über Verstöße

Die Aufsichtsbehörde teilt schwerwiegende Verstöße gegen die Vorschriften dieses Gesetzes oder gegen die auf Grund dieses Gesetzes erlassenen Rechtsverordnungen der nach dem Berufsbildungsgesetz oder der Handwerksordnung zuständigen Stelle mit. Die zuständige Agentur für Arbeit erhält eine Durchschrift dieser Mitteilung.

§ 54 Ausnahmebewilligungen

(1) Ausnahmen, die die Aufsichtsbehörde nach diesem Gesetz oder den auf Grund dieses Gesetzes erlassenen Rechtsverordnungen bewilligen kann, sind zu befristen. Die Ausnahmebewilligungen können

1. mit einer Bedingung erlassen werden,
2. mit einer Auflage oder mit einem Vorbehalt der nachträglichen Aufnahme, Änderung oder Ergänzung einer Auflage verbunden werden und
3. jederzeit widerrufen werden.

(2) Ausnahmen können nur für einzelne Beschäftigte, einzelne Betriebe oder einzelne Teile des Betriebs bewilligt werden.

(3) Ist eine Ausnahme für einen Betrieb oder einen Teil des Betriebs bewilligt worden, so hat der Arbeitgeber hierüber an geeigneter Stelle im Betrieb einen Aushang anzubringen.

Dritter Titel
Ausschüsse für Jugendarbeitsschutz

§ 55 Bildung des Landesausschusses für Jugendarbeitsschutz

(1) Bei der von der Landesregierung bestimmten obersten Landesbehörde wird ein Landesausschuß für Jugendarbeitsschutz gebildet.

(2) Dem Landesausschuß gehören als Mitglieder an:

1. je sechs Vertreter der Arbeitgeber und der Arbeitnehmer,
2. ein Vertreter des Landesjugendringes,
3. ein von der Bundesagentur für Arbeit benannter Vertreter und je ein Vertreter des Landesjugendamtes, der für das Gesundheitswesen zuständigen obersten Landesbehörde und der für die berufsbildenden Schulen zuständigen obersten Landesbehörde und
4. ein Arzt.

(3) Die Mitglieder des Landesausschusses werden von der von der Landesregierung bestimmten obersten Landesbehörde berufen, die Vertreter der Arbeitgeber und Arbeitnehmer auf Vorschlag der auf Landesebene bestehenden Arbeitgeberverbände und Gewerkschaften, der Arzt auf Vorschlag der Landesärztekammer, die übrigen Vertreter auf Vorschlag der in Absatz 2 Nr. 2 und 3 genannten Stellen.

(4) Die Tätigkeit im Landesausschuß ist ehrenamtlich. Für bare Auslagen und für Entgeltausfall ist, soweit eine Entschädigung nicht von anderer Seite gewährt wird, eine angemessene Entschädigung zu zahlen, deren Höhe nach Landesrecht oder von der von der Landesregierung bestimmten obersten Landesbehörde festgesetzt wird.

(5) Die Mitglieder können nach Anhören der an ihrer Berufung beteiligten Stellen aus wichtigem Grund abberufen werden.

(6) Die Mitglieder haben Stellvertreter. Die Absätze 2 bis 5 gelten für die Stellvertreter entsprechend.

(7) Der Landesausschuß wählt aus seiner Mitte einen Vorsitzenden und dessen Stellvertreter. Der Vorsitzende und sein Stellvertreter sollen nicht derselben Mitgliedergruppe angehören.

(8) Der Landesausschuß gibt sich eine Geschäftsordnung. Die Geschäftsordnung kann die Bildung von Unterausschüssen vorsehen und bestimmen, daß ihnen ausnahmsweise nicht nur Mitglieder des Landesausschusses angehören. Absatz 4 Satz 2 gilt für die Unterausschüsse hinsichtlich der Entschädigung entsprechend. An den Sitzungen des Landesausschusses und der Unterausschüsse können Vertreter der beteiligten obersten Landesbehörden teilnehmen.

§ 56 Bildung des Ausschusses für Jugendarbeitsschutz bei der Aufsichtsbehörde

(1) Bei der Aufsichtsbehörde wird ein Ausschuß für Jugendarbeitsschutz gebildet. In Städten, in denen mehrere Aufsichtsbehörden ihren Sitz haben, wird ein gemeinsamer Ausschuß für Jugendarbeitsschutz gebildet. In Ländern, in denen nicht mehr als zwei Aufsichtsbehörden eingerichtet sind, übernimmt der Landesausschuß für Jugendarbeitsschutz die Aufgaben dieses Ausschusses.

(2) Dem Ausschuß gehören als Mitglieder an:

1. je sechs Vertreter der Arbeitgeber und der Arbeitnehmer,
2. ein Vertreter des im Bezirk der Aufsichtsbehörde wirkenden Jugendringes,
3. je ein Vertreter eines Arbeits-, Jugend- und Gesundheitsamtes,
4. ein Arzt und ein Lehrer an einer berufsbildenden Schule.

(3) Die Mitglieder des Jugendarbeitsschutzausschusses werden von der Aufsichtsbehörde berufen, die Vertreter der Arbeitgeber und Arbeitnehmer auf Vorschlag der im Aufsichtsbezirk bestehenden Arbeitgeberverbände und Gewerkschaften, der Arzt auf Vorschlag der Ärztekammer, der Lehrer auf Vorschlag der nach Landesrecht zuständigen Behörde, die übrigen Vertreter auf Vorschlag der in Absatz 2 Nr. 2 und 3 genannten Stellen. § 55 Abs. 4 bis 8 gilt mit der Maßgabe entsprechend, daß die Entschädigung von der Aufsichtsbehörde mit Genehmigung der von der Landesregierung bestimmten obersten Landesbehörde festgesetzt wird.

§ 57 Aufgaben der Ausschüsse

(1) Der Landesausschuß berät die oberste Landesbehörde in allen allgemeinen Angelegenheiten des Jugendarbeitsschutzes und macht Vorschläge für die Durchführung dieses Gesetzes. Er klärt über Inhalt und Ziel des Jugendarbeitsschutzes auf.

(2) Die oberste Landesbehörde beteiligt den Landesausschuß in Angelegenheiten von besonderer Bedeutung, insbesondere vor Erlaß von Rechtsvorschriften zur Durchführung dieses Gesetzes.

(3) Der Landesausschuß hat über seine Tätigkeit im Zusammenhang mit dem Bericht der Aufsichtsbehörde nach § 51 Abs. 3 zu berichten.

(4) Der Ausschuß für Jugendarbeitsschutz bei der Aufsichtsbehörde berät diese in allen allgemeinen Angelegenheiten des Jugendarbeitsschutzes und macht dem Landesausschuß Vorschläge für die Durchführung dieses Gesetzes. Er klärt über Inhalt und Ziel des Jugendarbeitsschutzes auf.

Fünfter Abschnitt
Straf- und Bußgeldvorschriften

§ 58 Bußgeld- und Strafvorschriften

(1) Ordnungswidrig handelt, wer als Arbeitgeber vorsätzlich oder fahrlässig

1. entgegen § 5 Abs. 1, auch in Verbindung mit § 2 Abs. 3, ein Kind oder einen Jugendlichen, der der Vollzeitschulpflicht unterliegt, beschäftigt,
2. entgegen § 5 Abs. 3 Satz 1 oder Satz 3, jeweils auch in Verbindung mit § 2 Abs. 3, ein Kind über 13 Jahre oder einen Jugendlichen, der der Vollzeitschulpflicht unterliegt, in anderer als der zugelassenen Weise beschäftigt,
3. (weggefallen)
4. entgegen § 7 Satz 1 Nr. 2, auch in Verbindung mit einer Rechtsverordnung nach § 26 Nr. 1, ein Kind, das der Vollzeitschulpflicht nicht mehr unterliegt, in anderer als der zugelassenen Weise beschäftigt,
5. entgegen § 8 einen Jugendlichen über die zulässige Dauer der Arbeitszeit hinaus beschäftigt,
6. entgegen § 9 Abs. 1 eine dort bezeichnete Person an Berufsschultagen oder in Berufsschulwochen nicht freistellt,
7. entgegen § 10 Abs. 1 einen Jugendlichen für die Teilnahme an Prüfungen oder Ausbildungsmaßnahmen oder an dem Arbeitstag, der der schriftlichen Abschlußprüfung unmittelbar vorangeht, nicht freistellt,
8. entgegen § 11 Abs. 1 oder 2 Ruhepausen nicht, nicht mit der vorgeschriebenen Mindestdauer oder nicht in der vorgeschriebenen zeitlichen Lage gewährt,
9. entgegen § 12 einen Jugendlichen über die zulässige Schichtzeit hinaus beschäftigt,
10. entgegen § 13 die Mindestfreizeit nicht gewährt,
11. entgegen § 14 Abs. 1 einen Jugendlichen außerhalb der Zeit von 6 bis 20 Uhr oder entgegen § 14 Abs. 7 Satz 3 vor Ablauf der Mindestfreizeit beschäftigt,

12. entgegen § 15 einen Jugendlichen an mehr als fünf Tagen in der Woche beschäftigt,
13. entgegen § 16 Abs. 1 einen Jugendlichen an Samstagen beschäftigt oder entgegen § 16 Abs. 3 Satz 1 den Jugendlichen nicht freistellt,
14. entgegen § 17 Abs. 1 einen Jugendlichen an Sonntagen beschäftigt oder entgegen § 17 Abs. 2 Satz 2 Halbsatz 2 oder Abs. 3 Satz 1 den Jugendlichen nicht freistellt,
15. entgegen § 18 Abs. 1 einen Jugendlichen am 24. oder 31. Dezember nach 14 Uhr oder an gesetzlichen Feiertagen beschäftigt oder entgegen § 18 Abs. 3 nicht freistellt,
16. entgegen § 19 Abs. 1 auch in Verbindung mit Abs. 1 Satz 1 oder 2, oder entgegen § 19 Abs. 3 Satz 2 oder Abs. 4 Satz 2 Urlaub nicht oder nicht mit der vorgeschriebenen Dauer gewährt,
17. entgegen § 21 Abs. 2 die geleistete Mehrarbeit durch Verkürzung der Arbeitszeit nicht ausgleicht,
18. entgegen § 22 Abs. 1, auch in Verbindung mit einer Rechtsverordnung nach § 26 Nr. 1, einen Jugendlichen mit den dort genannten Arbeiten beschäftigt,
19. entgegen § 23 Abs. 1, auch in Verbindung mit einer Rechtsverordnung nach § 26 Nr. 1, einen Jugendlichen mit Arbeiten mit Lohnanreiz, in einer Arbeitsgruppe mit Erwachsenen, deren Entgelt vom Ergebnis ihrer Arbeit abhängt, oder mit tempoabhängigen Arbeiten beschäftigt,
20. entgegen § 24 Abs. 1, auch in Verbindung mit einer Rechtsverordnung nach § 26 Nr. 1, einen Jugendlichen mit Arbeiten unter Tage beschäftigt,
21. entgegen § 31 Abs. 2 Satz 2 einem Jugendlichen ein dort genanntes Getränk, Tabakwaren oder ein dort genanntes Erzeugnis gibt,
22. entgegen § 32 Abs. 1 einen Jugendlichen ohne ärztliche Bescheinigung über die Erstuntersuchung beschäftigt,
23. entgegen § 33 Abs. 3 einen Jugendlichen ohne ärztliche Bescheinigung über die erste Nachuntersuchung weiterbeschäftigt,
24. entgegen § 36 einen Jugendlichen ohne Vorlage der erforderlichen ärztlichen Bescheinigungen beschäftigt,
25. entgegen § 40 Abs. 1 einen Jugendlichen mit Arbeiten beschäftigt, durch deren Ausführung der Arzt nach der von ihm erteilten Bescheinigung die Gesundheit oder die Entwicklung des Jugendlichen für gefährdet hält,
26. einer Rechtsverordnung nach
    a) § 26 Nr. 2 oder
    b) § 28 Abs. 2

    zuwiderhandelt, soweit sie für einen bestimmten Tatbestand auf diese Bußgeldvorschrift verweist,
27. einer vollziehbaren Anordnung der Aufsichtsbehörde nach § 6 Abs. 3, § 27 Abs. 1 Satz 2 oder Abs. 2, § 28 Abs. 3 oder § 30 Abs. 2 zuwiderhandelt,
28. einer vollziehbaren Auflage der Aufsichtsbehörde nach § 6 Abs. 1, § 14 Abs. 7, § 27 Abs. 3 oder § 40 Abs. 2, jeweils in Verbindung mit § 54 Abs. 1, zuwiderhandelt,
29. einer vollziehbaren Anordnung oder Auflage der Aufsichtsbehörde auf Grund einer Rechtsverordnung nach § 26 Nr. 2 oder § 28 Abs. 2 zuwiderhandelt, soweit die Rechtsverordnung für einen bestimmten Tatbestand auf die Bußgeldvorschrift verweist.

(2) Ordnungswidrig handelt, wer vorsätzlich oder fahrlässig entgegen § 25 Abs. 1 Satz 1 oder Abs. 2 Satz 1 einen Jugendlichen beschäftigt, beaufsichtigt, anweist oder ausbildet, obwohl ihm dies verboten ist, oder einen anderen, dem dies verboten ist, mit der Beaufsichtigung, Anweisung oder Ausbildung eines Jugendlichen beauftragt.

(3) Absatz 1 Nr. 4, 6 bis 29 und Absatz 2 gelten auch für die Beschäftigung von Kinder (§ 2 Abs. 1) oder Jugendlichen, die der Vollzeitschulpflicht unterliegen (§ 2 Abs. 3), nach

§ 5 Abs. 2. Absatz 1 Nr. 6 bis 29 und Absatz 2 gelten auch für die Beschäftigung von Kindern, die der Vollzeitschulpflicht nicht mehr unterliegen, nach § 7.

(4) Die Ordnungswidrigkeit kann mit einer Geldbuße bis zu fünfzehntausend Euro geahndet werden.

(5) Wer vorsätzlich eine in Absatz 1, 2 oder 3 bezeichnete Handlung begeht und dadurch ein Kind, einen Jugendlichen oder im Falle des Absatzes 1 Nr. 6 eine Person, die noch nicht 21 Jahre alt ist, in ihrer Gesundheit oder Arbeitskraft gefährdet, wird mit Freiheitsstrafe bis zu einem Jahr oder mit Geldstrafe bestraft. Ebenso wird bestraft, wer eine in Absatz 1, 2 oder 3 bezeichnete Handlung beharrlich wiederholt.

(6) Wer in den Fällen des Absatzes 5 Satz 1 die Gefahr fahrlässig verursacht, wird mit Freiheitsstrafe bis zu sechs Monaten oder mit Geldstrafe bis zu einhundertachtzig Tagessätzen bestraft.

§ 59 Bußgeldvorschrift

(1) Ordnungswidrig handelt, wer als Arbeitgeber vorsätzlich oder fahrlässig

1. entgegen § 6 Abs. 4 Satz 2 ein Kind vor Erhalt des Bewilligungsbescheides beschäftigt,
2. entgegen § 11 Abs. 3 den Aufenthalt in Arbeitsräumen gestattet,
2a. entgegen § 20 Absatz 2 Satz 1 eine Aufzeichnung nicht oder nicht richtig führt,
2b. entgegen § 20 Absatz 2 Satz 3 eine Aufzeichnung nicht oder nicht mindestens zwölf Monate aufbewahrt,
3. entgegen § 29 einen Jugendlichen über Gefahren nicht, nicht richtig oder nicht rechtzeitig unterweist,
4. entgegen § 33 Abs. 2 Satz 1 einen Jugendlichen nicht oder nicht rechtzeitig zur Vorlage einer ärztlichen Bescheinigung auffordert,
5. entgegen § 41 die ärztliche Bescheinigung nicht aufbewahrt, vorlegt, einsendet oder aushändigt,
6. entgegen § 43 Satz 1 einen Jugendlichen für ärztliche Untersuchungen nicht freistellt,
7. entgegen § 47 einen Abdruck des Gesetzes oder die Anschrift der zuständigen Aufsichtsbehörde nicht auslegt oder aushängt,
8. entgegen § 48 Arbeitszeit und Pausen nicht oder nicht in der vorgeschriebenen Weise aushängt,
9. entgegen § 49 ein Verzeichnis nicht oder nicht in der vorgeschriebenen Weise führt,
10. entgegen § 50 Abs. 1 Angaben nicht, nicht richtig oder nicht vollständig macht oder Verzeichnisse oder Unterlagen nicht vorlegt oder einsendet oder entgegen § 50 Abs. 2 Verzeichnisse oder Unterlagen nicht oder nicht vorschriftsmäßig aufbewahrt,
11. entgegen § 51 Abs. 2 Satz 2 das Betreten oder Besichtigen der Arbeitsstätten nicht gestattet,
12. entgegen § 54 Abs. 3 einen Aushang nicht anbringt.

(2) Absatz 1 Nr. 2 bis 6 gilt auch für die Beschäftigung von Kindern (§ 2 Abs. 1 und 3) nach § 5 Abs. 2 Satz 1.

(3) Die Ordnungswidrigkeit kann mit einer Geldbuße bis zu zweitausendfünfhundert Euro geahndet werden.

§ 60 Verwaltungsvorschriften für die Verfolgung und Ahndung von Ordnungswidrigkeiten

Der Bundesminister für Arbeit und Sozialordnung kann mit Zustimmung des Bundesrates allgemeine Verwaltungsvorschriften für die Verfolgung und Ahndung von Ordnungswidrigkeiten nach §§ 58 und 59 durch die Verwaltungsbehörde (§ 35 des Gesetzes über Ordnungswidrigkeiten) und über die Erteilung einer Verwarnung (§§ 56, 58 Abs. 2 des Gesetzes über Ordnungswidrigkeiten) wegen einer Ordnungswidrigkeit nach §§ 58 und 59 erlassen.

II

Sechster Abschnitt Schlußvorschriften

§ 61 Beschäftigung von Jugendlichen auf Kauffahrteischiffen

Für die Beschäftigung von Jugendlichen als Besatzungsmitglieder auf Kauffahrteischiffen im Sinne des § 3 des Seearbeitsgesetzes gilt anstelle dieses Gesetzes das Seearbeitsgesetz.

§ 62 Beschäftigung im Vollzug einer Freiheitsentziehung

(1) Die Vorschriften dieses Gesetzes gelten für die Beschäftigung Jugendlicher (§ 2 Abs. 2) im Vollzug einer gerichtlich angeordneten Freiheitsentziehung entsprechend, soweit es sich nicht nur um gelegentliche, geringfügige Hilfeleistungen handelt und soweit in den Absätzen 2 bis 4 nichts anderes bestimmt ist.

(2) Im Vollzug einer gerichtlich angeordneten Freiheitsentziehung finden § 19, §§ 47 bis 50 keine Anwendung.

(3) Die §§ 13, 14, 15, 16, 17 und 18 Abs. 1 und 2 gelten im Vollzug einer gerichtlich angeordneten Freiheitsentziehung nicht für die Beschäftigung jugendlicher Anstaltsinsassen mit der Zubereitung und Ausgabe der Anstaltsverpflegung.

(4) § 18 Abs. 1 und 2 gilt nicht für die Beschäftigung jugendlicher Anstaltsinsassen in landwirtschaftlichen Betrieben der Vollzugsanstalten mit Arbeiten, die auch an Sonn- und Feiertagen naturnotwendig vorgenommen werden müssen.

§§ 63 bis 70 (Änderung anderer Vorschriften)

(hier nicht aufgenommen)

§ 71 (gegenstandslos)

§ 72 Inkrafttreten

(1) Dieses Gesetz tritt am 1. Mai 1976 in Kraft.

(2) Zum gleichen Zeitpunkt treten außer Kraft

1. das Jugendschutzgesetz vom 30. April 1938 (Reichsgesetzbl. I S. 437), zuletzt geändert durch das Zuständigkeitslockerungsgesetz vom 10. März 1975 (Bundesgesetzbl. I S. 685),
2. das Jugendarbeitsschutzgesetz vom 9. August 1960 (Bundesgesetzbl. I S. 665), zuletzt geändert durch Artikel 244 des Einführungsgesetzes zum Strafgesetzbuch vom 2. März 1974 (Bundesgesetzblatt I S. 469),
3. die auf § 80 Nr. 3 des Bundesbeamtengesetzes gestützten Rechtsvorschriften.

(3) Die auf Grund des § 37 Abs. 2 und des § 53 des Jugendarbeitsschutzgesetzes vom 9. August 1960, des § 20 Abs. 1 des Jugendschutzgesetzes vom 30. April 1938 und des § 120e der Gewerbeordnung erlassenen Vorschriften bleiben unberührt. Sie können, soweit sie den Geltungsbereich dieses Gesetzes betreffen, durch Rechtsverordnungen auf Grund des § 26 oder des § 46 geändert oder aufgehoben werden.

(4) Vorschriften in Rechtsverordnungen, die durch § 69 dieses Gesetzes geändert werden, können vom Bundesministerium für Arbeit und Soziales im Rahmen der bestehenden Ermächtigungen geändert oder aufgehoben werden.

(5) Verweisungen auf Vorschriften des Jugendarbeitsschutzgesetzes vom 9. August 1960 gelten als Verweisungen auf die entsprechenden Vorschriften dieses Gesetzes oder der auf Grund dieses Gesetzes erlassenen Rechtsverordnungen.

Verordnung über die ärztlichen Untersuchungen nach dem Jugendarbeitsschutzgesetz (Jugendarbeitsschutzuntersuchungsverordnung – JArbSchUV)

Vom 16. Oktober 1990 (BGBl. I S. 2221)

Inhaltsübersicht

Auf Grund des § 46 Abs. 1 und des § 72 Abs. 3 Satz 2 des Jugendarbeitsschutzgesetzes vom 12. April 1976 (BGBl. I S. 965) verordnet der Bundesminister für Arbeit und Sozialordnung:

§ 1 Durchführung der Untersuchungen

(1) Der Arzt, der einen Jugendlichen nach den §§ 32 bis 35 oder nach § 42 des Jugendarbeitsschutzgesetzes untersucht, hat unter Berücksichtigung der Krankheitsvorgeschichte des Jugendlichen auf Grund der Untersuchungen zu beurteilen, ob dessen Gesundheit und Entwicklung durch die Ausführung bestimmter Arbeiten oder durch die Beschäftigung während bestimmter Zeiten gefährdet wird, ob eine außerordentliche Nachuntersuchung oder eine Ergänzungsuntersuchung erforderlich ist oder ob besondere der Gesundheit dienende Maßnahmen nötig sind (§ 37 Jugendarbeitsschutzgesetz).

(2) Als Tag der Untersuchung (§ 32 Abs. 1 Nr. 1, § 33 Abs. 1 und § 34 Jugendarbeitsschutzgesetz) gilt der Tag der abschließenden Beurteilung.

§ 2 Untersuchungsberechtigungsschein

Die Kosten einer Untersuchung werden vom Land (§ 44 Jugendarbeitsschutzgesetz) nur erstattet, wenn der Arzt der Kostenforderung einen von der nach Landesrecht zuständigen Stelle ausgegebenen Untersuchungsberechtigungsschein beifügt.

§ 3 Erhebungsbogen

Zur Vorbereitung einer Untersuchung nach § 32 Abs. 1 des Jugendarbeitsschutzgesetzes (Erstuntersuchung) erhält der Jugendliche von der nach Landesrecht zuständigen Stelle einen Erhebungsbogen nach dem Muster der Anlage 1 in weißer Farbe, zur Vorbereitung einer Untersuchung nach § 33 Abs. 1, §§ 34, 35 Abs. 1 oder § 42 des Jugendarbeitsschutzgesetzes (Nachuntersuchung) einen Erhebungsbogen nach dem Muster der Anlage 1a in roter Farbe. Der Erhebungsbogen soll, vom Personensorgeberechtigten ausgefüllt und von diesem und dem Jugendlichen unterschrieben, dem Arzt bei der Untersuchung vorgelegt werden.

§ 4 Untersuchungsbogen

(1) Für die Aufzeichnung der Ergebnisse einer Erstuntersuchung hat der Arzt einen Untersuchungsbogen nach dem Muster der Anlage 2 in weißer Farbe, für die Aufzeichnung der Ergebnisse einer Nachuntersuchung einen Untersuchungsbogen nach dem Muster der Anlage 2a in roter Farbe zu verwenden.

(2) Der Arzt hat die Untersuchungsbogen 10 Jahre aufzubewahren.

§ 5 Ärztliche Mitteilung an den Personensorgeberechtigten

Für die ärztliche Mitteilung an den Personensorgeberechtigten nach § 39 Abs. 1 des Jugendarbeitsschutzgesetzes hat der Arzt bei einer Erstuntersuchung einen Vordruck nach dem Muster der Anlage 3 in weißer Farbe, bei einer Nachuntersuchung einen Vordruck nach dem Muster der Anlage 3a in roter Farbe zu verwenden.

§ 6 Ärztliche Bescheinigung für den Arbeitgeber

Für die ärztliche Bescheinigung für den Arbeitgeber nach § 39 Abs. 2 des Jugendarbeitsschutzgesetzes hat der Arzt bei einer Erstuntersuchung einen Vordruck nach dem Muster der Anlage 4 in weißer Farbe, bei einer Nachuntersuchung einen Vordruck nach dem Muster der Anlage 4a in roter Farbe zu verwenden.

§ 7 (gegenstandslos)

§ 8 Inkrafttreten, abgelöste Vorschrift

Diese Verordnung tritt am ersten Tage des auf die Verkündung folgenden vierten Kalendermonats in Kraft. Gleichzeitig tritt die Verordnung über die ärztlichen Untersuchungen nach dem Jugendarbeitsschutzgesetz vom 2. Oktober 1961 (BGBl. I S. 1789), geändert durch Verordnung vom 5. September 1968 (BGBl. I S. 1013), außer Kraft.

Verordnung über den Kinderarbeitsschutz (Kinderarbeitsschutzverordnung – KindArbSchV)

Vom 23. Juni 1998 (BGBl. I S. 1508)

Inhaltsübersicht

Auf Grund des § 5 Abs. 4a des Jugendarbeitsschutzgesetzes, der durch Artikel 1 Nr. 2 Buchstabe e des Gesetzes vom 24. Februar 1997 (BGBl. I S. 311) eingefügt worden ist, verordnet die Bundesregierung:

§ 1 Beschäftigungsverbot

Kinder über 13 Jahre und vollzeitschulpflichtige Jugendliche dürfen nicht beschäftigt werden, soweit nicht das Jugendarbeitsschutzgesetz und § 2 dieser Verordnung Ausnahmen vorsehen.

§ 2 Zulässige Beschäftigungen

(1) Kinder über 13 Jahre und vollzeitschulpflichtige Jugendliche dürfen nur beschäftigt werden

1. mit dem Austragen von Zeitungen, Zeitschriften, Anzeigenblättern und Werbeprospekten,
2. in privaten und landwirtschaftlichen Haushalten mit
   a) Tätigkeiten in Haushalt und Garten,
   b) Botengängen,
   c) der Betreuung von Kindern und anderen zum Haushalt gehörenden Personen,
   d) Nachhilfeunterricht,
   e) der Betreuung von Haustieren,
   f) Einkaufstätigkeiten mit Ausnahme des Einkaufs von alkoholischen Getränken und Tabakwaren,
3. in landwirtschaftlichen Betrieben mit Tätigkeiten bei
   a) der Ernte und der Feldbestellung,
   b) der Selbstvermarktung landwirtschaftlicher Erzeugnisse,
   c) der Versorgung von Tieren,
4. mit Handreichungen beim Sport,
5. mit Tätigkeiten bei nichtgewerblichen Aktionen und Veranstaltungen der Kirchen, Religionsgemeinschaften, Verbände, Vereine und Parteien,

wenn die Beschäftigung nach § 5 Abs. 3 des Jugendarbeitsschutzgesetzes leicht und für sie geeignet ist.

(2) Eine Beschäftigung mit Arbeiten nach Absatz 1 ist nicht leicht und für Kinder über 13 Jahre und vollzeitschulpflichtige Jugendliche nicht geeignet, wenn sie insbesondere

1. mit einer manuellen Handhabung von Lasten verbunden ist, die regelmäßig das maximale Lastgewicht von 7,5 kg oder gelegentlich das maximale Lastgewicht von 10 kg überschreiten; manuelle Handhabung in diesem Sinne ist jedes Befördern oder Abstützen einer Last durch menschliche Kraft, unter anderem das Heben, Absetzen, Schieben, Ziehen, Tragen und Bewegen einer Last,
2. infolge einer ungünstigen Körperhaltung physisch belastend ist oder
3. mit Unfallgefahren, insbesondere bei Arbeiten an Maschinen und bei der Betreuung von Tieren, verbunden ist, von denen anzunehmen ist, daß Kinder über 13 Jahre und vollzeitschulpflichtige Jugendliche sie wegen mangelnden Sicherheitsbewußtseins oder mangelnder Erfahrung nicht erkennen oder nicht abwenden können.

Satz 1 Nr. 1 gilt nicht für vollzeitschulpflichtige Jugendliche.

(3) Die zulässigen Beschäftigungen müssen im übrigen den Schutzvorschriften des Jugendarbeitsschutzgesetzes entsprechen.

§ 3 Behördliche Befugnisse

Die Aufsichtsbehörde kann im Einzelfall feststellen, ob die Beschäftigung nach § 2 zulässig ist.

§ 4 Inkrafttreten

Diese Verordnung tritt am ersten Tage des auf die Verkündung folgenden Kalendermonats in Kraft.

Heimarbeitsgesetz

Vom 14. März 1951 (BGBl. I S. 191)

Zuletzt geändert durch
Qualifizierungschancengesetz
vom 18. Dezember 2018 (BGBl. I S. 2651)

Inhaltsübersicht

Erster Abschnitt
Allgemeine Vorschriften

§ 1 Geltungsbereich

(1) In Heimarbeit Beschäftigte sind

a) die Heimarbeiter (§ 2 Abs. 1);

b) die Hausgewerbetreibenden (§ 2 Abs. 2).

(2) Ihnen können, wenn dieses wegen ihrer Schutzbedürftigkeit gerechtfertigt erscheint, gleichgestellt werden

a) Personen, die in der Regel allein oder mit ihren Familienangehörigen (§ 2 Abs. 5) in eigener Wohnung oder selbstgewählter Betriebstätte eine sich in regelmäßigen Arbeitsvorgängen wiederholende Arbeit im Auftrage eines anderen gegen Entgelt ausüben, ohne daß ihre Tätigkeit als gewerblich anzusehen oder daß der Auftraggeber ein Gewerbetreibender oder Zwischenmeister (§ 2 Abs. 3) ist;

b) Hausgewerbetreibende, die mit mehr als zwei fremden Hilfskräften (§ 2 Abs. 6) oder Heimarbeitern (§ 2 Abs. 1) arbeiten;

c) andere im Lohnauftrag arbeitende Gewerbetreibende, die infolge ihrer wirtschaftlichen Abhängigkeit eine ähnliche Stellung wie Hausgewerbetreibende einnehmen;

d) Zwischenmeister (§ 2 Abs. 3).

Für die Feststellung der Schutzbedürftigkeit ist das Ausmaß der wirtschaftlichen Abhängigkeit maßgebend. Dabei sind insbesondere die Zahl der fremden Hilfskräfte, die Abhängigkeit von einem oder mehreren Auftraggebern, die Möglichkeiten des unmittelbaren Zugangs zum Absatzmarkt, die Höhe und die Art der Eigeninvestitionen sowie der Umsatz zu berücksichtigen.

(3) Die Gleichstellung erstreckt sich, wenn in ihr nichts anderes bestimmt ist, auf die allgemeinen Schutzvorschriften und die Vorschriften über die Entgeltregelung, den Entgeltschutz und die Auskunftspflicht über Entgelte (Dritter, Sechster, Siebenter und Achter Abschnitt). Die Gleichstellung kann auf einzelne dieser Vorschriften beschränkt oder auf weitere Vorschriften des Gesetzes ausgedehnt werden. Sie kann für bestimmte Personengruppen oder Gewerbezweige oder Beschäftigungsarten allgemein oder räumlich begrenzt ergehen; auch bestimmte einzelne Personen können gleichgestellt werden.

(4) Die Gleichstellung erfolgt durch widerrufliche Entscheidung des zuständigen Heimarbeitsausschusses (§ 4) nach Anhörung der Beteiligten. Sie ist vom Vorsitzenden zu unterschreiben und bedarf der Zustimmung der zuständigen Arbeitsbehörde (§ 3 Abs. 1) und der Veröffentlichung im Wortlaut an der von der zuständigen Arbeitsbehörde bestimmten Stelle. Sie tritt am Tage nach der Veröffentlichung in Kraft, wenn in ihr nicht ein anderer Zeitpunkt bestimmt ist. Die Veröffentlichung kann unterbleiben, wenn die Gleichstellung nur bestimmte einzelne Personen betrifft; in diesem Falle ist in der Gleichstellung der Zeitpunkt ihres Inkrafttretens festzusetzen.

(5) Besteht ein Heimarbeitsausschuß für den Gewerbezweig oder die Beschäftigungsart nicht, so entscheidet über die Gleichstellung die zuständige Arbeitsbehörde nach Anhörung der Beteiligten. Die Entscheidung ergeht unter Mitwirkung der zuständigen Gewerkschaften und Vereinigungen der Auftraggeber, soweit diese zur Mitwirkung bereit sind. Die Vorschriften des Absatzes 4 über die Veröffentlichung und das Inkrafttreten finden entsprechende Anwendung.

(6) Gleichgestellte haben bei Entgegennahme von Heimarbeit auf Befragen des Auftraggebers ihre Gleichstellung bekanntzugeben.

§ 2 Begriffe

(1) Heimarbeiter im Sinne dieses Gesetzes ist, wer in selbstgewählter Arbeitsstätte (eigener Wohnung oder selbstgewählter Betriebsstätte) allein oder mit seinen Familienangehörigen (Absatz 5) im Auftrag von Gewerbetreibenden oder Zwischenmeistern erwerbsmäßig arbeitet, jedoch die Verwertung der Arbeitsergebnisse dem unmittelbar oder mittelbar auftraggebenden Gewerbetreibenden überläßt. Beschafft der Heimarbeiter die Roh- und Hilfsstoffe selbst, so wird hierdurch seine Eigenschaft als Heimarbeiter nicht beeinträchtigt.

II

(2) Hausgewerbetreibender im Sinne dieses Gesetzes ist, wer in eigener Arbeitsstätte (eigener Wohnung oder Betriebsstätte) mit nicht mehr als zwei fremden Hilfskräften (Absatz 6) oder Heimarbeitern (Absatz 1) im Auftrag von Gewerbetreibenden oder Zwischenmeistern Waren herstellt, bearbeitet oder verpackt, wobei er selbst wesentlich am Stück mitarbeitet, jedoch die Verwertung der Arbeitsergebnisse dem unmittelbar oder mittelbar auftraggebenden Gewerbetreibenden überläßt. Beschafft der Hausgewerbetreibende die Roh- und Hilfsstoffe selbst oder arbeitet er vorübergehend unmittelbar für den Absatzmarkt, so wird hierdurch seine Eigenschaft als Hausgewerbetreibender nicht beeinträchtigt.

(3) Zwischenmeister im Sinne dieses Gesetzes ist, wer, ohne Arbeitnehmer zu sein, die ihm von Gewerbetreibenden übertragene Arbeit an Heimarbeiter oder Hausgewerbetreibende weitergibt.

(4) Die Eigenschaft als Heimarbeiter, Hausgewerbetreibender und Zwischenmeister ist auch dann gegeben, wenn Personen, Personenvereinigungen oder Körperschaften des privaten oder öffentlichen Rechts, welche die Herstellung, Bearbeitung oder Verpackung von Waren nicht zum Zwecke der Gewinnerzielung betreiben, die Auftraggeber sind.

(5) Als Familienangehörige im Sinne dieses Gesetzes gelten, wenn sie Mitglieder der häuslichen Gemeinschaft sind:

a) Ehegatten und Lebenspartner der in Heimarbeit Beschäftigten (§ 1 Abs. 1) oder der nach § 1 Abs. 2 Buchstabe a Gleichgestellten;
b) Personen, die mit dem in Heimarbeit Beschäftigen oder nach § 1 Abs. 2 Buchstabe a Gleichgestellten oder deren Ehegatten oder Lebenspartner bis zum dritten Grade verwandt oder verschwägert sind;
c) Mündel, Betreute und Pflegekinder des in Heimarbeit Beschäftigten oder nach § 1 Absatz 2 Buchstabe a Gleichgestellten oder deren Ehegatten oder Lebenspartner sowie Mündel, Betreute und Pflegekinder des Ehegatten oder Lebenspartners des in Heimarbeit Beschäftigten oder nach § 1 Absatz 2 Buchstabe a Gleichgestellten.

(6) Fremde Hilfskraft im Sinne dieses Gesetzes ist, wer als Arbeitnehmer eines Hausgewerbetreibenden oder nach § 1 Abs. 2 Buchstaben b und c Gleichgestellten in deren Arbeitsstätte beschäftigt ist.

Zweiter Abschnitt Zuständige Arbeitsbehörde, Heimarbeitsausschüsse

§ 3 Zuständige Arbeitsbehörde

(1) Zuständige Arbeitsbehörde im Sinne dieses Gesetzes ist die Oberste Arbeitsbehörde des Landes. Für Angelegenheiten (§§ 1, 4, 5, 11, 19 und 22), die nach Umfang, Auswirkung oder Bedeutung den Zuständigkeitsbereich mehrerer Länder umfassen, wird die Zuständigkeit durch die Obersten Arbeitsbehörden der beteiligten Länder nach näherer Vereinbarung gemeinsam im Einvernehmen mit dem Bundesministerium für Arbeit und Soziales wahrgenommen. Betrifft eine Angelegenheit nach Umfang, Auswirkung oder Bedeutung das gesamte Bundesgebiet oder kommt eine Vereinbarung nach Satz 2 nicht zustande, so ist das Bundesministerium für Arbeit und Soziales zuständig.

(2) Den Obersten Arbeitsbehörden der Länder und den von ihnen bestimmten Stellen obliegt die Aufsicht über die Durchführung dieses Gesetzes. Die Vorschriften des § 139b der Gewerbeordnung über die Aufsicht gelten für die Befugnisse der mit der Aufsicht über die Durchführung dieses Gesetzes beauftragten Stellen auch hinsichtlich der Arbeitsstätten der in Heimarbeit Beschäftigten entsprechend.

§ 4 Heimarbeitsausschüsse

(1) Die zuständige Arbeitsbehörde errichtet zur Wahrnehmung der in den §§ 1, 10, 11, 18 und 19 genannten Aufgaben Heimarbeitsausschüsse für die Gewerbezweige und Beschäftigungsarten, in denen Heimarbeit in nennenswertem Umfang geleistet wird. Erfordern die unterschiedlichen Verhältnisse innerhalb eines Gewerbezweiges gesonderte Regelun-

gen auf einzelnen Gebieten, so sind zu diesem Zweck jeweils besondere Heimarbeitsausschüsse zu errichten. Die Heimarbeitsausschüsse können innerhalb ihres sachlichen Zuständigkeitsbereichs Unterausschüsse bilden, wenn dies erforderlich erscheint. Für Heimarbeit, für die nach den Sätzen 1 und 2 dieses Absatzes Heimarbeitsausschüsse nicht errichtet werden, ist ein gemeinsamer Heimarbeitssausschuß zu errichten.

(2) Der Heimarbeitssausschuß besteht aus je drei Beisitzern aus Kreisen der Auftraggeber und Beschäftigten seines Zuständigkeitsbereichs und einem von der zuständigen Arbeitsbehörde bestimmten Vorsitzenden. Weitere sachkundige Personen können zugezogen werden; sie haben kein Stimmrecht. Die Beisitzer haben Stellvertreter, für die Satz 1 entsprechend gilt.

(3) Der Heimarbeitsausschuß ist beschlußfähig, wenn außer dem Vorsitzenden mindestens mehr als die Hälfte der Beisitzer anwesend sind. Die Beschlüsse des Heimarbeitsausschusses bedürfen der Mehrheit der Stimmen seiner anwesenden Mitglieder. Bei der Beschlußfassung hat sich der Vorsitzende zunächst der Stimme zu enthalten; kommt eine Stimmenmehrheit nicht zustande, so übt nach weiterer Beratung der Vorsitzende sein Stimmrecht aus.

(4) Der Heimarbeitsausschuß kann sonstige Bestimmungen über die Geschäftsführung in einer schriftlichen Geschäftsordnung treffen. Für die Beschlußfassung über die Geschäftsordnung gilt Absatz 3.

§ 5 Beisitzer

(1) Als Beisitzer oder Stellvertreter werden von der zuständigen Arbeitsbehörde geeignete Personen unter Berücksichtigung der Gruppen der Beschäftigten (§ 1 Abs. 1 und 2) auf Grund von Vorschlägen der fachlich und räumlich zuständigen Gewerkschaften und Vereinigungen der Auftraggeber oder, soweit solche nicht bestehen oder keine Vorschläge einreichen, auf Grund von Vorschlägen der Zusammenschlüsse von Gewerkschaften und von Vereinigungen von Arbeitgebern (Spitzenorganisationen) für die Dauer von drei Jahren berufen. Soweit eine Spitzenorganisation keine Vorschläge einreicht, werden die Beisitzer oder Stellvertreter dieser Seite nach Anhörung geeigneter Personen aus den Kreisen der Auftraggeber oder Beschäftigten des Zuständigkeitsbereichs, für den der Heimarbeitsausschuß errichtet ist, berufen.

(2) Auf die Voraussetzungen für das Beisitzeramt, die Besonderheiten für Beisitzer aus Kreisen der Auftraggeber und der Beschäftigten, die Ablehnung des Beisitzeramtes und den Schutz der Beschäftigtenbeisitzer finden die für die ehrenamtlichen Richter der Arbeitsgerichte geltenden Vorschriften mit den sich aus Absatz 3 ergebenden Abweichungen entsprechend Anwendung.

(3) Wird das Fehlen einer Voraussetzung für die Berufung nachträglich bekannt oder fällt eine Voraussetzung nachträglich fort oder verletzt ein Beisitzer gröblich seine Amtspflichten, so kann ihn die zuständige Amtsbehörde seines Amtes entheben. Über die Berechtigung zur Ablehnung des Beisitzeramtes entscheidet die zuständige Arbeitsbehörde.

(4) Das Amt des Beisitzers ist ein Ehrenamt. Die Beisitzer erhalten eine angemessene Entschädigung für den ihnen aus der Wahrnehmung ihrer Tätigkeit erwachsenden Verdienstausfall und Aufwand sowie Ersatz der Fahrkosten entsprechend den für die ehrenamtlichen Richter der Arbeitsgerichte geltenden Vorschriften. Die Entschädigung und die erstattungsfähigen Fahrkosten setzt im Einzelfall der Vorsitzende des Heimarbeitsausschusses fest.

Dritter Abschnitt
Allgemeine Schutzvorschriften

§ 6 Listenführung

Wer Heimarbeit ausgibt oder weitergibt, hat jeden, den er mit Heimarbeit beschäftigt oder dessen er sich zur Weitergabe von Heimarbeit bedient, in Listen auszuweisen. Die Listen sind in den Ausgaberäumen an gut sichtbarer Stelle auszuhängen. Je drei Abschriften sind halbjährlich der Obersten Arbeitsbehörde des Landes oder der von ihr bestimmten Stelle einzusenden. Die Oberste Arbeitsbehörde des Landes oder die von ihr bestimmte Stelle hat der zuständigen Gewerkschaft und der zuständigen Vereinigung der Auftraggeber auf Verlangen jederzeit Abschriften zu übersenden.

Änderung durch das Zweite Datenschutz-Anpassungs- und Umsetzungsgesetz EU (zur Drucklegung im Gesetzgebungsverfahren): In § 6 werden die Sätze 2 und 4 aufgehoben.

§ 7 Mitteilungspflicht

Wer erstmalig Personen mit Heimarbeit beschäftigen will, hat dies der Obersten Arbeitsbehörde des Landes oder der von ihr bestimmten Stelle mitzuteilen. Der Mitteilung sind zwei Abschriften beizufügen; § 6 Satz 4 gilt entsprechend.

§ 7a Unterrichtungspflicht

Wer Heimarbeit ausgibt oder weitergibt, hat die Personen, die die Arbeit entgegennehmen, vor Aufnahme der Beschäftigung über die Art und Weise der zu verrichtenden Arbeit, die Unfall- und Gesundheitsgefahren, denen diese bei der Beschäftigung ausgesetzt sind, sowie über die Maßnahmen und Einrichtungen zur Abwendung dieser Gefahren zu unterrichten. Der Auftraggeber hat sich von der Person, die von ihm Arbeit entgegennimmt, schriftlich bestätigen zu lassen, daß sie entsprechend dieser Vorschrift unterrichtet worden ist.

§ 8 Entgeltverzeichnisse

(1) Wer Heimarbeit ausgibt oder abnimmt, hat in den Räumen der Ausgabe und Abnahme Entgeltverzeichnisse und Nachweise über die sonstigen Vertragsbedingungen offen auszulegen. Soweit Musterbücher Verwendung finden, sind sie den Entgeltverzeichnissen beizufügen. Wird Heimarbeit den Beschäftigten in die Wohnung oder Betriebsstätte gebracht, so hat der Auftraggeber dafür zu sorgen, daß das Entgeltverzeichnis zur Einsichtnahme vorgelegt wird.

(2) Die Entgeltverzeichnisse müssen die Entgelte für jedes einzelne Arbeitsstück enthalten. Die Preise für mitzuliefernde Roh- und Hilfsstoffe sind besonders auszuweisen. Können die Entgelte für das einzelne Arbeitsstück nicht aufgeführt werden, so ist eine zuverlässige und klare Berechnungsgrundlage einzutragen.

(3) Bei Vorliegen einer Entgeltregelung gemäß den §§ 17 bis 19 ist diese auszulegen. Hierbei ist für die Übersichtlichkeit dadurch zu sorgen, daß nur der Teil der Entgeltregelung ausgelegt wird, der für die Beschäftigten in Betracht kommt.

(4) Die Vorschriften der Absätze 1 bis 3 gelten nicht für neue Muster, die als Einzelstücke erst auszuarbeiten sind.

§ 9 Entgeltbelege

(1) Wer Heimarbeit ausgibt oder weitergibt, hat den Personen, welche die Heimarbeit entgegennehmen, auf seine Kosten Entgeltbücher für jeden Beschäftigten (§ 1 Abs. 1 und 2) auszuhändigen. In die Entgeltbücher, die bei den Beschäftigten verbleiben, sind bei jeder Ausgabe und Abnahme von Arbeit ihre Art und ihr Umfang, die Entgelte und die Tage der Ausgabe und der Lieferung einzutragen. Diese Vorschrift gilt nicht für neue Muster, die als Einzelstücke erst auszuarbeiten sind.

(2) An Stelle von Entgeltbüchern (Absatz 1) können auch Entgelt- oder Arbeitszettel mit den zu einer ordnungsmäßigen Sammlung geeigneten Heften ausgegeben werden, falls die Oberste Arbeitsbehörde des Landes oder die von ihr bestimmte Stelle dies genehmigt hat.

(3) Die in Heimarbeit Beschäftigten haben für die ordnungsmäßige Aufbewahrung der Entgeltbelege zu sorgen. Sie haben sie den von der Obersten Arbeitsbehörde des Landes bestimmten Stellen auf Verlangen vorzulegen. Diese Verpflichtung gilt auch für die Auftraggeber, in deren Händen sich die Entgeltbelege befinden.

Vierter Abschnitt
Arbeitszeitschutz

§ 10 Schutz vor Zeitversäumnis

Wer Heimarbeit ausgibt oder abnimmt, hat dafür zu sorgen, daß unnötige Zeitversäumnis bei der Ausgabe oder Abnahme vermieden wird. Die Oberste Arbeitsbehörde des Landes oder die von ihr bestimmte Stelle kann im Benehmen mit dem Heimarbeitsausschuß die zur Vermeidung unnötiger Zeitversäumnis bei der Abfertigung erforderlichen Maßnahmen anordnen. Bei Anordnungen gegenüber einem einzelnen Auftraggeber kann die Beteiligung des Heimarbeitsausschusses unterbleiben.

§ 11 Verteilung der Heimarbeit

(1) Wer Heimarbeit an mehrere in Heimarbeit Beschäftigte ausgibt, soll die Arbeitsmenge auf die Beschäftigten gleichmäßig unter Berücksichtigung ihrer und ihrer Mitarbeiter Leistungsfähigkeit verteilen.

(2) Der Heimarbeitsausschuß kann zur Beseitigung von Mißständen, die durch ungleichmäßige Verteilung der Heimarbeit entstehen, für einzelne Gewerbezweige oder Arten von Heimarbeit die Arbeitsmenge festsetzen, die für einen bestimmten Zeitraum auf einen Entgeltbeleg (§ 9) ausgegeben werden darf. Die Arbeitsmenge ist so zu bemessen, daß sie durch eine vollwertige Arbeitskraft ohne Hilfskräfte in der für vergleichbare Betriebsarbeiter üblichen Arbeitszeit bewältigt werden kann. Für jugendliche Heimarbeiter ist eine Arbeitsmenge festzusetzen, die von vergleichbaren jugendlichen Betriebsarbeitern in der für sie üblichen Arbeitszeit bewältigt werden kann. Die Festsetzung erfolgt durch widerrufliche Entscheidung nach Anhörung der Beteiligten. Sie ist vom Vorsitzenden zu unterschreiben und bedarf der Zustimmung der zuständigen Arbeitsbehörde und der Veröffentlichung im Wortlaut an der von der zuständigen Arbeitsbehörde bestimmten Stelle. Sie tritt am Tage nach der Veröffentlichung in Kraft, wenn in ihr nicht ein anderer Zeitpunkt bestimmt ist. Die Vorschriften des § 8 Abs. 1 über die Auslegung und Vorlegung von Entgeltverzeichnissen gelten entsprechend.

(3) Soweit für einzelne Gewerbezweige oder Arten von Heimarbeit Bestimmungen nach Absatz 2 getroffen sind, darf an einen in Heimarbeit Beschäftigten eine größere Menge nicht ausgegeben werden. Die Ausgabe einer größeren Menge ist zulässig, wenn Hilfskräfte (Familienangehörige oder fremde Hilfskräfte) zur Mitarbeit herangezogen werden. Für diese Hilfskräfte sind dann weitere Entgeltbelege nach § 9 auszustellen.

(4) Aus wichtigen Gründen, insbesondere wenn nach Auskunft der Agentur für Arbeit geeignete unbeschäftigte Heimarbeiter und Hausgewerbetreibende nicht oder nicht in ausreichender Zahl vorhanden sind oder wenn besondere persönliche Verhältnisse eines in Heimarbeit Beschäftigten es rechtfertigen, kann der Vorsitzende des Heimarbeitsausschusses einem Auftraggeber die Ausgabe größerer Arbeitsmengen auf einen Entgeltbeleg gestatten. Die Erlaubnis kann jeweils nur für einen bestimmten Zeitraum, der sechs Monate nicht überschreiten darf, erteilt werden.

Fünfter Abschnitt
Gefahrenschutz (Arbeitsschutz und öffentlicher Gesundheitsschutz)

§ 12 Grundsätze des Gefahrenschutzes

(1) Die Arbeitsstätten der in Heimarbeit Beschäftigten einschließlich der Maschinen, Werkzeuge und Geräte müssen so beschaffen, eingerichtet und unterhalten und Heimarbeit muß so ausgeführt werden, daß keine Gefahren für Leben, Gesundheit und Sittlichkeit der Beschäftigten und ihrer Mitarbeiter sowie für die öffentliche Gesundheit im Sinne des § 14 entstehen.

(2) Werden von Hausgewerbetreibenden oder Gleichgestellten fremde Hilfskräfte beschäftigt, so gelten auch die sonstigen Vorschriften über den Betriebsschutz und die sich daraus ergebenden Verpflichtungen des Arbeitgebers seinen Arbeitnehmern gegenüber.

§ 13 Arbeitsschutz

(1) Die Bundesregierung kann mit Zustimmung des Bundesrates für einzelne Gewerbezweige oder bestimmte Arten von Beschäftigungen oder Arbeitsstätten Rechtsverordnungen zur Durchführung des Arbeitsschutzes durch die in Heimarbeit Beschäftigten und ihre Auftraggeber erlassen.

(2) Die Bundesregierung kann mit Zustimmung des Bundesrates Heimarbeit, die mit erheblichen Gefahren für Leben, Gesundheit oder Sittlichkeit der Beschäftigten verbunden ist, durch Rechtsverordnung verbieten.

§ 14 Schutz der öffentlichen Gesundheit

(1) Die Bundesregierung kann mit Zustimmung des Bundesrates für einzelne Gewerbezweige oder bestimmte Arten von Beschäftigungen oder Arbeitsstätten Rechtsverordnungen zum Schutze der Öffentlichkeit gegen gemeingefährliche und übertragbare Krankheiten und gegen Gefahren, die beim Verkehr mit Arznei-, Heil- und Betäubungsmitteln, Giften, Lebens- und Genußmitteln sowie Bedarfsgegenständen entstehen können, erlassen.

(2) Die Polizeibehörde kann im Benehmen mit dem Gewerbeaufsichtsamt und dem Gesundheitsamt für einzelne Arbeitsstätten Verfügungen zur Durchführung des öffentlichen Gesundheitsschutzes im Sinne des Absatzes 1 treffen, insbesondere zur Verhütung von Gefahren für die öffentliche Gesundheit, die sich bei der Herstellung, Verarbeitung oder Verpackung von Lebens- und Genußmitteln ergeben.

(3) Die Bundesregierung kann mit Zustimmung des Bundesrates Heimarbeit, die mit erheblichen Gefahren für die öffentliche Gesundheit im Sinne des Absatzes 1 verbunden ist, durch Rechtsverordnung verbieten.

§ 15 Anzeigepflicht

Wer Heimarbeit ausgibt, für die zur Durchführung des Gefahrenschutzes besondere Vorschriften gelten, hat dem Gewerbeaufsichtsamt und der Polizeibehörde Namen und Arbeitsstätte der von ihm mit Heimarbeit Beschäftigten anzuzeigen.

§ 16 Gefahrenschutz

(1) Wer Heimarbeit ausgibt oder weitergibt, hat dafür zu sorgen, daß Leben oder Gesundheit der in der Heimarbeit Beschäftigten durch technische Arbeitsmittel und Arbeitsstoffe, die er ihnen zur Verwendung überläßt, nicht gefährdet werden.

(2) Die zur Durchführung des Gefahrenschutzes erforderlichen Maßnahmen, die sich auf Räume oder Betriebseinrichtungen beziehen, hat der zu treffen, der die Räume und Betriebseinrichtungen unterhält.

§ 16a Anordnungen

Das Gewerbeaufsichtsamt kann in Einzelfällen anordnen, welche Maßnahmen zur Durchführung der §§ 12, 13 und 16 sowie der auf § 13 und § 34 Abs. 2 gestützten Rechtsverordnungen zu treffen sind. Neben den auf Grund von § 34 Abs. 2 bestimmten Stellen nimmt das Gewerbeaufsichtsamt die Aufsichtsbefugnisse nach § 139 der Gewerbeordnung wahr.

Sechster Abschnitt
Entgeltregelung

§ 17 Tarifverträge, Entgeltregelungen

(1) Als Tarifverträge gelten auch schriftliche Vereinbarungen zwischen Gewerkschaften einerseits und Auftraggebern oder deren Vereinigungen andererseits über Inhalt, Abschluß oder Beendigung von Vertragsverhältnissen der in Heimarbeit Beschäftigten oder Gleichgestellten mit ihren Auftraggebern.

(2) Entgeltregelungen im Sinne dieses Gesetzes sind Tarifverträge, bindende Festsetzungen von Entgelten und sonstigen Vertragsbedingungen (§ 19) und von Mindestarbeitsbedingungen für fremde Hilfskräfte (§ 22).

§ 18 Aufgaben des Heimarbeitsausschusses auf dem Gebiete der Entgeltregelung

Der Heimarbeitsausschuß hat die Aufgaben:

a) auf das Zustandekommen von Tarifverträgen hinzuwirken;

b) zur Vermeidung und Beendigung von Gesamtstreitigkeiten zwischen den in § 17 Abs. 1 genannten Parteien diesen auf Antrag einer Partei Vorschläge für den Abschluß eines Tarifvertrages zu unterbreiten; wird ein schriftlich abgefaßter Vorschlag von allen Parteien durch Erklärung gegenüber dem Heimarbeitsausschuß angenommen, so hat er die Wirkung eines Tarifvertrages;

c) bindende Festsetzungen für Entgelte und sonstige Vertragsbedingungen nach Maßgabe des § 19 zu treffen.

§ 19 Bindende Festsetzungen

(1) Bestehen Gewerkschaften oder Vereinigungen der Auftraggeber für den Zuständigkeitsbereich eines Heimarbeitsausschusses nicht oder umfassen sie nur eine Minderheit der Auftraggeber oder Beschäftigten, so kann der Heimarbeitsausschuß nach Anhörung der Auftraggeber und Beschäftigten, für die eine Regelung getroffen werden soll, Entgelte und sonstige Vertragsbedingungen mit bindender Wirkung für alle Auftraggeber und Beschäftigten seines Zuständigkeitsbereichs festsetzen, wenn unzulängliche Entgelte gezahlt werden oder die sonstigen Vertragsbedingungen unzulänglich sind. Als unzulänglich sind insbesondere Entgelte und sonstige Vertragsbedingungen anzusehen, die unter Berücksichtigung der sozialen und wirtschaftlichen Eigenart der Heimarbeit unter den tarifvertraglichen Löhnen oder sonstigen durch Tarifvertrag festgelegten Arbeitsbedingungen für gleiche oder gleichwertige Betriebsarbeit liegen. Soweit im Zuständigkeitsbereich eines Heimarbeitsausschusses Entgelte und sonstige Vertragsbedingungen für Heimarbeit derselben Art tarifvertraglich vereinbart sind, sollen in der bindenden Festsetzung keine für die Beschäftigten günstigeren Entgelte oder sonstigen Vertragsbedingungen festgesetzt werden.

(2) Die bindende Festsetzung bedarf der Zustimmung der zuständigen Arbeitsbehörde und der Veröffentlichung im Wortlaut an der von der zuständigen Arbeitsbehörde bestimmten Stelle. Der persönliche Geltungsbereich der bindenden Festsetzung ist unter Berücksichtigung der Vorschriften des § 1 zu bestimmen. Sie tritt am Tage nach der Veröffentlichung in Kraft, wenn in ihr nicht ein anderer Zeitpunkt bestimmt ist. Beabsichtigt die zuständige Arbeitsbehörde die Zustimmung zu einer bindenden Festsetzung insbesondere wegen Unzulänglichkeiten der Entgelte oder der sonstigen Vertragsbedingungen (Absatz 1 Satz 2) zu versagen, so hat sie dies dem Heimarbeitsausschuß unter Angabe von Gründen mitzuteilen und ihm vor ihrer Entscheidung über die Zustimmung Gelegenheit zu geben, die bindende Festsetzung zu ändern.

(3) Die bindende Festsetzung hat die Wirkung eines allgemeinverbindlichen Tarifvertrages und ist in das beim Bundesministerium für Arbeit und Soziales geführte Tarifregister einzutragen. Von den Vorschriften einer bindenden Festsetzung kann nur zugunsten des Beschäftigten abgewichen werden. Ein Verzicht auf Rechte, die auf Grund einer bindenden Festsetzung eines Beschäftigten entstanden sind, ist nur in einem von der Obersten Arbeitsbehörde des Landes oder der von ihr bestimmten Stelle gebilligten Vergleich zulässig. Die Verwirkung solcher Rechte ist ausgeschlossen. Ausschlußfristen für ihre Geltendmachung können nur durch eine bindende Festsetzung vorgesehen werden; das gleiche gilt für die Abkürzung von Verjährungsfristen. Im übrigen gelten für die bindende Festsetzung die gesetzlichen Vorschriften über den Tarifvertrag sinngemäß, soweit sich aus dem Fehlen der Vertragsparteien nicht etwas anderes ergibt.

(4) Der Heimarbeitsausschuß kann nach Anhörung der Auftraggeber und Beschäftigten bindende Festsetzungen ändern oder aufheben. Die Absätze 1 bis 3 gelten entsprechend.

(5) Die Absätze 1 bis 4 gelten entsprechend für die Festsetzung von vermögenswirksamen Leistungen im Sinne des Fünften Vermögensbildungsgesetzes.

§ 20 Art der Entgelte

Die Entgelte für Heimarbeit sind in der Regel als Stückentgelte, und zwar möglichst auf der Grundlage von Stückzeiten zu regeln. Ist dieses nicht möglich, so sind Zeitentgelte festzusetzen, die der Stückentgeltberechnung im Einzelfall zugrunde gelegt werden können.

§ 21 Entgeltregelung für Zwischenmeister, Mithaftung des Auftraggebers

(1) Für Zwischenmeister, die nach § 1 Abs. 2 Buchstabe d den in Heimarbeit Beschäftigten gleichgestellt sind, können im Verhältnis zu

ihren Auftraggebern durch Entgeltregelungen gemäß den §§ 17 bis 19 Zuschläge festgelegt werden.

(2) Zahlt ein Auftraggeber an einen Zwischenmeister ein Entgelt, von dem er weiß oder den Umständen nach wissen muß, daß es zur Zahlung der in der Entgeltregelung festgelegten Entgelte an die Beschäftigten nicht ausreicht, oder zahlt er an einen Zwischenmeister, dessen Unzuverlässigkeit er kennt oder kennen muß, so haftet er neben dem Zwischenmeister für diese Entgelte.

§ 22 Mindestarbeitsbedingungen für fremde Hilfskräfte

(1) Für fremde Hilfskräfte, die von Hausgewerbetreibenden oder Gleichgestellten beschäftigt werden, können Mindestarbeitsbedingungen festgesetzt werden. Voraussetzung ist, daß die Entgelte der Hausgewerbetreibenden oder Gleichgestellten durch eine Entgeltregelung (§§ 17 bis 19) festgelegt sind.

(2) Für die Festsetzung gilt § 19 entsprechend mit der Maßgabe, daß an die Stelle der Heimarbeitsausschüsse Entgeltausschüsse für fremde Hilfskräfte der Heimarbeit treten. Für die Auslegung der Mindestarbeitsbedingungen gilt § 8 Abs. 3 entsprechend.

(3) Die Entgeltausschüsse werden im Bedarfsfalle durch die zuständige Arbeitsbehörde errichtet. Für ihre Zusammensetzung und das Verfahren vor ihnen gelten § 4 Absätze 2 bis 4 und § 5 entsprechend. Die Beisitzer und Stellvertreter sind aus Kreisen der beteiligten Arbeitnehmer einerseits sowie der Hausgewerbetreibenden und Gleichgestellten andererseits auf Grund von Vorschlägen der fachlich und räumlich zuständigen Gewerkschaften und Vereinigungen der Hausgewerbetreibenden oder Gleichgestellten, soweit solche nicht bestehen oder keine Vorschläge einreichen, nach Anhörung der Beteiligten jeweils zu berufen.

Siebenter Abschnitt
Entgeltschutz

§ 23 Entgeltprüfung

(1) Die Oberste Arbeitsbehörde des Landes hat für eine wirksame Überwachung der Entgelte und sonstigen Vertragsbedingungen durch Entgeltprüfer Sorge zu tragen.

(2) Die Entgeltprüfer haben die Innehaltung der Vorschriften des Dritten Abschnittes dieses Gesetzes und der gemäß den §§ 17 bis 19, 21 und 22 geregelten Entgelte und sonstigen Vertragsbedingungen zu überwachen sowie auf Antrag bei der Errechnung der Stückentgelte Berechnungshilfe zu leisten.

(3) Die Oberste Arbeitsbehörde des Landes kann die Aufgaben der Entgeltprüfer anderen Stellen übertragen, insbesondere für Bezirke, in denen Heimarbeit nur in geringem Umfange geleistet wird.

§ 24 Aufforderung zur Nachzahlung der Minderbeträge

Hat ein Auftraggeber oder Zwischenmeister einem in Heimarbeit Beschäftigten oder einem Gleichgestellten ein Entgelt gezahlt, das niedriger ist als das in einer Entgeltregelung gemäß den §§ 17 bis 19 festgesetzte oder das in § 29 Abs. 5 oder 6 bestimmte, so kann ihn die Oberste Arbeitsbehörde des Landes oder die von ihr bestimmte Stelle auffordern, innerhalb einer in der Aufforderung festzusetzenden Frist den Minderbetrag nachzuzahlen und den Zahlungsnachweis vorzulegen. Satz 1 gilt entsprechend für sonstige Vertragsbedingungen, die gemäß den §§ 17 bis 19 festgesetzt sind und die Geldleistungen an einen in Heimarbeit Beschäftigten oder einen Gleichgestellten zum Inhalt haben. Die Oberste Arbeitsbehörde des Landes soll von einer Maßnahme nach Satz 1 absehen, wenn glaubhaft gemacht worden ist, daß ein Gleichgestellter im Falle des § 1 Abs. 6 nicht oder wahrheitswidrig geantwortet hat.

§ 25 Klagebefugnis der Länder

Das Land, vertreten durch die Oberste Arbeitsbehörde oder die von ihr bestimmte

Stelle, kann im eigenen Namen den Anspruch auf Nachzahlung des Minderbetrages an den Berechtigten gerichtlich geltend machen. Das Urteil wirkt auch für und gegen den in Heimarbeit Beschäftigten oder den Gleichgestellten. § 24 Satz 3 gilt entsprechend.

§ 26 Entgeltschutz für fremde Hilfskräfte

(1) Hat ein Hausgewerbetreibender oder Gleichgestellter einer fremden Hilfskraft ein Entgelt gezahlt, das niedriger ist als das durch Mindestarbeitsbedingungen (§ 22) festgesetzte, so gelten die Vorschriften der §§ 24 und 25 über die Aufforderung zur Nachzahlung der Minderbeträge und über die Klagebefugnis der Länder sinngemäß.

(2) Das gleiche gilt, wenn ein Hausgewerbetreibender oder Gleichgestellter eine fremde Hilfskraft nicht nach der einschlägigen tariflichen Regelung entlohnt. Voraussetzung ist, daß die Entgelte des Hausgewerbetreibenden oder Gleichgestellten durch eine Entgeltregelung (§§ 17 bis 19) festgelegt sind.

§ 27 Pfändungsschutz

Für das Entgelt, das den in Heimarbeit Beschäftigten oder den Gleichgestellten gewährt wird, gelten die Vorschriften über den Pfändungsschutz für Vergütungen, die auf Grund eines Arbeits- oder Dienstverhältnisses geschuldet werden, entsprechend.

Achter Abschnitt
Auskunfts- und Aufklärungspflicht über Entgelte

§ 28

(1) Auftraggeber, Zwischenmeister, Beschäftigte und fremde Hilfskräfte haben den mit der Entgeltfestsetzung oder Entgeltprüfung beauftragten Stellen auf Verlangen Auskunft über alle die Entgelte berührenden Fragen zu erteilen und hierbei auch außer den Entgeltbelegen (§ 9) Arbeitsstücke, Stoffproben und sonstige Unterlagen für die Entgeltfestsetzung oder Entgeltprüfung vorzulegen. Die mit der Entgeltfestsetzung oder Entgeltprüfung beauftragten Stellen können Erhebungen über Arbeitszeiten für einzelne Arbeitsstücke anstellen oder anstellen lassen.

(2) Der in Heimarbeit Beschäftigte und Gleichgestellte kann von seinem Auftraggeber verlangen, daß ihm die Berechnung und Zusammensetzung seines Entgelts erläutert wird.

Neunter Abschnitt
Kündigung

§ 29 Allgemeiner Kündigungsschutz

(1) Das Beschäftigungsverhältnis eines in Heimarbeit Beschäftigten kann beiderseits an jedem Tag für den Ablauf des folgenden Tages gekündigt werden.

(2) Wird ein in Heimarbeit Beschäftigter von einem Auftraggeber oder Zwischenmeister länger als vier Wochen beschäftigt, so kann das Beschäftigungsverhältnis beiderseits nur mit einer Frist von zwei Wochen gekündigt werden.

(3) Wird ein in Heimarbeit Beschäftigter überwiegend von einem Auftraggeber oder Zwischenmeister beschäftigt, so kann das Beschäftigungsverhältnis mit einer Frist von vier Wochen zum Fünfzehnten oder zum Ende eines Kalendermonats gekündigt werden. Während einer vereinbarten Probezeit, längstens für die Dauer von sechs Monaten, beträgt die Kündigungsfrist zwei Wochen.

(4) Unter der in Absatz 3 Satz 1 genannten Voraussetzung beträgt die Frist für eine Kündigung durch den Auftraggeber oder Zwischenmeister, wenn das Beschäftigungsverhältnis

1. zwei Jahre bestanden hat, einen Monat zum Ende eines Kalendermonats,
2. fünf Jahre bestanden hat, zwei Monate zum Ende eines Kalendermonats,
3. acht Jahre bestanden hat, drei Monate zum Ende eines Kalendermonats,
4. zehn Jahre bestanden hat, vier Monate zum Ende eines Kalendermonats,
5. zwölf Jahre bestanden hat, fünf Monate zum Ende eines Kalendermonats,

6. fünfzehn Jahre bestanden hat, sechs Monate zum Ende eines Kalendermonats,
7. zwanzig Jahre bestanden hat, sieben Monate zum Ende eines Kalendermonats.

(5) § 622 Abs. 4 bis 6 des Bürgerlichen Gesetzbuchs gilt entsprechend.

(6) Für die Kündigung aus wichtigem Grund gilt § 626 des Bürgerlichen Gesetzbuches entsprechend.

(7) Für die Dauer der Kündigungsfrist nach den Absätzen 2 bis 5 hat der Beschäftigte auch bei Ausgabe einer geringeren Arbeitsmenge Anspruch auf Arbeitsentgelt in Höhe von einem Zwölftel bei einer Kündigungsfrist von zwei Wochen, zwei Zwölfteln bei einer Kündigungsfrist von vier Wochen, drei Zwölfteln bei einer Kündigungsfrist von einem Monat, vier Zwölfteln bei einer Kündigungsfrist von zwei Monaten, sechs Zwölfteln bei einer Kündigungsfrist von drei Monaten, acht Zwölfteln bei einer Kündigungsfrist von vier Monaten, zehn Zwölfteln bei einer Kündigungsfrist von fünf Monaten, zwölf Zwölfteln bei einer Kündigungsfrist von sechs Monaten und vierzehn Zwölfteln bei einer Kündigungsfrist von sieben Monaten des Gesamtbetrages, den er in den dem Zugang der Kündigung vorausgegangenen 24 Wochen als Entgelt erhalten hat. Bei Entgelterhöhungen während des Berechnungszeitraums oder der Kündigungsfrist ist von dem erhöhten Entgelt auszugehen. Zeiten des Bezugs von Krankengeld oder Kurzarbeitergeld sind in den Berechnungszeitraum nicht mit einzubeziehen.

(8) Absatz 7 gilt entsprechend, wenn ein Auftraggeber oder Zwischenmeister die Arbeitsmenge, die er mindestens ein Jahr regelmäßig an einen Beschäftigten, auf den die Voraussetzungen der Absätze 2, 3, 4 oder 5 zutreffen, ausgegeben hat, um mindestens ein Viertel verringert, es sei denn, daß die Verringerung auf einer Festsetzung gemäß § 11 Abs. 2 beruht. Hat das Beschäftigungsverhältnis im Falle des Absatzes 2 ein Jahr noch nicht erreicht, so ist von der während der Dauer des Beschäftigungsverhältnisses ausgegebenen Arbeitsmenge auszugehen. Die Sätze 1 und 2 finden keine Anwendung, wenn die Verringerung der Arbeitsmenge auf rechtswirksam eingeführter Kurzarbeit beruht.

(9) Teilt ein Auftraggeber einem Zwischenmeister, der überwiegend für ihn Arbeit weitergibt, eine künftige Herabminderung der regelmäßig zu verteilenden Arbeitsmenge nicht rechtzeitig mit, so kann dieser vom Auftraggeber Ersatz der durch Einhaltung der Kündigungsfrist verursachten Aufwendungen insoweit verlangen, als während der Kündigungsfrist die Beschäftigung wegen des Verhaltens des Auftraggebers nicht möglich war.

§ 29a Kündigungsschutz im Rahmen der Betriebsverfassung

(1) Die Kündigung des Beschäftigungsverhältnisses eines in Heimarbeit beschäftigten Mitglieds eines Betriebsrats oder einer Jugend- und Auszubildendenvertretung ist unzulässig, es sei denn, daß Tatsachen vorliegen, die einen Arbeitgeber zur Kündigung eines Arbeitsverhältnisses aus wichtigem Grund ohne Einhaltung einer Kündigungsfrist berechtigen würden, und daß die nach § 103 des Betriebsverfassungsgesetzes erforderliche Zustimmung vorliegt oder durch gerichtliche Entscheidung ersetzt ist. Nach Beendigung der Amtszeit ist die Kündigung innerhalb eines Jahres, jeweils vom Zeitpunkt der Beendigung der Amtszeit an gerechnet, unzulässig, es sei denn, daß Tatsachen vorliegen, die einen Arbeitgeber zur Kündigung eines Arbeitsverhältnisses aus wichtigem Grund ohne Einhaltung einer Kündigungsfrist berechtigen würden; dies gilt nicht, wenn die Beendigung der Mitgliedschaft auf einer gerichtlichen Entscheidung beruht.

(2) Die Kündigung eines in Heimarbeit beschäftigten Mitglieds eines Wahlvorstands ist vom Zeitpunkt seiner Bestellung an, die Kündigung eines in Heimarbeit beschäftigten Wahlbewerbers vom Zeitpunkt der Aufstellung des Wahlvorschlags an jeweils bis zur Bekanntgabe des Wahlergebnisses unzulässig, es sei denn, daß Tatsachen vorliegen, die einen Arbeitgeber zur Kündigung eines Arbeitsverhältnisses aus wichtigem Grund ohne

Einhaltung einer Kündigungsfrist berechtigen würden, und daß die nach § 103 des Betriebsverfassungsgesetzes erforderliche Zustimmung vorliegt oder durch eine gerichtliche Entscheidung ersetzt ist. Innerhalb von sechs Monaten nach Bekanntgabe des Wahlergebnisses ist die Kündigung unzulässig, es sei denn, daß Tatsachen vorliegen, die einen Arbeitgeber zur Kündigung eines Arbeitsverhältnisses aus wichtigem Grund ohne Einhaltung einer Kündigungsfrist berechtigen würden; dies gilt nicht für Mitglieder eines Wahlvorstands, wenn dieser nach § 18 Abs. 1 des Betriebsverfassungsgesetzes durch gerichtliche Entscheidung durch einen anderen Wahlvorstand ersetzt worden ist.

(3) Wird die Vergabe von Heimarbeit eingestellt, so ist die Kündigung des Beschäftigungsverhältnisses der in den Absätzen 1 und 2 genannten Personen frühestens zum Zeitpunkt der Einstellung der Vergabe zulässig, es sei denn, daß die Kündigung zu einem früheren Zeitpunkt durch zwingende betriebliche Erfordernisse bedingt ist.

Zehnter Abschnitt Ausgabeverbot

§ 30 Verbot der Ausgabe von Heimarbeit

Die Oberste Arbeitsbehörde des Landes oder die von ihr bestimmte Stelle kann einer Person, die

1. in den letzten fünf Jahren wiederholt wegen eines Verstoßes gegen die Vorschriften dieses Gesetzes rechtskräftig verurteilt oder mit Geldbuße belegt worden ist,
2. der Obersten Landesbehörde des Landes oder der von ihr bestimmten Stelle falsche Angaben gemacht oder falsche Unterlagen vorgelegt hat, um sich der Pflicht zur Nachzahlung von Minderbeträgen (§ 24) zu entziehen, oder
3. der Aufforderung der Obersten Arbeitsbehörde des Landes oder der von ihr bestimmten Stelle zur Nachzahlung von Minderbeträgen (§ 24) wiederholt nicht nachgekommen ist oder die Minderbeträge nach Aufforderung zwar nachgezahlt, jedoch weiter zu niedrige Entgelte gezahlt hat,

die Aus- und Weitergabe von Heimarbeit verbieten.

Elfter Abschnitt Straftaten und Ordnungswidrigkeiten

§ 31 Ausgabe verbotener Heimarbeit

(1) Wer Heimarbeit, die nach einer zur Durchführung des Gefahrenschutzes erlassenen Rechtsvorschrift (§ 13 Abs. 2, § 14 Abs. 3, § 34 Abs. 2 Satz 2) verboten ist, ausgibt oder weitergibt, wird mit Freiheitsstrafe bis zu einem Jahr oder mit Geldstrafe bestraft.

(2) Handelt der Täter fahrlässig, so ist die Strafe Freiheitsstrafe bis zu sechs Monaten oder Geldstrafe bis zu einhundertachtzig Tagessätzen.

§ 32 Straftaten und Ordnungswidrigkeiten im Bereich des Arbeits- und Gefahrenschutzes

(1) Ordnungswidrig handelt, wer, abgesehen von den Fällen des § 31, vorsätzlich oder fahrlässig

1. einer zur Durchführung des Gefahrenschutzes erlassenen Rechtsvorschrift (§§ 13, 14 Abs. 1, 3, § 34 Abs. 2 Satz 2), soweit sie für einen bestimmten Tatbestand auf diese Bußgeldvorschrift verweist, oder
2. einer vollziehbaren Verfügung nach § 14 Abs. 2 oder § 16a zuwiderhandelt.

Die in Satz 1 Nr. 1 vorgeschriebene Verweisung ist nicht erforderlich, soweit die dort genannten Rechtsvorschriften vor Inkrafttreten dieses Gesetzes erlassen sind.

(2) Die Ordnungswidrigkeit kann mit einer Geldbuße bis zu zehntausend Euro geahndet werden.

(3) Wer vorsätzlich eine der in Absatz 1 bezeichneten Handlungen begeht und dadurch in Heimarbeit Beschäftigte in ihrer Arbeitskraft oder Gesundheit gefährdet, wird mit

Freiheitsstrafe bis zu einem Jahr oder mit Geldstrafe bestraft.

(4) Wer in den Fällen des Absatzes 3 die Gefahr fahrlässig verursacht, wird mit Freiheitsstrafe bis zu sechs Monaten oder mit Geldstrafe bis zu einhundertachtzig Tagessätzen bestraft.

§ 32a Sonstige Ordnungswidrigkeiten

(1) Ordnungswidrig handelt, wer vorsätzlich oder fahrlässig einem nach § 30 ergangenen vollziehbaren Verbot der Ausgabe oder Weitergabe von Heimarbeit zuwiderhandelt.

(2) Ordnungswidrig handelt auch, wer vorsätzlich oder fahrlässig

1. einer Vorschrift über die Listenführung (§ 6), die Mitteilung oder Anzeige von Heimarbeit (§§ 7, 15), die Unterrichtungspflicht (§ 7a), die Offenlegung der Entgeltverzeichnisse (§ 8), die Entgeltbelege (§ 9) oder die Auskunftspflicht über die Entgelte (§ 28 Abs. 1) zuwiderhandelt,
2. einer vollziehbaren Anordnung zum Schutze der Heimarbeiter vor Zeitversäumnis (§ 10) zuwiderhandelt,
3. einer Regelung zur Verteilung der Heimarbeit nach § 11 Abs. 2 zuwiderhandelt, soweit sie für einen bestimmten Tatbestand auf diese Bußgeldvorschrift verweist oder
4. als in Heimarbeit Beschäftigter (§ 1 Abs. 1) oder diesem Gleichgestellter (§ 1 Abs. 2) duldet, daß ein mitarbeitender Familienangehöriger eine Zuwiderhandlung nach § 32 begeht.

(3) Die Ordnungswidrigkeit nach Absatz 1 kann mit einer Geldbuße bis zu zehntausend Euro, die Ordnungswidrigkeit nach Absatz 2 mit einer Geldbuße bis zu zweitausendfünfhundert Euro geahndet werden.

Zwölfter Abschnitt
Schlußvorschriften

§ 33 Durchführungsvorschriften

(1) Das Bundesministerium für Arbeit und Soziales wird ermächtigt, mit Zustimmung des Bundesrates und nach Anhörung der Spitzenverbände der Gewerkschaften und der Vereinigungen der Arbeitgeber die zur Durchführung dieses Gesetzes erforderlichen Rechtsverordnungen zu erlassen über

a) das Verfahren bei der Gleichstellung (§ 1 Abs. 2 bis 5);
b) die Errichtung von Heimarbeitsausschüssen und von Entgeltausschüssen für fremde Hilfskräfte der Heimarbeit und das Verfahren vor ihnen (§§ 4, 5, 11, 18 bis 22);
c) Form, Inhalt und Einsendung der Listen und der Anzeige bei erstmaliger Ausgabe von Heimarbeit (§§ 6 und 7);
d) Form, Inhalt, Ausgabe und Aufbewahrung von Entgeltbelegen (§ 9).

(2) Das Bundesministerium für Arbeit und Soziales kann mit Zustimmung des Bundesrates und nach Anhörung der Spitzenverbände der Gewerkschaften und der Vereinigung der Arbeitgeber allgemeine Verwaltungsvorschriften für die Durchführung dieses Gesetzes erlassen.

§ 34 Inkrafttreten

(1) Das Gesetz tritt einen Monat nach seiner Verkündung, der § 33 am Tage nach der Verkündung in Kraft.

(2) Mit dem Inkrafttreten dieses Gesetzes treten das Gesetz über die Heimarbeit in der Fassung der Bekanntmachung vom 30. Oktober 1939 (Reichsgesetzbl. I S. 2145) und die Verordnung zur Durchführung des Gesetzes über die Heimarbeit vom 30. Oktober 1939 (Reichsgesetzbl. I S. 2152) außer Kraft. Die auf Grund der bisherigen gesetzlichen Vorschriften zur Durchführung des Gefahrenschutzes erlassenen Verordnungen bleiben mit der Maßgabe in Kraft, daß anstelle der in ihnen erwähnten Vorschriften des Gesetzes über die Heimarbeit in der Fassung vom 30. Oktober 1939 und des Hausarbeitsgesetzes in der Fassung vom 30. Juni 1923 (Reichsgesetzbl. S. 472/730) die entsprechenden Vorschriften dieses Gesetzes treten.

Sozialgesetzbuch Neuntes Buch – Rehabilitation und Teilhabe von Menschen mit Behinderungen – (Neuntes Buch Sozialgesetzbuch – SGB IX)

Vom 23. Dezember 2016 (BGBl. I S. 3234)

Zuletzt geändert durch
Gesetz zur Anpassung der Berufsausbildungsbeihilfe und des Ausbildungsgeldes
vom 8. Juli 2019 (BGBl. I S. 1025)

– Auszug –

Inhaltsübersicht

Teil 1
Regelungen für behinderte und von Behinderung bedrohte Menschen

Kapitel 1
Allgemeine Vorschriften

§ 1 Selbstbestimmung und Teilhabe am Leben in der Gesellschaft

$_{1}$Menschen mit Behinderungen oder von Behinderung bedrohte Menschen erhalten Leistungen nach diesem Buch und den für die Rehabilitationsträger geltenden Leistungsgesetzen, um ihre Selbstbestimmung und ihre volle, wirksame und gleichberechtigte Teilhabe am Leben in der Gesellschaft zu fördern, Benachteiligungen zu vermeiden oder ihnen entgegenzuwirken. $_{2}$Dabei wird den besonderen Bedürfnissen von Frauen und Kindern mit Behinderungen und von Behinderung bedrohter Frauen und Kinder sowie Menschen mit seelischen Behinderungen oder von einer solchen Behinderung bedrohter Menschen Rechnung getragen.

§ 2 Begriffsbestimmungen

(1) $_{1}$Menschen mit Behinderungen sind Menschen, die körperliche, seelische, geistige oder Sinnesbeeinträchtigungen haben, die sie in Wechselwirkung mit einstellungs- und umweltbedingten Barrieren an der gleichberechtigten Teilhabe an der Gesellschaft mit hoher Wahrscheinlichkeit länger als sechs Monate hindern können. $_{2}$Eine Beeinträchtigung nach Satz 1 liegt vor, wenn der Körper- und Gesundheitszustand von dem für das Lebensalter typischen Zustand abweicht. $_{3}$Menschen sind von Behinderung bedroht, wenn eine Beeinträchtigung nach Satz 1 zu erwarten ist.

(2) Menschen sind im Sinne des Teils 3 schwerbehindert, wenn bei ihnen ein Grad der Behinderung von wenigstens 50 vorliegt und sie ihren Wohnsitz, ihren gewöhnlichen Aufenthalt oder ihre Beschäftigung auf einem Arbeitsplatz im Sinne des § 156 rechtmäßig im Geltungsbereich dieses Gesetzbuches haben.

(3) Schwerbehinderten Menschen gleichgestellt werden sollen Menschen mit Behinderungen mit einem Grad der Behinderung von weniger als 50, aber wenigstens 30, bei denen die übrigen Voraussetzungen des Absatzes 2 vorliegen, wenn sie infolge ihrer Behinderung ohne die Gleichstellung einen geeigneten Arbeitsplatz im Sinne des § 156 nicht erlangen oder nicht behalten können (gleichgestellte behinderte Menschen).

§ 3 Vorrang von Prävention

(1) Die Rehabilitationsträger und die Integrationsämter wirken bei der Aufklärung, Beratung, Auskunft und Ausführung von Leistungen im Sinne des Ersten Buches sowie im Rahmen der Zusammenarbeit mit den Arbeitgebern nach § 167 darauf hin, dass der Eintritt einer Behinderung einschließlich einer chronischen Krankheit vermieden wird.

(2) Die Rehabilitationsträger nach § 6 Absatz 1 Nummer 1 bis 4 und 6 und ihre Verbände wirken bei der Entwicklung und Umsetzung der Nationalen Präventionsstrategie nach den Bestimmungen der §§ 20d bis 20g des Fünften Buches mit, insbesondere mit der Zielsetzung der Vermeidung von Beeinträchtigungen bei der Teilhabe am Leben in der Gesellschaft.

(3) Bei der Erbringung von Leistungen für Personen, deren berufliche Eingliederung auf Grund gesundheitlicher Einschränkungen besonders erschwert ist, arbeiten die Krankenkassen mit der Bundesagentur für Arbeit und mit den kommunalen Trägern der Grundsicherung für Arbeitsuchende nach § 20a des Fünften Buches eng zusammen.

§ 4 Leistungen zur Teilhabe

(1) Die Leistungen zur Teilhabe umfassen die notwendigen Sozialleistungen, um unabhängig von der Ursache der Behinderung

1. die Behinderung abzuwenden, zu beseitigen, zu mindern, ihre Verschlimmerung zu verhüten oder ihre Folgen zu mildern,
2. Einschränkungen der Erwerbsfähigkeit oder Pflegebedürftigkeit zu vermeiden, zu überwinden, zu mindern oder eine Verschlimmerung zu verhüten sowie den vor-

zeitigen Bezug anderer Sozialleistungen zu vermeiden oder laufende Sozialleistungen zu mindern,
3. die Teilhabe am Arbeitsleben entsprechend den Neigungen und Fähigkeiten dauerhaft zu sichern oder
4. die persönliche Entwicklung ganzheitlich zu fördern und die Teilhabe am Leben in der Gesellschaft sowie eine möglichst selbständige und selbstbestimmte Lebensführung zu ermöglichen oder zu erleichtern.

(2) 1Die Leistungen zur Teilhabe werden zur Erreichung der in Absatz 1 genannten Ziele nach Maßgabe dieses Buches und der für die zuständigen Leistungsträger geltenden besonderen Vorschriften neben anderen Sozialleistungen erbracht. 2Die Leistungsträger erbringen die Leistungen im Rahmen der für sie geltenden Rechtsvorschriften nach Lage des Einzelfalles so vollständig, umfassend und in gleicher Qualität, dass Leistungen eines anderen Trägers möglichst nicht erforderlich werden.

(3) 1Leistungen für Kinder mit Behinderungen oder von Behinderung bedrohte Kinder werden so geplant und gestaltet, dass nach Möglichkeit Kinder nicht von ihrem sozialen Umfeld getrennt und gemeinsam mit Kindern ohne Behinderungen betreut werden können. 2Dabei werden Kinder mit Behinderungen alters- und entwicklungsentsprechend an der Planung und Ausgestaltung der einzelnen Hilfen beteiligt und ihre Sorgeberechtigten intensiv in Planung und Gestaltung der Hilfen einbezogen.

(4) Leistungen für Mütter und Väter mit Behinderungen werden gewährt, um diese bei der Versorgung und Betreuung ihrer Kinder zu unterstützen.

§ 5 Leistungsgruppen

Zur Teilhabe am Leben in der Gesellschaft werden erbracht:

1. Leistungen zur medizinischen Rehabilitation,
2. Leistungen zur Teilhabe am Arbeitsleben,
3. unterhaltssichernde und andere ergänzende Leistungen,
4. Leistungen zur Teilhabe an Bildung und
5. Leistungen zur sozialen Teilhabe.

Kapitel 10
Leistungen zur Teilhabe am Arbeitsleben

§ 49 Leistungen zur Teilhabe am Arbeitsleben, Verordnungsermächtigung

(1) Zur Teilhabe am Arbeitsleben werden die erforderlichen Leistungen erbracht, um die Erwerbsfähigkeit von Menschen mit Behinderungen oder von Behinderung bedrohter Menschen entsprechend ihrer Leistungsfähigkeit zu erhalten, zu verbessern, herzustellen oder wiederherzustellen und ihre Teilhabe am Arbeitsleben möglichst auf Dauer zu sichern.

(2) Frauen mit Behinderungen werden gleiche Chancen im Erwerbsleben zugesichert, insbesondere durch in der beruflichen Zielsetzung geeignete, wohnortnahe und auch in Teilzeit nutzbare Angebote.

(3) Die Leistungen zur Teilhabe am Arbeitsleben umfassen insbesondere

1. Hilfen zur Erhaltung oder Erlangung eines Arbeitsplatzes einschließlich Leistungen zur Aktivierung und beruflichen Eingliederung,
2. eine Berufsvorbereitung einschließlich einer wegen der Behinderung erforderlichen Grundausbildung,
3. die individuelle betriebliche Qualifizierung im Rahmen Unterstützter Beschäftigung,
4. die berufliche Anpassung und Weiterbildung, auch soweit die Leistungen einen zur Teilnahme erforderlichen schulischen Abschluss einschließen,
5. die berufliche Ausbildung, auch soweit die Leistungen in einem zeitlich nicht überwiegenden Abschnitt schulisch durchgeführt werden,
6. die Förderung der Aufnahme einer selbständigen Tätigkeit durch die Rehabilitationsträger nach § 6 Absatz 1 Nummer 2 bis 5 und

7. sonstige Hilfen zur Förderung der Teilhabe am Arbeitsleben, um Menschen mit Behinderungen eine angemessene und geeignete Beschäftigung oder eine selbständige Tätigkeit zu ermöglichen und zu erhalten.

(4) 1Bei der Auswahl der Leistungen werden Eignung, Neigung, bisherige Tätigkeit sowie Lage und Entwicklung auf dem Arbeitsmarkt angemessen berücksichtigt. 2Soweit erforderlich, wird dabei die berufliche Eignung abgeklärt oder eine Arbeitserprobung durchgeführt; in diesem Fall werden die Kosten nach Absatz 7, Reisekosten nach § 73 sowie Haushaltshilfe und Kinderbetreuungskosten nach § 74 übernommen.

(5) Die Leistungen werden auch für Zeiten notwendiger Praktika erbracht.

(6) 1Die Leistungen umfassen auch medizinische, psychologische und pädagogische Hilfen, soweit diese Leistungen im Einzelfall erforderlich sind, um die in Absatz 1 genannten Ziele zu erreichen oder zu sichern und Krankheitsfolgen zu vermeiden, zu überwinden, zu mindern oder ihre Verschlimmerung zu verhüten. 2Leistungen sind insbesondere

1. Hilfen zur Unterstützung bei der Krankheits- und Behinderungsverarbeitung,
2. Hilfen zur Aktivierung von Selbsthilfepotentialen,
3. die Information und Beratung von Partnern und Angehörigen sowie von Vorgesetzten und Kollegen, wenn die Leistungsberechtigten dem zustimmen,
4. die Vermittlung von Kontakten zu örtlichen Selbsthilfe- und Beratungsmöglichkeiten,
5. Hilfen zur seelischen Stabilisierung und zur Förderung der sozialen Kompetenz, unter anderem durch Training sozialer und kommunikativer Fähigkeiten und im Umgang mit Krisensituationen,
6. das Training lebenspraktischer Fähigkeiten,
7. das Training motorischer Fähigkeiten,
8. die Anleitung und Motivation zur Inanspruchnahme von Leistungen zur Teilhabe am Arbeitsleben und
9. die Beteiligung von Integrationsfachdiensten im Rahmen ihrer Aufgabenstellung (§ 193).

(7) Zu den Leistungen gehört auch die Übernahme

1. der erforderlichen Kosten für Unterkunft und Verpflegung, wenn für die Ausführung einer Leistung eine Unterbringung außerhalb des eigenen oder des elterlichen Haushalts wegen Art oder Schwere der Behinderung oder zur Sicherung des Erfolges der Teilhabe am Arbeitsleben notwendig ist sowie
2. der erforderlichen Kosten, die mit der Ausführung einer Leistung in unmittelbarem Zusammenhang stehen, insbesondere für Lehrgangskosten, Prüfungsgebühren, Lernmittel, Leistungen zur Aktivierung und beruflichen Eingliederung.

(8) 1Leistungen nach Absatz 3 Nummer 1 und 7 umfassen auch

1. die Kraftfahrzeughilfe nach der Kraftfahrzeughilfe-Verordnung,
2. den Ausgleich für unvermeidbare Verdienstausfälle des Leistungsberechtigten oder einer erforderlichen Begleitperson wegen Fahrten der An- und Abreise zu einer Bildungsmaßnahme und zur Vorstellung bei einem Arbeitgeber, bei einem Träger oder einer Einrichtung für Menschen mit Behinderungen, durch die Rehabilitationsträger nach § 6 Absatz 1 Nummer 2 bis 5,
3. die Kosten einer notwendigen Arbeitsassistenz für schwerbehinderte Menschen als Hilfe zur Erlangung eines Arbeitsplatzes,
4. die Kosten für Hilfsmittel, die wegen Art oder Schwere der Behinderung erforderlich sind
   a) zur Berufsausübung,
   b) zur Teilhabe an einer Leistung zur Teilhabe am Arbeitsleben oder zur Erhöhung der Sicherheit auf dem Weg vom und zum Arbeitsplatz und am Arbeitsplatz selbst, es sei denn, dass eine Verpflichtung des Arbeitgebers besteht oder solche Leistungen als medizinische Leistung erbracht werden können,

5. die Kosten technischer Arbeitshilfen, die wegen Art oder Schwere der Behinderung zur Berufsausübung erforderlich sind und
6. die Kosten der Beschaffung, der Ausstattung und der Erhaltung einer behinderungsgerechten Wohnung in angemessenem Umfang.

$_2$Die Leistung nach Satz 1 Nummer 3 wird für die Dauer von bis zu drei Jahren bewilligt und in Abstimmung mit dem Rehabilitationsträger nach § 6 Absatz 1 Nummer 1 bis 5 durch das Integrationsamt nach § 185 Absatz 4 ausgeführt. $_3$Der Rehabilitationsträger erstattet dem Integrationsamt seine Aufwendungen. $_4$Der Anspruch nach § 185 Absatz 4 bleibt unberührt.

(9) Die Bundesregierung kann durch Rechtsverordnung mit Zustimmung des Bundesrates Näheres über Voraussetzungen, Gegenstand und Umfang der Leistungen der Kraftfahrzeughilfe zur Teilhabe am Arbeitsleben regeln.

§ 50 Leistungen an Arbeitgeber

(1) Die Rehabilitationsträger nach § 6 Absatz 1 Nummer 2 bis 5 können Leistungen zur Teilhabe am Arbeitsleben auch an Arbeitgeber erbringen, insbesondere als

1. Ausbildungszuschüsse zur betrieblichen Ausführung von Bildungsleistungen,
2. Eingliederungszuschüsse,
3. Zuschüsse für Arbeitshilfen im Betrieb und
4. teilweise oder volle Kostenerstattung für eine befristete Probebeschäftigung.

(2) Die Leistungen können unter Bedingungen und Auflagen erbracht werden.

(3) $_1$Ausbildungszuschüsse nach Absatz 1 Nummer 1 können für die gesamte Dauer der Maßnahme geleistet werden. $_2$Die Ausbildungszuschüsse sollen bei Ausbildungsmaßnahmen die monatlichen Ausbildungsvergütungen nicht übersteigen, die von den Arbeitgebern im letzten Ausbildungsjahr gezahlt wurden.

(4) $_1$Eingliederungszuschüsse nach Absatz 1 Nummer 2 betragen höchstens 50 Prozent der vom Arbeitgeber regelmäßig gezahlten Entgelte, soweit sie die tariflichen Arbeitsentgelte oder, wenn eine tarifliche Regelung nicht besteht, die für vergleichbare Tätigkeiten ortsüblichen Arbeitsentgelte im Rahmen der Beitragsbemessungsgrenze in der Arbeitsförderung nicht übersteigen. $_2$Die Eingliederungszuschüsse sollen im Regelfall für höchstens ein Jahr gezahlt werden. $_3$Soweit es für die Teilhabe am Arbeitsleben erforderlich ist, können die Eingliederungszuschüsse um bis zu 20 Prozentpunkte höher festgelegt und bis zu einer Förderungshöchstdauer von zwei Jahren gezahlt werden. $_4$Werden die Eingliederungszuschüsse länger als ein Jahr gezahlt, sind sie um mindestens 10 Prozentpunkte zu vermindern, entsprechend der zu erwartenden Zunahme der Leistungsfähigkeit der Leistungsberechtigten und den abnehmenden Eingliederungserfordernissen gegenüber der bisherigen Förderungshöhe. $_5$Bei der Berechnung der Eingliederungszuschüsse nach Satz 1 wird auch der Anteil des Arbeitgebers am Gesamtsozialversicherungsbeitrag berücksichtigt. $_6$Eingliederungszuschüsse sind zurückzuzahlen, wenn die Arbeitsverhältnisse während des Förderungszeitraums oder innerhalb eines Zeitraums, der der Förderungsdauer entspricht, längstens jedoch von einem Jahr, nach dem Ende der Leistungen beendet werden. $_7$Der Eingliederungszuschuss muss nicht zurückgezahlt werden, wenn

1. die Leistungsberechtigten die Arbeitsverhältnisse durch Kündigung beenden oder das Mindestalter für den Bezug der gesetzlichen Altersrente erreicht haben oder
2. die Arbeitgeber berechtigt waren, aus wichtigem Grund ohne Einhaltung einer Kündigungsfrist oder aus Gründen, die in der Person oder dem Verhalten des Arbeitnehmers liegen, oder aus dringenden betrieblichen Erfordernissen, die einer Weiterbeschäftigung in diesem Betrieb entgegenstehen, zu kündigen.

$_8$Die Rückzahlung ist auf die Hälfte des Förderungsbetrages, höchstens aber den im letzten Jahr vor der Beendigung des Beschäftigungsverhältnisses gewährten Förderungsbetrag begrenzt; nicht geförderte Nachbeschäftigungszeiten werden anteilig berücksichtigt.

§ 51 Einrichtungen der beruflichen Rehabilitation

(1) 1Leistungen werden durch Berufsbildungswerke, Berufsförderungswerke und vergleichbare Einrichtungen der beruflichen Rehabilitation ausgeführt, wenn Art oder Schwere der Behinderung der Leistungsberechtigten oder die Sicherung des Erfolges die besonderen Hilfen dieser Einrichtungen erforderlich machen. 2Die Einrichtung muss

1. eine erfolgreiche Ausführung der Leistung erwarten lassen nach Dauer, Inhalt und Gestaltung der Leistungen, nach der Unterrichtsmethode, Ausbildung und Berufserfahrung der Leitung und der Lehrkräfte sowie nach der Ausgestaltung der Fachdienste,
2. angemessene Teilnahmebedingungen bieten und behinderungsgerecht sein, insbesondere auch die Beachtung der Erfordernisse des Arbeitsschutzes und der Unfallverhütung gewährleisten,
3. den Teilnehmenden und den von ihnen zu wählenden Vertretungen angemessene Mitwirkungsmöglichkeiten an der Ausführung der Leistungen bieten sowie
4. die Leistung nach den Grundsätzen der Wirtschaftlichkeit und Sparsamkeit, insbesondere zu angemessenen Vergütungssätzen, ausführen.

3Die zuständigen Rehabilitationsträger vereinbaren hierüber gemeinsame Empfehlungen nach den §§ 26 und 37.

(2) 1Werden Leistungen zur beruflichen Ausbildung in Einrichtungen der beruflichen Rehabilitation ausgeführt, sollen die Einrichtungen bei Eignung der Leistungsberechtigten darauf hinwirken, dass diese Ausbildung teilweise auch in Betrieben und Dienststellen durchgeführt wird. 2Die Einrichtungen der beruflichen Rehabilitation unterstützen die Arbeitgeber bei der betrieblichen Ausbildung und bei der Betreuung der auszubildenden Jugendlichen mit Behinderungen.

§ 52 Rechtsstellung der Teilnehmenden

1Werden Leistungen in Einrichtungen der beruflichen Rehabilitation ausgeführt, werden die Teilnehmenden nicht in den Betrieb der Einrichtungen eingegliedert. 2Sie sind keine Arbeitnehmer im Sinne des Betriebsverfassungsgesetzes und wählen zu ihrer Mitwirkung besondere Vertreter. 3Bei der Ausführung werden die arbeitsrechtlichen Grundsätze über den Persönlichkeitsschutz, die Haftungsbeschränkung sowie die gesetzlichen Vorschriften über den Arbeitsschutz, den Schutz vor Diskriminierungen in Beschäftigung und Beruf, den Erholungsurlaub und die Gleichberechtigung von Männern und Frauen entsprechend angewendet.

§ 53 Dauer von Leistungen

(1) 1Leistungen werden für die Zeit erbracht, die vorgeschrieben oder allgemein üblich ist, um das angestrebte Teilhabeziel zu erreichen. 2Eine Förderung kann darüber hinaus erfolgen, wenn besondere Umstände dies rechtfertigen.

(2) 1Leistungen zur beruflichen Weiterbildung sollen in der Regel bei ganztägigem Unterricht nicht länger als zwei Jahre dauern, es sei denn, dass das Teilhabeziel nur über eine länger andauernde Leistung erreicht werden kann oder die Eingliederungsaussichten nur durch eine länger andauernde Leistung wesentlich verbessert werden. 2Abweichend von Satz 1 erster Teilsatz sollen Leistungen zur beruflichen Weiterbildung, die zu einem Abschluss in einem allgemein anerkannten Ausbildungsberuf führen und für die eine allgemeine Ausbildungsdauer von mehr als zwei Jahren vorgeschrieben ist, nicht länger als zwei Drittel der üblichen Ausbildungszeit dauern.

§ 54 Beteiligung der Bundesagentur für Arbeit

1Die Bundesagentur für Arbeit nimmt auf Anforderung eines anderen Rehabilitationsträgers gutachterlich Stellung zu Notwendigkeit, Art und Umfang von Leistungen unter Berücksichtigung arbeitsmarktlicher Zweckmäßigkeit. 2Dies gilt auch, wenn sich die Leistungsberechtigten in einem Krankenhaus oder einer Einrichtung der medizinischen oder der medizinisch-beruflichen Rehabilitation aufhalten.

§ 55 Unterstützte Beschäftigung

(1) 1Ziel der Unterstützten Beschäftigung ist es, Leistungsberechtigten mit besonderem Unterstützungsbedarf eine angemessene, geeignete und sozialversicherungspflichtige Beschäftigung zu ermöglichen und zu erhalten. 2Unterstützte Beschäftigung umfasst eine individuelle betriebliche Qualifizierung und bei Bedarf Berufsbegleitung.

(2) 1Leistungen zur individuellen betrieblichen Qualifizierung erhalten Menschen mit Behinderungen insbesondere, um sie für geeignete betriebliche Tätigkeiten zu erproben, auf ein sozialversicherungspflichtiges Beschäftigungsverhältnis vorzubereiten und bei der Einarbeitung und Qualifizierung auf einem betrieblichen Arbeitsplatz zu unterstützen. 2Die Leistungen umfassen auch die Vermittlung von berufsübergreifenden Lerninhalten und Schlüsselqualifikationen sowie die Weiterentwicklung der Persönlichkeit der Menschen mit Behinderungen. 3Die Leistungen werden vom zuständigen Rehabilitationsträger nach § 6 Absatz 1 Nummer 2 bis 5 für bis zu zwei Jahre erbracht, soweit sie wegen Art oder Schwere der Behinderung erforderlich sind. 4Sie können bis zu einer Dauer von weiteren zwölf Monaten verlängert werden, wenn auf Grund der Art oder Schwere der Behinderung der gewünschte nachhaltige Qualifizierungserfolg im Einzelfall nicht anders erreicht werden kann und hinreichend gewährleistet ist, dass eine weitere Qualifizierung zur Aufnahme einer sozialversicherungspflichtigen Beschäftigung führt.

(3) 1Leistungen der Berufsbegleitung erhalten Menschen mit Behinderungen insbesondere, um nach Begründung eines sozialversicherungspflichtigen Beschäftigungsverhältnisses die zu dessen Stabilisierung erforderliche Unterstützung und Krisenintervention zu gewährleisten. 2Die Leistungen werden bei Zuständigkeit eines Rehabilitationsträgers nach § 6 Absatz 1 Nummer 3 oder 5 von diesem, im Übrigen von dem Integrationsamt im Rahmen seiner Zuständigkeit erbracht, solange und soweit sie wegen Art oder Schwere der Behinderung zur Sicherung des Beschäftigungsverhältnisses erforderlich sind.

(4) Stellt der Rehabilitationsträger während der individuellen betrieblichen Qualifizierung fest, dass voraussichtlich eine anschließende Berufsbegleitung erforderlich ist, für die ein anderer Leistungsträger zuständig ist, beteiligt er diesen frühzeitig.

(5) 1Die Unterstützte Beschäftigung kann von Integrationsfachdiensten oder anderen Trägern durchgeführt werden. 2Mit der Durchführung kann nur beauftragt werden, wer über die erforderliche Leistungsfähigkeit verfügt, um seine Aufgaben entsprechend den individuellen Bedürfnissen der Menschen mit Behinderungen erfüllen zu können. 3Insbesondere müssen die Beauftragten

1. über Fachkräfte verfügen, die eine geeignete Berufsqualifikation, eine psychosoziale oder arbeitspädagogische Zusatzqualifikation und eine ausreichende Berufserfahrung besitzen,
2. in der Lage sein, den Menschen mit Behinderungen geeignete individuelle betriebliche Qualifizierungsplätze zur Verfügung zu stellen und ihre berufliche Eingliederung zu unterstützen,
3. über die erforderliche räumliche und sächliche Ausstattung verfügen sowie
4. ein System des Qualitätsmanagements im Sinne des § 37 Absatz 2 Satz 1 anwenden.

(6) 1Zur Konkretisierung und Weiterentwicklung der in Absatz 5 genannten Qualitätsanforderungen vereinbaren die Rehabilitationsträger nach § 6 Absatz 1 Nummer 2 bis 5 sowie die Bundesarbeitsgemeinschaft der Integrationsämter und Hauptfürsorgestellen im Rahmen der Bundesarbeitsgemeinschaft für Rehabilitation eine gemeinsame Empfehlung. 2Die gemeinsame Empfehlung kann auch Ausführungen zu möglichen Leistungsinhalten und zur Zusammenarbeit enthalten. 3§ 26 Absatz 4, 6 und 7 sowie § 27 gelten entsprechend.

Teil 3
Besondere Regelungen zur Teilhabe schwerbehinderter Menschen (Schwerbehindertenrecht)

Kapitel 1
Geschützter Personenkreis

§ 151 Geltungsbereich

(1) Die Regelungen dieses Teils gelten für schwerbehinderte und diesen gleichgestellte behinderte Menschen.

(2) $_{1}$Die Gleichstellung behinderter Menschen mit schwerbehinderten Menschen (§ 2 Absatz 3) erfolgt auf Grund einer Feststellung nach § 152 auf Antrag des behinderten Menschen durch die Bundesagentur für Arbeit. $_{2}$Die Gleichstellung wird mit dem Tag des Eingangs des Antrags wirksam. Sie kann befristet werden.

(3) Auf gleichgestellte behinderte Menschen werden die besonderen Regelungen für schwerbehinderte Menschen mit Ausnahme des § 208 und des Kapitels 13 angewendet.

(4) $_{1}$Schwerbehinderten Menschen gleichgestellt sind auch behinderte Jugendliche und junge Erwachsene (§ 2 Absatz 1) während der Zeit ihrer Berufsausbildung in Betrieben und Dienststellen oder einer beruflichen Orientierung, auch wenn der Grad der Behinderung weniger als 30 beträgt oder ein Grad der Behinderung nicht festgestellt ist. $_{2}$Der Nachweis der Behinderung wird durch eine Stellungnahme der Agentur für Arbeit oder durch einen Bescheid über Leistungen zur Teilhabe am Arbeitsleben erbracht. $_{3}$Die Gleichstellung gilt nur für Leistungen des Integrationsamtes im Rahmen der beruflichen Orientierung und der Berufsausbildung im Sinne des § 185 Absatz 3 Nummer 2 Buchstabe c.

§ 152 Feststellung der Behinderung, Ausweise

(1) $_{1}$Auf Antrag des behinderten Menschen stellen die für die Durchführung des Bundesversorgungsgesetzes zuständigen Behörden das Vorliegen einer Behinderung und den Grad der Behinderung zum Zeitpunkt der Antragstellung fest. $_{2}$Auf Antrag kann festgestellt werden, dass ein Grad der Behinderung oder gesundheitliche Merkmale bereits zu einem früheren Zeitpunkt vorgelegen haben, wenn dafür ein besonderes Interesse glaubhaft gemacht wird. $_{3}$Beantragt eine erwerbstätige Person die Feststellung der Eigenschaft als schwerbehinderter Mensch (§ 2 Absatz 2), gelten die in § 14 Absatz 2 Satz 2 und 3 sowie § 17 Absatz 1 Satz 1 und Absatz 2 Satz 1 genannten Fristen sowie § 60 Absatz 1 des Ersten Buches entsprechend. $_{4}$Das Gesetz über das Verwaltungsverfahren der Kriegsopferversorgung ist entsprechend anzuwenden, soweit nicht das Zehnte Buch Anwendung findet. $_{5}$Die Auswirkungen auf die Teilhabe am Leben in der Gesellschaft werden als Grad der Behinderung nach Zehnergraden abgestuft festgestellt. $_{6}$Eine Feststellung ist nur zu treffen, wenn ein Grad der Behinderung von wenigstens 20 vorliegt. $_{7}$Durch Landesrecht kann die Zuständigkeit abweichend von Satz 1 geregelt werden.

(2) $_{1}$Feststellungen nach Absatz 1 sind nicht zu treffen, wenn eine Feststellung über das Vorliegen einer Behinderung und den Grad einer auf ihr beruhenden Erwerbsminderung schon in einem Rentenbescheid, einer entsprechenden Verwaltungs- oder Gerichtsentscheidung oder einer vorläufigen Bescheinigung der für diese Entscheidungen zuständigen Dienststellen getroffen worden ist, es sei denn, dass der behinderte Mensch ein Interesse an anderweitiger Feststellung nach Absatz 1 glaubhaft macht. $_{2}$Eine Feststellung nach Satz 1 gilt zugleich als Feststellung des Grades der Behinderung.

(3) $_{1}$Liegen mehrere Beeinträchtigungen der Teilhabe am Leben in der Gesellschaft vor, so wird der Grad der Behinderung nach den Auswirkungen der Beeinträchtigungen in ihrer Gesamtheit unter Berücksichtigung ihrer wechselseitigen Beziehungen festgestellt. $_{2}$Für diese Entscheidung gilt Absatz 1, es sei denn, dass in einer Entscheidung nach Absatz 2 eine Gesamtbeurteilung bereits getroffen worden ist.

(4) Sind neben dem Vorliegen der Behinderung weitere gesundheitliche Merkmale Voraussetzung für die Inanspruchnahme von

Nachteilsausgleichen, so treffen die zuständigen Behörden die erforderlichen Feststellungen im Verfahren nach Absatz 1.

(5) 1Auf Antrag des behinderten Menschen stellen die zuständigen Behörden auf Grund einer Feststellung der Behinderung einen Ausweis über die Eigenschaft als schwerbehinderter Mensch, den Grad der Behinderung sowie im Falle des Absatzes 4 über weitere gesundheitliche Merkmale aus. 2Der Ausweis dient dem Nachweis für die Inanspruchnahme von Leistungen und sonstigen Hilfen, die schwerbehinderten Menschen nach diesem Teil oder nach anderen Vorschriften zustehen. 3Die Gültigkeitsdauer des Ausweises soll befristet werden. 4Er wird eingezogen, sobald der gesetzliche Schutz schwerbehinderter Menschen erloschen ist. 5Der Ausweis wird berichtigt, sobald eine Neufeststellung unanfechtbar geworden ist.

§ 153 Verordnungsermächtigung

(1) Die Bundesregierung wird ermächtigt, durch Rechtsverordnung mit Zustimmung des Bundesrates nähere Vorschriften über die Gestaltung der Ausweise, ihre Gültigkeit und das Verwaltungsverfahren zu erlassen.

(2) Das Bundesministerium für Arbeit und Soziales wird ermächtigt, durch Rechtsverordnung mit Zustimmung des Bundesrates die Grundsätze aufzustellen, die für die Bewertung des Grades der Behinderung, die Kriterien für die Bewertung der Hilflosigkeit und die Voraussetzungen für die Vergabe von Merkzeichen maßgebend sind, die nach Bundesrecht im Schwerbehindertenausweis einzutragen sind.

Kapitel 2
Beschäftigungspflicht der Arbeitgeber

§ 154 Pflicht der Arbeitgeber zur Beschäftigung schwerbehinderter Menschen

(1) 1Private und öffentliche Arbeitgeber (Arbeitgeber) mit jahresdurchschnittlich monatlich mindestens 20 Arbeitsplätzen im Sinne des § 156 haben auf wenigstens 5 Prozent der Arbeitsplätze schwerbehinderte Menschen zu beschäftigen. 2Dabei sind schwerbehinderte Frauen besonders zu berücksichtigen. 3Abweichend von Satz 1 haben Arbeitgeber mit jahresdurchschnittlich monatlich weniger als 40 Arbeitsplätzen jahresdurchschnittlich je Monat einen schwerbehinderten Menschen, Arbeitgeber mit jahresdurchschnittlich monatlich weniger als 60 Arbeitsplätzen jahresdurchschnittlich je Monat zwei schwerbehinderte Menschen zu beschäftigen.

(2) Als öffentliche Arbeitgeber im Sinne dieses Teils gelten

1. jede oberste Bundesbehörde mit ihren nachgeordneten Dienststellen, das Bundespräsidialamt, die Verwaltungen des Deutschen Bundestages und des Bundesrates, das Bundesverfassungsgericht, die obersten Gerichtshöfe des Bundes, der Bundesgerichtshof jedoch zusammengefasst mit dem Generalbundesanwalt, sowie das Bundeseisenbahnvermögen,
2. jede oberste Landesbehörde und die Staats- und Präsidialkanzleien mit ihren nachgeordneten Dienststellen, die Verwaltungen der Landtage, die Rechnungshöfe (Rechnungskammern), die Organe der Verfassungsgerichtsbarkeit der Länder und jede sonstige Landesbehörde, zusammengefasst jedoch diejenigen Behörden, die eine gemeinsame Personalverwaltung haben,
3. jede sonstige Gebietskörperschaft und jeder Verband von Gebietskörperschaften,
4. jede sonstige Körperschaft, Anstalt oder Stiftung des öffentlichen Rechts.

§ 155 Beschäftigung besonderer Gruppen schwerbehinderter Menschen

(1) Im Rahmen der Erfüllung der Beschäftigungspflicht sind in angemessenem Umfang zu beschäftigen:

1. schwerbehinderte Menschen, die nach Art oder Schwere ihrer Behinderung im Arbeitsleben besonders betroffen sind, insbesondere solche,
   a) die zur Ausübung der Beschäftigung wegen ihrer Behinderung nicht nur vorübergehend einer besonderen Hilfskraft bedürfen oder

b) deren Beschäftigung infolge ihrer Behinderung nicht nur vorübergehend mit außergewöhnlichen Aufwendungen für den Arbeitgeber verbunden ist oder
c) die infolge ihrer Behinderung nicht nur vorübergehend offensichtlich nur eine wesentlich verminderte Arbeitsleistung erbringen können oder
d) bei denen ein Grad der Behinderung von wenigstens 50 allein infolge geistiger oder seelischer Behinderung oder eines Anfallsleidens vorliegt oder
e) die wegen Art oder Schwere der Behinderung keine abgeschlossene Berufsbildung im Sinne des Berufsbildungsgesetzes haben,

2. schwerbehinderte Menschen, die das 50. Lebensjahr vollendet haben.

(2) 1Arbeitgeber mit Stellen zur beruflichen Bildung, insbesondere für Auszubildende, haben im Rahmen der Erfüllung der Beschäftigungspflicht einen angemessenen Anteil dieser Stellen mit schwerbehinderten Menschen zu besetzen. 2Hierüber ist mit der zuständigen Interessenvertretung im Sinne des § 176 und der Schwerbehindertenvertretung zu beraten.

§ 156 Begriff des Arbeitsplatzes

(1) Arbeitsplätze im Sinne dieses Teils sind alle Stellen, auf denen Arbeitnehmerinnen und Arbeitnehmer, Beamtinnen und Beamte, Richterinnen und Richter sowie Auszubildende und andere zu ihrer beruflichen Bildung Eingestellte beschäftigt werden.

(2) Als Arbeitsplätze gelten nicht die Stellen, auf denen beschäftigt werden:

1. behinderte Menschen, die an Leistungen zur Teilhabe am Arbeitsleben nach § 49 Absatz 3 Nummer 4 in Betrieben oder Dienststellen teilnehmen,
2. Personen, deren Beschäftigung nicht in erster Linie ihrem Erwerb dient, sondern vorwiegend durch Beweggründe karitativer oder religiöser Art bestimmt ist, und Geistliche öffentlich-rechtlicher Religionsgemeinschaften,
3. Personen, deren Beschäftigung nicht in erster Linie ihrem Erwerb dient und die vorwiegend zu ihrer Heilung, Wiedereingewöhnung oder Erziehung erfolgt,
4. Personen, die an Arbeitsbeschaffungsmaßnahmen nach dem Dritten Buch teilnehmen,
5. Personen, die nach ständiger Übung in ihre Stellen gewählt werden,
6. Personen, deren Arbeits-, Dienst- oder sonstiges Beschäftigungsverhältnis wegen Wehr- oder Zivildienst, Elternzeit, unbezahlten Urlaubs, wegen Bezuges einer Rente auf Zeit oder bei Altersteilzeitarbeit in der Freistellungsphase (Verblockungsmodell) ruht, solange für sie eine Vertretung eingestellt ist.

(3) Als Arbeitsplätze gelten ferner nicht Stellen, die nach der Natur der Arbeit oder nach den zwischen den Parteien getroffenen Vereinbarungen nur auf die Dauer von höchstens acht Wochen besetzt sind, sowie Stellen, auf denen Beschäftigte weniger als 18 Stunden wöchentlich beschäftigt werden.

§ 157 Berechnung der Mindestzahl von Arbeitsplätzen und der Pflichtarbeitsplatzzahl

(1) 1Bei der Berechnung der Mindestzahl von Arbeitsplätzen und der Zahl der Arbeitsplätze, auf denen schwerbehinderte Menschen zu beschäftigen sind (§ 154), zählen Stellen, auf denen Auszubildende beschäftigt werden, nicht mit. 2Das Gleiche gilt für Stellen, auf denen Rechts- oder Studienreferendarinnen und -referendare beschäftigt werden, die einen Rechtsanspruch auf Einstellung haben.

(2) Bei der Berechnung sich ergebende Bruchteile von 0,5 und mehr sind aufzurunden, bei Arbeitgebern mit jahresdurchschnittlich weniger als 60 Arbeitsplätzen abzurunden.

§ 158 Anrechnung Beschäftigter auf die Zahl der Pflichtarbeitsplätze für schwerbehinderte Menschen

(1) Ein schwerbehinderter Mensch, der auf einem Arbeitsplatz im Sinne des § 156 Absatz 1 oder Absatz 2 Nummer 1 oder 4 be-

schäftigt wird, wird auf einen Pflichtarbeitsplatz für schwerbehinderte Menschen angerechnet.

(2) 1Ein schwerbehinderter Mensch, der in Teilzeitbeschäftigung kürzer als betriebsüblich, aber nicht weniger als 18 Stunden wöchentlich beschäftigt wird, wird auf einen Pflichtarbeitsplatz für schwerbehinderte Menschen angerechnet. 2Bei Herabsetzung der wöchentlichen Arbeitszeit auf weniger als 18 Stunden infolge von Altersteilzeit gilt Satz 1 entsprechend. 3Wird ein schwerbehinderter Mensch weniger als 18 Stunden wöchentlich beschäftigt, lässt die Bundesagentur für Arbeit die Anrechnung auf einen dieser Pflichtarbeitsplätze zu, wenn die Teilzeitbeschäftigung wegen Art oder Schwere der Behinderung notwendig ist.

(3) Ein schwerbehinderter Mensch, der im Rahmen einer Maßnahme zur Förderung des Übergangs aus der Werkstatt für behinderte Menschen auf den allgemeinen Arbeitsmarkt (§ 5 Absatz 4 Satz 1 der Werkstättenverordnung) beschäftigt wird, wird auch für diese Zeit auf die Zahl der Pflichtarbeitsplätze angerechnet.

(4) Ein schwerbehinderter Arbeitgeber wird auf einen Pflichtarbeitsplatz für schwerbehinderte Menschen angerechnet.

(5) Der Inhaber eines Bergmannsversorgungsscheins wird, auch wenn er kein schwerbehinderter oder gleichgestellter behinderter Mensch im Sinne des § 2 Absatz 2 oder 3 ist, auf einen Pflichtarbeitsplatz angerechnet.

§ 159 Mehrfachanrechnung

(1) 1Die Bundesagentur für Arbeit kann die Anrechnung eines schwerbehinderten Menschen, besonders eines schwerbehinderten Menschen im Sinne des § 155 Absatz 1 auf mehr als einen Pflichtarbeitsplatz, höchstens drei Pflichtarbeitsplätze für schwerbehinderte Menschen zulassen, wenn dessen Teilhabe am Arbeitsleben auf besondere Schwierigkeiten stößt. 2Satz 1 gilt auch für schwerbehinderte Menschen im Anschluss an eine Beschäftigung in einer Werkstatt für behinderte Menschen und für teilzeitbeschäftigte schwerbehinderte Menschen im Sinne des § 158 Absatz 2.

(2) 1Ein schwerbehinderter Mensch, der beruflich ausgebildet wird, wird auf zwei Pflichtarbeitsplätze für schwerbehinderte Menschen angerechnet. 2Satz 1 gilt auch während der Zeit einer Ausbildung im Sinne des § 51 Absatz 2, die in einem Betrieb oder einer Dienststelle durchgeführt wird. 3Die Bundesagentur für Arbeit kann die Anrechnung auf drei Pflichtarbeitsplätze für schwerbehinderte Menschen zulassen, wenn die Vermittlung in eine berufliche Ausbildungsstelle wegen Art oder Schwere der Behinderung auf besondere Schwierigkeiten stößt. 4Bei Übernahme in ein Arbeits- oder Beschäftigungsverhältnis durch den ausbildenden oder einen anderen Arbeitgeber im Anschluss an eine abgeschlossene Ausbildung wird der schwerbehinderte Mensch im ersten Jahr der Beschäftigung auf zwei Pflichtarbeitsplätze angerechnet; Absatz 1 bleibt unberührt.

(3) Bescheide über die Anrechnung eines schwerbehinderten Menschen auf mehr als drei Pflichtarbeitsplätze für schwerbehinderte Menschen, die vor dem 1. August 1986 erlassen worden sind, gelten fort.

§ 160 Ausgleichsabgabe

(1) 1Solange Arbeitgeber die vorgeschriebene Zahl schwerbehinderter Menschen nicht beschäftigen, entrichten sie für jeden unbesetzten Pflichtarbeitsplatz für schwerbehinderte Menschen eine Ausgleichsabgabe. 2Die Zahlung der Ausgleichsabgabe hebt die Pflicht zur Beschäftigung schwerbehinderter Menschen nicht auf. 3Die Ausgleichsabgabe wird auf der Grundlage einer jahresdurchschnittlichen Beschäftigungsquote ermittelt.

(2) 1Die Ausgleichsabgabe beträgt je unbesetztem Pflichtarbeitsplatz

1. 125 Euro bei einer jahresdurchschnittlichen Beschäftigungsquote von 3 Prozent bis weniger als dem geltenden Pflichtsatz,
2. 220 Euro bei einer jahresdurchschnittlichen Beschäftigungsquote von 2 Prozent bis weniger als 3 Prozent,

3. 320 Euro bei einer jahresdurchschnittlichen Beschäftigungsquote von weniger als 2 Prozent.

2Abweichend von Satz 1 beträgt die Ausgleichsabgabe je unbesetztem Pflichtarbeitsplatz für schwerbehinderte Menschen

1. für Arbeitgeber mit jahresdurchschnittlich weniger als 40 zu berücksichtigenden Arbeitsplätzen bei einer jahresdurchschnittlichen Beschäftigung von weniger als einem schwerbehinderten Menschen 125 Euro und
2. für Arbeitgeber mit jahresdurchschnittlich weniger als 60 zu berücksichtigenden Arbeitsplätzen bei einer jahresdurchschnittlichen Beschäftigung von weniger als zwei schwerbehinderten Menschen 125 Euro und bei einer jahresdurchschnittlichen Beschäftigung von weniger als einem schwerbehinderten Menschen 220 Euro.

(3) 1Die Ausgleichsabgabe erhöht sich entsprechend der Veränderung der Bezugsgröße nach § 18 Absatz 1 des Vierten Buches. 2Sie erhöht sich zum 1. Januar eines Kalenderjahres, wenn sich die Bezugsgröße seit der letzten Neubestimmung der Beträge der Ausgleichsabgabe um wenigstens 10 Prozent erhöht hat. 3Die Erhöhung der Ausgleichsabgabe erfolgt, indem der Faktor für die Veränderung der Bezugsgröße mit dem jeweiligen Betrag der Ausgleichsabgabe vervielfältigt wird. 4Die sich ergebenden Beträge sind auf den nächsten durch fünf teilbaren Betrag abzurunden. 5Das Bundesministerium für Arbeit und Soziales gibt den Erhöhungsbetrag und die sich nach Satz 3 ergebenden Beträge der Ausgleichsabgabe im Bundesanzeiger bekannt.

(4) 1Die Ausgleichsabgabe zahlt der Arbeitgeber jährlich zugleich mit der Erstattung der Anzeige nach § 163 Absatz 2 an das für seinen Sitz zuständige Integrationsamt. 2Ist ein Arbeitgeber mehr als drei Monate im Rückstand, erlässt das Integrationsamt einen Feststellungsbescheid über die rückständigen Beträge und zieht diese ein. 3Für rückständige Beträge der Ausgleichsabgabe erhebt das Integrationsamt nach dem 31. März Säumniszuschläge nach Maßgabe des § 24 Absatz 1 des Vierten Buches; für ihre Verwendung gilt Absatz 5 entsprechend. 4Das Integrationsamt kann in begründeten Ausnahmefällen von der Erhebung von Säumniszuschlägen absehen. 5Widerspruch und Anfechtungsklage gegen den Feststellungsbescheid haben keine aufschiebende Wirkung. 6Gegenüber privaten Arbeitgebern wird die Zwangsvollstreckung nach den Vorschriften über das Verwaltungszwangsverfahren durchgeführt. 7Bei öffentlichen Arbeitgebern wendet sich das Integrationsamt an die Aufsichtsbehörde, gegen deren Entscheidung es die Entscheidung der obersten Bundes- oder Landesbehörde anrufen kann. 8Die Ausgleichsabgabe wird nach Ablauf des Kalenderjahres, das auf den Eingang der Anzeige bei der Bundesagentur für Arbeit folgt, weder nachgefordert noch erstattet.

(5) 1Die Ausgleichsabgabe darf nur für besondere Leistungen zur Förderung der Teilhabe schwerbehinderter Menschen am Arbeitsleben einschließlich begleitender Hilfe im Arbeitsleben (§ 185 Absatz 1 Nummer 3) verwendet werden, soweit Mittel für denselben Zweck nicht von anderer Seite zu leisten sind oder geleistet werden. 2Aus dem Aufkommen an Ausgleichsabgabe dürfen persönliche und sächliche Kosten der Verwaltung und Kosten des Verfahrens nicht bestritten werden. 3Das Integrationsamt gibt dem Beratenden Ausschuss für behinderte Menschen bei dem Integrationsamt (§ 186) auf dessen Verlangen eine Übersicht über die Verwendung der Ausgleichsabgabe.

(6) 1Die Integrationsämter leiten den in der Rechtsverordnung nach § 162 bestimmten Prozentsatz des Aufkommens an Ausgleichsabgabe an den Ausgleichsfonds (§ 161) weiter. 2Zwischen den Integrationsämtern wird ein Ausgleich herbeigeführt. 3Der auf das einzelne Integrationsamt entfallende Anteil am Aufkommen an Ausgleichsabgabe bemisst sich nach dem Mittelwert aus dem Verhältnis der Wohnbevölkerung im Zuständigkeitsbereich des Integrationsamtes zur Wohnbevölkerung im Geltungsbereich dieses Gesetzbuches und dem Verhältnis der Zahl

der im Zuständigkeitsbereich des Integrationsamtes in den Betrieben und Dienststellen beschäftigungspflichtiger Arbeitgeber auf Arbeitsplätzen im Sinne des § 156 beschäftigten und der bei den Agenturen für Arbeit arbeitslos gemeldeten schwerbehinderten und diesen gleichgestellten behinderten Menschen zur entsprechenden Zahl der schwerbehinderten und diesen gleichgestellten behinderten Menschen im Geltungsbereich dieses Gesetzbuchs.

(7) 1Die bei den Integrationsämtern verbleibenden Mittel der Ausgleichsabgabe werden von diesen gesondert verwaltet. 2Die Rechnungslegung und die formelle Einrichtung der Rechnungen und Belege regeln sich nach den Bestimmungen, die für diese Stellen allgemein maßgebend sind.

(8) Für die Verpflichtung zur Entrichtung einer Ausgleichsabgabe (Absatz 1) gelten hinsichtlich der in § 154 Absatz 2 Nummer 1 genannten Stellen der Bund und hinsichtlich der in § 154 Absatz 2 Nummer 2 genannten Stellen das Land als ein Arbeitgeber.

§ 161 Ausgleichsfonds

1Zur besonderen Förderung der Einstellung und Beschäftigung schwerbehinderter Menschen auf Arbeitsplätzen und zur Förderung von Einrichtungen und Maßnahmen, die den Interessen mehrerer Länder auf dem Gebiet der Förderung der Teilhabe schwerbehinderter Menschen am Arbeitsleben dienen, ist beim Bundesministerium für Arbeit und Soziales als zweckgebundene Vermögensmasse ein Ausgleichsfonds für überregionale Vorhaben zur Teilhabe schwerbehinderter Menschen am Arbeitsleben gebildet. 2Das Bundesministerium für Arbeit und Soziales verwaltet den Ausgleichsfonds.

§ 162 Verordnungsermächtigungen

Die Bundesregierung wird ermächtigt, durch Rechtsverordnung mit Zustimmung des Bundesrates

1. die Pflichtquote nach § 154 Absatz 1 nach dem jeweiligen Bedarf an Arbeitsplätzen für schwerbehinderte Menschen zu ändern, jedoch auf höchstens 10 Prozent zu erhöhen oder bis auf 4 Prozent herabzusetzen; dabei kann die Pflichtquote für öffentliche Arbeitgeber höher festgesetzt werden als für private Arbeitgeber,
2. nähere Vorschriften über die Verwendung der Ausgleichsabgabe nach § 160 Absatz 5 und die Gestaltung des Ausgleichsfonds nach § 161, die Verwendung der Mittel durch ihn für die Förderung der Teilhabe schwerbehinderter Menschen am Arbeitsleben und das Vergabe- und Verwaltungsverfahren des Ausgleichsfonds zu erlassen,
3. in der Rechtsverordnung nach Nummer 2
   a) den Anteil des an den Ausgleichsfonds weiterzuleitenden Aufkommens an Ausgleichsabgabe entsprechend den erforderlichen Aufwendungen zur Erfüllung der Aufgaben des Ausgleichsfonds und der Integrationsämter,
   b) den Ausgleich zwischen den Integrationsämtern auf Vorschlag der Länder oder einer Mehrheit der Länder abweichend von § 160 Absatz 6 Satz 3 sowie
   c) die Zuständigkeit für die Förderung von Einrichtungen nach § 30 der Schwerbehinderten-Ausgleichsabgabeverordnung abweichend von § 41 Absatz 2 Nummer 1 dieser Verordnung und von Inklusionsbetrieben und -abteilungen abweichend von § 41 Absatz 1 Nummer 3 dieser Verordnung

   zu regeln,
4. die Ausgleichsabgabe bei Arbeitgebern, die über weniger als 30 Arbeitsplätze verfügen, für einen bestimmten Zeitraum allgemein oder für einzelne Bundesländer herabzusetzen oder zu erlassen, wenn die Zahl der unbesetzten Pflichtarbeitsplätze für schwerbehinderte Menschen die Zahl der zu beschäftigenden schwerbehinderten Menschen so erheblich übersteigt, dass die Pflichtarbeitsplätze für schwerbehinderte Menschen dieser Arbeitgeber nicht in Anspruch genommen zu werden brauchen.

Kapitel 3
Sonstige Pflichten der Arbeitgeber; Rechte der schwerbehinderten Menschen

§ 163 Zusammenwirken der Arbeitgeber mit der Bundesagentur für Arbeit und den Integrationsämtern

(1) Die Arbeitgeber haben, gesondert für jeden Betrieb und jede Dienststelle, ein Verzeichnis der bei ihnen beschäftigten schwerbehinderten, ihnen gleichgestellten behinderten Menschen und sonstigen anrechnungsfähigen Personen laufend zu führen und dieses den Vertretern oder Vertreterinnen der Bundesagentur für Arbeit und des Integrationsamtes, die für den Sitz des Betriebes oder der Dienststelle zuständig sind, auf Verlangen vorzulegen.

(2) $_1$Die Arbeitgeber haben der für ihren Sitz zuständigen Agentur für Arbeit einmal jährlich bis spätestens zum 31. März für das vorangegangene Kalenderjahr, aufgegliedert nach Monaten, die Daten anzuzeigen, die zur Berechnung des Umfangs der Beschäftigungspflicht, zur Überwachung ihrer Erfüllung und der Ausgleichsabgabe notwendig sind. $_2$Der Anzeige sind das nach Absatz 1 geführte Verzeichnis sowie eine Kopie der Anzeige und des Verzeichnisses zur Weiterleitung an das für ihren Sitz zuständige Integrationsamt beizufügen. $_3$Dem Betriebs-, Personal-, Richter-, Staatsanwalts- und Präsidialrat, der Schwerbehindertenvertretung und dem Inklusionsbeauftragten des Arbeitgebers ist je eine Kopie der Anzeige und des Verzeichnisses zu übermitteln.

(3) Zeigt ein Arbeitgeber die Daten bis zum 30. Juni nicht, nicht richtig oder nicht vollständig an, erlässt die Bundesagentur für Arbeit nach Prüfung in tatsächlicher sowie in rechtlicher Hinsicht einen Feststellungsbescheid über die zur Berechnung der Zahl der Pflichtarbeitsplätze für schwerbehinderte Menschen und der besetzten Arbeitsplätze notwendigen Daten.

(4) Die Arbeitgeber, die Arbeitsplätze für schwerbehinderte Menschen nicht zur Verfügung zu stellen haben, haben die Anzeige nur nach Aufforderung durch die Bundesagentur für Arbeit im Rahmen einer repräsentativen Teilerhebung zu erstatten, die mit dem Ziel der Erfassung der in Absatz 1 genannten Personengruppen, aufgegliedert nach Bundesländern, alle fünf Jahre durchgeführt wird.

(5) Die Arbeitgeber haben der Bundesagentur für Arbeit und dem Integrationsamt auf Verlangen die Auskünfte zu erteilen, die zur Durchführung der besonderen Regelungen zur Teilhabe schwerbehinderter und ihnen gleichgestellter behinderter Menschen am Arbeitsleben notwendig sind.

(6) $_1$Für das Verzeichnis und die Anzeige des Arbeitgebers sind die mit der Bundesarbeitsgemeinschaft der Integrationsämter und Hauptfürsorgestellen abgestimmten Vordrucke der Bundesagentur für Arbeit zu verwenden. $_2$Die Bundesagentur für Arbeit soll zur Durchführung des Anzeigeverfahrens in Abstimmung mit der Bundesarbeitsgemeinschaft ein elektronisches Übermittlungsverfahren zulassen.

(7) Die Arbeitgeber haben den Beauftragten der Bundesagentur für Arbeit und des Integrationsamtes auf Verlangen Einblick in ihren Betrieb oder ihre Dienststelle zu geben, soweit es im Interesse der schwerbehinderten Menschen erforderlich ist und Betriebs- oder Dienstgeheimnisse nicht gefährdet werden.

(8) Die Arbeitgeber haben die Vertrauenspersonen der schwerbehinderten Menschen (§ 177 Absatz 1 Satz 1 bis 3 und § 180 Absatz 1 bis 5) unverzüglich nach der Wahl und ihren Inklusionsbeauftragten für die Angelegenheiten der schwerbehinderten Menschen (§ 181 Satz 1) unverzüglich nach der Bestellung der für den Sitz des Betriebes oder der Dienststelle zuständigen Agentur für Arbeit und dem Integrationsamt zu benennen.

§ 164 Pflichten des Arbeitgebers und Rechte schwerbehinderter Menschen

(1) $_1$Die Arbeitgeber sind verpflichtet zu prüfen, ob freie Arbeitsplätze mit schwerbehinderten Menschen, insbesondere mit bei der Agentur für Arbeit arbeitslos oder arbeitsuchend gemeldeten schwerbehinderten Menschen, besetzt werden können. $_2$Sie nehmen frühzeitig

Verbindung mit der Agentur für Arbeit auf. 3Die Bundesagentur für Arbeit oder ein Integrationsfachdienst schlägt den Arbeitgebern geeignete schwerbehinderte Menschen vor. 4Über die Vermittlungsvorschläge und vorliegende Bewerbungen von schwerbehinderten Menschen haben die Arbeitgeber die Schwerbehindertenvertretung und die in § 176 genannten Vertretungen unmittelbar nach Eingang zu unterrichten. 5Bei Bewerbungen schwerbehinderter Richterinnen und Richter wird der Präsidialrat unterrichtet und gehört, soweit dieser an der Ernennung zu beteiligen ist. 6Bei der Prüfung nach Satz 1 beteiligen die Arbeitgeber die Schwerbehindertenvertretung nach § 178 Absatz 2 und hören die in § 176 genannten Vertretungen an. 7Erfüllt der Arbeitgeber seine Beschäftigungspflicht nicht und ist die Schwerbehindertenvertretung oder eine in § 176 genannte Vertretung mit der beabsichtigten Entscheidung des Arbeitgebers nicht einverstanden, ist diese unter Darlegung der Gründe mit ihnen zu erörtern. 8Dabei wird der betroffene schwerbehinderte Mensch angehört. 9Alle Beteiligten sind vom Arbeitgeber über die getroffene Entscheidung unter Darlegung der Gründe unverzüglich zu unterrichten. 10Bei Bewerbungen schwerbehinderter Menschen ist die Schwerbehindertenvertretung nicht zu beteiligen, wenn der schwerbehinderte Mensch die Beteiligung der Schwerbehindertenvertretung ausdrücklich ablehnt.

(2) 1Arbeitgeber dürfen schwerbehinderte Beschäftigte nicht wegen ihrer Behinderung benachteiligen. 2Im Einzelnen gelten hierzu die Regelungen des Allgemeinen Gleichbehandlungsgesetzes.

(3) 1Die Arbeitgeber stellen durch geeignete Maßnahmen sicher, dass in ihren Betrieben und Dienststellen wenigstens die vorgeschriebene Zahl schwerbehinderter Menschen eine möglichst dauerhafte behinderungsgerechte Beschäftigung finden kann. 2Absatz 4 Satz 2 und 3 gilt entsprechend.

(4) 1Die schwerbehinderten Menschen haben gegenüber ihren Arbeitgebern Anspruch auf

1. Beschäftigung, bei der sie ihre Fähigkeiten und Kenntnisse möglichst voll verwerten und weiterentwickeln können,
2. bevorzugte Berücksichtigung bei innerbetrieblichen Maßnahmen der beruflichen Bildung zur Förderung ihres beruflichen Fortkommens,
3. Erleichterungen im zumutbaren Umfang zur Teilnahme an außerbetrieblichen Maßnahmen der beruflichen Bildung,
4. behinderungsgerechte Einrichtung und Unterhaltung der Arbeitsstätten einschließlich der Betriebsanlagen, Maschinen und Geräte sowie der Gestaltung der Arbeitsplätze, des Arbeitsumfelds, der Arbeitsorganisation und der Arbeitszeit, unter besonderer Berücksichtigung der Unfallgefahr,
5. Ausstattung ihres Arbeitsplatzes mit den erforderlichen technischen Arbeitshilfen

unter Berücksichtigung der Behinderung und ihrer Auswirkungen auf die Beschäftigung. 2Bei der Durchführung der Maßnahmen nach Satz 1 Nummer 1, 4 und 5 unterstützen die Bundesagentur für Arbeit und die Integrationsämter die Arbeitgeber unter Berücksichtigung der für die Beschäftigung wesentlichen Eigenschaften der schwerbehinderten Menschen. 3Ein Anspruch nach Satz 1 besteht nicht, soweit seine Erfüllung für den Arbeitgeber nicht zumutbar oder mit unverhältnismäßigen Aufwendungen verbunden wäre oder soweit die staatlichen oder berufsgenossenschaftlichen Arbeitsschutzvorschriften oder beamtenrechtliche Vorschriften entgegenstehen.

(5) 1Die Arbeitgeber fördern die Einrichtung von Teilzeitarbeitsplätzen. 2Sie werden dabei von den Integrationsämtern unterstützt. 3Schwerbehinderte Menschen haben einen Anspruch auf Teilzeitbeschäftigung, wenn die kürzere Arbeitszeit wegen Art oder Schwere der Behinderung notwendig ist; Absatz 4 Satz 3 gilt entsprechend.

§ 165 Besondere Pflichten der öffentlichen Arbeitgeber

1Die Dienststellen der öffentlichen Arbeitgeber melden den Agenturen für Arbeit frühzeitig nach einer erfolglosen Prüfung zur internen Besetzung des Arbeitsplatzes frei werdende und neu zu besetzende sowie neue

Arbeitsplätze (§ 156). $_{2}$Mit dieser Meldung gilt die Zustimmung zur Veröffentlichung der Stellenangebote als erteilt. $_{3}$Haben schwerbehinderte Menschen sich um einen solchen Arbeitsplatz beworben oder sind sie von der Bundesagentur für Arbeit oder einem von dieser beauftragten Integrationsfachdienst vorgeschlagen worden, werden sie zu einem Vorstellungsgespräch eingeladen. $_{4}$Eine Einladung ist entbehrlich, wenn die fachliche Eignung offensichtlich fehlt. $_{5}$Einer Inklusionsvereinbarung nach § 166 bedarf es nicht, wenn für die Dienststellen dem § 166 entsprechende Regelungen bereits bestehen und durchgeführt werden.

§ 166 Inklusionsvereinbarung

(1) $_{1}$Die Arbeitgeber treffen mit der Schwerbehindertenvertretung und den in § 176 genannten Vertretungen in Zusammenarbeit mit dem Inklusionsbeauftragten des Arbeitgebers (§ 181) eine verbindliche Inklusionsvereinbarung. $_{2}$Auf Antrag der Schwerbehindertenvertretung wird unter Beteiligung der in § 176 genannten Vertretungen hierüber verhandelt. $_{3}$Ist eine Schwerbehindertenvertretung nicht vorhanden, steht das Antragsrecht den in § 176 genannten Vertretungen zu. $_{4}$Der Arbeitgeber oder die Schwerbehindertenvertretung kann das Integrationsamt einladen, sich an den Verhandlungen über die Inklusionsvereinbarung zu beteiligen. $_{5}$Das Integrationsamt soll dabei insbesondere darauf hinwirken, dass unterschiedliche Auffassungen überwunden werden. $_{6}$Der Agentur für Arbeit und dem Integrationsamt, die für den Sitz des Arbeitgebers zuständig sind, wird die Vereinbarung übermittelt.

(2) $_{1}$Die Vereinbarung enthält Regelungen im Zusammenhang mit der Eingliederung schwerbehinderter Menschen, insbesondere zur Personalplanung, Arbeitsplatzgestaltung, Gestaltung des Arbeitsumfelds, Arbeitsorganisation, Arbeitszeit sowie Regelungen über die Durchführung in den Betrieben und Dienststellen. $_{2}$Dabei ist die gleichberechtigte Teilhabe schwerbehinderter Menschen am Arbeitsleben bei der Gestaltung von Arbeitsprozessen und Rahmenbedingungen von Anfang an zu berücksichtigen. $_{3}$Bei der Personalplanung werden besondere Regelungen zur Beschäftigung eines angemessenen Anteils von schwerbehinderten Frauen vorgesehen.

(3) In der Vereinbarung können insbesondere auch Regelungen getroffen werden

1. zur angemessenen Berücksichtigung schwerbehinderter Menschen bei der Besetzung freier, frei werdender oder neuer Stellen,
2. zu einer anzustrebenden Beschäftigungsquote, einschließlich eines angemessenen Anteils schwerbehinderter Frauen,
3. zu Teilzeitarbeit,
4. zur Ausbildung behinderter Jugendlicher,
5. zur Durchführung der betrieblichen Prävention (betriebliches Eingliederungsmanagement) und zur Gesundheitsförderung,
6. über die Hinzuziehung des Werks- oder Betriebsarztes auch für Beratungen über Leistungen zur Teilhabe sowie über besondere Hilfen im Arbeitsleben.

(4) In den Versammlungen schwerbehinderter Menschen berichtet der Arbeitgeber über alle Angelegenheiten im Zusammenhang mit der Eingliederung schwerbehinderter Menschen.

§ 167 Prävention

(1) Der Arbeitgeber schaltet bei Eintreten von personen-, verhaltens- oder betriebsbedingten Schwierigkeiten im Arbeits- oder sonstigen Beschäftigungsverhältnis, die zur Gefährdung dieses Verhältnisses führen können, möglichst frühzeitig die Schwerbehindertenvertretung und die in § 176 genannten Vertretungen sowie das Integrationsamt ein, um mit ihnen alle Möglichkeiten und alle zur Verfügung stehenden Hilfen zur Beratung und mögliche finanzielle Leistungen zu erörtern, mit denen die Schwierigkeiten beseitigt werden können und das Arbeits- oder sonstige Beschäftigungsverhältnis möglichst dauerhaft fortgesetzt werden kann.

(2) $_{1}$Sind Beschäftigte innerhalb eines Jahres länger als sechs Wochen ununterbrochen oder wiederholt arbeitsunfähig, klärt der Arbeitgeber mit der zuständigen Interessenvertretung im Sinne des § 176, bei schwerbe-

hinderten Menschen außerdem mit der Schwerbehindertenvertretung, mit Zustimmung und Beteiligung der betroffenen Person die Möglichkeiten, wie die Arbeitsunfähigkeit möglichst überwunden werden und mit welchen Leistungen oder Hilfen erneuter Arbeitsunfähigkeit vorgebeugt und der Arbeitsplatz erhalten werden kann (betriebliches Eingliederungsmanagement). 2Soweit erforderlich, wird der Werks- oder Betriebsarzt hinzugezogen. 3Die betroffene Person oder ihr gesetzlicher Vertreter ist zuvor auf die Ziele des betrieblichen Eingliederungsmanagements sowie auf Art und Umfang der hierfür erhobenen und verwendeten Daten hinzuweisen. 4Kommen Leistungen zur Teilhabe oder begleitende Hilfen im Arbeitsleben in Betracht, werden vom Arbeitgeber die Rehabilitationsträger oder bei schwerbehinderten Beschäftigten das Integrationsamt hinzugezogen. 5Diese wirken darauf hin, dass die erforderlichen Leistungen oder Hilfen unverzüglich beantragt und innerhalb der Frist des § 14 Absatz 2 Satz 2 erbracht werden. 6Die zuständige Interessenvertretung im Sinne des § 176, bei schwerbehinderten Menschen außerdem die Schwerbehindertenvertretung, können die Klärung verlangen. 7Sie wachen darüber, dass der Arbeitgeber die ihm nach dieser Vorschrift obliegenden Verpflichtungen erfüllt.

(3) Die Rehabilitationsträger und die Integrationsämter können Arbeitgeber, die ein betriebliches Eingliederungsmanagement einführen, durch Prämien oder einen Bonus fördern.

Kapitel 4
Kündigungsschutz

§ 168 Erfordernis der Zustimmung

Die Kündigung des Arbeitsverhältnisses eines schwerbehinderten Menschen durch den Arbeitgeber bedarf der vorherigen Zustimmung des Integrationsamtes.

§ 169 Kündigungsfrist

Die Kündigungsfrist beträgt mindestens vier Wochen.

§ 170 Antragsverfahren

(1) 1Die Zustimmung zur Kündigung beantragt der Arbeitgeber bei dem für den Sitz des Betriebes oder der Dienststelle zuständigen Integrationsamt schriftlich oder elektronisch. 2Der Begriff des Betriebes und der Begriff der Dienststelle im Sinne dieses Teils bestimmen sich nach dem Betriebsverfassungsgesetz und dem Personalvertretungsrecht.

(2) Das Integrationsamt holt eine Stellungnahme des Betriebsrates oder Personalrates und der Schwerbehindertenvertretung ein und hört den schwerbehinderten Menschen an.

(3) Das Integrationsamt wirkt in jeder Lage des Verfahrens auf eine gütliche Einigung hin.

§ 171 Entscheidung des Integrationsamtes

(1) Das Integrationsamt soll die Entscheidung, falls erforderlich, auf Grund mündlicher Verhandlung, innerhalb eines Monats vom Tag des Eingangs des Antrages an treffen.

(2) 1Die Entscheidung wird dem Arbeitgeber und dem schwerbehinderten Menschen zugestellt. 2Der Bundesagentur für Arbeit wird eine Abschrift der Entscheidung übersandt.

(3) Erteilt das Integrationsamt die Zustimmung zur Kündigung, kann der Arbeitgeber die Kündigung nur innerhalb eines Monats nach Zustellung erklären.

(4) Widerspruch und Anfechtungsklage gegen die Zustimmung des Integrationsamtes zur Kündigung haben keine aufschiebende Wirkung.

(5) 1In den Fällen des § 172 Absatz 1 Satz 1 und Absatz 3 gilt Absatz 1 mit der Maßgabe, dass die Entscheidung innerhalb eines Monats vom Tag des Eingangs des Antrages an zu treffen ist. 2Wird innerhalb dieser Frist eine Entscheidung nicht getroffen, gilt die Zustimmung als erteilt. 3Die Absätze 3 und 4 gelten entsprechend.

§ 172 Einschränkungen der Ermessensentscheidung

(1) 1Das Integrationsamt erteilt die Zustimmung bei Kündigungen in Betrieben und Dienststellen, die nicht nur vorübergehend

eingestellt oder aufgelöst werden, wenn zwischen dem Tag der Kündigung und dem Tag, bis zu dem Gehalt oder Lohn gezahlt wird, mindestens drei Monate liegen. 2Unter der gleichen Voraussetzung soll es die Zustimmung auch bei Kündigungen in Betrieben und Dienststellen erteilen, die nicht nur vorübergehend wesentlich eingeschränkt werden, wenn die Gesamtzahl der weiterhin beschäftigten schwerbehinderten Menschen zur Erfüllung der Beschäftigungspflicht nach § 154 ausreicht. 3Die Sätze 1 und 2 gelten nicht, wenn eine Weiterbeschäftigung auf einem anderen Arbeitsplatz desselben Betriebes oder derselben Dienststelle oder auf einem freien Arbeitsplatz in einem anderen Betrieb oder einer anderen Dienststelle desselben Arbeitgebers mit Einverständnis des schwerbehinderten Menschen möglich und für den Arbeitgeber zumutbar ist.

(2) Das Integrationsamt soll die Zustimmung erteilen, wenn dem schwerbehinderten Menschen ein anderer angemessener und zumutbarer Arbeitsplatz gesichert ist.

(3) Ist das Insolvenzverfahren über das Vermögen des Arbeitgebers eröffnet, soll das Integrationsamt die Zustimmung erteilen, wenn

1. der schwerbehinderte Mensch in einem Interessenausgleich namentlich als einer der zu entlassenden Arbeitnehmer bezeichnet ist (§ 125 der Insolvenzordnung),
2. die Schwerbehindertenvertretung beim Zustandekommen des Interessenausgleichs gemäß § 178 Absatz 2 beteiligt worden ist,
3. der Anteil der nach dem Interessenausgleich zu entlassenden schwerbehinderten Menschen an der Zahl der beschäftigten schwerbehinderten Menschen nicht größer ist als der Anteil der zu entlassenden übrigen Arbeitnehmer an der Zahl der beschäftigten übrigen Arbeitnehmer und
4. die Gesamtzahl der schwerbehinderten Menschen, die nach dem Interessenausgleich bei dem Arbeitgeber verbleiben sollen, zur Erfüllung der Beschäftigungspflicht nach § 154 ausreicht.

§ 173 Ausnahmen

(1) 1Die Vorschriften dieses Kapitels gelten nicht für schwerbehinderte Menschen,

1. deren Arbeitsverhältnis zum Zeitpunkt des Zugangs der Kündigungserklärung ohne Unterbrechung noch nicht länger als sechs Monate besteht oder
2. die auf Stellen im Sinne des § 156 Absatz 2 Nummer 2 bis 5 beschäftigt werden oder
3. deren Arbeitsverhältnis durch Kündigung beendet wird, sofern sie
   a) das 58. Lebensjahr vollendet haben und Anspruch auf eine Abfindung, Entschädigung oder ähnliche Leistung auf Grund eines Sozialplanes haben oder
   b) Anspruch auf Knappschaftsausgleichsleistung nach dem Sechsten Buch oder auf Anpassungsgeld für entlassene Arbeitnehmer des Bergbaus haben.

2Satz 1 Nummer 3 (Buchstabe a und b) finden Anwendung, wenn der Arbeitgeber ihnen die Kündigungsabsicht rechtzeitig mitgeteilt hat und sie der beabsichtigten Kündigung bis zu deren Ausspruch nicht widersprechen

(2) Die Vorschriften dieses Kapitels finden ferner bei Entlassungen, die aus Witterungsgründen vorgenommen werden, keine Anwendung, sofern die Wiedereinstellung der schwerbehinderten Menschen bei Wiederaufnahme der Arbeit gewährleistet ist.

(3) Die Vorschriften dieses Kapitels finden ferner keine Anwendung, wenn zum Zeitpunkt der Kündigung die Eigenschaft als schwerbehinderter Mensch nicht nachgewiesen ist oder das Versorgungsamt nach Ablauf der Frist des § 152 Absatz 1 Satz 3 eine Feststellung wegen fehlender Mitwirkung nicht treffen konnte.

(4) Der Arbeitgeber zeigt Einstellungen auf Probe und die Beendigung von Arbeitsverhältnissen schwerbehinderter Menschen in den Fällen des Absatzes 1 Nummer 1 unabhängig von der Anzeigepflicht nach anderen Gesetzen dem Integrationsamt innerhalb von vier Tagen an.

§ 174 Außerordentliche Kündigung

(1) Die Vorschriften dieses Kapitels gelten mit Ausnahme von § 169 auch bei außerordentli-

cher Kündigung, soweit sich aus den folgenden Bestimmungen nichts Abweichendes ergibt.

(2) 1Die Zustimmung zur Kündigung kann nur innerhalb von zwei Wochen beantragt werden; maßgebend ist der Eingang des Antrages bei dem Integrationsamt. 2Die Frist beginnt mit dem Zeitpunkt, in dem der Arbeitgeber von den für die Kündigung maßgebenden Tatsachen Kenntnis erlangt.

(3) 1Das Integrationsamt trifft die Entscheidung innerhalb von zwei Wochen vom Tag des Eingangs des Antrages an. 2Wird innerhalb dieser Frist eine Entscheidung nicht getroffen, gilt die Zustimmung als erteilt.

(4) Das Integrationsamt soll die Zustimmung erteilen, wenn die Kündigung aus einem Grund erfolgt, der nicht im Zusammenhang mit der Behinderung steht.

(5) Die Kündigung kann auch nach Ablauf der Frist des § 626 Absatz 2 Satz 1 des Bürgerlichen Gesetzbuchs erfolgen, wenn sie unverzüglich nach Erteilung der Zustimmung erklärt wird.

(6) Schwerbehinderte Menschen, denen lediglich aus Anlass eines Streiks oder einer Aussperrung fristlos gekündigt worden ist, werden nach Beendigung des Streiks oder der Aussperrung wieder eingestellt.

§ 175 Erweiterter Beendigungsschutz

1Die Beendigung des Arbeitsverhältnisses eines schwerbehinderten Menschen bedarf auch dann der vorherigen Zustimmung des Integrationsamtes, wenn sie im Falle des Eintritts einer teilweisen Erwerbsminderung, der Erwerbsminderung auf Zeit, der Berufsunfähigkeit oder der Erwerbsunfähigkeit auf Zeit ohne Kündigung erfolgt. 2Die Vorschriften dieses Kapitels über die Zustimmung zur ordentlichen Kündigung gelten entsprechend.

Kapitel 5
Betriebs-, Personal-, Richter-, Staatsanwalts- und Präsidialrat, Schwerbehindertenvertretung, Inklusionsbeauftragter des Arbeitgebers

§ 176 Aufgaben des Betriebs-, Personal-, Richter-, Staatsanwalts- und Präsidialrates

1Betriebs-, Personal-, Richter-, Staatsanwalts- und Präsidialrat fördern die Eingliederung schwerbehinderter Menschen. 2Sie achten insbesondere darauf, dass die dem Arbeitgeber nach den §§ 154, 155 und 164 bis 167 obliegenden Verpflichtungen erfüllt werden; sie wirken auf die Wahl der Schwerbehindertenvertretung hin.

§ 177 Wahl und Amtszeit der Schwerbehindertenvertretung

(1) 1In Betrieben und Dienststellen, in denen wenigstens fünf schwerbehinderte Menschen nicht nur vorübergehend beschäftigt sind, werden eine Vertrauensperson und wenigstens ein stellvertretendes Mitglied gewählt, das die Vertrauensperson im Falle der Verhinderung vertritt. 2Ferner wählen bei Gerichten, denen mindestens fünf schwerbehinderte Richter oder Richterinnen angehören, diese einen Richter oder eine Richterin zu ihrer Schwerbehindertenvertretung. 3Satz 2 gilt entsprechend für Staatsanwälte oder Staatsanwältinnen, soweit für sie eine besondere Personalvertretung gebildet wird. 4Betriebe oder Dienststellen, die die Voraussetzungen des Satzes 1 nicht erfüllen, können für die Wahl mit räumlich nahe liegenden Betrieben des Arbeitgebers oder gleichstufigen Dienststellen derselben Verwaltung zusammengefasst werden; soweit erforderlich, können Gerichte unterschiedlicher Gerichtszweige und Stufen zusammengefasst werden. 5Über die Zusammenfassung entscheidet der Arbeitgeber im Benehmen mit dem für den Sitz der Betriebe oder Dienststellen einschließlich Gerichten zuständigen Integrationsamt.

(2) Wahlberechtigt sind alle in dem Betrieb oder der Dienststelle beschäftigten schwerbehinderten Menschen.

(3) 1Wählbar sind alle in dem Betrieb oder der Dienststelle nicht nur vorübergehend Beschäftigten, die am Wahltag das 18. Lebensjahr vollendet haben und dem Betrieb oder der Dienststelle seit sechs Monaten angehören; besteht der Betrieb oder die Dienststelle weniger als ein Jahr, so bedarf es für die Wählbarkeit nicht der sechsmonatigen Zugehörigkeit. 2Nicht wählbar ist, wer kraft Gesetzes dem Betriebs-, Personal-, Richter-, Staatsanwalts- oder Präsidialrat nicht angehören kann.

(4) In Dienststellen der Bundeswehr sind auch schwerbehinderte Soldatinnen und Soldaten wahlberechtigt und auch Soldatinnen und Soldaten wählbar.

(5) 1Die regelmäßigen Wahlen finden alle vier Jahre in der Zeit vom 1. Oktober bis 30. November statt. 2Außerhalb dieser Zeit finden Wahlen statt, wenn

1. das Amt der Schwerbehindertenvertretung vorzeitig erlischt und ein stellvertretendes Mitglied nicht nachrückt,
2. die Wahl mit Erfolg angefochten worden ist oder
3. eine Schwerbehindertenvertretung noch nicht gewählt ist.

3Hat außerhalb des für die regelmäßigen Wahlen festgelegten Zeitraumes eine Wahl der Schwerbehindertenvertretung stattgefunden, wird die Schwerbehindertenvertretung in dem auf die Wahl folgenden nächsten Zeitraum der regelmäßigen Wahlen neu gewählt. 4Hat die Amtszeit der Schwerbehindertenvertretung zum Beginn des für die regelmäßigen Wahlen festgelegten Zeitraums noch nicht ein Jahr betragen, wird die Schwerbehindertenvertretung im übernächsten Zeitraum für regelmäßige Wahlen neu gewählt.

(6) 1Die Vertrauensperson und das stellvertretende Mitglied werden in geheimer und unmittelbarer Wahl nach den Grundsätzen der Mehrheitswahl gewählt. 2Im Übrigen sind die Vorschriften über die Wahlanfechtung, den Wahlschutz und die Wahlkosten bei der Wahl des Betriebs-, Personal-, Richter-, Staatsanwalts- oder Präsidialrates sinngemäß anzuwenden. 3In Betrieben und Dienststellen mit weniger als 50 wahlberechtigten schwerbehinderten Menschen wird die Vertrauensperson und das stellvertretende Mitglied im vereinfachten Wahlverfahren gewählt, sofern der Betrieb oder die Dienststelle nicht aus räumlich weit auseinanderliegenden Teilen besteht. 4Ist in einem Betrieb oder einer Dienststelle eine Schwerbehindertenvertretung nicht gewählt, so kann das für den Betrieb oder die Dienststelle zuständige Integrationsamt zu einer Versammlung schwerbehinderter Menschen zum Zwecke der Wahl eines Wahlvorstandes einladen.

(7) 1Die Amtszeit der Schwerbehindertenvertretung beträgt vier Jahre. 2Sie beginnt mit der Bekanntgabe des Wahlergebnisses oder, wenn die Amtszeit der bisherigen Schwerbehindertenvertretung noch nicht beendet ist, mit deren Ablauf. 3Das Amt erlischt vorzeitig, wenn die Vertrauensperson es niederlegt, aus dem Arbeits-, Dienst- oder Richterverhältnis ausscheidet oder die Wählbarkeit verliert. 4Scheidet die Vertrauensperson vorzeitig aus dem Amt aus, rückt das mit der höchsten Stimmenzahl gewählte stellvertretende Mitglied für den Rest der Amtszeit nach; dies gilt für das stellvertretende Mitglied entsprechend. 5Auf Antrag eines Viertels der wahlberechtigten schwerbehinderten Menschen kann der Widerspruchsausschuss bei dem Integrationsamt (§ 202) das Erlöschen des Amtes einer Vertrauensperson wegen grober Verletzung ihrer Pflichten beschließen.

(8) In Betrieben gilt § 21a des Betriebsverfassungsgesetzes entsprechend.

§ 178 Aufgaben der Schwerbehindertenvertretung

(1) 1Die Schwerbehindertenvertretung fördert die Eingliederung schwerbehinderter Menschen in den Betrieb oder die Dienststelle, vertritt ihre Interessen in dem Betrieb oder der Dienststelle und steht ihnen beratend und helfend zur Seite. 2Sie erfüllt ihre Aufgaben insbesondere dadurch, dass sie

1. darüber wacht, dass die zugunsten schwerbehinderter Menschen geltenden Gesetze, Verordnungen, Tarifverträge, Be-

triebs- oder Dienstvereinbarungen und Verwaltungsanordnungen durchgeführt, insbesondere auch die dem Arbeitgeber nach den §§ 154, 155 und 164 bis 167 obliegenden Verpflichtungen erfüllt werden,

2. Maßnahmen, die den schwerbehinderten Menschen dienen, insbesondere auch präventive Maßnahmen, bei den zuständigen Stellen beantragt,
3. Anregungen und Beschwerden von schwerbehinderten Menschen entgegennimmt und, falls sie berechtigt erscheinen, durch Verhandlung mit dem Arbeitgeber auf eine Erledigung hinwirkt; sie unterrichtet die schwerbehinderten Menschen über den Stand und das Ergebnis der Verhandlungen.

$_{3}$Die Schwerbehindertenvertretung unterstützt Beschäftigte auch bei Anträgen an die nach § 152 Absatz 1 zuständigen Behörden auf Feststellung einer Behinderung, ihres Grades und einer Schwerbehinderung sowie bei Anträgen auf Gleichstellung an die Agentur für Arbeit. $_{4}$In Betrieben und Dienststellen mit in der Regel mehr als 100 beschäftigten schwerbehinderten Menschen kann sie nach Unterrichtung des Arbeitgebers das mit der höchsten Stimmenzahl gewählte stellvertretende Mitglied zu bestimmten Aufgaben heranziehen. $_{5}$Ab jeweils 100 weiteren beschäftigten schwerbehinderten Menschen kann jeweils auch das mit der nächsthöheren Stimmenzahl gewählte Mitglied herangezogen werden. $_{6}$Die Heranziehung zu bestimmten Aufgaben schließt die Abstimmung untereinander ein.

(2) $_{1}$Der Arbeitgeber hat die Schwerbehindertenvertretung in allen Angelegenheiten, die einen einzelnen oder die schwerbehinderten Menschen als Gruppe berühren, unverzüglich und umfassend zu unterrichten und vor einer Entscheidung anzuhören; er hat ihr die getroffene Entscheidung unverzüglich mitzuteilen. $_{2}$Die Durchführung oder Vollziehung einer ohne Beteiligung nach Satz 1 getroffenen Entscheidung ist auszusetzen, die Beteiligung ist innerhalb von sieben Tagen nachzuholen; sodann ist endgültig zu entscheiden. $_{3}$Die Kündigung eines schwerbehinderten Menschen, die der Arbeitgeber ohne eine Beteiligung nach Satz 1 ausspricht, ist unwirksam. $_{4}$Die Schwerbehindertenvertretung hat das Recht auf Beteiligung am Verfahren nach § 164 Absatz 1 und beim Vorliegen von Vermittlungsvorschlägen der Bundesagentur für Arbeit nach § 164 Absatz 1 oder von Bewerbungen schwerbehinderter Menschen das Recht auf Einsicht in die entscheidungsrelevanten Teile der Bewerbungsunterlagen und Teilnahme an Vorstellungsgesprächen.

(3) $_{1}$Der schwerbehinderte Mensch hat das Recht, bei Einsicht in die über ihn geführte Personalakte oder ihn betreffende Daten des Arbeitgebers die Schwerbehindertenvertretung hinzuzuziehen. $_{2}$Die Schwerbehindertenvertretung bewahrt über den Inhalt der Daten Stillschweigen, soweit sie der schwerbehinderte Mensch nicht von dieser Verpflichtung entbunden hat.

(4) $_{1}$Die Schwerbehindertenvertretung hat das Recht, an allen Sitzungen des Betriebs-, Personal-, Richter-, Staatsanwalts- oder Präsidialrates und deren Ausschüssen sowie des Arbeitsschutzausschusses beratend teilzunehmen; sie kann beantragen, Angelegenheiten, die einzelne oder die schwerbehinderten Menschen als Gruppe besonders betreffen, auf die Tagesordnung der nächsten Sitzung zu setzen. $_{2}$Erachtet sie einen Beschluss des Betriebs-, Personal-, Richter-, Staatsanwalts- oder Präsidialrates als eine erhebliche Beeinträchtigung wichtiger Interessen schwerbehinderter Menschen oder ist sie entgegen Absatz 2 Satz 1 nicht beteiligt worden, wird auf ihren Antrag der Beschluss für die Dauer von einer Woche vom Zeitpunkt der Beschlussfassung an ausgesetzt; die Vorschriften des Betriebsverfassungsgesetzes und des Personalvertretungsrechts über die Aussetzung von Beschlüssen gelten entsprechend. $_{3}$Durch die Aussetzung wird eine Frist nicht verlängert. $_{4}$In den Fällen des § 21e Absatz 1 und 3 des Gerichtsverfassungsgesetzes ist die Schwerbehindertenvertretung, außer in Eilfällen, auf Antrag einer betroffenen schwerbehinderten Richterin oder eines

schwerbehinderten Richters vor dem Präsidium des Gerichtes zu hören.

(5) Die Schwerbehindertenvertretung wird zu Besprechungen nach § 74 Absatz 1 des Betriebsverfassungsgesetzes, § 66 Absatz 1 des Bundespersonalvertretungsgesetzes sowie den entsprechenden Vorschriften des sonstigen Personalvertretungsrechts zwischen dem Arbeitgeber und den in Absatz 4 genannten Vertretungen hinzugezogen.

(6) 1Die Schwerbehindertenvertretung hat das Recht, mindestens einmal im Kalenderjahr eine Versammlung schwerbehinderter Menschen im Betrieb oder in der Dienststelle durchzuführen. 2Die für Betriebs- und Personalversammlungen geltenden Vorschriften finden entsprechende Anwendung.

(7) Sind in einer Angelegenheit sowohl die Schwerbehindertenvertretung der Richter und Richterinnen als auch die Schwerbehindertenvertretung der übrigen Bediensteten beteiligt, so handeln sie gemeinsam.

(8) Die Schwerbehindertenvertretung kann an Betriebs- und Personalversammlungen in Betrieben und Dienststellen teilnehmen, für die sie als Schwerbehindertenvertretung zuständig ist, und hat dort ein Rederecht, auch wenn die Mitglieder der Schwerbehindertenvertretung nicht Angehörige des Betriebes oder der Dienststelle sind.

§ 179 Persönliche Rechte und Pflichten der Vertrauenspersonen der schwerbehinderten Menschen

(1) Die Vertrauenspersonen führen ihr Amt unentgeltlich als Ehrenamt.

(2) Die Vertrauenspersonen dürfen in der Ausübung ihres Amtes nicht behindert oder wegen ihres Amtes nicht benachteiligt oder begünstigt werden; dies gilt auch für ihre berufliche Entwicklung.

(3) 1Die Vertrauenspersonen besitzen gegenüber dem Arbeitgeber die gleiche persönliche Rechtsstellung, insbesondere den gleichen Kündigungs-, Versetzungs- und Abordnungsschutz, wie ein Mitglied des Betriebs-, Personal-, Staatsanwalts- oder Richterrates. 2Das stellvertretende Mitglied besitzt während der Dauer der Vertretung und der Heranziehung nach § 178 Absatz 1 Satz 4 und 5 die gleiche persönliche Rechtsstellung wie die Vertrauensperson, im Übrigen die gleiche Rechtsstellung wie Ersatzmitglieder der in Satz 1 genannten Vertretungen.

(4) 1Die Vertrauenspersonen werden von ihrer beruflichen Tätigkeit ohne Minderung des Arbeitsentgelts oder der Dienstbezüge befreit, wenn und soweit es zur Durchführung ihrer Aufgaben erforderlich ist. 2Sind in den Betrieben und Dienststellen in der Regel wenigstens 100 schwerbehinderte Menschen beschäftigt, wird die Vertrauensperson auf ihren Wunsch freigestellt; weitergehende Vereinbarungen sind zulässig. 3Satz 1 gilt entsprechend für die Teilnahme der Vertrauensperson und des mit der höchsten Stimmenzahl gewählten stellvertretenden Mitglieds sowie in den Fällen des § 178 Absatz 1 Satz 5 auch des jeweils mit der nächsthöheren Stimmenzahl gewählten weiteren stellvertretenden Mitglieds an Schulungs- und Bildungsveranstaltungen, soweit diese Kenntnisse vermitteln, die für die Arbeit der Schwerbehindertenvertretung erforderlich sind.

(5) 1Freigestellte Vertrauenspersonen dürfen von inner- oder außerbetrieblichen Maßnahmen der Berufsförderung nicht ausgeschlossen werden. 2Innerhalb eines Jahres nach Beendigung ihrer Freistellung ist ihnen im Rahmen der Möglichkeiten des Betriebes oder der Dienststelle Gelegenheit zu geben, eine wegen der Freistellung unterbliebene berufliche Entwicklung in dem Betrieb oder der Dienststelle nachzuholen. 3Für Vertrauenspersonen, die drei volle aufeinander folgende Amtszeiten freigestellt waren, erhöht sich der genannte Zeitraum auf zwei Jahre.

(6) Zum Ausgleich für ihre Tätigkeit, die aus betriebsbedingten oder dienstlichen Gründen außerhalb der Arbeitszeit durchzuführen ist, haben die Vertrauenspersonen Anspruch auf entsprechende Arbeits- oder Dienstbefreiung unter Fortzahlung des Arbeitsentgelts oder der Dienstbezüge.

(7) 1Die Vertrauenspersonen sind verpflichtet,

1. ihnen wegen ihres Amtes anvertraute oder sonst bekannt gewordene fremde Ge-

heimnisse, namentlich zum persönlichen Lebensbereich gehörende Geheimnisse, nicht zu offenbaren und

2. ihnen wegen ihres Amtes bekannt gewordene und vom Arbeitgeber ausdrücklich als geheimhaltungsbedürftig bezeichnete Betriebs- oder Geschäftsgeheimnisse nicht zu offenbaren und nicht zu verwerten.

$_{2}$Diese Pflichten gelten auch nach dem Ausscheiden aus dem Amt. $_{3}$Sie gelten nicht gegenüber der Bundesagentur für Arbeit, den Integrationsämtern und den Rehabilitationsträgern, soweit deren Aufgaben den schwerbehinderten Menschen gegenüber es erfordern, gegenüber den Vertrauenspersonen in den Stufenvertretungen (§ 180) sowie gegenüber den in § 79 Absatz 1 des Betriebsverfassungsgesetzes und den in den entsprechenden Vorschriften des Personalvertretungsrechts genannten Vertretungen, Personen und Stellen.

(8) $_{1}$Die durch die Tätigkeit der Schwerbehindertenvertretung entstehenden Kosten trägt der Arbeitgeber; für öffentliche Arbeitgeber gelten die Kostenregelungen für Personalvertretungen entsprechend. $_{2}$Das Gleiche gilt für die durch die Teilnahme der stellvertretenden Mitglieder an Schulungs- und Bildungsveranstaltungen nach Absatz 4 Satz 3 entstehenden Kosten. $_{3}$Satz 1 umfasst auch eine Bürokraft für die Schwerbehindertenvertretung in erforderlichem Umfang.

(9) Die Räume und der Geschäftsbedarf, die der Arbeitgeber dem Betriebs-, Personal-, Richter-, Staatsanwalts- oder Präsidialrat für dessen Sitzungen, Sprechstunden und laufende Geschäftsführung zur Verfügung stellt, stehen für die gleichen Zwecke auch der Schwerbehindertenvertretung zur Verfügung, soweit ihr hierfür nicht eigene Räume und sächliche Mittel zur Verfügung gestellt werden.

§ 180 Konzern-, Gesamt-, Bezirks- und Hauptschwerbehindertenvertretung

(1) $_{1}$Ist für mehrere Betriebe eines Arbeitgebers ein Gesamtbetriebsrat oder für den Geschäftsbereich mehrerer Dienststellen ein Gesamtpersonalrat errichtet, wählen die Schwerbehindertenvertretungen der einzelnen Betriebe oder Dienststellen eine Gesamtschwerbehindertenvertretung. $_{2}$Ist eine Schwerbehindertenvertretung nur in einem der Betriebe oder in einer der Dienststellen gewählt, nimmt sie die Rechte und Pflichten der Gesamtschwerbehindertenvertretung wahr.

(2) $_{1}$Ist für mehrere Unternehmen ein Konzernbetriebsrat errichtet, wählen die Gesamtschwerbehindertenvertretungen eine Konzernschwerbehindertenvertretung. $_{2}$Besteht ein Konzernunternehmen nur aus einem Betrieb, für den eine Schwerbehindertenvertretung gewählt ist, hat sie das Wahlrecht wie eine Gesamtschwerbehindertenvertretung.

(3) $_{1}$Für den Geschäftsbereich mehrstufiger Verwaltungen, bei denen ein Bezirks- oder Hauptpersonalrat gebildet ist, gilt Absatz 1 sinngemäß mit der Maßgabe, dass bei den Mittelbehörden von deren Schwerbehindertenvertretung und den Schwerbehindertenvertretungen der nachgeordneten Dienststellen eine Bezirksschwerbehindertenvertretung zu wählen ist. $_{2}$Bei den obersten Dienstbehörden ist von deren Schwerbehindertenvertretung und den Bezirksschwerbehindertenvertretungen des Geschäftsbereichs eine Hauptschwerbehindertenvertretung zu wählen; ist die Zahl der Bezirksschwerbehindertenvertretungen niedriger als zehn, sind auch die Schwerbehindertenvertretungen der nachgeordneten Dienststellen wahlberechtigt.

(4) $_{1}$Für Gerichte eines Zweiges der Gerichtsbarkeit, für die ein Bezirks- oder Hauptrichterrat gebildet ist, gilt Absatz 3 entsprechend. $_{2}$Sind in einem Zweig der Gerichtsbarkeit bei den Gerichten der Länder mehrere Schwerbehindertenvertretungen nach § 177 zu wählen und ist in diesem Zweig kein Hauptrichterrat gebildet, ist in entsprechender Anwendung von Absatz 3 eine Hauptschwerbehindertenvertretung zu wählen. $_{3}$Die Hauptschwerbehindertenvertretung nimmt die Aufgabe der Schwerbehindertenvertretung gegenüber dem Präsidialrat wahr.

(5) Für jede Vertrauensperson, die nach den Absätzen 1 bis 4 neu zu wählen ist, wird wenigstens ein stellvertretendes Mitglied gewählt.

II

(6) [1]Die Gesamtschwerbehindertenvertretung vertritt die Interessen der schwerbehinderten Menschen in Angelegenheiten, die das Gesamtunternehmen oder mehrere Betriebe oder Dienststellen des Arbeitgebers betreffen und von den Schwerbehindertenvertretungen der einzelnen Betriebe oder Dienststellen nicht geregelt werden können, sowie die Interessen der schwerbehinderten Menschen, die in einem Betrieb oder einer Dienststelle tätig sind, für die eine Schwerbehindertenvertretung nicht gewählt ist; dies umfasst auch Verhandlungen und den Abschluss entsprechender Inklusionsvereinbarungen. [2]Satz 1 gilt entsprechend für die Konzern-, Bezirks- und Hauptschwerbehindertenvertretung sowie für die Schwerbehindertenvertretung der obersten Dienstbehörde, wenn bei einer mehrstufigen Verwaltung Stufenvertretungen nicht gewählt sind. [3]Die nach Satz 2 zuständige Schwerbehindertenvertretung ist auch in persönlichen Angelegenheiten schwerbehinderter Menschen, über die eine übergeordnete Dienststelle entscheidet, zuständig; sie gibt der Schwerbehindertenvertretung der Dienststelle, die den schwerbehinderten Menschen beschäftigt, Gelegenheit zur Äußerung. [4]Satz 3 gilt nicht in den Fällen, in denen der Personalrat der Beschäftigungsbehörde zu beteiligen ist.

(7) § 177 Absatz 3 bis 8, § 178 Absatz 1 Satz 4 und 5, Absatz 2, 4, 5 und 7 und § 179 gelten entsprechend, § 177 Absatz 5 mit der Maßgabe, dass die Wahl der Gesamt- und Bezirksschwerbehindertenvertretungen in der Zeit vom 1. Dezember bis 31. Januar, die der Konzern- und Hauptschwerbehindertenvertretungen in der Zeit vom 1. Februar bis 31. März stattfindet, § 177 Absatz 6 mit der Maßgabe, dass bei den Wahlen zu überörtlichen Vertretungen der zweite Halbsatz des Satzes 3 nicht gilt.

(8) § 178 Absatz 6 gilt für die Durchführung von Versammlungen der Vertrauens- und der Bezirksvertrauenspersonen durch die Gesamt-, Bezirks- oder Hauptschwerbehindertenvertretung entsprechend.

§ 181 Inklusionsbeauftragter des Arbeitgebers

[1]Der Arbeitgeber bestellt einen Inklusionsbeauftragten, der ihn in Angelegenheiten schwerbehinderter Menschen verantwortlich vertritt; falls erforderlich, können mehrere Inklusionsbeauftragte bestellt werden. [2]Der Inklusionsbeauftragte soll nach Möglichkeit selbst ein schwerbehinderter Mensch sein. [3]Der Inklusionsbeauftragte achtet vor allem darauf, dass dem Arbeitgeber obliegende Verpflichtungen erfüllt werden.

§ 182 Zusammenarbeit

(1) Arbeitgeber, Inklusionsbeauftragter des Arbeitgebers, Schwerbehindertenvertretung und Betriebs-, Personal-, Richter-, Staatsanwalts- oder Präsidialrat arbeiten zur Teilhabe schwerbehinderter Menschen am Arbeitsleben in dem Betrieb oder der Dienststelle eng zusammen.

(2) [1]Die in Absatz 1 genannten Personen und Vertretungen, die mit der Durchführung dieses Teils beauftragten Stellen und die Rehabilitationsträger unterstützen sich gegenseitig bei der Erfüllung ihrer Aufgaben. [2]Vertrauensperson und Inklusionsbeauftragter des Arbeitgebers sind Verbindungspersonen zur Bundesagentur für Arbeit und zu dem Integrationsamt.

§ 183 Verordnungsermächtigung

Die Bundesregierung wird ermächtigt, durch Rechtsverordnung mit Zustimmung des Bundesrates nähere Vorschriften über die Vorbereitung und Durchführung der Wahl der Schwerbehindertenvertretung und ihrer Stufenvertretungen zu erlassen.

Kapitel 6
Durchführung der besonderen Regelungen zur Teilhabe schwerbehinderter Menschen

§ 184 Zusammenarbeit der Integrationsämter und der Bundesagentur für Arbeit

(1) Soweit die besonderen Regelungen zur Teilhabe schwerbehinderter Menschen am

Arbeitsleben nicht durch freie Entschließung der Arbeitgeber erfüllt werden, werden sie

1. in den Ländern von dem Amt für die Sicherung der Integration schwerbehinderter Menschen im Arbeitsleben (Integrationsamt) und
2. von der Bundesagentur für Arbeit

in enger Zusammenarbeit durchgeführt.

(2) Die den Rehabilitationsträgern nach den geltenden Vorschriften obliegenden Aufgaben bleiben unberührt.

§ 185 Aufgaben des Integrationsamtes

(1) 1Das Integrationsamt hat folgende Aufgaben:

1. die Erhebung und Verwendung der Ausgleichsabgabe,
2. den Kündigungsschutz,
3. die begleitende Hilfe im Arbeitsleben,
4. die zeitweilige Entziehung der besonderen Hilfen für schwerbehinderte Menschen (§ 200).

2Die Integrationsämter werden so ausgestattet, dass sie ihre Aufgaben umfassend und qualifiziert erfüllen können. 3Hierfür wird besonders geschultes Personal mit Fachkenntnissen des Schwerbehindertenrechts eingesetzt.

(2) 1Die begleitende Hilfe im Arbeitsleben wird in enger Zusammenarbeit mit der Bundesagentur für Arbeit und den übrigen Rehabilitationsträgern durchgeführt. 2Sie soll dahingehend wirken, dass die schwerbehinderten Menschen in ihrer sozialen Stellung nicht absinken, auf Arbeitsplätzen beschäftigt werden, auf denen sie ihre Fähigkeiten und Kenntnisse voll verwerten und weiterentwickeln können sowie durch Leistungen der Rehabilitationsträger und Maßnahmen der Arbeitgeber befähigt werden, sich am Arbeitsplatz und im Wettbewerb mit nichtbehinderten Menschen zu behaupten. 3Dabei gelten als Arbeitsplätze auch Stellen, auf denen Beschäftigte befristet oder als Teilzeitbeschäftigte in einem Umfang von mindestens 15 Stunden, in Inklusionsbetrieben mindestens zwölf Stunden wöchentlich beschäftigt werden. 4Die begleitende Hilfe im Arbeitsleben umfasst auch die nach den Umständen des Einzelfalles notwendige psychosoziale Betreuung schwerbehinderter Menschen. 5Das Integrationsamt kann bei der Durchführung der begleitenden Hilfen im Arbeitsleben Integrationsfachdienste einschließlich psychosozialer Dienste freier gemeinnütziger Einrichtungen und Organisationen beteiligen. 6Das Integrationsamt soll außerdem darauf Einfluss nehmen, dass Schwierigkeiten im Arbeitsleben verhindert oder beseitigt werden; es führt hierzu auch Schulungs- und Bildungsmaßnahmen für Vertrauenspersonen, Inklusionsbeauftragte der Arbeitgeber, Betriebs-, Personal-, Richter-, Staatsanwalts- und Präsidialräte durch. 7Das Integrationsamt benennt in enger Abstimmung mit den Beteiligten des örtlichen Arbeitsmarktes Ansprechpartner, die in Handwerks- sowie in Industrie- und Handelskammern für die Arbeitgeber zur Verfügung stehen, um sie über Funktion und Aufgaben der Integrationsfachdienste aufzuklären, über Möglichkeiten der begleitenden Hilfe im Arbeitsleben zu informieren und Kontakt zum Integrationsfachdienst herzustellen.

(3) Das Integrationsamt kann im Rahmen seiner Zuständigkeit für die begleitende Hilfe im Arbeitsleben aus den ihm zur Verfügung stehenden Mitteln auch Geldleistungen erbringen, insbesondere

1. an schwerbehinderte Menschen
   a) für technische Arbeitshilfen,
   b) zum Erreichen des Arbeitsplatzes,
   c) zur Gründung und Erhaltung einer selbständigen beruflichen Existenz,
   d) zur Beschaffung, Ausstattung und Erhaltung einer behinderungsgerechten Wohnung,
   e) zur Teilnahme an Maßnahmen zur Erhaltung und Erweiterung beruflicher Kenntnisse und Fertigkeiten und
   f) in besonderen Lebenslagen,
2. an Arbeitgeber
   a) zur behinderungsgerechten Einrichtung von Arbeits- und Ausbildungsplätzen für schwerbehinderte Menschen,

b) für Zuschüsse zu Gebühren, insbesondere Prüfungsgebühren, bei der Berufsausbildung besonders betroffener schwerbehinderter Jugendlicher und junger Erwachsener,

c) für Prämien und Zuschüsse zu den Kosten der Berufsausbildung behinderter Jugendlicher und junger Erwachsener, die für die Zeit der Berufsausbildung schwerbehinderten Menschen nach § 151 Absatz 4 gleichgestellt worden sind,

d) für Prämien zur Einführung eines betrieblichen Eingliederungsmanagements und

e) für außergewöhnliche Belastungen, die mit der Beschäftigung schwerbehinderter Menschen im Sinne des § 155 Absatz 1 Nummer 1 Buchstabe a bis d, von schwerbehinderten Menschen im Anschluss an eine Beschäftigung in einer anerkannten Werkstatt für behinderte Menschen oder im Sinne des § 158 Absatz 2 verbunden sind, vor allem, wenn ohne diese Leistungen das Beschäftigungsverhältnis gefährdet würde,

3. an Träger von Integrationsfachdiensten einschließlich psychosozialer Dienste freier gemeinnütziger Einrichtungen und Organisationen sowie an Träger von Inklusionsbetrieben,
4. zur Durchführung von Aufklärungs-, Schulungs- und Bildungsmaßnahmen,
5. nachrangig zur beruflichen Orientierung,
6. zur Deckung eines Teils der Aufwendungen für ein Budget für Arbeit.

(4) Schwerbehinderte Menschen haben im Rahmen der Zuständigkeit des Integrationsamtes aus den ihm aus der Ausgleichsabgabe zur Verfügung stehenden Mitteln Anspruch auf Übernahme der Kosten einer Berufsbegleitung nach § 55 Absatz 3.

(5) Schwerbehinderte Menschen haben im Rahmen der Zuständigkeit des Integrationsamtes für die begleitende Hilfe im Arbeitsleben aus den ihm aus der Ausgleichsabgabe zur Verfügung stehenden Mitteln Anspruch auf Übernahme der Kosten einer notwendigen Arbeitsassistenz.

(6) $_1$Verpflichtungen anderer werden durch die Absätze 3 bis 5 nicht berührt. $_2$Leistungen der Rehabilitationsträger nach § 6 Absatz 1 Nummer 1 bis 5 dürfen, auch wenn auf sie ein Rechtsanspruch nicht besteht, nicht deshalb versagt werden, weil nach den besonderen Regelungen für schwerbehinderte Menschen entsprechende Leistungen vorgesehen sind; eine Aufstockung durch Leistungen des Integrationsamtes findet nicht statt.

(7) $_1$Die §§ 14, 15 Absatz 1, die §§ 16 und 17 gelten sinngemäß, wenn bei dem Integrationsamt eine Leistung zur Teilhabe am Arbeitsleben beantragt wird. $_2$Das Gleiche gilt, wenn ein Antrag bei einem Rehabilitationsträger gestellt und der Antrag von diesem nach § 16 Absatz 2 des Ersten Buches an das Integrationsamt weitergeleitet worden ist. $_3$Ist die unverzügliche Erbringung einer Leistung zur Teilhabe am Arbeitsleben erforderlich, so kann das Integrationsamt die Leistung vorläufig erbringen. $_4$Hat das Integrationsamt eine Leistung erbracht, für die ein anderer Träger zuständig ist, so erstattet dieser die auf die Leistung entfallenden Aufwendungen.

(8) $_1$Auf Antrag führt das Integrationsamt seine Leistungen zur begleitenden Hilfe im Arbeitsleben als Persönliches Budget aus. $_2$§ 29 gilt entsprechend.

§ 186 Beratender Ausschuss für behinderte Menschen bei dem Integrationsamt

(1) $_1$Bei jedem Integrationsamt wird ein Beratender Ausschuss für behinderte Menschen gebildet, der die Teilhabe der behinderten Menschen am Arbeitsleben fördert, das Integrationsamt bei der Durchführung der besonderen Regelungen für schwerbehinderte Menschen zur Teilhabe am Arbeitsleben unterstützt und bei der Vergabe der Mittel der Ausgleichsabgabe mitwirkt. $_2$Soweit die Mittel der Ausgleichsabgabe zur institutionellen Förderung verwendet werden, macht der Beratende Ausschuss Vorschläge für die Entscheidungen des Integrationsamtes.

(2) Der Ausschuss besteht aus zehn Mitgliedern, und zwar aus

1. zwei Mitgliedern, die die Arbeitnehmerinnen und Arbeitnehmer vertreten,
2. zwei Mitgliedern, die die privaten und öffentlichen Arbeitgeber vertreten,
3. vier Mitgliedern, die die Organisationen behinderter Menschen vertreten,
4. einem Mitglied, das das jeweilige Land vertritt,
5. einem Mitglied, das die Bundesagentur für Arbeit vertritt.

(3) 1Für jedes Mitglied ist eine Stellvertreterin oder ein Stellvertreter zu berufen. 2Mitglieder und Stellvertreterinnen oder Stellvertreter sollen im Bezirk des Integrationsamtes ihren Wohnsitz haben.

(4) 1Das Integrationsamt beruft auf Vorschlag

1. der Gewerkschaften des jeweiligen Landes zwei Mitglieder,
2. der Arbeitgeberverbände des jeweiligen Landes ein Mitglied,
3. der zuständigen obersten Landesbehörde oder der von ihr bestimmten Behörde ein Mitglied,
4. der Organisationen behinderter Menschen des jeweiligen Landes, die nach der Zusammensetzung ihrer Mitglieder dazu berufen sind, die behinderten Menschen in ihrer Gesamtheit zu vertreten, vier Mitglieder.

2Die zuständige oberste Landesbehörde oder die von ihr bestimmte Behörde und die Bundesagentur für Arbeit berufen je ein Mitglied.

§ 187 Aufgaben der Bundesagentur für Arbeit

(1) Die Bundesagentur für Arbeit hat folgende Aufgaben:

1. die Berufsberatung, Ausbildungsvermittlung und Arbeitsvermittlung schwerbehinderter Menschen einschließlich der Vermittlung von in Werkstätten für behinderte Menschen Beschäftigten auf den allgemeinen Arbeitsmarkt,
2. die Beratung der Arbeitgeber bei der Besetzung von Ausbildungs- und Arbeitsplätzen mit schwerbehinderten Menschen,
3. die Förderung der Teilhabe schwerbehinderter Menschen am Arbeitsleben auf dem allgemeinen Arbeitsmarkt, insbesondere von schwerbehinderten Menschen,
   a) die wegen Art oder Schwere ihrer Behinderung oder sonstiger Umstände im Arbeitsleben besonders betroffen sind (§ 155 Absatz 1),
   b) die langzeitarbeitslos im Sinne des § 18 des Dritten Buches sind,
   c) die im Anschluss an eine Beschäftigung in einer anerkannten Werkstatt für behinderte Menschen, bei einem anderen Leistungsanbieter (§ 60) oder einem Inklusionsbetrieb eingestellt werden,
   d) die als Teilzeitbeschäftigte eingestellt werden oder
   e) die zur Aus- oder Weiterbildung eingestellt werden,
4. im Rahmen von Arbeitsbeschaffungsmaßnahmen die besondere Förderung schwerbehinderter Menschen,
5. die Gleichstellung, deren Widerruf und Rücknahme,
6. die Durchführung des Anzeigeverfahrens (§ 163 Absatz 2 und 4),
7. die Überwachung der Erfüllung der Beschäftigungspflicht,
8. die Zulassung der Anrechnung und der Mehrfachanrechnung (§ 158 Absatz 2, § 159 Absatz 1 und 2),
9. die Erfassung der Werkstätten für behinderte Menschen, ihre Anerkennung und die Aufhebung der Anerkennung.

(2) 1Die Bundesagentur für Arbeit übermittelt dem Bundesministerium für Arbeit und Soziales jährlich die Ergebnisse ihrer Förderung der Teilhabe schwerbehinderter Menschen am Arbeitsleben auf dem allgemeinen Arbeitsmarkt nach dessen näherer Bestimmung und fachlicher Weisung. 2Zu den Ergebnissen gehören Angaben über die Zahl der geförderten Arbeitgeber und schwerbehinderten Menschen, die insgesamt aufgewandten Mittel und die durchschnittlichen Förde-

rungsbeträge. 3Die Bundesagentur für Arbeit veröffentlicht diese Ergebnisse.

(3) 1Die Bundesagentur für Arbeit führt befristete überregionale und regionale Arbeitsmarktprogramme zum Abbau der Arbeitslosigkeit schwerbehinderter Menschen, besonderer Gruppen schwerbehinderter Menschen, insbesondere schwerbehinderter Frauen, sowie zur Förderung des Ausbildungsplatzangebots für schwerbehinderte Menschen durch, die ihr durch Verwaltungsvereinbarung gemäß § 368 Absatz 3 Satz 2 und Absatz 4 des Dritten Buches unter Zuweisung der entsprechenden Mittel übertragen werden. 2Über den Abschluss von Verwaltungsvereinbarungen mit den Ländern ist das Bundesministerium für Arbeit und Soziales zu unterrichten.

(4) Die Bundesagentur für Arbeit richtet zur Durchführung der ihr in diesem Teil und der ihr im Dritten Buch zur Teilhabe behinderter und schwerbehinderter Menschen am Arbeitsleben übertragenen Aufgaben in allen Agenturen für Arbeit besondere Stellen ein; bei der personellen Ausstattung dieser Stellen trägt sie dem besonderen Aufwand bei der Beratung und Vermittlung des zu betreuenden Personenkreises sowie bei der Durchführung der sonstigen Aufgaben nach Absatz 1 Rechnung.

(5) Im Rahmen der Beratung der Arbeitgeber nach Absatz 1 Nummer 2 hat die Bundesagentur für Arbeit

1. dem Arbeitgeber zur Besetzung von Arbeitsplätzen geeignete arbeitslose oder arbeitssuchende schwerbehinderte Menschen unter Darlegung der Leistungsfähigkeit und der Auswirkungen der jeweiligen Behinderung auf die angebotene Stelle vorzuschlagen,
2. ihre Fördermöglichkeiten aufzuzeigen, soweit möglich und erforderlich, auch die entsprechenden Hilfen der Rehabilitationsträger und der begleitenden Hilfe im Arbeitsleben durch die Integrationsämter.

§ 188 Beratender Ausschuss für behinderte Menschen bei der Bundesagentur für Arbeit

(1) Bei der Zentrale der Bundesagentur für Arbeit wird ein Beratender Ausschuss für behinderte Menschen gebildet, der die Teilhabe der behinderten Menschen am Arbeitsleben durch Vorschläge fördert und die Bundesagentur für Arbeit bei der Durchführung der in diesem Teil und im Dritten Buch zur Teilhabe behinderter und schwerbehinderter Menschen am Arbeitsleben übertragenen Aufgaben unterstützt.

(2) Der Ausschuss besteht aus elf Mitgliedern, und zwar aus

1. zwei Mitgliedern, die die Arbeitnehmerinnen und Arbeitnehmer vertreten,
2. zwei Mitgliedern, die die privaten und öffentlichen Arbeitgeber vertreten,
3. fünf Mitgliedern, die die Organisationen behinderter Menschen vertreten,
4. einem Mitglied, das die Integrationsämter vertritt,
5. einem Mitglied, das das Bundesministerium für Arbeit und Soziales vertritt.

(3) Für jedes Mitglied ist eine Stellvertreterin oder ein Stellvertreter zu berufen.

(4) 1Der Vorstand der Bundesagentur für Arbeit beruft die Mitglieder, die Arbeitnehmer und Arbeitgeber vertreten, auf Vorschlag ihrer Gruppenvertreter im Verwaltungsrat der Bundesagentur für Arbeit. 2Er beruft auf Vorschlag der Organisationen behinderter Menschen, die nach der Zusammensetzung ihrer Mitglieder dazu berufen sind, die behinderten Menschen in ihrer Gesamtheit auf Bundesebene zu vertreten, die Mitglieder, die Organisationen der behinderten Menschen vertreten. 3Auf Vorschlag der Bundesarbeitsgemeinschaft der Integrationsämter und Hauptfürsorgestellen beruft er das Mitglied, das die Integrationsämter vertritt, und auf Vorschlag des Bundesministeriums für Arbeit und Soziales das Mitglied, das dieses vertritt.

§ 189 Gemeinsame Vorschriften

(1) 1Die Beratenden Ausschüsse für behinderte Menschen (§§ 186, 188) wählen aus

den ihnen angehörenden Mitgliedern von Seiten der Arbeitnehmer, Arbeitgeber oder Organisationen behinderter Menschen jeweils für die Dauer eines Jahres eine Vorsitzende oder einen Vorsitzenden und eine Stellvertreterin oder einen Stellvertreter. ₂Die Gewählten dürfen nicht derselben Gruppe angehören. ₃Die Gruppen stellen in regelmäßig jährlich wechselnder Reihenfolge die Vorsitzende oder den Vorsitzenden und die Stellvertreterin oder den Stellvertreter. ₄Die Reihenfolge wird durch die Beendigung der Amtszeit der Mitglieder nicht unterbrochen. ₅Scheidet die Vorsitzende oder der Vorsitzende oder die Stellvertreterin oder der Stellvertreter aus, wird sie oder er neu gewählt.

(2) ₁Die Beratenden Ausschüsse für behinderte Menschen sind beschlussfähig, wenn wenigstens die Hälfte der Mitglieder anwesend ist. ₂Die Beschlüsse und Entscheidungen werden mit einfacher Stimmenmehrheit getroffen.

(3) ₁Die Mitglieder der Beratenden Ausschüsse für behinderte Menschen üben ihre Tätigkeit ehrenamtlich aus. ₂Ihre Amtszeit beträgt vier Jahre.

§ 190 Übertragung von Aufgaben

(1) ₁Die Landesregierung oder die von ihr bestimmte Stelle kann die Verlängerung der Gültigkeitsdauer der Ausweise nach § 152 Absatz 5, für die eine Feststellung nach § 152 Absatz 1 nicht zu treffen ist, auf andere Behörden übertragen. ₂Im Übrigen kann sie andere Behörden zur Aushändigung der Ausweise heranziehen.

(2) Die Landesregierung oder die von ihr bestimmte Stelle kann Aufgaben und Befugnisse des Integrationsamtes nach diesem Teil auf örtliche Fürsorgestellen übertragen oder die Heranziehung örtlicher Fürsorgestellen zur Durchführung der den Integrationsämtern obliegenden Aufgaben bestimmen.

§ 191 Verordnungsermächtigung

Die Bundesregierung wird ermächtigt, durch Rechtsverordnung mit Zustimmung des Bundesrates das Nähere über die Voraussetzungen des Anspruchs nach § 49 Absatz 8 Nummer 3 und § 185 Absatz 5 sowie über die Höhe, Dauer und Ausführung der Leistungen zu regeln.

Kapitel 7
Integrationsfachdienste

§ 192 Begriff und Personenkreis

(1) Integrationsfachdienste sind Dienste Dritter, die bei der Durchführung der Maßnahmen zur Teilhabe schwerbehinderter Menschen am Arbeitsleben beteiligt werden.

(2) Schwerbehinderte Menschen im Sinne des Absatzes 1 sind insbesondere

1. schwerbehinderte Menschen mit einem besonderen Bedarf an arbeitsbegleitender Betreuung,
2. schwerbehinderte Menschen, die nach zielgerichteter Vorbereitung durch die Werkstatt für behinderte Menschen am Arbeitsleben auf dem allgemeinen Arbeitsmarkt teilhaben sollen und dabei auf aufwendige, personalintensive, individuelle arbeitsbegleitende Hilfen angewiesen sind sowie
3. schwerbehinderte Schulabgänger, die für die Aufnahme einer Beschäftigung auf dem allgemeinen Arbeitsmarkt auf die Unterstützung eines Integrationsfachdienstes angewiesen sind.

(3) Ein besonderer Bedarf an arbeits- und berufsbegleitender Betreuung ist insbesondere gegeben bei schwerbehinderten Menschen mit geistiger oder seelischer Behinderung oder mit einer schweren Körper-, Sinnes- oder Mehrfachbehinderung, die sich im Arbeitsleben besonders nachteilig auswirkt und allein oder zusammen mit weiteren vermittlungshemmenden Umständen (Alter, Langzeitarbeitslosigkeit, unzureichende Qualifikation, Leistungsminderung) die Teilhabe am Arbeitsleben auf dem allgemeinen Arbeitsmarkt erschwert.

(4) ₁Der Integrationsfachdienst kann im Rahmen der Aufgabenstellung nach Absatz 1 auch zur beruflichen Eingliederung von behinderten Menschen, die nicht schwerbehindert sind, tätig werden. ₂Hierbei wird den

besonderen Bedürfnissen seelisch behinderter oder von einer seelischen Behinderung bedrohter Menschen Rechnung getragen.

§ 193 Aufgaben

(1) Die Integrationsfachdienste können zur Teilhabe schwerbehinderter Menschen am Arbeitsleben (Aufnahme, Ausübung und Sicherung einer möglichst dauerhaften Beschäftigung) beteiligt werden, indem sie

1. die schwerbehinderten Menschen beraten, unterstützen und auf geeignete Arbeitsplätze vermitteln,
2. die Arbeitgeber informieren, beraten und ihnen Hilfe leisten.

(2) Zu den Aufgaben des Integrationsfachdienstes gehört es,

1. die Fähigkeiten der zugewiesenen schwerbehinderten Menschen zu bewerten und einzuschätzen und dabei ein individuelles Fähigkeits-, Leistungs- und Interessenprofil zur Vorbereitung auf den allgemeinen Arbeitsmarkt in enger Kooperation mit den schwerbehinderten Menschen, dem Auftraggeber und der abgebenden Einrichtung der schulischen oder beruflichen Bildung oder Rehabilitation zu erarbeiten,
2. die Bundesagentur für Arbeit auf deren Anforderung bei der Berufsorientierung und Berufsberatung in den Schulen einschließlich der auf jeden einzelnen Jugendlichen bezogenen Dokumentation der Ergebnisse zu unterstützen,
3. die betriebliche Ausbildung schwerbehinderter, insbesondere seelisch und lernbehinderter, Jugendlicher zu begleiten,
4. geeignete Arbeitsplätze (§ 156) auf dem allgemeinen Arbeitsmarkt zu erschließen,
5. die schwerbehinderten Menschen auf die vorgesehenen Arbeitsplätze vorzubereiten,
6. die schwerbehinderten Menschen, solange erforderlich, am Arbeitsplatz oder beim Training der berufspraktischen Fähigkeiten am konkreten Arbeitsplatz zu begleiten,
7. mit Zustimmung des schwerbehinderten Menschen die Mitarbeiter im Betrieb oder in der Dienststelle über Art und Auswirkungen der Behinderung und über entsprechende Verhaltensregeln zu informieren und zu beraten,
8. eine Nachbetreuung, Krisenintervention oder psychosoziale Betreuung durchzuführen sowie
9. als Ansprechpartner für die Arbeitgeber zur Verfügung zu stehen, über die Leistungen für die Arbeitgeber zu informieren und für die Arbeitgeber diese Leistungen abzuklären,
10. in Zusammenarbeit mit den Rehabilitationsträgern und den Integrationsämtern die für den schwerbehinderten Menschen benötigten Leistungen zu klären und bei der Beantragung zu unterstützen.

§ 194 Beauftragung und Verantwortlichkeit

(1) [1]Die Integrationsfachdienste werden im Auftrag der Integrationsämter oder der Rehabilitationsträger tätig. [2]Diese bleiben für die Ausführung der Leistung verantwortlich.

(2) Im Auftrag legt der Auftraggeber in Abstimmung mit dem Integrationsfachdienst Art, Umfang und Dauer des im Einzelfall notwendigen Einsatzes des Integrationsfachdienstes sowie das Entgelt fest.

(3) Der Integrationsfachdienst arbeitet insbesondere mit

1. den zuständigen Stellen der Bundesagentur für Arbeit,
2. dem Integrationsamt,
3. dem zuständigen Rehabilitationsträger, insbesondere den Berufshelfern der gesetzlichen Unfallversicherung,
4. dem Arbeitgeber, der Schwerbehindertenvertretung und den anderen betrieblichen Interessenvertretungen,
5. der abgebenden Einrichtung der schulischen oder beruflichen Bildung oder Rehabilitation mit ihren begleitenden Diens-

ten und internen Integrationsfachkräften oder -diensten zur Unterstützung von Teilnehmenden an Leistungen zur Teilhabe am Arbeitsleben,

6. den Handwerks-, den Industrie- und Handelskammern sowie den berufsständigen Organisationen,
7. wenn notwendig, auch mit anderen Stellen und Personen,

eng zusammen.

(4) 1Näheres zur Beauftragung, Zusammenarbeit, fachlichen Leitung, Aufsicht sowie zur Qualitätssicherung und Ergebnisbeobachtung wird zwischen dem Auftraggeber und dem Träger des Integrationsfachdienstes vertraglich geregelt. 2Die Vereinbarungen sollen im Interesse finanzieller Planungssicherheit auf eine Dauer von mindestens drei Jahren abgeschlossen werden.

(5) Die Integrationsämter wirken darauf hin, dass die berufsbegleitenden und psychosozialen Dienste bei den von ihnen beauftragten Integrationsfachdiensten konzentriert werden.

§ 195 Fachliche Anforderungen

(1) Die Integrationsfachdienste müssen

1. nach der personellen, räumlichen und sächlichen Ausstattung in der Lage sein, ihre gesetzlichen Aufgaben wahrzunehmen,
2. über Erfahrungen mit dem zu unterstützenden Personenkreis (§ 192 Absatz 2) verfügen,
3. mit Fachkräften ausgestattet sein, die über eine geeignete Berufsqualifikation, eine psychosoziale oder arbeitspädagogische Zusatzqualifikation und ausreichende Berufserfahrung verfügen, sowie
4. rechtlich oder organisatorisch und wirtschaftlich eigenständig sein.

(2) 1Der Personalbedarf eines Integrationsfachdienstes richtet sich nach den konkreten Bedürfnissen unter Berücksichtigung der Zahl der Betreuungs- und Beratungsfälle, des durchschnittlichen Betreuungs- und Beratungsaufwands, der Größe des regionalen Einzugsbereichs und der Zahl der zu beratenden Arbeitgeber. 2Den besonderen Bedürfnissen besonderer Gruppen schwerbehinderter Menschen, insbesondere schwerbehinderter Frauen, und der Notwendigkeit einer psychosozialen Betreuung soll durch eine Differenzierung innerhalb des Integrationsfachdienstes Rechnung getragen werden.

(3) 1Bei der Stellenbesetzung des Integrationsfachdienstes werden schwerbehinderte Menschen bevorzugt berücksichtigt. 2Dabei wird ein angemessener Anteil der Stellen mit schwerbehinderten Frauen besetzt.

§ 196 Finanzielle Leistungen

(1) 1Die Inanspruchnahme von Integrationsfachdiensten wird vom Auftraggeber vergütet. 2Die Vergütung für die Inanspruchnahme von Integrationsfachdiensten kann bei Beauftragung durch das Integrationsamt aus Mitteln der Ausgleichsabgabe erbracht werden.

(2) Die Bezahlung tarifvertraglich vereinbarter Vergütungen sowie entsprechender Vergütungen nach kirchlichen Arbeitsrechtsregelungen kann bei der Beauftragung von Integrationsfachdiensten nicht als unwirtschaftlich abgelehnt werden.

(3) 1Die Bundesarbeitsgemeinschaft der Integrationsämter und Hauptfürsorgestellen vereinbart mit den Rehabilitationsträgern nach § 6 Absatz 1 Nummer 2 bis 5 unter Beteiligung der maßgeblichen Verbände, darunter der Bundesarbeitsgemeinschaft, in der sich die Integrationsfachdienste zusammengeschlossen haben, eine gemeinsame Empfehlung zur Inanspruchnahme der Integrationsfachdienste durch die Rehabilitationsträger, zur Zusammenarbeit und zur Finanzierung der Kosten, die dem Integrationsfachdienst bei der Wahrnehmung der Aufgaben der Rehabilitationsträger entstehen. 2§ 26 Absatz 7 und 8 gilt entsprechend.

§ 197 Ergebnisbeobachtung

(1) 1Der Integrationsfachdienst dokumentiert Verlauf und Ergebnis der jeweiligen Bemühungen um die Förderung der Teilhabe am Arbeitsleben. 2Er erstellt jährlich eine zusammenfassende Darstellung der Ergebnisse und

legt diese den Auftraggebern nach deren näherer gemeinsamer Maßgabe vor. 3Diese Zusammenstellung soll insbesondere geschlechtsdifferenzierte Angaben enthalten zu

II

1. den Zu- und Abgängen an Betreuungsfällen im Kalenderjahr,
2. dem Bestand an Betreuungsfällen,
3. der Zahl der abgeschlossenen Fälle, differenziert nach Aufnahme einer Ausbildung, einer befristeten oder unbefristeten Beschäftigung, einer Beschäftigung in einem Integrationsprojekt oder in einer Werkstatt für behinderte Menschen.

(2) Der Integrationsfachdienst dokumentiert auch die Ergebnisse seiner Bemühungen zur Unterstützung der Bundesagentur für Arbeit und die Begleitung der betrieblichen Ausbildung nach § 193 Absatz 2 Nummer 4 und 5 unter Einbeziehung geschlechtsdifferenzierter Daten und Besonderheiten sowie der Art der Behinderung.

§ 198 Verordnungsermächtigung

(1) Das Bundesministerium für Arbeit und Soziales wird ermächtigt, durch Rechtsverordnung mit Zustimmung des Bundesrates das Nähere über den Begriff und die Aufgaben des Integrationsfachdienstes, die für sie geltenden fachlichen Anforderungen und die finanziellen Leistungen zu regeln.

(2) Vereinbaren die Bundesarbeitsgemeinschaft der Integrationsämter und Hauptfürsorgestellen und die Rehabilitationsträger nicht innerhalb von sechs Monaten, nachdem das Bundesministerium für Arbeit und Soziales sie dazu aufgefordert hat, eine gemeinsame Empfehlung nach § 196 Absatz 3 oder ändern sie die unzureichend gewordene Empfehlung nicht innerhalb dieser Frist, kann das Bundesministerium für Arbeit und Soziales Regelungen durch Rechtsverordnung mit Zustimmung des Bundesrates erlassen.

Kapitel 8
Beendigung der Anwendung der besonderen Regelungen zur Teilhabe schwerbehinderter und gleichgestellter behinderter Menschen

§ 199 Beendigung der Anwendung der besonderen Regelungen zur Teilhabe schwerbehinderter Menschen

(1) Die besonderen Regelungen für schwerbehinderte Menschen werden nicht angewendet nach dem Wegfall der Voraussetzungen nach § 2 Absatz 2; wenn sich der Grad der Behinderung auf weniger als 50 verringert, jedoch erst am Ende des dritten Kalendermonats nach Eintritt der Unanfechtbarkeit des die Verringerung feststellenden Bescheides.

(2) 1Die besonderen Regelungen für gleichgestellte behinderte Menschen werden nach dem Widerruf oder der Rücknahme der Gleichstellung nicht mehr angewendet. 2Der Widerruf der Gleichstellung ist zulässig, wenn die Voraussetzungen nach § 2 Absatz 3 in Verbindung mit § 151 Absatz 2 weggefallen sind. 3Er wird erst am Ende des dritten Kalendermonats nach Eintritt seiner Unanfechtbarkeit wirksam.

(3) Bis zur Beendigung der Anwendung der besonderen Regelungen für schwerbehinderte Menschen und ihnen gleichgestellte behinderte Menschen werden die behinderten Menschen dem Arbeitgeber auf die Zahl der Pflichtarbeitsplätze für schwerbehinderte Menschen angerechnet.

§ 200 Entziehung der besonderen Hilfen für schwerbehinderte Menschen

(1) 1Einem schwerbehinderten Menschen, der einen zumutbaren Arbeitsplatz ohne berechtigten Grund zurückweist oder aufgibt oder sich ohne berechtigten Grund weigert, an einer Maßnahme zur Teilhabe am Arbeitsleben teilzunehmen, oder sonst durch sein Verhalten seine Teilhabe am Arbeitsleben schuldhaft vereitelt, kann das Integrationsamt im Benehmen mit der Bundesagentur für Arbeit die besonderen Hilfen für schwerbehinderte

Menschen zeitweilig entziehen. 2Dies gilt auch für gleichgestellte behinderte Menschen.

(2) 1Vor der Entscheidung über die Entziehung wird der schwerbehinderte Mensch gehört. 2In der Entscheidung wird die Frist bestimmt, für die sie gilt. 3Die Frist läuft vom Tag der Entscheidung an und beträgt nicht mehr als sechs Monate. 4Die Entscheidung wird dem schwerbehinderten Menschen bekannt gegeben.

Kapitel 9 Widerspruchsverfahren

§ 201 Widerspruch

(1) 1Den Widerspruchsbescheid nach § 73 der Verwaltungsgerichtsordnung erlässt bei Verwaltungsakten der Integrationsämter und bei Verwaltungsakten der örtlichen Fürsorgestellen (§ 190 Absatz 2) der Widerspruchsausschuss bei dem Integrationsamt (§ 202). 2Des Vorverfahrens bedarf es auch, wenn den Verwaltungsakt ein Integrationsamt erlassen hat, das bei einer obersten Landesbehörde besteht.

(2) Den Widerspruchsbescheid nach § 85 des Sozialgerichtsgesetzes erlässt bei Verwaltungsakten, welche die Bundesagentur für Arbeit auf Grund dieses Teils erlässt, der Widerspruchsausschuss der Bundesagentur für Arbeit.

§ 202 Widerspruchsausschuss bei dem Integrationsamt

(1) Bei jedem Integrationsamt besteht ein Widerspruchsausschuss aus sieben Mitgliedern, und zwar aus zwei Mitgliedern, die schwerbehinderte Arbeitnehmer oder Arbeitnehmerinnen sind, zwei Mitgliedern, die Arbeitgeber sind, einem Mitglied, das das Integrationsamt vertritt, einem Mitglied, das die Bundesagentur für Arbeit vertritt, einer Vertrauensperson schwerbehinderter Menschen.

(2) Für jedes Mitglied wird ein Stellvertreter oder eine Stellvertreterin berufen.

(3) 1Das Integrationsamt beruft auf Vorschlag der Organisationen behinderter Menschen des jeweiligen Landes die Mitglieder, die Arbeitnehmer sind, auf Vorschlag der jeweils für das Land zuständigen Arbeitgeberverbände die Mitglieder, die Arbeitgeber sind, sowie die Vertrauensperson. 2Die zuständige oberste Landesbehörde oder die von ihr bestimmte Behörde beruft das Mitglied, das das Integrationsamt vertritt. 3Die Bundesagentur für Arbeit beruft das Mitglied, das sie vertritt. 4Entsprechendes gilt für die Berufung des Stellvertreters oder der Stellvertreterin des jeweiligen Mitglieds.

(4) 1In Kündigungsangelegenheiten schwerbehinderter Menschen, die bei einer Dienststelle oder in einem Betrieb beschäftigt sind, der zum Geschäftsbereich des Bundesministeriums der Verteidigung gehört, treten an die Stelle der Mitglieder, die Arbeitgeber sind, Angehörige des öffentlichen Dienstes. 2Dem Integrationsamt werden ein Mitglied und sein Stellvertreter oder seine Stellvertreterin von den von der Bundesregierung bestimmten Bundesbehörden benannt. 3Eines der Mitglieder, die schwerbehinderte Arbeitnehmer oder Arbeitnehmerinnen sind, muss dem öffentlichen Dienst angehören.

(5) 1Die Amtszeit der Mitglieder der Widerspruchsausschüsse beträgt vier Jahre. 2Die Mitglieder der Ausschüsse üben ihre Tätigkeit unentgeltlich aus.

§ 203 Widerspruchsausschüsse der Bundesagentur für Arbeit

(1) Die Bundesagentur für Arbeit richtet Widerspruchsausschüsse ein, die aus sieben Mitgliedern bestehen, und zwar aus zwei Mitgliedern, die schwerbehinderte Arbeitnehmer oder Arbeitnehmerinnen sind, zwei Mitgliedern, die Arbeitgeber sind, einem Mitglied, das das Integrationsamt vertritt, einem Mitglied, das die Bundesagentur für Arbeit vertritt, einer Vertrauensperson schwerbehinderter Menschen.

(2) Für jedes Mitglied wird ein Stellvertreter oder eine Stellvertreterin berufen.

(3) 1Die Bundesagentur für Arbeit beruft

1. die Mitglieder, die Arbeitnehmer oder Arbeitnehmerinnen sind, auf Vorschlag der jeweils zuständigen Organisationen be-

hinderter Menschen, der im Benehmen mit den jeweils zuständigen Gewerkschaften, die für die Vertretung der Arbeitnehmerinteressen wesentliche Bedeutung haben, gemacht wird,

2. die Mitglieder, die Arbeitgeber sind, auf Vorschlag der jeweils zuständigen Arbeitgeberverbände, soweit sie für die Vertretung von Arbeitgeberinteressen wesentliche Bedeutung haben, sowie
3. das Mitglied, das die Bundesagentur für Arbeit vertritt, und
4. die Vertrauensperson.

$_2$Die zuständige oberste Landesbehörde oder die von ihr bestimmte Behörde beruft das Mitglied, das das Integrationsamt vertritt. $_3$Entsprechendes gilt für die Berufung des Stellvertreters oder der Stellvertreterin des jeweiligen Mitglieds.

(4) § 202 Absatz 5 gilt entsprechend.

§ 204 Verfahrensvorschriften

(1) Für den Widerspruchsausschuss bei dem Integrationsamt (§ 202) und die Widerspruchsausschüsse bei der Bundesagentur für Arbeit (§ 203) gilt § 189 Absatz 1 und 2 entsprechend.

(2) Im Widerspruchsverfahren nach Kapitel 4 werden der Arbeitgeber und der schwerbehinderte Mensch vor der Entscheidung gehört; in den übrigen Fällen verbleibt es bei der Anhörung des Widerspruchsführers.

(3) $_1$Die Mitglieder der Ausschüsse können wegen Besorgnis der Befangenheit abgelehnt werden. $_2$Über die Ablehnung entscheidet der Ausschuss, dem das Mitglied angehört.

Kapitel 10
Sonstige Vorschriften

§ 205 Vorrang der schwerbehinderten Menschen

Verpflichtungen zur bevorzugten Einstellung und Beschäftigung bestimmter Personenkreise nach anderen Gesetzen entbinden den Arbeitgeber nicht von der Verpflichtung zur Beschäftigung schwerbehinderter Menschen nach den besonderen Regelungen für schwerbehinderte Menschen.

§ 206 Arbeitsentgelt und Dienstbezüge

(1) $_1$Bei der Bemessung des Arbeitsentgelts und der Dienstbezüge aus einem bestehenden Beschäftigungsverhältnis werden Renten und vergleichbare Leistungen, die wegen der Behinderung bezogen werden, nicht berücksichtigt. $_2$Die völlige oder teilweise Anrechnung dieser Leistungen auf das Arbeitsentgelt oder die Dienstbezüge ist unzulässig.

(2) Absatz 1 gilt nicht für Zeiträume, in denen die Beschäftigung tatsächlich nicht ausgeübt wird und die Vorschriften über die Zahlung der Rente oder der vergleichbaren Leistung eine Anrechnung oder ein Ruhen vorsehen, wenn Arbeitsentgelt oder Dienstbezüge gezahlt werden.

§ 207 Mehrarbeit

Schwerbehinderte Menschen werden auf ihr Verlangen von Mehrarbeit freigestellt.

§ 208 Zusatzurlaub

(1) $_1$Schwerbehinderte Menschen haben Anspruch auf einen bezahlten zusätzlichen Urlaub von fünf Arbeitstagen im Urlaubsjahr; verteilt sich die regelmäßige Arbeitszeit des schwerbehinderten Menschen auf mehr oder weniger als fünf Arbeitstage in der Kalenderwoche, erhöht oder vermindert sich der Zusatzurlaub entsprechend. $_2$Soweit tarifliche, betriebliche oder sonstige Urlaubsregelungen für schwerbehinderte Menschen einen längeren Zusatzurlaub vorsehen, bleiben sie unberührt.

(2) $_1$Besteht die Schwerbehinderteneigenschaft nicht während des gesamten Kalenderjahres, so hat der schwerbehinderte Mensch für jeden vollen Monat der im Beschäftigungsverhältnis vorliegenden Schwerbehinderteneigenschaft einen Anspruch auf ein Zwölftel des Zusatzurlaubs nach Absatz 1 Satz 1. $_2$Bruchteile von Urlaubstagen, die mindestens einen halben Tag ergeben, sind auf volle Urlaubstage aufzurunden. $_3$Der so ermittelte Zusatzurlaub ist dem Erholungsurlaub hinzuzurechnen und kann bei einem nicht im ganzen Kalenderjahr bestehenden

Beschäftigungsverhältnis nicht erneut gemindert werden.

(3) Wird die Eigenschaft als schwerbehinderter Mensch nach § 152 Absatz 1 und 2 rückwirkend festgestellt, finden auch für die Übertragbarkeit des Zusatzurlaubs in das nächste Kalenderjahr die dem Beschäftigungsverhältnis zugrunde liegenden urlaubsrechtlichen Regelungen Anwendung.

§ 209 Nachteilsausgleich

(1) Die Vorschriften über Hilfen für behinderte Menschen zum Ausgleich behinderungsbedingter Nachteile oder Mehraufwendungen (Nachteilsausgleich) werden so gestaltet, dass sie unabhängig von der Ursache der Behinderung der Art oder Schwere der Behinderung Rechnung tragen.

(2) Nachteilsausgleiche, die auf Grund bisher geltender Rechtsvorschriften erfolgen, bleiben unberührt.

§ 210 Beschäftigung schwerbehinderter Menschen in Heimarbeit

(1) Schwerbehinderte Menschen, die in Heimarbeit beschäftigt oder diesen gleichgestellt sind (§ 1 Absatz 1 und 2 des Heimarbeitsgesetzes) und in der Hauptsache für den gleichen Auftraggeber arbeiten, werden auf die Arbeitsplätze für schwerbehinderte Menschen dieses Auftraggebers angerechnet.

(2) $_1$Für in Heimarbeit beschäftigte und diesen gleichgestellte schwerbehinderte Menschen wird die in § 29 Absatz 2 des Heimarbeitsgesetzes festgelegte Kündigungsfrist von zwei Wochen auf vier Wochen erhöht; die Vorschrift des § 29 Absatz 7 des Heimarbeitsgesetzes ist sinngemäß anzuwenden. $_2$Der besondere Kündigungsschutz schwerbehinderter Menschen im Sinne des Kapitels 4 gilt auch für die in Satz 1 genannten Personen.

(3) $_1$Die Bezahlung des zusätzlichen Urlaubs der in Heimarbeit beschäftigten oder diesen gleichgestellten schwerbehinderten Menschen erfolgt nach den für die Bezahlung ihres sonstigen Urlaubs geltenden Berechnungsgrundsätzen. $_2$Sofern eine besondere Regelung nicht besteht, erhalten die schwerbehinderten Menschen als zusätzliches Urlaubsgeld 2 Prozent des in der Zeit vom 1. Mai des vergangenen bis zum 30. April des laufenden Jahres verdienten Arbeitsentgelts ausschließlich der Unkostenzuschläge.

(4) $_1$Schwerbehinderte Menschen, die als fremde Hilfskräfte eines Hausgewerbetreibenden oder eines Gleichgestellten beschäftigt werden (§ 2 Absatz 6 des Heimarbeitsgesetzes) können auf Antrag eines Auftraggebers auch auf dessen Pflichtarbeitsplätze für schwerbehinderte Menschen angerechnet werden, wenn der Arbeitgeber in der Hauptsache für diesen Auftraggeber arbeitet. $_2$Wird einem schwerbehinderten Menschen im Sinne des Satzes 1, dessen Anrechnung die Bundesagentur für Arbeit zugelassen hat, durch seinen Arbeitgeber gekündigt, weil der Auftraggeber die Zuteilung von Arbeit eingestellt oder die regelmäßige Arbeitsmenge erheblich herabgesetzt hat, erstattet der Auftraggeber dem Arbeitgeber die Aufwendungen für die Zahlung des regelmäßigen Arbeitsverdienstes an den schwerbehinderten Menschen bis zur rechtmäßigen Beendigung seines Arbeitsverhältnisses.

(5) Werden fremde Hilfskräfte eines Hausgewerbetreibenden oder eines Gleichgestellten (§ 2 Absatz 6 des Heimarbeitsgesetzes) einem Auftraggeber gemäß Absatz 4 auf seine Arbeitsplätze für schwerbehinderte Menschen angerechnet, erstattet der Auftraggeber die dem Arbeitgeber nach Absatz 3 entstehenden Aufwendungen.

(6) Die den Arbeitgeber nach § 163 Absatz 1 und 5 treffenden Verpflichtungen gelten auch für Personen, die Heimarbeit ausgeben.

§ 211 Schwerbehinderte Beamtinnen und Beamte, Richterinnen und Richter, Soldatinnen und Soldaten

(1) Die besonderen Vorschriften und Grundsätze für die Besetzung der Beamtenstellen sind unbeschadet der Geltung dieses Teils auch für schwerbehinderte Beamtinnen und Beamte so zu gestalten, dass die Einstellung und Beschäftigung schwerbehinderter Menschen gefördert und ein angemessener Anteil

schwerbehinderter Menschen unter den Beamten und Beamtinnen erreicht wird.

(2) Absatz 1 gilt für Richterinnen und Richter entsprechend.

(3) 1Für die persönliche Rechtsstellung schwerbehinderter Soldatinnen und Soldaten gelten die §§ 2, 152, 176 bis 182, 199 Absatz 1 sowie die §§ 206, 208, 209 und 228 bis 230. 2Im Übrigen gelten für Soldatinnen und Soldaten die Vorschriften über die persönliche Rechtsstellung der schwerbehinderten Menschen, soweit sie mit den Besonderheiten des Dienstverhältnisses vereinbar sind.

§ 212 Unabhängige Tätigkeit

Soweit zur Ausübung einer unabhängigen Tätigkeit eine Zulassung erforderlich ist, soll schwerbehinderten Menschen, die eine Zulassung beantragen, bei fachlicher Eignung und Erfüllung der sonstigen gesetzlichen Voraussetzungen die Zulassung bevorzugt erteilt werden.

§ 213 Geheimhaltungspflicht

(1) Die Beschäftigten der Integrationsämter, der Bundesagentur für Arbeit, der Rehabilitationsträger sowie der von diesen Stellen beauftragten Integrationsfachdienste und die Mitglieder der Ausschüsse und des Beirates für die Teilhabe von Menschen mit Behinderungen (§ 86) und ihre Stellvertreterinnen oder Stellvertreter sowie zur Durchführung ihrer Aufgaben hinzugezogene Sachverständige sind verpflichtet,

1. über ihnen wegen ihres Amtes oder Auftrages bekannt gewordene persönliche Verhältnisse und Angelegenheiten von Beschäftigten auf Arbeitsplätzen für schwerbehinderte Menschen, die ihrer Bedeutung oder ihrem Inhalt nach einer vertraulichen Behandlung bedürfen, Stillschweigen zu bewahren und
2. ihnen wegen ihres Amtes oder Auftrages bekannt gewordene und vom Arbeitgeber ausdrücklich als geheimhaltungsbedürftig bezeichnete Betriebs- oder Geschäftsgeheimnisse nicht zu offenbaren und nicht zu verwerten.

(2) 1Diese Pflichten gelten auch nach dem Ausscheiden aus dem Amt oder nach Beendigung des Auftrages. 2Sie gelten nicht gegenüber der Bundesagentur für Arbeit, den Integrationsämtern und den Rehabilitationsträgern, soweit deren Aufgaben gegenüber schwerbehinderten Menschen es erfordern, gegenüber der Schwerbehindertenvertretung sowie gegenüber den in § 79 Absatz 1 des Betriebsverfassungsgesetzes und den in den entsprechenden Vorschriften des Personalvertretungsrechts genannten Vertretungen, Personen und Stellen.

§ 214 Statistik

(1) Über schwerbehinderte Menschen wird alle zwei Jahre eine Bundesstatistik durchgeführt. Sie umfasst die folgenden Erhebungsmerkmale:

1. die Zahl der schwerbehinderten Menschen mit gültigem Ausweis,
2. die schwerbehinderten Menschen nach Geburtsjahr, Geschlecht, Staatsangehörigkeit und Wohnort,
3. Art, Ursache und Grad der Behinderung.

(2) Hilfsmerkmale sind:

1. Name, Anschrift, Telefonnummer und Adresse für elektronische Post der nach Absatz 3 Satz 2 auskunftspflichtigen Behörden,
2. Name und Kontaktdaten der für Rückfragen zur Verfügung stehenden Personen,
3. die Signiernummern für das Versorgungsamt und für das Berichtsland.

(3) 1Für die Erhebung besteht Auskunftspflicht. 2Auskunftspflichtig sind die nach § 152 Absatz 1 und 5 zuständigen Behörden. 3Die Angaben zu Absatz 2 Nummer 2 sind freiwillig.

Kapitel 11
Inklusionsbetriebe

§ 215 Begriff und Personenkreis

(1) Inklusionsbetriebe sind rechtlich und wirtschaftlich selbständige Unternehmen oder unternehmensinterne oder von öffentlichen Arbeitgebern im Sinne des § 154 Ab-

satz 2 geführte Betriebe oder Abteilungen zur Beschäftigung schwerbehinderter Menschen auf dem allgemeinen Arbeitsmarkt, deren Teilhabe an einer sonstigen Beschäftigung auf dem allgemeinen Arbeitsmarkt auf Grund von Art oder Schwere der Behinderung oder wegen sonstiger Umstände voraussichtlich trotz Ausschöpfens aller Fördermöglichkeiten und des Einsatzes von Integrationsfachdiensten auf besondere Schwierigkeiten stößt.

(2) Schwerbehinderte Menschen nach Absatz 1 sind insbesondere

1. schwerbehinderte Menschen mit geistiger oder seelischer Behinderung oder mit einer schweren Körper-, Sinnes- oder Mehrfachbehinderung, die sich im Arbeitsleben besonders nachteilig auswirkt und allein oder zusammen mit weiteren vermittlungshemmenden Umständen die Teilhabe am allgemeinen Arbeitsmarkt außerhalb eines Inklusionsbetriebes erschwert oder verhindert,
2. schwerbehinderte Menschen, die nach zielgerichteter Vorbereitung in einer Werkstatt für behinderte Menschen oder in einer psychiatrischen Einrichtung für den Übergang in einen Betrieb oder eine Dienststelle auf dem allgemeinen Arbeitsmarkt in Betracht kommen und auf diesen Übergang vorbereitet werden sollen,
3. schwerbehinderte Menschen nach Beendigung einer schulischen Bildung, die nur dann Aussicht auf eine Beschäftigung auf dem allgemeinen Arbeitsmarkt haben, wenn sie zuvor in einem Inklusionsbetrieb an berufsvorbereitenden Bildungsmaßnahmen teilnehmen und dort beschäftigt und weiterqualifiziert werden, sowie
4. schwerbehinderte Menschen, die langzeitarbeitslos im Sinne des § 18 des Dritten Buches sind.

(3) $_{1}$Inklusionsbetriebe beschäftigen mindestens 30 Prozent schwerbehinderte Menschen im Sinne von Absatz 1. $_{2}$Der Anteil der schwerbehinderten Menschen soll in der Regel 50 Prozent nicht übersteigen.

(4) Auf die Quoten nach Absatz 3 wird auch die Anzahl der psychisch kranken beschäftigten Menschen angerechnet, die behindert oder von Behinderung bedroht sind und deren Teilhabe an einer sonstigen Beschäftigung auf dem allgemeinen Arbeitsmarkt auf Grund von Art oder Schwere der Behinderung oder wegen sonstiger Umstände auf besondere Schwierigkeiten stößt.

§ 216 Aufgaben

$_{1}$Die Inklusionsbetriebe bieten den schwerbehinderten Menschen Beschäftigung, Maßnahmen der betrieblichen Gesundheitsförderung und arbeitsbegleitende Betreuung an, soweit erforderlich auch Maßnahmen der beruflichen Weiterbildung oder Gelegenheit zur Teilnahme an entsprechenden außerbetrieblichen Maßnahmen und Unterstützung bei der Vermittlung in eine sonstige Beschäftigung in einem Betrieb oder einer Dienststelle auf dem allgemeinen Arbeitsmarkt sowie geeignete Maßnahmen zur Vorbereitung auf eine Beschäftigung in einem Inklusionsbetrieb. $_{2}$Satz 1 gilt entsprechend für psychisch kranke Menschen im Sinne des § 215 Absatz 4.

§ 217 Finanzielle Leistungen

(1) Inklusionsbetriebe können aus Mitteln der Ausgleichsabgabe Leistungen für Aufbau, Erweiterung, Modernisierung und Ausstattung einschließlich einer betriebswirtschaftlichen Beratung und für besonderen Aufwand erhalten.

(2) Die Finanzierung von Leistungen nach § 216 Satz 2 erfolgt durch den zuständigen Rehabilitationsträger.

§ 218 Verordnungsermächtigung

Das Bundesministerium für Arbeit und Soziales wird ermächtigt, durch Rechtsverordnung mit Zustimmung des Bundesrates das Nähere über den Begriff und die Aufgaben der Inklusionsbetriebe, die für sie geltenden fachlichen Anforderungen, die Aufnahmevoraussetzungen und die finanziellen Leistungen zu regeln.

III Sicherheit und Gesundheitsschutz in Arbeitsstätten

Verordnung über Arbeitsstätten (Arbeitsstättenverordnung – ArbStättV)

Vom 12. August 2004 (BGBl. I S. 2179)

Zuletzt geändert durch
Verordnung zur Änderung der Gesundheitsschutz-Bergverordnung sowie weiterer berg- und arbeitsschutzrechtlicher Verordnungen
vom 18. Oktober 2017 (BGBl. I S. 3584)

Inhaltsübersicht

Auf Grund des § 18 des Arbeitsschutzgesetzes vom 7. August 1996 (BGBl. I S. 1246), der zuletzt durch Artikel 179 der Verordnung vom 25. November 2003 (BGBl. I S. 2304) geändert worden ist, verordnet die Bundesregierung sowie auf Grund des § 66 Satz 3 und des § 68 Abs. 2 Nr. 3 des Bundesberggesetzes vom 13. August 1980 (BGBl. I S. 1310), von denen § 66 Satz 3 durch Artikel 8 Nr. 2 des Gesetzes vom 6. Juni 1995 (BGBl. I S. 778) eingefügt und § 68 Abs. 2 zuletzt durch Artikel 123 Nr. 2 Buchstabe a der Verordnung vom 25. November 2003 (BGBl. I S. 2304) geändert worden sind, verordnet das Bundesministerium für Wirtschaft und Arbeit:

§ 1 Ziel, Anwendungsbereich

(1) Diese Verordnung dient der Sicherheit und dem Schutz der Gesundheit der Beschäftigten beim Einrichten und Betreiben von Arbeitsstätten.

(2) Für folgende Arbeitsstätten gelten nur § 5 und der Anhang Nummer 1.3:

1. Arbeitsstätten im Reisegewerbe und im Marktverkehr,
2. Transportmittel, die im öffentlichen Verkehr eingesetzt werden,
3. Felder, Wälder und sonstige Flächen, die zu einem land- oder forstwirtschaftlichen Betrieb gehören, aber außerhalb der von ihm bebauten Fläche liegen.

(3) Für Telearbeitsplätze gelten nur

1. § 3 bei der erstmaligen Beurteilung der Arbeitsbedingungen und des Arbeitsplatzes,
2. § 6 und der Anhang Nummer 6,

soweit der Arbeitsplatz von dem im Betrieb abweicht. Die in Satz 1 genannten Vorschriften gelten, soweit Anforderungen unter Beachtung der Eigenart von Telearbeitsplätzen auf diese anwendbar sind.

(4) Der Anhang Nummer 6 gilt nicht für

1. Bedienerplätze von Maschinen oder Fahrerplätze von Fahrzeugen mit Bildschirmgeräten,
2. tragbare Bildschirmgeräte für die ortsveränderliche Verwendung, die nicht regelmäßig an einem Arbeitsplatz verwendet werden,
3. Rechenmaschinen, Registrierkassen oder andere Arbeitsmittel mit einer kleinen Daten- oder Messwertanzeigevorrichtung, die zur unmittelbaren Benutzung des Arbeitsmittels erforderlich ist und
4. Schreibmaschinen klassischer Bauart mit einem Display.

(5) Diese Verordnung ist für Arbeitsstätten in Betrieben, die dem Bundesberggesetz unterliegen, nur für Bildschirmarbeitsplätze einschließlich Telearbeitsplätze anzuwenden.

(6) Das Bundeskanzleramt, das Bundesministerium des Innern, das Bundesministerium für Verkehr und digitale Infrastruktur, das Bundesministerium für Umwelt, Naturschutz, Bau und Reaktorsicherheit, das Bundesministerium der Verteidigung oder das Bundesministerium der Finanzen können, soweit sie hierfür jeweils zuständig sind, im Einvernehmen mit dem Bundesministerium für Arbeit und Soziales und, soweit nicht das Bundesministerium des Innern selbst zuständig ist, im Einvernehmen mit dem Bundesministerium des Innern Ausnahmen von den Vorschriften dieser Verordnung zulassen, soweit öffentliche Belange dies zwingend erfordern, insbesondere zur Aufrechterhaltung oder Wiederherstellung der öffentlichen Sicherheit. In diesem Fall ist gleichzeitig festzulegen, wie die Sicherheit und der Schutz der Gesundheit der Beschäftigten nach dieser Verordnung auf andere Weise gewährleistet werden.

§ 2 Begriffsbestimmungen

(1) Arbeitsstätten sind

1. Arbeitsräume oder andere Orte in Gebäuden auf dem Gelände eines Betriebes,
2. Orte im Freien auf dem Gelände eines Betriebes,
3. Orte auf Baustellen,

sofern sie zur Nutzung für Arbeitsplätze vorgesehen sind.

(2) Zur Arbeitsstätte gehören insbesondere auch:

1. Orte auf dem Gelände eines Betriebes oder einer Baustelle, zu denen Beschäftigte im Rahmen ihrer Arbeit Zugang haben,
2. Verkehrswege, Fluchtwege, Notausgänge, Lager-, Maschinen- und Nebenräume, Sanitärräume, Kantinen, Pausen- und Bereitschaftsräume, Erste-Hilfe-Räume, Unterkünfte sowie
3. Einrichtungen, die dem Betreiben der Arbeitsstätte dienen, insbesondere Sicherheitsbeleuchtungen, Feuerlöscheinrichtungen, Versorgungseinrichtungen, Beleuchtungsanlagen, raumlufttechnische Anlagen, Signalanlagen, Energieverteilungsanlagen, Türen und Tore, Fahrsteige, Fahrtreppen, Laderampen und Steigleitern.

(3) Arbeitsräume sind die Räume, in denen Arbeitsplätze innerhalb von Gebäuden dauerhaft eingerichtet sind.

(4) Arbeitsplätze sind Bereiche, in denen Beschäftigte im Rahmen ihrer Arbeit tätig sind.

(5) Bildschirmarbeitsplätze sind Arbeitsplätze, die sich in Arbeitsräumen befinden und die mit Bildschirmgeräten und sonstigen Arbeitsmitteln ausgestattet sind.

(6) Bildschirmgeräte sind Funktionseinheiten, zu denen insbesondere Bildschirme zur Darstellung von visuellen Informationen, Einrichtungen zur Datenein- und -ausgabe, sonstige Steuerungs- und Kommunikationseinheiten (Rechner) sowie eine Software zur Steuerung und Umsetzung der Arbeitsaufgabe gehören.

(7) Telearbeitsplätze sind vom Arbeitgeber fest eingerichtete Bildschirmarbeitsplätze im Privatbereich der Beschäftigten, für die der Arbeitgeber eine mit den Beschäftigten vereinbarte wöchentliche Arbeitszeit und die Dauer der Einrichtung festgelegt hat. Ein Telearbeitsplatz ist vom Arbeitgeber erst dann eingerichtet, wenn Arbeitgeber und Beschäftigte die Bedingungen der Telearbeit arbeitsvertraglich oder im Rahmen einer Vereinbarung festgelegt haben und die benötigte Ausstattung des Telearbeitsplatzes mit Mobiliar, Arbeitsmitteln einschließlich der Kommunikationseinrichtungen durch den Arbeitgeber oder eine von ihm beauftragte Person im Privatbereich des Beschäftigten bereitgestellt und installiert ist.

(8) Einrichten ist das Bereitstellen und Ausgestalten der Arbeitsstätte. Das Einrichten umfasst insbesondere:

1. bauliche Maßnahmen oder Veränderungen,
2. das Ausstatten mit Maschinen, Anlagen, anderen Arbeitsmitteln und Mobiliar sowie mit Beleuchtungs-, Lüftungs-, Heizungs-, Feuerlösch- und Versorgungseinrichtungen,
3. das Anlegen und Kennzeichnen von Verkehrs- und Fluchtwegen sowie das Kennzeichnen von Gefahrenstellen und brandschutztechnischen Ausrüstungen und
4. das Festlegen von Arbeitsplätzen.

(9) Das Betreiben von Arbeitsstätten umfasst das Benutzen, Instandhalten und Optimieren der Arbeitsstätten sowie die Organisation und Gestaltung der Arbeit einschließlich der Arbeitsabläufe in Arbeitsstätten.

(10) Instandhalten ist die Wartung, Inspektion, Instandsetzung oder Verbesserung der Arbeitsstätten zum Erhalt des baulichen und technischen Zustandes.

(11) Stand der Technik ist der Entwicklungsstand fortschrittlicher Verfahren, Einrichtungen oder Betriebsweisen, der die praktische Eignung einer Maßnahme zur Gewährleistung der Sicherheit und zum Schutz der Gesundheit der Beschäftigten gesichert erscheinen lässt. Bei der Bestimmung des Stands der Technik sind insbesondere vergleichbare Verfahren, Einrichtungen oder Betriebsweisen heranzuziehen, die mit Erfolg in der Praxis erprobt worden sind. Gleiches gilt für die Anforderungen an die Arbeitsmedizin und die Hygiene.

(12) Fachkundig ist, wer über die zur Ausübung einer in dieser Verordnung bestimmten Aufgabe erforderlichen Fachkenntnisse verfügt. Die Anforderungen an die Fachkunde sind abhängig von der jeweiligen Art der Aufgabe. Zu den Anforderungen zählen eine entsprechende Berufsausbildung, Berufserfahrung oder eine zeitnah ausgeübte entsprechende berufliche Tätigkeit. Die Fachkenntnisse sind durch Teilnahme an Schulungen auf aktuellem Stand zu halten.

§ 3 Gefährdungsbeurteilung

(1) Bei der Beurteilung der Arbeitsbedingungen nach § 5 des Arbeitsschutzgesetzes hat der Arbeitgeber zunächst festzustellen, ob die Beschäftigten Gefährdungen beim Einrichten und Betreiben von Arbeitsstätten ausgesetzt sind oder ausgesetzt sein können. Ist dies der Fall, hat er alle möglichen Gefährdungen der Sicherheit und der Gesundheit der Beschäftigten zu beurteilen und dabei die Auswirkungen der Arbeitsorganisation und der Arbeitsabläufe in der Arbeitsstätte zu berücksichtigen. Bei der Gefährdungsbeurteilung hat er die physischen und psychischen Belastungen sowie bei Bildschirmarbeitsplätzen insbesondere die Belastungen der Augen oder die Gefährdung des Sehvermögens der Beschäftigten zu berücksichtigen. Entsprechend dem Ergebnis der Gefährdungsbeurteilung hat der Arbeitgeber Maßnahmen zum Schutz der Beschäftigten gemäß den Vorschriften dieser Verordnung einschließlich ihres Anhangs nach dem Stand der Technik, Arbeitsmedizin und Hygiene festzulegen. Sonstige gesicherte arbeitswissenschaftliche Erkenntnisse sind zu berücksichtigen.

(2) Der Arbeitgeber hat sicherzustellen, dass die Gefährdungsbeurteilung fachkundig durchgeführt wird. Verfügt der Arbeitgeber nicht selbst über die entsprechenden Kenntnisse, hat er sich fachkundig beraten zu lassen.

(3) Der Arbeitgeber hat die Gefährdungsbeurteilung vor Aufnahme der Tätigkeiten zu dokumentieren. In der Dokumentation ist anzugeben, welche Gefährdungen am Arbeitsplatz auftreten können und welche Maßnahmen nach Absatz 1 Satz 4 durchgeführt werden müssen.

§ 3a Einrichten und Betreiben von Arbeitsstätten

(1) Der Arbeitgeber hat dafür zu sorgen, dass Arbeitsstätten so eingerichtet und betrieben werden, dass Gefährdungen für die Sicherheit und die Gesundheit der Beschäftigten möglichst vermieden und verbleibende Gefährdungen möglichst gering gehalten werden. Beim Einrichten und Betreiben der Arbeitsstätten hat der Arbeitgeber die Maßnahmen nach § 3 Absatz 1 durchzuführen und dabei den Stand der Technik, Arbeitsmedizin und Hygiene, die ergonomischen Anforderungen sowie insbesondere die vom Bundesministerium für Arbeit und Soziales nach § 7 Absatz 4 bekannt gemachten Regeln und Erkenntnisse zu berücksichtigen. Bei Einhaltung der bekannt gemachten Regeln ist davon auszugehen, dass die in dieser Verordnung gestellten Anforderungen diesbezüglich erfüllt sind. Wendet der Arbeitgeber diese Regeln nicht an, so muss er durch andere Maßnahmen die gleiche Sicherheit und den gleichen Schutz der Gesundheit der Beschäftigten erreichen.

(2) Beschäftigt der Arbeitgeber Menschen mit Behinderungen, hat er die Arbeitsstätte so einzurichten und zu betreiben, dass die besonderen Belange dieser Beschäftigten im Hinblick auf die Sicherheit und den Schutz der Gesundheit berücksichtigt werden. Dies gilt insbesondere für die barrierefreie Gestaltung von Arbeitsplätzen, Sanitär-, Pausen- und Bereitschaftsräumen, Kantinen, Erste-Hilfe-Räumen und Unterkünften sowie den zugehörigen Türen, Verkehrswegen, Fluchtwegen, Notausgängen, Treppen und Orientierungssystemen, die von den Beschäftigten mit Behinderungen benutzt werden.

(3) Die zuständige Behörde kann auf schriftlichen Antrag des Arbeitgebers Ausnahmen von den Vorschriften dieser Verordnung einschließlich ihres Anhanges zulassen, wenn

1. der Arbeitgeber andere, ebenso wirksame Maßnahmen trifft oder
2. die Durchführung der Vorschrift im Einzelfall zu einer unverhältnismäßigen Härte führen würde und die Abweichung mit dem Schutz der Beschäftigten vereinbar ist.

Der Antrag des Arbeitgebers kann in Papierform oder elektronisch übermittelt werden. Bei der Beurteilung sind die Belange der kleineren Betriebe besonders zu berücksichtigen.

(4) Anforderungen in anderen Rechtsvorschriften, insbesondere im Bauordnungsrecht der Länder, gelten vorrangig, soweit sie über die Anforderungen dieser Verordnung hinausgehen.

III

§ 4 Besondere Anforderungen an das Betreiben von Arbeitsstätten

(1) Der Arbeitgeber hat die Arbeitsstätte instand zu halten und dafür zu sorgen, dass festgestellte Mängel unverzüglich beseitigt werden. Können Mängel, mit denen eine unmittelbare erhebliche Gefahr verbunden ist, nicht sofort beseitigt werden, hat er dafür zu sorgen, dass die gefährdeten Beschäftigten ihre Tätigkeit unverzüglich einstellen.

(2) Der Arbeitgeber hat dafür zu sorgen, dass Arbeitsstätten den hygienischen Erfordernissen entsprechend gereinigt werden. Verunreinigungen und Ablagerungen, die zu Gefährdungen führen können, sind unverzüglich zu beseitigen.

(3) Der Arbeitgeber hat die Sicherheitseinrichtungen, insbesondere Sicherheitsbeleuchtung, Brandmelde- und Feuerlöscheinrichtungen, Signalanlagen, Notaggregate und Notschalter sowie raumlufttechnische Anlagen instand zu halten und in regelmäßigen Abständen auf ihre Funktionsfähigkeit prüfen zu lassen.

(4) Der Arbeitgeber hat dafür zu sorgen, dass Verkehrswege, Fluchtwege und Notausgänge ständig freigehalten werden, damit sie jederzeit benutzbar sind. Der Arbeitgeber hat Vorkehrungen so zu treffen, dass die Beschäftigten bei Gefahr sich unverzüglich in Sicherheit bringen und schnell gerettet werden können. Der Arbeitgeber hat einen Flucht- und Rettungsplan aufzustellen, wenn Lage, Ausdehnung und Art der Benutzung der Arbeitsstätte dies erfordern. Der Plan ist an geeigneten Stellen in der Arbeitsstätte auszulegen oder auszuhängen. In angemessenen Zeitabständen ist entsprechend diesem Plan zu üben.

(5) Der Arbeitgeber hat beim Einrichten und Betreiben von Arbeitsstätten Mittel und Einrichtungen zur Ersten Hilfe zur Verfügung zu stellen und regelmäßig auf ihre Vollständigkeit und Verwendungsfähigkeit prüfen zu lassen.

§ 5 Nichtraucherschutz

(1) Der Arbeitgeber hat die erforderlichen Maßnahmen zu treffen, damit die nicht rauchenden Beschäftigten in Arbeitsstätten wirksam vor den Gesundheitsgefahren durch Tabakrauch geschützt sind. Soweit erforderlich, hat der Arbeitgeber ein allgemeines oder auf einzelne Bereiche der Arbeitsstätte beschränktes Rauchverbot zu erlassen.

(2) In Arbeitsstätten mit Publikumsverkehr hat der Arbeitgeber beim Einrichten und Betreiben von Arbeitsräumen der Natur des Betriebes entsprechende und der Art der Beschäftigung angepasste technische oder organisatorische Maßnahmen nach Absatz 1 zum Schutz der nicht rauchenden Beschäftigten zu treffen.

§ 6 Unterweisung der Beschäftigten

(1) Der Arbeitgeber hat den Beschäftigten ausreichende und angemessene Informationen anhand der Gefährdungsbeurteilung in einer für die Beschäftigten verständlichen Form und Sprache zur Verfügung zu stellen über

1. das bestimmungsgemäße Betreiben der Arbeitsstätte,
2. alle gesundheits- und sicherheitsrelevanten Fragen im Zusammenhang mit ihrer Tätigkeit,
3. Maßnahmen, die zur Gewährleistung der Sicherheit und zum Schutz der Gesundheit der Beschäftigten durchgeführt werden müssen, und
4. arbeitsplatzspezifische Maßnahmen, insbesondere bei Tätigkeiten auf Baustellen oder an Bildschirmgeräten,

und sie anhand dieser Informationen zu unterweisen.

(2) Die Unterweisung nach Absatz 1 muss sich auf Maßnahmen im Gefahrenfall erstrecken, insbesondere auf

1. die Bedienung von Sicherheits- und Warneinrichtungen,
2. die Erste Hilfe und die dazu vorgehaltenen Mittel und Einrichtungen und
3. den innerbetrieblichen Verkehr.

(3) Die Unterweisung nach Absatz 1 muss sich auf Maßnahmen der Brandverhütung und Verhaltensmaßnahmen im Brandfall erstrecken, insbesondere auf die Nutzung der Fluchtwege und Notausgänge. Diejenigen Beschäftigten, die Aufgaben der Brandbekämpfung übernehmen, hat der Arbeitgeber

in der Bedienung der Feuerlöscheinrichtungen zu unterweisen.

(4) Die Unterweisungen müssen vor Aufnahme der Tätigkeit stattfinden. Danach sind sie mindestens jährlich zu wiederholen. Sie haben in einer für die Beschäftigten verständlichen Form und Sprache zu erfolgen. Unterweisungen sind unverzüglich zu wiederholen, wenn sich die Tätigkeiten der Beschäftigten, die Arbeitsorganisation, die Arbeits- und Fertigungsverfahren oder die Einrichtungen und Betriebsweisen in der Arbeitsstätte wesentlich verändern und die Veränderung mit zusätzlichen Gefährdungen verbunden ist.

§ 7 Ausschuss für Arbeitsstätten

(1) Beim Bundesministerium für Arbeit und Soziales wird ein Ausschuss für Arbeitsstätten gebildet, in dem fachkundige Vertreter der Arbeitgeber, der Gewerkschaften, der Länderbehörden, der gesetzlichen Unfallversicherung und weitere fachkundige Personen, insbesondere der Wissenschaft, in angemessener Zahl vertreten sein sollen. Die Gesamtzahl der Mitglieder soll 16 Personen nicht überschreiten. Für jedes Mitglied ist ein stellvertretendes Mitglied zu benennen. Die Mitgliedschaft im Ausschuss für Arbeitsstätten ist ehrenamtlich.

(2) Das Bundesministerium für Arbeit und Soziales beruft die Mitglieder des Ausschusses und die stellvertretenden Mitglieder. Der Ausschuss gibt sich eine Geschäftsordnung und wählt den Vorsitzenden aus seiner Mitte. Die Geschäftsordnung und die Wahl des Vorsitzenden bedürfen der Zustimmung des Bundesministeriums für Arbeit und Soziales.

(3) Zu den Aufgaben des Ausschusses gehört es,

1. dem Stand der Technik, Arbeitsmedizin und Hygiene entsprechende Regeln und sonstige gesicherte wissenschaftliche Erkenntnisse für die Sicherheit und Gesundheit der Beschäftigten in Arbeitsstätten zu ermitteln,
2. Regeln und Erkenntnisse zu ermitteln, wie die Anforderungen dieser Verordnung erfüllt werden können, sowie Empfehlungen für weitere Maßnahmen zur Gewährleistung der Sicherheit und zum Schutz der Gesundheit der Beschäftigten auszuarbeiten und
3. das Bundesministerium für Arbeit und Soziales in allen Fragen der Sicherheit und der Gesundheit der Beschäftigten in Arbeitsstätten zu beraten.

Bei der Wahrnehmung seiner Aufgaben soll der Ausschuss die allgemeinen Grundsätze des Arbeitsschutzes nach § 4 des Arbeitsschutzgesetzes berücksichtigen. Das Arbeitsprogramm des Ausschusses für Arbeitsstätten wird mit dem Bundesministerium für Arbeit und Soziales abgestimmt. Der Ausschuss arbeitet eng mit den anderen Ausschüssen beim Bundesministerium für Arbeit und Soziales zusammen. Die Sitzungen des Ausschusses sind nicht öffentlich. Beratungs- und Abstimmungsergebnisse des Ausschusses sowie Niederschriften der Untergremien sind vertraulich zu behandeln, soweit die Erfüllung der Aufgaben, die den Untergremien oder den Mitgliedern des Ausschusses obliegen, dem nicht entgegenstehen.

(4) Das Bundesministerium für Arbeit und Soziales kann die vom Ausschuss nach Absatz 3 ermittelten Regeln und Erkenntnisse sowie Empfehlungen im Gemeinsamen Ministerialblatt bekannt machen.

(5) Die Bundesministerien sowie die zuständigen obersten Landesbehörden können zu den Sitzungen des Ausschusses Vertreter entsenden. Diesen ist auf Verlangen in der Sitzung das Wort zu erteilen.

(6) Die Geschäfte des Ausschusses führt die Bundesanstalt für Arbeitsschutz und Arbeitsmedizin.

§ 8 Übergangsvorschriften

(1) Soweit für Arbeitsstätten,

1. die am 1. Mai 1976 eingerichtet waren oder mit deren Einrichtung vor diesem Zeitpunkt begonnen worden war oder
2. die am 20. Dezember 1996 eingerichtet waren oder mit deren Einrichtung vor diesem Zeitpunkt begonnen worden war und für die zum Zeitpunkt der Einrichtung die Gewerbeordnung keine Anwendung fand,

III

in dieser Verordnung Anforderungen gestellt werden, die umfangreiche Änderungen der Arbeitsstätte, der Betriebseinrichtungen, Arbeitsverfahren oder Arbeitsabläufe notwendig machen, gelten hierfür bis zum 31. Dezember 2020 mindestens die entsprechenden Anforderungen des Anhangs II der Richtlinie 89/654/EWG des Rates vom 30. November 1989 über Mindestvorschriften für Sicherheit und Gesundheitsschutz in Arbeitsstätten (ABl. EG Nr. L 393 S. 1). Soweit diese Arbeitsstätten oder ihre Betriebseinrichtungen wesentlich erweitert oder umgebaut oder die Arbeitsverfahren oder Arbeitsabläufe wesentlich umgestaltet werden, hat der Arbeitgeber die erforderlichen Maßnahmen zu treffen, damit diese Änderungen, Erweiterungen oder Umgestaltungen mit den Anforderungen dieser Verordnung übereinstimmen.

(2) Bestimmungen in den vom Ausschuss für Arbeitsstätten ermittelten und vom Bundesministerium für Arbeit und Soziales im Gemeinsamen Ministerialblatt bekannt gemachten Regeln für Arbeitsstätten, die Anforderungen an den Arbeitsplatz enthalten, gelten unter Berücksichtigung der Begriffsbestimmung des Arbeitsplatzes in § 2 Absatz 2 der Arbeitsstättenverordnung vom 12. August 2004 (BGBl. I S. 2179), die zuletzt durch Artikel 282 der Verordnung vom 31. August 2015 (BGBl. I S. 1474) geändert worden ist, solange fort, bis sie vom Ausschuss für Arbeitsstätten überprüft und erforderlichenfalls vom Bundesministerium für Arbeit und Soziales im Gemeinsamen Ministerialblatt neu bekannt gemacht worden sind.

§ 9 Straftaten und Ordnungswidrigkeiten

(1) Ordnungswidrig im Sinne des § 25 Absatz 1 Nummer 1 des Arbeitsschutzgesetzes handelt, wer vorsätzlich oder fahrlässig

1. entgegen § 3 Absatz 3 eine Gefährdungsbeurteilung nicht richtig, nicht vollständig oder nicht rechtzeitig dokumentiert,
2. entgegen § 3a Absatz 1 Satz 1 nicht dafür sorgt, dass eine Arbeitsstätte in der dort vorgeschriebenen Weise eingerichtet ist oder betrieben wird,
3. entgegen § 3a Absatz 1 Satz 2 in Verbindung mit Nummer 4.1 Absatz 1 des Anhangs einen dort genannten Toilettenraum oder eine dort genannte mobile, anschlussfreie Toilettenkabine nicht oder nicht in der vorgeschriebenen Weise zur Verfügung stellt,
4. entgegen § 3a Absatz 1 Satz 2 in Verbindung mit Nummer 4.2 Absatz 1 des Anhangs einen dort genannten Pausenraum oder einen dort genannten Pausenbereich nicht oder nicht in der vorgeschriebenen Weise zur Verfügung stellt,
5. entgegen § 3a Absatz 2 eine Arbeitsstätte nicht in der dort vorgeschriebenen Weise einrichtet oder betreibt,
6. entgegen § 4 Absatz 1 Satz 2 nicht dafür sorgt, dass die gefährdeten Beschäftigten ihre Tätigkeit unverzüglich einstellen,
7. entgegen § 4 Absatz 4 Satz 1 nicht dafür sorgt, dass Verkehrswege, Fluchtwege und Notausgänge freigehalten werden,
8. entgegen § 4 Absatz 5 ein Mittel oder eine Einrichtung zur Ersten Hilfe nicht zur Verfügung stellt,
9. entgegen § 6 Absatz 4 Satz 1 nicht sicherstellt, dass die Beschäftigten vor Aufnahme der Tätigkeit unterwiesen werden.

(2) Wer durch eine in Absatz 1 bezeichnete vorsätzliche Handlung das Leben oder die Gesundheit von Beschäftigten gefährdet, ist nach § 26 Nummer 2 des Arbeitsschutzgesetzes strafbar.

Anhang

Anforderungen und Maßnahmen für Arbeitsstätten nach § 3 Absatz 1

Inhaltsübersicht

1 Allgemeine Anforderungen

1.1 Anforderungen an Konstruktion und Festigkeit von Gebäuden

Gebäude für Arbeitsstätten müssen eine der Nutzungsart entsprechende Konstruktion und Festigkeit aufweisen.

1.2 Abmessungen von Räumen, Luftraum

(1) Arbeitsräume, Sanitär-, Pausen- und Bereitschaftsräume, Kantinen, Erste-Hilfe-Räume und Unterkünfte müssen eine ausreichende Grundfläche und eine, in Abhängigkeit von der Größe der Grundfläche der Räume, ausreichende lichte Höhe aufweisen, so dass die Beschäftigten ohne Beeinträchtigung ihrer Sicherheit, ihrer Gesundheit oder ihres Wohlbefindens die Räume nutzen oder ihre Arbeit verrichten können.

(2) Die Abmessungen der Räume richten sich nach der Art ihrer Nutzung.

(3) Die Größe des notwendigen Luftraumes ist in Abhängigkeit von der Art der physischen Belastung und der Anzahl der Beschäftigten sowie der sonstigen anwesenden Personen zu bemessen.

1.3 Sicherheits- und Gesundheitsschutzkennzeichnung

(1) Unberührt von den nachfolgenden Anforderungen sind Sicherheits- und Gesundheitsschutzkennzeichnungen einzusetzen, wenn Gefährdungen der Sicherheit und Gesundheit der Beschäftigten nicht durch technische oder organisatorische Maßnahmen vermieden oder ausreichend begrenzt werden können. Das Ergebnis der Gefährdungsbeurteilung und die Maßnahmen nach § 3 Absatz 1 sind dabei zu berücksichtigen.

(2) Die Kennzeichnung ist nach Art der Gefährdung dauerhaft oder vorübergehend nach den Vorgaben der Richtlinie 92/58/EWG des Rates vom 24. Juni 1992 über Mindestvorschriften für die Sicherheits- und/oder Gesundheitsschutzkennzeichnung am Arbeitsplatz (Neunte Einzelrichtlinie im Sinne des Artikels 16 Absatz 1 der Richtlinie 89/391/EWG) (ABl. EG Nr. L 245 S. 23) auszuführen. Diese Richtlinie gilt in der jeweils aktuellen Fassung. Wird diese Richtlinie geändert oder nach den in dieser Richtlinie vorgesehenen Verfahren an den technischen Fortschritt angepasst, gilt sie in der geänderten im Amtsblatt der Europäischen Gemeinschaften veröffentlichten Fassung nach Ablauf der in der Änderungs- oder Anpassungsrichtlinie festgelegten Umsetzungsfrist. Die geänderte Fassung kann bereits ab Inkrafttreten der Änderungs- oder Anpassungsrichtlinie angewendet werden.

1.4 Energieverteilungsanlagen

Anlagen, die der Versorgung der Arbeitsstätte mit Energie dienen, müssen so ausgewählt, installiert und betrieben werden, dass die Beschäftigten vor dem direkten oder indirekten Berühren spannungsführender Teile geschützt sind und dass von den Anlagen keine Brand- oder Explosionsgefahren ausgehen. Bei der Konzeption und der Ausführung sowie der Wahl des Materials und der Schutzvorrichtungen sind Art und Stärke der verteilten Energie, die äußeren Einwirkbedingungen und die Fachkenntnisse der Personen zu berücksichtigen, die zu Teilen der Anlage Zugang haben.

1.5 Fußböden, Wände, Decken, Dächer

(1) Die Oberflächen der Fußböden, Wände und Decken der Räume müssen so gestaltet sein, dass sie den Erfordernissen des sicheren Betreibens entsprechen sowie leicht und sicher zu reinigen sind. Arbeitsräume müssen unter Berücksichtigung der Art des Betriebes und der physischen Belastungen eine angemessene Dämmung gegen Wärme und Kälte sowie eine ausreichende Isolierung gegen Feuchtigkeit aufweisen. Auch Sanitär-, Pausen- und Bereitschaftsräume, Kantinen, Erste-Hilfe-Räume und Unterkünfte müssen über eine angemessene Dämmung gegen Wärme und Kälte sowie eine ausreichende Isolierung gegen Feuchtigkeit verfügen.

(2) Die Fußböden der Räume dürfen keine Unebenheiten, Löcher, Stolperstellen oder gefährliche Schrägen aufweisen. Sie müssen gegen Verrutschen gesichert, tragfähig, trittsicher und rutschhemmend sein.

(3) Durchsichtige oder lichtdurchlässige Wände, insbesondere Ganzglaswände in Arbeitsräumen oder im Bereich von Verkehrswegen, müssen deutlich gekennzeichnet sein. Sie müssen entweder aus bruchsicherem Werkstoff bestehen oder so gegen die Arbeitsplätze in Arbeitsräumen oder die Verkehrswege abgeschirmt sein, dass die Beschäftigten nicht mit den Wänden in Berührung kommen und beim Zersplittern der Wände nicht verletzt werden können.

(4) Dächer aus nicht durchtrittsicherem Material dürfen nur betreten werden, wenn Ausrüstungen benutzt werden, die ein sicheres Arbeiten ermöglichen.

1.6 Fenster, Oberlichter

(1) Fenster, Oberlichter und Lüftungsvorrichtungen müssen sich von den Beschäftigten sicher öffnen, schließen, verstellen und arretieren lassen. Sie dürfen nicht so angeordnet sein, dass sie in geöffnetem Zustand eine Gefahr für die Beschäftigten darstellen.

(2) Fenster und Oberlichter müssen so ausgewählt oder ausgerüstet und eingebaut sein, dass sie ohne Gefährdung der Ausführenden und anderer Personen gereinigt werden können.

1.7 Türen, Tore

(1) Die Lage, Anzahl, Abmesssungen und Ausführung insbesondere hinsichtlich der verwendeten Werkstoffe von Türen und Toren müssen sich nach der Art und Nutzung der Räume oder Bereiche richten.

(2) Durchsichtige Türen müssen in Augenhöhe gekennzeichnet sein.

(3) Pendeltüren und -tore müssen durchsichtig sein oder ein Sichtfenster haben.

(4) Bestehen durchsichtige oder lichtdurchlässige Flächen von Türen und Toren nicht aus bruchsicherem Werkstoff und ist zu befürchten, dass sich die Beschäftigten beim Zersplittern verletzen können, sind diese Flächen gegen Eindrücken zu schützen.

(5) Schiebetüren und -tore müssen gegen Ausheben und Herausfallen gesichert sein. Türen und Tore, die sich nach oben öffnen, müssen gegen Herabfallen gesichert sein.

(6) In unmittelbarer Nähe von Toren, die vorwiegend für den Fahrzeugverkehr bestimmt sind, müssen gut sichtbar gekennzeichnete, stets zugängliche Türen für Fußgänger vorhanden sein. Diese Türen sind nicht erforderlich, wenn der Durchgang durch die Tore für Fußgänger gefahrlos möglich ist.

(7) Kraftbetätigte Türen und Tore müssen sicher benutzbar sein. Dazu gehört, dass sie

a) ohne Gefährdung der Beschäftigten bewegt werden oder zum Stillstand kommen können,
b) mit selbsttätig wirkenden Sicherungen ausgestattet sind,
c) auch von Hand zu öffnen sind, sofern sie sich bei Stromausfall nicht automatisch öffnen.

(8) Besondere Anforderungen gelten für Türen im Verlauf von Fluchtwegen (Nummer 2.3).

1.8 Verkehrswege

(1) Verkehrswege, einschließlich Treppen, fest angebrachte Steigleitern und Laderampen müssen so angelegt und bemessen sein, dass sie je nach ihrem Bestimmungszweck leicht und sicher begangen oder befahren werden können und in der Nähe Beschäftigte nicht gefährdet werden.

(2) Die Bemessung der Verkehrswege, die dem Personenverkehr, Güterverkehr oder Personen- und Güterverkehr dienen, muss sich nach der Anzahl der möglichen Benutzer und der Art des Betriebes richten.

(3) Werden Transportmittel auf Verkehrswegen eingesetzt, muss für Fußgänger ein ausreichender Sicherheitsabstand gewahrt werden.

(4) Verkehrswege für Fahrzeuge müssen an Türen und Toren, Durchgängen, Fußgängerwegen und Treppenaustritten in ausreichendem Abstand vorbeiführen.

(5) Soweit Nutzung und Einrichtung der Räume es zum Schutz der Beschäftigten erfordern, müssen die Begrenzungen der Verkehrswege gekennzeichnet sein.

(6) Besondere Anforderungen gelten für Fluchtwege (Nummer 2.3).

1.9 Fahrtreppen, Fahrsteige

Fahrtreppen und Fahrsteige müssen so ausgewählt und installiert sein, dass sie sicher funktionieren und sicher benutzbar sind. Dazu gehört, dass die Notbefehlseinrichtungen gut erkennbar und leicht zugänglich sind und nur solche Fahrtreppen und Fahrsteige eingesetzt werden, die mit den notwendigen Sicherheitsvorrichtungen ausgestattet sind.

1.10 Laderampen

(1) Laderampen sind entsprechend den Abmessungen der Transportmittel und der Ladung auszulegen.

(2) Sie müssen mindestens einen Abgang haben; lange Laderampen müssen, soweit betriebstechnisch möglich, an jedem Endbereich einen Abgang haben.

(3) Sie müssen einfach und sicher benutzbar sein. Dazu gehört, dass sie nach Möglichkeit

mit Schutzvorrichtungen gegen Absturz auszurüsten sind; das gilt insbesondere in Bereichen von Laderampen, die keine ständigen Be- und Entladestellen sind.

1.11 Steigleitern, Steigeisengänge

Steigleitern und Steigeisengänge müssen sicher benutzbar sein. Dazu gehört, dass sie

a) nach Notwendigkeit über Schutzvorrichtungen gegen Absturz, vorzugsweise über Steigschutzeinrichtungen verfügen,
b) an ihren Austrittsstellen eine Haltevorrichtung haben,
c) nach Notwendigkeit in angemessenen Abständen mit Ruhebühnen ausgerüstet sind.

2 Maßnahmen zum Schutz vor besonderen Gefahren

2.1 Schutz vor Absturz und herabfallenden Gegenständen, Betreten von Gefahrenbereichen

(1) Arbeitsplätze und Verkehrswege, bei denen eine Absturzgefahr für Beschäftigte oder die Gefahr des Herabfallens von Gegenständen besteht, müssen mit Schutzvorrichtungen versehen sein, die verhindern, dass Beschäftigte abstürzen oder durch herabfallende Gegenstände verletzt werden können. Sind aufgrund der Eigenart des Arbeitsplatzes oder der durchzuführenden Arbeiten Schutzvorrichtungen gegen Absturz nicht geeignet, muss der Arbeitgeber die Sicherheit der Beschäftigten durch andere wirksame Maßnahmen gewährleisten. Eine Absturzgefahr besteht bei einer Absturzhöhe von mehr als 1 Meter.

(2) Arbeitsplätze und Verkehrswege, die an Gefahrenbereiche grenzen, müssen mit Schutzvorrichtungen versehen sein, die verhindern, dass Beschäftigte in die Gefahrenbereiche gelangen.

(3) Die Arbeitsplätze und Verkehrswege nach den Absätzen 1 und 2 müssen gegen unbefugtes Betreten gesichert und gut sichtbar als Gefahrenbereiche gekennzeichnet sein. Zum Schutz derjenigen, die diese Bereiche betreten müssen, sind geeignete Maßnahmen zu treffen.

2.2 Maßnahmen gegen Brände

(1) Arbeitsstätten müssen je nach

a) Abmessung und Nutzung,
b) der Brandgefährdung vorhandener Einrichtungen und Materialien,
c) der größtmöglichen Anzahl anwesender Personen

mit einer ausreichenden Anzahl geeigneter Feuerlöscheinrichtungen und erforderlichenfalls Brandmeldern und Alarmanlagen ausgestattet sein.

(2) Nicht selbsttätige Feuerlöscheinrichtungen müssen als solche dauerhaft gekennzeichnet, leicht zu erreichen und zu handhaben sein.

(3) Selbsttätig wirkende Feuerlöscheinrichtungen müssen mit Warneinrichtungen ausgerüstet sein, wenn bei ihrem Einsatz Gefahren für die Beschäftigten auftreten können.

2.3 Fluchtwege und Notausgänge

(1) Fluchtwege und Notausgänge müssen

a) sich in Anzahl, Anordnung und Abmessung nach der Nutzung, der Einrichtung und den Abmessungen der Arbeitsstätte sowie nach der höchstmöglichen Anzahl der dort anwesenden Personen richten,
b) auf möglichst kurzem Weg ins Freie oder, falls dies nicht möglich ist, in einen gesicherten Bereich führen,
c) in angemessener Form und dauerhaft gekennzeichnet sein.

Sie sind mit einer Sicherheitsbeleuchtung auszurüsten, wenn das gefahrlose Verlassen der Arbeitsstätte für die Beschäftigten, insbesondere bei Ausfall der allgemeinen Beleuchtung, nicht gewährleistet ist.

(2) Türen im Verlauf von Fluchtwegen oder Türen von Notausgängen müssen

a) sich von innen ohne besondere Hilfsmittel jederzeit leicht öffnen lassen, solange sich Beschäftigte in der Arbeitsstätte befinden,
b) in angemessener Form und dauerhaft gekennzeichnet sein.

Türen von Notausgängen müssen sich nach außen öffnen lassen. In Notausgängen, die ausschließlich für den Notfall konzipiert und ausschließlich im Notfall benutzt werden, sind Karussell- und Schiebetüren nicht zulässig.

3 Arbeitsbedingungen

3.1 Bewegungsfläche

(1) Die freie unverstellte Fläche am Arbeitsplatz muss so bemessen sein, dass sich die Beschäftigten bei ihrer Tätigkeit ungehindert bewegen können.

(2) Ist dies nicht möglich, muss den Beschäftigten in der Nähe des Arbeitsplatzes eine andere ausreichend große Bewegungsfläche zur Verfügung stehen.

3.2 Anordnung der Arbeitsplätze

Arbeitsplätze sind in der Arbeitsstätte so anzuordnen, dass Beschäftigte

a) sie sicher erreichen und verlassen können,
b) sich bei Gefahr schnell in Sicherheit bringen können,
c) durch benachbarte Arbeitsplätze, Transporte oder Einwirkungen von außerhalb nicht gefährdet werden.

3.3 Ausstattung

(1) Jedem Beschäftigten muss mindestens eine Kleiderablage zur Verfügung stehen, sofern keine Umkleideräume vorhanden sind.

(2) Kann die Arbeit ganz oder teilweise sitzend verrichtet werden oder lässt es der Arbeitsablauf zu, sich zeitweise zu setzen, sind den Beschäftigten am Arbeitsplatz Sitzgelegenheiten zur Verfügung zu stellen. Können aus betriebstechnischen Gründen keine Sitzgelegenheiten unmittelbar am Arbeitsplatz aufgestellt werden, obwohl es der Arbeitsablauf zulässt, sich zeitweise zu setzen, müssen den Beschäftigten in der Nähe der Arbeitsplätze Sitzgelegenheiten bereitgestellt werden.

3.4 Beleuchtung und Sichtverbindung

(1) Der Arbeitgeber darf als Arbeitsräume nur solche Räume betreiben, die möglichst ausreichend Tageslicht erhalten und die eine Sichtverbindung nach außen haben.

Dies gilt nicht für

1. Räume, bei denen betriebs-, produktions- oder bautechnische Gründe Tageslicht oder einer Sichtverbindung nach außen entgegenstehen,
2. Räume, in denen sich Beschäftigte zur Verrichtung ihrer Tätigkeit regelmäßig nicht über einen längeren Zeitraum oder im Verlauf der täglichen Arbeitszeit nur kurzzeitig aufhalten müssen, insbesondere Archive, Lager-, Maschinen- und Nebenräume, Teeküchen,
3. Räume, die vollständig unter Erdgleiche liegen, soweit es sich dabei um Tiefgaragen oder ähnliche Einrichtungen, um kulturelle Einrichtungen, um Verkaufsräume oder um Schank- und Speiseräume handelt,
4. Räume in Bahnhofs- oder Flughafenhallen, Passagen oder innerhalb von Kaufhäusern und Einkaufszentren,
5. Räume mit einer Grundfläche von mindestens 2000 Quadratmetern, sofern Oberlichter oder andere bauliche Vorrichtungen vorhanden sind, die Tageslicht in den Arbeitsraum lenken.

(2) Pausen- und Bereitschaftsräume sowie Unterkünfte müssen möglichst ausreichend mit Tageslicht beleuchtet sein und eine Sichtverbindung nach außen haben. Kantinen sollen möglichst ausreichend Tageslicht erhalten und eine Sichtverbindung nach außen haben.

(3) Räume, die bis zum 3. Dezember 2016 eingerichtet worden sind oder mit deren Einrichtung begonnen worden war und die die Anforderungen nach Absatz 1 Satz 1 oder Absatz 2 nicht erfüllen, dürfen ohne eine Sichtverbindung nach außen weiter betrieben werden, bis sie wesentlich erweitert oder umgebaut werden.

(4) In Arbeitsräumen muss die Stärke des Tageslichteinfalls am Arbeitsplatz je nach Art der Tätigkeit reguliert werden können.

(5) Arbeitsstätten müssen mit Einrichtungen ausgestattet sein, die eine angemessene künstliche Beleuchtung ermöglichen, so dass die Sicherheit und der Schutz der Gesundheit der Beschäftigten gewährleistet sind.

(6) Die Beleuchtungsanlagen sind so auszuwählen und anzuordnen, dass dadurch die

Sicherheit und die Gesundheit der Beschäftigten nicht gefährdet werden.

(7) Arbeitsstätten, in denen bei Ausfall der Allgemeinbeleuchtung die Sicherheit der Beschäftigten gefährdet werden kann, müssen eine ausreichende Sicherheitsbeleuchtung haben.

3.5 Raumtemperatur

(1) Arbeitsräume, in denen aus betriebstechnischer Sicht keine spezifischen Anforderungen an die Raumtemperatur gestellt werden, müssen während der Nutzungsdauer unter Berücksichtigung der Arbeitsverfahren und der physischen Belastungen der Beschäftigten eine gesundheitlich zuträgliche Raumtemperatur haben.

(2) Sanitär-, Pausen- und Bereitschaftsräume, Kantinen, Erste-Hilfe-Räume und Unterkünfte müssen während der Nutzungsdauer unter Berücksichtigung des spezifischen Nutzungszwecks eine gesundheitlich zuträgliche Raumtemperatur haben.

(3) Fenster, Oberlichter und Glaswände müssen unter Berücksichtigung der Arbeitsverfahren und der Art der Arbeitsstätte eine Abschirmung gegen übermäßige Sonneneinstrahlung ermöglichen.

3.6 Lüftung

(1) In Arbeitsräumen, Sanitär-, Pausen- und Bereitschaftsräumen, Kantinen, Erste-Hilfe-Räumen und Unterkünften muss unter Berücksichtigung des spezifischen Nutzungszwecks, der Arbeitsverfahren, der physischen Belastungen und der Anzahl der Beschäftigten sowie der sonstigen anwesenden Personen während der Nutzungsdauer ausreichend gesundheitlich zuträgliche Atemluft vorhanden sein.

(2) Ist für das Betreiben von Arbeitsstätten eine raumlufttechnische Anlage erforderlich, muss diese jederzeit funktionsfähig sein. Bei raumlufttechnischen Anlagen muss eine Störung durch eine selbsttätige Warneinrichtung angezeigt werden. Es müssen Vorkehrungen getroffen sein, durch die die Beschäftigten im Fall einer Störung gegen Gesundheitsgefahren geschützt sind.

(3) Werden raumlufttechnische Anlagen verwendet, ist sicherzustellen, dass die Beschäftigten keinem störenden Luftzug ausgesetzt sind.

(4) Ablagerungen und Verunreinigungen in raumlufttechnischen Anlagen, die zu einer unmittelbaren Gesundheitsgefährdung durch die Raumluft führen können, müssen umgehend beseitigt werden.

3.7 Lärm

In Arbeitsstätten ist der Schalldruckpegel so niedrig zu halten, wie es nach der Art des Betriebes möglich ist. Der Schalldruckpegel am Arbeitsplatz in Arbeitsräumen ist in Abhängigkeit von der Nutzung und den zu verrichtenden Tätigkeiten so weit zu reduzieren, dass keine Beeinträchtigungen der Gesundheit der Beschäftigten entstehen.

4 Sanitär-, Pausen- und Bereitschaftsräume, Kantinen, Erste-Hilfe-Räume und Unterkünfte

4.1 Sanitärräume

(1) Der Arbeitgeber hat Toilettenräume zur Verfügung zu stellen. Toilettenräume sind für Männer und Frauen getrennt einzurichten oder es ist eine getrennte Nutzung zu ermöglichen. Toilettenräume sind mit verschließbaren Zugängen, einer ausreichenden Anzahl von Toilettenbecken und Handwaschgelegenheiten zur Verfügung zu stellen. Sie müssen sich sowohl in der Nähe der Arbeitsräume als auch in der Nähe von Kantinen, Pausen- und Bereitschaftsräumen, Wasch- und Umkleideräumen befinden. Bei Arbeiten im Freien und auf Baustellen mit wenigen Beschäftigten sind mobile, anschlussfreie Toilettenkabinen in der Nähe der Arbeitsplätze ausreichend.

(2) Der Arbeitgeber hat – wenn es die Art der Tätigkeit oder gesundheitliche Gründe erfordern – Waschräume zur Verfügung zu stellen. Diese sind für Männer und Frauen getrennt einzurichten oder es ist eine getrennte Nutzung zu ermöglichen. Bei Arbeiten im Freien und auf Baustellen mit wenigen Beschäftigten sind Waschgelegenheiten ausreichend. Waschräume sind

a) in der Nähe von Arbeitsräumen und sichtgeschützt einzurichten,
b) so zu bemessen, dass die Beschäftigten sich den hygienischen Erfordernissen entsprechend und ungehindert reinigen können; dazu müssen fließendes warmes und kaltes Wasser, Mittel zum Reinigen und gegebenenfalls zum Desinfizieren sowie zum Abtrocknen der Hände vorhanden sein,
c) mit einer ausreichenden Anzahl geeigneter Duschen zur Verfügung zu stellen, wenn es die Art der Tätigkeit oder gesundheitliche Gründe erfordern.

Sind Waschräume nicht erforderlich, müssen in der Nähe des Arbeitsplatzes und der Umkleideräume ausreichende und angemessene Waschgelegenheiten mit fließendem Wasser (erforderlichenfalls mit warmem Wasser), Mitteln zum Reinigen und zum Abtrocknen der Hände zur Verfügung stehen.

(3) Der Arbeitgeber hat geeignete Umkleideräume zur Verfügung zu stellen, wenn die Beschäftigten bei ihrer Tätigkeit besondere Arbeitskleidung tragen müssen und es ihnen nicht zuzumuten ist, sich in einem anderen Raum umzukleiden. Umkleideräume sind für Männer und Frauen getrennt einzurichten oder es ist eine getrennte Nutzung zu ermöglichen. Umkleideräume müssen
a) leicht zugänglich und von ausreichender Größe und sichtgeschützt eingerichtet werden; entsprechend der Anzahl gleichzeitiger Benutzer muss genügend freie Bodenfläche für ungehindertes Umkleiden vorhanden sein,
b) mit Sitzgelegenheiten sowie mit verschließbaren Einrichtungen ausgestattet sein, in denen jeder Beschäftigte seine Kleidung aufbewahren kann.

Kleiderschränke für Arbeitskleidung und Schutzkleidung sind von Kleiderschränken für persönliche Kleidung und Gegenstände zu trennen, wenn die Umstände dies erfordern.

(4) Wasch- und Umkleideräume, die voneinander räumlich getrennt sind, müssen untereinander leicht erreichbar sein.

4.2 Pausen- und Bereitschaftsräume

(1) Bei mehr als zehn Beschäftigten oder wenn die Sicherheit und der Schutz der Gesundheit es erfordern, ist den Beschäftigten ein Pausenraum oder ein entsprechender Pausenbereich zur Verfügung zu stellen. Dies gilt nicht, wenn die Beschäftigten in Büroräumen oder vergleichbaren Arbeitsräumen beschäftigt sind und dort gleichwertige Voraussetzungen für eine Erholung während der Pause gegeben sind. Fallen in die Arbeitszeit regelmäßig und häufig Arbeitsbereitschaftszeiten oder Arbeitsunterbrechungen und sind keine Pausenräume vorhanden, so sind für die Beschäftigten Räume für Bereitschaftszeiten einzurichten. Schwangere Frauen und stillende Mütter müssen sich während der Pausen und, soweit es erforderlich ist, auch während der Arbeitszeit unter geeigneten Bedingungen hinlegen und ausruhen können.

(2) Pausenräume oder entsprechende Pausenbereiche sind
a) für die Beschäftigten leicht erreichbar an ungefährdeter Stelle und in ausreichender Größe bereitzustellen,
b) entsprechend der Anzahl der gleichzeitigen Benutzer mit leicht zu reinigenden Tischen und Sitzgelegenheiten mit Rückenlehne auszustatten,
c) als separate Räume zu gestalten, wenn die Beurteilung der Arbeitsbedingungen und der Arbeitsstätte dies erfordern.

(3) Bereitschaftsräume und Pausenräume, die als Bereitschaftsräume genutzt werden, müssen dem Zweck entsprechend ausgestattet sein.

4.3 Erste-Hilfe-Räume

(1) Erste-Hilfe-Räume oder vergleichbare Bereiche sind entsprechend der Art der Gefährdungen in der Arbeitsstätte oder der Anzahl der Beschäftigten, der Art der auszuübenden Tätigkeiten sowie der räumlichen Größe der Betriebe zur Verfügung zu stellen.

(2) Erste-Hilfe-Räume müssen an ihren Zugängen als solche gekennzeichnet und für Personen mit Rettungstransportmitteln leicht zugänglich sein.

(3) Sie sind mit den erforderlichen Mitteln und Einrichtungen zur Ersten Hilfe auszustatten. An einer deutlich gekennzeichneten Stelle müssen Anschrift und Telefonnummer der örtlichen Rettungsdienste angegeben sein.

(4) Darüber hinaus sind überall dort, wo es die Arbeitsbedingungen erfordern, Mittel und Einrichtungen zur Ersten Hilfe aufzubewahren. Sie müssen leicht zugänglich und einsatzbereit sein. Die Aufbewahrungsstellen müssen als solche gekennzeichnet und gut erreichbar sein.

4.4 Unterkünfte

(1) Der Arbeitgeber hat angemessene Unterkünfte für Beschäftigte zur Verfügung zu stellen, gegebenenfalls auch außerhalb der Arbeitsstätte, wenn es aus Gründen der Sicherheit und zum Schutz der Gesundheit erforderlich ist. Die Bereitstellung angemessener Unterkünfte kann insbesondere wegen der Abgelegenheit der Arbeitsstätte, der Art der auszuübenden Tätigkeiten oder der Anzahl der im Betrieb beschäftigten Personen erforderlich sein. Kann der Arbeitgeber erforderliche Unterkünfte nicht zur Verfügung stellen, hat er für eine andere angemessene Unterbringung der Beschäftigten zu sorgen.

(2) Unterkünfte müssen entsprechend ihrer Belegungszahl ausgestattet sein mit:

a) Wohn- und Schlafbereich (Betten, Schränken, Tischen, Stühlen),

b) Essbereich,

c) Sanitäreinrichtungen.

(3) Wird die Unterkunft von Männern und Frauen gemeinsam genutzt, ist dies bei der Zuteilung der Räume zu berücksichtigen.

5 Ergänzende Anforderungen und Maßnahmen für besondere Arbeitsstätten und Arbeitsplätze

5.1 Arbeitsplätze in nicht allseits umschlossenen Arbeitsstätten und Arbeitsplätze im Freien

Arbeitsplätze in nicht allseits umschlossenen Arbeitsstätten und Arbeitsplätze im Freien sind so einzurichten und zu betreiben, dass sie von den Beschäftigten bei jeder Witterung sicher und ohne Gesundheitsgefährdung erreicht, benutzt und wieder verlassen werden können. Dazu gehört, dass diese Arbeitsplätze gegen Witterungseinflüsse geschützt sind oder den Beschäftigten geeignete persönliche Schutzausrüstungen zur Verfügung gestellt werden.

Werden die Beschäftigten auf Arbeitsplätzen im Freien beschäftigt, so sind die Arbeitsplätze nach Möglichkeit so einzurichten, dass die Beschäftigten nicht gesundheitsgefährdenden äußeren Einwirkungen ausgesetzt sind.

5.2 Baustellen

(1) Die Beschäftigten müssen

a) sich gegen Witterungseinflüsse geschützt umkleiden, waschen und wärmen können,

b) über Einrichtungen verfügen, um ihre Mahlzeiten einnehmen und gegebenenfalls auch zubereiten zu können,

c) in der Nähe der Arbeitsplätze über Trinkwasser oder ein anderes alkoholfreies Getränk verfügen können.

Weiterhin sind auf Baustellen folgende Anforderungen umzusetzen:

d) Sind Umkleideräume nicht erforderlich, muss für jeden regelmäßig auf der Baustelle anwesenden Beschäftigten eine Kleiderablage und ein abschließbares Fach vorhanden sein, damit persönliche Gegenstände unter Verschluss aufbewahrt werden können.

e) Unter Berücksichtigung der Arbeitsverfahren und der physischen Belastungen der Beschäftigten ist dafür zu sorgen, dass ausreichend gesundheitlich zuträgliche Atemluft vorhanden ist.

f) Beschäftigte müssen die Möglichkeit haben, Arbeitskleidung und Schutzkleidung außerhalb der Arbeitszeit zu lüften und zu trocknen.

g) In regelmäßigen Abständen sind geeignete Versuche und Übungen an Feuerlöscheinrichtungen und Brandmelde- und Alarmanlagen durchzuführen.

(2) Schutzvorrichtungen, die ein Abstürzen von Beschäftigten an Arbeitsplätzen und

Verkehrswegen auf Baustellen verhindern, müssen vorhanden sein:

1. unabhängig von der Absturzhöhe bei
   a) Arbeitsplätzen am und über Wasser oder an und über anderen festen oder flüssigen Stoffen, in denen man versinken kann,
   b) Verkehrswegen über Wasser oder anderen festen oder flüssigen Stoffen, in denen man versinken kann,
2. bei mehr als 1 Meter Absturzhöhe an Wandöffnungen, an freiliegenden Treppenläufen und -absätzen sowie
3. bei mehr als 2 Meter Absturzhöhe an allen übrigen Arbeitsplätzen.

Bei einer Absturzhöhe bis zu 3 Metern ist eine Schutzvorrichtung entbehrlich an Arbeitsplätzen und Verkehrswegen auf Dächern und Geschossdecken von baulichen Anlagen mit bis zu 22,5 Grad Neigung und nicht mehr als 50 Quadratmeter Grundfläche, sofern die Arbeiten von hierfür fachlich qualifizierten und körperlich geeigneten Beschäftigten ausgeführt werden und diese Beschäftigten besonders unterwiesen sind. Die Absturzkante muss für die Beschäftigten deutlich erkennbar sein.

(3) Räumliche Begrenzungen der Arbeitsplätze, Materialien, Ausrüstungen und ganz allgemein alle Elemente, die durch Ortsveränderung die Sicherheit und die Gesundheit der Beschäftigten beeinträchtigen können, müssen auf geeignete Weise stabilisiert werden. Hierzu zählen auch Maßnahmen, die verhindern, dass Fahrzeuge, Erdbaumaschinen und Förderzeuge abstürzen, umstürzen, abrutschen oder einbrechen.

(4) Werden Beförderungsmittel auf Verkehrswegen verwendet, so müssen für andere, den Verkehrsweg nutzende Personen ein ausreichender Sicherheitsabstand oder geeignete Schutzvorrichtungen vorgesehen werden. Die Wege müssen regelmäßig überprüft und gewartet werden.

(5) Bei Arbeiten, aus denen sich im besonderen Maße Gefährdungen für die Beschäftigten ergeben können, müssen geeignete Sicherheitsvorkehrungen getroffen werden. Dies gilt insbesondere für Abbrucharbeiten sowie Montage- oder Demontagearbeiten. Zur Erfüllung der Schutzmaßnahmen des Satzes 1 sind

a) bei Arbeiten an erhöhten oder tiefer gelegenen Standorten Standsicherheit und Stabilität der Arbeitsplätze und ihrer Zugänge auf geeignete Weise zu gewährleisten und zu überprüfen, insbesondere nach einer Veränderung der Höhe oder Tiefe des Arbeitsplatzes,
b) bei Aushubarbeiten Brunnenbauarbeiten, unterirdischen oder Tunnelarbeiten die Erd- oder Felswände so abzuböschen, zu verbauen oder anderweitig so zu sichern, dass sie während der einzelnen Bauzustände standsicher sind; vor Beginn von Erdarbeiten sind geeignete Maßnahmen durchzuführen, um die Gefährdung durch unterirdisch verlegte Kabel und andere Versorgungsleitungen festzustellen und auf ein Mindestmaß zu verringern,
c) bei Arbeiten, bei denen Sauerstoffmangel auftreten kann, geeignete Maßnahmen zu treffen, um einer Gefahr vorzubeugen und eine wirksame und sofortige Hilfeleistung zu ermöglichen; Einzelarbeitsplätze in Bereichen, in denen erhöhte Gefährdung durch Sauerstoffmangel besteht, sind nur zulässig, wenn diese ständig von außen überwacht werden und alle geeigneten Vorkehrungen getroffen sind, um eine wirksame und sofortige Hilfeleistung zu ermöglichen,
d) beim Auf-, Um- sowie Abbau von Spundwänden und Senkkästen angemessene Vorrichtungen vorzusehen, damit sich die Beschäftigten beim Eindringen von Wasser und Material retten können,
e) bei Laderampen Absturzsicherungen vorzusehen,
f) bei Arbeiten, bei denen mit Gefährdungen aus dem Verkehr von Land-, Wasser- oder Luftfahrzeugen zu rechnen ist, geeignete Vorkehrungen zu treffen.

Abbrucharbeiten, Montage- oder Demontagearbeiten, insbesondere der Auf- oder Abbau von Stahl- oder Betonkonstruktionen, die

III

Montage oder Demontage von Verbau zur Sicherung von Erd- oder Felswänden oder Senkkästen sind fachkundig zu planen und nur unter fachkundiger Aufsicht sowie nach schriftlicher Abbruch-, Montage- oder Demontageanweisung durchzuführen; die Abbruch-, Montage- oder Demontageanweisung muss die erforderlichen sicherheitstechnischen Angaben enthalten; auf die Schriftform kann verzichtet werden, wenn für die jeweiligen Abbruch-, Montage- oder Demontagearbeiten besondere sicherheitstechnische Angaben nicht erforderlich sind.

(6) Vorhandene elektrische Freileitungen müssen nach Möglichkeit außerhalb des Baustellengeländes verlegt oder freigeschaltet werden. Wenn dies nicht möglich ist, sind geeignete Abschrankungen, Abschirmungen oder Hinweise anzubringen, um Fahrzeuge und Einrichtungen von diesen Leitungen fern zu halten.

6. Maßnahmen zur Gestaltung von Bildschirmarbeitsplätzen

6.1 Allgemeine Anforderungen an Bildschirmarbeitsplätze

(1) Bildschirmarbeitsplätze sind so einzurichten und zu betreiben, dass die Sicherheit und der Schutz der Gesundheit der Beschäftigten gewährleistet sind. Die Grundsätze der Ergonomie sind auf die Bildschirmarbeitsplätze und die erforderlichen Arbeitsmittel sowie die für die Informationsverarbeitung durch die Beschäftigten erforderlichen Bildschirmgeräte entsprechend anzuwenden.

(2) Der Arbeitgeber hat dafür zu sorgen, dass die Tätigkeiten der Beschäftigten an Bildschirmgeräten insbesondere durch andere Tätigkeiten oder regelmäßige Erholungszeiten unterbrochen werden.

(3) Für die Beschäftigten ist ausreichend Raum für wechselnde Arbeitshaltungen und -bewegungen vorzusehen.

(4) Die Bildschirmgeräte sind so aufzustellen und zu betreiben, dass die Oberflächen frei von störenden Reflexionen und Blendungen sind.

(5) Die Arbeitstische oder Arbeitsflächen müssen eine reflexionsarme Oberfläche haben und so aufgestellt werden, dass die Oberflächen bei der Arbeit frei von störenden Reflexionen und Blendungen sind.

(6) Die Arbeitsflächen sind entsprechend der Arbeitsaufgabe so zu bemessen, dass alle Eingabemittel auf der Arbeitsfläche variabel angeordnet werden können und eine flexible Anordnung des Bildschirms, des Schriftguts und der sonstigen Arbeitsmittel möglich ist. Die Arbeitsfläche vor der Tastatur muss ein Auflegen der Handballen ermöglichen.

(7) Auf Wunsch der Beschäftigten hat der Arbeitgeber eine Fußstütze und einen Manuskripthalter zur Verfügung zu stellen, wenn eine ergonomisch günstige Arbeitshaltung auf andere Art und Weise nicht erreicht werden kann.

(8) Die Beleuchtung muss der Art der Arbeitsaufgabe entsprechen und an das Sehvermögen der Beschäftigten angepasst sein; ein angemessener Kontrast zwischen Bildschirm und Arbeitsumgebung ist zu gewährleisten. Durch die Gestaltung des Bildschirmarbeitsplatzes sowie der Auslegung und der Anordnung der Beleuchtung sind störende Blendungen, Reflexionen oder Spiegelungen auf dem Bildschirm und den sonstigen Arbeitsmitteln zu vermeiden.

(9) Werden an einem Arbeitsplatz mehrere Bildschirmgeräte oder Bildschirme betrieben, müssen diese ergonomisch angeordnet sein. Die Eingabegeräte müssen sich eindeutig dem jeweiligen Bildschirmgerät zuordnen lassen.

(10) Die Arbeitsmittel dürfen nicht zu einer erhöhten, gesundheitlich unzuträglichen Wärmebelastung am Arbeitsplatz führen.

6.2 Allgemeine Anforderungen an Bildschirme und Bildschirmgeräte

(1) Die Text- und Grafikdarstellungen auf dem Bildschirm müssen entsprechend der Arbeitsaufgabe und dem Sehabstand scharf und deutlich sowie ausreichend groß sein. Der Zeichen- und der Zeilenabstand müssen angemessen sein. Die Zeichengröße und der Zeilenabstand müssen auf dem Bildschirm individuell eingestellt werden können.

(2) Das auf dem Bildschirm dargestellte Bild muss flimmerfrei sein. Das Bild darf keine Verzerrungen aufweisen.

(3) Die Helligkeit der Bildschirmanzeige und der Kontrast der Text- und Grafikdarstellungen auf dem Bildschirm müssen von den Beschäftigten einfach eingestellt werden können. Sie müssen den Verhältnissen der Arbeitsumgebung individuell angepasst werden können.

(4) Die Bildschirmgröße und -form müssen der Arbeitsaufgabe angemessen sein.

(5) Die von den Bildschirmgeräten ausgehende elektromagnetische Strahlung muss so niedrig gehalten werden, dass die Sicherheit und die Gesundheit der Beschäftigten nicht gefährdet werden.

6.3 Anforderungen an Bildschirmgeräte und Arbeitsmittel für die ortsgebundene Verwendung an Arbeitsplätzen

(1) Bildschirme müssen frei und leicht dreh- und neigbar sein sowie über reflexionsarme Oberflächen verfügen. Bildschirme, die über reflektierende Oberflächen verfügen, dürfen nur dann betrieben werden, wenn dies aus zwingenden aufgabenbezogenen Gründen erforderlich ist.

(2) Tastaturen müssen die folgenden Eigenschaften aufweisen:

1. sie müssen vom Bildschirm getrennte Einheiten sein,
2. sie müssen neigbar sein,
3. die Oberflächen müssen reflexionsarm sein,
4. die Form und der Anschlag der Tasten müssen den Arbeitsaufgaben angemessen sein und eine ergonomische Bedienung ermöglichen,
5. die Beschriftung der Tasten muss sich vom Untergrund deutlich abheben und bei normaler Arbeitshaltung gut lesbar sein.

(3) Alternative Eingabemittel (zum Beispiel Eingabe über den Bildschirm, Spracheingabe, Scanner) dürfen nur eingesetzt werden, wenn dadurch die Arbeitsaufgaben leichter ausgeführt werden können und keine zusätzlichen Belastungen für die Beschäftigten entstehen.

6.4 Anforderungen an tragbare Bildschirmgeräte für die ortsveränderliche Verwendung an Arbeitsplätzen

(1) Größe, Form und Gewicht tragbarer Bildschirmgeräte müssen der Arbeitsaufgabe entsprechend angemessen sein.

(2) Tragbare Bildschirmgeräte müssen

1. über Bildschirme mit reflexionsarmen Oberflächen verfügen und
2. so betrieben werden, dass der Bildschirm frei von störenden Reflexionen und Blendungen ist.

(3) Tragbare Bildschirmgeräte ohne Trennung zwischen Bildschirm und externem Eingabemittel (insbesondere Geräte ohne Tastatur) dürfen nur an Arbeitsplätzen betrieben werden, an denen die Geräte nur kurzzeitig verwendet werden oder an denen die Arbeitsaufgaben mit keinen anderen Bildschirmgeräten ausgeführt werden können.

(4) Tragbare Bildschirmgeräte mit alternativen Eingabemitteln sind den Arbeitsaufgaben angemessen und mit dem Ziel einer optimalen Entlastung der Beschäftigten zu betreiben.

(5) Werden tragbare Bildschirmgeräte ortsgebunden an Arbeitsplätzen verwendet, gelten zusätzlich die Anforderungen nach Nummer 6.1.

6.5 Anforderungen an die Benutzerfreundlichkeit von Bildschirmarbeitsplätzen

(1) Beim Betreiben der Bildschirmarbeitsplätze hat der Arbeitgeber dafür zu sorgen, dass der Arbeitsplatz den Arbeitsaufgaben angemessen gestaltet ist. Er hat insbesondere geeignete Softwaresysteme bereitzustellen.

(2) Die Bildschirmgeräte und die Software müssen entsprechend den Kenntnissen und Erfahrungen der Beschäftigten im Hinblick auf die jeweilige Arbeitsaufgabe angepasst werden können.

(3) Das Softwaresystem muss den Beschäftigten Angaben über die jeweiligen Dialogabläufe machen.

(4) Die Bildschirmgeräte und die Software müssen es den Beschäftigten ermöglichen,

die Dialogabläufe zu beeinflussen. Sie müssen eventuelle Fehler bei der Handhabung beschreiben und eine Fehlerbeseitigung mit begrenztem Arbeitsaufwand erlauben.

(5) Eine Kontrolle der Arbeit hinsichtlich der qualitativen oder quantitativen Ergebnisse darf ohne Wissen der Beschäftigten nicht durchgeführt werden.

Verordnung über Sicherheit und Gesundheitsschutz auf Baustellen (Baustellenverordnung – BaustellV)

Vom 10. Juni 1998 (BGBl. I S. 1283)

Zuletzt geändert durch
Gesetz zur Neuordnung des Rechts zum Schutz vor der schädlichen Wirkung ionisierender Strahlung
vom 27. Juni 2017 (BGBl. I S. 1966)[1])

Inhaltsübersicht

[1]) Die Änderungen treten am 31. Dezember 2018 in Kraft.

Auf Grund des § 19 des Arbeitsschutzgesetzes vom 7. August 1996 (BGBl. I S. 1246) verordnet die Bundesregierung:

§ 1 Ziele; Begriffe

(1) Diese Verordnung dient der wesentlichen Verbesserung von Sicherheit und Gesundheitsschutz der Beschäftigten auf Baustellen.

(2) Die Verordnung gilt nicht für Tätigkeiten und Einrichtungen im Sinne des § 2 des Bundesberggesetzes.

(3) Baustelle im Sinne dieser Verordnung ist der Ort, an dem ein Bauvorhaben ausgeführt wird. Ein Bauvorhaben ist das Vorhaben, eine oder mehrere bauliche Anlagen zu errichten, zu ändern oder abzubrechen.

§ 2 Planung der Ausführung des Bauvorhabens

(1) Bei der Planung der Ausführung eines Bauvorhabens, insbesondere bei der Einteilung der Arbeiten, die gleichzeitig oder nacheinander durchgeführt werden, und bei der Bemessung der Ausführungszeiten für diese Arbeiten, sind die allgemeinen Grundsätze nach § 4 des Arbeitsschutzgesetzes zu berücksichtigen.

(2) Für jede Baustelle, bei der

1. die voraussichtliche Dauer der Arbeiten mehr als 30 Arbeitstage beträgt und auf der mehr als 20 Beschäftigte gleichzeitig tätig werden, oder
2. der Umfang der Arbeiten voraussichtlich 500 Personentage überschreitet,

ist der zuständigen Behörde spätestens zwei Wochen vor Einrichtung der Baustelle eine Vorankündigung zu übermitteln, die mindestens die Angaben nach Anhang I enthält. Die Vorankündigung ist sichtbar auf der Baustelle auszuhängen und bei erheblichen Änderungen anzupassen.

(3) Ist für eine Baustelle, auf der Beschäftigte mehrerer Arbeitgeber tätig werden, eine Vorankündigung zu übermitteln, oder werden auf einer Baustelle, auf der Beschäftigte mehrerer Arbeitgeber tätig werden, besonders gefährliche Arbeiten nach Anhang II ausgeführt, so ist dafür zu sorgen, daß vor Einrichtung der Baustelle ein Sicherheits- und Gesundheitsschutzplan erstellt wird. Der Plan muß die für die betreffende Baustelle anzuwendenden Arbeitsschutzbestimmungen erkennen lassen und besondere Maßnahmen für die besonders gefährlichen Arbeiten nach Anhang II enthalten. Erforderlichenfalls sind bei Erstellung des Planes betriebliche Tätigkeiten auf dem Gelände zu berücksichtigen.

§ 3 Koordinierung

(1) Für Baustellen, auf denen Beschäftigte mehrerer Arbeitgeber tätig werden, sind ein oder mehrere geeignete Koordinatoren zu bestellen. Der Bauherr oder der von ihm nach § 4 beauftragte Dritte kann die Aufgaben des Koordinators selbst wahrnehmen.

(1a) Der Bauherr oder der von ihm beauftragte Dritte wird durch die Beauftragung geeigneter Koordinatoren nicht von seiner Verantwortung entbunden.

(2) Während der Planung der Ausführung des Bauvorhabens hat der Koordinator

1. die in § 2 Abs. 1 vorgesehenen Maßnahmen zu koordinieren,
2. den Sicherheits- und Gesundheitsschutzplan auszuarbeiten oder ausarbeiten zu lassen und
3. eine Unterlage mit den erforderlichen, bei möglichen späteren Arbeiten an der baulichen Anlage zu berücksichtigenden Angaben zu Sicherheit und Gesundheitsschutz zusammenzustellen.

(3) Während der Ausführung des Bauvorhabens hat der Koordinator

1. die Anwendung der allgemeinen Grundsätze nach § 4 des Arbeitsschutzgesetzes zu koordinieren,
2. darauf zu achten, daß die Arbeitgeber und die Unternehmer ohne Beschäftigte ihre Pflichten nach dieser Verordnung erfüllen,
3. den Sicherheits- und Gesundheitsschutzplan bei erheblichen Änderungen in der Ausführung des Bauvorhabens anzupassen oder anpassen zu lassen,
4. die Zusammenarbeit der Arbeitgeber zu organisieren und

5. die Überwachung der ordnungsgemäßen Anwendung der Arbeitsverfahren durch die Arbeitgeber zu koordinieren.

§ 4 Beauftragung

Die Maßnahmen nach § 2 und § 3 Abs. 1 Satz 1 hat der Bauherr zu treffen, es sei denn, er beauftragt einen Dritten, diese Maßnahmen in eigener Verantwortung zu treffen.

§ 5 Pflichten der Arbeitgeber

(1) Die Arbeitgeber haben bei der Ausführung der Arbeiten die erforderlichen Maßnahmen des Arbeitsschutzes insbesondere in bezug auf die

1. Instandhaltung der Arbeitsmittel,
2. Vorkehrungen zur Lagerung und Entsorgung der Arbeitsstoffe und Abfälle, insbesondere der Gefahrstoffe,
3. Anpassung der Ausführungszeiten für die Arbeiten unter Berücksichtigung der Gegebenheiten auf der Baustelle,
4. Zusammenarbeit zwischen Arbeitgebern und Unternehmern ohne Beschäftigte,
5. Wechselwirkungen zwischen den Arbeiten auf der Baustelle und anderen betrieblichen Tätigkeiten auf dem Gelände, auf dem oder in dessen Nähe die erstgenannten Arbeiten ausgeführt werden,

zu treffen sowie die Hinweise des Koordinators und den Sicherheits- und Gesundheitsschutzplan zu berücksichtigen.

(2) Die Arbeitgeber haben die Beschäftigten in verständlicher Form und Sprache über die sie betreffenden Schutzmaßnahmen zu informieren.

(3) Die Verantwortlichkeit der Arbeitgeber für die Erfüllung ihrer Arbeitsschutzpflichten wird durch die Maßnahmen nach den §§ 2 und 3 nicht berührt.

§ 6 Pflichten sonstiger Personen

Zur Gewährleistung von Sicherheit und Gesundheitsschutz der Beschäftigten haben auch die auf einer Baustelle tätigen Unternehmer ohne Beschäftigte die bei den Arbeiten anzuwendenden Arbeitsschutzvorschriften einzuhalten. Sie haben die Hinweise des Koordinators sowie den Sicherheits- und Gesundheitsschutzplan zu berücksichtigen. Die Sätze 1 und 2 gelten auch für Arbeitgeber, die selbst auf der Baustelle tätig sind.

§ 7 Ordnungswidrigkeiten und Strafvorschriften

(1) Ordnungswidrig im Sinne des § 25 Abs. 1 Nr. 1 des Arbeitsschutzgesetzes handelt, wer vorsätzlich oder fahrlässig

1. entgegen § 2 Abs. 2 Satz 1 in Verbindung mit § 4 der zuständigen Behörde eine Vorankündigung nicht, nicht richtig, nicht vollständig oder nicht rechtzeitig übermittelt oder,
2. entgegen § 2 Abs. 3 Satz 1 in Verbindung mit § 4 nicht dafür sorgt, daß vor Einrichtung der Baustelle ein Sicherheits- und Gesundheitsschutzplan erstellt wird.

(2) Wer durch eine im Absatz 1 bezeichnete vorsätzliche Handlung Leben oder Gesundheit eines Beschäftigten gefährdet, ist nach § 26 Nr. 2 des Arbeitsschutzgesetzes strafbar.

§ 8 Inkrafttreten

(1) Diese Verordnung tritt am ersten Tage des auf die Verkündung folgenden Kalendermonats in Kraft.

(2) Für Bauvorhaben, mit deren Ausführung bereits vor dem 1. Juli 1998 begonnen worden ist, bleiben die bisherigen Vorschriften maßgebend.

Anhang I

1. Ort der Baustelle,
2. Name und Anschrift des Bauherrn,
3. Art des Bauvorhabens,
4. Name und Anschrift des anstelle des Bauherrn verantwortlichen Dritten,
5. Name und Anschrift des Koordinators,
6. voraussichtlicher Beginn und voraussichtliche Dauer der Arbeiten,
7. voraussichtliche Höchstzahl der Beschäftigten auf der Baustelle,
8. Zahl der Arbeitgeber und Unternehmer ohne Beschäftigte, die voraussichtlich auf der Baustelle tätig werden,
9. Angabe der bereits ausgewählten Arbeitgeber und Unternehmer ohne Beschäftigte.

Anhang II

Besonders gefährliche Arbeiten im Sinne des § 2 Abs. 3 sind:

1. Arbeiten, bei denen die Beschäftigten der Gefahr des Versinkens, des Verschüttetwerdens in Baugruben oder in Gräben mit einer Tiefe von mehr als 5 m oder des Absturzes aus einer Höhe von mehr als 7 m ausgesetzt sind,
2. Arbeiten, bei denen Beschäftigte ausgesetzt sind gegenüber
   a) biologischen Arbeitsstoffen der Risikogruppen 3 oder 4 im Sinne der Biostoffverordnung oder
   b) Stoffen oder Gemischen im Sinne der Gefahrstoffverordnung, die eingestuft sind als
      aa) akut toxisch Kategorie 1 oder 2,
      bb) krebserzeugend, keimzellmutagen oder reproduktionstoxisch jeweils Kategorie 1A oder 1B,
      cc) entzündbare Flüssigkeit Kategorie 1 oder 2,
      dd) explosiv oder
      ee) Erzeugnis mit Explosivstoff,
3. Arbeiten mit ionisierenden Strahlungen, die die Festlegung von Kontroll- oder Überwachungsbereichen im Sinne des Strahlenschutzgesetzes und der auf dessen Grundlage erlassenen Rechtsverordnungen erfordern,
4. Arbeiten in einem geringeren Abstand als 5 m von Hochspannungsleitungen,
5. Arbeiten, bei denen die unmittelbare Gefahr des Ertrinkens besteht,
6. Brunnenbau, unterirdische Erdarbeiten und Tunnelbau,
7. Arbeiten mit Tauchgeräten,
8. Arbeiten in Druckluft,
9. Arbeiten, bei denen Sprengstoff oder Sprengschnüre eingesetzt werden,
10. Aufbau oder Abbau von Massivbauelementen mit mehr als 10 t Einzelgewicht.

IV Technische Regeln für Arbeitsstätten (ASR)

Bitte beachten Sie:
Die Technischen Regeln für Arbeitsstätten (ASR) geben den Stand der Technik, Arbeitsmedizin und Arbeitshygiene sowie sonstige gesicherte arbeitswissenschaftliche Erkenntnisse für das Einrichten und Betreiben von Arbeitsstätten wieder.

Sie werden vom Ausschuss für Arbeitsstätten ermittelt bzw. angepasst und vom Bundesministerium für Arbeit und Soziales im Gemeinsamen Ministerialblatt (GMBl.) bekannt gegeben.

Diese ASR sind für den Arbeitgeber nicht verpflichtend anzuwenden. Bei Einhaltung der Technischen Regeln kann der Arbeitgeber jedoch davon ausgehen, dass die entsprechenden Anforderungen der Arbeitsstättenverordnung erfüllt sind.

Wählt der Arbeitgeber eine andere Lösung, muss er damit mindestens die gleiche Sicherheit und den gleichen Gesundheitsschutz für die Beschäftigten erreichen.

Technische Regeln für Arbeitsstätten (ASR A1.2) Raumabmessungen und Bewegungsflächen

September 2013
(GMBl 2013, S. 910; zuletzt geändert GMBl 2018, S. 471)

1 Zielstellung

Diese Arbeitsstättenregel konkretisiert die Anforderungen an Raumabmessungen von Arbeitsräumen und Bewegungsflächen in § 3a Absatz 1 der Arbeitsstättenverordnung sowie insbesondere in den Punkten 1.2 und 3.1 des Anhanges der Arbeitsstättenverordnung.

2 Anwendungsbereich

(1) Diese Arbeitsstättenregel gilt für das Einrichten und Betreiben von Arbeitsräumen.

(2) Die Abmessungen aller weiteren Räume, wie Sanitärräume (ASR A4.1), Pausen- und Bereitschaftsräume (ASR A4.2), Erste-Hilfe-Räume (ASR A4.3) und Unterkünfte (ASR A4.4) richten sich gemäß Punkt 1.2 Absatz 2 des Anhangs der Arbeitsstättenverordnung nach der Art ihrer Nutzung.

Hinweis:
Für die barrierefreie Gestaltung der Raumabmessungen und Bewegungsflächen gilt die ASR V3a.2 „Barrierefreie Gestaltung von Arbeitsstätten", Anhang A1.2: Ergänzende Anforderungen zur ASR A1.2 „Raumabmessungen und Bewegungsflächen".

3 Begriffsbestimmungen

3.1 **Bewegungsflächen** sind zusammenhängende unverstellte Bodenflächen am Arbeitsplatz, die mindestens erforderlich sind, um den Beschäftigten bei ihrer Tätigkeit wechselnde Arbeitshaltungen sowie Ausgleichsbewegungen zu ermöglichen.

3.2 **Bewegungsfreiraum** ist der zusammenhängende unverstellte Raum am Arbeitsplatz, der mindestens erforderlich ist, um den Beschäftigten bei ihrer Tätigkeit wechselnde Arbeitshaltungen sowie Ausgleichsbewegungen zu ermöglichen.

3.3 **Gänge zu den Arbeitsplätzen** sind Verkehrswege, die dem ungehinderten Zutritt zu den persönlich zugewiesenen Arbeitsplätzen dienen (siehe ASR A1.8 „Verkehrswege").

3.4 **Gänge zu gelegentlich benutzten Betriebseinrichtungen** sind Verkehrswege, die dem ungehinderten Zutritt zur Nutzung von Betriebseinrichtungen (z. B. Heizungen, Fenster, Elektroversorgung) dienen (siehe ASR A1.8 „Verkehrswege").

3.5 **Stellflächen** sind die Bodenflächen, die für Arbeitsmittel (z. B. Roh-, Hilfs- und Betriebsstoffe, Produkte des jeweiligen Arbeitsschrittes, Arbeitsstühle, Arbeitswagen, Werkzeugcontainer, Hebemittel), Einbauten, Einrichtungen und sonstige Gegenstände (z. B. Abfälle) benötigt werden, unabhängig davon, ob diese den Boden berühren oder nicht.

3.6 **Funktionsflächen** sind die Bodenflächen, die von beweglichen Teilen von Arbeitsmitteln, Einbauten und Einrichtungen überdeckt werden.

3.7 **Flächen für Sicherheitsabstände** sind die Bodenflächen an Arbeitsplätzen, Arbeitsmitteln, Einbauten und Einrichtungen, die erforderlich sind, um Gefährdungen von Beschäftigten zu vermeiden.

3.8 **Zellenbüros** sind als Einzel- oder Mehrpersonenbüros in der Regel entlang der Fassade angeordnet und über einen gemeinsamen Flur zugänglich. Mehrpersonenbüros umfassen in der Regel bis sechs Büro- oder Bildschirmarbeitsplätze.

3.9 **Gruppenbüros** sind für die Einrichtung von in der Regel bis zu 25 Büro- oder Bildschirmarbeitsplätzen vorgesehene fensternahe Raumeinheiten, die mit Stellwänden oder flexiblen Raumgliederungssystemen deutlich voneinander abgegrenzt werden.

3.10 **Großraumbüros** sind organisatorische und räumliche Zusammenfassungen von Büro- oder Bildschirmarbeitsplätzen auf einer 400 m^2 oder mehr umfassenden Grundfläche, die mit Stellwänden gegliedert sein können.

3.11 **Kombibüros** sind in der Regel Kombinationen aus Zellenbüro und Großraumbüro. Die „Arbeitskojen" sind in der Regel mit je einem Beschäftigten besetzt, um einen Gemeinschaftsraum mit Besprechungsecken, Registraturen, Serviceeinrichtungen, Teeküchen u. a. gruppiert und durch Glaswände und -türen mit dem Gemeinschaftsraum verbunden.

4 Allgemeines

(1) Arbeitsräume müssen eine ausreichende Grundfläche und Höhe sowie einen ausreichenden Luftraum aufweisen. Damit soll sichergestellt sein, dass die Beschäftigten ohne Beeinträchtigung ihrer Sicherheit, ihrer Gesundheit oder ihres Wohlbefindens ihre Arbeit verrichten können.

(2) Am Arbeitsplatz muss ausreichend Bewegungsfreiraum vorhanden sein, so dass Beschäftigte alle Arbeitsaufgaben erledigen können und nicht, z. B. durch Einbauten, Einrichtungen oder sonstige Gegenstände, in ihrer Bewegungsfreiheit eingeschränkt sind.

(3) Ausgangspunkt für die Ermittlung der Grundflächen und Höhen des notwendigen Bewegungsfreiraumes sind die Körpermaße des Menschen. Die in dieser ASR aufgeführten Werte stellen das Minimum für Bewegungsfreiräume dar, wobei Zuschläge von Kleidung und Körperbewegungen berücksichtigt sind. Weitere Zuschläge z. B. für persönliche Schutzausrüstungen oder für die Handhabung von Arbeitsgegenständen und Arbeitsmitteln sind erforderlichenfalls festzulegen.

(4) Für bestimmte Arbeitsplätze, z. B. Kassenarbeitsplätze, Schulungs- und Besprechungsarbeitsplätze, Arbeitsplätze in Operationsbereichen, können auf Grund ihrer spezifischen betriebstechnischen oder ergonomischen Anforderungen von den Regelungen dieser ASR abweichende Gestaltungen notwendig sein. Diese sind im Rahmen einer Gefährdungsbeurteilung zu ermitteln und festzulegen. Hierfür können branchenspezifische Hilfen herangezogen werden (siehe Punkt Ausgewählte Literaturhinweise).

5 Grundflächen von Arbeitsräumen

(1) Die erforderlichen Grundflächen für Arbeitsräume ergeben sich aus folgenden Flächen:

- Bewegungsflächen der Beschäftigten am Arbeitsplatz,
- Flächen für Verkehrswege einschließlich der Fluchtwege und Gänge zu den Arbeitsplätzen und zu gelegentlich benutzten Betriebseinrichtungen,
- Stellflächen für Arbeitsmittel, Einbauten und Einrichtungen,
- Funktionsflächen für alle Betriebs- bzw. Benutzungszustände von Arbeitsmitteln, Einbauten und Einrichtungen und
- Flächen für Sicherheitsabstände, soweit sie nicht bereits in den Stell- oder Funktionsflächen berücksichtigt sind.

Beispiele für erforderliche Grundflächen von Arbeitsplätzen sind in den Anhängen 1 und 2 dargestellt.

(2) Bei der Bemessung der Grundfläche der Arbeitsräume sind entsprechend der Anzahl der Arbeitsplätze und der Tätigkeit zusätzlich zu den erforderlichen Flächen nach Absatz 1 die Einhaltung des Mindestluftraums nach Punkt 7 sowie gegebenenfalls weitere Anforderungen, z. B. an die Luftqualität (siehe ASR A3.6 „Lüftung") oder an die Akustik, zu berücksichtigen.

(3) Unabhängig von Absatz 1 und von der Tätigkeit dürfen als Arbeitsräume nur Räume genutzt werden, deren Grundflächen mindestens 8 m^2 für einen Arbeitsplatz zuzüglich mindestens 6 m^2 für jeden weiteren Arbeitsplatz betragen.

(4) Für Büro- und Bildschirmarbeitsplätze ergibt sich bei Einrichtung von Zellenbüros als Richtwert ein Flächenbedarf von 8 bis 10 m^2 je Arbeitsplatz einschließlich Möblierung und anteiliger Verkehrsflächen im Raum. Für Großraumbüros ist angesichts des höheren Verkehrsflächenbedarfs und ggf. größerer Störwirkungen (z. B. akustisch, visuell) von 12 bis 15 m^2 je Arbeitsplatz auszugehen. Beispielhafte Gestaltungslösungen zu den einzelnen Bürotypen sind dem Anhang 2 zu entnehmen.

5.1 Bewegungsflächen der Beschäftigten am Arbeitsplatz

5.1.1 Allgemeine Anforderungen

(1) Zur Festlegung der Bewegungsfläche sind alle während der Tätigkeit einzunehmenden Körperhaltungen zu berücksichtigen.

(2) Die Bewegungsfläche muss mindestens 1,50 m^2 betragen. Ist dies aus betriebstechnischen Gründen nicht möglich, muss den Beschäftigten in der Nähe des Arbeitsplatzes eine mindestens 1,50 m^2 große Bewegungsfläche zur Verfügung stehen (siehe Abb. 1).

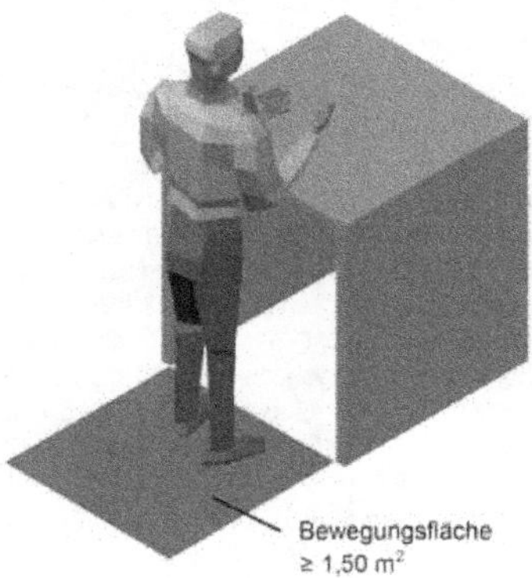

Abb. 1: Mindestgröße der Bewegungsfläche im Sitzen und Stehen (Quelle: VBG Hamburg [www.vbg.de])

5.1.2 Sitzende und stehende Tätigkeiten

Die Tiefe und die Breite der Bewegungsfläche für Tätigkeiten im Sitzen und Stehen müssen mindestens 1,00 m betragen (siehe Abb. 2 und 3).

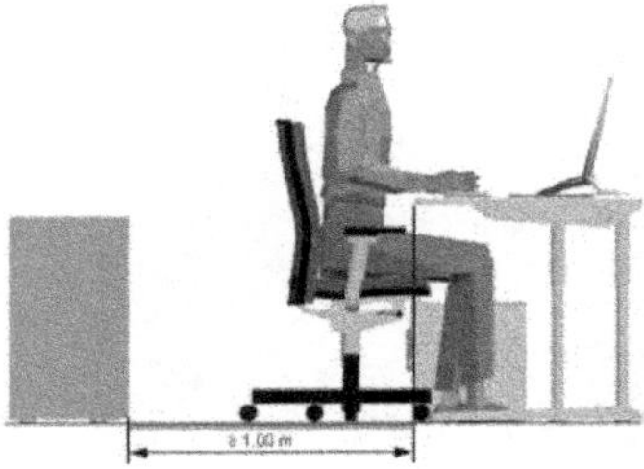

Abb. 2: Mindesttiefe der Bewegungsfläche im Sitzen und Stehen (Quelle: VBG Hamburg [www.vbg.de])

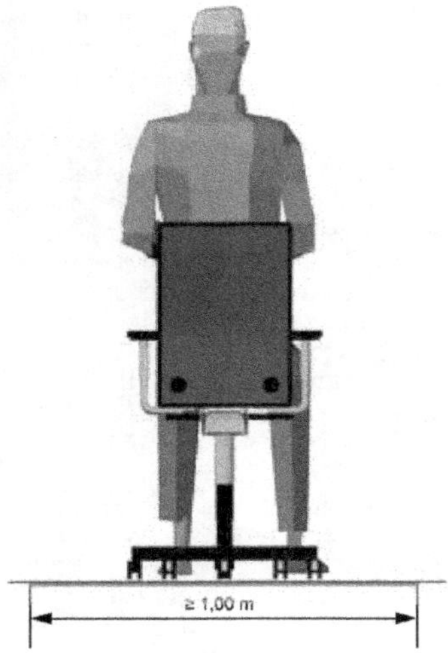

Abb. 3: Mindestbreite der Bewegungsfläche im Sitzen und Stehen (Quelle: VBG Hamburg [www.vbg.de])

5.1.3 Tätigkeiten mit anderen Körperhaltungen

(1) Die Tiefe der Bewegungsfläche an Arbeitsplätzen mit stehender nicht aufrechter Körperhaltung muss mindestens 1,20 m betragen (siehe Abb. 4).

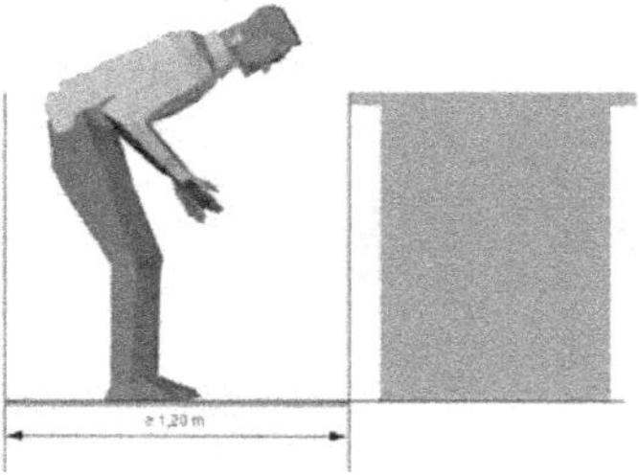

Abb. 4: Mindesttiefe der Bewegungsfläche für Arbeitsplätze mit stehender nicht aufrechter Körperhaltung (Quelle: VBG Hamburg [www.vbg.de])

(2) Für Beschäftigte, die für ihre Tätigkeit andere Körperhaltungen einnehmen müssen, sind die Maße für die Bewegungsfläche im Rahmen der Gefährdungsbeurteilung gesondert zu ermitteln und festzulegen.

5.1.4 Nebeneinander angeordnete Arbeitsplätze

Sind mehrere Arbeitsplätze unmittelbar nebeneinander angeordnet, muss die Breite der Bewegungsfläche an jedem Arbeitsplatz mindestens 1,20 m betragen (siehe Abb. 5).

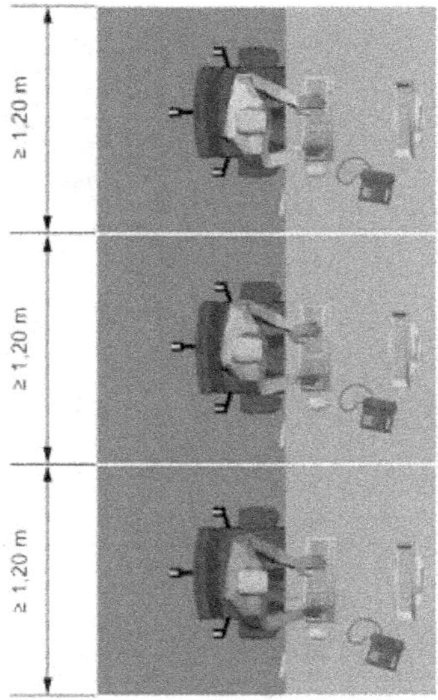

Abb. 5: Breite der Bewegungsfläche für nebeneinander angeordnete Arbeitsplätze mit sitzender oder stehender Körperhaltung (Quelle: VBG Hamburg [www.vbg.de])

5.1.5 Überlagerung von Bewegungsflächen

(1) Bewegungsflächen dürfen sich nicht überlagern mit:

- Bewegungsflächen anderer Arbeitsplätze,
- Flächen für Verkehrswege, einschließlich Fluchtwegen und Gängen zu anderen Arbeitsplätzen und Gängen zu gelegentlich genutzten Betriebseinrichtungen,
- Stellflächen für Arbeitsmittel, Einbauten und Einrichtungen,
- Funktionsflächen für Arbeitsmittel, Einbauten und Einrichtungen und
- Flächen für Sicherheitsabstände.

(2) Abweichend von Absatz 1 ist eine Überlagerung der Bewegungsfläche am Arbeitsplatz des jeweiligen Nutzers möglich mit:

- Stellflächen von selbst benutzten mobilen Arbeitsmitteln,

IV

- Funktionsflächen von selbst benutzten Arbeitsmitteln, Einbauten und Einrichtungen (z. B. Schrankauszüge und -türen, Fensterflügel) und
- Flächen für Sicherheitsabstände (z. B. am Schrankauszug, siehe Abb. 10).

Dabei darf es zu keiner Beeinträchtigung der Sicherheit, der Gesundheit oder des Wohlbefindens der Beschäftigten kommen.

5.2 Flächen für Verkehrswege

(1) Maße zu Höhen und Breiten von Verkehrswegen einschließlich Gängen zu den Arbeitsplätzen und gelegentlich benutzten Betriebseinrichtungen sind in der ASR A1.8 „Verkehrswege" geregelt.

(2) Maße zu Höhen und Breiten von Fluchtwegen sind in der ASR A2.3 „Fluchtwege und Notausgänge, Flucht- und Rettungsplan" geregelt.

5.3 Stellflächen für Arbeitsmittel, Einbauten und Einrichtungen

Stellflächen müssen entsprechend den äußeren Abmessungen der Arbeitsmittel, Einbauten und Einrichtungen berücksichtigt werden (siehe Abb. 6 und 7).

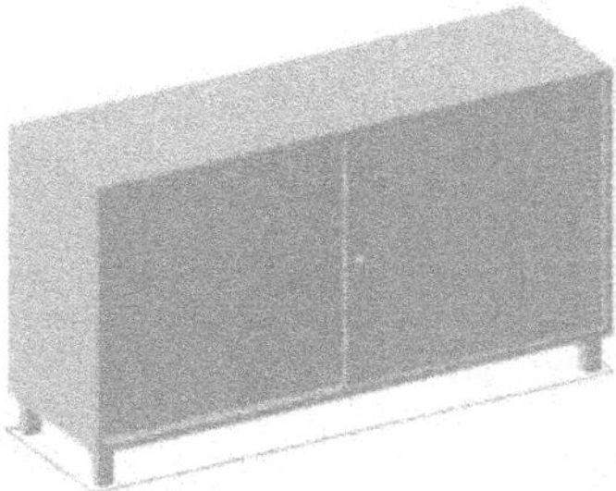

Abb. 6: Stellfläche eines Schrankes (Quelle: VBG Hamburg [www.vbg.de])

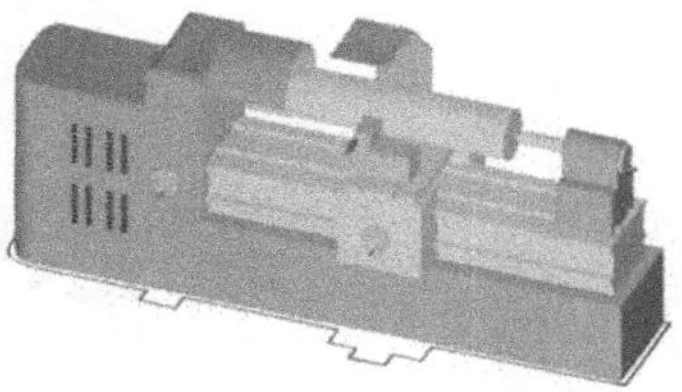

Abb. 7: Stellfläche einer Drehmaschine (Quelle: VBG Hamburg [www.vbg.de])

5.4 Funktionsflächen für Arbeitsmittel, Einbauten und Einrichtungen

Für die Ermittlung der Funktionsflächen müssen die Flächen für alle Betriebszustände, z. B. auch für Instandhaltung und Werkzeugwechsel, berücksichtigt werden (siehe Abb. 8 und 9).

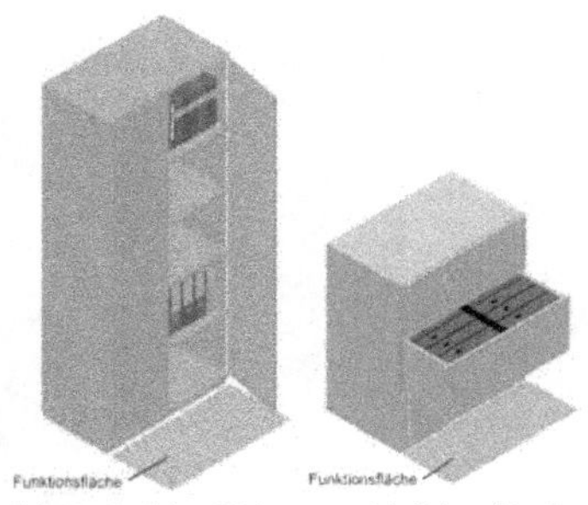

Abb. 8: Funktionsflächen von Schränken (Quelle: VBG Hamburg [www.vbg.de])

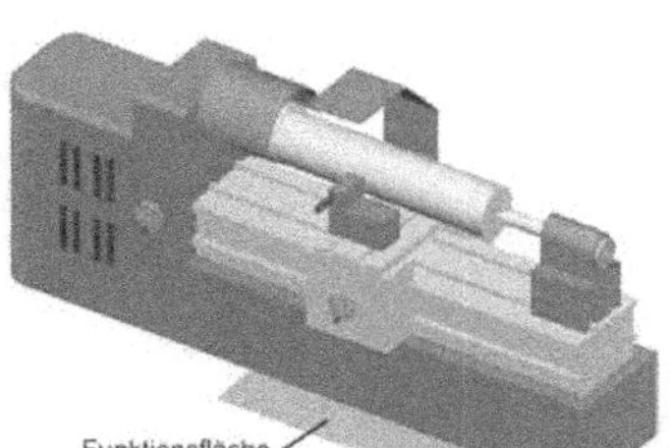

Abb. 9: Funktionsfläche für den Schlitten einer Drehmaschine (Quelle: VBG Hamburg [www.vbg.de])

5.5 Flächen für Sicherheitsabstände

Flächen zur Einhaltung von notwendigen Sicherheitsabständen, soweit diese nicht bereits in den Stell- oder Funktionsflächen berücksichtigt sind, sind im Rahmen der Gefährdungsbeurteilung festzulegen (siehe Abb. 10). Zur Vermeidung von Ganzkörperquetschungen muss der Sicherheitsabstand mindestens 50 cm betragen. Weitere Hinweise dafür können z. B. aus den Herstellerangaben entnommen werden.

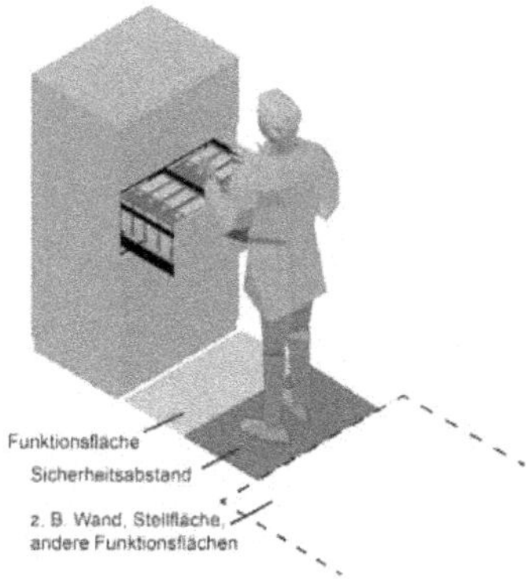

Abb. 10: Beispiel für Funktionsfläche und Sicherheitsabstand zur Benutzung eines Schrankes (Quelle: VBG Hamburg [www.vbg.de])

6 Lichte Höhen von Arbeitsräumen

(1) Die erforderliche lichte Höhe von Räumen ist abhängig von:

- den Bewegungsfreiräumen für die Beschäftigten,
- der Nutzung der Arbeitsräume,
- den technischen Anforderungen, z. B. Platzbedarf für Lüftung und Beleuchtung, und
- den Erfordernissen hinsichtlich des Wohlbefindens der Beschäftigten.

(2) In Abhängigkeit von der Grundfläche muss die lichte Höhe von Arbeitsräumen betragen:

- bei bis zu 50 m^2 mindestens 2,50 m
- bei mehr als 50 m^2 mindestens 2,75 m
- bei mehr als 100 m^2 mindestens 3,00 m
- bei mehr als 2000 m^2 mindestens 3,25 m

(3) Die in Absatz 2 genannten Maße können um 0,25 m herabgesetzt werden, wenn keine gesundheitlichen Bedenken bestehen. Das ist im Rahmen der Gefährdungsbeurteilung zu ermitteln. Eine lichte Höhe von 2,50 m darf jedoch nicht unterschritten werden.

(4) Unabhängig von Absatz 3 kann in Arbeitsräumen bis zu 50 m^2 Grundfläche, in denen überwiegend leichte oder sitzende Tätigkeit ausgeübt wird, die lichte Höhe auf das nach Landesbaurecht zulässige Maß herabgesetzt werden, wenn dies mit der Nutzung der Arbeitsräume vereinbar ist.

(5) Bei Unterschreitung der lichten Höhen nach Absatz 2 darf es zu keiner Beeinträchtigung der Sicherheit, der Gesundheit oder des Wohlbefindens der Beschäftigten kommen.

(6) Sollen Räume mit Schrägdecken als Arbeitsräume genutzt werden, müssen die Anforderungen an Aufenthaltsräume mit Schrägdecken nach Landesbaurecht erfüllt sein. Über den Arbeitsplätzen und freien Bewegungsflächen sind die Anforderungen der Absätze 2 bis 5 einzuhalten. Für die Anforderungen an die lichte Höhe von Verkehrswegen und Fluchtwegen gelten die Bestimmungen der ASR A1.8 „Verkehrswege" bzw. der ASR A2.3 „Fluchtwege und Notausgänge, Flucht- und Rettungsplan".

7 Luftraum

(1) Arbeitsräume sind so einzurichten, dass der freie, durch das Volumen von Einbauten nicht verringerte Luftraum für jeden ständig anwesenden Beschäftigten mindestens

- 12 m^3 bei überwiegend sitzender Tätigkeit,
- 15 m^3 bei überwiegend nichtsitzender Tätigkeit und
- 18 m^3 bei schwerer körperlicher Arbeit

beträgt.

(2) Wenn sich in Arbeitsräumen neben den ständig anwesenden Beschäftigten auch andere Personen nicht nur vorübergehend aufhalten, ist für jede zusätzliche Person ein Mindestluftraum von 10 m^3 vorzusehen. Dies gilt nicht für Verkaufsräume, Schank- und Speiseräume in Gaststätten, Schulungs- und

Besprechungsräume sowie für Unterrichtsräume in Schulen.

Ausgewählte Literaturhinweise

Informationen der Unfallversicherungsträger

- DGUV Information 208-002 Sitz-Kassenarbeitsplätze 10/2015
- DGUV Information 208-003 Steh-Kassenarbeitsplätze 03/2014 aktualisiert 05/2015
- DGUV Information 215-441 Büroraumplanung, Hilfen für das systematische Planen und Gestalten von Büros 09/2016
- DGUV Information 207-017 Neu- und Umbauplanung im Krankenhaus unter Gesichtspunkten des Arbeitsschutzes 09/2011
- DGUV Information 215-410 Bildschirm- und Büroarbeitsplätze, Leitfaden für die Gestaltung 09/2015

IV

Veröffentlichungen des Länderausschusses für Arbeitsschutz und Sicherheitstechnik (LASI-Veröffentlichungen)

- LV 20 Handlungsanleitung zur Beurteilung der Arbeitsbedingungen an Kassenarbeitsplätzen, Oktober 1999
- LV 50 Bewegungsergonomische Gestaltung von andauernder Steharbeit, März 2009

Weitere Literaturstellen

Handlungshilfen:

- INFO-MAP: Büroräume planen (VBG), Juni 2009
- Arbeitswissenschaftliche Erkenntnisse Nr. 106: Die systemische Beurteilung von Bildschirmarbeit (BAuA), 1. Auflage. Bremerhaven: Wirtschaftsverlag NW Verlag für neue Wissenschaft GmbH, 1999
- Quartbroschüre: Qualifizierung, Q 6 Büroraumtypen und Ergonomieprobleme. Humanisierung in Büro und Verwaltung (BAuA) 1. Auflage. Dortmund: 2001 (vergriffen)

Technische Regeln für Arbeitsstätten (ASR A1.5/1,2) Fußböden

Ausgabe: Februar 2013
(GMBl 2013, S. 348; zuletzt geändert GMBl 2019, S. 70)

1 Zielstellung

Diese Arbeitsstättenregel konkretisiert die Anforderungen für das Einrichten und Betreiben von Fußböden nach § 3a Abs. 1 und § 4 Abs. 2 sowie nach Punkt 1.5 Abs. 1 und 2 des Anhangs der Arbeitsstättenverordnung.

Anwendungsbereich

(1) Diese Arbeitsstättenregel gilt für das Einrichten und Betreiben von Fußböden in Arbeitsstätten.

(2) gestrichen

Hinweis:
Zusätzliche Anforderungen an die barrierefreie Gestaltung werden zu einem späteren Zeitpunkt als Anhang in die ASR V3a.2 „B arrierefreie Gestaltung von Arbeitsstätten" eingefügt.

3 Begriffsbestimmungen

3.1 **Fußböden** im Sinne dieser Arbeitsstättenregel umfassen nicht nur die statisch wirksame Tragschicht, den Fußbodenaufbau und die Oberfläche, sondern auch Auflagen, z. B. Matten, Roste oder Teppiche.

3.2 Eine **Rutschgefahr** liegt vor, wenn aufgrund einer zu geringen Rutschhemmung der Fußbodenoberfläche, einer unmittelbaren Änderung der Rutschhemmung der Fußbodenoberfläche oder des Verrutschens eines Bodenbelages, die Möglichkeit des Ausrutschens von Beschäftigten oder Wegrutschens von Fahrzeugen oder Einrichtungsgegenständen besteht.

Rutschhemmung ist eine Eigenschaft der Fußbodenoberfläche, die das Ausrutschen wirksam verhindert.

3.3 Eine **gefährliche Schräge** liegt vor, wenn der Fußboden aufgrund seiner Neigung bzw. Steigung nicht mehr sicher betrieben, also begangen, befahren oder zum Abstellen genutzt werden kann. Dies ist in der Regel bei Fußböden ab einer Neigung von 36 Prozent (ca. 20°) gegeben, sofern nicht ohnehin schon aufgrund anderer Vorschriften ein niedrigerer Wert einzuhalten ist. Anforderungen an die Begeh- und Befahrbarkeit von Schrägrampen enthält die ASR A1.8 „Verkehrswege".

3.4 **Stolperstellen** sind Änderungen der Oberfläche in begehbaren Bereichen des Fußbodens, durch die erhöhte Sturzgefährdungen hervorgerufen werden. Stolperstellen entstehen z. B. durch Höhenunterschiede, die an Absätzen oder durch Unebenheiten oder an Übergängen von der Waagerechten in ein Gefälle oder eine Steigung oder durch unmittelbar auftretende Änderungen der Rutschhemmung der Fußbodenoberfläche auftreten. Unter ebenen Bedingungen in Räumen gelten bereits Höhenunterschiede von mehr als 4 mm als Stolperstelle. Auch bei Spaltenbreiten von mehr als 20 mm im Fußboden sowie bei der Verwendung von Rosten mit einer Maschenteilung von mehr als 35 x 51 mm liegen Stolperstellen vor. Eine Stolperstelle kann auch temporär auftreten, z. B. aufgrund einer Durchbiegung an der Verbindungsstelle verschiedener Fußböden.

3.5 Der Fußboden ist **tragfähig**, wenn er eine der Nutzungsart entsprechende Konstruktion und Festigkeit aufweist und auch das Aufbringen von Lasten, z. B. durch das Aufstellen von Einrichtungen oder durch das Befahren mit Transportmitteln, nicht zu Beschädigungen, zur Bildung von Unebenheiten oder zu Gefährdungen von Beschäftigten in darunter liegenden Bereichen aufgrund der Ablösung von Fußbodenteilen führt.

3.6 Ein Fußboden ist **trittsicher**, wenn dessen Eigenschaften, z. B. Festigkeit, Belastbarkeit, Ebenheit, Rutschhemmung, ein sicheres Begehen ermöglichen. Deshalb ist bei der Beurteilung, inwieweit eine Trittsicherheit gegeben ist, die übliche Art der Gehaufgabe zu berücksichtigen, z. B. die Gehgeschwindigkeiten, die Art des genutzten Schuhwerks oder das ggf. erforderliche Tragen von Lasten. Weiterhin können auch visuelle Eindrücke die beim Begehen von Fußböden erforderliche Einschätzung der Fußbodenoberfläche und das Erkennen ggf. vorhandener Mängel erschweren und so die Trittsicherheit negativ beeinflussen, z. B. Aufmerksamkeit erfordernde Ereignisse außerhalb des Fußbodenbereichs oder ein unregelmäßiges Fußbodendesign.

3.7 **Unebenheiten** eines Fußbodens sind Abweichungen des Höhenmaßes innerhalb einer Fläche, z. B. bei welligen Fußbodenoberflächen, die beim Begehen oder Befahren zu Gefährdungen führen.

3.8 Die **R-Gruppe** ist ein Maßstab für den Grad der Rutschhemmung auf der Grundlage des mittels des in Anhang 1 beschriebenen Verfahrens ermittelten mittleren Neigungswinkels. Bodenbeläge werden in Abhängigkeit von ihrer Rutschhemmung in fünf R-Gruppen (von R 9 bis R 13) unterteilt, wobei Bodenbeläge mit der R-Gruppe R 9 den geringsten und mit der R-Gruppe R 13 den höchsten Anforderungen an die Rutschhemmung genügen.

3.9 Der **Verdrängungsraum** eines Bodenbelags ist der zur Gehebene hin offene Hohlraum unterhalb der Gehebene zur Aufnahme oder Ableitung von gleitfördernden Stoffen.

3.10 Bei einer **Vertiefung** handelt es sich um eine Stelle, die vom Höhenmaß innerhalb einer Fläche nach unten abweicht und dadurch beim Begehen oder Befahren zu Gefährdungen führen kann. Dies ist beispielsweise bei Löchern, Dellen oder un-abgedeckten Rinnen der Fall, wenn diese zu Stolper- oder Umknickgefahren oder aufgrund der Ansammlung von Flüssigkeiten zu Rutschgefahren führen.

4 Allgemeines

(1) Fußböden müssen so beschaffen sein, instand gehalten und gereinigt werden, dass sie unter Berücksichtigung der Art der Nutzung, der betrieblichen Verhältnisse und der Witterungseinflüsse sicher benutzt werden können.

(2) Im Rahmen von Begehungen ist sicherzustellen, dass auch in selten genutzten Bereichen Mängel zeitnah erkannt werden können. Festgestellte Mängel müssen unverzüglich beseitigt werden. Können Mängel, mit denen eine unmittelbare erhebliche Gefahr verbunden ist, nicht sofort beseitigt werden, darf dieser Fußbodenbereich nicht genutzt werden, z. B. im Falle einer fehlenden Abdeckung einer Bodenöffnung.

(3) Fußböden in Räumen dürfen keine Unebenheiten, Vertiefungen, Stolperstellen oder gefährlichen Schrägen aufweisen. Sie müssen gegen Verrutschen bzw. Kippen (z. B. bei Abdeckungen) gesichert, tragfähig, trittsicher und rutschhemmend sein.

(4) Fußböden sollen ohne Neigung angelegt werden. Ausgenommen sind funktionelle Neigungen, z. B. zur Ableitung von Flüssigkeiten.

(5) Von Fußböden dürfen keine gesundheitlichen Gefährdungen und sollen keine spürbaren elektrostatischen Aufladungen oder unzuträglichen Gerüche ausgehen. Unzuträgliche Gerüche und gesundheitliche Gefährdungen können beispielsweise durch Ausdünstungen bzw. Emissionen aus Fußbodenmaterialien, Klebstoffen und Konservierungsmitteln verursacht werden oder z. B. bei Nutzungsänderungen von Arbeitsstätten entstehen. Empfehlenswert ist daher die Auswahl emissionsarmer Materialien.

(6) Fußböden müssen gegen die zu erwartenden Einwirkungen, z. B. durch Säuren, Laugen, Hitze oder Vibrationen, so beständig sein, dass die erforderlichen Eigenschaften erhalten bleiben.

(7) Können Flüssigkeiten oder Gefahrstoffe auf den Fußboden gelangen, darf er diese Stoffe nicht so aufnehmen und speichern, dass sich hierdurch Gefährdungen für die Beschäftigten ergeben, z. B. durch Emissionen, Schimmelpilze oder Brandgefahren.

(8) Sofern in Räumen mit Gefahrstoffen oder biologischen Arbeitsstoffen umgegangen wird, ist der Fußboden so zu gestalten, dass ein unbemerktes Ansammeln derartiger Stoffe in Bereichen, die mit den in diesen Räumen vorgesehenen Reinigungsverfahren nicht erreicht werden können, ausgeschlossen ist. Dies kann z. B. durch einen geschlossenen und mit abgerundeten Übergängen zu den Wän-

den und ggf. zu den Einrichtungen versehenen Fußboden erreicht werden (Kehlsockel).

(9) Die optische Gestaltung der Fußbodenoberflächen darf das sichere Begehen oder Befahren nicht beeinträchtigen. Beispielsweise sind durch detailreiche oder unregelmäßige oder hochglänzende Designs sowie durch Motive, die zu optischen Täuschungen führen, Beeinträchtigungen möglich.

(10) In Bereichen, die im Rahmen ihrer üblichen Nutzung durchgehend begangen werden müssen, dürfen sich die Fußbodenoberflächen hinsichtlich ihrer Rutschhemmung nicht so voneinander unterscheiden, dass es zu Stolper- und Rutschgefahren kommen kann. Dies kann gegeben sein, wenn sich die Oberflächenbeschaffenheiten innerhalb eines Fußbodens (z. B. bei Abdeckungen, Markierungen oder aufgeklebten Folien) oder von angrenzenden Fußböden hinsichtlich der Rutschhemmung um mehr als eine R-Gruppe unterscheiden.

(11) Ablaufrinnen in Fußböden von Verkehrswegen, z. B. zur Ableitung von Flüssigkeiten, müssen unter Berücksichtigung der Art der Verkehrsmittel, der Art des Transportgutes und der ggf. gleichzeitigen Nutzung durch Fußgänger so gestaltet und in den Fußboden integriert sein, dass sie den zu erwartenden Belastungen standhalten und eine sichere Benutzung der Verkehrswege gewährleistet ist. Dies ist gegeben, wenn Belastungen, z. B. das Überfahren mit schweren Fahrzeugen oder mit Flurförderzeugen mit harten Transportrollen, nicht zu Verformungen oder Beschädigungen der Ablaufrinnen und dadurch zu Stolper- oder Rutschgefahren führen.

(12) Soweit sich andauernde Steharbeit nicht vermeiden lässt, müssen die Fußböden an den Steharbeitsplätzen ausreichend wärmegedämmt und zur Verminderung der Belastungen des Skelett- und Bewegungssystems mit ergonomischen Bodenbelägen (ausreichend stoßdämpfend und elastisch) ausgestattet sein. Die Verwendung von Fußbodenauflagen darf nicht zur Entstehung von Stolperstellen führen.

5 Schutzmaßnahmen gegen Stolpern

(1) Eine geeignete Maßnahme zur Vermeidung von Stolperstellen an Höhenunterschieden bis 2 cm ist z. B. eine Anschrägung mit einem Winkel von höchstens 25°, z. B. bei Kanten an Bodenbelägen. Größere Höhenunterschiede sollen durch begehbare Schrägrampen überbrückt werden, die den an Verkehrswege bzw. Fluchtwege gerichteten Anforderungen der Arbeitsstättenverordnung entsprechen (siehe z. B. ASR A1.8 „Verkehrswege" und ASR A2.3 „Fluchtwege und Notausgänge, Flucht- und Rettungsplan") und keine gefährliche Schräge bilden. Anschluss- und Versorgungsleitungen müssen so verlegt sein, dass sie keine Stolperstellen bilden, z. B. entlang von Einrichtungsgegenständen, Wänden oder Decken. Das kann z. B. mit einer ausreichenden Anzahl von Anschlussmöglichkeiten in einer geeigneten Lage erreicht werden (z. B. durch Anbringen einer Steckdose im näheren Umfeld der Verbrauchseinrichtung, um dadurch auf dem Boden liegende Kabel zu vermeiden).

(2) Leisten, Abdeckungen, Ablauföffnungen, Ablaufrinnen, Profile oder Ähnliches in begehbaren Bereichen von Fußböden müssen so gestaltet und installiert sein, dass sich hierdurch keine Stolpergefahren ergeben. Dies ist beispielsweise gegeben, wenn sie kipp- und trittsicher, bündig sowie höhengleich mit der Fußbodenoberfläche verlegt und ausreichend fest im Fußboden verankert sind.

(3) Technisch und baulich nicht vermeidbare Stolperstellen sind neben der nach Punkt 8 erforderlichen Kennzeichnung ggf. durch weitere Schutzmaßnahmen, z. B. durch Absperrungen oder Handläufe, zu sichern.

6 Schutzmaßnahmen gegen Ausrutschen

(1) Fußbodenoberflächen müssen unter Berücksichtigung der Art der Nutzung sowie der zu erwartenden gleitfördernden Stoffe, z. B. Wasser, Fett, Öl, Staub, eine sichere Benutzung ermöglichen. Rutschgefahren können sich weiterhin beispielsweise durch Witterungseinflüsse im Außenbereich, durch von außen durch Fußgänger oder Verkehrsmittel eingebrachte Nässe, durch nicht beseitigte Verunreinigungen oder durch eine Abnutzung der Fußbodenoberfläche ergeben.

IV

Rutschgefahren sind durch entsprechende Schutzmaßnahmen zu vermeiden. Als Schutzmaßnahmen kommen insbesondere geeignete Fußbodenbeläge infrage, z. B. Beläge mit einer hohen Rutschhemmung oder zusätzlich einem Verdrängungsraum. Als geeignet können Fußbodenbeläge betrachtet werden, die hinsichtlich ihrer R-Gruppe oder ihres Verdrängungsraumes den in Anhang 2 genannten Anforderungen entsprechen.

(2) Im Außenbereich sind Maßnahmen gegen witterungsbedingte Glätte erforderlich, z. B. ausreichend große Überdachungen vor Gebäudeeingängen oder ein wirksamer Winterdienst.

(3) Gebäudeeingänge sind so einzurichten, dass der Eintrag von Schmutz und Nässe nicht zu Rutschgefahren führt. Dies kann durch Sauberlaufzonen in Form von Schmutz- und Feuchtigkeitsaufnehmern erreicht werden, die hinsichtlich ihrer Länge, Breite und des Materials auf den zu erwartenden Personenverkehr ausgelegt sind und in ihrer Laufrichtung über die gesamte Durchgangsbreite mindestens 1,5 m lang sind. Sauberlaufzonen müssen gegen Verrutschen gesichert sein und dürfen keine Stolperstellen bilden, z. B. indem sie bündig mit dem unmittelbar daran anschließenden Bodenbelag abschließen.

Sofern Flüssigkeiten oder gleitfördernde Stoffe in einem solchen Umfang auf den Fußboden gelangen, dass dadurch eine Rutschgefahr für Personen besteht, sind geeignete Maßnahmen zu ergreifen. Fließfähige Flüssigkeiten lassen sich beispielsweise durch ein ausreichendes Fußbodengefälle abführen (z. B. ein Gefälle von mindestens 2 Prozent bei Flüssigkeiten mit wasserähnlichen Fließeigenschaften). Das Ableiten von Flüssigkeiten über Verkehrswege ist nach Möglichkeit zu vermeiden. Eine geeignete Maßnahme gegen die Ausrutschgefahr aufgrund gleitfördernder Stoffe, z. B. Öl oder Speisereste, sind Bodenbeläge mit ausreichendem Verdrängungsraum.

(4) Ist die erforderliche Rutschhemmung kurzzeitig herabgesetzt und lassen sich die Ursachen hierfür nicht unverzüglich beseitigen, ist der betreffende Bereich zu kennzeichnen und erforderlichenfalls abzusperren.

7 Schutzmaßnahmen gegen besondere physikalische Einwirkungen

(1) Fußböden an Arbeitsplätzen, in Sanitär-, Pausen- und Bereitschaftsräumen, in Kantinen, in Erste-Hilfe-Räumen und in Unterkünften müssen so gegen Wärme und Kälte gedämmt sein, dass ein ausreichender Schutz sowohl gegen eine unzuträgliche Wärmeableitung als auch gegen eine unzuträgliche Wärmezuführung besteht. Dies kann beispielsweise mit geeigneten Fußbodenkonstruktionen, Baustoffen, Fußbodenauflagen oder Heiz- bzw. Kühleinrichtungen erreicht werden.

Ein ausreichender Schutz gegen Wärmeableitung oder Wärmezuführung liegt in Arbeitsräumen vor, wenn die Oberflächentemperatur des Fußbodens nicht mehr als 3 °C unter oder 6 °C über der Lufttemperatur liegt. Sofern die Oberflächentemperatur des Fußbodens +29 °C bei Fußbodenheizungen überschreitet oder soweit ein ausreichender Schutz gegen Wärmeableitung, z. B. aus hygienischen oder betriebstechnischen Gründen, nicht möglich ist, sind geeignete Ersatzmaßnahmen vorzusehen.

(2) Fußböden an Arbeitsplätzen, in Sanitär-, Pausen- und Bereitschaftsräumen, in Kantinen, in Erste-Hilfe-Räumen und in Unterkünften müssen so eingerichtet sein, dass es nicht zu Durchfeuchtungen oder einem Aufsteigen von Feuchtigkeit aus dem Untergrund kommen kann. Ist dies nicht möglich, sind geeignete Maßnahmen zu treffen, z. B. die Verwendung von feuchtigkeitssperrenden Auflagen oder von Rosten.

(3) In explosions- oder explosivstoffgefährdeten Bereichen muss der Fußboden so ausgeführt sein, dass Zündgefahren durch Reißfunken oder elektrostatische Auf-ladungen vermieden werden.

(4) Fußböden an Arbeitsplätzen müssen so eingerichtet sein, dass diese keine unzuträglichen Erschütterungen auf Beschäftigte übertragen.

8 Kennzeichnung

Fußbodenstellen, an denen sich die Gefahr des Stolperns oder Ausrutschens technisch nicht vermeiden lässt, sind entsprechend der ASR A1.3 „Sicherheits- und Gesundheitsschutzkennzeichnung" zu kennzeichnen.

9 Reinigung

(1) Die Oberflächen von Fußböden müssen leicht zu reinigen sein und entsprechend den hygienischen Erfordernissen gereinigt werden, wenn nicht ohnehin aufgrund anderer Rechtsvorschriften weitergehende Anforderungen zu berücksichtigen sind, z. B. im Gesundheits- oder im Lebensmittelbereich. Verunreinigungen und Ablagerungen, die zu Gefährdungen führen können, sind unverzüglich zu beseitigen.

(2) Die Reinigungsverfahren sowie Reinigungs- oder Pflegemittel sind so auszuwählen, dass die jeweilige Fußbodenoberfläche nach der Reinigung oder Unterhaltspflege noch über die erforderlichen Eigenschaften, z. B. Rutschhemmung verfügt. Der Auswahl sind die Angaben bzw. Pflegehinweise des Fußbodenherstellers und des Herstellers des jeweiligen Reinigungsmittels zugrunde zu legen. Weiterhin sind die Gefahren zu berücksichtigen,

- die von der Verwendung von Reinigungsmitteln, die Gefahrstoffe im Sinne der Gefahrstoffverordnung sind oder
- die bei der Reinigung von gegebenenfalls im Bodenbereich befindlichen Einrichtungen, z. B. einer Elektroinstallation,ausgehen können.

(3) Die mit der Reinigung beauftragten Personen sind über die Ergebnisse nach Abs. 2 Satz 1 zu unterweisen.

(4) Sofern sich aufgrund der Reinigung zeitlich beschränkte Rutschgefahren ergeben, z. B. bei Nassreinigungsverfahren bis zum Zeitpunkt der Trocknung der Fußbodenoberfläche, sind die Reinigungsarbeiten soweit möglich zu Zeiten durchzuführen, in denen diese Bereiche nicht genutzt werden. Ist dies nicht möglich, sind die Bereiche bis zur Wiederherstellung der erforderlichen Rutschhemmung abzugrenzen oder zumindest entsprechend zu kennzeichnen.

(5) Fußböden in Außenbereichen, zu denen Beschäftigte im Rahmen ihrer Arbeit Zugang haben, müssen so gereinigt bzw. geräumt oder gestreut werden, dass sich keine Stolper- oder Rutschgefahren ergeben.

10 Abweichende/ergänzende Anforderungen für Baustellen

Werden auf Baustellen Fußböden und Trittflächen von Treppen mit temporären Belägen, z. B.

- Malerabdeckvliese als Schutz vor Verschmutzung,
- PVC–Folien als Feuchtigkeitssperren,
- Auflagen aus Pappe als Schutz vor Beschädigung oder
- Auflagen gegen Funkenflug,

abgedeckt, ist auf eine ausreichende Trittsicherheit zu achten. Hierzu hat der Arbeitgeber geeignete Maßnahmen zur Sicherung gegen Verrutschen, zur Rutschhemmung und zur Vermeidung von Unebenheiten oder Stolperstellen durchzuführen.

Technische Maßnahmen sind z. B. Verkleben/Befestigen von Rändern und Stößen, Sicherung gegen Faltenbildung und Verschieben. Organisatorische Maßnahmen sind z. B. Absperren von Bereichen oder Unterweisung der Beschäftigten zum Betreten der temporären Beläge.

Ausgewählte Literaturhinweise

- DGUV Information 208-007 Roste – Auswahl und Betrieb 01/1996 aktualisiert 05/2013
- DGUV Information 208-008 Montage 01/2017
- DGUV Information 207-006 Bodenbeläge für nassbelastete Barfußbereiche 06/2015
- DGUV Information 208-041 Bewertung der Rutschgefahr unter Betriebsbedingungen 01/2011
- IFA Institut für Arbeitsschutz der Deutschen Gesetzlichen Unfallversicherung; Geprüfte Bodenbeläge – Positivliste, in: IFA-Handbuch Sicherheit und Gesundheitsschutz am Arbeitsplatz, Erich Schmidt Verlag GmbH & Co. KG, Berlin
- DIN 51130:2014-02 Prüfung von Bodenbelägen – Bestimmung der rutschhemmenden Eigenschaft – Arbeitsräume und Arbeitsbereiche mit Rutschgefahr, Begehungsverfahren – Schiefe Ebene
- LV 50 Bewegungsergonomische Gestaltung von andauernder Steharbeit, März 2009

Anhang 1
Verfahren zur Prüfung der rutschhemmenden Eigenschaft und des Verdrängungsraums[1]) (Begehungsverfahren – Schiefe Ebene)

1 Rutschhemmende Eigenschaft

Eine Prüfperson mit Prüfschuhen begeht in aufrechter Haltung mit Schritten einer halben Schuhlänge vor- und rückwärts den zu prüfenden Bodenbelag, dessen Neigung vom waagerechten Zustand beginnend bis zum Akzeptanzwinkel (α) gesteigert wird (siehe Abb. 1). Dieser sogenannte Akzeptanzwinkel ist der Winkel, bei dem die Prüfperson nicht mehr sicher gehen kann und zu rutschen beginnt. Der Akzeptanzwinkel wird auf mit Gleitmittel bestrichenem Bodenbelag ermittelt. Der erreichte mittlere Akzeptanzwinkel (mittlerer Gesamtakzeptanzwinkel) dient anschließend zur Beurteilung des Grades der Rutschhemmung (siehe Tabelle 1). Subjektive Einflüsse auf den Akzeptanzwinkel werden durch ein Kalibrierverfahren eingegrenzt.

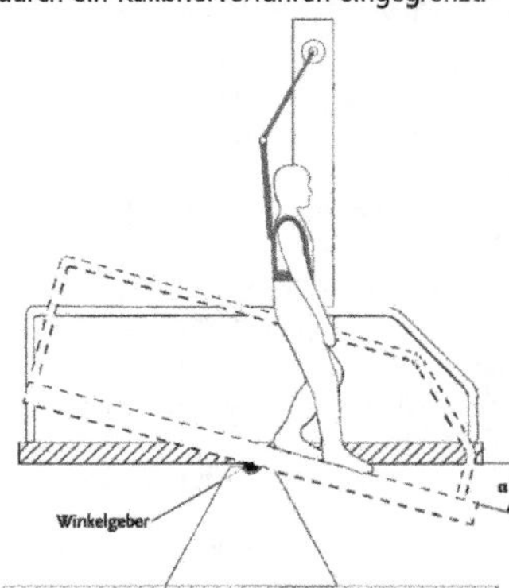

Abb. 1: Prüfeinrichtung (Schiefe Ebene) mit Sicherheitseinrichtung

Tabelle 1: Zuordnung der korrigierten mittleren Gesamtakzeptanzwinkel zu den Klassen der Rutschhemmung

Korrigierter mittlerer Gesamtakzeptanzwinkel	Klasse der Rutschhemmung (R-Gruppe)
6° bis 10°	R 9
über 10° bis 19°	R 10
über 19° bis 27°	R 11
über 27° bis 35°	R 12
über 35°	R 13

2 Verdrängungsraum

Der Probekörper wird mit einer Paste bündig abgeglichen und seine Masse vor und nach dem Abgleichen gemessen. Aus der Massendifferenz und der Dichte der Paste wird das Volumen des Verdrängungsraumes errechnet. Bodenbeläge mit Verdrängungsraum sind mit dem Kennzeichen „V" in Verbindung mit der Kennzahl für das Mindestvolumen des Verdrängungsraums versehen und werden in die in Tabelle 2 genannten Gruppen unterteilt.

Tabelle 2: Zuordnung der Bezeichnung des Verdrängungsraumes zu den Mindestvolumina

Bezeichnung des Verdrängungsraumes	Mindestvolumen des Verdrängungsraumes [cm^3/dm^2]
V 4	4
V 6	6
V 8	8
V 10	10

Anhang 2
Anforderungen an die Rutschhemmung von Fußböden

Dieser Anhang beschränkt sich auf solche Arbeitsräume, Arbeitsbereiche und betriebliche

[1]) gilt nicht für nassbelastete Barfußbereiche

Verkehrswege, deren Fußböden mit gleitfördernden Medien in Kontakt kommen, wo also die Gefahr des Ausrutschens zu vermuten ist.

Der mit dem Begehungsverfahren (Schiefe Ebene) ermittelte mittlere Gesamtakzeptanzwinkel ist für die Einordnung eines Bodenbelages in eine von fünf Bewertungsgruppen maßgebend. Die Bewertungsgruppe dient als Maßstab für den Grad der Rutschhemmung, wobei Bodenbeläge mit der Bewertungsgruppe R 9 den geringsten und mit Bewertungsgruppe R 13 den höchsten Anforderungen an die Rutschhemmung genügen.

Fußböden, bei denen wegen des Anfalls besonderer gleitfördernder Stoffe ein Verdrängungsraum unterhalb der Gehebene erforderlich ist, sind durch ein „V" in Verbindung mit der Kennzahl für das Mindestvolumen des Verdrängungsraums zu kennzeichnen.

Die in der nachstehenden Tabelle vorgenommene Zuordnung von Arbeitsräumen, Arbeitsbereichen und betrieblichen Verkehrswegen zu Bewertungsgruppen erhebt nicht den Anspruch auf Vollständigkeit. Nicht aufgeführte Arbeitsräume, Arbeitsbereiche und betriebliche Verkehrswege sind, entsprechend der in ihnen zu erwartenden Rutschgefahr (z. B. je nach Häufigkeit, Menge und Art der auftretenden gleitfördernden Stoffe), in Analogie zur Tabelle einer Bewertungsgruppe zuzuordnen.

Die Prüfung der Rutschhemmung erfolgt mit einem Prüfschuh, dessen Sohle profiliert ist. Bei rauen oder profilierten Fußbodenoberflächen und bei Fußböden mit Verdrängungsraum trägt der Formschluss mit dem Sohlenprofil zur Rutschhemmung bei. Bei der Auswahl der Bewertungsgruppe ist daher zu berücksichtigen, welches Schuhwerk getragen wird.

Die Messergebnisse der Prüfmethode zur Bestimmung der Rutschhemmung von Bodenbelägen im Betriebszustand (Gleitreibungskoeffizient (μ)) können nicht direkt mit den Messergebnissen der Prüfung (Akzeptanzwinkel (α)) auf der Schiefen Ebene verglichen werden. Der Gleitreibungskoeffizient (μ) kann deshalb nicht zur Einordnung in eine R-Gruppe herangezogen werden.

Nummer	Arbeitsräume, -bereiche und betriebliche Verkehrswege	Bewertungsgruppe der Rutschgefahr (R-Gruppe)	Verdrängungsraum mit Kennzahl für das Mindestvolumen
0	**Allgemeine Arbeitsräume und – bereiche*)**		
0.1	Eingangsbereiche, innen**)	R 9	
0.2	Eingangsbereiche, außen	R 11 oder R 10	V 4
0.3	Treppen, innen***)	R 9	
0.4	Außentreppen	R 11 oder R 10	V 4
0.5	Schrägrampen, innen (z. B. Rollstuhlrampen, Ausgleichsschrägen, Transportwege)	Eine R-Gruppe höher als für den Zugangsbelag erforderlich	V-Wert des Zugangsbelags, falls zutreffend

*) für Fußböden in barfuß begangenen Nassbereichen siehe GUV-Information „Bodenbeläge für nassbelastete Barfußbereiche" (DGUV Information 207-006)

**) Eingangsbereiche gemäß Nummer 0.1 sind die Bereiche, die durch Eingänge direkt aus dem Freien betreten werden und in die Feuchtigkeit von außen hereingetragen werden kann (siehe auch Punkt 6 Absatz 3, Verwendung von Schmutz- und Feuchtigkeitsaufnehmer). Für anschließende Bereiche oder andere großflächige Räume ist Punkt 4 Abs. 10 zu beachten.

***) Treppen, Rampen gemäß Nummer 0.3 und 0.5 sind diejenigen, auf die Feuchtigkeit von außen hineingetragen werden kann. Für anschließende Bereiche ist Punkt 4 Abs. 10 zu beachten.

Nummer	Arbeitsräume, -bereiche und betriebliche Verkehrswege	Bewertungsgruppe der Rutschgefahr (R-Gruppe)	Verdrängungsraum mit Kennzahl für das Mindestvolumen
0.6	Sanitärräume		
0.6.1	Toiletten	R 9	
0.6.2	Umkleide- und Waschräume	R 10	
0.7	Pausenräume (z. B. Aufenthaltsraum, Betriebskantinen)	R 9	
0.8	Erste-Hilfe-Räume und vergleichbare Einrichtungen (siehe ASR A4.3)	R 9	
1	**Herstellung von Margarine, Speisefett, Speiseöl**		
1.1	Fettschmelzen	R 13	V 6
1.2	Speiseölraffinerie	R 13	V 4
1.3	Herstellung und Verpackung von Margarine	R 12	
1.4	Herstellung und Verpackung von Speisefett, Abfüllen von Speiseöl	R 12	
2	**Milchbe- und -verarbeitung, Käseherstellung**		
2.1	Frischmilchverarbeitung einschließlich Butterei	R 12	
2.2	Käsefertigung, -lagerung und Verpackung	R 11	
2.3	Speiseeisfabrikation	R 12	
3	**Schokoladen- und Süßwarenherstellung**		
3.1	Zuckerkocherei	R 12	
3.2	Kakaoherstellung	R 12	
3.3	Rohmassenherstellung	R 11	
3.4	Eintafelei, Hohlkörper- und Pralinenfabrikation	R 11	
4	**Herstellung von Backwaren (Bäckereien, Konditoreien, Dauerbackwaren-Herstellung)**		
4.1	Teigbereitung	R 11	
4.2	Räume, in denen vorwiegend Fette oder flüssige Massen verarbeitet werden	R 12	
4.3	Spülräume	R 12	V 4

Nummer	Arbeitsräume, -bereiche und betriebliche Verkehrswege	Bewertungsgruppe der Rutschgefahr (R-Gruppe)	Verdrängungsraum mit Kennzahl für das Mindestvolumen
5	**Schlachtung, Fleischbearbeitung, Fleischverarbeitung**		
5.1	Schlachthaus	R 13	V 10
5.2	Kuttlerraum, Darmschleimerei	R 13	V 10
5.3	Fleischzerlegung	R 13	V 8
5.4	Wurstküche	R 13	V 8
5.5	Kochwurstabteilung	R 13	V 8
5.6	Rohwurstabteilung	R 13	V 6
5.7	Wursttrockenraum	R 12	
5.8	Darmlager	R 12	
5.9	Pökelei, Räucherei	R 12	
5.10	Geflügelverarbeitung	R 12	V 6
5.11	Aufschnitt- und Verpackungsabteilung	R 12	
5.12	Handwerksbetrieb mit Verkauf	R 12	V 8****)
6	**Be- und Verarbeitung von Fisch, Feinkostherstellung**		
6.1	Be- und Verarbeitung von Fisch	R 13	V 10
6.2	Feinkostherstellung	R 13	V 6
6.3	Mayonnaiseherstellung	R 13	V 4
7	**Gemüsebe- und -verarbeitung**		
7.1	Sauerkrautherstellung	R 13	V 6
7.2	Gemüsekonservenherstellung	R 13	V 6
7.3	Sterilisierräume	R 11	
7.4	Räume, in denen Gemüse für die Verarbeitung vorbereitet wird	R 12	V 4
8	**Nassbereiche bei der Nahrungsmittel- und Getränkeherstellung (soweit nicht besonders erwähnt)**		
8.1	Lagerkeller, Gärkeller	R 10	
8.2	Getränkeabfüllung, Fruchtsaftherstellung	R 11	

****) Wurde überall ein einheitlicher Bodenbelag verlegt, kann der Verdrängungsraum auf Grund einer Gefährdungsbeurteilung (unter Berücksichtigung des Reinigungsverfahrens, der Arbeitsabläufe und des Anfalls an gleitfördernden Stoffen auf den Fußboden) bis auf V 4 gesenkt werden.

Nummer	Arbeitsräume, -bereiche und betriebliche Verkehrswege	Bewertungsgruppe der Rutschgefahr (R-Gruppe)	Verdrängungsraum mit Kennzahl für das Mindestvolumen
9	**Küchen, Speiseräume**		
9.1	Gastronomische Küchen (Gaststättenküchen, Hotelküchen)	R 12	
9.2	Küchen für Gemeinschaftsverpflegung in Heimen, Schulen, Kindertageseinrichtungen, Sanatorien	R 11	
9.3	Küchen für Gemeinschaftsverpflegung in Krankenhäusern, Kliniken	R 12	
9.4	Großküchen für Gemeinschaftsverpflegung in Mensen, Kantinen, Fernküchen	R 12	V 4
9.5	Aufbereitungsküchen (Fast-Food-Küchen, Convenience- und Imbissbetriebe)	R 12	
9.6	Auftau- und Anwärmküchen	R 10	
9.7	Kaffee- und Teeküchen, Küchen in Hotels-Garni, Stationsküchen	R 10	
9.8	Spülräume		
9.8.1	Spülräume zu 9.1, 9.4, 9.5	R 12	V 4
9.8.2	Spülräume zu 9.2	R 11	
9.8.3	Spülräume zu 9.3	R 12	
9.9	Speiseräume, Gasträume, Kantinen, einschließlich Serviergängen	R 9	
10	**Kühlräume, Tiefkühlräume, Kühlhäuser, Tiefkühlhäuser**		
10.1	für unverpackte Ware	R 12	
10.2	für verpackte Ware	R 11	
11	**Verkaufsstellen, Verkaufsräume**		
11.1	Warenannahme Fleisch		
11.1.1	für unverpackte Ware	R 11	
11.1.2	für verpackte Ware	R 10	
11.2	Warenannahme Fisch	R 11	
11.3	Bedienungsgang für Fleisch und Wurst		
11.3.1	für unverpackte Ware	R 11	
11.3.2	für verpackte Ware	R 10	

Nummer	Arbeitsräume, -bereiche und betriebliche Verkehrswege	Bewertungsgruppe der Rutschgefahr (R-Gruppe)	Verdrängungsraum mit Kennzahl für das Mindestvolumen
11.4	Bedienungsgang für Brot- und Backwaren, unverpackte Ware	R 10	
11.5	Bedienungsgang für Molkerei- und Feinkosterzeugnisse, unverpackte Ware	R 10	
11.6	Bedienungsgang für Fisch		
11.6.1	für unverpackte Ware	R 12	
11.6.2	für verpackte Ware	R 11	
11.7	Bedienungsgänge, ausgenommen Nr. 11.3 bis 11.6	R 9	
11.8	Fleischvorbereitungsraum		
11.8.1	zur Fleischbearbeitung, ausgenommen Nr. 5	R 12	V 8
11.8.2	zur Fleischverarbeitung, ausgenommen Nr. 5	R 11	
11.9	Blumenbinderäume und -bereiche	R 11	
11.10	Verkaufsbereiche mit Backöfen		
11.10.1	zum Herstellen von Backware	R 11	
11.10.2	zum Aufbacken vorgefertigter Backware	R 10	
11.11	Verkaufsbereiche mit Fritteusen oder Grillanlagen	R 12	V 4
11.12	Verkaufsräume, Kundenräume	R 9	
11.13	Vorbereitungsbereiche für Lebensmittel zum SB-Verkauf	R 10	
11.14	Kassenbereiche, Packbereiche	R 9	
11.15	Verkaufsbereiche im Freien	R 11 oder R 10	V 4
12	**Räume des Gesundheitsdienstes/der Wohlfahrtspflege**		
12.1	Desinfektionsräume (nass)	R 11	
12.2	Vorreinigungsbereiche der Sterilisation	R 10	
12.3	Fäkalienräume, Ausgussräume, unreine Pflegearbeitsräume	R 10	
12.4	Sektionsräume	R 10	
12.5	Räume für medizinische Bäder, Hydrotherapie, Fango-Aufbereitung	R 11	
12.6	Waschräume von OP's, Gipsräume	R 10	
12.7	Sanitäre Räume, Stationsbäder	R 10	

IV

Nummer	Arbeitsräume, -bereiche und betriebliche Verkehrswege	Bewertungsgruppe der Rutschgefahr (R-Gruppe)	Verdrängungsraum mit Kennzahl für das Mindestvolumen
12.8	Räume für medizinische Diagnostik und Therapie, Massageräume	R 9	
12.9	OP-Räume	R 9	
12.10	Stationen mit Krankenzimmern und Flure	R 9	
12.11	Praxen der Medizin, Tageskliniken	R 9	
12.12	Apotheken	R 9	
12.13	Laborräume	R 9	
12.14	Friseursalons	R 9	
13	**Wäscherei**		
13.1	Räume mit Durchlaufwaschmaschinen (Waschröhren) oder mit Waschschleudermaschinen	R 9	
13.2	Räume mit Waschmaschinen, bei denen die Wäsche tropfnass entnommen wird	R 11	
13.3	Räume zum Bügeln und Mangeln	R 9	
14	**Kraftfutterherstellung**		
14.1	Trockenfutterherstellung	R 11	
14.2	Kraftfutterherstellung unter Verwendung von Fett und Wasser	R 11	V 4
15	**Lederherstellung, Textilien**		
15.1	Wasserwerkstatt in Gerbereien	R 13	
15.2	Räume mit Entfleischmaschinen	R 13	V 10
15.3	Räume mit Leimlederanfall	R 13	V 10
15.4	Fetträume für Dichtungsherstellung	R 12	
15.5	Färbereien für Textilien	R 11	
16	**Lackierereien**		
16.1	Nassschleifbereiche	R 12	V 10
16.2	Pulverbeschichtung	R 11	
16.3	Lackierung	R 10	
17	**Keramische Industrie**		
17.1	Nassmühlen (Aufbereitung keramischer Rohstoffe)	R 11	
17.2	Mischer Umgang mit Stoffen wie Teer, Pech, Graphit, Kunstharzen	R 11	V 6

IV

Nummer	Arbeitsräume, -bereiche und betriebliche Verkehrswege	Bewertungsgruppe der Rutschgefahr (R-Gruppe)	Verdrängungsraum mit Kennzahl für das Mindestvolumen
17.3	Pressen (Formgebung) Umgang mit Stoffen wie Teer, Pech, Graphit, Kunstharzen	R 11	V 6
17.4	Gieß-, Druckgussbereiche	R 12	
17.5	Glasierbereiche	R 12	
18	**Be- und Verarbeitung von Glas und Stein**		
18.1	Steinsägerei, Steinschleiferei	R 11	
18.2	Glasformung von Hohlglas, Behälterglas	R 11	
18.3	Schleifereibereiche für Hohlglas, Flachglas	R 11	
18.4	Isolierglasfertigung Umgang mit Trockenmittel	R 11	V 6
18.5	Verpackung, Versand von Flachglas Umgang mit Antihaftmittel	R 11	V 6
18.6	Ätz- und Säurepolieranlagen für Glas	R 11	
19	**Betonwerke**		
19.1	Betonwaschplätze	R 11	
20	**Lagerbereiche**		
20.1	Lagerräume für Öle und Fette	R 12	V 6
20.2	Lagerräume für verpackte Lebensmittel	R 10	
20.3	Lagerbereiche im Freien	R 11 oder R 10	V 4
21	**Chemische und thermische Behandlung von Eisen und Metall**		
21.1	Beizereien	R 12	
21.2	Härtereien	R 12	
21.3	Laborräume	R 11	
22	**Metallbe- und -verarbeitung, Metall-Werkstätten**		
22.1	Galvanisierräume	R 12	
22.2	Graugussbearbeitung	R 11	V 4

IV

Nummer	Arbeitsräume, -bereiche und betriebliche Verkehrswege	Bewertungsgruppe der Rutschgefahr (R-Gruppe)	Verdrängungsraum mit Kennzahl für das Mindestvolumen
22.3	Mechanische Bearbeitungsbereiche (z. B. Dreherei, Fräserei), Stanzerei, Presserei, Zieherei (Rohre, Drähte) und Bereiche mit erhöhter Öl-Schmiermittelbelastung	R 11	V 4
22.4	Teilereinigungsbereiche, Abdämpfbereiche	R 12	
23	**Werkstätten für Fahrzeug--Instandhaltung**		
23.1	Instandsetzungs- und Wartungsräume	R 11	
23.2	Arbeits- und Prüfgrube	R 12	V 4
23.3	Waschhalle, Waschplätze	R 11	V 4
24	**Werkstätten für das Instandhalten von Luftfahrzeugen**		
24.1	Flugzeughallen	R 11	
24.2	Werfthallen	R 12	
24.3	Waschplätze	R 11	V 4
25	**Abwasserbehandlungsanlagen**		
25.1	Pumpenräume	R 12	
25.2	Räume für Schlammentwässerungsanlagen	R 12	
25.3	Räume für Rechenanlagen	R 12	
25.4	Standplätze von Arbeitsplätzen, Arbeitsbühnen und Wartungspodeste	R 12	
26	**Feuerwehrhäuser**		
26.1	Fahrzeug-Stellplätze	R 12	
26.2	Räume für Schlauchpflegeeinrichtungen	R 12	
27	**Funktionsräume in der Atemschutz-Übungsanlage**		
27.1	Vorbereitungsraum	R 10	
27.2	Konditionsraum	R 10	
27.3	Übungsraum	R 11	
27.4	Schleuse	R 10	
27.5	Zielraum	R 11	
27.6	Wärmegewöhnungsraum	R 11	

Nummer	Arbeitsräume, -bereiche und betriebliche Verkehrswege	Bewertungsgruppe der Rutschgefahr (R-Gruppe)	Verdrängungsraum mit Kennzahl für das Mindestvolumen
27.7	Leitstand	R 9	
28	**Schulen und Kindertageseinrichtungen**		
28.1	Eingangsbereiche, Flure, Pausenhallen	R 9	
28.2	Klassenräume, Gruppenräume	R 9	
28.3	Treppen	R 9	
28.4	Toiletten, Waschräume	R 10	
28.5	Lehrküchen in Schulen (siehe auch Nr. 9)	R 10	
28.6	Küchen in Kindertageseinrichtungen (siehe auch Nr. 9)	R 10	
28.7	Maschinenräume für Holzbearbeitung	R 10	
28.8	Fachräume für Werken	R 10	
28.9	Pausenhöfe	R 11 oder R 10	V 4
29	**Geldinstitute**		
29.1	Schalterräume	R 9	
30	**Betriebliche Verkehrswege in Außenbereichen**		
30.1	Gehwege	R 11 oder R 10	V 4
30.2	Laderampen		
30.2.1	überdacht	R 11 oder R 10	V 4
30.2.2	nicht überdacht	R 12 oder R 11	V 4
30.3	Schrägrampen (z. B. für Rollstühle, Ladebrücken)	R 12 oder R 11	V 4
30.4	Betankungsbereiche		
30.4.1	überdacht	R 11	
30.4.2	nicht überdacht	R 12	
31	**Parkbereiche**		
31.1	Garagen, Hoch- und Tiefgaragen ohne Witterungseinfluss*****)	R 10	
31.2	Garagen, Hoch- und Tiefgaragen mit Witterungseinfluss	R 11 oder R 10	V 4
31.3	Parkflächen im Freien	R 11 oder R 10	V 4

*****) Die Fußgängerbereiche, die nicht von Rutschgefahr durch Witterungseinflüsse, wie Schlagregen oder eingeschleppte Nässe, betroffen sind.

Anwendungsbeispiel

Der Arbeitsbereich Nummer 6.3 Mayonnaiseherstellung wird mit der Bewertungsgruppe R 13 der Rutschgefahr bewertet. Die Größe des Mindestvolumens des Verdrängungsraumes wird mit V 4, entsprechend mindestens 4 cm^3/dm^2, angegeben. Bei der Auswahl eines geeigneten Bodenbelages können unter Berücksichtigung der betrieblichen Bedingungen des Einzelfalls Bodenbeläge in die Betrachtung einbezogen werden, denen nach Prüfung folgende Eigenschaften bescheinigt worden sind:

Rutschhemmung	Verdrängungsraum
R 13	V 4
R 13	V 6
R 13	V 8
R 13	V 10

Technische Regeln für Arbeitsstätten (ASR A1.6) Fenster, Oberlichter, lichtdurchlässige Wände

Ausgabe: Januar 2012
(GMBl 2012, S. 5, zuletzt geändert GMBl 2019, S. 70)

1 Zielstellung

Diese ASR konkretisiert die Anforderungen an das Einrichten und Betreiben von Fenstern, Oberlichtern und lichtdurchlässigen Wänden in § 3a Abs. 1 sowie insbesondere in den Punkten 1.5 Abs. 3 und 1.6 des Anhanges der Arbeitsstättenverordnung.

2 Anwendungsbereich

Diese ASR gilt für das Einrichten und das Betreiben von Fenstern, Oberlichtern und lichtdurchlässigen Wänden in Arbeitsstätten.

Hinweis:
Für die barrierefreie Gestaltung der Fenster, Oberlichter und lichtdurchlässigen Wände gilt die ASR V3a.2 „Barrierefreie Gestaltung von Arbeitsstätten", Anhang A1.6: Ergänzende Anforderungen zur ASR A1.6 „Fenster, Oberlichter, lichtdurchlässige Wände".

3 Begriffsbestimmungen

3.1 **Fenster** sind Bauteile zur natürlichen Beleuchtung. Hierzu zählen auch Schaufenster. Darüber hinaus können sie sowohl der Sichtverbindung nach außen als auch der Lüftung dienen.

Beispiele für Bauarten von Fenstern siehe Abbildung 1.

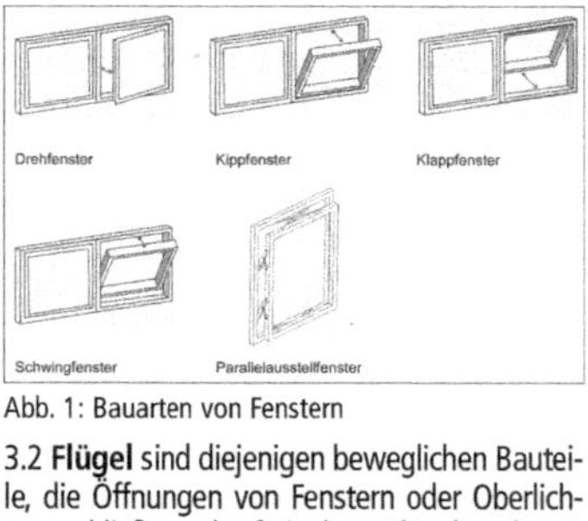

Abb. 1: Bauarten von Fenstern

3.2 **Flügel** sind diejenigen beweglichen Bauteile, die Öffnungen von Fenstern oder Oberlichtern schließen oder freigeben. Flügel sind z. B. Drehflügel, Kippflügel, Klappflügel, Schwingflügel, Wendeflügel und Schiebeflügel.

3.3 **Kraftbetätigt** sind Fenster und Oberlichter, wenn die für die Bewegung der Flügel erforderliche Energie vollständig oder teilweise von Kraftmaschinen zugeführt wird.

3.4 **Ferngesteuert** sind Flügel dann, wenn sie vom festen Bedienungsstandort aus nicht oder nicht vollständig zu übersehen sind; ferngesteuert sind auch Flügel, deren Antrieb durch Steuerimpulse gesteuert wird, die z. B. von einem Sender (z. B. mobile Fernbedienung) oder Sensor (z. B. Windsensor) ausgehen.

3.5 **Bewegungsraum** ist der Raum, in dem die Flügel Öffnungs- und Schließbewegungen ausführen.

3.6 **Sicherheitsglas** ist ein Glas, das durch besondere Behandlung wie Vorspannen oder Laminieren bruchsicher ist und die Verletzungsgefährdung im Falle einer Beschädigung verhindert oder minimiert. Keine ausreichenden Sicherheitseigenschaften haben u. a. Floatglas, Profilbauglas mit und ohne Drahteinlage, Ornamentgläser, teilvorgespanntes Glas und Draht(spiegel)glas in monolithischer Form.

- **Einscheibensicherheitsglas (ESG)** zerfällt bei Bruch in der Regel in kleine, relativ stumpfkantige Krümel, wodurch die Verletzungsgefährdung herabgesetzt wird.
- **Verbundsicherheitsglas (VSG)** besteht aus zwei oder mehr Glasscheiben, die durch mindestens eine organische Zwischenschicht zu einer Einheit verbunden werden. Bei einem Bruch haften die Bruchstücke an der Folie und es besteht eine Splitterbindung, wodurch die Verletzungsgefährdung geringer ist als bei anderen Glaserzeugnissen.

3.7 **Splitterschutzfolien** sind selbstklebende Folien, die nachträglich auf plane Glasflächen fachgerecht aufgeklebt werden und in Kombination mit der entsprechenden Glasscheibe die Sicherheitseigenschaften verbessern können.

3.8 **Oberlichter** nach Arbeitsstättenverordnung sind in Dach- bzw. Deckenflächen integrierte Bauteile – im Weiteren Dachoberlicht genannt –, die der natürlichen Beleuchtung und ggf. der Lüftung dienen. Dachoberlichter werden oft mit einem Rauch-Wärme-Abzug (RWA) kombiniert. Ausführungen von Dachoberlichtern sind z. B. Lichtkuppeln, Lichtbänder und Lichtplatten. Obere Teile von Fenstern und Türen, die umgangssprachlich als Oberlichter bezeichnet werden, sind im Sinne dieser Regel Fenster.

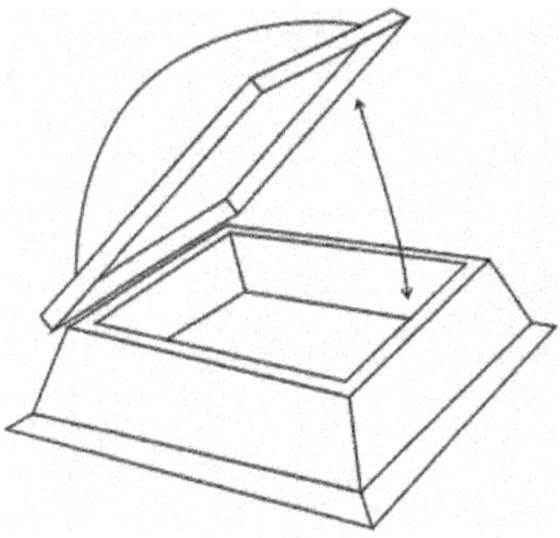

Abb. 2: Dachoberlicht (Lichtkuppel)

3.9 **Lichtdurchlässige Wände** sind Wände mit lichtdurchlässigen Flächen, die bis in die Nähe des Fußbodens reichen und aus Glas, Kunststoff oder anderen transparenten Materialien bestehen. Sie sind in der Regel feststehende Raum- oder Gebäudeabschlüsse, die keine Lüftungsfunktion haben. Sie können aber auch aus einzelnen mobilen Bauteilen bestehen bzw. aufgebaut werden.

3.10 **Reinigungsbalkone** sind Balkone, die ausschließlich für Reinigungs- und Instandhaltungsarbeiten am Gebäude vorgesehen sind.

3.11 **Befahranlagen** sind Vorrichtungen, z. B. bewegliche Steigleitern mit innen liegenden Zwischenpodesten, Reinigungsbrücken oder Fassadenaufzüge, die zum Gebäude gehören, am Gebäude verbleiben und für Reinigungs- und Instandhaltungsarbeiten am Gebäude oder an Gebäudeeinrichtungen benutzt werden.

3.12 **Steuerung ohne Selbsthaltung** (Totmannsteuerung) ist eine Steuereinrichtung, die eine kontinuierliche Betätigung der Steuereinrichtung für die Flügelbewegung erfordert.

3.13 **Absturzsichernde Verglasungen** sind Vertikalverglasungen, tragende Glasbrüstungen mit Handlauf oder Geländerausfachungen aus Glas, die ein Abstürzen der Beschäftigten verhindern.

3.14 **Instandhaltungsarbeiten** umfassen alle Maßnahmen zur Bewahrung des Soll-Zustandes (Wartung), zur Feststellung und Beurteilung des Ist-Zustandes (Inspektion) und zur Wiederherstellung des Soll-Zustandes (Instandsetzung) oder Verbesserung des Ist-Zustandes.

4 Sicherheitsanforderungen bei Planung und Auswahl

In Arbeitsstätten dürfen nur Fenster, Dachoberlichter und lichtdurchlässige Wände verwendet werden, die hinsichtlich ihrer Beschaffenheitsanforderungen den europäischen und nationalen Vorschriften (z. B. Produktrecht) entsprechen, die für die Verwendung in der Arbeitsstätte geeignet sind und sicher betrieben werden können.

Die Einbausituation und das Betreiben von Fenstern, Dachoberlichtern und lichtdurchlässigen Wänden stellen Anforderungen an die Nutzungssicherheit, die auch die Beschaffenheit von Fenstern betreffen kann. Daher ist beim Einrichten und Betreiben der Arbeitsstätte über die EG-Konformitätsbewertung hinaus die Eignung und Verwendbarkeit von Fenstern für die vorgesehene Nutzung zu prüfen und ggf. die erforderlichen baulichen Maßnahmen und Veränderungen am Einbauort vorzunehmen (wenn z. B. durch Einrichtungsgegenstände neue Gefahrenstellen entstehen).

4.1 Fenster

4.1.1 Allgemeine Anforderungen

(1) Der Arbeitgeber hat bereits bei der Auswahl der eingesetzten Materialien im Rahmen einer Gefährdungsbeurteilung die Nutzung und Einbausituation zu berücksichtigen.

Dies gilt insbesondere für die Auswahl der Glasart.

(2) Sofern Arbeitsplätze oder Verkehrswege an Fenster grenzen, deren Brüstungshöhe zur Absturzsicherung nicht ausreichend (siehe ASR A2.1 „Schutz vor Absturz und herabfallenden Gegenständen, Betreten von Gefahrenbereichen") und eine Absturzgefährdung besteht, muss eine andere ständige Sicherung gegen Absturz vorhanden sein. Bei feststehenden Fensterflügeln erfüllt auch eine absturzsichernde Verglasung, die den baurechtlichen Bestimmungen entspricht, diese Forderung. Regelungen für kurzzeitige Arbeiten sind in Punkt 5, insbesondere im Absatz 3, explizit aufgeführt.

(3) Flügel von Fenstern müssen gegen unbeabsichtigtes Verlassen der Führungs und Befestigungselemente gesichert sein.

(4) Gefährdungen durch geöffnete Flügel müssen vermieden oder minimiert werden. Gefährdungen, wie Anstoßen oder Quetschen, können vorliegen, wenn sich die Flügel im Aufenthaltsbereich von Beschäftigten oder im Bereich von Verkehrswegen unkontrolliert bewegen oder die erforderliche Breite von Verkehrswegen einschränken. Unkontrollierte Bewegungen von Flügeln können z. B. durch Dämpfungseinrichtungen, Auffangbügel, mechanische oder elektrische Verstelleinrichtungen vermieden werden.

(5) Von Griffen, Hebeln und Schlössern dürfen bei bestimmungsgemäßem Gebrauch keine Gefährdungen für die Beschäftigten ausgehen. Das wird beispielsweise erreicht, wenn:

- Griffe und Hebel gerundet und in jeder Stellung eines Flügels mindestens 25 mm zu feststehenden Teilen des Fensters oder der Fensterlaibung angeordnet sind,
- Hebel für Panikbeschläge seitlich drehbar oder als Wippe ausgebildet sind,
- Hebel für Kippfenster zurückversetzt in der Fensternische angeordnet sind oder
- Griffe und Hebel von einem sicheren Standort betätigt werden können.

(6) Kurbeln, als Einrichtungen für die Handbetätigung, dürfen nicht zurückschlagen und müssen gegen Abgleiten und unbeabsichtigtes Abziehen gesichert sein.

(7) Sonnenschutzsysteme (siehe Punkt 4.3 der ASR A3.5 „Raumtemperatur") müssen so installiert sein, dass sie das Öffnen der Fenster für die Lüftung nicht verhindern.

(8) Bodentief eingebaute Fenster, z. B. Schaufenster, müssen hinsichtlich der Bruchsicherheit den für lichtdurchlässige Wände festgelegten Anforderungen entsprechen.

(9) Sofern Fenster als Notausstieg Teil eines Flucht- oder Rettungsweges sind, gelten zusätzlich die Anforderungen der ASR A2.3 „Fluchtwege und Notausgänge, Flucht- und Rettungsplan".

4.1.2 Besondere Anforderungen an kraftbetätigte Fenster

(1) Von kraftbetätigten Fenstern können in Abhängigkeit von der Einbausituation, der Steuerung oder der Nutzung spezifische, insbesondere mechanische Gefährdungen ausgehen. Eine wirksame Sicherung gegen diese Gefährdungen, wie Quetschen oder Anstoßen, muss vorhanden sein. Dies kann durch eine einzelne Schutzmaßnahme oder eine Kombination der folgenden beispielhaften Schutzmaßnahmen erreicht werden:

- Einbauhöhe des Fensters von mehr als 2,50 m,
- Eingriffsweite $\leq$ 8 mm (z. B. an Einzugsstellen zwischen Schiebeflügeln),
- akustische oder optische Warnsignale,
- langsame Flügelbewegung,
- geringe Schließkräfte,
- Einrichtungen vor dem Fenster, die einen Zugang zum Bewegungsraum verhindern,
- Not-Halt-Einrichtung am Fenster,
- druckempfindliche Schutzeinrichtungen, z. B. Schaltleisten oder Kontaktschläuche,
- berührungslos wirkende Schutzeinrichtungen, z. B. Lichtschranken oder Lichtgitter,
- Steuerung ohne Selbsthaltung (Totmannsteuerung) oder
- gerundete, gepolsterte Kanten.

(2) Bei ferngesteuerten Fensterflügeln sind die damit verbundenen erhöhten Gefährdungen (z. B. unbemerkte Schließvorgänge) zu beachten und entsprechende Maßnahmen (z. B. vorausgehendes Warnsignal) zu ergreifen.

IV

(3) Flügel müssen in ihren Endstellungen selbsttätig zum Stillstand kommen.

(4) Sind kraftbetätigte Flügel so eingerichtet, dass sie auch von Hand geöffnet werden können, müssen Hand- und Kraftantrieb gegeneinander verriegelt sein, sofern der Kraftantrieb mechanische Rückwirkungen auf den Handantrieb hat. Können Flügel bei Ausfall eines Beschlagelementes abstürzen oder herabschlagen und können hierdurch Personen gefährdet werden, so sind Sicherheitsvorrichtungen notwendig. Dies können z. B. doppelte Aufhängungen, Sicherheitsscheren oder Fangvorrichtungen sein.

(5) Sind Einrichtungen für die Handbetätigung von Flügeln vorhanden, dürfen sie mit festen oder beweglichen Teilen der Umgebung keine Quetsch- und Scherstellen bilden. Die Handbetätigung muss vom Fußboden oder von einem anderen sicheren Standplatz aus erfolgen können.

(6) Fenster mit elektrischem Antrieb dürfen nur verwendet werden, wenn sie eine Netztrenneinrichtung (z. B. Hauptschalter, geeignete Steckverbindungen) besitzen, mit der die Anlage allpolig vom Stromnetz getrennt werden kann. Die Netztrenneinrichtung muss an geeigneter Stelle angebracht und gegen irrtümliches oder unbefugtes Einschalten sicherbar sein. Dies gilt sinngemäß auch für pneumatische und hydraulische Antriebe; Restenergien müssen ohne Gefährdung von Beschäftigten ableitbar sein.

(7) Bauteile, von denen der sichere Betrieb der kraftbetätigten Fenster abhängt, müssen für Instandhaltung und Prüfung leicht zugänglich sein.

4.2 Dachoberlichter

(1) Gefährdungen durch geöffnete Dachoberlichter müssen vermieden oder minimiert werden. Gefährdungen können z. B. sein:

- Einengung des Verkehrsweges,
- Absturz von Beschäftigten,
- Herabfallen von Gegenständen durch die Öffnung oder
- Zugluft.

(2) Dachoberlichter sind in der Regel nicht durchtrittsicher. Deshalb sind geeignete Maßnahmen gegen Absturz zu treffen (siehe ASR A2.1 „Schutz vor Absturz und herabfallenden Gegenständen, Betreten von Gefahrenbereichen").

(3) Für die Auswirkungen der Sonneneinstrahlung auf das Raumklima durch Dachoberlichter sind die Anforderungen der ASR A3.5 „Raumtemperatur" zu beachten.

(4) Für beleuchtungstechnische Anforderungen an Dachoberlichter sind die Vorgaben der ASR A3.4 „Beleuchtung" zu beachten.

4.3 Lichtdurchlässige Wände

(1) In der Nähe von Arbeitsplätzen und im Bereich von Verkehrswegen ist die Kennzeichnung von durchsichtigen, nicht strukturierten Flächen in Augenhöhe erforderlich. Dies kann z. B. durch ausreichend große Bildzeichen, Symbole, farbige Tönungen oder Klebefolien erfolgen. Diese müssen sich je nach Beleuchtung und Hintergrund gut erkennbar abheben. Die diesbezüglichen Vorgaben der ASR A1.3 „Sicherheits- und Gesundheitsschutzkennzeichnung" sind zu berücksichtigen.

(2) Weiter reichende Schutzmaßnahmen sind dort erforderlich, wo trotz Kenntlichmachung die Gefährdung besteht, dass Beschäftigte in die lichtdurchlässige Wandfläche hineinstürzen oder beim Zersplittern der Wände verletzt werden können. Solche Gefährdungen können z. B. auftreten:

- im Bereich von Absätzen, Treppen oder Stufen,
- bei Menschengedränge oder
- beim Transport von Material.

Geeignete Schutzmaßnahmen sind die Verwendung von bruchsicherem Glas oder einem anderen bruchsicheren Werkstoff. Beim Einsatz von nichtbruchsicherem Werkstoff ist eine feste Abschirmung wie ein Geländer, ein Netz oder ein Gitter erforderlich.

(3) Flächen von lichtdurchlässigen Wänden gelten als bruchsicher, wenn sie die baurechtlichen Bestimmungen für Sicherheitsglas erfüllen (z. B. Einscheiben- und Ver-

bundsicherheitsglas). In der Praxis ist darauf zu achten, dass die verschiedenen Arten von Sicherheitsglas nicht für alle Anwendungen geeignet sind. Die Entscheidung, ob Einscheibensicherheitsglas, Verbundsicherheitsglas oder andere Werkstoffe eingesetzt werden, muss unter Berücksichtigung der unterschiedlichen Brucheigenschaften und der Einbausituation im Rahmen der Gefährdungsbeurteilung gefällt werden. Kunststoffe mit vergleichbarer Bruchsicherheit sind zulässig. Die Bruchsicherheit hängt entscheidend davon ab, dass derartige Flächen keine Beschädigungen aufweisen und keine unzulässigen Spannungen oder Belastungen auf die Flächen einwirken (siehe Anhang).

(4) Bei bestehenden nicht bruchsicheren Glasflächen, deren Austausch zu einer unverhältnismäßigen Härte führen würde, lässt sich die Schutzwirkung gegen Verletzungsgefahren bei Glasbruch durch fachgerechtes und ganzflächiges Aufkleben von geeigneten Splitterschutzfolien verbessern. Dabei ist die zeitlich begrenzte Schutzwirkung (Herstellerangaben) dieser Folien zu beachten.

(5) Lichtdurchlässige Wände sowie deren Bestandteile, z. B. Rahmen, Befestigungsteile und Glaselemente, müssen so eingebaut oder verankert werden, dass Beschäftigte nicht durch herabfallende Teile (z. B. von versetzbaren Raumteilern zur Abtrennung von Arbeitsplätzen) verletzt werden können.

(6) Sofern Arbeitsplätze oder Verkehrswege an lichtdurchlässige Wände grenzen und für die Beschäftigten eine Absturzgefährdung besteht, muss eine ständige Sicherung gegen Absturz vorhanden sein. Dies ist z. B. gewährleistet wenn die Wand aus einer absturzsichernden Verglasung besteht oder ein Geländer montiert ist.

5 Reinigung, Instandhaltung einschließlich Prüfungen

(1) Bereits bei der Planung der Fenster, Dachoberlichter oder lichtdurchlässigen Wände muss der Arbeitgeber darauf achten, dass eine sichere Instandhaltung und Reinigung gewährleistet wird. Dies gilt insbesondere, wenn hierzu bauliche Vorrichtungen zur Durchführung von Instandhaltungs- und Reinigungsarbeiten erforderlich sind.

(2) Die Reinigung oder Instandhaltung von Fenstern, Dachoberlichtern und lichtdurchlässigen Wänden muss von einer sicheren Standfläche mit ausreichendem Bewegungsfreiraum aus erfolgen können. Diese kann dauerhaft oder zeitweilig eingerichtet sein.

Sichere Standflächen sind z. B.:

- Reinigungsbalkone,
- Befahranlagen oder
- Standroste mit Anschlageinrichtungen für Persönliche Schutzausrüstung gegen Absturz (PSAgA).

Sind solche sicheren Standflächen nicht vorhanden, können Reinigungs- und Instandhaltungsarbeiten z. B. auch von Hebebühnen und Gerüsten durchgeführt werden, wenn die baulichen Voraussetzungen und geeignete Aufstellflächen gegeben sind.

Hochziehbare Personenaufnahmemittel (z. B. Arbeitskörbe, Arbeitsbühnen und Arbeitssitze) dürfen nur nachrangig in exponierten Teilbereichen eingesetzt werden, wenn sichere Standplätze nicht einrichtbar sind.

(3) Bei Reinigungs- und Instandhaltungsarbeiten mit Absturzgefährdung sind geeignete Maßnahmen zum Schutz gegen Absturz (z. B. feste oder mobile Umwehrungen, PSAgA) erforderlich. Dabei ist die Rangfolge der Schutzmaßnahmen nach ASR A2.1 „Schutz vor Absturz und herabfallenden Gegenständen, Betreten von Gefahrenbereichen" einzuhalten.

(4) Für Reinigungs- und Instandhaltungsarbeiten müssen für den Einsatz von tragbaren Leitern, Vorrichtungen nach Absatz 2 vorhanden sein. Dabei muss für den sicheren Stand der Leiter eine ausreichend breite und tragfähige Fläche gewährleistet sein. Werden bei der Benutzung von Leitern bestehende Sicherungen gegen Absturz unwirksam, ist die Anbringung von Absturzsicherungen vorzunehmen. Die Bereitstellung und Benutzung von Leitern sind in der Betriebssicherheitsverordnung und in der TRBS 2121 Teil 2 „Gefährdungen von Personen durch Absturz

– Bereitstellung und Benutzung von Leitern" geregelt.

(5) Rahmenlose mobile Glaswände sind regelmäßig auf Beschädigungen des Glases, insbesondere auf Kantenverletzungen bei ESG, und auf den festen Sitz der Beschläge hin zu prüfen, um Glasbruch vorzubeugen.

(6) Für die Reinigung von ESG sollen keine scharfen Klingen oder andere Werkzeuge, die die Oberfläche des Glases beschädigen können, verwendet werden, da dies zum Bruch der Scheibe führen kann.

(7) Bei kraftbetätigten Fenstern und Dachoberlichtern ist zusätzlich das Folgende zu beachten:

- Vor Reinigungs- und Instandhaltungsarbeiten muss der Antrieb abgeschaltet und gegen irrtümliches und unbefugtes Einschalten, sowie gegen unbeabsichtigte Bewegung gesichert werden. Hiervon ausgenommen bleibt der Probelauf (Funktionsprüfung).
- Die Instandhaltung darf nur durch vom Arbeitgeber beauftragte Personen durchgeführt werden, die mit den jeweiligen Arbeiten vertraut sind.
- Kraftbetätigte Fenster müssen nach den Vorgaben des Herstellers vor der ersten Inbetriebnahme, nach wesentlichen Änderungen sowie wiederkehrend sachgerecht auf ihren sicheren Zustand geprüft werden. Die wiederkehrende Prüfung sollte mindestens einmal jährlich erfolgen. In die Prüfung sind auch die Fangvorrichtungen einzubeziehen. Die Ergebnisse der sicherheitstechnischen Prüfung sind zu dokumentieren.
- Die sicherheitstechnische Prüfung von kraftbetätigten Fenstern darf nur durch Sachkundige durchgeführt werden, die die Funktionstüchtigkeit der Schutzeinrichtungen beurteilen und überprüfen können.

Ausgewählte Literaturhinweise

- Verordnung über Sicherheit und Gesundheitsschutz bei der Verwendung von Arbeitsmitteln (Betriebssicherheitsverordnung – BetrSichV)
- TRBS 2121 Gefährdung von Personen durch Absturz – Allgemeine Anforderungen
- TRBS 2121 Teil 2 Gefährdungen von Personen durch Absturz – Bereitstellung und Benutzung von Leitern
- TRBS 2121 Teil 3 Gefährdungen von Personen durch Absturz – Bereitstellung und Benutzung von Zugangs-und Positionierungsverfahren unter Zuhilfenahme von Seilen
- TRAV Technische Regeln für die Verwendung von absturzsichernden Verglasungen (Deutsches Institut für Bautechnik)
- TRLV Technische Regeln für die Verwendung von linienförmig gelagerten Verglasungen (Deutsches Institut für Bautechnik)
- TRPV Technische Regeln für die Bemessung und Ausführung punktförmig gelagerter Verglasungen (Deutsches Institut für Bautechnik)
- RAB 32 Regeln zum Arbeitsschutz auf Baustellen -Unterlage für spätere Arbeiten
- DGUV Vorschrift 38 Bauarbeiten 01.04.1977 aktualisiert 01/1997
- DGUV Information 208-014 Glastüren, Glaswände 10/2010
- DGUV Information 208-016 Handlungsanleitung für den Umgang mit Leitern und Tritten 11/2007
- VFF Merkblatt KB.01:2017-07 Kraftbetätigte Fenster (Verband Fenster- und Fassade (VFF) in Frankfurt) Juli 2017
- Glas- und Fassadenreinigung – Instandhaltung sicher und wirtschaftlich planen (BG BAU)

Anhang Einsatz von Sicherheitsglas

Einscheibensicherheitsglas (ESG) und Verbundsicherheitsglas (VSG) haben verschiedene Brucheigenschaften und sind daher für unterschiedliche Anwendungen geeignet.

ESG ist thermisch vorgespanntes Glas, das bei Zerstörung in kleine stumpfkantige Glaskrümel (würfelförmige Fragmente) zerfällt und damit weitgehend vor Verletzungen schützt.

Restrisiken durch das Bruchverhalten beim Zerbersten einer Scheibe aus ESG sind allerdings zum Einen das explosionsartige Zerspringen der Scheibe in Glaskrümel und zum Anderen das Zusammenhalten größerer Schollen aus noch zusammenhängenden Glaskrümeln, die beim Herunterfallen Beschäftigte treffen und Verletzungen verursachen können.

ESG ist gegen stumpfe Schläge auf die Scheibenfläche sehr robust, weil es sich durchbiegen kann. An den Kantenbereichen hingegen ist es sehr empfindlich.

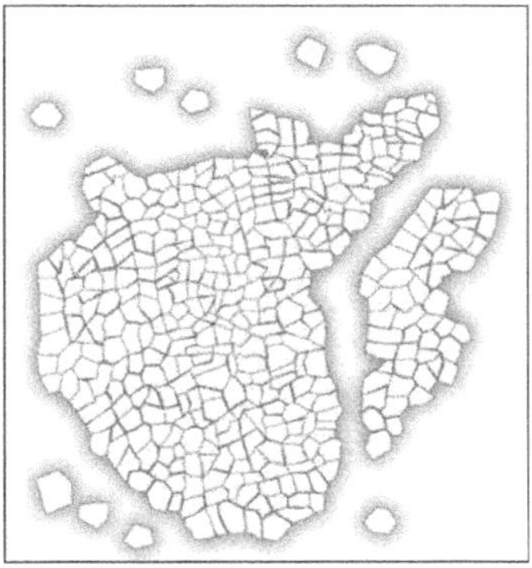

Abb. 3: Bruchbild ESG

VSG besteht aus zwei oder mehreren Glasscheiben, die durch mindestens eine organische Zwischenschicht zu einer Einheit verbunden werden. Bei mechanischer Überlastung (z. B. Stoß, Schlag und Beschuss) bricht VSG zwar an, aber die Bruchstücke haften fest an der Zwischenlage. Es entstehen somit keine losen, scharfkantigen Glasbruchstücke; die Verletzungsgefahr wird weitgehend herabgesetzt.

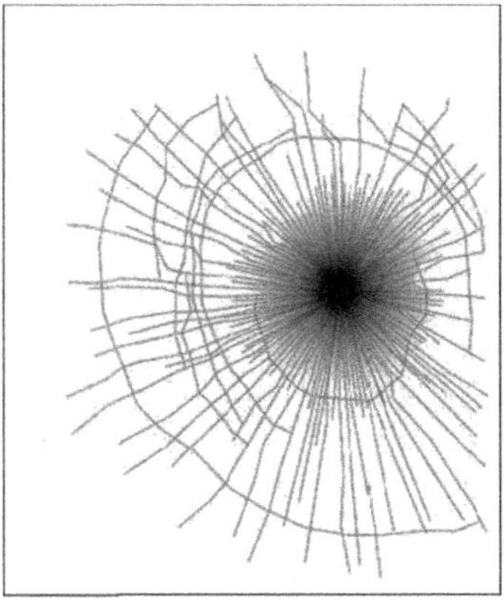

Abb. 4: Bruchbild VSG

Je nach Zusammensetzung und Dicke ist VSG von splitterbindend bis hin zu sprengwirkungshemmend. Es findet daher häufig Verwendung in Fenstern, Türen und Abtrennungen, die Personen und hohe Sachwerte schützen, z. B. an Kassenschaltern oder bei Juwelieren.

Verglichen mit ESG kommt es bei Schlägen frontal gegen die Scheibe aus VSG schneller zum Bruch.

VSG ist nicht für jeden Anwendungsfall der sicherere Werkstoff. Bei rahmenlosen Ganzglastüren beispielsweise wird in der Regel ESG verwendet, da mit VSG die Flügel zu schwer werden. Diese Türen werden in der Regel nur an zwei Bändern (Scharnieren) gehalten. Kommt es zum Bruch eines solchen Flügels aus VSG, besteht die Gefahr, dass die Scheibe ihre Statik verliert und zusammenhängend als Ganzes zusammenbricht. Dabei kann sie eine Person unter sich begraben.

Technische Regeln für Arbeitsstätten (ASR A1.7) Türen und Tore

Ausgabe: November 2009
(GMBl 2009, S. 1619, zuletzt geändert GMBl 2018, S. 472)

1 Zielstellung

Diese Arbeitsstättenregel konkretisiert die Anforderungen an das Einrichten und Betreiben von Türen und Toren in § 3 Abs. 1 und § 4 Abs. 3 sowie insbesondere in den Punkten 1.7 und 2.3 Abs. 2 des Anhanges der Arbeitsstättenverordnung.

2 Anwendungsbereich

(1) Diese Arbeitsstättenregel gilt für das Einrichten und Betreiben von Türen und Toren in Gebäuden und auf dem Betriebsgelände sowie in vergleichbaren betrieblichen Einrichtungen, die sich auf dem Gelände eines Betriebes oder einer Baustelle befinden und zu denen Beschäftigte im Rahmen ihrer Arbeit Zugang haben. Sie gilt nicht für Türen und Tore von maschinellen Anlagen (z. B. Aufzugsanlagen) und nicht für provisorische Türen und Tore auf Baustellen.

(2) (entfallen)

Hinweis:
Für die barrierefreie Gestaltung der Türen und Tore gilt die ASR V3a.2 „Barrierefreie Gestaltung von Arbeitsstätten", Anhang A1.7: Ergänzende Anforderungen zur ASR A1.7 „Türen und Tore".

3 Begriffsbestimmungen

3.1 **Abstürzen** ist die unkontrollierte, nicht ausgeglichene Bewegung von vertikal bewegten Flügeln im Fall des Versagens eines einzelnen Tragmittels oder der Gewichtsausgleichssysteme.

3.2 **Bewegungsraum** ist der Raum, in dem die Flügel Öffnungs- und Schließbewegungen ausführen.

3.3 Der **Fallweg** von Torflügeln ist die senkrechte Strecke, die die Hauptschließkante nach dem Versagen der Tragmittel bis zum erfolgten Fangen durch die Fangvorrichtung zurücklegt.

3.4 **Fangvorrichtungen** sind Einrichtungen, die im Falle des Flügelabsturzes selbsttätig auf den Flügel oder das Bauteil, das mit ihm fest verbunden ist (z. B. Wickelwelle), wirken und ihn halten. Hierzu zählen auch Getriebe, die imstande sind, den Flügel zu halten, wenn tragende Getriebeteile versagen (Sicherheitsgetriebe).

3.5 **Flügel** sind diejenigen beweglichen Anlagenteile, die Tür- oder Toröffnungen schließen oder freigeben.

3.6 **Gefährdungen an Türen und Toren** ergeben sich besonders durch:

- Quetsch-, Einzugs- oder Scherstellen mit festen oder beweglichen Teilen der Flügel und der Umgebung (z. B. an den Schließkanten),
- Absturzgefährdung an angrenzenden Treppenabgängen oder höher gelegenen Arbeitsplätzen,
- Angestoßen oder Erfasst werden durch den Flügel.

3.7 **Herausfallen** ist das ungewollte Verlassen des Tor- oder Türflügels aus der Führung.

3.8 Türen und Tore sind **kraftbetätigt**, wenn die für das Öffnen oder Schließen der Flügel erforderliche Energie vollständig oder teilweise von Kraftmaschinen zugeführt wird.

3.9 **Nachlaufweg** ist der Weg des kraftbetätigten Flügels, von der Einleitung des Stoppvorganges bis zum Stillstand.

3.10 Mit der **NOT-HALT-Einrichtung** kann im Fall einer Gefährdung die Flügelbewegung bewusst zum Stillstand gebracht werden.

3.11 **Schließkanten** sind (siehe Tabelle):

- Hauptschließkante ist jede Schließkante eines Flügels, deren Abstand von der parallelen Gegenschließkante oder Gegenfläche die Öffnungsweite bestimmt,
- Gegenschließkante ist jede Schließkante, die einer Haupt- oder Nebenschließkante des Flügels gegenüberliegt,

- Nebenschließkante ist jede andere Schließkante des Flügels, die nicht Haupt- oder Gegenschließkante ist.

Tabelle: Schließkanten von Türen und Toren

	Tür/Tor	Schließkante
a)	**Drehflügeltüren/-tore** sind Türen mit einem oder zwei Flügeln, die sich um die senkrechte Achse an einer Flügelkante drehen.	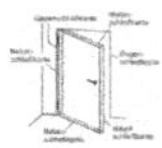
b)	**Schiebetüren/-tore** sind Türen mit einem oder mehreren sich horizontal bewegenden Türflügeln, die sich auf ihrer eigenen Ebene über eine Öffnung hinweg bewegen.	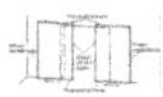
c)	**Faltflügeltüren/-tore** sind Türen mit zwei oder mehreren Flügeln, die miteinander gelenkig verbunden sind und bei denen eine Seite des Türflügels mit der Zarge verbunden ist.	
d)	**Karusselltüren** sind Türen mit zwei oder mehreren Türflügeln, die mit einer gemeinsamen vertikalen Drehachse innerhalb einer Einfassung verbunden sind.	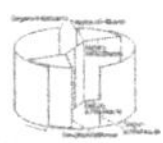
e)	**Rolltore** sind Tore mit einem Flügel, der vertikal bewegt wird und sich beim Öffnen auf eine Wickelwelle aufwickelt.	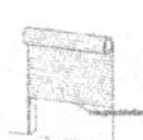
f)	**Sektionaltore** sind Tore mit einem Flügel, der aus einer Anzahl von horizontal miteinander verbundenen Sektionen besteht und in der Regel beim Öffnen vertikal angehoben wird. Die Ablage des Flügels in der oberen Öffnungsposition ist abhängig vom jeweiligen Typ (z. B. waagerecht, senkrecht, gefaltet).	
g)	**Kipptore** sind Tore mit einem Flügel, der bei der Betätigung eine Kippbewegung ausführt und vollständig geöffnet in der oberen, waagerechten Endstellung verbleibt.	
h)	**Schiebetore** sind Tore mit einem oder mehreren Flügeln, die horizontal bewegt werden.	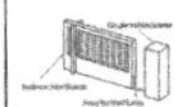

3.12 **Schlupftüren** sind Türen, die in Torflügeln eingebaut sind.

3.13 **Schutzeinrichtungen** sind Einrichtungen zum Schutz vor Gefährdungen, z. B. der Quetschgefährdung an Schließkanten:

- trennende Schutzeinrichtungen, wie Abdeckungen,
- druckempfindliche Schutzeinrichtungen, wie Schaltleisten oder -matten,
- berührungslos wirkende Schutzeinrichtungen, wie Lichtschranken oder AktivInfrarot-Systeme.

3.14 Die **Steuerung** ist der Bestandteil der Antriebseinheit, der von außen kommende Steuerbefehle annimmt, diese verarbeitet und Ausgangssignale zum Betrieb des Antriebes erzeugt:

- Steuerung mit Selbsthaltung (Impulssteuerung) ist eine Steuereinrichtung, die nur eine einmalige Betätigung zum Auslösen der vollständigen Flügelbewegung erfordert. Steuerimpulse werden z. B. durch Drucktaster, Kontaktschwellen, Lichtschranken, Radareinrichtungen, Zugschalter oder durch im Fußboden verlegte Induktionsschleifen ausgelöst oder gehen von einem elektrischen Sender, einer Licht- oder Schallquelle aus.
- Steuerung ohne Selbsthaltung (Totmannsteuerung) ist eine Steuereinrichtung, die

eine kontinuierliche Betätigung für die Flügelbewegung erfordert.

3.15 **Tore** sind bewegliche Raumabschlüsse, vorzugsweise für den Verkehr mit Fahrzeugen und für den Transport von Lasten mit oder ohne Personenbegleitung.

3.16 **Türen** sind bewegliche Raumabschlüsse, vorzugsweise für den Fußgängerverkehr.

3.17 **Tragmittel** sind Bauteile oder Einrichtungen zum Tragen des Flügels, z. B. Feder, Stahldrahtseil, Kette, Gurt, Rolle, Trommel, Welle, Hebelarm sowie sonstige Kraftübertragungselemente zwischen Antriebsquelle und Flügel (z. B. Getriebe).

4 Planung von Türen und Toren

(1) Türen und Tore sind so anzuordnen, dass sie sicher bedient werden können. Durch ihre Anordnung dürfen keine zusätzlichen Gefährdungen entstehen, beispielsweise durch Aufschlagen des Flügels in einen Treppenlauf.

(2) Türen und Tore sollen so angeordnet und gestaltet sein, dass sich möglichst kurze Wege innerhalb der Arbeitsstätte ergeben und keine Gefährdungen durch Windbelastung entstehen. Die Entstehung von störendem Luftzug (Zugluft) sollte vermieden werden (siehe ASR A3.6 „Lüftung").

(3) Türen und Tore müssen so angebracht sein, dass sie in geöffnetem Zustand die erforderliche Mindestbreite vorbeiführender Verkehrswege nicht einengen (siehe ASR A1.8 „Verkehrswege").

(4) Die Betätigung von Türen und Toren muss vom Fußboden aus oder von einem anderen sicheren Bedienort aus möglich sein.

(5) Griffe und andere Einrichtungen für die Betätigung von Türen und Toren dürfen mit festen und beweglichen Teilen der Tür oder des Tores oder deren Umgebung keine Quetsch- oder Scherstellen bilden.

(6) Die Durchgangsbreite und -höhe von Türen und Toren richtet sich nach den Mindestmaßen von Fluchtwegen (siehe ASR A2.3 „Fluchtwege und Notausgänge, Flucht- und Rettungsplan").

Türen und Tore in Zugängen, die nur der Bedienung, Überwachung und Wartung dienen, sollen 0,50 m in der lichten Durchgangsbreite und 1,80 m in der lichten Durchgangshöhe nicht unterschreiten. Auf die Anstoßgefährdung im Kopfbereich, die aufgrund dieser verringerten Durchgangshöhe besteht, ist mit einer Kennzeichnung nach ASR A1.3 „Sicherheits- und Gesundheitsschutzkennzeichnung" hinzuweisen.

(7) Rahmen von Türen und Toren dürfen keine Stolperstellen bilden (siehe ASR A1.5/1,2 „Fußböden"). Höhenunterschiede sollen durch Schrägen angeglichen oder gekennzeichnet (siehe ASR A1.3) werden.

5 Auswahl von Türen und Toren

(1) In Arbeitsstätten dürfen nur Türen und Tore verwendet werden, die hinsichtlich ihrer Beschaffenheitsanforderungen den europäischen und nationalen Vorschriften (z. B. Produktrecht) entsprechen und die für die Verwendung in der Arbeitsstätte geeignet und sicher sind. Bei der Ausführung der Türen und Tore sind unter anderem das Bio- und Gefahrstoffrecht (z. B. dichtschließend, Sicherheitsschleusen) sowie das Baurecht (z. B. feuerhemmend, feuerbeständig, selbstschließend) zu beachten.

Die Einbausituation und das Betreiben von Türen und Toren stellen Anforderungen an die Nutzungssicherheit, die auch die Beschaffenheit von Türen und Toren betreffen kann. Daher sind beim Einrichten und Betreiben der Arbeitsstätte über die EG-Konformitätsbewertung hinaus die Eignung und Verwendbarkeit von Türen und Toren für die vorgesehene Nutzung zu prüfen und ggf. die erforderlichen baulichen Maßnahmen und Veränderungen am Einbauort vorzunehmen (z. B. durch Einrichtungsgegenstände zusätzlich entstandene Quetschstellen, die zu sichern sind).

(2) Damit Beschäftigte bei Ausfall der Antriebsenergie bei kraftbetätigten Türen und Toren nicht eingeschlossenen werden können, müssen sich diese ohne besonderen Kraftaufwand (siehe Punkt 10.1 Abs. 3) auch von Hand öffnen lassen. Abweichend von Satz 1 dürfen schwere, kraftbetätigte Tore anstelle mit Handbetrieb auch unter bestimmungsgemäßer Verwendung von Hilfsmit-

teln, z. B. bereitgestellte hydraulische/pneumatische Hebezeuge oder Notstromaggregate, verwendet werden, wenn die ursprüngliche Energiezufuhr ausgefallen ist.

(3) In Räumen, in denen z. B. gesundheitsgefährdende Gase, Dämpfe oder Stäube in die Raumluft gelangen können, müssen Türen und Tore deren Eindringen in angrenzende Bereiche der Arbeitsstätte verhindern. Dies kann z. B. durch ein selbstständiges und dichtes Schließen der Türen und Tore erreicht werden.

(4) Türen und Tore, die nur in einer Richtung benutzt werden sollen, sind entsprechend auf beiden Seiten als Einbahnverkehr zu kennzeichnen.

(5) Bei Torflügeln mit eingebauter Schlupftür darf eine kraftbetätigte Flügelbewegung nur bei geschlossener Schlupftür möglich sein. Die Flügelbewegung muss zum Stillstand kommen, wenn die Schlupftür geöffnet wird. Im Fall von mechanisch bewegten Brandschutztoren mit Schlupftüren sind die den baurechtlichen Zulassungen zugrunde liegenden Ausführungen zu beachten.

(6) Damit Beschäftigte nicht durch zersplitternde Flächen von Türen und Toren gefährdet werden, müssen diese Flächen bruchsicher sein oder die Füllungen müssen durch feste Abschirmungen (z. B. Stabgitter) so geschützt sein, dass sie beim Öffnen und Schließen nicht eingedrückt oder Personen nicht durch diese hindurchgedrückt werden können. Werkstoffe für durchsichtige Flächen gelten als bruchsicher, wenn sie die baurechtlichen Bestimmungen für Sicherheitsglas erfüllen (z. B. Einscheiben- und Verbundsicherheitsglas). Die Bruchsicherheit hängt entscheidend davon ab, dass das Glas nicht beschädigt ist und dass keine unzulässigen Spannungen oder Belastungen auf das Glas einwirken (siehe Punkt 10.1 Abs. 4). Kunststoffe mit vergleichbarer Bruchsicherheit sind zulässig. Drahtglas ist kein Sicherheitsglas.

(7) Flügel von Türen und Toren, die zu mehr als drei Vierteln ihrer Fläche aus einem durchsichtigen Werkstoff bestehen, müssen in Augenhöhe so gekennzeichnet sein, dass sie deutlich wahrgenommen werden können. Hierzu können z. B. ausreichend große Bildzeichen, Symbole oder farbige Tönungen verwendet werden. Sie sollen sich je nach Hintergrund und Beleuchtungssituation gut erkennbar abheben. Die Wahrnehmbarkeit der Türen und Tore wird durch die Gestaltung mit auffallenden Griffen oder einer Handleiste verbessert.

6 Sicherung gegen mechanische Gefährdungen

(1) Bei kraftbetätigten Türen und Toren muss eine wirksame Sicherung vor mechanischen Gefährdungen bis zu einer Höhe von 2,50 m über dem Fußboden oder einer anderen dauerhaften Zugangsebene vorhanden sein. Dies kann durch eine einzelne oder eine Kombination der folgenden Sicherungsmaßnahmen erreicht werden:

- Einhalten von Sicherheitsabständen (siehe Abs. 5 bis 8),
- Einbauen von trennenden Schutzeinrichtungen an den Schließkanten, wie Gehäuse, Abdeckungen, Verkleidungen, feststehende Schutzflügel,
- Formgebung von Flügeloberflächen und vorstehenden Teilen in geeigneter Weise,
- Torbetätigung mit einer manuellen Steuerung ohne Selbsthaltung (Totmannsteuerung, siehe Punkt 8.1),
- Begrenzung der Kräfte, die durch den Torflügel erzeugt werden, wenn er auf eine Person oder einen Gegenstand auftrifft,
- Einbau von schaltenden Schutzeinrichtungen (druckempfindliche oder berührungslos wirkende Schutzeinrichtungen).

(2) Beim Betrieb von Türen und Toren darf der Nachlaufweg des Flügels nach Auslösen einer druckempfindlichen Schutzeinrichtung nicht größer sein als deren Verformungsweg. Bei Flügeln ohne Sicherheitseinrichtung an den Schließkanten darf der Nachlaufweg nicht größer als 50 mm sein, sofern mit dem Nachlauf eine gefährdende Flügelbewegung verbunden ist.

(3) Die erforderlichen Sicherheitsabstände müssen auch während der betrieblichen Nutzung dauerhaft eingehalten werden.

(4) Die Gefährdung, dass Beschäftigte beim Betrieb von vertikal bewegten Flügeln erfasst

IV

oder eingezogen werden, kann z. B. durch die Verwendung glattflächiger Flügel vermieden werden. Andernfalls, wie bei Rollgittern, sind weitere Sicherungsmaßnahmen (siehe Abs. 1) notwendig.

(5) Zusätzliche Sicherungen an Quetsch- und Scherstellen an Nebenschließkanten sind nicht erforderlich:

- bei Nebenschließkanten, deren Gegenschließkanten sich am Sturz der Tür- oder Toröffnung befinden,
- wenn der Spalt zwischen Nebenschließkante und Gegenschließkante maximal 8 mm beträgt,
- wenn die Nebenschließkanten z. B. durch hohlwandige Gummi-, Kunststoffleisten oder Haarbürsten so nachgiebig gestaltet sind, dass sie im zusammengedrückten Zustand einen Sicherheitsabstand für die Finger von mindestens 25 mm ermöglichen.

(6) Die Gefährdung, dass Finger eingezogen werden, besteht nicht, wenn die Flügel von automatischen Schiebetüren/-toren und festen Teilen ihrer Umgebung in einem Abstand s von 8 mm oder weniger aneinander vorbeilaufen (Abb. 1). Ein Abscheren oder Quetschen von Fingern wird verhindert, wenn der Abstand t zwischen Flügeln und Bauteilen 25 mm oder mehr beträgt (Abb. 1).

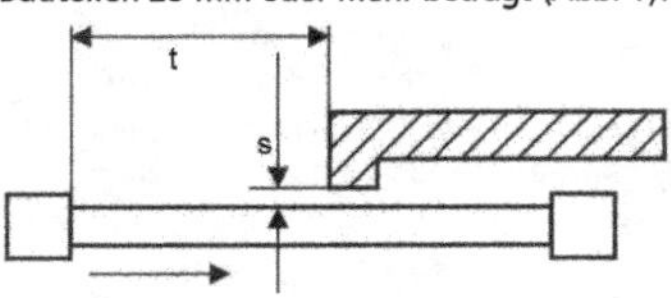

s ≤ 8 mm
t ≥ 25 mm

Abb. 1: Vermeiden von Einzugs- und Schergefährdung zum Schutz der Finger

(7) Damit zwischen den hinteren Kanten der Flügel (Nebenschließkanten) von kraftbetätigten Schiebetüren/-toren und festen Teilen der Umgebung beim Betrieb keine Quetschstellen entstehen, müssen genügend große Sicherheitsabstände verbleiben:

- für Flügel, die in einem Abstand von maximal 100 mm an feststehenden, geschlossenen Bauteilen entlang laufen, sind mindestens 200 mm Sicherheitsabstand notwendig (Abb. 2),
- für Flügel, die in einem Abstand von mehr als 100 mm an feststehenden Bauteilen entlang laufen, sind mindestens 500 mm Sicherheitsabstand notwendig (Abb. 3).

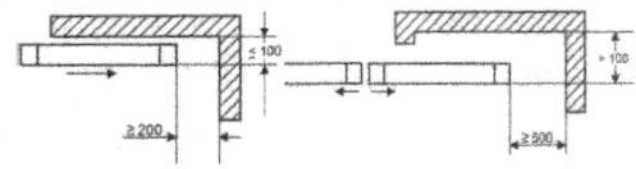

Abb. 2: Vermeiden von Quetschgefährdung zum Schutz des Kopfbereiches

Abb. 3: Vermeiden von Quetschgefährdung zum Schutz des Körpers

(8) Damit kraftbetätigte Dreh- und Faltflügeltüren oder -tore hinsichtlich Quetschstellen (zwischen dem Flügel und festen Teilen der Umgebung) sicher betrieben werden können, muss bei größtmöglicher Flügelöffnung der hinter dem Flügel gelegene Bereich über seine gesamte Tiefe eine lichte Weite von mindestens 500 mm aufweisen (Abb. 4). Abweichend hiervon genügt eine lichte Weite von mindestens 200 mm, wenn die Tiefe des vom geöffneten Flügel und festen Teilen seiner Umgebung gebildeten Bereichs höchstens 250 mm beträgt (Abb. 5). Können diese Werte nicht eingehalten werden, sind weitere Sicherheitsmaßnahmen (siehe Abs. 1) notwendig.

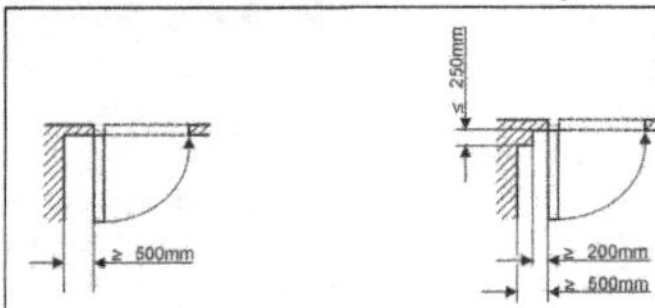

Abb. 4: Vermeiden von Quetschgefährdung zum Schutz des Körpers

Abb. 5: Vermeiden von Quetschgefährdung zum Schutz des Kopfbereiches

(9) Damit Flügel, die für die Handbetätigung angefasst werden müssen, weil zusätzliche Einrichtungen (z. B. Kurbeln oder Haspelkettenantriebe) nicht vorhanden sind, sicher verwendet werden können, müssen diese auf der inneren und äußeren Seite über Einrichtungen zur Handbetätigung verfügen, z. B. Klinken, Griffe, Griffmulden, Griffplatten. Wenn Türen und Tore nur von einer Seite betätigt werden sollen, braucht nur diese Seite mit solchen Einrichtungen ausgerüstet sein.

(10) Einrichtungen für die Handbetätigung, z. B. Kurbeln oder Ketten, von Türen und Toren müssen sicher verwendet werden können und müssen gegen Zurückschlagen, Abgleiten und unbeabsichtigtes Abziehen gesichert sein.

(11) Hat der Antrieb von kraftbetätigten Türen und Toren mechanische Rückwirkung auf den Handantrieb, müssen Hand- und Kraftantrieb gegeneinander verriegelt sein.

7 Sicherung der Flügelbewegung

(1) Für den sicheren Betrieb von Toren müssen selbsttätig wirkenden Einrichtungen für die Endstellung vorhanden sein, die Beschäftigte gegen unbeabsichtigtes Schließen der Tore (z. B. Zuschlagen durch Windeinwirkung) schützen.

(2) Schiebetüren und -tore dürfen nur betrieben werden, wenn ein Pendeln der Flügel quer zur Bewegungsrichtung der Türen und Tore ausgeschlossen ist.

(3) Senkrecht bewegte Torflügel sind durch Gegengewichte oder andere technische Einrichtungen (z. B. Antriebe, Federn) so auszugleichen, dass sie sich nicht unbeabsichtigt schließen. Bei der Verwendung von Toren darf die Kraft an der Hauptschließkante bei einer Bewegung durch nicht ausgeglichene Gewichte maximal 150 N betragen.

(4) Besteht durch Gegengewichte von Torflügeln eine Quetsch-, Scher- oder Stoßgefährdung oder die Gefährdung des Eingezogenwerdens, darf das Tor nur betrieben werden, wenn die Laufbahn der Gegengewichte bis 2,50 m über der Zugangsebene verdeckt ist.

(5) Bei senkrecht bewegten kraftbetätigten Türen und Toren mit Seil-, Gurt- oder Kettenaufhängung muss das Schlaffwerden des Tragmittels verhindert werden, sofern nicht direkt auf den Flügel wirkende Fangvorrichtungen vorhanden sind.

7.1 Sicherung gegen Abstürzen der Flügel

(1) Beim Betrieb von senkrecht bewegten Flügeln müssen diese mit Fangvorrichtungen gesichert sein, die beim Versagen der Tragmittel ein Abstürzen der Flügel selbsttätig verhindern.

(2) Von Fangvorrichtungen nach Absatz 1 kann abgesehen werden:

- bei Flügeln mit Seil- oder Kettenaufhängung, deren Eigengewicht durch Gegengewicht ausgeglichen ist, wenn zusätzliche Seile oder Ketten vorhanden sind, die allein das Flügelgewicht zu tragen imstande sind,
- bei Flügeln mit Seil- oder Kettenaufhängung, deren Eigengewicht durch Federn ausgeglichen ist, wenn beim Bruch eines Seils oder einer Kette das Flügelgewicht ausgeglichen bleibt und der Antrieb so beschaffen ist, dass er allein das Flügelgewicht zu tragen imstande ist,
- bei Flügeln ohne Seil- oder Kettenaufhängung, deren Eigengewicht durch Federn ausgeglichen ist, wenn der Antrieb so beschaffen ist, dass er allein das Flügelgewicht zu tragen imstande ist,
- bei Flügeln mit zwei Antrieben, wenn jeder Antrieb so ausgelegt ist, dass er das Flügelgewicht allein zu tragen imstande ist und wenn bei Ausfall eines Antriebes eine weitere Bewegung des Flügels selbsttätig verhindert ist, spätestens wenn der Flügel seine untere Endstellung erreicht hat,
- bei Flügeln, die unmittelbar hydraulisch oder pneumatisch angetrieben werden, wenn an den Arbeitszylindern Einrichtungen vorhanden sind, die bei Rohr- oder Leitungsbruch ein Absenken des Flügels verhindern.

7.2 Sicherung gegen Herausfallen der Flügel

(1) Tür- und Torflügel müssen gegen unbeabsichtigtes Verlassen der Führungseinrichtungen gesichert sein.

(2) Beim Öffnen oder Schließen der Flügel von kraftbetätigten Türen und Toren müssen diese in ihren Endstellungen selbsttätig zum Stillstand kommen. Können Flügel beim Versagen der Begrenzungseinrichtungen über ihre Endstellungen hinausfahren, müssen Notendschalter oder feste Anschläge in Verbindung mit einer Überlastsicherung vorhanden sein.

(3) Begrenzungseinrichtungen, wie Stopper oder Anschläge, müssen eine ausreichende Festigkeit aufweisen.

8 Sicherheit der Steuerung

8.1 Steuerung ohne Selbsthaltung

An Türen und Toren kann bei Steuerung ohne Selbsthaltung (Totmannsteuerung) auf die Sicherungen nach Punkt 6 verzichtet werden, wenn:

- bei manuell betätigter Steuerung ohne Selbsthaltung die Flügelbewegung durch das Loslassen der Befehlseinrichtung unmittelbar zum Stillstand kommt
  und
- die Befehlseinrichtung so angeordnet ist, dass der Gefahrenbereich vom Bedienungsstandort aus vollständig eingesehen werden kann und
- die Bedienung der Befehlseinrichtung durch unbefugte Personen durch technische oder organisatorische Maßnahmen ausgeschlossen wird und
- die Schließgeschwindigkeit der Flügel, gemessen an der Hauptschließkante, maximal 0,5 m/s beträgt.

8.2 Steuerung mit Selbsthaltung (Impulssteuerung)

(1) Impulsgesteuerte Flügelbewegungen dürfen nur durch die hierfür vorgesehenen Befehlseinrichtungen ausgelöst werden.

(2) Impulsgesteuerte Türen und Tore sind so zu betreiben, dass Beschäftigte z. B. gegen Quetschgefährdungen geschützt sind. Dazu müssen die entsprechenden Schutzeinrichtungen so beschaffen sein, dass beim Auftreten eines Fehlers in der Einrichtung, der einen Befehl zur Unterbrechung der gefährdenden Flügelbewegung verhindern würde,

- die Schutzwirkung der Einrichtung erhalten bleibt (Einfehlersicherheit)
  oder
- der Fehler spätestens in einer der Endlagen des Flügels selbsttätig erkannt wird und ein Befehl zum Verhindern einer weiteren gefährdenden Flügelbewegung erfolgt (Testung).

8.3 Abschalt- und NOT-HALT-Einrichtungen

(1) Damit gefährdende Flügelbewegungen nach Abschalten des Antriebes oder bei Ausfall der Energieversorgung (z. B. elektrisch, pneumatisch, hydraulisch) für den Antrieb verhindert werden, muss nach Abschalten des Antriebes oder des Ausfalls der Energieversorgung die Bewegung der Flügel unmittelbar zum Stillstand kommen. Eine unbeabsichtigte erneute Bewegung der Flügel darf nicht möglich sein. Abweichend von Satz 1 dürfen Flügel von kraftbetätigten Türen und Toren, die einen Brandabschluss bilden, nur verwendet werden, wenn sie bei Ausfall der Energieversorgung ohne Gefährdung von Beschäftigten selbsttätig schließen.

(2) Werden zur Sicherung von Quetsch- und Scherstellen an Schließkanten von Brandabschlüssen Einrichtungen verwendet, die bei Berührung oder Unterbrechung durch einen Beschäftigten die Flügelbewegung zum Stillstand bringen, muss sich der im Brandfall eingeleitete Schließvorgang nach Freigabe dieser Sicherheitseinrichtung selbsttätig fortsetzen.

(3) Eine NOT-HALT-Einrichtung ist dann erforderlich, wenn im Ergebnis einer Gefährdungsbeurteilung festgestellt wird, dass durch diese Maßnahme eine zusätzliche Sicherheit erreicht werden kann. Abweichend von Satz 1 sind kraftbetätigte Karusselltüren unmittelbar an den Zugangsstellen mit NOT-HALT-Einrichtungen auszurüsten. NOT-HALT-Einrichtungen sind so anzubringen, dass sie gut sichtbar und schnell erreichbar sind.

(4) Türen und Tore mit elektrischem Antrieb dürfen nur verwendet werden, wenn sie eine Netztrenneinrichtung (z. B. Hauptschalter, geeignete Steckverbindungen) besitzen, mit der die Anlage allpolig vom Stromnetz getrennt werden kann. Die Netztrenneinrichtung muss gegen irrtümliches oder unbefugtes Einschalten gesichert sein. Dies gilt sinngemäß auch für pneumatische und hydraulische Antriebe; Restenergien sind ohne Gefährdung von Beschäftigten abzuleiten.

9 Anforderungen an Türen und Tore im Verlauf von Fluchtwegen

(1) Automatische Schiebetüren und Schnelllauftore (ausgenommen Feuer- und Rauchschutztüren und -tore) dürfen nur verwendet werden, wenn sie bei Ausfall der Energiezufuhr selbsttätig öffnen oder über eine manu-

elle Öffnungsmöglichkeit (Break-out) verfügen. Automatische Karusselltüren dürfen nur verwendet werden, wenn sich Teile der Innenflügel ohne größeren Kraftaufwand (siehe Punkt 10.1 Abs. 3) von Hand und ohne Hilfsmittel sowie in jeder Stellung der Tür auf die erforderliche Fluchtwegbreite öffnen lassen. Weitere Bestimmungen zu Türen und Toren im Verlauf von Fluchtwegen enthält die ASR A2.3 „Fluchtwege und Notausgänge, Flucht- und Rettungsplan".

(2) Die Anzahl und Lage von Türen und Toren ergibt sich insbesondere aus den Fluchtweglängen nach ASR A2.3.

10 Instandhaltung einschließlich sicherheitstechnischer Prüfung

(1) Die Betriebs-, Instandhaltungs- und Prüfanleitungen des Herstellers sind zu beachten und müssen in der Arbeitsstätte verfügbar sein. Türen und Tore unterliegen durch betriebliche Veränderungen (insbesondere Nutzungsänderungen, Nachrüstungen und Umbauten) Einflüssen, die im Hinblick auf die Sicherheit neue Voraussetzungen schaffen können. Bei der Beurteilung, ob Türen und Tore unter veränderten Nutzungsbedingungen noch ausreichend sicher sind, ist das Ergebnis der sicherheitstechnischen Prüfung zu berücksichtigen. Der Hersteller sollte mit einbezogen werden.

(2) Bauteile, von denen der sichere Betrieb der Türen und Tore abhängt, müssen für die Instandhaltung und Prüfung leicht zugänglich sein.

10.1 Instandhaltung

(1) Vor Instandhaltungsarbeiten müssen Flügel gegen unbeabsichtigte Bewegung gesichert werden.

(2) Vor Instandhaltungsarbeiten muss der Antrieb der Türen und Tore abgeschaltet und gegen irrtümliches und unbefugtes Einschalten gesichert werden. Hiervon ausgenommen bleibt der Probelauf (Funktionsprüfung).

(3) Der Kraftaufwand für das Öffnen oder Schließen von Hand sollte für Türen 220 N und für Tore 260 N nicht überschreiten. Für kraftbetätigte Tore darf in begründeten Fällen der maximale Kraftaufwand um 50 Prozent überschritten werden.

(4) Rahmenlose Glastüren und Glasschiebeelemente sind regelmäßig auf Beschädigungen des Glases, insbesondere auf Kantenverletzungen und auf den festen Sitz der Beschläge bzw. Türbänder hin zu prüfen, um Glasbruch vorzubeugen.

(5) Die Instandsetzung von Türen und Toren darf nur durch Personen durchgeführt werden, die mit den jeweiligen Instandsetzungsarbeiten vertraut sind.

10.2 Sicherheitstechnische Prüfung

(1) Kraftbetätigte Türen und Tore müssen nach den Vorgaben des Herstellers vor der ersten Inbetriebnahme, nach wesentlichen Änderungen sowie wiederkehrend sachgerecht auf ihren sicheren Zustand geprüft werden. Die wiederkehrende Prüfung sollte mindestens einmal jährlich erfolgen. Die Ergebnisse der sicherheitstechnischen Prüfung sind aufzuzeichnen und in der Arbeitsstätte aufzubewahren.

(2) Die sicherheitstechnische Prüfung von kraftbetätigten Türen und Toren darf nur durch Sachkundige durchgeführt werden, die die Funktionstüchtigkeit der Schutzeinrichtungen beurteilen und mit geeigneter Messtechnik, die z. B. den zeitlichen Kraftverlauf an Schließkanten nachweist, überprüfen können. Des Weiteren sind die länderspezifischen baurechtlichen Bestimmungen (z. B. Technische Prüfverordnung) zu beachten.

(3) Brandschutztüren und -tore sind nach der allgemeinen bauaufsichtlichen Zulassung bzw. dem Prüfzeugnis regelmäßig zu prüfen, damit sie im Notfall einwandfrei schließen (z. B. Feststellanlagen einmal monatlich durch den Betreiber und einmal jährlich durch den Sachkundigen).

(4) Die sicherheitstechnische Prüfung schließt die Überprüfung des Vorhandenseins einer vollständigen technischen Dokumentation und der Betriebsanleitung ein.

Ausgewählte Literaturhinweise

- DGUV Information 208-022 Türen und Tore 09/2017
- DGUV Information 208-026 Sicherheit von kraftbetätigten Karusselltüren 09/2007

IV

Technische Regeln für Arbeitsstätten (ASR A1.8) Verkehrswege

Ausgabe: November 2012
(GMBl 2012, S. 1210, zuletzt geändert GMBl 2018, S. 473)

1 Zielstellung

Diese ASR konkretisiert die Anforderungen an das Einrichten und Betreiben von Verkehrswegen in § 3a Abs. 1 und § 4 Abs. 4 sowie der Punkte 1.8, 1.9, 1.10 und 1.11 des Anhangs der Arbeitsstättenverordnung.

2 Anwendungsbereich

Diese ASR gilt für das Einrichten und Betreiben von Verkehrswegen inklusive Treppen, ortsfesten Steigleitern und Steigeisengängen, Laderampen sowie Fahrsteigen und Fahrtreppen. Sie gilt nicht für Zu- und Abgänge in, an und auf Arbeitsmitteln im Sinne von § 2 Abs. 1 der Betriebssicherheitsverordnung und für Fahrzeuge sowie dazugehörige Anhänger, die für die Beförderung von Personen und den Gütertransport bestimmt sind.

Diese ASR findet keine Anwendung auf Steigeisen, Steigeisengängen und Steigleitern an Hausschornsteinen, die ausschließlich als Angriffswege für die Feuerwehr dienen.

Hinweise:
Sofern entsprechende Gefährdungen vorliegen, ist diese Arbeitsstättenregel insbesondere in Verbindung mit folgenden ASR anzuwenden:

- *Sicherheitszeichen: ASR A1.3 „Sicherheits- und Gesundheitsschutzkennzeichnung",*
- *Schutz vor Absturz und herabfallenden Gegenständen, Verkehrswege auf nicht durchtrittsicheren Dächern: ASR A2.1 „Schutz vor Absturz und herabfallenden Gegenständen, Betreten von Gefahrenbereichen",*
- *Fluchtwege: ASR A2.3 „Fluchtwege und Notausgänge, Flucht- und Rettungsplan",*
- *Beleuchtung: ASR A3.4 „Beleuchtung" und*
- *Sicherheitsbeleuchtung: ASR A3.4/3 „Sicherheitsbeleuchtung, optische Sicherheitsleitsysteme".*

Für die barrierefreie Gestaltung der Verkehrswege gilt die ASR V3a.2 „Barrierefreie Gestaltung von Arbeitsstätten", Anhang A1.8: Ergänzende Anforderungen zur ASR A1.8 „Verkehrswege".

3 Begriffsbestimmungen

3.1 **Verkehrswege** sind für den Fußgänger- oder Fahrzeugverkehr (personengesteuert oder automatisiert) oder für die Kombination aus beiden bestimmte Bereiche auf dem Gelände eines Betriebes oder auf Baustellen. Dazu gehören insbesondere Flure, Gänge einschließlich Laufstege und Fahrsteige, Bühnen und Galerien, Treppen, ortsfeste Steigleitern und Laderampen.

3.2 **Gänge zu gelegentlich benutzten Betriebseinrichtungen** sind Verkehrswege, die dem ungehinderten Zutritt zur Nutzung von Betriebseinrichtungen (z. B. Heizungen, Fenster, Elektroversorgung) dienen.

3.3 **Wartungsgänge** sind Verkehrswege, die ausschließlich der Wartung und der Inspektion dienen.

3.4 **Lagereinrichtungen** sind ortsfeste sowie verfahrbare Regale und Schränke.

3.5 **Schmalgänge** sind Verkehrswege für kraftbetriebene Flurförderzeuge in Regalanlagen ohne beidseitigen Randzuschlag von jeweils mindestens 0,50 m zwischen den am weitesten ausladenden Teilen der Flurförderzeuge einschließlich ihrer Last und festen Teilen der Umgebung. Ausgenommen sind Gänge von Einfahrregalen. Einfahrregal ist ein Regalsystem, das eine Art Blocklagerung ermöglicht, in dem mehrere Paletten hintereinander und übereinander gelagert werden, wobei diese auf mit den Stützen verbundenen Auflageschienen abgesetzt werden. Die Flurförderzeuge fahren dabei in die Regalgassen ein.

3.6 **Fahrzeuge** im Sinne dieser Regel sind z. B.:

- Kraftwagen oder -räder für die Personenbeförderung und den Lastentransport,
- Flurförderzeuge, ausgenommen manuell zu bewegende Flurförderzeuge (z. B. Handgabelhubwagen, Sackkarre),
- kraftbetriebene fahrbare Arbeitsmaschinen und Arbeitseinrichtungen und
- manuell betriebene Fahrzeuge (z. B. Fahrräder).

3.7 **Treppe** ist ein fest mit dem Bauwerk verbundenes, unbewegbares Bauteil, das mindestens aus einem Treppenlauf besteht.

3.8 **Treppenlauf** ist die ununterbrochene Folge von mindestens drei Treppenstufen zwischen zwei Ebenen.

3.9 **Hilfstreppen** sind Treppen, die zu nicht regelmäßig begangenen Bereichen führen, z. B. Zugänge zu Laufstegen, Arbeitsbühnen, Arbeitsgruben.

3.10 **Bautreppen** sind ein- oder mehrläufige Treppen, die ausschließlich im Zuge von Bauarbeiten errichtet und benutzt werden.

Hinweis:
Gerüsttreppen und Treppentürme sind Arbeitsmittel im Sinne der Betriebssicherheitsverordnung und werden daher hier nicht erfasst.

3.11 **Zwischenpodest (Ruhepodest)** ist der Treppenabsatz zwischen zwei Treppenläufen.

3.12 **Steigeisen** sind einzelne, vorwiegend an senkrechten Bauteilen fest angebrachte Auftritte.

3.13 **Steigeisengänge** werden durch ein- oder zweiläufig übereinander angeordnete Steigeisen gebildet.

3.14 **Steigleitern** sind senkrecht oder nahezu senkrecht ortsfest angebrachte Leitern, bestehend aus zwei Seitenholmen mit dazwischen liegenden Sprossen oder einem Mittelholm, an dem beidseitig höhengleich Sprossen angebracht sind.

3.15 **Steiggänge** sind senkrecht oder nahezu senkrecht angeordnete Aufstiege mit ein- oder zweiläufig übereinander angeordneten, fest angebrachten oder als fester Bestandteil angeordneten Auftritten, z. B. Steigeisen, Steigstufen, Steigkästen sowie Steigleitern. Sie können mit geeigneten Schutzeinrichtungen gegen Absturz ausgerüstet sein.

3.16 **Fallhöhe** ist die mögliche Absturzhöhe innerhalb eines Steigleiterlaufes bzw. Steigeisenganges (siehe Abb. 1). Diese kann von der Gesamthöhe abweichen.

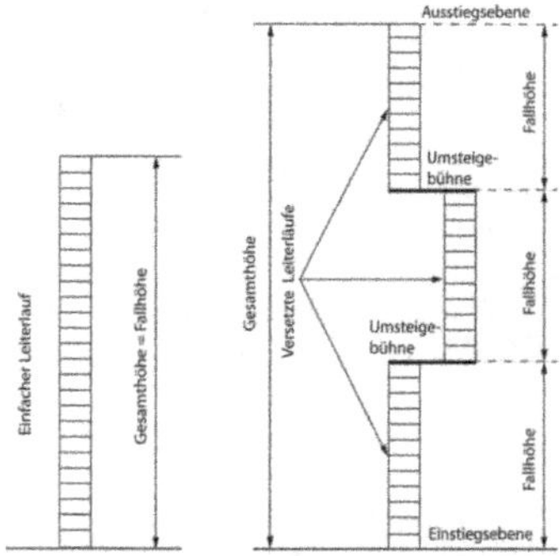

Abb. 1: Beispiel: Fallhöhe, Einstiegsebene

3.17 **Steigschutzeinrichtungen** sind Auffangsysteme als Teil der Schutzausrüstung gegen den Absturz von Personen von Steiggängen. Sie bestehen aus einer festen Führung und dem dazu gehörigen Auffanggerät. Dieses wird mit dem Auffanggurt verbunden.

3.18 **Rückenschutz** ist eine Einrichtung, die die Absturzgefahr an Steigleitern vermindert.

3.19 **Haltevorrichtung** ist eine Einrichtung, die an den Ein- und Ausstiegsstellen von Steiggängen das Festhalten des Benutzers ermöglicht.

3.20 **Ruhebühnen** sind ein- oder mehrteilige Plattformen zum Ausruhen von Personen, welche unmittelbar an oder neben Steigleitern oder Steigeisengängen angeordnet sind.

3.21 **Einstiegsebene** ist die Ebene der Umgebung oder die Umsteigebühne, von der mit der Besteigung der Steigleiter begonnen wird (siehe Abb. 1).

3.22 **Laderampen** sind bauliche Einrichtungen für das Be- und Entladen von Fahrzeugen. Laderampen sind erhöhte horizontale Flächen, um das Be- und Entladen ohne große Höhenunterschiede zu ermöglichen. Andock-

IV

stationen sind keine Laderampen im Sinne dieser Definition.

3.23 **Schrägrampen** sind geneigte Verkehrswege, die unterschiedlich hohe Arbeits- oder Verkehrsflächen verbinden.

3.24 **Fahrsteige** sind kraftbetriebene Anlagen mit umlaufenden stufenlosen Bändern zur Beförderung von Personen zwischen zwei auf gleicher oder unterschiedlicher Höhe liegenden Verkehrsebenen. Es können geeignete Transporteinrichtungen (z. B. Einkaufswagen) mitgeführt werden.

3.25 **Fahrtreppen** sind kraftbetriebene Anlagen mit umlaufenden Stufenbändern zur Beförderung von Personen zwischen zwei auf unterschiedlicher Höhe liegenden Verkehrsebenen.

3.26 **Balustrade** ist der beidseitige Teil der Fahrtreppe oder des Fahrsteigs, der wie ein Geländer aufgrund seiner Festigkeit die Sicherheit des Benutzers gewährleistet sowie den Handlauf aufnimmt.

3.27 **Fahrsteigpalette** ist das den Benutzer aufnehmende und sich in Fahrtrichtung bewegende Flächensegment.

3.28 **Kamm** ist ein gezackter Bereich an jedem Zu- oder Abgang, der in die Rillen der den Benutzer aufnehmenden Fläche von Fahrsteigen oder Fahrtreppen eingreift.

3.29 **Laufstege** bei Bauarbeiten sind waagerechte oder geneigte Verkehrswege, die Arbeits- oder Verkehrsflächen miteinander verbinden.

4 Einrichten von Verkehrswegen

4.1 Allgemeines

(1) Damit im späteren Betrieb von Verkehrswegen keine Gefährdungen für Sicherheit und Gesundheit der Beschäftigten ausgehen, ist bereits bei der Planung von Verkehrswegen die Art des Betriebes zu berücksichtigen, beispielsweise beim Einsatz von Flurförderzeugen in Schmalgängen (siehe Punkt 4.3 Abs. 10) oder bei der Festlegung von Verkehrsrichtungen.

(2) Verkehrswege sind übersichtlich zu führen und sollen möglichst gradlinig verlaufen. Die Verkehrswege eines Höhenniveaus (Geschosses) müssen grundsätzlich waagerecht angelegt sein. Nicht vermeidbare Höhenunterschiede, z. B. zwischen benachbarten Gebäudeteilen, oder wenn z. B. ein Gefälle zum Ableiten von Flüssigkeiten erforderlich ist, sind in Abhängigkeit vom Verkehrsaufkommen, der jeweiligen Verkehrsart und den verwendeten Transportmitteln vorzugsweise durch Schrägrampen auszugleichen. Dabei müssen Gefährdungen, z. B. durch Kippen, Auslaufen oder Wegrollen, vermieden werden.

(3) Verkehrswege sind so einzurichten, dass die Belastung der Beschäftigten, die Lasten manuell transportieren, möglichst gering gehalten wird. Folgende Einflussfaktoren sind besonders in Betracht zu ziehen:

- Länge und Neigung des Transportweges,
- Gesamtgewicht des manuell zu bewegenden Flurförderzeuges bzw. des Transportmittels,
- Häufigkeit der Transporttätigkeit,
- Beschaffenheit der Rollen und Lenkeinrichtungen und
- Positioniergenauigkeit.

(4) Schrägrampen für den Fahr- und Gehverkehr dürfen in Abhängigkeit von der Art der Nutzung die in Tabelle 1 aufgeführten Neigungen nicht überschreiten.

Tabelle 1: Maximale Neigungen für unterschiedliche Nutzungsarten von Schrägrampen

	Art der Rampe	Maximale Neigung
1	Schrägrampe im Verlauf von Fluchtwegen	3,5° (6 %)
2	Schrägrampe beim Einsatz von Flurförderzeugen ohne Fahr- antrieb bzw. manuell zu bewegender Transportmittel (bei der Neuanlage von Arbeitsstätten)	3,5° (6 %)
3	Schrägrampen im Regelfall (sofern nicht Ziffer 1 oder 2 anzuwenden ist)	5° (8 %)

	Art der Rampe	Maximale Neigung
4	Schrägrampe zur Anwendung im Einzelfall entsprechend Gefährdungsbeurteilung	7° (12,5 %)*

* Abweichungen von Ziffer 4 sind gemäß Bauordnung der Länder möglich, z. B. bei Garagen.

(5) Verkehrswege müssen eine ebene und trittsichere Oberfläche aufweisen, um Gefährdungen durch z. B. Stolpern, Umstürzen oder Wegrutschen zu vermeiden. Einbauten, z. B. Schachtabdeckungen, Roste, Abläufe, sind bündig in die Verkehrswege einzupassen. Der Oberflächenbelag ist den maximalen Beanspruchungen, z. B. durch Schleifen, Rollen, Druck, Stoß und Schlag sowie der Verkehrsbelastung, entsprechend zu wählen.

(6) Beschäftigte müssen auf Verkehrswegen vor Gefährdungen durch Absturz oder durch herabfallende Gegenstände, umstürzende Lasten oder Beförderungsmittel durch geeignete Maßnahmen geschützt sein (siehe ASR A2.1 „Schutz vor Absturz und herabfallenden Gegenständen, Betreten von Gefahrenbereichen").

(7) Verkehrswegkreuzungen und -einmündungen müssen übersichtlich gestaltet und einsehbar sein. Ist dies nicht möglich, sind verkehrssichernde Maßnahmen zu ergreifen, z. B. Drehkreuze, Schranken, Ampeln, Blinkleuchten, Spiegel, Hinweisschilder. Dies gilt auch für Kreuzungen zwischen Verkehrswegen und Gleisen.

(8) Im Freien liegende Verkehrswege, insbesondere Treppen, Laderampen, Fahrsteige, Gebäudeein- und -ausgänge, müssen sicher benutzbar sein. Hierbei sind Witterungseinflüsse zu berücksichtigen. Erforderliche Schutzmaßnahmen können z. B. eine Überdachung, ein Windschutz oder ein Winterdienst sein.

Hinweis:
Ergänzende Anforderungen an Verkehrswege auf nicht durchtrittsicheren Dächern enthält ASR A2.1 „Schutz vor Absturz und herabfallenden Gegenständen, Betreten von Gefahrenbereichen".

4.2 Wege für den Fußgängerverkehr

(1) Die Mindestbreite der Wege für den Fußgängerverkehr ist nach Tabelle 2 zu bemessen.

Tabelle 2: Mindestbreite der Wege für den Fußgängerverkehr

Verkehrsweg	Lichte Breite [m]
Die Mindestbreite von Verkehrswegen ergibt sich aus den Breiten von Fluchtwegen der ASR A2.3 (diese richten sich nach der Anzahl der Personen im Einzugsgebiet):	
bis 5	0,875
bis 20	1,00
bis 200	1,20
bis 300	1,80
bis 400	2,40
	Eine Unterschreitung der Mindestbreite der Flure von maximal 0,15 m an Türen kann vernachlässigt werden. Die lichte Breite darf jedoch an keiner Stelle weniger als 0,80 m betragen.
Gänge zu persönlich zugewiesenen Arbeitsplätzen, Hilfstreppen	0,60
Wartungsgänge, Gänge zu gelegentlich benutzten Betriebseinrichtungen	0,50
Verkehrswege für Fußgänger	
– zwischen Lagereinrichtungen und -geräten	1,25
– in Nebengängen von Lagereinrichtungen für die ausschließliche Be- und Entladung von Hand	0,75

IV

Verkehrsweg	Lichte Breite [m]
Verkehrswege zwischen Schienenfahrzeugen mit Geschwindigkeiten ≤ 30 km/h und ohne feste Einbauten in den Verkehrswegen	1,00
Rangiererwege	1,30

(2) Die lichte Höhe über Verkehrswegen muss mindestens 2,00 m betragen. Eine Unterschreitung der lichten Höhe von maximal 0,05 m an Türen kann vernachlässigt werden. Für Wartungsgänge darf eine lichte Mindesthöhe von 1,90 m nicht unterschritten werden. Eine Unterschreitung der Mindesthöhe an Türen und Toren im Verlauf von Wartungsgängen von maximal 0,10 m kann vernachlässigt werden (siehe ASR A1.7 „Türen und Tore").

Hinweis:
Beim Errichten von neuen Arbeitsstätten muss die lichte Mindesthöhe über Verkehrswegen mindestens 2,10 m betragen.

(3) Verkehrswege dürfen nicht durch einzelne Stufen unterbrochen werden. Können Höhenunterschiede nicht durch eine Schrägrampe (siehe Punkt 4.1 Abs. 2) ausgeglichen werden, ist eine Stufenfolge von mindestens zwei zusammenhängenden Stufen mit parallel verlaufenden Stufenkanten und gleichen Stufenabmessungen zulässig. Die Stufenfolge ist nach ASR A1.3 „Sicherheits- und Gesundheitsschutzkennzeichnung" zu kennzeichnen. Verkehrswege, die gleichzeitig als Fluchtweg dienen, dürfen keine Ausgleichsstufen enthalten (siehe ASR A2.3 „Fluchtwege und Notausgänge, Flucht- und Rettungsplan").

(4) Unmittelbar vor und hinter Türen müssen Absätze und Treppen einen Abstand von mindestens 1,0 m, bei aufgeschlagener Tür noch eine Podesttiefe von 0,5 m einhalten

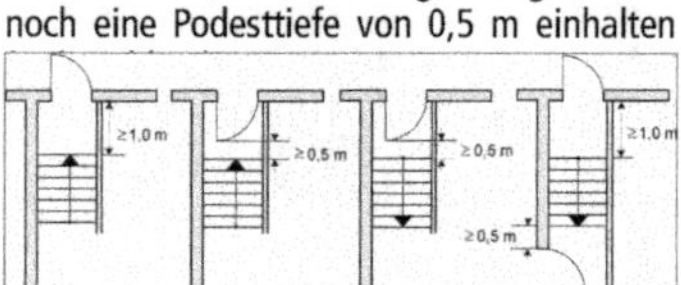

Abb. 2: Abstandsmaße von Treppen zu Türöffnungen

4.3 Wege für den Fahrzeugverkehr

(1) Fußgänger- und Fahrzeugverkehr sind so zu führen, dass Beschäftigte nicht gefährdet werden.

(2) Wege für den Fahrzeugverkehr müssen in einem Mindestabstand von 1 m an Türen und Toren, Durchgängen, Durchfahrten und Treppenaustritten vorbeiführen.

Hinweis:
Es hat sich bewährt, den Fußgängerverkehr in diesen Bereichen zusätzlich durch ein Geländer vom Fahrzeugverkehr zu trennen.

(3) Die Mindestbreite der Wege für den Fahrzeugverkehr berechnet sich aus der Summe (siehe Abb. 3)

- der größten Breite des Transportmittels oder Ladegutes (a_T),
- des Randzuschlags (Z_1) und
- des Begegnungszuschlags (Z_2).

Sicherheitszuschläge (Rand- und Begegnungszuschläge) sind abhängig von der Fahrgeschwindigkeit und der Kombination von Fußgänger- und Fahrzeugverkehr (siehe Tabelle 3). Bei Geschwindigkeiten des Fahrzeugverkehrs größer als 20 km/h sind größere

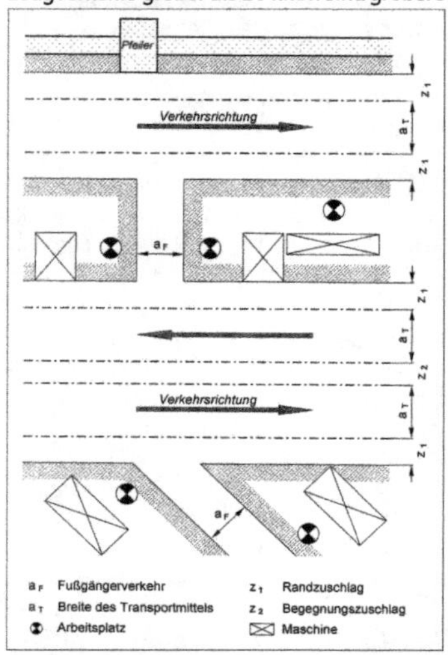

Abb. 3: Verkehrswegbreiten, Sicherheitszuschläge (siehe auch Tabellen 2 und 3)

Tabelle 3: Mindestmaße von Sicherheitszuschlägen für die Verkehrswegbreiten für Geschwindigkeiten $\leq$ 20 km/h

Betriebsart	Randzuschlag	Begegnungs-zuschlag
Fahrzeugverkehr	$2\ Z_1 = 2 \times 0{,}50$ m $= 1{,}00$ m	$Z_2 = 0{,}40$ m
Gemeinsamer Fußgänger- und Fahrzeugverkehr	$2\ Z_1 = 2 \times 0{,}75$ m $= 1{,}50$ m	$Z_2 = 0{,}40$ m

(4) Bei einer geringen Anzahl von Verkehrsbegegnungen (ca. 10 pro h) darf die Summe aus doppeltem Rand- und einfachem Begegnungszuschlag bis auf 1,10 m herabgesetzt werden, wenn dadurch keine zusätzliche Gefährdung für die Beschäftigten entsteht.

(5) Bei manuell zu bewegenden Flurförderzeugen sind die Sicherheitszuschläge entsprechend der Gefährdungsbeurteilung festzulegen.

(6) An Kurven und zweckmäßigerweise auch an Kreuzungen ist die Breite des Verkehrsweges in Abhängigkeit von den Wenderadien der Fahrzeuge einschließlich des Ladegutes zu bemessen. Hierbei sind die entsprechenden Angaben der Hersteller zu berücksichtigen.

(7) Die Mindesthöhe über Verkehrswegen für Transportmittel ergibt sich aus der größten Höhe des Fahrzeugs einschließlich Ladung in Transportstellung sowie dem stehenden oder sitzenden Fahrer. Zu dieser Höhe ist ein Sicherheitszuschlag von mindestens 0,20 m anzusetzen. Die lichte Höhe muss über die gesamte Breite des Verkehrsweges, der von Transportmitteln genutzt werden kann, eingehalten werden.

(8) Werden Verkehrswege auch als Feuerwehrzufahrten genutzt, so sind diese mindestens mit einem Lichtraumprofil von 3,50 m x 3,50 m einzurichten. Sie sind ständig freizuhalten und dürfen, z. B. durch nachträgliche Einbauten, nicht eingeengt werden.

(9) Werden geeignete Personenerkennungssysteme beim Einsatz automatisch gesteuerter Transportmittel (fahrerlos betrieben) verwendet, sind Abweichungen aufgrund der Gefährdungsbeurteilung bei der Bemessung der Rand- und Begegnungszuschläge zulässig.

(10) Bei gleichzeitigem Aufenthalt von kraftbetriebenen Flurförderzeugen, z. B. Regal- und Kommissionierstapler, und Fußgängern in Schmalgängen müssen geeignete technische bzw. bauliche Schutzmaßnahmen (z. B. Personenerkennungssystem) installiert werden.

4.4 Kennzeichnung und Abgrenzung von Verkehrswegen

(1) Lassen sich Gefährdungen im Verlauf von Verkehrswegen nicht durch technische Maßnahmen verhindern oder beseitigen, oder ergeben sich Gefährdungen durch den Fahrzeugverkehr aufgrund unübersichtlicher Betriebsverhältnisse (z. B. durch Arbeits- und Lagerflächen ohne feste Einbauten), sind die Verkehrswege gemäß ASR A1.3 „Sicherheits- und Gesundheitsschutzkennzeichnung" deutlich erkennbar zu kennzeichnen, z. B. eine dauerhafte Gefahr in Form einer Ausgleichsstufe im Verkehrsweg durch gelbschwarze Streifen oder eine zeitlich begrenzte Gefahr ausgehend von ausgelaufener Flüssigkeit durch das Warnzeichen W011 „Warnung vor Rutschgefahr". Eine Kennzeichnung kann entfallen, wenn die Verkehrswege durch feststehende Betriebseinrichtungen (z. B. Regale) eindeutig bestimmt sind und sich dadurch keine Gefährdungen ergeben.

(2) Zur Kenntlichmachung der Abgrenzung zwischen niveaugleichen Verkehrswegen und umgebenden Arbeits- und Lagerflächen, sowie zwischen Wegen für den Fußgänger- und Fahrzeugverkehr können verschiedene Markierungsformen (z. B. dauerhafte Farbmarkierung, Markierungsleuchten) eingesetzt werden.

(3) Wenn es das Ergebnis der Gefährdungsbeurteilung erforderlich macht, sind Geländer oder Leitplanken zur Abgrenzung zwischen niveaugleichen Verkehrswegen und umgebenden Arbeits- und Lagerflächen sowie zwischen Wegen für den Fußgänger- und Fahrzeugverkehr zu setzen.

4.5 Treppen

(1) Treppen sind so zu gestalten, dass diese sicher und leicht begangen werden können. Das wird erreicht durch ausreichend große, ebene, rutschhemmende, erkennbare und tragfähige Auftrittsflächen in gleichmäßigen,

IV

mit dem Schrittmaß übereinstimmenden Abständen.

(2) Die Steigungen und Auftritte einer Treppe, die zwei Geschosse verbindet, dürfen nicht voneinander abweichen. Die Treppenstufen sollen kontrastreich und möglichst ohne störende Blendung des Benutzers ausgeleuchtet sein (siehe ASR A3.4 „Beleuchtung").

(3) Unter Berücksichtigung der Unfallgefahren sind Treppen mit geraden Läufen solchen mit gewendelten Läufen oder gewendelten Laufteilen vorzuziehen. Im Verlauf des ersten Fluchtweges sind gewendelte Treppen und Spindeltreppen unzulässig (siehe ASR A2.3 „Fluchtwege und Notausgänge, Flucht- und Rettungsplan").

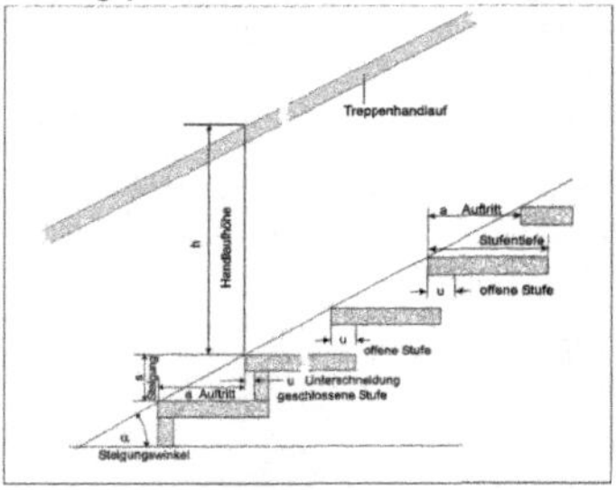

Abb. 4: Benennung einzelner Teile an Treppen

(4) Für Treppen (siehe Abb. 4) ergibt sich als Beziehung zwischen Schrittlänge (SL), Auftritt (a) und Steigung (s) die Schrittmaßregel 2 x s + a = SL. Für eine gute Begehbarkeit einer Treppe soll die Schrittlänge zwischen 59 und 65 cm betragen.

In Arbeitsstätten darf die Steigung (s) zwischen 14 bis 19 cm, der Auftritt (a) zwischen 26 bis 32 cm und der Steigungswinkel (D) zwischen 24° bis 36° variieren (siehe Tabelle 4).

Als besonders sicher begehbar haben sich Treppen erwiesen, deren Stufen einen Auftritt von 29 cm und eine Steigung von 17 cm aufweisen.

Tabelle 4: Auftritte und Steigungen unterschiedlicher Treppen

Anwendungsbereich/ Bauten	Auftritt (a) [cm]	Steigung (s) [cm]
Freitreppen	32 bis 30	14 bis 16
Versammlungsstätten, Verwaltungsgebäude der öffentlichen Verwaltung, Schulen, Horte, Kindertageseinrichtungen	31 bis 29	15 bis 17
gewerbliche Bauten, sonstige Gebäude	30 bis 26	16 bis 19
Hilfstreppen	30 bis 21*	14 bis 21

* Bei Stufen, deren Auftritt $a < 24$ cm ist, muss die Unterschneidung (u) mindestens so groß sein, dass insgesamt eine Stufentiefe $u + a = 24$ cm erreicht wird.

(5) Hilfstreppen, die selten und nur von unterwiesenen Personen begangen werden, dürfen bis zu einem Steigungswinkel von 45° ausgeführt sein.

(6) Bei Treppenläufen mit einem Steigungswinkel bis 36° muss nach höchstens 18 Trittstufen ein Zwischenpodest vorhanden sein. In begründeten Ausnahmefällen kann in bestehenden Arbeitsstätten davon abgewichen werden. Bei Hilfstreppen mit einem Steigungswinkel größer als 36° ist nach jedem Treppenlauf mit einem Höhenunterschied von 3 m ein Zwischenpodest erforderlich.

(7) Die freien Seiten der Treppen, Treppenabsätze und Treppenöffnungen müssen durch Geländer gesichert sein. Die Höhe der Geländer muss lotrecht über der Stufenvorderkante mindestens 1,00 m betragen. Bei Absturzhöhen von mehr als 12 m muss die Geländerhöhe mindestens 1,10 m betragen (siehe ASR A2.1 „Schutz vor Absturz und herabfallenden Gegenständen, Betreten von Gefahrenbereichen").

(8) Die Geländer müssen so ausgeführt sein, dass sie in der angebrachten Mindesthöhe eine Horizontalkraft von mindestens 500 N/m aufnehmen können. Abweichend genügt eine Horizontalkraft von 300 N/m für Geländer an Treppen von Wartungsgängen.

(9) Geländer müssen so ausgeführt sein, dass Personen nicht hindurchstürzen können. Das Füllstabgeländer mit senkrecht angebrachten

Stäben ist dem Knieleistengeländer vorzuziehen. Der lichte Abstand zwischen den Füllstäben darf dabei nicht mehr als 18 cm betragen (siehe ASR A2.1 „Schutz vor Absturz und herabfallenden Gegenständen, Betreten von Gefahrenbereichen").

(10) Treppen müssen:

- einen Handlauf haben,
- an beiden Seiten Handläufe haben, wenn die Stufenbreite mehr als 1,5 m beträgt und zusätzlich
- Zwischenhandläufe haben, mit denen die Stufenbreite in zwei gleiche Breitenabschnitte unterteilt wird, wenn sie mehr als 4,0 m beträgt.

In bestehenden Arbeitsstätten müssen Treppen mit mehr als 4 Stufen mindestens einen Handlauf haben, soweit das Bauordnungsrecht der Länder einen Handlauf nicht schon bei geringerer Stufenzahl fordert.

(11) Treppenhandläufe müssen dem Benutzer einen sicheren Halt bieten. Hierzu wird eine ergonomische Gestaltung des Handlaufs empfohlen, die ein sicheres Umgreifen ermöglicht. Dies wird dadurch gewährleistet, dass der Durchmesser bzw. die Breite des Handlaufes zwischen 2,5 und 6 cm beträgt. An den freien Seiten der Treppen müssen Handläufe ohne Unterbrechung über den gesamten Treppenlauf in einer Höhe zwischen 0,80 und 1,15 m führen. Ein Mindestabstand von 5 cm zu benachbarten Bauteilen ist einzuhalten. Die Enden der Handläufe müssen so gestaltet sein, dass Beschäftigte daran nicht hängen bleiben oder abgleiten können.

(12) Um dem Abrutschen und Hängenbleiben an den Stufenvorderkanten vorzubeugen, sollen deren Radien zwischen 2 und 10 mm liegen.

(13) Die Trittflächen von Treppen müssen rutschhemmend ausgeführt sein.

(14) Stolperstellen (z. B. hoch stehende Kantenprofile) auf Treppen sind nicht zulässig.

4.6 Steigeisengänge und Steigleitern

4.6.1 Allgemeine Anforderungen

(1) Steigeisengänge und Steigleitern sind wegen der höheren Absturzgefahr und der höheren körperlichen Anstrengung nur zulässig, wenn der Einbau einer Treppe betriebstechnisch nicht möglich ist. Auf Grundlage der Gefährdungsbeurteilung können Steigleitern oder Steigeisengänge gewählt werden, wenn der Zugang nur gelegentlich (z. B. zu Wartungsarbeiten) von einer geringen Anzahl unterwiesener Beschäftigter genutzt werden muss. Der Transport von Werkzeugen oder anderen Gegenständen durch die Beschäftigten darf die sichere Nutzung von Steigeisengängen und Steigleitern nicht wesentlich behindern. Die Möglichkeit der Rettung der Beschäftigten ist dabei jederzeit sicherzustellen.

Bei Verwendung von Persönlicher Schutzausrüstung gegen Absturz (PSAgA), muss ein Rettungssystem zur Verfügung stehen, dass an jeder beliebigen Stelle eine Rettung von Personen aus Notlagen ermöglicht.

(2) In bestimmten Bereichen mit besonderen Gefährdungen ist der Einsatz von Steigeisengängen und Steigleitern unzulässig. Dies gilt z. B. in Bereichen, in denen Erstickungsgefahr droht, wie in Deponien bei Schächten mit einer inneren Bauhöhe von mehr als 5,00 m.

Hinweis:
Werden Steigeisengänge und Steigleitern in explosionsgefährdeten Bereichen eingesetzt, sind besondere Anforderungen zu beachten (siehe TRBS 2152 Teil 1 „Gefährliche explosionsfähige Atmosphäre – Beurteilung der Explosionsgefährdung").

(3) Steigeisengänge und Steigleitern sind aus dauerhaften Werkstoffen herzustellen und gegen Korrosion zu schützen. Dabei sind sie nach den jeweiligen Betriebsverhältnissen auszuwählen.

(4) Die Befestigung der Steigeisen und Steigleitern muss zuverlässig und dauerhaft sein. Zu berücksichtigen sind dabei die zu erwartenden Belastungen und die Tragfähigkeit des Befestigungssystems und des Verankerungsgrundes.

4.6.2 Gestaltung und Einbau

(1) Steigeisen und Steigleitern müssen trittsicher sein. Hierzu gehört auch die Rutschhemmung, deren Ausführung sich nach den betrieblichen Verhältnissen richtet.

(2) Die Auftrittsbreiten von Steigeisen und Steigleitersprossen sind in der Regel ausreichend dimensioniert, wenn folgende Mindestmaße eingehalten werden:

- bei einläufigen Steigeisengängen mindestens 300 mm,
- bei zweiläufigen Steigeisengängen mindestens 150 mm,
- bei Sprossen an Steigleitern mit Seitenholmen mindestens 350 mm,
- bei Sprossen an Steigleitern mit Seitenholmen mit Steigschutzeinrichtung beidseitig der Führungsschiene mindestens 150 mm und
- bei Sprossen bei Steigleitern mit Mittelholm beidseitig mindestens 150 mm.

Ausreichende Fußfreiraumtiefen sind in der Regel gegeben, wenn mindestens 150 mm zwischen Wandfläche und Auftrittsachse oder mindestens 160 mm gemessen von Wandfläche und Auftrittsvorderkante eingehalten werden.

(3) Ein- und Ausstiege an Steigeisengängen und Steigleitern müssen sicher begehbar sein. Dazu ist die Haltevorrichtung an der Austrittstelle bei Steigleitern mindestens 1,10 m, bei Steigeisengängen mindestens 1 m über die Austrittstelle hinauszuführen (Schnittstelle zum Übergang auf höher gelegene Verkehrswege, z. B. auf Dächern, siehe ASR A2.1 „Schutz vor Absturz und herabfallenden Gegenständen, Betreten von Gefahrenbereichen").

Im Allgemeinen darf der Abstand von der Standfläche bis zum untersten Steigeisen bei Steigeisengängen höchstens einen Steigeisenabstand, abweichend davon in Schächten zwei Steigeisenabstände, betragen. Die Steigeisenabstände dürfen maximal 333 mm betragen. Der lotrechte Abstand zwischen oberstem Steigeisen und Austrittsstelle darf höchstens einen Steigeisenabstand betragen. Bei Schächten im Straßenbau mit Einstiegsöffnungen von nicht mehr als 650 mm Durchmesser kann der Abstand bis auf 500 mm vergrößert werden. Wenn sich durch nachträgliches Aufbringen/Erhöhen der Straßendecke Änderungen ergeben, sind in Ausnahmefällen 650 mm bei bestehenden Anlagen statthaft.

(4) Der Abstand von der Vorderkante des Auftritts bis zu festen Bauteilen oder fest angebrachten Gegenständen muss bei Schächten auf der begehbaren Seite so groß sein, dass die Rettung von Personen jederzeit gewährleistet ist.

(5) An Steigeisengängen und Steigleitern müssen in Abständen von höchstens 10 m geeignete Ruhebühnen vorhanden sein. Für den Fall der Verwendung von Steigschutzeinrichtungen mit Schiene (z. B. zum Besteigen von Schornsteinen, Antennen) darf der Abstand bis auf maximal 25 m verlängert werden, wenn die Benutzung nur durch körperlich geeignete Beschäftigte erfolgt, die nachweislich im Benutzen des Steigschutzes geübt und regelmäßig unterwiesen sind.

(6) Im Bereich der Ruhebühnen müssen Steigeisengänge und Steigleitern ungehindert begehbar sein.

4.6.3 Einrichtungen zum Schutz gegen Absturz

(1) Die Sicherungsmaßnahmen gegen Absturz sind unter Berücksichtigung der Fallhöhe (siehe Punkt 3.16) und der betriebsspezifischen Gefährdungen festzulegen.

(2) Einrichtungen zum Schutz gegen Absturz können ortsfest (Steigschutzeinrichtung, Rückenschutz) oder ortsveränderlich (z. B. Dreibein mit Höhensicherungsgerät mit Rettungsfunktion) ausgeführt sein.

(3) Bei Abweichungen des Steigganges von der Senkrechten muss bereits vor der Ausstattung mit Steigschutzeinrichtungen geprüft werden, ob die Funktion der Steigschutzeinrichtung auch unter diesen Umständen gewährleistet ist.

(4) Steigeisengänge und Steigleitern mit mehr als 5 m Fallhöhe müssen mit Einrichtungen zum Schutz gegen Absturz ausgestattet sein. Solche Einrichtungen sind z. B.:

- mitlaufendes Auffanggerät mit fester Führung (Steigschutzeinrichtung),
- mitlaufendes Auffanggerät an beweglicher Führung,

- durchgehender Rückenschutz, beginnend zwischen 2,2 m und 3 m oberhalb der Standfläche der Person oder
- Bauteile oder Streben, die aufgrund ihrer Anordnung und Beschaffenheit geeignet sind, den Rückenschutz zu ersetzen.

(5) Bei Fallhöhen von mehr als 10 m dürfen nur PSAgA (z. B. Steigschutzeinrichtungen) vorgesehen werden. Dies gilt, unabhängig von der Fallhöhe, auch für Steigeisengänge und Steigleitern:

- die bei der Rettung von Personen begangen werden müssen,
- in umschlossenen und engen Räumen (z. B. Silos, Schächte),
- an Masten und Gerüsten von elektrischen Freileitungsnetzen und Schaltanlagen und
- in Anlagen der Siedlungswasserwirtschaft.

(6) Bestehen besondere Gefährdungen beim Einstieg in Schächte (z. B. Abwasserschächte), sind die unter Punkt 4.6.3 Abs. 4 und 5 genannten Schutzmaßnahmen gegen Absturz bereits bei Fallhöhen unter 5 m erforderlich.

(7) Zur Sicherstellung der Rettung von Personen aus oder über Steigeisengängen und Steigleitern mit Steigschutzeinrichtungen darf kein zusätzlicher Rückenschutz angebracht sein, da dieser eine Rettung behindert.

(8) Die Nutzung der Steigschutzeinrichtungen muss bereits an der Einstiegsebene möglich sein.

4.7 Laderampen

(1) Die Breite der Laderampe ist so zu wählen, dass – sofern Längsverkehr mit kraftbetriebenen Transportmitteln vorgesehen ist – der Mindestabstand (Randzuschlag Z_1 siehe Tabelle 3) zu festen Bauteilen gewährleistet ist.

(2) Die Breite von Laderampen darf 0,80 m nicht unterschreiten.

(3) Laderampen müssen über geeignete Auf- bzw. Abgänge verfügen. Wenn betriebstechnisch möglich, sind Auf- bzw. Abgänge als Treppen oder als geneigte sicher begeh- oder befahrbare Flächen auszuführen. Die Auf- bzw. Abgänge sollen möglichst nahe an den Be- und Entladestellen angeordnet sein.

(4) Laderampen mit einer Länge von mehr als 20 m müssen, sofern betriebstechnisch möglich, an jedem Endbereich einen Abgang haben.

(5) Besteht die Gefährdung, dass Personen oder Flurförderzeuge abstürzen können (siehe ASR A2.1 „Schutz vor Absturz und herabfallenden Gegenständen, Betreten von Gefahrenbereichen"), müssen folgende Verkehrsbereiche durch Umwehrungen – vorzugsweise durch Geländer – gesichert sein:

- Laderampenkanten, insbesondere Bereiche, die keine ständigen Be- und Entladestellen sind,
- Seiten von Schrägrampen,
- Treppenzugänge und
- Laderampenkanten bei integrierten Hubtischen.

IV

4.8 Fahrtreppen und Fahrsteige

Hinweis:
In Arbeitsstätten müssen Fahrtreppen und Fahrsteige hinsichtlich ihrer Beschaffenheitsanforderungen den europäischen und nationalen Vorschriften, z. B. der Neunten Verordnung zum Produktsicherheitsgesetz, entsprechen. Sie müssen für die Nutzung in Arbeitsstätten geeignet sein und sicher betrieben werden können.

(1) Die Einbausituation und das Betreiben von Fahrtreppen und Fahrsteigen stellen Anforderungen an die Nutzungssicherheit, die auch deren Beschaffenheit betreffen kann. Daher ist beim Einrichten und Betreiben in der Arbeitsstätte im Rahmen der Gefährdungsbeurteilung die Eignung und Verwendbarkeit von Fahrtreppen und Fahrsteigen für die vorgesehene Nutzung zu prüfen und ggf. die erforderlichen baulichen Sicherungsmaßnahmen und Veränderungen am Einbauort vorzunehmen (z. B. durch Einrichtungsgegenstände zusätzlich entstandene Quetschstellen sind zu sichern). Dabei sind die Herstellerangaben (z. B. Einbau- oder Betriebsanleitung) zu berücksichtigen.

(2) Fahrtreppen oder Fahrsteige sind immer ein Teil der Verkehrswege. Sie müssen deshalb den zu- und abführenden Verkehrsströmen angepasst sein.

(3) Die Breite des Stauraums (siehe Abb. 5) muss mindestens der Breite der Fahrtreppe oder des Fahrsteiges entsprechen. Die Tiefe muss mindestens 2,5 m – gemessen vom Ende der Balustrade – betragen. Sie darf auf 2,0 m verringert werden, wenn der Stauraum in der Breite mindestens auf die doppelte Breite der Fahrtreppe oder des Fahrsteiges vergrößert wird.

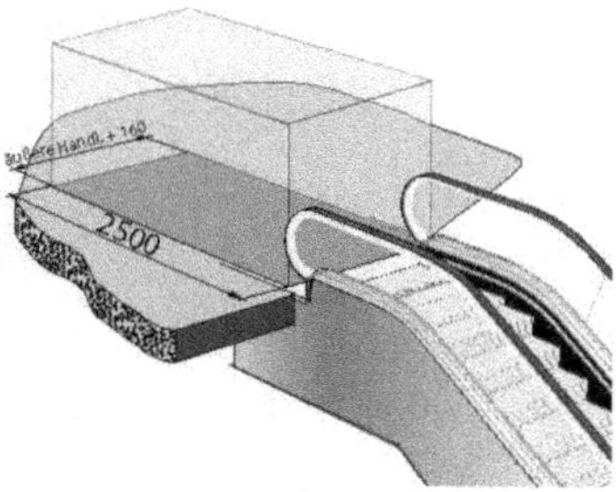

Abb. 5: Stauraum an einer Fahrtreppe (Maße in mm)

(4) Beim Einrichten sind die nachfolgenden Maßnahmen anzuwenden:

- Der senkrechte Abstand über den Stufen- oder Bandoberflächen zu festen Teilen der Umgebung (Durchgangshöhe) muss mindestens 2,3 m betragen.
- Beim Umfassen des Handlaufs muss der horizontale Abstand zwischen der Handlaufaußenseite und festen Teilen der Anlage und der Umgebung mindestens 8 cm betragen.
- Der horizontale Abstand zwischen Handlauf und den Kanten der Deckendurchbrüche oder den Unterkanten der Balustraden bei sich kreuzenden Fahrtreppen oder Fahrsteigen muss mindestens 40 cm betragen, soweit nicht zur Vermeidung von Verletzungen zwischen der Balustrade und den Kanten der Gefahrbereich durch Abweiser gesichert ist, die durch ihre Formgebung und ihre Anordnung den Gefahrbereich verdecken und Personen, die in den Gefahrbereich kommen, abweisen.

(5) Beim Einrichten ist sicherzustellen, dass das Besteigen der Außenseite der Balustrade verhindert wird, z. B. durch Geländer.

(6) Beim Einrichten von Fahrtreppen und Fahrsteigen in Arbeitsstätten ist darauf zu achten, dass das Stillsetzen der Anlage durch NOT-HALT-Einrichtungen an den Zu- und Abgängen zu jeder Zeit gewährleistet ist. NOT-HALT-Einrichtungen sind gut erkennbar und leicht erreichbar anzuordnen. Die Abstände zwischen den NOTHALT-Einrichtungen dürfen 30 m bei Fahrtreppen sowie 40 m bei Fahrsteigen nicht überschreiten. Falls erforderlich, müssen zusätzliche NOT-HALT-Einrichtungen vorgesehen werden, um diese Abstände einzuhalten.

(7) Um Stolpern oder Ausrutschen zu vermeiden, müssen die angrenzenden Bodenbeläge an die Rutschhemmung der Zu- und Abgänge der Fahrtreppen und Fahrsteige angepasst sein.

(8) Fahrtreppen und Fahrsteige dürfen (außer im Notfall) nur ein- oder ausgeschaltet werden, wenn sich auf ihnen keine Personen befinden und sollen deshalb von der Schaltstelle aus gut überblickt werden können.

(9) Von Hand bewegte Transporteinrichtungen dürfen auf Fahrtreppen und Fahrsteigen nur benutzt werden, wenn im Rahmen der Gefährdungsbeurteilung Maßnahmen festgelegt wurden, die einen sicheren Transport gewährleisten, z. B.:

- Sollen auf Fahrtreppen und Fahrsteigen Transporteinrichtungen, z. B. Kofferkulis, Einkaufswagen oder Gepäckwagen befördert werden, hat der Betreiber dafür zu sorgen, dass Fahrsteige und Transporteinrichtungen aufeinander abgestimmt und besondere Maßnahmen für den sicheren Betrieb festgelegt werden, z. B. das selbsttätige Feststellen der Transporteinrichtungen auf den Fahrsteigpaletten und das Maximalgewicht der Ladung.
- Damit Fahrsteige im Notfall (z. B. bei Stillstand) gefahrlos verlassen werden können, ist die Breite der Transporteinrichtungen auf die Fahrsteigbreite abzustimmen. Ein gefahrloses Verlassen der Fahrsteige ist in der Regel gegeben, wenn die Fahrsteige 0,40 m breiter als die Transporteinrichtung sind.
- Zur Vermeidung von Gefährdungen, z. B. Quetschung durch nachfolgende Transporteinrichtungen, wenn sich eine vorausfah-

rende Transporteinrichtung nicht von der Fahrsteigpalette löst, sollten in Abstimmung mit dem Hersteller zusätzliche NOT-HALT-Einrichtungen vorgesehen werden.

– Beim Mitführen von Transporteinrichtungen sollte der Stauraum abweichend von Abs. 3 mindestens 5 m tief sein.

5 Betreiben von Verkehrswegen

(1) Bei der Benutzung von Verkehrswegen können sich Gefährdungen, insbesondere durch:

- die Art der Nutzung (z. B. gemeinsamer Fußgänger- und Fahrzeugverkehr),
- die betrieblichen Verhältnisse (z. B. Schichtbetrieb mit unterschiedlicher Verkehrsdichte oder Besucherdichte),
- Verschmutzungen (z. B. Verunreinigungen und Ablagerungen),
- Witterungsverhältnisse (z. B. Glatteis) oder
- Vegetation

ergeben.

Für die Sicherheit auf Verkehrswegen sind geeignete Schutzmaßnahmen (z. B. innerbetriebliche Verkehrsregeln, geeignete Warnkleidung, farbliche Markierungen, Reinigungsverfahren, Winterdienst, Überdachung) im Rahmen der Gefährdungsbeurteilung festzulegen und umzusetzen.

(2) Die Beschäftigten müssen gefährdungsbezogen in die Benutzung der Verkehrswege und über die betrieblichen Verkehrsregeln unterwiesen sein. Dies betrifft auch Verkehrsbereiche, in denen sich innerbetriebliche Regelungen mit öffentlichen Anforderungen überschneiden (z. B. Straßenverkehrsordnung auf Parkflächen, die zum Betriebsgelände gehören).

(3) Die erforderliche Mindestbreite der Verkehrswege (siehe Tabellen 2 und 3, Abb. 3) muss ständig freigehalten werden, damit sie jederzeit benutzt werden können.

(4) Verkehrswege im Freien und in Gebäuden sind für die Dauer der Benutzung ausreichend so zu beleuchten (siehe ASR A3.4 „Beleuchtung"), dass eine sichere Benutzung gewährleistet wird..

(5) Transporte dürfen nur dann durchgeführt werden, wenn die für einen sicheren Transport ausreichende Sicht über den Verkehrsweg gegeben ist.

(6) Wenn die Sichtverhältnisse es erfordern, dürfen Fahrzeuge nur eingesetzt werden, wenn sie mit einer ausreichenden Beleuchtungseinrichtung ausgerüstet sind und diese eingeschaltet ist.

(7) Transportvorgänge über Treppen sollen so durchgeführt werden, dass für den Transportierenden eine Hand zum Festhalten am Handlauf frei bleibt und ihm die Sicht auf die Treppe durch das Transportgut nicht verdeckt wird.

(8) Zum Transport von Lasten über Steigleitern und Steigeisengänge sind geeignete Hilfsmittel (z. B. Winden, Lasthaken, Seile) einzusetzen. Beschäftigte dürfen Lasten über Steigleitern und Steigeisengänge nur dann transportieren, wenn sie dabei beide Hände frei haben und die Gefährdung durch herabfallende Gegenstände vermieden wird (z. B. durch Verwendung eines Rucksacks oder einer verschließbaren Werkzeugtasche am Gürtel). Durch die mitgeführte Last darf die Bewegungsfreiheit nicht eingeschränkt werden (z. B. durch Hängenbleiben am Rückenschutz).

(9) Auf die besonderen Gefährdungen bei der Benutzung von Fahrtreppen und Fahrsteigen ist durch geeignete Maßnahmen (z. B. Unterweisung, Sicherheitskennzeichnung und Aufschriften) hinzuweisen. So birgt z. B. das Gehen auf Fahrtreppen durch unterschiedliche oder zu große Steigung der Stufen Stolper- und Sturzgefahren.

(10) Unmittelbar aufeinander folgende Fahrtreppen oder Fahrsteige ohne Zwischenausgänge oder Verteilerebenen müssen mit gleicher Laufgeschwindigkeit betrieben werden.

(11) Bei Mängeln, die sich aus dem Betrieb ergeben und zur Gefährdung von Personen führen können, muss die Fahrtreppe oder der Fahrsteig stillgesetzt werden. Solche Mängel sind z. B.:

- Fremdkörper, die an den Einlaufstellen (Kamm) der Stufen bzw. Bänder oder an den Einlaufstellen der Handläufe in die Balustrade eingeklemmt sind,
- Handlaufbeschädigungen,
- gefahrbringende Vandalismusschäden,

- unzulässiger Vor- bzw. Nachlauf des Handlaufes,
- unzulässige Einzugstellen zwischen den Stufen oder dem Band und dem Balustradensockel oder
- Beschädigungen an Kämmen, Sockelbürsten, Balustradenverkleidung.

6 Instandhaltung und sicherheitstechnische Funktionsprüfung

(1) Verkehrswege und deren Sicherheitseinrichtungen sind je nach Art und Häufigkeit der Benutzung und der vorhandenen Gefahren in regelmäßigen Abständen auf ihre ordnungsgemäße Funktion zu überprüfen und, falls erforderlich, instand zu setzen. Art, Umfang und Fristen der Überprüfung richten sich nach dem Ergebnis der Gefährdungsbeurteilung. Für Fahrtreppen und Fahrsteige sind die Wartungshinweise der Hersteller zu beachten.

(2) Vor und während der Instandhaltungsarbeiten an Fahrtreppen und Fahrsteigen müssen diese abgesperrt werden.

(3) Der sichere Betrieb von Steigleitern und Steigeisengängen sowie von Fahrtreppen und Fahrsteigen ist zur Verhütung und Beseitigung von Gefahren durch regelmäßige Funktionsprüfungen – insbesondere der sicherheitstechnischen Einrichtungen – zu gewährleisten. Der sichere Zu- und Abgang zu Fahrtreppen und Fahrsteigen ist jederzeit zu gewährleisten (siehe Punkt 4.8 Abs. 3).

Hinweis:
Die sicherheitstechnischen Prüfungen für Fahrtreppen und Fahrsteige erfolgen nach den Vorgaben der Betriebssicherheitsverordnung.

7 Abweichende/ergänzende Anforderungen für Baustellen

(1) Zwischen Baustraßen und Böschungskanten bzw. Verbaukanten sind Sicherheitsabstände (gemäß DIN 4124 „Baugruben und Gräben") einzuhalten.

(2) Laufstege bei Bauarbeiten müssen mindestens 0,5 m breit sein und dürfen nur bis zu einer Neigung von 1:1,75 (etwa 30°) verwendet werden. Sie müssen Trittleisten haben, wenn sie steiler als 1:5 (etwa 11°) sind.

(3) Abweichend von Punkt 4.1 Abs. 5 dürfen Abdeckungen von Öffnungen in Verkehrswegen auf Baustellen höchstens 5 cm über die umgebende Oberfläche überragen.

(4) Abweichend von Punkt 4.2, Tabelle 2 beträgt die Mindestbreite der Verkehrswege auf Baustellen 0,50 m. Für Verkehrswege zu besonderen Arbeitsplätzen in Tunneln, Stollen und Durchpressungen gelten die Mindestabmessungen aus Tabelle 5 und Abb. 6. Auf die Regelungen der ASR A2.1 „Schutz vor Absturz und herabfallenden Gegenständen, Betreten von Gefahrenbereichen" wird verwiesen.

Tabelle 5: Mindestbreite von Verkehrswegen zu besonderen Arbeitsplätzen in Tunneln, Stollen und Durchpressungen

Länge [m] von Tunneln, Stollen und Durchpressungen	Mindestlichtmaß (MLM) [m]		
	Kreisquerschnitt	Rechteckquerschnitt	
	Durchmesser	Höhe	Breite
<50	0,80	0,80	0,60
50 – <100	1,00	1,00	0,60
≥ 100	1,20	1,20	0,60

Steigschächte müssen einen freien Querschnitt von mindestens 0,70 x 0,70 m haben.

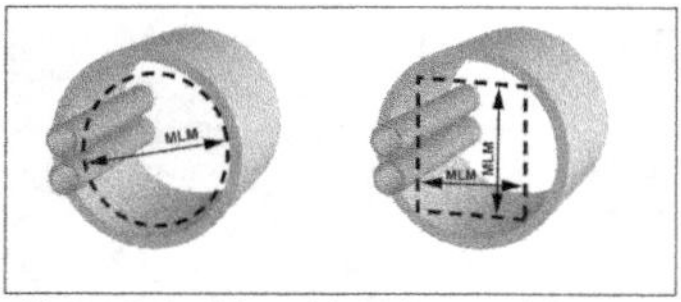

Abb. 6: Mindestlichtmaß (MLM) von Verkehrswegen in Tunneln, Stollen und Durchpressungen

(5) Abweichend von Punkt 4.2 Abs. 2 darf auf Baustellen die lichte Mindesthöhe über Verkehrswegen von 2,00 m unterschritten werden, wenn diese aus baulichen Gegebenheiten nicht eingehalten werden kann.

(6) Abweichend von Punkt 4.3 Abs. 3 muss bei kombiniertem Fußgänger- und Fahrzeugbetrieb bei Bauarbeiten im Tunnel ein Gehweg mit einem freien Mindestquerschnitt von 1,00 m Breite und 2,00 m Höhe vorhanden sein. Kann dieser Querschnitt aus bautechni-

schen Gründen nicht eingehalten werden, müssen – ausgenommen bei Förderung mit Stetigförderern – in Abständen von höchstens 50 m auffällig gekennzeichnete und beleuchtete Schutznischen von mindestens 1,00 m Tiefe, 1,00 m Länge und 2,00 m Höhe vorhanden sein und ständig freigehalten werden. Lässt sich bei Gleis- oder Stetigfördererbetrieb der Mindestquerschnitt für den Gehweg aus bautechnischen Gründen nicht einhalten, darf dessen Breite bis auf 0,50 m verringert werden.

(7) Bei Bautreppen kann die Steigung (s) zwischen 18 und 25 cm betragen. Der Auftritt (a) muss mindestens 18 cm und die Unterschneidung (u) mindestens 3 cm groß sein. Der Steigungswinkel (α) einer Bautreppe kann zwischen 30° und 55° variieren. Geringfügige Abweichungen an der An- und Austrittstufe sind zulässig.

(8) Abweichend von Punkt 4.5 Abs. 8 müssen die Geländer- und Zwischenholme an Treppen, die bei Bauarbeiten genutzt werden, so ausgeführt sein, dass sie eine Einzellast in ungünstigster Richtung von 300 N aufnehmen können. Dabei darf die elastische Durchbiegung nicht mehr als 3,5 cm betragen.

(9) Abweichend von Punkt 4.5 Abs. 7 und 9 genügt auf Baustellen an freiliegenden Treppenläufen und Podesten mit mehr als 1,00 m Absturzhöhe Seitenschutz, bestehend aus Geländer- und mindestens einem Zwischenholm.

(10) Für Handläufe bei Bautreppen bedarf es keiner ergonomischen Ausgestaltung des Handlaufes im Sinne von Punkt 4.5 Abs. 11.

(11) Abweichend von Punkt 4.5 Abs. 12 kann bei Bautreppen auf die Abrundung der Stufenvorderkante verzichtet werden.

Ausgewählte Literaturhinweise

- DGUV Information 240-410 Handlungsanleitung für die arbeitsmedizinische Vorsorge nach dem Berufsgenossenschaftlichen Grundsatz G 41 „Arbeiten mit Absturzgefahr" 01/2010
- DGUV Information 208-001 Ladebrücken, Informationen zum Arbeitsschutz (Merkblatt M 74) 08/2010
- DGUV Information 208-005 Treppen 04/1991 aktualisiert 07/2010
- DGUV Information 208-028 Fahrtreppen und Fahrsteige; Teil 1: Sicherer Betrieb 04/2009
- DGUV Information 208-029 Fahrtreppen und Fahrsteige; Teil 2: Montage, Demontage und Instandhaltung 12/2007
- DGUV Information 208-030 Personenschutz beim Einsatz von Flurförderzeu-gen in Schmalgängen 03/2016
- DGUV Information 208-032 Auswahl und Benutzung von Steigleitern 05/2013
- DGUV Regel 103-008 Steiggänge für Behälter und umschlossene Räume 05/2007

IV

Technische Regeln für Arbeitsstätten (ASR A2.1) Schutz vor Absturz und herabfallenden Gegenständen, Betreten von Gefahrenbereichen

Ausgabe: November 2012
(GMBl 2012, S. 1220, zuletzt geändert GMBl 2018, S. 473)

1 Zielstellung

Diese ASR konkretisiert die Anforderungen an das Einrichten und Betreiben von Arbeitsplätzen und Verkehrswegen zum Schutz vor Absturz oder herabfallenden Gegenständen sowie die damit verbundenen Maßnahmen bezüglich des Betretens von Dächern oder anderen Gefahrenbereichen nach § 3a Abs. 1 der Arbeitsstättenverordnung in Verbindung mit Punkt 1.5 Abs. 4 und Punkt 2.1 des Anhangs.

2 Anwendungsbereich

(1) Diese ASR gilt zum Schutz der Beschäftigten vor Absturz und vor herabfallenden Gegenständen sowie für das Betreten von Dächern oder Gefahrenbereichen.

(2) Diese ASR gilt nicht für das Einrichten und Betreiben von Arbeitsplätzen und Verkehrswegen, die Bestandteil eines Arbeitsmittels sind, das in den Regelungsbereich der Betriebssicherheitsverordnung fällt.

(3) gestrichen

Hinweis:
Beim Reinigen von Fenstern, Oberlichtern und lichtdurchlässigen Wänden ist diese Arbeitsstättenregel in Verbindung mit der ASR A1.6 „Fenster, Oberlichter, lichtdurchlässige Wände" anzuwenden.

3 Begriffsbestimmungen

3.1 **Absturz** ist das Herabfallen von Personen auf eine tiefer gelegene Fläche oder einen Gegenstand. Als Absturz gilt auch das Durchbrechen durch eine nicht tragfähige Fläche oder das Hineinfallen und das Versinken in flüssigen oder körnigen Stoffen.

3.2 **Absturzkante** ist die Kante, über die Beschäftigte abstürzen können (siehe Abb. 1).

Eine Absturzkante ist definiert als:

- Kante zu einer mehr als 60° geneigten Fläche (z. B. einer Dachfläche),
- Übergang einer durchtrittsicheren zu einer nicht durchtrittsicheren Fläche,
- Übergang von Flächen mit unterschiedlichen Neigungswinkeln von einer bis zu 20° geneigten Fläche zu einer mehr als 60° geneigten Fläche oder
- die gedachte Linie an gewölbten Flächen, ab der der Neigungswinkel einer Tangente größer als 60° ist.

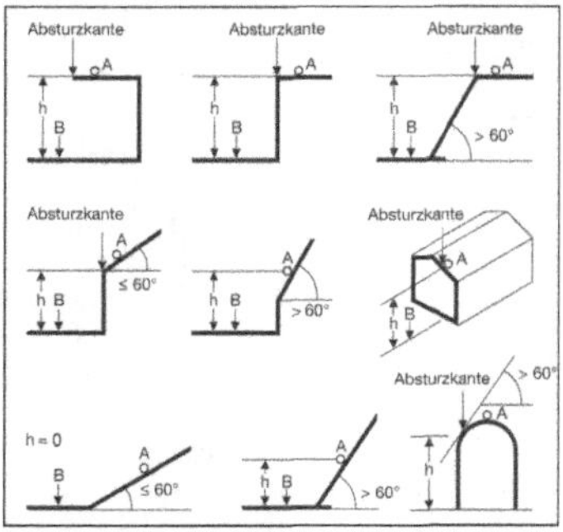

Abb. 1 Absturzkanten und Absturzhöhen (h)

h = senkrechter Höhenunterschied zwischen
A = Standfläche bzw. der Absturzkante und
B = Auftrefffläche

3.3 **Absturzhöhe** im Sinne dieser ASR (siehe Abb. 1) ist der senkrechte Höhenunterschied zwischen der Standfläche der Beschäftigten an Arbeitsplätzen und Verkehrswegen bzw. der Absturzkante und der angrenzenden tiefer liegenden ausreichend großen und tragfähigen Fläche (Auftrefffläche).

3.4 **Abrutschen** im Sinne dieser ASR ist ein unkontrolliertes Abgleiten von Beschäftigten bei Arbeiten auf geneigten Flächen (z. B. aufgrund der Neigung oder der Beschaffenheit der Standfläche) über eine Absturzkante.

3.5 **Absturzsicherung** im Sinne dieser ASR ist eine zwangsläufig wirksame Einrichtung, die einen Absturz auch ohne bewusstes Mitwirken der Beschäftigten verhindert, z. B. eine Umwehrung (siehe auch Punkt 3.8) oder Abdeckung.

3.6 **Auffangeinrichtung** im Sinne dieser ASR ist eine zwangsläufig wirksame Einrichtung, die abstürzende Beschäftigte auch ohne deren bewusstes Mitwirken auffängt und vor einem weiteren Absturz schützt, z. B. Schutznetz, Schutzwand oder Schutzgerüst.

3.7 **Individuelle Schutzmaßnahmen** dienen dem Schutz vor Absturz einzelner Beschäftigter oder dem Auffangen abstürzender Beschäftigter, z. B. Persönliche Schutzausrüstung gegen Absturz (PSAgA).

3.8 **Umwehrung** ist eine Einrichtung zum Schutz der Beschäftigten gegen Absturz, z. B. Brüstung, Geländer, Gitter oder Seitenschutz. Im Gegensatz zum meist durchbrochenen Geländer handelt es sich bei einer Brüstung um eine geschlossene, in der Regel massiv ausgeführte Wandscheibe bzw. im Fall der Fensterbrüstung um einen Teil einer Außenwand.

3.9 **Gefahrenbereiche** im Sinne dieser ASR sind Bereiche, in denen Beschäftigte nicht durch bauliche Maßnahmen vor einer Gefährdung durch Absturz oder herabfallende Gegenstände geschützt sind.

3.10 **Herabfallende Gegenstände** sind auch solche Materialien, die umstürzen, abgleiten, abrollen oder auslaufen können.

3.11 **Durchtrittsicher** sind Bauteile, die beim Betreten nicht brechen und durch die Beschäftigte nicht hindurch stürzen können. Nicht durchtrittsichere Bauteile können z. B. sein:

- Faserzement-Wellplatten,
- Asbestzement-Wellplatten,
- Bitumen-Wellplatten,
- Dachoberlichter (z. B. Lichtplatten, Lichtbänder, Lichtkuppeln),
- lichtdurchlässige Dächer (z. B. Glasdächer, Dächer aus Kunststoff),
- Verglasungen (z. B. Shed-Dächer) oder
- Solar-, Photovoltaikelemente.

4 Beurteilung der Gefährdungen und Rangfolge der Schutzmaßnahmen

4.1 Gefährdung durch Absturz

(1) Bei der Ermittlung und Beurteilung der für die Beschäftigten mit ihrer Arbeit verbundenen Gefährdungen sind mindestens folgende Kriterien zu berücksichtigen:

- Absturzhöhe,
- Art, Dauer der Tätigkeit, körperliche Belastung,
- Abstand von der Absturzkante,
- Beschaffenheit des Standplatzes (Neigungswinkel), der Standfläche (z. B. Rutschhemmung),
- Beschaffenheit der tiefer gelegenen Fläche, z. B. Schüttgüter (versinken, ersticken), Wasser (versinken, ertrinken), Beton (harter Aufschlag), Bewehrungsanschlüsse (aufspießen), Behälter mit Flüssigkeiten, Gegenstände oder Maschinen einschließlich deren bewegter Teile, die sich auf dieser Fläche befinden und
- Beschaffenheit der Arbeitsumgebung und gefährdende äußere Einflüsse, z. B. Sichtverhältnisse, Erkennbarkeit (z. B. Beleuchtung, Tageszeit, Blendwirkung durch helle Flächen oder Gegenlicht, Markierungen), Vibrationen, gleichgewichtsbeeinflussende Faktoren, Witterungseinflüsse (z. B. Wind, Eis und starker Schneefall).

(2) Im Rahmen der Gefährdungsbeurteilung kann der Arbeitgeber u. a. die Hinweise aus den Planungsunterlagen für bauliche Anlagen heranziehen.

(3) Befinden sich Arbeitsplätze oder Verkehrswege 0,2 m bis 1,0 m oberhalb einer angrenzenden Fläche oder besteht die Gefährdung des Abrutschens oder unabhängig von der vorgenannten Höhe die Gefährdung des Hineinfallens oder des Versinkens in Stoffen, ist im Rahmen der Gefährdungsbeurteilung zu ermitteln, ob und welche Schutzmaßnahmen nach Punkt 4.2 erforderlich sind.

(4) Eine Gefährdung durch Absturz liegt bei einer Absturzhöhe von mehr als 1,0 m vor.

IV

4.2 Rangfolge der Maßnahmen zum Schutz vor Absturz

Bauliche und technische Maßnahmen haben Vorrang vor organisatorischen und individuellen Schutzmaßnahmen. Sie sind entsprechend der nachfolgenden Rangfolge zu treffen.

1. Absturzsicherungen
2. Lassen sich aus betriebstechnischen Gründen (z. B. Arbeitsverfahren, zwingende technische Gründe) Absturzsicherungen nicht verwenden, müssen an deren Stelle Auffangeinrichtungen vorhanden sein.
3. Lassen sich keine Absturzsicherungen oder Auffangeinrichtungen einrichten, sind Persönliche Schutzausrüstungen gegen Absturz (PSAgA) als individuelle Schutzmaßnahme zu verwenden. Die geeignete PSAgA muss sich aus der Gefährdungsbeurteilung ergeben. Voraussetzung für die Verwendung von PSAgA ist das Vorhandensein geeigneter Anschlageinrichtungen. Die Beschäftigten müssen in der Benutzung der PSAgA eingewiesen und über die Durchführung der erforderlichen Rettungsmaßnahmen, z. B. über den Auffangvorgang, unterwiesen werden (Erste Hilfe und Rettungsgeräte siehe ASR A4.3 „Erste-Hilfe-Räume, Mittel und Einrichtungen zur Ersten Hilfe").
4. Lassen die Eigenart und der Fortgang der Tätigkeit und Besonderheiten des Arbeitsplatzes die vorgenannten Schutzmaßnahmen nicht zu, darf auf die Anwendung von PSAgA im Einzelfall (z. B. Boden- und Wandöffnungen von Szenenflächen bei Bühnen) nur dann verzichtet werden, wenn:
   - die Arbeiten von fachlich qualifizierten und körperlich geeigneten Beschäftigten ausgeführt werden,
   - der Arbeitgeber für den begründeten Ausnahmefall eine besondere Unterweisung durchgeführt hat und
   - die Absturzkante für die Beschäftigten deutlich erkennbar ist.

4.3 Gefährdung durch herabfallende Gegenstände

Bei der Ermittlung und Beurteilung der für die Beschäftigten mit ihrer Arbeit verbundenen Gefährdungen sind mindestens folgende Kriterien zu berücksichtigen:

- Höhenunterschied zwischen der Fläche, von der aus Gegenstände herabfallen können, und den Bereichen, die von Beschäftigten begangen oder befahren werden können,
- Beschaffenheit des Gegenstandes, z. B. Form, Gewicht, Konsistenz (z. B. Schüttgüter, Flüssigkeiten) und
- äußere Einflüsse, z. B. Witterungseinflüsse wie Wind.

4.4 Rangfolge der Maßnahmen zum Schutz vor herabfallenden Gegenständen

Bauliche und technische Maßnahmen haben Vorrang vor organisatorischen und individuellen Schutzmaßnahmen. Sie sind entsprechend der nachfolgenden Rangfolge zu treffen.

1. Reicht die bauliche Ausführung nicht aus, ein Herabfallen von Gegenständen zu verhindern, sind zum Schutz der Beschäftigten Fußleisten, Schutzwände, Schutzgitter oder vergleichbare Einrichtungen anzubringen.
2. Lassen sich die Maßnahmen nach Nr. 1 aus betriebstechnischen Gründen nicht durchführen, müssen an deren Stelle die tiefer gelegenen Arbeitsplätze und Verkehrswege durch Schutzeinrichtungen, z. B. Schutzdächer oder Fangnetze, gesichert werden.
3. Lassen sich Bereiche aus betriebstechnischen Gründen nicht durch Maßnahmen nach Nr. 1 und 2 sichern, muss eine zeitlich-organisatorische Trennung in Verbindung mit einer Absperrung und Kennzeichnung des Gefahrenbereiches oder einer Überwachung (z. B. Warnposten) des Gefahrenbereiches erfolgen.
4. Lassen sich Bereiche aus betriebstechnischen Gründen nicht durch Maßnahmen nach Nr. 1, 2 und 3 sichern, ist Persönliche Schutzausrüstung (PSA) zu verwenden, soweit diese als Ergebnis der Gefähr-

dungsbeurteilung geeignet ist. Die Beschäftigten sind in der Benutzung der PSA zu unterweisen.

5 Maßnahmen zum Schutz vor Absturz

5.1 Sicherung an Absturzkanten

(1) Umwehrungen müssen entsprechend der Nutzung so gestaltet sein, dass sie den zu erwartenden Belastungen standhalten und ein Hinüber- oder Hindurchfallen von Beschäftigten verhindern. Bewegliche Teile der Umwehrungen dürfen nur aus der Schutzstellung gebracht werden, wenn dieses betrieblich erforderlich ist und andere Schutzmaßnahmen getroffen sind. Sie müssen in der Schutzstellung gesichert werden können und dürfen sich nicht in Richtung des Absturzbereiches öffnen lassen.

(2) Die Umwehrungen müssen mindestens 1,00 m hoch sein. Die Höhe der Umwehrungen darf bei Brüstungen bis auf 0,80 m verringert werden, wenn die Tiefe der Umwehrung mindestens 0,20 m beträgt und durch die Tiefe der Brüstung ein gleichwertiger Schutz gegen Absturz gegeben ist.

Beträgt die Absturzhöhe mehr als 12 m, muss die Höhe der Umwehrung mindestens 1,10 m betragen.

Ergibt sich bei der Gefährdungsbeurteilung, dass in bestehenden Arbeitsstätten die Einhaltung der Höhe der Umwehrung mit Aufwendungen verbunden ist, die offensichtlich unverhältnismäßig sind, so hat der Arbeitgeber dies individuell zu beurteilen. Bei der Gefährdungsbeurteilung hat der Arbeitgeber zu prüfen, wie durch andere oder ergänzende Maßnahmen die Sicherheit und der Gesundheitsschutz der Beschäftigten in vergleichbarer Weise gesichert werden kann; die erforderlichen Maßnahmen hat er durchzuführen. Eine solche Maßnahme kann z. B. die Zugangsbeschränkung zur Absturzkante sein. Die ergänzenden Maßnahmen können solange herangezogen werden, bis die bestehenden Arbeitsstätten wesentlich umgebaut werden.

(3) Wenn für die Umwehrung Geländer verwendet werden, müssen diese:

- eine geschlossene Füllung aufweisen,
- mit senkrechten Stäben versehen sein (Füllstabgeländer) oder
- aus Handlauf, Knieleiste und Fußleiste bestehen (Knieleistengeländer).

(4) Bei Füllstabgeländern mit senkrechten Zwischenstäben darf deren lichter Abstand nicht mehr als 0,18 m betragen. Der Abstand zwischen der Unterkante der Umwehrung bis zur Fußbodenoberkante darf 0,18 m nicht überschreiten (siehe Abb. 2).

Hinweis:
Bei Gebäuden, in denen mit dauernder oder häufiger Anwesenheit von Kindern gerechnet werden muss, können geringere Abstände erforderlich sein.

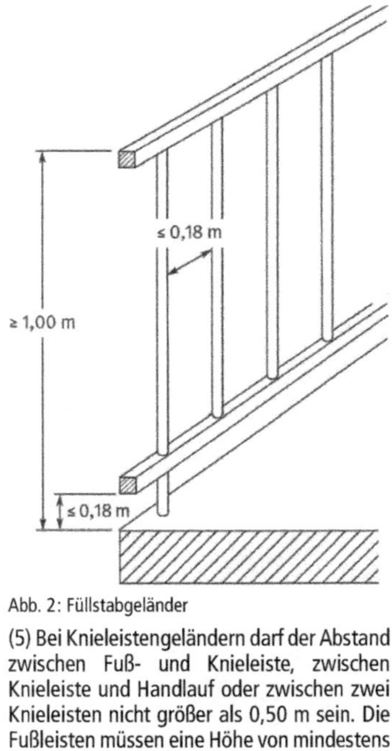

Abb. 2: Füllstabgeländer

(5) Bei Knieleistengeländern darf der Abstand zwischen Fuß- und Knieleiste, zwischen Knieleiste und Handlauf oder zwischen zwei Knieleisten nicht größer als 0,50 m sein. Die Fußleisten müssen eine Höhe von mindestens 0,05 m haben und unmittelbar an der Absturzkante angeordnet sein (siehe Abb. 3).

IV

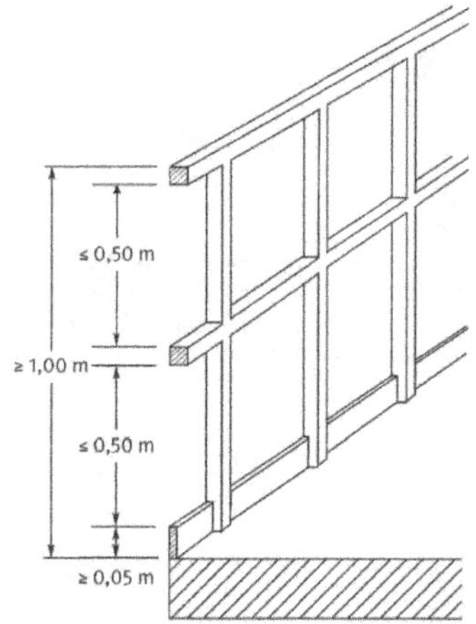

Abb. 3: Knieleistengeländer

(6) Kann die Umwehrung bei vorgesetzten Füllstabgeländern nicht bündig mit der Absturzkante abschließen und entsteht dadurch nach außen hin ein Spalt, darf dessen lichte Breite (Abstand zwischen Absturzkante und Unterkante der Umwehrung) 0,06 m nicht überschreiten (siehe Abb. 4).

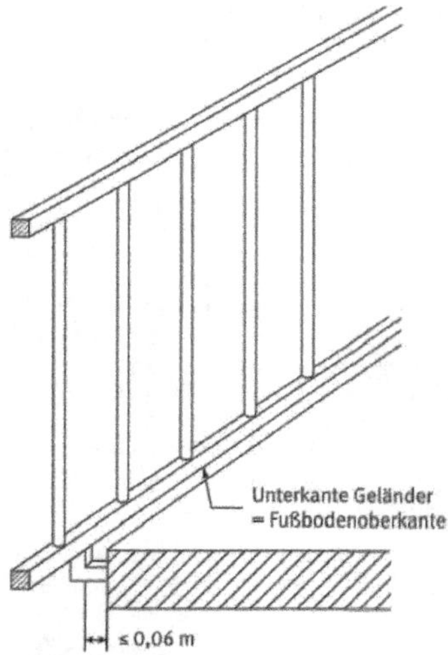

Abb. 4: Vorgesetztes Füllstabgeländer

(7) Die Umwehrungen müssen so beschaffen und angebracht sein, dass an ihrer Oberkante eine Horizontallast H = 1000 N/m aufgenommen werden kann. Abweichend genügt ein Lastansatz:

- von H = 500 N/m für Umwehrungen an Bühnen und Laufstegen mit lotrechten Verkehrslasten von höchstens 5000 N/m² und
- von H = 300 N/m für Umwehrungen in Bereichen oder an Verkehrswegen, die nur zu Inspektions- oder Wartungszwecken begangen werden (z. B. Tankdächer, Schauöffnungen an Öfen) sowie an Steckgeländern.

5.2 Sicherung an Bodenöffnungen

(1) Bodenöffnungen müssen gesichert sein:

- durch feste oder abnehmbare, gegen unbeabsichtigtes Ausheben gesicherte Umwehrungen oder
- durch Abdeckungen.

(2) Abdeckungen, z. B. Luken-, Schacht-, Rutschen-, Gruben-, Falltüren, müssen so gestaltet und installiert sein, dass sich hierdurch keine Stolpergefahren ergeben und sie der Nutzungsart entsprechend tragfähig sein. Sie

müssen sicher zu handhaben und gegen unbeabsichtigtes Bewegen (Auf- und Zuklappen, Verschieben) zu sichern sind. Diese Forderung ist z. B. dann erfüllt, wenn:

- Abdeckungen von gesicherten Standplätzen aus geöffnet werden können,
- klappbare Abdeckungen in geöffnetem Zustand festgestellt werden können oder
- Abdeckungen, für deren Betätigung eine Kraft von mehr als 250 N erforderlich ist, mit entsprechenden Hilfseinrichtungen, z. B. zusätzlich mit Gewichtsausgleich, hydraulisch betätigten Hubvorrichtungen oder Gasdruckfedern, ausgestattet sind.

(3) Bewegliche Abdeckungen und Umwehrungen dürfen nur aus der Schutzstellung gebracht werden, wenn dies betrieblich erforderlich ist und andere Schutzmaßnahmen getroffen sind. Sie müssen in der Schutzstellung gesichert werden können und dürfen sich nicht in Richtung der Absturzkante öffnen lassen.

5.3 Sicherung an Wandöffnungen

(1) Wandöffnungen müssen fest angebrachte oder bewegliche Umwehrungen haben, wenn:

- die Brüstungshöhe geringer ist als in Punkt 5.1 Abs. 2 angegeben,
- die Breite größer als 0,18 m und die Höhe größer als 1,00 m sind und
- bei denen eine Gefährdung durch Absturz nach Punkt 4.1 besteht.

Umwehrungen können z. B. aus verschieb- oder schwenkbaren Schranken, Schleusengeländern oder Halbtüren bestehen. Sie müssen mit einer Sicherung gegen unbeabsichtigtes Öffnen oder Ausheben versehen sein.

(2) Umwehrungen dürfen sich nicht zur tiefer liegenden Seite hin öffnen lassen.

5.4 Gefahrenbereich Absturz

Arbeitsplätze und Verkehrswege, bei denen der Abstand mehr als 2,0 m zur Absturzkante beträgt, liegen außerhalb des Gefahrenbereichs Absturz. Der Gefahrenbereich ist durch geeignete Maßnahmen, z. B. Ketten oder Seile, und gut sichtbare Kennzeichnung entsprechend ASR A1.3 „Sicherheits- und Gesundheitsschutzkennzeichnung“ (Verbotszeichen D-P006 „Zutritt für Unbefugte verboten“) gegen unbefugten Zutritt zu sichern. Bei Verkehrswegen ist als Schutzmaßnahme auch ausreichend, wenn die Abgrenzung optisch deutlich erkennbar ist.

6 Maßnahmen zum Schutz vor herabfallenden Gegenständen

(1) Einrichtungen zum Schutz vor herabfallenden Gegenständen (z. B. Schutzdächer, Schutznetze) sind entsprechend der Beschaffenheit und der zu erwartenden kinetischen Energie der herabfallenden Gegenstände auszuwählen und zu dimensionieren.

(2) Besteht für Beschäftigte in tiefer gelegenen Bereichen der Arbeitsstätte eine Gefährdung durch z. B. auslaufende Flüssigkeiten oder Schüttgüter, sind Schutzmaßnahmen, z. B. Anbringung von Auffangwannen, zu treffen.

(3) Nicht geschlossene Böden (z. B. Gitterroste) sind so auszuführen, dass eine Gefährdung tiefer gelegener Arbeitsplätze und Verkehrswege durch herabfallende Gegenstände verhindert wird. Das entsprechende maximale Öffnungsmaß (z. B. die Maschenweite bei Gitterrosten) ist unter Berücksichtigung der örtlichen Gegebenheiten im Rahmen der Gefährdungsbeurteilung zu ermitteln. Dabei ist z. B. die Einbausituation oder die Personenfrequenz zu berücksichtigen.

6.1 Gefahrenbereich herabfallende Gegenstände

(1) Werden Gefahrenbereiche durch Absperrung und Kennzeichnung gemäß Punkt 4.4 Nr. 3 gesichert, sind als Absperrungen z. B. Geländer, Ketten oder Seile und als Kennzeichnung nach ASR A1.3 „Sicherheits- und Gesundheitsschutzkennzeichnung“ das Verbotszeichen D-P006 „Zutritt für Unbefugte verboten“ anzubringen.

(2) Werden Gefahrenbereiche durch Überwachung des Gefahrenbereiches gemäß Punkt 4.4. Nr. 3 gesichert, kann dieses z. B. durch Warnposten oder geeignete Warneinrichtungen (z. B. Schall- oder Leuchtzeichen nach ASR A1.3 „Sicherheitsund Gesundheitsschutzkennzeichnung“) erfolgen.

IV

7 Arbeitsplätze und Verkehrswege auf Dächern

(1) Wenn auf Dächern Arbeiten durchgeführt werden oder diese als Verkehrswege genutzt werden, hat der Arbeitgeber zu ermitteln, ob eine Gefährdung durch Absturz nach Punkt 4.1 besteht. Arbeiten auf Dächern können z. B. sein:

- vom Hersteller vorgeschriebene regelmäßige Prüfungen oder Instandhaltungsarbeiten an technischen oder baulichen Einrichtungen,
- das Reinigen oder Wechseln von Filterelementen an lüftungstechnischen Anlagen,
- das Ablesen oder Eichen von Messgeräten,
- das Durchführen von Pflegearbeiten auf begrünten Dachflächen,
- das Reinigen der Abläufe bei Dächern mit Innenentwässerung,
- das Räumen von Schnee,
- die Instandhaltung oder Reinigung von Dachoberlichtern oder Rauch- und Wärmeabzugsanlagen (RWA) oder
- die Instandhaltung oder Reinigung von Photovoltaik- und Solarthermieanlagen.

(2) Besteht bei Arbeiten auf Dächern oder Verkehrswegen eine Gefährdung durch Absturz, sind Maßnahmen zum Schutz vor Absturz entsprechend der Rangfolge nach Punkt 4.2 zu treffen.

7.1 Nicht durchtrittsichere Dächer und Bauteile

(1) Zugänge (z. B. Dachausstiege, Luken) zu nicht durchtrittsicheren Dächern (siehe Punkt 3.11) müssen unter Verschluss stehen, der nur von besonders unterwiesenen und beauftragten Personen geöffnet werden kann. Diese Unterweisung ist ggf. vor Ort durchzuführen. An den Zugängen muss eine dauerhafte und deutlich sichtbare Kennzeichnung angebracht sein, z. B. „Dach nur auf Laufstegen benutzen".

(2) Müssen nicht durchtrittsichere Dächer begangen werden, z. B. für Instandhaltungsarbeiten an Anlagen oder Einrichtungen, müssen sicher ausgeführte Verkehrswege zum Arbeitsbereich vorhanden sein. Dies kann z. B. durch Laufstege gewährleistet werden, die den zu erwartenden Lasten (Beschäftigte und Arbeitsmittel) sicher standhalten, mindestens 0,50 m breit und

- beidseitig umwehrt sind oder
- einseitig umwehrt sind, wenn eine beidseitige Umwehrung die vorzunehmenden Arbeiten behindern würde und geeignete Anschlageinrichtungen für den Einsatz von PSAgA vorhanden sind.

(3) Lichtkuppeln und Lichtbänder, die konstruktiv nicht durchtrittsicher sind, müssen mit geeigneten Umwehrungen, Überdeckungen oder Unterspannungen ausgeführt sein, die ein Durchstürzen von Beschäftigten verhindern. Für Arbeiten und Verkehrswege im Gefahrenbereich (Abstand $\leq$ 2,0 m) von nicht durchtrittsicheren Lichtkuppeln und Lichtbändern im Bestand ist sicherzustellen, dass durch Absperrungen oder Abdeckungen ein Absturz verhindert wird. Auf Unterspannungen, Überdeckungen oder Absperrungen kann verzichtet werden, wenn der Aufsatzkranz des nicht durchtrittsicheren Bauteils, z. B. der Lichtkuppel, mindestens 0,50 m über die Dachfläche hinausragt.

(4) Für die Ausführung von Arbeiten und für die Benutzung von Verkehrswegen im Gefahrenbereich (Abstand $\leq$2,0 m) von sonstigen nicht durchtrittsicheren Dachoberlichtern (z. B. Lichtplatten aus Kunststoff) ist aufgrund der örtlichen Gegebenheiten im Rahmen der Gefährdungsbeurteilung zu entscheiden, ob und ggf. welche Maßnahmen zu treffen sind, z. B. Geländer, Abdeckung, Arbeiten mit PSAgA.

8 Abweichende/ergänzende Anforderungen für Baustellen

8.1 Arbeitsplätze und Verkehrswege auf geneigten Flächen

(1) Auf geneigten Flächen, auf denen die Gefahr des Abrutschens von Beschäftigten besteht, darf nur gearbeitet werden, nachdem Maßnahmen gegen das Abrutschen vom Arbeitsplatz getroffen worden sind.

(2) Für Arbeiten auf einer mehr als 45° geneigten Fläche (z. B. auf gelatteten Dachflächen oder Böschungen) sind besondere Arbeitsplätze mit mindestens 0,50 m breiten, waagerechten Standplätzen zu schaffen.

(3) Bei Arbeiten an und auf Flächen mit Neigungen von mehr als 22,5° bis 60° darf der Höhenunterschied zwischen Arbeitsplätzen oder Verkehrswegen und den Einrichtungen zum Auffangen abrutschender Beschäftigter nicht mehr als 5,00 m betragen.

(4) Für das Errichten, Instandhalten oder Umlegen von Masten für elektrische Betriebsmittel auf Dachflächen mit einer Neigung von mehr als 22,5° bis 60° müssen Einrichtungen zum Auffangen abrutschender Beschäftigter bei mehr als 2,00 m Absturzhöhe vorhanden sein.

8.2 Sicherungen gegen Absturz an Arbeitsplätzen und Verkehrswegen

(1) Abweichend von Punkt 4.1 Abs. 3 und 4 müssen Einrichtungen, die ein Abstürzen von Beschäftigten verhindern (Absturzsicherungen), vorhanden sein:

1. unabhängig von der Absturzhöhe an
   - Arbeitsplätzen an und über Wasser oder anderen festen oder flüssigen Stoffen, in denen man versinken kann,
   - Verkehrswegen über Wasser oder anderen festen oder flüssigen Stoffen, in denen man versinken kann;
2. bei mehr als 1,00 m Absturzhöhe, soweit nicht nach Nummer 1 zu sichern ist, an
   - freiliegenden Treppenläufen und -absätzen,
   - Wandöffnungen;
3. bei mehr als 2,00 m Absturzhöhe an allen übrigen Arbeitsplätzen.

Abweichend von Nummer 3 ist eine Absturzsicherung bei einer Absturzhöhe bis 3,00 m entbehrlich an Arbeitsplätzen und Verkehrswegen auf Dächern und Geschossdecken mit bis zu 22,5° Neigung und nicht mehr als 50,00 m² Grundfläche, sofern die Arbeiten von hierfür fachlich qualifizierten und körperlich geeigneten Beschäftigten ausgeführt werden, welche besonders unterwiesen sind. Die Absturzkante muss für die Beschäftigten deutlich erkennbar sein.

(2) Abweichend von Punkt 5.1 Abs. 2 beträgt die Mindesthöhe der Umwehrung 1,00 m. Bei der Verwendung von Systembauteilen ist eine Mindesthöhe von 950 mm zulässig. Die Höhe der Umwehrung darf entgegen Punkt 5.1 Abs. 2 Satz 2 nicht auf 0,80 m verringert werden.

(3) Umwehrungen sind so dicht wie möglich an der Absturzkante anzubringen. Davon darf unabhängig von der Absturzhöhe abgewichen werden, wenn Arbeitsplätze oder Verkehrswege höchstens 0,30 m von anderen tragfähigen und ausreichend bemessenen Umwehrungen entfernt liegen (siehe Abb. 5).

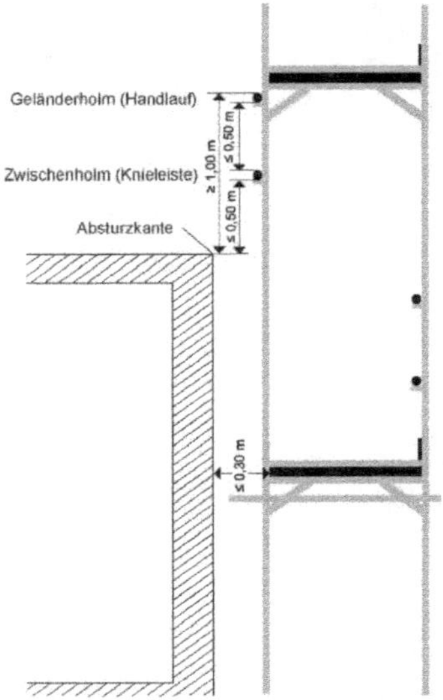

Abb. 5: Beispiel für abweichende Anordnung der Umwehrung

(4) Abweichend von Punkt 5.1 Abs. 5 müssen Umwehrungen Fußleisten von mindestens 0,15 m Höhe haben.

(5) Abweichend von Punkt 5.1 Abs. 7 müssen Umwehrungen so beschaffen und angebracht sein, dass an jeder Stelle normal zur Achse des Pfostens wirkend, eine Einzellast von H_{T1} und V_{T1} = 300 N und parallel zum Geländerholm wirkend von H = 200 N aufgenommen werden kann. Dabei darf die elastische Durchbiegung des Systems nicht größer als 5,5 cm sein. Die Fußleiste/Bord-

IV

brett muss abweichend hiervon eine Einzellast H_{T2} und V_{T2} = 200 N aufnehmen. Die Umwehrungen müssen so beschaffen und befestigt sein, dass an allen Seitenschutzbauteilen zusätzlich eine vertikal wirkende Einzellast von V_D = 1250 N aufgenommen werden kann (siehe Abb. 6). Die Umwehrung muss so ausgelegt sein, dass sie einer Person, die sich am Seitenschutz anlehnt oder beim Gehen festhält, standhält. Außerdem muss sie eine Person auffangen, die gegen den Seitenschutz läuft oder fällt. Umwehrungen müssen den Beanspruchungen infolge Windlasten widerstehen.

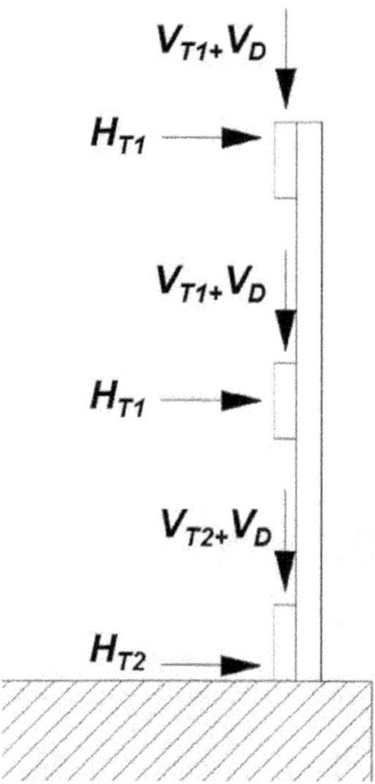

Abb. 6: Ansatzpunkte der Vertikal- und Horizontallasten

(6) Für Bauarbeiten in bestehenden Gebäuden ist im Rahmen der Gefährdungsbeurteilung zu prüfen, ob vorhandene Absturzsicherungen den Anforderungen dieser ASR entsprechen oder ob ergänzende Maßnahmen erforderlich sind.

8.3 Wandöffnungen

Abweichend von Punkt 5.3 Abs. 1 müssen Wandöffnungen, bei denen eine Absturzgefährdung besteht, und die breiter als 0,30 m und höher als 1,00 m sind und die nicht über die nach Punkt 5.1 Abs. 2 und 3 erforderliche Brüstungshöhe verfügen, fest angebrachte oder bewegliche Umwehrungen haben. Sie müssen mit einer Sicherung gegen unbeabsichtigtes Öffnen oder Ausheben versehen sein.

8.4 Schutz gegen herabfallende Gegenstände

(1) Ergänzend zu Punkt 6.1 sind Schütt-Trichter über Arbeitsplätzen und Verkehrswegen so auszubilden, dass Beschäftigte und andere Personen nicht durch überschüttetes Material getroffen werden können.

(2) Ergänzend zu Punkt 6.1 sind Traggerüste sowie Verbau von Gruben, Gräben und Schächten von losen Gegenständen freizuhalten.

Ausgewählte Literaturhinweise

- TRBS 2121 Technische Regel für Betriebssicherheit, Gefährdung von Per-sonen durch Absturz
- RAB 32 Regel zum Arbeitsschutz auf Baustellen, Unterlage für spätere Arbeiten
- DGUV Information 201-054 Dach-, Zimmer- und Holzbauarbeiten 10/2015
- DGUV Information 212-515 Persönliche Schutzausrüstungen 09/2006
- DGUV Information 208-007 Roste – Auswahl und Betrieb 01/1996 aktualisiert 05/2013
- DGUV Information 201-056 Planungsgrundlagen von Anschlageinrichtungen auf Dächern 08/2012 aktualisiert 08/2015
- ETB-Richtlinie Bauteile, die gegen Absturz sichern
- TRAV Technische Regeln für die Verwendung von absturzsichernden Verglasungen (Deutsches Institut für Bautechnik)

- TRLV Technische Regeln für die Verwendung von linienförmig gelagerten Verglasungen (Deutsches Institut für Bautechnik)
- DIN 4426:2013-12 Einrichtungen zur Instandhaltung baulicher Anlagen – Sicherheitstechnische Anforderungen an Arbeitsplätze und Verkehrswege – Planung und Ausführung
- DIN EN 795:2012-10 Persönliche Absturzschutzausrüstung – Anschlageinrichtungen
- DIN EN 1263-1:2013-01 Schutznetze (Auffangnetze), Teil 1: Sicherheitstechnische Anforderungen, Prüfverfahren
- DIN EN 1263-2:2013-01 Schutznetze (Sicherheitsnetze), Teil 2: Sicherheitstechnische Anforderungen für die Errichtung von Schutznetzen
- DIN EN 12811-1:2004-03 Temporäre Konstruktionen für Bauwerke, Teil 1: Arbeitsgerüste – Leistungsanforderungen, Entwurf, Konstruktion und Bemessung
- DIN EN 13374:2004-08 Temporäre Seitenschutzsysteme – Produktfestlegungen und Prüfverfahren

Technische Regeln für Arbeitsstätten (ASR A2.2) Maßnahmen gegen Brände

Ausgabe: Mai 2018
(Bek. v. 2. Mai 2018, GMBl 2018, S. 446)

1 Zielstellung

Diese ASR konkretisiert die Anforderungen an die Ausstattung von Arbeitsstätten mit Brandmelde- und Feuerlöscheinrichtungen sowie die damit verbundenen organisatorischen Maßnahmen für das Betreiben nach § 3a Absatz 1, § 4 Absatz 3 und § 6 Absatz 3 einschließlich der Punkte 2.2 und 5.2 Absatz 1g des Anhangs der Arbeitsstättenverordnung.

2 Anwendungsbereich

(1) Diese ASR gilt für das Einrichten und Betreiben von Arbeitsstätten mit Feuerlöscheinrichtungen sowie für weitere Maßnahmen zur Erkennung, Alarmierung sowie Bekämpfung von Entstehungsbränden.

(2) Für alle Arbeitsstätten gemäß § 2 der Arbeitsstättenverordnung gelten die Anforderungen und Gestaltungshinweise nach Punkt 5 dieser Regel (Grundausstattung).

(3) Für Arbeitsstätten mit normaler Brandgefährdung ist die Grundausstattung ausreichend.

(4) Für Arbeitsstätten mit erhöhter Brandgefährdung sind über die Grundausstattung hinaus zusätzlich Maßnahmen nach Punkt 6 dieser Regel zu berücksichtigen.

Hinweis:
Zusätzliche Anforderungen an die barrierefreie Gestaltung werden zu einem späteren Zeitpunkt als Anhang in die ASR V3a.2 „Barrierefreie Gestaltung von Arbeitsstätten" eingefügt.

3 Begriffsbestimmungen

3.1 **Brandgefährdung** liegt vor, wenn brennbare Stoffe vorhanden sind und die Möglichkeit für eine Brandentstehung besteht.

3.2 **Normale Brandgefährdung** liegt vor, wenn die Wahrscheinlichkeit einer Brandentstehung, die Geschwindigkeit der Brandausbreitung, die dabei frei werdenden Stoffe und die damit verbundene Gefährdung für Personen, Umwelt und Sachwerte vergleichbar sind mit den Bedingungen bei einer Büronutzung.

3.3 **Erhöhte Brandgefährdung** liegt vor, wenn

- entzündbare bzw. oxidierende Stoffe oder Gemische vorhanden sind,
- die örtlichen und betrieblichen Verhältnisse für eine Brandentstehung günstig sind,
- in der Anfangsphase eines Brandes mit einer schnellen Brandausbreitung oder großen Rauchfreisetzung zu rechnen ist,
- Arbeiten mit einer Brandgefährdung durchgeführt werden (z. B. Schweißen, Brennschneiden, Trennschleifen, Löten) oder Verfahren angewendet werden, bei denen eine Brandgefährdung besteht (z. B. Farbspritzen, Flammarbeiten) oder
- erhöhte Gefährdungen vorliegen, z. B. durch selbsterhitzungsfähige Stoffe oder Gemische, Stoffe der Brandklassen D und F, brennbare Stäube, extrem oder leicht entzündbare Flüssigkeiten oder entzündbare Gase.

Hinweis:
Die erhöhte Brandgefährdung im Sinne dieser ASR schließt die erhöhte und hohe Brandgefährdung nach der Technischen Regel für Gefahrstoffe TRGS 800 „Brandschutzmaßnahmen" ein.

3.4 **Entstehungsbrände** im Sinne dieser Regel sind Brände mit so geringer Rauch- und Wärmeentwicklung, dass noch eine gefahrlose Annäherung von Personen bei freier Sicht auf den Brandherd möglich ist.

3.5 **Brandmelder** dienen dem frühzeitigen Erkennen von Bränden und Auslösen ei-nes Alarms. Dabei wird zwischen automatischen und nichtautomatischen Brandmeldern (Handfeuermeldern) unterschieden.

3.6 **Feuerlöscheinrichtungen** im Sinne dieser Regel sind tragbare oder fahrbare Feuerlöscher, Wandhydranten und weitere handbetriebene Geräte zur Bekämpfung von Entstehungsbränden.

3.7 **Löschvermögen** beschreibt die Leistungsfähigkeit eines Feuerlöschers, ein genormtes Brandobjekt abzulöschen.

3.8 **Löschmitteleinheit (LE)** ist eine eingeführte Hilfsgröße, die es ermöglicht, die Leistungsfähigkeit unterschiedlicher Feuerlöschertypen zu vergleichen und durch Addition das Gesamtlöschvermögen von mehreren Feuerlöschern zu ermitteln.

3.9 **Brandschutzhelfer** sind die Beschäftigten, die der Arbeitgeber für Aufgaben der Brandbekämpfung bei Entstehungsbränden benannt hat.

3.10 **Brandschutzbeauftragte** sind Personen, die vom Arbeitgeber bestellt werden und ihn zu Themen des betrieblichen Brandschutzes beraten und unterstützen.

4 Eignung von Feuerlöschern und Löschmitteln

4.1 Brandklassen

Feuerlöscher bzw. Löschmittel werden vom Hersteller entsprechend der Eignung einer oder mehreren Brandklassen zugeordnet. Diese Zuordnung ist auf dem Feuerlöscher mit Piktogrammen angegeben (siehe Tabelle 1).

Brandklassen nach DIN EN 2:2005-01 „Brandklassen", Piktogramme nach DIN EN 3-7:2007-10 „Tragbare Feuerlöscher – Teil 7: Eigenschaften, Leistungsanforderungen und Prüfungen"

Piktogramm	Brandklasse
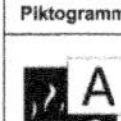	**Brandklasse A**: Brände fester Stoffe (hauptsächlich organischer Natur), verbrennen normalerweise unter Glutbildung Beispiele: Holz, Papier, Stroh, Textilien, Kohle, Autoreifen
	**Brandklasse B**: Brände von flüssigen oder flüssig werdenden Stoffen Beispiele: Benzin, Öle, Schmierfette, Lacke, Harze, Wachse, Teer *Hinweis: Sicherheitsdatenblatt beachten*
	**Brandklasse C**: Brände von Gasen Beispiele: Methan, Propan, Wasserstoff, Acetylen, Erdgas
	**Brandklasse D**: Brände von Metallen Beispiele: Aluminium, Magnesium, Lithium, Natrium, Kalium und deren Legierungen
	**Brandklasse F**: Brände von Speiseölen und -fetten (pflanzliche oder tierische Öle und Fette) in Frittier- und Fettbackgeräten und anderen Kücheneinrichtungen und -geräten

Für Brände von elektrischen Anlagen und Betriebsmitteln wird in DIN EN 2:2005-01 „Brandklassen" keine eigenständige Brandklasse ausgewiesen.

Feuerlöscher nach DIN EN 3-7:2007-10 „Tragbare Feuerlöscher – Teil 7: Eigenschaften, Leistungsanforderungen und Prüfungen", die für die Brandbekämpfung im Bereich elektrischer Anlagen geeignet sind, werden mit der maximalen Spannung und dem notwendigen Mindestabstand gekennzeichnet, z. B. bis 1000 V, Mindestabstand 1 m.

4.2 Löschvermögen, Löschmitteleinheiten

(1) Das Löschvermögen wird durch eine Zahlen-Buchstabenkombination auf dem Feuerlöscher angegeben. In dieser Zahlen-Buchstabenkombination bezeichnet die Zahl die Größe des erfolgreich abgelöschten Norm-Prüfobjektes und der Buchstabe die Brandklasse (siehe Abbildung 1).

Abb. 1: Beispiel für die Beschriftung eines Feuerlöschers durch den Hersteller, in Anlehnung an DIN EN 3-7:2007-10 „Tragbare Feuerlöscher – Teil 7: Eigenschaften, Leistungsanforderungen und Prüfungen"

Hinweise:

1. *Die Buchstaben **A, B, F** bezeichnen die jeweilige Brandklasse, für die der Feuerlöscher geeignet ist. Die davor stehenden Zahlen **21**A, **113**B, **75**F in Abbildung 1 geben das Löschvermögen in der jeweiligen Brandklasse, bestimmt an einem Norm-Prüfobjekt entsprechender Größe, an.*
2. *Es kann für die Brandklassen A und B mit Hilfe der Tabelle 2 in Löschmitteleinheiten (LE) umgerechnet werden.*
3. *Für die Brandklassen C und D wird nur die Eignung des Feuerlöschers ohne Bestimmung des Löschvermögens festgestellt.*
4. *Für die Brandklasse F gibt die Zahl **75** in Abbildung 1 an, dass unter Prüfbedingungen ein Brand mit einem Volumen von 75 Litern Speisefett/-öl erfolgreich abgelöscht werden kann. Feuerlöscher der Brandklasse F sind mit einem Löschvermögen von **5**F, **25**F, **40**F und **75**F erhältlich. Eine Umrechnung in Löschmitteleinheiten (LE) erfolgt nicht.*

(2) Da das Löschvermögen nicht addiert werden kann, wird zur Berechnung der Anzahl der erforderlichen Feuerlöscher für die Brandklassen A und B eine Hilfsgröße, die „Löschmitteleinheit (LE)" verwendet. Dem im Versuch ermittelten Löschvermögen der Feuerlöscher wird dadurch eine bestimmte Anzahl von Löschmitteleinheiten zugeordnet, siehe Tabelle 2. Diese Werte können dann je Brandklasse addiert werden.

Tabelle 2: Zuordnung des Löschvermögens zu Löschmitteleinheiten (Zuordnung von Feuerlöschern der Grundausstattung gemäß Punkt 5.2)

	Löschvermögen (Rating gemäß DIN EN 3-7:2007-10)	
LE	Brandklasse A	Brandklasse B
1	5A	21B
2	8A	34B
3		55B
4	13A	70B
5		89B
6	21A	113B
9	27A	144B
10	34A	
12	43A	183B
15	55A	233B

(3) Werden Feuerlöscher für verschiedene Brandklassen bereitgestellt, dann muss das Löschvermögen für jede der vorhandenen Brandklassen ausreichend sein.

5 Ausstattung von Arbeitsstätten

5.1 Branderkennung und Alarmierung

(1) Der Arbeitgeber hat durch geeignete Maßnahmen sicherzustellen, dass die Beschäftigten im Brandfall unverzüglich gewarnt und zum Verlassen von Gebäuden oder gefährdeten Bereichen aufgefordert werden können. Die Möglichkeit zur Alarmierung von Hilfs- und Rettungskräften muss gewährleistet sein.

(2) Brände können durch Personen oder Brandmelder erkannt und gemeldet werden.

Brandmelder dienen der frühzeitigen Erkennung von Bränden. Dies trägt maßgeblich zum Löscherfolg und zur rechtzeitigen Einleitung von Evakuierungs- und Rettungsmaßnahmen bei.

Als Brandmelder werden technische Geräte zum Auslösen eines Alarms im Falle eines Brandes bezeichnet. Dabei wird unterschieden zwischen automatischen Brandmeldern, welche einen Brand anhand seiner Eigenschaften (z. B. Rauch, Temperatur, Flamme) erkennen, und nichtautomatischen Brandmeldern, die von Hand betätigt werden (Handfeuermelder). Der Alarm kann dem Warnen der anwesenden Personen oder dem Herbeirufen von Hilfe (z. B. Sicherheitspersonal, Feuerwehr) dienen.

(3) Geeignete Maßnahmen zur Alarmierung von Personen sind z. B.:

- Brandmeldeanlagen mit Sprachalarmanlagen (SAA) oder akustische Signalgeber (z. B. Hupen, Sirenen),
- Hausalarmanlagen,

IV

- Elektroakustische Notfallwarnsysteme (ENS),
- optische Alarmierungsmittel,
- Telefonanlagen,
- Megaphone,
- Handsirenen,
- Zuruf durch Personen oder
- personenbezogene Warneinrichtungen.

(4) Technische Maßnahmen sind vorrangig umzusetzen. Dabei sind automatische Brandmelde- und Alarmierungseinrichtungen zu bevorzugen.

Die Notwendigkeit von technischen Alarmierungsanlagen ergibt sich aus der Gefährdungsbeurteilung, z. B. wenn Ruf- und Sichtverbindungen oder räumliche Gegebenheiten eine Warnung der gefährdeten Personen nicht erlauben bzw. sich Handlungsbedarf aus den Räumungsübungen nach ASR A2.3 „Fluchtwege und Notausgänge, Flucht- und Rettungsplan" oder aus Auflagen von Behörden ergibt.

5.2 Grundausstattung mit Feuerlöscheinrichtungen

(1) Der Arbeitgeber hat Feuerlöscheinrichtungen nach Art und Umfang der im Betrieb vorhandenen brennbaren Stoffe, der Brandgefährdung und der Grundfläche der Arbeitsstätte in ausreichender Anzahl bereitzustellen. Für die Ermittlung der Art und Anzahl der erforderlichen Feuerlöscher kann die Arbeitsstätte in Teilbereiche unterteilt werden, sofern dies wegen der baulichen Gegebenheiten oder der Nutzungsbedingungen sinnvoll oder erforderlich ist. Die zu einer Arbeitsstätte gehörenden Teilbereiche können in unterschiedliche Brandgefährdungen eingestuft sein.

Im Regelfall hat der Arbeitgeber bei der Grundausstattung als Feuerlöscheinrichtungen Feuerlöscher nach DIN EN 3-7:2007-10 „Tragbare Feuerlöscher – Teil 7: Eigenschaften, Leistungsanforderungen und Prüfungen" bereitzustellen. Ein allgemeines Lösungsschema zur Festlegung der Ausstattung der Arbeitsstätte enthält Anhang 1; Ausführungsbeispiele für die Grundausstattung sind im Anhang 2 und für die Abweichung von der Grundausstattung im Anhang 3 dargestellt.

(2) In allen Arbeitsstätten ist für die Grundausstattung die für einen Bereich erforderliche Anzahl von Feuerlöschern mit dem entsprechenden Löschvermögen für die Brandklassen A und B nach den Tabellen 2 und 3 zu ermitteln. Ausgehend von der Grundfläche (Summe der Grundflächen aller Ebenen) der Arbeitsstätte gemäß Tabelle 3 sind die erforderlichen Löschmitteleinheiten zu ermitteln. Aus Tabelle 2 ist dann die entsprechende Art, Anzahl und Größe der Feuerlöscher entsprechend ihrem Löschvermögen zu entnehmen, wobei die Summe der Löschmitteleinheiten mindestens der aus der Tabelle 3 entnommenen Zahl je Brandklasse entsprechen muss.

Flächen im Freien (z. B. Grünanlagen, Verkehrswege) können bei der Ermittlung der Grundausstattung unberücksichtigt bleiben.

Tabelle 3: Löschmitteleinheiten in Abhängigkeit von der Grundfläche der Arbeitsstätte

Grundfläche bis … m^2	Löschmitteleinheiten [LE]
50	6
100	9
200	12
300	15
400	18
500	21
600	24
700	27
800	30
900	33
1000	36
je weitere 250	+ 6

Für die Grundausstattung dürfen nur Feuerlöscher angerechnet werden, die jeweils über mindestens 6 Löschmitteleinheiten (LE) verfügen.

Abweichend davon können für die Grundausstattung bei normaler Brandgefährdung auch Feuerlöscher, die jeweils nur über mindestens 2 Löschmitteleinheiten (LE) verfügen, angerechnet werden, wenn:

IV

- sich hierdurch eine Vereinfachung in der Bedienung ergibt, z. B. durch mindes tens 25 % Gewichtsersparnis je Feuerlöscher,
- die Zugriffszeit, z. B. durch Halbierung der maximalen Entfernung zum nächstgelegenen Feuerlöscher nach Punkt 5.3, reduziert wird und
- die Anzahl der Brandschutzhelfer nach Punkt 7.3 verdoppelt wird.

In mehrgeschossigen Gebäuden sind in jedem Geschoss mindestens 6 Löschmitteleinheiten (LE) bereitzustellen.

IV

Um tragbare Feuerlöscher einfach handhaben zu können, sollte

- auf ein geringes Gerätegewicht sowie
- innerhalb eines Bereiches auf gleiche Funktionsweise der Geräte bei Auslöse- und Unterbrechungseinrichtungen

geachtet werden.

Hinweise:

1. *Bei der Auswahl der Feuerlöscher sollten auch mögliche Folgeschäden durch die Löschmittel berücksichtigt werden.*
2. *Bei dem Einsatz von Kohlendioxid (CO_2) als Löschmittel sind Gesundheitsgefahren durch zu hohe CO_2-Konzentrationen zu berücksichtigen.*

(3) Sind in einem Gebäude Arbeitsstätten verschiedener Arbeitgeber vorhanden, können vorhandene Feuerlöscher gemeinsam genutzt werden. Dabei hat jeder Arbeitgeber sicherzustellen, dass für seine Beschäftigten der Zugriff zu den erforderlichen Feuerlöschern jederzeit gewährleistet ist.

5.3 Anforderungen an die Bereitstellung von Feuerlöscheinrichtungen

Der Arbeitgeber hat sicherzustellen, dass in Arbeitsstätten:

- Feuerlöscher gut sichtbar und leicht erreichbar angebracht sind,
- Feuerlöscher vorzugsweise in Fluchtwegen, im Bereich der Ausgänge ins Freie, an den Zugängen zu Treppenräumen oder an Kreuzungspunkten von Verkehrswegen/Fluren angebracht sind,
- die Entfernung von jeder Stelle zum nächstgelegenen Feuerlöscher nicht mehr als 20 m (tatsächliche Laufweglänge) beträgt, um einen schnellen Zugriff zu gewährleisten,
- Feuerlöscher vor Beschädigungen und Witterungseinflüssen geschützt aufgestellt sind, z. B. durch Schutzhauben, Schränke, Anfahrschutz; dies kann z. B. bei Tankstellen, in Tiefgaragen oder nicht allseitig umschlossenen baulichen Anlagen erforderlich sein,
- Feuerlöscher so angebracht sind, dass diese ohne Schwierigkeiten aus der Halterung entnommen werden können; für die Griffhöhe haben sich 0,80 m bis 1,20 m als zweckmäßig erwiesen,
- die Standorte von Feuerlöschern durch das Brandschutzzeichen F001 „Feuerlöscher" entsprechend ASR A1.3 „Sicherheits- und Gesundheitsschutzkennzeichnung" gekennzeichnet sind. In unübersichtlichen Arbeitsstätten ist der nächstgelegene Standort eines Feuerlöschers gut sichtbar durch das Brandschutzzeichen F001 „Feuerlöscher" in Verbindung mit einem Zusatzzeichen „Richtungspfeil" anzuzeigen. Besonders in lang gestreckten Räumen oder Fluren sollen Brandschutzzeichen in Laufrichtung jederzeit erkennbar sein, z. B. durch den Einsatz von Fahnen- oder Winkelschildern,
- weitere Feuerlöscheinrichtungen ebenfalls entsprechend ASR A1.3 „Sicherheits- und Gesundheitsschutzkennzeichnung" gekennzeichnet sind (z. B. für Wandhydranten: Brandschutzzeichen F002 „Löschschlauch"),
- die Erkennbarkeit der notwendigen Brandschutzzeichen auf Fluchtwegen ohne Sicherheitsbeleuchtung durch Verwendung von langnachleuchtenden Materialien entsprechend ASR A1.3 erhalten bleibt und
- die Standorte der Feuerlöscheinrichtungen in den Flucht- und Rettungsplan entsprechend ASR A2.3 „Fluchtwege und Notausgänge, Flucht- und Rettungsplan" aufgenommen sind.

6 Ausstattung von Arbeitsstätten mit erhöhter Brandgefährdung

6.1 Feststellung der erhöhten Brandgefährdung

Werden im Rahmen der Gefährdungsbeurteilung Bereiche mit erhöhter Brandgefährdung festgestellt, hat der Arbeitgeber neben der Grundausstattung nach Punkt 5.2 und den Grundanforderungen für die Bereitstellung nach Punkt 5.3 zusätzliche betriebs- und tätigkeitsspezifische Maßnahmen zu ergreifen (siehe Punkt 6.2).

Von erhöhter Brandgefährdung kann z. B. in folgenden Arbeitsstätten oder bei folgen-den Tätigkeiten ausgegangen werden (siehe Tabelle 4):

Tabelle 4: Beispielhafte Aufzählung von Bereichen und Tätigkeiten in Arbeitsstätten mit erhöhter Brandgefährdung

Betriebe oder Betriebsbereiche
1. Verkauf, Handel, Lagerung
– Lager mit extrem oder leicht entzündbaren bzw. leicht entflammbaren Stoffen oder Gemischen
– Lager für Recyclingmaterial und Sekundärbrennstoffe
– Speditionslager
– Lager mit Lacken und Lösungsmitteln
– Altpapierlager
– Baumwolllager, Holzlager, Schaumstofflager
– Lagerbereiche für Verpackungsmaterial
– Lager mit sonstigem brennbaren Material
– Ausstellungen für Möbel
– Verkaufsräume mit erhöhten Brandgefährdungen, z. B. Heimwerkermarkt, Baumarkt
2. Dienstleistung
– Kinos, Diskotheken
– Abfallsammelräume
– Küchen
– Beherbergungsbetriebe
– Theaterbühnen
– technische und naturwissenschaftliche Bereiche in Bildungs- und Forschungseinrichtungen
– Tank- und Tankfahrzeugreinigung
– chemische Reinigung, Wäschereien
– Alten- und Pflegeheime
– Werkstätten für Menschen mit Behinderungen
– Krankenhäuser
3. Industrie
– Möbelherstellung, Spanplattenherstellung
– Webereien, Spinnereien
– Herstellung von Papier im Trockenbereich
– Verarbeitung von Papier
– Getreidemühlen und Futtermittelproduktion
– Schaumstoff-, Dachpappenherstellung
– Verarbeitung von brennbaren Lacken und Klebern
– Lackier- und Pulverbeschichtungsanlagen und -geräte
– Öl-Härtereien
– Druckereien
– petrochemische Anlagen
– Verarbeitung von brennbaren Chemikalien
– Leder- und Kunststoffverarbeitung
– Kunststoff-Spritzgießerei
– Kartonagenherstellung
– Backwarenfabrik
– Herstellung von Maschinen und Geräten
4. Handwerk
– Kfz-Werkstatt
– Tischlerei/Schreinerei
– Polsterei
– Metallverarbeitung
– Galvanik
– Vulkanisierung

IV

Betriebe oder Betriebsbereiche
– Leder-, Kunstleder- und Textilverarbeitung – Backbetrieb – Elektrowerkstatt

6.2 Zusätzliche Maßnahmen bei erhöhter Brandgefährdung

(1) Über die Grundausstattung hinausgehende zusätzliche Maßnahmen in Bereichen mit erhöhter Brandgefährdung sind z. B.:

IV

- die Ausrüstung von Bereichen mit Brandmeldeanlagen zur frühzeitigen Erkennung von Entstehungsbränden,
- die Erhöhung der Anzahl der Feuerlöscher und deren gleichmäßige Verteilung in Bereichen mit erhöhter Brandgefährdung, um die maximale Entfernung zum nächstgelegenen Feuerlöscher und dadurch die Zeit bis zum Beginn der Entstehungsbrandbekämpfung zu verkürzen,
- die Anbringung mehrerer gleichartiger und baugleicher Feuerlöscher an einem Standort in Bereichen mit erhöhter Brandgefährdung, um bei ausreichend anwesenden Beschäftigten zur Entstehungsbrandbekämpfung durch gleichzeitigen Einsatz mehrerer Feuerlöscher einen größeren Löscheffekt zu erzielen,
- die Bereitstellung von zusätzlichen, für die vor Ort vorhandenen Brandklassen geeigneten Feuerlöscheinrichtungen in Bereichen oder an Arbeitsplätzen mit erhöhter Brandgefährdung, um eine schnelle und wirksame Entstehungsbrandbekämpfung zu ermöglichen, z. B. Kohlendioxidlöscher in Laboren, Fettbrandlöscher an Fritteusen und Fettbackgeräten, fahrbare Feuerlöscher mit einer höheren Wurfweite und Löschleistung an Tanklagern mit brennbaren Flüssigkeiten, Wandhydranten in Gebäuden, bei denen eine hohe Löschleistung für die Entstehungsbrandbekämpfung oder zur Kühlung benötigt wird oder
- Maßnahmen, die nach der Technischen Regel für Gefahrstoffe TRGS 800 „Brandschutzmaßnahmen" für Tätigkeiten mit Gefahrstoffen nötig sind.

(2) Die wegen der erhöhten Brandgefährdung einzusetzenden Löscheinrichtungen sind so anzuordnen, dass sie auch schnell zum Einsatz gebracht werden können. Daher sind insbesondere in der Nähe der folgenden Stellen Feuerlöscheinrichtungen zu positionieren:

- Bearbeitungsmaschinen mit erhöhter Zündgefahr,
- erhöhte Brandlasten oder
- Räume, die wegen der erhöhten Brandgefahr brandschutztechnisch abgetrennt werden.

Dabei ist sicherzustellen, dass:

- das Löschmittel der Brandklasse angepasst ist,
- die Löschmittelmenge ausreichend ist, um einen Entstehungsbrand dieser Gefährdung abzudecken und
- die Feuerlöscheinrichtung so positioniert ist, dass sie im Falle eines Brandausbruchs in Bereichen mit erhöhter Brandgefährdung noch ohne Gefährdung vom Beschäftigten schnell (in der Regel nicht größer als 5 m, maximal 10 m tatsächliche Laufweglänge) erreicht werden kann.

(3) Ortsfeste Brandbekämpfungsanlagen (z. B. Sprinkleranlagen, Sprühwasser-löschanlagen, Feinsprühlöschanlagen, Schaum-, Pulver- oder Gaslöschanlagen) sind zusätzliche, also über die Grundausstattung hinaus gehende Maßnahmen des Brandschutzes. Sie sind vorrangig z. B. dann erforderlich, wenn:

- eine Brandbekämpfung mit Feuerlöscheinrichtungen wegen der Eigengefährdung nicht möglich ist oder
- die Bereiche nicht zugänglich sind.

Hinweis:
Für Tätigkeiten mit Gefahrstoffen sind die Maßnahmen des Brandschutzes nach der Technischen Regel für Gefahrstoffe – TRGS 800 „Brandschutzmaßnahmen" und für die Verwendung von Arbeitsmitteln die Maßnahmen zum Brand- und Explosionsschutz nach der Betriebssicherheitsverordnung zu beachten.

7 Organisation des betrieblichen Brandschutzes

7.1 Organisatorische Brandschutzmaßnahmen

(1) Der Arbeitgeber hat die notwendigen Maßnahmen gegen Entstehungsbrände einschließlich der Verhaltensregeln im Brandfall (z. B. Evakuierung von Gebäuden) festzulegen und zu dokumentieren.

Hinweis:
Informationen zur Evakuierung von Gebäuden sind in der ASR A2.3 „Fluchtwege und Notausgänge, Flucht- und Rettungsplan" enthalten.

(2) Die Maßnahmen für alle Personen, die sich in der Arbeitsstätte aufhalten, sind an gut zugänglicher Stelle in geeigneter Form auszuhängen, wenn:

- erhöhte Brandgefährdung vorliegt,
- der Aushang eines Flucht- und Rettungsplanes nach ASR A2.3 „Fluchtwege und Notausgänge, Flucht- und Rettungsplan" erforderlich ist oder
- sich häufig Besucher oder Fremdfirmen in der Arbeitsstätte aufhalten, insbesondere wenn sie nicht begleitet sind.

Dies kann z. B. als

- Brandschutzordnung Teil A nach DIN 14096:2014-05 „Brandschutzordnung – Regeln für das Erstellen und das Aushängen" oder
- „Regeln für das Verhalten im Brandfall" im grafischen Teil des Flucht- und Rettungsplans nach ASR A1.3 „Sicherheits- und Gesundheitsschutzkennzeichnung"

erfolgen.

(3) Die Maßnahmen für alle Beschäftigten sind diesen durch Auslegen oder in elektronischer Form zugänglich zu machen. Dies kann z. B. in Form der Brandschutzordnung Teil B nach DIN 14096:2014-05 „Brandschutzordnung – Regeln für das Erstellen und das Aushängen" erfolgen.

(4) Die Maßnahmen für Beschäftigte mit besonderen Aufgaben im Brandschutz, soweit diese vorhanden sind (z. B. Brandschutzbeauftragte), sind diesen gegen Nachweis gegebenenfalls auch elektronisch bekannt zu machen. Dies kann z. B. in Form der Brandschutzordnung Teil C nach DIN 14096:2014-05 „Brandschutzordnung – Regeln für das Erstellen und das Aushängen" erfolgen.

7.2 Unterweisung

Der Arbeitgeber hat alle Beschäftigten über die nach Punkt 7.1 festgelegten Maßnahmen

- vor Aufnahme der Beschäftigung,
- bei Veränderung des Tätigkeitsbereiches und
- danach in angemessenen Zeitabständen, mindestens jedoch einmal jährlich,

zu unterweisen.

7.3 Brandschutzhelfer

(1) Der Arbeitgeber hat eine ausreichende Anzahl von Beschäftigten durch Unterweisung und Übung im Umgang mit Feuerlöscheinrichtungen zur Bekämpfung von Entstehungsbränden vertraut zu machen.

(2) Die Anzahl von Brandschutzhelfern ergibt sich aus der Gefährdungsbeurteilung. Ein Anteil von 5 % der Beschäftigten ist in der Regel ausreichend. Eine größere Anzahl von Brandschutzhelfern kann z. B. in Bereichen mit erhöhter Brandgefährdung, bei der Anwesenheit vieler Personen, Personen mit eingeschränkter Mobilität sowie bei großer räumlicher Ausdehnung der Arbeitsstätte erforderlich sein.

(3) Bei der Anzahl der Brandschutzhelfer sind auch Schichtbetrieb und Abwesenheit einzelner Beschäftigter, z. B. Fortbildung, Urlaub und Krankheit, zu berücksichtigen.

(4) Die Brandschutzhelfer sind im Hinblick auf ihre Aufgaben fachkundig zu unterweisen. Zum Unterweisungsinhalt gehören neben den Grundzügen des vorbeugenden Brandschutzes Kenntnisse über die betriebliche Brandschutzorganisation, die Funktions- und Wirkungsweise von Feuerlöscheinrichtungen, die Gefahren durch Brände sowie über das Verhalten im Brandfall.

(5) Praktische Übungen (Löschübungen) im Umgang mit Feuerlöscheinrichtungen gehören zur fachkundigen Unterweisung der Brandschutzhelfer. Es wird empfohlen, die Unterweisung mit Übung in Abständen von 3 bis 5 Jahren zu wiederholen.

7.4 Brandschutzbeauftragte

Ermittelt der Arbeitgeber eine erhöhte Brandgefährdung, kann die Benennung eines Brandschutzbeauftragten zweckmäßig sein. Dieser berät und unterstützt den Arbeitge-ber zu Themen des betrieblichen Brandschutzes.

Hinweis:
Die Notwendigkeit zur Bestellung eines Brandschutzbeauftragten kann sich auch aus anderen Rechtsvorschriften ergeben.

7.5 Instandhaltung und Prüfung

7.5.1 Brandmelde- und Feuerlöscheinrichtungen

(1) Der Arbeitgeber hat Brandmelde- und Feuerlöscheinrichtungen unter Beachtung der Herstellerangaben in regelmäßigen Abständen sachgerecht instand zu halten und auf ihre Funktionsfähigkeit prüfen zu lassen. Die Ergebnisse sind zu dokumentieren.

(2) Werden keine Mängel festgestellt, ist dies auf der Feuerlöscheinrichtung kenntlich zu machen, z. B. durch Anbringen eines Instandhaltungsnachweises.

(3) Werden Mängel festgestellt, durch welche die Funktionsfähigkeit der Feuerlöscheinrichtung nicht mehr gewährleistet ist, hat der Arbeitgeber unverzüglich zu veranlassen, dass die Feuerlöscheinrichtung instandgesetzt oder ausgetauscht wird.

7.5.2 Besondere Regelungen für Feuerlöscher

(1) Die Bauteile von Feuerlöschern sowie die im Feuerlöscher enthaltenen Löschmittel können im Laufe der Zeit unter den äußeren Einflüssen am Aufstellungsort (wie Temperatur, Luftfeuchtigkeit, Verschmutzung, Erschütterung oder unsachgemäße Behandlung) unbrauchbar werden. Zur Sicherstellung der Funktionsfähigkeit sind Feuerlöscher daher alle zwei Jahre durch einen Fachkundigen zu warten. Lässt der Hersteller von der genannten Frist abweichende längere Fristen für die Instandhaltung zu, können diese vom Arbeitgeber herangezogen werden. Kürzere vom Hersteller genannte Fristen sind zu beachten.

Hinweise:

1. *Fachkundige zur Wartung von Feuerlöschern sind insbesondere Sachkundige gemäß DIN 14406-4:2009-09 „Tragbare Feuerlöscher – Teil 4: Instandhaltung".*
2. *Von der Wartung durch den Fachkundigen bleiben die wiederkehrenden Prüfungen der Feuerlöscher (Druckprüfung) durch eine befähigte Person nach der Betriebssicherheitsverordnung unberührt.*

(2) Bei starker Beanspruchung, z. B. durch Umwelteinflüsse oder mobilen Einsatz, können kürzere Zeitabstände erforderlich sein.

Hinweis:
Für die erforderlichen Arbeitsschritte wird auf das bvfa-Merkblatt „Arbeitsschritte bei der Instandhaltung von tragbaren Feuerlöschern", Ausgabe 2016-09 (01) verwiesen.

8 Abweichende/ergänzende Anforderungen für Baustellen

(1) Die Anforderungen in den Punkten 5.2 und 7.3 gelten auf Baustellen nur für stationäre Baustelleneinrichtungen, z. B. Baubüros, Unterkünfte oder Werkstätten.

(2) Werden auf Baustellen Tätigkeiten mit einer erhöhten Brandgefährdung nach Punkt 6.1 durchgeführt, ist dort bei Tätigkeiten mit einer Brandgefährdung (z. B. Schweißen, Brennschneiden, Trennschleifen, Löten) oder bei der Anwendung von Verfahren, bei denen eine Brandgefährdung besteht (z. B. Farbspritzen, Flammarbeiten) für jedes der dabei eingesetzten und eine erhöhte Brandgefährdung auslösenden Arbeitsmittel ein Feuerlöscher für die entsprechenden Brandklassen mit mindestens 6 LE in unmittelbarer Nähe bereitzuhalten.

(3) Abweichend von Punkt 7.3 Absätze 1 bis 3 sind sämtliche Personen, die mit den vorgenannten Arbeitsmitteln tätig werden, theoretisch und praktisch im Umgang mit Feuerlöschern nach Punkt 7.3 Absätze 4 und 5 zu unterweisen.

(4) Baustellen mit besonderen Gefährdungen (z. B. Untertagebaustellen, Hochhausbau) erfordern zusätzliche Maßnahmen gegen Brände nach Punkt 6.2.

Ausgewählte Literaturhinweise

- Technische Regeln für Gefahrstoffe (TRGS) 800 „Brandschutzmaßnahmen"
- DGUV Information 205-003 Aufgaben, Qualifikation, Ausbildung und Bestellung von Brandschutzbeauftragten 11/2014
- DGUV Information 205-023 Brandschutzhelfer 02/2014

Anhang 1 Standardschema zur Festlegung der notwendigen Feuerlöscheinrichtungen:

1. Schritt – Ermittlung der vorhandenen Brandklassen nach Tabelle 1
2. Schritt – Ermittlung der Brandgefährdung (siehe auch Tabelle 4)
3. Schritt – Ermittlung der Löschmitteleinheiten (LE) in Abhängigkeit von der Grundfläche für die in allen Arbeitsstätten notwendige Grundausstattung mit Feuerlöscheinrichtungen nach Tabelle 3
4. Schritt – Festlegung der für die Grundausstattung notwendigen Anzahl der Feuerlöscheinrichtungen entsprechend den Löschmitteleinheiten (LE) nach Tabelle 2
5. Schritt – Gegebenenfalls Festlegung von zusätzlichen Maßnahmen, insbesondere nach Punkt 6.2, bei erhöhter Brandgefährdung

Anhang 2 Beispiele für die Ermittlung der Grundausstattung

Beispiel 2.1:

Bürobetrieb
Brandklassen: A und B
Grundfläche: 500 m^2
Ergebnis der Gefährdungsbeurteilung: normale Brandgefährdung

➡ Grundausstattung mit Feuerlöschern gemäß Tabelle 3:

Tabelle 3 ergibt bis 500 m^2 – 21 LE.

Gewählt werden Pulverlöscher mit Löschvermögen 21A 113B, was nach Tabelle 2 für diese Bauart 6 LE entspricht.

Es sind demnach 21 LE geteilt durch 6, also 4 Feuerlöscher dieses Typs erforderlich.

Beispiel 2.2:

Kindertagesstätte mit 4 Gruppen
Brandklasse: A
Grundfläche: 538 m^2
Ergebnis der Gefährdungsbeurteilung: normale Brandgefährdung
Brandschutzhelfer: alle Beschäftigten sind ausgebildet

➡ Grundausstattung mit Feuerlöschern gemäß Tabelle 3:

Tabelle 3 ergibt bis 600 m^2 – 24 LE.

Als Grundausstattung nach Punkt 5.2 wären hier insgesamt 24 LE erforderlich, sodass bei mindestens 6 LE je Feuerlöscher 4 Feuerlöscher erforderlich wären.

Das Ziel ist, dass in jeder Gruppe, im Büro und in der Aufwärmküche Feuerlöscher mit geringerem Gewicht zur Verfügung stehen.

Für die Kindertagesstätte werden insgesamt 6 Wasserlöscher mit 3 Litern Wasser und einem Löschvermögen von 13A je Gerät, was nach Tabelle 2 für diesen Feuerlöschertyp 4 LE für die Brandklasse A entspricht, vorgesehen und in den 4 Gruppen, im Büro und in der Aufwärmküche positioniert.

Durch die Auswahl und Positionierung der genannten Feuerlöscher sind die Kriterien Gewichtsersparnis und Reduzierung der Entfernung zum nächstgelegenen Feuerlöscher erfüllt.

Beispiel 2.3:

Küche mit 3 Fritteusen von jeweils 25 Liter Inhalt
Brandklassen: A, B und F
Grundfläche: 700 m^2
Ergebnis der Gefährdungsbeurteilung: erhöhte Brandgefährdung

➡ Grundausstattung mit Feuerlöschern gemäß Tabelle 3:

Tabelle 3 ergibt bis 700 m^2 – 27 LE.

Gewählt werden Pulverlöscher mit Löschvermögen 43A 233B, was nach Tabelle 2 für diesen Feuerlöschertyp 12 LE entspricht.

Es sind demnach 27 LE, geteilt durch 12, also 3 Feuerlöscher dieses Typs für die Grundausstattung erforderlich.

➡ Zusätzliche Maßnahmen:

Zusätzlich werden für die Bereiche mit Brandklasse F Fettbrandlöscher mit Löschvermögen 75F bereitgestellt.

Beispiel 2.4:

Polsterei
Brandklassen: A und B
Grundfläche: 390 m^2
Ergebnis der Gefährdungsbeurteilung: erhöhte Brandgefährdung

➡ Grundausstattung mit Feuerlöschern gemäß Tabelle 3:

Tabelle 3 ergibt bis 400 m^2 – 18 LE.

Gewählt werden Schaumlöscher mit Löschvermögen 21A 113B, was nach Tabelle 2 für diesen Feuerlöschertyp 6 LE entspricht.

Es sind demnach 18 LE, geteilt durch 6, also 3 Feuerlöscher dieses Typs für die Grundausstattung erforderlich.

➡ Zusätzliche Maßnahmen:

Zusätzlich werden eine automatische Brandmeldeanlage aufgrund des unübersichtlichen Arbeitsbereiches und eine Löschanlage installiert.

Beispiel 2.5:

Speditionslager
Brandklasse: A
Grundfläche: 600 m^2
Ergebnis der Gefährdungsbeurteilung: erhöhte Brandgefährdung

➡ Grundausstattung mit Feuerlöschern gemäß Tabelle 3:

Tabelle 3 ergibt bis 600 m^2 – 24 LE.

Gewählt werden Wasserlöscher mit Löschvermögen 21A, was nach Tabelle 2 für diesen Feuerlöschertyp 6 LE entspricht.

Es sind demnach 24 LE, geteilt durch 6, also 4 Feuerlöscher dieses Typs für die Grundausstattung erforderlich.

➡ Zusätzliche Maßnahmen:

Zusätzlich werden 6 weitere Wasserlöscher mit Löschvermögen 13A bereitgestellt und im Speditionslager verteilt, um die Wege zum nächstgelegenen Feuerlöscher für einen noch schnelleren Zugriff zu verkürzen.

Anhang 3 Beispiele für die Abweichung von der Grundausstattung

Die Anwendung der in der ASR A2.2 angegebenen Maßnahmen zur Ermittlung der Grundausstattung von Arbeitsstätten gemäß Punkt 5.2 stellen die zweckmäßigen Lösungen für die Sicherung des Brandschutzes in einer Arbeitsstätte dar.

Abweichend von dieser Ermittlung der Grundausstattung kann der Arbeitgeber eine andere Lösung wählen, wenn er damit mindestens die gleiche Sicherheit und den gleichen Gesundheitsschutz für die Beschäftigten erreicht. Dieses gilt für die normale wie auch für die erhöhte Brandgefährdung.

Die in diesem Anhang aufgeführten Beispiele für solche Abweichungen zeigen die Vorgehensweise auf, ersetzen jedoch weder die Gefährdungsbeurteilung noch stellen sie eine „Musterlösung" dar, die ohne Prüfung der konkreten Bedingungen übernommen werden kann.

Da Abweichungen unter der Voraussetzung möglich sind, dass die Gleichwertigkeit mit den Lösungen nach ASR A2.2 gewährleistet wird, müssen die Abweichungen von der ASR A2.2 ermittelt und bewertet werden. Den Nachweis über die Gleichwertigkeit hat der Arbeitgeber im Einzelfall auf Basis der Gefährdungsbeurteilung zu erbringen.

Beispiele für normale Brandgefährdung

Beispiel 3.1:

Verwaltung
Brandklasse: A
Grundfläche: 600 m^2, eingeschossig
Ergebnis der Gefährdungsbeurteilung: normale Brandgefährdung
Hinweis: ein Wandhydrant ist vorhanden

Nach Punkt 5.2 wären hier insgesamt 24 LE erforderlich, sodass bei mindestens 6 LE je Feuerlöscher 4 Feuerlöscher als Grundausstattung erforderlich wären.

Das Ziel ist, den vorhandenen Wandhydranten weiter zu betreiben und als Teil der Grundausstattung zu berücksichtigen.

Aus der Gefährdungsbeurteilung ergibt sich auch, dass

- Wasser als Löschmittel geeignet ist,
- das Geschoss ausreichend groß (>400 m^2 Geschossfläche) ist, sodass der Einsatz eines Wandhydranten sinnvoll ist,
- es sich um einen Wandhydranten mit formbeständigem Schlauch handelt, der auch von einer Person eingesetzt werden kann,
- eine ausreichende Anzahl von Beschäftigten in der Handhabung dieses Wandhydranten unterwiesen ist,
- eine Verrauchung von Fluchtwegen (z. B. Treppenräumen) vermieden wird, weil der Wandhydrant sich auf dem Flur befindet und dessen Schlauch nicht durch Brand- oder Rauchschutztüren zum Brandherd geführt werden muss und
- mindestens 2/3 der erforderlichen Löschmitteleinheiten durch Feuerlöscher abgedeckt sind, da Wandhydranten nicht die alleinige Feuerlöscheinrichtung sein sollen.

Einem Wandhydranten könnten aufgrund seines Löschvermögens bis zu 27 LE zugeordnet werden. Auf Basis der Gefährdungsbeurteilung wird der vorhandene Wandhydrant mit 8 LE angerechnet. Die verbleibenden 16 LE werden durch 3 Pulverlöscher mit Löschvermögen 21A 113B, was nach Tabelle 2 für diesen Feuerlöschertyp 6 LE entspricht, abgedeckt.

Beispiele für erhöhte Brandgefährdung

Beispiel 3.2:

Küchenbetrieb mit 3 Kleinfritteusen mit einer Füllmenge von je 10 Litern Speiseöl pro Gerät
Brandklassen: A und F
Grundfläche: 180 m^2
Ergebnis der Gefährdungsbeurteilung: erhöhte Brandgefährdung

Nach Punkt 5.2 wären hier insgesamt 12 LE erforderlich, sodass bei mindestens 6 LE je Feuerlöscher 2 Feuerlöscher als Grundausstattung erforderlich wären. Dazu wären wegen der Brandklasse F zusätzliche Fettbrandlöscher notwendig.

Um Verwechslungen und eine Doppelausstattung zu vermeiden, soll die Ausstattung mit Feuerlöschern erfolgen, die für die Brandklassen A und F geeignet sind. Die verfügbaren Feuerlöscher haben allerdings nur ein Löschvermögen von 13A und 40F je Gerät, was nach Tabelle 2 für diese Bauart 4 LE für die Brandklasse A entspricht.

Die Gefährdungsbeurteilung ergibt, dass

- das gesamte Küchenpersonal zu Brandschutzhelfern ausgebildet ist,
- die Wahrscheinlichkeit, dass 2 Feuerlöscher gleichzeitig zum Einsatz kommen können, sehr hoch ist,
- die vorhandene Anzahl der Feuerlöscher sehr schnell erreichbar ist und
- auch bei einer Rückzündung des Speiseöls in der Fritteuse weitere Feuerlöscher (Löschmittelreserve) schnell zum Einsatz kommen können.

Auf Basis dieser Gefährdungsbeurteilung werden für die Küche insgesamt 3 auch für die Brandklasse A geeignete Fettbrandlöscher mit einem Löschvermögen von 13A und 40F je Gerät, was nach Tabelle 2 für diese Bauart 4 LE für die Brandklasse A entspricht, in der Nähe der Fritteusen positioniert.

Technische Regeln für Arbeitsstätten (ASR A2.3) Fluchtwege und Notausgänge, Flucht- und Rettungsplan

Ausgabe: August 2007

(GMBl 2007, S. 902; zuletzt geändert GMBl 2017, S. 8)

1 Zielstellung

Diese Arbeitsstättenregel konkretisiert die Anforderungen an das Einrichten und Betreiben von Fluchtwegen und Notausgängen sowie an den Flucht- und Rettungsplan nach § 3a Abs. 1 und § 4 Abs. 4 sowie Punkt 2.3 des Anhangs der Arbeitsstättenverordnung, um im Gefahrenfall das sichere Verlassen der Arbeitsstätte zu gewährleisten.

2 Anwendungsbereich

Diese Arbeitsstättenregel gilt für das Einrichten und Betreiben von Fluchtwegen sowie Notausgängen in Gebäuden und vergleichbaren Einrichtungen, zu denen Beschäftigte im Rahmen ihrer Arbeit Zugang haben, sowie für das Erstellen von Flucht- und Rettungsplänen und das Üben entsprechend dieser Pläne. Dabei ist die Anwesenheit von anderen Personen zu berücksichtigen.

Diese Arbeitsstättenregel gilt nicht

- für das Einrichten und Betreiben von
  a) nicht allseits umschlossenen und im Freien liegenden Arbeitsstätten
  b) entfallen
  c) Bereichen in Gebäuden und vergleichbaren Einrichtungen, in denen sich Beschäftigte nur im Falle von Instandhaltungsarbeiten (Wartung, Inspektion, Instandsetzung oder Verbesserung der Arbeitsstätten zum Erhalt des baulichen und technischen Zustandes) aufhalten müssen
  d) entfallen
- für das Verlassen von Arbeitsmitteln i. S. d. § 2 Abs. 1 Betriebssicherheitsverordnung im Gefahrenfall.

Sofern im Einzelfall vergleichbare Verhältnisse vorliegen, können sowohl in diesen sowie in den anderen vom Anwendungsbereich ausgenommenen Bereichen die hierfür zutreffenden Regelungen der Arbeitsstättenregel angewendet werden. Andernfalls sind spezifische Maßnahmen notwendig, um die erforderliche Sicherheit für die Beschäftigten im Gefahrenfall zu gewährleisten.

Hinweis:

Für die barrierefreie Gestaltung der Fluchtwege und Notausgänge sowie der Flucht- und Rettungspläne gilt die ASR V3a.2 „Barrierefreie Gestaltung von Arbeitsstätten", Anhang A2.3: Ergänzende Anforderungen zur ASR A2.3 „Fluchtwege und Notausgänge, Flucht- und Rettungsplan".

3 Begriffsbestimmungen

3.1 **Fluchtwege** sind Verkehrswege, an die besondere Anforderungen zu stellen sind und die der Flucht aus einem möglichen Gefährdungsbereich und in der Regel zugleich der Rettung von Personen dienen. Fluchtwege führen ins Freie oder in einen gesicherten Bereich. Fluchtwege im Sinne dieser Regel sind auch die im Bauordnungsrecht definierten Rettungswege, sofern sie selbstständig begangen werden können.

Den **ersten** Fluchtweg bilden die für die Flucht erforderlichen Verkehrswege und Türen, die nach dem Bauordnungsrecht notwendigen Flure und Treppenräume für notwendige Treppen sowie die Notausgänge.

Der **zweite** Fluchtweg führt durch einen zweiten Notausgang, der als Notausstieg ausgebildet sein kann.

3.2 **Fluchtweglänge** ist die kürzeste Wegstrecke in Luftlinie gemessen vom entferntesten Aufenthaltsort bis zu einem Notausgang.

3.3 entfallen

3.4 **Gefangener Raum** ist ein Raum, der ausschließlich durch einen anderen Raum betreten oder verlassen werden kann.

3.5 **Gesicherter Bereich** ist ein Bereich, in dem Personen vorübergehend vor einer unmittelbaren Gefahr für Leben und Gesundheit geschützt sind. Als gesicherte Bereiche gelten

z. B. benachbarte Brandabschnitte oder notwendige Treppenräume.

3.6 Ein **Notausgang** ist ein Ausgang im Verlauf eines Fluchtweges, der direkt ins Freie oder in einen gesicherten Bereich führt.

Ein **Notausstieg** ist im Verlauf eines zweiten Fluchtweges ein zur Flucht aus einem Raum oder einem Gebäude geeigneter Ausstieg.

3.7 Im Rahmen einer **Räumungsübung** wird überprüft, ob eine kurzfristige Evakuierung (Räumung) der im Anwendungsbereich dieser Regel genannten Bereiche im Gefahrenfall schnell und sicher möglich ist.

4 Allgemeines

(1) Beim Einrichten und Betreiben von Fluchtwegen und Notausgängen sind die beim Errichten von Rettungswegen zu beachtenden Anforderungen des Bauordnungsrechts der Länder zu berücksichtigen. Darüber hinaus können sich weitergehende Anforderungen an Fluchtwege und Notausgänge aus dieser Arbeitsstättenregel ergeben. Dies gilt z. B. für das Erfordernis zur Einrichtung eines zweiten Fluchtweges.

(2) Fluchtwege, Notausgänge und Notausstiege müssen ständig freigehalten werden, damit sie jederzeit benutzt werden können.

(3) Notausgänge und Notausstiege, die von außen verstellt werden können, sind auch von außen gem. Punkt 7 (3) zu kennzeichnen und durch weitere Maßnahmen zu sichern, z. B. durch die Anbringung von Abstandsbügeln für Kraftfahrzeuge.

(4) Aufzüge sind als Teil des Fluchtweges unzulässig.

(5) Das Erfordernis eines zweiten Fluchtweges ergibt sich aus der Gefährdungsbeurteilung unter besonderer Berücksichtigung der bei dem jeweiligen Aufenthaltsort bzw. Arbeitsplatz vorliegenden spezifischen Verhältnisse, z. B. einer erhöhten Brandgefahr oder der Anzahl der Personen, die auf den Fluchtweg angewiesen sind. Ein zweiter Fluchtweg kann z. B. erforderlich sein bei Produktions- oder Lagerräumen mit einer Fläche von mehr als 200 m^2, bei Geschossen mit einer Grundfläche von mehr als 1.600 m^2 oder aufgrund anderer spezifischer Vorschriften.

(6) Fahrsteige, Fahrtreppen, Wendel- und Spindeltreppen sowie Steigleitern und Steigeisengänge sind im Verlauf eines ersten Fluchtweges nicht zulässig. Im Verlauf eines zweiten Fluchtweges sind sie nur dann zulässig, wenn die Ergebnisse der Gefährdungsbeurteilung deren sichere Benutzung im Gefahrenfall erwarten lassen. Dabei sollten Fahrsteige gegenüber Fahrtreppen, Wendeltreppen gegenüber Spindeltreppen, Spindeltreppen gegenüber Steigleitern und Steigleitern gegenüber Steigeisengängen bevorzugt werden.

(7) Führen Fluchtwege durch Schrankenanlagen, z. B. in Kassenzonen oder Vereinzelungsanlagen, müssen sich Sperreinrichtungen schnell und sicher sowie ohne besondere Hilfsmittel mit einem Kraftaufwand von maximal 150 N in Fluchtrichtung öffnen lassen.

(8) Fluchtwege sind deutlich erkennbar und dauerhaft zu kennzeichnen. Die Kennzeichnung ist im Verlauf des Fluchtweges an gut sichtbaren Stellen und innerhalb der Erkennungsweite anzubringen. Sie muss die Richtung des Fluchtweges anzeigen.

(9) Der erste und der zweite Fluchtweg dürfen innerhalb eines Geschosses über denselben Flur zu Notausgängen führen.

5 Anordnung, Abmessungen

(1) Fluchtwege sind in Abhängigkeit von vorhandenen Gefährdungen und den damit gemäß Punkt 5 (2) dieser Regel verbundenen maximal zulässigen Fluchtweglängen, sowie in Abhängigkeit von Lage und Größe des Raumes anzuordnen.

Bei der Gefährdungsbeurteilung sind u. a. die Höchstzahl der Personen und der Anteil an ortsunkundigen Personen zu berücksichtigen.

(2) Die Fluchtweglänge muss möglichst kurz sein und darf

a) für Räume ohne oder mit normaler Brandgefährdung, ausgenommen Räume nach b) bis f)	bis zu 35 m
b) für Räume mit erhöhter Brandgefährdung mit selbsttätigen Feuerlöscheinrichtungen	bis zu 35 m

IV

c) für Räume mit erhöhter Brandgefährdung ohne selbsttätige Feuerlöscheinrichtungen bis zu 25 m
d) für giftstoffgefährdete Räume bis zu 20 m
e) für explosionsgefährdete Räume, ausgenommen Räume nach f) bis zu 20 m
f) für explosivstoffgefährdete Räume bis zu 10 m

betragen (bezüglich der Begriffsbestimmungen der Brandgefährdungen siehe ASR A2.2 „Maßnahmen gegen Brände"). Die tatsächliche Laufweglänge darf jedoch nicht mehr als das 1,5fache der Fluchtweglänge betragen. Sofern es sich bei einem Fluchtweg nach a), b) oder c) auch um einen Rettungsweg handelt und das Bauordnungsrecht der Länder für diesen Weg eine von Satz 1 abweichende längere Weglänge zulässt, können beim Einrichten und Betreiben des Fluchtweges die Maßgaben des Bauordnungsrechts angewandt werden.

(3) Die Mindestbreite der Fluchtwege bemisst sich nach der höchstmöglichen Anzahl der Personen, die im Bedarfsfall den Fluchtweg benutzen müssen und ergibt sich aus Tabelle 1:

Tabelle 1: Mindestbreite der Fluchtwege

Nr.	Anzahl der Personen (Einzugsgebiet)	Lichte Breite (in m)
1	bis 5	0,875
2	bis 20	1,00
3	bis 200	1,20
4	bis 300	1,80
5	bis 400	2,40

Bei der Bemessung von Tür-, Flur- und Treppenbreiten sind sämtliche Räume und für die Flucht erforderliche und besonders gekennzeichnete Verkehrswege in Räumen zu berücksichtigen, die in den Fluchtweg münden. Tür-, Flur- und Treppenbreiten sind aufeinander abzustimmen.

Die Mindestbreite des Fluchtweges darf durch Einbauten oder Einrichtungen sowie in Richtung des Fluchtweges zu öffnende Türen nicht eingeengt werden. Eine Einschränkung der Mindestbreite der Flure von maximal 0,15 m an Türen kann vernachlässigt werden. Für Einzugsgebiete bis 5 Personen darf die lichte Breite jedoch an keiner Stelle weniger als 0,80 m betragen.

(4) Die lichte Höhe über Fluchtwegen muss mindestens 2,00 m betragen. Eine Unterschreitung der lichten Höhe von maximal 0,05 m an Türen kann vernachlässigt werden.

6 Ausführung

(1) Manuell betätigte Türen in Notausgängen müssen in Fluchtrichtung aufschlagen. Die Aufschlagrichtung von sonstigen Türen im Verlauf von Fluchtwegen hängt von dem Ergebnis der Gefährdungsbeurteilung ab, die im Einzelfall unter Berücksichtigung der örtlichen und betrieblichen Verhältnisse, insbesondere der möglichen Gefahrenlage, der höchstmöglichen Anzahl der Personen, die gleichzeitig einen Fluchtweg benutzen müssen, sowie des Personenkreises, der auf die Benutzbarkeit der Türen angewiesen ist, durchzuführen ist.

(2) Karussell- und Schiebetüren, die ausschließlich manuell betätigt werden, sind in Fluchtwegen unzulässig. Automatische Türen und Tore sind im Verlauf von Fluchtwegen nur in Fluren und für Räume nach Punkt 5 (2) a) und b) zulässig, wenn sie den diesbezüglichen bauordnungsrechtlichen Anforderungen entsprechen. Sie dürfen nicht in Notausgängen eingerichtet und betrieben werden, die ausschließlich für den Notfall konzipiert und ausschließlich im Notfall benutzt werden.

(3) Türen im Verlauf von Fluchtwegen und Notausstiege müssen sich leicht und ohne besondere Hilfsmittel öffnen lassen, solange Personen im Gefahrenfall auf die Nutzung des entsprechenden Fluchtweges angewiesen sind.

Leicht zu öffnen bedeutet, dass die Öffnungseinrichtung gut erkennbar und an zugänglicher Stelle angebracht (insbesondere

Entriegelungshebel bzw. -knöpfe zur Handbetätigung von automatischen Türen), sowie dass die Betätigungsart leicht verständlich und das Öffnen mit nur geringer Kraft möglich ist.

Ohne besondere Hilfsmittel bedeutet, dass die Tür im Gefahrenfall unmittelbar von jeder Person geöffnet werden kann.

(4) Verschließbare Türen und Tore im Verlauf von Fluchtwegen müssen jederzeit von innen ohne besondere Hilfsmittel leicht zu öffnen sein. Dies ist gewährleistet, wenn sie mit besonderen mechanischen Entriegelungseinrichtungen, die mittels Betätigungselementen, z. B. Türdrücker, Panikstange, Paniktreibriegel oder Stoßplatte, ein leichtes Öffnen in Fluchtrichtung jederzeit ermöglichen, oder mit bauordnungsrechtlich zugelassenen elektrischen Verriegelungssystemen ausgestattet sind. Bei elektrischen Verriegelungssystemen übernimmt die Not-Auf-Taste die Funktion der o. g. mechanischen Entriegelungseinrichtung. Bei Stromausfall müssen elektrische Verriegelungssysteme von Türen im Verlauf von Fluchtwegen selbstständig entriegeln.

(5) Am Ende eines Fluchtweges muss der Bereich im Freien bzw. der gesicherte Bereich so gestaltet und bemessen sein, dass sich kein Rückstau bilden kann und alle über den Fluchtweg flüchtenden Personen ohne Gefahren, z. B. durch Verkehrswege oder öffentliche Straßen, aufgenommen werden können.

(6) Treppen im Verlauf von ersten Fluchtwegen müssen, Treppen im Verlauf von zweiten Fluchtwegen sollen über gerade Läufe verfügen.

(7) Fluchtwege dürfen keine Ausgleichsstufen enthalten. Geringe Höhenunterschiede sind durch Schrägrampen mit einer maximalen Neigung von 6 % auszugleichen.

(8) Für Notausstiege sind erforderlichenfalls fest angebrachte Aufstiegshilfen zur leichten und raschen Benutzung vorzusehen (z. B. Podest, Treppe, Steigeisen oder Haltestangen zum Überwinden von Brüstungen). Notausstiege müssen im Lichten mindestens 0,90 m in der Breite und mindestens 1,20 m in der Höhe aufweisen.

(9) Dachflächen, über die zweite Fluchtwege führen, müssen den bauordnungsrechtlichen Anforderungen an Rettungswege entsprechen (z. B. hinsichtlich Tragfähigkeit, Feuerwiderstandsdauer und Umwehrungen der Fluchtwege im Falle einer bestehenden Absturzgefahr).

(10) Gefangene Räume dürfen als Arbeits-, Bereitschafts-, Liege-, Erste-Hilfe- und Pausenräume nur genutzt werden, wenn die Nutzung nur durch eine geringe Anzahl von Personen erfolgt und wenn folgende Maßgaben beachtet wurden:

- Sicherstellung der Alarmierung im Gefahrenfall, z. B. durch eine automatische Brandmeldeanlage mit Alarmierung
  oder
- Gewährleistung einer Sichtverbindung zum Nachbarraum, sofern der gefangene Raum nicht zum Schlafen genutzt wird und im vorgelagerten Raum nicht mehr als eine normale Brandgefährdung vorhanden ist.

7 Kennzeichnung

(1) Die Kennzeichnung der Fluchtwege, Notausgänge, Notausstiege und Türen im Verlauf von Fluchtwegen muss entsprechend der ASR A1.3 „Sicherheits- und Gesundheitsschutzkennzeichnung" erfolgen.

(2) Erforderlichenfalls ist ein Sicherheitsleitsystem einzurichten, wenn aufgrund der örtlichen oder betrieblichen Bedingungen eine erhöhte Gefährdung vorliegt. Eine erhöhte Gefährdung kann z. B. in großen zusammenhängenden oder mehrgeschossigen Gebäudekomplexen, bei einem hohen Anteil ortsunkundiger Personen oder einem hohen Anteil an Personen mit eingeschränkter Mobilität vorliegen. Dabei kann ein Sicherheitsleitsystem notwendig sein, das auf eine Gefährdung reagiert und die günstigste Fluchtrichtung anzeigt.

(3) Notausgänge und Notausstiege sind, sofern diese von der Außenseite zugänglich sind, auf der Außenseite mit dem Verbotszeichen „P023 Abstellen oder Lagern verboten" zu kennzeichnen und ggf. gemäß Punkt 4 (3) zu sichern.

8 Sicherheitsbeleuchtung

Fluchtwege sind mit einer Sicherheitsbeleuchtung auszurüsten, wenn bei Ausfall der allgemeinen Beleuchtung das gefahrlose Verlassen der Arbeitsstätte nicht gewährleistet ist.

Eine Sicherheitsbeleuchtung kann z. B. in Arbeitsstätten erforderlich sein

– mit großer Personenbelegung, hoher Geschosszahl, Bereichen erhöhter Gefährdung oder unübersichtlicher Fluchtwegführung
– die durch ortsunkundige Personen genutzt werden
– in denen große Räume durchquert werden müssen (z. B. Hallen, Großraumbüros oder Verkaufsgeschäfte)
– ohne Tageslichtbeleuchtung, z. B. bei Räumen unter Erdgleiche.

9 Flucht- und Rettungsplan

(1) Der Arbeitgeber hat einen Flucht- und Rettungsplan für die Bereiche in Arbeitsstätten zu erstellen, in denen die Lage, die Ausdehnung oder die Art der Benutzung der Arbeitsstätte dies erfordert.

Flucht- und Rettungspläne können z. B. erforderlich sein:

– bei unübersichtlicher Fluchtwegführung (z. B. über Zwischengeschosse, durch größere Räume, gewinkelte oder von den normalen Verkehrswegen abweichende Wegführung),
– bei einem hohen Anteil an ortsunkundigen Personen (z. B. Arbeitsstätten mit Publikumsverkehr) oder
– in Bereichen mit einer erhöhten Gefährdung (z. B. Räume nach Punkt 5 (2) c) bis f)), wenn sich aus benachbarten Arbeitsstätten Gefährdungsmöglichkeiten ergeben (z. B. durch explosions- bzw. brandgefährdete Anlagen oder Stofffreisetzung).

(2) Flucht- und Rettungspläne müssen aktuell, übersichtlich, gut lesbar und farblich unter Verwendung von Sicherheitsfarben und Sicherheitszeichen gestaltet sein. Angaben zur Gestaltung von Flucht- und Rettungsplänen siehe ASR A1.3 „Sicherheits und Gesundheitsschutzkennzeichnung".

(3) Die Flucht- und Rettungspläne müssen graphische Darstellungen enthalten über

– den Gebäudegrundriss oder Teile davon
– den Verlauf der Fluchtwege
– die Lage der Erste-Hilfe-Einrichtungen
– die Lage der Brandschutzeinrichtungen
– die Lage der Sammelstellen
– den Standort des Betrachters.

(4) Regeln für das Verhalten im Brandfall und das Verhalten bei Unfällen sind eindeutig und in kurzer, prägnanter Form und in hinreichender Schriftgröße in jeden Flucht- und Rettungsplan zu integrieren. Die Inhalte der Verhaltensregeln sind den örtlichen Gegebenheiten anzupassen.

(5) Die Flucht- und Rettungspläne sind in den Bereichen der Arbeitsstätte in ausreichender Zahl an geeigneten Stellen auszuhängen, in denen sie nach Punkt 9 (1) zu erstellen sind. Geeignete Stellen sind beispielsweise zentrale Bereiche in Fluchtwegen, an denen sich häufiger Personen aufhalten (z. B. vor Aufzugsanlagen, in Pausenräumen, in Eingangsbereichen, vor Zugängen zu Treppen, an Kreuzungspunkten von Verkehrswegen).

Sie müssen auf den jeweiligen Standort des Betrachters bezogen lagerichtig dargestellt werden.

Ist am Ort des Aushangs des Flucht- und Rettungsplans eine Sicherheitsbeleuchtung nach Punkt 8 erforderlich, muss die Nutzbarkeit des Flucht- und Rettungsplans auch bei Ausfall der allgemeinen Beleuchtung gewährleistet sein (z. B. durch eine entsprechende Anordnung der Sicherheitsbeleuchtung oder durch Verwendung von nachleuchtenden Materialien).

(6) Der Arbeitgeber hat die Beschäftigten über den Inhalt der Flucht- und Rettungspläne, sowie über das Verhalten im Gefahrenfall regelmäßig in verständlicher Form vorzugsweise mindestens einmal jährlich im Rahmen einer Begehung der Fluchtwege zu informieren.

(7) Auf der Grundlage der Flucht- und Rettungspläne sind Räumungsübungen durchzuführen.

Anhand der Übungen soll mindestens überprüft werden, ob

- die Alarmierung zu jeder Zeit unverzüglich ausgelöst werden kann,
- die Alarmierung alle Personen erreicht, die sich im Gebäude aufhalten,
- sich alle Personen, die sich im Gebäude aufhalten, über die Bedeutung der jeweiligen Alarmierung im Klaren sind,
- die Fluchtwege schnell und sicher benutzt werden können.

Zur Festlegung der Häufigkeit und des Umfangs der Räumungsübungen sowie zu deren Durchführung sind auch Anforderungen anderer Rechtsvorschriften (z. B. Bauordnungsrecht, Gefahrstoffrecht, Immissionsschutzrecht) zu berücksichtigen.

(8) Für Arbeitsstätten, in denen gemäß der Gefährdungsbeurteilung besondere Gefährdungen auftreten können oder aufgrund der örtlichen Gegebenheiten sowie der Nutzungsart mit komplizierten Bedingungen im Gefahrenfall zu rechnen ist, ist unter Berücksichtigung der Anforderungen aus anderen Rechtsgebieten zu prüfen, ob zusätzliche Anforderungen nach § 10 Arbeitsschutzgesetz erforderlich sind, z. B. die Aufstellung betrieblicher Alarm- und Gefahrenabwehrpläne oder die Erstellung von Brandschutzordnungen oder Evakuierungsplänen.

(9) Der Flucht- und Rettungsplan ist mit entsprechenden Plänen nach anderen Rechtsvorschriften, z. B. den Alarm- und Gefahrenabwehrplänen nach § 10 der Störfallverordnung, abzustimmen oder mit diesen zu verbinden.

10 Abweichende/ergänzende Anforderungen für Baustellen

(1) Auf Baustellen, auf denen Beschäftigte mehrerer Arbeitgeber tätig werden, haben sich diese Arbeitgeber bei der Festlegung von Maßnahmen zur Gestaltung von Fluchtwegen abzustimmen. Die Hinweise des nach Baustellenverordnung bestellten Koordinators sind dabei zu berücksichtigen.

(2) Die Anforderungen in den Punkten 5 und 6 dieser ASR sind aufgrund der örtlichen und betrieblichen Gegebenheiten auf Baustellen nicht durchgehend anwendbar. In diesen Fällen sind in Abhängigkeit von der höchstmöglichen Anzahl der anwesenden Personen, die im Bedarfsfall den Fluchtweg benutzen, die Anordnung, die Abmessungen und die Ausführung der Fluchtwege im Ergebnis der Gefährdungsbeurteilung festzulegen und an den Baufortschritt anzupassen. Fluchtwege können auch über temporäre Verkehrswege führen, z. B. Treppentürme, Gerüste oder Anlegeleitern.

(3) Fluchtwege, die nicht erkennbar ins Freie oder in einen gesicherten Bereich führen oder deren Verlauf sich während der Baumaßnahme wesentlich ändert oder unübersichtlich ist, müssen nach Punkt 7 gekennzeichnet sein. Auch in diesen Fällen ist ein Flucht- und Rettungsplan nach Punkt 9 erforderlich.

(4) Die Kennzeichnung nach Punkt 7 hat zum frühest möglichen Zeitpunkt, spätestens nach Fertigstellung einzelner Bauabschnitte zu erfolgen.

(5) Der Flucht- und Rettungsplan kann mit Baustelleneinrichtungsplänen oder Baustellenordnungen verbunden und abweichend von Punkt 9 (5) an einer zentralen Stelle, z. B. dem sogenannten „Schwarzen Brett", witterungsgeschützt ausgehängt sein. Insbesondere bei großen und komplexen bzw. unübersichtlichen Baustellen kann es erforderlich werden, orts-, geschoss- oder abschnittsbezogene Flucht- und Rettungspläne an anderen geeigneten Stellen auszuhängen.

(6) Abweichend von Punkt 9 (6) hat der Arbeitgeber in Abhängigkeit der Baustellensituation über Veränderungen der Fluchtwege unverzüglich zu informieren.

(7) Beispiele für Baustellen mit besonderen Gefährdungen nach Punkt 9 (8) sind:

- Tunnelbau,
- Arbeiten in Druckluft und Caissonbau,
- Turm- und Schornsteinbau.

Technische Regeln für Arbeitsstätten (ASR A3.4) Beleuchtung

Ausgabe: April 2011

(GMBl. 2011, S. 303; zuletzt geändert GMBl 2014, S. 287)

1 Zielstellung

(1) Diese Arbeitsstättenregel konkretisiert die Anforderungen an das Einrichten und Betreiben der Beleuchtung von Arbeitsstätten in § 3a Abs. 1 sowie insbesondere im Punkt 3.4 Abs. 1 und 2 des Anhanges der Arbeitsstättenverordnung. Weiterhin konkretisiert diese Arbeitsstättenregel die Anforderungen im Punkt 3.5 Abs. 2 des Anhanges der Arbeitsstättenverordnung bezüglich des Blendschutzes bei Sonneneinstrahlung.

(2) Die Festlegungen dieser ASR zur Beleuchtung dienen der Sicherheit und dem Gesundheitsschutz der Beschäftigten am Arbeitsplatz und beschreiben für ausgewählte Tätigkeiten die erforderliche Beleuchtung zur gesundheitsgerechten Erledigung der Sehaufgaben. Der Einfluss des Tageslichts am Arbeitsplatz wird soweit berücksichtigt, wie dies für die Gesundheit und Sicherheit der Beschäftigten erforderlich ist.

Hinweis:
Die Anforderungen dieser ASR weichen in Einzelfällen von Normen, insbesondere von DIN EN 12464-1:2003 Beleuchtung von Arbeitsstätten – Teil 1: Arbeitsstätten in Innenräumen sowie DIN EN 12464-2:2007 – Teil 2: Beleuchtung im Freien ab. Die DIN EN 12464 Teil 1 und 2 legen Planungsgrundlagen für Beleuchtungsanlagen fest, berücksichtigen aber nicht die Anforderungen, die an Sicherheit und Gesundheitsschutz der Beschäftigten bei der Arbeit zu stellen sind.

2 Anwendungsbereich

(1) Diese ASR findet Anwendung auf die natürliche und künstliche Beleuchtung von Arbeitsstätten in Gebäuden und fliegenden Bauten oder im Freien, soweit dem betriebstechnische Gründe nicht entgegenstehen, z. B. in Räumen mit Fotolaboren und in Gasträumen. Betriebstechnische Besonderheiten können die Nichtanwendung bestimmter Anforderungen dieser ASR begründen. In solchen Fällen ist im Rahmen der Gefährdungsbeurteilung vom Arbeitgeber zu entscheiden, welche Maßnahmen zur Sicherheit und zum Gesundheitsschutz der Beschäftigten durchgeführt werden müssen.

(2) Anforderungen zum Schutz vor der thermischen Belastung durch Sonneneinstrahlung siehe ASR A3.5 „Raumtemperatur".

3 Begriffsbestimmungen

3.1 Der **Bereich des Arbeitsplatzes** setzt sich zusammen aus

- den Arbeitsflächen,
- den Bewegungsflächen und
- allen dem unmittelbaren Fortgang der Arbeit dienenden Stellflächen.

3.2 **Umgebungsbereich** ist ein räumlicher Bereich, der sich direkt an einen Bereich oder mehrere Bereiche von Arbeitsplätzen anschließt oder durch die Raumwände oder Verkehrswege begrenzt wird.

3.3 **Arbeitsfläche** ist eine Fläche in Arbeitshöhe, auf der die eigentliche Arbeitsaufgabe verrichtet wird.

3.4 **Bewegungsflächen** sind zusammenhängende unverstellte Bodenflächen am Arbeitsplatz, die mindestens erforderlich sind, um den Beschäftigten bei ihrer Tätigkeit wechselnde Arbeitshaltungen sowie Ausgleichsbewegungen zu ermöglichen.

3.5 Eine **Teilfläche** ist eine Fläche mit höheren Sehanforderungen, z. B. Lesen, Schreiben, Messen, Kontrollieren und Betrachten von Fertigungsprozessen, innerhalb einer Arbeitsfläche.

3.6 Die **Beleuchtungsstärke** E ist ein Maß für das auf eine Fläche auftreffende Licht. Die Beleuchtungsstärke wird in Lux (lx) gemessen.

3.7 Die **mittlere Beleuchtungsstärke** $\bar{E}$ ist die über eine Fläche gemittelte Beleuchtungsstärke.

3.8 Der **Mindestwert der Beleuchtungsstärke** (siehe Anhänge 1 und 2) $\bar{E}_m$ ist der Wert, unter den die mittlere Beleuchtungsstärke auf einer bestimmten Fläche nicht sinken darf.

3.9 Die **horizontale Beleuchtungsstärke** E_h ist die Beleuchtungsstärke auf einer horizontalen Fläche, z. B. auf einer Arbeitsfläche.

3.10 Die **vertikale Beleuchtungsstärke** E_v ist die Beleuchtungsstärke auf einer vertikalen Fläche.

3.11 Der **Tageslichtquotient** D ist das Verhältnis der Beleuchtungsstärke an einem Punkt im Innenraum E_p zur Beleuchtungsstärke im Freien ohne Verbauung E_a bei bedecktem Himmel.

– $D = E_p/E_a \times 100\ \%$

3.12 Unter **Blendung** versteht man Störungen durch zu hohe Leuchtdichten oder zu große Leuchtdichteunterschiede im Gesichtsfeld. Sie entsteht z. B. durch

- schlecht abgeschirmte und zu helle Lichtquellen (Direktblendung) oder
- störende Spiegelungen von hellen Lichtquellen auf Arbeitsmitteln, auf glänzenden Oberflächen, z. B. auf Bildschirmen, blanken Werkstücken oder glänzenden Maschinenteilen (Reflexblendung).

3.13 Die **Farbwiedergabe** ist die Wirkung einer Lichtquelle auf den Farbeindruck, den ein Mensch von einem Objekt hat, das mit dieser Lichtquelle beleuchtet wird. Der Farbwiedergabeindex R_a ist eine dimensionslose Kennzahl von 0 bis 100, mit der die Farbwiedergabeeigenschaften der Lampen klassifiziert wird. Je höher der Wert, je besser ist die Farbwiedergabe.

4 Beleuchtung mit Tageslicht

4.1 Ausreichendes Tageslicht

(1) Die Arbeitsstätten müssen möglichst ausreichend Tageslicht erhalten. Eine Beleuchtung mit Tageslicht ist der Beleuchtung mit ausschließlich künstlichem Licht vorzuziehen. Helle Wände und Decken unterstützen die Nutzung des Tageslichts. Tageslicht weist Gütemerkmale (z. B. die Dynamik, die Farbe, die Richtung, die Menge des Lichts) auf, die in ihrer Gesamtheit von künstlicher Beleuchtung nicht zu erreichen sind. Tageslicht hat im Allgemeinen eine positive Wirkung auf die Gesundheit und das Wohlempfinden des Menschen.

(2) Tageslicht kann durch Fenster, Dachoberlichter und lichtdurchlässige Bauteile in Gebäude gelangen, wobei Fenster zusätzlich eine Sichtverbindung nach außen ermöglichen. Eine gleichmäßige Lichtverteilung kann mit Dachoberlichtern erreicht werden, wenn der Abstand der Dachoberlichter voneinander nicht größer ist als die lichte Raumhöhe.

(3) Die Anforderung nach ausreichendem Tageslicht wird erfüllt, wenn in Arbeitsräumen

- am Arbeitsplatz ein Tageslichtquotient größer als 2 %, bei Dachoberlichtern größer als 4 % erreicht wird oder
- mindestens ein Verhältnis von lichtdurchlässiger Fenster-, Tür- oder Wandfläche bzw. Oberlichtfläche zur Raumgrundfläche von mindestens 1:10 (entspricht ca. 1:8 Rohbaumaße), eingehalten ist. Die Einrichtung fensternaher Arbeitsplätze ist zu bevorzugen.

Die Anforderungen gelten auch für Aufenthaltsbereiche in Pausenräumen.

Wenn die Forderung nach ausreichendem Tageslicht in bestehenden Arbeitsstätten oder auf Grund spezifischer betriebstechnischer Anforderungen nicht einzuhalten ist, sind im Rahmen der Gefährdungsbeurteilung andere Maßnahmen zur Gewährleistung der Sicherheit und des Gesundheitsschutzes erforderlich. Eine andere Maßnahme besteht in der Einrichtung und Nutzung von Pausenräumen mit hohem Tageslichteinfall in Verbindung mit einer geeigneten Pausengestaltung.

Abb. 1: Beispiel für die Tageslichtversorgung in Abhängigkeit von der Raumhöhe, der Größe und Anordnung des Fensters

(4) Für die Beleuchtung von Arbeitsplätzen mit Tageslicht sind in Fenstern und Dachoberlichtern Verglasungsmaterialien zu verwenden, die zu einer möglichst geringen Veränderung des Farbeindrucks führen.

4.2 Maßnahmen zur Begrenzung der Blendung

Störende Blendung durch Sonneneinstrahlung ist zu vermeiden oder – wenn dies nicht möglich ist – zu minimieren. Zur Begrenzung störender Blendungen oder Reflexionen können z. B. Jalousien, Rollos und Lamellenstores dienen. Bei Dachoberlichtern können dies z. B. lichtstreuende Materialien oder Verglasungen mit integrierten Lamellenrastern sein.

Die Anforderungen aus der ASR A3.5 „Raumtemperatur" bezüglich übermäßiger Sonneneinstrahlung (siehe Punkt 4.3 sowie Tabelle 3 der ASR A3.5) sind zu beachten.

5 Künstliche Beleuchtung in Gebäuden

5.1 Allgemeine Anforderungen

Da Tageslicht örtlich und zeitlich nicht immer in ausreichendem Maße vorhanden ist, ist zusätzlich eine künstliche Beleuchtung erforderlich. Die Arbeitsstätten müssen mit Einrichtungen für eine der Sicherheit und dem Gesundheitsschutz der Beschäftigten angemessenen künstlichen Beleuchtung ausgestattet sein. Eine Verringerung des individuellen Sehvermögens, z. B. mit zunehmendem Alter, kann eine höhere Anforderung an die Beleuchtungsqualität (z. B. eine höhere Beleuchtungsstärke und höhere Anforderungen an die Begrenzung der Blendung) erfordern.

5.2 Beleuchtungsstärken

(1) Beim Einrichten und Betreiben von Arbeitsstätten müssen die Mindestwerte der Beleuchtungsstärken des Anhanges 1 eingehalten werden.

Ergibt sich bei der Gefährdungsbeurteilung, dass in bestehenden Arbeitsstätten die Einhaltung der Mindestwerte der Beleuchtungsstärken nach Anhang 1 mit Aufwendungen verbunden ist, die offensichtlich unverhältnismäßig sind, so hat der Arbeitgeber die betroffenen Arbeitsplätze individuell zu beurteilen. Bei der Gefährdungsbeurteilung hat der Arbeitgeber zu prüfen, wie durch andere oder ergänzende Maßnahmen die Sicherheit und der Gesundheitsschutz der Beschäftigten in vergleichbarer Weise gesichert werden kann; die erforderlichen Maßnahmen hat er durchzuführen. Solche Maßnahmen sind z. B. der Einsatz von effizienteren Leuchtmitteln oder die Verkürzung von Wartungsintervallen der Beleuchtungseinrichtungen.

(2) Für Arbeitsplätze, Arbeitsräume und Tätigkeiten, die im Anhang 1 nicht aufgelistet sind, sind die erforderlichen Werte im Rahmen der Gefährdungsbeurteilung zu ermitteln.

(3) An keiner Stelle im Bereich des Arbeitsplatzes darf das 0,6-fache der mittleren Beleuchtungsstärke unterschritten werden. Der niedrigste Wert darf nicht im Bereich der Hauptsehaufgabe liegen.

(4) Die Beleuchtung kann als raumbezogene Beleuchtung oder auf den Bereich des Arbeitsplatzes bezogene Beleuchtung ausgeführt werden. Die im Anhang 1 angegebenen Mindestwerte der Beleuchtungsstärke müssen erreicht werden.

Die Anwendung einer raumbezogenen Beleuchtung kann gegeben sein, wenn

- Arbeitsplätze in der Planungsphase örtlich nicht zugeordnet werden können,
- eine flexible Anordnung der Arbeitsplätze vorgesehen ist.

Bei den genannten Anwendungsfällen für die raumbezogene Beleuchtung ist es möglich in der Grundausstattung den gesamten Raum mit dem Mindestwert der Beleuchtungsstärke für den Umgebungsbereich entsprechend der späteren Nutzung zu beleuchten. In diesen Fällen ist durch zusätzliche Beleuchtung, z. B. mobile Beleuchtungssysteme, die Mindestbeleuchtungsstärke für den Bereich des Arbeitsplatzes sicherzustellen.

Die Anwendung einer auf den Bereich des Arbeitsplatzes bezogenen Beleuchtung kann gegeben sein, wenn

- die Anordnung der Arbeitsplätze und deren Umgebungsbereiche bekannt sind,
- verschiedene Arbeitsplätze – auch innerhalb eines Raumes – unterschiedliche Beleuchtungsbedingungen erfordern.

(5) Die mittlere Beleuchtungsstärke im Umgebungsbereich eines Arbeitsplatzes mit 300 lx Beleuchtungsstärke muss mindestens 200 lx betragen. Bei Arbeitsplätzen, die mit 500 lx oder mehr zu beleuchten sind, muss die mittlere Beleuchtungsstärke im Umgebungsbereich mindestens 300 lx betragen. Beleuchtungsstärken über 500 lx im Bereich des Arbeitsplatzes können eine höhere mittlere Beleuchtungsstärke im Umgebungsbereich erfordern. Die minimale Beleuchtungsstärke im Umgebungsbereich darf das 0,5-fache der mittleren Beleuchtungsstärke des Umgebungsbereichs nicht unterschreiten.

(6) Bei Mindestwerten der Beleuchtungsstärke über 500 lx nach Anhang 1 ist es zulässig, diese nicht am gesamten Arbeitsplatz, sondern nur auf den für die Sehaufgabe relevanten Teilflächen zu erreichen. Dies kann zum Beispiel durch zusätzliche Arbeitsplatzleuchten geschehen. Die mittlere Beleuchtungsstärke im Bereich des Arbeitsplatzes darf bei teilflächenbezogener Beleuchtung 500 lx nicht unterschreiten. An keiner Stelle im Bereich des Arbeitsplatzes darf ein Einzelwert der Beleuchtungsstärke 300 lx unterschreiten.

Die Anwendung einer teilflächenbezogenen Beleuchtung kann gegeben sein, wenn

- besondere Sehaufgaben (wenig Kontraste, Notwendigkeit zur Erkennung von Oberflächenstrukturen, Arbeiten mit kleinen Teilen, kurze Betrachtungszeiträume) vorliegen,
- eine Anpassung an das individuelle Sehvermögen der Beschäftigten erfolgt.

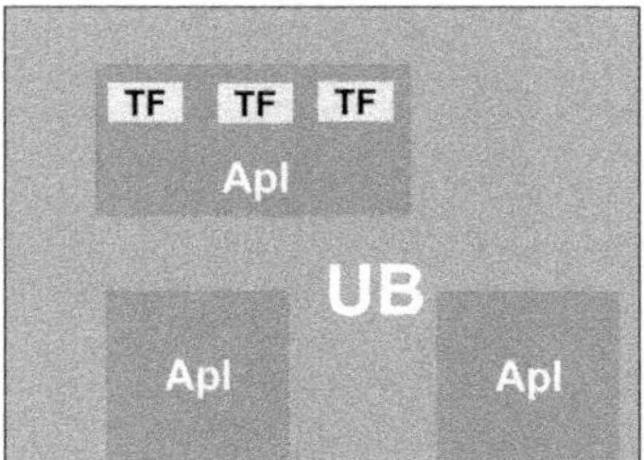

Abb. 2: Prinzipskizze zur Aufteilung einer Arbeitsstätte in zu beleuchtende Bereiche (Apl = Bereich des Arbeitsplatzes, TF = Teilfläche, UB = Umgebungsbereich)

(7) Die mittlere vertikale Beleuchtungsstärke muss der Seh- und Arbeitsaufgabe angemessen sein. Sie muss den im Anhang 1 angegebenen Werten entsprechen, soweit hierauf in der Spalte „Bemerkungen" verwiesen wird. Bei hellen Raumflächen und breit strahlenden Leuchten ist bei Einhalten der horizontalen Beleuchtungsstärken nach Anhang 1 in der Regel eine ausreichende vertikale Beleuchtungsstärke gegeben. Bewährt hat sich für Büroarbeitsplätze, Arbeitsplätze im Gesundheitsdienst und vergleichbare Arbeitsplätze (siehe Anhang 1, Spalte „Bemerkungen") ein Verhältnis von vertikaler Beleuchtungsstärke zu horizontaler Beleuchtungsstärke von $\geq$ 1:3.

5.3 Begrenzung von Blendung

(1) Störende Blendung oder Reflexionen sind zu minimieren. Blendung, die zu Unfällen führen kann, muss vermieden werden.

(2) Geeignete Maßnahmen zur Vermeidung und Begrenzung der Blendung sind z. B.

- Auswahl geeigneter Leuchtmittel,
- richtige Auswahl und Anordnung der Leuchten,
- Verringerung der Helligkeitsunterschiede zwischen Blendquelle und Umfeld, z. B. durch helle Decken und Wände,
- Vermeidung von Reflexionen, z. B. durch entsprechende Oberflächengestaltung (matte Oberflächen).

5.4 Farbwiedergabe

(1) Es müssen Lampen mit mindestens einem Farbwiedergabeindex nach Anhang 1 verwendet werden. Durch die Leuchte darf dieser Farbwiedergabeindex nicht unterschritten werden. Für Arbeitsplätze, die im Anhang 1 nicht aufgelistet sind, sind die erforderlichen Werte im Rahmen der Gefährdungsbeurteilung zu ermitteln.

(2) Durch Auswahl der Lampen und Leuchten ist sicherzustellen, dass Sicherheitszeichen und Sicherheitsfarben als solche erkennbar sind sowie die Signalwirkung von selbstleuchtenden Sicherheitszeichen nicht beeinträchtigt wird. Werden Lampen mit einem Farbwiedergabeindex $R_a < 40$ verwendet,

muss durch geeignete Maßnahmen sichergestellt werden, dass Sicherheitsfarben erkennbar bleiben (z. B. durch Hinterleuchtung oder Anstrahlung).

5.5 Flimmern oder Pulsation

Flimmern oder Pulsation dürfen nicht zu Unfallgefahren (z. B. durch stroboskopischen Effekt) oder Ermüdungen führen. Dies kann z. B. durch den Einsatz von elektronischen Vorschaltgeräten oder durch Drei-Phasen-Schaltung verhindert werden.

5.6 Schatten

Schatten ermöglicht die räumliche Wahrnehmung. Durch angemessene Schattigkeit können Gegenstände in ihrer Form und Oberflächenstruktur leichter erkannt werden. Schatten, die Gefahrenquellen überdecken, dürfen nicht zu Unfallgefahren führen. Sie können z. B. durch Anordnung mehrerer Leuchten, die aus verschiedenen Richtungen Licht abgeben, minimiert werden.

6 Künstliche Beleuchtung im Freien

6.1 Beleuchtungsstärken

(1) Beim Einrichten und Betreiben von Arbeitsstätten im Freien müssen die Mindestwerte der Beleuchtungsstärken im Anhang 2 eingehalten werden.

Ergibt sich bei der Gefährdungsbeurteilung, dass in bestehenden Arbeitsstätten die Einhaltung der Mindestwerte der Beleuchtungsstärken nach Anhang 2 mit Aufwendungen verbunden ist, die offensichtlich unverhältnismäßig sind, so hat der Arbeitgeber die betroffenen Arbeitsplätze individuell zu beurteilen. Bei der Gefährdungsbeurteilung hat der Arbeitgeber zu prüfen, wie durch andere oder ergänzende Maßnahmen die Sicherheit und der Gesundheitsschutz der Beschäftigten in vergleichbarer Weise gesichert werden kann; die erforderlichen Maßnahmen hat er durchzuführen. Solche Maßnahmen sind z. B. der Einsatz von effizienteren Leuchtmitteln oder die Verkürzung von Wartungsintervallen der Beleuchtungseinrichtungen.

(2) Werden an ortsfesten Arbeitsplätzen Tätigkeiten verrichtet, die den Tätigkeiten in Räumen entsprechen, so sind diese mit den in Innenräumen geforderten Beleuchtungsstärken, entsprechend Anhang 1 zu beleuchten.

6.2 Begrenzung von Blendung

(1) Störende Blendung oder Reflexionen sind zu minimieren. Blendung, die zu Unfällen führen kann, muss vermieden werden.

(2) Geeignete Maßnahmen zur Vermeidung und Begrenzung der Blendung sind z. B.

- Auswahl geeigneter Leuchtmittel,
- richtige Auswahl und Anordnung der Leuchten,
- Vermeidung von Reflexionen, z. B. durch entsprechende Oberflächengestaltung (matte Oberflächen).

(3) Beleuchtungsanlagen im Bereich von Verkehrsanlagen, z. B. für Gleisanlagen oder im Bereich von Schifffahrt, müssen so angebracht sein, dass eine Blendung vermieden wird und so betrieben werden, dass sie nicht mit Signalen verwechselt werden können.

6.3 Farbwiedergabe

(1) Es müssen Lampen mit mindestens einem Farbwiedergabeindex nach Anhängen 1 und 2 verwendet werden. Durch die Leuchte darf dieser Farbwiedergabeindex nicht unterschritten werden. Für Arbeitsplätze, die in den Anhängen 1 und 2 nicht aufgelistet sind, sind die erforderlichen Werte im Rahmen der Gefährdungsbeurteilung zu ermitteln.

(2) Durch Auswahl der Lampen und Leuchten ist sicherzustellen, dass Sicherheitszeichen und Sicherheitsfarben als solche erkennbar sind sowie die Signalwirkung von selbstleuchtenden Sicherheitszeichen nicht beeinträchtigt wird. Werden Lampen mit einem Farbwiedergabeindex $R_a < 40$ verwendet, muss durch geeignete Maßnahmen sichergestellt werden, dass Sicherheitsfarben erkennbar bleiben (z. B. durch Hinterleuchtung oder Anstrahlung).

6.4 Flimmern oder Pulsation

Die Anforderungen des Punktes 5.5 sind analog anzuwenden.

6.5 Schatten

Die Anforderungen des Punktes 5.6 sind analog anzuwenden.

7 Betrieb, Instandhaltung und orientierende Messung

7.1 Betrieb

(1) Beleuchtungsanlagen sind so einzurichten und zu betreiben, dass sie die Sicherheit und die Gesundheit der Beschäftigten nicht gefährden. Diesbezüglich auftretende Mängel sind unverzüglich zu beseitigen.

Mängel können z. B. sein:

- Ausfall von Leuchtmitteln,
- Lösen von Leuchtenteilen,
- Platzen des Schutzkolbens bei Hochdrucklampen,
- Beschädigung von Leuchtenabdeckungen, die die Schutzart beeinträchtigen,
- Verringerung der Beleuchtungsstärke, z. B. aufgrund einer Verschmutzung oder der Alterung von Leuchten oder
- Kontakt mit heißen Oberflächen.

(2) Bei Umstellung der Arbeitsplätze oder Änderungen der Sehaufgabe (z. B. Umstellung der Produktion oder der Tätigkeit) ist im Rahmen der Gefährdungsbeurteilung zu prüfen, ob die Beleuchtungsanlage den geänderten Bedingungen entspricht oder angepasst werden muss.

7.2 Instandhaltung

(1) Beleuchtungsanlagen sind regelmäßig dahingehend zu überprüfen, ob sie noch den Anforderungen dieser Arbeitsstättenregel entsprechen. Im Laufe der Zeit unterliegen Beleuchtungsanlagen einer Veränderung der lichttechnischen Parameter (z. B. Verringerung der Beleuchtungsstärke) oder sie können beschädigt werden. Instandhaltungsmaßnahmen sind spätestens dann erforderlich, wenn die Beleuchtungsanlage durch Verschmutzung, Alterung oder Beschädigung die Anforderungen dieser ASR nicht mehr erfüllt oder auf andere Weise zu einer Gefährdung wird. Es ist dafür zu sorgen, dass sichere Instandhaltung möglich ist, insbesondere ist für einen sicheren Zugang zu sorgen.

(2) Um die Versorgung mit Tageslicht nicht zu beeinträchtigen, sind Fenster und Dachoberlichter regelmäßig zu reinigen. Anforderungen an den Arbeitsschutz bei der Reinigung von Fensterflächen siehe ASR A1.6 „Fenster, Oberlichter, lichtdurchlässige Wände".

7.3 Orientierende Messung

(1) Sofern zur Auswahl oder zur Prüfung von Beleuchtungseinrichtungen orientierende Messungen im Betrieb durchgeführt werden, sind Beleuchtungsstärkemessgeräte zu verwenden, die mindestens der Klasse C gemäß DIN 5035 Teil 6, Ausgabe 2006-11 entsprechen.

(2) Die Messungen der künstlichen Beleuchtung in Räumen, die auch durch Tageslicht beleuchtet werden, sollen bei natürlicher Dunkelheit durchgeführt werden. Kann Tageslicht bei der Messung nicht ausgeschlossen werden, ist zunächst bei eingeschalteter und danach bei ausgeschalteter künstlicher Beleuchtung zu messen. Aus der Differenz der beiden Messungen werden die Werte der künstlichen Beleuchtung ermittelt. Da das Tageslicht stark schwanken kann, sollten die beiden Messungen bei bedecktem Himmel und unmittelbar nacheinander durchgeführt werden. Die Differenzmessung ist bei tageslichtabhängig geregelten Beleuchtungsanlagen nicht anwendbar.

(3) Zur Bewertung des Ist-Zustandes sind die Beleuchtungsanlagen im jeweiligen Betriebszustand zu messen. Leuchtstofflampen und andere Entladungslampen müssen bei der Messung mindestens 100 Betriebsstunden aufweisen.

(4) Die Messpunkte sind auf der Bezugsebene möglichst gleichmäßig zu verteilen (siehe Abb. 3).

IV

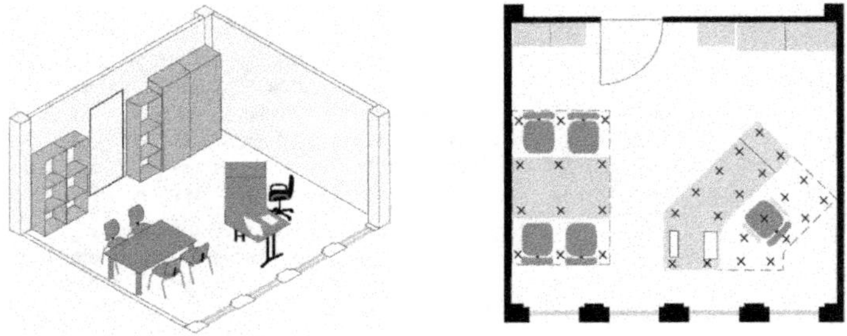

Abb. 3: Beispiel für die Verteilung der Messpunkte für einen Bereich des Arbeitsplatzes

(5) Der Mindestwert der Beleuchtungsstärke muss in der Bezugsebene (siehe Tabelle 1) erreicht werden und wird auch dort gemessen. Ist die Höhe oder Ebene bekannt, in der die Sehaufgabe ausgeführt wird, kann die Messung auch dort durchgeführt werden.

Tabelle 1: Höhe der Bezugsebenen für horizontale Beleuchtungsstärken E_h und vertikale Beleuchtungsstärken E_v

	Horizontal E_h [m über dem Boden]	Vertikal E_v [m über dem Boden]
überwiegend stehende Tätigkeiten	0,85	1,60
überwiegend sitzende Tätigkeiten	0,75	1,20
Verkehrswege z. B. Flure und Treppen	bis 0,20	

8 Abweichende/ergänzende Anforderungen für Baustellen

(1) Arbeitsplätze und Verkehrswege auf Baustellen sind mindestens mit den Beleuchtungsstärken nach Tabelle 2 zu beleuchten.

(2) Werden an ortsfesten Arbeitsplätzen Tätigkeiten verrichtet, die den Tätigkeiten in der Tabelle des Anhanges 1 entsprechen, sind die dort angegebenen Werte anzuwenden.

Tabelle 2: Mindestwerte der Beleuchtungsstärken auf Baustellen

Arbeitsbereiche, Arbeitsplätze, Tätigkeiten auf Baustellen	lx
Allgemeine Beleuchtung, Verkehrswege	20
Grobe Tätigkeiten, z. B.: Erdarbeiten, Hilfs- und Lagerarbeiten, Transport, Verlegen von Entwässerungsrohren	50
Normale Tätigkeiten, z. B.: Montage von Fertigteilen, einfache Bewehrungsarbeiten, Schalungsarbeiten, Stahlbeton- und Maurerarbeiten, Installationsarbeiten, Arbeiten im Tunnel	100
Feine Tätigkeiten, z. B.: Anspruchsvolle Montagen, Oberflächenbearbeitung, Verbindung von Tragwerkselementen	200

Ist die Anpassung der Beleuchtung nach den Ziffern 3.2 und 3.4 der Tabelle des Anhanges 1 in bestehenden mobilen Sanitär-, Pausen- und Bereitschaftsräumen mit einem unverhältnismäßigen Aufwand verbunden, ist diese spätestens dann vorzunehmen, wenn ein wesentlicher Umbau durchgeführt wird.

Anhang 1

Beleuchtungsanforderungen für Arbeitsräume, Arbeitsplätze und Tätigkeiten

(Die im Anhang angegebenen Werte sind Beleuchtungsstärken auf der Bezugsfläche der Sehaufgabe, die horizontal, vertikal oder geneigt sein kann. Auf die Regelungen des Punktes 5.2 Abs. 1 für bestehende Beleuchtungseinrichtungen wird verwiesen.)

	Arbeitsräume, Arbeitsplätze, Tätigkeiten	Mindestwert der Beleuchtungsstärke lx	Mindestwert der Farbwiedergabe Index R_a	Bemerkungen
1 Verkehrswege				
1.1	Verkehrsflächen und Flure ohne Fahrzeugverkehr	50	40	In Hotels ist während der Nacht ein geringeres Niveau nach einer Gefährdungsbeurteilung zulässig.
1.1a	Verkehrsflächen und Flure ohne Fahrzeugverkehr im Bereich von Absätzen und Stufen	100	40	
1.2	Verkehrsflächen und Flure mit Fahrzeugverkehr	150	40	
1.3	Treppen, Fahrtreppen, Fahrsteige, Aufzüge	100	40	
1.4	Laderampen, Ladebereiche	150	40	
1.5	Begehbare Unterflurtunnel, Zwischenböden und für Wartungszwecke, z. B. Stetigförderer, Wartungsgänge	50	40	
1.6	Halleneinfahrten			
	Tagesbetrieb (Übergangsbereich im Gebäude)	400	40	
	Nachtbetrieb (Übergangsbereich vor dem Gebäude)	50	40	
2 Lager				
2.1	Versand- und Verpackungsbereiche	300	60	
2.2	Lagerräume für gleichartiges oder großteiliges Lagergut	50	60	
2.3	Lagerräume mit Suchaufgabe bei nicht gleichartigem Lagergut	100	60	
2.4	Lagerräume mit Leseaufgaben	200	60	
3 Allgemeine Bereiche, Tätigkeiten und Aufgaben				
3.1	Kantinen, Teeküchen, SB- Restaurants	200	80	
3.2	Pausenräume, Warteräume, Aufenthaltsräume	200	80	

	Arbeitsräume, Arbeitsplätze, Tätigkeiten	Mindestwert der Beleuchtungsstärke lx	Mindestwert der Farbwiedergabe Index R_a	Bemerkungen
3.3	Räume für körperliche Ausgleichsübungen (Sport-, Fitnessräume, Sporthallen)	300	80	
3.4	Waschräume, Bäder, Toiletten, Umkleideräume	200	80	
3.5	Erste Hilfe Räume	500	90	$\bar{E}_v \geq 175$ lx
3.6	Haustechnische Anlagen, Schaltgeräteräume	200	60	
3.7	Steuerwarten, Kontrollräume, Schaltwarten	500	80	Bei Sehaufgaben außerhalb der Warte muss die Beleuchtungsstärke in der Warte ggf. anpassbar sein $\bar{E}_v \geq 175$ lx
3.8	Farbprüfung, Kontrolle	1000	90	
3.9	Laboratorien, Messplätze	500	80	$\bar{E}_v \geq 175$ lx
3.10	Küchen	500	80	
3.11	Eingangshallen	200	80	
3.12	Empfangstheke, Schalter, Portiertheke	300	80	
4 Büros und büroähnliche Arbeitsbereiche				
4.1	Ablegen, Kopieren	300	80	
4.2	Schreiben, Lesen, Datenverarbeitung	500	80	$\bar{E}_v \geq 175$ lx
4.3	Technisches Zeichnen (Handzeichnen)	750	80	
4.4	Archive	200	80	
5 Landwirtschaft				
5.1	Beschicken und Bedienen von Fördereinrichtungen und Maschinen	200	80	
5.2	Behandlungsstände für Tiere	200	80	
5.3	Melkstände	200	80	
6 Bäckereien				
6.1	Vorbereitungs- und Backräume	300	80	
6.2	Endbearbeitung, Glasieren, Dekorieren	500	80	

	Arbeitsräume, Arbeitsplätze, Tätigkeiten	Mindestwert der Beleuchtungsstärke lx	Mindestwert der Farbwiedergabe Index R_a	Bemerkungen
7 Zement-, Beton- und Ziegelindustrie				
7.1	Trocknen	50	40	
7.2	Materialaufbereitung, Arbeiten an Öfen und Mischern	200	40	
7.3	Allgemeine Maschinenarbeiten, Grobformen	300	80	
8 Keramik, Fliesen, Glas, Glaswaren, Augenoptiker				
8.1	Trocknen	50	40	
8.2	Materialaufbereitung, allgemeine Maschinenarbeiten	300	80	
8.3	Emaillieren, Walzen, Pressen, Formen einfacher Teile, Glasieren, Glasblasen	300	80	
8.4	Schleifen, Gravieren, Polieren von Glas, Formen kleiner Teile, Herstellung von Glasinstrumenten	750	80	
8.5	Feine Arbeiten, z. B. Schleifen von Verzierungen (Dekorationsschleifen), Handmalerei	1000	90	
8.6	Augenoptikerwerkstattplatz	1500	90	
9 Chemische Industrie, Kunststoff- und Gummiindustrie				
9.1	Verfahrenstechnische Anlagen mit Fernbedienung	50	40	
9.2	Verfahrenstechnische Anlagen mit gelegentlichen manuellen Eingriffen	150	40	
9.3	Arbeitsplätze in verfahrenstechnischen Anlagen	300	80	
9.4	Arzneimittelherstellung	500	80	
9.5	Reifenproduktion	500	80	
9.6	Zuschneiden, Nachbearbeiten, Kontrollarbeiten	750	80	
10 Elektro-Industrie				
10.1	Kabel- und Drahtherstellung	300	80	
10.2	Imprägnieren von Spulen, Galvanisieren	300	80	
10.3	Montagearbeiten, Wickeln			
	– grobe, z. B. große Transformatoren	300	80	

	Arbeitsräume, Arbeitsplätze, Tätigkeiten	Mindestwert der Beleuchtungsstärke lx	Mindestwert der Farbwiedergabe Index R_a	Bemerkungen
	– mittelfeine, z. B. Schalttafeln	500	80	
	– feine, z. B. Telefone	750	80	
	– sehr feine, z. B. Messinstrumente	1000	80	
10.4	Elektronikwerkstätten, Prüfen, Justieren	1500	80	
11 Nahrungs- und Genussmittelindustrie				
11.1	Arbeitsplätze und -zonen in – Brauereien, auf Malzböden, – zum Waschen, zum Abfüllen in Fässern, zur Reinigung, zum Sieben, zum Schälen, – zum Kochen in Konserven- und Schokoladenfabriken, – Arbeitsplätze und -zonen in Zuckerfabriken, – zum Trocknen und Fermentieren von Rohtabak, Gärkeller	200	80	
11.2	Schneiden, Sortieren; Waschen; Mahlen, Mischen und Abpacken von Produkten	300	80	
11.3	Arbeitsplätze und kritische Zonen in Schlachthöfen, Metzgereien, Molkereien, Mühlen,	500	80	
11.4	Herstellung von Feinkost-Nahrungsmitteln, Herstellung von Zigarren und Zigaretten	500	80	
11.5	Kontrolle von Gläsern und Flaschen, Produktkontrolle, Garnieren, Sortieren, Dekorieren	500	80	
12 Friseure/Coiffeure				
12.1	Haarpflege	500	90	$\bar{E}_v \geq 175$ lx
13 Schmuck- und Uhrenherstellung				
13.1	Bearbeitung von Edelsteinen	1500	90	
13.2	Herstellung von Schmuckwaren	1000	90	
13.3	Uhrenmacherei (Handarbeit)	1500	80	
13.4	Uhrenherstellung (automatisch)	500	80	
14 Wäschereien und chemische Reinigung				
14.1	Wareneingang, Auszeichnen und Sortieren, Waschen und chemi-	300	80	

	Arbeitsräume, Arbeitsplätze, Tätigkeiten	Mindestwert der Beleuchtungsstärke lx	Mindestwert der Farbwiedergabe Index R_a	Bemerkungen
	sche Reinigung, Bügeln und Pressen			
14.2	Kontrolle und Ausbessern	750	80	
15 Leder und Lederwaren				
15.1	Arbeiten an Bottichen, Fässern, Gruben	200	40	
15.2	Schaben, Spalten, Schleifen, Walken der Häute	300	80	
15.3	Sattlerarbeiten, Schuhherstellung: Steppen, Nähen, Polieren, Pressen, Zuschneiden, Stanzen, Lederfärben (maschinell)	500	80	
15.4	Sortieren	500	90	
15.5	Qualitätskontrolle	1000	80	
15.6	Schuhmacherei (Handarbeit), Handschuhherstellung	500	80	
16 Metallbe- und -verarbeitung, Gießereien und Metallguss				
16.1	Sandaufbereitung, Gussputzerei, Gieß- und Schmelzhallen, Ausleerstellen, Maschinenformerei	200	60	300 lx beim Gussputzen kleiner oder filigraner Teile
16.2	Hand- und Kernformerei, Druckgießerei	300	60	
16.3	Modellbau	500	80	
16.4	Freiformschmieden	200	60	
16.5	Gesenkschmieden	200	60	
16.6	Schweißen	300	60	
16.7	Grobe und mittlere Maschinenarbeiten: Toleranzen $\geq$ 0,1 mm	300	60	
16.8	Feine Maschinenarbeiten, Schleifen: Toleranzen $<$ 0,1 mm	500	60	
16.9	Anreißen, Kontrolle	750	60	
16.10	Draht- und Rohrzieherei, Kaltverformung	300	60	
16.11	Verarbeitung von schweren Blechen: Dicke $\geq$ 5 mm	200	60	
16.12	Verarbeitung von leichten Blechen: Dicke $<$ 5 mm	300	60	
16.13	Herstellung von Werkzeugen und Schneidwaren	750	60	

	Arbeitsräume, Arbeitsplätze, Tätigkeiten	Mindestwert der Beleuchtungsstärke lx	Mindestwert der Farbwiedergabe Index R_a	Bemerkungen
16.14	Montagearbeiten:			
	– grobe	200	80	
	– mittelfeine	300	80	
	– feine	500	80	
	– sehr feine	750	80	
16.15	Galvanisieren	300	80	
16.16	Oberflächenbearbeitung und Lackierung	750	80	
16.17	Werkzeug-. Lehren- und Vorrichtungsbau, Präzisions- und Mikromechanik	1000	80	
16.18	Kfz-Werkstätten und Kfz-Prüfstellen	300	80	
17 Papier und Papierwaren				
17.1	Arbeiten an Holländern, Kollergängen, Holzschleiferei	200	80	
17.2	Papierherstellung und -verarbeitung, Papier- und Wellpappemaschinen, Kartonagenfabrikation	300	80	
17.3	Allgemeine Buchbinderarbeiten, z. B. Falten, Sortieren, Leimen, Schneiden, Prägen, Nähen	500	80	
18 Kraftwerke				
18.1	Kraftstoff-Versorgungsanlagen	50	40	
18.2	Kesselhäuser	100	40	
18.3	Maschinenhallen	200	80	
18.4	Nebenräume, z. B. Pumpenräume, Kondensatorräume usw.; Schaltanlagen (in Gebäuden)	200	60	
18.5	Außen-Schaltanlagen	20	40	
19 Druckereien				
19.1	Zuschneiden, Vergolden, Prägen, Ätzen von Klischees, Arbeiten an Steinen und Platten, Druckmaschinen, Matrizenherstellung	500	80	
19.2	Papiersortierung und Handdruck	500	80	
19.3	Typensatz, Retusche, Lithographie	1000	80	

	Arbeitsräume, Arbeitsplätze, Tätigkeiten	Mindestwert der Beleuchtungsstärke lx	Mindestwert der Farbwiedergabe Index R_a	Bemerkungen
19.4	Farbkontrolle bei Mehrfarbendruck	1500	90	
19.5	Stahl- und Kupferstich	2000	80	
20 Walz-, Hütten- und Stahlwerke				
20.1	Produktionsanlagen ohne manuelle Eingriffe	50	40	
20.2	Produktionsanlagen mit manuellen Eingriffen	200	40	
20.3	Haspel, Scheren-/Trennstrecken der Walzstraße	300	40	
21 Textilherstellung und -verarbeitung				
21.1	Arbeitsplätze und -zonen an Bädern, Ballen aufbrechen	200	60	
21.2	Krempeln, Waschen, Bügeln, Arbeiten am Reißwolf, Strecken, Kämmen, Schlichten, Kartenschlagen, Vorspinnen, Jute- und Hanfspinnen	300	80	
21.3	Nähen, Feinstricken, Maschenaufnehmen	750	80	
21.4	Entwerfen, Musterzeichnen	750	90	
21.5	Trocknungsraum	100	60	
21.6	Automatisches Stoffdrucken, Hutherstellung, Zurichten, Färben, Spinnen, Zwirnen, Spulen, Winden, Zetteln, Weben, Flechten, Stricken	500	80	
21.7	Noppen, Ketteln, Putzen	1000	80	
21.8	Kunststopfen	1500	90	
22 Automobilbau				
22.1	Karosseriebau und Montage	500	80	
22.2	Lackieren, Spritzkabinen, Schleifkabinen	750	80	
22.3	Lackieren: Ausbessern, Inspektion	1000	90	
22.4	Polsterei	1000	80	
22.5	Endkontrolle, Oberflächenkontrolle	1000	80	

IV

	Arbeitsräume, Arbeitsplätze, Tätigkeiten	Mindestwert der Beleuchtungsstärke lx	Mindestwert der Farbwiedergabe Index R_a	Bemerkungen
23 Holzbe- und -verarbeitung				
23.1	Automatische Bearbeitung, z. B. Trocknung, Schichtholzherstellung	50	40	
23.2	Dämpfgruben	100	40	
23.3	Sägegatter	200	60	
23.4	Arbeiten an der Hobelbank, Leimen, Zusammenbau	300	80	
23.5	Schleifen, Lackieren, Tischlerei	750	80	
23.6	Arbeiten an Holzbearbeitungsmaschinen, z. B. Drechseln, Kehlen, Abrichten, Fugen, Schneiden, Sägen, Fräsen, Hobeln	500	80	
23.7	Auswahl von Furnierhölzern, Holzeinlegearbeiten	750	90	
23.8	Qualitätskontrolle	1000	90	
24 Verkaufsräume				
24.1	Verkaufsbereich	300	80	
24.2	Kassenbereich, Packtisch	500	80	
25 Messen und Ausstellungshallen				
25.1	Allgemeinbeleuchtung	300	80	
26 Büchereien, Bibliotheken				
26.1	Bücherregale	200*	80	*Vertikale Beleuchtungsstärke
26.2	Lesebereiche	500	80	
27 Ausbildungsstätten, Kindergärten, Vorschulen				
27.1	Spielzimmer, Krippenräume, Basteläume (Handarbeitsräume)	300	80	Eine steuerbare Beleuchtung wird empfohlen (z. B. dimmbar). $\bar{E}_v \geq 100$ lx
27.2	Unterrichtsräume			
	– in Grund- und weiterführenden Schulen	300	80	$\bar{E}_v \geq 100$ lx
27.3	Hörsäle	500	80	
27.4	Wandtafel, Demonstrationstisch	500*	80	*Vertikal
27.5	Computerübungsräume, Sprachlabore, Musikübungsräume	300	80	

	Arbeitsräume, Arbeitsplätze, Tätigkeiten	Mindestwert der Beleuchtungsstärke lx	Mindestwert der Farbwiedergabe Index R_a	Bemerkungen
27.6	Fachunterrichtsräume: naturwissenschaftlicher und technischer Unterricht, Werken und textiles Gestalten, Lehrwerkstätten, Handarbeitsräume, Zeichensäle	500	80	$\bar{E}_v \geq 175$ lx
28 Gesundheitseinrichtungen				
28.1	Flure: während des Tages	200	80	Zur Durchführung der medizinischen Behandlung können höhere Werte erforderlich sein.
28.2	Flure: während der Nacht	50	80	
28.3	Allgemeinbeleuchtung ohne regelmäßigen Aufenthalt von Beschäftigten	200	80	
28.4	Nachtbeleuchtung, Übersichtsbeleuchtung in nicht regelmäßig begangenen Bereichen	5	80	
28.5	risikoarme medizinische oder pflegerische Tätigkeiten ohne Kontakt zu Körperflüssigkeiten, Körperausscheidungen oder kontaminierten Gegenständen	300	90	
28.6	Arbeitsbereiche für medizinische oder pflegerische Tätigkeiten mit erhöhtem Gefährdungspotential durch Umgang mit – Körperflüssigkeiten, Körperausscheidungen oder kontaminierten Gegenständen oder – mit spitzen, scharfen, sich bewegenden oder heißen Instrumenten	500	90	
28.7	Teilfläche für medizinische oder pflegerische Tätigkeiten mit erhöhtem Gefährdungspotential durch Umgang mit – Körperflüssigkeiten, Körperausscheidungen oder kontaminierten Gegenständen oder – mit spitzen, scharfen, sich bewegenden oder heißen Instrumenten	1000	90	
28.8	Überwachung von Patienten in der Nacht	50	90	
28.9	Bildgebende Diagnostik mit Bildverstärkern und Fernsehsystemen	50	80	
28.10	Medizinische Bäder	300	80	

	Arbeitsräume, Arbeitsplätze, Tätigkeiten	Mindestwert der Beleuchtungsstärke lx	Mindestwert der Farbwiedergabe Index R_a	Bemerkungen
28.11	Massage und Strahlentherapie	300	80	
28.12	Instrumentenaufbereitung	500	80	
28.13	Laboratorien für den Gesundheitsdienst	500	90	
28.14	Dienstzimmer	500	80	

Anhang 2

Beleuchtungsanforderungen für Arbeitsbereiche, Arbeitsplätze und Tätigkeiten im Freien

(Die im Anhang angegebenen Werte sind Beleuchtungsstärken auf der Bezugsfläche der Sehaufgabe, die horizontal, vertikal oder geneigt sein kann. Auf die Regelungen des Punktes 6.1 Abs. 1 für bestehende Beleuchtungsstärken wird verwiesen.)

	Arbeitsräume, Arbeitsplätze, Tätigkeiten	Mindestwert der Beleuchtungsstärke lx	Mindestwert der Farbwiedergabe Index R_a	Bemerkungen
1 Verkehrswege				
1.1	Toranlagen	50	25	
1.2	Fußwege	5	25	
1.3	Werkstraßen mit Be- und Entladezone oder mit starkem Querverkehr und mit Geschwindigkeitsbegrenzung max. 30 km/h	10	25	
1.4	Werkstraßen mit Be- und Entladezone oder mit starkem Querverkehr und mit Geschwindigkeitsbegrenzung max. 50 km/h	20	25	
2 Parkplätze				
2.1	Betriebliche Parkplätze	10	25	
3 Häfen				
3.1	Kaianlagen, Kaikante	5	25	
3.2	Verladen von Massengut (Schüttgut, Flüssigkeit)	10	25	
3.3	Lager für Massengut	10	25	
3.4	Verladen von Stückgut	20	25	
3.5	Lager für Stückgut	20	25	
3.6	Container-Umschlagflächen, Stellflächen und Verkehrszonen	20	25	
3.7	Be- und Entladen von Containern	100	25	
3.8	Anlegestellen für Personenverkehr	30	25	
3.9	Anlegestellen für gemischten Verkehr	50	25	
3.10	Docks	50	60	
4 Umschlagflächen, Verladestellen, Lagerflächen				
4.1	Lagerflächen Massengut	10	25	
4.2	Umschlagflächen, Verladestellen	30	25	
4.3	Lagerflächen Stückgut	30	25	
5 Gleisanlagen, Bahnbereiche				
5.1	Tätigkeiten im Gleisbereich, Rangieren, Verkehrswege in Bahnanlagen bei Eisenbahnen	10	25	

IV

	Arbeitsräume, Arbeitsplätze, Tätigkeiten	Mindestwert der Beleuchtungsstärke lx	Mindestwert der Farbwiedergabe Index R_a	Bemerkungen
5.2	Gleisbauarbeiten	50	25	
5.3	Bahnüberwege	20	25	
5.4	Laderampen	150	40	
5.5	Umschlagbereiche	30	25	
6 Chemische Großanlagen				
6.1	Einfache Arbeiten, Betätigung von Ventilen, Motoren, Brennern	20	25	
6.2	Be- und Entladebereiche	50	60	
7 Kraftwerke				
7.1	Verkehrszone Herkömmliche Kraftwerke	10	60	
7.2	Verkehrszone Kernkraftwerke	20	60	
7.3	Schaltanlagen	20	25	
8 Tagebau				
8.1	Orientierungsbeleuchtung	3	60	
8.2	Zusatzbeleuchtung im Arbeitsbereich	20	60	
9 Kläranlagen				
9.1	Wege	5	25	
9.2	Gebrauch von Werkzeugen, Bedienung handgesteuerter Ventile, In- und Außerbetriebsetzen von Motoren, mechanische Wasseraufbereitungsanlagen, z. B. Rechen	50	20	
9.3	Chemische Wasseraufbereitungsanlagen, Undichtigkeitsprüfungen, allgemeine Wartungsarbeiten, Instrumentenablesung	100	40	
9.4	Reparaturarbeiten an Motoren und elektrischen Einrichtungen	200	60	
10 Tankstellen				
10.1	Tankstellen	100	60	
11 Flughäfen				
11.1	Vorfeld allgemein	20	25	
11.2	Umschlagsbereiche im Vorfeld	30	25	

Ausgewählte Literaturhinweise

- BGI 856 Beleuchtung im Büro; Hilfen für die Planung von Beleuchtungsanlagen von Räumen mit Bildschirm- und Büroarbeitsplätzen, März 2005
- BGI 7007 Tageslicht am Arbeitsplatz – leistungsfördernd und gesund, Februar 2009

IV

Technische Regeln für Arbeitsstätten (ASR A3.4/7) Sicherheitsbeleuchtung, optische Sicherheitsleitsysteme

Ausgabe: Mai 2009

(GMBl S. 684, zuletzt geändert GMBl 2017, S. 400)

1 Zielstellung

Diese Arbeitsstättenregel konkretisiert die Anforderungen an das Einrichten und Betreiben der Sicherheitsbeleuchtung und von optischen Sicherheitsleitsystemen in § 3 Abs. 1 und § 4 Abs. 3 und 4 sowie insbesondere in den Punkten 2.3 Abs. 1 und 3.4 Abs. 3 des Anhanges der Arbeitsstättenverordnung.

2 Anwendungsbereich

(1) Diese ASR gilt für das Einrichten und Betreiben von Sicherheitsbeleuchtung und von optischen Sicherheitsleitsystemen in Arbeitsstätten. Sie nennt Beispiele für Arbeitsstätten, für die eine Sicherheitsbeleuchtung oder ein Sicherheitsleitsystem erforderlich sein kann. Sie enthält die lichttechnischen Anforderungen an Sicherheitsbeleuchtung und Sicherheitsleitsysteme sowie Hinweise zu deren Betrieb.

(2) (entfallen)

Hinweis:
Für die barrierefreie Gestaltung der Sicherheitsbeleuchtung und optischen Sicherheitsleitsysteme gilt die ASR V 3a.2 „Barrierefreie Gestaltung von Arbeitsstätten", Anhang A3.4/7: Ergänzende Anforderungen zur ASR A3.4/7 „Sicherheitsbeleuchtung, optische Sicherheitsleitsysteme".

3 Begriffsbestimmungen

3.1 Die **Sicherheitsbeleuchtung** ist eine Beleuchtung, die dem gefahrlosen Verlassen der Arbeitsstätte und der Verhütung von Unfällen dient, die durch Ausfall der künstlichen Allgemeinbeleuchtung entstehen können.

3.2 **Optische Sicherheitsleitsysteme** sind durchgehende Leitsysteme, die mit Hilfe optischer Kennzeichnungen und Richtungsangaben einen sicheren Fluchtweg vorgeben. Grundsätzlich sind dies bodennahe Systeme, die an der Wand angebracht sind und deren Oberkante nicht höher als 40 cm über dem Fußboden liegt sowie Sicherheitsleitsysteme, die auf dem Fußboden angebracht sind. Sie bestehen aus Sicherheitszeichen und Leitmarkierungen. Sie können langnachleuchtend, elektrisch betrieben oder als Kombination beider Systeme ausgeführt werden. Dazu kann auch die Umrandung von Türen in Fluchtwegen, sowie die nachleuchtende Hinterlegung von Türgriffen zählen. Optische Sicherheitsleitsysteme sind kein Ersatz für gegebenenfalls erforderliche hochmontierte Rettungszeichen.

3.3 Ein **langnachleuchtendes Sicherheitsleitsystem** ist ein optisches Sicherheitsleitsystem, das aus langnachleuchtenden Komponenten besteht, die nach Anregung durch Licht ohne weitere Energiezufuhr nachleuchten.

3.4 Ein **elektrisch betriebenes Sicherheitsleitsystem** ist ein optisches Sicherheitsleitsystem, das elektrisch betrieben und durch eine Stromquelle für Sicherheitszwecke gespeist wird.

3.5 Ein **dynamisches Sicherheitsleitsystem** ist ein optisches Sicherheitsleitsystem, das seine Richtungsangaben ändern kann, indem es z. B. im Bedarfsfall automatisch auf eine konkrete Brandmeldung mit der Änderung der Fluchtrichtungsanzeige reagiert.

3.6 **Leitmarkierungen** sind gut sichtbare durchgehende Markierungen auf dem Fußboden oder an Wänden, wobei die Oberkante der Markierung nicht höher als 40 cm über dem Fußboden liegt. Sie markieren den Verlauf von Fluchtwegen.

3.7 Die **Beleuchtungsstärke** E ist ein Maß für das auf eine Fläche auftreffende Licht. Die Beleuchtungsstärke wird in Lux [lx] gemessen.

3.8 Die **Leuchtdichte** beschreibt den Helligkeitseindruck einer beleuchteten oder leuchtenden Fläche.

3.9 Unter **Blendung** versteht man subjektiv empfundene Störungen durch zu hohe

IV

Leuchtdichten oder zu große Leuchtdichteunterschiede im Gesichtsfeld.

3.10 Die **Farbwiedergabe** ist die Wirkung einer Lichtquelle auf den Farbeindruck, den ein Mensch von einem Objekt hat, das mit dieser Lichtquelle beleuchtet wird. Der **Farbwiedergabeindex R_a** ist eine dimensionslose Kennzahl von 0 bis 100, mit der die Farbwiedergabeeigenschaften der Lampen klassifiziert wird.

4 Sicherheitsbeleuchtung

4.1 Sicherheitsbeleuchtung für Fluchtwege

Die ASR A2.3 „Fluchtwege und Notausgänge, Flucht- und Rettungsplan" regelt unter Punkt 8, unter welchen Bedingungen eine Sicherheitsbeleuchtung für Fluchtwege erforderlich ist. Sofern diese Bedingungen vorliegen, sind der erste und gegebenenfalls der vorhandene zweite Fluchtweg mit einer Sicherheitsbeleuchtung auszurüsten.

4.2 Sicherheitsbeleuchtung in Arbeitsbereichen mit besonderer Gefährdung

Arbeitsstätten, in denen durch den Ausfall der Allgemeinbeleuchtung Sicherheit und Gesundheit der Beschäftigten gefährdet sind und bei denen eine Sicherheitsbeleuchtung erforderlich ist, sind z. B.

- Laboratorien, wenn es notwendig ist, dass Beschäftigte einen laufenden Versuch beenden oder unterbrechen müssen, um eine akute Gefährdung von Beschäftigten und Dritten zu verhindern. Solche akuten Gefährdungen können Explosionen oder Brände sowie das Freisetzen von Krankheitserregern oder von giftigen, sehr giftigen oder radioaktiven Stoffen in Gefahr bringender Menge sein,
- Arbeitsplätze, die aus technischen Gründen dunkel gehalten werden müssen,
- elektrische Betriebsräume und Räume für haustechnische Anlagen, die bei Ausfall der künstlichen Beleuchtung betreten werden müssen,
- der unmittelbare Bereich langnachlaufender Arbeitsmittel mit nicht zu schützenden bewegten Teilen, die Unfallgefahren verursachen können, z. B. Plandrehmaschinen, soweit durch Lichtausfall zusätzliche Unfallgefahren verursacht werden,
- Steuereinrichtungen für ständig zu überwachende Anlagen, z. B. Schaltwarten und Leitstände für Kraftwerke, chemische und metallurgische Betriebe sowie Arbeitsplätze an Absperr- und Regeleinrichtungen, die betriebsmäßig oder bei Betriebsstörungen zur Vermeidung von Unfallgefahren betätigt werden müssen, um Produktionsprozesse gefahrlos zu unterbrechen bzw. zu beenden,
- Arbeitsplätze in der Nähe heißer Bäder oder Gießgruben, die aus produktionstechnischen Gründen nicht durch Geländer oder Absperrungen gesichert werden können,
- Bereiche um Arbeitsgruben, die aus arbeitsablaufbedingten Gründen nicht abgedeckt sein können,
- Arbeitsplätze auf Baustellen (siehe Punkt 7).

4.3 Anforderungen an die Sicherheitsbeleuchtung und Richtwerte

(1) Die Beleuchtungsstärke der Sicherheitsbeleuchtung muss für Fluchtwege mindestens 1 lx mit einer Gleichmäßigkeit (Verhältnis der maximalen zur minimalen Beleuchtungsstärke) von $< 40:1$ betragen. Die Beleuchtungsstärke ist auf der Mittellinie des Fluchtweges in 20 cm Höhe über dem Fußboden oder den Treppenstufen zu messen.

(2) Nach Ausfall der Allgemeinbeleuchtung muss die Sicherheitsbeleuchtung für Fluchtwege die erforderliche Beleuchtungsstärke nach Abs. 1 innerhalb von 15 s erreichen. Die Sicherheitsbeleuchtung für Fluchtwege muss die erforderliche Beleuchtungsstärke mindestens für einen Zeitraum von 60 min nach Ausfall der Allgemeinbeleuchtung erbringen.

Ergibt sich bei der Gefährdungsbeurteilung, dass in bestehenden Arbeitsstätten die erforderliche Beleuchtungsstärke der Sicherheitsbeleuchtung für Fluchtwege innerhalb von 15 s nicht erreicht wird, hat der Arbeitgeber die betroffenen Bereiche der Arbeitsstätten individuell zu beurteilen. Kommt der Arbeitgeber dabei zu dem Ergebnis, dass die Umsetzung der erforderlichen Beleuchtungsstärke innerhalb der in Satz 1 festgelegten Zeit mit Aufwendungen verbunden ist, die offensichtlich unverhältnismäßig sind, so hat er zu prüfen, wie durch andere oder ergänzende Maßnahmen die Sicherheit und der Gesundheitsschutz der Beschäftigten in vergleichbarer Weise gesichert werden können; die erforderlichen Maßnahmen hat er durchzuführen. Solche Maßnahmen sind z. B. der Einsatz von effizienteren Leuchtmitteln und Leuchten oder zusätzliche Unterweisungen.

(3) In Arbeitsstätten, in denen bei Ausfall der Allgemeinbeleuchtung Unfallgefahren entstehen können, ist die Beleuchtungsstärke der Sicherheitsbeleuchtung auf der Grundlage der Gefährdungsbeurteilung festzulegen. Die Beleuchtungsstärke der Sicherheitsbeleuchtung darf 15 lx nicht unterschreiten. Im Einzelfall können höhere Beleuchtungsstärken erforderlich sein. Allgemein bewährt hat sich ein Wert von 10 Prozent der Beleuchtungsstärke der Allgemeinbeleuchtung. Die Beleuchtungsstärke ist am Ort der Sehaufgabe zu messen.

(4) In Arbeitsstätten, in denen bei Ausfall der Allgemeinbeleuchtung Unfallgefahren entstehen können, ist die erforderliche Beleuchtungsstärke der Sicherheitsbeleuchtung innerhalb von 0,5 s zu erreichen. Diese muss mindestens für die Dauer der Unfallgefahr zur Verfügung stehen.

(5) Die Lichtfarbe der Sicherheitsbeleuchtung ist so zu wählen, dass die Sicherheitsfarben erkennbar bleiben. Der allgemeine Farbwiedergabeindex R_a darf nicht unter 40 liegen. Dabei ist eine Blendung der Beschäftigten zu vermeiden.

5 Optische Sicherheitsleitsysteme

5.1 Allgemeines

(1) Die ASR A2.3 „Fluchtwege und Notausgänge, Flucht- und Rettungsplan" regelt unter Punkt 7, in welchen Fällen ein optisches Sicherheitsleitsystem für Fluchtwege erforderlich ist. Darin wird u. a. gefordert, dass der Arbeitgeber Vorkehrungen zu treffen hat, damit sich die Beschäftigten bei Gefahr unverzüglich in Sicherheit bringen und schnell gerettet werden können. Dabei hat der Arbeitgeber nach Punkt 2.3 Abs. 1 des Anhanges der Arbeitsstättenverordnung der Anwesenheit der höchst möglichen Anzahl der anwesenden Personen Rechnung zu tragen; betriebsfremde Personen sind mit einzubeziehen.

(2) Der Einsatz von optischen Sicherheitsleitsystemen mit einer beidseitigen Kennzeichnung der Fluchtwege ist immer dann erforderlich, wenn eine Gefährdung durch Verrauchung nicht sicher ausgeschlossen werden kann und die Fluchtwegbreite > 3,60 m beträgt.

(3) Optische Sicherheitsleitsysteme sind entweder lang nachleuchtend, elektrisch oder als Kombination beider Systeme zu betreiben. Sie sind so zu errichten, dass Fluchtwege und Notausgänge sowie Gefahrstellen erkannt werden können.

(4) Innerhalb optischer Sicherheitsleitsysteme muss die Fluchtrichtung mit Hilfe der Sicherheitszeichen „Rettungsweg/Notausgang" (E001 bzw. E002) in Verbindung mit einem Zusatzzeichen (Richtungspfeil) gemäß ASR A1.3 „Sicherheits- und Gesundheitsschutzkennzeichnung" angegeben werden. Die Kennzeichnung der Fluchtrichtung ist im Verlauf des Fluchtweges und bei Richtungsänderungen anzubringen.

(5) Türflügel im Verlauf von Fluchtwegen dürfen wegen der möglichen Irreführung bei geöffneter Tür nicht mit Richtungsangaben versehen werden. In diesem Fall sind die Leitmarkierungen auf dem Fußboden weiter zu führen.

(6) Der Mindestabstand der Sicherheitszeichen voneinander ergibt sich aus der Erkennungsweite (siehe Tabelle 3 ASR A1.3 „Sicherheits- und Gesundheitsschutzkennzeichnung").

(7) Die Leitmarkierungen an der Wand und auf dem Boden sind so zu platzieren, dass sie die Sicherheitszeichen miteinander verbinden. Die Leitmarkierungen sind durchgehend bis zum nächsten sicheren Bereich anzubringen (siehe Abb. 1).

(8) Leitmarkierungen auf dem Boden werden als durchgehend angesehen, wenn mindestens drei Markierungen pro Meter in regel-

mäßigen Abständen angebracht sind. Die Markierungen müssen mindestens einen Durchmesser oder eine Kantenlänge von 5 cm haben.

5.2 Langnachleuchtende Sicherheitsleitsysteme

(1) Langnachleuchtende Sicherheitsleitsysteme sind so zu bemessen und einzurichten, dass die Leuchtdichte der nachleuchtenden Materialien, gemessen am Einsatzort, nach 10 min nicht weniger als 80 mcd/m² (Millicandela/m²) und nach 60 min nicht weniger als 12 mcd/m² beträgt.

(2) Die Leitmarkierungen von langnachleuchtenden Sicherheitsleitsystemen müssen eine Mindestbreite von 5 cm haben. Die Mindestbreite der Leitmarkierungen in Form von Streifen von langnachleuchtenden Sicherheitsleitsystemen kann bis auf 2,5 cm verringert werden, wenn die Leuchtdichte nach 10 min nicht weniger als 100 mcd/m² und nach 60 min nicht weniger als 15 mcd/m² beträgt.

(3) Fluchttüren in Fluchtwegen und Notausgängen sind mit langnachleuchtenden Materialien zu umranden (siehe Abb. 1). Der Türgriff ist langnachleuchtend zu gestalten oder der Bereich des Türgriffes ist flächig langnachleuchtend zu hinterlegen. Treppen, Treppenwangen, Handläufe und Rampen im Verlauf von Fluchtwegen sind so zu kennzeichnen, dass der Beginn, der Verlauf und das Ende eindeutig erkennbar sind. Die oben genannten Werte gelten entsprechend. Das gilt auch für Notbetätigungseinrichtungen.

Abb. 1: Anordnung der Fluchtwegkennzeichnung

5.3 Elektrisch betriebene Sicherheitsleitsysteme

(1) Hinterleuchtete Sicherheitszeichen, die Teil eines optischen Sicherheitsleitsystems sind, sind im Abstand von maximal 10 m im Verlauf des Fluchtweges anzubringen. Bei jeder Richtungsänderung des Fluchtweges ist grundsätzlich ein hinterleuchtetes Sicherheitszeichen vorzusehen.

(2) Um die Leitfunktion zwischen bodennahen hinterleuchteten Sicherheitszeichen sicherzustellen, sind kontinuierliche elektrisch betriebene Leitmarkierungen oder niedrig montierte Sicherheitsleuchten einzusetzen. Dabei muss eine Beleuchtungsstärke von mindestens 1 lx mit einer Gleichmäßigkeit von $<$ 40:1, gemessen in einer Höhe von 20 cm über dem Fußboden und einem Abstand von 50 cm von der Wand, auf der die Leuchten montiert sind, erreicht werden. Dabei ist störende Blendung durch Abschirmung zu vermeiden.

(3) Die elektrisch betriebenen Sicherheitsleitsysteme müssen die erforderliche Beleuchtungsstärke nach Absatz 2 mindestens für einen Zeitraum von 60 min nach Ausfall der Allgemeinbeleuchtung erbringen.

(4) Elektrisch betriebene Sicherheitsleitsysteme sind mit einer selbsttätig einsetzenden Stromquelle für Sicherheitszwecke auszurüsten.

5.4 Dynamische Sicherheitsleitsysteme

Werden dynamische Sicherheitsleitsysteme eingesetzt, müssen alle damit verbundenen sicherheitsrelevanten Komponenten so gestaltet sein, dass auch bei Ausfall einzelner Komponenten die Funktionsfähigkeit des Gesamtsystems erhalten bleibt.

6 Betrieb, Instandhaltung und Prüfung

(1) Sicherheitsbeleuchtung und optische Sicherheitsleitsysteme sind so zu betreiben, dass die Forderungen gemäß Punkt 4.3 und 5.1 bis 5.4 eingehalten werden. Sie sind an die aktuelle Gefährdungssituation anzupassen. Schäden, die die Funktionsfähigkeit beeinträchtigen können, sind unverzüglich zu beseitigen.

(2) Wenn gleichzeitig ein optisches Sicherheitsleitsystem und eine Sicherheitsbeleuchtung vorhanden sind, so sind die Wechselwirkungen beider Systeme aufeinander abzustimmen.

(3) Der Arbeitgeber hat die Sicherheitsbeleuchtung und die Sicherheitsleitsysteme in regelmäßigen Abständen sachgerecht warten und auf ihre Funktionsfähigkeit prüfen zu lassen. Die Prüffristen ergeben sich aus der Gefährdungsbeurteilung unter Berücksichtigung der Herstellerangaben. Festgestellte Mängel sind umgehend sachgerecht zu beseitigen.

(4) Die Messung der Leuchtdichten von langnachleuchtenden Sicherheitsleitsystemen erfolgt grundsätzlich am Einsatzort mit kalibrierten Geräten und ist zu dokumentieren.

(5) Prüfbestimmungen aus anderen Rechtsvorschriften bleiben davon unberührt.

(6) Eine Stromquelle für Sicherheitszwecke muss ortsfest aufgestellt sein und darf durch den Ausfall der allgemeinen Stromversorgung nicht beeinträchtigt werden. Wenn nur eine Stromquelle für Sicherheitszwecke vorhanden ist, darf diese nicht für andere Zwecke genutzt werden.

7 Abweichende/ergänzende Anforderungen für Baustellen

(1) Eine Sicherheitsbeleuchtung auf Baustellen ist nicht erforderlich, wenn durch das einfallende Tageslicht die Mindestbeleuchtungsstärke von 1 lx gegeben ist und die Beschäftigten ihre Arbeitsstätte gefahrlos verlassen können.

Dieses ist z. B. auch gegeben auf folgenden Baustellen:

- Gebäude mit einem Kellergeschoss, in welches während der Arbeitszeit Tageslicht einfällt.

(2) Bei Bauarbeiten unter Tage (z. B. Tunnelbauarbeiten) ist eine Sicherheitsbeleuchtung am Arbeitsplatz von 15 lx erforderlich.

Technische Regeln für Arbeitsstätten (ASR A3.5) Raumtemperatur

Ausgabe: Juni 2010
(GMBl 2010, S. 751, zuletzt geändert GMBl 2018, S. 474)

1 Zielstellung

Diese Arbeitsstättenregel konkretisiert die Anforderungen an Raumtemperaturen in § 3 Abs. 1 sowie insbesondere im Punkt 3.5 des Anhanges der Arbeitsstättenverordnung.

2 Anwendungsbereich

(1) Diese Arbeitsstättenregel gilt für Arbeits-, Pausen-, Bereitschafts-, Sanitär-, Kantinen- und Erste-Hilfe-Räume, an die betriebstechnisch keine spezifischen raumklimatischen Anforderungen gestellt werden. Insbesondere gibt diese ASR eine Erläuterung zum Begriff „gesundheitlich zuträgliche Raumtemperatur". Zum Unterschied zwischen Raumtemperatur und Lufttemperatur vgl. Punkt 3.1 und 3.2.

(2) Diese ASR enthält weiterhin Hinweise für Arbeitsräume, bei denen das Raumklima durch die Betriebstechnik bzw. Technologie unvermeidbar beeinflusst wird.

(3) Diese ASR enthält keine Regelungen für Arbeitsräume, an die aus betriebstechnischen Gründen besondere Anforderungen an das Raumklima gestellt werden (z. B. Kühlräume, medizinische Bäder).

(4) Anforderungen an Raumtemperaturen in Unterkünften sind in dieser ASR nicht enthalten. Hinweise enthalten die ASR A4.4 „Unterkünfte" bzw. ASR A4.1 „Sanitärräume".

3 Begriffsbestimmungen

3.1 Die **Raumtemperatur** ist die vom Menschen empfundene Temperatur. Sie wird u. a. durch die Lufttemperatur und die Temperatur der umgebenden Flächen (insbesondere Fenster, Wände, Decke, Fußboden) bestimmt.

3.2 Die **Lufttemperatur** ist die Temperatur der den Menschen umgebenden Luft ohne Einwirkung von Wärmestrahlung.

3.3 Ein **Klimasummenmaß** ist eine Zusammenfassung von mehreren Klimagrößen (Lufttemperatur, Luftfeuchte, Luftgeschwindigkeit, Wärmestrahlung).

4 Raumtemperaturen

4.1 Allgemeines

(1) Der Arbeitgeber hat bereits beim Einrichten der Arbeitsstätte darauf zu achten, dass die baulichen Voraussetzungen an den sommerlichen Wärmeschutz nach den anerkannten Regeln der Technik (nach geltendem Baurecht) gegeben sind.

(2) Eine gesundheitlich zuträgliche Raumtemperatur liegt vor, wenn die Wärmebilanz (Wärmezufuhr, Wärmeerzeugung und Wärmeabgabe) des menschlichen Körpers ausgeglichen ist.

(3) Die Wärmeerzeugung des Menschen ist abhängig von der Arbeitsschwere. Die Wärmeabgabe ist abhängig von der Lufttemperatur, der Luftfeuchte, der Luftgeschwindigkeit und der Wärmestrahlung. Sie wird durch die Bekleidung beeinflusst.

(4) Für die meisten Arbeitsplätze reicht die Lufttemperatur zur Beurteilung, ob eine gesundheitlich zuträgliche Raumtemperatur vorhanden ist, aus. Arbeitsplätze mit hoher Luftfeuchte, Wärmestrahlung oder Luftgeschwindigkeit müssen gesondert betrachtet werden. Dann sind diese Klimagrößen zusätzlich einzeln oder gegebenenfalls nach einem Klimasummenmaß zu bewerten.

(5) An Arbeitsplätzen mit erheblichem betriebstechnisch bedingten Wärmeeinfluss mit Belastungen durch Lufttemperatur, Luftfeuchte, Luftgeschwindigkeit, Wärmestrahlung, Arbeitsschwere oder Bekleidung ist im Rahmen der Gefährdungsbeurteilung zu prüfen, ob und welche technischen, organisatorischen oder personenbezogenen Maßnahmen erforderlich sind und ob Hitzearbeit vorliegt.

(6) Die Lufttemperatur wird mit einem strahlungsgeschützten Thermometer in Grad Celsius [°C] gemessen, dessen Messgenauigkeit +/-0,5 °C betragen soll. Die Messung erfolgt nach Erfordernis stündlich an Arbeitsplätzen

für sitzende Tätigkeit in einer Höhe von 0,6 m und bei stehender Tätigkeit in einer Höhe von 1,1 m über dem Fußboden. Die Außenlufttemperatur wird stündlich während der Arbeitszeit ohne Einwirkung von direkter Sonneneinstrahlung gemessen. Die Außenlufttemperatur sollte etwa 4 m von der Gebäudeaußenwand entfernt und in einer Höhe von 2 m gemessen werden.

(7) Luftgeschwindigkeiten (Zugluft) und Luftfeuchten werden in dieser ASR nicht betrachtet. Diese Parameter werden in der ASR A3.6 „Lüftung" behandelt.

(8) Zu den Fußbodentemperaturen siehe ASR A1.5/1,2 „Fußböden".

4.2 Lufttemperaturen in Räumen

(1) In Arbeitsräumen muss die Lufttemperatur in Abhängigkeit von der Arbeitsschwere und Körperhaltung mindestens den Werten in Tabelle 1 entsprechen, wobei diese Lufttemperatur während der gesamten Nutzungsdauer zu gewährleisten ist.

(2) Werden die Mindestwerte nach Tabelle 1 in Arbeitsräumen auch bei Ausschöpfung der technischen Möglichkeiten nicht erreicht, ist der Schutz gegen zu niedrige Temperaturen in folgender Rangfolge durch zusätzliche

- arbeitsplatzbezogene technische Maßnahmen (z. B. Wärmestrahlungsheizung, Heizmatten),
- organisatorische Maßnahmen (z. B. Aufwärmzeiten) oder
- personenbezogene Maßnahmen (z. B. geeignete Kleidung)

sicher zu stellen.

Tabelle 1: Mindestwerte der Lufttemperatur in Arbeitsräumen

Überwiegende Körperhaltung	Arbeitsschwere		
	leicht	mittel	schwer
Sitzen	+20 °C	+19 °C	–
Stehen, Gehen	+19 °C	+17 °C	+12 °C

Üblicherweise reichen für die Klassifizierung der Arbeitsschwere die Angaben aus Tabelle 2 aus.

Tabelle 2: Arbeitsschwere

Arbeitsschwere	Beispiele
leicht	leichte Hand-/Armarbeit bei ruhigem Sitzen bzw. Stehen verbunden mit gelegentlichem Gehen
mittel	mittelschwere Hand-/Arm- oder Beinarbeit im Sitzen, Gehen oder Stehen
schwer	schwere Hand-/Arm-, Bein- und Rumpfarbeit im Gehen oder Stehen

(3) Die Lufttemperatur in Arbeitsräumen und den in Absatz 4 genannten Räumen soll +26 °C nicht überschreiten. Bei Außenlufttemperaturen über +26 °C gilt Punkt 4.4.

(4) In Pausen-, Bereitschafts-, Sanitär-, Kantinen- und Erste-Hilfe-Räumen muss während der Nutzungsdauer eine Lufttemperatur von mindestens +21 °C herrschen; in Toilettenräumen darf die Lufttemperatur durch Lüftungsvorgänge, die durch die Benutzer ausgelöst werden, kurzzeitig unterschritten werden.

(5) In stationären Toilettenanlagen, die für Beschäftigte bei Arbeiten im Freien oder für gelegentlich genutzte Arbeitsstätten eingerichtet werden, muss während der Nutzungsdauer eine Lufttemperatur von +21 °C erreicht werden können.

(6) In Waschräumen, in denen Duschen installiert sind, soll die Lufttemperatur während der Nutzungsdauer mindestens +24 °C betragen.

4.3 Übermäßige Sonneneinstrahlung

(1) Fenster, Oberlichter und Glaswände, die der Tageslichtversorgung nach ASR A3.4 „Beleuchtung" dienen, sind so zu gestalten, dass eine ausreichende Tageslichtversorgung gewährleistet ist und gleichzeitig störende Blendung und übermäßige Erwärmung vermieden werden.

(2) Führt die Sonneneinstrahlung durch Fenster, Oberlichter und Glaswände zu einer Erhöhung der Raumtemperatur über +26 °C, so sind diese Bauteile mit geeigneten Sonnen-

schutzsystemen auszurüsten. Störende direkte Sonneneinstrahlung auf den Arbeitsplatz ist zu vermeiden. Anforderungen an einen wirksamen Blendschutz an Fenstern, Oberlichtern und Glaswänden enthält die ASR A3.4 „Beleuchtung".

(3) Beispiele für gestalterische Maßnahmen für Sonnenschutzsysteme enthält Tabelle 3. Dabei sind die Ausrichtung der Arbeitsräume und die jeweiligen Fensterflächenanteile zu beachten. Außerdem können z. B. Vordächer, Balkone, feststehende Lamellen oder Bepflanzungen einen wirkungsvollen Sonnenschutz bieten.

Tabelle 3: Gestaltungsbeispiele für Sonnenschutzsysteme

	Gestaltungsbeispiele für Sonnenschutzsysteme
a)	Sonnenschutzvorrichtungen, die das Fenster von außen beschatten (z. B. Jalousien oder hinterlüftete Markisen)
b)	im Zwischenraum der Verglasung angeordnete reflektierende Vorrichtungen
c)	innenliegende hochreflektierende oder helle Sonnenschutzvorrichtungen
d)	Sonnenschutzverglasungen (innerhalb eines Sonnenschutzsystems, Blendschutz und Lichtfarbe sind zu beachten)

4.4 Arbeitsräume bei einer Außenlufttemperatur über +26 °C

(1) Wenn die Außenlufttemperatur über +26 °C beträgt und unter der Voraussetzung, dass geeignete Sonnenschutzmaßnahmen nach Punkt 4.3 verwendet werden, sollen beim Überschreiten einer Lufttemperatur im Raum von +26 °C zusätzliche Maßnahmen, z. B. nach Tabelle 4, ergriffen werden. In Einzelfällen kann das Arbeiten bei über +26 °C zu einer Gesundheitsgefährdung führen, wenn z. B.:

- schwere körperliche Arbeit zu verrichten ist,
- besondere Arbeits- oder Schutzbekleidung getragen werden muss, die die Wärmeabgabe stark behindert oder
- hinsichtlich erhöhter Lufttemperatur gesundheitlich Vorbelastete und besonders schutzbedürftige Beschäftigte (z. B. Jugendliche, Ältere, Schwangere, stillende Mütter) im Raum tätig sind.

In solchen Fällen ist über weitere Maßnahmen anhand einer angepassten Gefährdungsbeurteilung zu entscheiden.

(2) Bei Überschreitung der Lufttemperatur im Raum von +30 °C müssen wirksame Maßnahmen gemäß Gefährdungsbeurteilung (siehe Tabelle 4) ergriffen werden, welche die Beanspruchung der Beschäftigten reduzieren. Dabei gehen technische und organisatorische gegenüber personenbezogenen Maßnahmen vor.

Tabelle 4: Beispielhafte Maßnahmen

	Beispielhafte Maßnahmen
a)	effektive Steuerung des Sonnenschutzes (z. B. Jalousien auch nach der Arbeitszeit geschlossen halten)
b)	effektive Steuerung der Lüftungseinrichtungen (z. B. Nachtauskühlung)
c)	Reduzierung der inneren thermischen Lasten (z. B. elektrische Geräte nur bei Bedarf betreiben)
d)	Lüftung in den frühen Morgenstunden
e)	Nutzung von Gleitzeitregelungen zur Arbeitszeitverlagerung
f)	Lockerung der Bekleidungsregelungen
g)	Bereitstellung geeigneter Getränke (z. B. Trinkwasser)

(3) Wird die Lufttemperatur im Raum von +35 °C überschritten, so ist der Raum für die Zeit der Überschreitung ohne

- technische Maßnahmen (z. B. Luftduschen, Wasserschleier),
- organisatorische Maßnahmen (z. B. Entwärmungsphasen) oder
- persönliche Schutzausrüstungen (z. B. Hitzeschutzkleidung), wie bei Hitzearbeit,

nicht als Arbeitsraum geeignet.

(4) Technische Maßnahmen, die die Lufttemperatur reduzieren, dürfen die absolute Luftfeuchte nicht erhöhen.

5 Abweichende/ergänzende Anforderungen für Baustellen

(1) Abweichend von Punkt 4.2 Abs. 4, 5 und 6 ist es in Pausen-, Bereitschafts-, Sanitär- und Kantinenräumen, sofern sie nicht gleichzeitig als Sanitärräume für Unterkünfte genutzt werden, ausreichend, wenn eine Lufttemperatur von +18 °C vorhanden ist und sichergestellt ist, dass eine Lufttemperatur von +21 °C während der Nutzungsdauer erreicht werden kann.

(2) In Pausen-, Bereitschafts-, Sanitär- und Kantinenräumen darf von den in dieser ASR genannten Lufttemperaturen durch Lüftungsvorgänge, die durch die Benutzer ausgelöst werden, kurzzeitig abgewichen werden.

Ausgewählte Literaturhinweise

- DGUV Information 213-002 Hitzearbeit erkennen – beurteilen – schützen 08/2013
- DGUV Information 215-444 Sonnenschutz im Büro 12/2016
- DGUV Information 213-022 Beurteilung von Hitzearbeit – Tipps für Wirtschaft, Verwaltung, Dienstleistung 06/2011
- DGUV Information 215-510 Beurteilung des Raumklimas 12/2016
- LV 16 Kenngrößen zur Beurteilung raumklimatischer Grundparameter, September 2011

Technische Regeln für Arbeitsstätten (ASR A3.6) Lüftung

Ausgabe: Januar 2012
(GMBl 2012, S. 92, geändert GMBl 2018, S. 474)

1 Zielstellung

Diese ASR konkretisiert die Anforderungen an die Lüftung in § 3a Abs. 1 und § 4 Abs. 3 sowie in Punkt 3.6 des Anhanges der Arbeitsstättenverordnung (ArbStättV).

2 Anwendungsbereich

(1) Diese ASR gilt für Arbeitsplätze in umschlossenen Arbeitsräumen und berücksichtigt die Arbeitsverfahren, die körperliche Belastung und die Anzahl der Beschäftigten sowie der sonstigen anwesenden Personen. Es wird empfohlen, diese ASR auch für Pausen-, Bereitschafts-, Erste-Hilfe-, Sanitärräume und Unterkünfte anzuwenden.

(2) entfallen

(3) Werden am Arbeitsplatz Tätigkeiten mit Gefahrstoffen oder biologischen Arbeitsstoffen durchgeführt und können dabei Beschäftigte gefährdet werden, gelten hinsichtlich der stofflichen Gefährdungen an diesen Arbeitsplätzen die Vorschriften nach der Gefahrstoffverordnung oder der Biostoffverordnung einschließlich der entsprechenden Technischen Regeln.

3 Begriffsbestimmungen

3.1 **Lüftung** ist die Erneuerung der Raumluft durch direkte oder indirekte Zuführung von Außenluft. Die Lüftung erfolgt durch freie Lüftung oder Raumlufttechnische Anlagen.

3.2 **Freie Lüftung** ist Lüftung mit Förderung der Luft durch Druckunterschiede infolge Wind oder Temperaturdifferenzen zwischen außen und innen, z. B. Fensterlüftung, Schachtlüftung, Dachaufsatzlüftung und Lüftung durch sonstige Lüftungsöffnungen, ggf. unterstützt durch Ventilatoren.

3.3 **Raumlufttechnische Anlagen** (RLT-Anlagen) sind Anlagen mit maschineller Förderung der Luft, Luftreinigung (Filtern) und mindestens einer thermodynamischen Luftbehandlungsfunktion (Heizen, Kühlen, Befeuchten, Entfeuchten).

3.4 **Zugluft** ist ein störender Luftzug, der zu einer lokalen Abkühlung, insbesondere an unbekleideten Körperflächen führt. Zugluft kann sowohl durch freie Lüftung als auch durch RLT-Anlagen hervorgerufen werden.

3.5 **Turbulenzgrad** ist ein Maß für die Schwankung der Luftgeschwindigkeit. Er ist das Verhältnis der Standardabweichung der Luftgeschwindigkeit zur mittleren Luftgeschwindigkeit.

4 Luftqualität

4.1 Grundsätze

(1) In umschlossenen Arbeitsräumen muss gesundheitlich zuträgliche Atemluft in ausreichender Menge vorhanden sein. In der Regel entspricht dies der Außenluftqualität. Sollte die Außenluft im Sinne des Immissionsschutzrechts unzulässig belastet oder erkennbar beeinträchtigt sein, z. B. durch Fortluft aus Absaug- oder RLT-Anlagen, starken Verkehr, schlecht durchlüftete Lagen, sind im Rahmen der Gefährdungsbeurteilung gesonderte Maßnahmen (z. B. Beseitigung der Quellen, Verlegen der Ansaugöffnung bei RLT-Anlagen) zu ergreifen.

(2) Die Innenraumluftqualität in Arbeitsräumen kann durch folgende Lasten beeinträchtigt werden:

- Stofflasten,
- Feuchtelasten oder
- Wärmelasten.

(3) Für Maßnahmen zur Beseitigung von Lasten gilt folgende Rangfolge:

1. Last vermeiden
2. Last minimieren
3. Quelle kapseln
4. Last quellennah abführen

(4) Das Eindringen von Lasten in unbelastete Arbeitsräume ist zu vermeiden (z. B. durch Luftführung, Schleusen oder Abtrennungen).

(5) Treten trotz bestimmungsgemäßer Nutzung des Arbeitsraumes und der Lüftung gemäß den Vorgaben dieser ASR Beschwerden bei Beschäftigten über die Luftqualität auf, ist zu prüfen, ob und ggf. welche weiteren Maßnahmen durchzuführen sind. Geeignete Maßnahmen sind z. B. zeitweise verstärkte Lüftung, Änderung der Raumnutzung, Umsetzen der Beschäftigten in andere Räume, Einbau oder Anpassung einer RLT-Anlage.

4.2 Stofflasten

(1) Ursachen für Stofflasten können beispielsweise sein:

- die Anwesenheit von Beschäftigten und sonstigen Personen (Emission von CO_2 und Geruchsstoffen),
- die Emissionen aus Bauprodukten oder Einrichtungsgegenständen (z. B. flüchtige organische Stoffe (VOC), Formaldehyd, Fasern),
- das Eindringen von belasteter Luft aus anderen Räumen oder Bereichen (z. B. aus Tätigkeiten mit Gefahrstoffen oder biologischen Arbeitsstoffen) oder von außen,
- eine schlecht gewartete RLT-Anlage,
- das Auftreten von Schimmel oder
- Radon, das in einigen Gebieten Deutschlands (siehe Radonkartierung der Länder) aus dem Untergrund in Gebäude eindringen kann.

(2) Sind die Beschäftigten und sonstigen anwesenden Personen die bestimmende Ursache für Stofflasten im Raum, ist die CO_2-Konzentration ein anerkanntes Maß für die Bewertung der Luftqualität. Erfahrungsgemäß hat eine erhöhte CO_2-Konzentration einen negativen Einfluss auf die Aufmerksamkeitsleistung. Die in der Tabelle 1 aufgeführten Werte dienen der Beurteilung der CO_2-Konzentration in der Raumluft und der Ableitung geeigneter, beispielhaft genannter Maßnahmen. Die Maßnahmen, die zur Verbesserung der Luftqualität innerhalb des Luftgütebereiches zwischen 1000 und 2000 ppm gemäß Tabelle 1 durchgeführt wurden, sind in der Gefährdungsbeurteilung zu dokumentieren. Dies gilt auch, wenn mit den Maßnahmen 1000 ppm CO_2 in der Raumluft unterschritten werden.

Tabelle 1: CO_2-Konzentration in der Raumluft

CO_2-Konzentration [ml/m³] bzw. [ppm]	Maßnahmen
<1000	– Keine weiteren Maßnahmen (sofern durch die Raumnutzung kein Konzentrationsanstieg über 1000 ppm zu erwarten ist)
1000–2000	– Lüftungsverhaltenüberprüfen und verbessern – Lüftungsplan aufstellen (z. B. Verantwortlichkeiten festlegen) – Lüftungsmaßnahme (z. B. Außenluftvolumenstrom oder Luftwechsel erhöhen)
>2000	– weitergehende Maßnahmen erforderlich (z. B. verstärkte Lüftung, Reduzierung der Personenzahl im Raum)

(3) Im Regelfall sind keine Messungen erforderlich. Nur wenn ein begründeter Verdacht auf zu hohe CO_2-Konzentrationen vorliegt, sind Messungen unter üblichen Nutzungsbedingungen und mit der üblichen Personenbelegung durchzuführen, z. B. über den Zeitraum der arbeitstäglichen Nutzung. Bewertet wird der Momentanwert. Vor der Messung muss der Raum arbeitsüblich gelüftet werden. Bei Räumen bis zu 50 m² Grundfläche ist in der Regel eine Messstelle in ca. 1,50 m Höhe und in einem Abstand von 1 bis 2 m von den Wänden ausreichend. In größeren Räumen sind ggf. mehrere Messstellen einzurichten. Die Messstelle soll sich in der Aufenthaltszone der Personen – dabei aber in ausreichendem Abstand zu Personen – befinden, um eine direkte Beeinflussung des Messergebnisses durch die Atemluft von Personen zu vermeiden.

(4) Wird in einem Raum nach Absatz 2 entsprechend Tabelle 1 verfahren, ist erfahrungsgemäß der Luftwechsel auch für die Abführung von Stofflasten nach Absatz 1 Anstriche 1 und 2 ausreichend, wenn das Bauwerk und die Einrichtungsgegenstände hinsichtlich der Schadstoffemission dem Stand der Technik entsprechen und nicht geraucht wird.

(5) Stofflasten aus Bauprodukten und Einrichtungsgegenständen können vermieden oder minimiert werden, wenn z. B.:

- emissionsfreie oder emissionsarme,
- überprüfte,
- aufeinander abgestimmte und
- richtig verarbeitete

Produkte eingesetzt werden.

(6) Der Nichtraucherschutz nach § 5 Abs. 1 ArbStättV kann u. a. durch ein Rauchverbot in Gebäuden oder durch baulich abgetrennte Raucherräume oder -bereiche oder Rauchen im Freien umgesetzt werden. Von diesen Bereichen dürfen keine Gesundheitsgefahren durch Tabakrauch für die nicht rauchenden Beschäftigten ausgehen.

(7) In Räumen, in denen nach § 5 Abs. 2 ArbStättV Rauchen unter bestimmten Voraussetzungen zulässig sein kann (z. B. Gaststätten, Spielcasinos), muss der Arbeitgeber Schutzmaßnahmen treffen, um Gefährdungen für Beschäftigte zu minimieren, dies können insbesondere Lüftungsmaßnahmen sein.

4.3 Feuchtelast

(1) Feuchtelasten können beispielsweise durch die Wasserdampfabgabe aus Prozessen oder der anwesenden Personen entstehen.

(2) Üblicherweise braucht die Raumluft nicht befeuchtet zu werden. Für den Fall, dass Beschwerden auftreten, ist im Rahmen der Gefährdungsbeurteilung zu prüfen, ob und ggf. welche Maßnahmen zu ergreifen sind.

(3) Fallen betriebstechnisch oder arbeitsbedingt Feuchtelasten im Arbeitsraum an, dürfen aus physiologischen Gründen die Werte nach Tabelle 2 nicht überschritten werden. Dies gilt nicht, soweit die Natur des Betriebes höhere Luftfeuchten erfordert (z. B. Lebensmittelherstellung, Gewächshaus oder Schwimmbad).

Tabelle 2: Maximale relative Luftfeuchtigkeit

Lufttemperatur	relative Luftfeuchtigkeit
+20 °C	80 %
+22 °C	70 %
+24 °C	62 %
+26 °C	55 %

(4) Witterungsbedingte Feuchteschwankungen bleiben unberücksichtigt.

(5) Hohe Luftfeuchten an Raumbegrenzungsflächen können zur Befeuchtung von Bauteilen und zur Schimmelbildung führen. Sie sind zu vermeiden. Die Raumbegrenzungsflächen sind so auszuführen, dass Schimmelbildung vermieden wird.

4.4 Wärmelast

(1) Ursachen für Wärmelasten können beispielsweise sein:

- Geräte und Maschinen,
- Sonneneinstrahlung,
- Künstliche Beleuchtung oder
- Personen.

(2) Die Wärmelasten sind zu minimieren. Die Raumtemperatur muss den Anforderungen der ASR A3.5 „Raumtemperatur" entsprechen.

5 Freie Lüftung

5.1 Allgemeines

(1) Die einfachste Form der freien Lüftung ist die Fensterlüftung. Sie hat eine hohe Akzeptanz, falls die Öffnung der Fenster von den Beschäftigten selbst bestimmt werden kann. Andere Formen der freien Lüftung sind z. B. Schacht-, Dachaufsatz- oder Kaminlüftung.

(2) Die freie Lüftung von Räumen kann als Stoßlüftung oder kontinuierliche Lüftung erfolgen.

(3) In Arbeitsräumen ist eine ausreichende freie Lüftung nur dann gewährleistet, wenn die erforderlichen Lüftungsquerschnitte und die maximal zulässigen Raumtiefen eingehalten werden (Tabelle 3). Von den in Tabel-

le 3 genannten erforderlichen Lüftungsquerschnitten kann abgewichen werden, wenn die Anforderungen aus Tabelle 1 auch bei geringeren Lüftungsquerschnitten erfüllt werden und dies in der Gefährdungsbeurteilung dokumentiert wird.

5.2 Anforderungen an die freie Lüftung

(1) Für die Fensterlüftung sind mindestens Lüftungsquerschnitte nach Tabelle 3 erforderlich, um die Anforderungen nach Tabelle 1, Zeile 1 zu erreichen (Berechnungsbeispiel siehe Anhang). Tür- und Torflächen bleiben unberücksichtigt.

(2) Die Fensteröffnungen sind so anzuordnen, dass eine ausreichend gleichmäßige Durchlüftung der Arbeitsräume gewährleistet ist.

(3) Andere Formen der freien Lüftung sind so auszulegen, dass die Anforderungen nach Punkt 4 erfüllt werden (zeitliche/jahreszeitliche Einschränkungen in der Funktion sind zu beachten).

(4) Dauer und Intensität des Luftaustausches bei freier Lüftung sind so zu gestalten, dass Zugluft möglichst vermieden wird.

5.3 Systeme der freien Lüftung

(1) Es werden folgende Systeme der freien Lüftung unterschieden:

System I

- einseitige Lüftung mit Zu- und Abluftöffnungen in einer Außenwand; gemeinsame Öffnungen sind zulässig

System II

- Querlüftung mit Öffnungen in gegenüberliegenden Außenwänden oder in einer Außenwand und der Dachfläche

Ein Beispiel für die Berechnung der erforderlichen Lüftungsquerschnitte befindet sich im Anhang.

Tabelle 3: Mindestöffnungsfläche für kontinuierliche Lüftung und für Stoßlüftung

System	Maximal zulässige Raumtiefe bezogen auf die lichte Raumhöhe (h) [m]	Öffnungsfläche zur Sicherung des Mindestluftwechsels	
		für kontinuierliche Lüftung [m^2/anwesende Person]	für Stoßlüftung [m^2/ 10 m^2 Grundfläche]
I einseitige Lüftung	Raumtiefe = 2,5 x h (bei h > 4 m: max. Raumtiefe = 10 m) (angenommene Luftgeschwindigkeit im Querschnitt = 0,08 m/s)	0,35	1,05
II Querlüftung	Raumtiefe = 5,0 x h (bei h > 4 m: max. Raumtiefe = 20 m) (angenommene Luftgeschwindigkeit im Querschnitt = 0,14 m/s)	0,20	0,60

Die angegebenen Öffnungsflächen sind die Summe aus Zuluft- und Abluftflächen.

(2) Eine Verringerung der Lüftungsquerschnitte bei kontinuierlicher Lüftung zur Anpassung an Witterungsbedingungen (z. B. niedrige Außenlufttemperaturen, starker Wind) muss durch Verstellbarkeit möglich sein (z. B. Kippstellung der Fenster). Ist die Verstellbarkeit der Öffnungsfläche fein justierbar, ist auch bei Außenlufttemperaturen unter +5 °C eine kontinuierliche Lüftung erreichbar.

(3) Sofern die Personenbelegung oder Nutzung des Bereiches nicht bekannt sind, ist für die Berechnung der Mindestöffnungsfläche von einer Grundfläche von 10 m^2 pro Person auszugehen.

(4) Bei sehr geringer Personenbelegung ist für die Berechnung der Mindestöffnungsfläche von 1 Person je 100 m^2 auszugehen (z. B. Lagerhalle).

IV

5.4 Stoßlüftung

(1) Unter Stoßlüftung wird der kurzzeitige (ca. 3 bis 10 Minuten), intensive Luftaustausch zur Beseitigung von Lasten aus Arbeitsräumen verstanden.

(2) Eine Stoßlüftung ist in regelmäßigen Abständen nach Bedarf durchzuführen. Als Anhaltswerte werden empfohlen:

- Büroraum nach 60 min
- Besprechungsraum nach 20 min

(3) Die Mindestdauer der Stoßlüftung ist von der Temperaturdifferenz zwischen innen und außen und dem Wind abhängig. Es kann von folgenden Orientierungswerten ausgegangen werden:

- Sommer: bis zu 10 min (unter Berücksichtigung der Außenlufttemperatur)
- Frühling/Herbst: 5 min
- Winter: 3 min

6 Raumlufttechnische Anlagen

6.1 Erfordernis

Raumlufttechnische Anlagen (RLT-Anlagen) zur Lüftung sind erforderlich, wenn eine freie Lüftung entsprechend Punkt 5 nicht ausreicht. Gründe dafür können sein:

- die Abmessungen der Räume (Punkt 5.3),
- die Lage der Räume, z. B. Tieflage (Fußboden tiefer als 1 m unter der umgebenden Geländeoberfläche),
- die umliegende Bebauung,
- eine besondere Nutzung (z. B. Arbeitsräume ohne öffenbare Fenster oder Oberlichter),
- innere oder äußere Lasten, die mit der freien Lüftung nicht beherrscht werden können oder
- Fenster dürfen nicht ausreichend lange geöffnet werden (z. B. Lärm von außen, Sicherheit).

6.2 Anforderungen

(1) RLT-Anlagen müssen dem Stand der Technik entsprechen und sind bestimmungsgemäß zu betreiben.

(2) Bei RLT-Anlagen ist die Zuluft (Außenluft/Umluft) vor der Zuführung in die zu lüftenden Räume entsprechend den Anforderungen hinsichtlich der Nutzung der Arbeitsstätte durch Luftfilter nach dem Stand der Technik zu reinigen.

(3) Die RLT-Anlage darf nicht selbst zur Gefahrenquelle (z. B. durch Gefahrstoffe, Bakterien, Schimmelpilze oder Lärm) werden.

6.3 Außenluftvolumenstrom

Der Außenluftvolumenstrom ist nach dem Stand der Technik so auszulegen, dass Lasten (Stoff-, Feuchte-, Wärmelasten) zuverlässig abgeführt werden und die CO_2Konzentration von 1000 ppm (siehe Tabelle 1) eingehalten wird.

6.4 Luftführung

(1) Die Zuluft muss so verteilt werden, dass sie frei von unzumutbarer Zugluft und in ausreichendem Maße in den Aufenthaltsbereich gelangt.

(2) Lasten (Stoff-, Feuchte-, Wärmelasten) sind möglichst quellennah zu erfassen. Natürliche Luftbewegungen (z. B. Thermik an warmen/heißen Oberflächen) sind zu ermöglichen und sinnvoll auszunutzen.

(3) Abluft aus Räumen mit Lasten (Stoff-, Feuchte-, Wärmelasten) darf als Umluft nur dann genutzt werden, wenn Gesundheitsgefahren und Belästigungen ausgeschlossen werden können.

(4) Abluft aus Sanitärräumen, Raucherräumen und Küchen darf nicht als Zuluft genutzt werden.

6.5 Raumluftgeschwindigkeit

(1) In den Aufenthaltsbereichen darf keine unzumutbare Zugluft auftreten.

(2) Zugluft ist vorwiegend von der Lufttemperatur, der Luftgeschwindigkeit, dem Turbulenzgrad und der Art der Tätigkeit (d. h. Wärmeerzeugung durch körperliche Arbeit) abhängig. Bei einer Lufttemperatur von +20 °C, einem Turbulenzgrad von 40 % und einer mittleren Luftgeschwindigkeit unter 0,15 m/s tritt bei leichter Arbeitsschwere üblicherweise keine unzumutbare Zugluft auf. Bei größerer

körperlicher Aktivität, anderen Lufttemperaturen oder anderen Turbulenzgraden kann der Wert für die mittlere Luftgeschwindigkeit abweichen und ist im Rahmen der Gefährdungsbeurteilung zu bewerten.

6.6 Inbetriebnahme, Wartung und Prüfung

(1) Der Arbeitgeber hat bereits vor dem Errichten oder Anmieten der Arbeitsstätte zu überprüfen, ob die Forderungen nach Punkt 4 sowie den Punkten 6.3 bis 6.5 eingehalten werden können. Im Rahmen der Gefährdungsbeurteilung nach § 3 ArbStättV ist zu überprüfen, ob die RLT-Anlage wirksam ist und die obigen Anforderungen erfüllt sind. Dabei sind Prüf- und Wartungsintervalle festzulegen, die Herstellerangaben sind zu berücksichtigen.

(2) Entsprechend § 4 Abs. 3 ArbStättV sind RLT-Anlagen nach den in Absatz 1 festgelegten Intervallen sachgerecht zu warten. Die Wartungsintervalle sind so festzulegen, dass die

- technischen,
- hygienischen und
- raumlufttechnischen (z. B. Einstellung und Zustand der Luftdurchlässe)

Eigenschaften und der sichere Betrieb der Anlage während der gesamten Betriebszeit gewährleistet werden.

(3) Die Funktionsfähigkeit der RLT-Anlage kann durch Messung, z. B. folgender Größen, überprüft werden:

- Kohlendioxidgehalt unter Nutzungsbedingungen,
- Außenluftvolumenstrom,
- zulässiger Differenzdruck an Filtern,
- Luftgeschwindigkeit im Aufenthaltsbereich,
- Schalldruckpegel oder
- Temperatur der Zuluft.

In speziellen Fällen können:

- Druckgefälle zu benachbarten Räumen oder
- Keimzahl der Zuluft

gemessen werden.

(4) Der Arbeitgeber muss über die aktuellen Unterlagen der RLT-Anlagen verfügen oder dazu Zugang haben, aus denen die Ergebnisse der Prüfung bei Inbetriebnahme und insbesondere von Wartung und regelmäßigen Prüfungen hervorgehen.

6.7 Maßnahmen bei Störungen von Raumlufttechnischen Anlagen

Wenn Gesundheitsgefahren bei Ausfall oder Störung der RLT-Anlage auftreten können, sind die sich aus der Gefährdungsbeurteilung ergebenden nötigen Maßnahmen festzulegen. Der Ausfall oder die Störung müssen durch eine selbsttätige Warneinrichtung angezeigt werden. Maßnahmen, die die Beschäftigten und sonstigen anwesenden Personen betreffen, sind diesen in geeigneter Weise zur Kenntnis zu geben.

7 Abweichende/ergänzende Anforderungen für Baustellen

(1) Alle im Folgenden angeführten Abweichungen oder Ergänzungen sind im Rahmen einer Gefährdungsbeurteilung daraufhin zu beurteilen, ob und gegebenenfalls welche technischen, organisatorischen oder personenbezogenen Maßnahmen zum Schutz der Gesundheit der Beschäftigten zu ergreifen sind.

(2) Bei Bauarbeiten

- in abwassertechnischen Anlagen,
- unter Tage oder
- in engen Räumen, z. B. Silos oder Behältern,

die nicht durch Punkt 2 Abs. 3 erfasst sind, ist messtechnisch zu prüfen, ob ausreichend gesundheitlich zuträgliche Atemluft vorhanden ist und keine Stoffe in der Atemluft in gesundheitsschädlicher Konzentration vorhanden sind (z. B. CO_2, Radon). Ist eine Sauerstoffversorgung von mindestens 19 Vol% mit natürlicher Belüftung nicht zu erreichen, muss maschinell belüftet werden. Punkt 4.2 Abs. 3 Satz 1 ist für die genannten Bauarbeiten aufgehoben.

(3) Abweichend von Punkt 4.3 Abs. 3 Tabelle 2 können in umschlossenen Arbeitsräumen auf Baustellen durch Bauprozesse (z. B. Ver-

IV

arbeiten von Spritzbeton) höhere relative Luftfeuchten entstehen.

(4) Ergänzend zu Punkt 4.4 Abs. 1 können Wärmelasten sowohl durch Bauprozesse (z. B. Aushärten von Beton) als auch bei Bauarbeiten unter Tage geogen aus dem Baugrund auftreten.

(5) Ergänzend zu Punkt 6.5 Abs. 2 können in umschlossenen Arbeitsräumen auf Baustellen (z. B. in Tunneln, Kanälen) prozessbedingt hohe Luftgeschwindigkeiten auftreten.

Ausgewählte Literaturhinweise

- LV 16 Kenngrößen zur Beurteilung raumklimatischer Grundparameter, September 2011
- DGUV Vorschrift 38 Bauarbeiten 01/1997
- DGUV Regel 101-007 Sicherheitsregeln für Bauarbeiten unter Tage 10/1994
- DGUV Regel 103-003 Arbeiten in umschlossenen Räumen von abwassertechnischen Anlagen 09/2008
- DGUV Regel 113-004 Behälter, Silos und enge Räume, Teil 1: Arbeiten in Behältern, Silos und engen Räumen 09/2008 aktualisiert 07/2013

Anhang
Beispiel zur Berechnung der Öffnungsfläche für Dreh-Kipp-Fenster (2-Personen-Büro)

Raumabmessungen:

- Raumtiefe (t) = 5 m
- Raumbreite (b) = 4 m
- Raumhöhe (h) = 2,50 m
- Grundfläche (t x b) = 20 m²
- Raumvolumen (t x b x h) = 50 m³

Der Nachweis der Einhaltung der maximal zulässigen Raumtiefe erfolgt nach Tabelle 3. Bei der Raumhöhe von 2,50 m wird die maximal zulässige Raumtiefe von 6,25 m (2,5 x h = 6,25 m) für System I und 12,50 m (5 x h = 12,50 m) für System II unterschritten. System I und II sind geeignet, den Raum zu belüften.

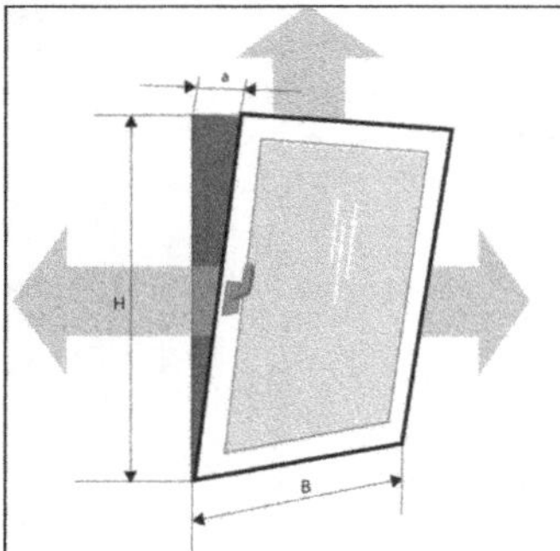

B ... Breite des Fensters
H ... Höhe des Fensters
a ... Spaltbreite (typischerweise ≤ 0,2 m)

Abb. 1: Gekipptes Fenster

Kontinuierliche Lüftung

Die Berechnung der Öffnungsflächen bei kontinuierlicher Lüftung bezieht sich auf die Personenbelegung des Raumes.

Die Öffnungsfläche für ein gekipptes Fenster ergibt sich aus:

$A_{Kipp} = B \times a + 2 \times (H \times a)/2 = a \times (B + H)$

Für ein Kippfenster mit den Maßen B = 1,00 m, H = 1,20 m und a = 0,11 m ergibt sich:

$A_{Kipp} = 0{,}242\ m^2$

Nach Tabelle 3 sind für die kontinuierliche Lüftung folgende Flächen erforderlich. Sie sind die Summe aus Zuluft- und Abluftflächen (Türen und Tore bleiben unberücksichtigt).

Tabelle 4: Zuluft- und Abluftflächen für Fenster bei kontinuierlicher Lüftung

System	erforderliche Fensterfläche [m²/anwesende Person]	erforderliche Fensterfläche bei 2 Personen [m²]	erforderliche Anzahl Fenster
I einseitige Lüftung	0,35	0,70	3
II Querlüftung	0,20	0,40	2

Stoßlüftung

Die Berechnung der Öffnungsflächen bei Stoßlüftung bezieht sich auf die Grundfläche des Raumes.

Die Öffnungsfläche für ein gedreht geöffnetes Fenster ergibt sich aus: A_{Dreh} = B x H = 1,20 m^2

Bei einseitiger Lüftung (System I) ergibt sich nach Tabelle 3 für die Stoßlüftung eines 20 m^2-Raumes eine erforderliche Öffnungsfläche von A_{Dreh} = 2,1 m^2, d. h. 2 Fenster (2,40 m^2) reichen für die Stoßlüftung aus.

Bei Querlüftung (System II) ist eine Öffnungsfläche von insgesamt (Summe aus Zuluft- und Abluftflächen) A_{Dreh} = 1,2 m^2 nötig, d. h. es sind je A_{Dreh} = 0,6 m^2 in gegenüberliegenden Wänden erforderlich. Die zur Verfügung stehende Fläche von 1,2 m^2 je Fenster reicht demnach für die Stoßlüftung aus.

Technische Regeln für Arbeitsstätten (ASR A4.1) Sanitärräume

Ausgabe: September 2013
(GMBl 2013, S. 919; zuletzt geändert GMBl 2017, S. 401)

1 Zielstellung

Diese ASR konkretisiert die in § 3a Absatz 1 und § 4 Absatz 2 der Arbeitsstättenverordnung so wie die insbesondere in den Punkten 4.1 und 5.2 Absatz 1 a), d) und f) des Anhanges genannten Anforderungen für das Einrichten und Betreiben von Sanitärräumen und Waschgelegenheiten für Arbeitsstätten.

2 Anwendungsbereich

Diese ASR gilt für das Einrichten und Betreiben von Sanitärräumen sowie von Waschgelegenheiten in Arbeitsstätten, die den Beschäftigten zur Verfügung stehen.

Hinweis:
Zusätzliche Anforderungen an die barrierefreie Gestaltung werden zu einem späteren Zeitpunkt als Anhang in die ASR V3a.2 „Barrierefreie Gestaltung von Arbeitsstätten" eingefügt.

3 Begriffsbestimmungen

3.1 **Sanitärräume** sind Umkleide-, Wasch- und Toilettenräume.

3.2 **Sanitäreinrichtungen** sind Einrichtungen, die es den Beschäftigten ermöglichen, sich zu waschen, sich umzukleiden oder die Toilette bzw. das Urinal zu benutzen.

3.3 **Toilettenräume** beinhalten mindestens eine Toilette und eine Handwaschgelegenheit sowie gegebenenfalls Urinal und Toilettenzelle.

3.4 **Toilettenzellen** sind von innen absperrbare, durch Trennwände vom Toilettenraum getrennte Bereiche mit einer Toilette.

3.5 Ein **Vorraum** ist ein vollständig abgetrennter Bereich in einem Toilettenraum, um z. B. das Überströmen von geruchsbelasteter Luft zu vermeiden und ggf. die Handwaschgelegenheiten aufzunehmen.

3.6 Eine **mobile, anschlussfreie Toilettenkabine** ist eine transportable, geschlossene, absperrbare Einheit mit einer Toilette und einem Fäkalientank für den anschlussfreien Einsatz zur Einpersonennutzung, vorzugsweise ausgestattet mit einer integrierten Handwaschgelegenheit.

3.7 **Toiletten** sind Toilettenbecken oder Hocktoiletten. Hinweis: Dies entspricht den Begriffen Klosettbecken bzw. Hockklosetts.

3.8 **Urinale** sind Bedürfnisstände ausgeführt als Becken oder Rinnen.

3.9 **Waschräume** sind Räume mit Einrichtungen (z. B. Waschplätze, Duschen), die es den Beschäftigten ermöglichen, sich den hygienischen Erfordernissen entsprechend zu reinigen.

3.10 **Waschplätze in Waschräumen** sind Zapfstellen an Einzelwaschtischen, Reihenwaschanlagen, Rundwaschanlagen oder gleichwertigen Anlagen.

3.11 **Waschgelegenheiten** sind Einrichtungen mit fließendem Wasser und einem geschlossenen Wasserabflusssystem, die es den Beschäftigten ermöglichen, sich den hygienischen Erfordernissen entsprechend zu reinigen.

3.12 **Art der Tätigkeit** im Sinne des Anhangs 4.1 Absatz 2 Satz 1 ArbStättV bezieht sich z. B. auf schmutzende Arbeit, Hitze- oder Kältearbeit oder Arbeit in Nässe.

3.13 **Gesundheitliche Gründe** im Sinne Anhangs 4.1 Absatz 2 Satz 1 ArbStättV liegen vor, wenn Beschäftigte insbesondere infektiösen, sensibilisierenden oder gefährlichen Stoffen bzw. Gemischen ausgesetzt sind.

3.14 **Bewegungsfläche** im Sinne dieser ASR ist die zusammenhängende unverstellte Bodenfläche in Sanitärräumen, die zur uneingeschränkten Nutzung durch den Beschäftigten zur Verfügung steht.

4 Allgemeines

(1) In Sanitärräumen dürfen keine Gegenstände oder Arbeitsstoffe (insbesondere keine Gefahrstoffe) aufbewahrt werden, die nicht zur zweckentsprechenden Einrichtung dieser Räume gehören.

(2) In Sanitärräumen darf eine lichte Höhe von 2,50 m nicht unterschritten werden. In bestehenden Arbeitsstätten ist bis zu einem wesentlichen Umbau eine geringere lichte Höhe zulässig, soweit sie dem Bauordnungsrecht der Länder entspricht. Anforderungen zur Bewegungsfläche in Sanitärräumen sind den Punkten 5.3, 6.3 und 7.3 zu entnehmen.

(3) Trennwände, Türen und Fenster von Sanitärräumen müssen so angeordnet oder beschaffen sein, dass eine Einsicht von außen nicht möglich ist.

(4) Die Beleuchtung in Sanitärräumen richtet sich nach den Anforderungen der ASR A3.4 „Beleuchtung". Wird eine Spiegelbeleuchtung eingesetzt, soll die vertikale Mindestbeleuchtungsstärke 500 lx betragen.

(5) Die Lufttemperatur in Sanitärräumen ist in der ASR A3.5 „Raumtemperatur" geregelt.

(6) Für weibliche und männliche Beschäftigte sind getrennte Sanitärräume einzurichten. In Betrieben mit bis zu neun Beschäftigten kann auf getrennt eingerichtete Toiletten-, Wasch- und Umkleideräume für weibliche und männliche Beschäftigte verzichtet werden, wenn eine zeitlich getrennte Nutzung sicher gestellt ist. Dabei ist ein unmittelbarer Zugang zwischen Wasch- und Umkleideräumen erforderlich.

(7) In Betrieben mit bis zu fünf Beschäftigten ist eine Kombination von Toiletten-, Wasch- und Umkleideräumen bei einer zeitlich nach Geschlecht getrennten Nutzung durch weibliche und männliche Beschäftigte möglich, sofern eine wirksame Lüftung gewährleistet ist. Hierfür ist eine Lüftung nach Punkt 6.1 Absatz 3 ausreichend. Falls ein Waschraum nach Kategorie B oder C (siehe Punkt 6.1 Absatz 1 Anstrich 2 oder 3) erforderlich ist, muss über die räumliche Kombination anhand der Gefährdungsbeurteilung entschieden werden.

(8) Auf Sanitärräume ist deutlich erkennbar hinzuweisen.

(9) Vorhandene Bodeneinläufe müssen mit einem Geruchsverschluss ausgestattet sein. Die Erneuerung des Sperrwassers ist sicherzustellen. Falls dies nicht gegeben ist, muss zusätzlich in der Nähe ein Auslaufventil (Wasserzapfstelle) vorhanden sein.

(10) Durch Einrichtungsgegenstände oder bauliche Einrichtungen in Sanitärräumen dürfen Sicherheit und Gesundheit der Beschäftigten (z. B. durch Schnitt- oder Stoßkanten oder durch die Möglichkeit zur Ansammlung von Krankheitserregern) nicht gefährdet werden.

(11) Die Heizeinrichtungen müssen so angeordnet, beschaffen oder abgeschirmt sein, dass die Beschäftigten vor der Berührung von zu heißen Oberflächen geschützt sind.

(12) Vor den Sanitärräumen – insbesondere vor den Umkleideräumen – muss erforderlichenfalls (z. B. bei stark schmutzender Tätigkeit) eine geeignete Einrichtung zur Reinigung des Schuhwerkes (z. B. Gitterroste, Fußmatten, Schuhreinigungsanlagen) vorhanden sein.

(13) Die Be- und Entlüftung der Sanitärräume ist so einzurichten, dass während ihrer Nutzung keine Zugluft auftritt. (siehe Punkt 6.5 der ASR A3.6 „Lüftung").

5 Toilettenräume

5.1 Allgemeines

(1) In Toilettenräumen ist eine wirksame Lüftung zu gewährleisten. Bei freier Lüftung (Fensterlüftung) sind die Mindestquerschnitte für Lüftungsöffnungen nach Tabelle 1 einzuhalten (weitere Informationen siehe ASR A3.6 „Lüftung"). Lüftungstechnische Anlagen sind so auszulegen, dass ein Abluftvolumenstrom von 11 $m^3/(h\ m^2)$ erreicht wird. Die Abluft aus Toilettenräumen darf nicht in andere Räume gelangen.

Tabelle 1: Mindestquerschnitte für freie Lüftung von Toilettenräumen

System	Freier Querschnitt der Lüftungsöffnung/en je Sanitäreinrichtung*	
	[m^2/Toilette]	[m^2/Urinal]
einseitige Lüftung	0,17	0,10
Querlüftung**	0,10	0,06

* Die angegebenen Flächen sind die Summe aus Zuluft- und Abluftfläche.

** Lüftungsöffnungen in gegenüberliegenden Außenwänden oder in einer Außenwand und der Deckenfläche

IV

(2) Fußböden und Wände müssen leicht zu reinigen sein (weitere Informationen siehe ASR A1.5/1,2 „Fußböden").

(3) Toilettenräume und ihre Einrichtungen sind in Abhängigkeit von der Häufigkeit der Nutzung zu reinigen und bei Bedarf zu desinfizieren. Bei täglicher Nutzung müssen sie mindestens täglich gereinigt werden.

Hinweise:
1. Zur Einhaltung und Kontrolle der regelmäßigen und gründlichen Reinigung empfiehlt sich das Anbringen eines Reinigungsplanes im Toilettenraum mit kontinuierlicher Abzeichnungspflicht durch das verantwortliche Reinigungspersonal.

2. Bei der Verwendung von Reinigungs- und Desinfektionsmitteln sind die hierfür bekannt gegebenen TRGS bzw. TRBA zu berücksichtigen.

5.2 Bereitstellung

(1) Die Toilettenräume müssen sich in der Nähe der Arbeitsplätze, der Pausen-, Bereitschafts-, Wasch- oder Umkleideräume befinden. Die Weglänge zu Toilettenräumen sollte nicht länger als 50 m sein und darf 100 m nicht überschreiten. Die Toilettenräume müssen sich im gleichen Gebäude befinden und dürfen nicht weiter als eine Etage von ständigen Arbeitsplätzen entfernt sein. Der Weg von ständigen Arbeitsplätzen in Gebäuden zu Toiletten soll nicht durchs Freie führen.

(2) Hat der Toilettenraum mehr als eine Toilettenzelle oder ist ein unmittelbarer Zugang zum Toilettenraum aus einem Arbeits-, Pausen-, Bereitschafts-, Wasch-, Umkleide- oder Erste-Hilfe-Raum möglich, so ist ein Vorraum erforderlich. Im Vorraum darf sich kein Urinal befinden.

(3) Arbeitsstätten sind mit Toiletten für die Beschäftigten auszustatten. Dazu ist die in Tabelle 2 für niedrige Gleichzeitigkeit aufgeführte Mindestanzahl an Toiletten bereitzustellen. In Abhängigkeit von der Gleichzeitigkeit der Nutzung kann eine höhere Anzahl von Toiletten erforderlich sein (vgl. Abb. 1, mit Ablesebeispiel).

Bei mehr als 50 Beschäftigten kann die Mindestanzahl der Toiletten und Urinale in bestehenden Arbeitsstätten gegenüber den Angaben in Tabelle 2 um eins verringert werden, wenn ein Ausgleich geschaffen wird, z. B. durch organisatorische Maßnahmen. Diese Maßnahmen können solange herangezogen werden, bis bestehende Arbeitsstätten wesentlich umgebaut werden.

Hinweis:
Es wird in zwei Kategorien der Gleichzeitigkeit der Nutzung unterschieden. Dabei bedeutet niedrige Gleichzeitigkeit, dass die Beschäftigten zu jeder Zeit die Toilettenräume aufsuchen können (z. B. Büro). Hohe Gleichzeitigkeit bedeutet, dass die Beschäftigten in der Regel die Toilettenräume nur in den Pausen aufsuchen können (z. B. Bandarbeit, Lehrer im Unterrichtsdienst). Für Mischformen zwischen den Kategorien niedrige und hohe Gleichzeitigkeit besteht ein Handlungsspielraum (siehe Abb. 1).

(4) Für männliche Beschäftigte ist bei der Bereitstellung von Toiletten und Urinalen mindestens ein Drittel als Toiletten, der Rest als Urinale auszuführen. Die Urinale müssen so angeordnet oder gestaltet sein, dass eine Einsicht von außen nicht möglich ist. Es wird empfohlen, zwischen Urinalen eine Schamwand anzubringen. Aus hygienischen Gründen wird bei der Beschäftigung von männlichen Beschäftigten und der Notwendigkeit von nur einer Toilette empfohlen, trotzdem ein Urinal bereitzustellen.

(5) Ein Toilettenraum soll nicht mit mehr als zehn Toilettenzellen und zehn Urinalen ausgestattet sein.

Tabelle 2: Mindestanzahl von Toiletten einschließlich Urinale, Handwaschgelegenheiten

weibliche oder männliche Beschäftigte	Mindestanzahl bei niedriger Gleichzeitigkeit der Nutzung		Mindestanzahl bei hoher Gleichzeitigkeit der Nutzung	
	Toiletten/ Urinale	Handwaschgelegenheiten	Toiletten/ Urinale	Handwaschgelegenheiten
bis 5	1*)	1	2	1
6 bis 10	1*)	1	3	1
11 bis 25	2	1	4	2
26 bis 50	3	1	6	2
51 bis 75	5	2	7	3
76 bis 100	6	2	9	3
101 bis 130	7	3	11	4
131 bis 160	8	3	13	4
161 bis 190	9	3	15	5
191 bis 220	10	4	17	6
221 bis 250	11	4	19	7
	je weitere 30 Beschäftigte +1	je weitere 90 Beschäftigte +1	je weitere 30 Beschäftigte +2	je weitere 90 Beschäftigte +2

*) für männliche Beschäftigte wird zuzüglich 1 Urinal empfohlen

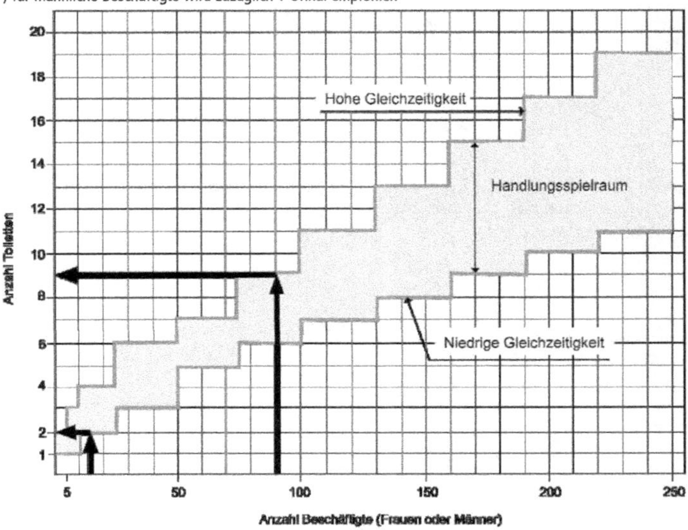

Abb. 1: Grafische Darstellung der Tabelle 2

Ablesebeispiel: Werden 90 männliche Beschäftigte an einem Montageband (hohe Gleichzeitigkeit) beschäftigt, sollen neun Toiletten (drei Toiletten und sechs Urinale) eingerichtet werden. Für ein dazugehöriges Büro (niedrige Gleichzeitigkeit) mit 15 weiblichen Beschäftigten sind zusätzlich zwei Toiletten vorzusehen.

5.3 Abmessung

(1) Bei Toilettenräumen oder Toilettenzellen ist eine Bewegungsfläche vor den Toiletten oder Urinalen erforderlich. Die Bewegungsfläche soll symmetrisch vor den Toiletten und Urinalen angeordnet sein. Für Toilettenräume sind die Mindestmaße nach Abb. 2.1, 2.2, 3.1, 3.2, 4.1 und 4.2 einzuhalten. Die Öffnungsrichtung der Tür (Türanschlag nach innen oder nach außen) ist zu berücksichtigen.

In bestehenden Toilettenzellen mit Türanschlag nach außen ist bis zu einem wesentlichen Umbau eine Reduzierung der Tiefe der Bewegungsfläche (600 mm) um 50 mm zulässig. In bestehenden Toilettenzellen mit Türanschlag nach innen ist bis zu einem wesentlichen Umbau eine Reduzierung des Abstandes Vorderkante Toilette bis Schwenkradius der Toilettentür um 100 mm zulässig.

Hinweis:
Der Türanschlag sollte möglichst nach außen erfolgen, um z. B. Personen im Notfall leichter bergen zu können.

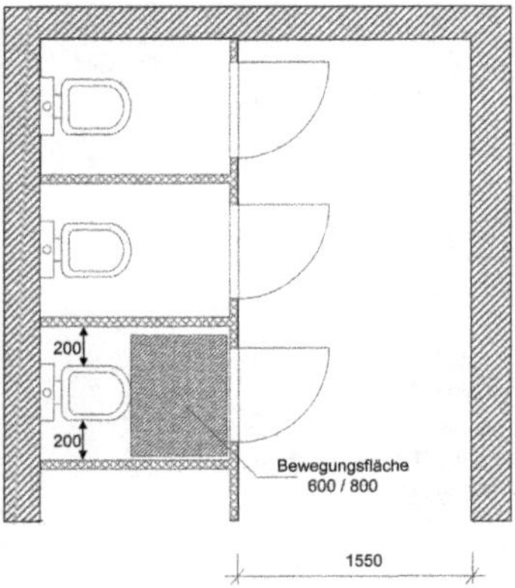

Abb. 2.1: Einbündige Toilettenanlage, Türanschlag nach außen (Maße in mm)

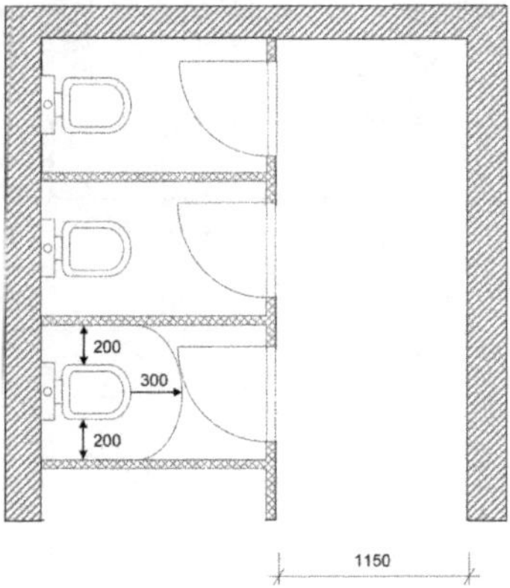

Abb. 2.2: Einbündige Toilettenanlage, Türanschlag nach innen (Maße in mm)

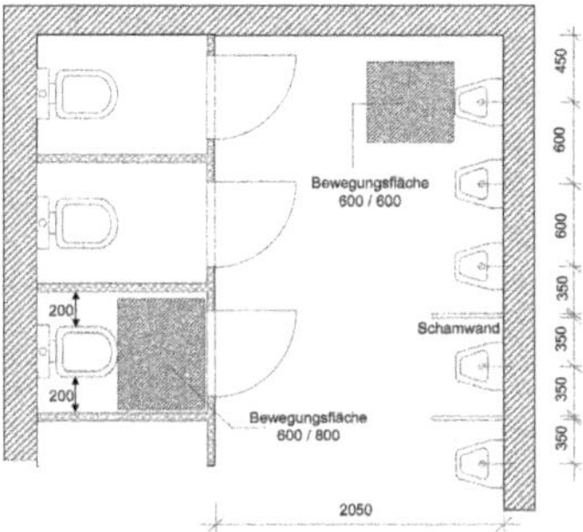

Abb. 3.1: Einbündige Toilettenanlage mit Urinalen, Türanschlag nach außen (Maße in mm)

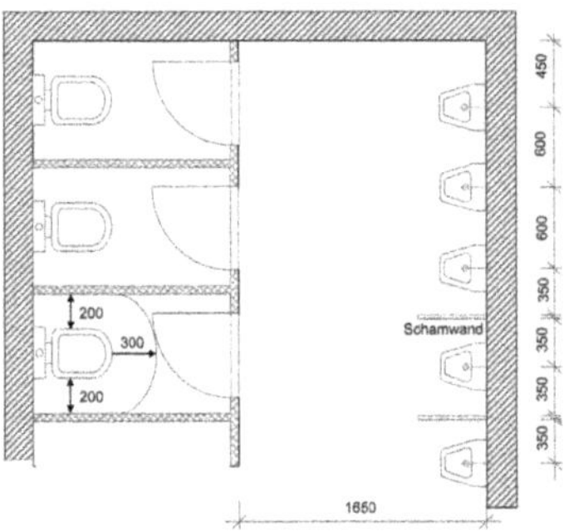

Abb. 3.2: Einbündige Toilettenanlage mit Urinalen, Türanschlag nach innen (Maße in mm)

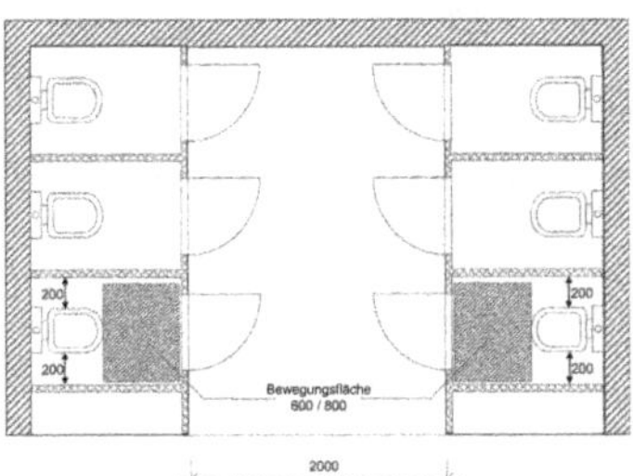

Abb. 4.1: Zweibündige Toilettenanlage, Türanschlag nach außen (Maße in mm)

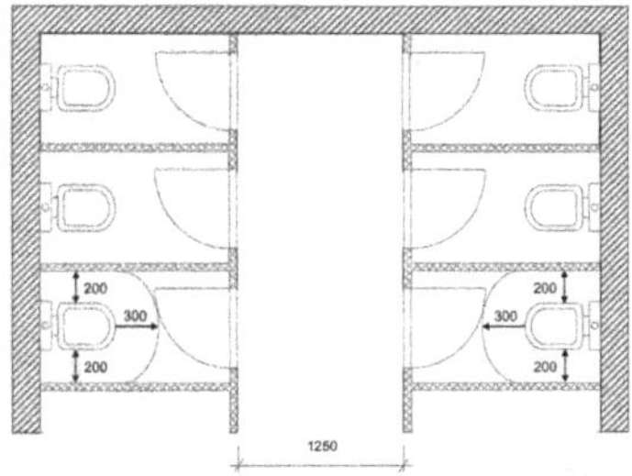

Abb. 4.2: Zweibündige Toilettenanlage, Türanschlag nach innen (Maße in mm)

(2) Trennwände und Türen von Toilettenzellen, die nicht raumhoch ausgeführt sind, müssen mindestens 1,90 m hoch sein. Sofern die Trennwand oder die Zellentür nicht mit dem Fußboden abschließt, muss der Abstand zwischen Fußboden und Unterkante zwischen 0,10 bis 0,15 m betragen.

5.4 Ausstattung

(1) Jede Toilettenzelle und jeder Toilettenraum mit nur einer Toilette muss von innen abschließbar sein. Zusätzlich müssen sich darin Kleiderhaken, Papierhalter und Toilettenbürste befinden. An jeder von Frauen genutzten Toilette ist ein Hygienebehälter mit Deckel zur Verfügung zu stellen. In von Männern genutzten Toilettenräumen ist mindestens ein Hygienebehälter mit Deckel in einer gekennzeichneten Toilettenzelle bereitzustellen. Toilettenpapier muss stets bereitgehalten werden.

(2) Toilettenräume müssen mit Handwaschgelegenheiten (Handwaschbecken mit fließendem Wasser und geschlossenem Wasserabflusssystem) gemäß Tabelle 2 und Abfallbehältern ausgestattet sein. In Toilettenräumen müssen Mittel zum Reinigen (z. B. Seife in Seifenspendern) und Trocknen der Hände (z. B. Einmalhandtücher, Textilhandtuchautomaten oder Warmlufttrockner) bereitgestellt werden. Darüber hinaus sind bei Bedarf Warmwasser und Kleiderhaken bereitzustellen.

Ist in bestehenden Arbeitsstätten die Bereitstellung der geforderten Anzahl von Handwaschgelegenheiten mit Aufwendungen verbunden, die offensichtlich unverhältnismäßig sind, so hat der Arbeitgeber zu prüfen, wie durch andere oder ergänzende Maßnahmen die Sicherheit und der Gesundheitsschutz der Beschäftigten in vergleichbarer Weise gesichert werden kann; die erforderlichen Maßnahmen hat er durchzuführen. Eine solche Maßnahme kann z. B. die Verkürzung der Reinigungsintervalle sein. Diese ergänzenden Maßnahmen können solange herangezogen werden, bis die bestehenden Toilettenanlagen wesentlich umgebaut werden.

Hinweis:
Bei Bedarf (z. B. bei Tätigkeiten mit Einsatz von Desinfektionsmitteln) sind Hautpflege- und Hautschutzmittel bereitzustellen (Hautschutzplan).

6 Waschräume

6.1 Allgemeines

(1) Waschräume sind nach Art der Tätigkeit oder gesundheitlichen Gründen gemäß Kategorie A, B oder C vorzusehen:

- **Kategorie A** bei mäßig schmutzenden Tätigkeiten
- **Kategorie B** bei stark schmutzenden Tätigkeiten
- **Kategorie C** bei sehr stark schmutzenden Tätigkeiten, bei Vorliegen gesundheitlicher Gründe, bei Tätigkeiten mit stark geruchsbelästigenden Stoffen, beim Tragen von körpergroßflächiger persönlicher Schutzausrüstung, bei Tätigkeiten unter besonderen klimatischen Bedingungen (Hitze, Kälte) oder bei Nässe sowie bei schwerer körperlicher Arbeit.

(2) Werden keine Waschräume nach Absatz 1 benötigt, müssen in der Nähe der Arbeitsplätze und der Umkleideräume Waschgelegenheiten mit fließendem Wasser und geschlossenem Wasserabflusssystem zur Verfügung gestellt werden (Weglängen gemäß Punkt 5.2 Absatz 1). Sie müssen mit Mitteln zum Reinigen (z. B. Seife in Seifenspendern) und Trocknen der Hände (z. B. Einmalhandtücher, Textilhandtuchautomaten oder Warmlufttrockner) ausgestattet sein.

(3) In Waschräumen ist in Abhängigkeit der Nutzung eine wirksame Lüftung zu gewährleisten. Bei freier Lüftung (Fensterlüftung) sind die Mindestquerschnitte nach Tabelle 3 einzuhalten (weitere Informationen siehe ASR A3.6 „Lüftung"). Lüftungstechnische Anlagen sind so auszulegen, dass ein Abluftvolumenstrom von 11 $m^3/(h\ m^2)$ erreicht wird.

Tabelle 3: Mindestquerschnitte für freie Lüftung von Waschräumen

System	Freier Querschnitt der Lüftungsöffnung/en [m^2/m^2 Grundfläche]*
einseitige Lüftung	0,04
Querlüftung**	0,024

* Die angegebenen Flächen sind die Summe aus Zuluft- und Abluftfläche.

** Lüftungsöffnungen in gegenüberliegenden Außenwänden oder in einer Außenwand und der Deckenfläche

(4) Um Feuchtigkeit wirksam abführen zu können, wird eine mechanische Entlüftung empfohlen, insbesondere bei Waschräumen mit Duschen. Dabei ist eine darauf abgestimmte Zuluftmenge zu gewährleisten.

(5) Wasch- und Umkleideräume sollen einen unmittelbaren Zugang zueinander haben. Sind Wasch- und Umkleideräume räumlich voneinander getrennt, darf der Weg zwischen diesen Sanitärräumen nicht durchs Freie oder durch Arbeitsräume führen. Eine leichte Erreichbarkeit zwischen Wasch- und Umkleideraum ist bei einer Entfernung von maximal 10 m auf gleicher Etage gegeben. Die Lufttemperatur dieses Weges muss mindestens der des Umkleideraumes entsprechen (weitere Informationen siehe ASR A3.5 „Raumtemperatur").

(6) In Waschräumen mit mehreren Duschen sollen Duschen mit Sichtschutz solchen einer halboffenen bzw. offenen Ausführung des Duschbereiches vorgezogen werden.

(7) Fußböden und Wände müssen leicht zu reinigen und zu desinfizieren sein. Fußböden müssen auch im feuchten Zustand rutschhemmend sein (weitere Informationen siehe ASR A1.5/1,2 „Fußböden").

(8) Waschräume und ihre Einrichtungen sind in Abhängigkeit von der Häufigkeit der Nutzung zu reinigen und bei Bedarf zu desinfizieren. Werden diese täglich genutzt, sollen sie täglich gereinigt werden.

Hinweise:
1. Fußböden im Nass- und Barfußbereich von Waschräumen sollen zur Fußpilz- und Warzenprophylaxe desinfizierend gereinigt werden. Es dürfen nur zugelassene und geprüfte Desinfektionsmittel bzw. desinfizierende Reinigungsmittel eingesetzt werden (z. B. Desinfektionsmittel-Liste des Verbundes für Angewandte Hygiene (VAH), Präparate mit Wirksamkeit gegen Papovaviren laut Herstellerangaben). Dabei sind die Herstellerangaben bzw. die Vorschriften aus dem Gefahrstoffrecht zu berücksichtigen. Insbesondere ist bei der Verwendung von Konzentraten die korrekte Anwendungskonzentration und Einwirkzeit des Desinfektionsmittels zu beachten.

2. Zur Einhaltung und Kontrolle der regelmäßigen und gründlichen Reinigung empfiehlt sich das Anbringen eines Reinigungsplanes im Waschraum mit kontinuierlicher Abzeichnungspflicht durch das verantwortliche Reinigungspersonal.

3. Nach dem Ergebnis der Gefährdungsbeurteilung können in Verbindung mit anderen öffentlich-rechtlichen Vorschriften (z. B. Gefahrstoff-, Biostoff-, Infektionsschutz- oder Lebensmittelrecht) zusätzliche Anforderungen notwendig werden.

4. Bei der Verwendung von Reinigungs- und Desinfektionsmitteln sind die hierfür bekannt gegebenen TRGS bzw. TRBA zu berücksichtigen.

6.2 Bereitstellung

(1) Waschräume müssen sich in der Nähe der Arbeitsplätze befinden. Der Weg von den Arbeitsplätzen in Gebäuden zu den Waschräumen darf 300 m nicht überschreiten und soll nicht durchs Freie führen. Waschräume dürfen auch in einer anderen Etage eingerichtet sein.

(2) Waschräume sind mit einer ausreichenden Anzahl von Wasch- und Duschplätzen gemäß Tabellen 4, 5.1 und 5.2 zur Verfügung zu stellen. Die in den Tabellen 4, 5.1 und 5.2 jeweils angegebene Mindestanzahl darf nicht unterschritten werden.

Ist in bestehenden Arbeitsstätten die Bereitstellung der geforderten Anzahl von Wasch- und Duschplätzen mit Aufwendungen verbunden, die offensichtlich unverhältnismäßig sind, so hat der Arbeitgeber zu prüfen, wie durch andere oder ergänzende Maßnahmen die Sicherheit und der Gesundheitsschutz der Beschäftigten in vergleichbarer Weise gesichert werden kann; die erforderlichen Maßnahmen hat er durchzuführen. Eine solche Maßnahme kann z. B. die Verminderung der Gleichzeitigkeit der Nutzung sein. Diese ergänzenden Maßnahmen können solange herangezogen werden, bis die bestehenden Waschräume wesentlich umgebaut werden. Dabei darf die geforderte Mindestanzahl bei niedriger Gleichzeitigkeit der Nutzung nicht unterschritten werden.

Hinweis:
Es wird in zwei Gruppen der Gleichzeitigkeit der Nutzung unterschieden. Bei niedriger Gleichzeitigkeit nutzen die Beschäftigten die Waschräume zu unterschiedlichen Zeiten. Bei hoher Gleichzeitigkeit suchen die Beschäftigten prinzipiell Waschräume gemeinsam auf, z. B. an den Schichtenden.

Tabelle 4: Mindestanzahl von Waschplätzen bei Kategorie A

Höchste Anzahl Beschäftigter, die in der Regel den Waschraum nutzen	Mindestanzahl der Waschplätze bei Gleichzeitigkeit der Nutzung	
	niedrig	hoch
bis 5	1	2
6 bis 10	2	3
11 bis 15	3	4
16 bis 20	3	5
21 bis 25	4	6
26 bis 30	4	6
31 bis 35	5	7
36 bis 40	5	8
41 bis 45	6	9
46 bis 50	6	10
51 bis 55	7	11
56 bis 60	8	12

IV

Höchste Anzahl Beschäftigter, die in der Regel den Waschraum nutzen	Mindestanzahl der Waschplätze bei Gleichzeitigkeit der Nutzung	
	niedrig	hoch
61 bis 65	8	12
66 bis 70	8	12
71 bis 75	9	13
76 bis 80	10	14
81 bis 85	10	14
86 bis 90	10	14
91 bis 95	10	14
96 bis 100	11	15
je weitere 30	+2	+3

IV

Tabelle 5.1: Mindestanzahl von Wasch- und Duschplätzen bei Kategorie B

Höchste Anzahl Beschäftigter, die in der Regel den Waschraum nutzen	Mindestanzahl der Waschplätze bei Gleichzeitigkeit der Nutzung		Mindestanzahl der Duschplätze bei Gleichzeitigkeit der Nutzung	
	niedrig	hoch	niedrig	hoch
bis 5	1	2	1	1
6 bis 10	1	2	1	2
11 bis 15	2	3	1	2
16 bis 20	2	4	2	3
21 bis 25	3	5	2	3
26 bis 30	3	5	2	3
31 bis 35	3	6	2	3
36 bis 40	4	7	2	4
41 bis 45	4	8	2	4
46 bis 50	4	9	2	4
51 bis 55	4	9	3	5
56 bis 60	5	11	3	5
61 bis 65	5	11	3	5
66 bis 70	5	11	3	5
71 bis 75	5	12	3	5
76 bis 80	6	12	4	6
81 bis 85	6	12	4	6
86 bis 90	6	13	4	6
91 bis 95	6	13	4	7
96 bis 100	6	14	4	7
je weitere 30	+1	+3	+1	+2

Tabelle 5.2: Mindestanzahl von Wasch- und Duschplätzen bei Kategorie C

Höchste Anzahl Beschäftigter, die in der Regel den Waschraum nutzen	Mindestanzahl der Waschplätze bei Gleichzeitigkeit der Nutzung		Mindestanzahl der Duschplätze bei Gleichzeitigkeit der Nutzung	
	niedrig	hoch	niedrig	hoch
bis 5	1	2	1	2
6 bis 10	2	3	1	3
11 bis 15	3	4	2	4
16 bis 20	3	5	2	5
21 bis 25	4	6	3	6
26 bis 30	4	7	3	7
31 bis 35	5	9	4	9
36 bis 40	5	10	4	10
41 bis 45	5	12	4	12
46 bis 50	6	13	5	13
51 bis 55	6	14	5	14
56 bis 60	6	15	5	15
61 bis 65	7	16	6	16
66 bis 70	7	16	6	16
71 bis 75	8	17	7	17
76 bis 80	8	18	7	18
81 bis 85	9	18	8	18
86 bis 90	10	19	9	19
91 bis 95	11	20	10	20
96 bis 100	11	20	10	20
je weitere 30	+2	+3	+2	+3

6.3 Abmessung

(1) In Waschräumen müssen die Mindestmaße nach Abb. 5 eingehalten werden. Dabei sind Bewegungsflächen und Verkehrswege zu berücksichtigen. Bewegungsflächen müssen vor Wasch- und Duschplätzen zur Verfügung stehen. Bewegungsflächen dürfen sich bei gleichzeitiger Nutzung des Waschraumes durch mehrere Beschäftigte nicht überschneiden. In Waschräumen mit mehreren Wasch- und Duschplätzen, die gleichzeitig genutzt werden können, sind Verkehrswege vorzusehen. Verkehrswege und Bewegungsflächen dürfen sich nicht überschneiden.

Ist in bestehenden Arbeitsstätten die Bereitstellung der geforderten Bewegungsfläche mit Aufwendungen verbunden, die offensichtlich unverhältnismäßig sind, so hat der Arbeitgeber zu prüfen, wie durch andere oder ergänzende Maßnahmen die Sicherheit und der Gesundheitsschutz der Beschäftigten in vergleichbarer Weise gesichert werden kann; die erforderlichen Maßnahmen hat er durchzuführen. Eine solche Maßnahme kann z. B. die Verringerung der Gleichzeitigkeit der Nutzung sein. Diese ergänzenden Maßnahmen können solange herangezogen werden, bis die bestehenden Waschräume wesentlich umgebaut werden. Dabei darf eine Bewegungsfläche von 350 x 600 mm pro Waschplatz nicht unterschritten werden.

(2) Die in Abb. 5 angegebenen Maße für Einzelwaschtische gelten analog für Reihenwasch-, Rundwaschanlagen oder gleichwertige Anlagen.

(3) Duschplätze müssen eine Mindestgrundfläche von 1 m² haben, wobei das Mindestmaß einer Seite 900 mm nicht unterschreiten darf.

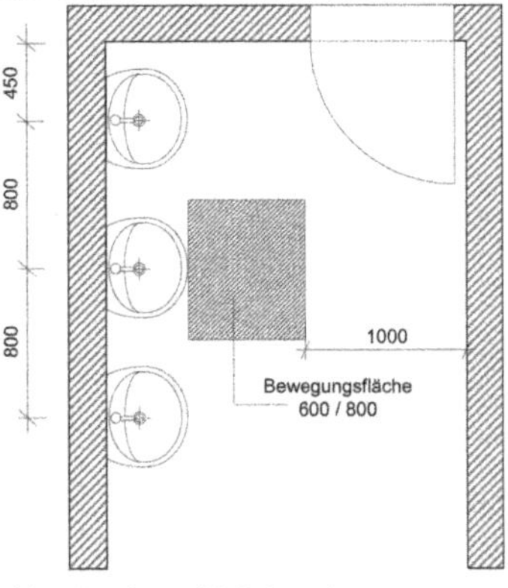

Abb. 5: Waschraum (Maße in mm)

6.4 Ausstattung

(1) An Wasch- und Duschplätzen müssen fließendes warmes und kaltes Wasser in Trinkwasserqualität im Sinne der Trinkwasserverordnung, Seifenablage und Handtuchhalter zur Verfügung stehen. Zusätzlich soll an Duschplätzen ein Haltegriff angebracht sein. Die Temperatur von vorgemischtem Wasser soll während der Nutzungszeit +43 °C nicht überschreiten.

(2) Das Schmutzwasser muss schnell und auf dem kürzesten Weg abfließen können, ohne dabei über einen weiteren Wasch- oder Duschplatz zu laufen.

(3) Wenn notwendig sind Einrichtungen zum Trocknen der Handtücher sowie Vorrichtungen zur Haartrocknung vorzusehen.

(4) In der Nähe der Waschplätze sind zum Trocknen der Hände z. B. Einmalhandtücher, Textilhandtuchautomaten oder Warmlufttrockner zur Verfügung zu stellen.

(5) Zusätzlich sollen sich in Waschräumen Abfallbehälter und Kleiderhaken befinden. In Duschanlagen ohne direkten Zugang zum Umkleideraum sind Kleiderablagen im Trockenbereich vorzusehen.

Hinweis:
Bei Bedarf sind die hygienisch erforderlichen Mittel zum Reinigen und wenn notwendig zum Desinfizieren der Hände sowie zur Hautpflege und zum Hautschutz zur Verfügung zu stellen (Hautschutzplan).

7 Umkleideräume

7.1 Allgemeines

(1) In Umkleideräumen ist in Abhängigkeit der Nutzung eine wirksame Lüftung zu gewährleisten. Bei freier Lüftung (Fensterlüftung) sind die Mindestquerschnitte nach Tabelle 6 einzuhalten (weitere Informationen siehe ASR A3.6 „Lüftung"). Lüftungstechnische Anlagen sind so auszulegen, dass ein Abluftvolumenstrom von 11 m³/(h m²) erreicht wird.

Tabelle 6: Mindestquerschnitte für freie Lüftung von Umkleideräumen

System	Freier Querschnitt der Lüftungsöffnung/en [m²/m² Grundfläche]*
einseitige Lüftung	0,02
Querlüftung**	0,012

* Die angegebenen Flächen sind die Summe aus Zuluft- und Abluftfläche.

** Lüftungsöffnungen in gegenüberliegenden Außenwänden oder in einer Außenwand und der Deckenfläche

(2) Umkleideräume sind in Abhängigkeit von der Häufigkeit der Nutzung zu reinigen und bei Bedarf zu desinfizieren.

Hinweise:
1. Zur Einhaltung und Kontrolle der regelmäßigen und gründlichen Reinigung empfiehlt sich das Anbringen eines Reinigungsplanes im Umkleideraum mit kontinuierlicher Abzeichnungspflicht durch das verantwortliche Reinigungspersonal.

2. Bei der Verwendung von Reinigungs- und Desinfektionsmitteln sind die hierfür bekannt gegebenen TRGS bzw. TRBA zu berücksichtigen.

7.2 Bereitstellung

(1) Umkleideräume sind zur Verfügung zu stellen, wenn das Tragen besonderer Arbeitskleidung erforderlich ist und es den Beschäftigten nicht zuzumuten ist, sich in einem anderen Raum umzukleiden.

(2) Das Erfordernis besonderer Arbeitskleidung im Sinne des Anhangs 4.1 Absatz 3 Satz 1 ArbStättV ist dann anzunehmen, wenn die Arbeitskleidung betriebsbedingt getragen werden muss. Dies kann z. B. aus gesundheitlichen Gründen oder aufgrund der Art der Tätigkeit (siehe Punkt 6.1 Absatz 1) erforderlich sein oder auch auf Weisung des Arbeitgebers, z. B. zur einheitlichen Darstellung des Betriebes, notwendig sein.

(3) Eine Unzumutbarkeit im Sinne des Anhangs 4.1 Absatz 3 Satz 1 ArbStättV ist u. a. gegeben, wenn z. B. der Raum nicht gegen Einsichtnahme von außen geschützt, gleichzeitig von weiteren Personen anderweitig genutzt oder nicht abgeschlossen werden kann.

(4) Bei der räumlichen Anordnung von Umkleide- und Waschräumen ist Punkt 6.1 Absatz 5 zu beachten.

(5) Umkleideräume für Beschäftigte, die an Hitzearbeitsplätzen beschäftigt sind, müssen an die Arbeitsräume angrenzen, soweit nicht auf andere Weise (z. B. beheizte Verkehrswege) sichergestellt ist, dass die Beschäftigten keiner Erkältungsgefahr ausgesetzt sind. Die Entfernung zwischen einem Umkleideraum und den Hitzearbeitsplätzen soll nach Möglichkeit 100 m nicht überschreiten. Der Umkleideraum darf dabei nicht weiter als eine Etage entfernt sein.

7.3 Abmessung

Nutzen mehrere Beschäftigte die Umkleideräume gleichzeitig, muss für jeden Beschäftigten eine Bewegungsfläche von 0,5 m² im Raum vorhanden sein. Zusätzlich sind Verkehrswege zu berücksichtigen (weitere Informationen siehe ASR A1.8 „Verkehrswege“).

7.4 Ausstattung

(1) Für je vier Beschäftigte, die den Umkleideraum gleichzeitig nutzen, muss mindestens eine Sitzgelegenheit zur Verfügung stehen.

(2) Zur Aufbewahrung der Kleidung muss für jeden Beschäftigten eine ausreichend große, belüftete und abschließbare Einrichtung mit Ablagefach vorhanden sein. Werden Schränke bereitgestellt, ist ein Mindestmaß von 0,30 m x 0,50 m x 1,80 m (B x T x H) einzuhalten. Ist für persönliche Kleidung sowie für Arbeits- und Schutzkleidung eine getrennte Aufbewahrung erforderlich, sind zwei derartige Schrankteile oder ein geteilter Schrank in doppelter Breite notwendig.

(3) Sind die Beschäftigten bei ihrer Tätigkeit stark geruchsbelästigenden Stoffen oder einer sehr starken Verschmutzung ausgesetzt, muss eine räumliche Trennung der Arbeits-, Schutzkleidung und persönlichen Kleidung vorhanden sein (Schwarz-Weiß-Trennung). Eine räumliche Schwarz-Weiß-Trennung kann in Abhängigkeit der Gefährdung durch zwei mit einem Waschraum verbundene Umkleideräume oder durch ein mit dem Arbeitsbereich verbundenen Schleusensystem zum An- und Ablegen der Arbeits- und Schutzkleidung erfolgen. Auf die Sonderregelungen in der GefStoffV und der BioStoffV wird hingewiesen.

(4) Bei Umkleideräumen mit mehreren Zugängen sollen Ein- und Ausgänge getrennt sein. Wenn die Umkleideräume für eine gleichzeitige Benutzung durch mehr als 100 Beschäftigte bestimmt sind, müssen die Ein- und Ausgänge getrennt sein.

(5) Für Arbeits- und Schutzkleidung, die bei der Tätigkeit feucht geworden ist, muss eine Trocknung bis zur nächsten Verwendung möglich sein, gegebenenfalls auch außerhalb des Umkleideraumes, z. B. in einem ausreichend belüfteten Trockenraum oder mit elektrisch betriebenen Trockenschränken.

(6) In Umkleideräumen sind Abfallbehälter, Spiegel und Kleiderablagen bereitzustellen.

8 Abweichende/ergänzende Anforderungen für Baustellen

8.1 Allgemeines

(1) Auf Baustellen können Baustellenwagen, absetzbare Baustellenwagen, Container oder andere Raumzellen für Sanitäreinrichtungen genutzt werden. Bei vorhandenen Sanitäreinrichtungen ist eine geringere lichte Höhe von 2,30 m bis zu einem wesentlichen Umbau zulässig. Der Arbeitgeber kann die Sanitäreinrichtungen von Dritten nutzen, wenn diese die Sanitäreinrichtungen in ausreichender Anzahl bereitstellen und instand halten.

Hinweis:
Die Koordinierung gemeinsam genutzter Sanitäreinrichtungen kann in den Aufgabenbereich des Bauherren bzw. Koordinators nach Baustellenverordnung (BaustellV) fallen.

(2) Abweichend von Punkt 5.1 Absatz 3 Satz 2 müssen bei täglicher Nutzung Toilettenräume mindestens zweimal wöchentlich gereinigt werden. Die Toiletten in den Toilettenräumen wie auch mobile, anschlussfreie Toilettenkabinen sollen bei täglicher Nutzung täglich gereinigt werden.

(3) Abweichend von Punkt 4 Absatz 6 kann auf Baustellen bis 21 Beschäftigte auf getrennt eingerichtete Toiletten-, Wasch- und Umkleideräume für weibliche und männliche Beschäftigte verzichtet werden, wenn eine zeitlich getrennte Nutzung sichergestellt ist. Bei mehr als sechs Beschäftigten je Beschäftigtengruppe (männlich und weiblich), sind getrennte Sanitärräume erforderlich.

8.2 Toilettenräume und mobile, anschlussfreie Toilettenkabinen

(1) Werden von einem Arbeitgeber auf einer Baustelle mehr als zehn Beschäftigte länger als zwei zusammenhängende Wochen gleichzeitig beschäftigt, sind Toilettenräume bereit zu stellen. Abweichend von Punkt 5 können auf Baustellen mit bis zu zehn Beschäftigten mobile anschlussfreie Toilettenkabinen, vorzugsweise mit integrierter Handwaschgelegenheit, bereitgestellt werden. Hat die mobile, anschlussfreie Toilettenkabine keine Handwaschgelegenheit, ist sicherzustellen, dass sich diese in unmittelbarer Nähe des Aufstellortes der Toilettenkabine befindet.

(2) Mobile anschlussfreie Toilettenkabinen sollen in der Zeit vom 15.10. bis 30.04. beheizbar sein.

(3) Abweichend von Punkt 5.2 Absatz 1 sollen Toilettenräume und mobile, anschlussfreie Toilettenkabinen nicht mehr als 100 m Wegstrecke vom Arbeitsort entfernt eingerichtet sein. Ist dies aufgrund der Gegebenheiten auf der Baustelle nicht möglich (z. B. Fassadenarbeiten an Hochhäusern, Bauarbeiten im Tunnel, Kanalbauarbeiten, Streckenbaustellen) darf die Wegstrecke fünf Minuten nicht überschreiten (zu Fuß oder mit betrieblich zur Verfügung gestellten Verkehrsmitteln).

(4) Zusätzliche mobile, anschlussfreie Toilettenkabinen können erforderlich werden, sofern es sich um ständig wechselnde Arbeitsplätze handelt oder die Arbeitsplätze sich in Ebenen/Geschossen ober- oder unterhalb der Aufstellebene der Toilettenräume oder -kabinen befinden.

(5) Toilettenräume oder mobile, anschlussfreie Toilettenkabinen auf Baustellen sind nicht erforderlich, wenn außerhalb der Baustelle gleichwertige Einrichtungen zur Verfügung stehen und nutzbar sind sowie Absatz 3 eingehalten wird.

(6) Abweichend von Punkt 5.2 Absatz 2 kann auf Baustellen der abgeschlossene Vorraum durch einen Sichtschutz ersetzt werden.

(7) Außerhalb der Toilettenzelle sind an geeigneter Stelle Möglichkeiten zur Ablage von persönlicher Schutzausrüstung (z. B. Wetterschutzkleidung oder Auffanggurt) vorzusehen.

IV

8.3 Waschräume

(1) Werden von einem Arbeitgeber auf einer Baustelle mehr als zehn Beschäftigte länger als zwei zusammenhängende Wochen gleichzeitig beschäftigt, sind Waschräume bereit zu stellen. Dies ist nicht erforderlich, wenn die Beschäftigten von der Baustelle täglich in Betriebsgebäude mit Sanitärräumen oder in Verbindung mit der Baustelle stehende Unterkünfte zurückkehren.

(2) Waschräume auf Baustellen sollen sich in unmittelbarer Nähe der Pausen- und Bereitschaftsräume befinden.

(3) Abweichend von Punkt 6.1 Absatz 5 kann der Weg vom Waschraum zum Umkleide- und Pausenraum durch das Freie führen, sofern er gegen Sicht und Witterungseinflüsse geschützt ausgebildet wird.

(4) Abweichend von Punkt 6.3 Absätze 1 und 2 ist in Waschräumen auf Baustellen eine Bewegungsfläche von 0,50 m^2 vor der Dusche oder dem Waschplatz ausreichend.

(5) Abweichend von Punkt 6.3 Absatz 3 ist für Duschplätze eine Mindestgrundfläche von 800 x 800 mm ausreichend.

(6) Außerhalb der Waschräume sind an geeigneter Stelle Möglichkeiten zur Ablage von persönlicher Schutzausrüstung (z. B. Wetterschutzkleidung oder Auffanggurt) vorzusehen.

8.4 Anzahl von Toiletten, Urinalen, Wasch- und Duschplätzen

Abweichend von den Tabellen 2, 4, 5.1 und 5.2 gilt auf Baustellen Tabelle 7.

Tabelle 7: Mindestanzahl von Toiletten, Urinalen, Wasch- und Duschplätzen

Höchste Anzahl Beschäftigter, die in der Regel die Sanitäreinrichtungen nutzen	Mindestanzahl		
	Waschplätze	Duschplätze	Toiletten/ Urinale
bis 5	1	0	1*)
6 bis 10	2	0	1*)
11 bis 20	3	1	2
21 bis 30	5	1	3
31 bis 40	7	2	4
41 bis 50	9	2	5
51 bis 75	12	3	6
76 bis 100	14	4	7
je weitere 30	+3	+1	+1

*) für männliche Beschäftigte wird zuzüglich 1 Urinal empfohlen

Bei der Bereitstellung von Toiletten und Urinalen ist Punkt 5.2 Absatz 4 zu berücksichtigen.

8.5 Umkleideräume

Gesonderte Umkleideräume sind auf Baustellen nicht erforderlich, sofern in den Pausenräumen Möglichkeiten zum Wechseln der Kleidung und der getrennten Aufbewahrung von Arbeitskleidung und persönlicher Kleidung in geeigneten Schränken bestehen.

Ausgewählte Literaturhinweise

TRBA 500 Grundlegende Maßnahmen bei Tätigkeiten mit biologischen Arbeitsstoffen

Technische Regeln für Arbeitsstätten (ASR A4.2) Pausen- und Bereitschaftsräume

Ausgabe: August 2012
(GMBl 2012, S. 660, geändert GMBl 2018, S. 474)

1 Zielstellung

Diese ASR konkretisiert die Anforderungen an Pausenräume und Pausenbereiche, Bereitschaftsräume sowie an Einrichtungen zum Hinlegen und Ausruhen für schwangere Frauen und stillende Mütter nach Anhang 4.2 und 5.2 Abs. 1 b) und c) der Arbeitsstättenverordnung.

2 Anwendungsbereich

Diese ASR gilt für das Einrichten und Betreiben von Pausenräumen und Pausenbereichen sowie von Bereitschaftsräumen für Beschäftigte in Arbeitsstätten, in Gebäuden oder im Freien. Sie gilt auch für Einrichtungen zum Hinlegen und Ausruhen für schwangere Frauen und stillende Mütter.

Hinweis:
Zusätzliche Anforderungen an die barrierefreie Gestaltung werden zu einem späteren Zeitpunkt als Anhang in die ASR V3a.2 „Barrierefreie Gestaltung von Arbeitsstätten" eingefügt.

3 Begriffsbestimmungen

3.1 **Pausenräume** sind allseits umschlossene Räume, die der Erholung oder dem Aufenthalt der Beschäftigten während der Pause oder bei Arbeitsunterbrechung dienen. Insbesondere für Arbeitsstätten im Freien oder auf Baustellen können dies z. B. auch Räume in vorhandenen Gebäuden sowie in Baustellenwagen, absetzbaren Baustellenwagen oder in Containern sein.

3.2 **Pausenbereiche** sind abgetrennte Bereiche innerhalb von Räumen der Arbeitsstätte, die der Erholung oder dem Aufenthalt der Beschäftigten während der Pause oder bei Arbeitsunterbrechung dienen.

3.3 **Bereitschaftsräume** sind allseits umschlossene Räume, die dem Aufenthalt der Beschäftigten während der Arbeitsbereitschaft oder bei Arbeitsunterbrechungen dienen. Insbesondere für Arbeitsstätten im Freien oder auf Baustellen können dies z. B. auch Räume in vorhandenen Gebäuden sowie in Baustellenwagen, absetzbaren Baustellenwagen oder in Containern sein.

3.4 **Einrichtungen für schwangere Frauen und stillende Mütter** bieten schwangeren Frauen und stillenden Müttern die Gelegenheit, sich während der Pausen oder der Arbeitszeit zu setzen, hinzulegen und auszuruhen.

4 Pausenräume und Pausenbereiche

4.1 Allgemeine Anforderungen

(1) Pausenräume und Pausenbereiche müssen in einer der Sicherheit und der Gesundheit zuträglichen Umgebung eingerichtet und betrieben werden.

Pausenbereiche sind Pausenräumen gleichgestellt, wenn sie gleichwertige Bedingungen für die Pause gewährleisten.

(2) Ein Pausenraum oder Pausenbereich ist zur Verfügung zu stellen, wenn mehr als zehn Beschäftigte einschließlich Zeitarbeitnehmern gleichzeitig in der Arbeitsstätte tätig sind.

Nicht zu berücksichtigen sind Beschäftigte, die

- aufgrund des Arbeitszeitgesetzes keinen Anspruch auf Ruhepausen haben (z. B. Teilzeitkräfte mit bis zu sechs Stunden täglicher Arbeitszeit) oder
- überwiegend außerhalb der Arbeitsstätte tätig sind (z. B. Außendienstmitarbeiter, Kundendienstmonteure).

(3) Unabhängig von der Anzahl der Beschäftigten ist ein Pausenraum oder Pausenbereich zur Verfügung zu stellen, wenn Sicherheits- oder Gesundheitsgründe dies erfordern. Das können z. B. sein:

- Arbeiten mit erhöhter Gesundheitsgefährdung in Hitze, Kälte, Nässe oder Staub,

- Überschreitung der Auslösewerte für Lärm oder Vibrationen (siehe LärmVibrationsArbSchV),
- Gefährdungen beim Umgang mit biologischen Arbeitsstoffen oder Gefahrstoffen,
- unzuträgliche Gerüche,
- überwiegende Arbeiten im Freien,
- andauernde, einseitig belastende Körperhaltung mit eingeschränktem Bewegungsraum, z. B. Steharbeit,
- schwere körperliche Arbeit,
- stark schmutzende Tätigkeit,
- Arbeitsräume/Bereiche ohne Tageslicht oder
- Arbeitsräume/Bereiche, zu denen üblicherweise Dritte (z. B. Kunden, Publikum, Mitarbeiter von Fremdfirmen) Zutritt haben.

IV

(4) Auf einen Pausenraum oder Pausenbereich kann bei Tätigkeiten in Büroräumen oder in vergleichbaren Arbeitsräumen verzichtet werden, sofern diese während der Pause frei von arbeitsbedingten Störungen (z. B. durch Publikumsverkehr, Telefonate) sind. Damit wird eine gleichwertige Erholung im Arbeitsraum gewährleistet. Vergleichbare Arbeitsräume können z. B. Registraturen oder Bibliotheken sein.

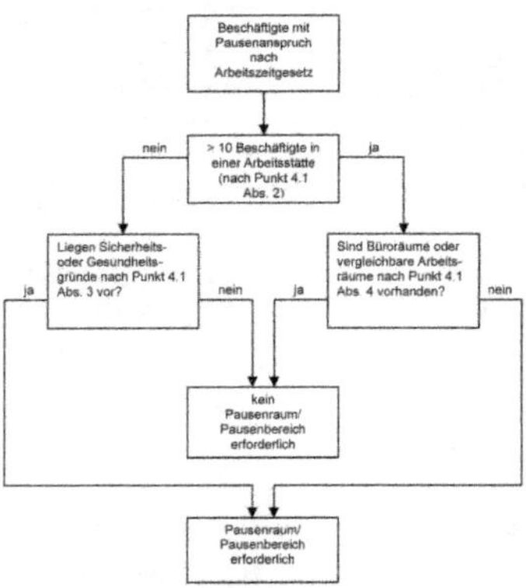

Abb. 1: Ermittlung der Notwendigkeit von Pausenräumen oder Pausenbereichen

(5) Pausenräume und Pausenbereiche müssen leicht und sicher über Verkehrswege erreichbar sein. Der Zeitbedarf zum Erreichen der Pausenräume soll 5 Minuten je Wegstrecke (zu Fuß oder mit betrieblich zur Verfügung gestellten Verkehrsmitteln) nicht überschreiten. Die Wegstrecke zu Pausenbereichen darf 100 m nicht überschreiten.

(6) Pausenräume und Pausenbereiche dürfen nicht unterhalb schwebender Lasten oder in Bereichen mit Gefährdung durch herabfallende Gegenstände eingerichtet werden.

(7) Im Pausenraum und Pausenbereich sind Beeinträchtigungen, z. B. durch Vibrationen, Stäube, Dämpfe oder Gerüche, soweit wie möglich auszuschließen. Während der Pause darf der durchschnittliche Schalldruckpegel in Pausenräumen aus den Betriebseinrichtungen und dem von außen einwirkenden Umgebungslärm höchstens 55 dB(A) betragen. In Pausenbereichen soll dieser Wert nicht überschritten werden.

(8) Pausenräume und Pausenbereiche müssen frei von arbeitsbedingten Störungen (z. B. durch Produktionsabläufe, Publikumsverkehr, Telefonate) sein.

(9) In Pausenräumen und Pausenbereichen muss für Beschäftigte, die den Raum oder Bereich gleichzeitig benutzen sollen, eine Grundfläche von jeweils mindestens 1,00 m^2 einschließlich Sitzgelegenheit und Tisch vorhanden sein. Flächen für weitere Einrichtungsgegenstände, Zugänge und Verkehrswege sind hinzuzurechnen (siehe ASR A1.2 „Raumabmessungen und Bewegungsflächen").

Die Grundfläche eines Pausenraumes muss mindestens 6,00 m^2 betragen.

Die lichte Höhe von Pausenräumen muss den Anforderungen der ASR A1.2 „Raumabmessungen und Bewegungsflächen" entsprechen.

(10) Pausenräume sollen eine Sichtverbindung nach außen aufweisen. Für Pausenbereiche wird eine solche empfohlen.

(11) Pausenräume und Pausenbereiche müssen

- über möglichst ausreichend Tageslicht verfügen und ausreichend beleuchtet sein (siehe ASR A3.4 „Beleuchtung"),
- ausreichend temperiert sein (siehe ASR A3.5 „Raumtemperatur") und

– gesundheitlich zuträgliche Atemluft in ausreichender Menge aufweisen (siehe ASR A3.6 „Lüftung").

(12) Der Umfang der Ausstattung von Pausenräumen und Pausenbereichen richtet sich nach der Anzahl der gleichzeitig anwesenden Benutzer. Für diese sind Sitzgelegenheiten mit Rückenlehne und Tische vorzusehen. Das Inventar muss leicht zu reinigen sein. Ein Abfallbehälter mit Deckel ist bereitzustellen.

Ein Bedarf für Einrichtungen für das Wärmen und Kühlen von Lebensmitteln liegt vor, wenn keine Kantine zur Verfügung steht oder bei Beschäftigten, die durch ärztliches Attest nachweisen, dass sie eine bestimmte Diät einhalten müssen. Bei Bedarf sind Kleiderablagen und der Zugang zu Trinkwasser zur Verfügung zu stellen. Eine Waschgelegenheit im Pausenraum kann zweckmäßig sein (siehe ASR A4.1 „Sanitärräume").

(13) Eine Kantine oder ein Restaurant kann als Pausenraum genutzt werden, wenn sich die Beschäftigten ohne Verzehrzwang aufhalten dürfen und die Anforderungen von Punkt 4.1 Abs. 5, 7 und 9 bis 12 erfüllt werden.

4.2 Zusätzliche Anforderungen an Pausenräume

(1) Pausenräume können außerhalb der festgelegten Pausenzeiten für andere Zwecke, z. B. Besprechungen, Schulungen, genutzt werden, wenn diese die in der ASR A1.2 „Raumabmessungen und Bewegungsflächen" enthaltenen Raumabmessungen erfüllen. Die Räume müssen vor der Nutzung als Pausenraum gelüftet und gereinigt sein.

(2) Führt die Tür eines Pausenraumes unmittelbar ins Freie, so sind die Beschäftigten vor Zugluft zu schützen. Dies kann durch einen Windfang oder Windfangraum mit Vorhang aus einem schwer entflammbaren Material erreicht werden.

4.3 Zusätzliche Anforderungen an Pausenbereiche

(1) Pausenbereiche sind an ungefährdeter Stelle anzuordnen. Sie dürfen z. B. nicht in der Nähe heißer Oberflächen eingerichtet werden.

(2) Pausenbereiche müssen optisch abgetrennt sein, z. B. durch mobile Trennwände, Möbel oder geeignete Pflanzen.

5 Bereitschaftsräume

(1) Ein Bereitschaftsraum muss immer dann zur Verfügung stehen, wenn während der Arbeitszeit regelmäßig und in erheblichem Umfang (in der Regel mehr als 25 Prozent der Arbeitszeit) Arbeitsbereitschaft oder Arbeitsunterbrechungen auftreten. Das ist u. a. der Fall, wenn nicht vorhergesehen werden kann, wann eine Arbeitsaufnahme erfolgt, z. B. in Krankenhäusern, bei Berufsfeuerwehren, Rettungsdiensten oder Fahrbereitschaften.

(2) Als Bereitschaftsraum kann unter Berücksichtigung von Absatz 4 auch ein Pausenraum genutzt werden.

(3) Der Bereitschaftsraum muss mindestens den Anforderungen an einen Pausenraum entsprechen.

(4) Liegt die Arbeitsbereitschaft oder die Arbeitsunterbrechung in den Nachtstunden oder ist die Arbeitszeit einschließlich der Bereitschaftszeit größer als 12 Stunden, muss der als Bereitschaftsraum genutzte Raum zusätzlich mit Liegen ausgestattet sein. Zusätzliche Anforderungen an die zweckentsprechende Ausstattung von Bereitschaftsräumen sind im Rahmen der vorgesehenen Nutzung zu ermitteln.

(5) Müssen Liegen zur Verfügung gestellt werden, ergeben sich folgende Anforderungen:

- Die Mindestgrundfläche des Bereitschaftsraumes ergibt sich aus den Stellflächen der Ausstattung, Bewegungsflächen und den Verkehrsflächen.
- Die Nutzung der Bereitschaftsräume getrennt nach Frauen und Männern ist räumlich oder organisatorisch sicherzustellen.
- Für die Zeit der Nutzung der Liegen ist eine anderweitige Nutzung des Raumes durch andere Personen (z. B. als Pausenraum, Büro, Arztzimmer) nicht zulässig.
- Der Raum muss verschließbar, nicht einsehbar und verdunkelbar sein.
- Es soll eine Waschgelegenheit zur Verfügung stehen.

IV

- Liegen müssen gepolstert und mit einem wasch- oder wegwerfbaren Belag ausgestattet sein.
- Die Erreichbarkeit der Beschäftigten ist unter Wahrung ihrer Privatsphäre zu gewährleisten (z. B. durch Rufeinrichtung).
- Zur Sicherstellung der Alarmierung im Brandfall und zum sicheren Verlassen des Bereitschaftsraumes siehe ASR A2.2 „Maßnahmen gegen Brände" und ASR A2.3 „Fluchtwege und Notausgänge, Flucht- und Rettungsplan".

6 Einrichtungen für schwangere Frauen und stillende Mütter

(1) Werden schwangere Frauen oder stillende Mütter beschäftigt, müssen Einrichtungen zum Hinlegen, Ausruhen und Stillen am Arbeitsplatz oder in unmittelbarer Nähe in einer Anzahl vorhanden sein, die eine jederzeitige Nutzbarkeit sicherstellen. Die Privatsphäre ist bei der Nutzung zu gewährleisten.

(2) Die Einrichtungen zum Hinlegen, Ausruhen und Stillen müssen gepolstert und mit einem wasch- oder wegwerfbaren Belag ausgestattet sein.

(3) Für die Räume, in denen die Einrichtungen genutzt werden, gelten die Anforderungen aus Punkt 4.1 Abs. 5 bis 11.

7 Abweichende/ergänzende Anforderungen für Baustellen

(1) Für Beschäftigte auf Baustellen ist ein Pausenraum oder ein Pausenbereich vorzusehen, da die Voraussetzungen nach Punkt 4.1 Abs. 3 in der Regel gegeben sind.

(2) Abweichend von Punkt 7 Abs. 1 ist auf Baustellen ein Pausenraum oder Pausenbereich nicht erforderlich, wenn bis zu vier Beschäftigte eines Arbeitgebers gleichzeitig längstens eine Woche oder höchstens 20 Personentage tätig sind. Voraussetzung ist, dass die Möglichkeit besteht, sich an einer gleichwertigen Stelle gegen Witterungseinflüsse geschützt zu waschen (siehe ASR A4.1 „Sanitärräume", Punkt 6.1 Abs. 2), zu wärmen, umzukleiden und eine Mahlzeit einzunehmen und ggf. zuzubereiten.

(3) Abweichend von den Anforderungen des Punktes 4.1 Abs. 7 Satz 2 ist für die Pausenzeit ein durchschnittlicher Schalldruckpegel von 55 dB(A) anzustreben.

(4) Die lichte Höhe von Pausenräumen oder Pausenbereichen muss mindestens 2,30 m betragen.

(5) Werden auf Baustellen Unterkünfte zur Verfügung gestellt, kann auf Pausenräume verzichtet werden, sofern die Unterkünfte geeignet sind, von den jeweiligen Bewohnern auch zum Aufenthalt bei Pausen genutzt werden zu können und die Anforderungen nach Punkt 4.1 Abs. 12 und die entsprechenden Anforderungen der ASR A4.1 „Sanitärräume" erfüllt sind.

(6) Ergänzend zu Punkt 4.1 Abs. 12 muss für Pausenräume oder Pausenbereiche, in denen Beschäftigte sich umziehen, eine Möglichkeit zur getrennten Aufbewahrung für Arbeits- und Schutzkleidung sowie Straßenkleidung vorhanden sein (siehe entsprechende Anforderung der ASR A4.1 „Sanitärräume" Punkt 8.5).

Ausgewählte Literaturhinweise

LASI LV 50 „Bewegungsergonomische Gestaltung von andauernder Steharbeit, März 2009"

Technische Regeln für Arbeitsstätten (ASR A4.3) Erste-Hilfe-Räume, Mittel und Einrichtungen zur Ersten Hilfe

Ausgabe: Dezember 2010
(GMBl 2010, S. 1764, zuletzt geändert GMBl 2019, S. 71)

1 Zielstellung

Diese Arbeitsstättenregel konkretisiert die Anforderungen an Mittel und Einrichtungen zur Ersten Hilfe sowie an Erste-Hilfe-Räume beim Einrichten und Betreiben von Arbeitsstätten in § 3a Abs. 1 und § 4 Abs. 5 sowie Punkt 4.3 des Anhanges der Arbeitsstättenverordnung.

2 Anwendungsbereich

(1) Diese ASR gilt für Anforderungen an Mittel und Einrichtungen zur Ersten Hilfe sowie Erste-Hilfe-Räume oder vergleichbare Einrichtungen und deren Bereitstellung.

(2) (entfallen)

Hinweis:
Für die barrierefreie Gestaltung der Erste-Hilfe-Räume sowie Mittel und Einrichtungen zur Ersten Hilfe gilt die ASR V3a.2 „Barrierefreie Gestaltung von Arbeitsstätten", Anhang A4.3: Ergänzende Anforderungen zur ASR A4.3 „Erste-Hilfe-Räume, Mittel und Einrichtungen zur Ersten Hilfe".

3 Begriffsbestimmungen

3.1 **Erste Hilfe** umfasst medizinische, organisatorische und betreuende Maßnahmen an Verletzten oder Erkrankten.

3.2 **Notfall** ist ein Ereignis, das unverzüglich Rettungsmaßnahmen erfordert und Maßnahmen der Ersten Hilfe, des Rettungsdienstes und der ärztlichen Behandlung umfasst.

3.3 **Notruf** ist die Meldung eines Notfalls über Meldeeinrichtungen zur Alarmierung des Rettungsdienstes, der Feuerwehr oder der Polizei.

3.4 **Mittel zur Ersten Hilfe** sind Erste-Hilfe-Material (z. B. Verbandmaterial, Hilfsmittel, Rettungsdecke) sowie gemäß Gefährdungsbeurteilung erforderliche medizinische Geräte (z. B. Automatisierter Externer Defibrillator, Beatmungsgerät) und Arzneimittel (z. B. Antidot), die zur Ersten Hilfe benötigt werden.

3.5 **Einrichtungen zur Ersten Hilfe** sind technische Hilfsmittel zur Rettung aus Gefahr für Leben und Gesundheit, z. B. Meldeeinrichtungen, Rettungstransportmittel und Rettungsgeräte.

3.6 **Meldeeinrichtungen** sind Kommunikationsmittel, um im Notfall unverzüglich einen Notruf absetzen zu können.

3.7 **Rettungstransportmittel** dienen dem fachgerechten, schonenden Transport Verletzter oder Erkrankter zur weiteren Versorgung im Erste-Hilfe-Raum, zum Arzt oder ins Krankenhaus.

3.8 **Rettungsgeräte** sind technische Hilfsmittel zur Personenrettung aus Gefahrensituationen.

3.9 **Erste-Hilfe-Räume und vergleichbare Einrichtungen** sind speziell vorgesehene Räume, in denen bei einem Unfall oder bei einer Erkrankung im Betrieb Erste Hilfe geleistet oder die ärztliche Erstversorgung durchgeführt werden kann.

Den Erste-Hilfe-Räumen vergleichbare Einrichtungen sind z. B. Rettungsfahrzeuge, transportable Raumzellen (Erste-Hilfe-Container) oder Arztpraxisräume. Als vergleichbare Einrichtungen gelten auch besonders eingerichtete, vom übrigen Raum abgetrennte Erste-Hilfe-Bereiche.

4 Mittel zur Ersten Hilfe

(1) Erste-Hilfe-Material ist in Verbandkästen oder anderen geeigneten Behältnissen (z. B. Rucksäcke, Taschen, Schränke), im Folgenden Verbandkasten genannt, vorzuhalten. Die Mindestanzahl der bereitzuhaltenden Verbandkästen ergibt sich aus Tabelle 1.

IV

Tabelle 1: Mindestanzahl der bereitzuhaltenden Verbandkästen

Betriebsart	Zahl der Beschäftigten	Kleiner Verbandkasten	Großer Verbandkasten
Verwaltungs- und Handelsbetriebe	1–50	1	–
	51–300	–	1
	301–600	–	2
	für je 300 weitere Beschäftigte	–	+1
Herstellungs-, Verarbeitungsbetriebe und vergleichbare Betriebe	1–20	1	–
	21–100	–	1
	101–200	–	2
	für je 100 weitere Beschäftigte	–	+1

(2) Statt eines großen Verbandkastens können zwei kleine Verbandkästen verwendet werden. Für Tätigkeiten im Außendienst, insbesondere für die Mitführung von Erste-Hilfe-Material in Werkstattwagen und Einsatzfahrzeugen, kann auch der Kraftwagen-Verbandkasten als kleiner Verbandkasten verwendet werden.

(3) Verbandkästen sind überall dort bereitzuhalten, wo die Arbeitsbedingungen dies erforderlich machen. Sie sind so zu verteilen, dass sie höchstens in 100m Wegstrecke oder einer Geschosshöhe erreichbar sind.

(4) Erste-Hilfe-Material ist so aufzubewahren, dass es vor schädigenden Einflüssen (z. B. Verunreinigungen, Nässe, hohe Temperaturen) geschützt, aber jederzeit leicht zugänglich ist. Das Erste-Hilfe-Material ist nach Verbrauch, bei Unbrauchbarkeit oder nach Ablauf des Verfallsdatums zu ergänzen bzw. zu ersetzen.

(5) In Arbeitsstätten ist mindestens das Erste-Hilfe-Material entsprechend Tabelle 2 bereitzuhalten.

(6) Ausgehend von der Gefährdungsbeurteilung können neben der Grundausstattung mit Erste-Hilfe-Material nach Abs. 5 auch ergänzende Mittel zur Ersten Hilfe (siehe Punkt 3.4) notwendig werden.

Tabelle 2: Inhalt der Verbandkästen

Nr.	Stückzahl		Benennung oder Bezeichnung	Ausführung und Bemerkung
	Kleiner Verbandkasten	Großer Verbandkasten		
1	1	2	Heftpflaster	500 cm x 2,5 cm, Spule mit Außenschutz, thermoresistenter Kleber
2	8	16	Wundschnellverband	10 cm x 6 cm, staubgeschützt verpackt
3	4	8	Fingerkuppenverband	staubgeschützt verpackt
4	4	8	Fingerverband	12 cm x 2 cm, staubgeschützt verpackt
5	4	8	Pflasterstrips	1,9 cm x 7,2 cm, staubgeschützt verpackt
6	8	16	Pflasterstrips	2,5 cm x 7,2 cm, staubgeschützt verpackt

Nr.	Stückzahl		Benennung oder Bezeichnung	Ausführung und Bemerkung
	Kleiner Verbandkasten	Großer Verbandkasten		
7	1	2	Verband-päckchen	starre oder elastische Fixierbinde mit festen Kanten; 300 cm x 6 cm mit Kompresse 6 cm x 8 cm; Saugkapazität: mind. 800 g/m^2, steril verpackt
8	3	6	Verband-päckchen	starre oder elastische Fixierbinde mit festen Kanten; 400 cm x 8 cm mit Kompresse 12 cm x 8 cm; Saugkapazität: mind. 800 g/m^2, steril verpackt
9	1	2	Verband-päckchen	starre oder elastische Fixierbinde mit festen Kanten, 400 cm x 10 cm mit Kompresse 12 cm x 10 cm; Saugkapazität: mind. 800 g/m^2, steril verpackt
10	1	2	Verbandtuch	80 cm x 60 cm, Saugkapazität mind. 125 g/m2 Flächengewicht: mind. 90 g/m^2
11	6	12	Kompresse	10 cm x 10 cm, Saugkapazität mind. 800 g/m2 , maximal paarweise steril verpackt
12	2	4	Augen-kompresse	5 cm x 7 cm, Gewicht: mind. 1,5 g/Stück, einzeln steril verpackt
13	1	2	Kälte-Sofort-kompresse	mindestens 200 cm^2, ohne Vorkühlung, vorgegebene Lager-bedingungen beachten
14	1	2	Rettungsdecke	mindestens 210 cm x 160 cm, Mindestfoliendicke 12 µm, dauerhaft metallisierte Polyesterfolie oder Material mit mindestens gleichwertigen Eigenschaften in Bezug auf Reflexionsvermögen, Temperatur-beständigkeit, nahtlos, mit Aluminium bedampft, Rückseite farbig, staub-geschützt verpackt
15	2	4	Fixierbinde	400 cm x 6 cm, einzeln staubgeschützt verpackt
16	2	4	Fixierbinde	400 cm x 8 cm, einzeln staubgeschützt verpackt
17	2	4	Dreiecktuch	96 cm x 96 cm x 136 cm, staub-geschützt verpackt
18	1	1	Schere	mindestens 18 cm lang, kniegebogen, nicht rostend

Nr.	Stückzahl		Benennung oder Bezeichnung	Ausführung und Bemerkung
	Kleiner Verbandkasten	Großer Verbandkasten		
19	2	4	Folienbeutel	Mindestgröße 30 cm x 40 cm, Mindestfoliendicke 45 µm, verschließbar, aus Polyethylen
20	5	10	Vliesstoff-Tuch	mindestens 20 cm x 30 cm, flächenbezogene Masse mind. 15 g/m²
21	4	8	Medizinische Einmalhandschuhe	nahtlos, groß, staubgeschützt verpackt
22	1	1	Erste-Hilfe-Broschüre	Der Informationsgehalt der Broschüre muss mindestens eine „Anleitung zu Ersten Hilfe" beinhalten.
23	1	1	Inhaltsverzeichnis	–

5 Einrichtungen zur Ersten Hilfe

5.1 Meldeeinrichtungen

(1) Der Arbeitgeber hat in Arbeitsstätten ständig zugängliche Meldeeinrichtungen (z. B. Telefon mit Angabe der Notrufnummern) zum unverzüglichen Absetzen eines Notrufes vorzuhalten.

(2) In Abhängigkeit von der Gefährdungsbeurteilung können besondere Meldeeinrichtungen (z. B. Notrufmelder) erforderlich sein. Sofern es nicht möglich ist, stationäre Meldeeinrichtungen vorzusehen, können auch funktechnische Einrichtungen, z. B. Betriebsfunkanlagen, als Meldeeinrichtung eingesetzt werden. Bei Alleinarbeit können – ggf. auch willensunabhängig wirkende – Personen-Notsignal-Anlagen verwendet werden.

5.2 Rettungstransportmittel

(1) Der Arbeitgeber hat zu prüfen, ob er den Rettungstransport auf Grund der innerbetrieblichen Entfernungen und Verhältnisse und der damit verbundenen Eintreffzeiten dem öffentlichen Rettungsdienst überlässt oder ob eigene Rettungstransportkapazitäten erforderlich sind.

(2) In Betrieben, in denen der öffentliche Rettungsdienst seine Aufgabe am Ort des Geschehens durchführen kann, sind keine weiteren Transportmittel bereit zu stellen. Sofern dieser Ort mit Krankentragen nicht zugänglich ist, müssen entsprechend der Gefährdungsbeurteilung geeignete Transportmittel, z. B. Rettungstücher, Krankentransport-Hängematten oder Schleifkörbe, vorgehalten werden.

5.3 Rettungsgeräte

Rettungsgeräte sind gemäß der Gefährdungsbeurteilung vorzuhalten, wenn in Arbeitsstätten im Falle von Rettungsmaßnahmen besondere Anforderungen bestehen, z. B. bei der Rettung von hochgelegenen Arbeitsplätzen, aus tiefen Schächten oder bei sonstigen schwer zugänglichen Arbeitsplätzen. Geeignete Rettungsgeräte sind z. B. Rettungshubgeräte, Spreizer, Schneidgeräte, Abseilgeräte.

6 Erste-Hilfe-Räume und vergleichbare Einrichtungen

(1) Ein Erste-Hilfe-Raum oder eine vergleichbare Einrichtung ist erforderlich

– in Betrieben mit mehr als 1000 Beschäftigten und

– in Betrieben mit mehr als 100 Beschäftigten, wenn besondere Unfall- oder Gesundheitsgefahren bestehen.

(2) Bei besonderen Unfall- oder Gesundheitsgefahren können zusätzliche Maßnahmen erforderlich sein (z. B. weitere Räumlichkeiten, ergänzende Ausstattungen).

(3) Für vorübergehend eingerichtete Arbeitsstätten können vergleichbare Einrichtungen (z. B. Erste-Hilfe-Container) genutzt werden.

6.1 Bauliche Anforderungen

(1) Erste-Hilfe-Räume und vergleichbare Einrichtungen sollen im Erdgeschoss liegen und müssen mit einer Krankentrage leicht zu erreichen sein. Erste-Hilfe-Container sind ebenerdig aufzustellen.

(2) Die Lage von Erste-Hilfe-Räumen bzw. des Aufstellungsortes vergleichbarer Einrichtungen sind so zu wählen, dass Gefährdungen oder Beeinträchtigungen, z. B. durch Lärm, Vibrationen, Stäube, Gase, Dämpfe, soweit wie möglich ausgeschlossen sind.

(3) In unmittelbarer Nähe von Erste-Hilfe-Räumen bzw. vergleichbaren Einrichtungen muss sich eine Toilette befinden.

(4) Erste-Hilfe-Räume und vergleichbare Einrichtungen müssen zur Aufnahme der erforderlichen Einrichtungen und Ausstattungen eine ausreichende Größe aufweisen:

- Erste-Hilfe-Räume mit mindestens 20 m^2 Grundfläche
- Erste-Hilfe-Container mit mindestens 12,5 m^2 Grundfläche

Zur Raumhöhe siehe ASR A1.2 „Raumabmessungen und Bewegungsflächen".

(5) Im Zugangsbereich von Erste-Hilfe-Räumen und vergleichbaren Einrichtungen sind Stufen zu vermeiden. Höhenunterschiede sollen durch eine Rampe ausgeglichen werden. Der Zugang zu Erste-Hilfe-Räumen muss eine lichte Breite gemäß Punkt 5 der ASR A2.3 „Fluchtwege und Notausgänge, Flucht- und Rettungsplan" aufweisen. Es muss sichergestellt sein, dass ein Zugang mit Krankentragen ungehindert möglich ist.

(6) Fußböden und Wände müssen leicht zu reinigen und erforderlichenfalls zu desinfizieren sein (hinsichtlich Fußböden siehe ASR A1.5/1,2 „Fußböden").

(7) Erste-Hilfe-Räume und vergleichbare Einrichtungen müssen ausreichend beleuchtet (siehe ASR A3.4 „Beleuchtung") und ausreichend belüftet sein (siehe ASR A3.6 „Lüftung").

(8) Die Raumtemperatur muss den Anforderungen der ASR A3.5 „Raumtemperatur" entsprechen. Erste-Hilfe-Container müssen ausreichend isoliert sein und über einen Vorraum – mindestens aber über einen Windfang – verfügen.

(9) Erste-Hilfe-Räume und vergleichbare Einrichtungen sind mindestens mit einem Waschbecken mit fließend Kalt- und Warmwasser sowie mit Telefon oder einem vergleichbaren Kommunikationsmittel fest auszustatten.

(10) Der Sichtschutz gegen Einblick von außen ist zu gewährleisten.

6.2 Ausstattung von Erste-Hilfe-Räumen und vergleichbaren Einrichtungen

Für Erste-Hilfe-Räume und vergleichbare Einrichtungen sind in Abhängigkeit von der Gefährdungsbeurteilung geeignetes Inventar und Mittel zur Ersten Hilfe und Pflegematerial sowie geeignete Rettungsgeräte und Rettungstransportmittel bereitzuhalten.

Geeignetes Inventar ist z. B.:

- Behältnisse (z. B. Schränke, Koffer) zur getrennten, übersichtlichen und hygienischen Aufbewahrung von Mitteln zur Ersten Hilfe und Pflegematerial,
- Spender für Seife, Desinfektionsmittel, Hautschutzmittel und Einmalhandtücher,
- Untersuchungsliege mit verstellbarem Kopf- und Fußteil,
- Instrumententisch mit Schublade,
- Infusionsständer (höhenverstellbar),
- Schreibtisch oder vergleichbare Schreibgelegenheit,
- Sitzgelegenheit,
- Sicherheitsbehälter für spitze und scharfe Gegenstände (z. B. Kanülen) oder
- geeignete, getrennte Behältnisse für infektiösen und nichtinfektiösen Abfall.

Geeignete Mittel zur Ersten Hilfe sind z. B.:

- Inhalt des großen Verbandkastens (siehe Tabelle 2),
- Mittel für Absaugung und Beatmung (z. B. Absauggerät, Absaugkatheter, Beatmungsbeutel und -maske, Guedeltubus, Sauerstoffgerät, Sauerstoffreservoirbeutel),
- Mittel für Diagnostik (z. B. Blutdruckmessgerät, Bügelstethoskop, Diagnostikleuchte),
- Automatisierter Externer Defibrillator (AED),
- Schienen zum Ruhigstellen von Extremitäten,
- HWS-Immobilisationskragen,
- nach betriebsärztlicher Festlegung: Medikamente, Infusionslösungen, Infusionsbestecke, Venenverweilkanülen,
- Desinfektionsmaterial oder
- Augenspülflasche.

Geeignetes Pflegematerial und sonstige Hilfsmittel sind z. B.:

- Decken,
- Einmalauflagen für Liegen,
- Einweg-Nierenschale und Vliesstoff-Tuch oder
- Einweg-Schutzkleidung.

7 Kennzeichnung

(1) Die Kennzeichnung der Erste-Hilfe-Räume und vergleichbaren Einrichtungen sowie der Aufbewahrungsorte der Mittel zur Ersten Hilfe erfolgt nach Anlage 1 Punkt 4 der ASR A1.3 „Sicherheits- und Gesundheitsschutzkennzeichnung". Erste-Hilfe-Räume sind mit dem Rettungszeichen E003 „Erste Hilfe" zu kennzeichnen.

(2) Die Lage der Erste-Hilfe-Räume und vergleichbaren Einrichtungen können dem Flucht- und Rettungsplan gemäß Punkt 9 Abs. 3 der ASR A2.3 „Fluchtwege und Notausgänge, Flucht- und Rettungsplan" entnommen werden.

8 Abweichende/ergänzende Anforderungen für Baustellen

(1) Die Mindestanzahl der für Baustellen bereitzuhaltenden Verbandkästen ergibt sich abweichend von Tabelle 1 aus Tabelle 3.

Tabelle 3: Mindestanzahl der auf Baustellen bereitzuhaltenden Verbandkästen

Betriebsart	Zahl der Beschäftigten	Kleiner	Großer
		Verbandkasten	
Baustellen	1–10		
	1	–	
	11–50	–	1
	51–100	–	2
für je weitere 50 Beschäftigte	–	+1	

(2) Abweichend von Punkt 4 Abs. 3 hat der Arbeitgeber im Rahmen der Gefährdungsbeurteilung zu ermitteln, ob einzelne Arbeitsplätze, z. B. auf Linienbaustellen, mit zusätzlichen Verbandkästen zu Tabelle 3 auszustatten und wie diese zu verteilen sind.

(3) Abweichend von Punkt 6 Abs. 1 ist auf Baustellen mit mehr als 50 Beschäftigten ein Erste-Hilfe-Raum oder eine vergleichbare Einrichtung erforderlich.

(4) Abweichend von Punkt 6.1 Abs. 1 Satz 2 sind Erste-Hilfe-Container so aufzustellen, dass die Erreichbarkeit für die Erstversorgung von verletzten oder erkrankten Beschäftigten durch geeignete Rettungstransportmittel jederzeit sichergestellt und der Weitertransport gewährleistet ist.

Ausgewählte Literaturhinweise

- DGUV Information 204-006 Anleitung zur Ersten Hilfe 05/2011
- DGUV Information 204-001 Erste Hilfe Plakat 08/2017 (engl. 204-005 Ausgabe 08/2017)
- DGUV Information 204-007 Handbuch zur Ersten Hilfe 01/2017
- DGUV Information 204-010 Automatisierte Defibrillation im Rahmen der betrieblichen Ersten Hilfe 11/2014

Technische Regeln für Arbeitsstätten (ASR A4.4) Unterkünfte

Ausgabe: Juni 2010

(GMBl 2010, S. 751, zuletzt geändert GMBl 2017, S. 402)

1 Zielstellung

Diese Arbeitsstättenregel konkretisiert die Anforderungen an das Einrichten und Betreiben von Unterkünften für Arbeitsstätten nach § 3 Abs. 1 und Punkt 4.4 des Anhanges der Arbeitsstättenverordnung.

2 Anwendungsbereich

Diese Arbeitsstättenregel gilt für das Einrichten und Betreiben von Unterkünften im Bereich von Arbeitsstätten. Sie gilt nicht für Pausen- und Bereitschaftsräume, die in ASR A4.2 „Pausen- und Bereitschaftsräume" geregelt sind.

Hinweis:
Für die barrierefreie Gestaltung der Unterkünfte gilt die ASR V3a.2 „Barrierefreie Gestaltung von Arbeitsstätten", Anhang A4.4: Ergänzende Anforderungen zur ASR A4.4 „Unterkünfte".

3 Begriffsbestimmungen

3.1 **Unterkünfte** sind Räume, die den Beschäftigten zu Wohnzwecken in der Freizeit dienen. Hierzu zählen auch Baracken, Wohncontainer, Wohnwagen und andere Raumzellen.

3.2 **Schlafbereich** ist eine Ruhezone, die zur körperlichen und geistigen Erholung zur Verfügung gestellt wird.

3.3 **Wohnbereich** ist ein Aufenthaltsraum bzw. Aufenthaltsbereich, der zum nicht nur vorübergehenden Aufenthalt von Menschen bestimmt und geeignet ist und zur Freizeitgestaltung zur Verfügung gestellt wird.

4 Allgemeines

(1) Landesrechtliche Vorschriften, insbesondere die bauordnungsrechtlichen Vorschriften der Länder zur Abwehr von Gefahren für die öffentliche Sicherheit und Ordnung sowie zur Vermeidung von Missständen bleiben unberührt.

(2) Unterkünfte sind an ungefährdeter Stelle bereitzustellen. Sie dürfen sich somit nicht z. B. im Gefahrenbereich von Baukranen, Aufzügen, Gerüsten, im Bereich von Hochspannungsleitungen, von Lagerstätten für Gefahrstoffe oder Gase oder von kontaminierten Böden befinden.

(3) Bestehende Einrichtungen, wie Küchen, Vorratsräume, sanitäre Einrichtungen und Mittel zur Ersten Hilfe, können je nach örtlicher Lage und zumutbarer Erreichbarkeit auch für die Unterkünfte genutzt werden.

(4) Bei Anwesenheit von männlichen und weiblichen Bewohnern ist dies bei der Zuteilung der Räume zu berücksichtigen. In Unterkünften müssen die Voraussetzungen für deren getrennte Unterbringung gegeben sein.

(5) Bei Schichtbetrieb müssen für die Unterbringung der Beschäftigten verschiedener Schichten getrennte Schlafbereiche zur Verfügung stehen.

(6) Der Arbeitgeber hat

- Bestimmungen für die Benutzung von Unterkünften, z. B. für die Reinigung, das Verhalten im Brandfall oder bei Alarm aufzustellen,
- eine Brandschutzordnung sowie einen Alarmplan an gut sichtbarer Stelle in der Unterkunft auszuhängen,
- Informationen zum Aufbewahrungsort von Mitteln und zu Einrichtungen zur Ersten Hilfe zu geben,
- dafür zu sorgen, dass die Bewohner diese Bestimmungen und Informationen verstehen können sowie
- eine Unterweisung der Bewohner vorzunehmen und zu dokumentieren.

(7) Der Arbeitgeber kann auch örtliche Unterbringungsmöglichkeiten (z. B. Hotels, Pensionen) nutzen oder andere geeignete Räume

IV

in vorhandenen Gebäuden für die Unterbringung den Beschäftigten zur Verfügung stellen.

5 Unterkünfte

5.1 Anforderungen

(1) Von den Unterkünften soll ein direkter Zugang zum öffentlichen Verkehrsraum vorhanden sein.

(2) Unterkünfte müssen für Fahrzeuge der Feuerwehr und des Rettungsdienstes leicht erreichbar sein.

(3) Unterkünfte müssen während der Nutzungsdauer auf mindestens +21 °C geheizt werden können.

(4) Unterkünfte müssen ausreichend Tageslicht erhalten und mit einer angemessenen künstlichen Beleuchtung ausgestattet sein. Für die Beleuchtung sowie die Sicherheitsbeleuchtung in Unterkünften sind die Regelungen der ASR A3.4 „Beleuchtung" sowie ASR A3.4/3 „Sicherheitsbeleuchtung, optische Sicherheitsleitsysteme" anzuwenden."

(5) In Unterkünften dürfen keine Gegenstände und Arbeitsstoffe, insbesondere keine Gefahrstoffe, aufbewahrt werden, die nicht zur zweckentsprechenden Einrichtung dieser Räume gehören.

5.2 Bereitstellung

(1) Unterkünfte sind so zu bemessen, dass für jeden Bewohner mindestens 8 m² Nutzfläche vorhanden sind. Darin enthalten sind anteilig die Nutzflächen aller den Bewohnern zur Verfügung stehenden Bereiche und Räume der Unterkunft, z. B. Wohnbereich, Sanitäreinrichtungen. Je nach Ausstattungsvariante müssen auf den Schlafbereich bzw. den Schlafbereich und Vorflur bei Unterbringung bis sechs Bewohnern mindestens 6 m² pro Bewohner entfallen. Bei Unterbringung von mehr als sechs bis maximal acht Bewohner müssen auf den Schlafbereich mindestens 6,75 m² pro Bewohner bei einer anteiligen Nutzfläche von mindestens 8,75 m² pro Bewohner entfallen (siehe Tabelle).

Tabelle: Mindestnutzflächen pro Bewohner

Anzahl der Bewohner pro Schlafbereich	Nutzfläche der Unterkunft pro Bewohner	Davon für den Schlafbereich bzw. Schlafbereich mit Vorflur zur Verfügung stehende Fläche pro Bewohner
bis 6	mindestens 8 m²	mindestens 6 m²
mehr als 6 bis maximal 8	mindestens 8,75 m²	mindestens 6,75 m²

(2) Unterkünfte für mehr als 50 Beschäftigte müssen über einen separaten Raum für erkrankte Beschäftigte mit mindestens zwei Betten verfügen. Der Zugang muss gekennzeichnet sein. Dieser Raum muss mit einer Krankentrage leicht erreicht werden können. In diesem Raum ist Trinkwasser oder ein alkoholfreies Getränk zur Verfügung zu stellen.

(3) Unterkünfte müssen entsprechend der Belegungszahl mit Sanitäreinrichtungen ausgestattet sein. Dafür sind die Regelungen der ASR A4.1 „Sanitärräume" anzuwenden.

(4) Für das Einrichten und Betreiben der Verkehrswege sind die Regelungen der ASR A1.8 „Verkehrswege" anzuwenden. Verkehrswege zwischen den Schlafbereichen und Sanitäreinrichtungen müssen, sofern sie nicht innen liegend ausgeführt sind, vor Witterungseinflüssen geschützt begangen werden können. Dies kann in Abhängigkeit von jahreszeitlichen Einflüssen, z. B. durch Einhausung oder Überdachung der Verkehrswege, erreicht werden.

5.3 Ausführung

(1) Fußböden, Wände und Decken müssen gegen Feuchtigkeit geschützt und gegen Wärme und Kälte gedämmt ausgeführt werden.

(2) Die lichte Raumhöhe muss mindestens 2,50 m betragen, soweit nicht nach dem Bauordnungsrecht der Länder eine andere lichte Raumhöhe zulässig ist. Unterkünfte müssen frei belüftet werden können (z. B. Fenster, Oberlichter).

(3) Außentüren von Unterkünften müssen dicht und verschließbar sein. Der Eingangsbereich soll mit einem Windfang ausgerüstet sein.

(4) Durchsichtige Trennwände, Türen und Fenster in Unterkünften müssen gegen Einsichtnahme mit ausreichendem Sichtschutz, z. B. Vorhängen oder Jalousien, geschützt sein.

5.4 Ausstattung

(1) Unterkünfte müssen über technische Einrichtungen, z. B. ein Telefon, verfügen, die eine schnellstmögliche Alarmierung der zuständigen Polizeidienststelle, der Feuerwehr oder des Notarztes ermöglichen.

(2) Die Anzahl der Steckdosen in den Wohn- und Schlafbereichen muss an die Ausstattung und Belegung angepasst sein.

(3) Unterkünfte sind mit den erforderlichen Feuerlöscheinrichtungen und, soweit notwendig, mit Brandmeldern auszustatten; dafür ist die ASR A2.2 „Maßnahmen gegen Brände" anzuwenden. Die Feuerlöscher sind an gut sichtbaren und leicht zugänglichen Stellen anzubringen.

(4) Unterkünfte sind mit den erforderlichen Mitteln für die Erste Hilfe auszustatten, dafür ist die ASR A4.3 „Erste-Hilfe-Räume, Mittel und Einrichtungen zur Ersten Hilfe" anzuwenden. Die Mittel für die Erste Hilfe sind an geeigneter Stelle der Unterkünfte gut sichtbar und gekennzeichnet vorzuhalten.

(5) Es dürfen nicht mehr als vier Betten in einem Schlafbereich aus Raumzellen aufgestellt werden. In Gebäuden dürfen maximal acht Betten in einem Raum aufgestellt werden. Bei Etagenbetten dürfen nicht mehr als zwei Betten übereinander stehen. In den Schlafbereichen müssen für jeden Bewohner ein eigenes Bett mit Matratze und Kopfkissen, mindestens eine Sitzgelegenheit und in angemessener Größe eine Tischfläche sowie ein verschließbarer Schrank für Wäsche, Bekleidung oder persönliche Gegenstände vorhanden sein. Die elektrische Beleuchtung ist zweckmäßig zu installieren (z. B. Orientierungshilfen, Nachtleuchten, Leselampen). Türen zu Schlafbereichen müssen von innen verschließbar sein.

(6) Sofern mehr als vier Bewohner länger als eine Woche gemeinsam untergebracht werden, soll mindestens ein Aufenthaltsraum oder entsprechender Aufenthaltsbereich zur Verfügung stehen (Wohnbereich). Hier müssen mindestens ein angemessen großer Tisch und je Bewohner eine Sitzgelegenheit vorhanden sein. Dabei ist für jeden Beschäftigten eine freie Bewegungsfläche von mindestens 1 m^2 vorzusehen.

(7) Sofern Beschäftigte länger als eine Woche untergebracht werden und keine alternativen Möglichkeiten vorhanden sind oder geschaffen werden, z. B. das Anbieten einer Waschdienstleistung, ist eine Möglichkeit zum Waschen, Trocknen und Bügeln von Kleidung außerhalb der Schlaf- und Wohnbereiche vorzusehen. Hierfür sind Waschmaschinen und Trockengeräte zur gemeinschaftlichen Nutzung geeignet.

(8) Wenn keine anderweitige Verpflegungsmöglichkeit vorhanden ist, z. B. Kantine oder Lieferung von Fertigessen, sind in einem besonderen Raum mit Trinkwasserzapfstelle ausreichend Zubereitungs-, Aufbewahrungs-, Kühl- und Spülgelegenheiten zu schaffen. Die Wände müssen bis zur Höhe von 2 m einen glatten, waschfesten und hellen Belag oder einen entsprechenden Anstrich haben.

Für Fußböden ist die ASR A1.5/1,2 „Fußböden" anzuwenden. Für jeden Beschäftigten sind hygienisch einwandfreie und verschließbare Fächer vorzuhalten.

(9) In jedem Raum, ausgenommen Windfang und Vorratsraum, sind Abfallbehälter mit Deckel bereitzustellen. Diese müssen aus schwer entflammbarem Material bestehen.

6 Abweichende/ergänzende Anforderungen für Baustellen

(1) Die Bereitstellung von Unterkünften auf Baustellen ist nach Anhang 4.4 Abs. 1 Arbeitsstättenverordnung z. B. erforderlich wenn:

- Arbeiten unter erschwerten Bedingungen wie Druckluft- und Taucherarbeiten ausgeführt werden, um beim Auftreten von Drucklufterkrankungen nach der Dekompressionsphase und auch nach Schichtende technische und medizinische Hilfsmaßnahmen unverzüglich einleiten zu können,

IV

- eine Sicherstellung des Betriebes von Versorgungseinrichtungen für z. B. Druckluftbaustellen durch Möglichkeiten der Unterbringung für Bereitschaftsdienste nötig ist,
- technologisch bedingte verkürzte oder lange Arbeitszeiten oder kurze Schichtwechsel nötig sind, z. B. Arbeiten abhängig von Ebbe und Flut oder Zwangspausen infolge von Arbeitszeitbegrenzungen,
- Kontroll und Notdienste ausgeführt werden, die nicht vorhersehbaren Einflüssen unterliegen, z. B. Betreiben von Spülfeldern oder Grundwasserabsenkungsanlagen,
- ein unzumutbarer Zeitbedarf für eine tägliche Heimfahrt oder eine nicht mehr ausreichende Ruhezeit erforderlich ist, z. B. häufig wechselnde Arbeitsstätten infolge kurzer Bauzeiten, z. B. für Spezialisten des Spezialtiefbaus, Zwei- oder Dreischichtbetrieb bei Gleitschalungsarbeiten oder Schubbrückenbau,
- die Baustelle nicht mit gewöhnlichen öffentlichen Verkehrsmitteln erreichbar bzw. keine Anfahrmöglichkeit mit persönlicher Fahrgelegenheit vorhanden ist, z. B. Arbeiten auf Hubinseln oder Schwimmenden Geräten (z. B. Schwimmrammen) oder
- sie mit Pkw über das öffentliche Straßennetz nicht erreichbar ist (z. B. Geländewagen für die Anfahrt erforderlich).

(2) Sofern den Beschäftigten seitens des Arbeitgebers der mit der Beschaffung der Unterkunft verbundene Mehraufwand ausgeglichen wird und die Beschäftigten ihre Unterkunft selbst beschaffen, besteht kein Erfordernis zur Bereitstellung von Unterkünften.

Technische Regeln für Arbeitsstätten (ASR V3a.2) Barrierefreie Gestaltung von Arbeitsstätten

Ausgabe: August 2012
(GMBl 2012, S. 663; zuletzt geändert GMBl 2018, S. 469)

1 Zielstellung

Diese ASR konkretisiert die Anforderungen gemäß § 3a Abs. 2 der Arbeitsstättenverordnung. Danach hat der Arbeitgeber Arbeitsstätten so einzurichten und zu betreiben, dass die besonderen Belange der dort beschäftigten Menschen mit Behinderungen im Hinblick auf die Sicherheit und den Gesundheitsschutz berücksichtigt werden.

2 Anwendungsbereich

(1) Das Erfordernis nach barrierefreier Gestaltung von Arbeitsstätten im Hinblick auf die Sicherheit und den Gesundheitsschutz ergibt sich immer dann, wenn Menschen mit Behinderungen beschäftigt werden. Die Auswirkung der Behinderung und die daraus resultierenden individuellen Erfordernisse sind im Rahmen der Gefährdungsbeurteilung für die barrierefreie Gestaltung der Arbeitsstätte zu berücksichtigen. Es sind die Bereiche der Arbeitsstätte barrierefrei zu gestalten, zu denen die Beschäftigten mit Behinderungen Zugang haben müssen.

(2) Sind in bestehenden Arbeitsstätten die im Rahmen der Gefährdungsbeurteilung nach Absatz 1 ermittelten technischen Maßnahmen zur barrierefreien Gestaltung mit Aufwendungen verbunden, die offensichtlich unverhältnismäßig sind, so kann der Arbeitgeber auch durch organisatorische oder personenbezogene Maßnahmen die Sicherheit und den Gesundheitsschutz der Beschäftigten mit Behinderungen in vergleichbarer Weise sicherstellen.

(3) Die Pflichten des Arbeitgebers aus Absatz 1 beziehen sich nicht nur auf im Betrieb namentlich bekannte schwerbehinderte Beschäftigte, sondern auf alle Beschäftigten mit einer Behinderung. Eine Behinderung kann demnach auch dann vorliegen, wenn eine Schwerbehinderung nicht besteht (der Grad der Behinderung also weniger als 50 beträgt) oder die Feststellung einer Behinderung nicht beantragt worden ist.

Hinweise:

1. Erforderliche Anpassungsmaßnahmen von Arbeitsstätten richten sich für schwerbehinderte Beschäftigte und diesen gleichgestellte Beschäftigte mit Blick auf das behinderungsgerechte Einrichten und Betreiben von Arbeitsstätten zudem nach § 81 Abs. 4 Nr. 4 Neuntes Buch Sozialgesetzbuch Rehabilitation und Teilhabe behinderter Menschen (SGB IX).

2. Das Erfordernis nach einer barrierefreien Gestaltung der Arbeitsstätte ergibt sich nicht, wenn Beschäftigte mit einer Behinderung trotz einer barrierefreien Gestaltung nicht zur Ausführung der erforderlichen Tätigkeiten fähig sind und diese Fähigkeiten auch nicht erwerben können.

3 Begriffsbestimmungen

3.1 Eine **Behinderung** liegt vor, wenn die körperliche Funktion, geistige Fähigkeit oder psychische Gesundheit mit hoher Wahrscheinlichkeit länger als sechs Monate von dem für das Lebensalter typischen Zustand abweicht und dadurch Einschränkungen am Arbeitsplatz oder in der Arbeitsstätte bestehen. Behinderungen können z. B. sein: eine Gehbehinderung, eine Lähmung, die die Benutzung einer Gehhilfe oder eines Rollstuhls erforderlich macht, Kleinwüchsigkeit oder eine starke Seheinschränkung, die sich mit üblichen Sehhilfen wie Brillen bzw. Kontaktlinsen nicht oder nur unzureichend kompensieren lässt. Zu Behinderungen zählen z. B. auch Schwerhörigkeit oder erhebliche Krafteinbußen durch Muskelerkrankungen.

3.2 Eine **barrierefreie Gestaltung der Arbeitsstätte** ist gegeben, wenn bauliche und sonstige Anlagen, Transport- und Arbeitsmittel, Systeme der Informationsverarbeitung, akustische, visuelle und taktile Informationsquellen und Kommunikationseinrichtungen

IV

für Beschäftigte mit Behinderungen in der allgemein üblichen Weise, ohne besondere Erschwernisse und grundsätzlich ohne fremde Hilfe zugänglich und nutzbar sind (in Anlehnung an § 4 des Gesetzes zur Gleichstellung behinderter Menschen – BGG).

3.3 Das **Zwei-Sinne-Prinzip** ist ein Prinzip der alternativen Wahrnehmung. Alle Informationen aus der Umwelt werden vom Menschen über die Sinne aufgenommen. Fällt ein Sinn aus, ist die entsprechende Informationsaufnahme durch einen anderen Sinn notwendig. Informationen müssen deshalb nach dem Zwei-Sinne-Prinzip mindestens für zwei der drei Sinne „Hören, Sehen, Tasten" zugänglich sein (z. B. gleichzeitige optische und akustische Alarmierung).

3.4 **Visuelle Zeichen** sind sichtbare Zeichen. Das sind kodierte Signale, z. B. Schriften, Bilder, Symbole, Handzeichen oder Leuchtzeichen (z. B. Warnleuchten).

3.5 **Akustische Zeichen** sind hörbare Zeichen. Das sind kodierte Signale, z. B. Schallzeichen (z. B. Sirene), Sprache oder Laute.

3.6 **Taktile Zeichen** sind fühl- oder tastbare Zeichen. Fühlbare Zeichen sind kodierte Signale, z. B. Bodenindikatoren, Rippen- oder Noppenplatten. Tastbare Zeichen ermöglichen eine Verständigung mit erhabenen Schriften und Symbolen (z. B. Braille`sche Blindenschrift, geprägte Reliefpläne).

4 Allgemeines

(1) Die Maßnahmen zur barrierefreien Gestaltung sind durch die individuellen Erfordernisse der Beschäftigten mit Behinderungen bestimmt. Hierbei sind technische Maßnahmen vorrangig durchzuführen.

(2) Ist das Vorliegen der Behinderung und ihrer Auswirkungen auf die Sicherheit und den Gesundheitsschutz nicht offensichtlich, kann der Arbeitgeber Informationen über zu berücksichtigende Behinderungen von Beschäftigten z. B.

– direkt von den behinderten Beschäftigten,
– durch die Schwerbehindertenvertretung,
– durch das betriebliche Eingliederungsmanagement,
– durch die Gefährdungsbeurteilung oder
– durch Erkenntnisse aus Begehungen durch die Fachkraft für Arbeitssicherheit oder den Betriebsarzt

erhalten.

(3) Zum Ausgleich einer nicht mehr ausreichend vorhandenen Sinnesfähigkeit (insbesondere Sehen oder Hören) ist das Zwei-Sinne-Prinzip zu berücksichtigen.

(4) Zum Ausgleich nicht ausreichend vorhandener motorischer Fähigkeiten sind barrierefrei gestaltete alternative Maßnahmen vorzusehen, z. B.

– das Öffnen einer Tür mechanisch mit Türgriffen und zusätzlich elektromechanisch mit Tastern oder durch Näherungsschalter oder
– das Überwinden eines Höhenunterschiedes mittels Treppe und zusätzlich einer Rampe oder eines Aufzugs.

Hinweise:

1. An Arbeitsstätten, die ganz oder teilweise öffentlich zugänglich sind, stellt das Bauordnungsrecht der Länder auch dann Anforderungen an die Barrierefreiheit, wenn dort keine Menschen mit Behinderungen beschäftigt sind.

2. Werden Grundsätze des barrierefreien Bauens bereits bei der Planung von Baumaßnahmen berücksichtigt, können vorausschauende Lösungen die Kosten für eine nachträgliche Anpassung und einen aufwendigen Umbau von Arbeitsstätten bei einer künftigen Beschäftigung von Menschen mit Behinderungen verringern oder vermeiden.

5 Maßnahmen

Die in den folgenden Anhängen genannten Anforderungen ergänzen die jeweils genannte ASR hinsichtlich der barrierefreien Gestaltung von Arbeitsstätten. Am Ende der Absätze wird in Klammern auf den jeweils betreffenden Abschnitt der in Bezug genommenen ASR verwiesen.

Anhang A1.2
Ergänzende Anforderungen zur ASR A1.2 „Raumabmessungen und Bewegungsflächen"

zu 4 Allgemeines

(1) Bei der Festlegung der Grundflächen von Arbeitsräumen sind die besonderen Belange von Beschäftigten mit Behinderungen so zu berücksichtigen, dass sie ohne Beeinträchtigung ihrer Sicherheit, ihrer Gesundheit oder ihres Wohlbefindens ihre Arbeit verrichten können. Je nach Auswirkung der Behinderung ist insbesondere auf Nutzbarkeit der Arbeitsräume zu achten. (ASR A1.2 Pkt. 4 Abs. 1)

(2) Für die Ermittlung der Grundflächen und Höhen des notwendigen Bewegungsfreiraumes am Arbeitsplatz sind in Abhängigkeit von den individuellen Erfordernissen der Beschäftigten mit Behinderungen erforderlichenfalls weitere Zuschläge zu berücksichtigen, z. B. für individuelle Hilfsmittel wie Prothesen, Unterarmgehhilfen oder Sauerstoffgeräte. (ASR A1.2 Pkt. 4 Abs. 3)

zu 5 Grundflächen von Arbeitsräumen

(3) In Abhängigkeit von den individuellen Erfordernissen der Beschäftigten mit Behinderungen sind zusätzliche Flächen notwendig, z. B. für persönliche Assistenz, Assistenzhund (z. B. Blindenführhund), medizinische Hilfsmittel oder Elektrorollstuhl. (ASR A1.2 Pkt. 5 Abs. 1)

(4) Für Rollatoren, Rollstühle oder Gehhilfen von Beschäftigten sind gegebenenfalls zusätzliche Stellflächen erforderlich, z. B. im Fall des Umsetzens vom Rollstuhl auf einen Arbeitsstuhl. Sofern Abstellplätze für Rollstühle außerhalb des Arbeitsraumes eingerichtet werden, z. B. im Eingangsbereich, ist für das Umsetzen von einem Außen- auf einen Innenrollstuhl eine Umsetzfläche von mindestens 1,50 m x 1,80 m notwendig. (ASR A1.2 Pkt. 5 Abs. 1)

zu 5.1 Bewegungsflächen der Beschäftigten am Arbeitsplatz

(5) Wenn sich Beschäftigte am Arbeitsplatz von einem Rollstuhl auf einen Arbeitsstuhl umsetzen müssen, ist eine Bewegungsfläche von mindestens 1,50 m x 1,50 m erforderlich. Die Bewegungsflächen für das Umsetzen dürfen sich mit zusätzlich notwendigen Flächen nach Absatz 3 und zusätzlichen Stellflächen nach Absatz 4 überlagern (siehe Abbildung 1). (ASR A1.2 Pkt. 5.1.1 Abs. 2)

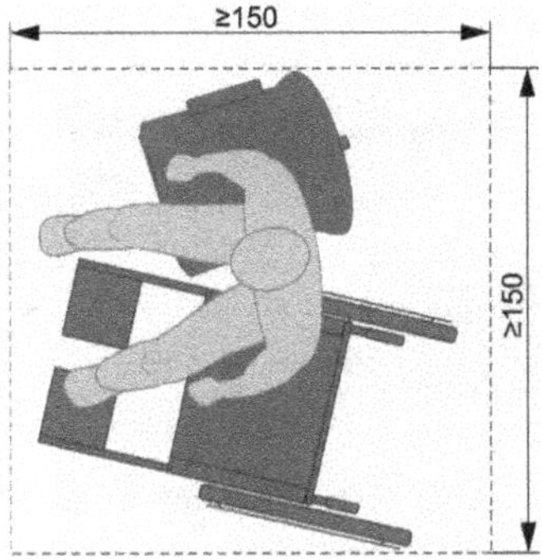

Abb. 1: Mindestgröße der Bewegungsfläche für das Umsetzen am Arbeitsplatz (Maße in cm)

(6) Für Beschäftigte, die einen Rollstuhl benutzen, muss die Bewegungsfläche bei Nichtunterfahrbarkeit von Ausrüstungs- und Ausstattungselementen mindestens 1,50 m x 1,50 m und bei Unterfahrbarkeit mindestens 1,50 m x 1,20 m (siehe Abbildung 2) betragen. (ASR A1.2 Pkt. 5.1.2)

(7) Für nebeneinander angeordnete Arbeitsplätze gilt Absatz 6, sofern sich zwischen diesen Arbeitsplätzen Trennwände befinden. Sind Trennwände nicht vorhanden, reicht eine Breite der Bewegungsfläche von 1,20 m aus, wenn dabei die Erreichbarkeit des Arbeitsplatzes gewährleistet ist. (ASR A1.2 Pkt. 5.1.4)

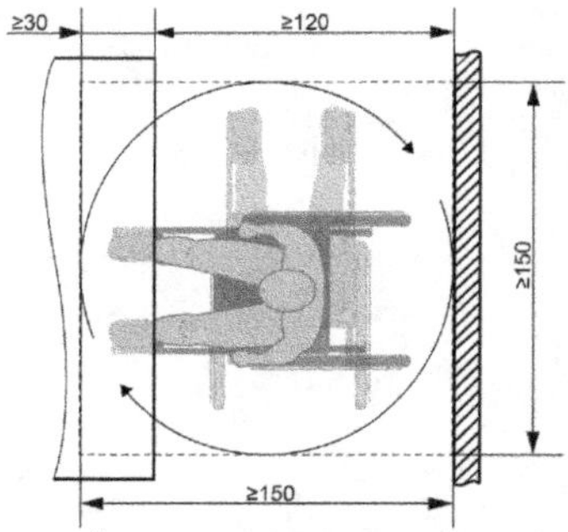

Abb. 2: Überlagerung von Stell- und Bewegungsflächen bei Unterfahrbarkeit von Ausrüstungs- und Ausstattungselementen (Maße in cm)

zu 5.2 Flächen für Verkehrswege

(8) Ergänzende Anforderungen an Flächen für Verkehrswege sind im Anhang A1.8: Ergänzende Anforderungen zur ASR A1.8 „Verkehrswege" und für Fluchtwege im Anhang A2.3: Ergänzende Anforderungen zur ASR A2.3 „Fluchtwege und Notausgänge, Flucht- und Rettungsplan" enthalten. (ASR A1.2 Pkt. 5.2)

Hinweis:
Ergänzende Anforderungen an Flächen an Türen sind im Anhang A1.7: Ergänzende Anforderungen zur ASR A1.7 „Türen und Tore" enthalten.

zu 5.5 Flächen für Verkehrswege

(9) Für Beschäftigte, die einen Rollstuhl benutzen, muss zur Vermeidung von Ganzkörperquetschungen bei seitlicher Anfahrbarkeit der Sicherheitsabstand mindestens 0,90 m betragen. (ASR A1.2 Pkt. 5.5)

Anhang A1.3
Ergänzende Anforderungen zur ASR A1.3 „Sicherheits- und Gesundheitsschutzkennzeichnung"

(1) Bei der Sicherheits- und Gesundheitsschutzkennzeichnung sind die Belange der Beschäftigten mit Behinderungen so zu berücksichtigen, dass die sicherheitsrelevanten Informationen verständlich übermittelt werden. Zum Ausgleich einer nicht mehr ausreichend vorhandenen Sinnesfähigkeit ist das Zwei-Sinne-Prinzip zu berücksichtigen. Dies wird erreicht, indem

- für Beschäftigte, die visuelle Zeichen nicht wahrnehmen können, ersatzweise taktile oder akustische Zeichen bzw.
- für Beschäftigte, die akustische Zeichen nicht wahrnehmen können, ersatzweise taktile oder visuelle Zeichen

eingesetzt werden.

(2) Die Sicherheitsaussagen der Sicherheitszeichen (ASR A1.3 Punkt 5.1, Anhang 1) müssen für Beschäftigte mit Sehbehinderung im Sinne des Absatzes 1 taktil erfassbar oder hörbar dargestellt werden, z. B.

- auf Reliefplänen oder -grundrissen, indem ihre Registriernummer (z. B. M014 für „Kopfschutz benutzen") in Braille'scher Blindenschrift oder „Profilschrift" dargestellt ist,
- mit funkgestützten Informations- oder Leitsystemen (z. B. RFID-Technologie, In-house Navigations- und Informationssystem).

(3) Die Sicherheitszeichen bzw. Schriftzeichen sowie die Kennzeichnung von Behältern und Rohrleitungen mit Gefahrstoffen gemäß Tabelle 3 der ASR A1.3 sind zu vergrößern, falls die Sehbehinderung eines Beschäftigten dies erfordert. (ASR A1.3 Punkt 5.1 Abs. 9; Punkt 7 Abs. 2)

(4) Sicherheitszeichen müssen für Rollstuhlbenutzer und Kleinwüchsige aus ihrer Augenhöhe erkennbar sein. (ASR A1.3 Punkt 5.1 Abs. 6)

(5) Für blinde Beschäftigte müssen taktile Kennzeichnungen in einem ausreichenden Abstand von Hindernissen und Gefahrenstellen vorhanden sein (z. B. taktil erkennbare Bodenmarkierungen bei unterlaufbaren Treppen oder Fußleisten an Absturzsicherungen). (ASR A1.3 Punkt 5.2)

(6) Für blinde Beschäftigte sind Fahrwegbegrenzungen auf dem Boden taktil erfassbar auszuführen, z. B. durch erhabene Markierungsstreifen oder unterschiedlich strukturierte Oberflächen. (ASR A1.3 Punkt 5.3 Abs. 1)

(7) Für Beschäftigte mit Hörbehinderung gemäß Absatz 1 sind die Sicherheitsaussagen der Schallzeichen taktil erfassbar oder visuell darzustellen, z. B. Vibrationsalarm (Mobiltelefon). (ASR A1.3 Punkt 5.5)

(8) Ergänzende Anforderungen an Flucht- und Rettungspläne sind in Anhang A2.3: Ergänzende Anforderungen zur ASR A2.3 „Fluchtwege und Notausgänge, Flucht- und Rettungsplan" im Absatz 5 enthalten.

Anhang A1.6 Ergänzende Anforderungen zur ASR A1.6 „Fenster, Oberlichter, lichtdurchlässige Wände"

(1) Bei der Festlegung der Anordnung und Gestaltung der Fenster, Oberlichter und lichtdurchlässigen Wände sind die besonderen Anforderungen von Beschäftigten mit Behinderungen zu berücksichtigen. Je nach Einbausituation und Auswirkung der Behinderung ist insbesondere auf Wahrnehmbarkeit, Erkennbarkeit, Erreichbarkeit und Nutzbarkeit zu achten.

(2) Für sehbehinderte und blinde Beschäftigte sind Gefährdungen durch geöffnete Fensterflügel im Aufenthaltsbereich oder im Bereich von Verkehrswegen, z. B. durch eine Begrenzung des Öffnungswinkels oder eine Absperrung des Öffnungsbereiches, während der Öffnungsdauer zu vermeiden. (ASR A1.6 Punkt 4.1.1 Absatz 4)

(3) Bedienelemente von Fenstern und Oberlichtern (z. B. Griffe oder Kurbeln bei Handbetätigung und Taster oder Schalter bei Kraftbetätigung), die von Beschäftigten mit Behinderungen benutzt werden müssen, sind je nach Auswirkung der Behinderung gemäß den Absätzen 4 bis 7 wahrnehmbar, erkennbar, erreichbar und nutzbar zu gestalten.

(4) **Wahrnehmbarkeit** und **Erkennbarkeit der Funktion** der Bedienelemente sind gegeben, wenn sie für Beschäftigte mit Sehbehinderung visuell kontrastierend und für blinde Beschäftigte taktil erfassbar gestaltet sind.

(5) **Erreichbarkeit** der Bedienelemente ist gegeben, wenn für kleinwüchsige Beschäftigte, für Beschäftigte, die einen Rollstuhl benutzen und für Beschäftigte deren Hand-/Arm-Motorik eingeschränkt ist, Bedienelemente in einer Höhe von 0,85 bis 1,05 m angeordnet sind. Für Beschäftigte, die einen Rollstuhl benutzen, müssen Bedienelemente so angeordnet sein, dass bei seitlicher Anfahrbarkeit ein Gang mit einer Breite von mindestens 0,90 m vorhanden ist (Abb. 1).

Hinweis:
Die Erreichbarkeit der Bedienelemente darf durch Einbauten (z. B. Heizkörper, Fensterbänke) nicht eingeschränkt werden.

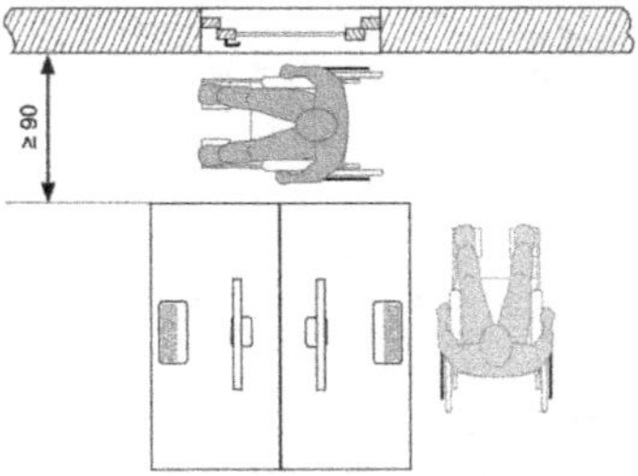

Abb. 1: Mindestbreite bei seitlicher Anfahrbarkeit (Maß in cm)

(6) **Nutzbarkeit** der Bedienelemente für **handbetätigte** Fenster und Oberlichter:

– Für die Nutzbarkeit von Bedienelementen von handbetätigten Fenstern und Oberlichtern soll für Beschäftigte mit Einschränkungen der Hand-/Arm-Motorik die Kraftübertragung durch Formschluss zwischen Hand und Bedienelement unterstützt werden. Kombinierte Bewegungen, z. B. gleichzeitiges Drehen und Ziehen, sollen vermieden werden bzw. in Einzelbewegungen ausführbar sein.
– Für Beschäftigte mit Einschränkungen der Hand-/Arm-Motorik sowie für Beschäftigte, die eine Gehhilfe oder einen Rollstuhl benutzen darf der maximale Kraftaufwand für das Öffnen oder Schließen von handbetätigten Fenstern oder Oberlichtern nicht mehr als 30 N betragen. Das maximale Drehmoment für handbetätigte Beschläge darf nicht größer als 5 Nm sein. Können die Maximalwerte für Kraft oder Drehmoment nicht eingehalten werden, sind alternative

Maßnahmen, z. B. Griffverlängerungen oder kraftbetätigte Fenster und Oberlichter, vorzusehen.

(7) **Nutzbarkeit** der Bedienelemente für **kraftbetätigte** Fenster und Oberlichter ist gegeben, wenn für Beschäftigte mit Einschränkungen der Hand-/Arm-Motorik die aufzubringende Kraft für die Bedienung der Schalter und Taster 5 N nicht überschreitet.

(8) Sofern die Maßnahmen nach den Absätzen 4 bis 7 nicht geeignet sind, die Bedienelemente von Fenstern und Oberlichtern zu benutzen, sollen Fernsteuerungen (z. B. Fernbedienungen) eingesetzt werden.

(9) Werden akustische oder optische Warnsignale als Schutzmaßnahme gegen mechanische Gefährdungen beim Öffnen und Schließen von kraftbetätigten Fenstern und Oberlichtern eingesetzt, ist für sehbehinderte und blinde Beschäftigte sowie für Beschäftigte mit Hörbehinderung das Zwei-Sinne-Prinzip anzuwenden. (ASR A1.6 Punkt 4.1.2 Absatz 1, 3. Spiegelstrich)

(10) Die Kennzeichnung durchsichtiger, nicht strukturierter Flächen von lichtdurchlässigen Wänden muss auch für Beschäftigte, die einen Rollstuhl benutzen und für kleinwüchsige Beschäftigte aus ihrer Augenhöhe erkennbar sein. Diese Kennzeichnung kann z. B. aus 8 cm breiten durchgehenden Streifen bestehen, die in einer Höhe von 40 bis 70 cm über dem Fußboden angebracht sind. Für Beschäftigte mit Sehbehinderung ist die Kennzeichnung visuell kontrastierend zu gestalten. (ASR A1.6 Punkt 4.3 Absatz 1)

Anhang A1.7
Ergänzende Anforderungen zur ASR A1.7 „Türen und Tore"

(1) Bei den Festlegungen zur Anordnung der Türen und Tore sowie deren Abmessungen sind die besonderen Anforderungen von Beschäftigten mit Behinderungen zu berücksichtigen. Je nach Auswirkung der Behinderung ist insbesondere auf Erkennbarkeit, Erreichbarkeit, Bedienbarkeit und Passierbarkeit zu achten.

(2) Erkennbarkeit wird erreicht, indem Türen für blinde Beschäftigte taktil wahrnehmbar (z. B. taktil eindeutig erkennbare Türblätter oder -zargen) und für Beschäftigte mit einer Sehbehinderung visuell kontrastierend gestaltet sind. Hierbei ist insbesondere auf den Kontrast zwischen Wand und Tür sowie zwischen Bedienelement und Türflügel zu achten.

(3) Erreichbarkeit von Drehflügeltüren ist gegeben, wenn für Beschäftigte, die eine Gehhilfe oder einen Rollstuhl benutzen, eine freie Bewegungsfläche sowie eine seitliche Anfahrbarkeit gemäß Abb. 1 gewährleistet wird. Wird die Bewegungsfläche, in die die Tür nicht aufschlägt, durch eine gegenüberliegende Wand begrenzt, muss die Breite der Bewegungsfläche von 120 cm auf 150 cm erhöht werden.

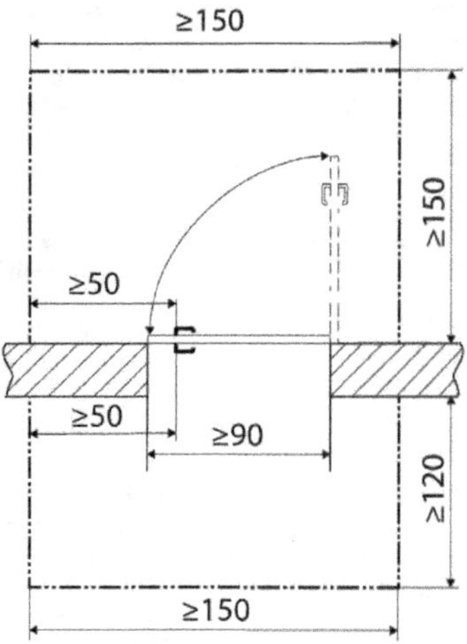

Abb. 1: Freie Bewegungsfläche sowie seitliche Anfahrbarkeit vor Drehflügeltüren (Maße in cm)

(4) Erreichbarkeit von Schiebetüren ist gegeben, wenn für Beschäftigte, die eine Gehhilfe oder einen Rollstuhl benutzen, eine freie Bewegungsfläche sowie eine seitliche Anfahrbarkeit gemäß Abb. 2 gewährleistet wird. Werden die Bewegungsflächen durch gegenüberliegende Wände begrenzt, muss die Breite der Bewegungsflächen von 120 cm auf 150 cm erhöht werden.

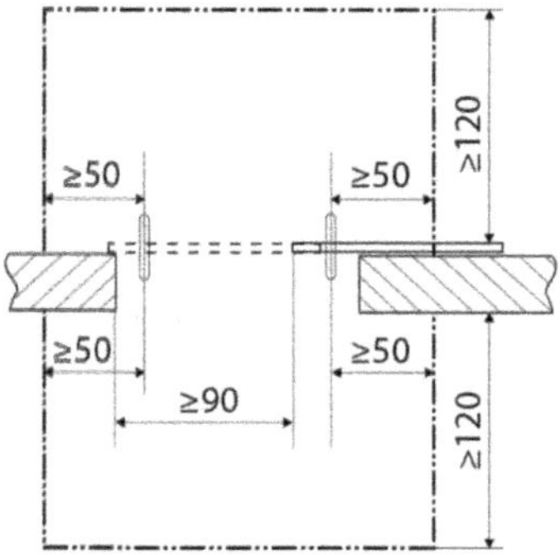

Abb. 2: Freie Bewegungsfläche sowie seitliche Anfahrbarkeit vor Schiebetüren (Maße in cm)

(5) Neben manuell betätigten Karusselltüren ist für Beschäftigte, die eine Gehhilfe oder einen Rollstuhl benutzen und für blinde Beschäftigte eine Drehflügel- oder eine Schiebetür anzuordnen.

(6) Kraftbetätigte Karusselltüren können von Beschäftigten, die eine Gehhilfe oder einen Rollstuhl benutzen, genutzt werden, wenn insbesondere folgende Bedingungen erfüllt sind.

- Die Geschwindigkeit der Drehbewegung muss den Bedürfnissen dieser Beschäftigten angepasst werden können.
- Ein automatisches Zurücksetzen der reduzierten Geschwindigkeit darf frühestens nach einer Drehung der Tür um 360° möglich sein.
- Diese Karusselltüren sind baulich so zu dimensionieren, dass sie in gerader Durchfahrt befahren werden können und an jeder Stelle der Durchfahrt eine ausreichend große Bewegungsfläche von 1,30 m Länge x 1,00 m Breite gewährleistet ist.
- NOT-HALT-Einrichtungen (z. B. Schalter, Taster, Sensoren) müssen erreichbar und bedienbar sein.
- Die Gestaltung (z. B. Material, Struktur) des Bodenbelages innerhalb dieser Karusselltüren darf die Bewegung eines Rollstuhls oder eines Rollators in der vorgesehenen Richtung nicht beeinflussen.

Für blinde Beschäftigte ist neben kraftbetätigten Karusselltüren eine Drehflügel- oder Schiebetür anzuordnen.

(7) Die Anforderungen an Schlupftüren in Torflügeln entsprechen denen an Drehflügeltüren.

(8) Werden Bewegungsmelder als Türöffner verwendet, sind bei deren Betrieb die Belange von kleinwüchsigen (Unterlaufen), blinden (Tastbereich des Langstockes) und gehbehinderten (Gehgeschwindigkeit) Beschäftigten zu berücksichtigen.

(9) Bedienelemente von Türen und Toren, z. B. Türgriffe, Schalter, elektronische Zugangssysteme (z. B. Kartenleser), Notbehelfseinrichtungen (Abschalt- und NOT-HALT-Einrichtungen), „Steuerungen mit Selbsthaltung" (Impulssteuerung) und „Steuerungen ohne Selbsthaltung" (Totmannsteuerung), müssen wahrnehmbar, erkennbar, erreichbar und nutzbar sein.

- **Wahrnehmbarkeit** und **Erkennbarkeit der Funktion** werden erreicht, wenn Bedienelemente für sehbehinderte Beschäftigte kontrastreich und für blinde Beschäftigte taktil erfassbar gestaltet sind. Dabei ist ein unbeabsichtigtes Auslösen zu vermeiden. Für sehbehinderte und blinde Beschäftigte sind Sensortasten nicht zulässig.
- **Erreichbarkeit** für kleinwüchsige Beschäftigte und für Beschäftigte, die einen Rollstuhl benutzen und deren Hand-/Arm-Motorik eingeschränkt ist, ist gegeben, wenn Bedienelemente grundsätzlich in einer Höhe von 0,85 m angeordnet sind. Schlösser und Türgriffe können z. B. leichter erreicht und benutzt werden bei Verwendung von Beschlaggarnituren, bei denen das Schloss oberhalb des Türgriffes angeordnet ist.
- **Erreichbarkeit** für Beschäftigte, die einen Rollstuhl benutzen, ist gegeben, wenn Bedienelemente so angeordnet sind, dass eine freie Bewegungsfläche bei frontaler Anfahrbarkeit von mindestens 1,50 m x 1,50 m und bei seitlicher Anfahrbarkeit von mindestens 1,50 m x 1,20 m vorhanden ist (analog Abb. 1). Dabei müssen die Bedienelemente von kraftbetätigten Drehflügel-

IV

türen und Toren mindestens 2,50 m vor der in den Bewegungsraum aufschlagenden Tür und 1,50 m in der Gegenrichtung angebracht sein. Bedienelemente von kraftbetätigten Schiebetüren müssen sich bei frontaler Anfahrt mindestens 1,50 m vor und hinter der Schiebetür befinden.

- **Nutzbarkeit** ist gegeben, wenn für Beschäftigte mit Einschränkung der Hand-/ Arm-Motorik die maximal aufzuwendende Kraft zur Bedienung von Schaltern und Tastern 5,0 N beträgt.
- Für die **Nutzbarkeit** von Türgriffen soll für Beschäftigte mit Einschränkungen der Hand-/Arm-Motorik die Kraftübertragung durch Formschluss zwischen Hand und Bedienelement unterstützt werden (z. B. ergonomisch geformte Griffe). Drehgriffe (z. B. Knäufe) oder eingelassene Griffe sollen nicht verwendet werden. Eine kombinierte Bewegung (z. B. gleichzeitiges Drehen und Drücken) soll vermieden werden bzw. in Einzelbewegungen ausführbar sein.
- Für das Zuziehen von Türen ist für Beschäftigte, die einen Rollstuhl benutzen, eine horizontale Griffstange als Schließhilfe geeignet.

(10) Für Beschäftigte, die eine Gehhilfe oder einen Rollstuhl benutzen oder deren Hand-/ Arm-Motorik eingeschränkt ist, darf der maximale Kraftaufwand für das Öffnen von handbetätigten Türen und Toren zur Einleitung einer Bewegung, z. B. des Türblatts, und für die Bedienung handbetätigter Beschläge, z. B. des Drückers, nicht mehr als 25 N betragen. Das maximale Moment für handbetätigte Beschläge darf nicht größer als 2,5 Nm sein. Können die Maximalwerte für Kraft oder Drehmoment nicht eingehalten werden, sind kraftbetätigte Türen und Tore vorzusehen.

Bei sensorisch gesteuerten Türen und Toren ist für sehbehinderte und blinde Beschäftigte sicherzustellen, dass keine Gefährdung durch das Öffnen des Flügels entsteht. Das kann erreicht werden, indem der Flügel rechtzeitig geöffnet wird oder, falls der Flügel in einen quer verlaufenden Verkehrsweg aufschlägt, beim Öffnen ein akustisches Signal ertönt.

(11) Durch das selbstständige Schließen von Türen mit Türschließern dürfen für Beschäftigte, die eine Gehhilfe oder einen Rollstuhl benutzen oder deren Hand-/ Arm-Motorik eingeschränkt ist, keine Gefährdungen entstehen. Dies kann z. B. durch die Einstellung der Schließverzögerung erreicht werden.

(12) Für Beschäftigte, die einen Rollator oder Rollstuhl benutzen oder eine Fußhebeschwäche haben, sind untere Tür- oder Toranschläge und Schwellen zu vermeiden. Sind diese technisch erforderlich, dürfen sie nicht höher als 20 mm sein. Dieser Höhenunterschied ist durch Schrägen anzugleichen (Abb. 3).

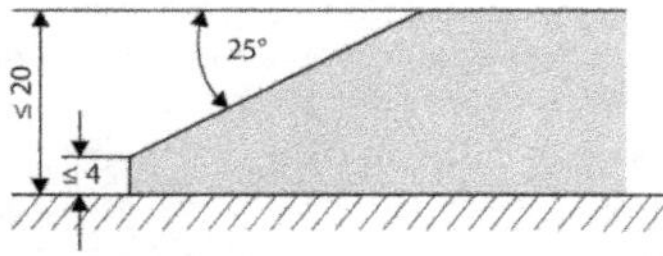

Abb. 3: Schräge an einer Tür- oder Torschwelle (Maße in mm)

(13) Für Beschäftigte, die einen Rollstuhl benutzen, ist eine lichte Durchgangsbreite von Türen und Toren von mindestens 0,90 m erforderlich. (abweichend von ASR A1.7 Punkt 4 Abs. 6)

(14) Bei Ausfall der Antriebsenergie darf für Beschäftigte mit eingeschränkter Hand-/Arm-Motorik der Kraftaufwand zum manuellen Öffnen kraftbetätigter Türen und Tore zur Einleitung einer Bewegung und ebenso für die Bedienung handbetätigter Beschläge nicht mehr als 25 N betragen. Das maximale Moment für die Bedienung handbetätigter Beschläge darf nicht größer als 2,5 Nm sein. Falls dies nicht erreicht werden kann, sind durch die Gefährdungsbeurteilung alternative Maßnahmen festzulegen (z. B. zweiter Ausgang, Patenschaften). (abweichend von ASR A1.7 Punkt 5 Abs. 2 Satz 1)

(15) Ergänzende Anforderungen hinsichtlich der Kennzeichnung von Türen und Toren im Einbahnverkehr sind in dieser ASR im Anhang A1.3 enthalten. (ASR A1.7 Punkt 5 Abs. 4)

(16) Flügel von Türen und Toren, die zu mehr als drei Viertel ihrer Fläche aus einem durchsichtigen Werkstoff bestehen, müssen durch

Sicherheitsmarkierungen so gekennzeichnet sein, dass sie für Beschäftigte mit Sehbehinderung, Beschäftigte die einen Rollstuhl benutzen und für kleinwüchsige Beschäftigte aus deren Augenhöhe erkennbar sind (ASR A1.7 Punkt 5 Abs. 7). Sicherheitsmarkierungen können z. B. aus 8 cm breiten durchgehenden Streifen bestehen, die in einer Höhe von 40–70 cm und 120–160 cm angebracht sind. Die Hauptschließkante von rahmenlosen Glas-Drehflügeltüren ist visuell kontrastierend zu gestalten.

(17) Ist eine Quetschgefährdung für Beschäftigte, die einen Rollstuhl benutzen, zwischen den hinteren Kanten der Flügel (Nebenschließkanten) von kraftbetätigten Schiebetüren/-toren und festen Teilen der Umgebung beim Betrieb nicht bereits durch Maßnahmen nach ASR A1.7 Punkt 6 Abs. 1 auszuschließen, müssen Sicherheitsabstände von $\geq$ 900 mm nach Abb. 4 eingehalten werden. (abweichend von ASR A1.7 Punkt 6 Abs. 7 Abb. 2 und 3)

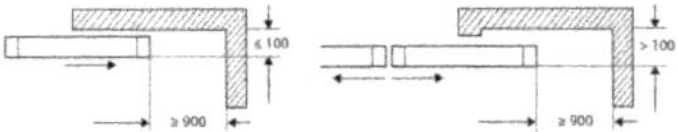

Abb. 4: Vermeiden von Quetschgefährdungen zum Schutz von Beschäftigten, die einen Rollstuhl benutzen (Maße in mm)

(18) Für Beschäftigte, die einen Rollstuhl benutzen, müssen Quetschstellen zwischen dem Flügel und festen Teilen der Umgebung an kraftbetätigten Dreh- und Faltflügeltüren oder -toren vermieden werden. Dazu muss der hinter dem Flügel gelegene Bereich bei größtmöglicher Flügelöffnung über seine gesamte Tiefe eine lichte Weite von mindestens 900 mm aufweisen (Abb. 5) (abweichend zu ASR A1.7 Punkt 6 Abs. 8). Kann dieser Wert nicht eingehalten werden, sind weitere Sicherheitsmaßnahmen (siehe ASR A1.7 Punkt 6 Abs. 1) notwendig.

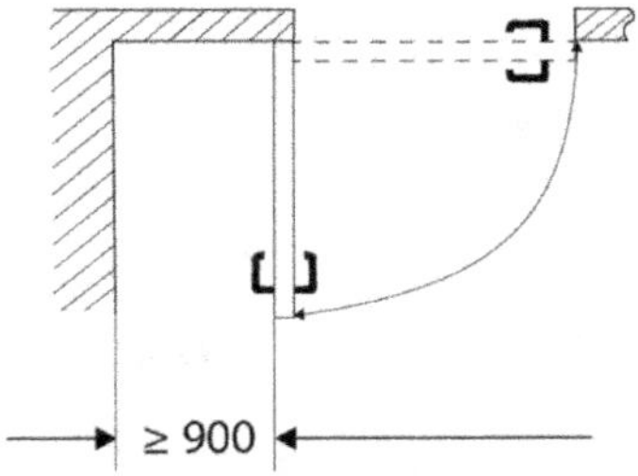

Abb. 5: Vermeiden von Quetschgefährdung (Maße in mm)

(19) Der Kraftaufwand für das manuelle Öffnen von kraftbetätigten Schiebetüren, Schnelllauftoren und Karusselltüren im Verlauf von Fluchtwegen bei Ausfall der Kraftbetätigung, z. B. bei Ausfall der Energiezufuhr, richtet sich nach Abs. 14. (abweichend von ASR A1.7 Punkt 9 Abs. 1 und Punkt 10.1 Abs. 3)

(20) Weitere Bestimmungen zur barrierefreien Gestaltung von Türen und Toren im Verlauf von Fluchtwegen sind im Anhang A2.3 dieser ASR enthalten.

Anhang A1.8
Ergänzende Anforderungen zur ASR A1.8 „Verkehrswege"

zu 4.1 Allgemeines

(1) Beim Einrichten und Betreiben von Verkehrswegen sind die besonderen Anforderungen von Beschäftigten mit Behinderungen zu berücksichtigen. Je nach Auswirkung der Behinderung ist insbesondere auf Wahrnehmbarkeit, Erkennbarkeit und Nutzbarkeit zu achten.

(2) Die Querneigung von Verkehrswegen, die von Beschäftigten mit einem Rollator oder einem Rollstuhl benutzt werden, darf nicht mehr als 2,5 % betragen. (ASR A1.8 Punkt 4.1 Abs. 2)

(3) Schrägrampen (geneigte Verkehrswege nach ASR A1.8 Punkt 3.23), die von Beschäftigten mit einem Rollator oder einem Rollstuhl benutzt werden, dürfen eine Längsneigung von 6 % nicht überschreiten. Bei einer Längsneigung von mehr als 3 % sind ab 10 m Länge Podeste mit einer nutzbaren Länge von mindestens 1,50 m vorzusehen. Bei mehr als

6 % Neigung ist die Nutzbarkeit des Verkehrsweges durch geeignete Maßnahmen herzustellen. Geeignet sind z. B. ein Hublift oder ein Elektrorollstuhl, ggf. eine assistierende Person. (ASR A1.8 Punkt 4.1 Abs. 4)

Hinweis: Eine Rampe gemäß DIN 18040-1 Nr. 4.3.8 ist eine spezielle bauliche Anlage, die nicht in dieser ASR behandelt wird.

(4) Für Beschäftigte, die einen Rollator oder einen Rollstuhl benutzen und für Beschäftigte, die eine Fußhebeschwäche haben, müssen Verkehrswege schwellenlos sein. Sind Schwellen technisch unabdingbar, dürfen sie nicht höher als 20 mm sein. Dieser Höhenunterschied ist durch Schrägen anzugleichen. Eine Gestaltungslösung enthält Anhang A1.7: Ergänzende Anforderungen zur ASR A1.7 „Türen und Tore" Abs. 12. (ASR A1.8 Punkt 4.1 Abs. 5)

(5) Für Beschäftigte, die einen Rollator oder einen Rollstuhl benutzen, muss an Schrägrampen, einschließlich deren Podesten, das seitliche Abkommen, Kippen und Abstürzen verhindert werden. Dies kann z. B. mit einer seitlichen Begrenzung, wie einem Radabweiser (Höhe mindestens 0,10 m) oder einer Wand erfolgen. (ASR A1.8 Punkt 4.1 Abs. 6)

(6) Verkehrswegkreuzungen und -einmündungen müssen für Beschäftigte mit Behinderungen je nach Auswirkung der Behinderung wahrnehmbar und erkennbar sein. Wahrnehmbarkeit und Erkennbarkeit werden erreicht, wenn diese Bereiche für Beschäftigte mit Sehbehinderung visuell kontrastierend gestaltet sind. Für blinde Beschäftigte ist das Zwei-Sinne-Prinzip anzuwenden, z. B. durch ein zusätzliches akustisches Signal an Schranken oder Ampeln oder durch taktile Markierungen (z. B. Bodenmarkierung). (ASR A1.8 Punkt 4.1 Abs. 7)

(7) Wird als verkehrssichernde Maßnahme an Verkehrswegkreuzungen und - einmündungen ein Drehkreuz verwendet, ist für Beschäftigte, die eine Gehhilfe oder einen Rollstuhl benutzen, ein alternativer Verkehrsweg einzurichten. (ASR A1.8 Punkt 4.1 Abs. 7)

(8) Bei Maßnahmen des Winterdienstes ist zu berücksichtigen, dass für Beschäftigte, die einen Rollator oder einen Rollstuhl benutzen, die beräumte Breite des Verkehrsweges eine sichere Benutzbarkeit gewährleistet.

Wenn notwendig, sind bei beeinträchtigenden Witterungseinflüssen vorhandene kontrastierende oder taktile Markierungen für sehbehinderte und blinde Beschäftigte frei zu halten oder geeignete temporäre Ersatzmaßnahmen zu treffen. (ASR A1.8 Punkt 4.1 Abs. 8)

zu 4.2 Wege für den Fußgängerverkehr

(9) Für Beschäftigte, die eine Gehhilfe oder einen Rollstuhl benutzen, müssen Verkehrswege unabhängig von der Anzahl der Personen im Einzugsgebiet ausreichend breit sein. Mögliche Begegnungsfälle, Richtungswechsel und Rangiervorgänge sind zu berücksichtigen. (abweichend von ASR A1.8 Tabelle 2)

(10) Die Mindestbreite von Verkehrswegen ergibt sich für Beschäftigte, die eine Gehhilfe oder einen Rollstuhl benutzen, aus den Breiten von Fluchtwegen nach Anhang A2.3: Ergänzende Anforderungen zur ASR A2.3 „Fluchtwege und Notausgänge, Flucht- und Rettungsplan", Abs. 2.

Für den Begegnungsfall von Beschäftigten, die einen Rollstuhl benutzen

- mit anderen Personen ist eine Verkehrswegbreite von 1,50 m,
- mit anderen Personen, die einen Rollstuhl benutzen, ist eine Verkehrswegbreite von 1,80 m

zu gewährleisten.

Abweichend davon ist eine Verkehrswegbreite von 1,00 m ausreichend, wenn der Verkehrsweg bis zur nächsten Begegnungsfläche einsehbar ist. Die Begegnungsfläche muss für den Begegnungsfall von Beschäftigten, die einen Rollstuhl benutzen,

- mit anderen Personen mindestens 1,50 m x 1,50 m und
- mit anderen Personen, die einen Rollstuhl benutzen, mindestens 1,80 m x 1,80m

betragen. (abweichend von ASR A1.8 Tab. 2)

Hinweis: Die Bewegungsflächen vor Türen sind zu berücksichtigen (siehe Anhang A1.7: Ergänzende Anforderungen zur ASR A1.7 „Türen und Tore" Abs. 3 und 4).

(11) Für Beschäftigte, die einen Rollator oder einen Rollstuhl benutzen, müssen Gänge zu persönlich zugewiesenen Arbeitsplätzen, Wartungsgänge und Gänge zu gelegentlich benutzten Betriebseinrichtungen mindestens 0,90 m breit sein. Dies kann auch für Beschäftigte, die Gehhilfen benutzen, notwendig sein. Ist eine Nutzung der Gänge nur von einer Seite möglich („Sackgasse"),

- ist eine Wendemöglichkeit (mindestens 1,50 m x 1,50 m) einzurichten oder
- soll die Länge für das Rückwärtsfahren 3 m nicht überschreiten.

Die Breiten von Verkehrswegen in Nebengängen von Lagereinrichtungen sind im Rahmen der Gefährdungsbeurteilung festzulegen, müssen aber mindestens den Werten nach Tabelle 2 der ASR A1.8 entsprechen.

(12) Für Beschäftigte, die einen Rollator oder einen Rollstuhl benutzen, sind zum Überwinden von nicht vermeidbaren Ausgleichsstufen alternative Maßnahmen zu treffen, z. B. Treppensteighilfen, Treppenlifte oder Plattformaufzüge. (ASR A1.8 Punkt 4.2 Abs. 3)

(13) Für Beschäftigte mit Sehbehinderung müssen Ausgleichsstufen auf Verkehrswegen visuell kontrastierend und für blinde Beschäftigte durch taktil erfassbare Bodenstrukturen gestaltet sein.

Hinweis: Für Beschäftigte mit motorischen Einschränkungen ist im Rahmen der Gefährdungsbeurteilung zu prüfen, ob an Ausgleichsstufen auf Verkehrswegen Handläufe erforderlich sind.

zu 4.3 Wege für den Fahrzeugverkehr

(14) Für Beschäftigte, die einen Rollator oder einen Rollstuhl benutzen, muss der Randzuschlag mindestens Z1 = 0,90 m betragen. Abweichend davon kann der Randzuschlag für den ausschließlichen Fahrzeugverkehr auf bis zu 0,50 m reduziert werden, wenn

- die Fahrgeschwindigkeit auf 6 km/h begrenzt und ein Ausweichen möglich ist oder
- das Fahrzeug mit einem Personenerkennungssystem ausgestattet ist.

(ASR A1.8 Punkt 4.3 Abs. 3)

(15) Die Summe aus doppeltem Rand- und einfachem Begegnungszuschlag darf auch bei einer geringen Anzahl von Verkehrsbegegnungen nicht herabgesetzt werden. (abweichend von ASR A1.8 Punkt 4.3 Abs. 4)

(16) Personenerkennungssysteme müssen so ausgeführt und angeordnet sein, dass auch Beschäftigte, die eine Gehhilfe, einen Rollstuhl oder einen Langstock benutzen sowie kleinwüchsige Beschäftigte rechtzeitig erkannt werden. (ASR A1.8 Punkt 4.3 Abs. 9 und 10)

zu 4.4 Kennzeichnung und Abgrenzung von Verkehrswegen

(17) Lassen sich Gefährdungen im Verlauf von Verkehrswegen nicht durch technische Maßnahmen verhindern oder beseitigen oder ergeben sich Gefährdungen durch den Fahrzeugverkehr aufgrund unübersichtlicher Betriebsverhältnisse, sind diese Verkehrswege für Beschäftigte mit Behinderung nach Anhang A1.3: Ergänzende Anforderungen zur ASR A1.3 „Sicherheits- und Gesundheitsschutzkennzeichnung" zu kennzeichnen. (ASR A1.8 Punkt 4.4 Abs. 1)

(18) Die Abgrenzung zwischen niveaugleichen Verkehrswegen und umgebenden Arbeits- und Lagerflächen sowie zwischen Wegen für den Fußgänger- und Fahrzeugverkehr muss

- für Beschäftigte mit Sehbehinderung visuell kontrastierend,
- für blinde Beschäftigte nach dem Zwei-Sinne-Prinzip, z. B. durch taktil erfassbare Bodenstrukturen oder akustische Warnsysteme,

gestaltet sein. (ASR A1.8 Punkt 4.4 Abs. 2)

zu 4.5 Treppen

(19) Für Beschäftigte, die einen Rollator oder einen Rollstuhl benutzen, sind an Treppen alternative Maßnahmen zu treffen, z. B. Schrägrampen, Treppensteighilfen, Treppenlifte, Plattformaufzüge oder Aufzüge.

(20) Für Beschäftigte mit Sehbehinderung müssen die erste und letzte Stufe des Treppenlaufs mindestens an der Stufenvorderkante visuell kontrastierend gestaltet und erkennbar sein.

(21) Für blinde Beschäftigte ist die oberste Stufe von Treppenläufen am Beginn der An-

IV

trittsfläche (siehe Abb. 2) über die gesamte Treppenbreite taktil erfassbar zu gestalten, z. B. durch unterschiedliche Bodenstrukturen.

(22) Für blinde Beschäftigte muss gewährleistet sein, dass Treppen unterhalb einer lichten Höhe von 2,10 m nicht unterlaufen werden können. Dies kann erreicht werden z. B. mit Umwehrungen, Brüstungen, Pflanzkübeln oder durch Möblierung.

(23) Für Beschäftigte mit Gehbehinderung, z. B. mit einer Fußhebeschwäche, müssen Treppen geschlossene Stufen haben. Unterschneidungen sind grundsätzlich nicht zulässig. Abweichend davon ist bei geschlossenen Stufen mit schrägen Setzstufen eine Unterschneidung (u) von maximal 2 cm zulässig. Ausgenommen sind Treppen, die ausschließlich als Fluchtweg in Abwärtsrichtung genutzt werden. (abweichend von ASR A1.8 Abb. 4)

(24) Für Beschäftigte, deren motorische Einschränkungen es erfordern (z. B einseitige Armlähmung), müssen Treppen beidseitig Handläufe haben, die nicht unterbrochen sind. Die Handläufe sollen in einer Höhe von 0,80 m bis 0,90 m angeordnet sein, gemessen lotrecht von der Oberkante des Handlaufs zur Stufenvorderkante. (ASR A1.8 Punkt 4.5 Abs. 10)

(25) Für blinde Beschäftigte und Beschäftigte mit Sehbehinderung müssen die Enden der wandseitigen Handläufe am Anfang und Ende von Treppen um das Maß des Auftritts an der An- bzw. Austrittsfläche fortgeführt werden. Am Treppenauge darf der Handlauf nicht um das Maß des Auftritts fortgeführt werden. Die Enden der Handläufe sollen abgerundet sein und nach unten oder zur Wandseite auslaufen. Halterungen für Handläufe sollen an der Unterseite angeordnet sein.

(26) Für Beschäftigte mit Sehbehinderung sollen Handläufe sich visuell kontrastierend vom Hintergrund abheben.

(27) Für blinde Beschäftigte sollen an Handläufen taktile Informationen zur Orientierung angebracht sein, z. B. die Stockwerkbezeichnung.

(28) Für kleinwüchsige Beschäftigte sind zusätzliche Handläufe in einer Höhe von 0,65 m vorzusehen.

zu 4.6 Steigeisengänge und Steigleitern und Laderampen

(29) Sollen Steigeisengänge, Steigleitern oder Laderampen von Beschäftigten mit Behinderungen benutzt werden, sind im Rahmen der Gefährdungsbeurteilung entsprechend den Auswirkungen der Behinderungen im Einzelfall geeignete Maßnahmen zu treffen.

zu 4.7 Fahrtreppen und Fahrsteige

(30) Für Beschäftigte mit motorischen Einschränkungen, für Beschäftigte mit Sehbehinderung und für blinde Beschäftigte sind Fahrtreppen bzw. Fahrsteige nutzbar, wenn die Geschwindigkeit maximal 0,5 m/s beträgt. An Fahrtreppen ist ein Vorlauf von mindestens 3 Stufen erforderlich.

(31) Für Beschäftigte mit Sehbehinderung muss der Übergang zwischen Stauraum und Fahrtreppe bzw. Fahrsteig visuell kontrastierend gestaltet sein, z. B. durch eine hinterleuchtete Fuge oder durch eine farbliche Gestaltung des Kamms.

(32) Für blinde Beschäftigte muss gewährleistet sein, dass Fahrtreppen und Fahrsteige unterhalb einer lichten Höhe von 2,10 m nicht unterlaufen werden können. Dies kann erreicht werden z. B. mit Umwehrungen, Brüstungen, Pflanzkübeln oder durch Möblierung.

Anhang A2.3
Ergänzende Anforderungen zur ASR A2.3 „Fluchtwege und Notausgänge, Flucht- und Rettungsplan"

(1) Bei Festlegung der Anordnung und Abmessungen der Fluchtwege und Notausgänge sind die besonderen Anforderungen von Personen mit Behinderungen zu berücksichtigen. (ASR A2.3 Punkt 5 Abs. 1)

(2) Im Falle des Bewegens in Fluchtrichtung ohne Begegnung ist für Personen mit Behinderung, die eine Gehhilfe oder einen Rollstuhl benutzen, eine lichte Mindestbreite für Fluchtwege von 1,00 m erforderlich. Dabei darf die lichte Breite des Fluchtweges stellenweise für das Einzugsgebiet

– bis 5 Personen für Einbauten, Einrichtungen oder Türen,
– bis 20 Personen für Türen

auf nicht weniger als 0,90 m reduziert werden. Ist eine Fluchtrichtung vorgesehen, bei der eine Begegnung mit anderen Personen mit Behinderung stattfindet, ist eine Mindestbreite für Fluchtwege von 1,50 m erforderlich. (abweichend von ASR A2.3 Punkt 5 Abs. 3)

(3) Vor Türen und Toren im Fluchtweg sind für Personen mit Behinderung, die eine Gehhilfe oder einen Rollstuhl benutzen, freie Bewegungsflächen sowie eine seitliche Anfahrbarkeit gemäß Abb. 1 erforderlich. Bei einer zusätzlichen Einschränkung der Hand-/Arm-Motorik ist zu prüfen, ob bei Wandstärken größer als 0,26 m eine Betätigung des Türdrückers möglich ist. Bei Einschränkungen der visuellen Wahrnehmung ist auf den Kontrast zwischen Wand und Tür sowie zwischen Bedienelement und Türflügel zu achten. (ASR A2.3 Punkt 5 Abs. 3)

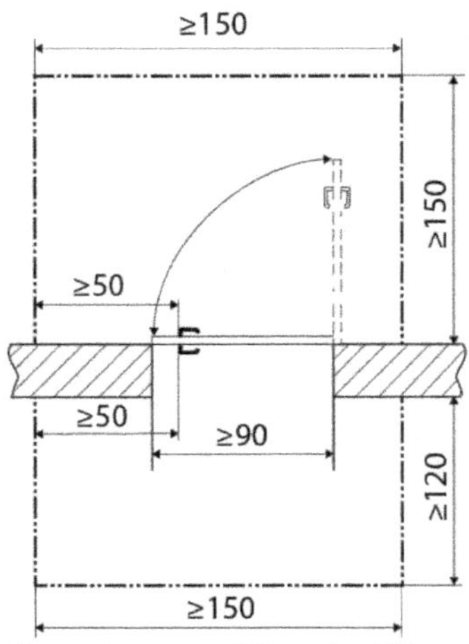

Abb. 1: Freie Bewegungsfläche sowie seitliche Anfahrbarkeit vor Drehflügeltüren im Fluchtweg (Maße in cm)

(4) Sofern in gesicherten Bereichen in Treppenräumen ein kurzzeitiger Zwischenaufenthalt von Personen mit Behinderung, die eine Gehhilfe oder einen Rollstuhl benutzen, zu erwarten ist, müssen diese so ausgeführt sein, dass die Mindestbreite der Fluchtwege nicht eingeschränkt wird. (ASR A2.3 Punkt 6 Abs. 5)

(5) Bei der Gestaltung von Flucht- und Rettungsplänen sind die Belange der Beschäftigten mit Behinderungen so zu berücksichtigen, dass die für sie sicherheitsrelevanten Informationen verständlich übermittelt werden. Dies wird z. B. erfüllt, wenn

- Beschäftigten mit Sehbehinderung nach Anhang A1.3 Abs. 2 gestaltete Informationen ausgehändigt sind,
- für Beschäftigte mit Sehbehinderung die Größe der Zeichen gemäß Tabelle 3 der ASR A1.3 erhöht ist oder
- für Rollstuhlbenutzer und Kleinwüchsige die Flucht- und Rettungspläne aus ihrer Augenhöhe erkennbar sind.

(ASR A1.3 Punkt 6; ASR A2.3 Punkt 9 Abs. 2)

(6) Führen Fluchtwege durch Schrankenanlagen mit Drehkreuz muss für Personen mit Behinderung, die eine Gehhilfe oder einen Rollstuhl benutzen, ein alternativer Fluchtweg vorhanden sein. (abweichend von ASR A2.3 Punkt 4 Abs. 7)

(7) Für Beschäftigte, die einen Rollstuhl benutzen und deren Hand-/Arm-Motorik eingeschränkt ist, dürfen Bedienelemente einschließlich der Entriegelungseinrichtungen maximal eine Höhe von 0,85 m haben. Im begründeten Einzelfall sind andere Maße zulässig. Der maximale Kraftaufwand darf nicht mehr als 25 N oder 2,5 Nm betragen. Können die Maximalwerte für Kraft und Drehmoment nicht eingehalten werden, sind elektrische Entriegelungssysteme vorzusehen. Dabei muss die Not-Auf-Taste in einer Höhe von 0,85 m und mindestens 2,50 m vor der aufschlagenden Tür und 1,50 m in Gegenrichtung angebracht sein. (abweichend von ASR A2.3 Punkt 6 Abs. 3 und 4)

(8) Die Alarmierung von Beschäftigten mit Seh- oder Hörbehinderungen, die gefangene Räume nutzen, erfordert die Berücksichtigung des Zwei-Sinne-Prinzips. (ASR A2.3 Punkt 6 Abs. 10)

(9) Für ein sicheres Verlassen ins Freie oder in einen gesicherten Bereich können besondere

organisatorische Maßnahmen für Beschäftigte mit Behinderungen erforderlich sein. Das ist z. B. die Benennung einer ausreichenden Anzahl eingewiesener Personen, die gegebenenfalls im Gefahrfall die Beschäftigten mit Behinderungen auf bestehende oder sich abzeichnende Gefahren oder Beeinträchtigungen hinweisen, sie begleiten oder ihnen behilflich sind (Patenschaften). Die notwendigen Maßnahmen sind im Rahmen der Gefährdungsbeurteilung im Einzelfall zu ermitteln und mit den an der organisatorischen Maßnahme beteiligten Beschäftigten abzustimmen.

(10) Bei Räumungsübungen sind die Belange der Beschäftigten mit Behinderungen zu berücksichtigen, z. B. Anwenden von Evakuierungshilfen. (ASR A2.3 Punkt 9 Abs. 7)

Anhang A3.4/7 Ergänzende Anforderungen zur ASR A3.4/7 „Sicherheitsbeleuchtung, optische Sicherheitsleitsysteme"

Bei optischen Sicherheitsleitsystemen sind die Belange von Beschäftigten mit Sehbehinderung so zu berücksichtigen, dass die sicherheitsrelevanten Informationen auf andere Art verständlich übermittelt werden. Dies kann dadurch erreicht werden, dass diese Informationen, dem Zwei-Sinne-Prinzip folgend, zusätzlich zum visuellen über einen anderen Sinneskanal durch taktile Zeichen oder Schallzeichen aufgenommen werden können.

Möglichkeiten, die Informationen des optischen Sicherheitsleitsystems für Beschäftigte mit Sehbehinderung taktil erfassbar oder hörbar zu ergänzen sind z. B.:

- dynamisch-akustische Fluchtleitsysteme, z. B. höher oder tiefer werdende Tonfolgen für aufwärts oder abwärts führende Treppen, schneller werdende Tonfolgen für die Weiterleitung im Gebäude oder Sprachansagen zur Richtungsorientierung, oder
- Profilierung der Leitmarkierung ggf. mit Fluchtrichtungserkennung, z. B. durch deren Anstrichdicke, Riffelprofile, Einwebungen oder durch thermische Verbindung von profilierten langnachleuchtenden Leitmarkierungen in Fußbodenbelägen. Bei Leitmarkierungen in Fußböden sind Stolperstellen und Rutschgefährdungen zu vermeiden (siehe ASR A1.5/1,2 „Fußböden").

Anhang A4.3 Ergänzende Anforderungen zur ASR A4.3 „Erste-Hilfe-Räume, Mittel und Einrichtungen zur Ersten Hilfe"

(1) Beim Einrichten und Betreiben von Erste-Hilfe-Räumen und bei der Ausstattung der Arbeitsstätte mit Mitteln und Einrichtungen zur Ersten Hilfe sind die besonderen Belange von Beschäftigten mit Behinderungen zu berücksichtigen.

Hinweis:
Ist im Rahmen der Organisation der Ersten Hilfe oder im Ergebnis der Gefährdungsbeurteilung festgelegt worden, dass Beschäftigte mit Behinderungen Aufgaben der Ersten Hilfe übernehmen, müssen die Mittel und Einrichtungen zur Ersten Hilfe durch sie wahrnehmbar, erkennbar, erreichbar und benutzbar sein.

(2) Bei der Verteilung und Anbringung der Verbandkästen innerhalb der Arbeitsstätte sind im Rahmen der Organisation der Ersten Hilfe die besonderen Belange von Beschäftigten mit Behinderungen zu berücksichtigen. Dies kann z. B. erreicht werden, indem:

- für Beschäftigte, die einen Rollstuhl benutzen, die Anfahrbarkeit gegeben ist,
- für Beschäftigte, die einen Rollstuhl benutzen und für kleinwüchsige Beschäftigte die Benutzung der Verbandkästen in einer Höhe von 0,85 m bis 1,05 m möglich ist oder
- für Beschäftigte mit einer Geh- oder Sehbehinderung ein zusätzlicher Verbandkasten an ihrem Arbeitsplatz bereitgestellt wird.

(ASR A4.3 Punkt 4 Abs. 3 und 4)

(3) Meldeeinrichtungen müssen für Beschäftigte mit Behinderungen wahrnehmbar, erkennbar, erreichbar und nutzbar sein. Dies kann z. B. durch nachfolgend aufgeführte Maßnahmen erreicht werden.

- **Wahrnehmbarkeit** und **Erkennbarkeit** der Meldeeinrichtungen sind gegeben, wenn sie für Beschäftigte mit Sehbehinderung visuell kontrastierend und für blinde Beschäftigte taktil erfassbar gestaltet sind.

- **Erreichbarkeit** der Meldeeinrichtungen ist für Beschäftigte, die einen Rollstuhl benutzen, gegeben, wenn die Anfahrbarkeit gewährleistet ist.
- **Erreichbarkeit** der Bedienelemente der Meldeeinrichtungen (wandmontiert oder Rufsäulen) ist gegeben, wenn sie für kleinwüchsige Beschäftigte und für Beschäftigte, die einen Rollstuhl benutzen, in einer Höhe von 0,85 m bis 1,05 m angeordnet sind.
- Bei der **Nutzung** von Meldeeinrichtungen sind die Belange der Beschäftigten mit Behinderungen so zu berücksichtigen, dass der Notruf verständlich übermittelt werden kann. Dies kann z. B. erreicht werden, indem
  - Beschäftigte mit Sprach- oder Hörbehinderung einen vorgefertigten Notruf absetzen können (z. B. Telefon mit Notrufeinrichtung, Notfallfax),
  - Beschäftigte, deren Hand-Arm-Motorik eingeschränkt ist, die Meldeeinrichtungen benutzen können, z. B. mit Sprachsteuerung, oder
  - Beschäftigte mit Sehbehinderung und blinde Beschäftigte ein Telefon mit Notruftaste nutzen können.

(ASR A4.3 Punkt 5.1)

(4) Für Beschäftigte, die einen Rollstuhl benutzen, ist für den Zugang zum Erste-Hilfe-Raum eine lichte Durchgangsbreite der Tür gemäß Absatz 3 Anhang A1.7: Ergänzende Anforderungen zur ASR A1.7 „Türen und Tore" zu gewährleisten. Schrägrampen zum Ausgleich von Höhenunterschieden sind gemäß Absatz 3 Anhang A1.8: Ergänzende Anforderungen zur ASR A1.8 „Verkehrswege" zu gestalten. (ASR A4.3 Punkt 6.1 Abs. 5)

Anhang A4.4 Ergänzende Anforderungen zur ASR A4.4 „Unterkünfte"

(1) Werden Beschäftigte mit Behinderungen in Unterkünften untergebracht, so sind deren besondere Belange so zu berücksichtigen, dass Sicherheit und Gesundheitsschutz gewährleistet sind.

(2) Werden bestehende Einrichtungen, wie Küchen, Vorratsräume, sanitäre Einrichtungen und Mittel zur Ersten Hilfe, von Beschäftigten mit Behinderungen benutzt, bestimmen deren individuellen Erfordernisse die Maßnahmen zur barrierefreien Gestaltung. (ASR A4.4 Punkt 4 Absatz 3)

(3) Bei der Übermittlung der Informationen (z. B. Brandschutzordnung, Alarmplan) hat der Arbeitgeber das Zwei-Sinne-Prinzip anzuwenden, wenn Bewohner mit einer Seh- oder Hörbehinderung untergebracht sind. (ASR A4.4 Punkt 4 Absatz 6)

(4) Sollen bestehende Einrichtungen, wie Hotels und Pensionen, von Beschäftigten mit Behinderungen als Unterkunft genutzt werden, bestimmen deren individuellen Erfordernisse die Möglichkeit der Nutzung. (ASR A4.4 Punkt 4 Absatz 7)

(5) Werden Beschäftige untergebracht, die einen Rollstuhl benutzen, muss in jedem Raum, ausgenommenen dem Windfang, eine freie Bewegungsfläche von mindestens 1,50 x 1,50 m vorhanden sein. Für Beschäftigte, die eine Gehhilfe oder einen Rollator benutzen, ist eine freie Bewegungsfläche von mindestens 1,20 x 1,20 m vorzusehen. Werden zwei oder mehr Beschäftigte untergebracht, die einen Rollator oder einen Rollstuhl benutzen, ist die freie Bewegungsfläche entsprechend anzupassen. (ASR A4.4 Punkt 5.2 Absatz 1 sowie Punkt 5.4 Absatz 6 Satz 3)

(6) Die Möglichkeit zum Waschen, Trocknen und Bügeln von Kleidung sowie die Zubereitungs-, Aufbewahrungs-, Kühl- und Spülgelegenheiten müssen für blinde Beschäftigte, Kleinwüchsige und für Beschäftigte, die einen Rollstuhl benutzen, erreichbar und benutzbar sein. (ASR A4.4 Punkt 5.4 Absätze 7 und 8)

Hinweis:
Für die barrierefreie Gestaltung von Unterkünften gelten zudem die in dieser ASR V3a.2 in den jeweiligen Anhängen beschriebenen ergänzenden Anforderungen.

IV

Technische Regeln für Arbeitsstätten (ASR V.3) Gefährdungsbeurteilung

Ausgabe: Juli 2017
(GMBl 2017, S. 390)

1 Zielstellung

Diese ASR konkretisiert die Anforderungen an die Gefährdungsbeurteilung nach §3 Arbeitsstättenverordnung (ArbStättV) im Rahmen der Beurteilung derArbeitsbedingungen nach Arbeitsschutzgesetz (ArbSchG). Sie beschreibt eine Vorgehensweise zur Durchführung dieser Gefährdungsbeurteilung nach §3 ArbStättV.

2 Anwendungsbereich

Diese ASR gilt für die Durchführung der Gefährdungsbeurteilung beim Einrichten und Betreiben von Arbeitsstätten sowie bei Telearbeitsplätzen gemäß § 2 Absatz 7 ArbStättV bei der erstmaligen Beurteilung der Arbeitsbedingungen und des Arbeitsplatzes soweit der Arbeitsplatz von dem im Betrieb abweicht.

Hinweis:
In dieser ASR V3 sind die Anforderungen an die Gefährdungsbeurteilung für die Belange von Menschen mit Behinderungen berücksichtigt.

3 Begriffsbestimmungen

3.1 Die **Gefährdungsbeurteilung** nach § 3 ArbStättV ist die auf das Einrichten und Betreiben der Arbeitsstätte ausgerichtete systematische Ermittlung und Beurteilung aller möglichen Gefährdungen der Beschäftigten einschließlich der Festlegung der erforderlichen Maßnahmen für Sicherheit und Gesundheit bei der Arbeit.

3.2 Eine **Gefährdung** bezeichnet die Möglichkeit eines Gesundheitsschadens oder einer gesundheitlichen Beeinträchtigung ohne bestimmte Anforderungen an deren Ausmaß oder Eintrittswahrscheinlichkeit.

3.3 Eine **Gefahr** bezeichnet eine Sachlage, die bei ungehindertem Ablauf des zu erwartenden Geschehens mit hinreichender Wahrscheinlichkeit zu einem Gesundheitsschaden oder einer gesundheitlichen Beeinträchtigung führt.

3.4 **Wechselwirkung** im Sinne dieser ASR ist die gegenseitige Beeinflussung von Gefährdungen oder Maßnahmen, wodurch sich Ausmaß und Art der Gefährdung verändern können.

4 Allgemeine Grundsätze

(1) Die Gefährdungsbeurteilung dient insbesondere als:

- Instrument zur Beurteilung der Arbeitsbedingungen,
- Grundlage zur Entscheidungsfindung, ob und welche Maßnahmen des Arbeitsschutzes notwendig sind,
- Handlungskonzept für die Verbesserung von Sicherheit und Gesundheitsschutz in der Arbeitsstätte (siehe Punkt 5, Abb. 1).

Hinweis:
In Verbindung mit Neubau oder baulichen Änderungen von Arbeitsstätten können im Rahmen der Gefährdungsbeurteilung wichtige und maßgebende Parameter, Rahmenbedingungen und Qualitäten beschrieben und festgelegt werden. Die Gefährdungsbeurteilung kann den Planern für das Einrichten (Entwurfsplanung) wichtige Gestaltungshinweise geben (siehe Punkt 4.2.1).

(2) Die Gefährdungsbeurteilung ist systematisch und fachkundig durchzuführen, insbesondere:

- beim Einrichten von Arbeitsstätten und
- beim Betreiben von Arbeitsstätten.

(3) Die Gefährdungsbeurteilung ist vor Aufnahme der Tätigkeiten durchzuführen und zu dokumentieren.

(4) Sie ist zu überprüfen und bei Bedarf zu aktualisieren, insbesondere:

- bei wesentlichen Veränderungen in der Arbeitsstätte, z. B.:
  - der Umgestaltung der bestehenden Arbeitsstätte,
  - der Festlegung von Arbeitsplätzen,

  - der Änderung von Arbeitsverfahren,
  - der Änderung der Arbeitsabläufe und der Arbeitsorganisation,
  - im Zusammenhang mit dem Einsatz anderer Arbeitsmittel oder Arbeitsstoffe,
  - im Zusammenhang mit der Änderung oder Beschaffung von Maschinen, Geräten und Einrichtungen,
  - im Zusammenhang mit Instandhaltung,
- bei der Änderung von relevanten Rechtsvorschriften oder von Technischen Regeln,
- bei neuen arbeitswissenschaftlichen Erkenntnissen bzw. Veränderungen des Standes der Technik, Arbeitsmedizin und Hygiene,
- nach dem Erkennen von kritischen Situationen (z. B. Beinahe-Unfällen, Fehlzeiten infolge arbeitsbedingter Gesundheitsbeeinträchtigungen sowie Erkenntnissen aus der arbeitsmedizinischen Vorsorge),
- nach Bekanntwerden einer Behinderung bei Beschäftigten oder
- nach Arbeitsunfällen und Berufskrankheiten.

4.1 Fachkunde

(1) Der Arbeitgeber hat sicherzustellen, dass die Gefährdungsbeurteilung fachkundig durchgeführt wird. Verfügt der Arbeitgeber nicht selbst über die entsprechenden Kenntnisse, hat er sich fachkundig beraten zu lassen.

(2) Fachkundig ist, wer über die zur Erfüllung der in dieser Technischen Regel bestimmten Aufgaben erforderlichen Fachkenntnisse verfügt. Zu den Anforderungen zählen eine entsprechende Berufsausbildung, Berufserfahrung oder eine zeitnah ausgeübte entsprechende berufliche Tätigkeit. Die Fachkenntnisse sind durch Teilnahme an Schulungen oder Unterweisungen auf aktuellem Stand zu halten.

(3) Umfang und Tiefe der notwendigen Kenntnisse, z. B. über das einschlägige Vorschriften- und Regelwerk, insbesondere die Technischen Regeln für Arbeitsstätten, können in Abhängigkeit von der zu beurteilenden Gefährdung unterschiedlich sein.

(4) Fachkundig im Sinne von Absatz 2 können insbesondere betriebliche Führungskräfte oder die Fachkraft für Arbeitssicherheit oder die Betriebsärztin oder der Betriebsarzt sein.

(5) Die Anforderungen an die Fachkunde sind abhängig von den zu beurteilenden Gefährdungen und müssen im Sinne dieser ASR nicht in einer Person vereinigt sein. Zur fachkundigen Durchführung der Gefährdungsbeurteilung gehören konkrete Kenntnisse der zu beurteilenden Arbeitsstätten und Tätigkeiten.

4.2 Gegenstand der Gefährdungsbeurteilung

Bei der Durchführung der Gefährdungsbeurteilung für Arbeitsstätten sind in Bezug auf das Einrichten sowie auf das Betreiben unterschiedliche Sachverhalte von Bedeutung. Der Arbeitgeber hat die mit der Arbeitsstätte verbundenen Gefährdungen unabhängig voneinander zu ermitteln und zu beurteilen. Mögliche Wechselwirkungen sind zu berücksichtigen. Sie können sich insbesondere auch im Zusammenwirken mit Arbeitsmitteln, Arbeitsstoffen, Arbeitsabläufen bzw. der Arbeitsorganisation sowie den Gefährdungsfaktoren gemäß Punkt 5.2.2 ergeben.

4.2.1 Einrichten von Arbeitsstätten

(1) Einrichten ist das Bereitstellen und Ausgestalten der Arbeitsstätte. Es umfasst u. a.:

- bauliche Maßnahmen oder Veränderungen, insbesondere Neu- und Umbau sowie Erweiterungsmaßnahmen von Arbeitsstätten,
- das Ausstatten mit Maschinen, Anlagen, Bildschirmgeräten, Mobiliar, anderen Arbeitsmitteln sowie Beleuchtungs-, Lüftungs-, Heizungs-, Feuerlösch- und Versorgungseinrichtungen,
- das Anlegen und Kennzeichnen von Verkehrs- und Fluchtwegen, Kennzeichnen von Gefahrenstellen und brandschutztechnischen Ausrüstungen sowie
- das Festlegen von Arbeitsplätzen unter Berücksichtigung der geplanten Tätigkeiten.

(2) Die Integration des Arbeitsschutzes in die Planung von Arbeitsstätten ist von grundlegender Bedeutung. Nach dem Einrichten einer Arbeitsstätte lassen sich Veränderungen nur mit einem zusätzlichen Auf-

IV

wand realisieren. Um dies zu vermeiden, sind zweckmäßigerweise bereits im Planungsprozess von Neu- oder Umbauten die Nutzung der Arbeitsstätte und der Stand der Technik, Arbeitsmedizin und Hygiene sowie die ergonomischen Anforderungen zu ermitteln und als Anforderung an die Arbeitsstätte festzuhalten. Werden Grundsätze der barrierefreien Gestaltung bereits bei der Planung von Arbeitsstätten berücksichtigt, können vorausschauende Lösungen die Kosten für eine nachträgliche Anpassung und einen aufwendigen Umbau von Arbeitsstätten bei einer künftigen Beschäftigung von Menschen mit Behinderungen verringern oder vermeiden.

(3) Im Rahmen der Gefährdungsbeurteilung müssen Abnutzungserscheinungen und ggf. vorhandene Wirkungsgradverluste von getroffenen Maßnahmen des Arbeitsschutzes berücksichtigt werden (z. B. Beleuchtung, Lüftung, Sonnenschutz, Kennzeichnung), damit die Schutzziele der ArbStättV dauerhaft und zuverlässig erreicht werden.

(4) Die Festlegung von Arbeitsplätzen ist notwendig, damit arbeitsplatzbezogene Gestaltungsmaßnahmen getroffen werden können (z. B. Zugänge zu den Ar-beitsplätzen, Bewegungsflächen, Anordnung der Leuchten).

(5) Bei der prospektiven Betrachtung ist auch die Nutzung durch unterschiedliche Personengruppen (siehe Punkt 5.1 Absätze 5 und 6) zu berücksichtigen.

(6) Die Veränderung der Leistungsvoraussetzungen der Beschäftigten im Verlauf der Nutzungsdauer der Arbeitsstätte kann einen Einfluss auf die Planung haben (z. B. kann eine Verringerung des individuellen Sehvermögens bei zunehmendem Alter der Beschäftigten eine höhere Anforderung an die Beleuchtungsqualität erfordern).

(7) Beabsichtigt ein Arbeitgeber eine bauliche Anlage zur Nutzung als Arbeits-stätte zu mieten oder zu erwerben, so ist es angezeigt, vor der Einrichtung des Objekts anhand einer Gefährdungsbeurteilung zu prüfen, ob die Vorgaben der ArbStättV eingehalten werden können. Sonst ist ggf. keine oder nur eine eingeschränkte Nutzung möglich.

(8) Sofern vorhanden, sind die Informationen zu Sicherheit und Gesundheits-schutz aus der nach Baustellenverordnung geforderten Unterlage für mögliche spätere Arbeiten, z. B. Reinigung oder Instandhaltung, zu berücksichtigen.

4.2.2 Betreiben von Arbeitsstätten

(1) Das Betreiben von Arbeitsstätten umfasst das Benutzen, Instandhalten und Optimieren der Arbeitsstätten, die Organisation und die Gestaltung von Arbeits- und Fertigungsverfahren sowie der Arbeitsabläufe in der Arbeitsstätte.

(2) Der Arbeitgeber hat sicherzustellen, dass die Arbeitsstätte nach dem Stand der Technik, Arbeitsmedizin und Hygiene sowie den ergonomischen Anforderungen betrieben wird. Dieses gilt auch für angemietete Objekte (z. B. Büroflächen, Verkaufsräume, Produktions- oder Lagerräume).

(3) In der Gefährdungsbeurteilung müssen auch Situationen berücksichtigt wer-den, die vom Normalbetrieb abweichen (z. B. Störungen, Stromausfälle, extreme Witterungseinflüsse).

(4) Weiterhin sind Gefährdungen zu ermitteln und zu beurteilen, mit denen z. B. bei Bränden, Unfällen, Überfällen oder sonstigen Betriebsstörungen zu rechnen ist (z. B. Gestaltung von Fluchtwegen und Notausgängen, Flucht- und Rettungspläne).

5 Prozessschritte der Gefährdungsbeurteilung

Die Prozessschritte werden in der folgenden Abbildung 1 dargestellt.

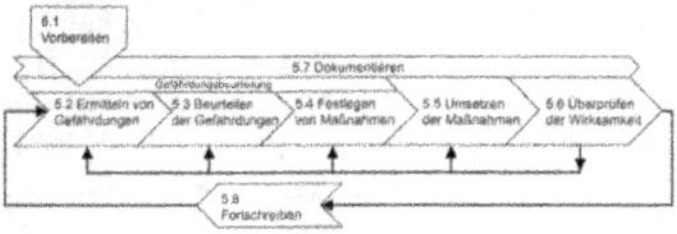

Abb. 1: Schematische Darstellung der Prozessschritte der Gefährdungsbeurteilung

5.1 Vorbereiten

(1) Die Gefährdungsbeurteilung ist je nach Art der Tätigkeiten in der Arbeitsstätte durchzuführen. Daher kann es erforderlich sein, eine Gliederung (z. B. in Ar-beitsbereiche oder Tätigkeitsgruppen) vorzunehmen.

(2) Wenn von Beschäftigten arbeitsbereichsübergreifende Tätigkeiten (z. B. Haus-meistertätigkeiten, Instandhaltung, Reinigung) ausgeführt werden, ist zu prüfen, ob diese Tätigkeiten gesondert zu betrachten sind.

(3) Bei gleichartigen Arbeitsbedingungen können Arbeitsplätze oder Tätigkeiten innerhalb einer Arbeitsstätte zusammengefasst betrachtet werden.

(4) Erforderlichenfalls sind Tätigkeiten so zu erfassen, dass auch ihre Dauer bzw. Häufigkeit (z. B. temporär, täglich, quartalsweise, jährlich) erkennbar sind.

(5) Es ist zu berücksichtigen, ob in der Arbeitsstätte besondere Personengruppen beschäftigt werden (z. B. Praktikanten, Jugendliche, werdende oder stillende Mütter, Leiharbeitnehmer, Beschäftigte ohne ausreichende Deutschkenntnisse, Menschen mit Behinderungen).

(6) Gefährdungen durch sonstige in der Arbeitsstätte anwesende Personen (z. B. Beschäftigte von Fremdfirmen, Beschäftigte im Rahmen von Dienst- und Werkverträgen, Besucher, Kunden) sind zu berücksichtigen.

(7) In Arbeitsstätten, in denen Beschäftigte mehrerer Arbeitgeber tätig werden, haben sich diese Arbeitgeber bei der Festlegung von Maßnahmen zur Vermeidung gegenseitiger Gefährdungen der Beschäftigten abzustimmen (z. B. auf Baustellen, Bürogemeinschaften).

(8) Für Telearbeitsplätze gilt nur der Anhang Nummer 6 „Maßnahmen zur Gestal-tung von Bildschirmarbeitsplätzen" der ArbStättV soweit der Arbeitsplatz von dem im Betrieb abweicht.

5.2 Ermitteln von Gefährdungen

(1) Ziel der Ermittlung ist die systematische Identifizierung von möglichen Gefährdungen, deren Quellen und gefahrbringenden Bedingungen.

(2) Das Ermitteln beinhaltet die Erfassung des Planungs- oder Ist-Zustandes (z. B. durch Beobachten, Befragen, Messen, Berechnen oder Abschätzen) sowie die anschließende Benennung und Beschreibung der Gefährdungen.

5.2.1 Vorgehensweise beim Ermitteln von möglichen Gefährdungen

(1) Zur fachkundigen Ermittlung von möglichen Gefährdungen sind systematisch alle unter Punkt 5.1 „Vorbereiten" festgelegten Arbeitsbereiche, Tätigkeitsgruppen, Personengruppen sowie bereichsübergreifende Arbeitsaufgaben bezüglich der Gefährdungsfaktoren gemäß Punkt 5.2.2 und deren Wechselwirkungen (siehe Punkt 4.2) zu betrachten.

Bei der Ermittlung von möglichen Gefährdungen (siehe Definition, Punkt 3.2) werden keine bestimmten Anforderungen an das Ausmaß oder die Eintrittswahrscheinlichkeit eines Gesundheitsschadens oder einer gesundheitlichen Beeinträchtigung gestellt.

(2) Sofern es zur fachkundigen Informationsgewinnung erforderlich ist, sind die relevanten Quellen heranzuziehen, z. B.:

- das einschlägige Vorschriften- und Regelwerk, insbesondere die Technischen Regeln für Arbeitsstätten sowie weitere Technische Regeln,
- branchenspezifische Regeln und Informationen sowie Gefährdungs- und Belastungskataloge insbesondere der Unfallversicherungsträger,
- Herstellerinformationen (z. B. Bedienungsanleitungen, Gebrauchsanleitungen, Betriebsanleitungen),
- vorhandene Verfahrens-, Arbeits- und Betriebsanweisungen,
- Aufzeichnungen und Erkenntnisse über Unfälle, Erkrankungen, Behinderungen, Schadensfälle, kritische Situationen, Beinahe-Unfälle,
- Betriebsbegehungsprotokolle, Arbeitsschutzausschussprotokolle, dokumentierte Befragungsergebnisse, Prüfbücher, Unterlagen für Instandhaltung (z. B. gemäß BaustellV bzw. RAB 32 „Unterlage für spätere Arbeiten"),

IV

- Baugenehmigungen und mitgeltende Unterlagen (z. B. Brandschutzkonzepte),
- behördliche Anordnungen,
- Berechnungsprognosen oder Protokolle durchgeführter Messungen (z. B. zu Lärm, Klima, Gefahrstoffen),
- Erfahrungswerte von vergleichbaren Arbeitsplätzen oder
- Angaben aus Datenbanken.

(3) Zur Ermittlung der Gefährdung beim Einrichten und Betreiben von Arbeitsstätten können z. B. folgende Methoden einzeln oder kombiniert angewandt werden:

- Prüfung von Planungsunterlagen, Bauzeichnungen und -plänen,
- Abschätzen von Messgrößen anhand von Technischen Unterlagen (z. B. Maschinenkennzahlen, Emissionskennzahlen),
- Durchführung von Modellrechnungen, Simulationen, Profilvergleichsverfahren u. ä.,
- Besichtigung der betrieblichen Gegebenheiten (z. B. mit Erfassung der Arbeitsorganisation, der Arbeitsabläufe, der Arbeitszeiten, der einzelnen Tätigkeiten, der Arbeitsmittel, Arbeitsverfahren, Arbeitsstoffe sowie des Arbeitsumfelds),
- Messungen zur Feststellung von räumlichen Gegebenheiten, Ermittlung von Konzentrationen, Temperaturen, Emissionen usw. oder
- Befragungen von Beschäftigten, Führungskräften und weiteren Arbeitsschutzakteuren.

5.2.2 Gefährdungsfaktoren

Beim Ermitteln von möglichen Gefährdungen sind insbesondere die im Anhang mit arbeitsstättenbezogenen Beispielen und Erläuterungen aufgeführten Gefährdungsfaktoren relevant.

5.3 Beurteilen von Gefährdungen

Um die Sicherheit und den Gesundheitsschutz der Beschäftigten bei der Arbeit zu gewährleisten und kontinuierlich zu verbessern, hat der Arbeitgeber die ermittelten Gefährdungen systematisch dahingehend zu beurteilen, ob Maßnahmen des Arbeitsschutzes erforderlich sind. Für das Beurteilen der Gefährdung im Hinblick auf das zu erreichende Schutzziel nach ArbStättV sind zunächst Beurteilungsmaßstäbe erforderlich, die in der Regel aus dem einschlägigen Vorschriften- und Regelwerk sowie aus der Fachliteratur abzuleiten sind (siehe Punkt 5.3.1 Absätze 1 bis 3).

Fehlen solche Beurteilungsmaßstäbe müssen diese betrieblich vereinbart werden (siehe Punkt 5.3.1 Absatz 4).

Anhand dieser Beurteilungsmaßstäbe erfolgt danach das Beurteilen der Gefährdungen (siehe Punkt 5.3.2).

5.3.1 Ermittlung von Beurteilungsmaßstäben

Bei der Ermittlung bzw. Festlegung dieser Maßstäbe ist in folgender Reihenfolge vorzugehen:

1. Zunächst ist zu prüfen, ob die in der ArbStättV aufgeführten Schutzziele durch Technische Regeln für Arbeitsstätten konkretisiert werden. Sofern in den Technischen Regeln für Arbeitsstätten Anforderungen, Maße oder Werte vorhanden sind, bilden diese einen konkreten Maßstab für das Beurteilen der Gefährdung. Bei Einhaltung dieses konkreten Maßstabs und einer diesem Maßstab entsprechenden Maßnahmenumsetzung erlangt der Arbeitgeber nach § 3a Absatz 1 Satz 3 ArbStättV die Vermutungswirkung, dass die Anforderungen erfüllt sind.
2. Sofern in den Technischen Regeln für Arbeitsstätten keine Anforderungen, Maße oder Werte zu finden sind, ist zu prüfen, ob für die betrachtete Gefährdung andere gesicherte arbeitswissenschaftliche Erkenntnisse existieren, die insbesondere Angaben zu Grenz-, Schwellen- oder Richtwerten enthalten. Es kann sich dabei z. B. um Veröffentlichungen der Unfallversicherungsträger, der Bundesanstalt für Arbeitsschutz und Arbeitsmedizin (BAuA) oder des Länderausschusses für Arbeitsschutz und Sicherheitstechnik (LASI) handeln.

3. Fehlen gesicherte arbeitswissenschaftliche Erkenntnisse, insbesondere mit Angaben zu Grenz-, Schwellen- oder Richtwerten, so ist zu prüfen, ob zumindest arbeitswissenschaftliche Erkenntnisse mit qualitativen Maßstäben ver-fügbar sind, z. B. Forschungsberichte, wissenschaftliche Veröffentlichungen sowie einschlägige Normen.
4. Betriebliche Beurteilungsmaßstäbe sind vom Arbeitgeber eigenständig zu entwikkeln und zu verwenden, wenn anhand der in den Nummern 1 bis 3 be-schriebenen Vorgehensweise keine verwendbaren Beurteilungsmaßstäbe ermittelt werden können. Dabei sind insbesondere folgende Aspekte zu berücksichtigen:
   - Art, Ausmaß, Dauer und Häufigkeit einer Exposition,
   - gefahrbringende Bedingungen, durch die eine Gefährdung bei der Arbeit wirksam werden kann (z. B. Umgebungsbedingungen, Zeitdruck, Unordnung, Verschleiß),
   - durch Qualifikation und Unterrichtung oder Unterweisung erworbene Befähigung der Beschäftigten, eine Gefährdung rechtzeitig wahrzunehmen und einschätzen zu können.

5.3.2 Durchführung der Beurteilung

Der vorliegende Planungs- oder Ist-Zustand mit den ermittelten Gefährdungen wird anhand des gemäß Punkt 5.3.1 herangezogenen Beurteilungsmaßstabs beurteilt.

Beim Beurteilen der Gefährdungen sind insbesondere einzubeziehen:

- alle den Gefährdungen ausgesetzten Beschäftigten, einschließlich besonderer Personengruppen (siehe Punkt 5.1 Absatz 5),
- die Gefährdungen durch die Anwesenheit sonstiger Personen in der Arbeitsstätte (siehe Punkt 5.1 Absatz 6),
- alle Betriebszustände, neben dem Normalbetrieb z. B. auch Auf-, Um- und Abbau, Reinigung, Instandhaltung,
- die Erkennbarkeit und Vermeidbarkeit einer Gesundheitsgefährdung Wichtige Merkmale sind insbesondere:
  - unmittelbare oder nur mittelbare (z. B. durch Messinstrumente oder Warneinrichtungen) Wahrnehmbarkeit der Gefährdung,
  - beaufsichtigter oder unbeaufsichtigter Betrieb,
  - schnelles oder langsames Auftreten der Gefährdung (z. B. Schnelllauftore),
  - technisch oder organisatorisch bedingte Einschränkungen, sich der Gefährdung entziehen zu können (z. B. Behinderung durch persönliche Schutzausrüstung (PSA), Zwangsverriegelung von Schutztüren).
- Wechselwirkungen

Die Gefährdungsfaktoren sind sowohl einzeln als auch im Zusammenhang zu beurteilen

5.3.3 Ergebnis der Beurteilung der Gefährdungen

(1) Folgende Beurteilungsergebnisse sind möglich:

1. Maßnahmen sind erforderlich:
   - Das Ergebnis der Beurteilung erfordert unverzüglich Maßnahmen.

     Es besteht eine unmittelbare Gefahr für die Gesundheit, z. B. Absturz an ungesicherten Absturzkanten. Es müssen unverzüglich geeignete Maßnahmen zur Beseitigung bzw. Reduzierung der Gefährdung ergriffen werden.
   - Das Ergebnis der Beurteilung erfordert Maßnahmen.
2. Der unter Punkt 5.3.1 ermittelte Beurteilungsmaßstab ist eingehalten.

(2) Eine Verbesserung von Sicherheit und Gesundheitsschutz ist anzustreben (vgl. ArbSchG), z. B. Installation einer Strahlungsheizung statt Konvektionsheizung in Werkstätten, Verbesserung der Bürogestaltung.

5.4 Festlegung von Maßnahmen

5.4.1 Allgemeine Grundsätze für die Festlegung von Maßnahmen

(1) Die beim Beurteilen der Gefährdungen gewonnenen Erkenntnisse bilden die Basis für das Festlegen der erforderlichen Maßnahmen des Arbeitsschutzes.

IV

(2) Die Maßnahmen müssen dem Stand der Technik, Arbeitsmedizin und Hygiene sowie den Anforderungen der Ergonomie entsprechen und insbesondere sind die vom Bundesministerium für Arbeit und Soziales nach § 7 Absatz 4 ArbStättV bekannt gemachten Regeln und Erkenntnisse zu berücksichtigen. Gesicherte arbeitswissenschaftliche Erkenntnisse sind zu berücksichtigen. Die Maßnahmen müssen geeignet sein, die ermittelten Gefährdungen zu beseitigen bzw. soweit zu reduzieren, dass das Schutzziel erreicht wird.

(3) Werden die in den Technischen Regeln für Arbeitsstätten genannten Maßnah-men eingehalten, so ist davon auszugehen, dass die Schutzziele der ArbStättV erreicht werden. Es gilt die Vermutungswirkung.

(4) Weicht der Arbeitgeber von den in den Technischen Regeln genannten Maß-nahmen ab oder fehlen diese, muss er durch andere Maßnahmen die gleiche Sicherheit und den gleichen Schutz der Gesundheit der Beschäftigten erreichen. Dies ist nach Punkt 5.7 zu dokumentieren.

(5) Die Unterweisung der Mitarbeiter hinsichtlich der möglicherweise verbleiben-den Gefährdungen sowie ggf. der Auswirkung der festgelegten Maßnahme bzw. deren Umsetzung ist integraler Bestandteil der jeweiligen Maßnahme.

(6) Beim Festlegen von Maßnahmen sind die Zusammenhänge bzw. die Wechselwirkungen aus den resultierenden Gefährdungsfaktoren von Arbeitsstätte, Arbeitsplatz, Arbeitsmitteln, Arbeitsstoffen, Arbeitsorganisation und Arbeitsaufgabe zu berücksichtigen.

(7) Sollten sich bedingt durch Maßnahmen zur Beseitigung bzw. Reduzierung von Gefährdungen neue Gefährdungen für die Beschäftigten ergeben, sind auch diese in die Gefährdungsbeurteilung einzubeziehen (z. B. bei vorgesehener Installation einer Absauganlage die Beurteilung der neuen Geräuschquelle).

5.4.2 Maßnahmenhierarchie

(1) Bei der Auswahl der Maßnahmen hat der Arbeitgeber den im ArbSchG festge-legten Grundsatz der Vermeidung von Gefährdungen zu prüfen und wenn möglich umzusetzen (z. B. belastende Wärmequelle aus Arbeitsbereich entfernen).

(2) Soweit die Vermeidung von Gefährdungen gemäß Absatz 1 nicht möglich ist, muss beim Festlegen von Maßnahmen die folgende Maßnahmenhierarchie berücksichtigt werden (siehe Abb. 2).

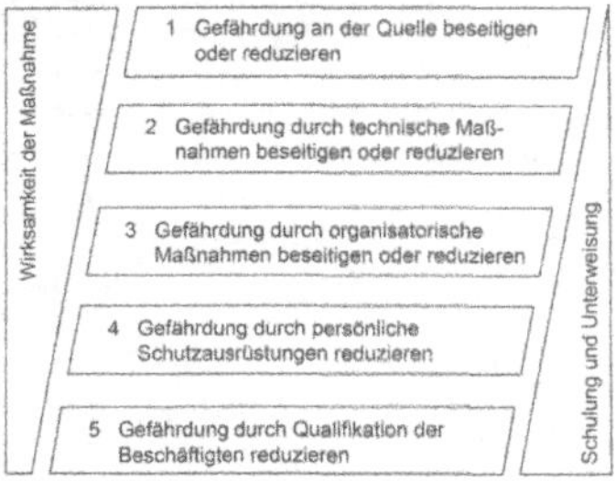

Abb. 2 Maßnahmehierarchie

1. Zunächst ist zu prüfen, ob Gefährdungen an den Quellen zu beseitigen oder zu reduzieren sind (z. B. belastende Wärme unmittelbar abführen oder ein Gerät mit geringerer Wärmeentwicklung wählen).

2. Ist dies nicht möglich, ist zu prüfen, ob die Gefährdungen durch technische Maßnahmen zu beseitigen oder zu reduzieren sind (z. B. Klimatisierung der Arbeitsräume, Wärmeschutzschilde, Luftschleier).

3. Sind technische Maßnahmen nicht möglich, ist zu prüfen, ob die Gefährdungen durch organisatorische Maßnahmen zu beseitigen oder zu reduzieren sind (z. B. Änderung von Arbeitsabläufen, um die Aufenthaltsdauer im wärmebelasteten Arbeitsbereich zu vermeiden bzw. zu verringern, wie etwa durch Rotation von Mitarbeitern oder durch das Festlegen von Entwärmungsphasen in geeigneten Räumen).

4. Sind organisatorische Maßnahmen nicht möglich, ist zu prüfen, ob die Gefährdungen durch den Einsatz von persönlicher Schutzausrüstung zu vermeiden oder zu reduzieren sind (z. B. PSA gegen Absturz).

5. Sind die vorgenannten Maßnahmen nicht möglich, ist zu prüfen, ob die Schutzziele durch Qualifikation der Beschäftigten zu erreichen sind.

(3) Zur Erreichung des Schutzziels kann es erforderlich sein, Maßnahmen zu kombinieren. Dabei sind die Hierarchiestufen zu beachten.

(4) Im Einzelfall können Maßnahmen aus einer niedrigeren Hierarchiestufe eine gleichwertige Schutzwirkung erreichen (z. B. regelmäßige Unterbrechung der Tätigkeiten in durch Sommerhitze belasteten Räumen anstatt Klimatisierung).

5.5 Umsetzen von Maßnahmen

(1) Die festgelegten Maßnahmen sind entsprechend Punkt 5.3.3 zu priorisieren und umzusetzen.

(2) Wurde eine Entscheidung für eine Maßnahme getroffen, sind die hieraus resultierenden Umsetzungsschritte zu konkretisieren.

Hinweis:
Falls erforderlich, ist für umfangreichere Maßnahmen eine Ablaufplanung zu erstellen, in der z. B. Zeitziele, Übergangsmaßnahmen, festgelegte Termine, Verantwortliche und andere Beteiligte genannt werden.

5.6 Überprüfen der Wirksamkeit von Maßnahmen

(1) Die Umsetzung und Wirksamkeit der festgelegten Maßnahmen sind zu überprüfen. Dabei ist festzustellen, ob die Maßnahmen vollständig umgesetzt wurden und dazu geführt haben, die Gefährdungen zu beseitigen bzw. hinreichend zu reduzieren, und ob gegebenenfalls neue Gefährdungen entstanden sind. Die Prüfung kann z. B. durch Beobachten, Messen oder Befragen (siehe Punkt 5.2) erfolgen.

(2) Sollten weitere oder andere Maßnahmen erforderlich sein, weil z. B. trotz der Umsetzung der festgelegten Maßnahmen Schutzziele nicht erreicht werden, dann sind die vorherigen Teilschritte entsprechend Abbildung 1 (siehe Punkt 5) zu wiederholen.

5.7 Dokumentation

5.7.1 Grundsätze der Dokumentation

(1) Die Dokumentation gemäß § 3 Absatz 3 ArbStättV ist Bestandteil der Unterla-gen nach § 6 ArbSchG. Sie muss vor Aufnahme der Tätigkeiten vorliegen.

(2) Die Dokumentation dient mit als Grundlage für die Planung und Gestaltung der betrieblichen Prozesse, z. B. für Neu- und Umbauten, Unterweisungen, Betriebsanweisungen. Sie erleichtert es, Verantwortliche und Termine in Hinblick auf Maßnahmen des Arbeitsschutzes nachvollziehbar festzuhalten.

(3) Sie ist die Basis für die Arbeit der betrieblichen Akteure im Arbeitsschutz (insbesondere Arbeitgeber, verantwortliche Personen nach § 13 ArbSchG (z. B. Führungskräfte), Betriebs- und Personalräte, Fachkräfte für Arbeitssicherheit, Betriebsärzte und Sicherheitsbeauftragte) sowie des Arbeitsschutzausschusses.

(4) Die Dokumentation erfolgt schriftlich und kann als Papierdokument oder in elektronischer Form vorliegen. Sie muss in einer verbindlichen Version verfügbar sein.

(5) Werden Hilfen zur Dokumentation der Gefährdungsbeurteilung, z. B. der Unfallversicherungsträger, verwendet, sind sie an die betrieblichen Bedingungen anzupassen. Insbesondere ist sicherzustellen, dass alle Betriebsteile und Tätigkeiten (ggf. auch unterschiedliche Betriebszustände, z. B. Instandhaltung) erfasst werden.

(6) Der Umfang der Dokumentation richtet sich z. B. nach der Betriebsgröße, Betriebsstruktur oder Art und Ausmaß der Gefährdungen. Insbesondere

- in kleinen Betrieben, bei überschaubaren Strukturen oder bei geringen Gefährdungen kann die Dokumentation gemäß Punkt 5.7.2 ausreichen.
- bei komplexeren Situationen und hohem Gefährdungspotential müssen der Dokumentation erforderlichenfalls weitere Unterlagen zugeordnet werden (siehe Punkt 5.7.3).

Hinweis:
Die Dokumentation kann die Grundlage für die erforderliche Abstimmung sein, z. B.:
- *bei Zusammenarbeit von Beschäftigten mehrerer Arbeitgeber in einer Arbeitsstätte,*
- *bei gemeinsamer Nutzung einer Arbeitsstätte durch mehrere Arbeitgeber,*
- *zur Information weiterer in der Arbeitsstätte anwesender Personen.*

5.7.2 Mindestanforderungen

(1) Die Dokumentation muss mindestens Folgendes enthalten:
- die jeweilige Bezeichnung der erfassten Arbeitsplätze, Arbeitsbereiche und Tätigkeiten sowie ggf. der zusammengefassten gleichartigen Arbeitsplätze oder Tätigkeiten,
- die jeweils festgestellten Gefährdungen,
- die Ergebnisse der Beurteilung der festgestellten Gefährdungen,
- die bezogen auf die festgestellten Gefährdungen jeweils festgelegten Maßnahmen (inklusive Umsetzung siehe Punkt 5.5 Absatz 2) sowie
- das Ergebnis der Wirksamkeitsüberprüfung.

(2) Aus den im Rahmen der Gefährdungsbeurteilung erstellten bzw. aus den mitgeltenden Unterlagen (z. B. Organigramme, Dienstverteilungspläne, Pflichtenübertragung) müssen die für die Durchführung der Gefährdungsbeurteilung und die Wirksamkeitskontrolle Verantwortlichen sowie das Datum der Erstellung bzw. der Aktualisierung hervorgehen.

5.7.3 Weitere Unterlagen

Um die erforderliche Plausibilität und Aussagefähigkeit der Dokumentation zu erreichen, kann es erforderlich sein, weitere, im Verlaufe der Gefährdungsbeurteilung verwendete oder erstellte Unterlagen der Dokumentation beizufügen oder auf diese Unterlagen zu verweisen. Solche Unterlagen können z. B. sein:
- die für umfangreichere Maßnahmen erstellte Ablaufplanung (siehe Punkt 5.5),
- Ausführungen, auf welche betriebliche Situation (z. B. Einrichten, Normalbetrieb, Instandhaltung, Reinigung) sich die Gefährdungen beziehen,
- die für die Ergebnisse der einzelnen Prozessschritte relevanten Unterlagen (z. B. Messprotokolle, Erkenntnisse aus Gesundheitsberichten, Unfallberichte),
- die verwendeten Beurteilungsmaßstäbe (siehe Punkt 5.3.1),
- Dokumente, aus denen die Entscheidungsfindung hervorgeht, wenn z. B. konkurrierende Schutzziele oder Maßnahmen abgewogen wurden,
- Angabe der Personen, die an der Gefährdungsbeurteilung beteiligt waren.

Hinweise:
1. *Hinsichtlich der Beteiligungsrechte der betrieblichen Interessenvertretung gelten die Bestimmungen des Betriebsverfassungsgesetzes bzw. der jeweiligen Personalvertretungsgesetze.*
2. *Der Arbeitgeber hat sicherzustellen, dass Betriebsärzte und Fachkräfte für Arbeitssicherheit zur Erfüllung ihrer Aufgaben nach den Bestimmungen des Arbeitssicherheitsgesetzes auf die Dokumentation zugreifen können.*

5.8 Fortschreiben

Die Gefährdungsbeurteilung ist kontinuierlich zu überprüfen und zu aktualisieren. Dazu sind insbesondere die in Punkt 4 Absatz 4 aufgeführten Grundsätze und Anlässe zu berücksichtigen.

6 Abweichende/ergänzende Anforderungen für Baustellen

(1) Auf Baustellen ist ergänzend zu Punkt 5.1 Absatz 7 der Sicherheits- und Gesundheitsschutzplan nach § 3 Absatz 2 Nummer 2 Baustellenverordnung in der Planungsphase zu berücksichtigen.

(2) Auf Baustellen kann ergänzend zu Punkt 5.7.3 der Sicherheits- und Gesundheitsschutzplan nach § 3 Absatz 3 Nummer 3 Baustellenverordnung für die Ausführungsphase eine weitere Unterlage der Dokumentation der Gefährdungsbeurteilung sein.

Ausgewählte Literaturhinweise

GDA – Gemeinsame Deutsche Arbeitsschutzstrategie: Leitlinie Gefährdungsbeurteilung und Dokumentation (http://www.gda-portal.de)

Informationsportal der BAuA zur Gefährdungsbeurteilung: (http://www.gefaehrdungsbeurteilung.de)

Anhang: Erläuterungen mit Beispielen zu den Gefährdungsfaktoren

Bei der Gefährdungsbeurteilung im Sinne der ArbStättV und dieser ASR ist insbesondere das Auftreten folgender Gefährdungen zu prüfen.

1 Mechanische Gefährdung

Mechanische Gefährdungen können z. B. sein:

- Sturz- und Stolperstellen (z. B. durch die Beschaffenheit des Fußbodens, des Bodenbelags, der Auftrittsfläche; durch Steigungen oder Gefälle in Verkehrswegen; Feuchtigkeitsanfall, Verschmutzungen, witterungsbedingte Glätte),
- Absturzstellen (z. B. an höher gelegenen Arbeitsplätzen und Verkehrswegen – auch bei Reinigung oder Instandhaltung – einschließlich Rampen, Treppen und Steigleitern; Hindurchbrechen beim Betreten von Dächern, Decken, Oberlichtern; in Bereichen, die an Wasserflächen, Becken o. ä. angrenzen),
- bewegte Transportmittel/Arbeitsmittel (z. B. durch die Beschaffenheit der Verkehrswege und der Kreuzungsbereiche (Abmessungen, Oberflächen, Be-leuchtung, Einsehbarkeit); bei gemeinsamer Nutzung von Verkehrswegen durch Fußgänger und Fahrzeuge),
- Quetsch- und Scherstellen (z. B. an kraftbetriebenen Fenstern, Türen und Toren; an kraftbetriebenen Regalen, Fahrtreppen und -steigen),
- herabfallende Gegenstände (z. B. aufgrund der Anordnung von Lagerflächen oberhalb von Arbeitsplätzen und Verkehrswegen),
- gefährliche Oberflächen (z. B. Ecken, Kanten, raue Oberflächen von Gebäuden/Bauteilen; Schneiden an feststehenden oder beweglichen Bauteilen).

2 Elektrische Gefährdung

Elektrische Gefährdungen können z. B. sein:

- elektrischer Schlag oder Störlichtbögen bei Annäherung an oder bei direkter Berührung von Spannung führenden Teilen elektrischer Anlagen (z. B. Freileitungen, Fahrdrähte, Sammelschienen). In Bezug auf Arbeitsstätten kann dies vorkommen z. B. bei Arbeiten an elektrischen Anlagen, der Beladung von Eisenbahnwaggons, Arbeiten auf Baustellen im Hoch- bzw. Tiefbau oder bei Arbeiten in Umspannwerken.

3 Gefahrstoffe

Gefährdungen durch Gefahrstoffe im Sinne der ArbStättV können z. B. sein:

- Innenraumluftverunreinigungen durch einen schadstoffbelasteten Baukörper bzw. schadstoffbelastete Baumaterialien, raumlufttechnische Anlagen oder Einrichtungsgegenstände, z. B. Formaldehyd oder andere Aldehyde, Holzschutzmittel, Flammschutzmittel, Fasern, Biozide, Weichmacher, organische Lösemittel (VOC), Passivrauchen am Arbeitsplatz,
- Verdrängung der Atemluft, z. B. in Bereichen mit sauerstoffreduzierter Atmosphäre, beim Einsatz von Sauerstoff verdrängenden Gasen als Löschmittel.

4 Biologische Arbeitsstoffe (Biostoffe)

Biologische Gefährdungen im Sinne der ArbStättV durch Verunreinigungen und Ablagerungen können z. B. sein:

- Schimmelpilz-Wachstum in Räumen,
- Verkeimung in raumlufttechnischen Anlagen oder Klimaanlagen,
- Hygieneaspekte in Arbeits- oder Sanitärräumen,
- Legionellen-Vermehrung in Trinkwasseranlagen (Aerosolbildung).

5 Brand- und Explosionsgefährdungen

Brand- und Explosionsgefährdungen können z. B. sein:

- leicht entflammbare Materialien (z. B. Verpackungen, Dekorationsmaterialien, Vorhänge) in Verbindung mit einer wirk-

samen Zündquelle (z. B. offene Flammen, heiße Oberflächen, Funkenschlag),
- Ansammlung brennbarer Rückstände (z. B. Fette, Stäube) in lüftungstechnischen Anlagen,
- sichtbare Ablagerungen von brennbarem Staub auf Böden und Arbeitsgeräten.

6 Thermische Gefährdungen

Thermische Gefährdungen können z. B. sein:

- berührbare heiße oder kalte Oberflächen (z. B. von heißen/kalten Rohrleitungen, Heizeinrichtungen an Arbeitsplätzen oder direkt an Verkehrswegen und Durchgängen),
- heiße oder kalte Medien (z. B. Heißdampf, heiße oder kalte Flüssigkeiten), die aus zur Arbeitsstätte gehörenden Anlagen austreten und in Arbeitsbereiche und Verkehrswege gelangen können.

7 Gefährdungen durch spezielle physikalische Einwirkungen

Gefährdungen durch spezielle physikalische Einwirkungen können z. B. sein:

- Lärm und Vibrationen an Arbeitsplätzen bei entsprechenden baulichen Gegebenheiten (z. B. Raumabmessungen, Beschaffenheit von Wänden, Böden, Decken und weiteren Oberflächen, Raumakustik, Übertragung von Körperschall und Vib-rationen durch den Baukörper),
- natürliche optische Strahlung (Sonnenstrahlung) bei Arbeiten im Freien.

8 Gefährdungen durch Arbeitsumgebungsbedingungen

Gefährdungen durch Arbeitsumgebungsbedingungen können z. B. sein:

- Hitze (hohe Temperaturen am Arbeitsplatz), z. B. aufgrund direkter Sonneneinstrahlung, hoher Außentemperaturen, technologisch bedingter Wärmequellen,
- Kälte, z. B. bei Arbeiten in Kühlräumen oder in tiefkalten Arbeitsbereichen, bei Arbeiten im Freien,
- Klima, z. B. bei häufigem Tätigkeitswechsel oder starken Schwankungen der Raumtemperatur zwischen „warm" und „kalt", durch Zugluft,
- Luftqualität, z. B. bei hoher Belegung von Arbeitsräumen oder bei Geruchsbelastung,
- Beleuchtung, z. B. aufgrund geringer Beleuchtungsstärke, starker Reflektion, Blendung, Lichtfarbe, Übergänge zwischen hellen und dunklen Bereichen, Schlagschatten, geringem Tageslichtanteil,
- Anordnung und Gestaltung der Arbeitsplätze sowie der Pausen-, Bereitschafts- und Sanitärräume, z. B. deren Zugänglichkeit und Größe, Beeinflussung durch benachbarte Arbeitsplätze und Bereiche.

In Gefahr- oder Notfällen können zusätzliche Gefährdungen entstehen z. B. durch:

- Anordnung und Beschaffenheit der Feuerlöscheinrichtungen, der Melde- und Alarmierungseinrichtungen, der Erste-Hilfe-Einrichtungen sowie der Sicherheits- und Gesundheitsschutzkennzeichnung,
- Art und Anzahl der Fluchtmöglichkeiten, Länge, Breite und Verlauf der Flucht-wege; Beleuchtung und Kennzeichnung der Wege.

9 Gefährdungen durch physische Belastungen/Arbeitsschwere

Physische Gefährdungen im Sinne der ArbStättV können z. B. sein:

- Zwangshaltungen (insbesondere durch Arbeiten im Hocken, im Knien, mit Rumpfbeugen, mit Verdrehen oder über Kopf),
- Sitzen oder Stehen ohne die Möglichkeit des Haltungswechsels (z. B. bei Bildschirmarbeit),
- manuelle Transporte über Schwellen, Treppen oder Rampen.

10 Gefährdungen durch psychische Faktoren

Durch die Gestaltung der Arbeitsstätte bedingte psychische Gefährdungen können z. B. sein:

- Lärm, z. B. Maschinenlärm aus benachbarten Arbeitsbereichen, Signale aus benachbarten Bereichen, tonhaltige Geräusche der Lüftung,

- Klima, z. B. Zugluft, häufige Temperaturschwankungen,
- Vibrationen, z. B. aus benachbarten Maschinenhallen,
- schlechte Wahrnehmbarkeit von Signalen oder Anzeigen, z. B. in Leitwarten, Leitstellen,
- Beleuchtung, z. B. Lichtfarbe, Flimmern,
- räumliche Gestaltung von Büroarbeitsplätzen, z. B. in Großraumbüros, Callcentern,
- die Arbeitsorganisation und Arbeitsablaufgestaltung,
- nicht den ergonomischen Grundsätzen entsprechende Softwaregestaltung,
- Raum- oder Gebäudenutzungskonzepte, die den Arbeitsabläufen nicht angemessen sind.

11 Gefährdungen durch sonstige Einwirkungen

Sonstige Gefährdungen können z. B. sein:

- Gewaltandrohung oder Gewaltanwendung in Behörden, Kliniken, Kreditinstituten, Spielhallen, Verkaufsstellen, Tankstellen usw.,
- Tiere, z. B. beißen, treten, quetschen, schlagen, stechen,
- Pflanzen, z. B. stechen, schneiden, sensibilisieren.

V Sicherheit und Gesundheitsschutz bei Verwendung von Arbeitsmitteln; Gerätesicherheit

Verordnung über Sicherheit und Gesundheitsschutz bei der Verwendung von Arbeitsmitteln (Betriebssicherheitsverordnung – BetrSichV)

Vom 3. Februar 2015 (BGBl. I S. 49)

Zuletzt geändert durch
Verordnung zur Änderung von Arbeitsschutzverordnungen und zur Aufhebung der Feuerzeugverordnung
vom 30. April 2019 (BGBl. I S. 554)

Inhaltsübersicht

Abschnitt 1
Anwendungsbereich und Begriffsbestimmungen

§ 1 Anwendungsbereich und Zielsetzung

(1) Diese Verordnung gilt für die Verwendung von Arbeitsmitteln. Ziel dieser Verordnung ist es, die Sicherheit und den Schutz der Gesundheit von Beschäftigten bei der Verwendung von Arbeitsmitteln zu gewährleisten. Dies soll insbesondere erreicht werden durch

1. die Auswahl geeigneter Arbeitsmittel und deren sichere Verwendung,
2. die für den vorgesehenen Verwendungszweck geeignete Gestaltung von Arbeits- und Fertigungsverfahren sowie
3. die Qualifikation und Unterweisung der Beschäftigten.

Diese Verordnung regelt hinsichtlich der in § 18 und in Anhang 2 genannten überwachungsbedürftigen Anlagen zugleich Maßnahmen zum Schutz anderer Personen im Gefahrenbereich, soweit diese aufgrund der Verwendung dieser Anlagen durch Arbeitgeber im Sinne des § 2 Absatz 3 gefährdet werden können.

(2) Diese Verordnung gilt nicht in Betrieben, die dem Bundesberggesetz unterliegen, soweit dafür entsprechende Rechtsvorschriften bestehen. Abweichend von Satz 1 gilt sie jedoch für überwachungsbedürftige Anlagen in Tagesanlagen, mit Ausnahme von Rohrleitungen nach Anhang 2 Abschnitt 4 Nummer 2.1 Satz 1 Buchstabe d.

(3) Diese Verordnung gilt nicht auf Seeschiffen unter fremder Flagge und auf Seeschiffen, für die das Bundesministerium für Verkehr und digitale Infrastruktur nach § 10 des Flaggenrechtsgesetzes die Befugnis zur Führung der Bundesflagge lediglich für die erste Überführungsreise in einen anderen Hafen verliehen hat.

(4) Abschnitt 3 gilt nicht für Energieanlagen im Sinne des § 3 Nummer 15 des Energiewirtschaftsgesetzes, soweit sie Druckanlagen im Sinne des Anhangs 2 Abschnitt 4 Nummer 2.1 Buchstabe b, c oder d dieser Verordnung sind. Satz 1 gilt nicht für Gasfüllanlagen, die Energieanlagen im Sinne des § 3 Nummer 15 des Energiewirtschaftsgesetzes sind und nicht auf dem Betriebsgelände von Unternehmen der öffentlichen Gasversorgung von diesen errichtet und betrieben werden.

(5) Das Bundesministerium der Verteidigung kann Ausnahmen von den Vorschriften dieser Verordnung zulassen, wenn zwingende Gründe der Verteidigung oder die Erfüllung zwischenstaatlicher Verpflichtungen der Bundesrepublik Deutschland dies erfordern und die Sicherheit auf andere Weise gewährleistet ist.

§ 2 Begriffsbestimmungen

(1) Arbeitsmittel sind Werkzeuge, Geräte, Maschinen oder Anlagen, die für die Arbeit verwendet werden, sowie überwachungsbedürftige Anlagen.

(2) Die Verwendung von Arbeitsmitteln umfasst jegliche Tätigkeit mit diesen. Hierzu gehören insbesondere das Montieren und Installieren, Bedienen, An- oder Abschalten oder Einstellen, Gebrauchen, Betreiben, Instandhalten, Reinigen, Prüfen, Umbauen, Erproben, Demontieren, Transportieren und Überwachen.

(3) Arbeitgeber ist, wer nach § 2 Absatz 3 des Arbeitsschutzgesetzes als solcher bestimmt ist. Dem Arbeitgeber steht gleich,

1. wer, ohne Arbeitgeber zu sein, zu gewerblichen oder wirtschaftlichen Zwecken eine überwachungsbedürftige Anlage verwendet, sowie
2. der Auftraggeber und der Zwischenmeister im Sinne des Heimarbeitsgesetzes.

(4) Beschäftigte sind Personen, die nach § 2 Absatz 2 des Arbeitsschutzgesetzes als solche bestimmt sind. Den Beschäftigten stehen folgende Personen gleich, sofern sie Arbeitsmittel verwenden:

1. Schülerinnen und Schüler sowie Studierende,
2. in Heimarbeit Beschäftigte nach § 1 Absatz 1 des Heimarbeitsgesetzes sowie

V

3. sonstige Personen, insbesondere Personen, die in wissenschaftlichen Einrichtungen tätig sind.

(5) Fachkundig ist, wer zur Ausübung einer in dieser Verordnung bestimmten Aufgabe über die erforderlichen Fachkenntnisse verfügt. Die Anforderungen an die Fachkunde sind abhängig von der jeweiligen Art der Aufgabe. Zu den Anforderungen zählen eine entsprechende Berufsausbildung, Berufserfahrung oder eine zeitnah ausgeübte entsprechende berufliche Tätigkeit. Die Fachkenntnisse sind durch Teilnahme an Schulungen auf aktuellem Stand zu halten.

(6) Zur Prüfung befähigte Person ist eine Person, die durch ihre Berufsausbildung, ihre Berufserfahrung und ihre zeitnahe berufliche Tätigkeit über die erforderlichen Kenntnisse zur Prüfung von Arbeitsmitteln verfügt; soweit hinsichtlich der Prüfung von Arbeitsmitteln in den Anhängen 2 und 3 weitergehende Anforderungen festgelegt sind, sind diese zu erfüllen.

(7) Instandhaltung ist die Gesamtheit aller Maßnahmen zur Erhaltung des sicheren Zustands oder der Rückführung in diesen. Instandhaltung umfasst insbesondere Inspektion, Wartung und Instandsetzung.

(8) Prüfung ist die Ermittlung des Istzustands, der Vergleich des Istzustands mit dem Sollzustand sowie die Bewertung der Abweichung des Istzustands vom Sollzustand.

(9) Prüfpflichtige Änderung ist jede Maßnahme, durch welche die Sicherheit eines Arbeitsmittels beeinflusst wird. Auch Instandsetzungsarbeiten können solche Maßnahmen sein.

(10) Stand der Technik ist der Entwicklungsstand fortschrittlicher Verfahren, Einrichtungen oder Betriebsweisen, der die praktische Eignung einer Maßnahme oder Vorgehensweise zum Schutz der Gesundheit und zur Sicherheit der Beschäftigten oder anderer Personen gesichert erscheinen lässt. Bei der Bestimmung des Stands der Technik sind insbesondere vergleichbare Verfahren, Einrichtungen oder Betriebsweisen heranzuziehen, die mit Erfolg in der Praxis erprobt worden sind.

(11) Gefahrenbereich ist der Bereich innerhalb oder im Umkreis eines Arbeitsmittels, in dem die Sicherheit oder die Gesundheit von Beschäftigten und anderen Personen durch die Verwendung des Arbeitsmittels gefährdet ist.

(12) Errichtung umfasst die Montage und Installation am Verwendungsort.

(13) Überwachungsbedürftige Anlagen sind Anlagen nach § 2 Nummer 30 Satz 1 des Produktsicherheitsgesetzes, soweit sie nach dieser Verordnung in Anhang 2 genannt oder nach § 18 Absatz 1 erlaubnispflichtig sind. Zu den überwachungsbedürftigen Anlagen gehören auch Mess-, Steuer- und Regeleinrichtungen, die dem sicheren Betrieb dieser überwachungsbedürftigen Anlagen dienen.

(14) Zugelassene Überwachungsstellen sind die in Anhang 2 Abschnitt 1 genannten Stellen.

(15) Andere Personen sind Personen, die nicht Beschäftigte oder Gleichgestellte nach Absatz 4 sind und sich im Gefahrenbereich einer überwachungsbedürftigen Anlage innerhalb oder außerhalb eines Betriebsgeländes befinden.

Abschnitt 2
Gefährdungsbeurteilung und Schutzmaßnahmen

§ 3 Gefährdungsbeurteilung

(1) Der Arbeitgeber hat vor der Verwendung von Arbeitsmitteln die auftretenden Gefährdungen zu beurteilen (Gefährdungsbeurteilung) und daraus notwendige und geeignete Schutzmaßnahmen abzuleiten. Das Vorhandensein einer CE-Kennzeichnung am Arbeitsmittel entbindet nicht von der Pflicht zur Durchführung einer Gefährdungsbeurteilung. Für Aufzugsanlagen gilt Satz 1 nur, wenn sie von einem Arbeitgeber im Sinne des § 2 Absatz 3 Satz 1 verwendet werden.

(2) In die Beurteilung sind alle Gefährdungen einzubeziehen, die bei der Verwendung von Arbeitsmitteln ausgehen, und zwar von

1. den Arbeitsmitteln selbst,
2. der Arbeitsumgebung und
3. den Arbeitsgegenständen, an denen Tätigkeiten mit Arbeitsmitteln durchgeführt werden.

Bei der Gefährdungsbeurteilung ist insbesondere Folgendes zu berücksichtigen:

1. die Gebrauchstauglichkeit von Arbeitsmitteln einschließlich der ergonomischen, alters- und alternsgerechten Gestaltung,
2. die sicherheitsrelevanten einschließlich der ergonomischen Zusammenhänge zwischen Arbeitsplatz, Arbeitsmittel, Arbeitsverfahren, Arbeitsorganisation, Arbeitsablauf, Arbeitszeit und Arbeitsaufgabe,
3. die physischen und psychischen Belastungen der Beschäftigten, die bei der Verwendung von Arbeitsmitteln auftreten,
4. vorhersehbare Betriebsstörungen und die Gefährdung bei Maßnahmen zu deren Beseitigung.

(3) Die Gefährdungsbeurteilung soll bereits vor der Auswahl und der Beschaffung der Arbeitsmittel begonnen werden. Dabei sind insbesondere die Eignung des Arbeitsmittels für die geplante Verwendung, die Arbeitsabläufe und die Arbeitsorganisation zu berücksichtigen. Die Gefährdungsbeurteilung darf nur von fachkundigen Personen durchgeführt werden. Verfügt der Arbeitgeber nicht selbst über die entsprechenden Kenntnisse, so hat er sich fachkundig beraten zu lassen.

(4) Der Arbeitgeber hat sich die Informationen zu beschaffen, die für die Gefährdungsbeurteilung notwendig sind. Dies sind insbesondere die nach § 21 Absatz 6 Nummer 1 bekannt gegebenen Regeln und Erkenntnisse, Gebrauchs- und Betriebsanleitungen sowie die ihm zugänglichen Erkenntnisse aus der arbeitsmedizinischen Vorsorge. Der Arbeitgeber darf diese Informationen übernehmen, sofern sie auf die Arbeitsmittel, Arbeitsbedingungen und Verfahren in seinem Betrieb anwendbar sind. Bei der Informationsbeschaffung kann der Arbeitgeber davon ausgehen, dass die vom Hersteller des Arbeitsmittels mitgelieferten Informationen zutreffend sind, es sei denn, dass er über andere Erkenntnisse verfügt.

(5) Der Arbeitgeber kann bei der Festlegung der Schutzmaßnahmen bereits vorhandene Gefährdungsbeurteilungen, hierzu gehören auch gleichwertige Unterlagen, die ihm der Hersteller oder Inverkehrbringer mitgeliefert hat, übernehmen, sofern die Angaben und Festlegungen in dieser Gefährdungsbeurteilung den Arbeitsmitteln einschließlich der Arbeitsbedingungen und -verfahren, im eigenen Betrieb entsprechen.

(6) Der Arbeitgeber hat Art und Umfang erforderlicher Prüfungen von Arbeitsmitteln sowie die Fristen von wiederkehrenden Prüfungen nach den §§ 14 und 16 zu ermitteln und festzulegen, soweit diese Verordnung nicht bereits entsprechende Vorgaben enthält. Satz 1 gilt auch für Aufzugsanlagen. Die Fristen für die wiederkehrenden Prüfungen sind so festzulegen, dass die Arbeitsmittel bis zur nächsten festgelegten Prüfung sicher verwendet werden können. Bei der Festlegung der Fristen für die wiederkehrenden Prüfungen nach § 14 Absatz 2 Satz 1 für die in Anhang 3 genannten Arbeitsmittel dürfen die dort genannten Prüffristen nicht überschritten werden. Bei der Festlegung der Fristen für die wiederkehrenden Prüfungen nach § 16 dürfen die in Anhang 2 Abschnitt 2 Nummer 4.1 und 4.3, Abschnitt 3 Nummer 5.1 bis 5.3 und Abschnitt 4 Nummer 5.8 in Verbindung mit Tabelle 1 genannten Höchstfristen nicht überschritten werden, es sei denn, dass in den genannten Anhängen etwas anderes bestimmt ist. Ferner hat der Arbeitgeber zu ermitteln und festzulegen, welche Voraussetzungen die zur Prüfung befähigten Personen erfüllen müssen, die von ihm mit den Prüfungen von Arbeitsmitteln nach den §§ 14, 15 und 16 zu beauftragen sind.

(7) Die Gefährdungsbeurteilung ist regelmäßig zu überprüfen. Dabei ist der Stand der Technik zu berücksichtigen. Soweit erforderlich, sind die Schutzmaßnahmen bei der Verwendung von Arbeitsmitteln entsprechend anzupassen. Der Arbeitgeber hat die Gefährdungsbeurteilung unverzüglich zu aktualisieren, wenn

V

1. sicherheitsrelevante Veränderungen der Arbeitsbedingungen einschließlich der Änderung von Arbeitsmitteln dies erfordern,
2. neue Informationen, insbesondere Erkenntnisse aus dem Unfallgeschehen oder aus der arbeitsmedizinischen Vorsorge, vorliegen oder
3. die Überprüfung der Wirksamkeit der Schutzmaßnahmen nach § 4 Absatz 5 ergeben hat, dass die festgelegten Schutzmaßnahmen nicht wirksam oder nicht ausreichend sind.

Ergibt die Überprüfung der Gefährdungsbeurteilung, dass keine Aktualisierung erforderlich ist, so hat der Arbeitgeber dies unter Angabe des Datums der Überprüfung in der Dokumentation nach Absatz 8 zu vermerken.

(8) Der Arbeitgeber hat das Ergebnis seiner Gefährdungsbeurteilung vor der erstmaligen Verwendung der Arbeitsmittel zu dokumentieren. Dabei sind mindestens anzugeben

1. die Gefährdungen, die bei der Verwendung der Arbeitsmittel auftreten,
2. die zu ergreifenden Schutzmaßnahmen,
3. wie die Anforderungen dieser Verordnung eingehalten werden, wenn von den nach § 21 Absatz 6 Nummer 1 bekannt gegebenen Regeln und Erkenntnissen abgewichen wird,
4. Art und Umfang der erforderlichen Prüfungen sowie die Fristen der wiederkehrenden Prüfungen (Absatz 6 Satz 1) und
5. das Ergebnis der Überprüfung der Wirksamkeit der Schutzmaßnahmen nach § 4 Absatz 5.

Die Dokumentation kann auch in elektronischer Form vorgenommen werden.

(9) Sofern der Arbeitgeber von § 7 Absatz 1 Gebrauch macht und die Gefährdungsbeurteilung ergibt, dass die Voraussetzungen nach § 7 Absatz 1 vorliegen, ist eine Dokumentation dieser Voraussetzungen ausreichend.

§ 4 Grundpflichten des Arbeitgebers

(1) Arbeitsmittel dürfen erst verwendet werden, nachdem der Arbeitgeber

1. eine Gefährdungsbeurteilung durchgeführt hat,
2. die dabei ermittelten Schutzmaßnahmen nach dem Stand der Technik getroffen hat und
3. festgestellt hat, dass die Verwendung der Arbeitsmittel nach dem Stand der Technik sicher ist.

(2) Ergibt sich aus der Gefährdungsbeurteilung, dass Gefährdungen durch technische Schutzmaßnahmen nach dem Stand der Technik nicht oder nur unzureichend vermieden werden können, hat der Arbeitgeber geeignete organisatorische und personenbezogene Schutzmaßnahmen zu treffen. Technische Schutzmaßnahmen haben Vorrang vor organisatorischen, diese haben wiederum Vorrang vor personenbezogenen Schutzmaßnahmen. Die Verwendung persönlicher Schutzausrüstung ist für jeden Beschäftigten auf das erforderliche Minimum zu beschränken.

(3) Bei der Festlegung der Schutzmaßnahmen hat der Arbeitgeber die Vorschriften dieser Verordnung einschließlich der Anhänge zu beachten und die nach § 21 Absatz 6 Nummer 1 bekannt gegebenen Regeln und Erkenntnisse zu berücksichtigen. Bei Einhaltung dieser Regeln und Erkenntnisse ist davon auszugehen, dass die in dieser Verordnung gestellten Anforderungen erfüllt sind. Von den Regeln und Erkenntnissen kann abgewichen werden, wenn Sicherheit und Gesundheit durch andere Maßnahmen zumindest in vergleichbarer Weise gewährleistet werden.

(4) Der Arbeitgeber hat dafür zu sorgen, dass Arbeitsmittel, für die in § 14 und im Abschnitt 3 dieser Verordnung Prüfungen vorgeschrieben sind, nur verwendet werden, wenn diese Prüfungen durchgeführt und dokumentiert wurden.

(5) Der Arbeitgeber hat die Wirksamkeit der Schutzmaßnahmen vor der erstmaligen Verwendung der Arbeitsmittel zu überprüfen. Satz 1 gilt nicht, soweit entsprechende Prüfungen nach § 14 oder § 15 durchgeführt wurden. Der Arbeitgeber hat weiterhin dafür

zu sorgen, dass Arbeitsmittel vor ihrer jeweiligen Verwendung auf offensichtliche Mängel, die die sichere Verwendung beeinträchtigen können, kontrolliert werden und dass Schutz- und Sicherheitseinrichtungen einer regelmäßigen Kontrolle ihrer Funktionsfähigkeit unterzogen werden. Satz 3 gilt auch bei Arbeitsmitteln, für die wiederkehrende Prüfungen nach § 14 oder § 16 vorgeschrieben sind.

(6) Der Arbeitgeber hat die Belange des Arbeitsschutzes in Bezug auf die Verwendung von Arbeitsmitteln angemessen in seine betriebliche Organisation einzubinden und hierfür die erforderlichen personellen, finanziellen und organisatorischen Voraussetzungen zu schaffen. Insbesondere hat er dafür zu sorgen, dass bei der Gestaltung der Arbeitsorganisation, des Arbeitsverfahrens und des Arbeitsplatzes sowie bei der Auswahl und beim Zur-Verfügung-Stellen der Arbeitsmittel alle mit der Sicherheit und Gesundheit der Beschäftigten zusammenhängenden Faktoren, einschließlich der psychischen, ausreichend berücksichtigt werden.

§ 5 Anforderungen an die zur Verfügung gestellten Arbeitsmittel

(1) Der Arbeitgeber darf nur solche Arbeitsmittel zur Verfügung stellen und verwenden lassen, die unter Berücksichtigung der vorgesehenen Einsatzbedingungen bei der Verwendung sicher sind. Die Arbeitsmittel müssen

1. für die Art der auszuführenden Arbeiten geeignet sein,
2. den gegebenen Einsatzbedingungen und den vorhersehbaren Beanspruchungen angepasst sein und
3. über die erforderlichen sicherheitsrelevanten Ausrüstungen verfügen,

sodass eine Gefährdung durch ihre Verwendung so gering wie möglich gehalten wird. Kann durch Maßnahmen nach den Sätzen 1 und 2 die Sicherheit und Gesundheit nicht gewährleistet werden, so hat der Arbeitgeber andere geeignete Schutzmaßnahmen zu treffen, um die Gefährdung so weit wie möglich zu reduzieren.

(2) Der Arbeitgeber darf Arbeitsmittel nicht zur Verfügung stellen und verwenden lassen, wenn sie Mängel aufweisen, welche die sichere Verwendung beeinträchtigen.

(3) Der Arbeitgeber darf nur solche Arbeitsmittel zur Verfügung stellen und verwenden lassen, die den für sie geltenden Rechtsvorschriften über Sicherheit und Gesundheitsschutz entsprechen. Zu diesen Rechtsvorschriften gehören neben den Vorschriften dieser Verordnung insbesondere Rechtsvorschriften, mit denen Gemeinschaftsrichtlinien in deutsches Recht umgesetzt wurden und die für die Arbeitsmittel zum Zeitpunkt des Bereitstellens auf dem Markt gelten. Arbeitsmittel, die der Arbeitgeber für eigene Zwecke selbst hergestellt hat, müssen den grundlegenden Sicherheitsanforderungen der anzuwendenden Gemeinschaftsrichtlinien entsprechen. Den formalen Anforderungen dieser Richtlinien brauchen sie nicht zu entsprechen, es sei denn, es ist in der jeweiligen Richtlinie ausdrücklich anders bestimmt.

(4) Der Arbeitgeber hat dafür zu sorgen, dass Beschäftigte nur die Arbeitsmittel verwenden, die er ihnen zur Verfügung gestellt hat oder deren Verwendung er ihnen ausdrücklich gestattet hat.

§ 6 Grundlegende Schutzmaßnahmen bei der Verwendung von Arbeitsmitteln

(1) Der Arbeitgeber hat dafür zu sorgen, dass die Arbeitsmittel sicher verwendet und dabei die Grundsätze der Ergonomie beachtet werden. Dabei ist Anhang 1 zu beachten. Die Verwendung der Arbeitsmittel ist so zu gestalten und zu organisieren, dass Belastungen und Fehlbeanspruchungen, die die Gesundheit und die Sicherheit der Beschäftigten gefährden können, vermieden oder, wenn dies nicht möglich ist, auf ein Mindestmaß reduziert werden. Der Arbeitgeber hat darauf zu achten, dass die Beschäftigten in der Lage sind, die Arbeitsmittel zu verwenden, ohne sich oder andere Personen zu gefährden. Insbesondere sind folgende Grundsätze einer menschengerechten Gestaltung der Arbeit zu berücksichtigen:

1. die Arbeitsmittel einschließlich ihrer Schnittstelle zum Menschen müssen an die körperlichen Eigenschaften und die Kompetenz der Beschäftigten angepasst sein sowie biomechanische Belastungen bei der Verwendung vermieden sein. Zu berücksichtigen sind hierbei die Arbeitsumgebung, die Lage der Zugriffstellen und des Schwerpunktes des Arbeitsmittels, die erforderliche Körperhaltung, die Körperbewegung, die Entfernung zum Körper, die benötigte persönliche Schutzausrüstung sowie die psychische Belastung der Beschäftigten,
2. die Beschäftigten müssen über einen ausreichenden Bewegungsfreiraum verfügen,
3. es sind ein Arbeitstempo und ein Arbeitsrhythmus zu vermeiden, die zu Gefährdungen der Beschäftigten führen können,
4. es sind Bedien- und Überwachungstätigkeiten zu vermeiden, die eine uneingeschränkte und dauernde Aufmerksamkeit erfordern.

(2) Der Arbeitgeber hat dafür zu sorgen, dass vorhandene Schutzeinrichtungen und zur Verfügung gestellte persönliche Schutzausrüstungen verwendet werden, dass erforderliche Schutz- oder Sicherheitseinrichtungen funktionsfähig sind und nicht auf einfache Weise manipuliert oder umgangen werden. Der Arbeitgeber hat ferner durch geeignete Maßnahmen dafür zu sorgen, dass Beschäftigte bei der Verwendung der Arbeitsmittel die nach § 12 erhaltenen Informationen sowie Kennzeichnungen und Gefahrenhinweise beachten.

(3) Der Arbeitgeber hat dafür zu sorgen, dass

1. die Errichtung von Arbeitsmitteln, der Auf- und Abbau, die Erprobung sowie die Instandhaltung und Prüfung von Arbeitsmitteln unter Berücksichtigung der sicherheitsrelevanten Aufstellungs- und Umgebungsbedingungen nach dem Stand der Technik erfolgen und sicher durchgeführt werden,
2. erforderliche Sicherheits- und Schutzabstände eingehalten werden und
3. alle verwendeten oder erzeugten Energieformen und Materialien sicher zu- und abgeführt werden können.

Werden Arbeitsmittel im Freien verwendet, hat der Arbeitgeber dafür zu sorgen, dass die sichere Verwendung der Arbeitsmittel ungeachtet der Witterungsverhältnisse stets gewährleistet ist.

§ 7 Vereinfachte Vorgehensweise bei der Verwendung von Arbeitsmitteln

(1) Der Arbeitgeber kann auf weitere Maßnahmen nach den §§ 8 und 9 verzichten, wenn sich aus der Gefährdungsbeurteilung ergibt, dass

1. die Arbeitsmittel mindestens den sicherheitstechnischen Anforderungen der für sie zum Zeitpunkt der Verwendung geltenden Rechtsvorschriften zum Bereitstellen von Arbeitsmitteln auf dem Markt entsprechen,
2. die Arbeitsmittel ausschließlich bestimmungsgemäß entsprechend den Vorgaben des Herstellers verwendet werden,
3. keine zusätzlichen Gefährdungen der Beschäftigten unter Berücksichtigung der Arbeitsumgebung, der Arbeitsgegenstände, der Arbeitsabläufe sowie der Dauer und der zeitlichen Lage der Arbeitszeit auftreten und
4. Instandhaltungsmaßnahmen nach § 10 getroffen und Prüfungen nach § 14 durchgeführt werden.

(2) Absatz 1 gilt nicht für überwachungsbedürftige Anlagen und die in Anhang 3 genannten Arbeitsmittel.

§ 8 Schutzmaßnahmen bei Gefährdungen durch Energien, Ingangsetzen und Stillsetzen

(1) Der Arbeitgeber darf nur solche Arbeitsmittel verwenden lassen, die gegen Gefährdungen ausgelegt sind durch

1. die von ihnen ausgehenden oder verwendeten Energien,
2. direktes oder indirektes Berühren von Teilen, die unter elektrischer Spannung stehen, oder
3. Störungen ihrer Energieversorgung.

Die Arbeitsmittel müssen ferner so gestaltet sein, dass eine gefährliche elektrostatische

Aufladung vermieden oder begrenzt wird. Ist dies nicht möglich, müssen sie mit Einrichtungen zum Ableiten solcher Aufladungen ausgestattet sein.

(2) Der Arbeitgeber hat dafür zu sorgen, dass Arbeitsmittel mit den sicherheitstechnisch erforderlichen Mess-, Steuer- und Regeleinrichtungen ausgestattet sind, damit sie sicher und zuverlässig verwendet werden können.

(3) Befehlseinrichtungen, die Einfluss auf die sichere Verwendung der Arbeitsmittel haben, müssen insbesondere

1. als solche deutlich erkennbar, außerhalb des Gefahrenbereichs angeordnet und leicht und ohne Gefährdung erreichbar sein; ihre Betätigung darf zu keiner zusätzlichen Gefährdung führen,
2. sicher beschaffen und auf vorhersehbare Störungen, Beanspruchungen und Zwänge ausgelegt sein,
3. gegen unbeabsichtigtes oder unbefugtes Betätigen gesichert sein.

(4) Arbeitsmittel dürfen nur absichtlich in Gang gesetzt werden können. Soweit erforderlich, muss das Ingangsetzen sicher verhindert werden können oder müssen sich die Beschäftigten Gefährdungen durch das in Gang gesetzte Arbeitsmittel rechtzeitig entziehen können. Hierbei und bei Änderungen des Betriebszustands muss auch die Sicherheit im Gefahrenbereich durch geeignete Maßnahmen gewährleistet werden.

(5) Vom Standort der Bedienung des Arbeitsmittels aus muss dieses als Ganzes oder in Teilen so stillgesetzt und von jeder einzelnen Energiequelle dauerhaft sicher getrennt werden können, dass ein sicherer Zustand gewährleistet ist. Die hierfür vorgesehenen Befehlseinrichtungen müssen leicht und ungehindert erreichbar und deutlich erkennbar gekennzeichnet sein. Der Befehl zum Stillsetzen eines Arbeitsmittels muss gegenüber dem Befehl zum Ingangsetzen Vorrang haben. Können bei Arbeitsmitteln, die über Systeme mit Speicherwirkung verfügen, nach dem Trennen von jeder Energiequelle nach Satz 1 noch Energien gespeichert sein, so müssen Einrichtungen vorhanden sein, mit denen diese Systeme energiefrei gemacht werden können. Diese Einrichtungen müssen gekennzeichnet sein. Ist ein vollständiges Energiefreimachen nicht möglich, müssen an den Arbeitsmitteln entsprechende Gefahrenhinweise vorhanden sein.

(6) Kraftbetriebene Arbeitsmittel müssen mit einer schnell erreichbaren und auffällig gekennzeichneten Notbefehlseinrichtung zum sicheren Stillsetzen des gesamten Arbeitsmittels ausgerüstet sein, mit der Gefahr bringende Bewegungen oder Prozesse ohne zusätzliche Gefährdungen unverzüglich stillgesetzt werden können. Auf eine Notbefehlseinrichtung kann verzichtet werden, wenn sie die Gefährdung nicht mindern würde; in diesem Fall ist die Sicherheit auf andere Weise zu gewährleisten. Vom jeweiligen Bedienungsort des Arbeitsmittels aus muss feststellbar sein, ob sich Personen oder Hindernisse im Gefahrenbereich befinden, oder dem Ingangsetzen muss ein automatisch ansprechendes Sicherheitssystem vorgeschaltet sein, das das Ingangsetzen verhindert, solange sich Beschäftigte im Gefahrenbereich aufhalten. Ist dies nicht möglich, müssen ausreichende Möglichkeiten zur Verständigung und Warnung vor dem Ingangsetzen vorhanden sein. Soweit erforderlich, muss das Ingangsetzen sicher verhindert werden können, oder die Beschäftigten müssen sich Gefährdungen durch das in Gang gesetzte Arbeitsmittel rechtzeitig entziehen können.

§ 9 Weitere Schutzmaßnahmen bei der Verwendung von Arbeitsmitteln

(1) Der Arbeitgeber hat dafür zu sorgen, dass Arbeitsmittel unter Berücksichtigung der zu erwartenden Betriebsbedingungen so verwendet werden, dass Beschäftigte gegen vorhersehbare Gefährdungen ausreichend geschützt sind. Insbesondere müssen

1. Arbeitsmittel ausreichend standsicher sein und, falls erforderlich, gegen unbeabsichtigte Positions- und Lageänderungen stabilisiert werden,
2. Arbeitsmittel mit den erforderlichen sicherheitstechnischen Ausrüstungen versehen sein,

3. Arbeitsmittel, ihre Teile und die Verbindungen untereinander den Belastungen aus inneren und äußeren Kräften standhalten,
4. Schutzeinrichtungen bei Splitter- oder Bruchgefahr sowie gegen herabfallende oder herausschleudernde Gegenstände vorhanden sein,
5. sichere Zugänge zu Arbeitsplätzen an und in Arbeitsmitteln gewährleistet und ein gefahrloser Aufenthalt dort möglich sein,
6. Schutzmaßnahmen getroffen werden, die sowohl einen Absturz von Beschäftigten als auch von Arbeitsmitteln sicher verhindern,
7. Maßnahmen getroffen werden, damit Personen nicht unbeabsichtigt in Arbeitsmitteln eingeschlossen werden; im Notfall müssen eingeschlossene Personen aus Arbeitsmitteln in angemessener Zeit befreit werden können,
8. Schutzmaßnahmen gegen Gefährdungen durch bewegliche Teile von Arbeitsmitteln und gegen Blockaden solcher Teile getroffen werden; hierzu gehören auch Maßnahmen, die den unbeabsichtigten Zugang zum Gefahrenbereich von beweglichen Teilen von Arbeitsmitteln verhindern oder die bewegliche Teile vor dem Erreichen des Gefahrenbereichs stillsetzen,
9. Maßnahmen getroffen werden, die verhindern, dass die sichere Verwendung der Arbeitsmittel durch äußere Einwirkungen beeinträchtigt wird,
10. Leitungen so verlegt sein, dass Gefährdungen vermieden werden, und
11. Maßnahmen getroffen werden, die verhindern, dass außer Betrieb gesetzte Arbeitsmittel zu Gefährdungen führen.

(2) Der Arbeitgeber hat Schutzmaßnahmen gegen Gefährdungen durch heiße oder kalte Teile, scharfe Ecken und Kanten und raue Oberflächen von Arbeitsmitteln zu treffen.

(3) Der Arbeitgeber hat weiterhin dafür zu sorgen, dass Schutzeinrichtungen

1. einen ausreichenden Schutz gegen Gefährdungen bieten,
2. stabil gebaut sind,
3. sicher in Position gehalten werden,
4. die Eingriffe, die für den Einbau oder den Austausch von Teilen sowie für Instandhaltungsarbeiten erforderlich sind, möglichst ohne Demontage der Schutzeinrichtungen zulassen,
5. keine zusätzlichen Gefährdungen verursachen,
6. nicht auf einfache Weise umgangen oder unwirksam gemacht werden können und
7. die Beobachtung und Durchführung des Arbeitszyklus nicht mehr als notwendig einschränken.

(4) Werden Arbeitsmittel in Bereichen mit gefährlicher explosionsfähiger Atmosphäre verwendet oder kommt es durch deren Verwendung zur Bildung gefährlicher explosionsfähiger Atmosphäre, müssen unter Beachtung der Gefahrstoffverordnung die erforderlichen Schutzmaßnahmen getroffen werden, insbesondere sind die für die jeweilige Zone geeigneten Geräte und Schutzsysteme im Sinne der Richtlinie 2014/34/EU des Europäischen Parlaments und des Rates vom 26. Februar 2014 zur Harmonisierung der Rechtsvorschriften der Mitgliedstaaten für Geräte und Schutzsysteme zur bestimmungsgemäßen Verwendung in explosionsgefährdeten Bereichen (ABl. L 96 vom 29. 3. 2014, S. 309) einzusetzen. Diese Schutzmaßnahmen sind vor der erstmaligen Verwendung der Arbeitsmittel im Explosionsschutzdokument nach § 6 Absatz 9 der Gefahrstoffverordnung zu dokumentieren.

(5) Soweit nach der Gefährdungsbeurteilung erforderlich, müssen an Arbeitsmitteln oder in deren Gefahrenbereich ausreichende, verständliche und gut wahrnehmbare Sicherheitskennzeichnungen und Gefahrenhinweise sowie Einrichtungen zur angemessenen, unmissverständlichen und leicht wahrnehmbaren Warnung im Gefahrenfall vorhanden sein.

§ 10 Instandhaltung und Änderung von Arbeitsmitteln

(1) Der Arbeitgeber hat Instandhaltungsmaßnahmen zu treffen, damit die Arbeitsmittel

während der gesamten Verwendungsdauer den für sie geltenden Sicherheits- und Gesundheitsschutzanforderungen entsprechen und in einem sicheren Zustand erhalten werden. Dabei sind die Angaben des Herstellers zu berücksichtigen. Notwendige Instandhaltungsmaßnahmen nach Satz 1 sind unverzüglich durchzuführen und die dabei erforderlichen Schutzmaßnahmen zu treffen.

(2) Der Arbeitgeber hat Instandhaltungsmaßnahmen auf der Grundlage einer Gefährdungsbeurteilung sicher durchführen zu lassen und dabei die Betriebsanleitung des Herstellers zu berücksichtigen. Instandhaltungsmaßnahmen dürfen nur von fachkundigen, beauftragten und unterwiesenen Beschäftigten oder von sonstigen für die Durchführung der Instandhaltungsarbeiten geeigneten Auftragnehmern mit vergleichbarer Qualifikation durchgeführt werden.

(3) Der Arbeitgeber hat alle erforderlichen Maßnahmen zu treffen, damit Instandhaltungsarbeiten sicher durchgeführt werden können. Dabei hat er insbesondere

1. die Verantwortlichkeiten für die Durchführung der erforderlichen Sicherungsmaßnahmen festzulegen,
2. eine ausreichende Kommunikation zwischen Bedien- und Instandhaltungspersonal sicherzustellen,
3. den Arbeitsbereich während der Instandhaltungsarbeiten abzusichern,
4. das Betreten des Arbeitsbereichs durch Unbefugte zu verhindern, soweit das nach der Gefährdungsbeurteilung erforderlich ist,
5. sichere Zugänge für das Instandhaltungspersonal vorzusehen,
6. Gefährdungen durch bewegte oder angehobene Arbeitsmittel oder deren Teile sowie durch gefährliche Energien oder Stoffe zu vermeiden,
7. dafür zu sorgen, dass Einrichtungen vorhanden sind, mit denen Energien beseitigt werden können, die nach einer Trennung des instand zu haltenden Arbeitsmittels von Energiequellen noch gespeichert sind; diese Einrichtungen sind entsprechend zu kennzeichnen,
8. sichere Arbeitsverfahren für solche Arbeitsbedingungen festzulegen, die vom Normalzustand abweichen,
9. erforderliche Warn- und Gefahrenhinweise bezogen auf Instandhaltungsarbeiten an den Arbeitsmitteln zur Verfügung zu stellen,
10. dafür zu sorgen, dass nur geeignete Geräte und Werkzeuge und eine geeignete persönliche Schutzausrüstung verwendet werden,
11. bei Auftreten oder Bildung gefährlicher explosionsfähiger Atmosphäre Schutzmaßnahmen entsprechend § 9 Absatz 4 Satz 1 zu treffen,
12. Systeme für die Freigabe bestimmter Arbeiten anzuwenden.

(4) Werden bei Instandhaltungsmaßnahmen an Arbeitsmitteln die für den Normalbetrieb getroffenen technischen Schutzmaßnahmen ganz oder teilweise außer Betrieb gesetzt oder müssen solche Arbeiten unter Gefährdung durch Energie durchgeführt werden, so ist die Sicherheit der Beschäftigten während der Dauer dieser Arbeiten durch andere geeignete Maßnahmen zu gewährleisten.

(5) Werden Änderungen an Arbeitsmitteln durchgeführt, gelten die Absätze 1 bis 3 entsprechend. Der Arbeitgeber hat sicherzustellen, dass die geänderten Arbeitsmittel die Sicherheits- und Gesundheitsschutzanforderungen nach § 5 Absatz 1 und 2 erfüllen. Bei Änderungen von Arbeitsmitteln hat der Arbeitgeber zu beurteilen, ob es sich um prüfpflichtige Änderungen handelt. Er hat auch zu beurteilen, ob er bei den Änderungen von Arbeitsmitteln Herstellerpflichten zu beachten hat, die sich aus anderen Rechtsvorschriften, insbesondere dem Produktsicherheitsgesetz oder einer Verordnung nach § 8 Absatz 1 des Produktsicherheitsgesetzes ergeben.

§ 11 Besondere Betriebszustände, Betriebsstörungen und Unfälle

(1) Der Arbeitgeber hat Maßnahmen zu ergreifen, durch die unzulässige oder instabile

Betriebszustände von Arbeitsmitteln verhindert werden. Können instabile Zustände nicht sicher verhindert werden, hat der Arbeitgeber Maßnahmen zu ihrer Beherrschung zu treffen. Die Sätze 1 und 2 gelten insbesondere für An- und Abfahr- sowie Erprobungsvorgänge.

(2) Der Arbeitgeber hat dafür zu sorgen, dass Beschäftigte und andere Personen bei einem Unfall oder bei einem Notfall unverzüglich gerettet und ärztlich versorgt werden können. Dies schließt die Bereitstellung geeigneter Zugänge zu den Arbeitsmitteln und in diese sowie die Bereitstellung erforderlicher Befestigungsmöglichkeiten für Rettungseinrichtungen an und in den Arbeitsmitteln ein. Im Notfall müssen Zugangssperren gefahrlos selbsttätig in einen sicheren Bereich öffnen. Ist dies nicht möglich, müssen Zugangssperren über eine Notentriegelung leicht zu öffnen sein, wobei an der Notentriegelung und an der Zugangssperre auf die noch bestehenden Gefahren besonders hingewiesen werden muss. Besteht die Möglichkeit, in ein Arbeitsmittel eingezogen zu werden, muss die Rettung eingezogener Personen möglich sein.

V

(3) Der Arbeitgeber hat dafür zu sorgen, dass die notwendigen Informationen über Maßnahmen bei Notfällen zur Verfügung stehen. Die Informationen müssen auch Rettungsdiensten zur Verfügung stehen, soweit sie für Rettungseinsätze benötigt werden. Zu den Informationen zählen:

1. eine Vorabmitteilung über einschlägige Gefährdungen bei der Arbeit, über Maßnahmen zur Feststellung von Gefährdungen sowie über Vorsichtsmaßregeln und Verfahren, damit die Rettungsdienste ihre eigenen Abhilfe- und Sicherheitsmaßnahmen vorbereiten können,
2. Informationen über einschlägige und spezifische Gefährdungen, die bei einem Unfall oder Notfall auftreten können, einschließlich der Informationen über die Maßnahmen nach den Absätzen 1 und 2.

Treten durch besondere Betriebszustände oder Betriebsstörungen Gefährdungen auf, hat der Arbeitgeber dafür zu sorgen, dass dies durch Warneinrichtungen angezeigt wird.

(4) Werden bei Rüst-, Einrichtungs- und Erprobungsarbeiten oder vergleichbaren Arbeiten an Arbeitsmitteln die für den Normalbetrieb getroffenen technischen Schutzmaßnahmen ganz oder teilweise außer Betrieb gesetzt oder müssen solche Arbeiten unter Gefährdung durch Energie durchgeführt werden, so ist die Sicherheit der Beschäftigten während der Dauer dieser Arbeiten durch andere geeignete Maßnahmen zu gewährleisten. Die Arbeiten nach Satz 1 dürfen nur von fachkundigen Personen durchgeführt werden.

(5) Insbesondere bei Rüst- und Einrichtungsarbeiten, der Erprobung und der Prüfung von Arbeitsmitteln sowie bei der Fehlersuche sind Gefahrenbereiche festzulegen. Ist ein Aufenthalt im Gefahrenbereich von Arbeitsmitteln erforderlich, sind auf der Grundlage der Gefährdungsbeurteilung weitere Maßnahmen zu treffen, welche die Sicherheit der Beschäftigten gewährleisten.

§ 12 Unterweisung und besondere Beauftragung von Beschäftigten

(1) Bevor Beschäftigte Arbeitsmittel erstmalig verwenden, hat der Arbeitgeber ihnen ausreichende und angemessene Informationen anhand der Gefährdungsbeurteilung in einer für die Beschäftigten verständlichen Form und Sprache zur Verfügung zu stellen über

1. vorhandene Gefährdungen bei der Verwendung von Arbeitsmitteln einschließlich damit verbundener Gefährdungen durch die Arbeitsumgebung,
2. erforderliche Schutzmaßnahmen und Verhaltensregelungen und
3. Maßnahmen bei Betriebsstörungen, Unfällen und zur Ersten Hilfe bei Notfällen.

Der Arbeitgeber hat die Beschäftigten vor Aufnahme der Verwendung von Arbeitsmitteln tätigkeitsbezogen anhand der Informationen nach Satz 1 zu unterweisen. Danach hat er in regelmäßigen Abständen, mindestens jedoch einmal jährlich, weitere Unterweisungen durchzuführen. Das Datum einer jeden Unterweisung und die Namen der Unterwiesenen hat er schriftlich festzuhalten.

(2) Bevor Beschäftigte Arbeitsmittel erstmalig verwenden, hat der Arbeitgeber ihnen eine schriftliche Betriebsanweisung für die Verwendung des Arbeitsmittels in einer für die Beschäftigten verständlichen Form und Sprache an geeigneter Stelle zur Verfügung zu stellen. Satz 1 gilt nicht für Arbeitsmittel, für die keine Gebrauchsanleitung nach § 3 Absatz 4 des Produktsicherheitsgesetzes mitgeliefert werden muss. Anstelle einer Betriebsanweisung kann der Arbeitgeber auch eine bei der Bereitstellung des Arbeitsmittels auf dem Markt mitgelieferte Gebrauchsanleitung oder Betriebsanleitung zur Verfügung stellen, wenn diese Informationen enthalten, die einer Betriebsanweisung entsprechen. Die Betriebsanweisung ist bei sicherheitsrelevanten Änderungen der Arbeitsbedingungen zu aktualisieren und bei der regelmäßig wiederkehrenden Unterweisung nach § 12 des Arbeitsschutzgesetzes in Bezug zu nehmen.

(3) Ist die Verwendung von Arbeitsmitteln mit besonderen Gefährdungen verbunden, hat der Arbeitgeber dafür zu sorgen, dass diese nur von hierzu beauftragten Beschäftigten verwendet werden.

§ 13 Zusammenarbeit verschiedener Arbeitgeber

(1) Beabsichtigt der Arbeitgeber, in seinem Betrieb Arbeiten durch eine betriebsfremde Person (Auftragnehmer) durchführen zu lassen, so darf er dafür nur solche Auftragnehmer heranziehen, die über die für die geplanten Arbeiten erforderliche Fachkunde verfügen. Der Arbeitgeber als Auftraggeber hat die Auftragnehmer, die ihrerseits Arbeitgeber sind, über die von seinen Arbeitsmitteln ausgehenden Gefährdungen und über spezifische Verhaltensregeln zu informieren. Der Auftragnehmer hat den Auftraggeber und andere Arbeitgeber über Gefährdungen durch seine Arbeiten für Beschäftigte des Auftraggebers und anderer Arbeitgeber zu informieren.

(2) Kann eine Gefährdung von Beschäftigten anderer Arbeitgeber nicht ausgeschlossen werden, so haben alle betroffenen Arbeitgeber bei ihren Gefährdungsbeurteilungen zusammenzuwirken und die Schutzmaßnahmen so abzustimmen und durchzuführen, dass diese wirksam sind. Jeder Arbeitgeber ist dafür verantwortlich, dass seine Beschäftigten die gemeinsam festgelegten Schutzmaßnahmen anwenden.

(3) Besteht bei der Verwendung von Arbeitsmitteln eine erhöhte Gefährdung von Beschäftigten anderer Arbeitgeber, ist für die Abstimmung der jeweils erforderlichen Schutzmaßnahmen durch die beteiligten Arbeitgeber ein Koordinator/eine Koordinatorin schriftlich zu bestellen. Sofern aufgrund anderer Arbeitsschutzvorschriften bereits ein Koordinator/eine Koordinatorin bestellt ist, kann dieser/diese auch die Koordinationsaufgaben nach dieser Verordnung übernehmen. Dem Koordinator/der Koordinatorin sind von den beteiligten Arbeitgebern alle erforderlichen sicherheitsrelevanten Informationen sowie Informationen zu den festgelegten Schutzmaßnahmen zur Verfügung zu stellen. Die Bestellung eines Koordinators/einer Koordinatorin entbindet die Arbeitgeber nicht von ihrer Verantwortung nach dieser Verordnung.

§ 14 Prüfung von Arbeitsmitteln

(1) Der Arbeitgeber hat Arbeitsmittel, deren Sicherheit von den Montagebedingungen abhängt, vor der erstmaligen Verwendung von einer zur Prüfung befähigten Person prüfen zu lassen. Die Prüfung umfasst Folgendes:

1. die Kontrolle der vorschriftsmäßigen Montage oder Installation und der sicheren Funktion dieser Arbeitsmittel,
2. die rechtzeitige Feststellung von Schäden,
3. die Feststellung, ob die getroffenen sicherheitstechnischen Maßnahmen geeignet und funktionsfähig sind.

Prüfinhalte, die im Rahmen eines Konformitätsbewertungsverfahrens geprüft und dokumentiert wurden, müssen nicht erneut geprüft werden. Die Prüfung muss vor jeder Inbetriebnahme nach einer Montage stattfinden.

(2) Arbeitsmittel, die Schäden verursachenden Einflüssen ausgesetzt sind, die zu Gefährdungen der Beschäftigten führen können, hat der Arbeitgeber wiederkehrend von einer zur Prüfung befähigten Person prüfen zu lassen. Die Prüfung muss entsprechend den nach § 3 Absatz 6 ermittelten Fristen stattfinden. Ergibt die Prüfung, dass ein Arbeitsmittel nicht bis zu der nach § 3 Absatz 6 ermittelten nächsten wiederkehrenden Prüfung sicher betrieben werden kann, ist die Prüffrist neu festzulegen.

(3) Arbeitsmittel sind nach prüfpflichtigen Änderungen vor ihrer nächsten Verwendung durch eine zur Prüfung befähigte Person prüfen zu lassen. Arbeitsmittel, die von außergewöhnlichen Ereignissen betroffen sind, die schädigende Auswirkungen auf ihre Sicherheit haben können, durch die Beschäftigte gefährdet werden können, sind vor ihrer weiteren Verwendung einer außerordentlichen Prüfung durch eine zur Prüfung befähigte Person unterziehen zu lassen. Außergewöhnliche Ereignisse können insbesondere Unfälle, längere Zeiträume der Nichtverwendung der Arbeitsmittel oder Naturereignisse sein.

(4) Bei der Prüfung der in Anhang 3 genannten Arbeitsmittel gelten die dort genannten Vorgaben zusätzlich zu den Vorgaben der Absätze 1 bis 3.

(5) Der Fälligkeitstermin von wiederkehrenden Prüfungen wird jeweils mit dem Monat und dem Jahr angegeben. Die Frist für die nächste wiederkehrende Prüfung beginnt mit dem Fälligkeitstermin der letzten Prüfung. Wird eine Prüfung vor dem Fälligkeitstermin durchgeführt, beginnt die Frist für die nächste Prüfung mit dem Monat und Jahr der Durchführung. Für Arbeitsmittel mit einer Prüffrist von mehr als zwei Jahren gilt Satz 3 nur, wenn die Prüfung mehr als zwei Monate vor dem Fälligkeitstermin durchgeführt wird. Ist ein Arbeitsmittel zum Fälligkeitstermin der wiederkehrenden Prüfung außer Betrieb gesetzt, so darf es erst wieder in Betrieb genommen werden, nachdem diese Prüfung durchgeführt worden ist; in diesem Fall beginnt die Frist für die nächste wiederkehrende Prüfung mit dem Termin der Prüfung. Eine wiederkehrende Prüfung gilt als fristgerecht durchgeführt, wenn sie spätestens zwei Monate nach dem Fälligkeitstermin durchgeführt wurde. Dieser Absatz ist nur anzuwenden, soweit es sich um Arbeitsmittel nach Anhang 2 Abschnitt 2 bis 4 und Anhang 3 handelt.

(6) Zur Prüfung befähigte Personen nach § 2 Absatz 6 unterliegen bei der Durchführung der nach dieser Verordnung vorgeschriebenen Prüfungen keinen fachlichen Weisungen durch den Arbeitgeber. Zur Prüfung befähigte Personen dürfen vom Arbeitgeber wegen ihrer Prüftätigkeit nicht benachteiligt werden.

(7) Der Arbeitgeber hat dafür zu sorgen, dass das Ergebnis der Prüfung nach den Absätzen 1 bis 4 aufgezeichnet und mindestens bis zur nächsten Prüfung aufbewahrt wird. Dabei hat er dafür zu sorgen, dass die Aufzeichnungen nach Satz 1 mindestens Auskunft geben über:

1. Art der Prüfung,
2. Prüfumfang,
3. Ergebnis der Prüfung und
4. Name und Unterschrift der zur Prüfung befähigten Person; bei ausschließlich elektronisch übermittelten Dokumenten elektronische Signatur.

Aufzeichnungen können auch in elektronischer Form aufbewahrt werden. Werden Arbeitsmittel nach den Absätzen 1 und 2 sowie Anhang 3 an unterschiedlichen Betriebsorten verwendet, ist am Einsatzort ein Nachweis über die Durchführung der letzten Prüfung vorzuhalten.

(8) Die Absätze 1 bis 3 gelten nicht für überwachungsbedürftige Anlagen, soweit entsprechende Prüfungen in den §§ 15 und 16 vorgeschrieben sind. Absatz 7 gilt nicht für überwachungsbedürftige Anlagen, soweit entsprechende Aufzeichnungen in § 17 vorgeschrieben sind.

Abschnitt 3
Zusätzliche Vorschriften für überwachungsbedürftige Anlagen

§ 15 Prüfung vor Inbetriebnahme und vor Wiederinbetriebnahme nach prüfpflichtigen Änderungen

(1) Der Arbeitgeber hat sicherzustellen, dass überwachungsbedürftige Anlagen vor erstmaliger Inbetriebnahme und vor Wiederinbetriebnahme nach prüfpflichtigen Änderungen geprüft werden. Bei der Prüfung ist festzustellen,

1. ob die für die Prüfung benötigten technischen Unterlagen, wie beispielsweise eine EG-Konformitätserklärung, vorhanden sind und ihr Inhalt plausibel ist und
2. ob die Anlage einschließlich der Anlagenteile entsprechend dieser Verordnung errichtet oder geändert worden ist und sich auch unter Berücksichtigung der Aufstellbedingungen in einem sicheren Zustand befindet.

Die Prüfung ist nach Maßgabe der in Anhang 2 genannten Vorgaben durchzuführen. Prüfinhalte, die im Rahmen von Konformitätsbewertungsverfahren geprüft und dokumentiert wurden, müssen nicht erneut geprüft werden.

(2) Bei den Prüfungen nach Absatz 1 ist auch festzustellen, ob die getroffenen sicherheitstechnischen Maßnahmen geeignet und funktionsfähig sind und ob die Fristen für die nächsten wiederkehrenden Prüfungen nach § 3 Absatz 6 zutreffend festgelegt wurden. Abweichend von Satz 1 ist die Feststellung der zutreffenden Prüffrist für Druckanlagen, deren Prüffrist nach Anhang 2 Abschnitt 4 Nummer 5.4 ermittelt wird, unmittelbar nach deren Ermittlung durchzuführen. Über die in den Sätzen 1 und 2 festgelegten Prüffristen entscheidet im Streitfall die zuständige Behörde. Satz 1 gilt ferner nicht für die Eignung der sicherheitstechnischen Maßnahmen, die Gegenstand einer Erlaubnis nach § 18 oder einer Genehmigung nach anderen Rechtsvorschriften sind.

(3) Die Prüfungen nach Absatz 1 sind von einer zugelassenen Überwachungsstelle nach Anhang 2 Abschnitt 1 durchzuführen. Sofern dies in Anhang 2 Abschnitt 2, 3 oder 4 vorgesehen ist, können die Prüfungen nach Satz 1 auch von einer zur Prüfung befähigten Person durchgeführt werden. Darüber hinaus können alle Prüfungen nach prüfpflichtigen Änderungen, die nicht die Bauart oder die Betriebsweise einer überwachungsbedürftigen Anlage beeinflussen, von einer zur Prüfung befähigten Person durchgeführt werden. Bei überwachungsbedürftigen Anlagen, die für einen ortsveränderlichen Einsatz vorgesehen sind und nach der ersten Inbetriebnahme an einem neuen Standort aufgestellt werden, können die Prüfungen nach Absatz 1 durch eine zur Prüfung befähigte Person durchgeführt werden. Satz 4 gilt nicht für Dampfkesselanlagen nach § 18 Absatz 1 Satz 1 Nummer 1.

§ 16 Wiederkehrende Prüfung

(1) Der Arbeitgeber hat sicherzustellen, dass überwachungsbedürftige Anlagen nach Maßgabe der in Anhang 2 genannten Vorgaben wiederkehrend auf ihren sicheren Zustand hinsichtlich des Betriebs geprüft werden.

(2) Bei der wiederkehrenden Prüfung ist auch festzustellen, ob die Fristen für die nächsten wiederkehrenden Prüfungen nach § 3 Absatz 6 zutreffend festgelegt wurden. Im Streitfall entscheidet die zuständige Behörde.

(3) § 14 Absatz 5 gilt entsprechend. Ist eine behördlich angeordnete Prüfung durchgeführt worden, so beginnt die Frist für eine wiederkehrende Prüfung mit Monat und Jahr der Durchführung dieser Prüfung, wenn diese der wiederkehrenden Prüfung entspricht.

(4) § 15 Absatz 3 gilt entsprechend.

§ 17 Prüfaufzeichnungen und -bescheinigungen

(1) Der Arbeitgeber hat dafür zu sorgen, dass das Ergebnis der Prüfung nach den §§ 15 und 16 aufgezeichnet wird. Sofern die Prüfung von einer zugelassenen Überwachungsstelle durchzuführen ist, ist von dieser eine Prüfbescheinigung über das Ergebnis der Prüfung zu fordern. Aufzeichnungen und Prüfbescheinigungen müssen mindestens Auskunft geben über

1. Anlagenidentifikation,
2. Prüfdatum,
3. Art der Prüfung,
4. Prüfungsgrundlagen,
5. Prüfumfang,
6. Eignung und Funktionsfähigkeit der technischen Maßnahmen sowie Eignung der organisatorischen Maßnahmen,
7. Ergebnis der Prüfung,
8. die Fristen für die nächsten wiederkehrenden Prüfungen nach § 15 Absatz 2 und § 16 Absatz 2 sowie
9. Name und Unterschrift des Prüfers, bei Prüfung durch zugelassene Überwachungsstellen zusätzlich Name der zugelassenen Überwachungsstelle; bei ausschließlich elektronisch übermittelten Dokumenten die elektronische Signatur.

Aufzeichnungen und Prüfbescheinigungen sind während der gesamten Verwendungsdauer am Betriebsort der überwachungsbedürftigen Anlage aufzubewahren und der zuständigen Behörde auf Verlangen vorzulegen. Sie können auch in elektronischer Form aufbewahrt werden.

(2) Unbeschadet der Aufzeichnungen und Prüfbescheinigungen nach Absatz 1 muss in der Kabine von Aufzugsanlagen eine Kennzeichnung, zum Beispiel in Form einer Prüfplakette, deutlich sichtbar und dauerhaft angebracht sein, aus der sich Monat und Jahr der nächsten wiederkehrenden Prüfung sowie der prüfenden Stelle ergibt.

§ 18 Erlaubnispflicht

(1) Die Errichtung und der Betrieb sowie die Änderungen der Bauart oder Betriebsweise, welche die Sicherheit der Anlage beeinflussen, folgender Anlagen bedürfen der Erlaubnis der zuständigen Behörde:

1. Dampfkesselanlagen nach Anhang 2 Abschnitt 4 Nummer 2.1 Satz 1 Buchstabe a, die nach Artikel 13 in Verbindung mit Anhang II Diagramm 5 der Richtlinie 2014/68/EU des Europäischen Parlaments und des Rates vom 15. Mai 2014 zur Harmonisierung der Rechtsvorschriften der Mitgliedstaaten über die Bereitstellung von Druckgeräten auf dem Markt (ABl. L 189 vom 27. 6. 2014, S. 164) in die Kategorie IV einzustufen sind,
2. Anlagen mit Druckgeräten nach Anhang 2 Abschnitt 4 Nummer 2.1 Satz 1 Buchstabe c, in denen mit einer Füllkapazität von mehr als 10 Kilogramm je Stunde ortsbewegliche Druckgeräte im Sinne von Anhang 2 Abschnitt 4 Nummer 2.1 Satz 2 Buchstabe b mit Druckgasen zur Abgabe an Andere befüllt werden,
3. Anlagen einschließlich der Lager- und Vorratsbehälter zum Befüllen von Land-, Wasser- und Luftfahrzeugen mit entzündbaren Gasen im Sinne von Anhang 1 Nummer 2.2 der Verordnung (EG) Nr. 1272/2008 des Europäischen Parlaments und des Rates vom 16. Dezember 2008 über die Einstufung, Kennzeichnung und Verpackung von Stoffen und Gemischen, zur Änderung und Aufhebung der Richtlinien 67/548/EWG und 1999/45/EG und zur Änderung der Verordnung (EG) Nr. 1907/2006 (ABl. L 353 vom 31. 12. 2008, S. 1) zur Verwendung als Treib- oder Brennstoff (Gasfüllanlagen),
4. Räume oder Bereiche einschließlich der in ihnen vorgesehenen ortsfesten Behälter und sonstiger Lagereinrichtungen, die dazu bestimmt sind, dass in ihnen entzündbare Flüssigkeiten mit einem Gesamtrauminhalt von mehr als 10 000 Litern gelagert werden (Lageranlagen), soweit Räume oder Bereiche nicht zu Anlagen nach den Nummern 5 bis 7 gehören,
5. ortsfest errichtete oder dauerhaft am gleichen Ort verwendete Anlagen mit einer Umschlagkapazität von mehr als 1000 Litern je Stunde, die dazu bestimmt sind, dass in ihnen Transportbehälter mit entzündbaren Flüssigkeiten befüllt werden (Füllstellen),
6. ortsfeste Anlagen für die Betankung von Land-, Wasser- und Luftfahrzeugen mit entzündbaren Flüssigkeiten (Tankstellen),
7. ortsfeste Anlagen oder Bereiche auf Flugfeldern, in denen Kraftstoffbehälter von Luftfahrzeugen aus Hydrantenanlagen mit

entzündbaren Flüssigkeiten befüllt werden (Flugfeldbetankungsanlagen).

Entzündbare Flüssigkeiten nach Satz 1 Nummer 4 bis 6 sind solche mit Stoffeigenschaften nach Anhang 1 Nummer 2.6 der Verordnung (EG) Nr. 1272/2008, sofern sie einen Flammpunkt von weniger als 23 Grad Celsius haben. Zu einer Anlage im Sinne des Satzes 1 gehören auch Mess-, Steuer- und Regeleinrichtungen, die dem sicheren Betrieb dieser Anlage dienen.

(2) Absatz 1 findet keine Anwendung auf

1. Anlagen, in denen Wasserdampf oder Heißwasser in einem Herstellungsverfahren durch Wärmerückgewinnung entsteht, es sei denn, Rauchgase werden gekühlt und der entstehende Wasserdampf oder das entstehende Heißwasser werden nicht überwiegend der Verfahrensanlage zugeführt, und
2. Anlagen zum Entsorgen von Kältemitteln, die einem Wärmetauscher entnommen und in ein ortsbewegliches Druckgerät gefüllt werden.

(3) Die Erlaubnis ist schriftlich oder elektronisch zu beantragen. Ein Antrag auf eine Teilerlaubnis ist möglich. Dem Antrag sind alle Unterlagen beizufügen, die für die Beurteilung des Antrages notwendig sind. Erfolgt die Antragstellung elektronisch, kann die zuständige Behörde Mehrfertigungen sowie die Übermittlung der dem Antrag beizufügenden Unterlagen auch in schriftlicher Form verlangen. Aus den Unterlagen muss hervorgehen, dass Aufstellung, Bauart und Betriebsweise den Anforderungen dieser Verordnung und hinsichtlich des Brand- und Explosionsschutzes auch der Gefahrstoffverordnung entsprechen und dass die vorgesehenen sicherheitstechnischen Maßnahmen geeignet sind. Aus den Unterlagen muss weiterhin hervorgehen, dass

1. auch die möglichen Gefährdungen, die sich aus der Arbeitsumgebung und durch Wechselwirkungen mit anderen Arbeitsmitteln, insbesondere anderen überwachungsbedürftigen Anlagen, die in einem räumlichen oder betriebstechnischen Zusammenhang mit der beantragten Anlage verwendet werden, betrachtet wurden und die Anforderungen und die vorgesehenen Schutzmaßnahmen geeignet sind, und
2. die sich aus der Zusammenarbeit verschiedener Arbeitgeber ergebenden Maßnahmen nach § 13 berücksichtigt wurden.

Den Unterlagen ist ein Prüfbericht einer zugelassenen Überwachungsstelle beizufügen, in dem bestätigt wird, dass die Anlage bei Einhaltung der in den Unterlagen genannten Maßnahmen einschließlich der Prüfungen nach Anhang 2 Abschnitt 3 und 4 sicher betrieben werden kann.

(4) Die zuständige Behörde hat die Erlaubnis zu erteilen, wenn die vorgesehene Aufstellung, Bauart und Betriebsweise den sicherheitstechnischen Anforderungen dieser Verordnung und hinsichtlich des Brand- und Explosionsschutzes auch der Gefahrstoffverordnung entsprechen. Die Erlaubnis kann beschränkt, befristet, unter Bedingungen erteilt sowie mit Auflagen verbunden werden. Die nachträgliche Aufnahme, Änderung oder Ergänzung von Auflagen ist zulässig.

(5) Die zuständige Behörde hat über den Antrag innerhalb von drei Monaten, nachdem er bei ihr eingegangen ist, zu entscheiden. Die Frist kann in begründeten Fällen verlängert werden. Die verlängerte Frist ist zusammen mit den Gründen für die Verlängerung dem Antragsteller mitzuteilen.

Abschnitt 4 Vollzugsregelungen und Ausschuss für Betriebssicherheit

§ 19 Mitteilungspflichten, behördliche Ausnahmen

(1) Der Arbeitgeber hat bei Arbeitsmitteln nach den Anhängen 2 und 3 der zuständigen Behörde folgende Ereignisse unverzüglich anzuzeigen:

1. jeden Unfall, bei dem ein Mensch getötet oder erheblich verletzt worden ist, und

2. jeden Schadensfall, bei dem Bauteile oder sicherheitstechnische Einrichtungen versagt haben.

(2) Die zuständige Behörde kann bei überwachungsbedürftigen Anlagen vom Arbeitgeber verlangen, dass dieser das nach Absatz 1 anzuzeigende Ereignis auf seine Kosten durch eine möglichst im gegenseitigen Einvernehmen bestimmte zugelassene Überwachungsstelle sicherheitstechnisch beurteilen lässt und ihr die Beurteilung schriftlich vorlegt. Die sicherheitstechnische Beurteilung hat sich insbesondere auf die Feststellung zu erstrecken,

1. worauf das Ereignis zurückzuführen ist,
2. ob sich die überwachungsbedürftige Anlage in einem nicht sicheren Zustand befand und ob nach Behebung des Mangels eine Gefährdung nicht mehr besteht und
3. ob neue Erkenntnisse gewonnen worden sind, die andere oder zusätzliche Schutzvorkehrungen erfordern.

(3) Unbeschadet des § 22 des Arbeitsschutzgesetzes hat der Arbeitgeber der zuständigen Behörde auf Verlangen Folgendes zu übermitteln:

1. die Dokumentation der Gefährdungsbeurteilung nach § 3 Absatz 8 und die ihr zugrunde liegenden Informationen,
2. einen Nachweis, dass die Gefährdungsbeurteilung entsprechend den Anforderungen nach § 3 Absatz 2 Satz 2 erstellt wurde,
3. Angaben zu den nach § 13 des Arbeitsschutzgesetzes verantwortlichen Personen,
4. Angaben zu den getroffenen Schutzmaßnahmen einschließlich der Betriebsanweisung.

(4) Die zuständige Behörde kann auf schriftlichen Antrag des Arbeitgebers Ausnahmen von den §§ 8 bis 11 und Anhang 1 zulassen, wenn die Anwendung dieser Vorschriften für den Arbeitgeber im Einzelfall zu einer unverhältnismäßigen Härte führen würde, die Ausnahme sicherheitstechnisch vertretbar und mit dem Schutz der Beschäftigten und, soweit überwachungsbedürftige Anlagen betroffen sind, auch mit dem Schutz anderer Personen vereinbar ist. Der Arbeitgeber hat der zuständigen Behörde im Antrag Folgendes darzulegen:

1. den Grund für die Beantragung der Ausnahme,
2. die betroffenen Tätigkeiten und Verfahren,
3. die Zahl der voraussichtlich betroffenen Beschäftigten,
4. die technischen und organisatorischen Maßnahmen, die zur Gewährleistung der Sicherheit und zur Vermeidung von Gefährdungen getroffen werden sollen.

Für ihre Entscheidung kann die Behörde ein Sachverständigengutachten verlangen, dessen Kosten der Arbeitgeber zu tragen hat.

(5) Die zuständige Behörde kann bei überwachungsbedürftigen Anlagen im Einzelfall eine außerordentliche Prüfung anordnen, wenn hierfür ein besonderer Anlass besteht. Ein solcher Anlass besteht insbesondere dann, wenn ein Schadensfall eingetreten ist. Der Arbeitgeber hat eine angeordnete Prüfung unverzüglich zu veranlassen.

(6) Die zuständige Behörde kann die in Anhang 2 Abschnitt 2 bis 4 und Anhang 3 genannten Fristen im Einzelfall verkürzen, soweit es zur Gewährleistung der Sicherheit der Anlagen erforderlich ist. Die zuständige Behörde kann die in Anhang 2 Abschnitt 2 bis 4 und Anhang 3 genannten Fristen im Einzelfall verlängern, soweit die Sicherheit auf andere Weise gewährleistet ist.

§ 20 Sonderbestimmungen für überwachungsbedürftige Anlagen des Bundes

(1) Aufsichtsbehörde für die in Anhang 2 Abschnitt 2 bis 4 genannten überwachungsbedürftigen Anlagen der Wasserstraßen- und Schifffahrtsverwaltung des Bundes, der Bundeswehr und der Bundespolizei ist das zuständige Bundesministerium oder die von ihm bestimmte Behörde. Dies gilt auch für alle in Anhang 2 Abschnitt 2 bis 4 genannten überwachungsbedürftigen Anlagen auf den von der Wasserstraßen- und Schifffahrtsverwaltung des Bundes, der Bundeswehr und

der Bundespolizei genutzten Dienstliegenschaften. Für andere der Aufsicht der Bundesverwaltung unterliegende überwachungsbedürftige Anlagen nach Anhang 2 Abschnitt 2 bis 4 bestimmt sich die zuständige Aufsichtsbehörde nach § 38 Absatz 1 des Produktsicherheitsgesetzes.

(2) § 18 findet keine Anwendung auf die in Anhang 2 Abschnitt 2 bis 4 genannten überwachungsbedürftigen Anlagen der Wasserstraßen- und Schifffahrtsverwaltung des Bundes, der Bundeswehr und der Bundespolizei.

§ 21 Ausschuss für Betriebssicherheit

(1) Beim Bundesministerium für Arbeit und Soziales wird ein Ausschuss für Betriebssicherheit gebildet. Dieser Ausschuss soll aus fachkundigen Vertretern der Arbeitgeber, der Gewerkschaften, der Länderbehörden, der gesetzlichen Unfallversicherung und der zugelassenen Überwachungsstellen bestehen sowie aus weiteren fachkundigen Personen, insbesondere aus der Wissenschaft. Die Gesamtzahl der Mitglieder soll 21 Personen nicht überschreiten. Für jedes Mitglied ist ein stellvertretendes Mitglied zu benennen. Die Mitgliedschaft im Ausschuss für Betriebssicherheit ist ehrenamtlich.

(2) Das Bundesministerium für Arbeit und Soziales beruft die Mitglieder des Ausschusses und die stellvertretenden Mitglieder. Der Ausschuss gibt sich eine Geschäftsordnung und wählt die Vorsitzende oder den Vorsitzenden aus seiner Mitte. Die Geschäftsordnung und die Wahl der oder des Vorsitzenden bedürfen der Zustimmung des Bundesministeriums für Arbeit und Soziales.

(3) Das Arbeitsprogramm des Ausschusses für Betriebssicherheit wird mit dem Bundesministerium für Arbeit und Soziales abgestimmt. Der Ausschuss arbeitet eng mit den anderen Ausschüssen beim Bundesministerium für Arbeit und Soziales zusammen.

(4) Die Sitzungen des Ausschusses sind nicht öffentlich. Beratungs- und Abstimmungsergebnisse des Ausschusses sowie Niederschriften der Untergremien sind vertraulich zu behandeln, soweit die Erfüllung der Aufgaben, die den Untergremien oder den Mitgliedern des Ausschusses obliegen, dem nicht entgegenstehen.

(5) Zu den Aufgaben des Ausschusses gehört es,

1. den Stand von Wissenschaft und Technik, Arbeitsmedizin und Arbeitshygiene sowie sonstiger gesicherter arbeitswissenschaftlicher Erkenntnisse bei der Verwendung von Arbeitsmitteln zu ermitteln und dazu Empfehlungen auszusprechen,
2. zu ermitteln, wie die in dieser Verordnung gestellten Anforderungen erfüllt werden können, und dazu die dem jeweiligen Stand der Technik und der Arbeitsmedizin entsprechenden Regeln und Erkenntnisse zu erarbeiten,
3. das Bundesministerium für Arbeit und Soziales in Fragen von Sicherheit und Gesundheitsschutz bei der Verwendung von Arbeitsmitteln zu beraten und
4. die von den zugelassenen Überwachungsstellen nach § 37 Absatz 5 Nummer 8 des Produktsicherheitsgesetzes gewonnenen Erkenntnisse auszuwerten und bei den Aufgaben nach den Nummern 1 bis 3 zu berücksichtigen.

(6) Nach Prüfung kann das Bundesministerium für Arbeit und Soziales

1. die vom Ausschuss für Betriebssicherheit ermittelten Regeln und Erkenntnisse nach Absatz 5 Nummer 2 im Gemeinsamen Ministerialblatt bekannt geben und
2. die Empfehlungen nach Absatz 5 Nummer 1 sowie die Beratungsergebnisse nach Absatz 5 Nummer 3 in geeigneter Weise veröffentlichen.

(7) Die Bundesministerien sowie die zuständigen obersten Landesbehörden können zu den Sitzungen des Ausschusses Vertreter entsenden. Diesen ist auf Verlangen in der Sitzung das Wort zu erteilen.

(8) Die Geschäfte des Ausschusses führt die Bundesanstalt für Arbeitsschutz und Arbeitsmedizin.

V

Abschnitt 5 Ordnungswidrigkeiten und Straftaten, Schlussvorschriften

§ 22 Ordnungswidrigkeiten

(1) Ordnungswidrig im Sinne des § 25 Absatz 1 Nummer 1 des Arbeitsschutzgesetzes handelt, wer vorsätzlich oder fahrlässig

1. entgegen § 3 Absatz 1 Satz 1 eine Gefährdung nicht, nicht richtig oder nicht rechtzeitig beurteilt,
2. entgegen § 3 Absatz 3 Satz 3 eine Gefährdungsbeurteilung durchführt,
3. (weggefallen)
4. (weggefallen)
5. entgegen § 3 Absatz 7 Satz 4 eine Gefährdungsbeurteilung nicht oder nicht rechtzeitig aktualisiert,
6. entgegen § 3 Absatz 8 Satz 1 ein dort genanntes Ergebnis nicht oder nicht rechtzeitig dokumentiert,
7. entgegen § 4 Absatz 1 ein Arbeitsmittel verwendet,
8. entgegen § 4 Absatz 4 nicht dafür sorgt, dass Arbeitsmittel, für die in § 14 oder in Abschnitt 3 dieser Verordnung Prüfungen vorgeschrieben sind, nur verwendet werden, wenn diese Prüfungen durchgeführt und dokumentiert wurden,
9. entgegen § 5 Absatz 2 ein Arbeitsmittel verwenden lässt,
10. entgegen § 5 Absatz 4 nicht dafür sorgt, dass ein Beschäftigter nur ein dort genanntes Arbeitsmittel verwendet,
11. entgegen § 6 Absatz 1 Satz 2 in Verbindung mit Anhang 1 Nummer 1.3 Satz 1 nicht dafür sorgt, dass ein Beschäftigter nur auf einem dort genannten Platz mitfährt,
12. entgegen § 6 Absatz 1 Satz 2 in Verbindung mit Anhang 1 Nummer 1.4 Satz 1 nicht dafür sorgt, dass eine dort genannte Einrichtung vorhanden ist,
13. entgegen § 6 Absatz 1 Satz 2 in Verbindung mit Anhang 1 Nummer 1.5 eine dort genannte Maßnahme nicht oder nicht rechtzeitig trifft,
14. entgegen § 6 Absatz 1 Satz 2 in Verbindung mit Anhang 1 Nummer 1.7 Satz 1 nicht dafür sorgt, dass die dort genannte Geschwindigkeit angepasst werden kann,
15. entgegen § 6 Absatz 1 Satz 2 in Verbindung mit Anhang 1 Nummer 1.8 Satz 1 Buchstabe a nicht dafür sorgt, dass eine Verbindungseinrichtung gesichert ist,
16. entgegen § 6 Absatz 1 Satz 2 in Verbindung mit Anhang 1 Nummer 2.1 Satz 1 nicht dafür sorgt, dass die Standsicherheit oder die Festigkeit eines dort genannten Arbeitsmittels sichergestellt ist,
17. entgegen § 6 Absatz 1 Satz 2 in Verbindung mit Anhang 1 Nummer 2.1 Satz 5 ein dort genanntes Arbeitsmittel nicht richtig aufstellt oder nicht richtig verwendet,
18. entgegen § 6 Absatz 1 Satz 2 in Verbindung mit Anhang 1 Nummer 2.2 Satz 1 nicht dafür sorgt, dass ein Arbeitsmittel mit einem dort genannten Hinweis versehen ist,
19. entgegen § 6 Absatz 1 Satz 2 in Verbindung mit Anhang 1 Nummer 2.3.2 nicht dafür sorgt, dass ein dort genanntes Arbeitsmittel abgebremst und eine ungewollte Bewegung verhindert werden kann,
20. entgegen § 6 Absatz 1 Satz 2 in Verbindung mit Anhang 1 Nummer 2.4 Satz 2 nicht dafür sorgt, dass das Heben eines Beschäftigten nur mit einem dort genannten Arbeitsmittel erfolgt,
21. entgegen § 6 Absatz 1 Satz 2 in Verbindung mit Anhang 1 Nummer 2.5 Buchstabe b oder Buchstabe c nicht dafür sorgt, dass Lasten sicher angeschlagen werden oder Lasten oder Lastaufnahme oder Anschlagmittel sich nicht unbeabsichtigt lösen oder verschieben können,
22. entgegen § 6 Absatz 1 Satz 2 in Verbindung mit Anhang 1 Nummer 3.2.3 Satz 2 nicht dafür sorgt, dass ein dort genanntes Gerüst verankert wird,
23. entgegen § 6 Absatz 1 Satz 2 in Verbindung mit Anhang 1 Nummer 3.2.6 Satz 1

V

nicht dafür sorgt, dass ein Gerüst nur in der dort genannten Weise auf-, ab- oder umgebaut wird,

24. entgegen § 6 Absatz 2 Satz 1 nicht dafür sorgt, dass eine Schutzeinrichtung verwendet wird,
25. entgegen § 12 Absatz 1 Satz 1 eine Information nicht, nicht richtig, nicht vollständig oder nicht rechtzeitig zur Verfügung stellt,
26. entgegen § 12 Absatz 1 Satz 2 einen Beschäftigten nicht, nicht richtig, nicht vollständig oder nicht rechtzeitig unterweist,
27. entgegen § 12 Absatz 2 Satz 1 eine Betriebsanweisung nicht, nicht richtig, nicht vollständig oder nicht rechtzeitig zur Verfügung stellt,
28. entgegen § 14 Absatz 1 Satz 1 oder Absatz 4 Satz 1 ein Arbeitsmittel nicht oder nicht rechtzeitig prüfen lässt,
29. entgegen § 14 Absatz 3 Satz 2 ein Arbeitsmittel einer außerordentlichen Prüfung nicht oder nicht rechtzeitig unterziehen lässt,
30. entgegen § 14 Absatz 7 Satz 1 nicht dafür sorgt, dass ein Ergebnis aufgezeichnet und aufbewahrt wird,
31. entgegen § 14 Absatz 7 Satz 2 nicht dafür sorgt, dass eine Aufzeichnung eine dort genannte Auskunft gibt,
32. entgegen § 19 Absatz 1 bei einem Arbeitsmittel nach Anhang 3 Abschnitt 1 Nummer 1.1, Abschnitt 2 Nummer 1.1 Satz 1 oder Abschnitt 3 Nummer 1.1 Satz 1 eine Anzeige nicht, nicht richtig, nicht vollständig oder nicht rechtzeitig erstattet oder
33. entgegen § 19 Absatz 3 eine Dokumentation, eine Information, einen Nachweis oder eine Aufgabe nicht, nicht richtig, nicht vollständig oder nicht rechtzeitig übermittelt.

(2) Ordnungswidrig im Sinne des § 39 Absatz 1 Nummer 7 Buchstabe a des Produktsicherheitsgesetzes handelt, wer vorsätzlich oder fahrlässig

1. entgegen § 6 Absatz 1 Satz 2 in Verbindung mit Anhang 1 Nummer 4.1 Satz 1 nicht dafür sorgt, dass ein Kommunikationssystem wirksam ist,
2. entgegen § 6 Absatz 1 Satz 2 in Verbindung mit Anhang 1 Nummer 4.1 Satz 2 einen Notfallplan nicht oder nicht rechtzeitig zur Verfügung stellt,
3. entgegen § 6 Absatz 1 Satz 2 in Verbindung mit Anhang 1 Nummer 4.1 Satz 5 eine dort genannte Einrichtung nicht oder nicht rechtzeitig bereitstellt,
4. entgegen § 6 Absatz 1 Satz 2 in Verbindung mit Anhang 1 Nummer 4.1 Satz 6 nicht dafür sorgt, dass eine Person Hilfe herbeirufen kann,
5. entgegen § 6 Absatz 1 Satz 2 in Verbindung mit Anhang 1 Nummer 4.4 Satz 1 nicht dafür sorgt, dass ein Personenumlaufaufzug nur von Beschäftigten verwendet wird,

5a. entgegen § 6 Absatz 1 Satz 2 in Verbindung mit Anhang 1 Nummer 4.4 Satz 2 einen Personenumlaufaufzug durch eine andere Person verwenden lässt,

6. entgegen § 15 Absatz 1 Satz 1 nicht sicherstellt, dass eine überwachungsbedürftige Anlage geprüft wird,
7. entgegen § 16 Absatz 1 in Verbindung mit Anhang 2 Abschnitt 2 Nummer 4.1 oder 4.3, Abschnitt 3 Nummer 5.1 Satz 1 bis 3 oder 4, Nummer 5.2 Satz 1 oder Nummer 5.3 Satz 1 oder Abschnitt 4 Nummer 5.1 Satz 1, 2 oder 3, Nummer 5.2 bis 5.4 oder 5.5, Nummer 5.7 Satz 3, Nummer 5.8 oder Nummer 5.9 Satz 1 nicht sicherstellt, dass eine überwachungsbedürftige Anlage geprüft wird,
8. ohne Erlaubnis nach § 18 Absatz 1 Satz 1 eine dort genannte Anlage errichtet, betreibt oder ändert,
9. einer vollziehbaren Anordnung nach § 19 Absatz 5 Satz 1 zuwiderhandelt oder
10. eine in Absatz 1 Nummer 9 oder Nummer 24 bezeichnete Handlung in Bezug auf eine überwachungsbedürftige Anlage nach § 2 Nummer 30 des Produktsicherheitsgesetzes begeht.

(3) Ordnungswidrig im Sinne des § 39 Absatz 1 Nummer 7 Buchstabe b des Produktsicherheitsgesetzes handelt, wer vorsätzlich oder fahrlässig entgegen § 19 Absatz 1 bei einem Arbeitsmittel nach Anhang 2 Abschnitt 2 Nummer 2 Buchstabe a, Buchstabe b Satz 1 oder Buchstabe c, Abschnitt 3 Nummer 2 oder Abschnitt 4 Nummer 2.1, 2.2 oder 2.3 eine Anzeige nicht, nicht richtig, nicht vollständig oder nicht rechtzeitig erstattet.

§ 23 Straftaten

(1) Wer durch eine in § 22 Absatz 1 bezeichnete vorsätzliche Handlung Leben oder Gesundheit eines Beschäftigten gefährdet, ist nach § 26 Nummer 2 des Arbeitsschutzgesetzes strafbar.

(2) Wer eine in § 22 Absatz 2 bezeichnete vorsätzliche Handlung beharrlich wiederholt oder durch eine solche vorsätzliche Handlung Leben oder Gesundheit eines anderen oder fremde Sachen von bedeutendem Wert gefährdet, ist nach § 40 des Produktsicherheitsgesetzes strafbar.

§ 24 Übergangsvorschriften

(1) Der Weiterbetrieb einer erlaubnisbedürftigen Anlage, die vor dem 1. Juni 2015 befugt errichtet und verwendet wurde, ist zulässig. Eine Erlaubnis, die nach dem bis dahin geltenden Recht erteilt wurde, gilt als Erlaubnis im Sinne dieser Verordnung. § 18 Absatz 4 Satz 3 ist auf Anlagen nach den Sätzen 1 und 2 anwendbar.

(2) Aufzugsanlagen nach Anhang 2 Abschnitt 2 Nummer 2 Buchstabe a, die vor dem 30. Juni 1999 erstmals zur Verfügung gestellt wurden, sowie Aufzugsanlagen nach Anhang 2 Abschnitt 2 Nummer 2 Buchstabe b, die vor dem 31. Dezember 1996 erstmals zur Verfügung gestellt wurden, müssen den Anforderungen des Anhangs 1 Nummer 4.1 spätestens am 31. Dezember 2020 entsprechen. Satz 1 gilt nicht für den Notfallplan gemäß Anhang 1 Nummer 4.1 Satz 2.

(3) Bei Aufzugsanlagen nach Anhang 2 Abschnitt 2 Nummer 2 Buchstabe b, die vor dem Inkrafttreten dieser Verordnung nach den Vorschriften der bis zum 31. Mai 2015 geltenden Betriebssicherheitsverordnung erstmalig oder wiederkehrend geprüft worden sind, ist die wiederkehrende Prüfung nach Anhang 2 Abschnitt 2 Nummer 4.1 und Nummer 4.3 dieser Verordnung erstmalig nach Ablauf der nach der Prüffrist nach der bis zum 31. Mai 2015 geltenden Betriebssicherheitsverordnung durchzuführen.

(4) Die Prüfung nach Anhang 2 Abschnitt 3 Nummer 5.1 Satz 1 ist erstmals 6 Jahre nach der Prüfung vor der erstmaligen Inbetriebnahme durchzuführen. Bei Anlagen, die vor dem 1. Juni 2012 erstmals in Betrieb genommen wurden, ist die Prüfung nach Satz 1 spätestens bis zum 1. Juni 2018 durchzuführen. Die Prüfung nach Anhang 2 Abschnitt 3 Nummer 5.2 Satz 1 ist erstmals drei Jahre nach der Prüfung vor der Inbetriebnahme oder nach der Prüfung nach § 15 Absatz 15 der bis zum 31. Mai 2015 geltenden Betriebssicherheitsverordnung durchzuführen.

(5) Abweichend von Anhang 2 Abschnitt 3 Nummer 3.1 Buchstabe b und Abschnitt 4 Nummer 3 Buchstabe b dürfen zur Prüfung befähigte Personen auch ohne die dort vorgeschriebene Erfahrung Prüfungen durchführen, wenn sie nach der bis zum 31. Mai 2015 geltenden Betriebssicherheitsverordnung entsprechende Prüfungen befugt durchgeführt haben.

(6) Die Prüfung nach Anhang 2 Abschnitt 4 Nummer 5.3 ist spätestens zehn Jahre nach der letzten Prüfung der Anlage durchzuführen. Bei Anlagen nach Satz 1, die nur aus einem Anlagenteil gemäß Anhang 2 Abschnitt 4 Nummer 2.2 und zugehörigen Sicherheitseinrichtungen bestehen, kann für die Festlegung der Prüffrist nach Satz 1 die letzte Prüfung des Anlagenteils zu Grunde gelegt werden, sofern die Prüfinhalte der Prüfung des Anlagenteils den Prüfinhalten der Anlagenprüfung gleichwertig sind. Bei Anlagen, die zuletzt vor dem 1. Juni 2008 geprüft wurden, ist die Prüfung nach Satz 1 spätestens bis zum 1. Juni 2018 durchzuführen.

(7) Die Prüfung nach Anhang 2 Abschnitt 4 Nummer 7 Tabelle 12 Ziffer 7.2 ist erstmals fünf Jahre nach der letzten Prüfung der Anla-

V

ge durchzuführen. Bei Anlagen, die zuletzt vor dem 1. Juni 2012 geprüft wurden, ist die Prüfung nach Satz 1 spätestens bis zum 1. Juni 2017 durchzuführen.

(8) Die Prüfung der in Anhang 2 Abschnitt 4 Nummer 7 Tabelle 12 Ziffer 7.8 genannten Zwischenbehälter ist spätestens durchzuführen

1. innerhalb von 15 Jahren nach der letzten Prüfung, wenn diese vor dem 1. Januar 2009 durchgeführt wurde, oder
2. bis zum 31. Dezember 2023, wenn die letzte Prüfung vor dem 1. Januar 2014 durchgeführt wurde.

Anhang 1
(zu § 6 Absatz 1 Satz 2)

Besondere Vorschriften für bestimmte Arbeitsmittel

Inhaltsübersicht

1. Besondere Vorschriften für die Verwendung von mobilen, selbstfahrenden oder nicht selbstfahrenden, Arbeitsmitteln

1.1 Mobile Arbeitsmittel müssen so ausgerüstet sein, dass die Gefährdung für mitfahrende Beschäftigte so gering wie möglich gehalten wird. Dies gilt auch für die Gefährdungen der Beschäftigten durch Kontakt mit Rädern und Ketten.

1.2 Gefährdungen durch plötzliches Blockieren von Energieübertragungsvorrichtungen zwischen mobilen Arbeitsmitteln und ihren technischen Zusatzausrüstungen oder Anhängern sind durch technische Maßnahmen zu vermeiden. Sofern dies nicht möglich ist, sind andere Maßnahmen zu ergreifen, die eine Gefährdung der Beschäftigten verhindern. Es sind Maßnahmen zu treffen, die die Beschädigung der Energieübertragungsvorrichtungen verhindern.

1.3 Der Arbeitgeber hat dafür zu sorgen, dass bei mobilen Arbeitsmitteln mitfahrende Beschäftigte nur auf sicheren und für diesen Zweck ausgerüsteten Plätzen mitfahren.

Besteht die Möglichkeit des Kippens oder Überschlagens des Arbeitsmittels, hat der Arbeitgeber durch folgende Einrichtungen sicherzustellen, dass mitfahrende Beschäftigte nicht durch Überschlagen oder Kippen des Arbeitsmittels gefährdet werden:

a) eine Einrichtung, die verhindert, dass das Arbeitsmittel um mehr als eine Vierteldrehung kippt,
b) eine Einrichtung, die gewährleistet, dass ein ausreichender Freiraum um mitfahrende Beschäftigte erhalten bleibt, sofern die Kippbewegung mehr als eine Vierteldrehung ausmachen kann, oder
c) eine andere Einrichtung mit gleicher Schutzwirkung.

Falls beim Überschlagen oder Kippen des Arbeitsmittels ein mitfahrender Beschäftigter zwischen Teilen des Arbeitsmittels und dem Boden eingequetscht werden kann, muss ein Rückhaltesystem für den mitfahrenden Beschäftigten vorhanden sein.

1.4 Der Arbeitgeber hat dafür zu sorgen, dass bei Flurförderzeugen Einrichtungen vorhanden sind, die Gefährdungen aufsitzender Beschäftigter infolge Kippens oder Überschlagens der Flurförderzeuge verhindern. Solche Einrichtungen sind zum Beispiel

a) eine Fahrerkabine,
b) Einrichtungen, die das Kippen oder Überschlagen verhindern,
c) Einrichtungen, die gewährleisten, dass bei kippenden oder sich überschlagenden Flurförderzeugen für die aufsitzenden Beschäftigten zwischen Flur und Teilen der Flurförderzeuge ein ausreichender Freiraum verbleibt, oder
d) Einrichtungen, durch die die Beschäftigten auf dem Fahrersitz gehalten werden, sodass sie von Teilen umstürzender Flurförderzeuge nicht erfasst werden können.

1.5 Der Arbeitgeber hat vor der ersten Verwendung von mobilen selbstfahrenden Arbeitsmitteln Maßnahmen zu treffen, damit sie

a) gegen unerlaubtes Ingangsetzen gesichert werden können,

b) so ausgerüstet sind, dass das Ein- und Aussteigen sowie Auf- und Absteigen Beschäftigter gefahrlos möglich ist,

c) mit Vorrichtungen versehen sind, die den Schaden durch einen möglichen Zusammenstoß mehrerer schienengebundener Arbeitsmittel so weit wie möglich verringern,

d) mit einer Bremseinrichtung versehen sind; sofern erforderlich, muss zusätzlich eine Feststelleinrichtung vorhanden sein und eine über leicht zugängliche Befehlseinrichtungen oder eine Automatik ausgelöste Notbremsvorrichtung das Abbremsen und Anhalten im Fall des Versagens der Hauptbremsvorrichtung ermöglichen,

e) über geeignete Hilfsvorrichtungen, wie zum Beispiel Kamera-Monitor-Systeme verfügen, die eine Überwachung des Fahrwegs gewährleisten, falls die direkte Sicht des Fahrers nicht ausreicht, um die Sicherheit anderer Beschäftigter zu gewährleisten,

f) beim Einsatz bei Dunkelheit mit einer Beleuchtungsvorrichtung versehen sind, die für die durchzuführenden Arbeiten geeignet ist und ausreichend Sicherheit für die Beschäftigten bietet,

g) sofern durch sie selbst oder ihre Anhänger oder Ladungen eine Gefährdung durch Brand besteht, ausreichende Brandbekämpfungseinrichtungen besitzen, es sei denn, am Einsatzort sind solche Brandbekämpfungseinrichtungen in ausreichend kurzer Entfernung vorhanden,

h) sofern sie ferngesteuert sind, automatisch anhalten, wenn sie aus dem Kontrollbereich der Steuerung herausfahren,

i) sofern sie automatisch gesteuert sind und unter normalen Einsatzbedingungen mit Beschäftigten zusammenstoßen oder diese einklemmen können, mit entsprechenden Schutzvorrichtungen ausgerüstet sind, es sei denn, dass andere geeignete Vorrichtungen die Möglichkeiten eines Zusammenstoßes vermeiden, und

j) so ausgerüstet sind, dass mitzuführende Lasten und Einrichtungen gegen unkontrollierte Bewegungen gesichert werden können.

1.6 Der Arbeitgeber hat dafür zu sorgen, dass sich Beschäftigte nicht im Gefahrenbereich selbstfahrender Arbeitsmittel aufhalten. Ist die Anwesenheit aus betrieblichen Gründen unvermeidlich, hat der Arbeitgeber Maßnahmen zu treffen, um Gefährdungen der Beschäftigten so gering wie möglich zu halten.

1.7 Der Arbeitgeber hat dafür zu sorgen, dass die Geschwindigkeit von mobilen Arbeitsmitteln, die durch Mitgänger geführt werden, durch den Mitgänger angepasst werden kann. Sie müssen beim Loslassen der Befehlseinrichtungen selbsttätig unverzüglich zum Stillstand kommen.

1.8 Der Arbeitgeber hat dafür zu sorgen, dass Verbindungseinrichtungen mobiler Arbeitsmittel, die miteinander verbunden sind,

a) gegen unbeabsichtigtes Lösen gesichert sind und

b) sich gefahrlos und leicht betätigen lassen.

Der Arbeitgeber hat Vorkehrungen zu treffen, damit mobile Arbeitsmittel oder Zusatzausrüstungen miteinander verbunden oder voneinander getrennt werden können, ohne die Beschäftigten zu gefährden. Solche Verbindungen dürfen sich nicht unbeabsichtigt lösen können.

1.9 Der Arbeitgeber hat dafür zu sorgen, dass

a) selbstfahrende Arbeitsmittel nur von Beschäftigten geführt werden, die hierfür geeignet sind und eine angemessene Unterweisung erhalten haben,

b) für die Verwendung mobiler Arbeitsmittel in einem Arbeitsbereich geeignete Verkehrsregeln festgelegt und eingehalten werden,

c) bei der Verwendung von mobilen Arbeitsmitteln mit Verbrennungsmotor eine gesundheitlich unbedenkliche Atemluft vorhanden ist,

d) mobile Arbeitsmittel so abgestellt und beim Transport sowie bei der Be- und Entladung so gesichert werden, dass unbeabsichtigte Bewegungen der Arbeitsmittel, die zu Gefährdungen der Beschäftigten führen können, vermieden werden.

2. Besondere Vorschriften für die Verwendung von Arbeitsmitteln zum Heben von Lasten

2.1 Der Arbeitgeber hat dafür zu sorgen, dass die Standsicherheit und Festigkeit von Arbeitsmitteln zum Heben von Lasten, ihrer Lastaufnahmeeinrichtungen und gegebenenfalls abnehmbarer Teile jederzeit sichergestellt sind. Hierbei hat er auch besondere Bedingungen wie Witterung, Transport, Auf- und Abbau, mögliche Ausfälle und vorgesehene Prüfungen, auch mit Prüflast, zu berücksichtigen.

Sofern nach der Gefährdungsbeurteilung erforderlich, hat der Arbeitgeber Arbeitsmittel mit einer Einrichtung zu versehen, die ein Überschreiten der zulässigen Tragfähigkeit verhindert. Auch sind Belastungen der Aufhängepunkte oder der Verankerungspunkte an den tragenden Teilen zu berücksichtigen.

Demontierbare und mobile Arbeitsmittel zum Heben von Lasten müssen so aufgestellt und verwendet werden, dass die Standsicherheit des Arbeitsmittels gewährleistet ist und dessen Kippen, Verschieben oder Abrutschen verhindert wird. Der Arbeitgeber hat dafür zu sorgen, dass die korrekte Durchführung der Maßnahmen von einem hierzu besonders eingewiesenen Beschäftigten kontrolliert wird.

2.2 Der Arbeitgeber hat dafür zu sorgen, dass Arbeitsmittel zum Heben von Lasten mit einem deutlich sichtbaren Hinweis auf die zulässige Tragfähigkeit versehen sind. Sofern unterschiedliche Betriebszustände möglich sind, ist die zulässige Tragfähigkeit für die einzelnen Betriebszustände anzugeben. Lastaufnahmeeinrichtungen sind so zu kennzeichnen, dass ihre für eine sichere Verwendung grundlegenden Eigenschaften zu erkennen sind. Arbeitsmittel zum Heben von Beschäftigten müssen hierfür geeignet sein sowie deutlich sichtbar mit Hinweisen auf diesen Verwendungszweck gekennzeichnet werden.

2.3 Der Arbeitgeber hat Maßnahmen zu treffen, die verhindern, dass Lasten

a) sich ungewollt gefährlich verlagern, herabstürzen oder
b) unbeabsichtigt ausgehakt werden können.

Wenn der Aufenthalt von Beschäftigten im Gefahrenbereich nicht verhindert werden kann, muss gewährleistet sein, dass Befehlseinrichtungen zur Steuerung von Bewegungen nach ihrer Betätigung von selbst in die Nullstellung zurückgehen und die eingeleitete Bewegung unverzüglich unterbrochen wird.

2.3.1 Das flurgesteuerte Arbeitsmittel zum Heben von Lasten muss für den steuernden Beschäftigten bei maximaler Fahrgeschwindigkeit jederzeit beherrschbar sein.

2.3.2 Der Arbeitgeber hat dafür zu sorgen, dass Arbeitsmittel zum Heben von Lasten bei Hub-, Fahr- und Drehbewegungen abgebremst und ungewollte Bewegungen des Arbeitsmittels verhindert werden können.

2.3.3 Kraftbetriebene Hubbewegungen des Arbeitsmittels zum Heben von Lasten müssen begrenzt sein. Schienenfahrbahnen müssen mit Fahrbahnbegrenzungen ausgerüstet sein.

2.3.4 Können beim Verwenden von Arbeitsmitteln zum Heben von Lasten Beschäftigte gefährdet werden und befindet sich die Befehlseinrichtung nicht in der Nähe der Last, müssen die Arbeitsmittel mit Warneinrichtungen ausgerüstet sein.

2.3.5 Der Rückschlag von Betätigungseinrichtungen handbetriebener Arbeitsmittel zum Heben von Lasten muss begrenzt sein.

2.4 Beim Heben oder Fortbewegen von Beschäftigten sind insbesondere die folgenden besonderen Maßnahmen zu treffen:

a) Gefährdungen durch Absturz eines Lastaufnahmemittels sind mit geeigneten Vorrichtungen zu verhindern; Lastaufnahmemittel sind an jedem Arbeitstag auf einwandfreien Zustand zu kontrollieren,
b) das Herausfallen von Beschäftigten aus dem Personenaufnahmemittel des Arbeitsmittels zum Heben von Lasten ist zu verhindern,
c) Gefährdungen durch Quetschen oder Einklemmen der Beschäftigten oder Zusammenstoß von Beschäftigten mit Gegenständen sind zu vermeiden,
d) bei Störungen im Personenaufnahmemittel sind festsitzende Beschäftigte vor Ge-

fährdungen zu schützen und müssen gefahrlos befreit werden können.

Der Arbeitgeber hat dafür zu sorgen, dass das Heben von Beschäftigten nur mit hierfür vorgesehenen Arbeitsmitteln einschließlich der notwendigen Zusatzausrüstungen erfolgt. Abweichend davon ist das Heben von Beschäftigten mit hierfür nicht vorgesehenen Arbeitsmitteln ausnahmsweise zulässig, wenn

a) die Sicherheit der Beschäftigten auf andere Weise gewährleistet ist,
b) bei der Tätigkeit eine angemessene Aufsicht durch einen anwesenden besonders eingewiesenen Beschäftigten sichergestellt ist,
c) der Steuerstand des Arbeitsmittels ständig besetzt ist,
d) der mit der Steuerung des Arbeitsmittels beauftragte Beschäftigte hierfür besonders eingewiesen ist,
e) sichere Mittel zur Verständigung zur Verfügung stehen und
f) ein Bergungsplan für den Gefahrenfall vorliegt.

2.5 Der Arbeitgeber hat dafür zu sorgen, dass

a) Beschäftigte nicht durch hängende Lasten gefährdet werden, insbesondere hängende Lasten nicht über ungeschützte Bereiche, an denen sich für gewöhnlich Beschäftigte aufhalten, bewegt werden,
b) Lasten sicher angeschlagen werden,
c) Lasten, Lastaufnahme- sowie Anschlagmittel sich nicht unbeabsichtigt lösen oder verschieben können,
d) den Beschäftigten bei der Verwendung von Lastaufnahme- und Anschlagmitteln angemessene Informationen über deren Eigenschaften und zulässigen Einsatzgebiete zur Verfügung stehen,
e) Verbindungen von Anschlagmitteln deutlich gekennzeichnet sind, sofern sie nach der Verwendung nicht getrennt werden,
f) Lastaufnahme- und Anschlagmittel entsprechend den zu handhabenden Lasten, den Greifpunkten, den Einhakvorrichtungen, den Witterungsbedingungen sowie der Art und Weise des Anschlagens ausgewählt werden und
g) Lasten nicht mit kraftschlüssig wirkenden Lastaufnahmemitteln über ungeschützte Beschäftigte geführt werden.

2.6 Lastaufnahme- und Anschlagmittel sind so aufzubewahren, dass sie nicht beschädigt werden können und ihre Funktionsfähigkeit nicht beeinträchtigt werden kann.

2.7 Besondere Vorschriften für die Verwendung von Arbeitsmitteln zum Heben von nicht geführten Lasten

2.7.1 Überschneiden sich die Aktionsbereiche von Arbeitsmitteln zum Heben von nicht geführten Lasten, sind geeignete Maßnahmen zu treffen, um Gefährdungen durch Zusammenstöße der Arbeitsmittel zu verhindern. Ebenso sind geeignete Maßnahmen zu treffen, um Gefährdungen von Beschäftigten durch Zusammenstöße von diesen mit nicht geführten Lasten zu verhindern.

2.7.2 Es sind geeignete Maßnahmen gegen Gefährdungen von Beschäftigten durch Abstürzen von nicht geführten Lasten zu treffen. Kann der Beschäftigte, der ein Arbeitsmittel zum Heben von nicht geführten Lasten steuert, die Last weder direkt noch durch Zusatzgeräte über den gesamten Weg beobachten, ist er von einem anderen Beschäftigten einzuweisen.

2.7.3 Der Arbeitgeber hat dafür zu sorgen, dass

a) nicht geführte Lasten sicher von Hand ein- und ausgehängt werden können,
b) die Beschäftigten den Hebe- und Transportvorgang direkt oder indirekt steuern können,
c) alle Hebevorgänge mit nicht geführten Lasten so geplant und durchgeführt werden, dass die Sicherheit der Beschäftigten gewährleistet ist. Soll eine nicht geführte Last gleichzeitig durch zwei oder mehrere Arbeitsmittel angehoben werden, ist ein Verfahren festzulegen und zu überwachen, das die Zusammenarbeit der Beschäftigten sicherstellt,
d) nur solche Arbeitsmittel zum Heben von nicht geführten Lasten eingesetzt werden, die diese Lasten auch bei einem teilweisen

V

oder vollständigen Energieausfall sicher halten; ist dies nicht möglich, sind geeignete Maßnahmen zu treffen, damit die Sicherheit der Beschäftigten gewährleistet ist. Hängende, nicht geführte Lasten müssen ständig beobachtet werden, es sei denn, der Zugang zum Gefahrenbereich wird verhindert, die Last wurde sicher eingehängt und wird im hängenden Zustand sicher gehalten,

e) die Verwendung von Arbeitsmitteln zum Heben von nicht geführten Lasten im Freien eingestellt wird, wenn die Witterungsbedingungen die sichere Verwendung des Arbeitsmittels beeinträchtigen, und

f) die vom Hersteller des Arbeitsmittels zum Heben nicht geführter Lasten vorgegebenen Maßnahmen getroffen werden; dies gilt insbesondere für Maßnahmen gegen das Umkippen des Arbeitsmittels.

3. Besondere Vorschriften für die Verwendung von Arbeitsmitteln bei zeitweiligem Arbeiten auf hoch gelegenen Arbeitsplätzen

3.1 Allgemeine Mindestanforderungen

3.1.1 Diese Anforderungen gelten bei zeitweiligen Arbeiten an hoch gelegenen Arbeitsplätzen unter Verwendung von

a) Gerüsten einschließlich deren Auf-, Um- und Abbau,

b) Leitern sowie

c) von Zugangs- und Positionierungsverfahren unter der Zuhilfenahme von Seilen.

3.1.2 Können zeitweilige Arbeiten an hoch gelegenen Arbeitsplätzen nicht auf sichere Weise und unter angemessenen ergonomischen Bedingungen von einer geeigneten Standfläche aus durchgeführt werden, sind Maßnahmen zu treffen, mit denen die Gefährdung der Beschäftigten so gering wie möglich gehalten wird.

Bei der Auswahl der Zugangsmittel zu hoch gelegenen Arbeitsplätzen, an denen zeitweilige Arbeiten ausgeführt werden, sind der zu überwindende Höhenunterschied sowie Art, Dauer und Häufigkeit der Verwendung zu berücksichtigen. Arbeitsstelzen sind grundsätzlich nicht als geeignete Arbeitsmittel anzusehen. Die ausgewählten Zugangsmittel müssen auch die Flucht bei drohender Gefahr ermöglichen. Beim Zugang zum hoch gelegenen Arbeitsplatz sowie beim Abgang von diesem dürfen keine zusätzlichen Absturzgefährdungen entstehen.

3.1.3 Alle Einrichtungen, die als zeitweilige hoch gelegene Arbeitsplätze oder als Zugänge hierzu dienen, müssen insbesondere so beschaffen, bemessen, aufgestellt, unterstützt, ausgesteift und verankert sein, dass sie die bei der vorgesehenen Verwendung anfallenden Lasten aufnehmen und ableiten können. Die Einrichtungen dürfen nicht überlastet werden und müssen auch während der einzelnen Bauzustände und der gesamten Nutzungszeit standsicher sein.

3.1.4 Die Verwendung von Leitern als hoch gelegene Arbeitsplätze und von Zugangs- und Positionierungsverfahren unter Zuhilfenahme von Seilen ist nur in solchen Fällen zulässig, in denen

a) wegen der geringen Gefährdung und wegen der geringen Dauer der Verwendung die Verwendung anderer, sicherer Arbeitsmittel nicht verhältnismäßig ist und

b) die Gefährdungsbeurteilung ergibt, dass die Arbeiten sicher durchgeführt werden können.

3.1.5 An Arbeitsmitteln mit Absturzgefährdung sind Absturzsicherungen vorzusehen. Diese Vorrichtungen müssen so gestaltet und so beschaffen sein, dass Abstürze verhindert und Verletzungen der Beschäftigten so weit wie möglich vermieden werden. Feste Absturzsicherungen dürfen nur an Zugängen zu Leitern oder Treppen unterbrochen werden. Lassen sich im Einzelfall feste Absturzsicherungen nicht verwenden, müssen stattdessen andere Einrichtungen zum Auffangen abstürzender Beschäftigter vorhanden sein (zum Beispiel Auffangnetze). Individuelle Absturzsicherungen für die Beschäftigten sind nur ausnahmsweise im begründeten Einzelfall zulässig.

3.1.6 Kann eine Tätigkeit nur ausgeführt werden, wenn eine feste Absturzsicherung vorübergehend entfernt wird, so müssen wirksame Ersatzmaßnahmen für die Sicherheit der Beschäftigten getroffen werden. Die Tätigkeit darf erst ausgeführt werden, wenn diese Maßnahmen umgesetzt worden sind. Ist die Tätigkeit vorübergehend oder endgültig abgeschlossen, müssen die festen Absturzsicherungen unverzüglich wieder angebracht werden.

3.1.7 Beim Auf- und Abbau von Gerüsten sind auf der Grundlage der Gefährdungsbeurteilung geeignete Schutzmaßnahmen zu treffen, durch welche die Sicherheit der Beschäftigten stets gewährleistet ist.

3.1.8 Zeitweilige Arbeiten an hoch gelegenen Arbeitsplätzen dürfen im Freien unter Verwendung von Gerüsten einschließlich deren Auf-, Um- und Abbau sowie von Leitern und von Zugangs- und Positionierungsverfahren unter der Zuhilfenahme von Seilen nur dann ausgeführt werden, wenn die Witterungsverhältnisse die Sicherheit und die Gesundheit der Beschäftigten nicht beeinträchtigen. Insbesondere dürfen die Arbeiten nicht begonnen oder fortgesetzt werden, wenn witterungsbedingt, insbesondere durch starken oder böigen Wind, Vereisung oder Schneeglätte, die Möglichkeit besteht, dass Beschäftigte abstürzen oder durch herabfallende oder umfallende Teile verletzt werden.

3.2 Besondere Vorschriften für die Verwendung von Gerüsten

3.2.1 Kann das gewählte Gerüst nicht nach einer allgemein anerkannten Regelausführung errichtet werden, ist für das Gerüst oder einzelne Bereiche davon eine gesonderte Festigkeits- und Standfestigkeitsberechnung vorzunehmen.

3.2.2 Der für die Gerüstbauarbeiten verantwortliche Arbeitgeber oder eine von ihm bestimmte fachkundige Person hat je nach Komplexität des gewählten Gerüsts einen Plan für Aufbau, Verwendung und Abbau zu erstellen. Dabei kann es sich um eine allgemeine Aufbau- und Verwendungsanleitung handeln, die durch Detailangaben für das jeweilige Gerüst ergänzt wird.

3.2.3 Die Standsicherheit des Gerüsts muss sichergestellt sein. Der Arbeitgeber hat dafür zu sorgen, dass Gerüste, die freistehend nicht standsicher sind, vor der Verwendung verankert werden. Die Ständer eines Gerüsts sind vor der Möglichkeit des Verrutschens zu schützen, indem sie an der Auflagefläche durch eine Gleitschutzvorrichtung oder durch ein anderes, gleich geeignetes Mittel fixiert werden. Die belastete Fläche muss eine ausreichende Tragfähigkeit haben. Ein unbeabsichtigtes Fortbewegen von fahrbaren Gerüsten während der Arbeiten an hoch gelegenen Arbeitsplätzen muss durch geeignete Vorrichtungen verhindert werden. Während des Aufenthalts von Beschäftigten auf einem fahrbaren Gerüst darf dieses nicht vom Standort fortbewegt werden.

3.2.4 Die Abmessungen, die Form und die Anordnung der Lauf- und Arbeitsflächen auf Gerüsten müssen für die auszuführende Tätigkeit geeignet sein. Sie müssen an die zu erwartende Beanspruchung angepasst sein und ein gefahrloses Begehen erlauben. Sie sind dicht aneinander und so zu verlegen, dass sie bei normaler Verwendung nicht wippen und nicht verrutschen können. Zwischen den einzelnen Gerüstflächen und dem Seitenschutz darf kein Zwischenraum vorhanden sein, der zu Gefährdungen von Beschäftigten führen kann.

3.2.5 Sind bestimmte Teile eines Gerüsts nicht verwendbar, insbesondere während des Auf-, Ab- oder Umbaus, sind diese Teile mit dem Verbotszeichen „Zutritt verboten" zu kennzeichnen und durch Absperrungen, die den Zugang zu diesen Teilen verhindern, angemessen abzugrenzen.

3.2.6 Der Arbeitgeber hat dafür zu sorgen, dass Gerüste nur unter der Aufsicht einer fachkundigen Person und nach Unterweisung nach § 12 von fachlich hierfür geeigneten Beschäftigten auf-, ab- oder umgebaut werden. Die Unterweisung hat sich insbesondere zu erstrecken auf Informationen über

a) den Plan für den Auf-, Ab- oder Umbau des betreffenden Gerüsts,
b) den sicheren Auf-, Ab- oder Umbau des betreffenden Gerüsts,

c) vorbeugende Maßnahmen gegen Gefährdungen von Beschäftigten durch Absturz oder des Herabfallens von Gegenständen,
d) Sicherheitsvorkehrungen für den Fall, dass sich die Witterungsverhältnisse so verändern, dass die Sicherheit und Gesundheit der betroffenen Beschäftigten beeinträchtigt werden können,
e) zulässige Belastungen,
f) alle anderen, möglicherweise mit dem Auf-, Ab- oder Umbau verbundenen Gefährdungen.

Der fachkundigen Person, die die Gerüstarbeiten beaufsichtigt, und den betroffenen Beschäftigten muss der in Nummer 3.2.2 vorgesehene Plan mit allen darin enthaltenen Anweisungen vor Beginn der Tätigkeit vorliegen.

3.3 Besondere Vorschriften für die Verwendung von Leitern

3.3.1 Der Arbeitgeber darf Beschäftigten nur solche Leitern zur Verfügung stellen, die nach ihrer Bauart für die jeweils auszuführende Tätigkeit geeignet sind.

3.3.2 Leitern müssen während der Verwendung standsicher und sicher begehbar aufgestellt sein. Leitern müssen zusätzlich gegen Umstürzen gesichert werden, wenn die Art der auszuführenden Tätigkeit dies erfordert. Tragbare Leitern müssen so auf einem tragfähigen, unbeweglichen und ausreichend dimensionierten Untergrund stehen, dass die Stufen in horizontaler Stellung bleiben. Hängeleitern sind gegen unbeabsichtigtes Aushängen zu sichern. Sie müssen sicher und mit Ausnahme von Strickleitern so befestigt sein, dass sie nicht verrutschen oder in eine Pendelbewegung geraten können.

3.3.3 Das Verrutschen der Leiterfüße von tragbaren Leitern ist während der Verwendung dieser Leitern entweder durch Fixierung des oberen oder unteren Teils der Holme, durch eine Gleitschutzvorrichtung oder durch eine andere, gleich geeignete Maßnahme zu verhindern. Leitern, die als Aufstieg verwendet werden, müssen so beschaffen sein, dass sie weit genug über die Austrittsstelle hinausragen, sofern nicht andere Vorrichtungen ein sicheres Festhalten erlauben. Aus mehreren Teilen bestehende Steckleitern oder Schiebeleitern sind so zu verwenden, dass die Leiterteile unbeweglich miteinander verbunden bleiben. Fahrbare Leitern sind vor ihrer Verwendung so zu arretieren, dass sie nicht wegrollen können.

3.3.4 Leitern sind so zu verwenden, dass die Beschäftigten jederzeit sicher stehen und sich sicher festhalten können. Muss auf einer Leiter eine Last getragen werden, darf dies ein sicheres Festhalten nicht verhindern.

3.4 Besondere Vorschriften für Zugangs- und Positionierungsverfahren unter Zuhilfenahme von Seilen

3.4.1 Bei der Verwendung eines Zugangs- und Positionierungsverfahrens unter Zuhilfenahme von Seilen müssen folgende Bedingungen erfüllt sein:

a) Das System muss aus mindestens zwei getrennt voneinander befestigten Seilen bestehen, wobei eines als Zugangs-, Absenk- und Haltemittel (Arbeitsseil) und das andere als Sicherungsmittel (Sicherungsseil) dient.
b) Der Arbeitgeber hat dafür zu sorgen, dass die Beschäftigten geeignete Auffanggurte verwenden, über die sie mit dem Sicherungsseil verbunden sind.
c) In dem System ist ein Sitz mit angemessenem Zubehör vorzusehen, der mit dem Arbeitsseil verbunden ist.
d) Das Arbeitsseil muss mit sicheren Mitteln für das Auf- und Abseilen ausgerüstet werden. Hierzu gehört ein selbstsicherndes System, das einen Absturz verhindert, wenn Beschäftigte die Kontrolle über ihre Bewegungen verlieren. Das Sicherungsseil ist mit einer bewegungssynchron mitlaufenden, beweglichen Absturzsicherung auszurüsten.
e) Werkzeug und anderes Zubehör, das von den Beschäftigten verwendet werden soll, ist an deren Auffanggurt oder Sitz oder unter Rückgriff auf andere, gleich geeignete Mittel so zu befestigen, dass es nicht abfällt und leicht erreichbar ist.

f) Die Arbeiten sind sorgfältig zu planen und zu beaufsichtigen. Der Arbeitgeber hat dafür zu sorgen, dass den Beschäftigten bei Bedarf unmittelbar Hilfe geleistet werden kann.

g) Die Beschäftigten, die Zugangs- und Positionierungsverfahren unter Zuhilfenahme von Seilen verwenden, müssen in den vorgesehenen Arbeitsverfahren, insbesondere in Bezug auf die Rettungsverfahren, besonders eingewiesen sein.

3.4.2 Abweichend von Nummer 3.4.1 ist die Verwendung eines einzigen Seils zulässig, wenn die Gefährdungsbeurteilung ergibt, dass die Verwendung eines zweiten Seils eine größere Gefährdung bei den Arbeiten darstellen würde, und geeignete Maßnahmen getroffen werden, um die Sicherheit der Beschäftigten auf andere Weise zu gewährleisten. Dies ist in der Dokumentation der Gefährdungsbeurteilung darzulegen.

4. Besondere Vorschriften für Aufzugsanlagen

4.1 Wer eine Aufzugsanlage nach Anhang 2 Abschnitt 2 Nummer 2 Buchstabe a betreibt, hat dafür zu sorgen, dass im Fahrkorb der Aufzugsanlage ein Zweiwege-Kommunikationssystem wirksam ist, über das ein Notdienst ständig erreicht werden kann. Bei Aufzugsanlagen nach Satz 1 ist ein Notfallplan anzufertigen und einem Notdienst vor der Inbetriebnahme zur Verfügung zu stellen, damit dieser auf Notrufe unverzüglich angemessen reagieren und umgehend sachgerechte Hilfemaßnahmen einleiten kann. Sofern kein Notdienst vorhanden sein muss, ist der Notfallplan nach Satz 2 in der Nähe der Aufzugsanlage anzubringen. Der Notfallplan nach Satz 2 muss mindestens enthalten:

a) Standort der Aufzugsanlage,

b) Angaben zum verantwortlichen Arbeitgeber,

c) Angaben zu den Personen, die Zugang zu allen Einrichtungen der Anlage haben,

d) Angaben zu den Personen, die eine Befreiung Eingeschlossener vornehmen können,

e) Kontaktdaten der Personen, die Erste Hilfe leisten können (zum Beispiel Notarzt oder Feuerwehr),

f) Angaben zum voraussichtlichen Beginn einer Befreiung und

g) die Notbefreiungsanleitung für die Aufzugsanlage.

Die Notbefreiungsanleitung und die zur Befreiung Eingeschlossener erforderlichen Einrichtungen sind vor der Inbetriebnahme in unmittelbarer Nähe der Anlage bereitzustellen. Wer eine Aufzugsanlage nach Anhang 2 Abschnitt 2 Nummer 2 Buchstabe b betreibt, in der eine Person eingeschlossen werden kann, hat dafür zu sorgen, dass diese Hilfe herbeirufen kann. Bei diesen Aufzugsanlagen gelten die Sätze 2 bis 5 entsprechend.

4.2 Wer eine Aufzugsanlage nach Anhang 2 Abschnitt 2 Nummer 2 betreibt, hat Instandhaltungsmaßnahmen nach § 10 unter Berücksichtigung von Art und Intensität der Nutzung der Anlage zu treffen.

4.3 Im unmittelbaren Bereich einer Aufzugsanlage nach Anhang 2 Abschnitt 2 Nummer 2 dürfen keine Einrichtungen vorhanden sein, die den sicheren Betrieb gefährden können.

4.4 Der Arbeitgeber hat dafür zu sorgen, dass Personen-Umlaufaufzüge nur von durch ihn eingewiesenen Beschäftigten verwendet werden. Der Arbeitgeber darf Personenumlaufaufzüge von anderen Personen als Beschäftigten nur verwenden lassen, wenn er geeignete Maßnahmen zum Schutz anderer Personen vor Gefährdungen durch Personenumlaufaufzüge trifft. Soweit technische Schutzmaßnahmen nicht möglich sind oder nicht ausreichen, hat der Arbeitgeber den erforderlichen Schutz dieser Personen durch andere Maßnahmen sicherzustellen; insbesondere hat er den anderen Personen mögliche Gefährdungen bei der Verwendung von Personenumlaufaufzügen bekannt zu machen, die notwendigen Verhaltensregeln für die Benutzung festzulegen und die erforderlichen Vorkehrungen dafür zu treffen, dass diese Verhaltensregeln von den anderen Personen beachtet werden.

4.5 Der Triebwerksraum einer Aufzugsanlage nach Anhang 2 Abschnitt 2 Nummer 2 darf nur zugangsberechtigten Personen zugänglich sein.

4.6 Wer eine Aufzugsanlage nach Anhang 2 Abschnitt 2 Nummer 2 betreibt, hat sie regelmäßig auf offensichtliche Mängel, die die sichere Verwendung beeinträchtigen können, zu kontrollieren.

5. Besondere Vorschriften für Druckanlagen

5.1 Für die Erprobung von Druckanlagen ist ein schriftliches Arbeitsprogramm aufzustellen. Darin sind die einzelnen Schritte und die hierfür aufgrund der Gefährdungsbeurteilung festzulegenden Maßnahmen aufzunehmen, damit die mit der Erprobung verbundenen Risiken so gering wie möglich bleiben.

5.2 Druckanlagen dürfen nur so aufgestellt und betrieben werden, dass Beschäftigte oder andere Personen nicht gefährdet werden.

5.3 Dampfkesseln muss die zum sicheren Betrieb erforderliche Speisewassermenge zugeführt werden, solange sie beheizt werden.

5.4 Druckgase dürfen nur in geeignete Behälter abgefüllt werden.

V

Anhang 2
(zu den §§ 15 und 16)

Prüfvorschriften für überwachungsbedürftige Anlagen

Abschnitt 1 Zugelassene Überwachungsstellen

1. Zulassung von Überwachungsstellen

Zugelassene Überwachungsstellen für die Prüfungen, die nach diesem Anhang vorgeschrieben oder angeordnet sind, sind Stellen nach § 37 Absatz 1 und 2 des Produktsicherheitsgesetzes. Über die Anforderungen des § 37 Absatz 5 des Produktsicherheitsgesetzes hinaus sind folgende Voraussetzungen für die Erteilung der Befugnis zu erfüllen:

Die zugelassene Überwachungsstelle muss

a) eine Haftpflichtversicherung mit einer Deckungssumme von mindestens 2,5 Millionen Euro besitzen,
b) mindestens die Prüfung aller überwachungsbedürftigen Anlagen jeweils nach Abschnitt 2, 3 oder 4 vornehmen können,
c) eine Leitung haben, welche die Gesamtverantwortung dafür trägt, dass die Prüftätigkeiten in Übereinstimmung mit den Bestimmungen dieser Verordnung durchgeführt werden,
d) ein angemessenes, wirksames Qualitätssicherungssystem mit regelmäßiger interner Auditierung anwenden,
e) gewährleisten, dass die mit Prüfungen beschäftigten Personen nur mit solchen Aufgaben betraut werden, bei deren Erledigung die Unparteilichkeit der Personen gewahrt bleibt, und
f) über ein Vergütungssystem verfügen, bei dem die Vergütung der mit den Prüfungen beschäftigten Personen weder unmittelbar von der Anzahl der durchgeführten Prüfungen noch von deren Ergebnissen abhängt.

2. Zulassung von Prüfstellen von Unternehmen und Unternehmensgruppen

Als zugelassene Überwachungsstellen dürfen Prüfstellen von Unternehmen und Unternehmensgruppen im Sinne von § 37 Absatz 5 Satz 3 des Produktsicherheitsgesetzes benannt werden, wenn dies sicherheitstechnisch angezeigt ist, die Voraussetzungen der Nummer 1 Satz 3 Buchstabe c bis f erfüllt sind und die Prüfstellen

a) organisatorisch abgrenzbar sind,
b) innerhalb des Unternehmens oder der Unternehmensgruppe über Berichtsverfahren verfügen, die ihre Unparteilichkeit sicherstellen und belegen,
c) nicht für die Planung, die Herstellung, den Vertrieb, den Betrieb oder die Instandhaltung der überwachungsbedürftigen Anlage verantwortlich sind,
d) keinen Tätigkeiten nachgehen, die mit der Unabhängigkeit ihrer Beurteilung und ihrer Zuverlässigkeit im Rahmen ihrer Prüftätigkeiten in Konflikt kommen können, und
e) ausschließlich für das Unternehmen oder die Unternehmensgruppe arbeiten.

Die Prüfstellen dürfen nur für Prüfungen an überwachungsbedürftigen Anlagen im Sinne der Abschnitte 3 und 4 benannt werden. Zu einer Unternehmensgruppe im Sinne von Satz 1 gehören Unternehmen nach den §§ 16 und 17 des Aktiengesetzes sowie Gemeinschaftsunternehmen, an denen das Unternehmen, welchem die Prüfstelle angehört, eine Beteiligung von über 50 Prozent hält.

Abschnitt 2 Aufzugsanlagen

1. Anwendungsbereich und Ziel

Dieser Abschnitt ist für die Prüfung der in Nummer 2 aufgeführten Aufzugsanlagen vor der erstmaligen Inbetriebnahme und nach prüfpflichtigen Änderungen sowie für wiederkehrende Prüfungen anzuwenden. Die Prüfungen sind mit dem Ziel durchzuführen, den sicheren Betrieb der Aufzugsanlage bis zur nächsten Prüfung zu gewährleisten. Zur Prüfung gehören auch alle aufzugsexternen Sicherheitseinrichtungen, die für die sichere Verwendung der Aufzugsanlage erforderlich sind, wie Überdrucklüftungsanlage oder Not-

V

stromversorgung von Feuerwehraufzügen. Bei den Prüfungen nach diesem Abschnitt sollen gleichwertige Ergebnisse von Prüfungen nach anderen Rechtsvorschriften des Bundes und der Länder berücksichtigt werden.

2. Begriffsbestimmungen

Aufzugsanlagen im Sinne von Nummer 1 sind:

a) Aufzugsanlagen im Sinne der Richtlinie 2014/33/EU des Europäischen Parlaments und des Rates vom 26. Februar 2014 zur Angleichung der Rechtsvorschriften der Mitgliedstaaten über Aufzüge und Sicherheitsbauteile für Aufzüge (ABl. L 96 vom 29. 3. 2014, S. 251),

b) Maschinen im Sinne des Anhangs IV Ziffer 17 der Richtlinie 2006/42/EG des Europäischen Parlaments und des Rates vom 17. Mai 2006 über Maschinen und zur Änderung der Richtlinie 95/16/EG (Neufassung) (ABl. L 157 vom 9. 6. 2006, S. 24), sofern es sich um Maschinen handelt, die

   aa) vorübergehend ein- oder angebaut werden, um Personen oder Personen und Güter während Bau- oder Instandsetzungsarbeiten auf die unterschiedlichen Stockwerksebenen eines Gebäudes oder Ebenen eines Gerüsts oder Bauwerks zu befördern (Baustellenaufzüge), oder

   bb) ortsfest und dauerhaft montiert, installiert und verwendet werden; hierzu gehören auch Gebäuden zugeordnete Anlagen, die dazu bestimmt sind, Personen mit und ohne Arbeitsgerät und Material aufzunehmen, und deren an Tragmitteln hängende Arbeitsbühnen durch Hubwerke oder durch Hubwerke und Fahrwerke bewegt werden (Fassadenbefahranlagen).

   Ausgenommen sind folgende Maschinen:

   aa) Schiffshebewerke,

   bb) Geräte und Anlagen zur Regalbedienung,

   cc) Fahrtreppen und Fahrsteige,

   dd) Schrägbahnen, jedoch nicht Schrägaufzüge,

   ee) handbetriebene Aufzugsanlagen,

   ff) Fördereinrichtungen, die mit Kranen fest verbunden und zur Beförderung der Kranführer bestimmt sind,

   gg) versenkbare Steuerhäuser auf Binnenschiffen,

c) Personen-Umlaufaufzüge.

3. Prüfung von Aufzugsanlagen vor Inbetriebnahme und nach prüfpflichtigen Änderungen

3.1 Aufzugsanlagen im Sinne von Nummer 2 Satz 1 sind vor erstmaliger Inbetriebnahme von einer zugelassenen Überwachungsstelle zu prüfen.

3.2 Aufzugsanlagen im Sinne von Nummer 2 sind vor Wiederinbetriebnahme nach prüfpflichtigen Änderungen von einer zugelassenen Überwachungsstelle zu prüfen.

3.3 Bei der Prüfung nach den Nummern 3.1 und 3.2 ist zu prüfen, ob

a) die technischen Unterlagen, wie beispielsweise die EG-Konformitätserklärung und der Notfallplan, vorhanden sind und der Inhalt der Notbefreiungsanleitung plausibel ist,

b) die Aufzugsanlage entsprechend dieser Verordnung errichtet wurde und sicher verwendet werden kann und

c) die elektrische Anlage der Aufzugsanlage vorschriftsmäßig und, soweit erforderlich, die Notrufweiterleitung an eine ständig besetzte Stelle gewährleistet ist.

Die Prüfung nach einer prüfpflichtigen Änderung darf sich darauf beschränken, zu prüfen, ob die Aufzugsanlage vorschriftsmäßig geändert wurde und sicher funktioniert.

4. Wiederkehrende Prüfungen von Aufzugsanlagen

4.1 Aufzugsanlagen im Sinne von Nummer 2 sind regelmäßig wiederkehrend von einer zugelassenen Überwachungsstelle zu prüfen (Hauptprüfung). Die Prüfung schließt die Prüfung der Sicherheit der elektrischen Anlage, soweit dies für die Beurteilung der sicheren Verwendung der Aufzugsanlage erforderlich ist, mit ein. Die Fristen für die wiederkehrenden Prüfungen sind vom Arbeitgeber nach § 3 Absatz 6 unter Berücksichtigung der erforderlichen Instandhaltungsmaßnahmen nach Anhang 1 Nummer 4.2 festzulegen. Die Prüffrist darf zwei Jahre nicht überschreiten. § 16 Absatz 2 gilt entsprechend. Stellt die zugelassene Überwachungsstelle bei einer Prüfung fest, dass die Prüffrist unzutreffend festgelegt ist, hat der Arbeitgeber in Abstimmung mit der zugelassenen Überwachungsstelle die Prüffrist zu verkürzen. Ist der Arbeitgeber mit der Verkürzung nicht einverstanden, hat er eine Entscheidung der zuständigen Behörde herbeizuführen.

4.2 Bei der Prüfung nach Nummer 4.1 Satz 1 ist festzustellen, ob

a) die für die Prüfung benötigten technischen Unterlagen, insbesondere die EG-Konformitätserklärung und der Notfallplan, vorhanden sind und der Inhalt der Notbefreiungsanleitung plausibel ist und
b) sich die Aufzugsanlage in einem dieser Verordnung entsprechenden Zustand befindet und sicher verwendet werden kann.

4.3 Zusätzlich zu der Prüfung nach Nummer 4.1 ist in der Mitte des Prüfzeitraums zwischen zwei Prüfungen nach Nummer 4.1 eine Prüfung durchzuführen (Zwischenprüfung). § 14 Absatz 5 gilt entsprechend. Die Prüfung nach Satz 1 umfasst Sicht- und einfache Funktionsprüfungen sicherheitstechnischer Einrichtungen und die Prüfung ausgewählter sicherheitsrelevanter Bauteile. Die Prüfung ist von einer zugelassenen Überwachungsstelle durchzuführen.

Abschnitt 3
Explosionsgefährdungen

1. Anwendungsbereich und Ziel

Dieser Abschnitt gilt für Prüfungen von Arbeitsmitteln und für Prüfungen der Maßnahmen in explosionsgefährdeten Bereichen nach § 2 Absatz 14 der Gefahrstoffverordnung. Die Prüfungen sind mit dem Ziel durchzuführen, den Schutz vor Gefährdungen durch Explosionen und Brände mindestens bis zur nächsten Prüfung sicherzustellen. Bei den Prüfungen sind auch die Eignung und die Funktionsfähigkeit der technischen Schutzmaßnahmen festzustellen, die nach dieser Verordnung und der Gefahrstoffverordnung getroffen wurden. Bei den Prüfungen nach diesem Abschnitt sollen gleichwertige Ergebnisse von Prüfungen nach anderen Rechtsvorschriften des Bundes und der Länder berücksichtigt werden.

2. Begriffsbestimmung

Anlagen in explosionsgefährdeten Bereichen sind die Gesamtheit der explosionsschutzrelevanten Arbeitsmittel einschließlich der Verbindungselemente sowie der explosionsschutzrelevanten Gebäudeteile.

3. Zur Prüfung befähigte Personen

3.1 Eine zur Prüfung befähigte Person im Sinne dieses Abschnitts muss über die in § 2 Absatz 6 genannte Qualifikation hinaus

a) über eine einschlägige technische Berufsausbildung oder eine andere für die vorgesehenen Prüfungsaufgaben ausreichende technische Qualifikation verfügen,
b) über eine mindestens einjährige Erfahrung mit der Herstellung, dem Zusammenbau, dem Betrieb oder der Instandhaltung der zu prüfenden Anlagen oder Anlagenkomponenten im Sinne dieses Abschnitts verfügen und
c) ihre Kenntnisse über Explosionsgefährdungen durch Teilnahme an Schulungen oder Unterweisungen auf aktuellem Stand halten.

3.2 Zur Prüfung befähigte Personen müssen für die Durchführung von Prüfungen nach Nummer 4.2 über eine behördliche Anerkennung verfügen. Die Anerkennung ist zu erteilen, wenn die zur Prüfung befähigten Personen über die für die Prüfaufgabe erforderliche Qualifikation und Zuverlässigkeit sowie die notwendigen Prüfeinrichtungen verfügen.

3.3 Abweichend von Nummer 3.1 muss eine zur Prüfung befähigte Person, die Prüfungen nach den Nummern 4.1 und 5.1 durchführt,

a) über die in § 2 Absatz 6 genannte Qualifikation hinaus, eine der folgenden Qualifikationen besitzen:
   aa) ein einschlägiges Studium,
   bb) eine einschlägige Berufsausbildung,
   cc) eine vergleichbare technische Qualifikation oder

dd) eine andere technische Qualifikation mit langjähriger Erfahrung auf dem Gebiet der Sicherheitstechnik,

b) umfassende Kenntnisse des Explosionsschutzes einschließlich des zugehörigen Regelwerkes besitzen,

c) eine einschlägige Berufserfahrung aus einer zeitnahen Tätigkeit nachweisen können,

d) ihre Kenntnisse zum Explosionsschutz auf aktuellem Stand halten und

e) sich regelmäßig durch Teilnahme an einem einschlägigen Erfahrungsaustausch auf dem Gebiet des Explosionsschutzes fortbilden.

4. Prüfung vor Inbetriebnahme, nach prüfpflichtigen Änderungen und nach Instandsetzung

4.1 Anlagen in explosionsgefährdeten Bereichen sind vor der erstmaligen Inbetriebnahme und vor der Wiederinbetriebnahme nach prüfpflichtigen Änderungen auf Explosionssicherheit zu prüfen. Hierbei sind das im Explosionsschutzdokument nach § 6 Absatz 9 Nummer 2 der Gefahrstoffverordnung dargelegte Explosionsschutzkonzept und die Zoneneinteilung zu berücksichtigen. Bei der Prüfung ist festzustellen, ob

a) die für die Prüfung benötigten technischen Unterlagen vollständig vorhanden sind und ihr Inhalt plausibel ist,

b) die Anlage entsprechend dieser Verordnung errichtet wurde und in einem sicheren Zustand ist,

c) die festgelegten technischen Maßnahmen geeignet und funktionsfähig und die festgelegten organisatorischen Maßnahmen geeignet sind und

d) die Prüfungen nach Satz 7 durchgeführt und die dabei festgestellten Mängel behoben wurden.

Die Prüfung nach einer prüfpflichtigen Änderung darf sich darauf beschränken zu prüfen, ob die Anlage im explosionsgefährdeten Bereich entsprechend dieser Verordnung geändert wurde und vorschriftsmäßig funktioniert. Zusätzlich ist bei Anlagen nach § 18 Absatz 1 Satz 1 Nummer 3 bis 7 zu prüfen, ob die erforderlichen Maßnahmen zum Brandschutz eingehalten sind.

Mit Ausnahme der Anlagen nach § 18 Absatz 1 Satz 1 Nummer 3 bis 7 dürfen die Prüfungen auch von einer zur Prüfung befähigten Person nach Nummer 3.3 durchgeführt werden. Mit Ausnahme von Anlagen nach § 18 Absatz 1 Satz 1 Nummer 3 bis 7 dürfen die Prüfungen von

- Lüftungsanlagen,
- Gaswarneinrichtungen,
- Inertisierungseinrichtungen und
- Geräten, Schutzsystemen, Sicherheits-, Kontroll- und Regelvorrichtungen im Sinne der Richtlinie 2014/34/EU

als Bestandteil einer Anlage in explosionsgefährdeten Bereichen mit ihren Verbindungseinrichtungen und ihren Wechselwirkungen mit anderen Anlagenteilen auch von einer zur Prüfung befähigten Person nach Nummer 3.1 durchgeführt werden.

4.2 Geräte, Schutzsysteme oder Sicherheits-, Kontroll- oder Regelvorrichtungen im Sinne der Richtlinie 2014/34/EU dürfen nach einer Instandsetzung hinsichtlich eines Teils, von dem der Explosionsschutz abhängt, erst wieder in Betrieb genommen werden, nachdem im Rahmen einer Prüfung festgestellt wurde, dass das Teil in den für den Explosionsschutz wesentlichen Merkmalen den gestellten Anforderungen entspricht. Diese Prüfung darf durch eine zur Prüfung befähigte Person nach Nummer 3.2 durchgeführt werden. Satz 1 gilt nicht, wenn Geräte, Schutzsysteme oder Sicherheits-, Kontroll- oder Regelvorrichtungen im Sinne der Richtlinie 2014/34/EU nach der Instandsetzung durch den Hersteller einer Prüfung unterzogen werden und der Hersteller bestätigt, dass das Gerät, das Schutzsystem oder die Sicherheits-, Kontroll- oder Regelvorrichtung in den für den Explosionsschutz wesentlichen Merkmalen den Anforderungen dieser Verordnung entspricht.

5. Wiederkehrende Prüfungen

5.1 Anlagen in explosionsgefährdeten Bereichen sind mindestens alle sechs Jahre auf Explosionssicherheit zu prüfen. Hierbei sind das Explosionsschutzdokument und die Zoneneinteilung zu berücksichtigen. Bei der Prüfung ist festzustellen, ob

a) die für die Prüfung benötigten technischen Unterlagen vollständig vorhanden sind und ihr Inhalt plausibel ist,
b) die Prüfungen nach den Nummern 5.2 und 5.3 durchgeführt und die dabei festgestellten Mängel behoben wurden, oder ob das Instandhaltungskonzept nach Nummer 5.4 geeignet ist und angewendet wird,
c) sich die Anlage in einem dieser Verordnung entsprechenden Zustand befindet und sicher verwendet werden kann und
d) die festgelegten technischen Maßnahmen geeignet und funktionsfähig und die festgelegten organisatorischen Maßnahmen geeignet sind.

Zusätzlich ist bei Anlagen nach § 18 Absatz 1 Satz 1 Nummer 3 bis 7 zu prüfen, ob die erforderlichen Maßnahmen zum Brandschutz eingehalten sind.

Mit Ausnahme der Anlagen nach § 18 Absatz 1 Satz 1 Nummer 3 bis 7 dürfen die Prüfungen auch von einer zur Prüfung befähigten Person nach Nummer 3.3 durchgeführt werden.

5.2 Geräte, Schutzsysteme, Sicherheits-, Kontroll- und Regelvorrichtungen im Sinne der Richtlinie 2014/34/EU mit ihren Verbindungseinrichtungen sind, auch als Bestandteil von Anlagen in explosionsgefährdeten Bereichen nach Nummer 2 und von Anlagen nach § 18 Absatz 1 Satz 1 Nummer 3 bis 7, unter Berücksichtigung von Wechselwirkungen mit anderen Anlagenteilen, wiederkehrend mindestens alle drei Jahre zu prüfen. Die Prüfung kann von einer zur Prüfung befähigten Person nach Nummer 3.1 durchgeführt werden.

5.3 Lüftungsanlagen, Gaswarneinrichtungen und Inertisierungseinrichtungen sind, auch als Bestandteil von Anlagen in explosionsgefährdeten Bereichen nach Nummer 2 und von Anlagen nach § 18 Absatz 1 Satz 1 Nummer 3 bis 7, unter Berücksichtigung von Wechselwirkungen mit anderen Anlagenteilen, wiederkehrend jährlich zu prüfen. Die Prüfung kann von einer zur Prüfung befähigten Person nach Nummer 3.1 durchgeführt werden.

5.4 Auf die wiederkehrenden Prüfungen nach den Nummern 5.2 und 5.3 kann verzichtet werden, wenn der Arbeitgeber im Rahmen der Dokumentation der Gefährdungsbeurteilung ein Instandhaltungskonzept festgelegt hat, das gleichwertig sicherstellt, dass ein sicherer Zustand der Anlagen aufrechterhalten wird und die Explosionssicherheit dauerhaft gewährleistet ist. Die Eignung des Instandhaltungskonzepts ist im Rahmen der Prüfung nach Nummer 4.1 zu bewerten. Die im Rahmen des Instandhaltungskonzepts durchgeführten Arbeiten und Maßnahmen an der Anlage sind zu dokumentieren und der Behörde auf Verlangen darzulegen.

Abschnitt 4
Druckanlagen

1. Anwendungsbereich und Ziel

Dieser Abschnitt gilt für die Prüfung der in den Nummern 2.1 und 2.2 aufgeführten Druckanlagen und Anlagenteile vor der erstmaligen Inbetriebnahme und nach prüfpflichtigen Änderungen sowie für wiederkehrende Prüfungen. Die Prüfungen sind mit dem Ziel durchzuführen, den sicheren Betrieb der Druckanlage bis zur nächsten Prüfung zu gewährleisten. Bei den Prüfungen sind die sicherheitsrelevanten Aufstellungs- und Umgebungsbedingungen sowie bei Dampfkesselanlagen der Aufstellungsraum einzubeziehen. Bei den Prüfungen nach diesem Abschnitt sollen gleichwertige Ergebnisse von Prüfungen nach anderen Rechtsvorschriften des Bundes und der Länder berücksichtigt werden.

2. Begriffsbestimmungen

2.1 Druckanlagen im Sinne der Nummer 1 sind

a) Dampfkesselanlagen, die beheizte überhitzungsgefährdete Druckgeräte zur Erzeugung von Dampf oder Heißwasser mit einer Temperatur von mehr als 110 Grad Celsius beinhalten,
b) Druckbehälteranlagen außer Dampfkesselanlagen,

V

c) Anlagen zur Abfüllung von verdichteten, verflüssigten oder unter Druck gelösten Gasen einschließlich der Lager- und Vorratsbehälter (Füllanlagen), die dazu bestimmt sind, dass in ihnen folgende Behälter, Geräte oder Fahrzeuge befüllt werden:
   aa) Druckbehälter zum Lagern von Gasen aus ortsbeweglichen Druckgeräten,
   bb) ortsbewegliche Druckgeräte,
   cc) Land-, Wasser- oder Luftfahrzeuge mit Gasen zur Verwendung als Treib- oder Brennstoff,
d) Rohrleitungsanlagen unter innerem Überdruck für Gase, Dämpfe oder Flüssigkeiten, die nach Anhang I der Verordnung (EG) Nr. 1272/2008 zu kennzeichnen sind als
   aa) entzündbare Gase mit den Gefahrenhinweisen H220 oder H221,
   bb) entzündbare Flüssigkeiten, sofern sie einen Flammpunkt von höchstens 55 Grad Celsius haben, mit den Gefahrenhinweisen H224, H225 oder H226,
   cc) pyrophore Flüssigkeiten mit dem Gefahrenhinweis H250,
   dd) akut toxisch mit den Gefahrenhinweisen H300, H310 oder H330,
   ee) ätzend mit dem Gefahrenhinweis H314.

Druckanlagen müssen zugleich sein oder enthalten
a) Druckgeräte im Sinne der Richtlinie 2014/68/EU des Europäischen Parlaments und des Rates vom 15. Mai 2014 zur Harmonisierung der Rechtsvorschriften der Mitgliedstaaten über die Bereitstellung von Druckgeräten auf dem Markt (ABl. L 189 vom 27. 6. 2014, S. 164, L 157 vom 23. 6. 2015, S. 112), mit Ausnahme der Druckgeräte im Sinne des Artikels 4 Absatz 3 dieser Richtlinie,
b) ortsbewegliche Druckgeräte im Sinne der Richtlinie 2010/35/EU des Europäischen Parlaments und des Rates vom 16. Juni 2010 über ortsbewegliche Druckgeräte und zur Aufhebung der Richtlinien des Rates 76/767/EWG, 84/525/EWG, 84/526/EWG, 84/527/EWG und 1999/36/EG (ABl. L 165 vom 30. 6. 2010, S. 1), wobei Artikel 1 Absatz 3 der Richtlinie 2010/35/EU keine Anwendung findet, oder
c) einfache Druckbehälter im Sinne der Richtlinie 2014/29/EU des Europäischen Parlaments und des Rates vom 26. Februar 2014 zur Harmonisierung der Rechtsvorschriften der Mitgliedstaaten über die Bereitstellung einfacher Druckbehälter auf dem Markt (ABl. L 96 vom 29. 3. 2014, S. 45), mit Ausnahme von einfachen Druckbehältern mit einem Druckinhaltsprodukt von höchstens 50 Bar · Liter.

2.2 Anlagenteile im Sinne der Nummer 1 sind
a) Druckgeräte nach Nummer 2.1 Satz 2 Buchstabe a, die Druckbehälter sind,
b) Druckgeräte nach Nummer 2.1 Satz 2 Buchstabe a, die Dampf- oder Heißwassererzeuger sind,
c) Druckgeräte nach Nummer 2.1 Satz 2 Buchstabe a, die Rohrleitungen für die unter Nummer 2.1 Satz 1 Buchstabe d aufgeführten Fluide sind,
d) einfache Druckbehälter nach Nummer 2.1 Satz 2 Buchstabe c,
e) ortsbewegliche Druckgeräte nach Nummer 2.1 Satz 2 Buchstabe b.

Ausrüstungsteile im Sinne von Artikel 2 Nummer 4 der Richtlinie 2014/68/EU sowie alle weiteren die Sicherheit beeinflussenden Ausrüstungsteile sind den jeweiligen Anlagenteilen zuzuordnen.

2.3 Für die Zuordnung von Anlagenteilen nach Nummer 2.2 zu Nummer 6 Tabelle 3 bis 11 gilt:
a) Überhitzte Flüssigkeiten sind Flüssigkeiten, deren Dampfdruck bei der maximal zulässigen Temperatur um mehr als 0,5 Bar über dem normalen Atmosphärendruck (1,013 Bar) liegt.
b) Fluidgruppe 1 im Sinne dieses Abschnitts umfasst Fluide, die nach Anhang I der Verordnung (EG) Nr. 1272/2008 zu kennzeichnen sind als
   aa) explosive Stoffe/Gemische mit den Gefahrenhinweisen H200, H201, H202, H203, H204 oder H205,

V

bb) entzündbare Gase mit den Gefahrenhinweisen H220 oder H221,
cc) entzündbare Flüssigkeiten mit den Gefahrenhinweisen H224, H225 oder H226,
dd) pyrophore Flüssigkeiten mit dem Gefahrenhinweis H250,
ee) akut toxisch mit den Gefahrenhinweisen H300, H310 oder H330,
ff) oxidierende Flüssigkeiten mit den Gefahrenhinweisen H271 oder H272,
gg) oxidierende Gase mit dem Gefahrenhinweis H270.

Entzündbare Flüssigkeiten, die mit dem Gefahrenhinweis H226 zu kennzeichnen sind, zählen nur dann zur Fluidgruppe 1, wenn sie einen Flammpunkt von höchstens 55 Grad Celsius haben und die bei der Verwendung maximal zulässige Temperatur über dem Flammpunkt liegt.

Die Fluidgruppe 2 umfasst alle Fluide, die nicht unter Fluidgruppe 1 genannt sind.

c) Ätzend sind Stoffe und Gemische, die mit dem Gefahrenhinweis H314 zu kennzeichnen sind.

2.4 Für die Zuordnung von Anlagenteilen nach Nummer 2.2 zu Nummer 6 Tabelle 2 bis 11 kann anstelle des vom Hersteller angegebenen maximal zulässigen Drucks PS auch der vom Arbeitgeber festgelegte zulässige Betriebsdruck P_B zugrunde gelegt werden. Dieser Betriebsdruck ist in der Gefährdungsbeurteilung zu dokumentieren und in die Prüfbescheinigung oder die Aufzeichnung über die Prüfung vor der erstmaligen Inbetriebnahme oder über die Prüfung nach einer prüfpflichtigen Änderung aufzunehmen.

3. Zur Prüfung befähigte Personen

Eine zur Prüfung befähigte Person gemäß § 2 Absatz 6, die Prüfungen nach diesem Abschnitt durchführt, muss, bezogen auf die jeweilige Prüfaufgabe, folgenden Anforderungen genügen:

a) sie verfügt über eine einschlägige technische Berufsausbildung oder eine für die vorgesehenen Prüfungsaufgaben ausreichende technische Qualifikation,
b) sie besitzt ausreichende Kenntnisse des zugehörigen Regelwerkes,
c) sie verfügt über eine mindestens einjährige Erfahrung mit der Herstellung, dem Zusammenbau, dem Betrieb oder der Instandhaltung der zu prüfenden Druckanlagen oder Anlagenteile im Sinne dieses Abschnitts und
d) sie hält ihre Kenntnisse über Druckgefährdungen durch Teilnahme an Schulungen oder Unterweisungen, insbesondere zu folgenden Themen, auf aktuellem Stand:
   aa) Konstruktions- und Herstellungsverfahren,
   bb) Ausrüstung und Absicherungskonzepte,
   cc) Montage, Installation (Aufstellung) und Betrieb beziehungsweise Verwendung,
   dd) bestimmungsgemäßer Betrieb,
   ee) Gefährdungsbeurteilung,
   ff) Prüfungen, Prüffristen, Prüfverfahren einschließlich der Bewertung der Ergebnisse und
   gg) in der Praxis vorkommende, relevante Einflüsse und Schadensbilder.

4. Prüfungen von Druckanlagen und Anlagenteilen vor Inbetriebnahme und nach prüfpflichtigen Änderungen

4.1 Druckanlagen nach Nummer 2.1 einschließlich ihrer Anlagenteile nach Nummer 2.2 sind vor der erstmaligen Inbetriebnahme und nach prüfpflichtigen Änderungen zu prüfen.

Dampfkesselanlagen zur Erzeugung von Dampf oder Heißwasser, die länger als zwei Jahre außer Betrieb waren, dürfen erst wieder in Betrieb genommen werden, nachdem ihre Anlagenteile nach Nummer 2.2 Buchstabe b einer inneren Prüfung unterzogen worden sind.

4.2 Bei der Prüfung vor Inbetriebnahme ist zu prüfen, ob

a) die für die Prüfung benötigten technischen Unterlagen, wie beispielsweise die Betriebsanleitung, vorhanden sind und ihr Inhalt plausibel ist,

V

b) die Druckanlage einschließlich der Anlagenteile vorschriftsmäßig errichtet wurde und in einem sicheren Zustand ist und
c) die festgelegten technischen Schutzmaßnahmen geeignet und funktionsfähig und die festgelegten organisatorischen Maßnahmen geeignet sind.

Die Prüfung nach einer prüfpflichtigen Änderung darf sich darauf beschränken zu prüfen, ob die Druckanlage vorschriftsmäßig geändert wurde und sicher funktioniert.

5. Wiederkehrende Prüfungen von Druckanlagen und Anlagenteilen

5.1 Druckanlagen nach Nummer 2.1 und ihre Anlagenteile nach Nummer 2.2 sind wiederkehrend zu prüfen.

5.2 Bei der wiederkehrenden Prüfung ist festzustellen, ob

a) die für die Prüfung benötigten technischen Unterlagen vorhanden sind und ihr Inhalt plausibel ist,
b) sich die Druckanlage in einem vorschriftsmäßigen Zustand befindet und sicher verwendet werden kann und
c) die festgelegten technischen Maßnahmen geeignet und funktionsfähig und die festgelegten organisatorischen Maßnahmen geeignet sind.

5.3 Die vom Arbeitgeber im Rahmen der Gefährdungsbeurteilung festzulegende Prüffrist für die Druckanlage nach Nummer 2.1 darf zehn Jahre nicht überschreiten.

5.4 Die nach § 3 Absatz 6 im Rahmen der Gefährdungsbeurteilung festzulegende Prüffrist muss bei Druckanlagen nach diesem Abschnitt spätestens innerhalb von sechs Monaten nach der Inbetriebnahme der Druckanlage ermittelt werden.

5.5 Wiederkehrende Prüfungen der Anlagenteile nach Nummer 2.2 bestehen aus äußeren Prüfungen, inneren Prüfungen und Festigkeitsprüfungen.

5.6 Äußere Prüfungen von Anlagenteilen können entfallen

a) bei Druckbehältern nach Nummer 2.2 Buchstabe a, es sei denn, sie sind feuerbeheizt, abgasbeheizt oder elektrisch beheizt,
b) bei einfachen Druckbehältern nach Nummer 2.2 Buchstabe d.

Bei Rohrleitungen nach Nummer 2.2 Buchstabe c können innere Prüfungen entfallen.

5.7 Bei Prüfungen von Anlagenteilen können ersetzt werden

a) Besichtigungen bei inneren Prüfungen durch andere Verfahren und
b) statische Druckproben bei Festigkeitsprüfungen durch zerstörungsfreie Verfahren,

wenn der Arbeitgeber ein von einer zugelassenen Überwachungsstelle bestätigtes Prüfkonzept vorlegt, mit dem sicherheitstechnisch gleichwertige Aussagen erreicht werden. Auf der Grundlage eines Prüfkonzepts können auch Maßnahmen festgelegt werden, auf deren Grundlage eine Prüfaussage getroffen werden kann, ohne dass dazu die Druckanlage oder Anlagenteile außer Betrieb genommen werden müssen. Ein Prüfergebnis darf nicht von einer Druckanlage auf eine andere Druckanlage übertragen werden. Abweichend von Satz 1 kann die Bestätigung des Prüfkonzeptes durch eine zur Prüfung befähigte Person erfolgen, wenn die betreffenden Anlagenteile nach Nummer 6 oder 7 wiederkehrend von einer zur Prüfung befähigten Person geprüft werden dürfen.

5.8 Für Anlagenteile, die nach Nummer 6 Tabelle 2 bis 11 wiederkehrend von einer zugelassenen Überwachungsstelle zu prüfen sind, gelten die in Tabelle 1 festgelegten Höchstfristen.

Tabelle 1
Höchstfristen für die wiederkehrenden Prüfungen von Anlagenteilen durch eine zugelassene Überwachungsstelle

	Anlagenteil	Äußere Prüfung	Innere Prüfung	Festigkeitsprüfung
1	Dampfkessel nach Nr. 6 Tabelle 2	1 Jahr	3 Jahre	9 Jahre
2	Druckbehälter nach Nr. 6 Tabelle 3, 4, 5 und 6	2 Jahre (Ausnahmen nach Nr. 5.6 Satz 1)	5 Jahre	10 Jahre
3	Einfache Druckbehälter nach Nr. 6 Tabelle 7	entfällt	5 Jahre	10 Jahre
4	Rohrleitungen nach Nr. 6 Tabelle 8, 9, 10 und 11	5 Jahre	entfällt	5 Jahre

5.9 Für Anlagenteile, die nach Nummer 6 Tabelle 2 bis 9 wiederkehrend von einer zur Prüfung befähigten Person geprüft werden dürfen, darf die vom Arbeitgeber im Rahmen einer Gefährdungsbeurteilung festzulegende Prüffrist höchstens zehn Jahre betragen. Abweichend von Satz 1 kann die Frist der Festigkeitsprüfungen auf 15 Jahre verlängert werden, wenn im Rahmen der äußeren beziehungsweise inneren Prüfung nachgewiesen wird, dass die Druckanlage sicher betrieben werden kann. Der Nachweis ist in der Dokumentation der Gefährdungsbeurteilung darzulegen.

6. Prüfzuständigkeiten

Die Prüfungen nach Nummer 4 und 5 sind von einer zugelassenen Überwachungsstelle durchzuführen. Abweichend von Satz 1 können die Prüfungen von zur Prüfung befähigten Personen durchgeführt werden, wenn dies in Tabelle 2 bis 11 oder in Nummer 7 Tabelle 12 vorgesehen ist. Setzt sich eine Druckanlage ausschließlich aus Anlagenteilen zusammen, bei denen die Prüfungen nach Nummer 4 oder nach Nummer 5 von zur Prüfung befähigten Personen durchgeführt werden dürfen, dürfen die entsprechenden Prüfungen nach Nummer 4 oder Nummer 5 für diese Druckanlage ebenfalls von einer zur Prüfung befähigten Person durchgeführt werden. In den Tabellen 2 bis 11 werden folgende Abkürzungen verwendet: ZÜS – zugelassene Überwachungsstelle; bP – zur Prüfung befähigte Person.

Tabelle 2
Prüfzuständigkeiten bei beheizten überhitzungsgefährdeten Druckgeräten zur Erzeugung von Dampf oder Heißwasser mit einer Temperatur von mehr als 110 Grad Celsius nach Nummer 2.2 Satz 1 Buchstabe b

	V [Liter]	PS [Bar]	PS · V [Bar · Liter]	Prüfungen nach Nr. 4	Prüfungen nach Nr. 5
1	> 2	$0{,}5 > PS \leq 32$	≤ 200	bP	bP
2	≤ 1000	$0{,}5 > PS \leq 32$	$200 < PS \cdot V \leq 1000$	ZÜS	bP
3	> 1000	$0{,}5 > PS \leq 32$			
4	≤ 1000	$0{,}5 > PS \leq 32$	> 1000	ZÜS	ZÜS
5	> 2	> 32			

Tabelle 3
Prüfzuständigkeiten bei Druckbehältern und ortsbeweglichen Druckgeräten nach Nummer 2.2 Satz 1 Buchstabe a und e für Gase, Dämpfe und überhitzte Flüssigkeiten der Fluidgruppe 1

	V [Liter]	PS [Bar]	PS · V [Bar · Liter]	Prüfungen nach Nr. 4	Prüfungen nach Nr. 5
1	$1 < V \leq 200$	$> 0{,}5$	$25 < PS \cdot V \leq 200$	bP	bP
2	> 200	$0{,}5 < PS \leq 1$			
3	≤ 1	$200 < PS \leq 1000$			
4	> 1	> 1	$200 < PS \cdot V \leq 1000$	ZÜS	bP
5	≤ 1	> 1000		ZÜS	ZÜS
6	> 1	> 1	> 1000		

Tabelle 4
Prüfzuständigkeiten bei Druckbehältern und ortsbeweglichen Druckgeräten nach Nummer 2.2 Satz 1 Buchstabe a und e für Gase, Dämpfe und überhitzte Flüssigkeiten der Fluidgruppe 2

	V [Liter]	PS [Bar]	PS · V [Bar · Liter]	Prüfung nach Nr. 4	Prüfungen nach Nr. 5
1	$1 < V \leq 200$	$> 0{,}5$	$50 < PS \cdot V \leq 200$	bP	bP
2	> 200	$0{,}5 < PS \leq 1$			
3	> 1	> 1	$200 < PS \cdot V \leq 1000$	ZÜS	bP
4	≤ 1	> 1000		ZÜS	ZÜS
5	> 1	> 1	> 1000		

Tabelle 5
Prüfzuständigkeiten bei Druckbehältern und ortsbeweglichen Druckgeräten nach Nummer 2.2 Satz 1 Buchstabe a und e für nicht überhitzte Flüssigkeiten der Fluidgruppe 1

	V [Liter]	PS [Bar]	PS · V [Bar · Liter]	Prüfungen nach Nr. 4	Prüfungen nach Nr. 5
1		$0{,}5 < PS \leq 10$	> 200	bP	bP
2	≤ 1	> 500	≤ 1000		
3	≤ 1	> 500	$1000 < PS \cdot V \leq 10\,000$	ZÜS	bP
4	> 1	> 500	$\leq 10\,000$		
5	> 1	$10 < PS \leq 500$	> 200		
6		> 500	$> 10\,000$	ZÜS	ZÜS

Tabelle 6
Prüfzuständigkeiten bei Druckbehältern und ortsbeweglichen Druckgeräten nach Nummer 2.2 Satz 1 Buchstabe a und e für nicht überhitzte Flüssigkeiten der Fluidgruppe 2

	V [Liter]	PS [Bar]	PS · V [Bar · Liter]	Prüfungen nach Nr. 4	Prüfungen nach Nr. 5
1	≤ 1	> 1000	≤ 1000	bP	bP
2	≤ 10	> 1000	1000 < PS · V ≤ 10 000	ZÜS	bP
3		10 < PS ≤ 500	> 10 000		
4		> 500	> 10 000	ZÜS	ZÜS

Tabelle 7
Prüfzuständigkeiten bei einfachen Druckbehältern nach Nummer 2.2 Satz 1 Buchstabe d

	V [Liter]	PS [Bar]	PS · V [Bar · Liter]	Prüfung vor Inbetriebnahme	Wiederkehrende Prüfung
1		0,5 < PS ≤ 30	50 < PS · V ≤ 200	bP	bP
2		0,5 < PS ≤ 1	200 < PS · V ≤ 10 000		
3		1 < PS ≤ 30	200 < PS · V ≤ 1000	ZÜS	bP
4		1 < PS ≤ 30	1000 < PS · V ≤ 10 000	ZÜS	ZÜS

Tabelle 8
Prüfzuständigkeiten bei Rohrleitungen nach Nummer 2.2 Satz 1 Buchstabe c für Gase, Dämpfe und überhitzte Flüssigkeiten, die nach Anhang I der Verordnung (EG) Nr. 1272/2008 zu kennzeichnen sind als

- **entzündbare Gase mit den Gefahrenhinweisen H220 oder H221,**
- **entzündbare Flüssigkeiten mit den Gefahrenhinweisen H224 oder H225,**
- **entzündbare Flüssigkeiten, wenn bei der Verwendung die maximal zulässige Temperatur über dem Flammpunkt liegt, aber begrenzt auf einen Flammpunkt von 55 Grad Celsius, mit dem Gefahrenhinweis H226,**
- **pyrophore Flüssigkeiten mit dem Gefahrenhinweis H250,**
- **akut toxisch mit dem Gefahrenhinweis H300, H310 oder H330**

	DN [Millimeter]	PS [Bar]	PS · DN [Bar · Millimeter]	Prüfungen nach Nr. 4	Prüfungen nach Nr. 5
1	> 25	> 0,5	≤ 2000	bP	bP
2	> 25	> 0,5	> 2000	ZÜS	ZÜS

Bei Rohrleitungen mit DN > 25 und PS > 0,5 Bar für Gase, Dämpfe oder überhitzte Flüssigkeiten, die nach Anhang I der Verordnung (EG) Nr. 1272/2008 als akut toxisch Kategorie 1 mit den Gefahrenhinweisen H300, H310 oder H330 zu kennzeichnen sind, müssen die Prüfungen vor Inbetriebnahme und die wiederkehrenden Prüfungen von einer zugelassenen Überwachungsstelle durchgeführt werden.

Tabelle 9

Prüfzuständigkeiten bei Rohrleitungen nach Nummer 2.2 Satz 1 Buchstabe c für Gase, Dämpfe und überhitzte Flüssigkeiten, die nach Anhang I der Verordnung (EG) Nr. 1272/2008 zu kennzeichnen sind als

- **entzündbare Flüssigkeiten, wenn die Flüssigkeit höchstens bis zum Flammpunkt erwärmt wird, aber begrenzt auf einen Flammpunkt von 55 Grad Celsius, mit dem Gefahrenhinweis H226,**
- **ätzend mit dem Gefahrenhinweis H314**

	DN [Millimeter]	PS [Bar]	PS · DN [Bar · Millimeter]	Prüfungen nach Nr. 4	Prüfungen nach Nr. 5
1	> 32	> 0,5	1000 < PS · DN ≤ 2000	bP	bP
2	> 32	> 0,5	> 2000	ZÜS	ZÜS

Tabelle 10

Prüfzuständigkeiten bei Rohrleitungen nach Nummer 2.2 Satz 1 Buchstabe c für nicht überhitzte Flüssigkeiten, die nach Anhang I der Verordnung (EG) Nr. 1272/2008 zu kennzeichnen sind als

- **entzündbare Flüssigkeiten mit den Gefahrenhinweisen H224 oder H225,**
- **entzündbare Flüssigkeiten, wenn bei der Verwendung die maximal zulässige Temperatur über dem Flammpunkt liegt, aber begrenzt auf einen Flammpunkt von 55 Grad Celsius, mit dem Gefahrenhinweis H226,**
- **pyrophore Flüssigkeiten mit dem Gefahrenhinweis H250,**
- **akut toxisch mit dem Gefahrenhinweis H300, H310 oder H330**

	DN [Millimeter]	PS [Bar]	PS · DN [Bar · Millimeter]	Prüfungen nach Nr. 4	Prüfungen nach Nr. 5
1	> 25	> 0,5	> 2000	ZÜS	ZÜS

Tabelle 11

Prüfzuständigkeiten bei Rohrleitungen nach Nummer 2.2 Satz 1 Buchstabe c für nicht überhitzte Flüssigkeiten, die nach Anhang I der Verordnung (EG) Nr. 1272/2008 zu kennzeichnen sind als

- **entzündbare Flüssigkeiten, wenn die Flüssigkeit höchstens bis zum Flammpunkt erwärmt wird, aber begrenzt auf einen Flammpunkt von 55 Grad Celsius, mit dem Gefahrenhinweis H226,**
- **ätzend mit dem Gefahrenhinweis H314**

	DN [Millimeter]	PS [Bar]	PS · DN [Bar · Millimeter]	Prüfungen nach Nr. 4	Prüfungen nach Nr. 5
1	> 200	> 10	> 5000	ZÜS	ZÜS

7. Besondere Prüfanforderungen für bestimmte Druckanlagen und Anlagenteile

Die in den Nummern 4 und 5 genannten Prüfungen sind für die nachfolgend aufgeführten Druckanlagen und Anlagenteile nach den sich aus Tabelle 12 ergebenden Maßgaben durchzuführen. Die Nummern 2.4 und 5.9 Satz 2 gelten sinngemäß. In Tabelle 12 werden folgende Abkürzungen verwendet: ZÜS – zugelassene Überwachungsstelle; bP – zur Prüfung befähigte Person.

7.1 Röhrenöfen in verfahrenstechnischen Anlagen

7.2 Kälte- und Wärmepumpenanlagen

7.3 Nicht direkt beheizte Wärmeerzeuger und Ausdehnungsgefäße in Heizungs- und Kälteanlagen sowie Wassererwärmungsanlagen für Trink- und Brauchwasser

7.4 Druckanlagen und Anlagenteile für die Erzeugung von Wasserdampf oder Heißwasser durch Wärmerückgewinnung

7.5 Rohrleitungen mit Prüfprogramm

7.6 Flaschen für Atemschutzgeräte für Arbeits- und Rettungszwecke sowie für Tauchgeräte

7.7 Druckbehälter mit Gaspolstern in Druckflüssigkeitsanlagen

7.8 Druckbehälter als Anlagenteile in elektrischen Schaltgeräten und Schaltanlagen

7.9 Schalldämpfer, die in Rohrleitungen eingebaut sind

7.10 Druckbehälter von Feuerlöschgeräten und Löschmittelbehälter

7.11 Druckbehälter und Rohrleitungen mit Auskleidung oder Ausmauerung

7.12 Ortsfeste Druckbehälter für körnige oder staubförmige Güter

7.13 Fahrzeugbehälter für flüssige, körnige oder staubförmige Güter

7.14 Druckbehälter für Gase oder Gasgemische in flüssiger oder gasförmiger Phase

7.15 Druckbehälter und daran angeschlossene überwachungsbedürftige Rohrleitungen für kalt verflüssigte Gase oder Gasgemische

7.16 Rotierende dampfbeheizte Zylinder

7.17 Steinhärtekessel

7.18 Druckbehälter und Rohrleitungen aus Glas

7.19 Druckbehälter in Wärmeübertragungsanlagen mit Wärmeträgerölen

7.20 Versuchsautoklaven zur Durchführung von Versuchen mit unbekanntem Reaktionsablauf

7.21 Heizplatten in Wellpappenerzeugungsanlagen

7.22 Pneumatische Weinpressen (Membranpressen, Schlauchpressen)

7.23 Plattenwärmetauscher

7.24 Lagerbehälter für Lebensmittel

7.25 Verwendungsfertige Druckanlagen und Druckgeräte in verwendungsfertigen Maschinen

7.26 Druckanlagen, die bestimmungsgemäß für den ortsveränderlichen Einsatz verwendet werden

7.27 Ortsfeste Füllanlagen für Gase

7.28 Druckbehälter mit Schnellverschlüssen

7.29 Ortsbewegliche Druckgeräte nach Nummer 2.1 Satz 2 Buchstabe b

7.30 Druckbehälter mit Einbauten

Tabelle 12
Prüfanforderungen für bestimmte Druckanlagen und Anlagenteile

Nr.	Druckanlage/ Anlagenteil	Prüfungen nach Nr. 4	Prüfungen nach Nr. 5							
			Prüfung der Druckanlage		Prüfung der Anlagenteile					
					äußere Prüfung		innere Prüfung		Festigkeitsprüfung	
		Prüfzuständigkeit	Prüfzuständigkeit	Höchstfrist	Prüfzuständigkeit	Höchstfrist	Prüfzuständigkeit	Höchstfrist	Prüfzuständigkeit	Höchstfrist
7.1	**Röhrenöfen in verfahrenstechnischen Anlagen, die ausschließlich aus Rohranordnungen bestehen**									
		bP	bP	10 Jahre	bP	10 Jahre	bP	5 Jahre	bp	10 Jahre
7.2	**Kälte- und Wärmepumpenanlagen, die mit folgenden Fluiden in geschlossenen Kreisläufen betrieben werden**									
			Die Prüfzuständigkeit ergibt sich aus Nr. 6 Tabelle 3, 5, 8, 10							
	a) mit Fluiden der Fluidgruppe 1 nach Nr. 2.3 Buchstabe b	Die Prüfzuständigkeit ergibt sich aus Nr. 6 Tabelle 3, 5, 8, 10	wenn ZÜS	5 Jahre	entfällt		wiederkehrende Prüfungen der Anlagenteile müssen nur durchgeführt werden, wenn das Anlagenteil zu Instandsetzungsarbeiten außer Betrieb genommen wird			
			wenn bP	10 Jahre						
			Die Prüfzuständigkeit ergibt sich aus Nr. 6 Tabelle 4, 6, 9, 11							
	b) mit allen anderen Fluiden, die nicht unter Fluidgruppe 1 genannt sind	Die Prüfzuständigkeit ergibt sich aus Nr. 6 Tabelle 4, 6, 9, 11	ZÜS/bP	10 Jahre	entfällt		wiederkehrende Prüfungen der Anlagenteile müssen nur durchgeführt werden, wenn das Anlagenteil zu Instandsetzungsarbeiten außer Betrieb genommen wird			
7.3	**Nicht direkt beheizte Wärmeerzeuger und Ausdehnungsgefäße in Heizungs- und Kälteanlagen sowie Wassererwärmungsanlagen für Trink- oder Brauchwasser mit Wasser- oder Heizmitteltemperaturen von höchstens 120 Grad Celsius**									
	a) Nicht direkt beheizte Wärmeerzeuger in Heizungs- und Kälteanlagen	bP	bP	10 Jahre	entfällt		bP	10 Jahre	bP	10 Jahre
		bP	bP	10 Jahre	entfällt		bP	10 Jahre	bP	10 Jahre

V

V

Nr.	Druckanlage/ Anlagenteil	Prüfungen nach Nr. 4	Prüfungen nach Nr. 5							
			Prüfung der Druckanlage		Prüfung der Anlagenteile					
					äußere Prüfung		innere Prüfung		Festigkeitsprüfung	
		Prüfzuständigkeit	Prüfzuständigkeit	Höchstfrist	Prüfzuständigkeit	Höchstfrist	Prüfzuständigkeit	Höchstfrist	Prüfzuständigkeit	Höchstfrist
	b) Ausdehnungsgefäße in Heizungs- und Kälteanlagen									
	c) Druckbehälter, die der Beheizung von geschlossenen Wasserräumen von Wassererwärmungsanlagen für Trink- oder Brauchwasser dienen	bP	bP	1 Jahr[1)]	entfällt		bP	10 Jahre	bP	10 Jahre
			bP	10 Jahre						
	[1)] bei Wärmeträgermedien mit Stoffen und Gemischen, die nach Artikel 3 der Verordnung (EG) Nr. 1272/2008 gefährlich sind.									
7.4	**Druckanlagen und Anlagenteile für die Erzeugung von Wasserdampf oder Heißwasser durch Wärmerückgewinnung**									
			Die Prüfzuständigkeit ergibt sich aus Nr. 6 Tabelle 4							
	a) in denen Wasserdampf oder Heißwasser in einem Herstellungsverfahren durch Wärmerückgewinnung entsteht	Die Prüfzuständigkeit ergibt sich aus Nr. 6 Tabelle 4	ZÜS/bP	10 Jahre	entfällt		ZÜS	5 Jahre	ZÜS	10 Jahre
							bP	10 Jahre	bP	10 Jahre
			Die Prüfzuständigkeit ergibt sich aus Nr. 6 Tabelle 4							

Nr.	Druckanlage/ Anlagenteil	Prüfungen nach Nr. 4	Prüfungen nach Nr. 5							
			Prüfung der Druckanlage		Prüfung der Anlagenteile					
					äußere Prüfung		innere Prüfung		Festigkeitsprüfung	
		Prüfzuständigkeit	Prüfzuständigkeit	Höchstfrist	Prüfzuständigkeit	Höchstfrist	Prüfzuständigkeit	Höchstfrist	Prüfzuständigkeit	Höchstfrist
	b) in denen Rauchgase gekühlt werden und der entstehende Wasserdampf oder das entstehende Heißwasser der Verfahrensanlage zugeführt wird	Die Prüfzuständigkeit ergibt sich aus Nr. 6 Tabelle 4	ZÜS/bP	10 Jahre	ZÜS	2 Jahre	ZÜS	5 Jahre	ZÜS	10 Jahre
					bP	10 Jahre	bP	10 Jahre	bP	10 Jahre
			Die Prüfzuständigkeit ergibt sich aus Nr. 6 Tabelle 2							
	c) in denen Rauchgase gekühlt werden und der entstehende Wasserdampf oder das entstehende Heißwasser nicht überwiegend der Verfahrensanlage zugeführt wird	Die Prüfzuständigkeit ergibt sich aus Nr. 6 Tabelle 2	ZÜS/bP	10 Jahre	ZÜS	1 Jahr	ZÜS	3 Jahre	ZÜS	9 Jahre
					bP	10 Jahre	bP	10 Jahre	bP	10 Jahre

V

Nr.	Druckanlage/ Anlagenteil	Prüfungen nach Nr. 4	Prüfungen nach Nr. 5							
			Prüfung der Druckanlage		Prüfung der Anlagenteile					
					äußere Prüfung		innere Prüfung		Festigkeitsprüfung	
		Prüfzuständigkeit	Prüfzuständigkeit	Höchstfrist	Prüfzuständigkeit	Höchstfrist	Prüfzuständigkeit	Höchstfrist	Prüfzuständigkeit	Höchstfrist
7.5	**Rohrleitungen mit Prüfprogramm**									
		Die Prüfzuständigkeit ergibt sich aus Nr. 6 Tabelle 8 bis 11	ZÜS	10 Jahre	bP[1])	5 Jahre	entfällt		bP[1])	5 Jahre
	[1]) An überwachungsbedürftigen Rohrleitungen nach Nr. 2.2 Satz 1 Buchstabe c können Prüfungen, die nach Nr. 6 Tabelle 8 bis 11 einer ZÜS zugeordnet sind, abweichend von einer bP durchgeführt werden, wenn a) auf der Grundlage der Gefährdungsbeurteilung in einem Prüfprogramm die wiederkehrenden Prüfungen von Rohrleitungen nach Nr. 2.2 Satz 1 Buchstabe c schriftlich festgelegt wurden und b) eine ZÜS bescheinigt hat, dass mit den Festlegungen die Anforderungen dieser Verordnung erfüllt werden. Die ZÜS muss stichprobenweise überprüfen, ob die schriftlichen Festlegungen eingehalten und die Prüfungen durchgeführt werden.									
7.6	**Flaschen für Atemschutzgeräte für Arbeits- und Rettungszwecke sowie für Tauchgeräte**									
	a) Flaschen für Atemschutzgeräte	Entfällt, wenn als Baugruppe in Verkehr gebracht und das nächste Prüfdatum auf der Flasche angegeben ist	entfällt		ZÜS	5 Jahre	ZÜS	5 Jahre	ZÜS	5 Jahre
	b) Flaschen für Tauchgeräte		entfällt		ZÜS	2,5 Jahre	ZÜS	2,5 Jahre	ZÜS	5 Jahre
	Nach einer Prüfung sind jeweils das aktuelle und das nächste Prüfdatum auf dem Flaschenkörper anzugeben. Die Erstellung einer Sammelprüfbescheinigung und deren Vorhaltung beim Arbeitgeber ist ausreichend.									

Nr.	Druckanlage/ Anlagenteil	Prüfungen nach Nr. 4	Prüfungen nach Nr. 5							
			Prüfung der Druckanlage		Prüfung der Anlagenteile					
					äußere Prüfung		innere Prüfung		Festigkeitsprüfung	
		Prüfzuständigkeit	Prüfzuständigkeit	Höchstfrist	Prüfzuständigkeit	Höchstfrist	Prüfzuständigkeit	Höchstfrist	Prüfzuständigkeit	Höchstfrist
7.7	**Druckbehälter mit Gaspolstern in Druckflüssigkeitsanlagen (Druckausgleichsbehälter, Hydraulikspeicher)**									
			Die Prüfzuständigkeit ergibt sich aus Nr. 6 Tabelle 3, 4							
	a) sofern die verwendeten Flüssigkeiten und die Gase auf die drucktragende Wandung keine korrodierende Wirkung haben	Die Prüfzuständigkeit ergibt sich aus Nr. 6 Tabelle 3, 4	ZÜS/bP	10 Jahre	entfällt		ZÜS	10 Jahre	ZÜS	10 Jahre
							bP	10 Jahre	bP	10 Jahre
	b) in ölhydraulischen Regelanlagen	Die Prüfzuständigkeit ergibt sich aus Nr. 6 Tabelle 3, 4	entfällt		entfällt		entfällt		entfällt	
7.8	**Druckbehälter als Anlagenteile in elektrischen Schaltgeräten und Schaltanlagen**									
			Die Prüfzuständigkeit ergibt sich Nr. 6 Tabelle 4, 7							
	a) Druckluftbehälter (Haupt- und Zwischenbehälter), sofern diese mit trockener Luft befüllt sind	Die Prüfzuständigkeit ergibt sich aus Nr. 6 Tabelle 4, 7	ZÜS/bP	10 Jahre	entfällt		ZÜS	10 Jahre	ZÜS	[1])
							bP	10 Jahre	bP	[1])

[1]) Die inneren Prüfungen sind durch Festigkeitsprüfungen zu ergänzen, wenn

a) prüfpflichtige Änderungen stattgefunden haben oder

b) die inneren Prüfungen zur Beurteilung des sicherheitstechnischen Zustands der Behälter nicht ausreichen.

V

V

Nr.	Druckanlage/ Anlagenteil	Prüfungen nach Nr. 4	Prüfungen nach Nr. 5							
			Prüfung der Druckanlage		Prüfung der Anlagenteile					
					äußere Prüfung		innere Prüfung		Festigkeitsprüfung	
		Prüfzuständigkeit	Prüfzuständigkeit	Höchstfrist	Prüfzuständigkeit	Höchstfrist	Prüfzuständigkeit	Höchstfrist	Prüfzuständigkeit	Höchstfrist
	b) Isoliermittel- oder Löschmittelvorratsbehälter, sofern die Flüssigkeiten oder die Gase auf die drucktragende Wandung keine korrodierende Wirkung haben sowie Hydraulikspeicher	Die Prüfzuständigkeit ergibt sich aus Nr. 6 Tabelle 3, 4	ZÜS/bP	10 Jahre	entfällt		entfällt		entfällt	
7.9	**Schalldämpfer, die in Rohrleitungen eingebaut sind**									
			Die Prüfzuständigkeit ergibt sich aus Nr. 6 Tabelle 3 bis 6							
		Die Prüfzuständigkeit ergibt sich aus Nr. 6 Tabelle 3 bis 6	ZÜS/bP	10 Jahre	ZÜS bP	5 Jahre 10 Jahre	entfällt		ZÜS bP	5 Jahre 10 Jahre
	Für Schalldämpfer, die in Rohrleitungen im Sinne von Nr. 2.1 Satz 1 Buchstabe d eingebaut sind, findet Nr. 5.6 Satz 2 entsprechende Anwendung.									

Nr.	Druckanlage/ Anlagenteil	Prüfungen nach Nr. 4	Prüfungen nach Nr. 5							
			Prüfung der Druckanlage		Prüfung der Anlagenteile					
					äußere Prüfung		innere Prüfung		Festigkeitsprüfung	
		Prüfzuständigkeit	Prüfzuständigkeit	Höchstfrist	Prüfzuständigkeit	Höchstfrist	Prüfzuständigkeit	Höchstfrist	Prüfzuständigkeit	Höchstfrist
7.10	**Druckbehälter von Feuerlöschern und Löschmittelbehälter**									
			Die Prüfzuständigkeit ergibt sich aus Nr. 6 Tabelle 3, 4							
	a) Tragbare Feuerlöscher	Entfällt, sofern als funktionsfertige Baugruppe nach Richtlinie 2014/68/EU in Verkehr gebracht	entfällt		entfällt		ZÜS	5 Jahre	ZÜS	10 Jahre[1])
							bP	10 Jahre	bP	10 Jahre[1])
			[1]) Für Feuerlöscher mit Auskleidung ist auch Nr. 7.11 Buchstabe a zu beachten.							
			Die Prüfzuständigkeit ergibt sich aus Nr. 6 Tabelle 3, 4							
	b) Druckbehälter von Feuerlöschern, die nur im Einsatz unter Druck gesetzt werden, oder CO_2 enthalten		entfällt		entfällt		ZÜS	5 Jahre[1])	ZÜS	10 Jahre[2])
							bP	10 Jahre[1])	bP	10 Jahre[2])
	[1]) Wiederkehrende innere Prüfungen brauchen nach Ablauf der Prüffristen nur durchgeführt zu werden, wenn die Löschmittelbehälter zu Instandhaltungszwecken geöffnet oder mit Löschmittel wieder oder neu befüllt werden. [2]) Festigkeitsprüfungen können entfallen, wenn als Löschmittel Löschpulver zum Einsatz kommt und bei der inneren Prüfung keine Mängel festgestellt wurden.									

V

Nr.	Druckanlage/ Anlagenteil	Prüfungen nach Nr. 4	Prüfungen nach Nr. 5							
			Prüfung der Druckanlage		Prüfung der Anlagenteile					
					äußere Prüfung		innere Prüfung		Festigkeitsprüfung	
		Prüfzuständigkeit	Prüfzuständigkeit	Höchstfrist	Prüfzuständigkeit	Höchstfrist	Prüfzuständigkeit	Höchstfrist	Prüfzuständigkeit	Höchstfrist
			Die Prüfzuständigkeit ergibt sich aus Nr. 6 Tabelle 3, 4							
	c) Löschmittelbehälter für stationäre Löschanlagen, die zur Speicherung von nicht korrosiv wirkendenLöschgasen dienen	Die Prüfzuständigkeit ergibt sich aus Nr. 6 Tabelle 3, 4	entfällt		entfällt		ZÜS	5 Jahre[1])	ZÜS	10 Jahre[1])
							bP	10 Jahre[1])	bP	10 Jahre[1])
	[1]) Wiederkehrende Prüfungen brauchen nach Ablauf der Prüffristen nur durchgeführt zu werden, wenn die Löschmittelbehälter zu Instandsetzungszwecken geöffnet werden oder wenn nach Gebrauch Löschmittel nachgefüllt wird.									
7.11	**Druckbehälter und Rohrleitungen mit Auskleidung oder Ausmauerung**									
			Die Prüfzuständigkeit ergibt sich aus Nr. 6 Tabelle 3 bis 6							
	a) Druckbehälter mit Auskleidung	Die Prüfzuständigkeit ergibt sich aus Nr. 6 Tabelle 3 bis 6	ZÜS/bP	10 Jahre	ZÜS	2 Jahre[1])	ZÜS	5 Jahre	ZÜS	[2])
					bP	10 Jahre[1])	bP	10 Jahre	bP	[2])
	[1]) Sofern feuer-, abgas- oder elektrisch beheizt. [2]) Wiederkehrende Festigkeitsprüfungen können entfallen, sofern bei den inneren Prüfungen keine Beschädigung der Auskleidung festgestellt worden ist.									
			Die Prüfzuständigkeit ergibt sich aus Nr. 6 Tabelle 3 bis 6							
	b) Druckbehälter mit Ausmauerung	Die Prüfzuständigkeit ergibt sich aus Nr. 6 Tabelle 3 bis 6	ZÜS/bP	10 Jahre	ZÜS	2 Jahre[1])	ZÜS	[2])	ZÜS	[3])
					bP	10 Jahre[1])	bP	[2])	bP	[3])
	[1]) Sofern feuer-, abgas- oder elektrisch beheizt. [2]) Innere Prüfungen müssen durchgeführt werden, wenn									

Nr.	Druckanlage/ Anlagenteil	Prüfungen nach Nr. 4	Prüfungen nach Nr. 5							
			Prüfung der Druckanlage		Prüfung der Anlagenteile					
					äußere Prüfung		innere Prüfung		Festigkeitsprüfung	
		Prüfzuständigkeit	Prüfzuständigkeit	Höchstfrist	Prüfzuständigkeit	Höchstfrist	Prüfzuständigkeit	Höchstfrist	Prüfzuständigkeit	Höchstfrist
	a) Teile der Ausmauerung im Ausmaß von einem Quadratmeter oder mehr entfernt worden sind, b) Wandungen freigelegt worden sind oder c) Anfressungen oder Schäden an den Wandungen der Behälter festgestellt worden sind. ³) Festigkeitsprüfungen müssen durchgeführt werden, wenn die Ausmauerung vollständig entfernt worden ist.									
			Die Prüfzuständigkeit ergibt sich aus Nr. 6 Tabelle 3 bis 6							
	c) Druckbehälter mit einem Zwischenraum zwischen Auskleidung und Mantel	Die Prüfzuständigkeit ergibt sich aus Nr. 6 Tabelle 3 bis 6	ZÜS/bP	10 Jahre	ZÜS	2 Jahre¹)	ZÜS	²)	ZÜS	²)
					bP	10 Jahre¹)	bP	²)	bP	²)
	¹) Sofern feuer-, abgas- oder elektrisch beheizt. ²) Wiederkehrende Prüfungen brauchen nicht durchgeführt zu werden, wenn der Zwischenraum im Hinblick auf die Dichtheit der Auskleidung geprüft wird und a) das Verfahren auf Prüfung der Dichtheit von der ZÜS auf Zuverlässigkeit und Eignung geprüft worden ist und b) in den Prüfaufzeichnungen nach § 17 ein Nachweis über die Prüfung des Zwischenraums enthalten ist. Innere Prüfungen sind dann durchzuführen, wenn die drucktragende Wandung im Rahmen von Instandsetzungsarbeiten nach Ablauf der Fristen so geöffnet wird, dass sie einer inneren Prüfung zugänglich ist.									
			Die Prüfzuständigkeit ergibt sich aus Nr. 6 Tabelle 8 bis 11							
	d) Rohrleitungen mit Auskleidung oder Ausmauerung	Die Prüfzuständigkeit ergibt sich aus Nr. 6 Tabelle 8 bis 11	ZÜS/bP	10 Jahre	ZÜS	5 Jahre	entfällt		ZÜS	¹)
					bP	10 Jahre			bP	¹)
	¹) Nach Instandsetzungsarbeiten sind Festigkeitsprüfungen oder zerstörungsfreie Prüfungen, miti denen sicherheitstechnisch gleichwertige Aussagen erreicht werden, durchzuführen.									

Nr.	Druckanlage/ Anlagenteil	Prüfungen nach Nr. 4	Prüfungen nach Nr. 5							
			Prüfung der Druckanlage		Prüfung der Anlagenteile					
					äußere Prüfung		innere Prüfung		Festigkeitsprüfung	
		Prüfzuständigkeit	Prüfzuständigkeit	Höchstfrist	Prüfzuständigkeit	Höchstfrist	Prüfzuständigkeit	Höchstfrist	Prüfzuständigkeit	Höchstfrist
7.12	**Ortsfeste Druckbehälter für körnige oder staubförmige Güter**									
			Die Prüfzuständigkeit ergibt sich aus Nr. 6 Tabelle 3 bis 4							
		Die Prüfzuständigkeit ergibt sich aus Nr. 6 Tabelle 3, 4	ZÜS/bP	10 Jahre	entfällt		ZÜS	5 Jahre[1])	entfällt	
							bP	10 Jahre[1])		
	[1]) Sofern Hinweise auf eine Schädigung der drucktragenden Wandung vorliegen, sind bei der inneren Prüfung zusätzlich zerstörungsfreie Prüfverfahren einzusetzen.									
7.13	**Fahrzeugbehälter für flüssige, körnige oder staubförmige Güter**									
			Die Prüfzuständigkeit ergibt sich aus Nr. 6 Tabelle 3, 4							
	a) Fahrzeugbehälter für körnige oder staubförmige Güter	Die Prüfzuständigkeit ergibt sich aus Nr. 6 Tabelle 3, 4	entfällt		ZÜS	2 Jahre	ZÜS	5 Jahre[1])	entfällt	
					bP	10 Jahre	bP	10 Jahre[1])		
	[1]) Im Rahmen der wiederkehrenden inneren Prüfungen sind stichprobenweise zerstörungsfreie Prüfungen, zum Beispiel Oberflächenrissprüfungen, an hochbeanspruchten Schweißnähten durchzuführen.									
			Die Prüfzuständigkeit ergibt sich aus Nr. 6 Tabelle 3, 4							
	b) Fahrzeugbehälter für flüssige Güter	Die Prüfzuständigkeit ergibt sich aus Nr. 6 Tabelle 3, 4	entfällt		ZÜS	2 Jahre	ZÜS	5 Jahre	ZÜS	10 Jahre
					bP	10 Jahre	bP	10 Jahre	bP	10 Jahre
7.14	**Druckbehälter für Gase oder Gasgemische in flüssiger oder gasförmiger Phase**									
	a) Die Aufstellung von Druckbehältern für Gase oder Gasgemische, die auf die drucktragende Wandung keine korrodierende Wirkung haben und die in Serie gefertigt wurden und die nach Nr. 6 Tabelle 3 und 4 in die Prüfzuständigkeit einer ZÜS fallen, kann von einer bP geprüft werden, wenn der Behälter mit Ausrüstung als Baugruppe im Sinne der Richtlinie 2014/68/EU in Verkehr gebracht wurde und die Ausrüstung im Sinne des Artikels 2 Nr. 4 und 5 der Richtlinie 2014/68/EU in der Baugruppe enthalten ist.									

Nr.	Druckanlage/ Anlagenteil	Prüfungen nach Nr. 4	Prüfungen nach Nr. 5							
			Prüfung der Druckanlage		Prüfung der Anlagenteile					
					äußere Prüfung		innere Prüfung		Festigkeitsprüfung	
		Prüfzuständigkeit	Prüfzuständigkeit	Höchstfrist	Prüfzuständigkeit	Höchstfrist	Prüfzuständigkeit	Höchstfrist	Prüfzuständigkeit	Höchstfrist
	b) Bei Druckbehältern, die zur Durchführung wiederkehrender Prüfungen von ihrem Aufstellungsort entfernt und nach Durchführungen dieser Prüfungen an einem anderen Ort wieder aufgestellt werden, kann die erneute Prüfung vor Inbetriebnahme entfallen, aa) sofern die Anschlüsse und die Ausrüstungsteile des Druckbehälters nicht geändert worden sind und bb) am neuen Aufstellungsort bereits eine Prüfung der dort vorhandenen Anlagenteile vor Inbetriebnahme eines gleichartigen Druckbehälters durchgeführt worden ist.									
			Die Prüfzuständigkeit ergibt sich aus Nr. 6 Tabelle 3, 4							
	c) Nicht erdgedeckte Druckbehälter für Gase oder Gasgemische, die auf die drucktragende Wandung keine korrodierende Wirkung haben	siehe Nr. 7.14 Buchstabe a, sonst gilt Nr. 6 Tabelle 3, 4	ZÜS/bP	10 Jahre	[1])	[1])	ZÜS	10 Jahre	ZÜS	10 Jahre[2])
							bP	10 Jahre	bP	10 Jahre[2])
	[1]) Es müssen alle zwei Jahre äußere Prüfungen wie folgt durchgeführt werden: a) bei unbeheizten Druckbehältern für entzündbare Gase oder Gasgemische durch eine bP, b) bei beheizten Druckbehältern durch eine ZÜS. Die äußere Prüfung gilt abweichend von § 16 Absatz 3 als fristgerecht durchgeführt, wenn sie bis zum Ende des Jahres ihrer Fälligkeit durchgeführt worden ist. [2]) Besteht die drucktragende Wandung weder ganz noch teilweise aus hochfesten Feinkornbaustählen mit einer Streckgrenze von mindestens 370 N/mm^2, können die wiederkehrenden Festigkeitsprüfungen entfallen, wenn a) die Prüfung vor der erstmaligen Inbetriebnahme oder nach einer prüfpflichtigen Änderung höchstens zehn Jahre zurückliegt oder b) bei der zuletzt durchgeführten inneren Prüfung keine Mängel an der drucktragenden Wandung festgestellt worden sind.									
			Die Prüfzuständigkeit ergibt sich aus Nr. 6 Tabelle 3, 4							

Nr.	Druckanlage/ Anlagenteil	Prüfungen nach Nr. 4	Prüfungen nach Nr. 5							
			Prüfung der Druckanlage		Prüfung der Anlagenteile					
					äußere Prüfung		innere Prüfung		Festigkeitsprüfung	
		Prüfzuständigkeit	Prüfzuständigkeit	Höchstfrist	Prüfzuständigkeit	Höchstfrist	Prüfzuständigkeit	Höchstfrist	Prüfzuständigkeit	Höchstfrist
	d) Erdgedeckte Druckbehälter für Gase oder Gasgemische, die auf die drucktragende Wandung keine korrodierende Wirkung haben, und die durch besondere Schutzmaßnahmen[1]) gegen Beschädigungen durch chemische und mechanische Einwirkungen geschützt sind	siehe Nr. 7.14 Buchstabe a, sonst gilt Nr. 6 Tabelle 3, 4	ZÜS/bP	10 Jahre	[2]), [3])	[2]), [3])	ZÜS	10 Jahre	ZÜS	10 Jahre[4])
							bP	10 Jahre	bP	10 Jahre[4])

[1]) Zu den besonderen Schutzmaßnahmen gegen Beschädigungen gehört insbesondere die Ausrüstung mit

a) Bitumenumhüllungen und zusätzlichem kathodischem Korrosionsschutz,

b) zusätzlichem Außenbehälter aus Stahl und einer Lecküberwachung des Zwischenraums oder

c) einer Außenbeschichtung mit geeigneten Beschichtungsstoffen, die den Beanspruchungen bei bestimmungsgemäßer Verwendung standhalten.

Die besonderen Schutzmaßnahmen sind in die Prüfung vor der erstmaligen Inbetriebnahme oder nach einer prüfpflichtigen Änderung einzubeziehen. Die Eignung und die Funktionsfähigkeit vom kathodischen Korrosionsschutz ist dabei spätestens nach einem Jahr von einer bP zu prüfen.

[2]) Wiederkehrend zu prüfen sind:

a) die Funktionsfähigkeit der Lecküberwachung alle zwei Jahre von einer bP,

b) die Funktionsfähigkeit der Einrichtungen für kathodischen Korrosionsschutz alle zwei Jahre von einer bP,

Nr.	Druckanlage/ Anlagenteil	Prüfungen nach Nr. 4	Prüfungen nach Nr. 5							
			Prüfung der Druckanlage		Prüfung der Anlagenteile					
					äußere Prüfung		innere Prüfung		Festigkeitsprüfung	
		Prüfzuständigkeit	Prüfzuständigkeit	Höchstfrist	Prüfzuständigkeit	Höchstfrist	Prüfzuständigkeit	Höchstfrist	Prüfzuständigkeit	Höchstfrist
	c) kathodische Korrosionsschutzanlagen mit Fremdstrom im Wechsel mit b) alle vier Jahre von einer ZÜS. [3]) Es müssen alle zwei Jahre äußere Prüfungen wie folgt durch geführt werden: a) bei unbeheizten Druckbehältern für entzündbare Gase oder Gasgemische durch eine bP, b) bei beheizten Druckbehältern durch eine ZÜS. Die äußere Prüfung gilt abweichend von § 16 Absatz 3 als fristgerecht durchgeführt,wenn sie bis zum Ende des Jahres ihrer Fälligkeit durchgeführt worden ist. [4]) Es gilt Nr. 7.14 Buchstabe c Fußnote 2.									
	e) Druckbehälter zum Verdampfen von Gasen oder Gasgemischen, die auf die drucktragende Wandung keine korrodierende Wirkung haben und die ausschließlich aus Rohranordnungen bestehen	bP	Die Prüfzuständigkeit ergibt sich aus Nr. 6 Tabelle 3, 4 ZÜS/bP	10 Jahre	entfällt		bP	[1])	bP	[1])
	[1]) Wiederkehrende innere Prüfungen und Festigkeitsprüfungen müssen nur durchgeführt werden, wenn die Druckbehälter für Instandsetzungsarbeiten außer Betrieb genommen werden.									
			Die Prüfzuständigkeit ergibt sich aus Nr. 6 Tabelle 3				Die Prüfzuständigkeit ergibt sich aus Nr. 6 Tabelle 3			

Nr.	Druckanlage/ Anlagenteil	Prüfungen nach Nr. 4	Prüfungen nach Nr. 5							
			Prüfung der Druckanlage		Prüfung der Anlagenteile					
					äußere Prüfung		innere Prüfung		Festigkeitsprüfung	
		Prüfzuständigkeit	Prüfzuständigkeit	Höchstfrist	Prüfzuständigkeit	Höchstfrist	Prüfzuständigkeit	Höchstfrist	Prüfzuständigkeit	Höchstfrist
	f) Lagerbehälter für Propan, Butan oder deren Gemische mit < 3 t Fassungsvermögen	siehe Nr. 7.14 Buchstabe a, sonst gilt Nr. 6 Tabelle 3	ZÜS/bP	10 Jahre	bP	2 Jahre[1]	ZÜS	10 Jahre[2]	ZÜS	10 Jahre[3]
							bP	10 Jahre[2]	bP	10 Jahre[3]
	[1]) Die äußere Prüfung gilt abweichend von § 16 Absatz 3 als fristgerecht durchgeführt, wenn sie bis zum Ende des Jahres ihrer Fälligkeit durchgeführt worden ist. [2]) An nicht erdgedeckten Druckbehältern kann bei der wiederkehrenden Prüfung auf die Besichtigung der inneren Wandung verzichtet werden, wenn die Behälter a) ausschließlich der Lagerung von Propan, Butan oder deren Gemischen mit einem genormten Reinheitsgrad dienen und b) keine Einbauten, zum Beispiel Heizungen oder Versteifungsringe, haben. [3]) Es gilt Nr. 7.14 Buchstabe c Fußnote 2.									
			Die Prüfzuständigkeit ergibt sich aus Nr. 6 Tabelle 3, 4				Die Prüfzuständigkeit ergibt sich aus Nr. 6 Tabelle 3, 4			
	g) Druckbehälter zur Lagerung von Gasen oder Gasgemischen, bei denen eine korrodierende Wirkung auf die drucktragende Wandung nicht auszuschließen ist	siehe Nr. 7.14 Buchstabe a, sonst gilt Nr. 6 Tabelle 3, 4	ZÜS/bP	10 Jahre	[1])	[1])	ZÜS	5 Jahre	ZÜS	10 Jahre
							bP	10 Jahre	bP	10 Jahre
	[1]) Bei Druckbehältern für entzündbare Gase oder Gasgemische müssen äußere Prüfungen alle zwei Jahre durch die ZÜS durchgeführt werden. Die äußere Prüfung gilt abweichend von § 16 Absatz 3 als fristgerecht durchgeführt, wenn sie bis zum Ende des Jahres ihrer Fälligkeit durchgeführt worden ist.									

Nr.	Druckanlage/ Anlagenteil	Prüfungen nach Nr. 4	Prüfungen nach Nr. 5							
			Prüfung der Druckanlage		Prüfung der Anlagenteile					
					äußere Prüfung		innere Prüfung		Festigkeitsprüfung	
		Prüfzuständigkeit	Prüfzuständigkeit	Höchstfrist	Prüfzuständigkeit	Höchstfrist	Prüfzuständigkeit	Höchstfrist	Prüfzuständigkeit	Höchstfrist
			Die Prüfzuständigkeit ergibt sich aus Nr. 6 Tabelle 4				Die Prüfzuständigkeit ergibt sich aus Nr. 6 Tabelle 4			
	h) Elektrisch beheizte Druckbehälter für CO_2	siehe Nr. 7.14 Buchstabe a, sonst gilt Nr. 6 Tabelle 4	ZÜS/bP	10 Jahre	bP	2 Jahre	ZÜS	10 Jahre	ZÜS[1])	10 Jahre[1])
							bP	10 Jahre	bP[1])	10 Jahre[1])
	[1]) Es gilt Nr. 7.14 Buchstabe c Fußnote 2.									
7.15	**Druckbehälter und daran angeschlossene überwachungsbedürftige Rohrleitungen für kalt verflüssigte Gase oder Gasgemische**									
			Die Prüfzuständigkeit ergibt sich aus Nr. 6 Tabelle 3, 4				Die Prüfzuständigkeit ergibt sich aus Nr. 6 Tabelle 3, 4			
	Druckbehälter und daran angeschlossene überwachungsbedürftige Rohrleitungen für kalt verflüssigte Gase oder Gasgemische mit Betriebstemperaturen von dauernd weniger als –10 Grad Celsius	Die Prüfzuständigkeit ergibt sich aus Nr. 6 Tabelle 3, 4	ZÜS/bP	10 Jahre	[1])	[1])	Wiederkehrende innere Prüfungen und Festigkeitsprüfungen müssen nur durchgeführt werden, wenn die Druckbehälter und Rohrleitungen für Instandsetzungsarbeiten außer Betrieb genommen werden.			
	[1]) Bei Druckbehältern für entzündbare Gase oder Gasgemische müssen alle zwei Jahre äußere Prüfungen durch eine bP durchgeführt werden. Die äußere Prüfung gilt abweichend von § 16 Absatz 3 als fristgerecht durchgeführt, wenn sie bis zum Ende des Jahres ihrer Fälligkeit durchgeführt worden ist.									

V

Nr.	Druckanlage/ Anlagenteil	Prüfungen nach Nr. 4	Prüfungen nach Nr. 5							
			Prüfung der Druckanlage		Prüfung der Anlagenteile					
					äußere Prüfung		innere Prüfung		Festigkeitsprüfung	
		Prüfzuständigkeit	Prüfzuständigkeit	Höchstfrist	Prüfzuständigkeit	Höchstfrist	Prüfzuständigkeit	Höchstfrist	Prüfzuständigkeit	Höchstfrist
7.16	**Rotierende dampfbeheizte Zylinder**									
			Die Prüfzuständigkeit ergibt sich aus Nr. 6 Tabelle 4				Die Prüfzuständigkeit ergibt sich aus Nr. 6 Tabelle 4			
		Die Prüfzuständigkeit ergibt sich aus Nr. 6 Tabelle 4	ZÜS	10 Jahre	entfällt		ZÜS	5 Jahre	ZÜS	10 Jahre[1])
							bP	10 Jahre	bP	10 Jahre[1])
	[1]) Wiederkehrende Festigkeitsprüfungen müssen nach Ablauf der Fristen nur durchgeführt werden, wenn a) die Zylinder aus dem Maschinengestell ausgebaut werden oder b) bei der inneren Prüfung Mängel an der drucktragenden Wandung festgestellt wurden.									
7.17	**Steinhärtekessel**									
		ZÜS	ZÜS	10 Jahre	entfällt		ZÜS	2 Jahre[1])	ZÜS	10 Jahre
	[1]) An instandgesetzten Steinhärtekesseln mit eingesetzten Flicken müssen die Reparaturbereiche jährlich wiederkehrend einer Oberflächenrissprüfung unterzogen werden. In Bereichen von Flicken mit einer Länge von über 400 Millimetern in Längsrichtung muss die erste wiederkehrende Oberflächenrissprüfung ein halbes Jahr nach der Reparatur durchgeführt werden. Auf wiederkehrende Oberflächenrissprüfungen kann verzichtet werden, wenn bei fünf aufeinanderfolgenden Prüfungen eines Reparaturbereichs keine Mängel festgestellt wurden.									
7.18	**Druckbehälter und Rohrleitungen aus Glas**									
	Druckbehälter und Rohrleitungen mit Ausnahme von Versuchsautoklaven	Die Prüfzuständigkeit ergibt sich aus Nr. 6 Tabelle 3 bis 6 und 8 bis 11[1])	Die Prüfzuständigkeit ergibt sich aus Nr. 6 Tabelle 3 bis 6 und 8 bis 11		[2])					
			ZÜS/bP	10 Jahre						

Nr.	Druckanlage/ Anlagenteil	Prüfungen nach Nr. 4		Prüfungen nach Nr. 5							
				Prüfung der Druckanlage		Prüfung der Anlagenteile					
						äußere Prüfung		innere Prüfung		Festigkeitsprüfung	
		Prüfzuständigkeit		Prüfzuständigkeit	Höchstfrist	Prüfzuständigkeit	Höchstfrist	Prüfzuständigkeit	Höchstfrist	Prüfzuständigkeit	Höchstfrist

[1]) An Druckanlagen mit Druckbehältern und Rohrleitungen aus Glas muss vor der erstmaligen Inbetriebnahme oder nach einer prüfpflichtigen Änderung zusätzlich eine Dichtheitsprüfung von einer bP durchgeführt werden.

[2]) Bei Druckbehältern und Rohrleitungen aus Glas können die wiederkehrenden Prüfungen entfallen. Falls die Behälter oder die Rohrleitungen durch abtragende Medien beansprucht werden, müssen in Zeitabständen, die entsprechend den Betriebsbeanspruchungen festzulegen sind, die Wanddicken von einer bP gemessen werden.

Nr.	Druckanlage/ Anlagenteil										
7.19	**Druckbehälter[1]) in Wärmeübertragungsanlagen mit Wärmeträgerölen**										
		PS · V [Bar · Liter]	Prüfzuständigkeit:	Prüfzuständigkeit: bei PS · V > 500 Bar · Liter: ZÜS; bei PS · V ≤ 500 Bar · Liter: bP							
		> 100	ZÜS[2])			sofern beheizt:					
		≤ 100	bP[2])	ZÜS/bP	10 Jahre[3])	ZÜS	2 Jahre	ZÜS	5 Jahre	ZÜS	10 Jahre
						bP	10 Jahre	bP	10 Jahre	bP	10 Jahre

[1]) Druckbehälter, in denen Wärmeträgeröle erhitzt werden oder in denen die Wärmeträgeröle oder ihre Dämpfe zur Wärmeabgabe verwendet werden.

[2]) Wärmeübertragungsanlagen und Teile dieser Anlagen dürfen vor der erstmaligen Inbetriebnahme sowie nach einer Instandsetzung oder einer prüfpflichtigen Änderung nur in Betrieb genommen werden, nachdem sie von einer bP auf Dichtheit geprüft worden sind.

[3]) Wärmeübertragungsanlagen dürfen nur betrieben werden, wenn der Wärmeträger mindestens einmal jährlich von einer bP auf weitere Verwendbarkeit geprüft worden ist.

Nr.	Druckanlage/ Anlagenteil	Prüfungen nach Nr. 4	Prüfung der Druckanlage		äußere Prüfung		innere Prüfung		Festigkeitsprüfung	
7.20	**Versuchsautoklaven zur Durchführung von Versuchen mit unbekanntem Reaktionsablauf**									
		[1])	entfällt		[1])	[1])	Prüfzuständigkeit: – bei PS · V > 100 Bar · Liter: ZÜS; – bei PS · V ≤ 100 Bar · Liter: bP			
							ZÜS	5 Jahre	ZÜS	10 Jahre
							bP	10 Jahre	bP	10 Jahre

[1]) Die Prüfung vor Inbetriebnahme und die wiederkehrenden äußeren Prüfungen können entfallen. Vor jeder Verwendung ist jedoch eine Prüfung durch eine bP durchzuführen.

V

Nr.	Druckanlage/ Anlagenteil	Prüfungen nach Nr. 4	Prüfungen nach Nr. 5							
			Prüfung der Druckanlage		Prüfung der Anlagenteile					
					äußere Prüfung		innere Prüfung		Festigkeitsprüfung	
		Prüfzuständigkeit	Prüfzuständigkeit	Höchstfrist	Prüfzuständigkeit	Höchstfrist	Prüfzuständigkeit	Höchstfrist	Prüfzuständigkeit	Höchstfrist
7.21	**Heizplatten in Wellpappenerzeugungsanlagen**									
		Die Prüfzuständigkeit ergibt sich aus Nr. 6 Tabelle 4	Die Prüfzuständigkeit ergibt sich aus Nr. 6 Tabelle 4		entfällt		entfällt		Die Prüfzuständigkeit ergibt sich aus Nr. 6 Tabelle 4	
			ZÜS/bP	10 Jahre					ZÜS	10 Jahre[1])
									bP	10 Jahre[1])
	[1]) Wiederkehrende Festigkeitsprüfungen brauchen nach Ablauf der Frist nur durchgeführt zu werden, wenn die Heizplatten aus dem Maschinengestell ausgebaut werden.									
7.22	**Pneumatische Weinpressen (Membranpressen, Schlauchpressen)**									
		Die Prüfzuständigkeit ergibt sich aus Nr. 6 Tabelle 4	Die Prüfzuständigkeit ergibt sich aus Nr. 6 Tabelle 4				Prüfzuständigkeit: – bei V $\leq$ 1 Liter und PS > 1000 Bar oder V > 1 Liter und PS · V > 200 Bar · Liter: ZÜS; – sonst bP			
			ZÜS/bP	5 Jahre[1])	entfällt		ZÜS	[2])	ZÜS	[2])
							bP	[2])	bP	[2])
	[1]) Im Zuge der Prüfung der Druckanlage ist insbesondere eine Prüfung der Ausrüstungsteile vorzunehmen. [2]) Die wiederkehrenden Prüfungen können entfallen, sofern jährlich mindestens einmal eine Prüfung auf sichtbare Schäden durch eine bP vorgenommen worden ist. Werden jedoch an druckbeanspruchten Teilen Schäden festgestellt oder Instandsetzungsarbeiten vorgenommen, müssen innere Prüfungen und Festigkeitsprüfungen durchgeführt werden.									

Nr.	Druckanlage/ Anlagenteil	Prüfungen nach Nr. 4	Prüfungen nach Nr. 5							
			Prüfung der Druckanlage		Prüfung der Anlagenteile					
					äußere Prüfung		innere Prüfung		Festigkeitsprüfung	
		Prüfzuständigkeit	Prüfzuständigkeit	Höchstfrist	Prüfzuständigkeit	Höchstfrist	Prüfzuständigkeit	Höchstfrist	Prüfzuständigkeit	Höchstfrist
7.23	**Plattenwärmetauscher**									
	Bei Plattenwärmetauschern, deren Plattenverbindungen nicht oder nur zum Teil im Kraftfluss infolge der Druckbeaufschlagung liegen, z. B. bei Lastaufnahme durch einen Rahmen, können die Prüfungen vor der erstmaligen Inbetriebnahme oder nach einer prüfpflichtigen Änderung und die wiederkehrenden Prüfungen entfallen.									
7.24	**Lagerbehälter für Lebensmittel**									
			Die Prüfzuständigkeit ergibt sich aus Nr. 6 Tabelle 4							
	a) Lagerbehälter mit gas- oder dampfförmiger Phase, deren drucktragende Wandung unmittelbar mit Lebensmitteln in Kontakt steht	Die Prüfzuständigkeit ergibt sich aus Nr. 6 Tabelle 4	ZÜS/bP	10 Jahre	entfällt		ZÜS bP	[1]) [1])	ZÜS bP	[1]) [1])
	[1]) Wiederkehrende innere Prüfungen und Festigkeitsprüfungen können entfallen, sofern die Druckbehälter jährlich mindestens einmal von einer bP auf innere und äußere sichtbare Schäden geprüft worden sind und an druckbeanspruchten Teilen keine Schäden festgestellt werden.									
			Prüfzuständigkeit: bei PS > 1 Bar: ZÜS, sonst bP							
	b) Ausrüstungsteile von Lagerbehältern für Lebensmittel nach Nr. 7.24Buchstabe a, die unter Druck gefüllt, entleert oder sterilisiert werden	Prüfzuständigkeit: bei PS > 1 Bar: ZÜS, sonst bP	entfällt		ZÜS/bP	5 Jahre	entfällt			

V

Nr.	Druckanlage/ Anlagenteil	Prüfungen nach Nr. 4		Prüfungen nach Nr. 5							
				Prüfung der Druckanlage		Prüfung der Anlagenteile					
						äußere Prüfung		innere Prüfung		Festigkeitsprüfung	
		Prüfzuständigkeit		Prüfzuständigkeit	Höchstfrist	Prüfzuständigkeit	Höchstfrist	Prüfzuständigkeit	Höchstfrist	Prüfzuständigkeit	Höchstfrist
7.25	**Verwendungsfertige Druckanlagen und Druckgeräte in verwendungsfertigen Maschinen**										
		PS · V [Bar · Liter]	Prüfzuständigkeit[1])								
	a) Verwendungsfertige Druckanlagen	> 1000	ZÜS	Die Prüfzuständigkeit ergibt sich aus Nr. 6 Tabelle 2 bis 7 Die Prüffristen ergeben sich aus Nr. 5.8 und Nr. 5.9							
		≤ 1000	bP								
	[1]) Bei verwendungsfertig serienmäßig hergestellten Druckanlagen mit Druckgeräten im Sinne der Richtlinie 2014/68/EU oder mit einfachen Druckbehältern im Sinne der Richtlinie 2014/29/EU kann eine Prüfung vor Inbetriebnahme ohne Bezug auf einen Aufstellplatz an einem Muster durch eine ZÜS durchgeführt werden, sofern für Geräte oder Behälter das Produkt aus maximal zulässigem Druck PS und maßgeblichem Volumen V höchstens 1000 Bar · Liter beträgt. Die Prüfung vor Inbetriebnahme hinsichtlich der Aufstellungsbedingungen darf von einer bP durchgeführt werden.										
	b) Druckgeräte in verwendungsfertigen Maschinen	Die Prüfzuständigkeit ergibt sich aus Nr. 6 Tabelle 2 bis 7, nur Prüfung der Unterlagen[1])		Die Prüfzuständigkeit ergibt sich aus Nr. 6 Tabelle 2 bis 7 Die Prüffristen ergeben sich aus Nr. 5.8 und Nr. 5.9							
	[1]) Bei verwendungsfertig hergestellten Maschinen mit eingebauten Druckgeräten im Sinne der Richtlinie 2014/68/EU oder einfachen Druckbehältern im Sinne der Richtlinie 2014/29/EU beschränkt sich die Prüfung vor der erstmaligen Inbetriebnahme darauf zu prüfen, ob die für die Prüfung benötigten technischen Unterlagen vorhanden sind und ihr Inhalt plausibel ist. Dies gilt jedoch nur, wenn aus den technischen Unterlagen die zutreffende Auswahl der Druckgeräte für die vorgesehene Betriebsweise sowie die sichere Montage und Installation in der Maschine hervorgeht und nachweislich die Sicherheit der Druckgeräte nicht von den Aufstellungsbedingungen der Maschine abhängt.										
7.26	**Druckanlagen, die bestimmungsgemäß für den ortsveränderlichen Einsatz verwendet werden**										
		Nur erstmalig[1]). Die Prüfzuständigkeit ergibt sich aus Nr. 6 Tabelle 3 bis 6		Die Prüfzuständigkeit ergibt sich aus Nr. 6 Tabelle 3 bis 6 Die Prüffristen ergeben sich aus Nr. 5.8 und Nr. 5.9							

Nr.	Druckanlage/ Anlagenteil	Prüfungen nach Nr. 4	Prüfungen nach Nr. 5							
			Prüfung der Druckanlage		Prüfung der Anlagenteile					
					äußere Prüfung		innere Prüfung		Festigkeitsprüfung	
		Prüfzuständigkeit	Prüfzuständigkeit	Höchstfrist	Prüfzuständigkeit	Höchstfrist	Prüfzuständigkeit	Höchstfrist	Prüfzuständigkeit	Höchstfrist
	[1]) Bei Druckbehälteranlagen im Sinne von Nr. 2.1 Satz 1 Buchstabe b, die an wechselnden Aufstellungsorten verwendet werden, ist nach dem Wechsel des Aufstellungsortes eine erneute Prüfung vor Inbetriebnahme nicht erforderlich, wenn a) eine Bescheinigung über eine andernorts durchgeführte Prüfung vor Inbetriebnahme vorliegt, b) sich keine neue Betriebsweise ergeben hat und die Anschlussverhältnisse sowie die Ausrüstung unverändert bleiben und c) an die Aufstellung keine besonderen Anforderungen zu stellen sind. Bei besonderen Anforderungen an die Aufstellung genügt es, wenn die sichere Aufstellung am Betriebsort von einer zur Prüfung befähigten Person geprüft wird und hierüber eine Aufzeichnung vorliegt.									
7.27	**Ortsfeste Füllanlagen für Gase**									
	a) Druckanlagen mit Druckbehältern zum Lagern von Gasen, die aus ortsbeweglichen Druckgeräten befüllt werden nach Nr. 2.1 Satz 1 Buchstabe c Doppelbuchstabe aa	Die Prüfzuständigkeit ergibt sich aus Nr. 6, Tabelle 3, 4	Die Prüfzuständigkeit ergibt sich aus Nr. 6 Tabelle 3, 4		Die Prüfzuständigkeit ergibt sich aus Nr. 6 Tabelle 3, 4 und 8, 9 (ggf. unter Beachtung von Nr. 7.14, Nr. 7.15) Die Prüffristen ergeben sich aus Nr. 5.8 und Nr. 5.9 (ggf. unter Beachtung von Nr. 7.14, Nr. 7.15)					
			ZÜS/bP	10 Jahre						
	b) Druckanlagen, in denen ortsbewegliche Druckgeräte befüllt werden nach Nr. 2.1 Satz 1	ZÜS	Die Prüfzuständigkeit ergibt sich aus Nr. 6 Tabelle 3, 4		Die Prüfzuständigkeit ergibt sich aus Nr. 6 Tabelle 3, 4 und 8, 9 (ggf. unter Beachtung von Nr. 7.14, Nr. 7.15) Die Prüffristen ergeben sich aus Nr. 5.8 und Nr. 5.9 (ggf. unter Beachtung von Nr. 7.14, Nr. 7.15)					
			ZÜS/bP	10 Jahre						

Nr.	Druckanlage/ Anlagenteil	Prüfungen nach Nr. 4	Prüfungen nach Nr. 5							
			Prüfung der Druckanlage		Prüfung der Anlagenteile					
					äußere Prüfung		innere Prüfung		Festigkeitsprüfung	
		Prüfzuständigkeit	Prüfzuständigkeit	Höchstfrist	Prüfzuständigkeit	Höchstfrist	Prüfzuständigkeit	Höchstfrist	Prüfzuständigkeit	Höchstfrist
	Buchstabe c Doppelbuchstabe bb									
	c) Druckanlagen zur Befüllung von Fahrzeugen nach Nr. 2.1 Satz 1 Buchstabe cDoppelbuchstabe cc	ZÜS	ZÜS	5 Jahre	Die Prüfzuständigkeit ergibt sich aus Nr. 6 Tabelle 3, 4 und 8, 9 (ggf. unter Beachtung von Nr. 7.14, Nr. 7.15) Die Prüffristen ergeben sich aus Nr. 5.8 und Nr. 5.9 (ggf. unter Beachtung von Nr. 7.14, Nr. 7.15)					
7.28	**Druckbehälter mit Schnellverschlüssen**									
	Druckbehälter mit Schnellverschlüssen, die Gase, Gasgemische oder überhitzte Flüssigkeiten enthalten	Die Prüfzuständigkeit ergibt sich aus Nr. 6 Tabelle 3, 4	Die Prüfzuständigkeit ergibt sich aus Nr. 6 Tabelle 3, 4		bei V ≤ 1 Liter und PS > 1000 Bar oder V > 1 Liter, PS > 0,5 Bar und PS · V > 1000 Bar · Liter: ZÜS, sonst bP		Die Prüfzuständigkeit ergibt sich aus Nr. 6 Tabelle 3, 4			
			ZÜS/bP	10 Jahre	ZÜS	2 Jahre	ZÜS	5 Jahre	ZÜS	10 Jahre
					bP	2 Jahre	bP	10 Jahre	bP	10 Jahre
7.29	**Ortsbewegliche Druckgeräte nach Nr. 2.1 Satz 2 Buchstabe b**									
			Die Prüfzuständigkeit ergibt sich aus Nr. 6 Tabelle 3 bis 6							
	Druckbehälter mit Einbauten oder losen Schüttungen	Die Prüfzuständigkeit ergibt sich aus Nr. 6, Tabelle 3 bis 6	ZÜS/bP	10 Jahre	ZÜS	2 Jahre[1])	ZÜS	5 Jahre erstmalig,	ZÜS	10 Jahre

Nr.	Druckanlage/ Anlagenteil	Prüfungen nach Nr. 4	Prüfungen nach Nr. 5							
			Prüfung der Druckanlage		Prüfung der Anlagenteile					
					äußere Prüfung		innere Prüfung		Festigkeitsprüfung	
		Prüfzuständigkeit	Prüfzuständigkeit	Höchstfrist	Prüfzuständigkeit	Höchstfrist	Prüfzuständigkeit	Höchstfrist	Prüfzuständigkeit	Höchstfrist
								danach 10 Jahre[2])		
					bP	10 Jahre[1])	bP	10 Jahre	bP	10 Jahre

[1]) Sofern feuer-, abgas- oder elektrisch beheizt.
[2]) Die Prüffrist für die inneren Prüfungen kann auf bis zu zehn Jahre erweitert werden, sofern

a) Schädigungen der drucktragenden Wandung, wie Korrosion oder Erosion, nicht zu unterstellen sind,
b) die innere Prüfung aller Wandungsteile nicht oder nur mit unverhältnismäßigem Aufwand möglich ist und
c) bei der ersten wiederkehrenden inneren Prüfung keine Mängel an der drucktragenden Wandung festgestellt worden sind.

Nr.	Druckanlage/ Anlagenteil	Prüfungen nach Nr. 4	Prüfung der Druckanlage		äußere Prüfung		innere Prüfung		Festigkeitsprüfung	
7.30	**Druckbehälter mit Einbauten**									
			Die Prüfzuständigkeit ergibt sich aus Nr. 6 Tabelle 3 bis 6							
	Druckbehälter mit Einbauten oder losen Schüttungen	Die Prüfzuständigkeit ergibt sich aus Nr. 6, Tabelle 3 bis 6	ZÜS/bP	10 Jahre	ZÜS	2 Jahre[1])	ZÜS	5 Jahre erstmalig, danach 10 Jahre[2])	ZÜS	10 Jahre
					bP	10 Jahre[1])	bP	10 Jahre	bP	10 Jahre

[1]) Sofern feuer-, abgas- oder elektrisch beheizt.
[2]) Die Prüffrist für die inneren Prüfungen kann auf bis zu zehn Jahre erweitert werden, sofern

a) Schädigungen der drucktragenden Wandung, wie Korrosion oder Erosion, nicht zu unterstellen sind,
b) die innere Prüfung aller Wandungsteile nicht oder nur mit unverhältnismäßigem Aufwand möglich ist und
c) bei der ersten wiederkehrenden inneren Prüfung keine Mängel an der drucktragenden Wandung festgestellt worden sind.

Anhang 3
(zu § 14 Absatz 4)

Prüfvorschriften für bestimmte Arbeitsmittel

Abschnitt 1 Krane

1. Anwendungsbereich und Ziel

1.1 Dieser Abschnitt gilt für Prüfungen folgender Krane (Hebezeuge):

Laufkatzen, Ausleger-, Dreh-, Derrick-, Brücken-, Wandlauf-, Portal-, Schwenkarm-, Turmdreh-, Fahrzeug-, Lkw-Lade-, Lkw-Anbau-, Schwimm-, Offshore- und Kabelkrane. Für Lkw-Ladekrane, deren Lastmoment mehr als 300 Kilonewtonmeter oder deren Auslegerlänge mehr als 15 Meter beträgt, gelten die Prüfvorschriften, wie sie in diesem Abschnitt für Fahrzeugkrane festgelegt sind.

V

1.2 Die Prüfungen sind mit dem Ziel durchzuführen, den Schutz der Beschäftigten vor Gefährdungen durch die genannten Krane sicherzustellen.

2. Prüfsachverständige

Prüfsachverständige im Sinne dieses Abschnitts sind zur Prüfung befähigte Personen nach § 2 Absatz 6, die zusätzlich

a) eine abgeschlossene Ausbildung als Ingenieur haben oder vergleichbare Kenntnisse und Erfahrungen in der Fachrichtung aufweisen, auf die sich ihre Tätigkeit bezieht,

b) mindestens drei Jahre Erfahrung in der Konstruktion, dem Bau, der Instandhaltung oder der Prüfung von Kranen haben und davon mindestens ein halbes Jahr an der Prüftätigkeit eines Prüfsachverständigen beteiligt waren,

c) ausreichende Kenntnisse über die einschlägigen Vorschriften und Regeln besitzen,

d) über die für die Prüfung erforderlichen Einrichtungen und Unterlagen verfügen und

e) ihre fachlichen Kenntnisse auf aktuellem Stand halten.

3. Prüffristen, Prüfzuständigkeiten und Prüfaufzeichnungen

3.1 Für kraftbetriebene Krane gelten die in Tabelle 1 festgelegten Prüffristen und Prüfzuständigkeiten.

3.2 Für handbetriebene oder teilkraftbetriebene Krane gelten die in Tabelle 2 festgelegten Prüffristen und Prüfzuständigkeiten.

3.3 Abweichend von § 14 Absatz 7 Satz 1 sind Aufzeichnungen über die gesamte Verwendungsdauer des Arbeitsmittels aufzubewahren.

3.4 Die in den Tabellen 1 und 2 genannten Krane sind nach außergewöhnlichen Ereignissen durch eine zur Prüfung befähigte Person nach § 2 Absatz 6 und nach prüfpflichtigen Änderungen durch einen Prüfsachverständigen zu prüfen. § 14 Absatz 3 Satz 1 findet insoweit keine Anwendung. § 14 Absatz 2 bleibt unberührt.

Tabelle 1
Prüffristen und Prüfzuständigkeiten für bestimmte Krane

Kran	Prüfung nach der Montage, Installation und vor der ersten Inbetriebnahme	Wiederkehrende Prüfung
Laufkatzen	Prüfsachverständiger	mindestens jährlich durch eine zur Prüfung befähigte Person nach § 2 Absatz 6
Ausleger- und Drehkrane	Prüfsachverständiger	mindestens jährlich durch eine zur Prüfung befähigte Person nach § 2 Absatz 6
Derrickkrane	Prüfung entfällt wegen § 14 Absatz 1 Satz 3	mindestens jährlich durch eine zur Prüfung befähigte Person nach § 2 Absatz 6 und mindestens alle 4 Betriebsjahre durch einen Prüfsachverständigen
Brückenkrane, Wandlaufkrane	Prüfsachverständiger	mindestens jährlich durch eine zur Prüfung befähigte Person nach § 2 Absatz 6
Portalkrane	Prüfsachverständiger	mindestens jährlich durch eine zur Prüfung befähigte Person nach § 2 Absatz 6
Schwenkarmkrane	Prüfsachverständiger	mindestens jährlich durch eine zur Prüfung befähigte Person nach § 2 Absatz 6
Turmdrehkrane	zur Prüfung befähigte Person nach § 2 Absatz 6	mindestens jährlich durch eine zur Prüfung befähigte Person nach § 2 Absatz 6 und mindestens alle 4 Betriebsjahre, im 14. und 16. Betriebsjahr und danach mindestens jährlich durch einen Prüfsachverständigen
fahrbare Turmdrehkrane (Auto-Turmdrehkrane) mit luftbereiftem und angetriebenem Unterwagen; die Fahrbewegungen werden von einer Fahrerkabine im Unterwagen und die Kranbewegungen von einer Krankabine aus gesteuert, die im oder am Turm angeordnet ist	Prüfung entfällt wegen § 14 Absatz 1 Satz 3	mindestens halbjährlich durch eine zur Prüfung befähigte Person nach § 2 Absatz 6 und mindestens alle 4 Betriebsjahre, im 14. und 16. Betriebsjahr und danach mindestens jährlich durch einen Prüfsachverständigen

V

Kran	Prüfung nach der Montage, Installation und vor der ersten Inbetriebnahme	Wiederkehrende Prüfung
Fahrzeugkrane	Prüfung entfällt wegen § 14 Absatz 1 Satz 3	mindestens jährlich durch eine zur Prüfung befähigte Person nach § 2 Absatz 6 und mindestens alle 4 Betriebsjahre, im 13. Betriebsjahr und danach mindestens jährlich durch einen Prüfsachverständigen
Lkw-Ladekrane a) grundsätzlich	Prüfung entfällt wegen § 14 Absatz 1 Satz 3	mindestens jährlich durch eine zur Prüfung befähigte Person nach § 2 Absatz 6
b) mit mehr als 300 kNm Lastmoment oder mit mehr als 15 m Auslegerlänge	Prüfung entfällt wegen § 14 Absatz 1 Satz 3	mindestens jährlich durch eine zur Prüfung befähigte Person nach § 2 Absatz 6 und mindestens alle 4 Betriebsjahre, im 13. Betriebsjahr und danach mindestens jährlich durch einen Prüfsachverständigen
Lkw-Anbaukrane	Prüfung entfällt wegen § 14 Absatz 1 Satz 3	mindestens jährlich durch eine zur Prüfung befähigte Person nach § 2 Absatz 6 und mindestens alle 4 Betriebsjahre durch einen Prüfsachverständigen
Offshorekrane und Schwimmkrane (unter Offshorebedingungen)	Prüfsachverständiger, falls Einbau oder Aufbau vor Ort erfolgen	mindestens jährlich durch eine zur Prüfung befähigte Person nach § 2 Absatz 6 und mindestens alle 4 Betriebsjahre durch einen Prüfsachverständigen, im 14. und 16. Betriebsjahr und danach mindestens jährlich durch einen Prüfsachverständigen
Schwimmkrane (unter sonstigen Bedingungen)	Prüfsachverständiger, falls Einbau oder Aufbau vor Ort erfolgen	mindestens jährlich durch eine zur Prüfung befähigte Person nach § 2 Absatz 6
Kabelkrane	Prüfung entfällt wegen § 14 Absatz 1 Satz 3	mindestens jährlich durch eine zur Prüfung befähigte Person nach § 2 Absatz 6

Tabelle 2
Prüffristen und Prüfzuständigkeiten für handbetriebene oder teilkraftbetriebene Krane

Kran	Prüfung nach Montage, Installation und vor der ersten Inbetriebnahme	Wiederkehrende Prüfung
handbetriebene oder teilkraftbetriebene Krane > 1 t Tragfähigkeit	Prüfsachverständiger	mindestens jährlich durch eine zur Prüfung befähigte Person nach § 2 Absatz 6
handbetriebene oder teilkraftbetriebene Krane ≤ 1 t Tragfähigkeit	zur Prüfung befähigte Person nach § 2 Absatz 6	mindestens jährlich durch eine zur Prüfung befähigte Person nach § 2 Absatz 6

Abschnitt 2 Flüssiggasanlagen

1. Anwendungsbereich und Ziel

1.1 Dieser Abschnitt gilt für Prüfungen von Flüssiggasanlagen mit brennbaren Gasen, soweit sie in Tabelle 1 aufgeführt sind. Er gilt nicht, soweit die entsprechenden Prüfungen nach Anhang 2 dieser Verordnung durchzuführen sind.

1.2 Die Prüfungen sind mit dem Ziel durchzuführen, den Schutz der Beschäftigten vor Gefährdungen durch Flüssiggasanlagen nach Tabelle 1 sicherzustellen. Die Anlagen sind zu prüfen auf:

a) sichere Installation und Aufstellung sowie
b) Dichtheit und sichere Funktion.

2. Begriffsbestimmungen

2.1 Flüssiggasanlagen nach Tabelle 1 bestehen aus Versorgungsanlagen und zugehörigen Verbrauchsanlagen.

2.2 Versorgungsanlagen bestehen aus Druckgasbehältern und allen Teilen, die der Versorgung der Verbrauchsanlagen dienen, einschließlich der Hauptabsperreinrichtung.

2.3 Verbrauchsanlagen umfassen die Gasverbrauchseinrichtungen einschließlich der Leitungsanlage und der Ausrüstungsteile hinter der Hauptabsperreinrichtung.

2.4 Gasverbrauchseinrichtungen sind Gasgeräte mit und ohne Abgasführung.

2.5 Hauptabsperreinrichtung ist die Absperreinrichtung, mit der die gesamte Verbrauchsanlage von der Versorgungsanlage abgesperrt werden kann. Dies kann auch das Behälterabsperrventil sein.

2.6 Ortsveränderliche Flüssiggasanlagen sind Anlagen, bei denen die Versorgungsanlagen oder Verbrauchsanlagen an unterschiedlichen Aufstellungsorten verwendet werden können.

3. Zur Prüfung befähigte Personen

Zur Prüfung befähigte Personen im Sinne dieses Abschnitts sind solche nach § 2 Absatz 6.

4. Prüfungen und Prüfaufzeichnungen

4.1 Die in Tabelle 1 genannten Flüssiggasanlagen sind vor ihrer erstmaligen Inbetriebnahme, vor Wiederinbetriebnahme nach prüfpflichtigen Änderungen und nach den in Spalte 2 genannten Höchstfristen wiederkehrend von einer zur Prüfung befähigten Person zu prüfen. § 14 Absatz 3 Satz 2 bleibt unberührt.

Tabelle 1
Prüffristen für die wiederkehrende Prüfung

Flüssiggasanlage	Wiederkehrende Prüfung
ortsveränderliche Flüssiggasanlage	mindestens alle 2 Jahre
ortsfeste Flüssiggasanlage	mindestens alle 4 Jahre
Flüssiggasanlage mit Gasverbrauchseinrichtungen in Räumen unter Erdgleiche	mindestens jährlich
flüssiggasbetriebene Räucheranlage	mindestens jährlich
Flüssiggasanlagen in oder an Fahrzeugen	mindestens alle 2 Jahre
Flüssiggasanlage auf Maschinen und Geräten des Bauwesens	mindestens jährlich
Arbeitsgeräte und -maschinen mit Gasentnahme aus der Flüssigphase	mindestens jährlich
Fahrzeuge mit Flüssiggas-Verbrennungsmotoren, die nicht Regelungsgegenstand der Straßenverkehrs-Zulassungs-Ordnung sind	mindestens jährlich

V

4.2 Abweichend von § 14 Absatz 7 Satz 1 sind Aufzeichnungen über die gesamte Verwendungsdauer des Arbeitsmittels aufzubewahren.

Abschnitt 3 Maschinentechnische Arbeitsmittel der Veranstaltungstechnik

1. Anwendungsbereich und Ziel

1.1 Die in diesem Abschnitt genannten Anforderungen gelten für maschinentechnische Arbeitsmittel der Veranstaltungstechnik, die zum szenischen Bewegen und Halten von Personen und Lasten verwendet werden. Maschinentechnische Arbeitsmittel der Veranstaltungstechnik sind insbesondere Beleuchtungs- und Oberlichtzüge, Beleuchtungs- und Portalbrücken, Bildwände, Bühnenwagen, Dekorations- und Prospektzüge, Drehbühnen und Drehscheiben, Elektrokettenzüge, Flugwerke, Kamerakrane und Kamerasupportsysteme, kraftbewegte Dekorationselemente, Leuchtenhänger, Punktzüge, Schutzvorhänge, Stative und Versenkeinrichtungen.

1.2 Die Prüfungen sind mit dem Ziel durchzuführen, den Schutz der Beschäftigten vor Gefährdungen durch die genannten Arbeitsmittel der Veranstaltungstechnik sicherzustellen.

2. Prüfsachverständige

Prüfsachverständige im Sinne dieses Abschnitts sind zur Prüfung befähigte Personen nach § 2 Absatz 6, die zusätzlich

a) eine abgeschlossene Ausbildung als Ingenieur haben oder vergleichbare Kenntnisse und Erfahrungen in der Fachrichtung aufweisen, auf die sich ihre Tätigkeit bezieht,
b) über mindestens drei Jahre Erfahrung in der Konstruktion, dem Bau, der Instandhaltung oder der Prüfung von sicherheitstechnischen und maschinentechnischen Einrichtungen von Veranstaltungs- und Produktionsstätten für szenische Darstellung haben, davon mindestens ein halbes Jahr an der Prüftätigkeit eines Prüfsachverständigen,
c) ausreichende Kenntnisse über die einschlägigen Vorschriften und Regeln besitzen,
d) mit der Betriebsweise der Veranstaltungs- und Produktionstechnik vertraut sind,
e) über die für die Prüfung erforderlichen Einrichtungen und Unterlagen verfügen und
f) ihre fachlichen Kenntnisse auf aktuellem Stand halten.

3. Prüfzuständigkeiten, Prüffristen und Prüfaufzeichnungen

3.1 Für die unter Nummer 1 genannten Arbeitsmittel gelten die in der nachfolgenden Tabelle festgelegten Prüffristen und Prüfzuständigkeiten.

3.2 Die in Tabelle 1 genannten maschinentechnischen Arbeitsmittel der Veranstaltungstechnik sind nach außergewöhnlichen Ereignissen und nach prüfpflichtigen Änderungen von einem Prüfsachverständigen zu prüfen. § 14 Absatz 3 Satz 1 und 2 findet insoweit keine Anwendung. § 14 Absatz 2 bleibt unberührt.

Tabelle 1
Prüfzuständigkeiten und Prüffristen

maschinentechnisches Arbeitsmittel der Veranstaltungstechnik	Prüfung nach Montage, Installation und vor der ersten Inbetriebnahme	Wiederkehrende Prüfung
Arbeitsmittel (einschließlich Eigenbauten), die unter den Anwendungsbereich der Maschinenverordnung (Neunte Verordnung zum Produktsicherheitsgesetz) fallen, soweit es sich handelt um		mindestens jährlich durch eine zur Prüfung befähigte Person nach § 2 Absatz 6 und mindestens alle 4 Jahre durch einen Prüfsachverständigen
a) stationäre Arbeitsmittel	Prüfsachverständiger	
b) mobile Arbeitsmittel	zur Prüfung befähigte Person nach § 2 Absatz 6	
c) mobile Arbeitsmittel, mit denen Personen bewegt oder Lasten über Personen bewegt werden	Prüfsachverständiger	
d) mobile Arbeitsmittel, mit denen softwarebasierte automatisierte Bewegungsabläufe erfolgen	Prüfsachverständiger	
Arbeitsmittel (einschließlich Eigenbauten), die nicht unter den Anwendungsbereich der Maschinenverordnung (Neunte Verordnung zum Produktsicherheitsgesetz) fallen	Prüfsachverständiger	

3.3 Abweichend von § 14 Absatz 7 Satz 1 sind Aufzeichnungen über die gesamte Verwendungsdauer des Arbeitsmittels aufzubewahren.

Verordnung über Sicherheit und Gesundheitsschutz bei der Benutzung persönlicher Schutzausrüstungen bei der Arbeit (PSA-Benutzungsverordnung – PSA-BV)

Vom 4. Dezember 1996 (BGBl. I S. 1841)

Inhaltsübersicht

§ 1 Anwendungsbereich

(1) Diese Verordnung gilt für die Bereitstellung persönlicher Schutzausrüstungen durch Arbeitgeber sowie für die Benutzung persönlicher Schutzausrüstungen durch Beschäftigte bei der Arbeit.

(2) Persönliche Schutzausrüstung im Sinne dieser Verordnung ist jede Ausrüstung, die dazu bestimmt ist, von den Beschäftigten benutzt oder getragen zu werden, um sich gegen eine Gefährdung für ihre Sicherheit und Gesundheit zu schützen, sowie jede mit demselben Ziel verwendete und mit der persönlichen Schutzausrüstung verbundene Zusatzausrüstung.

(3) Als persönliche Schutzausrüstungen im Sinne des Absatzes 2 gelten nicht:

1. Arbeitskleidung und Uniformen, die nicht speziell der Sicherheit und dem Gesundheitsschutz der Beschäftigten dienen,
2. Ausrüstungen für Not- und Rettungsdienste,
3. persönliche Schutzausrüstungen für die Bundeswehr, den Zivil- und Katastrophenschutz, die Polizeien des Bundes und der Länder sowie sonstige Einrichtungen, die der öffentlichen Sicherheit oder der öffentlichen Ordnung dienen,
4. persönliche Schutzausrüstungen für den Straßenverkehr, soweit sie verkehrsrechtlichen Vorschriften unterliegen,
5. Sportausrüstungen,
6. Selbstverteidigungs- und Abschreckungsmittel,
7. tragbare Geräte zur Feststellung und Signalisierung von Gefahren und Gefahrstoffen.

(4) Die Verordnung gilt nicht in Betrieben, die dem Bundesberggesetz unterliegen.

§ 2 Bereitstellung und Benutzung

(1) Unbeschadet seiner Pflichten nach den §§ 3, 4 und 5 des Arbeitsschutzgesetzes darf der Arbeitgeber nur persönliche Schutzausrüstungen auswählen und den Beschäftigten bereitstellen, die

1. den Anforderungen der Verordnung über das Inverkehrbringen von persönlichen Schutzausrüstungen entsprechen,
2. Schutz gegenüber der zu verhütenden Gefährdung bieten, ohne selbst eine größere Gefährdung mit sich zu bringen,
3. für die am Arbeitsplatz gegebenen Bedingungen geeignet sind und
4. den ergonomischen Anforderungen und den gesundheitlichen Erfordernissen der Beschäftigten entsprechen.

(2) Persönliche Schutzausrüstungen müssen den Beschäftigten individuell passen. Sie sind grundsätzlich für den Gebrauch durch eine Person bestimmt. Erfordern die Umstände eine Benutzung durch verschiedene Beschäftigte, hat der Arbeitgeber dafür zu sorgen, daß Gesundheitsgefahren oder hygienische Probleme nicht auftreten.

(3) Werden mehrere persönliche Schutzausrüstungen gleichzeitig von einer oder einem Beschäftigten benutzt, muß der Arbeitgeber diese Schutzausrüstungen so aufeinander abstimmen, daß die Schutzwirkung der einzelnen Ausrüstungen nicht beeinträchtigt wird.

(4) Durch Wartungs-, Reparatur- und Ersatzmaßnahmen sowie durch ordnungsgemäße Lagerung trägt der Arbeitgeber dafür Sorge, daß die persönlichen Schutzausrüstungen während der gesamten Benutzungsdauer gut funktionieren und sich in einem hygienisch einwandfreien Zustand befinden.

§ 3 Unterweisung

(1) Bei der Unterweisung nach § 12 des Arbeitsschutzgesetzes hat der Arbeitgeber die Beschäftigten darin zu unterweisen, wie die persönlichen Schutzausrüstungen sicherheitsgerecht benutzt werden. Soweit erforderlich, führt er eine Schulung in der Benutzung durch.

(2) Für jede bereitgestellte persönliche Schutzausrüstung hat der Arbeitgeber erforderliche Informationen für die Benutzung in für die Beschäftigten verständlicher Form und Sprache bereitzuhalten.

Verordnung über Sicherheit und Gesundheitsschutz bei der manuellen Handhabung von Lasten bei der Arbeit (Lastenhandhabungsverordnung – LasthandhabV)

Vom 4. Dezember 1996 (BGBl. I S. 1841)

Zuletzt geändert durch
Verordnung zur Änderung der Gesundheitsschutz-Bergverordnung sowie weiterer berg- und arbeitsschutzrechtlicher Verordnungen
vom 18. Oktober 2017 (BGBl. I S. 3584)

Inhaltsübersicht

§ 1 Anwendungsbereich

(1) Diese Verordnung gilt für die manuelle Handhabung von Lasten, die aufgrund ihrer Merkmale oder ungünstiger ergonomischer Bedingungen für die Beschäftigten eine Gefährdung für Sicherheit und Gesundheit, insbesondere der Lendenwirbelsäule, mit sich bringt.

(2) Manuelle Handhabung im Sinne dieser Verordnung ist jedes Befördern oder Abstützen einer Last durch menschliche Kraft, unter anderem das Heben, Absetzen, Schieben, Ziehen, Tragen oder Bewegen einer Last.

(3) Das Bundeskanzleramt, das Bundesministerium des Innern, das Bundesministerium für Verkehr und digitale Infrastruktur, das Bundesministerium der Verteidigung oder das Bundesministerium der Finanzen können, soweit sie hierfür jeweils zuständig sind, im Einvernehmen mit dem Bundesministerium für Arbeit und Soziales und, soweit nicht das Bundesministerium des Innern selbst zuständig ist, im Einvernehmen mit dem Bundesministerium des Innern bestimmen, daß für bestimmte Tätigkeiten im öffentlichen Dienst des Bundes, insbesondere bei der Bundeswehr, der Polizei, den Zivil- und Katastrophenschutzdiensten, dem Zoll oder den Nachrichtendiensten, Vorschriften dieser Verordnung ganz oder zum Teil nicht anzuwenden sind, soweit öffentliche Belange dies zwingend erfordern, insbesondere zur Aufrechterhaltung oder Wiederherstellung der öffentlichen Sicherheit. In diesem Fall ist gleichzeitig festzulegen, wie die Sicherheit und der Gesundheitsschutz der Beschäftigten nach dieser Verordnung auf andere Weise gewährleistet werden.

§ 2 Maßnahmen

(1) Der Arbeitgeber hat unter Zugrundelegung des Anhangs geeignete organisatorische Maßnahmen zu treffen oder geeignete Arbeitsmittel, insbesondere mechanische Ausrüstungen, einzusetzen, um manuelle Handhabungen von Lasten, die für die Beschäftigten eine Gefährdung für Sicherheit und Gesundheit, insbesondere der Lendenwirbelsäule mit sich bringen, zu vermeiden.

(2) Können diese manuellen Handhabungen von Lasten nicht vermieden werden, hat der Arbeitgeber bei der Beurteilung der Arbeitsbedingungen nach § 5 des Arbeitsschutzgesetzes die Arbeitsbedingungen insbesondere unter Zugrundelegung des Anhangs zu beurteilen. Aufgrund der Beurteilung hat der Arbeitgeber geeignete Maßnahmen zu treffen, damit eine Gefährdung von Sicherheit und Gesundheit der Beschäftigten möglichst gering gehalten wird.

§ 3 Übertragung von Aufgaben

Bei der Übertragung von Aufgaben der manuellen Handhabung von Lasten, die für die Beschäftigten zu einer Gefährdung für Sicherheit und Gesundheit führen, hat der Arbeitgeber die körperliche Eignung der Beschäftigten zur Ausführung der Aufgaben zu berücksichtigen.

§ 4 Unterweisung

Bei der Unterweisung nach § 12 des Arbeitsschutzgesetzes hat der Arbeitgeber insbesondere den Anhang und die körperliche Eignung der Beschäftigten zu berücksichtigen. Er hat den Beschäftigten, soweit dies möglich ist, genaue Angaben zu machen über die sachgemäße manuelle Handhabung von Lasten und über die Gefahren, denen die Beschäftigten insbesondere bei unsachgemäßer Ausführung der Tätigkeit ausgesetzt sind.

Anhang

Merkmale, aus denen sich eine Gefährdung von Sicherheit und Gesundheit, insbesondere der Lendenwirbelsäule, der Beschäftigten ergeben kann:

(1) Im Hinblick auf die zu handhabende Last insbesondere

1. ihr Gewicht, ihre Form und Größe,
2. die Lage der Zugriffsstellen,
3. die Schwerpunktlage und
4. die Möglichkeit einer unvorhergesehenen Bewegung.

(2) Im Hinblick auf die von den Beschäftigten zu erfüllende Arbeitsaufgabe insbesondere

1. die erforderliche Körperhaltung oder Körperbewegung, insbesondere Drehbewegung,
2. die Entfernung der Last vom Körper,
3. die durch das Heben, Senken oder Tragen der Last zu überbrückende Entfernung,
4. das Ausmaß, die Häufigkeit und die Dauer des erforderlichen Kraftaufwandes,
5. die erforderliche persönliche Schutzausrüstung,
6. das Arbeitstempo infolge eines nicht durch die Beschäftigten zu ändernden Arbeitsablaufs und
7. die zur Verfügung stehende Erholungs- oder Ruhezeit.

(3) Im Hinblick auf die Beschaffenheit des Arbeitsplatzes und der Arbeitsumgebung insbesondere

1. der in vertikaler Richtung zur Verfügung stehende Platz und Raum,
2. der Höhenunterschied über verschiedene Ebenen,
3. die Temperatur, Luftfeuchtigkeit und Luftgeschwindigkeit,
4. die Beleuchtung,
5. die Ebenheit, Rutschfestigkeit oder Stabilität der Standfläche und
6. die Bekleidung, insbesondere das Schuhwerk.

Gesetz über die Bereitstellung von Produkten auf dem Markt (Produktsicherheitsgesetz – ProdSG)

Vom 8. November 2011 (BGBl. I S. 2178, 2012 S. 131)

Zuletzt geändert durch
Zehnte Zuständigkeitsanpassungsverordnung
vom 31. August 2015 (BGBl. I S. 1474)

Inhaltsübersicht

Abschnitt 1
Allgemeine Vorschriften

§ 1 Anwendungsbereich

(1) Dieses Gesetz gilt, wenn im Rahmen einer Geschäftstätigkeit Produkte auf dem Markt bereitgestellt, ausgestellt oder erstmals verwendet werden.

(2) Dieses Gesetz gilt auch für die Errichtung und den Betrieb überwachungsbedürftiger Anlagen, die gewerblichen oder wirtschaftlichen Zwecken dienen oder durch die Beschäftigte gefährdet werden können, mit Ausnahme der überwachungsbedürftigen Anlagen

1. der Fahrzeuge von Magnetschwebebahnen, soweit diese Fahrzeuge den Bestimmungen des Bundes zum Bau und Betrieb solcher Bahnen unterliegen,
2. des rollenden Materials von Eisenbahnen, ausgenommen Ladegutbehälter, soweit dieses Material den Bestimmungen der Bau- und Betriebsordnungen des Bundes und der Länder unterliegt,
3. in Unternehmen des Bergwesens, ausgenommen in deren Tagesanlagen.

(3) Dieses Gesetz gilt nicht für

1. Antiquitäten,
2. gebrauchte Produkte, die vor ihrer Verwendung instand gesetzt oder wiederaufgearbeitet werden müssen, sofern der Wirtschaftsakteur denjenigen, an den sie abgegeben werden, darüber ausreichend unterrichtet,
3. Produkte, die ihrer Bauart nach ausschließlich zur Verwendung für militärische Zwecke bestimmt sind,
4. Lebensmittel, Futtermittel, lebende Pflanzen und Tiere, Erzeugnisse menschlichen Ursprungs und Erzeugnisse von Pflanzen und Tieren, die unmittelbar mit ihrer künftigen Reproduktion zusammenhängen,
5. Medizinprodukte im Sinne des § 3 des Medizinproduktegesetzes, soweit im Medizinproduktegesetz nichts anderes bestimmt ist,
6. Umschließungen (wie ortsbewegliche Druckgeräte, Verpackungen und Tanks) für die Beförderung gefährlicher Güter, soweit diese verkehrsrechtlichen Vorschriften unterliegen, und
7. Pflanzenschutzmittel im Sinne des § 2 Nummer 9 des Pflanzenschutzgesetzes oder des Artikels 2 Absatz 1 der Verordnung (EG) Nr. 1107/2009 des Europäischen Parlaments und des Rates vom 21. Oktober 2009 über das Inverkehrbringen von Pflanzenschutzmitteln und zur Aufhebung der Richtlinien 79/117/EWG und 91/414/EWG des Rates (ABl. L 309 vom 24. 11. 2009, S. 1).

Satz 1 Nummer 2 und 5 gilt nicht für die Vorschriften in Abschnitt 9 dieses Gesetzes.

(4) Die Vorschriften dieses Gesetzes gelten nicht, soweit in anderen Rechtsvorschriften entsprechende oder weitergehende Vorschriften vorgesehen sind. Satz 1 gilt nicht für die Vorschriften in Abschnitt 9 dieses Gesetzes.

V

§ 2 Begriffsbestimmungen

Im Sinne dieses Gesetzes

1. ist Akkreditierung die Bestätigung durch eine nationale Akkreditierungsstelle, dass eine Konformitätsbewertungsstelle die in harmonisierten Normen festgelegten Anforderungen und gegebenenfalls zusätzliche Anforderungen, einschließlich solcher in relevanten sektoralen Akkreditierungssystemen, erfüllt, um eine spezielle Konformitätsbewertungstätigkeit durchzuführen,
2. ist Ausstellen das Anbieten, Aufstellen oder Vorführen von Produkten zu Zwecken der Werbung oder der Bereitstellung auf dem Markt,
3. ist Aussteller jede natürliche oder juristische Person, die ein Produkt ausstellt,
4. ist Bereitstellung auf dem Markt jede entgeltliche oder unentgeltliche Abgabe eines Produkts zum Vertrieb, Verbrauch oder zur Verwendung auf dem Markt der Europäischen Union im Rahmen einer Geschäftstätigkeit,
5. ist bestimmungsgemäße Verwendung
   a) die Verwendung, für die ein Produkt nach den Angaben derjenigen Person,

die es in den Verkehr bringt, vorgesehen ist oder

b) die übliche Verwendung, die sich aus der Bauart und Ausführung des Produkts ergibt,

6. ist Bevollmächtigter jede im Europäischen Wirtschaftsraum ansässige natürliche oder juristische Person, die der Hersteller schriftlich beauftragt hat, in seinem Namen bestimmte Aufgaben wahrzunehmen, um seine Verpflichtungen nach der einschlägigen Gesetzgebung der Europäischen Union zu erfüllen,
7. ist CE-Kennzeichnung die Kennzeichnung, durch die der Hersteller erklärt, dass das Produkt den geltenden Anforderungen genügt, die in den Harmonisierungsrechtsvorschriften der Europäischen Union, die ihre Anbringung vorschreiben, festgelegt sind,
8. ist Einführer jede im Europäischen Wirtschaftsraum ansässige natürliche oder juristische Person, die ein Produkt aus einem Staat, der nicht dem Europäischen Wirtschaftsraum angehört, in den Verkehr bringt,
9. ist ernstes Risiko jedes Risiko, das ein rasches Eingreifen der Marktüberwachungsbehörden erfordert, auch wenn das Risiko keine unmittelbare Auswirkung hat,
10. ist Gefahr die mögliche Ursache eines Schadens,
11. ist GS-Stelle eine Konformitätsbewertungsstelle, der von der Befugnis erteilenden Behörde die Befugnis erteilt wurde, das GS-Zeichen zuzuerkennen,
12. ist Händler jede natürliche oder juristische Person in der Lieferkette, die ein Produkt auf dem Markt bereitstellt, mit Ausnahme des Herstellers und des Einführers,
13. ist harmonisierte Norm eine Norm, die von einem der in Anhang I der Richtlinie 98/34/EG des Europäischen Parlaments und des Rates vom 22. Juni 1998 über ein Informationsverfahren auf dem Gebiet der Normen und technischen Vorschriften und der Vorschriften für die Dienste der Informationsgesellschaft (ABl. L 204 vom 21. 7. 1998, S. 37), die zuletzt durch die Richtlinie 2006/96/EG (ABl. L 363 vom 20. 12. 2006, S. 81) geändert worden ist, anerkannten europäischen Normungsgremien auf der Grundlage eines Ersuchens der Europäischen Kommission nach Artikel 6 jener Richtlinie erstellt wurde,
14. ist Hersteller jede natürliche oder juristische Person, die ein Produkt herstellt oder entwickeln oder herstellen lässt und dieses Produkt unter ihrem eigenen Namen oder ihrer eigenen Marke vermarktet; als Hersteller gilt auch jeder, der
    a) geschäftsmäßig seinen Namen, seine Marke oder ein anderes unterscheidungskräftiges Kennzeichen an einem Produkt anbringt und sich dadurch als Hersteller ausgibt oder
    b) ein Produkt wiederaufarbeitet oder die Sicherheitseigenschaften eines Verbraucherprodukts beeinflusst und dieses anschließend auf dem Markt bereitstellt,
15. ist Inverkehrbringen die erstmalige Bereitstellung eines Produkts auf dem Markt; die Einfuhr in den Europäischen Wirtschaftsraum steht dem Inverkehrbringen eines neuen Produkts gleich,
16. ist Konformitätsbewertung das Verfahren zur Bewertung, ob spezifische Anforderungen an ein Produkt, ein Verfahren, eine Dienstleistung, ein System, eine Person oder eine Stelle erfüllt worden sind,
17. ist Konformitätsbewertungsstelle eine Stelle, die Konformitätsbewertungstätigkeiten einschließlich Kalibrierungen, Prüfungen, Zertifizierungen und Inspektionen durchführt,
18. ist Marktüberwachung jede von den zuständigen Behörden durchgeführte Tätigkeit und von ihnen getroffene Maßnahme, durch die sichergestellt werden soll, dass die Produkte mit den Anforderungen dieses Gesetzes übereinstimmen

und die Sicherheit und Gesundheit von Personen oder andere im öffentlichen Interesse schützenswerte Bereiche nicht gefährden,

19. ist Marktüberwachungsbehörde jede Behörde, die für die Durchführung der Marktüberwachung zuständig ist,
20. ist notifizierte Stelle eine Konformitätsbewertungsstelle,
    a) der die Befugnis erteilende Behörde die Befugnis erteilt hat, Konformitätsbewertungsaufgaben nach den Rechtsverordnungen nach § 8 Absatz 1, die erlassen wurden, um Rechtsvorschriften der Europäischen Union umzusetzen oder durchzuführen, wahrzunehmen, und die von der Befugnis erteilenden Behörde der Europäischen Kommission und den übrigen Mitgliedstaaten notifiziert worden ist oder
    b) die der Europäischen Kommission und den übrigen Mitgliedstaaten von einem Mitgliedstaat der Europäischen Union oder einem anderen Vertragsstaat des Abkommens über den Europäischen Wirtschaftsraum auf Grund eines europäischen Rechtsaktes als notifizierte Stelle mitgeteilt worden ist,
21. ist Notifizierung die Mitteilung der Befugnis erteilenden Behörde an die Europäische Kommission und die übrigen Mitgliedstaaten, dass eine Konformitätsbewertungsstelle Konformitätsbewertungsaufgaben gemäß den nach § 8 Absatz 1 zur Umsetzung oder Durchführung von Rechtsvorschriften der Europäischen Union erlassenen Rechtsverordnungen wahrnehmen kann,
22. sind Produkte Waren, Stoffe oder Zubereitungen, die durch einen Fertigungsprozess hergestellt worden sind,
23. ist Risiko die Kombination aus der Eintrittswahrscheinlichkeit einer Gefahr und der Schwere des möglichen Schadens,
24. ist Rücknahme jede Maßnahme, mit der verhindert werden soll, dass ein Produkt, das sich in der Lieferkette befindet, auf dem Markt bereitgestellt wird,
25. ist Rückruf jede Maßnahme, die darauf abzielt, die Rückgabe eines dem Endverbraucher bereitgestellten Produkts zu erwirken,
26. sind Verbraucherprodukte neue, gebrauchte oder wiederaufgearbeitete Produkte, die für Verbraucher bestimmt sind oder unter Bedingungen, die nach vernünftigem Ermessen vorhersehbar sind, von Verbrauchern benutzt werden könnten, selbst wenn sie nicht für diese bestimmt sind; als Verbraucherprodukte gelten auch Produkte, die dem Verbraucher im Rahmen einer Dienstleistung zur Verfügung gestellt werden,
27. sind Produkte verwendungsfertig, wenn sie bestimmungsgemäß verwendet werden können, ohne dass weitere Teile eingefügt zu werden brauchen; verwendungsfertig sind Produkte auch, wenn
    a) alle Teile, aus denen sie zusammengesetzt werden sollen, zusammen von einer Person in den Verkehr gebracht werden,
    b) sie nur noch aufgestellt oder angeschlossen zu werden brauchen oder
    c) sie ohne die Teile in den Verkehr gebracht werden, die üblicherweise gesondert beschafft und bei der bestimmungsgemäßen Verwendung eingefügt werden,
28. ist vorhersehbare Verwendung die Verwendung eines Produkts in einer Weise, die von derjenigen Person, die es in den Verkehr bringt, nicht vorgesehen, jedoch nach vernünftigem Ermessen vorhersehbar ist,
29. sind Wirtschaftsakteure Hersteller, Bevollmächtigte, Einführer und Händler,
30. sind überwachungsbedürftige Anlagen
    a) Dampfkesselanlagen mit Ausnahme von Dampfkesselanlagen auf Seeschiffen,
    b) Druckbehälteranlagen außer Dampfkesseln,
    c) Anlagen zur Abfüllung von verdichteten, verflüssigten oder unter Druck gelösten Gasen,

d) Leitungen unter innerem Überdruck für brennbare, ätzende oder giftige Gase, Dämpfe oder Flüssigkeiten,
e) Aufzugsanlagen,
f) Anlagen in explosionsgefährdeten Bereichen,
g) Getränkeschankanlagen und Anlagen zur Herstellung kohlensaurer Getränke,
h) Acetylenanlagen und Calciumcarbidlager,
i) Anlagen zur Lagerung, Abfüllung und Beförderung von brennbaren Flüssigkeiten.

Zu den überwachungsbedürftigen Anlagen gehören auch Mess-, Steuer- und Regeleinrichtungen, die dem sicheren Betrieb dieser überwachungsbedürftigen Anlagen dienen; zu den in den Buchstaben b, c und d bezeichneten überwachungsbedürftigen Anlagen gehören nicht die Energieanlagen im Sinne des Energiewirtschaftsgesetzes. Überwachungsbedürftige Anlagen stehen den Produkten im Sinne von Nummer 22 gleich, soweit sie nicht schon von Nummer 22 erfasst werden,

31. sind die für die Kontrolle der Außengrenzen zuständigen Behörden die Zollbehörden.

V

Abschnitt 2 Voraussetzungen für die Bereitstellung von Produkten auf dem Markt sowie für das Ausstellen von Produkten

§ 3 Allgemeine Anforderungen an die Bereitstellung von Produkten auf dem Markt

(1) Soweit ein Produkt einer oder mehreren Rechtsverordnungen nach § 8 Absatz 1 unterliegt, darf es nur auf dem Markt bereitgestellt werden, wenn es

1. die darin vorgesehenen Anforderungen erfüllt und
2. die Sicherheit und Gesundheit von Personen oder sonstige in den Rechtsverordnungen nach § 8 Absatz 1 aufgeführte Rechtsgüter bei bestimmungsgemäßer oder vorhersehbarer Verwendung nicht gefährdet.

(2) Ein Produkt darf, soweit es nicht Absatz 1 unterliegt, nur auf dem Markt bereitgestellt werden, wenn es bei bestimmungsgemäßer oder vorhersehbarer Verwendung die Sicherheit und Gesundheit von Personen nicht gefährdet. Bei der Beurteilung, ob ein Produkt der Anforderung nach Satz 1 entspricht, sind insbesondere zu berücksichtigen:

1. die Eigenschaften des Produkts einschließlich seiner Zusammensetzung, seine Verpackung, die Anleitungen für seinen Zusammenbau, die Installation, die Wartung und die Gebrauchsdauer,
2. die Einwirkungen des Produkts auf andere Produkte, soweit zu erwarten ist, dass es zusammen mit anderen Produkten verwendet wird,
3. die Aufmachung des Produkts, seine Kennzeichnung, die Warnhinweise, die Gebrauchs- und Bedienungsanleitung, die Angaben zu seiner Beseitigung sowie alle sonstigen produktbezogenen Angaben oder Informationen,
4. die Gruppen von Verwendern, die bei der Verwendung des Produkts stärker gefährdet sind als andere.

Die Möglichkeit, einen höheren Sicherheitsgrad zu erreichen, oder die Verfügbarkeit anderer Produkte, die ein geringeres Risiko darstellen, ist kein ausreichender Grund, ein Produkt als gefährlich anzusehen.

(3) Wenn der Schutz von Sicherheit und Gesundheit erst durch die Art der Aufstellung eines Produkts gewährleistet werden, ist hierauf bei der Bereitstellung auf dem Markt ausreichend hinzuweisen, sofern in den Rechtsverordnungen nach § 8 keine anderen Regelungen vorgesehen sind.

(4) Sind bei der Verwendung, Ergänzung oder Instandhaltung eines Produkts bestimmte Regeln zu beachten, um den Schutz von Sicherheit und Gesundheit zu gewährleisten,

ist bei der Bereitstellung auf dem Markt hierfür eine Gebrauchsanleitung in deutscher Sprache mitzuliefern, sofern in den Rechtsverordnungen nach § 8 keine anderen Regelungen vorgesehen sind.

(5) Ein Produkt, das die Anforderungen nach Absatz 1 oder Absatz 2 nicht erfüllt, darf ausgestellt werden, wenn der Aussteller deutlich darauf hinweist, dass es diese Anforderungen nicht erfüllt und erst erworben werden kann, wenn die entsprechende Übereinstimmung hergestellt ist. Bei einer Vorführung sind die erforderlichen Vorkehrungen zum Schutz der Sicherheit und Gesundheit von Personen zu treffen.

§ 4 Harmonisierte Normen

(1) Bei der Beurteilung, ob ein Produkt den Anforderungen nach § 3 Absatz 1 oder Absatz 2 entspricht, können harmonisierte Normen zugrunde gelegt werden.

(2) Bei einem Produkt, das harmonisierten Normen oder Teilen dieser Normen entspricht, deren Fundstellen im Amtsblatt der Europäischen Union veröffentlicht worden sind, wird vermutet, dass es den Anforderungen nach § 3 Absatz 1 oder Absatz 2 genügt, soweit diese von den betreffenden Normen oder von Teilen dieser Normen abgedeckt sind.

(3) Ist die Marktüberwachungsbehörde der Auffassung, dass eine harmonisierte Norm den von ihr abgedeckten Anforderungen nach § 3 Absatz 1 oder Absatz 2 nicht vollständig entspricht, so unterrichtet sie hiervon unter Angabe der Gründe die Bundesanstalt für Arbeitsschutz und Arbeitsmedizin. Die Bundesanstalt für Arbeitsschutz und Arbeitsmedizin überprüft die eingegangenen Meldungen auf Vollständigkeit und Schlüssigkeit; sie beteiligt den Ausschuss für Produktsicherheit. Sie leitet die Meldungen dem zuständigen Bundesressort zu.

§ 5 Normen und andere technische Spezifikationen

(1) Bei der Beurteilung, ob ein Produkt den Anforderungen nach § 3 Absatz 2 entspricht, können Normen und andere technische Spezifikationen zugrunde gelegt werden.

(2) Bei einem Produkt, das Normen oder anderen technischen Spezifikationen oder Teilen von diesen entspricht, die vom Ausschuss für Produktsicherheit ermittelt und deren Fundstellen von der Bundesanstalt für Arbeitsschutz und Arbeitsmedizin im Gemeinsamen Ministerialblatt bekannt gegeben worden sind, wird vermutet, dass es den Anforderungen nach § 3 Absatz 2 genügt, soweit diese von den betreffenden Normen oder anderen technischen Spezifikationen oder deren Teilen abgedeckt sind.

(3) Ist die Marktüberwachungsbehörde der Auffassung, dass eine Norm oder andere technische Spezifikation den von ihr abgedeckten Anforderungen nach § 3 Absatz 2 nicht vollständig entspricht, so unterrichtet sie hiervon unter Angabe der Gründe die Bundesanstalt für Arbeitsschutz und Arbeitsmedizin. Diese informiert den Ausschuss für Produktsicherheit.

§ 6 Zusätzliche Anforderungen an die Bereitstellung von Verbraucherprodukten auf dem Markt

(1) Der Hersteller, sein Bevollmächtigter und der Einführer haben jeweils im Rahmen ihrer Geschäftstätigkeit bei der Bereitstellung eines Verbraucherprodukts auf dem Markt

1. sicherzustellen, dass der Verwender die Informationen erhält, die er benötigt, um die Risiken, die mit dem Verbraucherprodukt während der üblichen oder vernünftigerweise vorhersehbaren Gebrauchsdauer verbunden sind und die ohne entsprechende Hinweise nicht unmittelbar erkennbar sind, beurteilen und sich gegen sie schützen zu können,
2. den Namen und die Kontaktanschrift des Herstellers oder, sofern dieser nicht im Europäischen Wirtschaftsraum ansässig ist, den Namen und die Kontaktanschrift des Bevollmächtigten oder des Einführers anzubringen,
3. eindeutige Kennzeichnungen zur Identifikation des Verbraucherprodukts anzubringen.

V

Die Angaben nach Satz 1 Nummer 2 und 3 sind auf dem Verbraucherprodukt oder, wenn dies nicht möglich ist, auf dessen Verpackung anzubringen. Ausnahmen von den Verpflichtungen nach Satz 1 Nummer 2 und 3 sind zulässig, wenn es vertretbar ist, diese Angaben wegzulassen, insbesondere weil sie dem Verwender bereits bekannt sind oder weil es mit einem unverhältnismäßigen Aufwand verbunden wäre, sie anzubringen.

(2) Der Hersteller, sein Bevollmächtigter und der Einführer haben jeweils im Rahmen ihrer Geschäftstätigkeit Vorkehrungen für geeignete Maßnahmen zur Vermeidung von Risiken zu treffen, die mit dem Verbraucherprodukt verbunden sein können, das sie auf dem Markt bereitgestellt haben; die Maßnahmen müssen den Produkteigenschaften angemessen sein und reichen bis zur Rücknahme, zu angemessenen und wirksamen Warnungen und zum Rückruf.

(3) Der Hersteller, sein Bevollmächtigter und der Einführer haben jeweils im Rahmen ihrer Geschäftstätigkeit bei den auf dem Markt bereitgestellten Verbraucherprodukten

1. Stichproben durchzuführen,
2. Beschwerden zu prüfen und, falls erforderlich, ein Beschwerdebuch zu führen sowie
3. die Händler über weitere das Verbraucherprodukt betreffende Maßnahmen zu unterrichten.

Welche Stichproben geboten sind, hängt vom Grad des Risikos ab, das mit den Produkten verbunden ist, und von den Möglichkeiten, das Risiko zu vermeiden.

(4) Der Hersteller, sein Bevollmächtigter und der Einführer haben nach Maßgabe von Anhang I der Richtlinie 2001/95/EG des Europäischen Parlaments und des Rates vom 3. Dezember 2001 über die allgemeine Produktsicherheit (ABl. L 11 vom 15. 1. 2002, S. 4) jeweils unverzüglich die an ihrem Geschäftssitz zuständige Marktüberwachungsbehörde zu unterrichten, wenn sie wissen oder auf Grund der ihnen vorliegenden Informationen oder ihrer Erfahrung wissen müssen, dass ein Verbraucherprodukt, das sie auf dem Markt bereitgestellt haben, ein Risiko für die Sicherheit und Gesundheit von Personen darstellt; insbesondere haben sie die Marktüberwachungsbehörde über die Maßnahmen zu unterrichten, die sie zur Vermeidung dieses Risikos getroffen haben. Die Marktüberwachungsbehörde unterrichtet unverzüglich die Bundesanstalt für Arbeitsschutz und Arbeitsmedizin über den Sachverhalt, insbesondere bei Rückrufen. Eine Unterrichtung nach Satz 1 darf nicht zur strafrechtlichen Verfolgung des Unterrichtenden oder für ein Verfahren nach dem Gesetz über Ordnungswidrigkeiten gegen den Unterrichtenden verwendet werden.

(5) Der Händler hat dazu beizutragen, dass nur sichere Verbraucherprodukte auf dem Markt bereitgestellt werden. Er darf insbesondere kein Verbraucherprodukt auf dem Markt bereitstellen, von dem er weiß oder auf Grund der ihm vorliegenden Informationen oder seiner Erfahrung wissen muss, dass es nicht den Anforderungen nach § 3 entspricht. Absatz 4 gilt für den Händler entsprechend.

§ 7 CE-Kennzeichnung

(1) Für die CE-Kennzeichnung gelten die allgemeinen Grundsätze nach Artikel 30 der Verordnung (EG) Nr. 765/2008 des Europäischen Parlaments und des Rates vom 9. Juli 2008 über die Vorschriften für die Akkreditierung und Marktüberwachung im Zusammenhang mit der Vermarktung von Produkten und zur Aufhebung der Verordnung (EWG) Nr. 339/93 des Rates (ABl. L 218 vom 13. 8. 2008, S. 30).

(2) Es ist verboten, ein Produkt auf dem Markt bereitzustellen,

1. wenn das Produkt, seine Verpackung oder ihm beigefügte Unterlagen mit der CE-Kennzeichnung versehen sind, ohne dass die Rechtsverordnungen nach § 8 Absatz 1 oder andere Rechtsvorschriften dies vorsehen oder ohne dass die Anforderungen der Absätze 3 bis 5 erfüllt sind, oder
2. das nicht mit der CE-Kennzeichnung versehen ist, obwohl eine Rechtsverordnung nach § 8 Absatz 1 oder eine andere Rechtsvorschrift ihre Anbringung vorschreibt.

(3) Sofern eine Rechtsverordnung nach § 8 Absatz 1 oder eine andere Rechtsvorschrift nichts anderes vorsieht, muss die CE-Kennzeichnung sichtbar, lesbar und dauerhaft auf dem Produkt oder seinem Typenschild angebracht sein. Falls die Art des Produkts dies nicht zulässt oder nicht rechtfertigt, wird die CE-Kennzeichnung auf der Verpackung angebracht sowie auf den Begleitunterlagen, sofern entsprechende Unterlagen vorgeschrieben sind.

(4) Nach der CE-Kennzeichnung steht die Kennnummer der notifizierten Stelle nach § 2 Nummer 20, soweit diese Stelle in der Phase der Fertigungskontrolle tätig war. Die Kennnummer ist entweder von der notifizierten Stelle selbst anzubringen oder vom Hersteller oder seinem Bevollmächtigten nach den Anweisungen der Stelle.

(5) Die CE-Kennzeichnung muss angebracht werden, bevor das Produkt in den Verkehr gebracht wird. Nach der CE-Kennzeichnung und gegebenenfalls nach der Kennnummer kann ein Piktogramm oder ein anderes Zeichen stehen, das auf ein besonderes Risiko oder eine besondere Verwendung hinweist.

§ 8 Ermächtigung zum Erlass von Rechtsverordnungen

(1) Die Bundesministerien für Arbeit und Soziales, für Wirtschaft und Energie, für Ernährung und Landwirtschaft, für Umwelt, Naturschutz, Bau und Reaktorsicherheit, für Verkehr und digitale Infrastruktur und der Verteidigung werden ermächtigt, jeweils für ihren Zuständigkeitsbereich im Einvernehmen mit den anderen zuvor genannten Bundesministerien für Produkte nach Anhörung des Ausschusses für Produktsicherheit und mit Zustimmung des Bundesrates Rechtsverordnungen zum Schutz der Sicherheit und Gesundheit von Personen, zum Schutz der Umwelt sowie sonstiger Rechtsgüter vor Risiken, die von Produkten ausgehen, zu erlassen, auch um Verpflichtungen aus zwischenstaatlichen Vereinbarungen zu erfüllen oder um die von der Europäischen Union erlassenen Rechtsvorschriften umzusetzen oder durchzuführen. Durch diese Rechtsverordnungen können geregelt werden:

1. Anforderungen an
   a) die Beschaffenheit von Produkten,
   b) die Bereitstellung von Produkten auf dem Markt,
   c) das Ausstellen von Produkten,
   d) die erstmalige Verwendung von Produkten,
   e) die Kennzeichnung von Produkten,
   f) Konformitätsbewertungsstellen,
2. produktbezogene Aufbewahrungs- und Mitteilungspflichten,
3. Handlungspflichten von Konformitätsbewertungsstellen

sowie behördliche Maßnahmen und Zuständigkeiten, die sich auf die Anforderungen nach Nummer 1 und die Pflichten nach den Nummern 2 und 3 beziehen und die erforderlich sind, um die von der Europäischen Union erlassenen Rechtsakte umzusetzen oder durchzuführen.

(2) Die Bundesregierung wird ermächtigt, mit Zustimmung des Bundesrates durch Rechtsverordnung für einzelne Produktbereiche zu bestimmen, dass eine Stelle, die Aufgaben der Konformitätsbewertung oder der Bewertung und Überprüfung der Leistungsbeständigkeit von Produkten wahrnimmt, für den Nachweis der an sie gestellten rechtlichen Anforderungen eine von einer nationalen Akkreditierungsstelle ausgestellte Akkreditierungsurkunde vorlegen muss. In einer Rechtsverordnung nach Satz 1 kann auch vorgesehen werden, die Überwachung der Tätigkeit der Stellen für einzelne Produktbereiche der Deutschen Akkreditierungsstelle zu übertragen. Soweit die Bundesregierung keine Rechtsverordnung nach Satz 1 erlassen hat, werden die Landesregierungen ermächtigt, eine solche Rechtsverordnung zu erlassen.

(3) Rechtsverordnungen nach Absatz 1 oder Absatz 2 können in dringenden Fällen, insbesondere wenn es zur unverzüglichen Umsetzung oder Durchführung von Rechtsakten der Europäischen Union erforderlich ist, ohne Zustimmung des Bundesrates erlassen werden; sie treten spätestens sechs Monate nach

V

ihrem Inkrafttreten außer Kraft. Ihre Geltungsdauer kann nur mit Zustimmung des Bundesrates verlängert werden.

Abschnitt 3 Bestimmungen über die Befugnis erteilende Behörde

§ 9 Aufgaben der Befugnis erteilenden Behörde

(1) Die Befugnis erteilende Behörde erteilt Konformitätsbewertungsstellen auf Antrag die Befugnis, bestimmte Konformitätsbewertungstätigkeiten durchzuführen. Sie ist zuständig für die Einrichtung und Durchführung der dazu erforderlichen Verfahren. Sie ist auch zuständig für die Einrichtung und Durchführung der Verfahren, die zur Überwachung der Konformitätsbewertungsstellen erforderlich sind, denen sie die Befugnis zur Durchführung bestimmter Konformitätsbewertungstätigkeiten erteilt hat.

(2) Die Befugnis erteilende Behörde führt die Notifizierung von Konformitätsbewertungsstellen durch.

(3) Die Befugnis erteilende Behörde überwacht, ob die Konformitätsbewertungsstellen, denen sie die Befugnis zur Durchführung bestimmter Konformitätsbewertungstätigkeiten erteilt hat, die Anforderungen erfüllen und ihren gesetzlichen Verpflichtungen nachkommen. Sie trifft die notwendigen Anordnungen zur Beseitigung festgestellter Mängel oder zur Verhütung künftiger Verstöße.

(4) Die Befugnis erteilende Behörde übermittelt der zuständigen Marktüberwachungsbehörde auf Anforderung die Informationen, die für deren Aufgabenerfüllung erforderlich sind.

§ 10 Anforderungen an die Befugnis erteilende Behörde

(1) Die Länder haben die Befugnis erteilende Behörde so einzurichten, dass es zu keinerlei Interessenkonflikt mit den Konformitätsbewertungsstellen kommt; insbesondere darf die Befugnis erteilende Behörde weder Tätigkeiten, die Konformitätsbewertungsstellen durchführen, noch Beratungsleistungen auf einer gewerblichen oder wettbewerblichen Basis anbieten oder erbringen.

(2) Bedienstete der Befugnis erteilenden Behörde, die die Begutachtung einer Konformitätsbewertungsstelle durchgeführt haben, dürfen nicht mit der Entscheidung über die Erteilung der Befugnis, als Konformitätsbewertungsstelle tätig werden zu dürfen, betraut werden.

(3) Der Befugnis erteilenden Behörde müssen kompetente Mitarbeiter in ausreichender Zahl zur Verfügung stehen, so dass sie ihre Aufgaben ordnungsgemäß wahrnehmen kann.

§ 11 Befugnisse der Befugnis erteilenden Behörde

(1) Die Befugnis erteilende Behörde kann von den Konformitätsbewertungsstellen, denen sie die Befugnis zur Durchführung bestimmter Konformitätsbewertungstätigkeiten erteilt hat, die zur Erfüllung ihrer Überwachungsaufgaben erforderlichen Auskünfte und sonstige Unterstützung verlangen sowie die dazu erforderlichen Anordnungen treffen. Die Befugnis erteilende Behörde ist insbesondere befugt zu verlangen, dass ihr die Unterlagen vorgelegt werden, die der Konformitätsbewertung zugrunde liegen. Sie und die von ihr beauftragten Personen sind befugt, zu den Betriebs- und Geschäftszeiten Betriebsgrundstücke und Geschäftsräume sowie Prüflaboratorien zu betreten und zu besichtigen, soweit dies zur Erfüllung ihrer Überwachungsaufgaben erforderlich ist.

(2) Die Auskunftspflichtigen haben die Maßnahmen nach Absatz 1 zu dulden. Sie können die Auskunft auf Fragen verweigern, sofern die Beantwortung sie selbst oder einen der in § 383 Absatz 1 Nummer 1 bis 3 der Zivilprozessordnung bezeichneten Angehörigen der Gefahr strafrechtlicher Verfolgung oder eines Verfahrens nach dem Gesetz über Ordnungswidrigkeiten aussetzen würde. Sie sind über ihr Recht zur Auskunftsverweigerung zu belehren.

Abschnitt 4
Notifizierung von Konformitätsbewertungsstellen

§ 12 Anträge auf Notifizierung

(1) Eine Konformitätsbewertungsstelle kann bei der Befugnis erteilenden Behörde die Befugnis beantragen, als notifizierte Stelle tätig werden zu dürfen.

(2) Dem Antrag nach Absatz 1 legt die Konformitätsbewertungsstelle eine Beschreibung der Konformitätsbewertungstätigkeiten, der Konformitätsbewertungsverfahren und der Produkte bei, für die sie Kompetenz beansprucht, sowie, wenn vorhanden, eine Akkreditierungsurkunde, die von einer nationalen Akkreditierungsstelle ausgestellt wurde und in der diese bescheinigt, dass die Konformitätsbewertungsstelle die Anforderungen des § 13 erfüllt.

(3) Kann die Konformitätsbewertungsstelle keine Akkreditierungsurkunde vorweisen, legt sie der Befugnis erteilenden Behörde als Nachweis alle Unterlagen vor, die erforderlich sind, um überprüfen, feststellen und regelmäßig überwachen zu können, ob sie die Anforderungen des § 13 erfüllt.

§ 13 Anforderungen an die Konformitätsbewertungsstelle für ihre Notifizierung

(1) Die Konformitätsbewertungsstelle muss Rechtspersönlichkeit besitzen. Sie muss selbstständig Verträge abschließen, unbewegliches Vermögen erwerben und darüber verfügen können sowie vor Gericht klagen und verklagt werden können.

(2) Bei der Konformitätsbewertungsstelle muss es sich um einen unabhängigen Dritten handeln, der mit der Einrichtung oder dem Produkt, die oder das er bewertet, in keinerlei Verbindung steht. Die Anforderung nach Satz 1 kann auch von einer Konformitätsbewertungsstelle erfüllt werden, die einem Wirtschaftsverband oder einem Fachverband angehört und die Produkte bewertet, an deren Entwurf, Herstellung, Bereitstellung, Montage, Gebrauch oder Wartung Unternehmen beteiligt sind, die von diesem Verband vertreten werden, wenn die Konformitätsbewertungsstelle nachweist, dass sich aus dieser Verbandsmitgliedschaft keine Interessenkonflikte im Hinblick auf ihre Konformitätsbewertungstätigkeiten ergeben.

(3) Die Konformitätsbewertungsstelle, ihre oberste Leitungsebene und die für die Konformitätsbewertungstätigkeiten zuständigen Mitarbeiter dürfen weder Konstrukteur, Hersteller, Lieferant, Installateur, Käufer, Eigentümer, Verwender oder Wartungsbetrieb der zu bewertenden Produkte noch Bevollmächtigter einer dieser Parteien sein. Dies schließt weder die Verwendung von bereits einer Konformitätsbewertung unterzogenen Produkten, die für die Tätigkeit der Konformitätsbewertungsstelle erforderlich sind, noch die Verwendung solcher Produkte zum persönlichen Gebrauch aus. Die Konformitätsbewertungsstelle, ihre oberste Leitungsebene und die für die Konformitätsbewertungstätigkeiten zuständigen Mitarbeiter dürfen weder direkt an Entwurf, Herstellung oder Bau, Vermarktung, Installation, Verwendung oder Wartung dieser Produkte beteiligt sein noch dürfen sie die an diesen Tätigkeiten beteiligten Parteien vertreten. Sie dürfen sich nicht mit Tätigkeiten befassen, die ihre Unabhängigkeit bei der Beurteilung oder ihre Integrität im Zusammenhang mit den Konformitätsbewertungstätigkeiten beeinträchtigen können. Dies gilt insbesondere für Beratungsdienstleistungen. Die Konformitätsbewertungsstelle gewährleistet, dass Tätigkeiten ihrer Zweigunternehmen oder Unterauftragnehmer die Vertraulichkeit, Objektivität und Unparteilichkeit ihrer Konformitätsbewertungstätigkeiten nicht beeinträchtigen.

(4) Die Konformitätsbewertungsstelle und ihre Mitarbeiter haben die Konformitätsbewertungstätigkeiten mit der größtmöglichen Professionalität und der erforderlichen fachlichen Kompetenz in dem betreffenden Bereich durchzuführen; sie dürfen keinerlei Einflussnahme, insbesondere finanzieller Art, durch Dritte ausgesetzt sein, die sich auf ihre Beurteilung oder die Ergebnisse ihrer Konformitätsbewertung auswirken könnte und speziell von Personen oder Personengruppen ausgeht, die ein Interesse am Ergebnis dieser Konformitätsbewertung haben.

V

(5) Die Konformitätsbewertungsstelle muss in der Lage sein, alle Konformitätsbewertungsaufgaben zu bewältigen, für die sie gemäß ihrem Antrag nach § 12 Absatz 2 die Kompetenz beansprucht, gleichgültig, ob diese Aufgaben von ihr selbst, in ihrem Auftrag oder unter ihrer Verantwortung erfüllt werden. Die Konformitätsbewertungsstelle muss für jedes Konformitätsbewertungsverfahren und für jede Art und Kategorie von Produkten, für die sie einen Antrag nach § 12 Absatz 2 gestellt hat, über Folgendes verfügen:

1. die erforderliche Anzahl von Mitarbeitern mit Fachkenntnis und ausreichender einschlägiger Erfahrung, um die bei der Konformitätsbewertung anfallenden Aufgaben zu erfüllen,
2. Beschreibungen von Verfahren, nach denen die Konformitätsbewertung durchgeführt wird, um die Transparenz und die Wiederholbarkeit dieser Verfahren sicherzustellen, sowie über eine angemessene Politik und geeignete Verfahren, bei denen zwischen den Aufgaben, die sie als notifizierte Stelle wahrnimmt, und anderen Tätigkeiten unterschieden wird, und
3. Verfahren zur Durchführung von Tätigkeiten unter gebührender Berücksichtigung der Größe eines Unternehmens, der Branche, in der es tätig ist, seiner Struktur, des Grades an Komplexität der jeweiligen Produkttechnologie und der Tatsache, dass es sich bei dem Produktionsprozess um eine Massenfertigung oder Serienproduktion handelt.

Die Konformitätsbewertungsstelle muss über die erforderlichen Mittel zur angemessenen Erledigung der technischen und administrativen Aufgaben, die mit der Konformitätsbewertung verbunden sind, verfügen und sie hat Zugang zu allen benötigten Ausrüstungen oder Einrichtungen.

(6) Die Konformitätsbewertungsstelle stellt sicher, dass die Mitarbeiter, die für die Durchführung der Konformitätsbewertungstätigkeiten zuständig sind,

1. eine Fach- und Berufsausbildung besitzen, die sie für alle Konformitätsbewertungstätigkeiten qualifiziert, für die die Konformitätsbewertungsstelle einen Antrag nach § 12 gestellt hat,
2. über eine ausreichende Kenntnis der Produkte und der Konformitätsbewertungsverfahren verfügen und die entsprechende Befugnis besitzen, solche Konformitätsbewertungen durchzuführen,
3. angemessene Kenntnisse und Verständnis der wesentlichen Anforderungen, der geltenden harmonisierten Normen und der betreffenden Bestimmungen der Harmonisierungsrechtsvorschriften der Europäischen Union und ihrer Durchführungsvorschriften besitzen und
4. die Fähigkeit zur Erstellung von Bescheinigungen, Protokollen und Berichten als Nachweis für durchgeführte Konformitätsbewertungen haben.

(7) Die Konformitätsbewertungsstelle hat ihre Unparteilichkeit, die ihrer obersten Leitungsebene und die ihres Konformitätsbewertungspersonals sicherzustellen. Die Vergütung der obersten Leitungsebene und des Konformitätsbewertungspersonals darf sich nicht nach der Anzahl der durchgeführten Konformitätsbewertungen oder deren Ergebnissen richten.

(8) Die Konformitätsbewertungsstelle hat eine Haftpflichtversicherung abzuschließen, die die mit ihrer Tätigkeit verbundenen Risiken angemessen abdeckt.

(9) Die Mitarbeiter der Konformitätsbewertungsstelle dürfen die ihnen im Rahmen einer Konformitätsbewertung bekannt gewordenen Tatsachen, deren Geheimhaltung im Interesse der Konformitätsbewertungsstelle oder eines Dritten liegt, nicht unbefugt offenbaren oder verwerten, auch wenn ihre Tätigkeit beendet ist. Die von der Konformitätsbewertungsstelle zu beachtenden Bestimmungen zum Schutz personenbezogener Daten bleiben unberührt.

§ 14 Konformitätsvermutung

(1) Weist eine Konformitätsbewertungsstelle durch eine Akkreditierung nach, dass sie die Kriterien der einschlägigen harmonisierten Normen oder von Teilen dieser Normen er-

füllt, deren Fundstellen im Amtsblatt der Europäischen Union veröffentlicht worden sind, wird vermutet, dass sie die Anforderungen nach § 13 in dem Umfang erfüllt, in dem die anwendbaren harmonisierten Normen diese Anforderungen abdecken.

(2) Ist die Befugnis erteilende Behörde der Auffassung, dass eine harmonisierte Norm den von ihr abgedeckten Anforderungen nach § 13 nicht voll entspricht, so unterrichtet sie hiervon unter Angabe der Gründe die Bundesanstalt für Arbeitsschutz und Arbeitsmedizin. Die Bundesanstalt für Arbeitsschutz und Arbeitsmedizin überprüft die eingegangenen Meldungen auf Vollständigkeit und Schlüssigkeit; sie beteiligt den Ausschuss für Produktsicherheit. Sie leitet die Meldungen dem Bundesministerium für Arbeit und Soziales zu.

§ 15 Notifizierungsverfahren, Erteilung der Befugnis

(1) Hat die Befugnis erteilende Behörde festgestellt, dass eine Konformitätsbewertungsstelle die Anforderungen nach § 13 erfüllt, so erteilt sie dieser die Befugnis, Konformitätsbewertungsaufgaben nach den Rechtsverordnungen nach § 8 Absatz 1, die erlassen wurden, um Rechtsvorschriften der Europäischen Union umzusetzen oder durchzuführen, wahrzunehmen, und notifiziert diese anschließend mit Hilfe des elektronischen Notifizierungsinstruments, das von der Europäischen Kommission entwickelt und verwaltet wird. Die Befugnis ist unter der aufschiebenden Bedingung zu erteilen, dass nach der Notifizierung

1. innerhalb von zwei Wochen, sofern eine Akkreditierungsurkunde nach § 12 Absatz 2 vorliegt, oder
2. innerhalb von zwei Monaten, sofern keine Akkreditierungsurkunde nach § 12 Absatz 2 vorliegt,

weder die Europäische Kommission noch die übrigen Mitgliedstaaten Einwände erhoben haben. Die Befugnis kann unter weiteren Bedingungen erteilt und mit Auflagen verbunden werden. Sie kann befristet und mit dem Vorbehalt des Widerrufs sowie nachträglicher Auflagen erteilt werden.

(2) Beruht die Bestätigung der Kompetenz nicht auf einer Akkreditierungsurkunde gemäß § 12 Absatz 2, legt die Befugnis erteilende Behörde der Europäischen Kommission und den übrigen Mitgliedstaaten die Unterlagen, die die Kompetenz der Konformitätsbewertungsstelle bestätigen, als Nachweis vor. Sie legt ferner die Vereinbarungen vor, die getroffen wurden, um sicherzustellen, dass die Konformitätsbewertungsstelle regelmäßig überwacht wird und stets den Anforderungen nach § 13 genügt.

(3) Die Befugnis erteilende Behörde meldet der Europäischen Kommission und den übrigen Mitgliedstaaten jede später eintretende Änderung der Notifizierung.

(4) Die Befugnis erteilende Behörde erteilt der Europäischen Kommission auf Verlangen sämtliche Auskünfte über die Grundlage für die Notifizierung oder die Erhaltung der Kompetenz der betreffenden Stelle.

§ 16 Verpflichtungen der notifizierten Stelle

(1) Die notifizierte Stelle führt die Konformitätsbewertung im Einklang mit den Konformitätsbewertungsverfahren gemäß den Rechtsverordnungen nach § 8 Absatz 1 und unter Wahrung der Verhältnismäßigkeit durch.

(2) Stellt die notifizierte Stelle fest, dass ein Hersteller die Anforderungen nicht erfüllt hat, die in den Rechtsverordnungen nach § 8 Absatz 1 festgelegt sind, fordert sie den Hersteller auf, angemessene Korrekturmaßnahmen zu ergreifen und stellt keine Konformitätsbescheinigung aus.

(3) Hat die notifizierte Stelle bereits eine Konformitätsbescheinigung ausgestellt und stellt sie im Rahmen der Überwachung der Konformität fest, dass das Produkt die Anforderungen nicht mehr erfüllt, fordert sie den Hersteller auf, angemessene Korrekturmaßnahmen zu ergreifen; falls nötig, setzt sie die Bescheinigung aus oder zieht sie zurück.

(4) Werden keine Korrekturmaßnahmen ergriffen oder genügen diese nicht, um die Erfüllung der Anforderungen sicherzustellen, schränkt die notifizierte Stelle alle betreffen-

V

den Konformitätsbescheinigungen ein, setzt sie aus oder zieht sie zurück.

(5) Die notifizierte Stelle hat an den einschlägigen Normungsaktivitäten und den Aktivitäten der Koordinierungsgruppe notifizierter Stellen, die im Rahmen der jeweiligen Harmonisierungsrechtsvorschriften der Europäischen Union geschaffen wurde, mitzuwirken oder dafür zu sorgen, dass ihr Konformitätsbewertungspersonal darüber informiert wird. Sie hat die von dieser Gruppe erarbeiteten Verwaltungsentscheidungen und Dokumente als allgemeine Leitlinie anzuwenden.

§ 17 Meldepflichten der notifizierten Stelle

(1) Die notifizierte Stelle meldet der Befugnis erteilenden Behörde

1. jede Verweigerung, Einschränkung, Aussetzung oder Rücknahme einer Konformitätsbescheinigung,
2. alle Umstände, die Folgen für die der notifizierten Stelle nach § 15 Absatz 1 erteilten Befugnis haben,
3. jedes Auskunftsersuchen über Konformitätsbewertungstätigkeiten, das sie von den Marktüberwachungsbehörden erhalten hat,
4. auf Verlangen, welchen Konformitätsbewertungstätigkeiten sie nachgegangen ist und welche anderen Tätigkeiten, einschließlich grenzüberschreitender Tätigkeiten und der Vergabe von Unteraufträgen, sie ausgeführt hat.

(2) Die notifizierte Stelle übermittelt den anderen notifizierten Stellen, die unter der jeweiligen Harmonisierungsrechtsvorschrift der Europäischen Union notifiziert sind, ähnlichen Konformitätsbewertungstätigkeiten nachgehen und gleichartige Produkte abdecken, einschlägige Informationen über die negativen und auf Verlangen auch über die positiven Ergebnisse von Konformitätsbewertungen.

§ 18 Zweigunternehmen einer notifizierten Stelle und Vergabe von Unteraufträgen

(1) Vergibt die notifizierte Stelle bestimmte mit der Konformitätsbewertung verbundene Aufgaben an Unterauftragnehmer oder überträgt sie diese Aufgaben einem Zweigunternehmen, stellt sie sicher, dass der Unterauftragnehmer oder das Zweigunternehmen die Anforderungen des § 13 erfüllt und unterrichtet die Befugnis erteilende Behörde entsprechend.

(2) Die notifizierte Stelle trägt die volle Verantwortung für die Arbeiten, die von Unterauftragnehmern oder Zweigunternehmen ausgeführt werden, unabhängig davon, wo diese niedergelassen sind.

(3) Arbeiten dürfen nur dann an einen Unterauftragnehmer vergeben oder einem Zweigunternehmen übertragen werden, wenn der Auftraggeber dem zustimmt.

(4) Die notifizierte Stelle hält die einschlägigen Unterlagen über die Begutachtung der Qualifikation des Unterauftragnehmers oder des Zweigunternehmens und über die von ihm gemäß den Rechtsverordnungen nach § 8 Absatz 1 ausgeführten Arbeiten für die Befugnis erteilende Behörde bereit.

§ 19 Widerruf der erteilten Befugnis

(1) Falls die Befugnis erteilende Behörde feststellt oder darüber unterrichtet wird, dass eine notifizierte Stelle die in § 13 genannten Anforderungen nicht mehr erfüllt oder dass sie ihren Verpflichtungen nicht nachkommt, widerruft sie ganz oder teilweise die erteilte Befugnis. Sie unterrichtet unverzüglich die Europäische Kommission und die übrigen Mitgliedstaaten darüber.

(2) Im Falle des Widerrufs nach Absatz 1 oder wenn die notifizierte Stelle ihre Tätigkeit einstellt, ergreift die Befugnis erteilende Behörde die geeigneten Maßnahmen, um zu gewährleisten, dass die Akten dieser Stelle von einer anderen notifizierten Stelle weiterbearbeitet und für die Befugnis erteilende Behörde und die Marktüberwachungsbehörden auf deren Verlangen bereitgehalten werden.

Abschnitt 5 GS-Zeichen

§ 20 Zuerkennung des GS-Zeichens

(1) Ein verwendungsfertiges Produkt darf mit dem GS-Zeichen gemäß Anlage versehen werden, wenn das Zeichen von einer GS-Stelle auf Antrag des Herstellers oder seines Bevollmächtigten zuerkannt worden ist.

(2) Dies gilt nicht, wenn das verwendungsfertige Produkt mit der CE-Kennzeichnung versehen ist und die Anforderungen an diese CE-Kennzeichnung mit denen nach § 21 Absatz 1 mindestens gleichwertig sind.

§ 21 Pflichten der GS-Stelle

(1) Die GS-Stelle darf das GS-Zeichen nur zuerkennen, wenn

1. das geprüfte Baumuster den Anforderungen nach § 3 entspricht und, wenn es sich um ein Verbraucherprodukt handelt, zusätzlich den Anforderungen nach § 6 entspricht,
2. das geprüfte Baumuster den Anforderungen anderer Rechtsvorschriften hinsichtlich der Gewährleistung des Schutzes von Sicherheit und Gesundheit von Personen entspricht,
3. bei der Prüfung des Baumusters die vom Ausschuss für Produktsicherheit für die Zuerkennung des GS-Zeichens ermittelten Spezifikationen angewendet worden sind,
4. Vorkehrungen getroffen wurden, die gewährleisten, dass die verwendungsfertigen Produkte mit dem geprüften Baumuster übereinstimmen.

Die GS-Stelle hat zu dokumentieren, dass diese Anforderungen erfüllt sind.

(2) Die GS-Stelle hat eine Bescheinigung über die Zuerkennung des GS-Zeichens auszustellen. Die Zuerkennung ist auf höchstens fünf Jahre zu befristen oder auf ein bestimmtes Fertigungskontingent oder -los zu beschränken. Die GS-Stelle hat eine Liste der ausgestellten Bescheinigungen zu veröffentlichen.

(3) Die GS-Stelle trifft die erforderlichen Maßnahmen, wenn sie Kenntnis davon erhält, dass ein Produkt ihr GS-Zeichen ohne gültige Zuerkennung trägt. Sie unterrichtet die anderen GS-Stellen und die Befugnis erteilende Behörde unverzüglich über den Missbrauch des GS-Zeichens.

(4) Die GS-Stelle stellt Informationen, die ihr zu Fällen des Missbrauchs des GS-Zeichens vorliegen, der Öffentlichkeit auf elektronischem Weg zur Verfügung.

(5) Die GS-Stelle hat die Herstellung der verwendungsfertigen Produkte und die rechtmäßige Verwendung des GS-Zeichens mit geeigneten Maßnahmen zu überwachen. Sind die Anforderungen für die Zuerkennung des GS-Zeichens nachweislich nicht mehr erfüllt, hat die GS-Stelle die Zuerkennung zu entziehen. Sie unterrichtet die anderen GS-Stellen und die Befugnis erteilende Behörde vom Entzug der Zuerkennung. Die GS-Stelle kann die Zuerkennung aussetzen, sofern begründete Zweifel an der rechtmäßigen Zuerkennung des GS-Zeichens bestehen.

§ 22 Pflichten des Herstellers und des Einführers

(1) Der Hersteller hat dafür Sorge zu tragen, dass die von ihm hergestellten verwendungsfertigen Produkte mit dem geprüften Baumuster übereinstimmen. Er hat die Maßnahmen nach § 21 Absatz 5 zu dulden.

(2) Der Hersteller darf das GS-Zeichen nur verwenden und mit ihm werben, wenn ihm von der GS-Stelle eine Bescheinigung nach § 21 Absatz 2 ausgestellt wurde und solange die Anforderungen nach § 21 Absatz 1 erfüllt sind. Er darf das GS-Zeichen nicht verwenden oder mit ihm werben, wenn ihm eine Bescheinigung nach § 21 Absatz 2 nicht ausgestellt wurde oder wenn die GS-Stelle die Zuerkennung nach § 21 Absatz 5 Satz 2 entzogen oder nach § 21 Absatz 5 Satz 4 ausgesetzt hat.

(3) Der Hersteller hat bei der Gestaltung des GS-Zeichens die Vorgaben der Anlage zu beachten.

(4) Der Hersteller darf kein Zeichen verwenden oder mit keinem Zeichen werben, das mit dem GS-Zeichen verwechselt werden kann.

(5) Der Einführer darf ein Produkt, das das GS-Zeichen trägt, nur in den Verkehr bringen,

wenn er zuvor geprüft hat, dass für das Produkt eine Bescheinigung nach § 21 Absatz 2 vorliegt. Er hat die Prüfung nach Satz 1 zu dokumentieren, bevor er das Produkt in den Verkehr bringt; die Dokumentation muss mindestens das Datum der Prüfung nach Satz 1, den Namen der GS-Stelle, die die Bescheinigung nach § 21 Absatz 2 ausgestellt hat, sowie die Nummer der Bescheinigung über die Zuerkennung des GS-Zeichens enthalten.

§ 23 GS-Stellen

(1) Eine Konformitätsbewertungsstelle kann bei der Befugnis erteilenden Behörde beantragen, als GS-Stelle für einen bestimmten Aufgabenbereich tätig werden zu dürfen. Das Verfahren zur Prüfung des Antrags kann nach den Vorschriften des Verwaltungsverfahrensgesetzes über eine einheitliche Stelle abgewickelt werden und muss innerhalb von sechs Monaten abgeschlossen sein. Die Frist beginnt mit Eingang der vollständigen Unterlagen. Die Befugnis erteilende Behörde kann diese Frist einmalig um höchstens drei Monate verlängern. Die Fristverlängerung ist ausreichend zu begründen und dem Antragsteller rechtzeitig mitzuteilen.

(2) Die Befugnis erteilende Behörde darf nur solchen Konformitätsbewertungsstellen die Befugnis erteilen, als GS-Stelle tätig zu werden, die die Anforderungen der §§ 13 und 18 erfüllen. § 14 Absatz 1 und § 19 Absatz 1 Satz 1 und Absatz 2 gelten entsprechend.

(3) Die Befugnis kann unter Bedingungen erteilt und mit Auflagen verbunden werden. Sie kann befristet und mit dem Vorbehalt des Widerrufs sowie nachträglicher Auflagen erteilt werden.

(4) Die Befugnis erteilende Behörde benennt der Bundesanstalt für Arbeitsschutz und Arbeitsmedizin die GS-Stellen. Die Bundesanstalt für Arbeitsschutz und Arbeitsmedizin gibt die GS-Stellen der Öffentlichkeit auf elektronischem Weg bekannt.

(5) Eine Konformitätsbewertungsstelle, die in einem anderen Mitgliedstaat der Europäischen Union oder der Europäischen Freihandelszone ansässig ist, kann der Bundesanstalt für Arbeitsschutz und Arbeitsmedizin von der Befugnis erteilenden Behörde als GS-Stelle für einen bestimmten Aufgabenbereich benannt werden. Voraussetzung für die Benennung ist, dass

1. ein Verwaltungsabkommen zwischen dem Bundesministerium für Arbeit und Soziales und dem jeweiligen Mitgliedstaat der Europäischen Union oder der Europäischen Freihandelszone abgeschlossen wurde und
2. in einem Verfahren zur Erteilung einer Befugnis festgestellt wurde, dass die Anforderungen des Verwaltungsabkommens nach Nummer 1 erfüllt sind.

In dem Verwaltungsabkommen nach Satz 2 müssen geregelt sein:

1. die Anforderungen an die GS-Stelle entsprechend Absatz 2 sowie § 21 Absatz 2 bis 5,
2. die Beteiligung der Befugnis erteilenden Behörde an dem Verfahren zur Erteilung einer Befugnis, das im jeweiligen Mitgliedstaat durchgeführt wird, und
3. eine den Grundsätzen des § 9 entsprechende Überwachung der GS-Stelle.

Abschnitt 6 Marktüberwachung

§ 24 Zuständigkeiten und Zusammenarbeit

(1) Vorbehaltlich der Sätze 2 und 3 obliegt die Marktüberwachung den nach Landesrecht zuständigen Behörden. Zuständigkeiten zur Durchführung dieses Gesetzes, die durch andere Rechtsvorschriften zugewiesen sind, bleiben unberührt. Werden die Bestimmungen dieses Gesetzes nach Maßgabe des § 1 Absatz 4 ergänzend zu Bestimmungen in anderen Rechtsvorschriften angewendet, sind die für die Durchführung der anderen Rechtsvorschriften zuständigen Behörden auch für die Durchführung der Bestimmungen dieses Gesetzes zuständig, sofern nichts anderes vorgesehen ist. Im Geschäftsbereich des Bundesministeriums der Verteidigung obliegt die Marktüberwachung dem Bundes-

ministerium der Verteidigung und den von ihm bestimmten Stellen.

(2) Die in Absatz 1 genannten Marktüberwachungsbehörden arbeiten mit den für die Kontrolle der Außengrenzen zuständigen Behörden gemäß Kapitel III Abschnitt 3 der Verordnung (EG) Nr. 765/2008 zusammen. Im Rahmen dieser Zusammenarbeit können die für die Kontrolle der Außengrenzen zuständigen Behörden auf Ersuchen den Marktüberwachungsbehörden die Informationen, die sie bei der Überführung von Produkten in den zollrechtlich freien Verkehr erlangt haben und die für die Aufgabenerfüllung der Marktüberwachungsbehörden erforderlich sind, übermitteln.

(3) Die für die Kontrolle der Außengrenzen zuständigen Behörden und die Marktüberwachungsbehörden schützen im Rahmen des geltenden Rechts Betriebsgeheimnisse und personenbezogene Daten.

§ 25 Aufgaben der Marktüberwachungsbehörden

(1) Die Marktüberwachungsbehörden haben eine wirksame Marktüberwachung auf der Grundlage eines Überwachungskonzepts zu gewährleisten. Das Überwachungskonzept soll insbesondere umfassen:

1. die Erhebung und Auswertung von Informationen zur Ermittlung von Mängelschwerpunkten und Warenströmen,
2. die Aufstellung und Durchführung von Marktüberwachungsprogrammen, auf deren Grundlage die Produkte überprüft werden; die Marktüberwachungsprogramme sind regelmäßig zu aktualisieren.

Die Marktüberwachungsbehörden überprüfen und bewerten regelmäßig, mindestens alle vier Jahre, die Wirksamkeit des Überwachungskonzepts.

(2) Die Marktüberwachungsbehörden stellen die Marktüberwachungsprogramme nach Absatz 1 Nummer 2 der Öffentlichkeit auf elektronischem Weg und gegebenenfalls in anderer Form zur Verfügung.

(3) Die Länder stellen sicher, dass ihre Marktüberwachungsbehörden ihre Aufgaben ordnungsgemäß wahrnehmen können. Dafür statten sie sie mit den notwendigen Ressourcen aus. Sie stellen eine effiziente Zusammenarbeit und einen wirksamen Informationsaustausch ihrer Marktüberwachungsbehörden untereinander sowie zwischen ihren Marktüberwachungsbehörden und denjenigen der anderen Mitgliedstaaten der Europäischen Union sicher. Sie sorgen dafür, dass das Überwachungskonzept entwickelt und fortgeschrieben wird und dass länderübergreifende Maßnahmen zur Vermeidung ernster Risiken vorbereitet werden.

(4) Die Marktüberwachungsbehörden leisten den Marktüberwachungsbehörden anderer Mitgliedstaaten im für deren Aufgabenerfüllung erforderlichen Umfang Amtshilfe. Dafür stellen sie hierfür erforderliche Informationen und Unterlagen bereit, führen geeignete Untersuchungen oder andere angemessene Maßnahmen durch und beteiligen sich an Untersuchungen, die in anderen Mitgliedstaaten eingeleitet wurden.

§ 26 Marktüberwachungsmaßnahmen

(1) Die Marktüberwachungsbehörden kontrollieren anhand angemessener Stichproben auf geeignete Art und Weise und in angemessenem Umfang, ob die Produkte die Anforderungen nach Abschnitt 2 oder nach anderen Rechtsvorschriften, bei denen nach § 1 Absatz 4 die Vorschriften dieses Gesetzes ergänzend zur Anwendung kommen, erfüllen. Dazu überprüfen sie die Unterlagen oder führen, wenn dies angezeigt ist, physische Kontrollen und Laborprüfungen durch. Sie gehen bei den Stichproben nach Satz 1 je Land von einem Richtwert von 0,5 Stichproben pro 1000 Einwohner und Jahr aus; dies gilt nicht für Produkte, bei denen nach § 1 Absatz 4 die Vorschriften dieses Gesetzes ergänzend zur Anwendung kommen. Die Marktüberwachungsbehörden berücksichtigen die geltenden Grundsätze der Risikobewertung, eingegangene Beschwerden und sonstige Informationen.

(2) Die Marktüberwachungsbehörden treffen die erforderlichen Maßnahmen, wenn sie den begründeten Verdacht haben, dass ein Pro-

V

dukt nicht die Anforderungen nach Abschnitt 2 oder nach anderen Rechtsvorschriften, bei denen nach § 1 Absatz 4 die Vorschriften dieses Gesetzes ergänzend zur Anwendung kommen, erfüllt. Sie sind insbesondere befugt,

1. das Ausstellen eines Produkts zu untersagen, wenn die Anforderungen des § 3 Absatz 5 nicht erfüllt sind,
2. Maßnahmen anzuordnen, die gewährleisten, dass ein Produkt erst dann auf dem Markt bereitgestellt wird, wenn es die Anforderungen nach § 3 Absatz 1 oder Absatz 2 erfüllt,
3. anzuordnen, dass ein Produkt von einer notifizierten Stelle, einer GS-Stelle oder einer in gleicher Weise geeigneten Stelle überprüft wird,
4. die Bereitstellung eines Produkts auf dem Markt oder das Ausstellen eines Produkts für den Zeitraum zu verbieten, der für die Prüfung zwingend erforderlich ist,
5. anzuordnen, dass geeignete, klare und leicht verständliche Hinweise zu Risiken, die mit dem Produkt verbunden sind, in deutscher Sprache angebracht werden,
6. zu verbieten, dass ein Produkt auf dem Markt bereitgestellt wird,
7. die Rücknahme oder den Rückruf eines auf dem Markt bereitgestellten Produkts anzuordnen,
8. ein Produkt sicherzustellen, dieses Produkt zu vernichten, vernichten zu lassen oder auf andere Weise unbrauchbar zu machen,
9. anzuordnen, dass die Öffentlichkeit vor den Risiken gewarnt wird, die mit einem auf dem Markt bereitgestellten Produkt verbunden sind; die Marktüberwachungsbehörde kann selbst die Öffentlichkeit warnen, wenn der Wirtschaftsakteur nicht oder nicht rechtzeitig warnt oder eine andere ebenso wirksame Maßnahme nicht oder nicht rechtzeitig trifft.

(3) Die Marktüberwachungsbehörde widerruft oder ändert eine Maßnahme nach Absatz 2 umgehend, sobald der Wirtschaftsakteur nachweist, dass er wirksame Maßnahmen getroffen hat.

(4) Die Marktüberwachungsbehörden haben den Rückruf oder die Rücknahme von Produkten anzuordnen oder die Bereitstellung von Produkten auf dem Markt zu untersagen, wenn diese ein ernstes Risiko insbesondere für die Sicherheit und Gesundheit von Personen darstellen. Die Entscheidung, ob ein Produkt ein ernstes Risiko darstellt, wird auf der Grundlage einer angemessenen Risikobewertung unter Berücksichtigung der Art der Gefahr und der Wahrscheinlichkeit ihres Eintritts getroffen; die Möglichkeit, einen höheren Sicherheitsgrad zu erreichen, oder die Verfügbarkeit anderer Produkte, die ein geringeres Risiko darstellen, ist kein ausreichender Grund, um anzunehmen, dass ein Produkt ein ernstes Risiko darstellt.

(5) Beschließt die Marktüberwachungsbehörde, ein Produkt vom Markt zu nehmen, das in einem anderen Mitgliedstaat der Europäischen Union oder einem anderen Vertragsstaat des Abkommens über den Europäischen Wirtschaftsraum hergestellt wurde, setzt sie den betroffenen Wirtschaftsakteur nach Maßgabe des Artikels 19 Absatz 3 der Verordnung (EG) Nr. 765/2008 davon in Kenntnis.

§ 27 Adressaten der Marktüberwachungsmaßnahmen

(1) Die Maßnahmen der Marktüberwachungsbehörde sind gegen den jeweils betroffenen Wirtschaftsakteur oder Aussteller gerichtet. Maßnahmen gegen jede andere Person sind nur zulässig, solange ein gegenwärtiges ernstes Risiko nicht auf andere Weise abgewehrt werden kann. Entsteht der anderen Person durch die Maßnahme ein Schaden, so ist dieser zu ersetzen, es sei denn, die Person kann auf andere Weise Ersatz erlangen oder ihr Vermögen wird durch die Maßnahme geschützt.

(2) Die nach Absatz 1 betroffene Person ist vor Erlass der Maßnahme nach § 28 des Verwaltungsverfahrensgesetzes anzuhören mit der Maßgabe, dass die Anhörungsfrist nicht kürzer als zehn Tage sein darf. Wurde eine Maßnahme getroffen, ohne dass die betroffene Person angehört wurde, wird ihr so

schnell wie möglich Gelegenheit gegeben, sich zu äußern. Die Maßnahme wird daraufhin umgehend überprüft.

§ 28 Betretensrechte und Befugnisse

(1) Die Marktüberwachungsbehörden und die von ihnen beauftragten Personen sind befugt, zu den Betriebs- und Geschäftszeiten Geschäftsräume und Betriebsgrundstücke zu betreten, in oder auf denen im Rahmen einer Geschäftstätigkeit Produkte

1. hergestellt werden,
2. erstmals verwendet werden,
3. zum Zweck der Bereitstellung auf dem Markt lagern oder
4. ausgestellt sind,

soweit dies zur Erfüllung ihrer Überwachungsaufgaben erforderlich ist. Sie sind befugt, diese Produkte zu besichtigen, zu prüfen oder prüfen zu lassen sowie insbesondere zu diesem Zweck in Betrieb nehmen zu lassen. Diese Besichtigungs- und Prüfbefugnis haben die Marktüberwachungsbehörden und ihre Beauftragten auch dann, wenn die Produkte in Seehäfen zum weiteren Transport bereitgestellt sind. Hat die Kontrolle ergeben, dass das Produkt die Anforderungen nach Abschnitt 2 nicht erfüllt, erheben die Marktüberwachungsbehörden die Kosten für Besichtigungen und Prüfungen nach den Sätzen 2 und 3 von den Personen, die das Produkt herstellen oder zum Zweck der Bereitstellung auf dem Markt einführen, lagern oder ausstellen.

(2) Die Marktüberwachungsbehörden und die von ihnen beauftragten Personen können Proben entnehmen, Muster verlangen und die für ihre Aufgabenerfüllung erforderlichen Unterlagen und Informationen anfordern. Die Proben, Muster, Unterlagen und Informationen sind ihnen unentgeltlich zur Verfügung zu stellen.

(3) Die Marktüberwachungsbehörden können von den notifizierten Stellen und den GS-Stellen sowie deren mit der Leitung und der Durchführung der Fachaufgaben beauftragtem Personal die zur Erfüllung ihrer Aufgaben erforderlichen Auskünfte und Unterlagen verlangen. Sie haben im Falle ihres Tätigwerdens nach Satz 1 die Befugnis erteilende Behörde zu unterrichten.

(4) Die Wirtschaftsakteure und Aussteller haben jeweilsMaßnahmen nach den Absätzen 1 und 2 zu dulden sowie die Marktüberwachungsbehörden und deren Beauftragte zu unterstützen. Die Wirtschaftsakteure, Aussteller und das in Absatz 3 Satz 1 genannte Personal sind verpflichtet, der Marktüberwachungsbehörde auf Verlangen die Auskünfte zu erteilen, die für deren Aufgabenerfüllung erforderlich sind. Die Auskunftspflichtigen können die Auskunft auf Fragen verweigern, wenn die Beantwortung sie selbst oder einen der in § 383 Absatz 1 Nummer 1 bis 3 der Zivilprozessordnung bezeichneten Angehörigen der Gefahr strafrechtlicher Verfolgung oder eines Verfahrens nach dem Gesetz über Ordnungswidrigkeiten aussetzen würde. Sie sind über ihr Recht zur Auskunftsverweigerung zu belehren.

Abschnitt 7
Informations- und Meldepflichten

§ 29 Unterstützungsverpflichtung, Meldeverfahren

(1) Die Marktüberwachungsbehörden und die Bundesanstalt für Arbeitsschutz und Arbeitsmedizin haben einander zu unterstützen und sich gegenseitig über Maßnahmen nach diesem Gesetz zu informieren.

(2) Trifft die Marktüberwachungsbehörde eine Maßnahme nach § 26 Absatz 2, durch die die Bereitstellung eines Produkts auf dem Markt untersagt oder eingeschränkt oder seine Rücknahme oder sein Rückruf angeordnet wird, so unterrichtet sie hiervon die Bundesanstalt für Arbeitsschutz und Arbeitsmedizin und begründet die Maßnahme. Dabei gibt sie auch an, ob der Anlass für die Maßnahme außerhalb des Geltungsbereichs dieses Gesetzes liegt oder ob die Auswirkungen dieser Maßnahme über den Geltungsbereich dieses Gesetzes hinausreichen. Ist das Produkt mit der CE-Kennzeichnung versehen und folgt dieser die Kennnummer der notifi-

zierten Stelle, so unterrichtet die Marktüberwachungsbehörde die notifizierte Stelle sowie die Befugnis erteilende Behörde über die von ihr getroffene Maßnahme. Ist das Produkt mit dem GS-Zeichen versehen, so unterrichtet die Marktüberwachungsbehörde die GS-Stelle, die das GS-Zeichen zuerkannt hat, sowie die Befugnis erteilende Behörde über die von ihr getroffene Maßnahme.

(3) Die Bundesanstalt für Arbeitsschutz und Arbeitsmedizin überprüft die eingegangenen Meldungen nach Absatz 2 Satz 1 auf Vollständigkeit und Schlüssigkeit. Sie leitet diese Meldungen der Europäischen Kommission und den übrigen Mitgliedstaaten der Europäischen Union zu, wenn die Marktüberwachungsbehörde angegeben hat, dass der Anlass für die Maßnahme außerhalb des Geltungsbereichs dieses Gesetzes liegt oder dass die Auswirkungen dieser Maßnahme über den Geltungsbereich dieses Gesetzes hinausreichen.

(4) Die Bundesanstalt für Arbeitsschutz und Arbeitsmedizin unterrichtet die Marktüberwachungsbehörden sowie die zuständigen Bundesressorts über Meldungen der Europäischen Kommission oder eines anderen Mitgliedstaates der Europäischen Union.

§ 30 Schnellinformationssystem RAPEX

(1) Trifft die Marktüberwachungsbehörde eine Maßnahme nach § 26 Absatz 4 oder beabsichtigt sie dies, so unterrichtet sie die Bundesanstalt für Arbeitsschutz und Arbeitsmedizin unverzüglich über diese Maßnahme. Dabei gibt sie auch an, ob der Anlass für die Maßnahme außerhalb des Geltungsbereichs dieses Gesetzes liegt oder ob die Auswirkungen dieser Maßnahme über den Geltungsbereich dieses Gesetzes hinausreichen. Außerdem informiert sie die Bundesanstalt für Arbeitsschutz und Arbeitsmedizin unverzüglich über Änderungen einer solchen Maßnahme oder ihre Rücknahme.

(2) Ist ein Produkt auf dem Markt bereitgestellt worden, das ein ernstes Risiko darstellt, so unterrichtet die Marktüberwachungsbehörde die Bundesanstalt für Arbeitsschutz und Arbeitsmedizin ferner über alle Maßnahmen, die ein Wirtschaftsakteur freiwillig getroffen und der Marktüberwachungsbehörde mitgeteilt hat.

(3) Bei der Unterrichtung nach den Absätzen 1 und 2 werden alle verfügbaren Informationen übermittelt, insbesondere die erforderlichen Daten für die Identifizierung des Produkts, zur Herkunft und Lieferkette des Produkts, zu den mit dem Produkt verbundenen Gefahren, zur Art und Dauer der getroffenen Maßnahme sowie zu den von den Wirtschaftsakteuren freiwillig getroffenen Maßnahmen.

(4) Die Bundesanstalt für Arbeitsschutz und Arbeitsmedizin überprüft die eingegangenen Meldungen auf Vollständigkeit und Schlüssigkeit. Sie leitet diese Meldungen unverzüglich der Europäischen Kommission und den übrigen Mitgliedstaaten der Europäischen Union zu, wenn die Marktüberwachungsbehörde angegeben hat, dass der Anlass für die Maßnahme außerhalb des Geltungsbereichs dieses Gesetzes liegt oder dass die Auswirkungen dieser Maßnahme über den Geltungsbereich dieses Gesetzes hinausreichen. Für die Meldungen wird das System für Marktüberwachung und Informationsaustausch nach Artikel 12 der Richtlinie 2001/95/EG angewendet. Die Bundesanstalt für Arbeitsschutz und Arbeitsmedizin unterrichtet die Marktüberwachungsbehörden sowie die zuständigen Bundesressorts über Meldungen, die ihr über das System zugehen.

§ 31 Veröffentlichung von Informationen

(1) Die Bundesanstalt für Arbeitsschutz und Arbeitsmedizin macht Anordnungen nach § 26 Absatz 2 Satz 2 Nummer 6, 7, 8 und 9 und Absatz 4, die unanfechtbar geworden sind oder deren sofortiger Vollzug angeordnet worden ist, öffentlich bekannt. Personenbezogene Daten dürfen nur veröffentlicht werden, wenn sie zur Identifizierung des Produkts erforderlich sind. Liegen die Voraussetzungen für die Veröffentlichung personenbezogener Daten nicht mehr vor, hat die Veröffentlichung zu unterbleiben. Bereits elektronisch veröffentlichte Daten sind un-

verzüglich zu entfernen, soweit dies technisch möglich ist.

(2) Die Marktüberwachungsbehörden und die Bundesanstalt für Arbeitsschutz und Arbeitsmedizin haben die Öffentlichkeit, vorzugsweise auf elektronischem Weg, über sonstige ihnen zur Verfügung stehende Erkenntnisse zu Produkten, die mit Risiken für die Sicherheit und Gesundheit von Personen verbunden sind, zu informieren. Dies betrifft insbesondere Informationen zur Identifizierung der Produkte, über die Art der Risiken und die getroffenen Maßnahmen. Würden durch die Veröffentlichung der Informationen Betriebs- oder Geschäftsgeheimnisse oder wettbewerbsrelevante Informationen, die dem Wesen nach Betriebsgeheimnissen gleichkommen, offenbart, so sind vor der Veröffentlichung die Betroffenen anzuhören. Die Veröffentlichung personenbezogener Daten ist nur zulässig, soweit

1. der Betroffene eingewilligt hat oder
2. sie zur Abwehr von Gefahren für die Sicherheit und Gesundheit von Personen unverzichtbar ist und schutzwürdige Interessen des Betroffenen nicht entgegenstehen.

Vor der Veröffentlichung ist der Betroffene anzuhören. Liegen die Voraussetzungen für die Veröffentlichung personenbezogener Daten nicht mehr vor, hat die Veröffentlichung zu unterbleiben. Bereits elektronisch veröffentlichte Daten sind unverzüglich zu entfernen, soweit dies technisch möglich ist.

(3) Informationen nach Absatz 2 dürfen nicht veröffentlicht werden, soweit

1. dadurch die Vertraulichkeit der Beratung von Behörden berührt oder eine erhebliche Gefahr für die öffentliche Sicherheit verursacht werden kann,
2. es sich um Daten handelt, die Gegenstand eines laufenden Gerichtsverfahrens, strafrechtlichen Ermittlungsverfahrens, Disziplinarverfahrens oder ordnungswidrigkeitsrechtlichen Verfahrens sind, oder
3. der Schutz geistigen Eigentums, insbesondere der Urheberrechte, den Informationsanspruch überwiegt.

(4) Die Bundesanstalt für Arbeitsschutz und Arbeitsmedizin kann die Öffentlichkeit auf eine bereits durch den Betroffenen selbst erfolgte Information der Öffentlichkeit über eine von ihm veranlasste Rücknahme oder Rückrufaktion hinweisen.

(5) Stellt sich im Nachhinein heraus, dass die Informationen, die die Marktüberwachungsbehörden und die Bundesanstalt für Arbeitsschutz und Arbeitsmedizin an die Öffentlichkeit gegeben haben, falsch sind oder dass die zugrunde liegenden Umstände unrichtig wiedergegeben wurden, informieren sie darüber unverzüglich die Öffentlichkeit in der gleichen Art und Weise, in der sie die betreffenden Informationen zuvor bekannt gegeben haben, sofern

1. dies zur Wahrung erheblicher Belange des Gemeinwohls erforderlich ist oder
2. der Betroffene dies beantragt.

Abschnitt 8
Besondere Vorschriften

§ 32 Aufgaben der Bundesanstalt für Arbeitsschutz und Arbeitsmedizin

(1) Die Bundesanstalt für Arbeitsschutz und Arbeitsmedizin ermittelt und bewertet im Rahmen ihres allgemeinen Forschungsauftrags präventiv Sicherheitsrisiken und gesundheitliche Risiken, die mit der Verwendung von Produkten verbunden sind und macht Vorschläge zu ihrer Verringerung.

(2) In Einzelfällen nimmt die Bundesanstalt für Arbeitsschutz und Arbeitsmedizin in Abstimmung mit den Marktüberwachungsbehörden Risikobewertungen von Produkten vor, wenn hinreichende Anhaltspunkte dafür vorliegen, dass von ihnen eine unmittelbare Gefahr für die Sicherheit und Gesundheit von Personen ausgeht oder mit ihnen ein ernstes Risiko verbunden ist. Über das Ergebnis der Bewertung unterrichtet sie unverzüglich die zuständige Marktüberwachungsbehörde und in Abstimmung mit dieser den betroffenen Wirtschaftsakteur.

(3) In Einzelfällen nimmt die Bundesanstalt für Arbeitsschutz und Arbeitsmedizin in eige-

ner Zuständigkeit Risikobewertungen von Produkten vor, soweit ein pflichtgemäßes Handeln gegenüber den Organen der Europäischen Union dies erfordert.

(4) Die Bundesanstalt für Arbeitsschutz und Arbeitsmedizin unterstützt die Marktüberwachungsbehörden bei der Entwicklung und Durchführung des Überwachungskonzepts nach § 25 Absatz 1, insbesondere indem sie festgestellte Mängel in der Beschaffenheit von Produkten wissenschaftlich auswertet. Sie unterrichtet die Marktüberwachungsbehörden sowie den Ausschuss für Produktsicherheit regelmäßig über den Stand der Erkenntnisse und veröffentlicht die gewonnenen Erkenntnisse regelmäßig in dem von ihr betriebenen zentralen Produktsicherheitsportal. Die Vorschriften über die Erhebung, Verarbeitung und Nutzung personenbezogener Daten für Zwecke der wissenschaftlichen Forschung bleiben unberührt.

V

§ 33 Ausschuss für Produktsicherheit

(1) Beim Bundesministerium für Arbeit und Soziales wird ein Ausschuss für Produktsicherheit eingesetzt.

(2) Der Ausschuss hat die Aufgaben,

1. die Bundesregierung in Fragen der Produktsicherheit zu beraten,
2. Normen und andere technische Spezifikationen zu ermitteln, soweit es für ein Produkt keine harmonisierte Norm gibt,
3. die in § 21 Absatz 1 Satz 1 Nummer 3 bezeichneten Spezifikationen zu ermitteln und
4. Empfehlungen hinsichtlich der Eignung eines Produkts für die Zuerkennung des GS-Zeichens auszusprechen.

(3) Dem Ausschuss sollen sachverständige Personen aus dem Kreis der Marktüberwachungsbehörden, der Konformitätsbewertungsstellen, der Träger der gesetzlichen Unfallversicherung, des Deutschen Instituts für Normung e. V., der Kommission Arbeitsschutz und Normung, der Arbeitgebervereinigungen, der Gewerkschaften und der beteiligten Verbände, insbesondere der Hersteller, der Händler und der Verbraucher, angehören. Die Mitgliedschaft ist ehrenamtlich.

(4) Das Bundesministerium für Arbeit und Soziales beruft im Einvernehmen mit dem Bundesministerium für Ernährung und Landwirtschaft und dem Bundesministerium für Wirtschaft und Energie die Mitglieder des Ausschusses und für jedes Mitglied einen Stellvertreter oder eine Stellvertreterin. Der Ausschuss gibt sich eine Geschäftsordnung und wählt den Vorsitzenden oder die Vorsitzende aus seiner Mitte. Die Zahl der Mitglieder soll 21 nicht überschreiten. Die Geschäftsordnung und die Wahl des oder der Vorsitzenden bedürfen der Zustimmung des Bundesministeriums für Arbeit und Soziales.

(5) Die Bundesministerien sowie die für Sicherheit, Gesundheit und Umwelt zuständigen obersten Landesbehörden und Bundesoberbehörden haben das Recht, in Sitzungen des Ausschusses vertreten zu sein und gehört zu werden.

(6) Die Geschäfte des Ausschusses führt die Bundesanstalt für Arbeitsschutz und Arbeitsmedizin.

Abschnitt 9 Überwachungsbedürftige Anlagen

§ 34 Ermächtigung zum Erlass von Rechtsverordnungen

(1) Zum Schutz der Beschäftigten und Dritter vor Gefahren durch Anlagen, die mit Rücksicht auf ihre Gefährlichkeit einer besonderen Überwachung bedürfen (überwachungsbedürftige Anlagen), wird die Bundesregierung ermächtigt, nach Anhörung der beteiligten Kreise mit Zustimmung des Bundesrates durch Rechtsverordnung zu bestimmen,

1. dass die Errichtung solcher Anlagen, ihre Inbetriebnahme, die Vornahme von Änderungen an bestehenden Anlagen und sonstige die Anlagen betreffenden Umstände angezeigt und der Anzeige bestimmte Unterlagen beigefügt werden müssen;
2. dass die Errichtung solcher Anlagen, ihr Betrieb sowie die Vornahme von Ände-

rungen an bestehenden Anlagen der Erlaubnis einer in der Rechtsverordnung bezeichneten oder nach Bundes- oder Landesrecht zuständigen Behörde bedürfen;
3. dass solche Anlagen oder Teile von solchen Anlagen nach einer Bauartprüfung allgemein zugelassen und mit der allgemeinen Zulassung Auflagen zum Betrieb und zur Wartung verbunden werden können;
4. dass solche Anlagen, insbesondere die Errichtung, die Herstellung, die Bauart, die Werkstoffe, die Ausrüstung und die Unterhaltung sowie ihr Betrieb, bestimmten, dem Stand der Technik entsprechenden Anforderungen genügen müssen;
5. dass solche Anlagen einer Prüfung vor Inbetriebnahme, regelmäßig wiederkehrenden Prüfungen und Prüfungen auf Grund behördlicher Anordnungen unterliegen.

(2) In den Rechtsverordnungen nach Absatz 1 können Vorschriften über die Einsetzung technischer Ausschüsse erlassen werden. Die Ausschüsse sollen die Bundesregierung oder das zuständige Bundesministerium in technischen Fragen beraten. Sie schlagen dem Stand der Technik entsprechende Regeln (technische Regeln) unter Berücksichtigung der für andere Schutzziele vorhandenen Regeln und, soweit dessen Zuständigkeiten berührt sind, in Abstimmung mit der Kommission für Anlagensicherheit nach § 51a Absatz 1 des Bundes-Immissionsschutzgesetzes vor. In die Ausschüsse sind neben Vertretern der beteiligten Bundesbehörden und oberster Landesbehörden, der Wissenschaft und der zugelassenen Überwachungsstellen im Sinne des § 37 insbesondere Vertreter der Arbeitgeber, der Gewerkschaften und der Träger der gesetzlichen Unfallversicherung zu berufen.

(3) Technische Regeln können vom Bundesministerium für Arbeit und Soziales im Gemeinsamen Ministerialblatt veröffentlicht werden.

(4) Eine Erlaubnis nach einer Rechtsverordnung nach Absatz 1 Nummer 2 erlischt, wenn der Inhaber innerhalb von zwei Jahren nach ihrer Erteilung nicht mit der Errichtung der Anlage begonnen, die Bauausführung zwei Jahre unterbrochen oder die Anlage während eines Zeitraumes von drei Jahren nicht betrieben hat. Die Fristen können aus wichtigem Grund von der Erlaubnisbehörde auf Antrag verlängert werden.

§ 35 Befugnisse der zuständigen Behörde

(1) Die zuständige Behörde kann im Einzelfall die erforderlichen Maßnahmen zur Erfüllung der durch Rechtsverordnung nach § 34 auferlegten Pflichten anordnen. Sie kann darüber hinaus die Maßnahmen anordnen, die im Einzelfall erforderlich sind, um Gefahren für Beschäftigte oder Dritte abzuwenden.

(2) Die zuständige Behörde kann die Stilllegung oder Beseitigung einer Anlage anordnen, die ohne die auf Grund einer Rechtsverordnung nach § 34 Absatz 1 Nummer 2 erforderliche Erlaubnis oder ohne die auf Grund einer Rechtsverordnung nach § 34 Absatz 1 Nummer 5 erforderliche Prüfung durch eine zugelassene Überwachungsstelle errichtet, betrieben oder geändert wird.

(3) Im Falle von Anordnungen nach Absatz 1 kann die zuständige Behörde den Betrieb der betreffenden Anlage untersagen, bis der Zustand hergestellt ist, der den Anordnungen entspricht. Das Gleiche gilt, wenn eine Anordnung nach anderen, die Einrichtung oder die Arbeitsstätte, in der die Anlage betrieben wird, betreffenden Vorschriften getroffen wird.

§ 36 Zutrittsrecht des Beauftragten der zugelassenen Überwachungsstelle

Eigentümer von überwachungsbedürftigen Anlagen und Personen, die solche Anlagen herstellen oder betreiben, sind verpflichtet, den Beauftragten zugelassener Überwachungsstellen, denen die Prüfung der Anlagen obliegt, auf Verlangen die Anlagen zugänglich zu machen, die vorgeschriebene oder behördlich angeordnete Prüfung zu gestatten, die hierfür benötigten Arbeitskräfte und Hilfsmittel bereitzustellen sowie die Angaben zu machen und die Unterlagen vorzu-

V

legen, die zur Erfüllung ihrer Aufgaben erforderlich sind. Das Grundrecht des Artikels 13 des Grundgesetzes wird insoweit eingeschränkt.

§ 37 Durchführung der Prüfung und Überwachung, Verordnungsermächtigung

(1) Die Prüfungen der überwachungsbedürftigen Anlagen werden, soweit in den nach § 34 Absatz 1 erlassenen Rechtsverordnungen nichts anderes bestimmt ist, von zugelassenen Überwachungsstellen vorgenommen.

(2) Für überwachungsbedürftige Anlagen

1. der Bundespolizei kann das Bundesministerium des Innern,
2. im Geschäftsbereich des Bundesministeriums der Verteidigung kann dieses Ministerium,
3. der Eisenbahnen des Bundes, soweit die Anlagen dem Eisenbahnbetrieb dienen, kann das Bundesministerium für Verkehr und digitale Infrastruktur

bestimmen, welche Stellen die Prüfung und Überwachung vornehmen.

(3) Die Bundesregierung kann in den Rechtsverordnungen nach § 34 Absatz 1 mit Zustimmung des Bundesrates die Anforderungen bestimmen, denen die zugelassenen Überwachungsstellen nach Absatz 1 über die in Absatz 5 genannten allgemeinen Anforderungen für eine Befugniserteilung hinaus genügen müssen.

(4) Die Landesregierungen können durch Rechtsverordnungen

1. Einzelheiten des Verfahrens zur Erteilung einer Befugnis nach Absatz 5 regeln,
2. sonstige Voraussetzungen für die Erteilung der Befugnis an eine zugelassene Überwachungsstelle nach Absatz 1 festlegen, soweit dies zur Gewährleistung der Sicherheit der Anlagen geboten ist, und
3. die Erfassung überwachungsbedürftiger Anlagen durch Datei führende Stellen regeln.

In den Rechtsverordnungen nach Satz 1 können auch Verpflichtungen der zugelassenen Überwachungsstellen

1. zur Kontrolle der fristgemäßen Veranlassung der in einer Rechtsverordnung nach § 34 Absatz 1 vorgesehenen wiederkehrenden Prüfungen einschließlich der Nachprüfungen zur Beseitigung von Mängeln und zur Unterrichtung der zuständigen Behörde bei Nichtbeachtung,
2. zur Gewährleistung eines für die Prüfung der überwachungsbedürftigen Anlagen erforderlichen flächendeckenden Angebots von Prüfleistungen,
3. zur Erstellung und Führung von Anlagendateien,
4. zur Übermittlung der zur Erfüllung ihrer Aufgaben erforderlichen Auskünfte an die zuständige Behörde,
5. zur Beteiligung an den Kosten Datei führender Stellen für die Erstellung und Führung von Anlagendateien und
6. zur Übermittlung der zur Erfüllung ihrer Aufgaben erforderlichen Auskünfte an Datei führende Stellen

begründet werden.

(5) Zugelassene Überwachungsstelle ist jede von der zuständigen Landesbehörde als Prüfstelle für einen bestimmten Aufgabenbereich dem Bundesministerium für Arbeit und Soziales benannte und von ihm im Gemeinsamen Ministerialblatt bekannt gemachte Überwachungsstelle. Die Überwachungsstelle kann benannt werden, wenn die Befugnis erteilende Behörde in einem Verfahren festgestellt hat, dass die Einhaltung der folgenden allgemeinen Anforderungen sowie der in einer Rechtsverordnung nach § 34 Absatz 1 enthaltenen besonderen Anforderungen gewährleistet ist:

1. Unabhängigkeit der Überwachungsstelle sowie ihres mit der Leitung oder der Durchführung der Fachaufgaben beauftragten Personals von Personen, die an der Planung oder Herstellung, dem Vertrieb, dem Betrieb oder der Instandhaltung der überwachungsbedürftigen Anlagen beteiligt oder in anderer Weise von den Ergeb-

nissen der Prüfung oder Bescheinigung abhängig sind;
2. Verfügbarkeit der für die angemessene unabhängige Erfüllung der Aufgaben erforderlichen Organisationsstrukturen, des erforderlichen Personals und der notwendigen Mittel und Ausrüstungen;
3. ausreichende technische Kompetenz, berufliche Integrität und Erfahrung sowie fachliche Unabhängigkeit des beauftragten Personals;
4. Bestehen einer Haftpflichtversicherung;
5. Wahrung der im Zusammenhang mit der Tätigkeit der zugelassenen Überwachungsstelle bekannt gewordenen Betriebs- und Geschäftsgeheimnisse vor unbefugter Offenbarung;
6. Einhaltung der für die Durchführung von Prüfungen und die Erteilung von Bescheinigungen festgelegten Verfahren;
7. Sammlung und Auswertung der bei den Prüfungen gewonnenen Erkenntnisse sowie Unterrichtung des Personals in einem regelmäßigen Erfahrungsaustausch;
8. Zusammenarbeit mit anderen zugelassenen Überwachungsstellen zum Austausch der im Rahmen der Tätigkeit gewonnenen Erkenntnisse, soweit dies der Verhinderung von Schadensfällen dienen kann.

Als zugelassene Überwachungsstellen können, insbesondere zur Durchführung von Rechtsakten des Rates oder der Kommission der Europäischen Union, die Sachbereiche dieses Gesetzes betreffen, auch Prüfstellen von Unternehmen oder Unternehmensgruppen ohne Erfüllung der Anforderungen nach Satz 2 Nummer 1 benannt werden, wenn dies in einer Rechtsverordnung nach § 34 Absatz 1 vorgesehen ist und die darin festgelegten Anforderungen erfüllt sind.

(6) Die Befugnis kann unter Bedingungen erteilt und mit Auflagen verbunden werden. Sie ist zu befristen und kann mit dem Vorbehalt des Widerrufs sowie nachträglicher Auflagen erteilt werden. Erteilung, Ablauf, Rücknahme, Widerruf und Erlöschen sind dem Bundesministerium für Arbeit und Soziales unverzüglich anzuzeigen.

(7) Die Befugnis erteilende Behörde überwacht die Erfüllung der in Absatz 5 Satz 2 genannten allgemeinen Anforderungen sowie der in einer Rechtsverordnung nach § 34 Absatz 1 enthaltenen besonderen Anforderungen. Sie kann von der zugelassenen Überwachungsstelle und deren mit der Leitung und der Durchführung der Fachaufgaben beauftragtem Personal die zur Erfüllung ihrer Überwachungsaufgaben erforderlichen Auskünfte und sonstige Unterstützung verlangen sowie die dazu erforderlichen Anordnungen treffen. Ihre Beauftragten sind befugt, zu den Betriebs- und Geschäftszeiten Grundstücke und Geschäftsräume zu betreten und zu besichtigen sowie die Vorlage von Unterlagen für die Erteilung der Bescheinigungen zu verlangen. Die Auskunftspflichtigen haben die Maßnahmen nach Satz 3 zu dulden.

(8) Die für die Durchführung der nach § 34 Absatz 1 erlassenen Rechtsverordnungen zuständigen Behörden können von der zugelassenen Überwachungsstelle und deren mit der Leitung und der Durchführung der Fachaufgaben beauftragtem Personal die zur Erfüllung ihrer Aufgaben erforderlichen Auskünfte und sonstige Unterstützung verlangen sowie die dazu erforderlichen Anordnungen treffen. Ihre Beauftragten sind befugt, zu den Betriebs- und Geschäftszeiten Grundstücke und Geschäftsräume zu betreten und zu besichtigen sowie die Vorlage und Übersendung von Unterlagen für die Erteilung der Bescheinigungen zu verlangen. Wenn sie nach den Sätzen 1 und 2 tätig werden, haben sie die Befugnis erteilende Behörde zu unterrichten.

§ 38 Aufsichtsbehörden

(1) Die Aufsicht über die Ausführung der nach § 34 Absatz 1 erlassenen Rechtsverordnungen obliegt den nach Landesrecht zuständigen Behörden. Hierbei finden § 22 Absatz 1 und 2 sowie § 23 Absatz 2 des Arbeitsschutzgesetzes entsprechende Anwendung.

(2) Für Anlagen, die der Überwachung durch die Bundesverwaltung unterstehen, kann in Rechtsverordnungen nach § 34 Absatz 1 die Aufsicht dem Bundesministerium des Innern

oder einem anderen Bundesministerium für mehrere Geschäftsbereiche der Bundesverwaltung übertragen werden; das Bundesministerium kann die Aufsicht einer von ihm bestimmten Stelle übertragen. § 48 des Bundeswasserstraßengesetzes und § 4 des Bundesfernstraßengesetzes bleiben unberührt.

Abschnitt 10 Straf- und Bußgeldvorschriften

§ 39 Bußgeldvorschriften

(1) Ordnungswidrig handelt, wer vorsätzlich oder fahrlässig

1. entgegen § 3 Absatz 3 einen Hinweis nicht, nicht richtig, nicht vollständig oder nicht rechtzeitig gibt,
2. entgegen § 3 Absatz 4 eine Gebrauchsanleitung nicht, nicht richtig, nicht vollständig, nicht in der vorgeschriebenen Weise oder nicht rechtzeitig mitliefert,
3. entgegen § 6 Absatz 1 Satz 1 Nummer 2 einen Namen oder eine Kontaktanschrift nicht, nicht richtig, nicht vollständig oder nicht rechtzeitig anbringt,
4. entgegen § 6 Absatz 4 Satz 1 die zuständige Marktüberwachungsbehörde nicht, nicht richtig, nicht vollständig oder nicht rechtzeitig unterrichtet,
5. entgegen § 7 Absatz 1 in Verbindung mit Artikel 30 Absatz 5 Satz 1 der Verordnung (EG) Nr. 765/2008 des Europäischen Parlaments und des Rates vom 9. Juli 2008 über die Vorschriften für die Akkreditierung und Marktüberwachung im Zusammenhang mit der Vermarktung von Produkten und zur Aufhebung der Verordnung (EWG) Nr. 339/93 des Rates (ABl. L 218 vom 13. 8. 2008, S. 30) eine Kennzeichnung, ein Zeichen oder eine Aufschrift auf einem Produkt anbringt,
6. entgegen § 7 Absatz 2 ein Produkt auf dem Markt bereitstellt,
7. einer Rechtsverordnung nach
   a) § 8 Absatz 1 Satz 2 Nummer 1 oder Nummer 3 oder § 34 Absatz 1 Nummer 2, 4 oder Nummer 5 oder
   b) § 8 Absatz 1 Satz 2 Nummer 2 oder § 34 Absatz 1 Nummer 1

   oder einer vollziehbaren Anordnung auf Grund einer solchen Rechtsverordnung zuwiderhandelt, soweit die Rechtsverordnung für einen bestimmten Tatbestand auf diese Bußgeldvorschrift verweist,
8. einer vollziehbaren Anordnung nach
   a) § 11 Absatz 1 Satz 1 oder Satz 2, § 26 Absatz 2 Satz 2 Nummer 1 oder Nummer 3 oder § 37 Absatz 7 Satz 2 zuwiderhandelt oder
   b) § 26 Absatz 2 Satz 2 Nummer 2, 4, 6 bis 8 oder Nummer 9 oder Absatz 4 Satz 1 zuwiderhandelt,
9. entgegen § 22 Absatz 2 Satz 2 oder Absatz 4 ein dort genanntes Zeichen verwendet oder mit ihm wirbt,
10. entgegen § 22 Absatz 3 eine Vorgabe der Anlage Nummer 1, 2, 3, 4, 7, 8 Satz 1, Nummer 9 Satz 2 oder Satz 3 oder Nummer 10 nicht beachtet,
11. entgegen § 22 Absatz 5 Satz 2 eine Prüfung nicht, nicht richtig, nicht vollständig oder nicht rechtzeitig dokumentiert,
12. entgegen § 28 Absatz 4 Satz 1 eine Maßnahme nicht duldet oder eine Marktüberwachungsbehörde oder einen Beauftragten nicht unterstützt,
13. entgegen § 28 Absatz 4 Satz 2 eine Auskunft nicht, nicht richtig, nicht vollständig oder nicht rechtzeitig erteilt,
14. entgegen § 36 Satz 1 eine Anlage nicht oder nicht rechtzeitig zugänglich macht, eine Prüfung nicht gestattet, eine Arbeitskraft oder ein Hilfsmittel nicht oder nicht rechtzeitig bereitstellt, eine Angabe nicht, nicht richtig, nicht vollständig oder nicht rechtzeitig macht oder eine Unterlage nicht oder nicht rechtzeitig vorlegt,
15. entgegen § 38 Absatz 1 Satz 2 in Verbindung mit § 22 Absatz 2 Satz 6 des Arbeitsschutzgesetzes eine Maßnahme nicht duldet,
16. einer unmittelbar geltenden Vorschrift in Rechtsakten der Europäischen Gemein-

schaft oder der Europäischen Union zuwiderhandelt, die inhaltlich einem in
   a) Nummer 8 Buchstabe b oder
   b) den Nummern 1 bis 6, 8 Buchstabe a oder den Nummern 11 bis 13

   bezeichneten Gebot oder Verbot entspricht, soweit eine Rechtsverordnung nach Absatz 3 für einen bestimmten Tatbestand auf diese Bußgeldvorschrift verweist, oder
17. einer unmittelbar geltenden Vorschrift in Rechtsakten der Europäischen Gemeinschaft oder der Europäischen Union oder einer vollziehbaren Anordnung auf Grund einer solchen Vorschrift zuwiderhandelt, die inhaltlich einer Regelung entspricht, zu der die in
   a) Nummer 7 Buchstabe a oder
   b) Nummer 7 Buchstabe b

   genannten Vorschriften ermächtigen, soweit eine Rechtsverordnung nach Absatz 3 für einen bestimmten Bußgeldtatbestand auf diese Bußgeldvorschrift verweist.

(2) Die Ordnungswidrigkeit kann in den Fällen des Absatzes 1 Nummer 7 Buchstabe a, Nummer 8 Buchstabe b, Nummer 9, 16 Buchstabe a und Nummer 17 Buchstabe a mit einer Geldbuße bis zu hunderttausend Euro, in den übrigen Fällen mit einer Geldbuße bis zu zehntausend Euro geahndet werden.

(3) Die Bundesregierung wird ermächtigt, soweit es zur Durchsetzung von Rechtsakten der Europäischen Gemeinschaft oder der Europäischen Union erforderlich ist, durch Rechtsverordnung ohne Zustimmung des Bundesrates die Tatbestände zu bezeichnen, die als Ordnungswidrigkeit nach Absatz 1 Nummer 16 und 17 geahndet werden können.

§ 40 Strafvorschriften

Mit Freiheitsstrafe bis zu einem Jahr oder mit Geldstrafe wird bestraft, wer eine in § 39 Absatz 1 Nummer 7 Buchstabe a, Nummer 8 Buchstabe b, Nummer 9, 16 Buchstabe a oder Nummer 17 Buchstabe a bezeichnete vorsätzliche Handlung beharrlich wiederholt oder durch eine solche vorsätzliche Handlung Leben oder Gesundheit eines anderen oder fremde Sachen von bedeutendem Wert gefährdet.

V

Anlage

Gestaltung des GS-Zeichens

1. Das GS-Zeichen besteht aus der Beschriftung und der Umrandung.
2. Die Dicke der Umrandung beträgt ein Drittel des Rasterabstands.
3. Die Wörter „geprüfte Sicherheit" sind in der Schriftart Arial zu setzen sowie fett und kursiv zu formatieren bei einem Rasterabstand von 0,3 cm in der Schriftgröße 25 pt.

4. Bei Verkleinerung oder Vergrößerung des GS-Zeichens müssen die Proportionen des oben abgebildeten Rasters eingehalten werden.
5. Das Raster dient ausschließlich zur Festlegung der Proportionen; es ist nicht Bestandteil des GS-Zeichens.
6. Für die Darstellung des GS-Zeichens ist sowohl dunkle Schrift auf hellem Grund als auch helle Schrift auf dunklem Grund zulässig.
7. Mit dem GS-Zeichen ist das Symbol der GS-Stelle zu kombinieren. Das Symbol der GS-Stelle ersetzt das Wort „Id-Zeichen" in der obigen Darstellung. Es muss einen eindeutigen Rückschluss auf die GS-Stelle zulassen und darf zu keinerlei Verwechslung mit anderen GS-Stellen führen.
8. Das Symbol der GS-Stelle ist in der linken oberen Ecke des GS-Zeichens anzubringen. Es kann geringfügig über den äußeren Rand des GS-Zeichens hinausreichen, wenn dies aus Platzgründen erforderlich ist und sofern das Gesamtbild des GS-Zeichens nicht verfälscht wird.
9. Wird das GS-Zeichen mit einer Höhe von 2 cm oder weniger abgebildet, ist es zulässig, das Symbol der GS-Stelle links neben dem GS-Zeichen abzubilden. In diesem Fall muss jedoch das Symbol der GS-Stelle das GS-Zeichen berühren, damit die Einheit des Sicherheitszeichens erhalten bleibt. Außerdem darf das Symbol der GS-Stelle nicht größer sein als das GS-Zeichen, damit es dieses nicht dominiert.
10. Andere grafische Darstellungen und Beschriftungen dürfen nicht mit dem GS-Zeichen verknüpft werden, wenn dadurch der Charakter und die Aussage des GS-Zeichens beeinträchtigt werden.

Gesetz über Medizinprodukte (Medizinproduktegesetz – MPG)

in der Fassung der Bekanntmachung vom 7. August 2002 (BGBl. I S. 3146)

Zuletzt geändert durch
Gesetz für mehr Sicherheit in der Arzneimittelversorgung
vom 9. August 2019 (BGBl. I S. 1202)

Inhaltsübersicht

Erster Abschnitt
Zweck, Anwendungsbereich des Gesetzes, Begriffsbestimmungen

§ 1 Zweck des Gesetzes

Zweck dieses Gesetzes ist es, den Verkehr mit Medizinprodukten zu regeln und dadurch für die Sicherheit, Eignung und Leistung der Medizinprodukte sowie die Gesundheit und den erforderlichen Schutz der Patienten, Anwender und Dritter zu sorgen.

§ 2 Anwendungsbereich des Gesetzes

(1) Dieses Gesetz gilt für Medizinprodukte und deren Zubehör. Zubehör wird als eigenständiges Medizinprodukt behandelt.

(2) Dieses Gesetz gilt auch für das Anwenden, Betreiben und Instandhalten von Produkten, die nicht als Medizinprodukte in Verkehr gebracht wurden, aber mit der Zweckbestimmung eines Medizinproduktes im Sinne der Anlagen 1 und 2 der Medizinprodukte-Betreiberverordnung eingesetzt werden. Sie gelten als Medizinprodukte im Sinne dieses Gesetzes.

(3) Dieses Gesetz gilt auch für Produkte, die dazu bestimmt sind, Arzneimittel im Sinne des § 2 Abs. 1 des Arzneimittelgesetzes zu verabreichen. Werden die Medizinprodukte nach Satz 1 so in den Verkehr gebracht, dass Medizinprodukt und Arzneimittel ein einheitliches, miteinander verbundenes Produkt bilden, das ausschließlich zur Anwendung in dieser Verbindung bestimmt und nicht wiederverwendbar ist, gilt dieses Gesetz nur insoweit, als das Medizinprodukt die Grundlegenden Anforderungen nach § 7 erfüllen muss, die sicherheits- und leistungsbezogene Produktfunktionen betreffen. Im Übrigen gelten die Vorschriften des Arzneimittelgesetzes.

(4) Die Vorschriften des Atomgesetzes sowie des Strahlenschutzgesetzes und der auf dessen Grundlage erlassenen Rechtsverordnungen, des Chemikaliengesetzes, der Gefahrstoffverordnung, der Betriebssicherheitsverordnung, der Druckgeräteverordnung, der Aerosolpackungsverordnung sowie die Rechtsvorschriften über Geheimhaltung und Datenschutz bleiben unberührt.

(4a) Dieses Gesetz gilt auch für Produkte, die vom Hersteller sowohl zur Verwendung entsprechend den Vorschriften über persönliche Schutzausrüstungen der Richtlinie 89/686/EWG des Rates vom 21. Dezember 1989 zur Angleichung der Rechtsvorschriften der Mitgliedstaaten für persönliche Schutzausrüstungen (ABl. L 399 vom 30. 12. 1989, S. 18) als auch der Richtlinie 93/42/EWG des Rates vom 14. Juni 1993 über Medizinprodukte (ABl. L 169 vom 12. 7. 1993, S. 1) bestimmt sind.

(5) Dieses Gesetz gilt nicht für

1. Arzneimittel im Sinne des § 2 des Arzneimittelgesetzes; die Entscheidung darüber, ob ein Produkt ein Arzneimittel oder ein Medizinprodukt ist, erfolgt insbesondere unter Berücksichtigung der hauptsächlichen Wirkungsweise des Produkts, es sei denn, es handelt sich um ein Arzneimittel im Sinne des § 2 Absatz 1 Nummer 2 Buchstabe b des Arzneimittelgesetzes,
2. kosmetische Mittel im Sinne des § 2 Absatz 5 des Lebensmittel-, Bedarfsgegenstände- und Futtermittelgesetzbuchs,
3. menschliches Blut, Produkte aus menschlichem Blut, menschliches Plasma oder Blutzellen menschlichen Ursprungs oder Produkte, die zum Zeitpunkt des Inverkehrbringens Bluterzeugnisse, -plasma oder -zellen dieser Art enthalten, soweit es sich nicht um Medizinprodukte nach § 3 Nr. 3 oder § 3 Nr. 4 handelt,
4. Transplantate oder Gewebe oder Zellen menschlichen Ursprungs und Produkte, die Gewebe oder Zellen menschlichen Ursprungs enthalten oder aus solchen Geweben oder Zellen gewonnen wurden, soweit es sich nicht um Medizinprodukte nach § 3 Nr. 4 handelt,
5. Transplantate oder Gewebe oder Zellen tierischen Ursprungs, es sei denn, ein Produkt wird unter Verwendung von abgetötetem tierischen Gewebe oder von abgetöteten Erzeugnissen hergestellt, die aus tierischen Geweben gewonnen wurden, oder es handelt sich um Medizinprodukte nach § 3 Nr. 4.

§3 Begriffsbestimmungen

1. Medizinprodukte sind alle einzeln oder miteinander verbunden verwendeten Instrumente, Apparate, Vorrichtungen, Software, Stoffe und Zubereitungen aus Stoffen oder andere Gegenstände einschließlich der vom Hersteller speziell zur Anwendung für diagnostische oder therapeutische Zwecke bestimmten und für ein einwandfreies Funktionieren des Medizinproduktes eingesetzten Software, die vom Hersteller zur Anwendung für Menschen mittels ihrer Funktionen zum Zwecke
   a) der Erkennung, Verhütung, Überwachung, Behandlung oder Linderung von Krankheiten,
   b) der Erkennung, Überwachung, Behandlung, Linderung oder Kompensierung von Verletzungen oder Behinderungen,
   c) der Untersuchung, der Ersetzung oder der Veränderung des anatomischen Aufbaus oder eines physiologischen Vorgangs oder
   d) der Empfängnisregelung

   zu dienen bestimmt sind und deren bestimmungsgemäße Hauptwirkung im oder am menschlichen Körper weder durch pharmakologisch oder immunologisch wirkende Mittel noch durch Metabolismus erreicht wird, deren Wirkungsweise aber durch solche Mittel unterstützt werden kann.

2. Medizinprodukte sind auch Produkte nach Nummer 1, die einen Stoff oder eine Zubereitung aus Stoffen enthalten oder auf die solche aufgetragen sind, die bei gesonderter Verwertung als Arzneimittel im Sinne des § 2 Abs. 1 des Arzneimittelgesetzes angesehen werden können und die in Ergänzung zu den Funktionen des Produktes eine Wirkung auf den menschlichen Körper entfalten können.

3. Medizinprodukte sind auch Produkte nach Nummer 1, die als Bestandteil einen Stoff enthalten, der gesondert verwendet als Bestandteil eines Arzneimittels oder Arzneimittel aus menschlichem Blut oder Blutplasma im Sinne des Artikels 1 der Richtlinie 2001/83/EG des Europäischen Parlaments und des Rates vom 6. November 2001 zur Schaffung eines Gemeinschaftskodexes für Humanarzneimittel (ABl. L 311 vom 28. 11. 2001, S. 67), die zuletzt durch die Verordnung (EG) Nr. 1394/2007 (ABl. L 324 vom 10. 12. 2007, S. 121) geändert worden ist, betrachtet werden und in Ergänzung zu dem Produkt eine Wirkung auf den menschlichen Körper entfalten kann.

4. In-vitro-Diagnostikum ist ein Medizinprodukt, das als Reagenz, Reagenzprodukt, Kalibriermaterial, Kontrollmaterial, Kit, Instrument, Apparat, Gerät oder System einzeln oder in Verbindung miteinander nach der vom Hersteller festgelegten Zweckbestimmung zur In-vitro-Untersuchung von aus dem menschlichen Körper stammenden Proben einschließlich Blut- und Gewebespenden bestimmt ist und ausschließlich oder hauptsächlich dazu dient, Informationen zu liefern
   a) über physiologische oder pathologische Zustände oder
   b) über angeborene Anomalien oder
   c) zur Prüfung auf Unbedenklichkeit oder Verträglichkeit bei den potentiellen Empfängern oder
   d) zur Überwachung therapeutischer Maßnahmen.

   Probenbehältnisse gelten als In-vitro-Diagnostika. Probenbehältnisse sind luftleere oder sonstige Medizinprodukte, die von ihrem Hersteller speziell dafür gefertigt werden, aus dem menschlichen Körper stammende Proben unmittelbar nach ihrer Entnahme aufzunehmen und im Hinblick auf eine In-vitro-Untersuchung aufzubewahren. Erzeugnisse für den allgemeinen Laborbedarf gelten nicht als In-vitro-Diagnostika, es sei denn, sie sind auf Grund ihrer Merkmale nach der vom Hersteller festgelegten Zweckbestimmung speziell für In-vitro-Untersuchungen zu verwenden.

5. In-vitro-Diagnostikum zur Eigenanwendung ist ein In-vitro-Diagnostikum, das nach der vom Hersteller festgelegten Zweckbestimmung vom Laien in der häuslichen Umgebung angewendet werden kann.

6. Neu im Sinne dieses Gesetzes ist ein In-vitro-Diagnostikum, wenn
   a) ein derartiges Medizinprodukt für den entsprechenden Analyten oder anderen Parameter während der vorangegangenen drei Jahre innerhalb des Europäischen Wirtschaftsraums nicht fortwährend verfügbar war oder
   b) das Verfahren mit einer Analysetechnik arbeitet, die innerhalb des Europäischen Wirtschaftsraums während der vorangegangenen drei Jahre nicht fortwährend in Verbindung mit einem bestimmten Analyten oder anderen Parameter verwendet worden ist.

7. Als Kalibrier- und Kontrollmaterial gelten Substanzen, Materialien und Gegenstände, die von ihrem Hersteller vorgesehen sind zum Vergleich von Messdaten oder zur Prüfung der Leistungsmerkmale eines In-vitro-Diagnostikums im Hinblick auf die bestimmungsgemäße Anwendung. Zertifizierte internationale Referenzmaterialien und Materialien, die für externe Qualitätsbewertungsprogramme verwendet werden, sind keine In-vitro-Diagnostika im Sinne dieses Gesetzes.

8. Sonderanfertigung ist ein Medizinprodukt, das nach schriftlicher Verordnung nach spezifischen Auslegungsmerkmalen eigens angefertigt wird und zur ausschließlichen Anwendung bei einem namentlich benannten Patienten bestimmt ist. Das serienmäßig hergestellte Medizinprodukt, das angepasst werden muss, um den spezifischen Anforderungen des Arztes, Zahnarztes oder des sonstigen beruflichen Anwenders zu entsprechen, gilt nicht als Sonderanfertigung.

9. Zubehör für Medizinprodukte sind Gegenstände, Stoffe sowie Zubereitungen aus Stoffen, die selbst keine Medizinprodukte nach Nummer 1 sind, aber vom Hersteller dazu bestimmt sind, mit einem Medizinprodukt verwendet zu werden, damit dieses entsprechend der von ihm festgelegten Zweckbestimmung des Medizinproduktes angewendet werden kann. Invasive, zur Entnahme von Proben aus dem menschlichen Körper zur In-vitro-Untersuchung bestimmte Medizinprodukte sowie Medizinprodukte, die zum Zwecke der Probenahme in unmittelbaren Kontakt mit dem menschlichen Körper kommen, gelten nicht als Zubehör für In-vitro-Diagnostika.

10. Zweckbestimmung ist die Verwendung, für die das Medizinprodukt in der Kennzeichnung, der Gebrauchsanweisung oder den Werbematerialien nach den Angaben des in Nummer 15 genannten Personenkreises bestimmt ist.

V

11. Inverkehrbringen ist jede entgeltliche oder unentgeltliche Abgabe von Medizinprodukten an andere. Erstmaliges Inverkehrbringen ist die erste Abgabe von neuen oder als neu aufbereiteten Medizinprodukten an andere im Europäischen Wirtschaftsraum. Als Inverkehrbringen nach diesem Gesetz gilt nicht
    a) die Abgabe von Medizinprodukten zum Zwecke der klinischen Prüfung,
    b) die Abgabe von In-vitro-Diagnostika für Leistungsbewertungsprüfungen,
    c) die erneute Abgabe eines Medizinproduktes nach seiner Inbetriebnahme an andere, es sei denn, dass es als neu aufbereitet oder wesentlich verändert worden ist.

    Eine Abgabe an andere liegt nicht vor, wenn Medizinprodukte für einen anderen aufbereitet und an diesen zurückgegeben werden.

12. Inbetriebnahme ist der Zeitpunkt, zu dem das Medizinprodukt dem Endanwender als ein Erzeugnis zur Verfügung gestellt worden ist, das erstmals entsprechend seiner Zweckbestimmung im Europäischen Wirtschaftsraum angewendet werden kann. Bei aktiven implantierba-

ren Medizinprodukten gilt als Inbetriebnahme die Abgabe an das medizinische Personal zur Implantation.

13. Ausstellen ist das Aufstellen oder Vorführen von Medizinprodukten zum Zwecke der Werbung.

14. Die Aufbereitung von bestimmungsgemäß keimarm oder steril zur Anwendung kommenden Medizinprodukten ist die nach deren Inbetriebnahme zum Zwecke der erneuten Anwendung durchgeführte Reinigung, Desinfektion und Sterilisation einschließlich der damit zusammenhängenden Arbeitsschritte sowie die Prüfung und Wiederherstellung der technisch-funktionellen Sicherheit.

15. Hersteller ist die natürliche oder juristische Person, die für die Auslegung, Herstellung, Verpackung und Kennzeichnung eines Medizinproduktes im Hinblick auf das erstmalige Inverkehrbringen im eigenen Namen verantwortlich ist, unabhängig davon, ob diese Tätigkeiten von dieser Person oder stellvertretend für diese von einer dritten Person ausgeführt werden. Die dem Hersteller nach diesem Gesetz obliegenden Verpflichtungen gelten auch für die natürliche oder juristische Person, die ein oder mehrere vorgefertigte Medizinprodukte montiert, abpackt, behandelt, aufbereitet, kennzeichnet oder für die Festlegung der Zweckbestimmung als Medizinprodukt im Hinblick auf das erstmalige Inverkehrbringen im eigenen Namen verantwortlich ist. Dies gilt nicht für natürliche oder juristische Personen, die – ohne Hersteller im Sinne des Satzes 1 zu sein – bereits in Verkehr gebrachte Medizinprodukte für einen namentlich genannten Patienten entsprechend ihrer Zweckbestimmung montieren oder anpassen.

16. Bevollmächtigter ist die im Europäischen Wirtschaftsraum niedergelassene natürliche oder juristische Person, die vom Hersteller ausdrücklich dazu bestimmt wurde, im Hinblick auf seine Verpflichtungen nach diesem Gesetz in seinem Namen zu handeln und den Behörden und zuständigen Stellen zur Verfügung zu stehen.

17. Fachkreise sind Angehörige der Heilberufe, des Heilgewerbes oder von Einrichtungen, die der Gesundheit dienen, sowie sonstige Personen, soweit sie Medizinprodukte herstellen, prüfen, in der Ausübung ihres Berufes in den Verkehr bringen, implantieren, in Betrieb nehmen, betreiben oder anwenden.

18. Harmonisierte Normen sind solche Normen von Vertragsstaaten des Abkommens über den Europäischen Wirtschaftsraum, die den Normen entsprechen, deren Fundstellen als „harmonisierte Norm" für Medizinprodukte im Amtsblatt der Europäischen Union veröffentlicht wurden. Die Fundstellen der diesbezüglichen Normen werden vom Bundesinstitut für Arzneimittel und Medizinprodukte im Bundesanzeiger bekannt gemacht. Den Normen nach den Sätzen 1 und 2 sind die Medizinprodukte betreffenden Monografien des Europäischen Arzneibuches, deren Fundstellen im Amtsblatt der Europäischen Union veröffentlicht und die als Monografien des Europäischen Arzneibuches, Amtliche deutsche Ausgabe, im Bundesanzeiger bekannt gemacht werden, gleichgestellt.

19. Gemeinsame Technische Spezifikationen sind solche Spezifikationen, die In-vitro-Diagnostika nach Anhang II Listen A und B der Richtlinie 98/79/EG des Europäischen Parlaments und des Rates vom 27. Oktober 1998 über In-vitro-Diagnostika (ABl. EG Nr. L 331 S. 1) in der jeweils geltenden Fassung betreffen und deren Fundstellen im Amtsblatt der Europäischen Union veröffentlicht und im Bundesanzeiger bekannt gemacht wurden. In diesen Spezifikationen werden Kriterien für die Bewertung und Neubewertung der Leistung, Chargenfreigabekriterien, Referenzmethoden und Referenzmaterialien festgelegt.

20. Benannte Stelle ist eine für die Durchführung von Prüfungen und Erteilung von Bescheinigungen im Zusammenhang mit

Konformitätsbewertungsverfahren nach Maßgabe der Rechtsverordnung nach § 37 Abs. 1 vorgesehene Stelle, die der Europäischen Kommission und den Vertragsstaaten des Abkommens über den Europäischen Wirtschaftsraum von einem Vertragsstaat des Abkommens über den Europäischen Wirtschaftsraum benannt worden ist.

21. Medizinprodukte aus Eigenherstellung sind Medizinprodukte einschließlich Zubehör, die in einer Gesundheitseinrichtung hergestellt und angewendet werden, ohne dass sie in den Verkehr gebracht werden oder die Voraussetzungen einer Sonderanfertigung nach Nummer 8 erfüllen.

22. In-vitro-Diagnostika aus Eigenherstellung sind In-vitro-Diagnostika, die in Laboratorien von Gesundheitseinrichtungen hergestellt werden und in diesen Laboratorien oder in Räumen in unmittelbarer Nähe zu diesen angewendet werden, ohne dass sie in den Verkehr gebracht werden. Für In-vitro-Diagnostika, die im industriellen Maßstab hergestellt werden, sind die Vorschriften über Eigenherstellung nicht anwendbar. Die Sätze 1 und 2 sind entsprechend anzuwenden auf in Blutspendeeinrichtungen hergestellte In-vitro-Diagnostika, die der Prüfung von Blutzubereitungen dienen, sofern sie im Rahmen der arzneimittelrechtlichen Zulassung der Prüfung durch die zuständige Behörde des Bundes unterliegen.

23. Sponsor ist eine natürliche oder juristische Person, die die Verantwortung für die Veranlassung, Organisation und Finanzierung einer klinischen Prüfung bei Menschen oder einer Leistungsbewertungsprüfung von Invitro-Diagnostika übernimmt.

24. Prüfer ist in der Regel ein für die Durchführung der klinischen Prüfung bei Menschen in einer Prüfstelle verantwortlicher Arzt oder in begründeten Ausnahmefällen eine andere Person, deren Beruf auf Grund seiner wissenschaftlichen Anforderungen und der seine Ausübung voraussetzenden Erfahrungen in der Patientenbetreuung für die Durchführung von Forschungen am Menschen qualifiziert. Wird eine Prüfung in einer Prüfstelle von mehreren Prüfern vorgenommen, so ist der verantwortliche Leiter der Gruppe der Hauptprüfer. Wird eine Prüfung in mehreren Prüfstellen durchgeführt, wird vom Sponsor ein Prüfer als Leiter der klinischen Prüfung benannt. Die Sätze 1 bis 3 gelten für genehmigungspflichtige Leistungsbewertungsprüfungen von In-vitro-Diagnostika entsprechend.

25. Klinische Daten sind Sicherheits- oder Leistungsangaben, die aus der Verwendung eines Medizinproduktes hervorgehen. Klinische Daten stammen aus folgenden Quellen:
    a) einer klinischen Prüfung des betreffenden Medizinproduktes oder
    b) klinischen Prüfungen oder sonstigen in der wissenschaftlichen Fachliteratur wiedergegebenen Studien über ein ähnliches Produkt, dessen Gleichartigkeit mit dem betreffenden Medizinprodukt nachgewiesen werden kann, oder
    c) veröffentlichten oder unveröffentlichten Berichten über sonstige klinische Erfahrungen entweder mit dem betreffenden Medizinprodukt oder einem ähnlichen Produkt, dessen Gleichartigkeit mit dem betreffenden Medizinprodukt nachgewiesen werden kann.

26. Einführer im Sinne dieses Gesetzes ist jede in der Europäischen Union ansässige natürliche oder juristische Person, die ein Medizinprodukt aus einem Drittstaat in der Europäischen Union in Verkehr bringt.

Zweiter Abschnitt
Anforderungen an Medizinprodukte und deren Betrieb

§ 4 Verbote zum Schutz von Patienten, Anwendern und Dritten

(1) Es ist verboten, Medizinprodukte in den Verkehr zu bringen, zu errichten, in Betrieb zu nehmen, zu betreiben oder anzuwenden, wenn

1. der begründete Verdacht besteht, dass sie die Sicherheit und die Gesundheit der Patienten, der Anwender oder Dritter bei sachgemäßer Anwendung, Instandhaltung und ihrer Zweckbestimmung entsprechender Verwendung über ein nach den Erkenntnissen der medizinischen Wissenschaften vertretbares Maß hinausgehend unmittelbar oder mittelbar gefährden oder
2. das Datum abgelaufen ist, bis zu dem eine gefahrlose Anwendung nachweislich möglich ist.

(2) Es ist ferner verboten, Medizinprodukte in den Verkehr zu bringen, wenn sie mit irreführender Bezeichnung, Angabe oder Aufmachung versehen sind. Eine Irreführung liegt insbesondere dann vor, wenn

1. Medizinprodukten eine Leistung beigelegt wird, die sie nicht haben,
2. fälschlich der Eindruck erweckt wird, dass ein Erfolg mit Sicherheit erwartet werden kann oder dass nach bestimmungsgemäßem oder längerem Gebrauch keine schädlichen Wirkungen eintreten,
3. zur Täuschung über die in den Grundlegenden Anforderungen nach § 7 festgelegten Produkteigenschaften geeignete Bezeichnungen, Angaben oder Aufmachungen verwendet werden, die für die Bewertung des Medizinproduktes mitbestimmend sind.

§ 5 Verantwortlicher für das erstmalige Inverkehrbringen

Verantwortlicher für das erstmalige Inverkehrbringen von Medizinprodukten ist der Hersteller oder sein Bevollmächtigter. Werden Medizinprodukte nicht unter der Verantwortung des Bevollmächtigten in den Europäischen Wirtschaftsraum eingeführt, ist der Einführer Verantwortlicher. Der Name oder die Firma und die Anschrift des Verantwortlichen müssen in der Kennzeichnung oder Gebrauchsanweisung des Medizinproduktes enthalten sein.

§ 6 Voraussetzungen für das Inverkehrbringen und die Inbetriebnahme

(1) Medizinprodukte, mit Ausnahme von Sonderanfertigungen, Medizinprodukten aus Eigenherstellung, Medizinprodukten gemäß § 11 Abs. 1 sowie Medizinprodukten, die zur klinischen Prüfung oder In-vitro-Diagnostika, die für Leistungsbewertungszwecke bestimmt sind, dürfen in Deutschland nur in den Verkehr gebracht oder in Betrieb genommen werden, wenn sie mit einer CE-Kennzeichnung nach Maßgabe des Absatzes 2 Satz 1 und des Absatzes 3 Satz 1 versehen sind. Über die Beschaffenheitsanforderungen hinausgehende Bestimmungen, die das Betreiben oder das Anwenden von Medizinprodukten betreffen, bleiben unberührt.

(2) Mit der CE-Kennzeichnung dürfen Medizinprodukte nur versehen werden, wenn die Grundlegenden Anforderungen nach § 7, die auf sie unter Berücksichtigung ihrer Zweckbestimmung anwendbar sind, erfüllt sind und ein für das jeweilige Medizinprodukt vorgeschriebenes Konformitätsbewertungsverfahren nach Maßgabe der Rechtsverordnung nach § 37 Abs. 1 durchgeführt worden ist. Zwischenprodukte, die vom Hersteller spezifisch als Bestandteil für Sonderanfertigungen bestimmt sind, dürfen mit der CE-Kennzeichnung versehen werden, wenn die Voraussetzungen des Satzes 1 erfüllt sind. Hat der Hersteller seinen Sitz nicht im Europäischen Wirtschaftsraum, so darf das Medizinprodukt zusätzlich zu Satz 1 nur mit der CE-Kennzeichnung versehen werden, wenn der Hersteller einen einzigen für das jeweilige Medizinprodukt verantwortlichen Bevollmächtigten im Europäischen Wirtschaftsraum benannt hat.

(3) Gelten für das Medizinprodukt zusätzlich andere Rechtsvorschriften als die dieses Gesetzes, deren Einhaltung durch die CE-Kennzeichnung bestätigt wird, so darf der Hersteller das Medizinprodukt nur dann mit der CE-Kennzeichnung versehen, wenn auch diese anderen Rechtsvorschriften erfüllt sind. Steht dem Hersteller auf Grund einer oder mehrerer weiterer Rechtsvorschriften während einer Übergangszeit die Wahl der anzu-

wendenden Regelungen frei, so gibt er mit der CE-Kennzeichnung an, dass dieses Medizinprodukt nur den angewandten Rechtsvorschriften entspricht. In diesem Fall hat der Hersteller in den dem Medizinprodukt beiliegenden Unterlagen, Hinweisen oder Anleitungen die Nummern der mit den angewandten Rechtsvorschriften umgesetzten Richtlinien anzugeben, unter denen sie im Amtsblatt der Europäischen Union veröffentlicht sind. Bei sterilen Medizinprodukten müssen diese Unterlagen, Hinweise oder Anleitungen ohne Zerstörung der Verpackung, durch welche die Sterilität des Medizinproduktes gewährleistet wird, zugänglich sein.

(4) Die Durchführung von Konformitätsbewertungsverfahren lässt die zivil- und strafrechtliche Verantwortlichkeit des Verantwortlichen nach § 5 unberührt.

§ 7 Grundlegende Anforderungen

(1) Die Grundlegenden Anforderungen sind für aktive implantierbare Medizinprodukte die Anforderungen des Anhangs 1 der Richtlinie 90/385/EWG des Rates vom 20. Juni 1990 zur Angleichung der Rechtsvorschriften der Mitgliedstaaten über aktive implantierbare medizinische Geräte (ABl. L 189 vom 20. 7. 1990, S. 17), die zuletzt durch Artikel 1 der Richtlinie 2007/47/EG (ABl. L 247 vom 21. 9. 2007, S. 21) geändert worden ist, für In-vitro-Diagnostika die Anforderungen des Anhangs I der Richtlinie 98/79/EG und für die sonstigen Medizinprodukte die Anforderungen des Anhangs I der Richtlinie 93/42/EWG des Rates vom 14. Juni 1993 über Medizinprodukte (ABl. L 169 vom 12. 7. 1993, S. 1), die zuletzt durch Artikel 2 der Richtlinie 2007/47/EG (ABl. L 247 vom 21. 9. 2007, S. 21) geändert worden ist, in den jeweils geltenden Fassungen.

(2) Besteht ein einschlägiges Risiko, so müssen Medizinprodukte, die auch Maschinen im Sinne des Artikels 2 Buchstabe a der Richtlinie 2006/42/EG des Europäischen Parlaments und des Rates vom 17. Mai 2006 über Maschinen (ABl. L 157 vom 9. 6. 2006, S. 24) sind, auch den grundlegenden Gesundheits- und Sicherheitsanforderungen gemäß Anhang I der genannten Richtlinie entsprechen, sofern diese grundlegenden Gesundheits- und Sicherheitsanforderungen spezifischer sind als die Grundlegenden Anforderungen gemäß Anhang I der Richtlinie 93/42/EWG oder gemäß Anhang 1 der Richtlinie 90/385/EWG.

(3) Bei Produkten, die vom Hersteller nicht nur als Medizinprodukt, sondern auch zur Verwendung entsprechend den Vorschriften über persönliche Schutzausrüstungen der Richtlinie 89/686/EWG bestimmt sind, müssen auch die einschlägigen grundlegenden Gesundheits- und Sicherheitsanforderungen dieser Richtlinie erfüllt werden.

§ 8 Harmonisierte Normen, Gemeinsame Technische Spezifikationen

(1) Stimmen Medizinprodukte mit harmonisierten Normen oder ihnen gleichgestellten Monografien des Europäischen Arzneibuches oder Gemeinsamen Technischen Spezifikationen, die das jeweilige Medizinprodukt betreffen, überein, wird insoweit vermutet, dass sie die Bestimmungen dieses Gesetzes einhalten.

(2) Die Gemeinsamen Technischen Spezifikationen sind in der Regel einzuhalten. Kommt der Hersteller in hinreichend begründeten Fällen diesen Spezifikationen nicht nach, muss er Lösungen wählen, die dem Niveau der Spezifikationen zumindest gleichwertig sind.

§ 9 CE-Kennzeichnung

(1) Die CE-Kennzeichnung ist für aktive implantierbare Medizinprodukte gemäß Anhang 9 der Richtlinie 90/385/EWG, für In-vitro-Diagnostika gemäß Anhang X der Richtlinie 98/79/EG und für die sonstigen Medizinprodukte gemäß Anhang XII der Richtlinie 93/42/EWG zu verwenden. Zeichen oder Aufschriften, die geeignet sind, Dritte bezüglich der Bedeutung oder der graphischen Gestaltung der CE-Kennzeichnung in die Irre zu leiten, dürfen nicht angebracht werden. Alle sonstigen Zeichen dürfen auf dem Medizinprodukt, der Verpackung oder der Gebrauchsanweisung des Medizinproduktes angebracht werden, sofern sie die

Sichtbarkeit, Lesbarkeit und Bedeutung der CE-Kennzeichnung nicht beeinträchtigen.

(2) Die CE-Kennzeichnung muss von der Person angebracht werden, die in den Vorschriften zu den Konformitätsbewertungsverfahren gemäß der Rechtsverordnung nach § 37 Abs. 1 dazu bestimmt ist.

(3) Die CE-Kennzeichnung nach Absatz 1 Satz 1 muss deutlich sichtbar, gut lesbar und dauerhaft auf dem Medizinprodukt und, falls vorhanden, auf der Handelspackung sowie auf der Gebrauchsanweisung angebracht werden. Auf dem Medizinprodukt muss die CE-Kennzeichnung nicht angebracht werden, wenn es zu klein ist, seine Beschaffenheit dies nicht zulässt oder es nicht zweckmäßig ist. Der CE-Kennzeichnung muss die Kennnummer der Benannten Stelle hinzugefügt werden, die an der Durchführung des Konformitätsbewertungsverfahrens nach den Anhängen 2, 4 und 5 der Richtlinie 90/385/EWG, den Anhängen II, IV, V und VI der Richtlinie 93/42/EWG sowie den Anhängen III, IV, VI und VII der Richtlinie 98/79/EG beteiligt war, das zur Berechtigung zur Anbringung der CE-Kennzeichnung geführt hat. Bei Medizinprodukten, die eine CE-Kennzeichnung tragen müssen und in sterilem Zustand in den Verkehr gebracht werden, muss die CE-Kennzeichnung auf der Steril-Verpackung und gegebenenfalls auf der Handelspackung angebracht sein. Ist für ein Medizinprodukt ein Konformitätsbewertungsverfahren vorgeschrieben, das nicht von einer Benannten Stelle durchgeführt werden muss, darf der CE-Kennzeichnung keine Kennnummer einer Benannten Stelle hinzugefügt werden.

V

§ 10 Voraussetzungen für das erstmalige Inverkehrbringen und die Inbetriebnahme von Systemen und Behandlungseinheiten sowie für das Sterilisieren von Medizinprodukten

(1) Medizinprodukte, die eine CE-Kennzeichnung tragen und die entsprechend ihrer Zweckbestimmung innerhalb der vom Hersteller vorgesehenen Anwendungsbeschränkungen zusammengesetzt werden, um in Form eines Systems oder einer Behandlungseinheit erstmalig in den Verkehr gebracht zu werden, müssen keinem Konformitätsbewertungsverfahren unterzogen werden. Wer für die Zusammensetzung des Systems oder der Behandlungseinheit verantwortlich ist, muss in diesem Fall eine Erklärung nach Maßgabe der Rechtsverordnung nach § 37 Abs. 1 abgeben.

(2) Enthalten das System oder die Behandlungseinheit Medizinprodukte oder sonstige Produkte, die keine CE-Kennzeichnung nach Maßgabe dieses Gesetzes tragen, oder ist die gewählte Kombination von Medizinprodukten nicht mit deren ursprünglicher Zweckbestimmung vereinbar, muss das System oder die Behandlungseinheit einem Konformitätsbewertungsverfahren nach Maßgabe der Rechtsverordnung nach § 37 Abs. 1 unterzogen werden.

(3) Wer Systeme oder Behandlungseinheiten gemäß Absatz 1 oder 2 oder andere Medizinprodukte, die eine CE-Kennzeichnung tragen, für die der Hersteller eine Sterilisation vor ihrer Verwendung vorgesehen hat, für das erstmalige Inverkehrbringen sterilisiert, muss dafür nach Maßgabe der Rechtsverordnung nach § 37 Abs. 1 ein Konformitätsbewertungsverfahren durchführen und eine Erklärung abgeben. Dies gilt entsprechend, wenn Medizinprodukte, die steril angewendet werden, nach dem erstmaligen Inverkehrbringen aufbereitet und an andere abgegeben werden.

(4) Medizinprodukte, Systeme und Behandlungseinheiten gemäß der Absätze 1 und 3 sind nicht mit einer zusätzlichen CE-Kennzeichnung zu versehen. Wer Systeme oder Behandlungseinheiten nach Absatz 1 zusammensetzt oder diese sowie Medizinprodukte nach Absatz 3 sterilisiert, hat dem Medizinprodukt nach Maßgabe des § 7 die nach den Nummern 11 bis 15 des Anhangs 1 der Richtlinie 90/385/EWG, nach den Nummern 13.1, 13.3, 13.4 und 13.6 des Anhangs I der Richtlinie 93/42/EWG oder den Nummern 8.1, 8.3 bis 8.5 und 8.7 des Anhangs I der Richtlinie 98/79/EG erforderlichen Informationen beizufügen, die auch die von dem Hersteller der Produkte, die zu dem System oder der Behandlungseinheit zusammengesetzt wurden, mitgelieferten Hinweise enthalten müssen.

§ 11 Sondervorschriften für das Inverkehrbringen und die Inbetriebnahme

(1) Abweichend von den Vorschriften des § 6 Abs. 1 und 2 kann die zuständige Bundesoberbehörde auf begründeten Antrag das erstmalige Inverkehrbringen oder die Inbetriebnahme einzelner Medizinprodukte, bei denen die Verfahren nach Maßgabe der Rechtsverordnung nach § 37 Abs. 1 nicht durchgeführt wurden, in Deutschland befristet zulassen, wenn deren Anwendung im Interesse des Gesundheitsschutzes liegt. Die Zulassung kann auf begründeten Antrag verlängert werden.

(2) Medizinprodukte dürfen nur an den Anwender abgegeben werden, wenn die für ihn bestimmten Informationen in deutscher Sprache abgefasst sind. In begründeten Fällen kann eine andere für den Anwender des Medizinproduktes leicht verständliche Sprache vorgesehen oder die Unterrichtung des Anwenders durch andere Maßnahmen gewährleistet werden. Dabei müssen jedoch die sicherheitsbezogenen Informationen in deutscher Sprache oder in der Sprache des Anwenders vorliegen.

(3) Regelungen über die Verschreibungspflicht von Medizinprodukten können durch Rechtsverordnung nach § 37 Abs. 2, Regelungen über die Vertriebswege von Medizinprodukten durch Rechtsverordnung nach § 37 Abs. 3 getroffen werden.

(4) Durch Rechtsverordnung nach § 37 Abs. 4 können Regelungen für Betriebe und Einrichtungen erlassen werden, die Medizinprodukte in Deutschland in den Verkehr bringen oder lagern.

§ 12 Sonderanfertigungen, Medizinprodukte aus Eigenherstellung, Medizinprodukte zur klinischen Prüfung oder für Leistungsbewertungszwecke, Ausstellen

(1) Sonderanfertigungen dürfen nur in den Verkehr gebracht oder in Betrieb genommen werden, wenn die Grundlegenden Anforderungen nach § 7, die auf sie unter Berücksichtigung ihrer Zweckbestimmung anwendbar sind, erfüllt sind und das für sie vorgesehene Konformitätsbewertungsverfahren nach Maßgabe der Rechtsverordnung nach § 37 Abs. 1 durchgeführt worden ist. Der Verantwortliche nach § 5 ist verpflichtet, der zuständigen Behörde auf Anforderung eine Liste der Sonderanfertigungen vorzulegen. Für die Inbetriebnahme von Medizinprodukten aus Eigenherstellung nach § 3 Nr. 21 und 22 finden die Vorschriften des Satzes 1 entsprechende Anwendung.

(2) Medizinprodukte, die zur klinischen Prüfung bestimmt sind, dürfen zu diesem Zwecke an Ärzte, Zahnärzte oder sonstige Personen, die auf Grund ihrer beruflichen Qualifikation zur Durchführung dieser Prüfungen befugt sind, nur abgegeben werden, wenn bei aktiven implantierbaren Medizinprodukten die Anforderungen der Nummer 3.2 Satz 1 und 2 des Anhangs 6 der Richtlinie 90/385/EWG und bei sonstigen Medizinprodukten die Anforderungen der Nummer 3.2 des Anhangs VIII der Richtlinie 93/42/EWG erfüllt sind. Der Sponsor der klinischen Prüfung muss die Dokumentation nach Nummer 3.2 des Anhangs 6 der Richtlinie 90/385/EWG mindestens 15 Jahre und die Dokumentation nach Nummer 3.2 des Anhangs VIII der Richtlinie 93/42/EWG mindestens fünf und im Falle von implantierbaren Produkten mindestens 15 Jahre nach Beendigung der Prüfung aufbewahren.

(3) In-vitro-Diagnostika für Leistungsbewertungsprüfungen dürfen zu diesem Zwecke an Ärzte, Zahnärzte oder sonstige Personen, die auf Grund ihrer beruflichen Qualifikation zur Durchführung dieser Prüfungen befugt sind, nur abgegeben werden, wenn die Anforderungen der Nummer 3 des Anhangs VIII der Richtlinie 98/79/EG erfüllt sind. Der Sponsor der Leistungsbewertungsprüfung muss die Dokumentation nach Nummer 3 des Anhangs VIII der Richtlinie 98/79/EG mindestens fünf Jahre nach Beendigung der Prüfung aufbewahren.

(4) Medizinprodukte, die nicht den Voraussetzungen nach § 6 Abs. 1 und 2 oder § 10 entsprechen, dürfen nur ausgestellt werden, wenn ein sichtbares Schild deutlich darauf

hinweist, dass sie nicht den Anforderungen entsprechen und erst erworben werden können, wenn die Übereinstimmung hergestellt ist. Bei Vorführungen sind die erforderlichen Vorkehrungen zum Schutz von Personen zu treffen. Nach Satz 1 ausgestellte In-vitro-Diagnostika dürfen an Proben, die von einem Besucher der Ausstellung stammen, nicht angewendet werden.

§ 13 Klassifizierung von Medizinprodukten, Abgrenzung zu anderen Produkten

(1) Medizinprodukte mit Ausnahme der In-vitro-Diagnostika und der aktiven implantierbaren Medizinprodukte werden Klassen zugeordnet. Die Klassifizierung erfolgt nach den Klassifizierungsregeln des Anhangs IX der Richtlinie 93/42/EWG.

(2) Bei Meinungsverschiedenheiten zwischen dem Hersteller und einer Benannten Stelle über

1. die Anwendung der vorgenannten Regeln,
2. die Abgrenzung von Medizinprodukten zu anderen Produkten oder
3. die Einstufung, ob es sich bei Medizinprodukten der Klasse I um solche mit Messfunktion oder um steril in Verkehr gebrachte Medizinprodukte handelt,

hat die Benannte Stelle der zuständigen Bundesoberbehörde die Angelegenheit zur Entscheidung vorzulegen.

(3) Die zuständige Bundesoberbehörde entscheidet ferner auf Antrag einer zuständigen Behörde oder des Herstellers über

1. die Klassifizierung einzelner Medizinprodukte,
2. die Abgrenzung von Medizinprodukten zu anderen Produkten oder
3. die Einstufung, ob es sich bei Medizinprodukten der Klasse I um solche mit Messfunktion oder um steril in Verkehr gebrachte Medizinprodukte handelt.

(4) Die zuständige Behörde übermittelt alle Entscheidungen über die Klassifizierung von Medizinprodukten und zur Abgrenzung von Medizinprodukten zu anderen Produkten an das Deutsche Institut für Medizinische Dokumentation und Information zur zentralen Verarbeitung und Nutzung nach § 33 Abs. 1 Satz 1. Dies gilt für Entscheidungen der zuständigen Bundesoberbehörde nach Absatz 2 und 3 entsprechend.

§ 14 Tätigkeiten im Zusammenhang mit Medizinprodukten

Medizinprodukte dürfen nur nach Maßgabe der Rechtsverordnung nach § 37 Absatz 5 betrieben und angewendet werden. Medizinprodukte dürfen nicht betrieben und angewendet werden, wenn sie Mängel aufweisen, durch die Patienten, Beschäftigte oder Dritte gefährdet werden können.

Dritter Abschnitt Benannte Stellen und Bescheinigungen

§ 15 Benennung und Überwachung der Stellen, Anerkennung und Beauftragung von Prüflaboratorien

(1) Bei der zuständigen Behörde kann ein Antrag auf Benennung als Benannte Stelle gestellt werden. Voraussetzung für die Benennung ist, dass die Befähigung der Stelle zur Wahrnehmung ihrer Aufgaben sowie die Einhaltung der Kriterien des Anhangs 8 der Richtlinie 90/385/EWG, des Anhangs XI der Richtlinie 93/42/EWG, des Anhangs IX der Richtlinie 98/79/EG und der Durchführungsverordnung (EU) Nr. 920/2013 der Kommission vom 24. September 2013 über die Benennung und Beaufsichtigung benannter Stellen gemäß der Richtlinie 90/385/EWG des Rates über aktive implantierbare medizinische Geräte und der Richtlinie 93/42/EWG des Rates über Medizinprodukte (ABl. L 253 vom 25. 9. 2013, S. 8) entsprechend den Verfahren, für die sie benannt werden soll, durch die zuständige Behörde in einem Benennungsverfahren festgestellt wurden. Die Benennung kann unter Auflagen erteilt werden und ist zu befristen. Die zuständige Behörde teilt der Europäischen Kommission die Benannten Stellen, die für Aufgaben im Zusammenhang mit der Durchführung von Konformitätsbewertungsverfahren nach Maßgabe der

Rechtsverordnung nach § 37 Absatz 1 benannt wurden, sowie die Aufgabengebiete der Benannten Stellen mit.

(2) Die zuständige Behörde überwacht die Einhaltung der in Absatz 1 für Benannte Stellen festgelegten Verpflichtungen und Anforderungen. Die zuständige Behörde trifft die Anordnungen, die zur Beseitigung festgestellter Mängel oder zur Verhütung künftiger Verstöße notwendig sind. Die Überwachung der Benannten Stellen, die an der Durchführung von Konformitätsbewertungsverfahren für Medizinprodukte, die ionisierende Strahlen erzeugen oder radioaktive Stoffe enthalten, beteiligt sind, wird im Auftrag des Bundes durch die Länder ausgeführt. Die zuständige Behörde kann von der Benannten Stelle und deren mit der Leitung und der Durchführung von Fachaufgaben beauftragten Personal die zur Erfüllung ihrer Überwachungsaufgaben erforderlichen Auskünfte und sonstige Unterstützung verlangen. Die zuständige Behörde ist befugt, die Benannte Stelle bei Überprüfungen zu begleiten. Die Beauftragten der zuständigen Behörde sind befugt, zu den üblichen Betriebs- und Geschäftszeiten Grundstücke und Geschäftsräume sowie Prüflaboratorien zu betreten und zu besichtigen und die Vorlage von Unterlagen, insbesondere Unterlagen über die Erteilung der Bescheinigungen und zum Nachweis der Erfüllung der Anforderungen des Absatzes 1 Satz 2, zu verlangen. Das Betretungsrecht erstreckt sich auch auf Grundstücke des Herstellers und seiner Unterauftragnehmer von entscheidender Bedeutung, soweit die Überwachung dort erfolgt. § 26 Absatz 4 und 5 gilt entsprechend.

(3) Stellen, die der Europäischen Kommission und den anderen Mitgliedstaaten der Europäischen Union auf Grund eines Rechtsaktes des Rates oder der Europäischen Kommission von einem Vertragsstaat des Abkommens über den Europäischen Wirtschaftsraum mitgeteilt wurden, sind Benannten Stellen nach Absatz 1 gleichgestellt.

(4) Die zuständige Behörde macht die deutschen Benannten Stellen mit ihren jeweiligen Aufgaben und ihrer Kennnummer auf ihrer Internetseite bekannt.

(5) Soweit eine Benannte Stelle zur Erfüllung ihrer Aufgaben Prüflaboratorien beauftragt, muss sie sicherstellen, dass diese die auf sie zutreffenden Kriterien des Anhangs 8 der Richtlinie 90/385/EWG, des Anhangs XI der Richtlinie 93/42/EWG in Verbindung mit Anhang I der Durchführungsverordnung (EU) Nr. 920/2013 oder des Anhangs IX der Richtlinie 98/79/EG entsprechend den Verfahren, für die sie beauftragt werden sollen, erfüllen. Die Erfüllung der Mindestkriterien ist in einem Anerkennungsverfahren durch die zuständige Behörde festzustellen. Die Anerkennung kann unter Auflagen erteilt werden und ist zu befristen. Absatz 2 Satz 1, 2, 4 bis 8 und Absatz 4 gelten entsprechend.

(6) Die Anerkennung nach Absatz 5 erlischt mit Fristablauf, mit der Einstellung des Betriebs des Prüflaboratoriums oder durch Verzicht. Die Einstellung oder der Verzicht sind der zuständigen Behörde unverzüglich schriftlich mitzuteilen. Die zuständige Behörde nimmt die Anerkennung zurück, soweit nachträglich bekannt wird, dass ein Prüflaboratorium bei der Anerkennung nicht die Voraussetzungen für eine Anerkennung erfüllt hat. Sie widerruft die Anerkennung, soweit die Voraussetzungen für eine Anerkennung nachträglich weggefallen sind. An Stelle des Widerrufs kann das Ruhen der Anerkennung angeordnet werden.

§ 15a Benennung und Überwachung von Konformitätsbewertungsstellen für Drittstaaten

(1) Mit der Benennung als Konformitätsbewertungsstelle für Drittstaaten ist eine natürliche oder juristische Person oder eine rechtsfähige Personengesellschaft befugt, Aufgaben der Konformitätsbewertung im Bereich der Medizinprodukte für den oder die genannten Drittstaaten im Rahmen des jeweiligen Abkommens der Europäischen Gemeinschaft oder der Europäischen Union mit dritten Staaten oder Organisationen nach Artikel 216 des Vertrages über die Arbeitsweise

der Europäischen Union wahrzunehmen. § 15 Absatz 1, 2 und 4 gilt entsprechend.

(2) Grundlage für die Benennung als Konformitätsbewertungsstelle für Drittstaaten ist ein von der zuständigen Behörde durchgeführtes Benennungsverfahren, mit dem die Befähigung der Stelle zur Wahrnehmung ihrer Aufgaben gemäß den entsprechenden sektoralen Anforderungen der jeweiligen Abkommen festgestellt wird.

(3) Die Benennung als Konformitätsbewertungsstelle für Drittstaaten kann unter Auflagen erteilt werden und ist zu befristen. Erteilung, Ablauf, Rücknahme, Widerruf und Erlöschen der Benennung sind der Europäischen Kommission sowie den in den jeweiligen Abkommen genannten Institutionen unverzüglich anzuzeigen.

(5) Die Absätze 1, 2 und 4 gelten für Konformitätsbewertungsstellen für Drittstaaten entsprechend.

§ 16 Erlöschen, Rücknahme, Widerruf und Ruhen der Benennung

(1) Die Benennung erlischt mit Fristablauf, mit der Einstellung des Betriebs der Benannten Stelle oder durch Verzicht. Die Einstellung oder der Verzicht sind der zuständigen Behörde unverzüglich schriftlich mitzuteilen.

(2) Die zuständige Behörde nimmt die Benennung zurück, soweit nachträglich bekannt wird, dass eine Benannte Stelle bei der Benennung nicht die Voraussetzungen für eine Benennung erfüllt hat; sie widerruft die Benennung, soweit die Voraussetzungen für eine Benennung nachträglich weggefallen sind. An Stelle des Widerrufs kann das Ruhen der Benennung angeordnet werden.

(3) In den Fällen der Absätze 1 und 2 ist die bisherige Benannte Stelle verpflichtet, alle einschlägigen Informationen und Unterlagen der Benannten Stelle zur Verfügung zu stellen, mit der der Hersteller die Fortführung der Konformitätsbewertungsverfahren vereinbart.

(4) Die zuständige Behörde teilt der Europäischen Kommission unverzüglich das Erlöschen, die Rücknahme und den Widerruf unter Angabe der Gründe und der für notwendig erachteten Maßnahmen mit. Erlöschen, Rücknahme und Widerruf einer Benennung sind von der zuständigen Behörde auf deren Internetseite bekannt zu machen.

§ 17 Geltungsdauer von Bescheinigungen der Benannten Stellen

(1) Soweit die von einer Benannten Stelle im Rahmen eines Konformitätsbewertungsverfahrens nach Maßgabe der Rechtsverordnung nach § 37 Abs. 1 erteilte Bescheinigung eine begrenzte Geltungsdauer hat, kann die Geltungsdauer auf Antrag um jeweils höchstens fünf Jahre verlängert werden. Sollte diese Benannte Stelle nicht mehr bestehen oder andere Gründe den Wechsel der Benannten Stelle erfordern, kann der Antrag bei einer anderen Benannten Stelle gestellt werden.

(2) Mit dem Antrag auf Verlängerung ist ein Bericht einzureichen, der Angaben darüber enthält, ob und in welchem Umfang sich die Beurteilungsmerkmale für die Konformitätsbewertung seit der Erteilung oder Verlängerung der Konformitätsbescheinigung geändert haben. Soweit nichts anderes mit der Benannten Stelle vereinbart wurde, ist der Antrag spätestens sechs Monate vor Ablauf der Gültigkeitsfrist zu stellen.

§ 18 Einschränkung, Aussetzung und Zurückziehung von Bescheinigungen, Unterrichtungspflichten

(1) Stellt eine Benannte Stelle fest, dass die Voraussetzungen zur Ausstellung einer Bescheinigung vom Hersteller nicht oder nicht mehr erfüllt werden oder die Bescheinigung nicht hätte ausgestellt werden dürfen, schränkt sie unter Berücksichtigung des Grundsatzes der Verhältnismäßigkeit die ausgestellte Bescheinigung ein, setzt sie aus oder zieht sie zurück, es sei denn, dass der Verantwortliche durch geeignete Abhilfemaßnahmen die Übereinstimmung mit den Voraussetzungen gewährleistet. Die Benannte Stelle trifft die erforderlichen Maßnahmen unverzüglich.

(2) Vor der Entscheidung über eine Maßnahme nach Absatz 1 ist der Hersteller von der Benannten Stelle anzuhören, es sei denn,

dass eine solche Anhörung angesichts der Dringlichkeit der zu treffenden Entscheidung nicht möglich ist.

(3) Die Benannte Stelle unterrichtet

1. unverzüglich das Deutsche Institut für Medizinische Dokumentation und Information über alle ausgestellten, geänderten, ergänzten und, unter Angabe der Gründe, über alle abgelehnten, eingeschränkten, zurückgezogenen, ausgesetzten und wieder eingesetzten Bescheinigungen; § 25 Abs. 5 und 6 gilt entsprechend,
2. unverzüglich die für sie zuständige Behörde in Fällen, in denen sich ein Eingreifen der zuständigen Behörde als erforderlich erweisen könnte,
3. auf Anfrage die anderen Benannten Stellen oder die zuständigen Behörden über ihre Bescheinigungen und stellt zusätzliche Informationen, soweit erforderlich, zur Verfügung,
4. auf Anfrage Dritte über Angaben in Bescheinigungen, die ausgestellt, geändert, ergänzt, ausgesetzt oder widerrufen wurden.

(4) Das Deutsche Institut für Medizinische Dokumentation und Information unterrichtet über eingeschränkte, verweigerte, ausgesetzte, wieder eingesetzte und zurückgezogene Bescheinigungen elektronisch die für den Verantwortlichen nach § 5 zuständige Behörde, die zuständige Behörde des Bundes, die Europäische Kommission, die anderen Vertragsstaaten des Abkommens über den Europäischen Wirtschaftsraum und gewährt den Benannten Stellen eine Zugriffsmöglichkeit auf diese Informationen.

Vierter Abschnitt Klinische Bewertung, Leistungsbewertung, klinische Prüfung, Leistungsbewertungsprüfung

§ 19 Klinische Bewertung, Leistungsbewertung

(1) Die Eignung von Medizinprodukten für den vorgesehenen Verwendungszweck ist durch eine klinische Bewertung anhand von klinischen Daten nach § 3 Nummer 25 zu belegen, soweit nicht in begründeten Ausnahmefällen andere Daten ausreichend sind. Die klinische Bewertung schließt die Beurteilung von unerwünschten Wirkungen sowie die Annehmbarkeit des in den Grundlegenden Anforderungen der Richtlinien 90/385/EWG und 93/42/EWG genannten Nutzen-/Risiko-Verhältnisses ein. Die klinische Bewertung muss gemäß einem definierten und methodisch einwandfreien Verfahren erfolgen und gegebenenfalls einschlägige harmonisierte Normen berücksichtigen.

(2) Die Eignung von In-vitro-Diagnostika für den vorgesehenen Verwendungszweck ist durch eine Leistungsbewertung anhand geeigneter Daten zu belegen. Die Leistungsbewertung ist zu stützen auf

1. Daten aus der wissenschaftlichen Literatur, die die vorgesehene Anwendung des Medizinproduktes und die dabei zum Einsatz kommenden Techniken behandeln, sowie einen schriftlichen Bericht, der eine kritische Würdigung dieser Daten enthält, oder
2. die Ergebnisse aller Leistungsbewertungsprüfungen oder sonstigen geeigneten Prüfungen.

V

§ 20 Allgemeine Voraussetzungen zur klinischen Prüfung

(1) Mit der klinischen Prüfung eines Medizinproduktes darf in Deutschland erst begonnen werden, wenn die zuständige Ethik-Kommission diese nach Maßgabe des § 22 zustimmend bewertet und die zuständige Bundesoberbehörde diese nach Maßgabe des § 22a genehmigt hat. Bei klinischen Prüfungen von Medizinprodukten mit geringem Sicherheitsrisiko kann die zuständige Bundesoberbehörde von einer Genehmigung absehen. Das Nähere zu diesem Verfahren wird in einer Rechtsverordnung nach § 37 Absatz 2a geregelt. Die klinische Prüfung eines Medizinproduktes darf bei Menschen nur durchgeführt werden, wenn und solange

1. die Risiken, die mit ihr für die Person verbunden sind, bei der sie durchgeführt

werden soll, gemessen an der voraussichtlichen Bedeutung des Medizinproduktes für die Heilkunde ärztlich vertretbar sind,

1a. ein Sponsor oder ein Vertreter des Sponsors vorhanden ist, der seinen Sitz in einem Mitgliedstaat der Europäischen Union oder in einem anderen Vertragsstaat des Abkommens über den Europäischen Wirtschaftsraum hat,

2. die Person, bei der sie durchgeführt werden soll, ihre Einwilligung hierzu erteilt hat, nachdem sie durch einen Arzt, bei für die Zahnheilkunde bestimmten Medizinprodukten auch durch einen Zahnarzt, über Wesen, Bedeutung und Tragweite der klinischen Prüfung aufgeklärt worden ist und mit dieser Einwilligung zugleich erklärt, dass sie mit der im Rahmen der klinischen Prüfung erfolgenden Aufzeichnung von Gesundheitsdaten und mit der Einsichtnahme zu Prüfungszwecken durch Beauftragte des Auftraggebers oder der zuständigen Behörde einverstanden ist,

3. die Person, bei der sie durchgeführt werden soll, nicht auf gerichtliche oder behördliche Anordnung in einer Anstalt verwahrt ist,

4. sie in einer geeigneten Einrichtung und von einem angemessenen qualifizierten Prüfer durchgeführt und von einem entsprechend qualifizierten und spezialisierten Arzt, bei für die Zahnheilkunde bestimmten Medizinprodukten auch von einem Zahnarzt, oder einer sonstigen entsprechend qualifizierten und befugten Person geleitet wird, die mindestens eine zweijährige Erfahrung in der klinischen Prüfung von Medizinprodukten nachweisen können,

5. soweit erforderlich, eine dem jeweiligen Stand der wissenschaftlichen Erkenntnisse entsprechende biologische Sicherheitsprüfung oder sonstige für die vorgesehene Zweckbestimmung des Medizinproduktes erforderliche Prüfung durchgeführt worden ist,

6. soweit erforderlich, die sicherheitstechnische Unbedenklichkeit für die Anwendung des Medizinproduktes unter Berücksichtigung des Standes der Technik sowie der Arbeitsschutz- und Unfallverhütungsvorschriften nachgewiesen wird,

7. die Prüfer über die Ergebnisse der biologischen Sicherheitsprüfung und der Prüfung der technischen Unbedenklichkeit sowie die voraussichtlich mit der klinischen Prüfung verbundenen Risiken informiert worden sind,

8. ein dem jeweiligen Stand der wissenschaftlichen Erkenntnisse entsprechender Prüfplan vorhanden ist und

9. für den Fall, dass bei der Durchführung der klinischen Prüfung ein Mensch getötet oder der Körper oder die Gesundheit eines Menschen verletzt oder beeinträchtigt wird, eine Versicherung nach Maßgabe des Absatzes 3 besteht, die auch Leistungen gewährt, wenn kein anderer für den Schaden haftet.

(2) Eine Einwilligung nach Absatz 1 Nr. 2 ist nur wirksam, wenn die Person, die sie abgibt,

1. geschäftsfähig und in der Lage ist, Wesen, Risiken, Bedeutung und Tragweite der klinischen Prüfung einzusehen und ihren Willen hiernach zu bestimmen, und
2. die Einwilligung selbst und schriftlich erteilt hat.

Eine Einwilligung kann jederzeit widerrufen werden.

(3) Die Versicherung nach Absatz 1 Nr. 9 muss zugunsten der von der klinischen Prüfung betroffenen Person bei einem in Deutschland zum Geschäftsbetrieb befugten Versicherer genommen werden. Ihr Umfang muss in einem angemessenen Verhältnis zu den mit der klinischen Prüfung verbundenen Risiken stehen und auf der Grundlage der Risikoabschätzung so festgelegt werden, dass für jeden Fall des Todes oder der dauernden Erwerbsunfähigkeit einer von der klinischen Prüfung betroffenen Person mindestens 500 000 Euro zur Verfügung stehen. Soweit aus der Versicherung geleistet wird, erlischt ein Anspruch auf Schadensersatz.

(4) Auf eine klinische Prüfung bei Minderjährigen finden die Absätze 1 bis 3 mit folgender Maßgabe Anwendung:

1. Das Medizinprodukt muss zum Erkennen oder zum Verhüten von Krankheiten bei Minderjährigen bestimmt sein.
2. Die Anwendung des Medizinproduktes muss nach den Erkenntnissen der medizinischen Wissenschaft angezeigt sein, um bei dem Minderjährigen Krankheiten zu erkennen oder ihn vor Krankheiten zu schützen.
3. Die klinische Prüfung an Erwachsenen darf nach den Erkenntnissen der medizinischen Wissenschaft keine ausreichenden Prüfungsergebnisse erwarten lassen.
4. Die Einwilligung wird durch den gesetzlichen Vertreter oder Betreuer abgegeben. Sie ist nur wirksam, wenn dieser durch einen Arzt, bei für die Zahnheilkunde bestimmten Medizinprodukten auch durch einen Zahnarzt, über Wesen, Bedeutung und Tragweite der klinischen Prüfung aufgeklärt worden ist. Ist der Minderjährige in der Lage, Wesen, Bedeutung und Tragweite der klinischen Prüfung einzusehen und seinen Willen hiernach zu bestimmen, so ist auch seine schriftliche Einwilligung erforderlich.

(5) Auf eine klinische Prüfung bei Schwangeren oder Stillenden finden die Absätze 1 bis 4 mit folgender Maßgabe Anwendung: Die klinische Prüfung darf nur durchgeführt werden, wenn

1. das Medizinprodukt dazu bestimmt ist, bei schwangeren oder stillenden Frauen oder bei einem ungeborenen Kind Krankheiten zu verhüten, zu erkennen, zu heilen oder zu lindern,
2. die Anwendung des Medizinproduktes nach den Erkenntnissen der medizinischen Wissenschaft angezeigt ist, um bei der schwangeren oder stillenden Frau oder bei einem ungeborenen Kind Krankheiten oder deren Verlauf zu erkennen, Krankheiten zu heilen oder zu lindern oder die schwangere oder stillende Frau oder das ungeborene Kind vor Krankheiten zu schützen,
3. nach den Erkenntnissen der medizinischen Wissenschaft die Durchführung der klinischen Prüfung für das ungeborene Kind keine unvertretbaren Risiken erwarten lässt und
4. die klinische Prüfung nach den Erkenntnissen der medizinischen Wissenschaft nur dann ausreichende Prüfergebnisse erwarten lässt, wenn sie an schwangeren oder stillenden Frauen durchgeführt wird.

§ 21 Besondere Voraussetzungen zur klinischen Prüfung

(1) Auf eine klinische Prüfung bei einer Person, die an einer Krankheit leidet, zu deren Behebung das zu prüfende Medizinprodukt angewendet werden soll, ist § 20 Absatz 1 bis 3 unter Maßgabe der Absätze 2 bis 5 anzuwenden.

(2) Die klinische Prüfung darf nur durchgeführt werden, wenn die Anwendung des zu prüfenden Medizinproduktes nach den Erkenntnissen der medizinischen Wissenschaft angezeigt ist, um das Leben des Kranken zu retten, seine Gesundheit wiederherzustellen oder sein Leiden zu erleichtern.

(3) Die klinische Prüfung darf auch bei einer Person, die geschäftsunfähig oder in der Geschäftsfähigkeit beschränkt ist, durchgeführt werden. Sie bedarf der Einwilligung des gesetzlichen Vertreters. Daneben bedarf es auch der Einwilligung des Vertretenen, wenn er in der Lage ist, Wesen, Bedeutung und Tragweite der klinischen Prüfung einzusehen und seinen Willen hiernach zu bestimmen.

(4) Die Einwilligung des gesetzlichen Vertreters ist nur wirksam, wenn dieser durch einen Arzt, bei für die Zahnheilkunde bestimmten Medizinprodukten auch durch einen Zahnarzt, über Wesen, Bedeutung und Tragweite der klinischen Prüfung aufgeklärt worden ist. Auf den Widerruf findet § 20 Absatz 2 Satz 2 Anwendung. Der Einwilligung des gesetzlichen Vertreters bedarf es so lange nicht, als eine Behandlung ohne Aufschub erforderlich ist, um das Leben des Kranken zu retten, seine Gesundheit wiederherzustellen oder sein

V

Leiden zu erleichtern und eine Erklärung über die Einwilligung nicht herbeigeführt werden kann.

(5) Die Einwilligung des Kranken oder des gesetzlichen Vertreters ist auch wirksam, wenn sie mündlich gegenüber dem behandelnden Arzt, bei für die Zahnheilkunde bestimmten Medizinprodukten auch gegenüber dem behandelnden Zahnarzt, in Gegenwart eines Zeugen abgegeben wird, der auch bei der Information der betroffenen Person einbezogen war. Der Zeuge darf keine bei der Prüfstelle beschäftigte Person und kein Mitglied der Prüfgruppe sein. Die mündlich erteilte Einwilligung ist entweder schriftlich oder elektronisch zu dokumentieren, zu datieren und von dem Zeugen zu unterschreiben. Bei elektronischer Dokumentation erfolgt die Unterschrift durch eine qualifizierte elektronische Signatur gemäß der Verordnung (EU) Nr. 910/2014 des Europäischen Parlaments und des Rates vom 23. Juli 2014 über elektronische Identifizierung und Vertrauensdienste für elektronische Transaktionen im Binnenmarkt und zur Aufhebung der Richtlinie 1999/93/EG (ABl. L 257 vom 28. 8. 2014, S. 73; L 23 vom 29. 1. 2015, S. 19).

V

§ 22 Verfahren bei der Ethik-Kommission

(1) Die nach § 20 Absatz 1 Satz 1 erforderliche zustimmende Bewertung der Ethik-Kommission ist vom Sponsor bei der nach Landesrecht für den Prüfer zuständigen unabhängigen interdisziplinär besetzten Ethik-Kommission zu beantragen. Wird die klinische Prüfung von mehreren Prüfern durchgeführt, so ist der Antrag bei der für den Hauptprüfer oder Leiter der klinischen Prüfung zuständigen unabhängigen Ethik-Kommission zu stellen. Bei multizentrischen klinischen Prüfungen genügt ein Votum. Das Nähere zur Bildung, Zusammensetzung und Finanzierung der Ethik-Kommission wird durch Landesrecht bestimmt. Der Sponsor hat der Ethik-Kommission alle Angaben und Unterlagen vorzulegen, die diese zur Bewertung benötigt. Zur Bewertung der Unterlagen kann die Ethik-Kommission eigene wissenschaftliche Erkenntnisse verwerten, Sachverständige beiziehen oder Gutachten anfordern. Sie hat Sachverständige beizuziehen oder Gutachten anzufordern, wenn es sich um eine klinische Prüfung bei Minderjährigen handelt und sie nicht über eigene Fachkenntnisse auf dem Gebiet der Kinderheilkunde, einschließlich ethischer und psychosozialer Fragen der Kinderheilkunde, verfügt. Das Nähere zum Verfahren wird in einer Rechtsverordnung nach § 37 Absatz 2a geregelt.

(2) Die Ethik-Kommission hat die Aufgabe, den Prüfplan und die erforderlichen Unterlagen, insbesondere nach ethischen und rechtlichen Gesichtspunkten, zu beraten und zu prüfen, ob die Voraussetzungen nach § 20 Absatz 1 Satz 4 Nummer 1 bis 4 und 7 bis 9 sowie Absatz 4 und 5 und nach § 21 erfüllt werden.

(3) Die zustimmende Bewertung darf nur versagt werden, wenn

1. die vorgelegten Unterlagen auch nach Ablauf einer dem Sponsor gesetzten angemessenen Frist zur Ergänzung unvollständig sind,
2. die vorgelegten Unterlagen einschließlich des Prüfplans, der Prüferinformation und der Modalitäten für die Auswahl der Probanden nicht dem Stand der wissenschaftlichen Erkenntnisse entsprechen, insbesondere die klinische Prüfung ungeeignet ist, den Nachweis der Unbedenklichkeit, Leistung oder Wirkung des Medizinproduktes zu erbringen, oder
3. die in § 20 Absatz 1 Satz 4 Nummer 1 bis 4 und 7 bis 9 sowie Absatz 4 und 5 und die in § 21 genannten Anforderungen nicht erfüllt sind.

(4) Die Ethik-Kommission hat eine Entscheidung über den Antrag nach Absatz 1 innerhalb einer Frist von 60 Tagen nach Eingang der erforderlichen Unterlagen zu übermitteln. Sie unterrichtet zusätzlich die zuständige Bundesoberbehörde über die Entscheidung.

§ 22a Genehmigungsverfahren bei der Bundesoberbehörde

(1) Die nach § 20 Absatz 1 Satz 1 erforderliche Genehmigung ist vom Sponsor bei der zu-

ständigen Bundesoberbehörde zu beantragen. Der Antrag muss, jeweils mit Ausnahme der Stellungnahme der beteiligten Ethik-Kommission, bei aktiven implantierbaren Medizinprodukten die Angaben nach Nummer 2.2 des Anhangs 6 der Richtlinie 90/385/EWG und bei sonstigen Medizinprodukten die Angaben nach Nummer 2.2 des Anhangs VIII der Richtlinie 93/42/EWG enthalten. Zusätzlich hat der Sponsor alle Angaben und Unterlagen vorzulegen, die die zuständige Bundesoberbehörde zur Bewertung benötigt. Die Stellungnahme der Ethik-Kommission ist nachzureichen. Das Nähere zum Verfahren wird in einer Rechtsverordnung nach § 37 Absatz 2a geregelt.

(2) Die zuständige Bundesoberbehörde hat die Aufgabe, den Prüfplan und die erforderlichen Unterlagen insbesondere nach wissenschaftlichen und technischen Gesichtspunkten zu prüfen, ob die Voraussetzungen nach § 20 Absatz 1 Satz 4 Nummer 1, 5, 6 und 8 erfüllt werden.

(3) Die Genehmigung darf nur versagt werden, wenn

1. die vorgelegten Unterlagen auch nach Ablauf einer dem Sponsor gesetzten angemessenen Frist zur Ergänzung unvollständig sind,
2. das Medizinprodukt oder die vorgelegten Unterlagen, insbesondere die Angaben zum Prüfplan einschließlich der Prüferinformation, nicht dem Stand der wissenschaftlichen Erkenntnisse entsprechen, insbesondere die klinische Prüfung ungeeignet ist, den Nachweis der Unbedenklichkeit, Leistung oder Wirkung des Medizinproduktes zu erbringen, oder
3. die in § 20 Absatz 1 Satz 4 Nummer 1, 5, 6 und 8 genannten Anforderungen nicht erfüllt sind.

(4) Die Genehmigung gilt als erteilt, wenn die zuständige Bundesoberbehörde dem Sponsor innerhalb von 30 Tagen nach Eingang der Antragsunterlagen keine mit Gründen versehenen Einwände übermittelt. Wenn der Sponsor auf mit Gründen versehene Einwände den Antrag nicht innerhalb einer Frist von 90 Tagen entsprechend abgeändert hat, gilt der Antrag als abgelehnt.

(5) Nach einer Entscheidung der zuständigen Bundesoberbehörde über den Genehmigungsantrag oder nach Ablauf der Frist nach Absatz 4 Satz 2 ist das Einreichen von Unterlagen zur Mängelbeseitigung ausgeschlossen.

(6) Die zuständige Bundesoberbehörde unterrichtet die zuständigen Behörden über genehmigte und abgelehnte klinische Prüfungen und Bewertungen der Ethik-Kommission und informiert die zuständigen Behörden der anderen Vertragsstaaten des Europäischen Wirtschaftsraums und die Europäische Kommission über abgelehnte klinische Prüfungen. Die Unterrichtung erfolgt automatisch über das Informationssystem des Deutschen Instituts für Medizinische Dokumentation und Information. § 25 Absatz 5 und 6 gilt entsprechend.

(7) Die für die Genehmigung einer klinischen Prüfung zuständige Bundesoberbehörde unterrichtet die zuständige Ethik-Kommission, sofern ihr Informationen zu anderen klinischen Prüfungen vorliegen, die für die Bewertung der von der Ethik-Kommission begutachteten Prüfung von Bedeutung sind; dies gilt insbesondere für Informationen über abgebrochene oder sonst vorzeitig beendete Prüfungen. Dabei unterbleibt die Übermittlung personenbezogener Daten; ferner sind Betriebs- und Geschäftsgeheimnisse dabei zu wahren. Absatz 6 Satz 2 und 3 gilt entsprechend.

§ 22b Rücknahme, Widerruf und Ruhen der Genehmigung oder der zustimmenden Bewertung

(1) Die Genehmigung nach § 22a ist zurückzunehmen, wenn bekannt wird, dass ein Versagungsgrund nach § 22a Absatz 3 bei der Erteilung vorgelegen hat. Sie ist zu widerrufen, wenn nachträglich Tatsachen eintreten, die die Versagung nach § 22a Absatz 3 Nummer 2 oder Nummer 3 rechtfertigen würden. In den Fällen des Satzes 1 kann auch das Ruhen der Genehmigung befristet angeordnet werden.

(2) Die zuständige Bundesoberbehörde kann die Genehmigung widerrufen, wenn die Gegebenheiten der klinischen Prüfung nicht mit

den Angaben im Genehmigungsantrag übereinstimmen oder wenn Tatsachen Anlass zu Zweifeln an der Unbedenklichkeit oder der wissenschaftlichen Grundlage der klinischen Prüfung geben. In diesem Fall kann auch das Ruhen der Genehmigung befristet angeordnet werden.

(3) Vor einer Entscheidung nach den Absätzen 1 und 2 ist dem Sponsor Gelegenheit zur Stellungnahme innerhalb einer Frist von einer Woche zu geben. § 28 Absatz 2 Nummer 1 des Verwaltungsverfahrensgesetzes gilt entsprechend. Ordnet die zuständige Bundesoberbehörde den Widerruf, die Rücknahme oder das Ruhen der Genehmigung mit sofortiger Wirkung an, so übermittelt sie diese Anordnung unverzüglich dem Sponsor. Widerspruch und Anfechtungsklage haben keine aufschiebende Wirkung.

(4) Ist die Genehmigung einer klinischen Prüfung zurückgenommen oder widerrufen oder ruht sie, so darf die klinische Prüfung nicht fortgesetzt werden.

(5) Die zustimmende Bewertung durch die zuständige Ethik-Kommission ist zurückzunehmen, wenn die Ethik-Kommission nachträglich Kenntnis erlangt, dass ein Versagungsgrund nach § 22 Absatz 3 vorgelegen hat; sie ist zu widerrufen, wenn die Ethik-Kommission nachträglich Kenntnis erlangt, dass

1. die Anforderungen an die Eignung des Prüfers und der Prüfstelle nicht gegeben sind,
2. keine ordnungsgemäße Probandenversicherung besteht,
3. die Modalitäten für die Auswahl der Prüfungsteilnehmer nicht dem Stand der medizinischen Erkenntnisse entsprechen, insbesondere die klinische Prüfung ungeeignet ist, den Nachweis der Unbedenklichkeit, Leistung oder Wirkung des Medizinproduktes zu erbringen,
4. die Voraussetzungen für die Einbeziehung von Personen nach § 20 Absatz 4 und 5 oder § 21 nicht gegeben sind.

Die Absätze 3 und 4 gelten entsprechend. Die zuständige Ethik-Kommission unterrichtet unter Angabe von Gründen unverzüglich die zuständige Bundesoberbehörde und die anderen für die Überwachung zuständigen Behörden.

(6) Wird die Genehmigung einer klinischen Prüfung zurückgenommen, widerrufen oder das Ruhen einer Genehmigung angeordnet, so informiert die zuständige Bundesoberbehörde die zuständigen Behörden und die Behörden der anderen betroffenen Mitgliedstaaten des Europäischen Wirtschaftsraums über die getroffene Maßnahme und deren Gründe. § 22a Absatz 6 Satz 2 und 3 gilt entsprechend.

§ 22c Änderungen nach Genehmigung von klinischen Prüfungen

(1) Der Sponsor zeigt jede Änderung der Dokumentation der zuständigen Bundesoberbehörde an.

(2) Beabsichtigt der Sponsor nach Genehmigung der klinischen Prüfung eine wesentliche Änderung, so beantragt er unter Angabe des Inhalts und der Gründe der Änderung

1. bei der zuständigen Bundesoberbehörde eine Begutachtung und
2. bei der zuständigen Ethik-Kommission eine Bewertung

der angezeigten Änderungen.

(3) Als wesentlich gelten insbesondere Änderungen, die

1. sich auf die Sicherheit der Probanden auswirken können,
2. die Auslegung der Dokumente beeinflussen, auf die die Durchführung der klinischen Prüfung gestützt wird, oder
3. die anderen von der Ethik-Kommission beurteilten Anforderungen beeinflussen.

(4) Die Ethik-Kommission nimmt innerhalb von 30 Tagen nach Eingang des Änderungsantrags dazu Stellung. § 22 Absatz 4 Satz 2 gilt entsprechend.

(5) Stimmt die Ethik-Kommission dem Antrag zu und äußert die zuständige Bundesoberbehörde innerhalb von 30 Tagen nach Eingang des Änderungsantrages keine Einwände, so kann der Sponsor die klinische Prüfung nach dem geänderten Prüfplan durchführen. Im

Falle von Auflagen muss der Sponsor diese beachten und die Dokumentation entsprechend anpassen oder seinen Änderungsantrag zurückziehen. § 22a Absatz 6 gilt entsprechend. Für Rücknahme, Widerruf und Ruhen der Genehmigung der Bundesoberbehörde nach Satz 1 findet § 22b entsprechende Anwendung.

(6) Werden wesentliche Änderungen auf Grund von Maßnahmen der zuständigen Bundesoberbehörde an einer klinischen Prüfung veranlasst, so informiert die zuständige Bundesoberbehörde die zuständigen Behörden und die zuständigen Behörden der anderen betroffenen Vertragsstaaten des Abkommens über den Europäischen Wirtschaftsraum über die getroffene Maßnahme und deren Gründe. § 22a Absatz 6 Satz 2 und 3 gilt entsprechend.

§ 23 Durchführung der klinischen Prüfung

Neben den §§ 20 bis 22c gelten für die Durchführung klinischer Prüfungen von aktiven implantierbaren Medizinprodukten auch die Bestimmungen der Nummer 2.3 des Anhangs 7 der Richtlinie 90/385/EWG und für die Durchführung klinischer Prüfungen von sonstigen Medizinprodukten die Bestimmungen der Nummer 2.3 des Anhangs X der Richtlinie 93/42/EWG.

§ 23a Meldungen über Beendigung oder Abbruch von klinischen Prüfungen

(1) Innerhalb von 90 Tagen nach Beendigung einer klinischen Prüfung meldet der Sponsor der zuständigen Bundesoberbehörde die Beendigung der klinischen Prüfung.

(2) Beim Abbruch der klinischen Prüfung verkürzt sich diese Frist auf 15 Tage. In der Meldung sind alle Gründe für den Abbruch anzugeben.

(3) Der Sponsor reicht der zuständigen Bundesoberbehörde innerhalb von zwölf Monaten nach Abbruch oder Abschluss der klinischen Prüfung den Schlussbericht ein.

(4) Im Falle eines Abbruchs der klinischen Prüfung aus Sicherheitsgründen informiert die zuständige Bundesoberbehörde alle zuständigen Behörden, die Behörden der Mitgliedstaaten des Europäischen Wirtschaftsraums und die Europäische Kommission. § 22a Absatz 6 Satz 2 und 3 gilt entsprechend.

§ 23b Ausnahmen zur klinischen Prüfung

Die §§ 20 bis 23a sind nicht anzuwenden, wenn eine klinische Prüfung mit Medizinprodukten durchgeführt wird, die nach den §§ 6 und 10 die CE-Kennzeichnung tragen dürfen, es sei denn, diese Prüfung hat eine andere Zweckbestimmung des Medizinproduktes zum Inhalt oder es werden zusätzlich invasive oder andere belastende Untersuchungen durchgeführt.

§ 24 Leistungsbewertungsprüfung

Auf Leistungsbewertungsprüfungen von In-vitro-Diagnostika sind die §§ 20 bis 23b entsprechend anzuwenden, wenn

1. eine invasive Probenahme ausschließlich oder in erheblicher zusätzlicher Menge zum Zwecke der Leistungsbewertung eines In-vitro-Diagnostikums erfolgt oder
2. im Rahmen der Leistungsbewertungsprüfung zusätzlich invasive oder andere belastende Untersuchungen durchgeführt werden oder
3. die im Rahmen der Leistungsbewertung erhaltenen Ergebnisse für die Diagnostik verwendet werden sollen, ohne dass sie mit etablierten Verfahren bestätigt werden können.

In den übrigen Fällen ist die Einwilligung der Person, von der die Proben entnommen werden, erforderlich, soweit das Persönlichkeitsrecht oder kommerzielle Interessen dieser Person berührt sind.

Fünfter Abschnitt Überwachung und Schutz vor Risiken

§ 25 Allgemeine Anzeigepflicht

(1) Wer als Verantwortlicher im Sinne von § 5 Satz 1 und 2 seinen Sitz in Deutschland hat und Medizinprodukte mit Ausnahme derjeni-

gen nach § 3 Nr. 8 erstmalig in den Verkehr bringt, hat dies vor Aufnahme der Tätigkeit unter Angabe seiner Anschrift der zuständigen Behörde anzuzeigen; dies gilt entsprechend für Betriebe und Einrichtungen, die Medizinprodukte, die bestimmungsgemäß keimarm sind oder steril zur Anwendung kommen, ausschließlich für andere aufbereiten.

(2) Wer Systeme oder Behandlungseinheiten nach § 10 Abs. 1 zusammensetzt oder diese sowie Medizinprodukte nach § 10 Abs. 3 sterilisiert und seinen Sitz in Deutschland hat, hat der zuständigen Behörde unter Angabe seiner Anschrift vor Aufnahme der Tätigkeit die Bezeichnung sowie bei Systemen oder Behandlungseinheiten die Beschreibung der betreffenden Medizinprodukte anzuzeigen.

(3) Wer als Verantwortlicher nach § 5 Satz 1 und 2 seinen Sitz in Deutschland hat und In-vitro-Diagnostika erstmalig in den Verkehr bringt, hat der zuständigen Behörde unter Angabe seiner Anschrift vor Aufnahme der Tätigkeit anzuzeigen:

1. die die gemeinsamen technologischen Merkmale und Analyten betreffenden Angaben zu Reagenzien, Medizinprodukten mit Reagenzien und Kalibrier- und Kontrollmaterialien sowie bei sonstigen In-vitro-Diagnostika die geeigneten Angaben,
2. im Falle der In-vitro-Diagnostika gemäß Anhang II der Richtlinie 98/79/EG und der In-vitro-Diagnostika zur Eigenanwendung alle Angaben, die eine Identifizierung dieser In-vitro-Diagnostika ermöglichen, die analytischen und gegebenenfalls diagnostischen Leistungsdaten gemäß Anhang I Abschnitt A Nr. 3 der Richtlinie 98/79/EG, die Ergebnisse der Leistungsbewertung sowie die Angaben zu Bescheinigungen,
3. bei einem „neuen In-vitro-Diagnostikum" im Sinne von § 3 Nr. 6 zusätzlich die Angabe, dass es sich um ein „neues In-vitro-Diagnostikum" handelt.

(4) Nachträgliche Änderungen der Angaben nach den Absätzen 1 bis 3 sowie einer Erstellung des Inverkehrbringens sind unverzüglich anzuzeigen.

(5) Die zuständige Behörde übermittelt die Daten gemäß den Absätzen 1 bis 4 dem Deutschen Institut für Medizinische Dokumentation und Information zur zentralen Verarbeitung und Nutzung nach § 33. Dieses unterrichtet auf Anfrage die Europäische Kommission und die anderen Vertragsstaaten des Abkommens über den Europäischen Wirtschaftsraum über Anzeigen nach den Absätzen 1 bis 4.

(6) Näheres zu den Absätzen 1 bis 5 regelt die Rechtsverordnung nach § 37 Abs. 8.

§ 26 Durchführung der Überwachung

(1) Betriebe und Einrichtungen mit Sitz in Deutschland, in denen Medizinprodukte hergestellt, klinisch geprüft, einer Leistungsbewertungsprüfung unterzogen, verpackt, ausgestellt, in den Verkehr gebracht, errichtet, betrieben, angewendet oder Medizinprodukte, die bestimmungsgemäß keimarm oder steril zur Anwendung kommen, aufbereitet werden, unterliegen insoweit der Überwachung durch die zuständigen Behörden. Dies gilt auch für Sponsoren und Personen, die die in Satz 1 genannten Tätigkeiten geschäftsmäßig ausüben, sowie für Personen und Personenvereinigungen, die Medizinprodukte für andere sammeln.

(2) Die zuständige Behörde hat sich davon zu überzeugen, dass die Vorschriften über Medizinprodukte und die Werbung auf dem Gebiet des Heilwesens beachtet werden. Sie prüft in angemessenem Umfang unter besonderer Berücksichtigung möglicher Risiken, ob die Voraussetzungen zum Inverkehrbringen, zur Inbetriebnahme, zum Errichten, Betreiben und Anwenden erfüllt sind. Satz 2 gilt entsprechend für die Überwachung von klinischen Prüfungen und von Leistungsbewertungsprüfungen sowie für die Überwachung der Aufbereitung von Medizinprodukten, die bestimmungsgemäß keimarm oder steril angewendet werden. Die zuständige Behörde ergreift die Maßnahmen, die notwendig sind, um festgestellte Verstöße zu beseitigen und künftigen Verstößen vorzubeugen. Sie kann bei hinreichenden Anhaltspunkten für eine unrechtmäßige CE-Kennzeichnung oder eine

von dem Medizinprodukt ausgehende Gefahr verlangen, dass der Verantwortliche im Sinne von § 5 das Medizinprodukt von einem Sachverständigen überprüfen lässt. Bei einem In-vitro-Diagnostikum nach § 3 Nummer 6 kann sie zu jedem Zeitpunkt innerhalb von zwei Jahren nach der Anzeige nach § 25 Absatz 3 und danach in begründeten Fällen die Vorlage eines Berichts über die Erkenntnisse aus den Erfahrungen mit dem neuen In-vitro-Diagnostikum nach dessen erstmaligem Inverkehrbringen verlangen.

(2a) Die zuständigen Behörden müssen über die zur Erfüllung ihrer Aufgaben notwendige personelle und sachliche Ausstattung verfügen sowie für eine dem allgemeinen anerkannten Stand der Wissenschaft und Technik entsprechende regelmäßige Fortbildung der überwachenden Mitarbeiter sorgen.

(2b) Die Einzelheiten zu den Absätzen 1 bis 2a, insbesondere zur Durchführung und Qualitätssicherung der Überwachung, regelt eine allgemeine Verwaltungsvorschrift nach § 37a.

(3) Die mit der Überwachung beauftragten Personen sind befugt,

1. Grundstücke, Geschäftsräume, Betriebsräume, Beförderungsmittel, in denen eine Tätigkeit nach Absatz 1 ausgeübt wird, zu den üblichen Geschäftszeiten und zur Verhütung dringender Gefahr für die öffentliche Sicherheit und Ordnung auch Wohnräume, in denen eine Tätigkeit nach Absatz 1 ausgeübt wird, zu betreten und zu besichtigen sowie in Geschäftsräumen, Betriebsräumen und Beförderungsmitteln zur Dokumentation bewegte und unbewegte Bildaufzeichnungen anzufertigen; das Grundrecht der Unverletzlichkeit der Wohnung (Artikel 13 des Grundgesetzes) wird insoweit eingeschränkt,
2. Medizinprodukte zu prüfen, insbesondere hierzu in Betrieb nehmen zu lassen, sowie Proben unentgeltlich zu entnehmen,
3. Unterlagen über die Entwicklung, Herstellung, Prüfung, klinische Prüfung, Leistungsbewertungsprüfung oder Erwerb, Aufbereitung, Lagerung, Verpackung, Inverkehrbringen und sonstigen Verbleib der Medizinprodukte sowie über das im Verkehr befindliche Werbematerial einzusehen,
4. von natürlichen und juristischen Personen und nicht rechtsfähigen Personenvereinigungen alle erforderlichen Auskünfte, insbesondere über die in Nummer 3 genannten Betriebsvorgänge, zu verlangen,
5. Unterlagen und Dokumente, die nach Maßgabe der Verordnung nach § 37 Absatz 5 zu erstellen und zu führen sind, einzusehen,
6. Abschriften oder Ablichtungen von Unterlagen oder Dokumenten nach den Nummern 3 und 5 oder Ausdrucke oder Kopien von Datenträgern, auf denen Unterlagen oder Dokumente nach den Nummern 3 und 5 gespeichert sind, anzufertigen oder zu verlangen, soweit es sich nicht um personenbezogene Daten von Patienten handelt.

(4) Wer der Überwachung nach Absatz 1 unterliegt, hat Maßnahmen nach Absatz 3 Satz 1 Nr. 1 bis 3 zu dulden und die beauftragten Personen sowie die sonstigen in der Überwachung tätigen Personen bei der Erfüllung ihrer Aufgaben zu unterstützen. Dies beinhaltet insbesondere die Verpflichtung, diesen Personen die Medizinprodukte zugänglich zu machen, erforderliche Prüfungen zu gestatten, hierfür benötigte Mitarbeiter und Hilfsmittel bereitzustellen, Auskünfte zu erteilen und Unterlagen vorzulegen.

(5) Der im Rahmen der Überwachung zur Auskunft Verpflichtete kann die Auskunft auf solche Fragen verweigern, deren Beantwortung ihn selbst oder einen seiner in § 383 Abs. 1 Nr. 1 bis 3 der Zivilprozessordnung bezeichneten Angehörigen in Gefahr strafrechtlicher Verfolgung oder eines Verfahrens nach dem Gesetz über Ordnungswidrigkeiten aussetzen würde.

(6) Sachverständige, die im Rahmen des Absatzes 2 prüfen, müssen die dafür notwendige Sachkenntnis besitzen. Die Sachkenntnis kann auch durch ein Zertifikat einer von der

zuständige Behörde akkreditierten Stelle nachgewiesen werden.

(7) Die zuständige Behörde unterrichtet auf Anfrage des Bundesministeriums für Gesundheit sowie die zuständigen Behörden der anderen Vertragsstaaten des Abkommens über den Europäischen Wirtschaftsraum über durchgeführte Überprüfungen, deren Ergebnisse sowie die getroffenen Maßnahmen.

§ 27 Verfahren bei unrechtmäßiger und unzulässiger Anbringung der CE-Kennzeichnung

(1) Stellt die zuständige Behörde fest, dass die CE-Kennzeichnung auf einem Medizinprodukt unrechtmäßig angebracht worden ist, ist der Verantwortliche nach § 5 verpflichtet, die Voraussetzungen für das rechtmäßige Anbringen der CE-Kennzeichnung nach Weisung der zuständigen Behörde zu erfüllen. Werden diese Voraussetzungen nicht erfüllt, so hat die zuständige Behörde das Inverkehrbringen dieses Medizinproduktes einzuschränken, von der Einhaltung bestimmter Auflagen abhängig zu machen, zu untersagen oder zu veranlassen, dass das Medizinprodukt vom Markt genommen wird. Sie unterrichtet davon die übrigen zuständigen Behörden in Deutschland und das Bundesministerium für Gesundheit, das die Europäische Kommission und die anderen Vertragsstaaten des Abkommens über den Europäischen Wirtschaftsraum hiervon unterrichtet.

(2) Trägt ein Produkt unzulässigerweise die CE-Kennzeichnung als Medizinprodukt, trifft die zuständige Behörde die erforderlichen Maßnahmen nach Absatz 1 Satz 2. Absatz 1 Satz 3 gilt entsprechend.

§ 28 Verfahren zum Schutz vor Risiken

(1) Die nach diesem Gesetz zuständige Behörde trifft alle erforderlichen Maßnahmen zum Schutz der Gesundheit und zur Sicherheit von Patienten, Anwendern und Dritten vor Gefahren durch Medizinprodukte, soweit nicht das Atomgesetz oder eine darauf gestützte Rechtsverordnung für Medizinprodukte, die ionisierende Strahlen erzeugen oder radioaktive Stoffe enthalten, für die danach zuständige Behörde entsprechende Befugnisse vorsieht.

(2) Die zuständige Behörde ist insbesondere befugt, Anordnungen, auch über die Schließung des Betriebs oder der Einrichtung, zu treffen, soweit es zur Abwehr einer drohenden Gefahr für die öffentliche Gesundheit, Sicherheit oder Ordnung geboten ist. Sie kann das Inverkehrbringen, die Inbetriebnahme, das Betreiben, die Anwendung der Medizinprodukte sowie den Beginn oder die weitere Durchführung der klinischen Prüfung oder der Leistungsbewertungsprüfung untersagen, beschränken oder von der Einhaltung bestimmter Auflagen abhängig machen oder den Rückruf oder die Sicherstellung der Medizinprodukte anordnen. Sie unterrichtet hiervon die übrigen zuständigen Behörden in Deutschland, die zuständige Bundesoberbehörde und das Bundesministerium für Gesundheit.

(3) Stellt die zuständige Behörde fest, das CE-gekennzeichnete Medizinprodukte oder Sonderanfertigungen die Gesundheit oder Sicherheit von Patienten, Anwendern oder Dritten oder deren Eigentum gefährden können, auch wenn sie sachgemäß installiert, in Stand gehalten oder ihrer Zweckbestimmung entsprechend angewendet werden und trifft sie deshalb Maßnahmen mit dem Ziel, das Medizinprodukt vom Markt zu nehmen oder das Inverkehrbringen oder die Inbetriebnahme zu verbieten oder einzuschränken, teilt sie diese umgehend unter Angabe von Gründen dem Bundesministerium für Gesundheit zur Einleitung eines Schutzklauselverfahrens nach Artikel 7 der Richtlinie 90/385/EWG, Artikel 8 der Richtlinie 93/42/EWG oder Artikel 8 der Richtlinie 98/79/EG mit. In den Gründen ist insbesondere anzugeben, ob die Nichtübereinstimmung mit den Vorschriften dieses Gesetzes zurückzuführen ist auf

1. die Nichteinhaltung der Grundlegenden Anforderungen,
2. eine unzulängliche Anwendung harmonisierter Normen oder Gemeinsamer Tech-

nischer Spezifikationen, sofern deren Anwendung behauptet wird, oder

3. einen Mangel der harmonisierten Normen oder Gemeinsamen Technischen Spezifikationen selbst.

(4) Die zuständige Behörde kann veranlassen, dass alle, die einer von einem Medizinprodukt ausgehenden Gefahr ausgesetzt sein können, rechtzeitig in geeigneter Form auf diese Gefahr hingewiesen werden. Eine hoheitliche Warnung der Öffentlichkeit ist zulässig, wenn bei Gefahr im Verzug andere ebenso wirksame Maßnahmen nicht oder nicht rechtzeitig getroffen werden können.

(5) Maßnahmen nach Artikel 14b der Richtlinie 93/42/EWG und Artikel 13 der Richtlinie 98/79/EG trifft das Bundesministerium für Gesundheit durch Rechtsverordnung nach § 37 Abs. 6.

§ 29 Medizinprodukte-Beobachtungs- und -Meldesystem

(1) Die zuständige Bundesoberbehörde hat, soweit nicht eine oberste Bundesbehörde im Vollzug des Atomgesetzes oder der auf Grund dieses Gesetzes erlassenen Rechtsverordnungen zuständig ist, zur Verhütung einer Gefährdung der Gesundheit oder der Sicherheit von Patienten, Anwendern oder Dritten die bei der Anwendung oder Verwendung von Medizinprodukten auftretenden Risiken, insbesondere Nebenwirkungen, wechselseitige Beeinflussung mit anderen Stoffen oder Produkten, Gegenanzeigen, Verfälschungen, Funktionsfehler, Fehlfunktionen und technische Mängel zentral zu erfassen, auszuwerten und zu bewerten. Sie hat die zu ergreifenden Maßnahmen zu koordinieren, insbesondere, soweit sie alle schwerwiegenden unerwünschten Ereignisse während klinischer Prüfungen oder Leistungsbewertungsprüfungen von In-vitro-Diagnostika oder folgende Vorkommnisse betreffen:

1. jede Funktionsstörung, jeden Ausfall oder jede Änderung der Merkmale oder der Leistung eines Medizinproduktes sowie jede Unsachgemäßheit der Kennzeichnung oder Gebrauchsanweisung, die direkt oder indirekt zum Tod oder zu einer schwerwiegenden Verschlechterung des Gesundheitszustandes eines Patienten oder eines Anwenders oder einer anderen Person geführt haben oder hätten führen können,
2. jeden Grund technischer oder medizinischer Art, der auf Grund der in Nummer 1 genannten Ursachen durch die Merkmale und die Leistungen eines Medizinproduktes bedingt ist und zum systematischen Rückruf von Medizinprodukten desselben Typs durch den Hersteller geführt hat.

§ 26 Abs. 2 Satz 3 findet entsprechende Anwendung. Die zuständige Bundesoberbehörde teilt das Ergebnis der Bewertung der zuständigen Behörde mit, die über notwendige Maßnahmen entscheidet. Die zuständige Bundesoberbehörde übermittelt Daten aus der Beobachtung, Sammlung, Auswertung und Bewertung von Risiken in Verbindung mit Medizinprodukten an das Deutsche Institut für Medizinische Dokumentation und Information zur zentralen Verarbeitung und Nutzung nach § 33. Näheres regelt die Rechtsverordnung nach § 37 Abs. 8.

(2) Soweit dies zur Erfüllung der in Absatz 1 aufgeführten Aufgaben erforderlich ist, dürfen an die danach zuständigen Behörden auch Name, Anschrift und Geburtsdatum von Patienten, Anwendern oder Dritten übermittelt werden. Die nach Absatz 1 zuständige Behörde darf die nach Landesrecht zuständige Behörde auf Ersuchen über die von ihr gemeldeten Fälle und die festgestellten Erkenntnisse in Bezug auf personenbezogene Daten unterrichten. Bei der Zusammenarbeit nach Absatz 3 dürfen keine personenbezogenen Daten von Patienten übermittelt werden. Satz 3 gilt auch für die Übermittlung von Daten an das Informationssystem nach § 33.

(3) Die Behörde nach Absatz 1 wirkt bei der Erfüllung der dort genannten Aufgaben mit den Dienststellen der anderen Vertragsstaaten des Abkommens über den Europäischen Wirtschaftsraum und der Europäischen Kommission, der Weltgesundheitsorganisation, den für die Gesundheit und den Arbeitsschutz zuständigen Behörden anderer Staaten, den für die Gesundheit, den Arbeitsschutz, den

V

Strahlenschutz und das Mess- und Eichwesen zuständigen Behörden der Länder und den anderen fachlich berührten Bundesoberbehörden, Benannten Stellen in Deutschland, den zuständigen Trägern der gesetzlichen Unfallversicherung, dem Medizinischen Dienst des Spitzenverbandes Bund der Krankenkassen, den einschlägigen Fachgesellschaften, den Herstellern und Vertreibern sowie mit anderen Stellen zusammen, die bei der Durchführung ihrer Aufgaben Risiken von Medizinprodukten erfassen. Besteht der Verdacht, dass ein Zwischenfall durch eine elektromagnetische Einwirkung eines anderen Gerätes als ein Medizinprodukt verursacht wurde, ist das Bundesamt für Post und Telekommunikation zu beteiligen.

(4) Einzelheiten zur Durchführung der Aufgaben nach § 29 regelt der Sicherheitsplan nach § 37 Abs. 7.

V

§ 30 Sicherheitsbeauftragter für Medizinprodukte

(1) Wer als Verantwortlicher nach § 5 Satz 1 und 2 seinen Sitz in Deutschland hat, hat unverzüglich nach Aufnahme der Tätigkeit eine Person mit der zur Ausübung ihrer Tätigkeit erforderlichen Sachkenntnis und der erforderlichen Zuverlässigkeit als Sicherheitsbeauftragten für Medizinprodukte zu bestimmen.

(2) Der Verantwortliche nach § 5 Satz 1 und 2 hat, soweit er nicht ausschließlich Medizinprodukte nach § 3 Nr. 8 erstmalig in den Verkehr bringt, der zuständigen Behörde den Sicherheitsbeauftragten sowie jeden Wechsel in der Person unverzüglich anzuzeigen. Die zuständige Behörde übermittelt die Daten nach Satz 1 an das Deutsche Institut für Medizinische Dokumentation und Information zur zentralen Verarbeitung und Nutzung nach § 33.

(3) Der Nachweis der erforderlichen Sachkenntnis als Sicherheitsbeauftragter für Medizinprodukte wird erbracht durch

1. das Zeugnis über eine abgeschlossene naturwissenschaftliche, medizinische oder technische Hochschulausbildung oder
2. eine andere Ausbildung, die zur Durchführung der unter Absatz 4 genannten Aufgaben befähigt,

und eine mindestens zweijährige Berufserfahrung. Die Sachkenntnis ist auf Verlangen der zuständigen Behörde nachzuweisen.

(4) Der Sicherheitsbeauftragte für Medizinprodukte hat bekannt gewordene Meldungen über Risiken bei Medizinprodukten zu sammeln, zu bewerten und die notwendigen Maßnahmen zu koordinieren. Er ist für die Erfüllung von Anzeigepflichten verantwortlich, soweit sie Medizinprodukterisiken betreffen.

(5) Der Sicherheitsbeauftragte für Medizinprodukte darf wegen der Erfüllung der ihm übertragenen Aufgaben nicht benachteiligt werden.

§ 31 Medizinprodukteberater

(1) Wer berufsmäßig Fachkreise fachlich informiert oder in die sachgerechte Handhabung der Medizinprodukte einweist (Medizinprodukteberater), darf diese Tätigkeit nur ausüben, wenn er die für die jeweiligen Medizinprodukte erforderliche Sachkenntnis und Erfahrung für die Information und, soweit erforderlich, für die Einweisung in die Handhabung der jeweiligen Medizinprodukte besitzt. Dies gilt auch für die fernmündliche Information.

(2) Die Sachkenntnis besitzt, wer

1. eine Ausbildung in einem naturwissenschaftlichen, medizinischen oder technischen Beruf erfolgreich abgeschlossen hat und auf die jeweiligen Medizinprodukte bezogen geschult worden ist oder
2. durch eine mindestens einjährige Tätigkeit, die in begründeten Fällen auch kürzer sein kann, Erfahrungen in der Information über die jeweiligen Medizinprodukte und, soweit erforderlich, in der Einweisung in deren Handhabung erworben hat.

(3) Der Medizinprodukteberater hat der zuständigen Behörde auf Verlangen seine Sachkenntnis nachzuweisen. Er hält sich auf dem neuesten Erkenntnisstand über die jeweiligen Medizinprodukte, um sachkundig beraten zu können. Der Auftraggeber hat für eine regelmäßige Schulung des Medizinprodukteberaters zu sorgen.

(4) Der Medizinprodukteberater hat Mitteilungen von Angehörigen der Fachkreise über Nebenwirkungen, wechselseitige Beeinflussungen, Fehlfunktionen, technische Mängel, Gegenanzeigen, Verfälschungen oder sonstige Risiken bei Medizinprodukten aufzuzeichnen und unverzüglich dem Verantwortlichen nach § 5 Satz 1 und 2 oder dessen Sicherheitsbeauftragten für Medizinprodukte schriftlich oder elektronisch zu übermitteln.

Sechster Abschnitt Zuständige Behörden, Rechtsverordnungen, sonstige Bestimmungen

§ 32 Aufgaben und Zuständigkeiten der Bundesoberbehörden im Medizinproduktebereich

(1) Das Bundesinstitut für Arzneimittel und Medizinprodukte ist insbesondere zuständig für

1. die Aufgaben nach § 29 Absatz 1 und 3,
2. die Bewertung hinsichtlich der technischen und medizinischen Anforderungen und der Sicherheit von Medizinprodukten, es sei denn, dass dieses Gesetz anderes vorschreibt oder andere Bundesoberbehörden zuständig sind,
3. Genehmigungen von klinischen Prüfungen und Leistungsbewertungsprüfungen nach den §§ 22a und 24,
4. Entscheidungen zur Abgrenzung und Klassifizierung von Medizinprodukten nach § 13 Absatz 2 und 3,
5. Sonderzulassungen nach § 11 Absatz 1 und
6. die Beratung der zuständigen Behörden, der Verantwortlichen nach § 5, von Sponsoren und Benannten Stellen.

(2) Das Paul-Ehrlich-Institut ist zuständig für die Aufgaben nach Absatz 1, soweit es sich um in Anhang II der Richtlinie 98/79/EG genannte In-vitro-Diagnostika handelt, die zur Prüfung der Unbedenklichkeit oder Verträglichkeit von Blut- oder Gewebespenden bestimmt sind oder Infektionskrankheiten betreffen. Beim Paul-Ehrlich-Institut kann ein fachlich unabhängiges Prüflabor eingerichtet werden, das mit Benannten Stellen und anderen Organisationen zusammenarbeiten kann.

(3) Die Physikalisch-Technische Bundesanstalt ist zuständig für die Sicherung der Einheitlichkeit des Messwesens in der Heilkunde und hat

1. Medizinprodukte mit Messfunktion gutachterlich zu bewerten und, soweit sie nach § 15 dafür benannt ist, Baumusterprüfungen durchzuführen,
2. Referenzmessverfahren, Normalmessgeräte und Prüfhilfsmittel zu entwickeln und auf Antrag zu prüfen und
3. die Bundesbehörden, die zuständigen Behörden und Benannten Stellen wissenschaftlich zu beraten.

§ 32a Besondere Zuständigkeiten

Die Bearbeitung von Meldungen der für die Kontrolle der Außengrenzen zuständigen Behörden über Aussetzungen gemäß Artikel 27 Absatz 3 Satz 1 der Verordnung (EG) Nr. 765/2008 des Europäischen Parlaments und des Rates vom 9. Juli 2008 über die Vorschriften für die Akkreditierung und Marktüberwachung im Zusammenhang mit der Vermarktung von Produkten und zur Aufhebung der Verordnung (EWG) Nr. 339/93 des Rates (ABl. L 218 vom 13. 8. 2008, S. 30) obliegt der Überwachungsbehörde, die für die Zollstelle örtlich zuständig ist.

§ 33 Datenbankgestütztes Informationssystem, Europäische Datenbank

(1) Das Deutsche Institut für Medizinische Dokumentation und Information richtet ein Informationssystem über Medizinprodukte zur Unterstützung des Vollzugs dieses Gesetzes ein und stellt den für die Medizinprodukte zuständigen Behörden des Bundes und der Länder die hierfür erforderlichen Informationen zur Verfügung. Es stellt die erforderlichen Daten für die Europäische Datenbank im Sinne von Artikel 10b der Richtlinie 90/385/EWG, Artikel 14a der Richtlinie 93/42/EWG und Ar-

tikel 12 der Richtlinie 98/79/EG zur Verfügung. Eine Bereitstellung dieser Informationen für nicht-öffentliche Stellen ist zulässig, soweit dies die Rechtsverordnung nach § 37 Abs. 8 vorsieht. Für seine Leistungen kann es Entgelte verlangen. Diese werden in einem Entgeltkatalog festgelegt, der der Zustimmung des Bundesministeriums für Gesundheit bedarf.

(2) Im Sinne des Absatzes 1 hat das dort genannte Institut insbesondere folgende Aufgaben:

1. zentrale Verarbeitung und Nutzung von Informationen nach § 25 Abs. 5, auch in Verbindung mit § 18 Abs. 3, §§ 22a bis 23a und 24,
2. zentrale Verarbeitung und Nutzung von Basisinformationen der in Verkehr befindlichen Medizinprodukte,
3. zentrale Verarbeitung und Nutzung von Daten aus der Beobachtung, Sammlung, Auswertung und Bewertung von Risiken in Verbindung mit Medizinprodukten,
4. Informationsbeschaffung und Übermittlung von Daten an Datenbanken anderer Mitgliedstaaten und Institutionen der Europäischen Union und anderer Vertragsstaaten des Abkommens über den Europäischen Wirtschaftsraum, insbesondere im Zusammenhang mit der Erkennung und Abwehr von Risiken in Verbindung mit Medizinprodukten,
5. Aufbau und Unterhaltung von Zugängen zu Datenbanken, die einen Bezug zu Medizinprodukten haben.

(3) Das in Absatz 1 genannte Institut ergreift die notwendigen Maßnahmen, damit Daten nur dazu befugten Personen übermittelt werden oder diese Zugang zu diesen Daten erhalten.

§ 34 Ausfuhr

(1) Auf Antrag eines Herstellers oder Bevollmächtigten stellt die zuständige Behörde für die Ausfuhr eine Bescheinigung über die Verkehrsfähigkeit des Medizinproduktes in Deutschland aus.

(2) Medizinprodukte, die einem Verbot nach § 4 Abs. 1 unterliegen, dürfen nur ausgeführt werden, wenn die zuständige Behörde des Bestimmungslandes die Einfuhr genehmigt hat, nachdem sie von der zuständigen Behörde über die jeweiligen Verbotsgründe informiert wurde.

§ 35 Gebühren und Auslagen

Für individuell zurechenbare öffentliche Leistungen nach diesem Gesetz und den zur Durchführung dieses Gesetzes erlassenen Rechtsverordnungen sind Gebühren und Auslagen nach Maßgabe der Rechtsverordnung nach § 37 Absatz 9 zu erheben.

§ 36 Zusammenarbeit der Behörden und Benannten Stellen im Europäischen Wirtschaftsraum und der Europäischen Kommission

Die für die Durchführung des Medizinprodukterechts zuständigen Behörden und Benannten Stellen arbeiten mit den zuständigen Behörden und Benannten Stellen der anderen Vertragsstaaten des Abkommens über den Europäischen Wirtschaftsraum und der Europäischen Kommission zusammen und erteilen einander die notwendigen Auskünfte, um eine einheitliche Anwendung der zur Umsetzung der Richtlinien 90/385/EWG, 93/42/EWG und 98/79/EG erlassenen Vorschriften zu erreichen.

§ 37 Verordnungsermächtigungen

(1) Das Bundesministerium für Gesundheit wird ermächtigt, zur Umsetzung von Rechtsakten der Europäischen Gemeinschaft oder der Europäischen Union durch Rechtsverordnung die Voraussetzungen für die Erteilung der Konformitätsbescheinigungen, die Durchführung der Konformitätsbewertungsverfahren und ihre Zuordnung zu Klassen von Medizinprodukten sowie Sonderverfahren für Systeme und Behandlungseinheiten zu regeln.

(2) Das Bundesministerium für Gesundheit wird ermächtigt, durch Rechtsverordnung für Medizinprodukte, die

1. die Gesundheit des Menschen auch bei bestimmungsgemäßer Anwendung unmit-

telbar oder mittelbar gefährden können, wenn sie ohne ärztliche oder zahnärztliche Überwachung angewendet werden, oder

2. häufig in erheblichem Umfang nicht bestimmungsgemäß angewendet werden, wenn dadurch die Gesundheit von Menschen unmittelbar oder mittelbar gefährdet wird,

die Verschreibungspflicht vorzuschreiben. In der Rechtsverordnung nach Satz 1 können weiterhin Abgabebeschränkungen geregelt werden.

(2a) Das Bundesministerium für Gesundheit wird ermächtigt, durch Rechtsverordnung Regelungen zur ordnungsgemäßen Durchführung der klinischen Prüfung und der genehmigungspflichtigen Leistungsbewertungsprüfung sowie der Erzielung dem wissenschaftlichen Erkenntnisstand entsprechender Unterlagen zu treffen. In der Rechtsverordnung können insbesondere Regelungen getroffen werden über

1. Aufgaben und Verantwortungsbereiche des Sponsors, der Prüfer oder anderer Personen, die die klinische Prüfung durchführen oder kontrollieren, einschließlich von Anzeige-, Dokumentations- und Berichtspflichten insbesondere über schwerwiegende unerwünschte Ereignisse, die während der Prüfung auftreten und die Sicherheit der Studienteilnehmer oder die Durchführung der Studie beeinträchtigen könnten,
2. Aufgaben und Verfahren bei Ethik-Kommissionen einschließlich der einzureichenden Unterlagen, auch mit Angaben zur angemessenen Beteiligung von Frauen und Männern als Prüfungsteilnehmerinnen und Prüfungsteilnehmer, der Unterbrechung, Verlängerung oder Verkürzung der Bearbeitungsfrist und der besonderen Anforderungen an die Ethik-Kommissionen bei klinischen Prüfungen nach § 20 Absatz 4 und 5 sowie nach § 21,
3. die Aufgaben der zuständigen Behörden und das behördliche Genehmigungsverfahren einschließlich der einzureichenden Unterlagen, auch mit Angaben zur angemessenen Beteiligung von Frauen und Männern als Prüfungsteilnehmerinnen und Prüfungsteilnehmer und der Unterbrechung oder Verlängerung oder Verkürzung der Bearbeitungsfrist, das Verfahren zur Überprüfung von Unterlagen in Betrieben und Einrichtungen sowie die Voraussetzungen und das Verfahren für Rücknahme, Widerruf und Ruhen der Genehmigung oder Untersagung einer klinischen Prüfung,
4. die Anforderungen an die Prüfeinrichtung und an das Führen und Aufbewahren von Nachweisen,
5. die Übermittlung von Namen und Sitz des Sponsors und des verantwortlichen Prüfers und nicht personenbezogener Angaben zur klinischen Prüfung von der zuständigen Behörde an eine europäische Datenbank,
6. die Art und Weise der Weiterleitung von Unterlagen und Ausfertigung der Entscheidungen an die zuständigen Behörden und die für die Prüfer zuständigen Ethik-Kommissionen bestimmt werden,
7. Sonderregelungen für Medizinprodukte mit geringem Sicherheitsrisiko.

(3) Das Bundesministerium für Gesundheit wird ermächtigt, durch Rechtsverordnung Vertriebswege für Medizinprodukte vorzuschreiben, soweit es geboten ist, die erforderliche Qualität des Medizinproduktes zu erhalten oder die bei der Abgabe oder Anwendung von Medizinprodukten notwendigen Erfordernisse für die Sicherheit des Patienten, Anwenders oder Dritten zu erfüllen.

(4) Das Bundesministerium für Gesundheit wird ermächtigt, durch Rechtsverordnung Regelungen für Betriebe oder Einrichtungen zu erlassen (Betriebsverordnungen), die Medizinprodukte in Deutschland in den Verkehr bringen oder lagern, soweit es geboten ist, um einen ordnungsgemäßen Betrieb und die erforderliche Qualität, Sicherheit und Leistung der Medizinprodukte sicherzustellen sowie die Sicherheit und Gesundheit der Patienten, der Anwender und Dritter nicht zu gefährden. In der Rechtsverordnung können

insbesondere Regelungen getroffen werden über die Lagerung, den Erwerb, den Vertrieb, die Information und Beratung sowie die Einweisung in den Betrieb einschließlich Funktionsprüfung nach Installation und die Anwendung der Medizinprodukte. Die Regelungen können auch für Personen getroffen werden, die die genannten Tätigkeiten berufsmäßig ausüben.

(5) Das Bundesministerium für Gesundheit wird ermächtigt, durch Rechtsverordnung

1. Anforderungen an das Errichten, Betreiben, Anwenden und Instandhalten von Medizinprodukten festzulegen, Regelungen zu treffen über die Einweisung der Betreiber und Anwender, die sicherheitstechnischen Kontrollen, Funktionsprüfungen, Meldepflichten und Einzelheiten der Meldepflichten von Vorkommnissen und Risiken, das Bestandsverzeichnis und das Medizinproduktebuch sowie weitere Anforderungen festzulegen, soweit dies für das sichere Betreiben und die sichere Anwendung oder die ordnungsgemäße Instandhaltung notwendig ist,

1a. Anforderungen an die sichere Aufbereitung von bestimmungsgemäß keimarm oder steril zur Anwendung kommenden Medizinprodukten festzulegen und Regelungen zu treffen über
   a) zusätzliche Anforderungen an Aufbereiter, die Medizinprodukte mit besonders hohen Anforderungen an die Aufbereitung aufbereiten,
   b) die Zertifizierung von Aufbereitern nach Buchstabe a,
   c) die Anforderungen an die von der zuständigen Behörde anerkannten Konformitätsbewertungsstellen, die Zertifizierungen nach Buchstabe b vornehmen,

2. a) Anforderungen an das Qualitätssicherungssystem beim Betreiben und Anwenden von In-vitro-Diagnostika festzulegen,
   b) Regelungen zu treffen über
      aa) die Feststellung und die Anwendung von Normen zur Qualitätssicherung, die Verfahren zur Erstellung von Richtlinien und Empfehlungen, die Anwendungsbereiche, Inhalte und Zuständigkeiten, die Beteiligung der betroffenen Kreise sowie
      bb) Umfang, Häufigkeit und Verfahren der Kontrolle sowie die Anforderungen an die für die Kontrolle zuständigen Stellen und das Verfahren ihrer Bestellung und
   c) festzulegen, dass die Normen, Richtlinien und Empfehlungen oder deren Fundstellen vom Bundesministerium für Gesundheit im Bundesanzeiger bekannt gemacht werden,

3. zur Gewährleistung der Messsicherheit von Medizinprodukten mit Messfunktion diejenigen Medizinprodukte mit Messfunktion zu bestimmen, die messtechnischen Kontrollen unterliegen, und zu bestimmen, dass der Betreiber, eine geeignete Stelle oder die zuständige Behörde messtechnische Kontrollen durchzuführen hat, sowie Vorschriften zu erlassen über den Umfang, die Häufigkeit und das Verfahren von messtechnischen Kontrollen, die Voraussetzungen, den Umfang und das Verfahren der Anerkennung und Überwachung mit der Durchführung messtechnischer Kontrollen betrauter Stellen sowie die Mitwirkungspflichten des Betreibers eines Medizinproduktes mit Messfunktion bei messtechnischen Kontrollen.

(6) Das Bundesministerium für Gesundheit wird ermächtigt, durch Rechtsverordnung ein bestimmtes Medizinprodukt oder eine Gruppe von Medizinprodukten aus Gründen des Gesundheitsschutzes und der Sicherheit oder im Interesse der öffentlichen Gesundheit gemäß Artikel 36 des Vertrages über die Arbeitsweise der Europäischen Union zu verbieten oder deren Bereitstellung zu beschränken oder besonderen Bedingungen zu unterwerfen.

(7) Das Bundesministerium für Gesundheit wird ermächtigt, durch Rechtsverordnung zur

Durchführung der Aufgaben im Zusammenhang mit dem Medizinprodukte-Beobachtungs- und -Meldesystem nach § 29 einen Sicherheitsplan für Medizinprodukte zu erstellen. In diesem werden insbesondere die Aufgaben und die Zusammenarbeit der beteiligten Behörden und Stellen sowie die Einschaltung der Hersteller und Bevollmächtigten, Einführer, Inverkehrbringer und sonstiger Händler, der Anwender und Betreiber, der Europäischen Kommission sowie anderen Vertragsstaaten des Abkommens über den Europäischen Wirtschaftsraum näher geregelt und die jeweils zu ergreifenden Maßnahmen bestimmt. In dem Sicherheitsplan können ferner Einzelheiten zur Risikobewertung und deren Durchführung, Mitwirkungspflichten der Verantwortlichen nach § 5 Satz 1 und 2, sonstiger Händler, der Anwender, Betreiber und Instandhalter, Einzelheiten des Meldeverfahrens und deren Bekanntmachung, Melde-, Berichts-, Aufzeichnungs- und Aufbewahrungspflichten, Prüfungen und Produktionsüberwachungen, Einzelheiten der Durchführung von Maßnahmen zur Risikoabwehr und deren Überwachung sowie Informationspflichten, -mittel und -wege geregelt werden. Ferner können in dem Sicherheitsplan Regelungen zu personenbezogenen Daten getroffen werden, soweit diese im Rahmen der Risikoabwehr erfasst, verarbeitet und genutzt werden.

(8) Das Bundesministerium für Gesundheit wird ermächtigt, zur Gewährleistung einer ordnungsgemäßen Erhebung, Verarbeitung und Nutzung von Daten nach § 33 Abs. 1 und 2 durch Rechtsverordnung Näheres zu regeln, auch hinsichtlich der Art, des Umfangs und der Anforderungen an Daten. In dieser Rechtsverordnung können auch die Gebühren für Handlungen dieses Institutes festgelegt werden.

(9) Das Bundesministerium für Gesundheit wird ermächtigt, für den Bereich der Bundesverwaltung durch Rechtsverordnung die gebührenpflichtigen Tatbestände nach § 35 zu bestimmen und dabei feste Sätze oder Rahmensätze vorzusehen. Die Gebührensätze sind so zu bemessen, dass der mit den individuell zurechenbaren öffentlichen Leistungen verbundene Personal- und Sachaufwand abgedeckt ist. In der Rechtsverordnung kann bestimmt werden, dass eine Gebühr auch für eine Leistung erhoben werden kann, die nicht zu Ende geführt worden ist, wenn die Gründe hierfür von demjenigen zu vertreten sind, der die Leistung veranlasst hat.

(10) Das Bundesministerium für Gesundheit wird ermächtigt, durch Rechtsverordnung Regelungen zur Erfüllung von Verpflichtungen aus zwischenstaatlichen Vereinbarungen oder zur Durchführung von Rechtsakten des Rates oder der Europäischen Kommission, die Sachbereiche dieses Gesetzes betreffen, insbesondere sicherheitstechnische und medizinische Anforderungen, die Herstellung und sonstige Voraussetzungen des Inverkehrbringens, des Betreibens, des Anwendens, des Ausstellens, insbesondere Prüfungen, Produktionsüberwachung, Bescheinigungen, Kennzeichnung, Aufbewahrungs- und Mitteilungspflichten, behördliche Maßnahmen sowie Anforderungen an die Benennung und Überwachung von Benannten Stellen, zu treffen.

(11) Die Rechtsverordnungen nach den Absätzen 1 bis 10 ergehen mit Zustimmung des Bundesrates und im Einvernehmen mit dem Bundesministerium für Wirtschaft und Energie. Sie ergehen im Einvernehmen mit dem Bundesministerium für Umwelt, Naturschutz, Bau und Reaktorsicherheit, soweit der Strahlenschutz betroffen ist oder es sich um ein Medizinprodukt handelt, bei deren Herstellung radioaktive Stoffe oder ionisierende Strahlen verwendet werden, und im Einvernehmen mit dem Bundesministerium für Arbeit und Soziales, soweit der Arbeitsschutz betroffen ist, und im Einvernehmen mit dem Bundesministerium des Innern, soweit der Datenschutz betroffen ist.

(12) Die Rechtsverordnungen nach den Absätzen 6 und 10 bedürfen nicht der Zustimmung des Bundesrates bei Gefahr im Verzug oder wenn ihr unverzügliches Inkrafttreten zur Durchführung von Rechtsakten der Europäischen Gemeinschaft oder der Europäischen Union erforderlich ist. Die Rechtsver-

V

ordnungen nach den Absätzen 1 bis 3 können ohne Zustimmung des Bundesrates erlassen werden, wenn unvorhergesehene gesundheitliche Gefährdungen dies erfordern. Soweit die Rechtsverordnung nach Absatz 9 Gebühren und Auslagen von Bundesbehörden betrifft, bedarf sie nicht der Zustimmung des Bundesrates. Die Rechtsverordnungen nach den Sätzen 1 und 2 bedürfen nicht des Einvernehmens mit den jeweils beteiligten Bundesministerien. Sie treten spätestens sechs Monate nach ihrem Inkrafttreten außer Kraft. Ihre Geltungsdauer kann nur mit Zustimmung des Bundesrates verlängert werden. Soweit der Strahlenschutz betroffen ist, bleibt Absatz 11 unberührt.

§ 37a Allgemeine Verwaltungsvorschriften

Die Bundesregierung erlässt mit Zustimmung des Bundesrates die zur Durchführung dieses Gesetzes erforderlichen allgemeinen Verwaltungsvorschriften insbesondere zur Durchführung und Qualitätssicherung der Überwachung, zur Sachkenntnis der mit der Überwachung beauftragten Personen, zur Ausstattung, zum Informationsaustausch und zur Zusammenarbeit der Behörden.

Siebter Abschnitt Sondervorschriften für den Bereich der Bundeswehr

§ 38 Anwendung und Vollzug des Gesetzes

(1) Dieses Gesetz findet auf Einrichtungen, die der Versorgung der Bundeswehr mit Medizinprodukten dienen, entsprechende Anwendung.

(2) Im Bereich der Bundeswehr obliegt der Vollzug dieses Gesetzes und die Überwachung den jeweils zuständigen Stellen und Sachverständigen der Bundeswehr.

§ 39 Ausnahmen

(1) Schreiben die Grundlegenden Anforderungen nach § 7 die Angabe des Verfalldatums vor, kann diese bei Medizinprodukten entfallen, die an die Bundeswehr abgegeben werden. Das Bundesministerium der Verteidigung stellt sicher, dass Qualität, Leistung und Sicherheit der Medizinprodukte gewährleistet sind. Satz 1 gilt entsprechend für Medizinprodukte, die zum Zweck des Zivil- und Katastrophenschutzes an die zuständigen Behörden des Bundes oder der Länder abgegeben werden. Die zuständigen Behörden stellen sicher, dass Qualität, Leistung und Sicherheit der Medizinprodukte gewährleistet sind.

(2) Das Bundesministerium der Verteidigung kann für seinen Geschäftsbereich im Einvernehmen mit dem Bundesministerium für Gesundheit und, soweit der Arbeitsschutz betroffen ist, im Einvernehmen mit dem Bundesministerium für Arbeit und Soziales in Einzelfällen Ausnahmen von diesem Gesetz und auf Grund dieses Gesetzes erlassenen Rechtsverordnungen zulassen, wenn Rechtsakte der Europäischen Gemeinschaft oder der Europäischen Union dem nicht entgegenstehen und dies zur Durchführung der besonderen Aufgaben gerechtfertigt ist und der Schutz der Gesundheit gewahrt bleibt.

Achter Abschnitt Straf- und Bußgeldvorschriften

§ 40 Strafvorschriften

(1) Mit Freiheitsstrafe bis zu drei Jahren oder mit Geldstrafe wird bestraft, wer

1. entgegen § 4 Abs. 1 Nr. 1 ein Medizinprodukt in den Verkehr bringt, errichtet, in Betrieb nimmt, betreibt oder anwendet,
2. entgegen § 6 Abs. 1 Satz 1 ein Medizinprodukt, das den Vorschriften des Strahlenschutzgesetzes und der auf dessen Grundlage erlassenen Rechtsverordnungen unterliegt oder bei dessen Herstellung ionisierende Strahlen verwendet wurden, in den Verkehr bringt oder in Betrieb nimmt,
3. entgegen § 6 Abs. 2 Satz 1 in Verbindung mit einer Rechtsverordnung nach § 37 Abs. 1 ein Medizinprodukt, das den Vorschriften des Strahlenschutzgesetzes und der auf dessen Grundlage erlassenen

Rechtsverordnungen unterliegt oder bei dessen Herstellung ionisierende Strahlen verwendet wurden, mit der CE-Kennzeichnung versieht oder
4. entgegen § 14 Satz 2 ein Medizinprodukt betreibt oder anwendet.

(2) Der Versuch ist strafbar.

(3) In besonders schweren Fällen ist die Strafe Freiheitsstrafe von einem Jahr bis zu fünf Jahren. Ein besonders schwerer Fall liegt in der Regel vor, wenn der Täter durch eine der in Absatz 1 bezeichneten Handlungen

1. die Gesundheit einer großen Zahl von Menschen gefährdet,
2. einen anderen in die Gefahr des Todes oder einer schweren Schädigung an Körper oder Gesundheit bringt oder
3. aus grobem Eigennutz für sich oder einen anderen Vermögensvorteile großen Ausmaßes erlangt.

(4) Handelt der Täter in den Fällen des Absatzes 1 fahrlässig, so ist die Strafe Freiheitsstrafe bis zu einem Jahr oder Geldstrafe.

§ 41 Strafvorschriften

Mit Freiheitsstrafe bis zu einem Jahr oder Geldstrafe wird bestraft, wer

1. entgegen § 4 Abs. 2 Satz 1 in Verbindung mit Satz 2 ein Medizinprodukt in den Verkehr bringt,
2. entgegen § 6 Abs. 1 Satz 1 ein Medizinprodukt, das nicht den Vorschriften des Strahlenschutzgesetzes und der auf dessen Grundlage erlassenen Rechtsverordnungen unterliegt oder bei dessen Herstellung ionisierende Strahlen nicht verwendet wurden, in den Verkehr bringt oder in Betrieb nimmt,
3. entgegen § 6 Abs. 2 Satz 1 in Verbindung mit einer Rechtsverordnung nach § 37 Abs. 1 ein Medizinprodukt, das nicht den Vorschriften des Strahlenschutzgesetzes und der auf dessen Grundlage erlassenen Rechtsverordnungen unterliegt oder bei dessen Herstellung ionisierende Strahlen nicht verwendet wurden, mit der CE-Kennzeichnung versieht,
4. entgegen § 20 Absatz 1 Satz 1 oder Satz 4 Nummer 1 bis 6 oder Nummer 9, jeweils auch in Verbindung mit § 20 Absatz 4 oder Absatz 5 oder § 21 Nummer 1 oder entgegen § 22b Absatz 4 mit einer klinischen Prüfung beginnt, eine klinische Prüfung durchführt oder eine klinische Prüfung fortsetzt,
5. entgegen § 24 Satz 1 in Verbindung mit § 20 Absatz 1 Satz 1 oder Satz 4 Nummer 1 bis 6 oder Nummer 9, jeweils auch in Verbindung mit § 20 Absatz 4 oder Absatz 5, oder entgegen § 24 Satz 1 in Verbindung mit § 22b Absatz 4 mit einer Leistungsbewertungsprüfung beginnt, eine Leistungsbewertungsprüfung durchführt oder eine Leistungsbewertungsprüfung fortsetzt oder
6. einer Rechtsverordnung nach § 37 Abs. 2 Satz 2 zuwiderhandelt, soweit sie für einen bestimmten Tatbestand auf diese Strafvorschrift verweist.

§ 42 Bußgeldvorschriften

(1) Ordnungswidrig handelt, wer eine der in § 41 bezeichneten Handlungen fahrlässig begeht.

(2) Ordnungswidrig handelt, wer vorsätzlich oder fahrlässig

1. entgegen § 4 Abs. 1 Nr. 2 ein Medizinprodukt in den Verkehr bringt, errichtet, in Betrieb nimmt, betreibt oder anwendet,
2. entgegen § 9 Abs. 3 Satz 1 eine CE-Kennzeichnung nicht richtig oder nicht in der vorgeschriebenen Weise anbringt,
3. entgegen § 10 Abs. 1 Satz 2 oder Abs. 3 Satz 1, auch in Verbindung mit Satz 2, jeweils in Verbindung mit einer Rechtsverordnung nach § 37 Abs. 1, eine Erklärung nicht, nicht richtig, nicht vollständig oder nicht rechtzeitig abgibt,
4. entgegen § 10 Abs. 4 Satz 2 einem Medizinprodukt eine Information nicht beifügt,
5. entgegen § 11 Absatz 2 Satz 1 ein Medizinprodukt abgibt,

V

6. entgegen § 12 Abs. 1 Satz 1 in Verbindung mit einer Rechtsverordnung nach § 37 Abs. 1 eine Sonderanfertigung in den Verkehr bringt oder in Betrieb nimmt,
7. entgegen § 12 Abs. 2 Satz 1 oder Abs. 3 Satz 1 ein Medizinprodukt abgibt,
8. entgegen § 12 Abs. 4 Satz 1 ein Medizinprodukt ausstellt,
9. entgegen § 12 Abs. 4 Satz 3 ein In-vitro-Diagnostikum anwendet,
10. entgegen § 20 Abs. 1 Satz 4 Nr. 7 oder 8, jeweils auch in Verbindung mit § 21 Nr. 1, eine klinische Prüfung durchführt,
11. entgegen § 25 Abs. 1 Satz 1, Abs. 2, 3 oder 4 oder § 30 Abs. 2 Satz 1 eine Anzeige nicht, nicht richtig, nicht vollständig oder nicht rechtzeitig erstattet,
12. entgegen § 26 Abs. 4 Satz 1 eine Maßnahme nicht duldet oder eine Person nicht unterstützt,
13. entgegen § 30 Abs. 1 einen Sicherheitsbeauftragten nicht oder nicht rechtzeitig bestimmt,
14. entgegen § 31 Abs. 1 Satz 1, auch in Verbindung mit Satz 2, eine Tätigkeit ausübt,
15. entgegen § 31 Abs. 4 eine Mitteilung nicht, nicht richtig oder nicht vollständig aufzeichnet oder nicht, nicht richtig, nicht vollständig, nicht in der vorgeschriebenen Weise oder nicht rechtzeitig übermittelt oder
16. einer Rechtsverordnung nach § 37 Abs. 1, 2, 2a, 3, 4 Satz 1 oder 3, Abs. 5 Nr. 1, 1a, 2 Buchstabe a oder b Doppelbuchstabe bb oder Nr. 3, Abs. 7 oder 8 Satz 1 oder einer vollziehbaren Anordnung auf Grund einer solchen Rechtsverordnung zuwiderhandelt, soweit die Rechtsverordnung für einen bestimmten Tatbestand auf diese Bußgeldvorschrift verweist.

(3) Die Ordnungswidrigkeit kann mit einer Geldbuße bis zu dreißigtausend Euro geahndet werden.

§ 43 Einziehung

Gegenstände, auf die sich eine Straftat nach § 40 oder § 41 oder eine Ordnungswidrigkeit nach § 42 bezieht, können eingezogen werden. § 74a des Strafgesetzbuches und § 23 des Gesetzes über Ordnungswidrigkeiten sind anzuwenden.

Neunter Abschnitt
Übergangsbestimmungen

§ 44 Übergangsbestimmungen

(1) Medizinprodukte mit Verfalldatum, die vor dem 30. Juni 2007 zum Zweck des Zivil- und Katastrophenschutzes an die zuständigen Behörden des Bundes oder der Länder oder zur Durchführung ihrer besonderen Aufgaben an die Bundeswehr abgegeben wurden, dürfen auch nach Ablauf des Verfalldatums angewendet werden. Die zuständigen Behörden stellen sicher, dass Qualität, Leistung und Sicherheit der Medizinprodukte gewährleistet sind.

(2) Auf Medizinprodukte im Sinne des § 3 Nr. 3 sind die Vorschriften dieses Gesetzes ab dem 13. Juni 2002 anzuwenden. Medizinprodukte nach § 3 Nr. 3 dürfen noch bis zum 13. Dezember 2005 nach den am 13. Dezember 2000 in Deutschland geltenden Vorschriften in Deutschland erstmalig in Verkehr gebracht werden. Das weitere Inverkehrbringen und die Inbetriebnahme der danach erstmalig in Verkehr gebrachten Medizinprodukte ist bis zum 13. Dezember 2007 zulässig.

(3) Die Vorschriften des § 14 sowie der Rechtsverordnung nach § 37 Abs. 5 gelten unabhängig davon, nach welchen Vorschriften die Medizinprodukte erstmalig in den Verkehr gebracht wurden.

(4) Für klinische Prüfungen nach § 20 und Leistungsbewertungsprüfungen nach § 24 des Medizinproduktegesetzes, mit denen vor dem 20. März 2010 begonnen wurde, sind die §§ 19 bis 24 des Medizinproduktegesetzes in der Fassung der Bekanntmachung vom 7. August 2002 (BGBl. I S. 3146), das zuletzt durch Artikel 1 des Gesetzes vom 14. Juni 2007 (BGBl. I S. 1066) geändert worden ist, weiter anzuwenden.

(5) Für klinische Prüfungen und Leistungsbewertungsprüfungen nach Absatz 4 ist ab dem 21. März 2010 die Medizinprodukte-Sicherheitsplanverordnung vom 24. Juni 2002 (BGBl. I S. 2131), die zuletzt durch Artikel 3 des Gesetzes vom 14. Juni 2007 (BGBl. I S. 1066) geändert worden ist, in der jeweils geltenden Fassung entsprechend anzuwenden, die sie durch Artikel 3 des Gesetzes vom 29. Juli 2009 (BGBl. I S. 2326) erhält.

Verordnung über das Errichten, Betreiben und Anwenden von Medizinprodukten (Medizinprodukte-Betreiberverordnung – MPBetreibV)*)

in der Fassung der Bekanntmachung vom 21. August 2002 (BGBl. I S. 3396)

Zuletzt geändert durch
Verordnung zur weiteren Modernisierung des Strahlenschutzrechts
vom 29. November 2018 (BGBl. I S. 2034)

Inhaltsübersicht

V

*) Die Verpflichtung aus der Richtlinie 98/34/EG des Europäischen Parlaments und des Rates vom 22. Juni 1998 über ein Informationsverfahren auf dem Gebiet der Normen und technischen Vorschriften und der Vorschriften für die Dienste der Informationsgesellschaft (ABl. EG Nr. L 204 S. 37), geändert durch die Richtlinie 98/48/EG des Europäischen Parlaments und des Rates vom 20. Juli 1998 (ABl. EG Nr. L 217 S. 18), sind beachtet worden.

§ 1 Anwendungsbereich

(1) Diese Verordnung gilt für das Betreiben und Anwenden von Medizinprodukten im Sinne des Medizinproduktegesetzes einschließlich der damit zusammenhängenden Tätigkeiten.

(2) Diese Verordnung gilt nicht für Medizinprodukte

1. zur klinischen Prüfung,
2. zur Leistungsbewertungsprüfung oder
3. die in ausschließlich eigener Verantwortung für persönliche Zwecke erworben und angewendet werden.

(3) Die Vorschriften des Arbeitsschutzgesetzes sowie die Rechtsvorschriften, die aufgrund des Arbeitsschutzgesetzes erlassen wurden, sowie Unfallverhütungsvorschriften bleiben unberührt.

§ 2 Begriffsbestimmungen

(1) Tätigkeiten im Zusammenhang mit dem Betreiben und Anwenden von Medizinprodukten sind insbesondere

1. das Errichten,
2. das Bereithalten,
3. die Instandhaltung,
4. die Aufbereitung sowie
5. sicherheits- und messtechnische Kontrollen.

(2) Betreiber eines Medizinproduktes ist jede natürliche oder juristische Person, die für den Betrieb der Gesundheitseinrichtung verantwortlich ist, in der das Medizinprodukt durch dessen Beschäftigte betrieben oder angewendet wird. Abweichend von Satz 1 ist Betreiber eines Medizinproduktes, das im Besitz eines Angehörigen der Heilberufe oder des Heilgewerbes ist und von diesem zur Verwendung in eine Gesundheitseinrichtung mitgebracht wird, der betreffende Angehörige des Heilberufs oder des Heilgewerbes. Als Betreiber gilt auch, wer außerhalb von Gesundheitseinrichtungen in seinem Betrieb oder seiner Einrichtung oder im öffentlichen Raum Medizinprodukte zur Anwendung bereithält.

(3) Anwender ist, wer ein Medizinprodukt im Anwendungsbereich dieser Verordnung am Patienten einsetzt.

(4) Gesundheitseinrichtung im Sinne dieser Verordnung ist jede Einrichtung, Stelle oder Institution, einschließlich Rehabilitations- und Pflegeeinrichtungen, in der Medizinprodukte durch medizinisches Personal, Personen der Pflegeberufe oder sonstige dazu befugte Personen berufsmäßig betrieben oder angewendet werden.

§ 3 Pflichten eines Betreibers

(1) Der Betreiber hat die ihm nach dieser Verordnung obliegenden Pflichten wahrzunehmen, um ein sicheres und ordnungsgemäßes Anwenden der in seiner Gesundheitseinrichtung am Patienten eingesetzten Medizinprodukte zu gewährleisten.

(2) Die Pflichten eines Betreibers hat auch wahrzunehmen, wer Patienten mit Medizinprodukten zur Anwendung durch sich selbst oder durch Dritte in der häuslichen Umgebung oder im sonstigen privaten Umfeld aufgrund einer gesetzlichen oder vertraglichen Verpflichtung versorgt. Werden Medizinprodukte gemäß Satz 1 aufgrund einer Veranlassung des Versorgenden durch einen Dritten bereitgestellt, so können die dem Versorgenden aus den Pflichten nach Satz 1 resultierenden Aufgaben vertraglich auf den Dritten übertragen werden. In diesen Fällen hat der Versorgende, der die Bereitstellung veranlasst, die erforderlichen Vorkehrungen dafür zu treffen, dass diese Aufgaben ordnungsgemäß erfüllt werden. Die Sätze 1 bis 3 gelten auch, wenn Medizinprodukte, die nach Satz 1 überlassen oder nach Satz 2 bereitgestellt wurden, vom Patienten in eine Gesundheitseinrichtung mitgenommen und dort von ihm angewendet werden.

§ 4 Allgemeine Anforderungen

(1) Medizinprodukte dürfen nur ihrer Zweckbestimmung entsprechend und nach den Vorschriften dieser Verordnung sowie den allgemein anerkannten Regeln der Technik betrieben und angewendet werden.

(2) Medizinprodukte dürfen nur von Personen betrieben oder angewendet werden, die die dafür erforderliche Ausbildung oder Kenntnis und Erfahrung besitzen.

(3) Eine Einweisung in die ordnungsgemäße Handhabung des Medizinproduktes ist erforderlich. Abweichend von Satz 1 ist eine Einweisung nicht erforderlich, wenn das Medizinprodukt selbsterklärend ist oder eine Einweisung bereits in ein baugleiches Medizinprodukt erfolgt ist. Die Einweisung in die ordnungsgemäße Handhabung aktiver nichtimplantierbarer Medizinprodukte ist in geeigneter Form zu dokumentieren.

(4) Miteinander verbundene Medizinprodukte sowie mit Zubehör einschließlich Software oder mit anderen Gegenständen verbundene Medizinprodukte dürfen nur betrieben und angewendet werden, wenn sie zur Anwendung in dieser Kombination unter Berücksichtigung der Zweckbestimmung und der Sicherheit der Patienten, Anwender, Beschäftigten oder Dritten geeignet sind.

(5) Der Betreiber darf nur Personen mit dem Anwenden von Medizinprodukten beauftragen, die die in Absatz 2 genannten Voraussetzungen erfüllen und in das anzuwendende Medizinprodukt gemäß Absatz 3 eingewiesen sind.

(6) Der Anwender hat sich vor dem Anwenden eines Medizinproduktes von der Funktionsfähigkeit und dem ordnungsgemäßen Zustand des Medizinproduktes zu überzeugen und die Gebrauchsanweisung sowie die sonstigen beigefügten sicherheitsbezogenen Informationen und Instandhaltungshinweise zu beachten. Satz 1 gilt entsprechend für zur Anwendung miteinander verbundene Medizinprodukte, für Zubehör einschließlich Software oder andere Gegenstände, die mit Medizinprodukten zur Anwendung verbunden sind, sowie für die jeweilige Kombination.

(7) Die Gebrauchsanweisung und die dem Medizinprodukt beigefügten Hinweise sind so aufzubewahren, dass die für die Anwendung des Medizinproduktes erforderlichen Angaben dem Anwender jederzeit zugänglich sind.

(8) Medizinprodukte der Anlage 2 dürfen nur betrieben oder angewendet werden, wenn sie die im Leitfaden nach § 14 Absatz 1 Satz 2 angegebenen Fehlergrenzen einhalten.

§ 5 Besondere Anforderungen

(1) Sofern für eine Tätigkeit nach dieser Verordnung besondere Anforderungen vorausgesetzt werden, darf diese Tätigkeit nur durchführen, wer

1. hinsichtlich der jeweiligen Tätigkeit über aktuelle Kenntnisse aufgrund einer geeigneten Ausbildung und einer einschlägigen beruflichen Tätigkeit verfügt,
2. hinsichtlich der fachlichen Beurteilung keiner Weisung unterliegt und
3. über die Mittel, insbesondere Räume, Geräte und sonstige Arbeitsmittel, wie geeignete Mess- und Prüfeinrichtungen, verfügt, die erforderlich sind, die jeweilige Tätigkeit ordnungsgemäß und nachvollziehbar durchzuführen.

(2) Die Erfüllung dieser besonderen Anforderungen kann durch die Vorlage eines Zertifikats einer von der nach dem Dritten Abschnitt des Medizinproduktegesetzes zuständigen Behörde anerkannten Stelle nachgewiesen werden. Die Erfüllung der besonderen Anforderungen kann auch durch Zertifikate, die von der zuständigen Stelle in einem anderen Mitgliedstaat der Europäischen Union oder einem Vertragsstaat des Europäischen Wirtschaftsraums ausgestellt wurden und die inhaltlich den Zertifikaten nach Satz 1 entsprechen, nachgewiesen werden.

§ 6 Beauftragter für Medizinproduktesicherheit

(1) Gesundheitseinrichtungen mit regelmäßig mehr als 20 Beschäftigten haben sicherzustellen, dass eine sachkundige und zuverlässige Person mit medizinischer, naturwissenschaftlicher, pflegerischer, pharmazeutischer oder technischer Ausbildung als Beauftragter für Medizinproduktesicherheit bestimmt ist.

(2) Der Beauftragte für Medizinproduktesicherheit nimmt als zentrale Stelle in der Gesundheitseinrichtung folgende Aufgaben für den Betreiber wahr:

1. die Aufgaben einer Kontaktperson für Behörden, Hersteller und Vertreiber im Zusammenhang mit Meldungen über Risiken von Medizinprodukten sowie bei der Umsetzung von notwendigen korrektiven Maßnahmen,
2. die Koordinierung interner Prozesse der Gesundheitseinrichtung zur Erfüllung der Melde- und Mitwirkungspflichten der Anwender und Betreiber und
3. die Koordinierung der Umsetzung korrektiver Maßnahmen und der Rückrufmaßnahmen durch den Verantwortlichen nach § 5 des Medizinproduktegesetzes in den Gesundheitseinrichtungen.

(3) Der Beauftragte für Medizinproduktesicherheit darf bei der Erfüllung der nach Absatz 2 übertragenen Aufgaben nicht behindert und wegen der Erfüllung der Aufgaben nicht benachteiligt werden.

(4) Die Gesundheitseinrichtung hat sicherzustellen, dass eine Funktions-E-Mail-Adresse des Beauftragten für die Medizinproduktesicherheit auf ihrer Internetseite bekannt gemacht ist.

§ 7 Instandhaltung von Medizinprodukten

(1) Die Instandhaltung von Medizinprodukten umfasst insbesondere Instandhaltungsmaßnahmen und die Instandsetzung. Instandhaltungsmaßnahmen sind insbesondere Inspektionen und Wartungen, die erforderlich sind, um den sicheren und ordnungsgemäßen Betrieb der Medizinprodukte fortwährend zu gewährleisten. Die Instandhaltungsmaßnahmen sind unter Berücksichtigung der Angaben des Herstellers durchzuführen, der diese Angaben dem Medizinprodukt beizufügen hat. Die Instandsetzung umfasst insbesondere die Reparatur zur Wiederherstellung der Funktionsfähigkeit.

(2) Der Betreiber darf mit der Instandhaltung nur Personen, Betriebe oder Einrichtungen beauftragen, die selbst oder deren Beschäftigte, die die Instandhaltung durchführen, die Voraussetzungen nach § 5 hinsichtlich der Instandhaltung des jeweiligen Medizinproduktes erfüllen.

(3) Nach der Instandhaltung nach Absatz 1 müssen die für die Sicherheit und Funktionstüchtigkeit der Medizinprodukte wesentlichen konstruktiven und funktionellen Merkmale geprüft werden, soweit sie durch die Maßnahmen beeinträchtigt werden können.

(4) Die durch den Betreiber mit den Prüfungen nach Absatz 3 beauftragten Personen, Betriebe oder Einrichtungen müssen die Voraussetzungen nach Absatz 2 erfüllen und bei der Durchführung und Auswertung der Prüfungen in ihrer fachlichen Beurteilung weisungsunabhängig sein.

§ 8 Aufbereitung von Medizinprodukten

(1) Die Aufbereitung von bestimmungsgemäß keimarm oder steril zur Anwendung kommenden Medizinprodukten ist unter Berücksichtigung der Angaben des Herstellers mit geeigneten validierten Verfahren so durchzuführen, dass der Erfolg dieser Verfahren nachvollziehbar gewährleistet ist und die Sicherheit und Gesundheit von Patienten, Anwendern oder Dritten nicht gefährdet wird. Dies gilt auch für Medizinprodukte, die vor der erstmaligen Anwendung desinfiziert oder sterilisiert werden.

(2) Eine ordnungsgemäße Aufbereitung nach Absatz 1 Satz 1 wird vermutet, wenn die gemeinsame Empfehlung der Kommission für Krankenhaushygiene und Infektionsprävention am Robert Koch-Institut und des Bundesinstitutes für Arzneimittel und Medizinprodukte zu den Anforderungen an die Hygiene bei der Aufbereitung von Medizinprodukten beachtet wird. Die Fundstelle wird vom Bundesministerium für Gesundheit im Bundesanzeiger bekannt gemacht.

(3) Für die Aufbereitung von Medizinprodukten mit besonders hohen Anforderungen an die Aufbereitung („Kritisch C“) gemäß der Empfehlung nach Absatz 2 ist die entsprechend dieser Empfehlung vorzunehmende Zertifizierung des Qualitätsmanagementsystems durch eine von der nach dem Dritten Abschnitt des Gesetzes über Medizinprodukte zuständigen Behörde anerkannten Stelle Voraussetzung.

V

(4) Der Betreiber darf mit der Aufbereitung nur Personen, Betriebe oder Einrichtungen beauftragen, die selbst oder deren Beschäftigte, die die Aufbereitung durchführen, die Voraussetzungen nach § 5 hinsichtlich der Aufbereitung des jeweiligen Medizinproduktes erfüllen. Sofern die beauftragte Person oder die Beschäftigten des beauftragten Betriebs oder der beauftragten Einrichtung nicht über eine nach § 5 erforderliche Ausbildung verfügen, kann für den Nachweis der aktuellen Kenntnis die Teilnahme an fachspezifischen Fortbildungsmaßnahmen berücksichtigt werden. Die Validierung und Leistungsbeurteilung des Aufbereitungsprozesses muss im Auftrag des Betreibers durch qualifizierte Fachkräfte, die die Voraussetzungen nach § 5 hinsichtlich der Validierung und Leistungsbeurteilung derartiger Prozesse erfüllen, erfolgen.

V

§ 9 Qualitätssicherungssystem für medizinische Laboratorien

(1) Wer laboratoriumsmedizinische Untersuchungen durchführt, hat vor Aufnahme dieser Tätigkeit ein Qualitätssicherungssystem nach dem Stand der medizinischen Wissenschaft und Technik zur Aufrechterhaltung der erforderlichen Qualität, Sicherheit und Leistung bei der Anwendung von In-vitro-Diagnostika sowie zur Sicherstellung der Zuverlässigkeit der damit erzielten Ergebnisse einzurichten. Eine ordnungsgemäße Qualitätssicherung nach Satz 1 wird vermutet, wenn Teil A der Richtlinie der Bundesärztekammer zur Qualitätssicherung laboratoriumsmedizinischer Untersuchungen (Deutsches Ärzteblatt, Jg. 111, Heft 38 vom 19. September 2014, S. A 1583) beachtet wird.

(2) Die Unterlagen über das eingerichtete Qualitätssicherungssystem sind für die Dauer von fünf Jahren aufzubewahren, sofern aufgrund anderer Vorschriften keine längere Aufbewahrungsfrist vorgeschrieben ist.

§ 10 Betreiben und Anwenden von ausgewählten aktiven Medizinprodukten

(1) Der Betreiber darf ein in der Anlage 1 aufgeführtes Medizinprodukt nur betreiben, wenn zuvor der Hersteller oder eine dazu befugte Person, die im Einvernehmen mit dem Hersteller handelt,

1. dieses Medizinprodukt am Betriebsort einer Funktionsprüfung unterzogen hat und
2. die vom Betreiber beauftragte Person anhand der Gebrauchsanweisung sowie beigefügter sicherheitsbezogener Informationen und Instandhaltungshinweise in die sachgerechte Handhabung und Anwendung und den Betrieb des Medizinproduktes sowie in die zulässige Verbindung mit anderen Medizinprodukten, Gegenständen und Zubehör eingewiesen hat.

Eine Einweisung nach Nummer 2 ist nicht erforderlich, sofern diese für ein baugleiches Medizinprodukt bereits erfolgt ist.

(2) In der Anlage 1 aufgeführte Medizinprodukte dürfen nur von Personen angewendet werden, die durch den Hersteller oder durch eine nach Absatz 1 Nr. 2 vom Betreiber beauftragte Person unter Berücksichtigung der Gebrauchsanweisung in die sachgerechte Handhabung dieses Medizinproduktes eingewiesen worden sind.

(3) Die Durchführung der Funktionsprüfung nach Absatz 1 Nr. 1 und die Einweisung der vom Betreiber beauftragten Person nach Absatz 1 Nr. 2 sind zu belegen.

(4) Absatz 2 gilt nicht für in der Anlage 1 aufgeführte Medizinprodukte, die nach der Kennzeichnung, der Gebrauchsanweisung oder den Werbematerialien durch den Personenkreis nach § 3 Nummer 15 des Medizinproduktegesetzes zur Anwendung durch Laien vorgesehen sind. Einweisungspflichten nach anderen Vorschriften werden hiervon nicht berührt.

§ 11 Sicherheitstechnische Kontrollen

(1) Der Betreiber hat für die in der Anlage 1 aufgeführten Medizinprodukte sicherheitstechnische Kontrollen nach den allgemein anerkannten Regeln der Technik und nach Satz 2 oder Satz 3 durchzuführen oder durchführen zu lassen. Er hat für die sicherheitstechnischen Kontrollen solche Fristen vorzusehen, dass entsprechende Mängel, mit

denen aufgrund der Erfahrung gerechnet werden muss, rechtzeitig festgestellt werden können. Die sicherheitstechnischen Kontrollen sind jedoch spätestens alle zwei Jahre mit Ablauf des Monats durchzuführen, in dem die Inbetriebnahme des Medizinproduktes erfolgte oder die letzte sicherheitstechnische Kontrolle durchgeführt wurde. Die sicherheitstechnischen Kontrollen schließen die Messfunktionen ein. Für andere Medizinprodukte sowie Zubehör einschließlich Software oder andere Gegenstände, die der Betreiber mit Medizinprodukten nach Satz 1 verbunden verwendet, gelten die Sätze 1 bis 3 entsprechend.

(2) Abweichend von Absatz 1 kann für Automatische Externe Defibrillatoren im öffentlichen Raum, die für die Anwendung durch Laien vorgesehen sind, eine sicherheitstechnische Kontrolle entfallen, wenn der Automatische Externe Defibrillator selbsttestend ist und eine regelmäßige Sichtprüfung durch den Betreiber erfolgt.

(3) Über die sicherheitstechnische Kontrolle ist ein Protokoll anzufertigen, das das Datum der Durchführung und die Ergebnisse der sicherheitstechnischen Kontrolle unter Angabe der ermittelten Messwerte, der Messverfahren und sonstiger Beurteilungsergebnisse enthält. Das Protokoll nach Satz 1 hat der Betreiber zumindest bis zur nächsten sicherheitstechnischen Kontrolle aufzubewahren.

(4) Der Betreiber darf mit der Durchführung der sicherheitstechnischen Kontrollen nur Personen, Betriebe oder Einrichtungen beauftragen, die selbst oder deren Beschäftige, die die sicherheitstechnischen Kontrollen durchführen, die Voraussetzungen nach § 5 hinsichtlich der sicherheitstechnischen Kontrollen des jeweiligen Medizinproduktes erfüllen.

§ 12 Medizinproduktebuch

(1) Für die in den Anlagen 1 und 2 aufgeführten Medizinprodukte hat der Betreiber ein Medizinproduktebuch nach Absatz 2 zu führen. Satz 1 gilt nicht für elektronische Fieberthermometer als Kompaktthermometer und Blutdruckmessgeräte mit Quecksilber- oder Aneroidmanometer zur nichtinvasiven Messung.

(2) In das Medizinproduktebuch, für das alle Datenträger zulässig sind, sind folgende Angaben zu dem jeweiligen Medizinprodukt einzutragen:

1. erforderliche Angaben zur eindeutigen Identifikation des Medizinproduktes,
2. Beleg über die Funktionsprüfung und Einweisung nach § 10 Absatz 1,
3. Name der nach § 10 Absatz 1 Satz 1 Nummer 2 beauftragten Person, Zeitpunkt der Einweisung sowie Namen der eingewiesenen Personen,
4. Fristen und Datum der Durchführung sowie das Ergebnis von vorgeschriebenen sicherheits- und messtechnischen Kontrollen und Datum von Instandhaltungen sowie der Name der verantwortlichen Person oder der Firma, die diese Maßnahme durchgeführt hat,
5. Datum, Art und Folgen von Funktionsstörungen und wiederholten gleichartigen Bedienungsfehlern sowie
6. Angaben zu Vorkommnismeldungen an Behörden und Hersteller.

(3) Das Medizinproduktebuch ist so aufzubewahren, dass die Angaben dem Anwender während der Arbeitszeit zugänglich sind. Nach der Außerbetriebnahme des Medizinproduktes ist das Medizinproduktebuch noch fünf Jahre aufzubewahren.

§ 13 Bestandsverzeichnis

(1) Der Betreiber hat für alle aktiven nichtimplantierbaren Medizinprodukte der jeweiligen Betriebsstätte ein Bestandsverzeichnis zu führen. Die Aufnahme in ein Verzeichnis, das auf Grund anderer Vorschriften geführt wird, ist zulässig.

(2) In das Bestandsverzeichnis sind für jedes Medizinprodukt nach Absatz 1 folgende Angaben einzutragen:

1. Bezeichnung, Art und Typ, Loscode oder die Seriennummer, Anschaffungsjahr des Medizinproduktes,
2. Name oder Firma und die Anschrift des für das jeweilige Medizinprodukt Verantwort-

lichen nach § 5 des Medizinproduktegesetzes,
3. die der CE-Kennzeichnung hinzugefügte Kennnummer der Benannten Stelle, soweit diese nach den Vorschriften des Medizinproduktegesetzes angegeben ist,
4. soweit vorhanden, betriebliche Identifikationsnummer,
5. Standort und betriebliche Zuordnung,
6. die nach § 11 Absatz 1 Satz 2 und 3 festgelegte Frist für sicherheitstechnische Kontrollen.

(3) Für das Bestandsverzeichnis sind alle Datenträger zulässig, sofern die Angaben nach Absatz 2 Satz 1 innerhalb einer angemessenen Frist lesbar gemacht werden können.

V

§ 14 Messtechnische Kontrollen

(1) Der Betreiber hat für die in der Anlage 2 aufgeführten Medizinprodukte nach den allgemein anerkannten Regeln der Technik messtechnische Kontrollen nach Absatz 4 durchzuführen oder durchführen zu lassen. Eine ordnungsgemäße Durchführung der messtechnischen Kontrollen nach Satz 1 wird vermutet, wenn der Leitfaden zu messtechnischen Kontrollen von Medizinprodukten mit Messfunktion der Physikalisch-Technischen Bundesanstalt beachtet wird. Der Leitfaden wird in seiner jeweils aktuellen Fassung auf der Internetseite der Physikalisch-Technischen Bundesanstalt bekannt gemacht und von der Physikalisch-Technischen Bundesanstalt archiviert.

(2) Durch die messtechnischen Kontrollen wird festgestellt, ob das Medizinprodukt die zulässigen maximalen Messabweichungen (Fehlergrenzen) einhält, die in dem Leitfaden nach Absatz 1 Satz 2 angegeben sind.

(3) Für die messtechnischen Kontrollen dürfen, sofern in der Anlage 2 nicht anders angegeben, nur messtechnische Normale benutzt werden, die auf ein nationales oder internationales Normal rückgeführt sind und hinreichend kleine Fehlergrenzen und Messunsicherheiten einhalten. Die Fehlergrenzen und Messunsicherheiten gelten als hinreichend klein, wenn sie den Anforderungen des in Absatz 1 Satz 2 genannten Leitfadens entsprechen oder wenn sie ein Drittel der Fehlergrenzen und Messunsicherheiten des zu prüfenden Medizinproduktes nicht überschreiten.

(4) Die messtechnischen Kontrollen sind innerhalb der in Anlage 2 festgelegten Fristen durchzuführen. Für die Wiederholungen der messtechnischen Kontrollen gelten dieselben Fristen. Die Fristen beginnen mit Ablauf des Jahres, in dem das Medizinprodukt in Betrieb genommen oder die letzte messtechnische Kontrolle durchgeführt wurde. Eine messtechnische Kontrolle ist unverzüglich durchzuführen, wenn

1. Anzeichen dafür vorliegen, dass das Medizinprodukt die Fehlergrenzen nach Absatz 2 nicht einhält oder
2. die messtechnischen Eigenschaften des Medizinproduktes durch einen Eingriff oder auf andere Weise beeinflusst worden sein könnten.

(5) Der Betreiber darf mit messtechnischen Kontrollen nur beauftragen:

1. für das Messwesen zuständige Behörden oder
2. Personen, Betriebe oder Einrichtungen, die selbst oder deren Beschäftigte, die die messtechnischen Kontrollen durchführen, die Voraussetzungen von § 5 hinsichtlich der messtechnischen Kontrollen des jeweiligen Medizinproduktes erfüllen.

(6) Personen, die beabsichtigen, künftig messtechnische Kontrollen durchzuführen, haben dies der zuständigen Behörde vor Aufnahme der ersten messtechnischen Kontrolle anzuzeigen und auf Verlangen der zuständigen Behörde nachzuweisen, dass sie die Voraussetzungen nach § 5 erfüllen.

(7) Derjenige, der messtechnische Kontrollen durchführt, hat

1. über die messtechnische Kontrolle ein Protokoll anzufertigen, das das Datum der Durchführung und die Ergebnisse der messtechnischen Kontrolle unter Angabe der ermittelten Messwerte, der Messverfahren und sonstiger Beurteilungsergebnisse enthält, und

2. das Medizinprodukt nach erfolgreicher messtechnischer Kontrolle mit einem Zeichen zu kennzeichnen; aus dem Zeichen müssen das Jahr der nächsten messtechnischen Kontrolle und die Behörde oder Person, die die messtechnische Kontrolle durchgeführt hat, eindeutig und rückverfolgbar hervorgehen.

Das Protokoll nach Satz 1 Nummer 1 hat der Betreiber zumindest bis zur nächsten messtechnischen Kontrolle aufzubewahren.

§ 15 Besondere Pflichten bei implantierbaren Medizinprodukten

(1) Die für die Implantation verantwortliche Person hat unverzüglich nach Abschluss der Implantation eines in der Anlage 3 aufgeführten Medizinproduktes dem Patienten folgende Dokumente auszuhändigen:

1. eine schriftliche oder elektronische Information, die
   a) in allgemein verständlicher Weise die für die Sicherheit des Patienten nach der Implantation notwendigen Verhaltensanweisungen einschließlich der Maßnahmen, die bei einem Vorkommnis mit dem Medizinprodukt zu treffen sind, enthält und
   b) Hinweise zu erforderlichen Kontrolluntersuchungen enthält, sowie
2. einen Implantatpass, der mindestens die folgenden Daten enthält:
   a) Vor- und Zuname des Patienten,
   b) Bezeichnung, Art und Typ sowie Loscode oder die Seriennummer des Medizinproduktes,
   c) Name oder Firma des Herstellers des Medizinproduktes,
   d) Datum der Implantation und
   e) Name der verantwortlichen Person und der Einrichtung, die die Implantation durchgeführt hat.

(2) Der Betreiber einer Einrichtung, in der die in Anlage 3 genannten Medizinprodukte implantiert werden, hat die Dokumentation zu diesen Implantaten, mit der Patienten im Falle von korrektiven Maßnahmen nach der Medizinprodukte-Sicherheitsplanverordnung eindeutig identifiziert und erreicht werden können, so aufzubewahren, dass der betroffene Patientenkreis innerhalb von drei Werktagen über den Typ und die Chargen- oder Seriennummer des Implantates sowie über den Namen des Verantwortlichen nach § 5 des Medizinproduktegesetzes ermittelt werden kann. Die Aufzeichnungen sind für die Dauer von 20 Jahren nach der Implantation aufzubewahren; danach sind sie unverzüglich zu vernichten.

(3) Kann der Patient über die Dokumentation gemäß Absatz 2 nicht erreicht werden, kann die Einrichtung unter Angabe der Krankenversicherungsnummer die Übermittlung der für die Kontaktaufnahme erforderlichen Daten des Patienten von seiner Krankenkasse verlangen.

§ 16 Medizinprodukte der Bundeswehr

(1) Für Medizinprodukte im Bereich der Bundeswehr steht die Aufsicht über die Ausführung dieser Verordnung dem Bundesministerium der Verteidigung oder den von ihm bestimmten zuständigen Stellen und Sachverständigen zu.

(2) Das Bundesministerium der Verteidigung kann für Medizinprodukte im Bereich der Bundeswehr Ausnahmen von den Vorschriften dieser Verordnung zulassen, wenn

1. dies zur Durchführung der besonderen Aufgaben gerechtfertigt ist oder
2. die Besonderheiten eingelagerter Medizinprodukte dies erfordern oder
3. die Erfüllung zwischenstaatlicher Verpflichtungen der Bundesrepublik Deutschland dies erfordern

und die Sicherheit einschließlich der Messsicherheit auf andere Weise gewährleistet ist.

§ 17 Ordnungswidrigkeiten

Ordnungswidrig im Sinne des § 42 Absatz 2 Nummer 16 des Medizinproduktegesetzes handelt, wer vorsätzlich oder fahrlässig

1. entgegen § 4 Absatz 8 oder § 10 Absatz 1 Satz 1 oder Absatz 2 ein dort genanntes Medizinprodukt betreibt oder anwendet,

2. entgegen § 6 Absatz 1 nicht sicherstellt, dass ein Beauftragter für Medizinproduktesicherheit bestimmt ist,
3. entgegen § 6 Absatz 4 nicht sicherstellt, dass eine Funktions-E-Mail-Adresse bekannt gemacht ist,
4. entgegen § 7 Absatz 2, § 8 Absatz 4 Satz 1, § 11 Absatz 4 oder § 14 Absatz 5 Nummer 2 eine Person, einen Betrieb oder eine Einrichtung beauftragt,
5. entgegen § 8 Absatz 1 Satz 1, auch in Verbindung mit Satz 2, die Aufbereitung eines dort genannten Medizinproduktes nicht richtig durchführt,
6. ohne Zertifizierung nach § 8 Absatz 3 ein dort genanntes Medizinprodukt aufbereitet,
7. entgegen § 9 Absatz 1 Satz 1 ein Qualitätssicherungssystem nicht, nicht richtig, nicht in der vorgeschriebenen Weise oder nicht rechtzeitig einrichtet,
8. entgegen § 11 Absatz 1 Satz 1, auch in Verbindung mit Satz 5, oder § 14 Absatz 1 Satz 1 eine Kontrolle nicht, nicht richtig, nicht in der vorgeschriebenen Weise oder nicht rechtzeitig durchführt oder nicht, nicht richtig, nicht in der vorgeschriebenen Weise oder nicht rechtzeitig durchführen lässt,
9. entgegen § 11 Absatz 3 Satz 2 oder § 14 Absatz 7 Satz 2 ein dort genanntes Protokoll nicht oder nicht für die vorgeschriebene Dauer aufbewahrt,
10. entgegen § 12 Absatz 1 Satz 1 oder § 13 Absatz 1 Satz 1 ein Medizinproduktebuch oder ein Bestandsverzeichnis nicht, nicht richtig oder nicht vollständig führt,
11. entgegen § 14 Absatz 6 eine dort genannte Tätigkeit nicht, nicht richtig oder nicht rechtzeitig anzeigt,
12. (weggefallen)
13. entgegen § 14 Absatz 7 Satz 1 Nummer 2 ein Medizinprodukt nicht, nicht richtig, nicht vollständig, nicht in der vorgeschriebenen Weise oder nicht rechtzeitig kennzeichnet,
14. entgegen § 15 Absatz 1 ein dort genanntes Dokument nicht, nicht richtig, nicht vollständig oder nicht rechtzeitig aushändigt,
15. entgegen § 15 Absatz 2 Satz 1 oder Satz 2 erster Halbsatz eine dort genannte Dokumentation oder Aufzeichnung nicht, nicht richtig, nicht vollständig, nicht in der vorgeschriebenen Weise oder nicht mindestens 20 Jahre aufbewahrt oder
16. entgegen § 19 Nummer 1 oder Nummer 2 Satz 1, auch in Verbindung mit Satz 2, ein Medizinprodukt betreibt oder weiterbetreibt.

§ 18 Übergangsbestimmung

Sofern ein Betreiber vor dem 1. Januar 2017 ein Medizinproduktebuch nach § 7 in der am 31. Dezember 2016 geltenden Fassung begonnen hat, darf er dieses als Medizinproduktebuch im Sinne des § 12 in der am 1. Januar 2017 geltenden Fassung nach § 7 in der am 31. Dezember 2016 geltenden Fassung weiterführen.

§ 19 Sondervorschriften

Für Medizinprodukte, die nach den Vorschriften der Medizingeräteverordnung in Verkehr gebracht werden dürfen, gelten die Vorschriften dieser Verordnung mit folgenden Maßgaben:

1. Medizinprodukte nach § 2 Nr. 1 der Medizingeräteverordnung dürfen außer in den Fällen des § 5 Abs. 10 der Medizingeräteverordnung nur betrieben werden, wenn sie der Bauart nach zugelassen sind.
2. Ist die Bauartzulassung zurückgenommen oder widerrufen worden, dürfen vor der Bekanntmachung der Rücknahme oder des Widerrufs im Bundesanzeiger in Betrieb genommene Medizinprodukte nur weiterbetrieben werden, wenn sie der zurückgenommenen oder widerrufenen Zulassung entsprechen und in der Bekanntmachung nach § 5 Abs. 9 der Medizingeräteverordnung nicht festgestellt wird, dass Gefahren für Patienten, Beschäftigte oder Dritte zu befürchten sind. Dies gilt auch, wenn eine Bauartzulassung nach § 5

Abs. 8 Nr. 2 der Medizingeräteverordnung erloschen ist.

3. Medizinprodukte, für die dem Betreiber vor Inkrafttreten des Medizinproduktegesetzes eine Ausnahme nach § 8 Abs. 1 der Medizingeräteverordnung erteilt wurde, dürfen nach den in der Ausnahmezulassung festgelegten Maßnahmen weiterbetrieben werden.
4. Der Betreiber eines Medizinproduktes, der gemäß § 8 Abs. 2 der Medizingeräteverordnung von den allgemein anerkannten Regeln der Technik, soweit sie sich auf den Betrieb des Medizinproduktes beziehen, abweichen durfte, darf dieses Produkt in der bisherigen Form weiterbetreiben, wenn er eine ebenso wirksame Maßnahme trifft. Auf Verlangen der zuständigen Behörde hat der Betreiber nachzuweisen, dass die andere Maßnahme ebenso wirksam ist.
5. Medizinprodukte nach § 2 Nr. 1 und 3 der Medizingeräteverordnung dürfen nur von Personen angewendet werden, die am Medizinprodukt unter Berücksichtigung der Gebrauchsanweisung in die sachgerechte Handhabung eingewiesen worden sind. Werden solche Medizinprodukte mit Zusatzgeräten zu Gerätekombinationen erweitert, ist die Einweisung auf die Kombination und deren Besonderheiten zu erstrecken. Nur solche Personen dürfen einweisen, die auf Grund ihrer Kenntnisse und praktischen Erfahrungen für die Einweisung und die Handhabung dieser Medizinprodukte geeignet sind.
6. Der Betreiber eines Medizinproduktes nach § 2 Nr. 1 der Medizingeräteverordnung hat die in der Bauartzulassung festgelegten sicherheitstechnischen Kontrollen im dort vorgeschriebenen Umfang fristgerecht durchzuführen oder durchführen zu lassen. Bei Dialysegeräten, die mit ortsfesten Versorgungs- und Aufbereitungseinrichtungen verbunden sind, ist die sicherheitstechnische Kontrolle auch auf diese Einrichtungen zu erstrecken.
7. Für Medizinprodukte nach § 2 Nr. 1 der Medizingeräteverordnung, für die nach § 28 Abs. 1 der Medizingeräteverordnung Bauartzulassungen nicht erforderlich waren oder die nach § 28 Abs. 2 der Medizingeräteverordnung betrieben werden dürfen, gelten für Umfang und Fristen der sicherheitstechnischen Kontrollen die Angaben in den Prüfbescheinigungen nach § 28 Abs. 1 oder 2 der Medizingeräteverordnung.
8. Bestandsverzeichnisse und Gerätebücher nach den §§ 12 und 13 der Medizingeräteverordnung dürfen weitergeführt werden und gelten als Bestandsverzeichnis und Medizinproduktebuch entsprechend den §§ 12 und 13 dieser Verordnung.
9. Unbeschadet, ob Medizinprodukte die Anforderungen nach § 6 Abs. 1 Satz 1 der Medizingeräteverordnung im Einzelfall erfüllen, dürfen Medizinprodukte weiterbetrieben werden, wenn sie
   a) vor dem Wirksamwerden des Beitritts zulässigerweise in dem in Artikel 3 des Einigungsvertrages genannten Gebiet betrieben wurden,
   b) bis zum 31. Dezember 1991 errichtet und in Betrieb genommen wurden und den Vorschriften entsprechen, die am Tage vor dem Wirksamwerden des Beitritts in dem in Artikel 3 des Einigungsvertrages genannten Gebiet gegolten haben.

Anlage 1

(zu § 10 Absatz 1 und 2, § 11 Absatz 1 und § 12 Absatz 1)

1. Nichtimplantierbare aktive Medizinprodukte zur
1.1 Erzeugung und Anwendung elektrischer Energie zur unmittelbaren Beeinflussung der Funktion von Nerven und/oder Muskeln bzw. der Herztätigkeit einschließlich Defibrillatoren,
1.2 intrakardialen Messung elektrischer Größen oder Messung anderer Größen unter Verwendung elektrisch betriebener Messsonden in Blutgefäßen bzw. an freigelegten Blutgefäßen,
1.3 Erzeugung und Anwendung jeglicher Energie zur unmittelbaren Koagulation, Gewebezerstörung oder Zertrümmerung von Ablagerungen in Organen,
1.4 unmittelbare Einbringung von Substanzen und Flüssigkeiten in den Blutkreislauf unter potentiellem Druckaufbau, wobei die Substanzen und Flüssigkeiten auch aufbereitete oder speziell behandelte körpereigene sein können, deren Einbringen mit einer Entnahmefunktion direkt gekoppelt ist,
1.5 maschinelle Beatmung mit oder ohne Anästhesie,
1.6 Diagnose mit bildgebenden Verfahren nach dem Prinzip der Kernspinresonanz,
1.7 Therapie mit Druckkammern,
1.8 Therapie mittels Hypothermie und
2. Säuglingsinkubatoren sowie
3. externe aktive Komponenten aktiver Implantate.

Anlage 2

(zu § 12 Absatz 1 und § 14 Absatz 1)

1 Medizinprodukte, die messtechnischen Kontrollen nach § 14 Absatz 1 Satz 1 unterliegen

		Nachprüffristen in Jahren
1.1	Medizinprodukte zur Bestimmung der Hörfähigkeit (Ton- und Sprachaudiometer)	1
1.2	Medizinprodukte zur Bestimmung von Körpertemperaturen (mit Ausnahme von Quecksilberglasthermometern mit Maximumvorrichtung)	
1.2.1	– medizinische Elektrothermometer	2
1.2.2	– mit austauschbaren Temperaturfühlern	2
1.2.3	– Infrarot-Strahlungsthermometer	1
1.3	Messgeräte zur nichtinvasiven Blutdruckmessung	2
1.4	Medizinprodukte zur Bestimmung des Augeninnendrucks (Augentonometer)	2
1.5	Therapiedosimeter bei der Behandlung von Patienten von außen	
1.5.1	mit Photonenstrahlung im Energiebereich bis 1,33 MeV	
	– allgemein	2
	– mit geeigneter Kontrollvorrichtung, wenn der Betreiber in jedem Messbereich des Dosimeters mindestens halbjährliche Kontrollmessungen ausführt, ihre Ergebnisse aufzeichnet und die bestehenden Anforderungen erfüllt werden	6
1.5.2	mit Photonenstrahlung im Energiebereich ab 1,33 MeV und mit Elektronenstrahlung aus Beschleunigern mit messtechnischer Kontrolle in Form von Vergleichsmessungen	2
1.5.3	mit Photonenstrahlung aus Co-60-Bestrahlungsanlagen wahlweise nach 1.5.1 oder 1.5.2	
1.6	Diagnostikdosimeter zur Durchführung von Mess- und Prüfaufgaben, sofern sie nicht nach § 90 der Strahlenschutzverordnung dem Mess- und Eichgesetz unterliegen	5
1.7	Tretkurbelergometer zur definierten physikalischen und reproduzierbaren Belastung von Patienten	2

2 Ausnahmen von messtechnischen Kontrollen

Abweichend von 1.5.1 unterliegen keiner messtechnischen Kontrolle Therapiedosimeter, die nach jeder Einwirkung, die die Richtigkeit der Messung beeinflussen kann, sowie mindestens alle zwei Jahre in den verwendeten Messbereichen kalibriert und die Ergebnisse aufgezeichnet werden. Die Kalibrierung muss von fachkundigen Personen, die vom Betreiber bestimmt sind, mit einem Therapiedosimeter durchgeführt werden, dessen Richtigkeit entsprechend § 14 Absatz 2 sichergestellt worden ist und das bei der die Therapie durchführenden Stelle ständig verfügbar ist.

3 Messtechnische Kontrollen in Form von Vergleichsmessungen

3.1 Luftimpuls-Tonometer (1.4) werden nicht auf ein nationales Normal, sondern auf ein klinisch geprüftes Referenzgerät gleicher Bauart zurückgeführt. Für diesen Vergleich dürfen nur von einem nationalen Metrologieinstitut geprüfte Verfahren und Transfernormale verwendet werden.

3.2 Vergleichsmessungen nach 1.5.2 werden von einer durch die zuständige Behörde beauftragten Messstelle durchgeführt.

V

Anlage 3

(zu § 15 Absatz 1 und 2)

1. Aktive implantierbare Medizinprodukte
2. Nachfolgende implantierbare Produkte:

2.1 Herzklappen

2.2 nicht resorbierbare Gefäßprothesen und -stützen

2.3 Gelenkersatz für Hüfte oder Knie

2.4 Wirbelkörperersatzsysteme und Bandscheibenprothesen

2.5 Brustimplantate

VI Schutz vor schädlichen Einwirkungen am Arbeitsplatz

Verordnung zum Schutz vor Gefahrstoffen (Gefahrstoffverordnung – GefStoffV)

Vom 26. November 2010 (BGBl. I S. 1643)

Zuletzt geändert durch
Gesetz zum Abbau verzichtbarer Anordnungen der Schriftform im Verwaltungsrecht des Bundes
vom 29. März 2017 (BGBl. I S. 626)

Inhaltsübersicht

Abschnitt 1
Zielsetzung, Anwendungsbereich und Begriffsbestimmungen

§ 1 Zielsetzung und Anwendungsbereich

(1) Ziel dieser Verordnung ist es, den Menschen und die Umwelt vor stoffbedingten Schädigungen zu schützen durch

1. Regelungen zur Einstufung, Kennzeichnung und Verpackung gefährlicher Stoffe und Gemische,
2. Maßnahmen zum Schutz der Beschäftigten und anderer Personen bei Tätigkeiten mit Gefahrstoffen und
3. Beschränkungen für das Herstellen und Verwenden bestimmter gefährlicher Stoffe, Gemische und Erzeugnisse.

(2) Abschnitt 2 gilt für das Inverkehrbringen von

1. gefährlichen Stoffen und Gemischen,
2. bestimmten Stoffen, Gemischen und Erzeugnissen, die mit zusätzlichen Kennzeichnungen zu versehen sind, nach Maßgabe der Richtlinie 96/59/EG des Rates vom 16. September 1996 über die Beseitigung polychlorierter Biphenyle und polychlorierter Terphenyle (PCB/PCT) (ABl. L 243 vom 24. 9. 1996, S. 31), die durch die Verordnung (EG) Nr. 596/2009 (ABl. L 188 vom 18. 7. 2009, S. 14) geändert worden ist,
3. Biozid-Produkten im Sinne des § 3 Nummer 11 des Chemikaliengesetzes, die keine gefährlichen Stoffe oder Gemische sind, sowie
4. Biozid-Wirkstoffen im Sinne des § 1 Nummer 12 des Chemikaliengesetzes, die biologische Arbeitsstoffe im Sinne der Biostoffverordnung sind, und Biozid-Produkten im Sinne des § 1 Nummer 11 des Chemikaliengesetzes, die als Wirkstoffe solche biologischen Arbeitsstoffe enthalten.

Abschnitt 2 gilt nicht für Lebensmittel oder Futtermittel in Form von Fertigerzeugnissen, die für den Endverbrauch bestimmt sind.

(3) Die Abschnitte 3 bis 6 gelten für Tätigkeiten, bei denen Beschäftigte Gefährdungen ihrer Gesundheit und Sicherheit durch Stoffe, Gemische oder Erzeugnisse ausgesetzt sein können. Sie gelten auch, wenn die Sicherheit und Gesundheit anderer Personen aufgrund von Tätigkeiten im Sinne von § 2 Absatz 5 gefährdet sein können, die durch Beschäftigte oder Unternehmer ohne Beschäftigte ausgeübt werden. Die Sätze 1 und 2 finden auch Anwendung auf Tätigkeiten, die im Zusammenhang mit der Beförderung von Stoffen, Gemischen und Erzeugnissen ausgeübt werden. Die Vorschriften des Gefahrgutbeförderungsgesetzes und der darauf gestützten Rechtsverordnungen bleiben unberührt.

(4) Sofern nicht ausdrücklich etwas anderes bestimmt ist, gilt diese Verordnung nicht für

1. biologische Arbeitsstoffe im Sinne der Biostoffverordnung und
2. private Haushalte.

Diese Verordnung gilt ferner nicht für Betriebe, die dem Bundesberggesetz unterliegen, soweit dort oder in Rechtsverordnungen, die auf Grund dieses Gesetzes erlassen worden sind, entsprechende Rechtsvorschriften bestehen.

§ 2 Begriffsbestimmungen

(1) Gefahrstoffe im Sinne dieser Verordnung sind

1. gefährliche Stoffe und Gemische nach § 3,
2. Stoffe, Gemische und Erzeugnisse, die explosionsfähig sind,
3. Stoffe, Gemische und Erzeugnisse, aus denen bei der Herstellung oder Verwendung Stoffe nach Nummer 1 oder Nummer 2 entstehen oder freigesetzt werden,
4. Stoffe und Gemische, die die Kriterien nach den Nummern 1 bis 3 nicht erfüllen, aber auf Grund ihrer physikalisch-chemischen, chemischen oder toxischen Eigenschaften und der Art und Weise, wie sie am Arbeitsplatz vorhanden sind oder verwendet werden, die Gesundheit und die Sicherheit der Beschäftigten gefährden können,
5. alle Stoffe, denen ein Arbeitsplatzgrenzwert zugewiesen worden ist.

(2) Für die Begriffe Stoff, Gemisch, Erzeugnis, Lieferant, nachgeschalteter Anwender und Hersteller gelten die Begriffsbestimmungen nach Artikel 2 der Verordnung (EG) Nr. 1272/

2008 des Europäischen Parlaments und des Rates vom 16. Dezember 2008 über die Einstufung, Kennzeichnung und Verpackung von Stoffen und Gemischen, zur Änderung und Aufhebung der Richtlinien 67/548/EWG und 1999/45/EG und zur Änderung der Verordnung (EG) Nr. 1907/2006 (ABl. L 353 vom 31. 12. 2008, S. 1), die zuletzt durch die Verordnung (EU) 2015/1221 (ABl. L 197 vom 25. 7. 2015, S. 10) geändert worden ist.

(2a) Umweltgefährlich sind, über die Gefahrenklasse gewässergefährdend nach der Verordnung (EG) Nr. 1272/2008 hinaus, Stoffe oder Gemische, wenn sie selbst oder ihre Umwandlungsprodukte geeignet sind, die Beschaffenheit von Naturhaushalt, Boden oder Luft, Klima, Tieren, Pflanzen oder Mikroorganismen derart zu verändern, dass dadurch sofort oder später Gefahren für die Umwelt herbeigeführt werden können.

(3) Krebserzeugend, keimzellmutagen oder reproduktionstoxisch sind

1. Stoffe, die in Anhang VI der Verordnung (EG) Nr. 1272/2008 in der jeweils geltenden Fassung als karzinogen, keimzellmutagen oder reproduktionstoxisch eingestuft sind,
2. Stoffe, welche die Kriterien für die Einstufung als karzinogen, keimzellmutagen oder reproduktionstoxisch nach Anhang I der Verordnung (EG) Nr. 1272/2008 in der jeweils geltenden Fassung erfüllen,
3. Gemische, die einen oder mehrere der in § 2 Absatz 3 Nummer 1 oder 2 genannten Stoffe enthalten, wenn die Konzentration dieses Stoffs oder dieser Stoffe die stoffspezifischen oder die allgemeinen Konzentrationsgrenzen nach der Verordnung (EG) Nr. 1272/2008 in der jeweils geltenden Fassung erreicht oder übersteigt, die für die Einstufung eines Gemischs als karzinogen, keimzellmutagen oder reproduktionstoxisch festgelegt sind,
4. Stoffe, Gemische oder Verfahren, die in den nach § 20 Absatz 4 bekannt gegebenen Regeln und Erkenntnissen als krebserzeugend, keimzellmutagen oder reproduktionstoxisch bezeichnet werden.

(4) Organische Peroxide im Sinne des § 11 Absatz 4 und des Anhangs III sind Stoffe, die sich vom Wasserstoffperoxid dadurch ableiten, dass ein oder beide Wasserstoffatome durch organische Gruppen ersetzt sind, sowie Gemische, die diese Stoffe enthalten.

(5) Eine Tätigkeit ist jede Arbeit mit Stoffen, Gemischen oder Erzeugnissen, einschließlich Herstellung, Mischung, Ge- und Verbrauch, Lagerung, Aufbewahrung, Be- und Verarbeitung, Ab- und Umfüllung, Entfernung, Entsorgung und Vernichtung. Zu den Tätigkeiten zählen auch das innerbetriebliche Befördern sowie Bedien- und Überwachungsarbeiten.

(6) Lagern ist das Aufbewahren zur späteren Verwendung sowie zur Abgabe an andere. Es schließt die Bereitstellung zur Beförderung ein, wenn die Beförderung nicht innerhalb von 24 Stunden nach der Bereitstellung oder am darauffolgenden Werktag erfolgt. Ist dieser Werktag ein Samstag, so endet die Frist mit Ablauf des nächsten Werktags.

(7) Es stehen gleich

1. den Beschäftigten die in Heimarbeit beschäftigten Personen sowie Schülerinnen und Schüler, Studierende und sonstige, insbesondere an wissenschaftlichen Einrichtungen tätige Personen, die Tätigkeiten mit Gefahrstoffen ausüben; für Schülerinnen und Schüler und Studierende gelten jedoch nicht die Regelungen dieser Verordnung über die Beteiligung der Personalvertretungen,
2. dem Arbeitgeber der Unternehmer ohne Beschäftigte sowie der Auftraggeber und der Zwischenmeister im Sinne des Heimarbeitsgesetzes in der im Bundesgesetzblatt Teil III, Gliederungsnummer 804-1, veröffentlichten bereinigten Fassung, das zuletzt durch Artikel 225 der Verordnung vom 31. Oktober 2006 (BGBl. I S. 2407) geändert worden ist.

(8) Der Arbeitsplatzgrenzwert ist der Grenzwert für die zeitlich gewichtete durchschnittliche Konzentration eines Stoffs in der Luft am Arbeitsplatz in Bezug auf einen gegebenen Referenzzeitraum. Er gibt an, bis zu welcher Konzentration eines Stoffs akute oder chronische schädliche Auswir-

kungen auf die Gesundheit von Beschäftigten im Allgemeinen nicht zu erwarten sind.

(9) Der biologische Grenzwert ist der Grenzwert für die toxikologisch-arbeitsmedizinisch abgeleitete Konzentration eines Stoffs, seines Metaboliten oder eines Beanspruchungsindikators im entsprechenden biologischen Material. Er gibt an, bis zu welcher Konzentration die Gesundheit von Beschäftigten im Allgemeinen nicht beeinträchtigt wird.

(9a) Physikalisch-chemische Einwirkungen umfassen Gefährdungen, die hervorgerufen werden können durch Tätigkeiten mit

1. Stoffen, Gemischen oder Erzeugnissen mit einer physikalischen Gefahr nach der Verordnung (EG) Nr. 1272/2008 oder
2. weiteren Gefahrstoffen, die nach der Verordnung (EG) Nr. 1272/2008 nicht mit einer physikalischen Gefahr eingestuft sind, die aber miteinander oder aufgrund anderer Wechselwirkungen so reagieren können, dass Brände oder Explosionen entstehen können.

(10) Ein explosionsfähiges Gemisch ist ein Gemisch aus brennbaren Gasen, Dämpfen, Nebeln oder aufgewirbelten Stäuben und Luft oder einem anderen Oxidationsmittel, das nach Wirksamwerden einer Zündquelle in einer sich selbsttätig fortpflanzenden Flammenausbreitung reagiert, sodass im Allgemeinen ein sprunghafter Temperatur- und Druckanstieg hervorgerufen wird.

(11) Chemisch instabile Gase, die auch ohne ein Oxidationsmittel nach Wirksamwerden einer Zündquelle in einer sich selbsttätig fortpflanzenden Flammenausbreitung reagieren können, sodass ein sprunghafter Temperatur- und Druckanstieg hervorgerufen wird, stehen explosionsfähigen Gemischen nach Absatz 10 gleich.

(12) Ein gefährliches explosionsfähiges Gemisch ist ein explosionsfähiges Gemisch, das in solcher Menge auftritt, dass besondere Schutzmaßnahmen für die Aufrechterhaltung der Gesundheit und Sicherheit der Beschäftigten oder anderer Personen erforderlich werden.

(13) Gefährliche explosionsfähige Atmosphäre ist ein gefährliches explosionsfähiges Gemisch mit Luft als Oxidationsmittel unter atmosphärischen Bedingungen (Umgebungstemperatur von –20 °C bis +60 °C und Druck von 0,8 Bar bis 1,1 Bar).

(14) Explosionsgefährdeter Bereich ist der Gefahrenbereich, in dem gefährliche explosionsfähige Atmosphäre auftreten kann.

(15) Der Stand der Technik ist der Entwicklungsstand fortschrittlicher Verfahren, Einrichtungen oder Betriebsweisen, der die praktische Eignung einer Maßnahme zum Schutz der Gesundheit und zur Sicherheit der Beschäftigten gesichert erscheinen lässt. Bei der Bestimmung des Stands der Technik sind insbesondere vergleichbare Verfahren, Einrichtungen oder Betriebsweisen heranzuziehen, die mit Erfolg in der Praxis erprobt worden sind. Gleiches gilt für die Anforderungen an die Arbeitsmedizin und die Arbeitsplatzhygiene.

(16) Fachkundig ist, wer zur Ausübung einer in dieser Verordnung bestimmten Aufgabe über die erforderlichen Fachkenntnisse verfügt. Die Anforderungen an die Fachkunde sind abhängig von der jeweiligen Art der Aufgabe. Zu den Anforderungen zählen eine entsprechende Berufsausbildung, Berufserfahrung oder eine zeitnah ausgeübte entsprechende berufliche Tätigkeit sowie die Teilnahme an spezifischen Fortbildungsmaßnahmen.

(17) Sachkundig ist, wer seine bestehende Fachkunde durch Teilnahme an einem behördlich anerkannten Sachkundelehrgang erweitert hat. In Abhängigkeit vom Aufgabengebiet kann es zum Erwerb der Sachkunde auch erforderlich sein, den Lehrgang mit einer erfolgreichen Prüfung abzuschließen. Sachkundig ist ferner, wer über eine von der zuständigen Behörde als gleichwertig anerkannte oder in dieser Verordnung als gleichwertig bestimmte Qualifikation verfügt.

Abschnitt 2
Gefahrstoffinformation

§ 3 Gefahrenklassen

(1) Gefährlich im Sinne dieser Verordnung sind Stoffe, Gemische und bestimmte Erzeugnisse, die den in Anhang I der Verord-

nung (EG) Nr. 1272/2008 dargelegten Kriterien entsprechen.

(2) Die folgenden Gefahrenklassen geben die Art der Gefährdung wieder und werden unter Angabe der Nummerierung des Anhangs I der Verordnung (EG) Nr. 1272/2008 aufgelistet:

	Nummerierung nach Anhang I der Verordnung (EG) Nr. 1272/2008
1. Physikalische Gefahren	2
a) Explosive Stoffe/Gemische und Erzeugnisse mit Explosivstoff	2.1
b) Entzündbare Gase	2.2
c) Aerosole	2.3
d) Oxidierende Gase	2.4
e) Gase unter Druck	2.5
f) Entzündbare Flüssigkeiten	2.6
g) Entzündbare Feststoffe	2.7
h) Selbstzersetzliche Stoffe und Gemische	2.8
i) Pyrophore Flüssigkeiten	2.9
j) Pyrophore Feststoffe	2.10
k) Selbsterhitzungsfähige Stoffe und Gemische	2.11
l) Stoffe und Gemische, die in Berührung mit Wasser entzündbare Gase entwickeln	2.12
m) Oxidierende Flüssigkeiten	2.13
n) Oxidierende Feststoffe	2.14
o) Organische Peroxide	2.15
p) Korrosiv gegenüber Metallen	2.16
2. Gesundheitsgefahren	3
a) Akute Toxizität (oral, dermal und inhalativ)	3.1
b) Ätz-/Reizwirkung auf die Haut	3.2
c) Schwere Augenschädigung/ Augenreizung	3.3
d) Sensibilisierung der Atemwege oder der Haut	3.4
e) Keimzellmutagenität	3.5
f) Karzinogenität	3.6
g) Reproduktionstoxizität	3.7
h) Spezifische Zielorgan-Toxizität, einmalige Exposition (STOT SE)	3.8
i) Spezifische Zielorgan-Toxizität, wiederholte Exposition (STOT RE)	3.9
j) Aspirationsgefahr	3.10
3. Umweltgefahren	4
Gewässergefährdend (akut und langfristig)	4.1
4. Weitere Gefahren	5
Die Ozonschicht schädigend	5.1

§ 4 Einstufung, Kennzeichnung, Verpackung

(1) Die Einstufung, Kennzeichnung und Verpackung von Stoffen und Gemischen sowie von Erzeugnissen mit Explosivstoff richten sich nach den Bestimmungen der Verordnung (EG) Nr. 1272/2008. Gemische, die bereits vor dem 1. Juni 2015 in Verkehr gebracht worden sind und die nach den Bestimmungen der Richtlinie 1999/45/EG gekennzeichnet und verpackt sind, müssen bis 31. Mai 2017 nicht nach der Verordnung (EG) Nr. 1272/2008 eingestuft, gekennzeichnet und verpackt werden.

(2) Bei der Einstufung von Stoffen und Gemischen sind die nach § 20 Absatz 4 bekannt gegebenen Regeln und Erkenntnisse zu beachten.

(3) Die Kennzeichnung von Stoffen und Gemischen, die in Deutschland in Verkehr gebracht werden, muss in deutscher Sprache erfolgen.

(4) Werden gefährliche Stoffe oder gefährliche Gemische unverpackt in Verkehr gebracht, sind jeder Liefereinheit geeignete Sicherheitsinformationen oder ein Sicherheitsdatenblatt in deutscher Sprache beizufügen.

(5) Lieferanten eines Biozid-Produkts, für das ein Dritter der Zulassungsinhaber ist, haben über die in Absatz 1 erwähnten Kennzeichnungspflichten hinaus sicherzustellen, dass die vom Zulassungsinhaber nach Artikel 69 Absatz 2 Satz 2 der Verordnung (EU) Nr. 528/2012 anzubringende Zusatzkennzeichnung bei der Abgabe an Dritte erhalten oder neu angebracht ist. Biozid-Produkte, die aufgrund des § 28 Absatz 8 des Chemikaliengesetzes ohne Zulassung auf dem Markt bereitgestellt werden, sind zusätzlich zu der in Absatz 1 erwähnten Kennzeichnung entsprechend Artikel 69 Absatz 2 Satz 2 und 3 der Verordnung (EU) Nr. 528/2012 zu kennzeichnen, wobei die dort in Satz 2 Buchstabe c und d aufgeführten Angaben entfallen und die Angaben nach Satz 2 Buchstabe f und g auf die vorgesehenen Anwendungen zu beziehen sind.

(6) Biozid-Wirkstoffe, die biologische Arbeitsstoffe nach § 2 Absatz 1 der Biostoffverordnung sind, sind zusätzlich nach § 3 der Biostoffverordnung einzustufen. Biozid-Wirkstoffe nach Satz 1 sowie Biozid-Produkte, bei denen der Wirkstoff ein biologischer Arbeitsstoff ist, sind zusätzlich mit den folgenden Elementen zu kennzeichnen:

1. Identität des Organismus nach Anhang II Titel 2 Nummer 2.1 und 2.2 der Verordnung (EU) Nr. 528/2012,
2. Einstufung der Mikroorganismen in Risikogruppen nach § 3 der Biostoffverordnung und
3. im Falle einer Einstufung in die Risikogruppe 2 und höher nach § 3 der Biostoffverordnung Hinzufügung des Symbols für Biogefährdung nach Anhang I der Biostoffverordnung.

(7) Dekontaminierte PCB-haltige Geräte im Sinne der Richtlinie 96/59/EG müssen nach dem Anhang dieser Richtlinie gekennzeichnet werden.

(8) Die Kennzeichnung bestimmter, beschränkter Stoffe, Gemische und Erzeugnisse richtet sich zusätzlich nach Artikel 67 in Verbindung mit Anhang XVII der Verordnung (EG) Nr. 1907/2006 in ihrer jeweils geltenden Fassung.

(9) Der Lieferant eines Gemischs oder eines Stoffs hat einem nachgeschalteten Anwender auf Anfrage unverzüglich alle Informationen zur Verfügung zu stellen, die dieser für eine ordnungsgemäße Einstufung neuer Gemische benötigt, wenn

1. der Informationsgehalt der Kennzeichnung oder des Sicherheitsdatenblatts des Gemischs oder
2. die Information über eine Verunreinigung oder Beimengung auf dem Kennzeichnungsetikett oder im Sicherheitsdatenblatt des Stoffs

dafür nicht ausreicht.

§ 5 Sicherheitsdatenblatt und sonstige Informationspflichten

(1) Die vom Lieferanten hinsichtlich des Sicherheitsdatenblatts beim Inverkehrbringen von Stoffen und Gemischen zu beachtenden Anforderungen ergeben sich aus Artikel 31 in

VI

Verbindung mit Anhang II der Verordnung (EG) Nr. 1907/2006. Ist nach diesen Vorschriften die Übermittlung eines Sicherheitsdatenblatts nicht erforderlich, richten sich die Informationspflichten nach Artikel 32 der Verordnung (EG) Nr. 1907/2006.

(2) Bei den Angaben, die nach den Nummern 15 und 16 des Anhangs II der Verordnung (EG) Nr. 1907/2006 zu machen sind, sind insbesondere die nach § 20 Absatz 4 bekannt gegebenen Regeln und Erkenntnisse zu berücksichtigen, nach denen Stoffe oder Tätigkeiten als krebserzeugend, keimzellmutagen oder reproduktionstoxisch bezeichnet werden.

Abschnitt 3 Gefährdungsbeurteilung und Grundpflichten

§ 6 Informationsermittlung und Gefährdungsbeurteilung

VI

(1) Im Rahmen einer Gefährdungsbeurteilung als Bestandteil der Beurteilung der Arbeitsbedingungen nach § 5 des Arbeitsschutzgesetzes hat der Arbeitgeber festzustellen, ob die Beschäftigten Tätigkeiten mit Gefahrstoffen ausüben oder ob bei Tätigkeiten Gefahrstoffe entstehen oder freigesetzt werden können. Ist dies der Fall, so hat er alle hiervon ausgehenden Gefährdungen der Gesundheit und Sicherheit der Beschäftigten unter folgenden Gesichtspunkten zu beurteilen:

1. gefährliche Eigenschaften der Stoffe oder Gemische, einschließlich ihrer physikalisch-chemischen Wirkungen,
2. Informationen des Lieferanten zum Gesundheitsschutz und zur Sicherheit insbesondere im Sicherheitsdatenblatt,
3. Art und Ausmaß der Exposition unter Berücksichtigung aller Expositionswege; dabei sind die Ergebnisse der Messungen und Ermittlungen nach § 7 Absatz 8 zu berücksichtigen,
4. Möglichkeiten einer Substitution,
5. Arbeitsbedingungen und Verfahren, einschließlich der Arbeitsmittel und der Gefahrstoffmenge,
6. Arbeitsplatzgrenzwerte und biologische Grenzwerte,
7. Wirksamkeit der ergriffenen oder zu ergreifenden Schutzmaßnahmen,
8. Erkenntnisse aus arbeitsmedizinischen Vorsorgeuntersuchungen nach der Verordnung zur arbeitsmedizinischen Vorsorge.

(2) Der Arbeitgeber hat sich die für die Gefährdungsbeurteilung notwendigen Informationen beim Lieferanten oder aus anderen, ihm mit zumutbarem Aufwand zugänglichen Quellen zu beschaffen. Insbesondere hat der Arbeitgeber die Informationen zu beachten, die ihm nach Titel IV der Verordnung (EG) Nr. 1907/2006 zur Verfügung gestellt werden; dazu gehören Sicherheitsdatenblätter und die Informationen zu Stoffen oder Gemischen, für die kein Sicherheitsdatenblatt zu erstellen ist. Sofern die Verordnung (EG) Nr. 1907/2006 keine Informationspflicht vorsieht, hat der Lieferant dem Arbeitgeber auf Anfrage die für die Gefährdungsbeurteilung notwendigen Informationen über die Gefahrstoffe zur Verfügung zu stellen.

(3) Stoffe und Gemische, die nicht von einem Lieferanten nach § 4 Absatz 1 eingestuft und gekennzeichnet worden sind, beispielsweise innerbetrieblich hergestellte Stoffe oder Gemische, hat der Arbeitgeber selbst einzustufen. Zumindest aber hat er die von den Stoffen oder Gemischen ausgehenden Gefährdungen der Beschäftigten zu ermitteln; dies gilt auch für Gefahrstoffe nach § 2 Absatz 1 Nummer 4.

(4) Der Arbeitgeber hat festzustellen, ob die verwendeten Stoffe, Gemische und Erzeugnisse bei Tätigkeiten, auch unter Berücksichtigung verwendeter Arbeitsmittel, Verfahren und der Arbeitsumgebung sowie ihrer möglichen Wechselwirkungen, zu Brand- oder Explosionsgefährdungen führen können. Dabei hat er zu beurteilen,

1. ob gefährliche Mengen oder Konzentrationen von Gefahrstoffen, die zu Brand- und Explosionsgefährdungen führen können, auftreten; dabei sind sowohl Stoffe und Gemische mit physikalischen Gefährdungen nach der Verordnung (EG)

Nr. 1272/2008 wie auch andere Gefahrstoffe, die zu Brand- und Explosionsgefährdungen führen können, sowie Stoffe, die in gefährlicher Weise miteinander reagieren können, zu berücksichtigen,
2. ob Zündquellen oder Bedingungen, die Brände oder Explosionen auslösen können, vorhanden sind und
3. ob schädliche Auswirkungen von Bränden oder Explosionen auf die Gesundheit und Sicherheit der Beschäftigten möglich sind.

Insbesondere hat er zu ermitteln, ob die Stoffe, Gemische und Erzeugnisse auf Grund ihrer Eigenschaften und der Art und Weise, wie sie am Arbeitsplatz vorhanden sind oder verwendet werden, explosionsfähige Gemische bilden können. Im Fall von nicht atmosphärischen Bedingungen sind auch die möglichen Veränderungen der für den Explosionsschutz relevanten sicherheitstechnischen Kenngrößen zu ermitteln und zu berücksichtigen.

(5) Bei der Gefährdungsbeurteilung sind ferner Tätigkeiten zu berücksichtigen, bei denen auch nach Ausschöpfung sämtlicher technischer Schutzmaßnahmen die Möglichkeit einer Gefährdung besteht. Dies gilt insbesondere für Instandhaltungsarbeiten, einschließlich Wartungsarbeiten. Darüber hinaus sind auch andere Tätigkeiten wie Bedien- und Überwachungsarbeiten zu berücksichtigen, wenn diese zu einer Gefährdung von Beschäftigten durch Gefahrstoffe führen können.

(6) Die mit den Tätigkeiten verbundenen inhalativen, dermalen und physikalisch-chemischen Gefährdungen sind unabhängig voneinander zu beurteilen und in der Gefährdungsbeurteilung zusammenzuführen. Treten bei einer Tätigkeit mehrere Gefahrstoffe gleichzeitig auf, sind Wechsel- oder Kombinationswirkungen der Gefahrstoffe, die Einfluss auf die Gesundheit und Sicherheit der Beschäftigten haben, bei der Gefährdungsbeurteilung zu berücksichtigen, soweit solche Wirkungen bekannt sind.

(7) Der Arbeitgeber kann bei der Festlegung der Schutzmaßnahmen eine Gefährdungsbeurteilung übernehmen, die ihm der Lieferant mitgeliefert hat, sofern die Angaben und Festlegungen in dieser Gefährdungsbeurteilung den Arbeitsbedingungen und Verfahren, einschließlich der Arbeitsmittel und der Gefahrstoffmenge, im eigenen Betrieb entsprechen.

(8) Der Arbeitgeber hat die Gefährdungsbeurteilung unabhängig von der Zahl der Beschäftigten erstmals vor Aufnahme der Tätigkeit zu dokumentieren. Dabei ist Folgendes anzugeben:
1. die Gefährdungen bei Tätigkeiten mit Gefahrstoffen,
2. das Ergebnis der Prüfung auf Möglichkeiten einer Substitution nach Absatz 1 Satz 2 Nummer 4,
3. eine Begründung für einen Verzicht auf eine technisch mögliche Substitution, sofern Schutzmaßnahmen nach § 9 oder § 10 zu ergreifen sind,
4. die durchzuführenden Schutzmaßnahmen einschließlich derer,
   a) die wegen der Überschreitung eines Arbeitsplatzgrenzwerts zusätzlich ergriffen wurden sowie der geplanten Schutzmaßnahmen, die zukünftig ergriffen werden sollen, um den Arbeitsplatzgrenzwert einzuhalten, oder
   b) die unter Berücksichtigung eines Beurteilungsmaßstabs für krebserzeugende Gefahrstoffe, der nach § 20 Absatz 4 bekannt gegeben worden ist, zusätzlich getroffen worden sind oder zukünftig getroffen werden sollen (Maßnahmenplan),
5. eine Begründung, wenn von den nach § 20 Absatz 4 bekannt gegebenen Regeln und Erkenntnissen abgewichen wird, und
6. die Ermittlungsergebnisse, die belegen, dass der Arbeitsplatzgrenzwert eingehalten wird oder, bei Stoffen ohne Arbeitsplatzgrenzwert, die ergriffenen technischen Schutzmaßnahmen wirksam sind.

Im Rahmen der Dokumentation der Gefährdungsbeurteilung können auch vorhandene Gefährdungsbeurteilungen, Dokumente oder andere gleichwertige Berichte verwendet

VI

werden, die auf Grund von Verpflichtungen nach anderen Rechtsvorschriften erstellt worden sind.

(9) Bei der Dokumentation nach Absatz 8 hat der Arbeitgeber in Abhängigkeit der Feststellungen nach Absatz 4 die Gefährdungen durch gefährliche explosionsfähige Gemische besonders auszuweisen (Explosionsschutzdokument). Daraus muss insbesondere hervorgehen,

1. dass die Explosionsgefährdungen ermittelt und einer Bewertung unterzogen worden sind,
2. dass angemessene Vorkehrungen getroffen werden, um die Ziele des Explosionsschutzes zu erreichen (Darlegung eines Explosionsschutzkonzeptes),
3. ob und welche Bereiche entsprechend Anhang I Nummer 1.7 in Zonen eingeteilt wurden,
4. für welche Bereiche Explosionsschutzmaßnahmen nach § 11 und Anhang I Nummer 1 getroffen wurden,
5. wie die Vorgaben nach § 15 umgesetzt werden und
6. welche Überprüfungen nach § 7 Absatz 7 und welche Prüfungen zum Explosionsschutz nach Anhang 2 Abschnitt 3 der Betriebssicherheitsverordnung durchzuführen sind.

(10) Bei Tätigkeiten mit geringer Gefährdung nach Absatz 13 kann auf eine detaillierte Dokumentation verzichtet werden. Falls in anderen Fällen auf eine detaillierte Dokumentation verzichtet wird, ist dies nachvollziehbar zu begründen. Die Gefährdungsbeurteilung ist regelmäßig zu überprüfen und bei Bedarf zu aktualisieren. Sie ist umgehend zu aktualisieren, wenn maßgebliche Veränderungen oder neue Informationen dies erfordern oder wenn sich eine Aktualisierung auf Grund der Ergebnisse der arbeitsmedizinischen Vorsorge nach der Verordnung zur arbeitsmedizinischen Vorsorge als notwendig erweist.

(11) Die Gefährdungsbeurteilung darf nur von fachkundigen Personen durchgeführt werden. Verfügt der Arbeitgeber nicht selbst über die entsprechenden Kenntnisse, so hat er sich fachkundig beraten zu lassen. Fachkundig können insbesondere die Fachkraft für Arbeitssicherheit und die Betriebsärztin oder der Betriebsarzt sein.

(12) Der Arbeitgeber hat nach Satz 2 ein Verzeichnis der im Betrieb verwendeten Gefahrstoffe zu führen, in dem auf die entsprechenden Sicherheitsdatenblätter verwiesen wird. Das Verzeichnis muss mindestens folgende Angaben enthalten:

1. Bezeichnung des Gefahrstoffs,
2. Einstufung des Gefahrstoffs oder Angaben zu den gefährlichen Eigenschaften,
3. Angaben zu den im Betrieb verwendeten Mengenbereichen,
4. Bezeichnung der Arbeitsbereiche, in denen Beschäftigte dem Gefahrstoff ausgesetzt sein können.

Die Sätze 1 und 2 gelten nicht, wenn nur Tätigkeiten mit geringer Gefährdung nach Absatz 13 ausgeübt werden. Die Angaben nach Satz 2 Nummer 1, 2 und 4 müssen allen betroffenen Beschäftigten und ihrer Vertretung zugänglich sein.

(13) Ergibt sich aus der Gefährdungsbeurteilung für bestimmte Tätigkeiten auf Grund

1. der gefährlichen Eigenschaften des Gefahrstoffs,
2. einer geringen verwendeten Stoffmenge,
3. einer nach Höhe und Dauer niedrigen Exposition und
4. der Arbeitsbedingungen

insgesamt eine nur geringe Gefährdung der Beschäftigten und reichen die nach § 8 zu ergreifenden Maßnahmen zum Schutz der Beschäftigten aus, so müssen keine weiteren Maßnahmen des Abschnitts 4 ergriffen werden.

(14) Liegen für Stoffe oder Gemische keine Prüfdaten oder entsprechende aussagekräftige Informationen zur akut toxischen, reizenden, hautsensibilisierenden oder keimzellmutagenen Wirkung oder zur spezifischen Zielorgan-Toxizität bei wiederholter Exposition vor, sind die Stoffe oder Gemische bei der Gefährdungsbeurteilung wie Stoffe der Ge-

fahrenklasse Akute Toxizität (oral, dermal und inhalativ) Kategorie 3, Ätz-/Reizwirkung auf die Haut Kategorie 2, Sensibilisierung der Haut Kategorie 1, Keimzellmutagenität Kategorie 2 oder Spezifische Zielorgan-Toxizität, wiederholte Exposition (STOT RE) Kategorie 2 zu behandeln. Hinsichtlich der Spezifizierung der anzuwendenden Einstufungskategorien sind die entsprechenden nach § 20 Absatz 4 Nummer 1 bekannt gegebenen Regeln und Erkenntnisse zu berücksichtigen.

§ 7 Grundpflichten

(1) Der Arbeitgeber darf eine Tätigkeit mit Gefahrstoffen erst aufnehmen lassen, nachdem eine Gefährdungsbeurteilung nach § 6 durchgeführt und die erforderlichen Schutzmaßnahmen nach Abschnitt 4 ergriffen worden sind.

(2) Um die Gesundheit und die Sicherheit der Beschäftigten bei allen Tätigkeiten mit Gefahrstoffen zu gewährleisten, hat der Arbeitgeber die erforderlichen Maßnahmen nach dem Arbeitsschutzgesetz und zusätzlich die nach dieser Verordnung erforderlichen Maßnahmen zu ergreifen. Dabei hat er die nach § 20 Absatz 4 bekannt gegebenen Regeln und Erkenntnisse zu berücksichtigen. Bei Einhaltung dieser Regeln und Erkenntnisse ist in der Regel davon auszugehen, dass die Anforderungen dieser Verordnung erfüllt sind. Von diesen Regeln und Erkenntnissen kann abgewichen werden, wenn durch andere Maßnahmen zumindest in vergleichbarer Weise der Schutz der Gesundheit und die Sicherheit der Beschäftigten gewährleistet werden.

(3) Der Arbeitgeber hat auf der Grundlage des Ergebnisses der Substitutionsprüfung nach § 6 Absatz 1 Satz 2 Nummer 4 vorrangig eine Substitution durchzuführen. Er hat Gefahrstoffe oder Verfahren durch Stoffe, Gemische oder Erzeugnisse oder Verfahren zu ersetzen, die unter den jeweiligen Verwendungsbedingungen für die Gesundheit und Sicherheit der Beschäftigten nicht oder weniger gefährlich sind.

(4) Der Arbeitgeber hat Gefährdungen der Gesundheit und der Sicherheit der Beschäftigten bei Tätigkeiten mit Gefahrstoffen auszuschließen. Ist dies nicht möglich, hat er sie auf ein Minimum zu reduzieren. Diesen Geboten hat der Arbeitgeber durch die Festlegung und Anwendung geeigneter Schutzmaßnahmen Rechnung zu tragen. Dabei hat er folgende Rangfolge zu beachten:

1. Gestaltung geeigneter Verfahren und technischer Steuerungseinrichtungen von Verfahren, den Einsatz emissionsfreier oder emissionsarmer Verwendungsformen sowie Verwendung geeigneter Arbeitsmittel und Materialien nach dem Stand der Technik,
2. Anwendung kollektiver Schutzmaßnahmen technischer Art an der Gefahrenquelle, wie angemessene Be- und Entlüftung, und Anwendung geeigneter organisatorischer Maßnahmen,
3. sofern eine Gefährdung nicht durch Maßnahmen nach den Nummern 1 und 2 verhütet werden kann, Anwendung von individuellen Schutzmaßnahmen, die auch die Bereitstellung und Verwendung von persönlicher Schutzausrüstung umfassen.

VI

(5) Beschäftigte müssen die bereitgestellte persönliche Schutzausrüstung verwenden, solange eine Gefährdung besteht. Die Verwendung von belastender persönlicher Schutzausrüstung darf keine Dauermaßnahme sein. Sie ist für jeden Beschäftigten auf das unbedingt erforderliche Minimum zu beschränken.

(6) Der Arbeitgeber stellt sicher, dass

1. die persönliche Schutzausrüstung an einem dafür vorgesehenen Ort sachgerecht aufbewahrt wird,
2. die persönliche Schutzausrüstung vor Gebrauch geprüft und nach Gebrauch gereinigt wird und
3. schadhafte persönliche Schutzausrüstung vor erneutem Gebrauch ausgebessert oder ausgetauscht wird.

(7) Der Arbeitgeber hat die Funktion und die Wirksamkeit der technischen Schutzmaßnahmen regelmäßig, mindestens jedoch jedes dritte Jahr, zu überprüfen. Das Ergebnis der Prüfungen ist aufzuzeichnen und vorzugs-

weise zusammen mit der Dokumentation nach § 6 Absatz 8 aufzubewahren.

(8) Der Arbeitgeber stellt sicher, dass die Arbeitsplatzgrenzwerte eingehalten werden. Er hat die Einhaltung durch Arbeitsplatzmessungen oder durch andere geeignete Methoden zur Ermittlung der Exposition zu überprüfen. Ermittlungen sind auch durchzuführen, wenn sich die Bedingungen ändern, welche die Exposition der Beschäftigten beeinflussen können. Die Ermittlungsergebnisse sind aufzuzeichnen, aufzubewahren und den Beschäftigten und ihrer Vertretung zugänglich zu machen. Werden Tätigkeiten entsprechend einem verfahrens- und stoffspezifischen Kriterium ausgeübt, das nach § 20 Absatz 4 bekannt gegeben worden ist, kann der Arbeitgeber in der Regel davon ausgehen, dass die Arbeitsplatzgrenzwerte eingehalten werden; in diesem Fall findet Satz 2 keine Anwendung.

(9) Sofern Tätigkeiten mit Gefahrstoffen ausgeübt werden, für die kein Arbeitsplatzgrenzwert vorliegt, hat der Arbeitgeber regelmäßig die Wirksamkeit der ergriffenen technischen Schutzmaßnahmen durch geeignete Ermittlungsmethoden zu überprüfen, zu denen auch Arbeitsplatzmessungen gehören können.

(10) Wer Arbeitsplatzmessungen von Gefahrstoffen durchführt, muss fachkundig sein und über die erforderlichen Einrichtungen verfügen. Wenn ein Arbeitgeber eine für Messungen von Gefahrstoffen an Arbeitsplätzen akkreditierte Messstelle beauftragt, kann der Arbeitgeber in der Regel davon ausgehen, dass die von dieser Messstelle gewonnenen Erkenntnisse zutreffend sind.

(11) Der Arbeitgeber hat bei allen Ermittlungen und Messungen die nach § 20 Absatz 4 bekannt gegebenen Verfahren, Messregeln und Grenzwerte zu berücksichtigen, bei denen die entsprechenden Bestimmungen der folgenden Richtlinien berücksichtigt worden sind:

1. der Richtlinie 98/24/EG des Rates vom 7. April 1998 zum Schutz von Gesundheit und Sicherheit der Arbeitnehmer vor der Gefährdung durch chemische Arbeitsstoffe bei der Arbeit (vierzehnte Einzelrichtlinie im Sinne des Artikels 16 Absatz 1 der Richtlinie 89/391/EWG) (ABl. L 131 vom 5. 5. 1998, S. 11), die zuletzt durch die Richtlinie 2014/27/EU (ABl. L 65 vom 5. 3. 2014, S. 1) geändert worden ist, einschließlich der Richtlinien über Arbeitsplatzgrenzwerte, die nach Artikel 3 Absatz 2 der Richtlinie 98/24/EG erlassen wurden,
2. der Richtlinie 2004/37/EG des Europäischen Parlaments und des Rates vom 29. April 2004 über den Schutz der Arbeitnehmer gegen Gefährdung durch Karzinogene oder Mutagene bei der Arbeit (Sechste Einzelrichtlinie im Sinne von Artikel 16 Absatz 1 der Richtlinie 89/391/EWG des Rates) (kodifizierte Fassung) (ABl. L 158 vom 30. 4. 2004, S. 50, L 229 vom 29. 6. 2004, S. 23, L 204 vom 4. 8. 2007, S. 28), die zuletzt durch die Richtlinie 2014/27/EU geändert worden ist, sowie
3. der Richtlinie 2009/148/EG des Europäischen Parlaments und des Rates vom 30. November 2009 über den Schutz der Arbeitnehmer gegen Gefährdung durch Asbest am Arbeitsplatz (ABl. L 330 vom 16. 12. 2009, S. 28).

Abschnitt 4
Schutzmaßnahmen

§ 8 Allgemeine Schutzmaßnahmen

(1) Der Arbeitgeber hat bei Tätigkeiten mit Gefahrstoffen die folgenden Schutzmaßnahmen zu ergreifen:

1. geeignete Gestaltung des Arbeitsplatzes und geeignete Arbeitsorganisation,
2. Bereitstellung geeigneter Arbeitsmittel für Tätigkeiten mit Gefahrstoffen und geeignete Wartungsverfahren zur Gewährleistung der Gesundheit und Sicherheit der Beschäftigten bei der Arbeit,
3. Begrenzung der Anzahl der Beschäftigten, die Gefahrstoffen ausgesetzt sind oder ausgesetzt sein können,

4. Begrenzung der Dauer und der Höhe der Exposition,
5. angemessene Hygienemaßnahmen, insbesondere zur Vermeidung von Kontaminationen, und die regelmäßige Reinigung des Arbeitsplatzes,
6. Begrenzung der am Arbeitsplatz vorhandenen Gefahrstoffe auf die Menge, die für den Fortgang der Tätigkeiten erforderlich ist,
7. geeignete Arbeitsmethoden und Verfahren, welche die Gesundheit und Sicherheit der Beschäftigten nicht beeinträchtigen oder die Gefährdung so gering wie möglich halten, einschließlich Vorkehrungen für die sichere Handhabung, Lagerung und Beförderung von Gefahrstoffen und von Abfällen, die Gefahrstoffe enthalten, am Arbeitsplatz.

(2) Der Arbeitgeber hat sicherzustellen, dass

1. alle verwendeten Stoffe und Gemische identifizierbar sind,
2. gefährliche Stoffe und Gemische innerbetrieblich mit einer Kennzeichnung versehen sind, die ausreichende Informationen über die Einstufung, über die Gefahren bei der Handhabung und über die zu beachtenden Sicherheitsmaßnahmen enthält; vorzugsweise ist eine Kennzeichnung zu wählen, die der Verordnung (EG) Nr. 1272/2008 entspricht,
3. Apparaturen und Rohrleitungen so gekennzeichnet sind, dass mindestens die enthaltenen Gefahrstoffe sowie die davon ausgehenden Gefahren eindeutig identifizierbar sind.

Kennzeichnungspflichten nach anderen Rechtsvorschriften bleiben unberührt. Solange der Arbeitgeber den Verpflichtungen nach Satz 1 nicht nachgekommen ist, darf er Tätigkeiten mit den dort genannten Stoffen und Gemischen nicht ausüben lassen. Satz 1 Nummer 2 gilt nicht für Stoffe, die für Forschungs- und Entwicklungszwecke oder für wissenschaftliche Lehrzwecke neu hergestellt worden sind und noch nicht geprüft werden konnten. Eine Exposition der Beschäftigten bei Tätigkeiten mit diesen Stoffen ist zu vermeiden.

(3) Der Arbeitgeber hat gemäß den Ergebnissen der Gefährdungsbeurteilung nach § 6 sicherzustellen, dass die Beschäftigten in Arbeitsbereichen, in denen sie Gefahrstoffen ausgesetzt sein können, keine Nahrungs- oder Genussmittel zu sich nehmen. Der Arbeitgeber hat hierfür vor Aufnahme der Tätigkeiten geeignete Bereiche einzurichten.

(4) Der Arbeitgeber hat sicherzustellen, dass durch Verwendung verschließbarer Behälter eine sichere Lagerung, Handhabung und Beförderung von Gefahrstoffen auch bei der Abfallentsorgung gewährleistet ist.

(5) Der Arbeitgeber hat sicherzustellen, dass Gefahrstoffe so aufbewahrt oder gelagert werden, dass sie weder die menschliche Gesundheit noch die Umwelt gefährden. Er hat dabei wirksame Vorkehrungen zu treffen, um Missbrauch oder Fehlgebrauch zu verhindern. Insbesondere dürfen Gefahrstoffe nicht in solchen Behältern aufbewahrt oder gelagert werden, durch deren Form oder Bezeichnung der Inhalt mit Lebensmitteln verwechselt werden kann. Sie dürfen nur übersichtlich geordnet und nicht in unmittelbarer Nähe von Arznei-, Lebens- oder Futtermitteln, einschließlich deren Zusatzstoffe, aufbewahrt oder gelagert werden. Bei der Aufbewahrung zur Abgabe oder zur sofortigen Verwendung muss eine Kennzeichnung nach Absatz 2 deutlich sichtbar und lesbar angebracht sein.

(6) Der Arbeitgeber hat sicherzustellen, dass Gefahrstoffe, die nicht mehr benötigt werden, und entleerte Behälter, die noch Reste von Gefahrstoffen enthalten können, sicher gehandhabt, vom Arbeitsplatz entfernt und sachgerecht gelagert oder entsorgt werden.

(7) Der Arbeitgeber hat sicherzustellen, dass Stoffe und Gemische, die als akut toxisch Kategorie 1, 2 oder 3, spezifisch zielorgantoxisch Kategorie 1, krebserzeugend Kategorie 1A oder 1B oder keimzellmutagen Kategorie 1A oder 1B eingestuft sind, unter Verschluss oder so aufbewahrt oder gelagert werden, dass nur fachkundige und zuverlässige Personen Zugang haben. Tätigkeiten mit diesen Stoffen und Gemischen dürfen nur von

fachkundigen oder besonders unterwiesenen Personen ausgeführt werden. Satz 2 gilt auch für Tätigkeiten mit Stoffen und Gemischen, die als reproduktionstoxisch Kategorie 1A oder 1B oder als atemwegssensibilisierend eingestuft sind. Die Sätze 1 und 2 gelten nicht für Kraftstoffe an Tankstellen oder sonstigen Betankungseinrichtungen sowie für Stoffe und Gemische, die als akut toxisch Kategorie 3 eingestuft sind, sofern diese vormals nach der Richtlinie 67/548/EWG oder der Richtlinie 1999/45/EG als gesundheitsschädlich bewertet wurden. Hinsichtlich der Bewertung als gesundheitsschädlich sind die entsprechenden nach § 20 Absatz 4 Nummer 1 bekannt gegebenen Regeln und Erkenntnisse zu berücksichtigen.

(8) Der Arbeitgeber hat bei Tätigkeiten mit Gefahrstoffen nach Anhang I Nummer 2 bis 5 sowohl die §§ 6 bis 18 als auch die betreffenden Vorschriften des Anhangs I Nummer 2 bis 5 zu beachten.

§ 9 Zusätzliche Schutzmaßnahmen

(1) Sind die allgemeinen Schutzmaßnahmen nach § 8 nicht ausreichend, um Gefährdungen durch Einatmen, Aufnahme über die Haut oder Verschlucken entgegenzuwirken, hat der Arbeitgeber zusätzlich diejenigen Maßnahmen nach den Absätzen 2 bis 7 zu ergreifen, die auf Grund der Gefährdungsbeurteilung nach § 6 erforderlich sind. Dies gilt insbesondere, wenn

1. Arbeitsplatzgrenzwerte oder biologische Grenzwerte überschritten werden,
2. bei hautresorptiven oder haut- oder augenschädigenden Gefahrstoffen eine Gefährdung durch Haut- oder Augenkontakt besteht oder
3. bei Gefahrstoffen ohne Arbeitsplatzgrenzwert und ohne biologischen Grenzwert eine Gefährdung auf Grund der ihnen zugeordneten Gefahrenklasse nach § 3 und der inhalativen Exposition angenommen werden kann.

(2) Der Arbeitgeber hat sicherzustellen, dass Gefahrstoffe in einem geschlossenen System hergestellt und verwendet werden, wenn

1. die Substitution der Gefahrstoffe nach § 7 Absatz 3 durch solche Stoffe, Gemische, Erzeugnisse oder Verfahren, die bei ihrer Verwendung nicht oder weniger gefährlich für die Gesundheit und Sicherheit sind, technisch nicht möglich ist und
2. eine erhöhte Gefährdung der Beschäftigten durch inhalative Exposition gegenüber diesen Gefahrstoffen besteht.

Ist die Anwendung eines geschlossenen Systems technisch nicht möglich, so hat der Arbeitgeber dafür zu sorgen, dass die Exposition der Beschäftigten nach dem Stand der Technik und unter Beachtung von § 7 Absatz 4 so weit wie möglich verringert wird.

(3) Bei Überschreitung eines Arbeitsplatzgrenzwerts muss der Arbeitgeber unverzüglich die Gefährdungsbeurteilung nach § 6 erneut durchführen und geeignete zusätzliche Schutzmaßnahmen ergreifen, um den Arbeitsplatzgrenzwert einzuhalten. Wird trotz Ausschöpfung aller technischen und organisatorischen Schutzmaßnahmen der Arbeitsplatzgrenzwert nicht eingehalten, hat der Arbeitgeber unverzüglich persönliche Schutzausrüstung bereitzustellen. Dies gilt insbesondere für Abbruch-, Sanierungs- und Instandhaltungsarbeiten.

(4) Besteht trotz Ausschöpfung aller technischen und organisatorischen Schutzmaßnahmen bei hautresorptiven, haut- oder augenschädigenden Gefahrstoffen eine Gefährdung durch Haut- oder Augenkontakt, hat der Arbeitgeber unverzüglich persönliche Schutzausrüstung bereitzustellen.

(5) Der Arbeitgeber hat getrennte Aufbewahrungsmöglichkeiten für die Arbeits- oder Schutzkleidung einerseits und die Straßenkleidung andererseits zur Verfügung zu stellen. Der Arbeitgeber hat die durch Gefahrstoffe verunreinigte Arbeitskleidung zu reinigen.

(6) Der Arbeitgeber hat geeignete Maßnahmen zu ergreifen, die gewährleisten, dass Arbeitsbereiche, in denen eine erhöhte Gefährdung der Beschäftigten besteht, nur den Beschäftigten zugänglich sind, die sie zur

Ausübung ihrer Arbeit oder zur Durchführung bestimmter Aufgaben betreten müssen.

(7) Wenn Tätigkeiten mit Gefahrstoffen von einer oder einem Beschäftigten allein ausgeübt werden, hat der Arbeitgeber zusätzliche Schutzmaßnahmen zu ergreifen oder eine angemessene Aufsicht zu gewährleisten. Dies kann auch durch den Einsatz technischer Mittel sichergestellt werden.

§ 10 Besondere Schutzmaßnahmen bei Tätigkeiten mit krebserzeugenden, keimzellmutagenen und reproduktionstoxischen Gefahrstoffen der Kategorie 1A und 1B

(1) Bei Tätigkeiten mit krebserzeugenden Gefahrstoffen der Kategorie 1A oder 1B, für die kein Arbeitsplatzgrenzwert nach § 20 Absatz 4 bekannt gegeben worden ist, hat der Arbeitgeber ein geeignetes, risikobezogenes Maßnahmenkonzept anzuwenden, um das Minimierungsgebot nach § 7 Absatz 4 umzusetzen. Hierbei sind die nach § 20 Absatz 4 bekannt gegebenen Regeln, Erkenntnisse und Beurteilungsmaßstäbe zu berücksichtigen. Bei Tätigkeiten mit krebserzeugenden, keimzellmutagenen oder reproduktionstoxischen Gefahrstoffen der Kategorie 1A oder 2B hat der Arbeitgeber, unbeschadet des Absatzes 2, zusätzlich die Bestimmungen nach den Absätzen 3 bis 5 zu erfüllen. Die besonderen Bestimmungen des Anhangs II Nummer 6 sind zu beachten.

(2) Die Absätze 3 bis 5 gelten nicht, wenn

1. ein Arbeitsplatzgrenzwert nach § 20 Absatz 4 bekannt gegeben worden ist, dieser eingehalten und dies durch Arbeitsplatzmessung oder durch andere geeignete Methoden zur Ermittlung der Exposition belegt wird oder
2. Tätigkeiten entsprechend einem nach § 20 Absatz 4 bekannt gegebenen verfahrens- und stoffspezifischen Kriterium ausgeübt werden.

(3) Wenn Tätigkeiten mit krebserzeugenden, keimzellmutagenen oder reproduktionstoxischen Gefahrstoffen der Kategorie 1A oder 1B ausgeübt werden, hat der Arbeitgeber

1. die Exposition der Beschäftigten durch Arbeitsplatzmessungen oder durch andere geeignete Ermittlungsmethoden zu bestimmen, auch um erhöhte Expositionen infolge eines unvorhersehbaren Ereignisses oder eines Unfalls schnell erkennen zu können,
2. Gefahrenbereiche abzugrenzen, in denen Beschäftigte diesen Gefahrstoffen ausgesetzt sind oder ausgesetzt sein können, und Warn- und Sicherheitszeichen anzubringen, einschließlich der Verbotszeichen „Zutritt für Unbefugte verboten" und „Rauchen verboten" nach Anhang II Nummer 3.1 der Richtlinie 92/58/EWG des Rates vom 24. Juni 1992 über Mindestvorschriften für die Sicherheits- und/oder Gesundheitsschutzkennzeichnung am Arbeitsplatz (ABl. L 245 vom 26. 8. 1992, S. 23), die zuletzt durch die Richtlinie 2014/27/EU (ABl. L 65 vom 5. 3. 2014, S. 1) geändert worden ist.

(4) Bei Tätigkeiten, bei denen eine beträchtliche Erhöhung der Exposition der Beschäftigten durch krebserzeugende, keimzellmutagene oder reproduktionstoxische Gefahrstoffe der Kategorie 1A oder 1B zu erwarten ist und bei denen jede Möglichkeit weiterer technischer Schutzmaßnahmen zur Begrenzung dieser Exposition bereits ausgeschöpft wurde, hat der Arbeitgeber nach Beratung mit den Beschäftigten oder mit ihrer Vertretung Maßnahmen zu ergreifen, um die Dauer der Exposition der Beschäftigten so weit wie möglich zu verkürzen und den Schutz der Beschäftigten während dieser Tätigkeiten zu gewährleisten. Er hat den betreffenden Beschäftigten persönliche Schutzausrüstung zur Verfügung zu stellen, die sie während der gesamten Dauer der erhöhten Exposition tragen müssen.

(5) Werden in einem Arbeitsbereich Tätigkeiten mit krebserzeugenden, keimzellmutagene oder reproduktionstoxischen Gefahrstoffen der Kategorie 1A oder 1B ausgeübt, darf die dort abgesaugte Luft nicht in den Arbeitsbereich zurückgeführt werden. Dies gilt nicht, wenn die Luft unter Anwendung von behördlich oder von den Trägern der gesetz-

lichen Unfallversicherung anerkannten Verfahren oder Geräte ausreichend von solchen Stoffen gereinigt ist. Die Luft muss dann so geführt oder gereinigt werden, dass krebserzeugende, keimzellmutagene oder reproduktionstoxische Stoffe nicht in die Atemluft anderer Beschäftigter gelangen.

§ 11 Besondere Schutzmaßnahmen gegen physikalisch-chemische Einwirkungen, insbesondere gegen Brand- und Explosionsgefährdungen

(1) Der Arbeitgeber hat auf der Grundlage der Gefährdungsbeurteilung Maßnahmen zum Schutz der Beschäftigten und anderer Personen vor physikalisch-chemischen Einwirkungen zu ergreifen. Er hat die Maßnahmen so festzulegen, dass die Gefährdungen vermieden oder so weit wie möglich verringert werden. Dies gilt insbesondere bei Tätigkeiten einschließlich Lagerung, bei denen es zu Brand- und Explosionsgefährdungen kommen kann. Dabei hat der Arbeitgeber Anhang I Nummer 1 und 5 zu beachten. Die Vorschriften des Sprengstoffgesetzes und der darauf gestützten Rechtsvorschriften bleiben unberührt.

(2) Zur Vermeidung von Brand- und Explosionsgefährdungen hat der Arbeitgeber Maßnahmen nach folgender Rangfolge zu ergreifen:

1. gefährliche Mengen oder Konzentrationen von Gefahrstoffen, die zu Brand- oder Explosionsgefährdungen führen können, sind zu vermeiden,
2. Zündquellen oder Bedingungen, die Brände oder Explosionen auslösen können, sind zu vermeiden,
3. schädliche Auswirkungen von Bränden oder Explosionen auf die Gesundheit und Sicherheit der Beschäftigten und anderer Personen sind so weit wie möglich zu verringern.

(3) Arbeitsbereiche, Arbeitsplätze, Arbeitsmittel und deren Verbindungen untereinander müssen so konstruiert, errichtet, zusammengebaut, installiert, verwendet und instand gehalten werden, dass keine Brand- und Explosionsgefährdungen auftreten.

(4) Bei Tätigkeiten mit organischen Peroxiden hat der Arbeitgeber über die Bestimmungen der Absätze 1 und 2 sowie des Anhangs I Nummer 1 hinaus insbesondere Maßnahmen zu treffen, die die

1. Gefahr einer unbeabsichtigten Explosion minimieren und
2. Auswirkungen von Bränden und Explosionen beschränken.

Dabei hat der Arbeitgeber Anhang III zu beachten.

§ 12 (weggefallen)

§ 13 Betriebsstörungen, Unfälle und Notfälle

(1) Um die Gesundheit und die Sicherheit der Beschäftigten bei Betriebsstörungen, Unfällen oder Notfällen zu schützen, hat der Arbeitgeber rechtzeitig die Notfallmaßnahmen festzulegen, die beim Eintreten eines derartigen Ereignisses zu ergreifen sind. Dies schließt die Bereitstellung angemessener Erste-Hilfe-Einrichtungen und die Durchführung von Sicherheitsübungen in regelmäßigen Abständen ein.

(2) Tritt eines der in Absatz 1 Satz 1 genannten Ereignisse ein, so hat der Arbeitgeber unverzüglich die gemäß Absatz 1 festgelegten Maßnahmen zu ergreifen, um

1. betroffene Beschäftigte über die durch das Ereignis hervorgerufene Gefahrensituation im Betrieb zu informieren,
2. die Auswirkungen des Ereignisses zu mindern und
3. wieder einen normalen Betriebsablauf herbeizuführen.

Neben den Rettungskräften dürfen nur die Beschäftigten im Gefahrenbereich verbleiben, die Tätigkeiten zur Erreichung der Ziele nach Satz 1 Nummer 2 und 3 ausüben.

(3) Der Arbeitgeber hat Beschäftigten, die im Gefahrenbereich tätig werden, vor Aufnahme ihrer Tätigkeit geeignete Schutzkleidung und persönliche Schutzausrüstung sowie gegebenenfalls erforderliche spezielle Sicherheits-

einrichtungen und besondere Arbeitsmittel zur Verfügung zu stellen. Im Gefahrenbereich müssen die Beschäftigten die Schutzkleidung und die persönlicheSchutzausrüstung für die Dauer des nicht bestimmungsgemäßen Betriebsablaufs verwenden. Die Verwendung belastender persönlicher Schutzausrüstung muss für die einzelnen Beschäftigten zeitlich begrenzt sein. Ungeschützte und unbefugte Personen dürfen sich nicht im festzulegenden Gefahrenbereich aufhalten.

(4) Der Arbeitgeber hat Warn- und sonstige Kommunikationssysteme, die eine erhöhte Gefährdung der Gesundheit und Sicherheit anzeigen, zur Verfügung zu stellen, so dass eine angemessene Reaktion möglich ist und unverzüglich Abhilfemaßnahmen sowie Hilfs-, Evakuierungs- und Rettungsmaßnahmen eingeleitet werden können.

(5) Der Arbeitgeber hat sicherzustellen, dass Informationen über Maßnahmen bei Notfällen mit Gefahrstoffen zur Verfügung stehen. Die zuständigen innerbetrieblichen und betriebsfremden Unfall- und Notfalldienste müssen Zugang zu diesen Informationen erhalten. Zu diesen Informationen zählen:

1. eine Vorabmitteilung über einschlägige Gefahren bei der Arbeit, über Maßnahmen zur Feststellung von Gefahren sowie über Vorsichtsmaßregeln und Verfahren, damit die Notfalldienste ihre eigenen Abhilfe- und Sicherheitsmaßnahmen vorbereiten können,
2. alle verfügbaren Informationen über spezifische Gefahren, die bei einem Unfall oder Notfall auftreten oder auftreten können, einschließlich der Informationen über die Verfahren nach den Absätzen 1 bis 4.

§ 14 Unterrichtung und Unterweisung der Beschäftigten

(1) Der Arbeitgeber hat sicherzustellen, dass den Beschäftigten eine schriftliche Betriebsanweisung, die der Gefährdungsbeurteilung nach § 6 Rechnung trägt, in einer für die Beschäftigten verständlichen Form und Sprache zugänglich gemacht wird. Die Betriebsanweisung muss mindestens Folgendes enthalten:

1. Informationen über die am Arbeitsplatz vorhandenen oder entstehenden Gefahrstoffe, wie beispielsweise die Bezeichnung der Gefahrstoffe, ihre Kennzeichnung sowie mögliche Gefährdungen der Gesundheit und der Sicherheit,
2. Informationen über angemessene Vorsichtsmaßregeln und Maßnahmen, die die Beschäftigten zu ihrem eigenen Schutz und zum Schutz der anderen Beschäftigten am Arbeitsplatz durchzuführen haben; dazu gehören insbesondere
   a) Hygienevorschriften,
   b) Informationen über Maßnahmen, die zur Verhütung einer Exposition zu ergreifen sind,
   c) Informationen zum Tragen und Verwenden von persönlicher Schutzausrüstung und Schutzkleidung,
3. Informationen über Maßnahmen, die bei Betriebsstörungen, Unfällen und Notfällen und zur Verhütung dieser von den Beschäftigten, insbesondere von Rettungsmannschaften, durchzuführen sind.

Die Betriebsanweisung muss bei jeder maßgeblichen Veränderung der Arbeitsbedingungen aktualisiert werden. Der Arbeitgeber hat ferner sicherzustellen, dass die Beschäftigten

1. Zugang haben zu allen Informationen nach Artikel 35 der Verordnung (EG) Nr. 1907/2006 über die Stoffe und Gemische, mit denen sie Tätigkeiten ausüben, insbesondere zu Sicherheitsdatenblättern, und
2. über Methoden und Verfahren unterrichtet werden, die bei der Verwendung von Gefahrstoffen zum Schutz der Beschäftigten angewendet werden müssen.

(2) Der Arbeitgeber hat sicherzustellen, dass die Beschäftigten anhand der Betriebsanweisung nach Absatz 1 über alle auftretenden Gefährdungen und entsprechende Schutzmaßnahmen mündlich unterwiesen werden. Teil dieser Unterweisung ist ferner eine allgemeine arbeitsmedizinisch-toxikologische Beratung. Diese dient auch zur Information der Beschäftigten über die Voraussetzungen, unter denen sie Anspruch auf arbeitsmedizi-

VI

nische Vorsorgeuntersuchungen nach der Verordnung zur arbeitsmedizinischen Vorsorge haben, und über den Zweck dieser Vorsorgeuntersuchungen. Die Beratung ist unter Beteiligung der Ärztin oder des Arztes nach § 7 Absatz 1 der Verordnung zur arbeitsmedizinischen Vorsorge durchzuführen, falls dies erforderlich sein sollte. Die Unterweisung muss vor Aufnahme der Beschäftigung und danach mindestens jährlich arbeitsplatzbezogen durchgeführt werden. Sie muss in für die Beschäftigten verständlicher Form und Sprache erfolgen. Inhalt und Zeitpunkt der Unterweisung sind schriftlich festzuhalten und von den Unterwiesenen durch Unterschrift zu bestätigen.

(3) Der Arbeitgeber hat bei Tätigkeiten mit krebserzeugenden, keimzellmutagenen oder reproduktionstoxischen Gefahrstoffen der Kategorie 1A oder 1B sicherzustellen, dass

1. die Beschäftigten und ihre Vertretung nachprüfen können, ob die Bestimmungen dieser Verordnung eingehalten werden, und zwar insbesondere in Bezug auf
   a) die Auswahl und Verwendung der persönlichen Schutzausrüstung und die damit verbundenen Belastungen der Beschäftigten,
   b) durchzuführende Maßnahmen im Sinne des § 10 Absatz 4 Satz 1,
2. die Beschäftigten und ihre Vertretung bei einer erhöhten Exposition, einschließlich der in § 10 Absatz 4 Satz 1 genannten Fälle, unverzüglich unterrichtet und über die Ursachen sowie über die bereits ergriffenen oder noch zu ergreifenden Gegenmaßnahmen informiert werden,
3. ein aktualisiertes Verzeichnis über die Beschäftigten geführt wird, die Tätigkeiten mit krebserzeugenden oder keimzellmutagenen Gefahrstoffen der Kategorie 1A oder 1B ausüben, bei denen die Gefährdungsbeurteilung nach § 6 eine Gefährdung der Gesundheit oder der Sicherheit der Beschäftigten ergibt; in dem Verzeichnis ist auch die Höhe und die Dauer der Exposition anzugeben, der die Beschäftigten ausgesetzt waren,
4. das Verzeichnis nach Nummer 3 mit allen Aktualisierungen 40 Jahre nach Ende der Exposition aufbewahrt wird; bei Beendigung von Beschäftigungsverhältnissen hat der Arbeitgeber den Beschäftigten einen Auszug über die sie betreffenden Angaben des Verzeichnisses auszuhändigen und einen Nachweis hierüber wie Personalunterlagen aufzubewahren,
5. die Ärztin oder der Arzt nach § 7 Absatz 1 der Verordnung zur arbeitsmedizinischen Vorsorge, die zuständige Behörde sowie jede für die Gesundheit und die Sicherheit am Arbeitsplatz verantwortliche Person Zugang zu dem Verzeichnis nach Nummer 3 haben,
6. alle Beschäftigten Zugang zu den sie persönlich betreffenden Angaben in dem Verzeichnis haben,
7. die Beschäftigten und ihre Vertretung Zugang zu den nicht personenbezogenen Informationen allgemeiner Art in dem Verzeichnis haben.

(4) Der Arbeitgeber kann mit Einwilligung des betroffenen Beschäftigten die Aufbewahrungs- einschließlich der Aushändigungspflicht nach Absatz 3 Nummer 4 auf den zuständigen gesetzlichen Unfallversicherungsträger übertragen. Dafür übergibt der Arbeitgeber dem Unfallversicherungsträger die erforderlichen Unterlagen in einer für die elektronische Datenverarbeitung geeigneten Form. Der Unfallversicherungsträger händigt der betroffenen Person auf Anforderung einen Auszug des Verzeichnisses mit den sie betreffenden Angaben aus.

§ 15 Zusammenarbeit verschiedener Firmen

(1) Sollen in einem Betrieb Fremdfirmen Tätigkeiten mit Gefahrstoffen ausüben, hat der Arbeitgeber als Auftraggeber sicherzustellen, dass nur solche Fremdfirmen herangezogen werden, die über die Fachkenntnisse und Erfahrungen verfügen, die für diese Tätigkeiten erforderlich sind. Der Arbeitgeber als Auftraggeber hat die Fremdfirmen über Gefahrenquellen und spezifische Verhaltensregeln zu informieren.

(2) Kann bei Tätigkeiten von Beschäftigten eines Arbeitgebers eine Gefährdung von Beschäftigten anderer Arbeitgeber durch Gefahrstoffe nicht ausgeschlossen werden, so haben alle betroffenen Arbeitgeber bei der Durchführung ihrer Gefährdungsbeurteilungen nach § 6 zusammenzuwirken und die Schutzmaßnahmen abzustimmen. Dies ist zu dokumentieren. Die Arbeitgeber haben dabei sicherzustellen, dass Gefährdungen der Beschäftigten aller beteiligten Unternehmen durch Gefahrstoffe wirksam begegnet wird.

(3) Jeder Arbeitgeber ist dafür verantwortlich, dass seine Beschäftigten die gemeinsam festgelegten Schutzmaßnahmen anwenden.

(4) Besteht bei Tätigkeiten von Beschäftigten eines Arbeitgebers eine erhöhte Gefährdung von Beschäftigten anderer Arbeitgeber durch Gefahrstoffe, ist durch die beteiligten Arbeitgeber ein Koordinator zu bestellen. Wurde ein Koordinator nach den Bestimmungen der Baustellenverordnung vom 10. Juni 1998 (BGBl. I S. 1283), die durch Artikel 15 der Verordnung vom 23. Dezember 2004 (BGBl. I S. 3758) geändert worden ist, bestellt, gilt die Pflicht nach Satz 1 als erfüllt. Dem Koordinator sind von den beteiligten Arbeitgebern alle erforderlichen sicherheitsrelevanten Informationen sowie Informationen zu den festgelegten Schutzmaßnahmen zur Verfügung zu stellen. Die Bestellung eines Koordinators entbindet die Arbeitgeber nicht von ihrer Verantwortung nach dieser Verordnung.

(5) Vor dem Beginn von Abbruch-, Sanierungs- und Instandhaltungsarbeiten oder Bauarbeiten muss der Arbeitgeber für die Gefährdungsbeurteilung nach § 6 Informationen, insbesondere vom Auftraggeber oder Bauherrn, darüber einholen, ob entsprechend der Nutzungs- oder Baugeschichte des Objekts Gefahrstoffe, insbesondere Asbest, vorhanden oder zu erwarten sind. Weiter reichende Informations-, Schutz- und Überwachungspflichten, die sich für den Auftraggeber oder Bauherrn nach anderen Rechtsvorschriften ergeben, bleiben unberührt.

Abschnitt 5
Verbote und Beschränkungen

§ 16 Herstellungs- und Verwendungsbeschränkungen

(1) Herstellungs- und Verwendungsbeschränkungen für bestimmte Stoffe, Gemische und Erzeugnisse ergeben sich aus Artikel 67 in Verbindung mit Anhang XVII der Verordnung (EG) Nr. 1907/2006.

(2) Nach Maßgabe des Anhangs II bestehen weitere Herstellungs- und Verwendungsbeschränkungen für dort genannte Stoffe, Gemische und Erzeugnisse.

(3) Biozid-Produkte dürfen nicht verwendet werden, soweit damit zu rechnen ist, dass ihre Verwendung im einzelnen Anwendungsfall schädliche Auswirkungen auf die Gesundheit von Menschen, Nicht-Zielorganismen oder auf die Umwelt hat. Wer Biozid-Produkte verwendet, hat dies ordnungsgemäß zu tun. Zur ordnungsgemäßen Verwendung gehört es insbesondere, dass

1. ein Biozid-Produkt nur für die in der Kennzeichnung ausgewiesenen Verwendungszwecke eingesetzt wird,
2. die sich aus der Kennzeichnung und der Zulassung ergebenden Verwendungsbedingungen eingehalten werden und
3. der Einsatz von Biozid-Produkten durch eine sachgerechte Berücksichtigung physikalischer, biologischer, chemischer und sonstiger Alternativen auf das Minimum begrenzt wird.

Die Sätze 1 bis 3 gelten auch für private Haushalte.

(4) Der Arbeitgeber darf in Heimarbeit beschäftigte Personen nur Tätigkeiten mit geringer Gefährdung im Sinne des § 6 Absatz 11 ausüben lassen.

§ 17 Nationale Ausnahmen von Beschränkungsregelungen nach der Verordnung (EG) Nr. 1907/2006

(1) Für am 1. Dezember 2010 bestehende Anlagen gelten die Beschränkungen nach Artikel 67 in Verbindung mit Anhang XVII Nummer 6 der Verordnung (EG) Nr. 1907/

2006 bis zum 1. Juli 2025 nicht für das Verwenden chrysotilhaltiger Diaphragmen für die Chloralkalielektrolyse oder für das Verwenden von Chrysotil, das ausschließlich zur Wartung dieser Diaphragmen eingesetzt wird, wenn

1. keine asbestfreien Ersatzstoffe, Gemische oder Erzeugnisse auf dem Markt angeboten werden oder
2. die Verwendung der asbestfreien Ersatzstoffe, Gemische oder Erzeugnisse zu einer unzumutbaren Härte führen würde

und die Konzentration der Asbestfasern in der Luft am Arbeitsplatz unterhalb von 1000 Fasern je Kubikmeter liegt. Betreiber von Anlagen, die von der Regelung nach Satz 1 Gebrauch machen, übermitteln der Bundesstelle für Chemikalien bis zum 31. Januar eines jeden Kalenderjahres einen Bericht, aus dem die Menge an Chrysotil hervorgeht, die in Diaphragmen, die unter diese Ausnahmeregelung fallen, im Vorjahr verwendet wurde. Die Ergebnisse der Arbeitsplatzmessungen sind in den Bericht aufzunehmen. Die Bundesstelle für Chemikalien übermittelt der Europäischen Kommission eine Kopie des Berichts.

(2) Das Verwendungsverbot nach Artikel 67 in Verbindung mit Anhang XVII Nummer 16 und 17 der Verordnung (EG) Nr. 1907/2006 gilt nicht für die Verwendung der dort genannten Bleiverbindungen in Farben, die zur Erhaltung oder originalgetreuen Wiederherstellung von Kunstwerken und historischen Bestandteilen oder von Einrichtungen denkmalgeschützter Gebäude bestimmt sind, wenn die Verwendung von Ersatzstoffen nicht möglich ist.

Abschnitt 6
Vollzugsregelungen und Ausschuss für Gefahrstoffe

§ 18 Unterrichtung der Behörde

(1) Der Arbeitgeber hat der zuständigen Behörde unverzüglich anzuzeigen

1. jeden Unfall und jede Betriebsstörung, die bei Tätigkeiten mit Gefahrstoffen zu einer ernsten Gesundheitsschädigung von Beschäftigten geführt haben,
2. Krankheits- und Todesfälle, bei denen konkrete Anhaltspunkte dafür bestehen, dass sie durch die Tätigkeit mit Gefahrstoffen verursacht worden sind, mit der genauen Angabe der Tätigkeit und der Gefährdungsbeurteilung nach § 6.

Lassen sich die für die Anzeige nach Satz 1 erforderlichen Angaben gleichwertig aus Anzeigen nach anderen Rechtsvorschriften entnehmen, kann die Anzeigepflicht auch durch Übermittlung von Kopien dieser Anzeigen an die zuständige Behörde erfüllt werden. Der Arbeitgeber hat den betroffenen Beschäftigten oder ihrer Vertretung Kopien der Anzeigen nach Satz 1 oder Satz 2 zur Kenntnis zu geben.

(2) Unbeschadet des § 22 des Arbeitsschutzgesetzes hat der Arbeitgeber der zuständigen Behörde auf Verlangen Folgendes mitzuteilen:

1. das Ergebnis der Gefährdungsbeurteilung nach § 6 und die ihr zugrunde liegenden Informationen, einschließlich der Dokumentation der Gefährdungsbeurteilung,
2. die Tätigkeiten, bei denen Beschäftigte tatsächlich oder möglicherweise gegenüber Gefahrstoffen exponiert worden sind, und die Anzahl dieser Beschäftigten,
3. die nach § 13 des Arbeitsschutzgesetzes verantwortlichen Personen,
4. die durchgeführten Schutz- und Vorsorgemaßnahmen, einschließlich der Betriebsanweisungen.

(3) Der Arbeitgeber hat der zuständigen Behörde bei Tätigkeiten mit krebserzeugenden, keimzellmutagenen oder reproduktionstoxischen Gefahrstoffen der Kategorie 1A oder 1B zusätzlich auf Verlangen Folgendes mitzuteilen:

1. das Ergebnis der Substitutionsprüfung,
2. Informationen über
   a) ausgeübte Tätigkeiten und angewandte industrielle Verfahren und die Gründe für die Verwendung dieser Gefahrstoffe,

VI

b) die Menge der hergestellten oder verwendeten Gefahrstoffe,
c) die Art der zu verwendenden Schutzausrüstung,
d) Art und Ausmaß der Exposition,
e) durchgeführte Substitutionen.

(4) Auf Verlangen der zuständigen Behörde ist die nach Anhang II der Verordnung (EG) Nr. 1907/2006 geforderte Fachkunde für die Erstellung von Sicherheitsdatenblättern nachzuweisen.

§ 19 Behördliche Ausnahmen, Anordnungen und Befugnisse

(1) Die zuständige Behörde kann auf schriftlichen oder elektronischen Antrag des Arbeitgebers Ausnahmen von den §§ 6 bis 15 zulassen, wenn die Anwendung dieser Vorschriften im Einzelfall zu einer unverhältnismäßigen Härte führen würde und die Abweichung mit dem Schutz der Beschäftigten vereinbar ist. Der Arbeitgeber hat der zuständigen Behörde im Antrag darzulegen:

1. den Grund für die Beantragung der Ausnahme,
2. die jährlich zu verwendende Menge des Gefahrstoffs,
3. die betroffenen Tätigkeiten und Verfahren,
4. die Zahl der voraussichtlich betroffenen Beschäftigten,
5. die geplanten Maßnahmen zur Gewährleistung des Gesundheitsschutzes und der Sicherheit der betroffenen Beschäftigten,
6. die technischen und organisatorischen Maßnahmen, die zur Verringerung oder Vermeidung einer Exposition der Beschäftigten ergriffen werden sollen.

(2) Eine Ausnahme nach Absatz 1 kann auch im Zusammenhang mit Verwaltungsverfahren nach anderen Rechtsvorschriften beantragt werden.

(3) Die zuständige Behörde kann unbeschadet des § 23 des Chemikaliengesetzes im Einzelfall Maßnahmen anordnen, die der Hersteller, Lieferant oder Arbeitgeber zu ergreifen hat, um die Pflichten nach den Abschnitten 2 bis 5 dieser Verordnung zu erfüllen; dabei kann sie insbesondere anordnen, dass der Arbeitgeber

1. die zur Bekämpfung besonderer Gefahren notwendigen Maßnahmen ergreifen muss,
2. festzustellen hat, ob und in welchem Umfang eine vermutete Gefahr tatsächlich besteht und welche Maßnahmen zur Bekämpfung der Gefahr ergriffen werden müssen,
3. die Arbeit, bei der die Beschäftigten gefährdet sind, einstellen zu lassen hat, wenn der Arbeitgeber die zur Bekämpfung der Gefahr angeordneten notwendigen Maßnahmen nicht unverzüglich oder nicht innerhalb der gesetzten Frist ergreift.

Bei Gefahr im Verzug können die Anordnungen auch gegenüber weisungsberechtigten Personen im Betrieb erlassen werden.

(4) Der zuständigen Behörde ist auf Verlangen ein Nachweis vorzulegen, dass die Gefährdungsbeurteilung fachkundig nach § 6 Absatz 9 erstellt wurde.

(5) Die zuständige Behörde kann dem Arbeitgeber untersagen, Tätigkeiten mit Gefahrstoffen auszuüben oder ausüben zu lassen, und insbesondere eine Stilllegung der betroffenen Arbeitsbereiche anordnen, wenn der Arbeitgeber der Mitteilungspflicht nach § 18 Absatz 2 Nummer 1 nicht nachkommt.

§ 20 Ausschuss für Gefahrstoffe

(1) Beim Bundesministerium für Arbeit und Soziales wird ein Ausschuss für Gefahrstoffe (AGS) gebildet, in dem geeignete Personen vonseiten der Arbeitgeber, der Gewerkschaften, der Landesbehörden, der gesetzlichen Unfallversicherung und weitere geeignete Personen, insbesondere aus der Wissenschaft, vertreten sein sollen. Die Gesamtzahl der Mitglieder soll 21 Personen nicht überschreiten. Für jedes Mitglied ist ein stellvertretendes Mitglied zu benennen. Die Mitgliedschaft im Ausschuss für Gefahrstoffe ist ehrenamtlich.

(2) Das Bundesministerium für Arbeit und Soziales beruft die Mitglieder des Ausschusses und die stellvertretenden Mitglieder. Der

VI

Ausschuss gibt sich eine Geschäftsordnung und wählt die Vorsitzende oder den Vorsitzenden aus seiner Mitte. Die Geschäftsordnung und die Wahl der oder des Vorsitzenden bedürfen der Zustimmung des Bundesministeriums für Arbeit und Soziales.

(3) Zu den Aufgaben des Ausschusses gehört es:

1. den Stand der Wissenschaft, Technik, Arbeitsmedizin und Arbeitshygiene sowie sonstige gesicherte Erkenntnisse für Tätigkeiten mit Gefahrstoffen einschließlich deren Einstufung und Kennzeichnung zu ermitteln und entsprechende Empfehlungen auszusprechen,
2. zu ermitteln, wie die in dieser Verordnung gestellten Anforderungen erfüllt werden können und dazu die dem jeweiligen Stand von Technik und Medizin entsprechenden Regeln und Erkenntnisse zu erarbeiten,
3. das Bundesministerium für Arbeit und Soziales in allen Fragen zu Gefahrstoffen und zur Chemikaliensicherheit zu beraten und
4. Arbeitsplatzgrenzwerte, biologische Grenzwerte und andere Beurteilungsmaßstäbe für Gefahrstoffe vorzuschlagen und regelmäßig zu überprüfen, wobei Folgendes zu berücksichtigen ist:
   a) bei der Festlegung der Grenzwerte und Beurteilungsmaßstäbe ist sicherzustellen, dass der Schutz der Gesundheit der Beschäftigten gewahrt ist,
   b) für jeden Stoff, für den ein Arbeitsplatzgrenzwert oder ein biologischer Grenzwert in Rechtsakten der Europäischen Union festgelegt worden ist, ist unter Berücksichtigung dieses Grenzwerts ein nationaler Grenzwert vorzuschlagen.

Das Arbeitsprogramm des Ausschusses für Gefahrstoffe wird mit dem Bundesministerium für Arbeit und Soziales abgestimmt, wobei die Letztentscheidungsbefugnis beim Bundesministerium für Arbeit und Soziales liegt. Der Ausschuss arbeitet eng mit den anderen Ausschüssen beim Bundesministerium für Arbeit und Soziales zusammen.

(4) Nach Prüfung kann das Bundesministerium für Arbeit und Soziales

1. die vom Ausschuss für Gefahrstoffe ermittelten Regeln und Erkenntnisse nach Absatz 3 Satz 1 Nummer 2 sowie die Arbeitsplatzgrenzwerte und Beurteilungsmaßstäbe nach Absatz 3 Satz 1 Nummer 4 im Gemeinsamen Ministerialblatt bekannt geben und
2. die Empfehlungen nach Absatz 3 Satz 1 Nummer 1 sowie die Beratungsergebnisse nach Absatz 3 Satz 1 Nummer 3 in geeigneter Weise veröffentlichen.

(5) Die Bundesministerien sowie die obersten Landesbehörden können zu den Sitzungen des Ausschusses Vertreterinnen oder Vertreter entsenden. Auf Verlangen ist diesen in der Sitzung das Wort zu erteilen.

(6) Die Bundesanstalt für Arbeitsschutz und Arbeitsmedizin führt die Geschäfte des Ausschusses.

Abschnitt 7 Ordnungswidrigkeiten und Straftaten

§ 21 Chemikaliengesetz – Anzeigen

Ordnungswidrig im Sinne des § 26 Absatz 1 Nummer 8 Buchstabe b des Chemikaliengesetzes handelt, wer vorsätzlich oder fahrlässig

1. entgegen § 8 Absatz 8 in Verbindung mit Anhang I Nummer 2.4.2 Absatz 1 Satz 1 oder Absatz 2 eine Anzeige nicht, nicht richtig, nicht vollständig oder nicht rechtzeitig erstattet,
2. entgegen § 8 Absatz 8 in Verbindung mit Anhang I Nummer 3.4 Absatz 1 oder Absatz 2 eine Anzeige nicht, nicht richtig, nicht vollständig oder nicht rechtzeitig erstattet,
3. entgegen § 8 Absatz 8 in Verbindung mit Anhang I Nummer 3.4 Absatz 3 eine Änderung nicht oder nicht rechtzeitig anzeigt,
4. entgegen § 8 Absatz 8 in Verbindung mit Anhang I Nummer 3.6 eine Anzeige nicht, nicht richtig, nicht vollständig oder nicht rechtzeitig erstattet,

5. entgegen § 8 Absatz 8 in Verbindung mit Anhang I Nummer 4.3.2 Absatz 1 Satz 1 oder Absatz 2 in Verbindung mit Absatz 3 eine Anzeige nicht, nicht richtig, nicht vollständig oder nicht rechtzeitig erstattet,
6. entgegen § 8 Absatz 8 in Verbindung mit Anhang I Nummer 4.3.2 Absatz 4 eine Anzeige nicht oder nicht rechtzeitig erstattet,
7. entgegen § 8 Absatz 8 in Verbindung mit Anhang I Nummer 5.4.2.3 Absatz 1 oder Absatz 2 eine Anzeige nicht, nicht richtig, nicht vollständig oder nicht rechtzeitig erstattet,
8. entgegen § 8 Absatz 8 in Verbindung mit Anhang I Nummer 5.4.2.3 Absatz 3 eine Änderung nicht oder nicht rechtzeitig anzeigt,
9. entgegen § 18 Absatz 1 eine Anzeige nicht, nicht richtig, nicht vollständig oder nicht rechtzeitig erstattet oder
10. entgegen § 18 Absatz 2 eine Mitteilung nicht, nicht richtig, nicht vollständig oder nicht rechtzeitig macht.

§ 22 Chemikaliengesetz – Tätigkeiten

(1) Ordnungswidrig im Sinne des § 26 Absatz 1 Nummer 8 Buchstabe b des Chemikaliengesetzes handelt, wer vorsätzlich oder fahrlässig

1. entgegen § 6 Absatz 8 Satz 1 eine Gefährdungsbeurteilung nicht, nicht richtig, nicht vollständig oder nicht rechtzeitig dokumentiert,
2. entgegen § 6 Absatz 12 Satz 1 ein Gefahrstoffverzeichnis nicht, nicht richtig oder nicht vollständig führt,
3. entgegen § 7 Absatz 1 eine Tätigkeit aufnehmen lässt,

3a. entgegen § 7 Absatz 5 Satz 2 das Verwenden von belastender persönlicher Schutzausrüstung als Dauermaßnahme anwendet,

4. entgegen § 7 Absatz 7 Satz 1 die Funktion und die Wirksamkeit der technischen Schutzmaßnahmen nicht oder nicht rechtzeitig überprüft,
5. entgegen § 8 Absatz 2 Satz 3 eine Tätigkeit ausüben lässt,
6. entgegen § 8 Absatz 3 Satz 2 einen Bereich nicht oder nicht rechtzeitig einrichtet,
7. entgegen § 8 Absatz 5 Satz 3 Gefahrstoffe aufbewahrt oder lagert,
8. entgegen § 8 Absatz 8 in Verbindung mit Anhang I Nummer 2.4.2 Absatz 3 Satz 2 nicht dafür sorgt, dass eine weisungsbefugte sachkundige Person vor Ort tätig ist,
9. entgegen § 8 Absatz 8 in Verbindung mit Anhang I Nummer 2.4.4 Satz 1 einen Arbeitsplan nicht oder nicht rechtzeitig aufstellt,
10. entgegen § 8 Absatz 8 in Verbindung mit Anhang I Nummer 3.3 Satz 2 eine Schädlingsbekämpfung durchführt,
11. entgegen § 8 Absatz 8 in Verbindung mit Anhang I Nummer 5.4.2.1 Absatz 2 Stoffe oder Gemische der Gruppe A lagert oder befördert,
12. entgegen § 8 Absatz 8 in Verbindung mit Anhang I Nummer 5.4.2.1 Absatz 3 brennbare Materialien lagert,
13. entgegen § 8 Absatz 8 in Verbindung mit Anhang I Nummer 5.4.2.2 Absatz 3 Stoffe oder Gemische nicht oder nicht rechtzeitig in Teilmengen unterteilt,
14. entgegen § 8 Absatz 8 in Verbindung mit Anhang I Nummer 5.4.2.3 Absatz 5 Stoffe oder Gemische lagert,
15. entgegen § 9 Absatz 3 Satz 2 oder § 9 Absatz 4 eine persönliche Schutzausrüstung nicht oder nicht rechtzeitig bereitstellt,

15a. entgegen § 9 Absatz 5 nicht gewährleistet, dass getrennte Aufbewahrungsmöglichkeiten zur Verfügung stehen,

16. entgegen § 10 Absatz 4 Satz 2 Schutzkleidung oder ein Atemschutzgerät nicht zur Verfügung stellt,
17. entgegen § 10 Absatz 5 Satz 1 abgesaugte Luft in einen Arbeitsbereich zurückführt,

VI

18. entgegen § 11 Absatz 1 Satz 3 in Verbindung mit Anhang I Nummer 1.3 Absatz 2 Satz 1 das Rauchen oder die Verwendung von offenem Feuer oder offenem Licht nicht verbietet,
19. entgegen § 11 Absatz 1 Satz 3 in Verbindung mit Anhang I Nummer 1.5 Absatz 4 oder Nummer 1.6 Absatz 5 einen dort genannten Bereich nicht oder nicht richtig kennzeichnet,

19a. entgegen § 11 Absatz 4 Satz 2 in Verbindung mit Anhang III Nummer 2.3 Absatz 1 Satz 1 eine Tätigkeit mit einem organischen Peroxid ausüben lässt,

19b. entgegen § 11 Absatz 4 Satz 2 in Verbindung mit Anhang III Nummer 2.6 Satz 2 Buchstabe a nicht sicherstellt, dass ein dort genanntes Gebäude oder ein dort genannter Raum in Sicherheitsbauweise errichtet wird,

19c. entgegen § 11 Absatz 4 Satz 2 in Verbindung mit Anhang III Nummer 2.7 einen dort genannten Bereich nicht oder nicht rechtzeitig festlegt,

20. entgegen § 13 Absatz 2 Satz 1 eine dort genannte Maßnahme nicht oder nicht rechtzeitig ergreift,
21. entgegen § 13 Absatz 3 Satz 1 einen Beschäftigten nicht oder nicht rechtzeitig ausstattet,
22. entgegen § 13 Absatz 4 Warn- und sonstige Kommunikationseinrichtungen nicht zur Verfügung stellt,
23. entgegen § 13 Absatz 5 Satz 1 nicht sicherstellt, dass Informationen über Notfallmaßnahmen zur Verfügung stehen,
24. entgegen § 14 Absatz 1 Satz 1 nicht sicherstellt, dass den Beschäftigten eine schriftliche Betriebsanweisung in der vorgeschriebenen Weise zugänglich gemacht wird,
25. entgegen § 14 Absatz 2 Satz 1 nicht sicherstellt, dass die Beschäftigten über auftretende Gefährdungen und entsprechende Schutzmaßnahmen mündlich unterwiesen werden,
26. entgegen § 14 Absatz 3 Nummer 2 nicht oder nicht rechtzeitig sicherstellt, dass die Beschäftigten und ihre Vertretung unterrichtet und informiert werden,
27. entgegen § 14 Absatz 3 Nummer 3 nicht sicherstellt, dass ein aktualisiertes Verzeichnis geführt wird, oder
28. entgegen § 14 Absatz 3 Nummer 4 nicht sicherstellt, dass ein aktualisiertes Verzeichnis 40 Jahre nach Ende der Exposition aufbewahrt wird.

(2) Wer durch eine in Absatz 1 bezeichnete Handlung das Leben oder die Gesundheit eines anderen oder fremde Sachen von bedeutendem Wert gefährdet, ist nach § 27 Absatz 2 bis 4 des Chemikaliengesetzes strafbar.

§ 23 (weggefallen)

§ 24 Chemikaliengesetz – Herstellungs- und Verwendungsbeschränkungen

(1) Ordnungswidrig im Sinne des § 26 Absatz 1 Nummer 7 Buchstabe a des Chemikaliengesetzes handelt, wer vorsätzlich oder fahrlässig

1. entgegen § 16 Absatz 2 in Verbindung mit Anhang II Nummer 6 Absatz 1 einen dort aufgeführten Stoff verwendet,
2. entgegen § 16 Absatz 3 Satz 2 in Verbindung mit Satz 3 Nummer 1, auch in Verbindung mit Satz 4, ein Biozid-Produkt für einen nicht in der Kennzeichnung ausgewiesenen Verwendungszweck einsetzt oder
3. entgegen § 16 Absatz 3 Satz 2 in Verbindung mit Satz 3 Nummer 2, auch in Verbindung mit Satz 4, eine sich aus der Kennzeichnung oder der Zulassung ergebende Verwendungsbedingung nicht einhält.

(2) Nach § 27 Absatz 1 Nummer 1, Absatz 2 bis 4 des Chemikaliengesetzes wird bestraft, wer vorsätzlich oder fahrlässig

1. entgegen § 8 Absatz 8 in Verbindung mit Anhang I Nummer 2.4.2 Absatz 3 Satz 1 oder Absatz 4 Satz 1 Abbruch-, Sanierungs- oder Instandhaltungsarbeiten durchführt,

VI

2. entgegen § 8 Absatz 8 in Verbindung mit Anhang I Nummer 3.5 Satz 1 Schädlingsbekämpfungen durchführt,
3. ohne Erlaubnis nach § 8 Absatz 8 in Verbindung mit Anhang I Nummer 4.2 Absatz 1 Begasungen durchführt,
4. entgegen § 8 Absatz 8 in Verbindung mit Anhang I Nummer 4.2 Absatz 7 Satz 1 Begasungen durchführt,
5. entgegen § 16 Absatz 2 in Verbindung mit Anhang II Nummer 1 Absatz 1 Satz 1 auch in Verbindung mit Satz 3 Arbeiten durchführt,
6. entgegen § 16 Absatz 2 in Verbindung mit Anhang II Nummer 1 Absatz 1 Satz 4 Überdeckungs-, Überbauungs-, Aufständerungs-, Reinigungs- oder Beschichtungsarbeiten durchführt,
7. entgegen § 16 Absatz 2 in Verbindung mit Anhang II Nummer 1 Absatz 1 Satz 5 asbesthaltige Gegenstände oder Materialien zu anderen Zwecken weiterverwendet,
8. entgegen § 16 Absatz 2 in Verbindung mit Anhang II Nummer 2 Absatz 1 die dort aufgeführten Stoffe oder Gemische herstellt,
9. entgegen § 16 Absatz 2 in Verbindung mit Anhang II Nummer 3 Absatz 1 die dort aufgeführten Erzeugnisse verwendet,
10. entgegen § 16 Absatz 2 in Verbindung mit Anhang II Nummer 4 Absatz 1, Absatz 3 Satz 1 oder Absatz 4 die dort aufgeführten Kühlschmierstoffe oder Korrosionsschutzmittel verwendet oder
11. entgegen § 16 Absatz 2 in Verbindung mit Anhang II Nummer 5 Absatz 1 die dort aufgeführten Stoffe, Gemische oder Erzeugnisse herstellt oder verwendet.

§ 25 Übergangsvorschrift

§ 10 Absatz 5 findet hinsichtlich der fruchtschädigenden Wirkungen von reproduktionstoxischen Stoffen oder Gemischen ab dem 1. Januar 2019 Anwendung.

Anhang I
(zu § 8 Absatz 8, § 11 Absatz 3)

Besondere Vorschriften für bestimmte Gefahrstoffe und Tätigkeiten

Inhaltsübersicht

Nummer 1 Brand- und Explosionsgefährdungen

1.1 Anwendungsbereich

Nummer 1 gilt für Maßnahmen nach § 11 bei Tätigkeiten mit Gefahrstoffen, die zu Brand- und Explosionsgefährdungen führen können.

1.2 Grundlegende Anforderungen zum Schutz vor Brand- und Explosionsgefährdungen

(1) Der Arbeitgeber hat auf der Grundlage der Gefährdungsbeurteilung nach § 6 die organisatorischen und technischen Schutzmaßnahmen nach dem Stand der Technik festzulegen, die zum Schutz von Gesundheit und Sicherheit der Beschäftigten oder anderer Personen vor Brand- und Explosionsgefährdungen erforderlich sind.

(2) Die Mengen an Gefahrstoffen sind im Hinblick auf die Brandbelastung, die Brandausbreitung und Explosionsgefährdungen so zu begrenzen, dass die Gefährdung durch Brände und Explosionen so gering wie möglich ist.

(3) Zum Schutz gegen das unbeabsichtigte Freisetzen von Gefahrstoffen, die zu Brand- oder Explosionsgefährdungen führen können, sind geeignete Maßnahmen zu ergreifen. Insbesondere müssen

1. Gefahrstoffe in Arbeitsmitteln und Anlagen sicher zurückgehalten werden und Zustände wie gefährliche Temperaturen, Über- und Unterdrücke, Überfüllungen, Korrosionen sowie andere gefährliche Zustände vermieden werden,
2. Gefahrstoffströme von einem schnell und ungehindert erreichbaren Ort aus durch Stillsetzen der Förderung unterbrochen werden können,
3. gefährliche Vermischungen von Gefahrstoffen vermieden werden.

Soweit nach der Gefährdungsbeurteilung erforderlich, müssen Gefahrstoffströme automatisch begrenzt oder unterbrochen werden können.

(4) Frei werdende Gefahrstoffe, die zu Brand- oder Explosionsgefährdungen führen können, sind an ihrer Austritts- oder Entstehungsstelle gefahrlos zu beseitigen, soweit dies nach dem Stand der Technik möglich ist. Ausgetretene flüssige Gefahrstoffe sind aufzufangen. Flüssigkeitslachen und Staubablagerungen sind gefahrlos zu beseitigen.

1.3 Schutzmaßnahmen in Arbeitsbereichen mit Brand- und Explosionsgefährdungen

(1) Arbeitsbereiche mit Brand- oder Explosionsgefährdungen sind

1. mit Flucht- und Rettungswegen sowie Ausgängen in ausreichender Zahl so auszustatten, dass die Beschäftigten die Arbeitsbereiche im Gefahrenfall schnell, ungehindert und sicher verlassen und Verunglückte jederzeit gerettet werden können,

2. so zu gestalten und auszulegen, dass die Übertragung von Bränden und Explosionen sowie die Auswirkungen von Bränden und Explosionen auf benachbarte Bereiche vermieden werden,
3. mit ausreichenden Feuerlöscheinrichtungen auszustatten; die Feuerlöscheinrichtungen müssen, sofern sie nicht selbsttätig wirken, gekennzeichnet, leicht zugänglich und leicht zu handhaben sein,
4. mit Angriffswegen zur Brandbekämpfung zu versehen, die so angelegt und gekennzeichnet sind, dass sie mit Lösch- und Arbeitsgeräten schnell und ungehindert zu erreichen sind.

(2) In Arbeitsbereichen mit Brand- oder Explosionsgefährdungen sind das Rauchen und das Verwenden von offenem Feuer und offenem Licht zu verbieten. Unbefugten ist das Betreten von Bereichen mit Brand- oder Explosionsgefährdungen zu verbieten. Auf die Verbote muss deutlich erkennbar und dauerhaft hingewiesen werden.

(3) Durch geeignete Maßnahmen ist zu gewährleisten, dass Personen im Gefahrenfall rechtzeitig, angemessen, leicht wahrnehmbar und unmissverständlich gewarnt werden können.

(4) Soweit nach der Gefährdungsbeurteilung erforderlich,

1. muss es bei Energieausfall möglich sein, die Geräte und Schutzsysteme unabhängig vom übrigen Betriebssystem in einem sicheren Betriebszustand zu halten,
2. müssen im Automatikbetrieb laufende Geräte und Schutzsysteme, die vom bestimmungsgemäßen Betrieb abweichen, unter sicheren Bedingungen von Hand abgeschaltet werden können und
3. müssen gespeicherte Energien beim Betätigen der Notabschalteinrichtungen so schnell und sicher wie möglich abgebaut oder isoliert werden.

1.4 Organisatorische Maßnahmen

(1) Der Arbeitgeber darf Tätigkeiten mit Gefahrstoffen, die zu Brand- oder Explosionsgefährdungen führen können, nur zuverlässigen, mit den Tätigkeiten, den dabei auftretenden Gefährdungen und den erforderlichen Schutzmaßnahmen vertrauten und entsprechend unterwiesenen Beschäftigten übertragen.

(2) In Arbeitsbereichen mit Gefahrstoffen, die zu Brand- oder Explosionsgefährdungen führen können, ist bei besonders gefährlichen Tätigkeiten und bei Tätigkeiten, die durch eine Wechselwirkung mit anderen Tätigkeiten Gefährdungen verursachen können, ein Arbeitsfreigabesystem mit besonderen schriftlichen Anweisungen des Arbeitgebers anzuwenden. Die Arbeitsfreigabe ist vor Beginn der Tätigkeiten von einer hierfür verantwortlichen Person zu erteilen.

(3) Werden in Arbeitsbereichen, in denen Tätigkeiten mit Gefahrstoffen ausgeübt werden, die zu Brand- oder Explosionsgefährdungen führen können, Beschäftigte tätig und kommt es dabei zu einer besonderen Gefährdung, sind zuverlässige, mit den Tätigkeiten, den dabei auftretenden Gefährdungen und den erforderlichen Schutzmaßnahmen vertraute Personen mit der Aufsichtsführung zu beauftragen. Die Aufsicht führende Person hat insbesondere dafür zu sorgen, dass

1. mit den Tätigkeiten erst begonnen wird, wenn die in der Gefährdungsbeurteilung nach § 6 festgelegten Maßnahmen ergriffen sind und ihre Wirksamkeit nachgewiesen ist, und
2. ein schnelles Verlassen des Arbeitsbereichs jederzeit möglich ist.

1.5 Schutzmaßnahmen für die Lagerung

(1) Gefahrstoffe dürfen nur an dafür geeigneten Orten und in geeigneten Einrichtungen gelagert werden. Sie dürfen nicht an oder in der Nähe von Orten gelagert werden, an denen dies zu einer Gefährdung der Beschäftigten oder anderer Personen führen kann.

(2) In Arbeitsräumen dürfen Gefahrstoffe nur gelagert werden, wenn die Lagerung mit dem Schutz der Beschäftigten vereinbar ist und in besonderen Einrichtungen erfolgt, die dem Stand der Technik entsprechen.

(3) Gefahrstoffe dürfen nicht zusammen gelagert werden, wenn dies zu einer Erhöhung der Brand- oder Explosionsgefährdung führen kann, insbesondere durch gefährliche Vermischungen, oder wenn die gelagerten Gefahrstoffe in gefährlicher Weise miteinander reagieren können. Gefahrstoffe dürfen ferner nicht zusammen gelagert werden, wenn dies bei einem Brand oder einer Explosion zu zusätzlichen Gefährdungen von Beschäftigten oder von anderen Personen führen kann.

(4) Bereiche, in denen brennbare Gefahrstoffe in solchen Mengen gelagert werden, dass eine erhöhte Brandgefährdung besteht, sind mit dem Warnzeichen „Warnung vor feuergefährlichen Stoffen oder hoher Temperatur" nach Anhang II Nummer 3.2 der Richtlinie 92/58/EWG des Rates vom 24. Juni 1992 über Mindestvorschriften für die Sicherheits- und/oder Gesundheitsschutzkennzeichnung am Arbeitsplatz (Neunte Einzelrichtlinie im Sinne von Artikel 16 Absatz 1 der Richtlinie 89/391/EWG) (ABl. L 245 vom 26. 8. 1992, S. 23) zu kennzeichnen.

(5) Soweit nach der Gefährdungsbeurteilung erforderlich, sind zu Lagerorten von Gefahrstoffen Schutz- und Sicherheitsabstände einzuhalten. Dabei ist ein Sicherheitsabstand der erforderliche Abstand zwischen Lagerorten und zu schützenden Personen, ein Schutzabstand ist der erforderliche Abstand zum Schutz des Lagers gegen gefährliche Einwirkungen von außen.

VI

1.6 Mindestvorschriften für den Explosionsschutz bei Tätigkeiten in Bereichen mit gefährlichen explosionsfähigen Gemischen

(1) Bei der Festlegung von Schutzmaßnahmen nach § 11 Absatz 2 Nummer 1 sind insbesondere Maßnahmen nach folgender Rangfolge zu ergreifen:

1. es sind Stoffe und Gemische einzusetzen, die keine explosionsfähigen Gemische bilden können, soweit dies nach dem Stand der Technik möglich ist,
2. ist dies nicht möglich, ist die Bildung von gefährlichen explosionsfähigen Gemischen zu verhindern oder einzuschränken, soweit dies nach dem Stand der Technik möglich ist,
3. gefährliche explosionsfähige Gemische sind gefahrlos nach dem Stand der Technik zu beseitigen.

Soweit nach der Gefährdungsbeurteilung erforderlich, sind die Maßnahmen zur Vermeidung gefährlicher explosionsfähiger Gemische durch geeignete technische Einrichtungen zu überwachen.

(2) Kann nach Durchführung der Maßnahmen nach Absatz 1 die Bildung gefährlicher explosionsfähiger Gemische nicht sicher verhindert werden, hat der Arbeitgeber zu beurteilen

1. die Wahrscheinlichkeit und die Dauer des Auftretens gefährlicher explosionsfähiger Gemische,
2. die Wahrscheinlichkeit des Vorhandenseins, der Entstehung und des Wirksamwerdens von Zündquellen einschließlich elektrostatischer Entladungen und
3. das Ausmaß der zu erwartenden Auswirkungen von Explosionen.

Treten bei explosionsfähigen Gemischen mehrere Arten von brennbaren Gasen, Dämpfen, Nebeln oder Stäuben gleichzeitig auf, so müssen die Schutzmaßnahmen auf die größte Gefährdung ausgerichtet sein.

(3) Kann das Auftreten gefährlicher explosionsfähiger Gemische nicht sicher verhindert werden, sind Schutzmaßnahmen zu ergreifen, um eine Zündung zu vermeiden. Für die Festlegung von Maßnahmen und die Auswahl der Arbeitsmittel kann der Arbeitgeber explosionsgefähr-

dete Bereiche nach Nummer 1.7 in Zonen einteilen und entsprechende Zuordnungen nach Nummer 1.8 vornehmen.

(4) Kann eine Explosion nicht sicher verhindert werden, sind Maßnahmen des konstruktiven Explosionsschutzes zu ergreifen, um die Ausbreitung der Explosion zu begrenzen und die Auswirkungen der Explosion auf die Beschäftigten so gering wie möglich zu halten.

(5) Arbeitsbereiche, in denen gefährliche explosionsfähige Atmosphäre auftreten kann, sind an ihren Zugängen zu kennzeichnen mit dem Warnzeichen nach Anhang III der Richtlinie 1999/92/EG des Europäischen Parlaments und des Rates vom 16. Dezember 1999 über Mindestvorschriften zur Verbesserung des Gesundheitsschutzes und der Sicherheit der Arbeitnehmer, die durch explosionsfähige Atmosphären gefährdet werden können (Fünfzehnte Einzelrichtlinie im Sinne von Artikel 16 Absatz 1 der Richtlinie 89/391/EWG) (ABl. L 23 vom 28. 1. 2000, S. 57, L 134 vom 7. 6. 2000, S. 36), die durch die Richtlinie 2007/30/EG (ABl. L 165 vom 27. 6. 2007, S. 21) geändert worden ist.

1.7 Zoneneinteilung explosionsgefährdeter Bereiche

Zone 0

ist ein Bereich, in dem gefährliche explosionsfähige Atmosphäre als Gemisch aus Luft und brennbaren Gasen, Dämpfen oder Nebeln ständig, über lange Zeiträume oder häufig vorhanden ist.

Zone 1

ist ein Bereich, in dem sich im Normalbetrieb gelegentlich eine gefährliche explosionsfähige Atmosphäre als Gemisch aus Luft und brennbaren Gasen, Dämpfen oder Nebeln bilden kann.

Zone 2

ist ein Bereich, in dem im Normalbetrieb eine gefährliche explosionsfähige Atmosphäre als Gemisch aus Luft und brennbaren Gasen, Dämpfen oder Nebeln normalerweise nicht auftritt, und wenn doch, dann nur selten und für kurze Zeit.

Zone 20

ist ein Bereich, in dem gefährliche explosionsfähige Atmosphäre in Form einer Wolke aus brennbarem Staub, der in der Luft enthalten ist, ständig, über lange Zeiträume oder häufig vorhanden ist.

Zone 21

ist ein Bereich, in dem sich im Normalbetrieb gelegentlich eine gefährliche explosionsfähige Atmosphäre in Form einer Wolke aus in der Luft enthaltenem brennbaren Staub bilden kann.

Zone 22

ist ein Bereich, in dem im Normalbetrieb eine gefährliche explosionsfähige Atmosphäre in Form einer Wolke aus in der Luft enthaltenem brennbaren Staub normalerweise nicht auftritt, und wenn doch, dann nur selten und für kurze Zeit.

Als Normalbetrieb gilt der Zustand, in dem Anlagen innerhalb ihrer Auslegungsparameter verwendet werden. Im Zweifelsfall ist die strengere Zone zu wählen. Schichten, Ablagerungen und Aufhäufungen von brennbarem Staub sind wie jede andere Ursache, die zur Bildung einer gefährlichen explosionsfähigen Atmosphäre führen kann, zu berücksichtigen. Die Zoneneinteilung ist in der Dokumentation der Gefährdungsbeurteilung (Explosionsschutzdokument) zu dokumentieren.

1.8 Mindestvorschriften für Einrichtungen in explosionsgefährdeten Bereichen sowie für Einrichtungen in nichtexplosionsgefährdeten Bereichen, die für den Explosionsschutz in explosionsgefährdeten Bereichen von Bedeutung sind

(1) Arbeitsmittel einschließlich Anlagen und Geräte, Schutzsysteme und den dazugehörigen Verbindungsvorrichtungen dürfen nur in Betrieb genommen werden, wenn aus der Dokumentation der Gefährdungsbeurteilung hervorgeht, dass sie in explosionsgefährdeten Bereichen sicher verwendet werden können. Dies gilt auch für Arbeitsmittel und die dazugehörigen Verbindungsvorrichtungen, die nicht Geräte oder Schutzsysteme im Sinne der Richtlinie 2014/34/EU des Europäischen Parlaments und des Rates vom 26. Februar 2014 zur Harmonisierung der Rechtsvorschriften der Mitgliedstaaten für Geräte und Schutzsysteme zur bestimmungsgemäßen Verwendung in explosionsgefährdeten Bereichen (ABl. L 96 vom 29. 3. 2014, S. 309) sind, wenn ihre Verwendung in einer Einrichtung an sich eine potenzielle Zündquelle darstellt. Verbindungsvorrichtungen dürfen nicht verwechselt werden können; hierfür sind die erforderlichen Maßnahmen zu ergreifen.

(2) Sofern in der Gefährdungsbeurteilung nichts anderes vorgesehen ist, sind in explosionsgefährdeten Bereichen Geräte und Schutzsysteme entsprechend den Kategorien der Richtlinie 2014/34/EU auszuwählen.

(3) Insbesondere sind in explosionsgefährdeten Bereichen, die in Zonen eingeteilt sind, folgende Kategorien von Geräten zu verwenden:
- in Zone 0 oder Zone 20: Geräte der Kategorie 1,
- in Zone 1 oder Zone 21: Geräte der Kategorie 1 oder der Kategorie 2,
- in Zone 2 oder Zone 22: Geräte der Kategorie 1, der Kategorie 2 oder der Kategorie 3.

VI

(4) Für explosionsgefährdete Bereiche, die nicht nach Nummer 1.7 in Zonen eingeteilt sind, sind die Maßnahmen auf der Grundlage der Gefährdungsbeurteilung festzulegen und durchzuführen. Dies gilt insbesondere für
1. zeitlich und örtlich begrenzte Tätigkeiten, bei denen nur für die Dauer dieser Tätigkeiten mit dem Auftreten gefährlicher explosionsfähiger Atmosphäre gerechnet werden muss,
2. An- und Abfahrprozesse in Anlagen, die nur sehr selten oder ausnahmsweise durchgeführt werden müssen und
3. Errichtungs- oder Instandhaltungsarbeiten.

Nummer 2 Partikelförmige Gefahrstoffe

2.1 Anwendungsbereich

Nummer 2 gilt für Tätigkeiten mit Exposition gegenüber allen alveolengängigen und einatembaren Stäuben. Nummer 2.4 gilt ergänzend für Tätigkeiten, bei denen Asbeststaub oder Staub von asbesthaltigen Materialien freigesetzt wird oder freigesetzt werden kann. Abweichungen von den Nummern 2.4.2 bis 2.4.5 sind möglich, sofern es sich um Tätigkeiten handelt, die nur zu einer geringen Exposition führen.

2.2 Begriffsbestimmungen

(1) Stäube, einschließlich Rauche, sind disperse Verteilungen fester Stoffe in der Luft, die insbesondere durch mechanische, thermische oder chemische Prozesse oder durch Aufwirbelung entstehen.

(2) Einatembar ist derjenige Anteil von Stäuben im Atembereich von Beschäftigten, der über die Atemwege aufgenommen werden kann. Alveolengängig ist derjenige Anteil von einatembaren Stäuben, der die Alveolen und Bronchiolen erreichen kann.

(3) Asbest im Sinne von Nummer 2 und Anhang II Nummer 1 sind folgende Silikate mit Faserstruktur:

1. Aktinolith, CAS-Nummer*) 77536-66-4,
2. Amosit, CAS-Nummer 12172-73-5,
3. Anthophyllit, CAS-Nummer 77536-67-5,
4. Chrysotil, CAS-Nummer 12001-29-5 und CAS-Nummer 132207-32-0,
5. Krokydolith, CAS-Nummer 12001-28-4,
6. Tremolit, CAS-Nummer 77536-68-6.

2.3 Ergänzende Schutzmaßnahmen für Tätigkeiten mit Exposition gegenüber einatembaren Stäuben

(1) Die Gefährdungsbeurteilung nach § 6 bei Tätigkeiten mit Stoffen, Gemischen und Erzeugnissen, die Stäube freisetzen können, ist unter Beachtung ihres Staubungsverhaltens vorzunehmen.

(2) Bei Tätigkeiten mit Exposition gegenüber einatembaren Stäuben, für die kein stoffbezogener Arbeitsplatzgrenzwert festgelegt ist, sind die Schutzmaßnahmen entsprechend der Gefährdungsbeurteilung nach § 6 so festzulegen, dass mindestens die Arbeitsplatzgrenzwerte für den einatembaren Staubanteil und für den alveolengängigen Staubanteil eingehalten werden.

(3) Maschinen und Geräte sind so auszuwählen und zu betreiben, dass möglichst wenig Staub freigesetzt wird. Staub emittierende Anlagen, Maschinen und Geräte müssen mit einer wirksamen Absaugung versehen sein, soweit dies nach dem Stand der Technik möglich ist und die Staubfreisetzung nicht durch andere Maßnahmen verhindert wird.

(4) Bei Tätigkeiten mit Staubexposition ist eine Ausbreitung des Staubs auf unbelastete Arbeitsbereiche zu verhindern, soweit dies nach dem Stand der Technik möglich ist.

(5) Stäube sind an der Austritts- oder Entstehungsstelle möglichst vollständig zu erfassen und gefahrlos zu entsorgen. Die abgesaugte Luft ist so zu führen, dass so wenig Staub wie möglich in die Atemluft der Beschäftigten gelangt. Die abgesaugte Luft darf nur in den Arbeitsbereich zurückgeführt werden, wenn sie ausreichend gereinigt worden ist.

(6) Ablagerungen von Stäuben sind zu vermeiden. Ist dies nicht möglich, so sind die Staubablagerungen durch Feucht- oder Nassverfahren nach dem Stand der Technik oder durch saugende Verfahren unter Verwendung geeigneter Staubsauger oder Entstauber zu beseitigen. Das Reinigen des Arbeitsbereichs durch Kehren ohne Staub bindende Maßnahmen oder Abblasen von Staubablagerungen mit Druckluft ist grundsätzlich nicht zulässig.

(7) Einrichtungen zum Abscheiden, Erfassen und Niederschlagen von Stäuben müssen dem Stand der Technik entsprechen. Bei der ersten Inbetriebnahme dieser Einrichtungen ist deren ausreichende Wirksamkeit zu überprüfen. Die Einrichtungen sind mindestens jährlich auf ihre Funktionsfähigkeit zu prüfen, zu warten und gegebenenfalls in Stand zu setzen. Die niedergelegten Ergebnisse der Prüfungen nach den Sätzen 2 und 3 sind aufzubewahren.

(8) Für staubintensive Tätigkeiten sind geeignete organisatorische Maßnahmen zu ergreifen, um die Dauer der Exposition so weit wie möglich zu verkürzen. Ergibt die Gefährdungsbeurteilung nach § 6, dass die in Absatz 2 in Bezug genommenen Arbeitsplatzgrenzwerte nicht eingehalten werden können, hat der Arbeitgeber geeignete persönliche Schutzausrüstung, insbesondere zum Atemschutz, zur Verfügung zu stellen. Diese ist von den Beschäftigten zu

*) Nummer im Register des Chemical Abstracts Service (CAS).

tragen. Den Beschäftigten sind getrennte Aufbewahrungsmöglichkeiten für die Arbeitskleidung und für die Straßenkleidung sowie Waschräume zur Verfügung zu stellen.

2.4 Ergänzende Vorschriften zum Schutz gegen Gefährdung durch Asbest

2.4.1 Ermittlung und Beurteilung der Gefährdung durch Asbest

Der Arbeitgeber hat bei der Gefährdungsbeurteilung nach § 6 festzustellen, ob Beschäftigte bei Tätigkeiten Asbeststaub oder Staub von asbesthaltigen Materialien ausgesetzt sind oder ausgesetzt sein können. Dies gilt insbesondere für Abbruch-, Sanierungs- und Instandhaltungsarbeiten mit asbesthaltigen Erzeugnissen oder Materialien. Vor allem hat der Arbeitgeber zu ermitteln, ob Asbest in schwach gebundener Form vorliegt.

2.4.2 Anzeige an die Behörde

(1) Tätigkeiten nach Nummer 2.1 Satz 2 müssen der zuständigen Behörde angezeigt werden. Der Arbeitgeber hat den Beschäftigten und ihrer Vertretung Einsicht in die Anzeige zu gewähren.

(2) Die Anzeige muss spätestens sieben Tage vor Beginn der Tätigkeiten durch den Arbeitgeber erfolgen und mindestens folgende Angaben enthalten:

1. Lage der Arbeitsstätte,
2. verwendete oder gehandhabte Asbestarten und -mengen,
3. ausgeübte Tätigkeiten und angewendete Verfahren,
4. Anzahl der beteiligten Beschäftigten,
5. Beginn und Dauer der Tätigkeiten,
6. Maßnahmen zur Begrenzung der Asbestfreisetzung und zur Begrenzung der Asbestexposition der Beschäftigten.

(3) Abbruch-, Sanierungs- und Instandhaltungsarbeiten mit Asbest dürfen nur von Fachbetrieben durchgeführt werden, deren personelle und sicherheitstechnische Ausstattung für diese Tätigkeiten geeignet ist. Bei den Arbeiten ist dafür zu sorgen, dass mindestens eine weisungsbefugte sachkundige Person vor Ort tätig ist. Die Sachkunde wird durch die erfolgreiche Teilnahme an einem von der zuständigen Behörde anerkannten Sachkundelehrgang nachgewiesen. Sachkundenachweise gelten für den Zeitraum von sechs Jahren. Abweichend von Satz 4 behalten Sachkundenachweise, die vor dem 1. Juli 2010 erworben wurden, bis zum 30. Juni 2016 ihre Gültigkeit. Wird während der Geltungsdauer des Sachkundenachweises ein behördlich anerkannter Fortbildungslehrgang besucht, verlängert sich die Geltungsdauer um sechs Jahre, gerechnet ab dem Datum des Nachweises über den Abschluss des Fortbildungslehrgangs.

(4) Abbruch- und Sanierungsarbeiten bei Vorhandensein von Asbest in schwach gebundener Form dürfen nur von Fachbetrieben durchgeführt werden, die von der zuständigen Behörde zur Ausführung dieser Tätigkeiten zugelassen worden sind. Die Zulassung ist auf schriftlichen oder elektronischen Antrag des Arbeitgebers zu erteilen, wenn dieser nachgewiesen hat, dass die für diese Tätigkeiten notwendige personelle und sicherheitstechnische Ausstattung im notwendigen Umfang gegeben ist.

2.4.3 Ergänzende Schutzmaßnahmen bei Tätigkeiten mit Asbestexposition

(1) Die Ausbreitung von Asbeststaub ist durch eine staubdichte Abtrennung des Arbeitsbereichs oder durch geeignete Schutzmaßnahmen, die einen gleichartigen Sicherheitsstandard gewährleisten, zu verhindern.

(2) Durch eine ausreichend dimensionierte raumlufttechnische Anlage ist sicherzustellen, dass der Arbeitsbereich durchlüftet und ein ausreichender Unterdruck gehalten wird.

(3) Der Arbeitsbereich ist mit einer Personenschleuse mit Dusche und einer Materialschleuse auszustatten.

(4) Den Beschäftigten sind geeignete Atemschutzgeräte, Schutzanzüge und, soweit erforderlich, weitere persönliche Schutzausrüstung zur Verfügung zu stellen. Der Arbeitgeber hat sicherzustellen, dass die Beschäftigten die persönliche Schutzausrüstung verwenden.

(5) Kontaminierte persönliche Schutzausrüstung und die Arbeitskleidung müssen entweder gereinigt oder entsorgt werden. Sie können auch in geeigneten Einrichtungen außerhalb des Betriebs gereinigt werden. Die Reinigung ist so durchzuführen, dass Beschäftigte Asbeststaub nicht ausgesetzt werden. Das Reinigungsgut ist in geschlossenen, gekennzeichneten Behältnissen aufzubewahren und zu transportieren.

(6) Den Beschäftigten müssen geeignete Waschräume mit Duschen zur Verfügung gestellt werden.

(7) Vor Anwendung von Abbruchtechniken sind asbesthaltige Materialien zu entfernen, soweit dies möglich ist.

2.4.4 Arbeitsplan

Vor Aufnahme von Tätigkeiten mit Asbest, insbesondere von Abbruch-, Sanierungs- und Instandhaltungsarbeiten, hat der Arbeitgeber einen Arbeitsplan aufzustellen. Der Arbeitsplan muss Folgendes vorsehen:

1. eine Beschreibung des Arbeitsverfahrens und der verwendeten Arbeitsmittel zum Entfernen und Beseitigen von Asbest und asbesthaltigen Materialien,
2. Angaben zur persönlichen Schutzausrüstung,
3. eine Beschreibung, wie überprüft wird, dass im Arbeitsbereich nach Abschluss der Abbruch- oder Sanierungsarbeiten keine Gefährdung durch Asbest mehr besteht.

2.4.5 Ergänzende Bestimmungen zur Unterweisung der Beschäftigten

(1) Die Beschäftigten sind regelmäßig bezogen auf die konkrete Tätigkeit zu unterweisen. Hierbei ist der Arbeitsplan nach Nummer 2.4.4 zu berücksichtigen.

(2) Gegenstand der Unterweisung sind insbesondere folgende Punkte:

1. Eigenschaften von Asbest und seine Wirkungen auf die Gesundheit, einschließlich der verstärkenden Wirkung durch das Rauchen,
2. Arten von Erzeugnissen und Materialien, die Asbest enthalten können,
3. Tätigkeiten, bei denen eine Asbestexposition auftreten kann, und die Bedeutung von Maßnahmen zur Expositionsminderung,
4. sachgerechte Anwendung sicherer Verfahren und der persönlichen Schutzausrüstung,
5. Maßnahmen bei Störungen des Betriebsablaufs,
6. sachgerechte Abfallbeseitigung,
7. arbeitsmedizinische Vorsorgeuntersuchungen nach der Verordnung zur arbeitsmedizinischen Vorsorge.

Nummer 3 Schädlingsbekämpfung

3.1 Anwendungsbereich

Nummer 3 gilt für die Schädlingsbekämpfung mit als akut toxisch Kategorie 1 bis 4 oder spezifisch zielorgantoxisch Kategorie 1 oder 2 eingestuften Stoffen und Gemischen sowie Gemischen, bei denen die genannten Stoffe freigesetzt werden, soweit die Bekämpfung nicht bereits durch andere Rechtsvorschriften geregelt ist. Nummer 3 gilt für jeden, der Schädlingsbekämpfung

1. berufsmäßig bei anderen durchführt oder
2. nicht nur gelegentlich und nicht nur in geringem Umfang im eigenen Betrieb, in dem Lebensmittel hergestellt, behandelt oder in Verkehr gebracht werden, oder in einer Einrichtung durchführt, die in § 23 Absatz 5 oder § 36 des Infektionsschutzgesetzes genannt ist.

Von einer Freisetzung ist auch auszugehen, wenn Wirkstoffe nach Satz 1 erst beim bestimmungsgemäßen Gebrauch entstehen. Nummer 3 gilt nicht, wenn eine Schädlingsbekämpfung in deutschen Flugzeugen oder auf deutschen Schiffen außerhalb des Staatsgebiets der Bundesrepublik Deutschland auf der Grundlage internationaler Gesundheitsvorschriften durchgeführt wird.

3.2 Begriffsbestimmung

Schädlingsbekämpfungsmittel sind Stoffe und Gemische, die dazu bestimmt sind, Schädlinge und Schadorganismen oder lästige Organismen unschädlich zu machen oder zu vernichten.

3.3 Allgemeine Anforderungen

Die Schädlingsbekämpfung ist so durchzuführen, dass Mensch und Umwelt nicht gefährdet werden. Sie darf nur mit Schädlingsbekämpfungsmitteln durchgeführt werden, die verkehrsfähig sind

1. als Biozid-Produkte nach Abschnitt IIa des Chemikaliengesetzes oder
2. als Pflanzenschutzmittel nach dem Pflanzenschutzgesetz.

VI

3.4 Anzeigepflicht

(1) Wer Schädlingsbekämpfungen nach Nummer 3.1 erstmals durchführen oder nach mehr als einjähriger Unterbrechung wieder aufnehmen will, hat dies mindestens sechs Wochen vor Aufnahme der ersten Tätigkeit der zuständigen Behörde anzuzeigen.

(2) Die Anzeige muss insbesondere folgende Angaben enthalten:

1. den Nachweis, dass die personelle, räumliche und sicherheitstechnische Ausstattung des Unternehmens für diese Arbeiten ausreichend geeignet ist,
2. die Zahl der Beschäftigten, die mit den Schädlingsbekämpfungsmitteln umgehen,
3. zu den zur Schädlingsbekämpfung vorgesehenen Schädlingsbekämpfungsmitteln die
   a) Bezeichnungen,
   b) Eigenschaften,
   c) Wirkungsmechanismen,
   d) Anwendungsverfahren und
   e) Dekontaminationsverfahren,
4. die Bereiche der vorgesehenen Schädlingsbekämpfung sowie Zielorganismen, gegen die die Schädlingsbekämpfung durchgeführt werden soll, und
5. das Ergebnis der Substitutionsprüfung nach § 6 Absatz 1 Satz 2 Nummer 4.

(3) Änderungen bezüglich der Angaben nach Absatz 2 Ziffer 1 bis 5 sind vom Arbeitgeber der zuständigen Behörde unverzüglich anzuzeigen.

(4) Eine ausreichend geeignete personelle Ausstattung ist gegeben, wenn geeignete und sachkundige Personen beschäftigt werden.

(5) Geeignet im Sinne von Absatz 4 ist, wer

1. mindestens 18 Jahre alt ist,
2. die für den Umgang mit Schädlingsbekämpfungsmitteln erforderliche Zuverlässigkeit besitzt und
3. durch das Zeugnis einer Ärztin oder eines Arztes nach § 7 Absatz 1 der Verordnung zur arbeitsmedizinischen Vorsorge nachweist, dass keine Anhaltspunkte vorliegen, die ihn für den Umgang mit Schädlingsbekämpfungsmitteln körperlich oder geistig ungeeignet erscheinen lassen; das Zeugnis darf nicht älter als fünf Jahre sein.

(6) Sachkundig im Sinne von Absatz 4 ist, wer sich regelmäßig fortbildet und

1. die Prüfung nach der Verordnung über die Berufsausbildung zum Schädlingsbekämpfer/zur Schädlingsbekämpferin vom 15. Juli 2004 (BGBl. I S. 1638) abgelegt hat,
2. die Prüfung nach der Verordnung über die Prüfung zum anerkannten Abschluss Geprüfter Schädlingsbekämpfer/ Geprüfte Schädlingsbekämpferin vom 19. März 1984 (BGBl. I S. 468) abgelegt hat oder
3. die Prüfung zum Gehilfen oder Meister für Schädlingsbekämpfung nach nicht mehr geltendem Recht in der Bundesrepublik Deutschland oder nach dem Recht der Deutschen Demokratischen Republik abgelegt hat.

Sachkundig ist auch, wer eine Prüfung abgelegt oder eine Ausbildung erfolgreich abgeschlossen hat, die von der zuständigen Behörde als den Prüfungen nach Satz 1 gleichwertig anerkannt worden ist. Beschränkt sich die vorgesehene Schädlingsbekämpfung auf bestimmte Anwendungsbereiche, ist sachkundig auch, wer eine Prüfung abgelegt oder eine Ausbildung erfolgreich abgeschlossen hat, die von der zuständigen Behörde für diese Tätigkeiten als geeignet anerkannt worden ist.

3.5 Einsatz von Hilfskräften

Schädlingsbekämpfungen nach Nummer 3.1 dürfen nur solche Personen durchführen, die die Anforderungen nach Nummer 3.4 Absatz 5 und 6 erfüllen. Hilfskräfte dürfen nur unter der unmittelbaren und ständigen Aufsicht einer sachkundigen Person eingesetzt werden und müssen entsprechend ihrer Tätigkeit nachweislich regelmäßig unterwiesen werden.

3.6 Schädlingsbekämpfung in Gemeinschaftseinrichtungen

Die Anwendung von Schädlingsbekämpfungsmitteln in Gemeinschaftseinrichtungen, insbesondere in Schulen, Kindertagesstätten und Krankenhäusern, ist der zuständigen Behörde schriftlich oder elektronisch, in der Regel mindestens 14 Tage im Voraus, anzuzeigen. Erfolgt die Anzeige elektronisch, kann die zuständige Behörde Mehrfertigungen sowie die Übermittlung der der Anzeige beizufügenden Unterlagen auch in schriftlicher Form verlangen. Dabei sind der Umfang, die Anwendung, die verwendeten Mittel, das Ausbringungsverfahren und die vorgesehenen Schutzmaßnahmen anzugeben.

3.7 Dokumentation

Die Anwendung von Schädlingsbekämpfungsmitteln ist ausreichend zu dokumentieren. Die Aufzeichnungen sind mindestens fünf Jahre aufzubewahren und der zuständigen Behörde auf Verlangen vorzulegen.

Nummer 4 Begasungen

4.1 Anwendungsbereich

(1) Nummer 4 gilt für Tätigkeiten mit folgenden Stoffen und Gemischen, sofern sie als Begasungsmittel zugelassen sind und als solche eingesetzt werden:

1. Hydrogencyanid (Cyanwasserstoff, Blausäure) sowie Stoffe und Gemische, die zum Entwickeln oder Verdampfen von Hydrogencyanid oder leicht flüchtigen Hydrogencyanidverbindungen dienen,
2. Phosphorwasserstoff sowie Stoffe und Gemische, die Phosphorwasserstoff entwickeln,
3. Ethylenoxid und Gemische, die Ethylenoxid enthalten,
4. Sulfuryldifluorid (Sulfurylfluorid).

(2) Nummer 4 gilt auch für Tätigkeiten bei Raumdesinfektionen mit Formaldehydlösungen, einschließlich Stoffen und Gemischen, aus denen sich Formaldehyd entwickelt oder verdampft, oder bei denen Formaldehyd sich gasförmig oder in Form schwebfähiger Flüssigkeitströpfchen verteilt, um die Desinfektion sämtlicher Flächen eines Raumes zu erreichen.

(3) Nummer 4 gilt auch für Begasungstätigkeiten mit anderen Stoffen oder Gemischen, die als akut toxisch Kategorie 1, 2 oder 3 oder spezifisch zielorgantoxisch Kategorie 1 einzustufen und für diese Tätigkeiten zugelassen sind.

1. als Biozid-Produkt nach Abschnitt IIa des Chemikaliengesetzes oder
2. als Pflanzenschutzmittel nach dem Pflanzenschutzgesetz.

Dies gilt auch für Biozid-Produkte, auf die die Übergangsbestimmungen des § 28 Absatz 8 des Chemikaliengesetzes anzuwenden sind.

(4) Nummer 4 gilt auch für Tätigkeiten an begasten Transporteinheiten jeder Art wie Fahrzeugen, Waggons, Schiffen, Tanks und Containern, die mit Begasungsmitteln behandelt worden sind, die als akut toxisch Kategorie 1, 2 oder 3 oder spezifisch zielorgantoxisch Kategorie 1 einzustufen sind. Satz 1 gilt auch für Tätigkeiten an Transporteinheiten, die im Ausland begast worden sind und in den Geltungsbereich dieser Verordnung gelangen.

(5) Nummer 4 gilt nicht für Tätigkeiten mit Begasungsmitteln in vollautomatisch programmgesteuerten Sterilisatoren im medizinischen Bereich, soweit die Tätigkeiten entsprechend einem verfahrens- und stoffspezifischen Kriterium ausgeübt werden, das nach § 20 Absatz 4 bekannt gegeben worden ist.

4.2 Verwendungsbeschränkung

(1) Wer Tätigkeiten mit Begasungsmitteln nach Nummer 4.1 Absatz 1 bis 3 ausüben will, bedarf der Erlaubnis der zuständigen Behörde.

(2) Absatz 1 gilt nicht

1. für Tätigkeiten, die ausschließlich der Forschung und Entwicklung oder der institutionellen Eignungsprüfung von Begasungsmitteln oder -verfahren dienen,
2. für gelegentliche Tätigkeiten mit portionsweise verpackten Stoffen und Gemischen, die bei bestimmungsgemäßer Verwendung nicht mehr als 15 Gramm Phosphorwasserstoff entwickeln und zur Schädlingsbekämpfung im Erdreich eingesetzt werden.

(3) Abweichend von Absatz 1 bedarf es keiner Erlaubnis jedoch eines Befähigungsscheins nach Nummer 4.3.1 Absatz 2

1. bei nicht nur gelegentlichen Tätigkeiten mit portionsweise verpackten Stoffen und Gemischen, die bei bestimmungsgemäßer Verwendung nicht mehr als 15 Gramm Phosphorwasserstoff entwickeln und zur Schädlingsbekämpfung im Erdreich eingesetzt werden, sowie
2. für das Öffnen, Lüften und die Freigabe begaster Transporteinheiten.

(4) Während der Beförderung dürfen Schiffe und Transportbehälter nur mit Phosphorwasserstoff oder einem anderen Mittel begast werden, das nach Nummer 4.1 Absatz 3 für diesen Zweck zugelassen ist.

(5) Ethylenoxid und Gemische, die Ethylenoxid enthalten, dürfen nur in vollautomatisch programmgesteuerten Sterilisatoren und in vollautomatischen Sterilisationskammern verwendet werden.

(6) Genehmigungs- und Zulassungserfordernisse sowie Verwendungsbeschränkungen nach anderen Rechtsvorschriften bleiben unberührt.

(7) Begasungen mit anderen als akut toxisch Kategorie 1, 2 oder 3 spezifisch zielorgantoxisch Kategorie 1 eingestuften Stoffen und Gemischen als den in Nummer 4.1 Absatz 1 bis 3 bezeichneten, dürfen nicht durchgeführt werden. In den Fällen der Nummer 4.1 Absatz 3 ist mit der Anzeige nach Nummer 4.3.2 ein Nachweis für die Zulässigkeit der Verwendung als Begasungsmittel vorzulegen.

4.3 Allgemeine Vorschriften für Begasungstätigkeiten

4.3.1 Erlaubnis und Befähigungsschein

(1) Die Erlaubnis nach Nummer 4.2 Absatz 1 wird erteilt, wenn der Antragsteller

1. die erforderliche Zuverlässigkeit und, soweit er Tätigkeiten mit den in der Erlaubnis benannten Begasungsmitteln selbst zu leiten beabsichtigt, einen Befähigungsschein nach Absatz 2 besitzt sowie
2. in ausreichender Zahl über Befähigungsschein-Inhaber nach Absatz 2 verfügt; diese Befähigungsschein-Inhaber sind der zuständigen Behörde zu benennen.

(2) Einen Befähigungsschein erhält von der zuständigen Behörde, wer

1. die erforderliche Zuverlässigkeit für Tätigkeiten mit Begasungsmitteln besitzt, die von Nummer 4.1 erfasst werden,
2. durch das Zeugnis einer Ärztin oder eines Arztes nach § 7 Absatz 1 der Verordnung zur arbeitsmedizinischen Vorsorge nachweist, dass keine Anhaltspunkte vorliegen, die ihn für Tätigkeiten mit Begasungsmitteln körperlich oder geistig ungeeignet erscheinen lassen,
3. die erforderliche Sachkunde und ausreichende Erfahrung für Begasungen nachweist sowie
4. mindestens 18 Jahre alt ist.

Den Nachweis der Sachkunde nach Satz 1 Ziffer 3 hat erbracht, wer ein Zeugnis über die Teilnahme an einem von der zuständigen Behörde anerkannten Lehrgang für die beabsichtigte Tätigkeit und über die bestandene Prüfung vorlegt. Die Prüfung ist vor einer Vertreterin oder einem Vertreter der zuständigen Behörde abzulegen. Der Befähigungsschein ist entsprechend dem geführten Nachweis der Sachkunde zu beschränken.

(3) Die Erlaubnis nach Absatz 1 und der Befähigungsschein nach Absatz 2 können befristet und unter Auflagen sowie beschränkt auf bestimmte Begasungstätigkeiten erteilt werden. Auflagen können auch nachträglich angeordnet werden. Die Erlaubnis nach Absatz 1 und der Befähigungsschein nach Absatz 2 können widerrufen werden, wenn auf Grund wiederholter oder besonders schwerwiegender Verstöße gegen diese Verordnung begründete Zweifel an der Zuverlässigkeit des Inhabers bestehen.

(4) Ein Befähigungsschein erlischt, wenn der zuständigen Behörde nicht spätestens sechs Jahre nach der Ausstellung des Zeugnisses nach Absatz 2 Satz 1 Ziffer 2 ein neues Zeugnis vorgelegt wird.

4.3.2 Anzeigen

(1) Wer außerhalb einer ortsfesten Sterilisationskammer Begasungen mit Begasungsmitteln nach Nummer 4.1 durchführen will, hat dies der zuständigen Behörde spätestens eine Woche vorher schriftlich oder elektronisch anzuzeigen. Die zuständige Behörde kann in begründeten

Fällen Ausnahmen hiervon zulassen. Erfolgt die Anzeige elektronisch, kann die zuständige Behörde Mehrfertigungen sowie die Übermittlung der der Anzeige beizufügenden Unterlagen auch in schriftlicher Form verlangen. Die Anzeigefrist verkürzt sich auf 24 Stunden bei Schiffs- und Containerbegasungen in Häfen sowie bei infektionshygienischen Desinfektionen. Bei Begasungen im medizinischen Bereich ist eine Anzeige nicht erforderlich.

(2) In der Anzeige sind anzugeben:

1. die verantwortliche Person,
2. der Tag der Begasung,
3. ein Lageplan zum Ort der Begasung und das zu begasende Objekt mit Angabe der zu begasenden Güter,
4. das für den Einsatz vorgesehene Begasungsmittel und die vorgesehenen Mengen,
5. der voraussichtliche Beginn der Begasung,
6. das voraussichtliche Ende der Begasung,
7. der voraussichtliche Termin der Freigabe sowie
8. der Zeitpunkt der Dichtheitsprüfung, falls diese erforderlich ist.

(3) Absatz 1 gilt nicht für Erdreichbegasungen im Freien mit Phosphorwasserstoff.

(4) Das Ausscheiden, der Wechsel und das Hinzutreten von Befähigungsschein-Inhabern sind der zuständigen Behörde unverzüglich anzuzeigen, sofern die Tätigkeiten unter dem Erlaubnisvorbehalt nach Nummer 4.2 Absatz 1 stehen.

4.3.3 Niederschrift

(1) Über Begasungen mit Begasungsmitteln nach Nummer 4.1 ist eine Niederschrift anzufertigen. Aus der Niederschrift müssen insbesondere hervorgehen:

1. Art und Menge der Begasungsmittel,
2. Ort, Beginn und Ende der Verwendung und
3. der Zeitpunkt der Freigabe.

Auf Verlangen ist der zuständigen Behörde eine Kopie der Niederschrift vorzulegen.

(2) Werden Fahrzeuge, Waggons, Container, Tanks oder andere Transportbehälter begast, sind in die Niederschrift zusätzliche Anweisungen über die Beseitigung von Rückständen des Begasungsmittels sowie Angaben über die verwendeten Begasungsgeräte aufzunehmen. Die Niederschrift ist dem Auftraggeber zu übergeben.

(3) Absatz 1 gilt nicht für Erdreichbegasungen im Freien mit Phosphorwasserstoff.

4.4 Anforderungen bei Begasungen

4.4.1 Allgemeine Anforderungen

(1) Begasungen sind so durchzuführen, dass Personen nicht gefährdet werden. Objekte, die begast werden sollen, wie beispielsweise Gebäude, Räume oder Transporteinheiten, sind hierfür nach dem jeweiligen Stand der Technik hinreichend abzudichten.

(2) Für jede Begasung ist eine verantwortliche Person zu bestellen. Diese muss einen für die vorgesehene Begasung ausreichenden Befähigungsschein nach Nummer 4.3.1 Absatz 2 besitzen. Sofern mehrere vollautomatisch programmgesteuerte Sterilisatoren in einem räumlich zusammenhängenden Bereich betrieben werden, genügt die Bestellung einer verantwortlichen Person.

4.4.2 Organisatorische Maßnahmen

(1) Für Begasungen dürfen nur Personen eingesetzt werden, die sachkundig sind. Satz 1 gilt nicht für Hilfskräfte,

1. die ausschließlich Tätigkeiten ohne oder mit nur geringem Gefährdungspotenzial nach Einweisung durch eine sachkundige Person ausführen,
2. die bei Begasungen nach Absatz 5 eingesetzt werden oder
3. deren Anwesenheit und Mitwirkung dazu dient, im Rahmen einer Sachkundeausbildung unter Aufsicht einer verantwortlichen Person die nach Nummer 4.3.1 Absatz 2 Satz 1 Ziffer 3 erforderliche Erfahrung zu erlangen.

(2) Bei Begasungen müssen während der Tätigkeiten, bei denen durch das Begasungsmittel nach der Gefährdungsbeurteilung nach § 6 eine erhöhte Gefährdung von Beschäftigten oder anderen Personen besteht, mindestens die verantwortliche Person und eine weitere Person anwesend sein, die die Voraussetzungen nach Nummer 4.3.1 Absatz 2 Satz 1 Ziffer 3 erfüllt. Erfolgt die Begasung in vollautomatisch programmgesteuerten Sterilisatoren, auf die Nummer 4.1 Absatz 5 nicht anwendbar ist, ist die Anwesenheit einer Person mit Befähigungsschein während der Tätigkeiten nach Satz 1 ausreichend, wenn eine zweite Person kurzfristig verfügbar ist, die die Voraussetzungen nach Nummer 4.3.1 Absatz 2 Satz 1 Ziffer 3 erfüllt.

(3) Bei Raumdesinfektionen nach Nummer 4.1 Absatz 2 ist die Anwesenheit einer Person mit Befähigungsschein während der Tätigkeiten nach Absatz 2 Satz 1 ausreichend, wenn eine zweite Person anwesend ist, die in der Lage ist, Notfallmaßnahmen nach § 13 Absatz 1 zu ergreifen.

(4) Bei Begasungen mit Hydrogencyanid oder Sulfuryldifluorid dürfen nur Befähigungsschein-Inhaber eingesetzt werden, soweit die Teilnahme nicht der Sachkundeausbildung oder dem Nachweis ausreichender Erfahrung nach Nummer 4.3.1 Absatz 2 Satz 1 Ziffer 3 dient und die Aufsicht durch eine ausreichende Zahl von Befähigungsschein-Inhabern gewährleistet ist.

(5) Werden für Begasungen gebrauchsfertig portionierte Gemische verwendet, die Phosphorwasserstoff entwickeln, dürfen Hilfskräfte eingesetzt werden, wenn diese

1. von Befähigungsschein-Inhabern in ausreichender Zahl beaufsichtigt werden,
2. vorher unterwiesen worden sind und
3. gesundheitlich geeignet sind.

4.4.3 Begasung von Räumen und ortsbeweglichen Transporteinheiten und Gütern in Räumen

(1) Die Benutzer angrenzender Räume und Gebäude sind spätestens 24 Stunden vor Beginn der Begasung mit Begasungsmitteln nach Nummer 4.1 schriftlich unter Hinweis auf die Gefahren der Begasungsmittel zu warnen. Satz 1 gilt nicht bei Begasungen in ortsfesten Sterilisatoren und Sterilisationskammern.

(2) An den Zugängen zu Räumen, die begast werden sollen, sind vor Beginn der Begasung Warnzeichen nach Nummer 4.4.4 Absatz 1 und 2 anzubringen. Zusätzlich sind die Zugänge zu den Räumen mit dem Namen, der Anschrift und der Telefonnummer des Begasungsunternehmens zu versehen.

(3) Nach der Einbringung des Begasungsmittels bis zur Freigabe der begasten Räume muss die verantwortliche Person für den Bedarfsfall verfügbar sein.

(4) Die verantwortliche Person darf Räume, begaste Güter oder die Nutzung von Einrichtungsgegenständen erst freigeben, wenn durch geeignete Nachweisverfahren sichergestellt ist, dass keine Gefährdung mehr durch Begasungsmittelreste besteht.

4.4.4 Begasung ortsbeweglicher Transporteinheiten im Freien

(1) Transporteinheiten wie Fahrzeuge, Waggons, Container, Tanks oder andere Transportbehälter dürfen im Freien nur mit einem allseitigen Sicherheitsabstand von mindestens 10 Metern zu Gebäuden begast werden. Sie sind von der verantwortlichen Person auf ihre Gasdichtheit zu prüfen, abzudichten sowie für die Dauer der Begasung abzuschließen, zu verplomben und allseitig sichtbar mit Warnzeichen nach Absatz 2 zu kennzeichnen. Zusätzlich sind sie mit dem Namen, der Anschrift und der Telefonnummer des Begasungsunternehmens zu versehen. Das Warnzeichen muss rechteckig, mindestens 300 Millimeter breit und mindestens 250 Millimeter hoch sein. Die Aufschriften müssen schwarz auf weißem Grund sein.

(2) Das Warnzeichen muss mindestens folgende Angaben tragen:

1. das Signalwort „GEFAHR",
2. das Symbol „Totenkopf mit gekreuzten Knochen" entsprechend akut toxisch Kategorie 1 bis 3,
3. die Aufschrift „DIESE EINHEIT IST BEGAST",
4. die Bezeichnung des Begasungsmittels,
5. das Datum und die Uhrzeit der Begasung,
6. das Datum der Belüftung, sofern eine solche erfolgt ist, und
7. die Aufschrift „ZUTRITT VERBOTEN".

Eine Abbildung des Warnzeichens ist nachstehend dargestellt.

GEFAHR

DIESE EINHEIT IST BEGAST

MIT	[Bezeichnung des Begasungsmittels*]
SEIT	[Datum*]
	[Stunde*]
Belüftet am	[Datum*]

ZUTRITT VERBOTEN

* entsprechende Angaben einfügen

(3) Auf Schiffen dürfen unter Gas stehende Transportbehälter nur transportiert werden, wenn die Laderäume mit einer mechanischen Lüftung ausgerüstet sind, die verhindert, dass sich Gaskonzentrationen oberhalb der Arbeitsplatzgrenzwerte entwickeln.

(4) Steht für die erforderliche Öffnung begaster Fahrzeuge, Waggons, Container, Tanks oder anderer begaster Transportbehälter keine sachkundige Person zur Verfügung, so dürfen sie nur unter Aufsicht einer fachkundigen Person geöffnet werden, die in der Lage ist, mögliche Gefährdungen von Beschäftigten oder anderen Personen zu ermitteln und zu beurteilen sowie die erforderlichen Schutzmaßnahmen zu veranlassen.

4.4.5 Begasung auf Schiffen im Hafen und während der Beförderung

(1) Begasungen auf Schiffen sind nur zulässig, wenn die Sicherheit der Besatzung und anderer Personen während der Liegezeit im Hafen und auch während eines Transits hinreichend gewährleistet ist. Neben den begasungsspezifischen Regelungen dieses Anhangs sind hierzu die international geltenden Empfehlungen der Internationalen Seeschifffahrtsorganisation (IMO) für die Anwendung von Schädlingsbekämpfungsmitteln auf Schiffen zu beachten.

(2) Die verantwortliche Person hat der Kapitänin oder dem Kapitän des Schiffs nach angemessener Begasungszeit und vor Verlassen des Hafens schriftlich mitzuteilen,

1. welche Räume begast wurden und welche weiteren Räume während der Beförderung nicht betreten werden dürfen,
2. welche zur Durchführung der Begasung erforderlichen technischen Änderungen am Schiff vorgenommen wurden,
3. dass die begasten Räume hinreichend gasdicht sind und
4. dass die an die begasten Räume angrenzenden Räume von Begasungsmitteln frei sind.

(3) Nummer 4.4.4 Absatz 1 und 2 ist entsprechend anzuwenden.

(4) Während der gesamten Beförderungsdauer muss die Gasdichtheit der begasten Räume mindestens alle acht Stunden geprüft werden. Die Ergebnisse sind in das Schiffstagebuch einzutragen.

(5) Die Hafenbehörden sind spätestens 24 Stunden vor Ankunft eines begasten Schiffs über die Art und den Zeitpunkt der Begasung zu unterrichten sowie darüber, welche Räume und Transportbehälter begast worden sind.

4.4.6 Sterilisatoren und Sterilisationskammern

(1) Begasungen in Sterilisatoren und Sterilisationskammern sind nur zulässig, wenn diese

1. in Räumen errichtet sind, die nicht zum ständigen Aufenthalt von Menschen dienen, ausgenommen Begasungen in vollautomatischen Sterilisatoren in Arbeitsbereichen der Sterilgutversorgung,
2. auf ihre Gasdichtheit vor jeder Begasung überprüft werden und die Gasdichtheit überwacht wird und
3. für Mensch und Umwelt gefahrlos entlüftet werden können.

(2) Wenn keine vollautomatische Drucksteuerung und Drucküberwachung sichergestellt ist, dürfen Sterilisatoren und Sterilisationskammern nur mit Normal- oder Unterdruck betrieben werden.

(3) Die Überprüfung und Überwachung der Gasdichtheit von Sterilisationskammern ist zu dokumentieren.

Nummer 5 Ammoniumnitrat

5.1 Anwendungsbereich

(1) Nummer 5 gilt für das Lagern, Abfüllen und innerbetriebliche Befördern von

1. Ammoniumnitrat,
2. ammoniumnitrathaltigen Gemischen.

(2) Nummer 5 gilt nicht für

1. Gemische mit einem Massengehalt an Ammoniumnitrat bis zu 10 Prozent,
2. Ammoniumnitrat und ammoniumnitrathaltige Gemische der Gruppen A und E in Mengen bis zu 100 Kilogramm,

3. ammoniumnitrathaltige Gemische der Gruppen B, C und D in Mengen bis zu 1 Tonne,
4. Ammoniumnitrat und ammoniumnitrathaltige Gemische, die auf Grund ihrer Eigenschaften dem Sprengstoffgesetz unterliegen.

5.2 Begriffsbestimmungen

Ammoniumnitrat und die Gemische werden in folgende Gruppen eingeteilt:

1. Gruppe A:
   Ammoniumnitrat und ammoniumnitrathaltige Zubereitungen, die zur detonativen Reaktion fähig sind oder die nach Nummer 5.3 Absatz 7 Tabelle 1 hinsichtlich des Ammoniumnitratgehalts den Untergruppen A I, A II, A III oder A IV zugeordnet sind;
2. Gruppe B:
   ammoniumnitrathaltige Zubereitungen, die zur selbstunterhaltenden fortschreitenden thermischen Zersetzung fähig sind;
3. Gruppe C:
   ammoniumnitrathaltige Zubereitungen, die weder zur selbstunterhaltenden fortschreitenden thermischen Zersetzung noch zur detonativen Reaktion fähig sind, jedoch beim Erhitzen Stickoxide entwickeln;
4. Gruppe D:
   ammoniumnitrathaltige Zubereitungen, die in wässriger Lösung oder Suspension ungefährlich, in kristallisiertem Zustand unter Reduktion des ursprünglichen Wassergehalts jedoch zur detonativen Reaktion fähig sind;
5. Gruppe E:
   ammoniumnitrathaltige Zubereitungen, die als Wasser-in-Öl-Emulsionen vorliegen und als Vorprodukte für die Herstellung von Sprengstoffen dienen.

5.3 Allgemeine Bestimmungen

(1) Für Ammoniumnitrat und ammoniumnitrathaltige Gemische der in Nummer 5.2 genannten Gruppen gilt Nummer 5.4.

(2) Ammoniumnitrat und ammoniumnitrathaltige Gemische der Gruppen A, B, C oder E müssen in ihren Bestandteilen fein verteilt und innig gemischt sein und dürfen sich während der Lagerung, Beförderung oder Abfüllung nicht entmischen.

(3) Ammoniumnitrathaltige Düngemittel in Abmischungen als Stickstoff-Kalium- oder Stickstoff-Phosphor-Kalium-Düngemittel (NK- oder NPK-Bulk Blends) müssen nach den Vorschriften der Gruppe B oder nur nach Maßgabe der festgestellten Gefährlichkeit gelagert werden. Werden bei der Abmischung Düngemittel der Gruppe A verwendet, muss die Lagerung nach den Vorschriften der Gruppe A oder ebenfalls nach Maßgabe der festgestellten Gefährlichkeit erfolgen.

(4) Als Ammoniumnitrat gelten alle Nitrationen, für die ein Äquivalent Ammoniumionen vorhanden ist.

(5) Der Massenanteil an verbrennlichen Bestandteilen ist bei ammoniumnitrathaltigen Gemischen der Untergruppe B II aus Absatz 7 Tabelle 1 unbeschränkt, bei Ammoniumnitrat und ammoniumnitrathaltigen Zubereitungen der Untergruppe A I nach Absatz 7 Tabelle 1 auf bis zu 0,2 Prozent und bei ammoniumnitrathaltigen Zubereitungen aller übrigen Untergruppen nach Absatz 7 Tabelle 1 der Gruppen A, B, C und D auf bis zu 0,4 Prozent beschränkt.

(6) Als verbrennlicher Bestandteil bei Ammoniumnitrat und ammoniumnitrathaltigen Gemischen der Untergruppe A I nach Absatz 7 Tabelle 1 gilt der Kohlenstoff, soweit es sich um organische Stoffe handelt.

(7) Inerte Stoffe im Sinne von Nummer 5 sind Stoffe, die die thermische Sensibilität und die Sensibilität gegen eine einwirkende Detonation nicht erhöhen. Im Zweifelsfall ist dies durch ein Gutachten der Bundesanstalt für Materialforschung und -prüfung nachzuweisen.

Tabelle 1

Rahmenzusammensetzungen und Grenzen für Ammoniumnitrat und ammoniumnitrathaltige Gemische für die Zuordnung zu einer der Gruppen nach Nummer 5.2

Untergruppen	Massenanteil an Ammoniumnitrat in Prozent (%)	Andere Bestandteile	Besondere Bestimmungen
A I	≥ 90	Chloridgehalt $\leq 0{,}02$ % Inerte Stoffe ≤ 10 %	Keine weiteren Ammoniumsalze sind erlaubt.
A II	> 80 bis < 90	Kalkstein, Dolomit oder Calciumcarbonat < 20 %	
A III	> 45 bis < 70	Ammoniumsulfat	Inerte Stoffe sind erlaubt.
A IV	> 70 bis < 90	Kaliumsalze, Phosphate in NP-, NK- oder NPK- Düngern, Sulfate in N-Düngern; inerte Stoffe	
B I	≤ 70	Kaliumsalze, Phosphate, inerte Stoffe und andere Ammoniumsalze in NK- oder NPK-Düngern	Bei einem Massenanteil von mehr als 45 % Ammoniumnitrat darf der Massenanteil von Ammoniumnitrat und anderen Ammoniumsalzen zusammen nicht mehr als 70 % betragen.
B II	≤ 45	Überschüssige Nitrate ≤ 10 %	Unbeschränkter Gehalt an verbrennlichen Bestandteilen; über den Gehalt an Ammoniumnitrat hinausgehende überschüssige Nitrate werden als Kaliumnitrat berechnet.
C I	≤ 80	Kalkstein, Dolomit oder Calciumcarbonat ≥ 20 %	Kalkstein, Dolomit oder Calciumcarbonat mit minimaler Reinheit von 90 %.
C II	≤ 70	Inerte Stoffe	
C III	≤ 45	Phosphate und andere Ammoniumsalze in NP-Düngern	
	> 45 bis < 70	Phosphate und andere Ammoniumsalze in NP-Düngern	Der Massenanteil an Ammoniumnitrat und anderen Ammoniumsalzen darf zusammen 70 % nicht übersteigen.
C IV	≤ 45	Ammoniumsulfat	Inerte Stoffe sind erlaubt.
D I	≤ 45	Harnstoff, Wasser	In wässriger Lösung.

Untergruppen	Massenanteil an Ammoniumnitrat in Prozent (%)	Andere Bestandteile	Besondere Bestimmungen
D II	$\leq$ 45	Überschüssige Nitrate $\leq$ 10 %, Kaliumsalze, Phosphate und andere Ammoniumsalze in NP-, NK- oder NPK-Düngern; Wasser	In wässriger Lösung oder Suspension. Überschüssige Nitrate werden als Kaliumnitrat berechnet. Der Grenzgehalt aus Spalte 2 darf sowohl in der flüssigen als auch bei Suspensionen in der festen Phase nicht überschritten werden.
D III	$\leq$ 70	Ammoniak, Wasser	In wässriger Lösung.
D IV	$>$ 70 bis $\leq$ 93	Wasser	In wässriger Lösung.
E	$>$ 60 bis $\leq$ 85	$\geq$ 5 % bis $\leq$ 30 % Wasser, $\geq$ 2 % bis $\leq$ 8 % verbrennliche Bestandteile, $\geq$ 0,5 % bis $\leq$ 4 % Emulgator	Anorganische Salze; Zusätze.

(8) Ammoniumnitrat und ammoniumnitrathaltige Gemische, die den in Absatz 7 Tabelle 1 festgelegten Rahmenzusammensetzungen und Grenzen innerhalb der Gruppen A, B, C, D oder E nicht zuzuordnen sind oder den Voraussetzungen der Absätze 2 und 5 nicht entsprechen, dürfen nur nach Vorliegen eines Gutachtens der Bundesanstalt für Materialforschung und -prüfung über ihre Gefährlichkeit und nach Maßgabe der darin festgelegten Anforderungen gelagert, abgefüllt oder innerbetrieblich befördert werden.

(9) Ammoniumnitrathaltige Gemische der Gruppe B können nach den für die Gruppe C geltenden Vorschriften gelagert, abgefüllt oder innerbetrieblich befördert werden, wenn diese Zubereitungen nach einem Gutachten der Bundesanstalt für Materialforschung und -prüfung frei von den Gefahren einer selbstunterhaltenden fortschreitenden thermischen Zersetzung sind.

(10) Bei Zuordnung von Ammoniumnitrat und ammoniumnitrathaltigen Gemischen nach den Absätzen 3, 8 oder 9 ist die Kennzeichnung der Gruppe entsprechend dem Gutachten der Bundesanstalt für Materialforschung und -prüfung vorzunehmen.

5.4 Vorsorgemaßnahmen

5.4.1 Grundmaßnahmen bei der Lagerung von Stoffen und Gemischen der in Nummer 5.2 genannten Gruppen

Bei der Lagerung von Stoffen und Gemischen der Gruppen A, B, C, D und E sind folgende Schutzmaßnahmen zu ergreifen:

1. Schutz gegen Witterungseinflüsse,
2. Schutz gegen Verunreinigungen und gefährliche Zusammenlagerung,
3. Schutz vor unbefugtem Zugang,
4. Brandschutz,
5. Schutz vor unzulässiger Beanspruchung.

5.4.2 Zusätzliche Maßnahmen für Stoffe und Gemische der Gruppen und Untergruppen A, D IV und E

5.4.2.1 Allgemeine Maßnahmen

(1) Ausgelaufene oder verschüttete Stoffe und Gemische und verunreinigte Stoffe und Gemische müssen unmittelbar verbraucht oder gefahrlos beseitigt werden.

(2) Die Stoffe und Gemische der Gruppe A dürfen nur verpackt gelagert und befördert werden.

(3) Im Lagerraum oder in einem Umkreis von 10 Metern um den Ort der Lagerung von Stoffen und Gemischen der Gruppe A dürfen keine brennbaren Materialien gelagert werden.

(4) Gemische der Gruppen und Untergruppen D IV und E sind vor thermischer Zersetzung zu schützen.

5.4.2.2 Zusätzliche Maßnahmen für die Lagerung von Mengen über 1 Tonne

(1) Stoffe und Gemische der Gruppe A in Mengen von mehr als 1 Tonne dürfen nur in geeigneten Gebäuden mit entsprechenden Schutzmaßnahmen und nach dem Stand der Technik gelagert werden.

(2) Gemische der Gruppen und Untergruppen D IV und E in Mengen von mehr als 1 Tonne dürfen nur in geeigneten Lagerbehältern mit entsprechenden Schutzmaßnahmen und nach dem Stand der Technik gelagert werden.

(3) Die Stoffe und Gemische der Gruppe A und Gemische der Gruppe E sind vor der Lagerung in Teilmengen von bis zu 25 Tonnen zu unterteilen.

VI

(4) Teilmengen bis zu 25 Tonnen von Stoffen und Gemische der Gruppe A dürfen nur gelagert werden, wenn sie

1. voneinander durch Wände aus Mauerziegeln oder Wandbausteinen ähnlicher Festigkeit oder aus Beton getrennt werden, deren Zwischenraum mit nicht brennbaren Stoffen voll ausgefüllt ist, und wenn die Wände einschließlich des Zwischenraums eine Mindestdicke d aufweisen, die sich aus der jeweils größten Teilmenge M nach folgender Beziehung errechnet:

   $$d = 0{,}1\ M^{1/3} \text{ mit d in „Meter" und M in „Kilogramm"},$$

2. in Fällen, in denen die Trennwände nicht bis zur Decke reichen, nur bis zu einer Höhe von 1 Meter unterhalb der Wandhöhe gelagert werden.

(5) Der Ort der Lagerung muss zu Gebäuden, die dem dauernden Aufenthalt von Menschen dienen, einen Mindestabstand (Schutzabstand) E haben, der sich aus der jeweils größten Teilmenge M nach folgender Beziehung errechnet

$$E = 11\ M^{1/3} \text{ mit E in „Meter" und M in „Kilogramm".}$$

Für Betriebsgebäude gilt dies nur, wenn sie auch Wohnzwecken dienen.

(6) Der Schutzabstand zu öffentlichen Verkehrswegen beträgt zwei Drittel des Abstands nach Absatz 5.

(7) Abweichend von den Absätzen 5 und 6 beträgt für Lagermengen bis zu 3 Tonnen der Schutzabstand zu bewohnten Gebäuden und zu öffentlichen Verkehrswegen mindestens 50 Meter.

5.4.2.3 Zusätzliche Maßnahmen für die Lagerung von mehr als 25 Tonnen

(1) Wer beabsichtigt, Stoffe und Gemische der Gruppen und Untergruppen A, D IV und E in Mengen von mehr als 25 Tonnen zu lagern, hat dies spätestens zwei Wochen vorher der zuständigen Behörde schriftlich oder elektronisch anzuzeigen. Erfolgt die Anzeige elektro-

nisch, kann die zuständige Behörde Mehrfertigungen sowie die Übermittlung der der Anzeige beizufügenden Unterlagen auch in schriftlicher Form verlangen.

(2) Die Anzeige muss folgende Angaben enthalten:

1. Name und Anschrift des Anzeigepflichtigen,
2. Art und Höchstmenge der zu lagernden Stoffe oder Gemische,
3. eine Beschreibung der Bauart und Einrichtung des Lagers mit Grundrissen und Schnitten,
4. einen Lageplan, aus dem die Lage zu Gebäuden und öffentlichen Verkehrswegen im Umkreis von 350 Metern ersichtlich ist,
5. welche der im Lageplan nach Ziffer 4 eingezeichneten Gebäude zum dauernden Aufenthalt von Menschen oder zu Wohnzwecken dienen.

(3) Änderungen bezüglich der Angaben nach Absatz 2 sind vom Arbeitgeber der zuständigen Behörde unverzüglich anzuzeigen.

(4) In Lagergebäuden für Stoffe und Gemischen der Gruppe A dürfen Räume nicht zum dauernden Aufenthalt von Personen, ausgenommen von Aufsichts- und Bedienungspersonal, dienen.

(5) Stoffe und Gemische der Gruppe A dürfen nur in eingeschossigen Gebäuden gelagert werden.

5.4.3 Zusätzliche Maßnahmen für Gemische der Gruppe B

VI

5.4.3.1 Allgemeine Maßnahmen

Feuerstätten und sonstige Zündquellen dürfen in Lagerräumen nicht vorhanden sein.

5.4.3.2 Zusätzliche Maßnahmen für die Lagerung von mehr als 100 Tonnen

(1) Die Temperatur der Gemische darf bei der Einlagerung 70 Grad Celsius nicht überschreiten.

(2) Fördermittel und ihre baulichen Einrichtungen müssen so beschaffen sein oder so betrieben werden, dass entstehende Wärme keine Zersetzung des Lagerguts einleiten kann.

5.4.3.3 Zusätzliche Maßnahmen für unverpackte Gemische über 1500 Tonnen oder für ausschließlich verpackte Gemische über 3000 Tonnen

(1) Die Gemische sind in Teilmengen von jeweils höchstens 3000 Tonnen zu unterteilen. Die Unterteilung kann durch feuerbeständige Zwischenwände, durch Haufwerke aus nicht brennbarem Lagergut oder durch einen jederzeit freizuhaltenden Zwischenraum von mindestens 2,50 Metern Breite vorgenommen werden. Reichen die Zwischenwände nicht bis zur Decke, so darf das Lagergut nur bis zu einer Höhe von 1 Meter unterhalb der Wandhöhe aufgeschüttet werden.

(2) Absatz 1 ist nicht anzuwenden, wenn gleichzeitig

1. geeignete Löscheinrichtungen vorhanden sind,
2. Löschwasser in ausreichender Menge zur Verfügung steht,
3. eine jederzeit einsatzbereite Werkfeuerwehr vorhanden ist,
4. das ins Lager gelangende Lagergut abgesiebt wird und
5. die Luft im Lagerraum und in den unterhalb der Lagerfläche befindlichen Ausspeicherkanälen fortlaufend überwacht wird.

5.4.4 Sicherheitstechnische Maßnahmen für Gemische der Gruppe D

Die Gemische sind vor Austrocknung zu bewahren.

5.5 Erleichternde Bestimmungen

5.5.1 Erleichternde Bestimmungen für bestimmte Stoffe und Gemische

Stoffe und Gemische der Untergruppen A I und A II sowie Zubereitungen mit inerten Stoffen der Untergruppe A IV und der Gruppe E können

1. abweichend von Nummer 5.4.2.2 Absatz 3 in Teilmengen (Stapel) von höchstens 100 Tonnen unterteilt werden und
2. abweichend von Nummer 5.4.2.2 Absatz 5 und 6 mit einem Schutzabstand, der der Hälfte des dort geforderten Werts entspricht, gelagert werden.

Voraussetzung hierfür ist der Nachweis durch ein Gutachten der Bundesanstalt für Materialforschung und -prüfung, dass die Stoffe und Zubereitungen der Untergruppen A I, A II und A IV die Beschaffenheitsanforderungen des Anhangs III der Verordnung (EG) Nr. 2003/2003 des Europäischen Parlaments und des Rates vom 13. Oktober 2003 über Düngemittel (ABl. L 304 vom 21. 11. 2003, S. 1), die zuletzt durch die Verordnung (EG) Nr. 1020/2009 (ABl. L 282 vom 29. 10. 2009, S. 7) geändert worden ist, erfüllen und Stoffe und Zubereitungen der Gruppe E nicht detonationsfähig sind.

5.5.2 Erleichternde Bestimmungen für ammoniumnitrat- und sprengstoffherstellende Betriebe

Für ammoniumnitrat- und sprengstoffherstellende Betriebe

1. sind Nummer 5.4.2.1 Absatz 2 und Nummer 5.4.2.3 Absatz 1 bis 3 für Stoffe und Gemische der Gruppe A nicht anzuwenden;
2. gilt ein um die Hälfte verminderter Schutzabstand nach Nummer 5.4.2.2 Absatz 5 und 6.

5.6 Ausnahmen

Ausnahmen nach § 19 Absatz 1 durch die zuständige Behörde von den in den in Nummer 5.4.2 genannten Maßnahmen für Stoffe und Gemische der Gruppen und Untergruppen A, D IV und E ergehen im Benehmen mit der Bundesanstalt für Materialforschung und -prüfung.

Anhang II
(zu § 16 Absatz 2)

Besondere Herstellungs- und Verwendungsbeschränkungen für bestimmte Stoffe, Gemische und Erzeugnisse

Inhaltsübersicht

Nummer 1
Asbest

(1) Arbeiten an asbesthaltigen Teilen von Gebäuden, Geräten, Maschinen, Anlagen, Fahrzeugen und sonstigen Erzeugnissen sind verboten. Satz 1 gilt nicht für

1. Abbrucharbeiten,
2. Sanierungs- und Instandhaltungsarbeiten mit Ausnahme von Arbeiten, die zu einem Abtrag der Oberfläche von Asbestprodukten führen, es sei denn, es handelt sich um emissionsarme Verfahren, die behördlich oder von den Trägern der gesetzlichen Unfallversicherung anerkannt sind. Zu den Verfahren, die zum verbotenen Abtrag von asbesthaltigen Oberflächen führen, zählen insbesondere Abschleifen, Druckreinigen, Abbürsten und Bohren,
3. Tätigkeiten mit messtechnischer Begleitung, die zu einem Abtrag der Oberfläche von Asbestprodukten führen und die notwendigerweise durchgeführt werden müssen, um eine Anerkennung als emissionsarmes Verfahren zu erhalten.

Zu den nach Satz 1 verbotenen Arbeiten zählen auch Überdeckungs-, Überbauungs- und Aufständerungsarbeiten an Asbestzementdächern und -wandverkleidungen sowie Reinigungs- und Beschichtungsarbeiten an unbeschichteten Asbestzementdächern und -wandverkleidungen. Die weitere Verwendung von bei Arbeiten anfallenden asbesthaltigen Gegenständen und Materialien zu anderen Zwecken als der Abfallbeseitigung oder Abfallverwertung ist verboten.

(2) Die Gewinnung, Aufbereitung, Weiterverarbeitung und Wiederverwendung von natürlich vorkommenden mineralischen Rohstoffen und daraus hergestellten Gemischen und Erzeugnissen, die Asbest mit einem Massengehalt von mehr als 0,1 Prozent enthalten, ist verboten.

(3) Asbesthaltige Abfälle sind zu versehen mit der genannten Kennzeichnung in Artikel 67 in Verbindung mit Anhang XVII Nummer 6 Spalte 2 Ziffer 3 sowie Anlage 7 dieses Anhangs der Verordnung (EG) Nr. 1907/2006.

(4) Die Absätze 1 und 3 gelten auch für private Haushalte.

Nummer 2
2-Napthylamin, 4-Aminobiphenyl, Benzidin, 4-Nitrobiphenyl

(1) Folgende Stoffe sowie Gemische, die diese Stoffe mit einem Massengehalt von mehr als 0,1 Prozent enthalten, dürfen nicht hergestellt werden:

1. 2-Naphthylamin und seine Salze,
2. 4-Aminobiphenyl und seine Salze,

3. Benzidin und seine Salze und
4. 4-Nitrobiphenyl.

(2) Das Herstellungsverbot nach Absatz 1 gilt nicht für Forschungs- und Analysezwecke sowie für wissenschaftliche Lehrzwecke in den dafür erforderlichen Mengen.

Nummer 3
Pentachlorphenol und seine Verbindungen

(1) Über das Verwendungsverbot nach Artikel 67 in Verbindung mit Anhang XVII Nummer 22 der Verordnung (EG) Nr. 1907/2006 hinaus dürfen solche Erzeugnisse nicht verwendet werden, die mit einem Gemisch behandelt worden sind, die Pentachlorphenol, Pentachlorphenolnatrium oder eine der übrigen Pentachlorphenolverbindungen enthält und deren von der Behandlung erfasste Teile mehr als 5 Milligramm pro Kilogramm dieser Stoffe enthalten.

(2) Absatz 1 gilt nicht für Holzbestandteile von Gebäuden und Möbeln sowie für Textilien, die vor dem 23. Dezember 1989 mit Gemischen behandelt wurden, die Pentachlorphenol, Pentachlorphenolnatrium oder eine der übrigen Pentachlorphenolverbindungen enthalten. Für das in Artikel 3 des Einigungsvertrags genannte Gebiet tritt an die Stelle des 23. Dezember 1989 der 3. Oktober 1990.

(3) Absatz 1 gilt nicht für Altholz, welches nach der Altholzverordnung vom 15. August 2002 (BGBl. I S. 3302), die zuletzt durch Artikel 2a der Verordnung vom 20. Oktober 2006 (BGBl. I S. 2298) geändert worden ist, verwertet wird.

(4) Die Absätze 1 bis 3 gelten auch für private Haushalte.

Nummer 4
Kühlschmierstoffe und Korrosionsschutzmittel

(1) Kühlschmierstoffe, denen nitrosierende Agenzien als Komponenten zugesetzt worden sind, dürfen nicht verwendet werden.

(2) Der Arbeitgeber hat im Rahmen der Gefährdungsbeurteilung nach § 6 sicherzustellen, dass den verwendeten Kühlschmierstoffen keine nitrosierenden Stoffe zugesetzt worden sind.

(3) Korrosionsschutzmittel, die gleichzeitig nitrosierende Agenzien oder deren Vorstufen, beispielsweise Nitrit, und sekundäre Amine, einschließlich verkappter sekundärer Amine, enthalten, dürfen nicht verwendet werden. Ausgenommen sind sekundäre Amine, deren zugehörige N-Nitrosamine nachweislich keine krebserzeugenden Stoffe der Kategorie 1 oder 2 sind.

(4) Wassermischbare und wassergemischte Korrosionsschutzmittel, die im Anlieferzustand nitrosierende Agenzien oder deren Vorstufen, beispielsweise Nitrit, enthalten, dürfen nicht verwendet werden.

(5) Der Arbeitgeber hat im Rahmen der Gefährdungsbeurteilung nach § 6 sicherzustellen, dass die eingesetzten Korrosionsschutzmittel den Anforderungen der Absätze 3 und 4 entsprechen.

Nummer 5
Biopersistente Fasern

(1) Folgende mineralfaserhaltige Gefahrstoffe dürfen weder für die Wärme- und Schalldämmung im Hochbau, einschließlich technischer Isolierungen, noch für Lüftungsanlagen hergestellt oder verwendet werden:

1. künstliche Mineralfasern (künstlich hergestellte ungerichtete glasige [Silikat-]Fasern mit einem Massengehalt von in der Summe über 18 Prozent der Oxide von Natrium, Kalium, Calcium, Magnesium und Barium),

2. Gemische und Erzeugnisse, die künstliche Mineralfasern mit einem Massengehalt von insgesamt mehr als 0,1 Prozent enthalten.

(2) Absatz 1 gilt nicht, wenn die künstlichen Mineralfasern eines der folgenden Kriterien erfüllen:

1. ein geeigneter Intraperitonealtest hat keine Anzeichen von übermäßiger Kanzerogenität ergeben,
2. die Halbwertzeit nach intratrachealer Instillation von 2 Milligramm einer Fasersuspension für Fasern mit einer Länge von mehr als 5 Mikrometer, einem Durchmesser von weniger als 3 Mikrometer und einem Länge-zu-Durchmesser-Verhältnis von größer als 3 zu 1 (WHO-Fasern) beträgt höchstens 40 Tage,
3. der Kanzerogenitätsindex KI, der sich aus der Differenz zwischen der Summe der Massengehalte (in Prozent) der Oxide von Natrium, Kalium, Bor, Calcium, Magnesium, Barium und dem doppelten Massengehalt (in Prozent) von Aluminiumoxid ergibt, ist bei künstlichen Mineralfasern mindestens 40,
4. Glasfasern, die für Hochtemperaturanwendungen bestimmt sind, die
   a) eine Klassifikationstemperatur von 1000 Grad Celsius bis zu 1200 Grad Celsius erfordern, besitzen eine Halbwertzeit nach den unter Ziffer 2 genannten Kriterien von höchstens 65 Tagen oder
   b) eine Klassifikationstemperatur von über 1200 Grad Celsius erfordern, besitzen eine Halbwertzeit nach den unter Ziffer 2 genannten Kriterien von höchstens 100 Tagen.

(3) Spritzverfahren, bei denen krebserzeugende Mineralfasern verwendet werden, sind verboten.

VI

(4) Die Absätze 1 bis 3 gelten auch für private Haushalte.

Nummer 6
Besonders gefährliche krebserzeugende Stoffe

(1) Die folgenden besonders gefährlichen krebserzeugenden Stoffe dürfen nur in geschlossenen Anlagen hergestellt oder verwendet werden:

1. 6-Amino-2-ethoxynaphthalin,
2. Bis(chlormethyl)ether,
3. Cadmiumchlorid (in einatembarer Form),
4. Chlormethyl-methylether,
5. Dimethylcarbamoylchlorid,
6. Hexamethylphosphorsäuretriamid,
7. 1,3-Propansulton,
8. N-Nitrosaminverbindungen, ausgenommen solche N-Nitrosaminverbindungen, bei denen sich in entsprechenden Prüfungen kein Hinweis auf krebserzeugende Wirkungen ergeben hat,
9. Tetranitromethan,
10. 1,2,3-Trichlorpropan sowie
11. Dimethyl- und Diethylsulfat.

Die Herstellungs- und Verwendungsbeschränkung nach Satz 1 gilt auch für o-Toluidin.

(2) Die Herstellungs- und Verwendungsbeschränkung nach Absatz 1 gilt nicht für Forschungs- und Analysezwecke sowie für wissenschaftliche Lehrzwecke in den dafür erforderlichen Mengen.

Anhang III
(zu § 11 Absatz 4)

Spezielle Anforderungen an Tätigkeiten mit organischen Peroxiden

Inhaltsübersicht

Nummer 1 Anwendungsbereich und Begriffsbestimmungen

(1) Der Anhang III legt nur Anforderungen fest zum Schutz von Beschäftigten und Personen nach § 1 Absatz 3 Satz 2 (andere Personen) vor

a) Brand- und Explosionsgefährdungen sowie
b) den Auswirkungen von Bränden oder Explosionen.

Gesundheitsschädigende Wirkungen, die bei Tätigkeiten mit organischen Peroxiden auftreten können, werden von Anhang III nicht erfasst.

(2) Folgende Begriffsbestimmungen gelten für Anhang III:

a) Gefahrgruppe ist eine Einteilung von organischen Peroxiden in Abhängigkeit von ihrem Abbrandverhalten im verpackten Zustand,
b) Gefährliche Objekte sind Betriebsgebäude, Räume oder Plätze in oder auf denen Tätigkeiten mit organischen Peroxiden durchgeführt werden,
c) Schutzabstände sind die zwischen gefährlichen Objekten und der Nachbarschaft, insbesondere Wohnbereichen und Verkehrswegen, einzuhaltenden Abstände,
d) Sicherheitsabstände sind die innerhalb eines Betriebsgeländes einzuhaltenden Abstände,
e) Verkehrswege sind Straßen, Schienen- und Schifffahrtswege, die uneingeschränkt dem öffentlichen Verkehr zugänglich sind, ausgenommen solche mit geringer Verkehrsdichte,
f) Wohnbereich ist ein Bereich, in dem sich bewohnte Gebäude befinden und der nicht mit dem Betrieb in Zusammenhang steht; zu den bewohnten Gebäuden zählen auch Gebäude und Anlagen mit Räumen, die nicht nur zum vorübergehenden Aufenthalt von Personen bestimmt und geeignet sind.

Nummer 2 Tätigkeiten mit organischen Peroxiden

2.1 Anwendungsbereich

(1) Nummer 2 gilt für Tätigkeiten mit organischen Peroxiden.

(2) Nummer 2 gilt nicht für

a) Tätigkeiten mit organischen Peroxiden in Form von Gemischen, wenn
   aa) das Gemisch nicht mehr als 1,0 Prozent Aktivsauerstoff aus den organischen Peroxiden bei höchstens 1,0 Prozent Wasserstoffperoxid enthält oder
   bb) das Gemisch nicht mehr als 0,5 Prozent Aktivsauerstoff aus den organischen Peroxiden bei mehr als 1,0 Prozent, jedoch höchstens 7,0 Prozent Wasserstoffperoxid enthält,
b) Tätigkeiten mit organischen Peroxiden in Kleinpackungen mit einem Inhalt von bis zu 100 Gramm festem oder bis zu 25 Milliliter flüssigem organischen Peroxid, sofern
   aa) die organischen Peroxide nicht dem Sprengstoffgesetz unterfallen,

VI

bb) die Kleinpackungen handelsfertig in Verkehr gebracht worden sind und die im Betrieb vorhandene Gesamtmasse der organischen Peroxide in den Kleinpackungen einen Inhalt von insgesamt 100 Kilogramm nicht übersteigt,

c) das Aufbewahren explosionsgefährlicher organischer Peroxide, sofern diese den Bestimmungen der Zweiten Verordnung zum Sprengstoffgesetz in der Fassung der Bekanntmachung vom 10. September 2002 (BGBl. I S. 3543), die zuletzt durch Artikel 2 der Verordnung vom 26. November 2010 (BGBl. I S. 1643) geändert worden ist, unterliegen.

2.2 Begriffsbestimmungen

Folgende Begriffsbestimmungen gelten für Nummer 2:

a) Aktivsauerstoff ist der für Oxidationsreaktionen verfügbare abspaltbare Sauerstoff der Peroxidgruppe (pro Peroxogruppe jeweils ein Sauerstoffatom),

b) der korrigierte Stoffdurchsatz Ak (angegeben in Kilogramm/Minute) charakterisiert das Abbrandverhalten eines organischen Peroxids in seiner Verpackung bezogen auf eine Menge von 10 000 Kilogramm. Darin sind das Maß der Vollständigkeit und Gleichmäßigkeit des Abbrandes sowie das Wärmestrahlungsvermögen der Flammen berücksichtigt.

2.3 Zuordnung organischer Peroxide zu Gefahrgruppen

VI

(1) Der Arbeitgeber darf eine Tätigkeit mit einem organischen Peroxid nur ausüben lassen, wenn die Bundesanstalt für Materialforschung und -prüfung für dieses organische Peroxid eine Gefahrgruppe nach Absatz 2 bekannt gegeben hat. Hat die Bundesanstalt für Materialforschung und -prüfung für explosionsgefährliche organische Peroxide die Lagergruppenzuordnung I, II oder III nach der Zweiten Verordnung zum Sprengstoffgesetz in der Fassung der Bekanntmachung vom 10. September 2002 (BGBl. I S. 3543), die zuletzt durch Artikel 2 der Verordnung vom 26. November 2010 (BGBl. I S. 1643) geändert worden ist, bekannt gegeben, gilt für diese organischen Peroxide entsprechend die Gefahrgruppe OP I, OP II oder OP III als bekannt gegeben. Satz 1 findet keine Anwendung auf organische Peroxide in Form von Gemischen, die organische Peroxide mit einem Massengehalt unter 10 Prozent und Wasserstoffperoxid mit einem Massengehalt unter 5 Prozent enthalten.

(2) Für die Einteilung in Gefahrgruppen gelten folgende Kriterien:

a) Gefahrgruppe OP I: organische Peroxide dieser Gruppe brennen sehr heftig unter starker Wärmeentwicklung ab; der Brand breitet sich rasch aus; Packungen organischer Peroxide können auch vereinzelt mit geringer Druckwirkung explodieren; dabei kann sich der gesamte Inhalt einer Packung umsetzen; einzelne brennende Packungen können fortgeschleudert werden; die Gefährdung der Umgebung durch Wurfstücke ist gering; Gebäude in der Umgebung sind im Allgemeinen durch Druckwirkung nicht gefährdet; diese Gefahrgruppe wird in die Untergruppen Ia und Ib unterteilt; die Gefahrgruppe OP Ia umfasst die organischen Peroxide mit einem korrigierten Stoffdurchsatz Ak größer oder gleich 300 Kilogramm/Minute; die Gefahrgruppe OP Ib umfasst die organischen Peroxide mit einem korrigierten Stoffdurchsatz Ak größer oder gleich 140 Kilogramm/Minute, jedoch kleiner 300 Kilogramm/Minute,

b) Gefahrgruppe OP II: organische Peroxide dieser Gruppe brennen heftig unter starker Wärmeentwicklung ab; der Brand breitet sich rasch aus; die Packungen organischer Peroxide können auch vereinzelt mit geringer Druckwirkung explodieren; dabei setzt sich jedoch nicht der gesamte Inhalt einer Packung um; die Umgebung ist hauptsächlich durch Flammen und Wärmestrahlung gefährdet; Bauten in der Umgebung sind durch Druckwirkung nicht gefährdet; die Gefahrgruppe OP II umfasst die organischen Peroxide mit einem korrigierten Stoffdurchsatz Ak größer oder gleich 60 Kilogramm/Minute, jedoch kleiner 140 Kilogramm/Minute,

c) Gefahrgruppe OP III: organische Peroxide dieser Gruppe brennen ab, wobei die Auswirkungen des Brandes denen brennbarer Stoffe vergleichbar sind; die Gefahrgruppe OP III umfasst die organischen Peroxide mit einem korrigierten Stoffdurchsatz Ak kleiner 60 Kilogramm/Minute,

d) Gefahrgruppe OP IV: organische Peroxide dieser Gruppe sind schwer entzündbar und brennen so langsam ab, dass die Umgebung durch Flammen und Wärmestrahlung praktisch nicht gefährdet ist; die Angabe eines korrigierten Stoffdurchsatzes Ak ist für diese Gefahrgruppe nicht möglich.

(3) Liegt für ein organisches Peroxid keine Gefahrgruppenzuordnung vor, hat der Arbeitgeber eine solche bei der Bundesanstalt für Materialforschung und -prüfung schriftlich oder elektronisch zu beantragen. Dem Antrag sind die erforderlichen Unterlagen beizufügen. Die Bundesanstalt für Materialforschung und -prüfung gibt die Gefahrgruppenzuordnung bekannt.

(4) Abweichend von Absatz 3 kann der Arbeitgeber auch von einer anderen geeigneten Stelle prüfen lassen, welche Gefahrgruppenzuordnung vorzunehmen ist. In diesem Fall hat der Arbeitgeber das Prüfergebnis mit den erforderlichen Unterlagen der Bundesanstalt für Materialforschung und -prüfung vorzulegen. Die Bundesanstalt für Materialforschung und -prüfung gibt die Gefahrgruppenzuordnung bekannt, wenn diese als zutreffend bewertet worden ist.

(5) Bis zur Bekanntgabe der Gefahrgruppenzuordnung durch die Bundesanstalt für Materialforschung und -prüfung müssen organische Peroxide mit einer Peroxidkonzentration

a) größer oder gleich 57 Prozent wie organische Peroxide der Gefahrgruppe OP Ib,

b) größer oder gleich 32 Prozent, aber kleiner 57 Prozent wie organische Peroxide der Gefahrgruppe OP II,

c) größer oder gleich 10 Prozent, aber kleiner 32 Prozent wie organische Peroxide der Gefahrgruppe OP III

behandelt werden.

(6) Nicht brennbare organische Peroxide mit einer Peroxidkonzentration größer oder gleich 10 Prozent können wie organische Peroxide der Gefahrgruppe OP IV behandelt werden, wenn hierzu die Zustimmung der zuständigen Behörde vorliegt. Die vorläufige Gefahrgruppenzuordnung darf nicht länger als zwei Jahre genutzt werden.

2.4 Informationsermittlung und Gefährdungsbeurteilung

(1) Bei Tätigkeiten mit einem organischen Peroxid hat der Arbeitgeber im Rahmen der Gefährdungsbeurteilung nach § 6 fachkundig zu ermitteln, ob die von der Bundesanstalt für Materialforschung und -prüfung bekannt gegebene Gefahrgruppenzuordnung des organischen Peroxids für die Tätigkeiten anwendbar ist. Stimmen die Kriterien der Zuordnung mit den Bedingungen der Tätigkeiten überein, hat er die aus der Gefahrgruppenzuordnung resultierenden Schutzmaßnahmen zu ergreifen. Stellt der Arbeitgeber fest, dass die bekannt gegebene Gefahrgruppenzuordnung für einzelne Tätigkeiten nicht übernommen werden kann, legt er fachkundig für die betreffenden Tätigkeiten eine abweichende Gefahrgruppe fest. Ist der Arbeitgeber selbst nicht fachkundig, hat er sich fachkundig beraten zu lassen.

(2) Stellt der Arbeitgeber im Rahmen der Gefährdungsbeurteilung nach § 6 fest, dass bei der Herstellung, Be- oder Verarbeitung organischer Peroxide Gemische auftreten können, die detonationsfähig sind oder zur schnellen Deflagration oder heftigen Wärmeexplosion neigen, hat der Arbeitgeber ein Gutachten der Bundesanstalt für Materialforschung und -prüfung einzuholen, das insbesondere auf die zu treffenden Schutzmaßnahmen eingeht. Dies gilt auch,

wenn Tätigkeiten mit organischen Peroxiden in ortsfesten Freianlagen, einschließlich der Lagerung in Tanks oder Silos, ausgeübt werden sollen.

2.5 Schutz- und Sicherheitsabstände

(1) Der Arbeitgeber hat für Gebäude und Freianlagen, in oder auf denen Tätigkeiten mit organischen Peroxiden durchgeführt werden, ausreichende Schutzabstände zu Wohnbereichen und öffentlichen Verkehrswegen sowie Sicherheitsabstände zu innerbetrieblichen Gebäuden oder Anlagen festzulegen. Zu Gebäuden, in denen nur Tätigkeiten mit organischen Peroxiden der Gefahrgruppe OP IV durchgeführt werden, sind keine Schutz- und Sicherheitsabstände einzuhalten.

(2) Die Schutz- und Sicherheitsabstände sind in Abhängigkeit von der Gefahrgruppe und der Menge der vorhandenen organischen Peroxide sowie der Lage, Anordnung und Bauart der Gebäude und Anlagen festzulegen.

(3) Beim Aufbewahren von organischen Peroxiden der Gefahrgruppe OP Ia bis zu einer Nettomasse von 100 Kilogramm und der Gefahrgruppen OP Ib, OP II und OP III bis zu einer Nettomasse von 200 Kilogramm sind keine Schutz- und Sicherheitsabstände einzuhalten. Es muss jedoch sichergestellt sein, dass eine nicht bestimmungsgemäße Umsetzung organischer Peroxide nicht nach außen oder nur in ungefährliche Richtung wirken kann.

2.6 Bauliche Anforderungen

VI

Der Arbeitgeber hat Gebäude, in denen Tätigkeiten mit organischen Peroxiden durchgeführt werden, so zu errichten, dass eine Gefährdung der Beschäftigten und anderer Personen bei Betriebsstörungen oder Unfällen auf ein Minimum reduziert wird. Kann durch eine eintretende Zersetzung eine Gefährdung auftreten, hat er sicherzustellen, dass insbesondere Gebäude und Räume zum Herstellen, Bearbeiten, Verarbeiten, Abfüllen oder Vernichten organischer Peroxide

a) in Sicherheitsbauweise errichtet werden,

b) über ausreichend widerstandsfähige Decken und Wände verfügen und

c) über ausreichend bemessene Druckentlastungsflächen in Wänden oder Decken verfügen, die im Explosionsfall einen schnellen Druckabbau ermöglichen; diese müssen aus leichten Baustoffen bestehen und ihre Widerstandsfähigkeit muss deutlich niedriger sein als die anderer Bauteile.

2.7 Zündquellen

Der Arbeitgeber hat die Bereiche, in denen Zündquellen vermieden werden müssen, im Rahmen der Gefährdungsbeurteilung festzulegen und hierfür die erforderlichen Schutzmaßnahmen, einschließlich der Kennzeichnung dieser Bereiche, zu ergreifen.

2.8 Innerbetrieblicher Transport

Zum innerbetrieblichen Transport eines organischen Peroxids dürfen nur Kraftfahrzeuge oder Flurförderzeuge eingesetzt werden, die keine Zündquelle für das organische Peroxid darstellen.

2.9 Anforderungen an das Aufbewahren organischer Peroxide

(1) Organische Peroxide, die dem Sprengstoffgesetz unterfallen, sind aufzubewahren nach Maßgabe der Vorschriften der Zweiten Verordnung zum Sprengstoffgesetz in der Fassung der Bekanntmachung vom 10. September 2002 (BGBl. I S. 3543), die zuletzt durch Artikel 2 der Verordnung vom 26. November 2010 (BGBl. I S. 1643) geändert worden ist. Für das Aufbe-

wahren organischer Peroxide, die nicht dem Sprengstoffgesetz unterfallen, gelten die Absätze 2 bis 5.

(2) Lagergebäude für organische Peroxide der Gefahrgruppen OP I bis OP III müssen in eingeschossiger Bauweise errichtet sein. Abweichend von Satz 1 darf ein Lagergebäude auch mehrgeschossig sein, wenn die Gefährdungsbeurteilung ergibt, dass die Gefährdung der Beschäftigten und anderer Personen durch die mehrgeschossige Bauweise nicht erhöht wird.

(3) Lagerräume für organische Peroxide der Gefahrgruppen OP I bis OP III müssen mit Druckentlastungsflächen versehen sein.

(4) Lagerräume müssen so errichtet und ausgerüstet sein, dass die höchstzulässige Aufbewahrungstemperatur für organische Peroxide nicht überschritten wird.

(5) Der Arbeitgeber hat dafür zu sorgen, dass organische Peroxide mit anderen Stoffen, Gemischen oder Erzeugnissen nur zusammen gelagert oder gemeinsam abgestellt werden, wenn hierdurch keine wesentliche Erhöhung der Gefährdung eintreten kann.

2.10 Anforderungen an Betriebsanlagen und -einrichtungen

(1) Betriebsanlagen und -einrichtungen müssen so beschaffen und ausgerüstet sein, dass auch bei Betriebsstörungen oder Unfällen die Sicherheit aufrechterhalten und ein unkontrollierter Austritt von organischen Peroxiden vermieden wird. Sie müssen vollständig und gefahrlos entleert werden können.

(2) Betriebsanlagen müssen so errichtet sein, dass durch sie keine gefährlichen Reaktionen der organischen Peroxide ausgelöst werden. Sie sind mit Kontroll- und Regeleinrichtungen für den sicheren Betrieb auszurüsten.

(3) Gefährliche Einschlüsse organischer Peroxide müssen vermieden werden.

(4) Art und Anzahl der Feuerlöscheinrichtungen müssen für die besonderen Eigenschaften der organischen Peroxide ausgelegt sein.

Verordnung über Sicherheit und Gesundheitsschutz bei Tätigkeiten mit Biologischen Arbeitsstoffen (Biostoffverordnung – BioStoffV)

Vom 15. Juli 2013 (BGBl. I S. 2514)

Zuletzt geändert durch
Gesetz zum Abbau verzichtbarer Anordnungen der Schriftform im Verwaltungsrecht des Bundes
vom 29. März 2017 (BGBl. I S. 626)

Inhaltsübersicht

Abschnitt 1
Anwendungsbereich, Begriffsbestimmungen und Risikogruppeneinstufung

§ 1 Anwendungsbereich

(1) Diese Verordnung gilt für Tätigkeiten mit Biologischen Arbeitsstoffen (Biostoffen). Sie regelt Maßnahmen zum Schutz von Sicherheit und Gesundheit der Beschäftigten vor Gefährdungen durch diese Tätigkeiten. Sie regelt zugleich auch Maßnahmen zum Schutz anderer Personen, soweit diese aufgrund des Verwendens von Biostoffen durch Beschäftigte oder durch Unternehmer ohne Beschäftigte gefährdet werden können.

(2) Die Verordnung gilt auch für Tätigkeiten, die dem Gentechnikrecht unterliegen, sofern dort keine gleichwertigen oder strengeren Regelungen zum Schutz der Beschäftigten bestehen.

§ 2 Begriffsbestimmungen

(1) Biostoffe sind

1. Mikroorganismen, Zellkulturen und Endoparasiten einschließlich ihrer gentechnisch veränderten Formen,
2. mit Transmissibler Spongiformer Enzephalopathie (TSE) assoziierte Agenzien,

die den Menschen durch Infektionen, übertragbare Krankheiten, Toxinbildung, sensibilisierende oder sonstige, die Gesundheit schädigende Wirkungen gefährden können.

(2) Den Biostoffen gleichgestellt sind

1. Ektoparasiten, die beim Menschen eigenständige Erkrankungen verursachen oder sensibilisierende oder toxische Wirkungen hervorrufen können,
2. technisch hergestellte biologische Einheiten mit neuen Eigenschaften, die den Menschen in gleicher Weise gefährden können wie Biostoffe.

(3) Mikroorganismen sind alle zellulären oder nichtzellulären mikroskopisch oder submikroskopisch kleinen biologischen Einheiten, die zur Vermehrung oder zur Weitergabe von genetischem Material fähig sind, insbesondere Bakterien, Viren, Protozoen und Pilze.

(4) Zellkulturen sind in-vitro-vermehrte Zellen, die aus vielzelligen Organismen isoliert worden sind.

(5) Toxine im Sinne von Absatz 1 sind Stoffwechselprodukte oder Zellbestandteile von Biostoffen, die infolge von Einatmen, Verschlucken oder Aufnahme über die Haut beim Menschen toxische Wirkungen hervorrufen und dadurch akute oder chronische Gesundheitsschäden oder den Tod bewirken können.

(6) Biostoffe der Risikogruppe 3, die mit (**) gekennzeichnet sind, sind solche Biostoffe, bei denen das Infektionsrisiko für Beschäftigte begrenzt ist, weil eine Übertragung über den Luftweg normalerweise nicht erfolgen kann. Diese Biostoffe sind in Anhang III der Richtlinie 2000/54/EG des Europäischen Parlaments und des Rates vom 18. September 2000 über den Schutz der Arbeitnehmer gegen Gefährdung durch biologische Arbeitsstoffe bei der Arbeit (ABl. L 262 vom 17. 10. 2000, S. 21) sowie in den Bekanntmachungen nach § 19 Absatz 4 Nummer 1 entsprechend aufgeführt.

(7) Tätigkeiten sind

1. das Verwenden von Biostoffen, insbesondere das Isolieren, Erzeugen und Vermehren, das Aufschließen, das Ge- und Verbrauchen, das Be- und Verarbeiten, das Ab- und Umfüllen, das Mischen und Abtrennen sowie das innerbetriebliche Befördern, das Aufbewahren einschließlich des Lagerns, das Inaktivieren und das Entsorgen sowie
2. die berufliche Arbeit mit Menschen, Tieren, Pflanzen, Produkten, Gegenständen oder Materialien, wenn aufgrund dieser Arbeiten Biostoffe auftreten oder freigesetzt werden und Beschäftigte damit in Kontakt kommen können.

(8) Gezielte Tätigkeiten liegen vor, wenn

1. die Tätigkeiten auf einen oder mehrere Biostoffe unmittelbar ausgerichtet sind,
2. der Biostoff oder die Biostoffe mindestens der Spezies nach bekannt sind und
3. die Exposition der Beschäftigten im Normalbetrieb hinreichend bekannt oder abschätzbar ist.

VI

Nicht gezielte Tätigkeiten liegen vor, wenn mindestens eine Voraussetzung nach Satz 1 nicht vorliegt. Dies ist insbesondere bei Tätigkeiten nach Absatz 7 Nummer 2 gegeben.

(9) Beschäftigte sind Personen, die nach § 2 Absatz 2 des Arbeitsschutzgesetzes als solche bestimmt sind. Den Beschäftigten stehen folgende Personen gleich, sofern sie Tätigkeiten mit Biostoffen durchführen:

1. Schülerinnen und Schüler,
2. Studierende,
3. sonstige Personen, insbesondere in wissenschaftlichen Einrichtungen und in Einrichtungen des Gesundheitsdienstes Tätige,
4. in Heimarbeit Beschäftigte nach § 1 Absatz 1 des Heimarbeitsgesetzes.

Auf Schülerinnen und Schüler, Studierende sowie sonstige Personen nach Nummer 3 finden die Regelungen dieser Verordnung über die Beteiligung der Vertretungen keine Anwendung.

(10) Arbeitgeber ist, wer nach § 2 Absatz 3 des Arbeitsschutzgesetzes als solcher bestimmt ist. Dem Arbeitgeber stehen gleich

1. der Unternehmer ohne Beschäftigte,
2. der Auftraggeber und der Zwischenmeister im Sinne des Heimarbeitsgesetzes.

(11) Fachkundig im Sinne dieser Verordnung ist, wer zur Ausübung einer in dieser Verordnung bestimmten Aufgabe befähigt ist. Die Anforderungen an die Fachkunde sind abhängig von der jeweiligen Art der Aufgabe und der Höhe der Gefährdung. Die für die Fachkunde erforderlichen Kenntnisse sind durch eine geeignete Berufsausbildung und eine zeitnahe einschlägige berufliche Tätigkeit nachzuweisen. In Abhängigkeit von der Aufgabe und der Höhe der Gefährdung kann zusätzlich die Teilnahme an spezifischen Fortbildungsmaßnahmen erforderlich sein.

(12) Stand der Technik ist der Entwicklungsstand fortschrittlicher Verfahren, Einrichtungen oder Betriebsweisen, der die praktische Eignung einer Maßnahme zum Schutz von Sicherheit und Gesundheit der Beschäftigten gesichert erscheinen lässt. Bei der Bestimmung des Standes der Technik sind insbesondere vergleichbare Verfahren, Einrichtungen oder Betriebsweisen heranzuziehen, die mit Erfolg in der Praxis erprobt worden sind.

(13) Schutzstufen orientieren sich an der Risikogruppe des jeweiligen Biostoffs und sind ein Maßstab für die Höhe der Infektionsgefährdung einer Tätigkeit. Entsprechend den Risikogruppen nach § 3 werden vier Schutzstufen unterschieden. Die Schutzstufen umfassen die zusätzlichen Schutzmaßnahmen, die in den Anhängen II und III festgelegt oder empfohlen sind.

(14) Einrichtungen des Gesundheitsdienstes nach dieser Verordnung sind Arbeitsstätten, in denen Menschen stationär medizinisch untersucht, behandelt oder gepflegt werden oder ambulant medizinisch untersucht oder behandelt werden.

(15) Biotechnologie im Sinne dieser Verordnung umfasst die biotechnologische Produktion sowie die biotechnologische Forschung unter gezieltem Einsatz definierter Biostoffe.

§ 3 Einstufung von Biostoffen in Risikogruppen

(1) Biostoffe werden entsprechend dem von ihnen ausgehenden Infektionsrisiko nach dem Stand der Wissenschaft in eine der folgenden Risikogruppen eingestuft:

1. Risikogruppe 1: Biostoffe, bei denen es unwahrscheinlich ist, dass sie beim Menschen eine Krankheit hervorrufen,
2. Risikogruppe 2: Biostoffe, die eine Krankheit beim Menschen hervorrufen können und eine Gefahr für Beschäftigte darstellen könnten; eine Verbreitung in der Bevölkerung ist unwahrscheinlich; eine wirksame Vorbeugung oder Behandlung ist normalerweise möglich,
3. Risikogruppe 3: Biostoffe, die eine schwere Krankheit beim Menschen hervorrufen und eine ernste Gefahr für Beschäftigte darstellen können; die Gefahr einer Verbreitung in der Bevölkerung kann bestehen, doch ist normalerweise eine wirksame Vorbeugung oder Behandlung möglich,

4. Risikogruppe 4: Biostoffe, die eine schwere Krankheit beim Menschen hervorrufen und eine ernste Gefahr für Beschäftigte darstellen; die Gefahr einer Verbreitung in der Bevölkerung ist unter Umständen groß; normalerweise ist eine wirksame Vorbeugung oder Behandlung nicht möglich.

(2) Für die Einstufung der Biostoffe in die Risikogruppen 2 bis 4 gilt Anhang III der Richtlinie 2000/54/EG des Europäischen Parlaments und des Rates vom 18. September 2000 über den Schutz der Arbeitnehmer gegen Gefährdung durch biologische Arbeitsstoffe bei der Arbeit (ABl. L 262 vom 17. 10. 2000, S. 21). Wird dieser Anhang im Verfahren nach Artikel 19 dieser Richtlinie an den technischen Fortschritt angepasst, so kann die geänderte Fassung bereits ab ihrem Inkrafttreten angewendet werden. Sie ist nach Ablauf der festgelegten Umsetzungsfrist anzuwenden.

(3) Ist ein Biostoff nicht nach Absatz 2 eingestuft, kann das Bundesministerium für Arbeit und Soziales nach Beratung durch den Ausschuss nach § 19 die Einstufung in eine Risikogruppe nach Absatz 1 vornehmen. Die Einstufungen werden im Gemeinsamen Ministerialblatt bekannt gegeben. Der Arbeitgeber hat diese Einstufungen zu beachten.

(4) Liegt für einen Biostoff weder eine Einstufung nach Absatz 2 noch eine nach Absatz 3 vor, hat der Arbeitgeber, der eine gezielte Tätigkeit mit diesem Biostoff beabsichtigt, diesen in eine der Risikogruppen nach Absatz 1 einzustufen. Dabei hat der Arbeitgeber Folgendes zu beachten:

1. kommen für die Einstufung mehrere Risikogruppen in Betracht, ist der Biostoff in die höchste infrage kommende Risikogruppe einzustufen,
2. Viren, die bereits beim Menschen isoliert wurden, sind mindestens in die Risikogruppe 2 einzustufen, es sei denn, es ist unwahrscheinlich, dass diese Viren beim Menschen eine Krankheit verursachen,
3. Stämme, die abgeschwächt sind oder bekannte Virulenzgene verloren haben, können vorbehaltlich einer angemessenen Ermittlung und Bewertung in eine niedrigere Risikogruppe eingestuft werden als der Elternstamm (parentaler Stamm); ist der Elternstamm in die Risikogruppe 3 oder 4 eingestuft, kann eine Herabstufung nur auf der Grundlage einer wissenschaftlichen Bewertung erfolgen, die insbesondere der Ausschuss nach § 19 vornehmen kann.

Abschnitt 2
Gefährdungsbeurteilung, Schutzstufenzuordnung, Dokumentations- und Aufzeichnungspflichten

§ 4 Gefährdungsbeurteilung

(1) Im Rahmen der Gefährdungsbeurteilung nach § 5 des Arbeitsschutzgesetzes hat der Arbeitgeber die Gefährdung der Beschäftigten durch die Tätigkeiten mit Biostoffen vor Aufnahme der Tätigkeit zu beurteilen. Die Gefährdungsbeurteilung ist fachkundig durchzuführen. Verfügt der Arbeitgeber nicht selbst über die entsprechenden Kenntnisse, so hat er sich fachkundig beraten zu lassen.

(2) Der Arbeitgeber hat die Gefährdungsbeurteilung unverzüglich zu aktualisieren, wenn

1. maßgebliche Veränderungen der Arbeitsbedingungen oder neue Informationen, zum Beispiel Unfallberichte oder Erkenntnisse aus arbeitsmedizinischen Vorsorgeuntersuchungen, dies erfordern oder
2. die Prüfung von Funktion und Wirksamkeit der Schutzmaßnahmen ergeben hat, dass die festgelegten Schutzmaßnahmen nicht wirksam sind.

Ansonsten hat der Arbeitgeber die Gefährdungsbeurteilung mindestens jedes zweite Jahr zu überprüfen und bei Bedarf zu aktualisieren. Ergibt die Überprüfung, dass eine Aktualisierung der Gefährdungsbeurteilung nicht erforderlich ist, so hat der Arbeitgeber dies unter Angabe des Datums der Überprüfung in der Dokumentation nach § 7 zu vermerken.

VI

(3) Für die Gefährdungsbeurteilung hat der Arbeitgeber insbesondere Folgendes zu ermitteln:

1. Identität, Risikogruppeneinstufung und Übertragungswege der Biostoffe, deren mögliche sensibilisierende und toxische Wirkungen und Aufnahmepfade, soweit diese Informationen für den Arbeitgeber zugänglich sind; dabei hat er sich auch darüber zu informieren, ob durch die Biostoffe sonstige die Gesundheit schädigende Wirkungen hervorgerufen werden können,
2. Art der Tätigkeit unter Berücksichtigung der Betriebsabläufe, Arbeitsverfahren und verwendeten Arbeitsmittel einschließlich der Betriebsanlagen,
3. Art, Dauer und Häufigkeit der Exposition der Beschäftigten, soweit diese Informationen für den Arbeitgeber zugänglich sind,
4. Möglichkeit des Einsatzes von Biostoffen, Arbeitsverfahren oder Arbeitsmitteln, die zu keiner oder einer geringeren Gefährdung der Beschäftigten führen würden (Substitutionsprüfung),
5. tätigkeitsbezogene Erkenntnisse
   a) über Belastungs- und Expositionssituationen, einschließlich psychischer Belastungen,
   b) über bekannte Erkrankungen und die zu ergreifenden Gegenmaßnahmen,
   c) aus der arbeitsmedizinischen Vorsorge.

(4) Der Arbeitgeber hat auf der Grundlage der nach Absatz 3 ermittelten Informationen die Infektionsgefährdung und die Gefährdungen durch sensibilisierende, toxische oder sonstige die Gesundheit schädigende Wirkungen unabhängig voneinander zu beurteilen. Diese Einzelbeurteilungen sind zu einer Gesamtbeurteilung zusammenzuführen, auf deren Grundlage die Schutzmaßnahmen festzulegen und zu ergreifen sind. Dies gilt auch, wenn bei einer Tätigkeit mehrere Biostoffe gleichzeitig auftreten oder verwendet werden.

(5) Sind bei Tätigkeiten mit Produkten, die Biostoffe enthalten, die erforderlichen Informationen zur Gefährdungsbeurteilung wie zum Beispiel die Risikogruppeneinstufung nicht zu ermitteln, so muss der Arbeitgeber diese beim Hersteller, Einführer oder Inverkehrbringer einholen. Satz 1 gilt nicht für Lebensmittel in Form von Fertigerzeugnissen, die für den Endverbrauch bestimmt sind.

§ 5 Tätigkeiten mit Schutzstufenzuordnung

(1) Bei Tätigkeiten in Laboratorien, in der Versuchstierhaltung, in der Biotechnologie sowie in Einrichtungen des Gesundheitsdienstes hat der Arbeitgeber ergänzend zu § 4 Absatz 3 zu ermitteln, ob gezielte oder nicht gezielte Tätigkeiten ausgeübt werden. Er hat diese Tätigkeiten hinsichtlich ihrer Infektionsgefährdung einer Schutzstufe zuzuordnen.

(2) Die Schutzstufenzuordnung richtet sich

1. bei gezielten Tätigkeiten nach der Risikogruppe des ermittelten Biostoffs; werden Tätigkeiten mit mehreren Biostoffen ausgeübt, so richtet sich die Schutzstufenzuordnung nach dem Biostoff mit der höchsten Risikogruppe,
2. bei nicht gezielten Tätigkeiten nach der Risikogruppe des Biostoffs, der aufgrund
   a) der Wahrscheinlichkeit seines Auftretens,
   b) der Art der Tätigkeit,
   c) der Art, Dauer, Höhe und Häufigkeit der ermittelten Exposition

   den Grad der Infektionsgefährdung der Beschäftigten bestimmt.

§ 6 Tätigkeiten ohne Schutzstufenzuordnung

(1) Tätigkeiten, die nicht unter § 5 Absatz 1 fallen, müssen keiner Schutzstufe zugeordnet werden. Dabei handelt es sich um Tätigkeiten im Sinne von § 2 Absatz 7 Nummer 2. Zu diesen Tätigkeiten gehören beispielsweise Reinigungs- und Sanierungsarbeiten, Tätigkeiten in der Veterinärmedizin, der Land-, Forst-, Abwasser- und Abfallwirtschaft sowie in Biogasanlagen und Schlachtbetrieben.

(2) Kann bei diesen Tätigkeiten eine der in § 4 Absatz 3 Nummer 1 und 3 genannten Informationen nicht ermittelt werden, weil das Spektrum der auftretenden Biostoffe Schwankungen unterliegt oder Art, Dauer, Höhe oder Häufigkeit der Exposition wechseln können, so hat der Arbeitgeber die für die Gefährdungsbeurteilung und Festlegung der Schutzmaßnahmen erforderlichen Informationen insbesondere zu ermitteln auf der Grundlage von

1. Bekanntmachungen nach § 19 Absatz 4,
2. Erfahrungen aus vergleichbaren Tätigkeiten oder
3. sonstigen gesicherten arbeitswissenschaftlichen Erkenntnissen.

§ 7 Dokumentation der Gefährdungsbeurteilung und Aufzeichnungspflichten

(1) Der Arbeitgeber hat die Gefährdungsbeurteilung unabhängig von der Zahl der Beschäftigten erstmals vor Aufnahme der Tätigkeit sowie danach jede Aktualisierung gemäß Satz 2 zu dokumentieren. Die Dokumentation der Gefährdungsbeurteilung umfasst insbesondere folgende Angaben:

1. die Art der Tätigkeit einschließlich der Expositionsbedingungen,
2. das Ergebnis der Substitutionsprüfung nach § 4 Absatz 3 Nummer 4,
3. die nach § 5 Absatz 2 festgelegten Schutzstufen,
4. die zu ergreifenden Schutzmaßnahmen,
5. eine Begründung, wenn von den nach § 19 Absatz 4 Nummer 1 bekannt gegebenen Regeln und Erkenntnissen abgewichen wird.

(2) Als Bestandteil der Dokumentation hat der Arbeitgeber ein Verzeichnis der verwendeten oder auftretenden Biostoffe zu erstellen (Biostoffverzeichnis), soweit diese bekannt und für die Gefährdungsbeurteilung nach § 4 maßgeblich sind. Das Verzeichnis muss Angaben zur Einstufung der Biostoffe in eine Risikogruppe nach § 3 und zu ihren sensibilisierenden, toxischen und sonstigen die Gesundheit schädigenden Wirkungen beinhalten. Die Angaben müssen allen betroffenen Beschäftigten und ihren Vertretungen zugänglich sein.

(3) Bei Tätigkeiten der Schutzstufe 3 oder 4 hat der Arbeitgeber zusätzlich ein Verzeichnis über die Beschäftigten zu führen, die diese Tätigkeiten ausüben. In dem Verzeichnis sind die Art der Tätigkeiten und die vorkommenden Biostoffe sowie aufgetretene Unfälle und Betriebsstörungen anzugeben. Es ist personenbezogen für den Zeitraum von mindestens zehn Jahren nach Beendigung der Tätigkeit aufzubewahren. Der Arbeitgeber hat

1. den Beschäftigten die sie betreffenden Angaben in dem Verzeichnis zugänglich zu machen; der Schutz der personenbezogenen Daten ist zu gewährleisten,
2. bei Beendigung des Beschäftigungsverhältnisses dem Beschäftigten einen Auszug über die ihn betreffenden Angaben des Verzeichnisses auszuhändigen; der Nachweis über die Aushändigung ist vom Arbeitgeber wie Personalunterlagen aufzubewahren.

Das Verzeichnis über die Beschäftigten kann zusammen mit dem Biostoffverzeichnis nach Absatz 2 geführt werden.

(4) Auf die Dokumentation der Angaben nach Absatz 1 Satz 2 Nummer 2 und 5 sowie auf das Verzeichnis nach Absatz 2 kann verzichtet werden, wenn ausschließlich Tätigkeiten mit Biostoffen der Risikogruppe 1 ohne sensibilisierende oder toxische Wirkungen durchgeführt werden.

Abschnitt 3 Grundpflichten und Schutzmaßnahmen

§ 8 Grundpflichten

(1) Der Arbeitgeber hat die Belange des Arbeitsschutzes in Bezug auf Tätigkeiten mit Biostoffen in seine betriebliche Organisation einzubinden und hierfür die erforderlichen personellen, finanziellen und organisatorischen Voraussetzungen zu schaffen. Dabei hat er die Vertretungen der Beschäftigten in

geeigneter Form zu beteiligen. Insbesondere hat er sicherzustellen, dass

1. bei der Gestaltung der Arbeitsorganisation, des Arbeitsverfahrens und des Arbeitsplatzes sowie bei der Auswahl und Bereitstellung der Arbeitsmittel alle mit der Sicherheit und Gesundheit der Beschäftigten zusammenhängenden Faktoren, einschließlich der psychischen, ausreichend berücksichtigt werden,
2. die Beschäftigten oder ihre Vertretungen im Rahmen der betrieblichen Möglichkeiten beteiligt werden, wenn neue Arbeitsmittel eingeführt werden sollen, die Einfluss auf die Sicherheit und Gesundheit der Beschäftigten haben.

(2) Der Arbeitgeber hat geeignete Maßnahmen zu ergreifen, um bei den Beschäftigten ein Sicherheitsbewusstsein zu schaffen und den innerbetrieblichen Arbeitsschutz bei Tätigkeiten mit Biostoffen fortzuentwickeln.

VI

(3) Der Arbeitgeber darf eine Tätigkeit mit Biostoffen erst aufnehmen lassen, nachdem die Gefährdungsbeurteilung nach § 4 durchgeführt und die erforderlichen Maßnahmen ergriffen wurden.

(4) Der Arbeitgeber hat vor Aufnahme der Tätigkeit

1. gefährliche Biostoffe vorrangig durch solche zu ersetzen, die nicht oder weniger gefährlich sind, soweit dies nach der Art der Tätigkeit oder nach dem Stand der Technik möglich ist,
2. Arbeitsverfahren und Arbeitsmittel so auszuwählen oder zu gestalten, dass Biostoffe am Arbeitsplatz nicht frei werden, wenn die Gefährdung der Beschäftigten nicht durch eine Maßnahme nach Nummer 1 ausgeschlossen werden kann,
3. die Exposition der Beschäftigten durch geeignete bauliche, technische und organisatorische Maßnahmen auf ein Minimum zu reduzieren, wenn eine Gefährdung der Beschäftigten nicht durch eine Maßnahme nach Nummer 1 oder Nummer 2 verhindert werden kann oder die Biostoffe bestimmungsgemäß freigesetzt werden,
4. zusätzlich persönliche Schutzausrüstung zur Verfügung zu stellen, wenn die Maßnahmen nach den Nummern 1 bis 3 nicht ausreichen, um die Gefährdung auszuschließen oder ausreichend zu verringern; der Arbeitgeber hat den Einsatz belastender persönlicher Schutzausrüstung auf das unbedingt erforderliche Maß zu beschränken und darf sie nicht als Dauermaßnahme vorsehen.

(5) Der Arbeitgeber hat die Schutzmaßnahmen auf der Grundlage der Gefährdungsbeurteilung nach dem Stand der Technik sowie nach gesicherten wissenschaftlichen Erkenntnissen festzulegen und zu ergreifen. Dazu hat er die Vorschriften dieser Verordnung einschließlich der Anhänge zu beachten und die nach § 19 Absatz 4 Nummer 1 bekannt gegebenen Regeln und Erkenntnisse zu berücksichtigen. Bei Einhaltung der Regeln und Erkenntnisse ist davon auszugehen, dass die gestellten Anforderungen erfüllt sind (Vermutungswirkung). Von diesen Regeln und Erkenntnissen kann abgewichen werden, wenn durch andere Maßnahmen zumindest in vergleichbarer Weise der Schutz von Sicherheit und Gesundheit der Beschäftigten gewährleistet wird. Haben sich der Stand der Technik oder gesicherte wissenschaftliche Erkenntnisse fortentwickelt und erhöht sich die Arbeitssicherheit durch diese Fortentwicklung erheblich, sind die Schutzmaßnahmen innerhalb einer angemessenen Frist anzupassen.

(6) Der Arbeitgeber hat die Funktion der technischen Schutzmaßnahmen regelmäßig und deren Wirksamkeit mindestens jedes zweite Jahr zu überprüfen. Die Ergebnisse und das Datum der Wirksamkeitsprüfung sind in der Dokumentation nach § 7 zu vermerken. Wurde für einen Arbeitsbereich, ein Arbeitsverfahren oder einen Anlagetyp in einer Bekanntmachung nach § 19 Absatz 4 ein Wert festgelegt, der die nach dem Stand der Technik erreichbare Konzentration der Biostoffe in der Luft am Arbeitsplatz beschreibt (Technischer Kontrollwert), so ist dieser Wert für die Wirksamkeitsüberprüfung der entsprechenden Schutzmaßnahmen heranzuziehen.

(7) Der Arbeitgeber darf in Heimarbeit nur Tätigkeiten mit Biostoffen der Risikogruppe 1 ohne sensibilisierende oder toxische Wirkung ausüben lassen.

§ 9 Allgemeine Schutzmaßnahmen

(1) Bei allen Tätigkeiten mit Biostoffen müssen mindestens die allgemeinen Hygienemaßnahmen eingehalten werden. Insbesondere hat der Arbeitgeber dafür zu sorgen, dass

1. Arbeitsplätze und Arbeitsmittel in einem dem Arbeitsablauf entsprechenden sauberen Zustand gehalten und regelmäßig gereinigt werden,
2. Fußböden und Oberflächen von Arbeitsmitteln und Arbeitsflächen leicht zu reinigen sind,
3. Waschgelegenheiten zur Verfügung stehen,
4. vom Arbeitsplatz getrennte Umkleidemöglichkeiten vorhanden sind, sofern Arbeitskleidung erforderlich ist; die Arbeitskleidung ist regelmäßig sowie bei Bedarf zu wechseln und zu reinigen.

(2) Bei Tätigkeiten in Laboratorien, in der Versuchstierhaltung, in der Biotechnologie und in Einrichtungen des Gesundheitsdienstes hat der Arbeitgeber für die Schutzstufe 1 über die Maßnahmen des Absatzes 1 hinaus spezielle Hygienemaßnahmen entsprechend den nach § 19 Absatz 4 Nummer 1 bekannt gegebenen Regeln und Erkenntnissen zu berücksichtigen.

(3) Werden nicht ausschließlich Tätigkeiten mit Biostoffen der Risikogruppe 1 ohne sensibilisierende und toxische Wirkungen ausgeübt, hat der Arbeitgeber in Abhängigkeit von der Gefährdungsbeurteilung weitergehende Schutzmaßnahmen zu ergreifen. Dabei hat er insbesondere

1. Arbeitsverfahren und Arbeitsmittel so zu gestalten oder auszuwählen, dass die Exposition der Beschäftigten gegenüber Biostoffen und die Gefahr durch Stich- und Schnittverletzungen verhindert oder minimiert werden, soweit dies technisch möglich ist,
2. Tätigkeiten und Arbeitsverfahren mit Staub- oder Aerosolbildung, einschließlich Reinigungsverfahren, durch solche ohne oder mit geringerer Staub- oder Aerosolbildung zu ersetzen, soweit dies nach dem Stand der Technik möglich ist; ist dies nicht möglich, hat der Arbeitgeber geeignete Maßnahmen zur Minimierung der Exposition zu ergreifen,
3. die Zahl der exponierten Beschäftigten auf das für die Durchführung der Tätigkeit erforderliche Maß zu begrenzen,
4. die erforderlichen Maßnahmen zur Desinfektion, Inaktivierung oder Dekontamination sowie zur sachgerechten und sicheren Entsorgung von Biostoffen, kontaminierten Gegenständen, Materialien und Arbeitsmitteln zu ergreifen,
5. zur Verfügung gestellte persönliche Schutzausrüstung einschließlich Schutzkleidung zu reinigen, zu warten, instand zu halten und sachgerecht zu entsorgen; Beschäftigte müssen die bereitgestellte persönliche Schutzausrüstung verwenden, solange eine Gefährdung besteht,
6. die Voraussetzungen dafür zu schaffen, dass persönliche Schutzausrüstung einschließlich Schutzkleidung beim Verlassen des Arbeitsplatzes sicher abgelegt und getrennt von anderen Kleidungsstücken aufbewahrt werden kann,
7. sicherzustellen, dass die Beschäftigten in Arbeitsbereichen, in denen Biostoffe auftreten können, keine Nahrungs- und Genussmittel zu sich nehmen; hierzu hat der Arbeitgeber vor Aufnahme der Tätigkeiten gesonderte Bereiche einzurichten, die nicht mit persönlicher Schutzausrüstung einschließlich Schutzkleidung betreten werden dürfen.

(4) Der Arbeitgeber hat Biostoffe sicher zu lagern, innerbetrieblich sicher zu befördern und Vorkehrungen zu treffen, um Missbrauch oder Fehlgebrauch zu verhindern. Dabei hat er sicherzustellen, dass nur Behälter verwendet werden, die

1. hinsichtlich ihrer Beschaffenheit geeignet sind, den Inhalt sicher zu umschließen,

2. so gekennzeichnet sind, dass die davon ausgehenden Gefahren in geeigneter Weise deutlich erkennbar sind,
3. hinsichtlich Form und Kennzeichnung so gestaltet sind, dass der Inhalt nicht mit Lebensmitteln verwechselt werden kann.

(5) Bei der medizinischen Untersuchung, Behandlung und Pflege von Patienten außerhalb von Einrichtungen des Gesundheitsdienstes findet § 11 Absatz 2 bis 5 Anwendung. Bei diesen Tätigkeiten hat der Arbeitgeber in Arbeitsanweisungen den Umgang mit persönlicher Schutzausrüstung und Arbeitskleidung sowie die erforderlichen Maßnahmen zur Hygiene und zur Desinfektion festzulegen.

§ 10 Zusätzliche Schutzmaßnahmen und Anforderungen bei Tätigkeiten der Schutzstufe 2, 3 oder 4 in Laboratorien, in der Versuchstierhaltung sowie in der Biotechnologie

VI

(1) Zusätzlich zu den Schutzmaßnahmen nach § 9 hat der Arbeitgeber vor Aufnahme der Tätigkeiten der Schutzstufe 2, 3 oder 4 in Laboratorien, in der Versuchstierhaltung oder in der Biotechnologie

1. entsprechend der Schutzstufenzuordnung
   a) geeignete räumliche Schutzstufenbereiche festzulegen und mit der Schutzstufenbezeichnung sowie mit dem Symbol für Biogefährdung nach Anhang I zu kennzeichnen,
   b) die Schutzmaßnahmen nach Anhang II oder III zu ergreifen; die als empfohlen bezeichneten Schutzmaßnahmen sind zu ergreifen, wenn dadurch die Gefährdung der Beschäftigten verringert werden kann,
2. gebrauchte spitze und scharfe Arbeitsmittel entsprechend der Anforderung nach § 11 Absatz 4 sicher zu entsorgen,
3. den Zugang zu Biostoffen der Risikogruppe 3 oder 4 auf dazu berechtigte, fachkundige und zuverlässige Beschäftigte zu beschränken; Tätigkeiten der Schutzstufe 3 oder 4 dürfen diesen Beschäftigten nur übertragen werden, wenn sie anhand von Arbeitsanweisungen eingewiesen und geschult sind.

(2) Der Arbeitgeber hat vor Aufnahme von Tätigkeiten der Schutzstufe 3 oder 4 eine Person zu benennen, die zuverlässig ist und über eine Fachkunde verfügt, die der hohen Gefährdung entspricht. Er hat diese Person mit folgenden Aufgaben zu beauftragen:

1. Beratung bei
   a) der Gefährdungsbeurteilung nach § 4,
   b) sonstigen sicherheitstechnisch relevanten Fragestellungen,
2. Unterstützung bei der
   a) Kontrolle der Wirksamkeit der Schutzmaßnahmen,
   b) Durchführung der Unterweisung nach § 14 Absatz 2,
3. Überprüfung der Einhaltung der Schutzmaßnahmen.

Der Arbeitgeber hat die Aufgaben und die Befugnisse dieser Person schriftlich festzulegen. Sie darf wegen der Erfüllung der ihr übertragenen Aufgaben nicht benachteiligt werden. Ihr ist für die Durchführung der Aufgaben ausreichend Zeit zur Verfügung zu stellen. Satz 1 gilt nicht für Tätigkeiten mit Biostoffen der Risikogruppe 3, die mit (**) gekennzeichnet sind.

§ 11 Zusätzliche Schutzmaßnahmen und Anforderungen bei Tätigkeiten der Schutzstufe 2, 3 oder 4 in Einrichtungen des Gesundheitsdienstes

(1) Zusätzlich zu den Schutzmaßnahmen nach § 9 hat der Arbeitgeber vor Aufnahme der Tätigkeiten der Schutzstufe 2, 3 oder 4 in Einrichtungen des Gesundheitsdienstes in Abhängigkeit von der Gefährdungsbeurteilung

1. wirksame Desinfektions- und Inaktivierungsverfahren festzulegen,
2. Oberflächen, die desinfiziert werden müssen, so zu gestalten, dass sie leicht zu reinigen und beständig gegen die verwendeten Desinfektionsmittel sind; für Tätigkeiten der Schutzstufe 4 gelten zusätzlich die Anforderungen des Anhangs II an Oberflächen.

(2) Der Arbeitgeber hat entsprechend § 9 Absatz 3 Satz 2 Nummer 1 spitze und scharfe medizinische Instrumente vor Aufnahme der Tätigkeit durch solche zu ersetzen, bei denen keine oder eine geringere Gefahr von Stich- und Schnittverletzungen besteht, soweit dies technisch möglich und zur Vermeidung einer Infektionsgefährdung erforderlich ist.

(3) Der Arbeitgeber hat sicherzustellen, dass gebrauchte Kanülen nicht in die Schutzkappen zurückgesteckt werden. Werden Tätigkeiten ausgeübt, die nach dem Stand der Technik eine Mehrfachverwendung des medizinischen Instruments erforderlich machen, und muss dabei die Kanüle in die Schutzkappe zurückgesteckt werden, ist dies zulässig, wenn ein Verfahren angewendet wird, das ein sicheres Zurückstecken der Kanüle in die Schutzkappe mit einer Hand erlaubt.

(4) Spitze und scharfe medizinische Instrumente sind nach Gebrauch sicher zu entsorgen. Hierzu hat der Arbeitgeber vor Aufnahme der Tätigkeiten Abfallbehältnisse bereitzustellen, die stich- und bruchfest sind und den Abfall sicher umschließen. Er hat dafür zu sorgen, dass diese Abfallbehältnisse durch Farbe, Form und Beschriftung eindeutig als Abfallbehältnisse erkennbar sind. Satz 1 und 2 gelten auch für gebrauchte medizinische Instrumente mit Schutzeinrichtungen gegen Stich- und Schnittverletzungen.

(5) Der Arbeitgeber hat die Beschäftigten und ihre Vertretungen über Verletzungen durch gebrauchte spitze oder scharfe medizinische Instrumente, die organisatorische oder technische Ursachen haben, zeitnah zu unterrichten. Er hat die Vorgehensweise hierfür festzulegen.

(6) Tätigkeiten der Schutzstufe 3 oder 4 dürfen nur fachkundigen Beschäftigten übertragen werden, die anhand von Arbeitseinweisungen eingewiesen und geschult sind.

(7) Vor Aufnahme von Tätigkeiten der Schutzstufe 4 hat der Arbeitgeber

1. geeignete räumliche Schutzstufenbereiche festzulegen und mit der Schutzstufenbezeichnung sowie mit dem Symbol für Biogefährdung nach Anhang I zu kennzeichnen,
2. die Maßnahmen der Schutzstufe 4 aus Anhang II auszuwählen und zu ergreifen, die erforderlich und geeignet sind, die Gefährdung der Beschäftigten und anderer Personen zu verringern,
3. eine Person im Sinne von § 10 Absatz 2 Satz 1 zu benennen und mit den Aufgaben nach § 10 Absatz 2 Satz 2 zu beauftragen.

§ 12 Arbeitsmedizinische Vorsorge

Die Verordnung zur arbeitsmedizinischen Vorsorge in der jeweils geltenden Fassung gilt auch für den in § 2 Absatz 9 Satz 2 genannten Personenkreis.

§ 13 Betriebsstörungen, Unfälle

(1) Der Arbeitgeber hat vor Aufnahme einer Tätigkeit der Schutzstufen 2 bis 4 die erforderlichen Maßnahmen festzulegen, die bei Betriebsstörungen oder Unfällen notwendig sind, um die Auswirkungen auf die Sicherheit und Gesundheit der Beschäftigten und anderer Personen zu minimieren und den normalen Betriebsablauf wiederherzustellen. In Abhängigkeit von der Art möglicher Ereignisse und verwendeter oder vorkommender Biostoffe ist insbesondere Folgendes festzulegen:

1. Maßnahmen zur Ersten Hilfe und weitergehende Hilfsmaßnahmen für Beschäftigte bei unfallbedingter Übertragung von Biostoffen einschließlich der Möglichkeit zur postexpositionellen Prophylaxe,
2. Maßnahmen, um eine Verschleppung von Biostoffen zu verhindern,
3. Desinfektions-, Inaktivierungs- oder Dekontaminationsmaßnahmen,
4. dass getestet wird, ob bei Betriebsstörungen oder Unfällen die verwendeten Biostoffe in die Arbeitsumgebung gelangt sind, soweit dies technisch möglich ist und validierte Testverfahren bestehen.

Die Festlegungen sind gemäß § 14 Absatz 1 Satz 4 Nummer 3 ein Bestandteil der Betriebsanweisung.

(2) Der Arbeitgeber hat die Beschäftigten über die festgelegten Maßnahmen und ihre Anwendung zu informieren. Tritt eine Be-

triebsstörung oder ein Unfall im Sinne von Absatz 1 Satz 1 ein, so hat der Arbeitgeber unverzüglich die gemäß Absatz 1 Satz 2 festgelegten Maßnahmen zu ergreifen. Dabei dürfen im Gefahrenbereich nur die Personen verbleiben, die erforderlich sind, um die in Absatz 1 genannten Ziele zu erreichen.

(3) Vor Aufnahme von Tätigkeiten der Schutzstufe 3 oder 4 in Laboratorien, in der Versuchstierhaltung, in der Biotechnologie sowie vor Aufnahme von Tätigkeiten der Schutzstufe 4 in Einrichtungen des Gesundheitsdienstes hat der Arbeitgeber ergänzend zu den Festlegungen nach Absatz 1 einen innerbetrieblichen Plan darüber zu erstellen, wie Gefahren abzuwehren sind, die beim Versagen einer Einschließungsmaßnahme durch eine Freisetzung von Biostoffen auftreten können. Darin hat er die spezifischen Gefahren und die Namen der für die innerbetrieblichen Rettungsmaßnahmen zuständigen Personen festzulegen. Die Festlegungen sind regelmäßig zu aktualisieren. Satz 1 gilt nicht für Tätigkeiten mit Biostoffen der Risikogruppe 3, die mit (**) gekennzeichnet sind.

VI

(4) Bei Tätigkeiten der Schutzstufe 4 hat der Plan nach Absatz 3 Angaben über den Umfang von Sicherheitsübungen und deren regelmäßige Durchführung zu enthalten, sofern solche Sicherheitsübungen aufgrund der Gefährdungsbeurteilung erforderlich sind. Die Maßnahmen nach Absatz 3 sind mit den zuständigen Rettungs- und Sicherheitsdiensten abzustimmen. Darüber hinaus hat der Arbeitgeber Warnsysteme einzurichten und Kommunikationsmöglichkeiten zu schaffen, durch die alle betroffenen Beschäftigten unverzüglich gewarnt und der Rettungs- und Sicherheitsdienst alarmiert werden können. Der Arbeitgeber hat sicherzustellen, dass diese Systeme funktionstüchtig sind.

(5) Der Arbeitgeber hat vor Aufnahme der Tätigkeiten ein Verfahren für Unfallmeldungen und -untersuchungen sowie die Vorgehensweise zur Unterrichtung der Beschäftigten und ihrer Vertretungen festzulegen. Das Verfahren ist so zu gestalten, dass bei schweren Unfällen sowie bei Nadelstichverletzungen mögliche organisatorische und technische Unfallursachen erkannt werden können und individuelle Schuldzuweisungen vermieden werden. Die Beschäftigten und ihre Vertretungen sind über Betriebsstörungen und Unfälle mit Biostoffen, die die Sicherheit oder Gesundheit der Beschäftigten gefährden können, unverzüglich zu unterrichten.

§ 14 Betriebsanweisung und Unterweisung der Beschäftigten

(1) Der Arbeitgeber hat auf der Grundlage der Gefährdungsbeurteilung nach § 4 vor Aufnahme der Tätigkeit eine schriftliche Betriebsanweisung arbeitsbereichs- und biostoffbezogen zu erstellen. Satz 1 gilt nicht, wenn ausschließlich Tätigkeiten mit Biostoffen der Risikogruppe 1 ohne sensibilisierende oder toxische Wirkungen ausgeübt werden. Die Betriebsanweisung ist den Beschäftigten zur Verfügung zu stellen. Sie muss in einer für die Beschäftigten verständlichen Form und Sprache verfasst sein und insbesondere folgende Informationen enthalten:

1. die mit den vorgesehenen Tätigkeiten verbundenen Gefahren für die Beschäftigten, insbesondere zu
   a) der Art der Tätigkeit,
   b) den am Arbeitsplatz verwendeten oder auftretenden, tätigkeitsrelevanten Biostoffen einschließlich der Risikogruppe, Übertragungswege und gesundheitlichen Wirkungen,
2. Informationen über Schutzmaßnahmen und Verhaltensregeln, die die Beschäftigten zu ihrem eigenen Schutz und zum Schutz anderer Beschäftigter am Arbeitsplatz durchzuführen oder einzuhalten haben; dazu gehören insbesondere
   a) innerbetriebliche Hygienevorgaben,
   b) Informationen über Maßnahmen, die zur Verhütung einer Exposition zu ergreifen sind, einschließlich der richtigen Verwendung scharfer oder spitzer medizinischer Instrumente,
   c) Informationen zum Tragen, Verwenden und Ablegen persönlicher Schutzausrüstung einschließlich Schutzkleidung,
3. Anweisungen zum Verhalten und zu Maßnahmen bei Verletzungen, bei Unfällen und

Betriebsstörungen sowie zu deren innerbetrieblicher Meldung und zur Ersten Hilfe,

4. Informationen zur sachgerechten Inaktivierung oder Entsorgung von Biostoffen und kontaminierten Gegenständen, Materialien oder Arbeitsmitteln.

Die Betriebsanweisung muss bei jeder maßgeblichen Veränderung der Arbeitsbedingungen aktualisiert werden.

(2) Der Arbeitgeber hat sicherzustellen, dass die Beschäftigten auf der Grundlage der jeweils aktuellen Betriebsanweisung nach Absatz 1 Satz 1 über alle auftretenden Gefährdungen und erforderlichen Schutzmaßnahmen mündlich unterwiesen werden. Die Unterweisung ist so durchzuführen, dass bei den Beschäftigten ein Sicherheitsbewusstsein geschaffen wird. Die Beschäftigten sind auch über die Voraussetzungen zu informieren, unter denen sie Anspruch auf arbeitsmedizinische Vorsorge nach der Verordnung zur arbeitsmedizinischen Vorsorge haben. Im Rahmen der Unterweisung ist auch eine allgemeine arbeitsmedizinische Beratung durchzuführen mit Hinweisen zu besonderen Gefährdungen zum Beispiel bei verminderter Immunabwehr. Soweit erforderlich ist bei der Beratung die Ärztin oder der Arzt nach § 7 Absatz 1 der Verordnung zur arbeitsmedizinischen Vorsorge zu beteiligen.

(3) Die Unterweisung muss vor Aufnahme der Beschäftigung und danach mindestens jährlich arbeitsplatzbezogen durchgeführt werden sowie in einer für die Beschäftigten verständlichen Form und Sprache erfolgen. Inhalt und Zeitpunkt der Unterweisung hat der Arbeitgeber schriftlich festzuhalten und sich von den unterwiesenen Beschäftigten durch Unterschrift bestätigen zu lassen.

(4) Für Tätigkeiten der Schutzstufen 3 und 4 sind zusätzlich zur Betriebsanweisung Arbeitsanweisungen zu erstellen, die am Arbeitsplatz vorliegen müssen. Arbeitsanweisungen sind auch erforderlich für folgende Tätigkeiten mit erhöhter Infektionsgefährdung:

1. Instandhaltungs-, Reinigungs-, Änderungs- oder Abbrucharbeiten in oder an kontaminierten Arbeitsmitteln,
2. Tätigkeiten, bei denen erfahrungsgemäß eine erhöhte Unfallgefahr besteht,
3. Tätigkeiten, bei denen bei einem Unfall mit schweren Infektionen zu rechnen ist; dies kann bei der Entnahme von Proben menschlichen oder tierischen Ursprungs der Fall sein.

Abschnitt 4
Erlaubnis- und Anzeigepflichten

§ 15 Erlaubnispflicht

(1) Der Arbeitgeber bedarf der Erlaubnis der zuständigen Behörde, bevor Tätigkeiten der Schutzstufe 3 oder 4 in Laboratorien, in der Versuchstierhaltung oder in der Biotechnologie erstmals aufgenommen werden. Die Erlaubnis umfasst die baulichen, technischen und organisatorischen Voraussetzungen nach dieser Verordnung zum Schutz der Beschäftigten und anderer Personen vor den Gefährdungen durch diese Tätigkeiten. Satz 1 gilt auch für Einrichtungen des Gesundheitsdienstes, die für Tätigkeiten der Schutzstufe 4 vorgesehen sind. Tätigkeiten mit Biostoffen der Risikogruppe 3, die mit (**) gekennzeichnet sind, bedürfen keiner Erlaubnis.

(2) Schließt eine andere behördliche Entscheidung, insbesondere eine öffentlich-rechtliche Genehmigung oder Erlaubnis, die Erlaubnis nach Absatz 1 ein, so wird die Anforderung nach Absatz 1 durch Übersendung einer Kopie dieser behördlichen Entscheidung an die zuständige Behörde erfüllt. Bei Bedarf kann die zuständige Behörde weitere Unterlagen anfordern.

(3) Die Erlaubnis nach Absatz 1 ist schriftlich oder elektronisch zu beantragen. Dem Antrag sind folgende Unterlagen beizufügen:

1. Name und Anschrift des Arbeitgebers,
2. Name und Befähigung der nach § 10 Absatz 2 oder § 11 Absatz 7 Nummer 3 benannten Person,
3. Name des Erlaubnisinhabers nach § 44 des Infektionsschutzgesetzes,
4. Lageplan, Grundriss und Bezeichnung der Räumlichkeiten einschließlich Flucht- und Rettungswege,

VI

5. Beschreibung der vorgesehenen Tätigkeiten,
6. Ergebnis der Gefährdungsbeurteilung unter Angabe
   a) der eingesetzten oder vorkommenden Biostoffe und der Schutzstufe der Tätigkeit,
   b) der baulichen, technischen, organisatorischen und persönlichen Schutzmaßnahmen einschließlich der Angaben zur geplanten Wartung und Instandhaltung der baulichen und technischen Maßnahmen,
7. Plan nach § 13 Absatz 3,
8. Informationen über die Abfall- und Abwasserentsorgung.

Bei Bedarf kann die zuständige Behörde weitere Unterlagen anfordern. Erfolgt die Antragstellung elektronisch, kann die zuständige Behörde Mehrfertigungen sowie die Übermittlung der dem Antrag beizufügenden Unterlagen auch in schriftlicher Form verlangen.

(4) Die Erlaubnis ist zu erteilen, wenn die Anforderungen dieser Verordnung erfüllt werden, die erforderlich sind, um den Schutz der Beschäftigten und anderer Personen vor den Gefährdungen durch Biostoffe sicherzustellen.

§ 16 Anzeigepflicht

(1) Der Arbeitgeber hat der zuständigen Behörde nach Maßgabe der Absätze 2 und 3 anzuzeigen:

1. die erstmalige Aufnahme
   a) einer gezielten Tätigkeit mit Biostoffen der Risikogruppe 2,
   b) einer Tätigkeit mit Biostoffen der Risikogruppe 3, soweit die Tätigkeiten keiner Erlaubnispflicht nach § 15 unterliegen,

   in Laboratorien, in der Versuchstierhaltung und in der Biotechnologie,
2. jede Änderung der erlaubten oder angezeigten Tätigkeiten, wenn diese für die Sicherheit und den Gesundheitsschutz bedeutsam sind, zum Beispiel Tätigkeiten, die darauf abzielen, die Virulenz des Biostoffs zu erhöhen oder die Aufnahme von Tätigkeiten mit weiteren Biostoffen der Risikogruppe 3 oder 4,
3. die Aufnahme eines infizierten Patienten in eine Patientenstation der Schutzstufe 4,
4. das Einstellen einer nach § 15 erlaubnispflichtigen Tätigkeit.

(2) Die Anzeige hat folgende Angaben zu umfassen:

1. Name und Anschrift des Arbeitgebers,
2. Beschreibung der vorgesehenen Tätigkeiten,
3. das Ergebnis der Gefährdungsbeurteilung nach § 4,
4. die Art des Biostoffs,
5. die vorgesehenen Maßnahmen zum Schutz der Sicherheit und Gesundheit der Beschäftigten.

(3) Die Anzeige nach Absatz 1 Nummer 1, 2 oder Nummer 4 hat spätestens 30 Tage vor Aufnahme oder Einstellung der Tätigkeiten, die Anzeige nach Absatz 1 Nummer 3 unverzüglich zu erfolgen.

(4) Die Anzeigepflicht kann auch dadurch erfüllt werden, dass der zuständigen Behörde innerhalb der in Absatz 3 bestimmten Frist die Kopie einer Anzeige, Genehmigung oder Erlaubnis nach einer anderen Rechtsvorschrift übermittelt wird, wenn diese gleichwertige Angaben beinhaltet.

Abschnitt 5
Vollzugsregelungen und Ausschuss für Biologische Arbeitsstoffe

§ 17 Unterrichtung der Behörde

(1) Der Arbeitgeber hat die zuständige Behörde unverzüglich zu unterrichten über

1. jeden Unfall und jede Betriebsstörung bei Tätigkeiten mit Biostoffen der Risikogruppe 3 oder 4, die zu einer Gesundheitsgefahr der Beschäftigten führen können,
2. Krankheits- und Todesfälle Beschäftigter, die auf Tätigkeiten mit Biostoffen zurückzuführen sind, unter genauer Angabe der Tätigkeit.

(2) Unbeschadet des § 22 des Arbeitsschutzgesetzes hat der Arbeitgeber der zuständigen Behörde auf ihr Verlangen Folgendes zu übermitteln:

1. die Dokumentation der Gefährdungsbeurteilung,
2. das Verzeichnis nach § 7 Absatz 3 Satz 1 sowie den Nachweis nach § 7 Absatz 3 Satz 4 Nummer 2,
3. die Tätigkeiten, bei denen Beschäftigte tatsächlich oder möglicherweise gegenüber Biostoffen exponiert worden sind, und die Anzahl dieser Beschäftigten,
4. die ergriffenen Schutz- und Vorsorgemaßnahmen einschließlich der Betriebs- und Arbeitsanweisungen,
5. die nach § 13 Absatz 1 und 2 festgelegten oder ergriffenen Maßnahmen und den nach § 13 Absatz 3 erstellten Plan.

§ 18 Behördliche Ausnahmen

Die zuständige Behörde kann auf schriftlichen oder elektronischen Antrag des Arbeitgebers Ausnahmen von den Vorschriften der §§ 9, 10, 11 und 13 einschließlich der Anhänge II und III erteilen, wenn die Durchführung der Vorschrift im Einzelfall zu einer unverhältnismäßigen Härte führen würde und die beantragte Abweichung mit dem Schutz der betroffenen Beschäftigten vereinbar ist.

§ 19 Ausschuss für Biologische Arbeitsstoffe

(1) Beim Bundesministerium für Arbeit und Soziales wird ein Ausschuss für Biologische Arbeitsstoffe (ABAS) gebildet, in dem fachlich geeignete Personen vonseiten der Arbeitgeber, der Gewerkschaften, der Länderbehörden, der gesetzlichen Unfallversicherung und weitere fachlich geeignete Personen, insbesondere der Wissenschaft, vertreten sein sollen. Die Gesamtzahl der Mitglieder soll 16 Personen nicht überschreiten. Für jedes Mitglied ist ein stellvertretendes Mitglied zu benennen. Die Mitgliedschaft im Ausschuss ist ehrenamtlich.

(2) Das Bundesministerium für Arbeit und Soziales beruft die Mitglieder des Ausschusses und die stellvertretenden Mitglieder. Der Ausschuss gibt sich eine Geschäftsordnung und wählt die Vorsitzende oder den Vorsitzenden aus seiner Mitte. Die Geschäftsordnung und die Wahl des oder der Vorsitzenden bedürfen der Zustimmung des Bundesministeriums für Arbeit und Soziales.

(3) Zu den Aufgaben des Ausschusses gehört es,

1. den Stand der Wissenschaft, Technik, Arbeitsmedizin und Arbeitshygiene sowie sonstige gesicherte Erkenntnisse für Tätigkeiten mit Biostoffen zu ermitteln und entsprechende Empfehlungen auszusprechen einschließlich solcher Beiträge, die in öffentlich nutzbaren Informationssystemen über Biostoffe genutzt werden können,
2. zu ermitteln, wie die in dieser Verordnung gestellten Anforderungen erfüllt werden können und dazu die dem jeweiligen Stand von Technik und Medizin entsprechenden Regeln und Erkenntnisse zu erarbeiten,
3. wissenschaftliche Bewertungen von Biostoffen vorzunehmen und deren Einstufung in Risikogruppen vorzuschlagen,
4. das Bundesministerium für Arbeit und Soziales in Fragen der biologischen Sicherheit zu beraten.

Das Arbeitsprogramm des Ausschusses wird mit dem Bundesministerium für Arbeit und Soziales abgestimmt. Der Ausschuss arbeitet eng mit den anderen Ausschüssen beim Bundesministerium für Arbeit und Soziales zusammen.

(4) Nach Prüfung kann das Bundesministerium für Arbeit und Soziales

1. die vom Ausschuss ermittelten Regeln und Erkenntnisse nach Absatz 3 Satz 1 Nummer 2 sowie die Einstufungen nach § 3 Absatz 3 im Gemeinsamen Ministerialblatt bekannt geben,
2. die Empfehlungen nach Absatz 3 Satz 1 Nummer 1 sowie die Beratungsergebnisse nach Absatz 3 Satz 1 Nummer 4 in geeigneter Weise veröffentlichen.

(5) Die Bundesministerien sowie die zuständigen obersten Landesbehörden können zu den Sitzungen des Ausschusses Vertreter entsenden. Diesen ist auf Verlangen in der Sitzung das Wort zu erteilen.

(6) Die Bundesanstalt für Arbeitsschutz und Arbeitsmedizin führt die Geschäfte des Ausschusses.

Abschnitt 6 Ordnungswidrigkeiten, Straftaten und Übergangsvorschriften

§ 20 Ordnungswidrigkeiten

(1) Ordnungswidrig im Sinne des § 25 Absatz 1 Nummer 1 des Arbeitsschutzgesetzes handelt, wer vorsätzlich oder fahrlässig

1. entgegen § 4 Absatz 1 Satz 1 die Gefährdung der Beschäftigten nicht, nicht richtig, nicht vollständig oder nicht rechtzeitig beurteilt,
2. entgegen § 4 Absatz 2 Satz 1 eine Gefährdungsbeurteilung nicht oder nicht rechtzeitig aktualisiert,
3. entgegen § 4 Absatz 2 Satz 2 eine Gefährdungsbeurteilung nicht oder nicht rechtzeitig überprüft,
4. entgegen § 7 Absatz 1 Satz 1 eine Gefährdungsbeurteilung nicht, nicht richtig, nicht vollständig oder nicht rechtzeitig dokumentiert,
5. entgegen § 7 Absatz 3 Satz 1 ein dort genanntes Verzeichnis nicht, nicht richtig oder nicht vollständig führt,
6. entgegen § 7 Absatz 3 Satz 3 ein dort genanntes Verzeichnis nicht oder nicht mindestens zehn Jahre aufbewahrt,
7. entgegen § 8 Absatz 4 Nummer 4 erster Halbsatz persönliche Schutzausrüstung nicht oder nicht rechtzeitig zur Verfügung stellt,
8. entgegen § 9 Absatz 1 Satz 2 Nummer 3 nicht dafür sorgt, dass eine Waschgelegenheit zur Verfügung steht,
9. entgegen § 9 Absatz 1 Satz 2 Nummer 4 erster Halbsatz nicht dafür sorgt, dass eine Umkleidemöglichkeit vorhanden ist,
10. entgegen § 9 Absatz 3 Satz 2 Nummer 5 erster Halbsatz zur Verfügung gestellte persönliche Schutzausrüstung nicht instand hält,
11. entgegen § 9 Absatz 3 Satz 2 Nummer 7 zweiter Halbsatz dort genannte Bereiche nicht oder nicht rechtzeitig einrichtet,
12. entgegen § 9 Absatz 4 Satz 2 nicht sicherstellt, dass nur dort genannte Behälter verwendet werden,
13. entgegen § 10 Absatz 1 Nummer 1 Buchstabe a oder § 11 Absatz 7 Nummer 1 einen Schutzstufenbereich nicht oder nicht rechtzeitig festlegt oder nicht, nicht richtig oder nicht rechtzeitig kennzeichnet,
14. entgegen § 10 Absatz 2 Satz 1 oder § 11 Absatz 7 Nummer 3 eine Person nicht oder nicht rechtzeitig benennt,
15. entgegen § 11 Absatz 1 Nummer 1 ein dort genanntes Verfahren nicht oder nicht rechtzeitig festlegt,
16. entgegen § 11 Absatz 2 ein dort genanntes Instrument nicht oder nicht rechtzeitig ersetzt,
17. entgegen § 11 Absatz 3 Satz 1 nicht sicherstellt, dass eine gebrauchte Kanüle nicht in die Schutzkappe zurückgesteckt wird,
18. entgegen § 11 Absatz 4 Satz 1, auch in Verbindung mit Satz 4, ein dort genanntes Instrument nicht oder nicht rechtzeitig entsorgt,
19. entgegen § 13 Absatz 1 Satz 2 Nummer 1, 2 oder 3 eine dort genannte Maßnahme nicht oder nicht rechtzeitig festlegt,
20. entgegen § 13 Absatz 3 Satz 1 einen innerbetrieblichen Plan nicht, nicht richtig, nicht vollständig oder nicht rechtzeitig erstellt,
21. entgegen § 13 Absatz 5 Satz 1 ein Verfahren für Unfallmeldungen und -untersuchungen nicht oder nicht rechtzeitig festlegt,
22. entgegen § 14 Absatz 1 Satz 1 eine schriftliche Betriebsanweisung nicht, nicht richtig, nicht vollständig oder nicht rechtzeitig erstellt,

23. entgegen § 14 Absatz 2 Satz 1 nicht sicherstellt, dass ein Beschäftigter unterwiesen wird,
24. ohne Erlaubnis nach § 15 Absatz 1 Satz 1 eine dort genannte Tätigkeit aufnimmt,
25. entgegen § 16 Absatz 1 eine Anzeige nicht, nicht richtig, nicht vollständig oder nicht rechtzeitig erstattet oder
26. entgegen § 17 Absatz 1 die zuständige Behörde nicht, nicht richtig, nicht vollständig oder nicht rechtzeitig unterrichtet.

(2) Ordnungswidrig im Sinne des § 32 Absatz 1 Nummer 1 des Heimarbeitsgesetzes handelt, wer vorsätzlich oder fahrlässig entgegen § 8 Absatz 7 eine dort genannte Tätigkeit ausüben lässt.

§ 21 Straftaten

(1) Wer durch eine in § 20 Absatz 1 bezeichnete vorsätzliche Handlung Leben oder Gesundheit eines Beschäftigten gefährdet, ist nach § 26 Nummer 2 des Arbeitsschutzgesetzes strafbar.

(2) Wer durch eine in § 20 Absatz 2 bezeichnete vorsätzliche Handlung in Heimarbeit Beschäftigte in ihrer Arbeitskraft oder Gesundheit gefährdet, ist nach § 32 Absatz 3 oder Absatz 4 des Heimarbeitsgesetzes strafbar.

§ 22 Übergangsvorschriften

Bei Tätigkeiten, die vor Inkrafttreten dieser Verordnung aufgenommen worden sind,

1. ist entsprechend § 10 Absatz 2 oder § 11 Absatz 7 Nummer 3 eine fachkundige Person bis zum 30. Juni 2014 zu benennen,
2. besteht keine Erlaubnispflicht gemäß § 15 Absatz 1, sofern diese Tätigkeiten der zuständigen Behörde angezeigt wurden.

VI

Anhang I

Symbol für Biogefährdung

Anhang II
Zusätzliche Schutzmaßnahmen bei Tätigkeiten in Laboratorien und vergleichbaren Einrichtungen sowie in der Versuchstierhaltung

A Schutzmaßnahmen	B Schutzstufen		
	2	3	4
1. Der Schutzstufenbereich ist von anderen Schutzstufen- oder Arbeitsbereichen in demselben Gebäude abzugrenzen.	empfohlen	verbindlich	verbindlich
2. Der Schutzstufenbereich muss als Zugang eine Schleuse mit gegeneinander verriegelbaren Türen haben.	nein	verbindlich, wenn die Übertragung über die Luft erfolgen kann	verbindlich
3. Der Zugang zum Schutzstufenbereich ist auf benannte Beschäftigte zu beschränken.	verbindlich bei gelisteten humanpathogenen Biostoffen*) mit Zugangskontrolle	verbindlich mit Zugangskontrolle	verbindlich mit Zugangskontrolle
4. Im Schutzstufenbereich muss ein ständiger Unterdruck aufrechterhalten werden.	nein	verbindlich alarmüberwacht, wenn die Übertragung über die Luft erfolgen kann	verbindlichalarmüberwacht
5. Zu- und Abluft müssen durch Hochleistungsschwebstoff-Filter oder eine vergleichbare Vorrichtung geführt werden.	nein	verbindlich für Abluft, wenn die Übertragung über die Luft erfolgen kann	verbindlich für Zu- und Abluft
6. Der Schutzstufenbereich muss zum Zweck der Begasung abdichtbar sein.	nein	verbindlich, wenn die Übertragung über die Luft erfolgen kann	verbindlich
7. Eine mikrobiologische Sicherheitswerkbank oder eine technische Einrichtung mit gleichwertigem Schutzniveau muss verwendet werden.	verbindlich für Tätigkeiten mit Aerosolbildung	verbindlich	verbindlich
8. Jeder Schutzstufenbereich muss über eine eigene Ausrüstung verfügen.	empfohlen	verbindlich	verbindlich
9. Jeder Schutzstufenbereich muss über einen Autoklaven oder eine gleichwertige Sterilisationseinheit verfügen.	empfohlen	verbindlich, wenn die Übertragung über die Luft erfolgen kann	verbindlich

VI

A Schutzmaßnahmen	B Schutzstufen		
	2	3	4
10. Kontaminierte Prozessabluft darf nicht in den Arbeitsbereich abgegeben werden.	verbindlich	verbindlich	verbindlich
11. Wirksame Desinfektions- und Inaktivierungsverfahren sind festzulegen.	verbindlich	verbindlich	verbindlich
12. Die jeweils genannten Flächen müssen wasserundurchlässig und leicht zu reinigen sein.	Werkbänke	Werkbänke und Fußböden	Werkbänke, Wände, Fußböden und Decken
13. Oberflächen müssen beständig gegen die verwendeten Chemikalien und Desinfektionsmittel sein.	verbindlich	verbindlich	verbindlich
14. Dekontaminations- und Wascheinrichtungen für die Beschäftigten müssen vorhanden sein.	verbindlich	verbindlich	verbindlich
15. Beschäftigte müssen vor dem Verlassen des Schutzstufenbereichs duschen.	nein	empfohlen	verbindlich
16. Kontaminierte feste und flüssige Abfälle sind vor der endgültigen Entsorgung mittels erprobter physikalischer oder chemischer Verfahren zu inaktivieren.	verbindlich, wenn keine sachgerechte Auftragsentsorgung erfolgt	verbindlich, wenn die Übertragung über die Luft erfolgen kann; ansonsten grundsätzlich verbindlich, nur in ausreichend begründeten Einzelfällen ist eine sachgerechte Auftragsentsorgung möglich	verbindlich
17. Abwässer sind mittels erprobter physikalischer oder chemischer Verfahren vor der endgültigen Entsorgung zu inaktivieren.	nein für Handwasch- und Duschwasser oder vergleichbare Abwässer	empfohlen für Handwasch- und Duschwasser	verbindlich
18. Ein Sichtfenster oder eine vergleichbare Vorrichtung zur Einsicht in den Arbeitsbereich ist vorzusehen.	verbindlich	verbindlich	verbindlich
19. Bei Alleinarbeit ist eine Notrufmöglichkeit vorzusehen.	empfohlen	verbindlich	verbindlich

VI

A Schutzmaßnahmen	B Schutzstufen		
	2	3	4
20. Fenster dürfen nicht zu öffnen sein.	nein; Fenster müssen während der Tätigkeit geschlossen sein	verbindlich	verbindlich
21. Für sicherheitsrelevante Einrichtungen ist eine Notstromversorgung vorzusehen.	empfohlen	verbindlich	verbindlich
22. Biostoffe sind unter Verschluss aufzubewahren.	verbindlich bei gelisteten humanpathogenen Biostoffen*)	verbindlich bei gelisteten humanpathogenen Biostoffen*)	verbindlich
23. Eine wirksame Kontrolle von Vektoren (zum Beispiel von Nagetieren und Insekten) ist durchzuführen.	empfohlen	verbindlich	verbindlich
24. Sichere Entsorgung von infizierten Tierkörpern, zum Beispiel durch thermische Inaktivierung, Verbrennungsanlagen für Tierkörper oder andere geeignete Einrichtungen zur Sterilisation/ Inaktivierung.	verbindlich	verbindlich	verbindlich vor Ort

*) Im Anhang I der Verordnung (EU) Nr. 388/2012 des Europäischen Parlaments und des Rates vom 19. April 2012 zur Änderung der Verordnung (EG) Nr. 428/2009 des Rates über eine Gemeinschaftsregelung für die Kontrolle der Ausfuhr, der Verbringung, der Vermittlung und der Durchfuhr von Gütern mit doppeltem Verwendungszweck (ABl. L 129 vom 16. 5. 2012, S. 12) unter 1C351 gelistete humanpathogene Erreger sowie unter 1C353 aufgeführte genetisch modifizierte Organismen.

Anmerkung:
Gemäß § 10 Absatz 1 sind die als empfohlen bezeichneten Schutzmaßnahmen dann zu ergreifen, wenn dadurch die Gefährdung der Beschäftigten verringert werden kann.

Anhang III

Zusätzliche Schutzmaßnahmen bei Tätigkeiten in der Biotechnologie

Es gelten die Anforderungen nach Anhang II. Für Tätigkeiten mit Biostoffen in bioverfahrenstechnischen Apparaturen, zum Beispiel Bioreaktoren und Separatoren, gilt darüber hinaus:

A Schutzmaßnahmen	B Schutzstufen		
	2	3	4
1. Die Apparatur muss den Prozess physisch von der Umwelt trennen.	verbindlich	verbindlich	verbindlich
2. Die Apparatur oder eine vergleichbare Anlage muss innerhalb eines entsprechenden Schutzstufenbereichs liegen.	verbindlich	verbindlich	verbindlich
3. Die Prozessabluft der Apparatur muss so behandelt werden, dass ein Freisetzen von Biostoffen	minimiert wird.	verhindert wird.	zuverlässigverhindert wird.
4. Das Öffnen der Apparatur zum Beispiel zur Probenahme, zum Hinzufügen von Substanzen oder zur Übertragung von Biostoffen muss so durchgeführt werden, dass ein Freisetzen von Biostoffen	minimiert wird.	verhindert wird.	zuverlässigverhindert wird.
5. Kulturflüssigkeiten dürfen zur Weiterverarbeitung nur aus der Apparatur entnommen werden, wenn die Entnahme in einem geschlossenen System erfolgt oder die Biostoffe durch wirksame physikalische oder chemische Verfahren inaktiviert worden sind.	empfohlen	verbindlich	verbindlich
6. Dichtungen an der Apparatur müssen so beschaffen sein, dass ein unbeabsichtigtes Freisetzen von Biostoffen	minimiert wird.	verhindert wird.	zuverlässigverhindert wird.
7. Der gesamte Inhalt der Apparatur muss aufgefangen werden können.	verbindlich	verbindlich	verbindlich

Anmerkung:

Gemäß § 10 Absatz 1 sind die als empfohlen bezeichneten Schutzmaßnahmen dann zu ergreifen, wenn dadurch die Gefährdung der Beschäftigten verringert werden kann.

Verordnung zum Schutz der Beschäftigten vor Gefährdungen durch Lärm und Vibrationen (Lärm- und Vibrations-Arbeitsschutzverordnung – LärmVibrationsArbSchV)

Vom 6. März 2007 (BGBl. I S. 261)

Zuletzt geändert durch
Verordnung zur Änderung der Gesundheitsschutz-Bergverordnung sowie weiterer berg- und arbeitsschutzrechtlicher Verordnungen
vom 18. Oktober 2017 (BGBl. I S. 3584)

Inhaltsübersicht

VI

Abschnitt 1
Anwendungsbereich und Begriffsbestimmungen

§ 1 Anwendungsbereich

(1) Diese Verordnung gilt zum Schutz der Beschäftigten vor tatsächlichen oder möglichen Gefährdungen ihrer Gesundheit und Sicherheit durch Lärm oder Vibrationen bei der Arbeit.

(2) Das Bundesministerium der Verteidigung kann für Beschäftigte, die Lärm und Vibrationen ausgesetzt sind oder ausgesetzt sein können, Ausnahmen von den Vorschriften dieser Verordnung zulassen, soweit öffentliche Belange dies zwingend erfordern, insbesondere für Zwecke der Landesverteidigung oder zur Erfüllung zwischenstaatlicher Verpflichtungen der Bundesrepublik Deutschland. In diesem Fall ist gleichzeitig festzulegen, wie die Sicherheit und der Gesundheitsschutz der Beschäftigten nach dieser Verordnung auf andere Weise gewährleistet werden kann.

§ 2 Begriffsbestimmungen

(1) Lärm im Sinne dieser Verordnung ist jeder Schall, der zu einer Beeinträchtigung des Hörvermögens oder zu einer sonstigen mittelbaren oder unmittelbaren Gefährdung von Sicherheit und Gesundheit der Beschäftigten führen kann.

(2) Der Tages-Lärmexpositionspegel ($L_{EX,8h}$) ist der über die Zeit gemittelte Lärmexpositionspegel bezogen auf eine Achtstundenschicht. Er umfasst alle am Arbeitsplatz auftretenden Schallereignisse.

(3) Der Wochen-Lärmexpositionspegel ($L_{EX,40h}$) ist der über die Zeit gemittelte Tages-Lärmexpositionspegel bezogen auf eine 40-Stundenwoche.

(4) Der Spitzenschalldruckpegel ($L_{pC,peak}$) ist der Höchstwert des momentanen Schalldruckpegels.

(5) Vibrationen sind alle mechanischen Schwingungen, die durch Gegenstände auf den menschlichen Körper übertragen werden und zu einer mittelbaren oder unmittelbaren Gefährdung von Sicherheit und Gesundheit der Beschäftigten führen können. Dazu gehören insbesondere

1. mechanische Schwingungen, die bei Übertragung auf das Hand-Arm-System des Menschen Gefährdungen für die Gesundheit und Sicherheit der Beschäftigten verursachen oder verursachen können (Hand-Arm-Vibrationen), insbesondere Knochen- oder Gelenkschäden, Durchblutungsstörungen oder neurologische Erkrankungen, und
2. mechanische Schwingungen, die bei Übertragung auf den gesamten Körper Gefährdungen für die Gesundheit und Sicherheit der Beschäftigten verursachen oder verursachen können (Ganzkörper-Vibrationen), insbesondere Rückenschmerzen und Schädigungen der Wirbelsäule.

(6) Der Tages-Vibrationsexpositionswert A(8) ist der über die Zeit nach Nummer 1.1 des Anhangs für Hand- Arm-Vibrationen und nach Nummer 2.1 des Anhangs für Ganzkörper-Vibrationen gemittelte Vibrationsexpositionswert bezogen auf eine Achtstundenschicht.

(7) Fachkundig ist, wer über die erforderlichen Fachkenntnisse zur Ausübung einer in dieser Verordnung bestimmten Aufgabe verfügt. Die Anforderungen an die Fachkunde sind abhängig von der jeweiligen Art der Aufgabe. Zu den Anforderungen zählen eine entsprechende Berufsausbildung oder Berufserfahrung jeweils in Verbindung mit einer zeitnah ausgeübten einschlägigen beruflichen Tätigkeit sowie die Teilnahme an spezifischen Fortbildungsmaßnahmen.

(8) Der Stand der Technik ist der Entwicklungsstand fortschrittlicher Verfahren, Einrichtungen oder Betriebsweisen, der die praktische Eignung einer Maßnahme zum Schutz der Gesundheit und zur Sicherheit der Beschäftigten gesichert erscheinen lässt. Bei der Bestimmung des Standes der Technik sind insbesondere vergleichbare Verfahren, Einrichtungen oder Betriebsweisen heranzuziehen, die mit Erfolg in der Praxis erprobt worden sind. Gleiches gilt für die Anforderungen an die Arbeitsmedizin und die Arbeitshygiene.

(9) Den Beschäftigten stehen Schülerinnen und Schüler, Studierende und sonstige in Ausbildungseinrichtungen tätige Personen, die bei ihren Tätigkeiten Lärm und Vibrationen ausgesetzt sind, gleich.

Abschnitt 2
Ermittlung und Bewertung der Gefährdung; Messungen

§ 3 Gefährdungsbeurteilung

(1) Bei der Beurteilung der Arbeitsbedingungen nach § 5 des Arbeitsschutzgesetzes hat der Arbeitgeber zunächst festzustellen, ob die Beschäftigten Lärm oder Vibrationen ausgesetzt sind oder ausgesetzt sein können. Ist dies der Fall, hat er alle hiervon ausgehenden Gefährdungen für die Gesundheit und Sicherheit der Beschäftigten zu beurteilen. Dazu hat er die auftretenden Expositionen am Arbeitsplatz zu ermitteln und zu bewerten. Der Arbeitgeber kann sich die notwendigen Informationen beim Hersteller oder Inverkehrbringer von Arbeitsmitteln oder bei anderen ohne weiteres zugänglichen Quellen beschaffen. Lässt sich die Einhaltung der Auslöse- und Expositionsgrenzwerte nicht sicher ermitteln, hat er den Umfang der Exposition durch Messungen nach § 4 festzustellen. Entsprechend dem Ergebnis der Gefährdungsbeurteilung hat der Arbeitgeber Schutzmaßnahmen nach dem Stand der Technik festzulegen.

(2) Die Gefährdungsbeurteilung nach Absatz 1 umfasst insbesondere

1. bei Exposition der Beschäftigten durch Lärm
   a) Art, Ausmaß und Dauer der Exposition durch Lärm,
   b) die Auslösewerte nach § 6 Satz 1 und die Expositionswerte nach § 8 Abs. 2,
   c) die Verfügbarkeit alternativer Arbeitsmittel und Ausrüstungen, die zu einer geringeren Exposition der Beschäftigten führen (Substitutionsprüfung),
   d) Erkenntnisse aus der arbeitsmedizinischen Vorsorge sowie allgemein zugängliche, veröffentlichte Informationen hierzu,
   e) die zeitliche Ausdehnung der beruflichen Exposition über eine Achtstundenschicht hinaus,
   f) die Verfügbarkeit und Wirksamkeit von Gehörschutzmitteln,
   g) Auswirkungen auf die Gesundheit und Sicherheit von Beschäftigten, die besonders gefährdeten Gruppen angehören, und
   h) Herstellerangaben zu Lärmemissionen sowie
2. bei Exposition der Beschäftigten durch Vibrationen
   a) Art, Ausmaß und Dauer der Exposition durch Vibrationen, einschließlich besonderer Arbeitsbedingungen, wie zum Beispiel Tätigkeiten bei niedrigen Temperaturen,
   b) die Expositionsgrenzwerte und Auslösewerte nach § 9 Abs. 1 und 2,
   c) die Verfügbarkeit und die Möglichkeit des Einsatzes alternativer Arbeitsmittel und Ausrüstungen, die zu einer geringeren Exposition der Beschäftigten führen (Substitutionsprüfung),
   d) Erkenntnisse aus der arbeitsmedizinischen Vorsorge sowie allgemein zugängliche, veröffentlichte Informationen hierzu,
   e) die zeitliche Ausdehnung der beruflichen Exposition über eine Achtstundenschicht hinaus,
   f) Auswirkungen auf die Gesundheit und Sicherheit von Beschäftigten, die besonders gefährdeten Gruppen angehören, und
   g) Herstellerangaben zu Vibrationsemissionen.

(3) Die mit der Exposition durch Lärm oder Vibrationen verbundenen Gefährdungen sind unabhängig voneinander zu beurteilen und in der Gefährdungsbeurteilung zusammenzuführen. Mögliche Wechsel- oder Kombinationswirkungen sind bei der Gefährdungsbeurteilung zu berücksichtigen. Dies gilt insbesondere bei Tätigkeiten mit gleichzeitiger Belastung durch Lärm, arbeitsbedingten ototoxischen Substanzen oder Vibrationen, soweit dies technisch durchführbar ist. Zu berücksichtigen sind auch mittelbare Auswirkungen auf die Gesundheit und Sicherheit der Beschäftigten, zum Beispiel durch Wechselwirkungen zwischen Lärm und Warnsignalen oder anderen Geräuschen, deren Wahrnehmung zur Vermeidung von Gefährdungen er-

forderlich ist. Bei Tätigkeiten, die eine hohe Konzentration und Aufmerksamkeit erfordern, sind störende und negative Einflüsse infolge einer Exposition durch Lärm oder Vibrationen zu berücksichtigen.

(4) Der Arbeitgeber hat die Gefährdungsbeurteilung unabhängig von der Zahl der Beschäftigten zu dokumentieren. In der Dokumentation ist anzugeben, welche Gefährdungen am Arbeitsplatz auftreten können und welche Maßnahmen zur Vermeidung oder Minimierung der Gefährdung der Beschäftigten durchgeführt werden müssen. Die Gefährdungsbeurteilung ist zu aktualisieren, wenn maßgebliche Veränderungen der Arbeitsbedingungen dies erforderlich machen oder wenn sich eine Aktualisierung auf Grund der Ergebnisse der arbeitsmedizinischen Vorsorge als notwendig erweist.

§ 4 Messungen

(1) Der Arbeitgeber hat sicherzustellen, dass Messungen nach dem Stand der Technik durchgeführt werden. Dazu müssen

1. Messverfahren und -geräte den vorhandenen Arbeitsplatz- und Expositionsbedingungen angepasst sein; dies betrifft insbesondere die Eigenschaften des zu messenden Lärms oder der zu messenden Vibrationen, die Dauer der Einwirkung und die Umgebungsbedingungen und
2. die Messverfahren und -geräte geeignet sein, die jeweiligen physikalischen Größen zu bestimmen, und die Entscheidung erlauben, ob die in den §§ 6 und 9 festgesetzten Auslöse- und Expositionsgrenzwerte eingehalten werden.

Die durchzuführenden Messungen können auch eine Stichprobenerhebung umfassen, die für die persönliche Exposition eines Beschäftigten repräsentativ ist. Der Arbeitgeber hat die Dokumentation über die ermittelten Messergebnisse mindestens 30 Jahre in einer Form aufzubewahren, die eine spätere Einsichtnahme ermöglicht.

(2) Messungen zur Ermittlung der Exposition durch Vibrationen sind zusätzlich zu den Anforderungen nach Absatz 1 entsprechend den Nummern 1.2 und 2.2 des Anhangs durchzuführen.

§ 5 Fachkunde

Der Arbeitgeber hat sicherzustellen, dass die Gefährdungsbeurteilung nur von fachkundigen Personen durchgeführt wird. Verfügt der Arbeitgeber nicht selbst über die entsprechenden Kenntnisse, hat er sich fachkundig beraten zu lassen. Fachkundige Personen können insbesondere der Betriebsarzt und die Fachkraft für Arbeitssicherheit sein. Der Arbeitgeber darf mit der Durchführung von Messungen nur Personen beauftragen, die über die dafür notwendige Fachkunde und die erforderlichen Einrichtungen verfügen.

Abschnitt 3 Auslösewerte und Schutzmaßnahmen bei Lärm

§ 6 Auslösewerte bei Lärm

Die Auslösewerte in Bezug auf den Tages-Lärmexpositionspegel und den Spitzenschalldruckpegel betragen:

1. Obere Auslösewerte: $L_{EX,8h}$ = 85 dB(A) beziehungsweise $L_{pC,peak}$ = 137 dB(C),
2. Untere Auslösewerte: $L_{EX,8h}$ = 80 dB(A) beziehungsweise $L_{pC,peak}$ = 135 dB(C).

Bei der Anwendung der Auslösewerte wird die dämmende Wirkung eines persönlichen Gehörschutzes der Beschäftigten nicht berücksichtigt.

§ 7 Maßnahmen zur Vermeidung und Verringerung der Lärmexposition

(1) Der Arbeitgeber hat die nach § 3 Abs. 1 Satz 6 festgelegten Schutzmaßnahmen nach dem Stand der Technik durchzuführen, um die Gefährdung der Beschäftigten auszuschließen oder so weit wie möglich zu verringern. Dabei ist folgende Rangfolge zu berücksichtigen:

1. Die Lärmemission muss am Entstehungsort verhindert oder so weit wie möglich verringert werden. Technische Maßnahmen haben Vorrang vor organisatorischen Maßnahmen.
2. Die Maßnahmen nach Nummer 1 haben Vorrang vor der Verwendung von Gehörschutz nach § 8.

(2) Zu den Maßnahmen nach Absatz 1 gehören insbesondere:

1. alternative Arbeitsverfahren, welche die Exposition der Beschäftigten durch Lärm verringern,
2. Auswahl und Einsatz neuer oder bereits vorhandener Arbeitsmittel unter dem vorrangigen Gesichtspunkt der Lärmminderung,
3. die lärmmindernde Gestaltung und Einrichtung der Arbeitsstätten und Arbeitsplätze,
4. technische Maßnahmen zur Luftschallminderung, beispielsweise durch Abschirmungen oder Kapselungen, und zur Körperschallminderung, beispielsweise durch Körperschalldämpfung oder -dämmung oder durch Körperschallisolierung,
5. Wartungsprogramme für Arbeitsmittel, Arbeitsplätze und Anlagen,
6. arbeitsorganisatorische Maßnahmen zur Lärmminderung durch Begrenzung von Dauer und Ausmaß der Exposition und Arbeitszeitpläne mit ausreichenden Zeiten ohne belastende Exposition.

(3) In Ruheräumen ist unter Berücksichtigung ihres Zweckes und ihrer Nutzungsbedingungen die Lärmexposition so weit wie möglich zu verringern.

(4) Der Arbeitgeber hat Arbeitsbereiche, in denen einer der oberen Auslösewerte für Lärm ($L_{EX,8h}$, $L_{pC,peak}$) überschritten werden kann, als Lärmbereiche zu kennzeichnen und, falls technisch möglich, abzugrenzen. In diesen Bereichen dürfen sich Beschäftigte nur aufhalten, wenn das Arbeitsverfahren dies erfordert und die Beschäftigten eine geeignete persönliche Schutzausrüstung verwenden; Absatz 1 bleibt unberührt.

(5) Wird einer der oberen Auslösewerte überschritten, hat der Arbeitgeber ein Programm mit technischen und organisatorischen Maßnahmen zur Verringerung der Lärmexposition auszuarbeiten und durchzuführen. Dabei sind insbesondere die Absätze 1 und 2 zu berücksichtigen.

§ 8 Gehörschutz

(1) Werden die unteren Auslösewerte nach § 6 Satz 1 Nr. 2 trotz Durchführung der Maßnahmen nach § 7 Abs. 1 nicht eingehalten, hat der Arbeitgeber den Beschäftigten einen geeigneten persönlichen Gehörschutz zur Verfügung zu stellen, der den Anforderungen nach Absatz 2 genügt.

(2) Der persönliche Gehörschutz ist vom Arbeitgeber so auszuwählen, dass durch seine Anwendung die Gefährdung des Gehörs beseitigt oder auf ein Minimum verringert wird. Dabei muss unter Einbeziehung der dämmenden Wirkung des Gehörschutzes sichergestellt werden, dass der auf das Gehör des Beschäftigten einwirkende Lärm die maximal zulässigen Expositionswerte $L_{EX,8h}$ = 85 dB(A) beziehungsweise $L_{pC,peak}$ = 137 dB(C) nicht überschreitet.

(3) Erreicht oder überschreitet die Lärmexposition am Arbeitsplatz einen der oberen Auslösewerte nach § 6 Satz 1 Nr. 1, hat der Arbeitgeber dafür Sorge zu tragen, dass die Beschäftigten den persönlichen Gehörschutz bestimmungsgemäß verwenden.

(4) Der Zustand des ausgewählten persönlichen Gehörschutzes ist in regelmäßigen Abständen zu überprüfen. Stellt der Arbeitgeber dabei fest, dass die Anforderungen des Absatzes 2 Satz 2 nicht eingehalten werden, hat er unverzüglich die Gründe für diese Nichteinhaltung zu ermitteln und Maßnahmen zu ergreifen, die für eine dauerhafte Einhaltung der Anforderungen erforderlich sind.

Abschnitt 4 Expositionsgrenzwerte und Auslösewerte sowie Schutzmaßnahmen bei Vibrationen

§ 9 Expositionsgrenzwerte und Auslösewerte für Vibrationen

(1) Für Hand-Arm-Vibrationen beträgt

1. der Expositionsgrenzwert A(8) = 5 m/s^2 und
2. der Auslösewert A(8) = 2,5 m/s^2.

VI

Die Exposition der Beschäftigten gegenüber Hand- Arm-Vibrationen wird nach Nummer 1 des Anhangs ermittelt und bewertet.

(2) Für Ganzkörper-Vibrationen beträgt

1. der Expositionsgrenzwert A(8) = 1,15 m/s² in X- und Y-Richtung und A(8) = 0,8 m/s² in Z-Richtung und
2. der Auslösewert A(8) = 0,5 m/s².

Die Exposition der Beschäftigten gegenüber Ganzkörper-Vibrationen wird nach Nummer 2 des Anhangs ermittelt und bewertet.

§ 10 Maßnahmen zur Vermeidung und Verringerung der Exposition durch Vibrationen

(1) Der Arbeitgeber hat die in § 3 Abs. 1 Satz 6 festgelegten Schutzmaßnahmen nach dem Stand der Technik durchzuführen, um die Gefährdung der Beschäftigten auszuschließen oder so weit wie möglich zu verringern. Dabei müssen Vibrationen am Entstehungsort verhindert oder so weit wie möglich verringert werden. Technische Maßnahmen zur Minderung von Vibrationen haben Vorrang vor organisatorischen Maßnahmen.

(2) Zu den Maßnahmen nach Absatz 1 gehören insbesondere

1. alternative Arbeitsverfahren, welche die Exposition gegenüber Vibrationen verringern,
2. Auswahl und Einsatz neuer oder bereits vorhandener Arbeitsmittel, die nach ergonomischen Gesichtspunkten ausgelegt sind und unter Berücksichtigung der auszuführenden Tätigkeit möglichst geringe Vibrationen verursachen, beispielsweise schwingungsgedämpfte handgehaltene oder handgeführte Arbeitsmaschinen, welche die auf den Hand-Arm-Bereich übertragene Vibration verringern,
3. die Bereitstellung von Zusatzausrüstungen, welche die Gesundheitsgefährdung auf Grund von Vibrationen verringern, beispielsweise Sitze, die Ganzkörper-Vibrationen wirkungsvoll dämpfen,
4. Wartungsprogramme für Arbeitsmittel, Arbeitsplätze und Anlagen sowie Fahrbahnen,
5. die Gestaltung und Einrichtung der Arbeitsstätten und Arbeitsplätze,
6. die Schulung der Beschäftigten im bestimmungsgemäßen Einsatz und in der sicheren und vibrationsarmen Bedienung von Arbeitsmitteln,
7. die Begrenzung der Dauer und Intensität der Exposition,
8. Arbeitszeitpläne mit ausreichenden Zeiten ohne belastende Exposition und
9. die Bereitstellung von Kleidung für gefährdete Beschäftigte zum Schutz vor Kälte und Nässe.

(3) Der Arbeitgeber hat, insbesondere durch die Maßnahmen nach Absatz 1, dafür Sorge zu tragen, dass bei der Exposition der Beschäftigten die Expositionsgrenzwerte nach § 9 Abs. 1 Satz 1 Nr. 1 und § 9 Abs. 2 Satz 1 Nr. 1 nicht überschritten werden. Werden die Expositionsgrenzwerte trotz der durchgeführten Maßnahmen überschritten, hat der Arbeitgeber unverzüglich die Gründe zu ermitteln und weitere Maßnahmen zu ergreifen, um die Exposition auf einen Wert unterhalb der Expositionsgrenzwerte zu senken und ein erneutes Überschreiten der Grenzwerte zu verhindern.

(4) Werden die Auslösewerte nach § 9 Abs. 1 Satz 1 Nr. 2 oder § 9 Abs. 2 Satz 1 Nr. 2 überschritten, hat der Arbeitgeber ein Programm mit technischen und organisatorischen Maßnahmen zur Verringerung der Exposition durch Vibrationen auszuarbeiten und durchzuführen. Dabei sind insbesondere die in Absatz 2 genannten Maßnahmen zu berücksichtigen.

Abschnitt 5 Unterweisung der Beschäftigten; Beratung durch den Ausschuss für Betriebssicherheit

§ 11 Unterweisung der Beschäftigten

(1) Können bei Exposition durch Lärm die unteren Auslösewerte nach § 6 Satz 1 Nr. 2 oder bei Exposition durch Vibrationen die Auslösewerte nach § 9 Abs. 1 Satz 1 Nr. 2 oder § 9 Abs. 2 Satz 1 Nr. 2 erreicht oder überschritten werden, stellt der Arbeitgeber sicher, dass die

betroffenen Beschäftigten eine Unterweisung erhalten, die auf den Ergebnissen der Gefährdungsbeurteilung beruht und die Aufschluss über die mit der Exposition verbundenen Gesundheitsgefährdungen gibt. Sie muss vor Aufnahme der Beschäftigung und danach in regelmäßigen Abständen, jedoch immer bei wesentlichen Änderungen der belastenden Tätigkeit, erfolgen.

(2) Der Arbeitgeber stellt sicher, dass die Unterweisung nach Absatz 1 in einer für die Beschäftigten verständlichen Form und Sprache erfolgt und mindestens folgende Informationen enthält:

1. die Art der Gefährdung,
2. die durchgeführten Maßnahmen zur Beseitigung oder zur Minimierung der Gefährdung unter Berücksichtigung der Arbeitsplatzbedingungen,
3. die Expositionsgrenzwerte und Auslösewerte,
4. die Ergebnisse der Ermittlungen zur Exposition zusammen mit einer Erläuterung ihrer Bedeutung und der Bewertung der damit verbundenen möglichen Gefährdungen und gesundheitlichen Folgen,
5. die sachgerechte Verwendung der persönlichen Schutzausrüstung,
6. die Voraussetzungen, unter denen die Beschäftigten Anspruch auf arbeitsmedizinische Vorsorge haben, und deren Zweck,
7. die ordnungsgemäße Handhabung der Arbeitsmittel und sichere Arbeitsverfahren zur Minimierung der Expositionen,
8. Hinweise zur Erkennung und Meldung möglicher Gesundheitsschäden.

(3) Um frühzeitig Gesundheitsstörungen durch Lärm oder Vibrationen erkennen zu können, hat der Arbeitgeber sicherzustellen, dass ab dem Überschreiten der unteren Auslösewerte für Lärm und dem Überschreiten der Auslösewerte für Vibrationen die betroffenen Beschäftigten eine allgemeine arbeitsmedizinische Beratung erhalten. Die Beratung ist unter Beteiligung des in § 7 Abs. 1 der Verordnung zur arbeitsmedizinischen Vorsorge genannten Arztes durchzuführen, falls dies aus arbeitsmedizinischen Gründen erforderlich sein sollte. Die arbeitsmedizinische Beratung kann im Rahmen der Unterweisung nach Absatz 1 erfolgen.

§ 12 Beratung durch den Ausschuss für Betriebssicherheit

Der Ausschuss nach § 24 der Betriebssicherheitsverordnung berät das Bundesministerium für Arbeit und Soziales auch in Fragen der Sicherheit und des Gesundheitsschutzes bei lärm- oder vibrationsbezogenen Gefährdungen. § 24 Abs. 4 und 5 der Betriebssicherheitsverordnung gilt entsprechend.

§§ 13 und 14 (weggefallen)

Abschnitt 6 Ausnahmen, Straftaten und Ordnungswidrigkeiten, Übergangsvorschriften

§ 15 Ausnahmen

(1) Die zuständige Behörde kann auf schriftlichen oder elektronischen Antrag des Arbeitgebers Ausnahmen von den Vorschriften der §§ 7 und 10 zulassen, wenn die Durchführung der Vorschrift im Einzelfall zu einer unverhältnismäßigen Härte führen würde und die Abweichung mit dem Schutz der Beschäftigten vereinbar ist. Diese Ausnahmen können mit Nebenbestimmungen verbunden werden, die unter Berücksichtigung der besonderen Umstände gewährleisten, dass die sich daraus ergebenden Gefährdungen auf ein Minimum reduziert werden. Diese Ausnahmen sind spätestens nach vier Jahren zu überprüfen; sie sind aufzuheben, sobald die Umstände, die sie gerechtfertigt haben, nicht mehr gegeben sind. Der Antrag des Arbeitgebers muss Angaben enthalten zu

1. der Gefährdungsbeurteilung einschließlich deren Dokumentation,
2. Art, Ausmaß und Dauer der ermittelten Exposition,
3. den Messergebnissen,
4. dem Stand der Technik bezüglich der Tätigkeiten und der Arbeitsverfahren sowie

den technischen, organisatorischen und persönlichen Schutzmaßnahmen,

5. Lösungsvorschlägen und einem Zeitplan, wie die Exposition der Beschäftigten reduziert werden kann, um die Expositions- und Auslösewerte einzuhalten.

Die Ausnahme nach Satz 1 kann auch im Zusammenhang mit Verwaltungsverfahren nach anderen Rechtsvorschriften beantragt werden.

(2) In besonderen Fällen kann die zuständige Behörde auf Antrag des Arbeitgebers zulassen, dass für Tätigkeiten, bei denen die Lärmexposition von einem Arbeitstag zum anderen erheblich schwankt, für die Anwendung der Auslösewerte zur Bewertung der Lärmpegel, denen die Beschäftigten ausgesetzt sind, anstatt des Tages-Lärmexpositionspegels der Wochen-Lärmexpositionspegel verwendet wird, sofern

1. der Wochen-Lärmexpositionspegel den Expositionswert $L_{EX,40h}$ = 85 dB(A) nicht überschreitet und dies durch eine geeignete Messung nachgewiesen wird und
2. geeignete Maßnahmen getroffen werden, um die mit diesen Tätigkeiten verbundenen Gefährdungen auf ein Minimum zu verringern.

VI

§ 16 Straftaten und Ordnungswidrigkeiten

(1) Ordnungswidrig im Sinne des § 25 Abs. 1 Nr. 1 des Arbeitsschutzgesetzes handelt, wer vorsätzlich oder fahrlässig

1. entgegen § 3 Abs. 1 Satz 2 die auftretende Exposition nicht in dem in Absatz 2 genannten Umfang ermittelt und bewertet,
2. entgegen § 3 Abs. 4 Satz 1 eine Gefährdungsbeurteilung nicht dokumentiert oder in der Dokumentation entgegen § 3 Abs. 4 Satz 2 die dort genannten Angaben nicht macht,
3. entgegen § 4 Abs. 1 Satz 1 in Verbindung mit Satz 2 nicht sicherstellt, dass Messungen nach dem Stand der Technik durchgeführt werden, oder entgegen § 4 Abs. 1 Satz 4 die Messergebnisse nicht speichert,
4. entgegen § 5 Satz 1 nicht sicherstellt, dass die Gefährdungsbeurteilung von fachkundigen Personen durchgeführt wird, oder entgegen § 5 Satz 4 nicht die dort genannten Personen mit der Durchführung der Messungen beauftragt,
5. entgegen § 7 Abs. 4 Satz 1 Arbeitsbereiche nicht kennzeichnet oder abgrenzt,
6. entgegen § 7 Abs. 5 Satz 1 ein Programm mit technischen und organisatorischen Maßnahmen zur Verringerung der Lärmexposition nicht durchführt,
7. entgegen § 8 Abs. 1 in Verbindung mit Abs. 2 den dort genannten Gehörschutz nicht zur Verfügung stellt,
8. entgegen § 8 Abs. 3 nicht dafür Sorge trägt, dass die Beschäftigten den dort genannten Gehörschutz bestimmungsgemäß verwenden,
9. entgegen § 10 Abs. 3 Satz 1 nicht dafür sorgt, dass die in § 9 Abs. 1 Satz 1 Nr. 1 oder § 9 Abs. 2 Satz 1 Nr. 1 genannten Expositionsgrenzwerte nicht überschritten werden,
10. entgegen § 10 Abs. 4 Satz 1 ein Programm mit technischen und organisatorischen Maßnahmen zur Verringerung der Exposition durch Vibrationen nicht durchführt oder
11. entgegen § 11 Abs. 1 nicht sicherstellt, dass die Beschäftigten eine Unterweisung erhalten, die auf den Ergebnissen der Gefährdungsbeurteilung beruht und die in § 11 Abs. 2 genannten Informationen enthält.

(2) Wer durch eine in Absatz 1 bezeichnete vorsätzliche Handlung das Leben oder die Gesundheit eines Beschäftigten gefährdet, ist nach § 26 Nr. 2 des Arbeitsschutzgesetzes strafbar.

§ 17 Übergangsvorschriften

(1) Für den Bereich des Musik- und Unterhaltungssektors ist diese Verordnung erst ab dem 15. Februar 2008 anzuwenden.

(2) Für Wehrmaterial der Bundeswehr, das vor dem 1. Juli 2007 erstmals in Betrieb genommen wurde, gilt bis zum 1. Juli 2011 ab-

weichend von § 9 Abs. 2 Nr. 1 für Ganzkörper-Vibrationen in Z-Richtung ein Expositionsgrenzwert von A(8) = 1,15 m/s^2.

(3) Abweichend von § 9 Abs. 2 Nr. 1 darf bis zum 31. Dezember 2011 bei Tätigkeiten mit Baumaschinen und Baugeräten, die vor dem Jahr 1997 hergestellt worden sind und bei deren Verwendung trotz Durchführung aller in Betracht kommenden Maßnahmen nach dieser Verordnung die Einhaltung des Expositionsgrenzwertes für Ganzkörper-Vibrationen nach § 9 Abs. 2 Nr. 1 nicht möglich ist, an höchstens 30 Tagen im Jahr der Expositionsgrenzwert für Ganzkörper-Vibrationen in Z-Richtung von A(8) = 0,8 m/s^2 bis höchstens 1,15 m/s^2 überschritten werden.

Anhang

Vibrationen

1. **Hand-Arm-Vibrationen**

1.1 Ermittlung und Bewertung der Exposition

Die Bewertung des Ausmaßes der Exposition gegenüber Hand-Arm-Vibrationen erfolgt nach dem Stand der Technik anhand der Berechnung des auf einen Bezugszeitraum von acht Stunden normierten Tagesexpositionswertes A(8); dieser wird ausgedrückt als die Quadratwurzel aus der Summe der Quadrate (Gesamtwert) der Effektivwerte der frequenzbewerteten Beschleunigung in den drei orthogonalen Richtungen a_{hwx}, a_{hwy}, a_{hwz}.

Die Bewertung des Ausmaßes der Exposition kann mittels einer Schätzung anhand der Herstellerangaben zum Ausmaß der von den verwendeten Arbeitsmitteln verursachten Vibrationen und mittels Beobachtung der spezifischen Arbeitsweisen oder durch Messung vorgenommen werden.

1.2 Messung

Im Falle von Messungen gemäß § 4 Abs. 2

a) können Stichprobenverfahren verwendet werden, wenn sie für die fraglichen Vibrationen, denen der einzelne Beschäftigte ausgesetzt ist, repräsentativ sind; die eingesetzten Verfahren und Vorrichtungen müssen hierbei den besonderen Merkmalen der zu messenden Vibrationen, den Umweltfaktoren und den technischen Merkmalen des Messgeräts angepasst sein;

b) an Geräten, die beidhändig gehalten oder geführt werden müssen, sind die Messungen an jeder Hand vorzunehmen. Die Exposition wird unter Bezug auf den höheren der beiden Werte ermittelt; der Wert für die andere Hand wird ebenfalls angegeben.

1.3 Interferenzen

§ 3 Abs. 3 Satz 2 ist insbesondere dann zu berücksichtigen, wenn sich Vibrationen auf das korrekte Handhaben von Bedienungselementen oder das Ablesen von Anzeigen störend auswirken.

1.4 Indirekte Gefährdung

§ 3 Abs. 3 Satz 2 ist insbesondere dann zu berücksichtigen, wenn sich Vibrationen auf die Stabilität der Strukturen oder die Festigkeit von Verbindungen nachteilig auswirken.

1.5 Persönliche Schutzausrüstungen

Persönliche Schutzausrüstungen gegen Hand-Arm-Vibrationen können Teil des Maßnahmenprogramms gemäß § 10 Abs. 4 sein.

2. **Ganzkörper-Vibrationen**

2.1 Bewertung der Exposition

Die Bewertung des Ausmaßes der Exposition gegenüber Ganzkörper-Vibrationen erfolgt nach dem Stand der Technik anhand der Berechnung des auf einen Bezugszeitraum von acht Stunden normierten Tages-Vibrationsexpositionswertes A(8); dieser wird ermittelt aus demjenigen korrigierten Effektivwert der frequenzbewerteten Beschleunigung 1,4 a_{wx}, 1,4 a_{wy} oder a_{wz} der drei zueinander orthogonalen Richtungen x, y oder z, bei dem der Zeitraum, der zu einer Überschreitung des Auslösewertes beziehunsweise des Expositionsgrenzwertes führt, am geringsten ist.

Die Bewertung des Ausmaßes der Exposition kann mittels einer Schätzung anhand der Herstellerangaben zum Ausmaß der von den verwendeten Arbeitsmitteln verursachten Vibrationen und mittels Beobachtung der spezifischen Arbeitsweisen oder durch Messung vorgenommen werden.

2.2 Messung

Im Falle von Messungen gemäß § 4 Abs. 2 können Stichprobenverfahren verwendet werden, wenn sie für die betreffenden Vibrationen, denen der einzelne Beschäftigte ausgesetzt ist, repräsentativ sind. Die eingesetzten Verfahren müssen den besonderen Merkmalen der zu messenden Vibrationen, den Umweltfaktoren und den technischen Merkmalen des Messgeräts angepasst sein.

2.3 Interferenzen
§ 3 Abs. 3 Satz 2 ist insbesondere dann zu berücksichtigen, wenn sich Vibrationen auf das korrekte Handhaben von Bedienungselementen oder das Ablesen von Anzeigen störend auswirken.

2.4 Indirekte Gefährdungen
§ 3 Abs. 3 Satz 2 ist insbesondere dann zu berücksichtigen, wenn sich Vibrationen auf die Stabilität der Strukturen oder die Festigkeit von Verbindungen nachteilig auswirken.

2.5 Ausdehnungen der Exposition
Wenn die Ausdehnung der beruflichen Exposition über eine Achtstundenschicht hinaus dazu führt, dass Beschäftigte vom Arbeitgeber überwachte Ruheräume benutzen, müssen in diesen die Ganzkörper-Vibrationen auf ein mit dem Zweck und den Nutzungsbedingungen der Räume zu vereinbarendes Niveau gesenkt werden. Fälle höherer Gewalt sind ausgenommen.

Verordnung zum Schutz der Beschäftigten vor Gefährdungen durch künstliche optische Strahlung (Arbeitsschutzverordnung zu künstlicher optischer Strahlung – OStrV)

Vom 19. Juli 2010 (BGBl. I S. 960)

Zuletzt geändert durch
Verordnung zur Änderung der Gesundheitsschutz-Bergverordnung sowie weiterer berg- und arbeitsschutzrechtlicher Verordnungen
vom 18. Oktober 2017 (BGBl. I S. 3584)

Inhaltsübersicht

Abschnitt 1
Anwendungsbereich und Begriffsbestimmungen

§ 1 Anwendungsbereich

(1) Diese Verordnung gilt zum Schutz der Beschäftigten bei der Arbeit vor tatsächlichen oder möglichen Gefährdungen ihrer Gesundheit und Sicherheit durch optische Strahlung aus künstlichen Strahlungsquellen. Sie betrifft insbesondere die Gefährdungen der Augen und der Haut.

(2) Die Verordnung gilt nicht in Betrieben, die dem Bundesberggesetz unterliegen, soweit dort oder in den auf Grund dieses Gesetzes erlassenen Rechtsverordnungen entsprechende Rechtsvorschriften bestehen.

(3) Das Bundesministerium der Verteidigung kann für Beschäftigte, für die tatsächliche oder mögliche Gefährdungen ihrer Gesundheit und Sicherheit durch künstliche optische Strahlung bestehen, Ausnahmen von den Vorschriften dieser Verordnung zulassen, soweit öffentliche Belange dies zwingend erfordern, insbesondere für Zwecke der Verteidigung oder zur Erfüllung zwischenstaatlicher Verpflichtungen der Bundesrepublik Deutschland. In diesem Fall ist gleichzeitig festzulegen, wie die Sicherheit und der Gesundheitsschutz der Beschäftigten nach dieser Verordnung auf andere Weise gewährleistet werden können.

§ 2 Begriffsbestimmungen

(1) Optische Strahlung ist jede elektromagnetische Strahlung im Wellenlängenbereich von 100 Nanometer bis 1 Millimeter. Das Spektrum der optischen Strahlung wird unterteilt in ultraviolette Strahlung, sichtbare Strahlung und Infrarotstrahlung:

1. Ultraviolette Strahlung ist die optische Strahlung im Wellenlängenbereich von 100 bis 400 Nanometer (UV-Strahlung); das Spektrum der UV-Strahlung wird unterteilt in UV-A-Strahlung (315 bis 400 Nanometer), UV-B-Strahlung (280 bis 315 Nanometer) und UV-C-Strahlung (100 bis 280 Nanometer);
2. sichtbare Strahlung ist die optische Strahlung im Wellenlängenbereich von 380 bis 780 Nanometer;
3. Infrarotstrahlung ist die optische Strahlung im Wellenlängenbereich von 780 Nanometer bis 1 Millimeter (IR-Strahlung); das Spektrum der IR-Strahlung wird unterteilt in IR-A-Strahlung (780 bis 1400 Nanometer), IR-B-Strahlung (1400 bis 3000 Nanometer) und IR-C-Strahlung (3000 Nanometer bis 1 Millimeter).

(2) Künstliche optische Strahlung im Sinne dieser Verordnung ist jede optische Strahlung, die von künstlichen Strahlungsquellen ausgeht.

(3) Laserstrahlung ist durch einen Laser erzeugte kohärente optische Strahlung. Laser sind Geräte oder Einrichtungen zur Erzeugung und Verstärkung von kohärenter optischer Strahlung.

(4) Inkohärente künstliche optische Strahlung ist jede künstliche optische Strahlung außer Laserstrahlung.

(5) Expositionsgrenzwerte sind maximal zulässige Werte bei Exposition der Augen oder der Haut durch künstliche optische Strahlung.

(6) Bestrahlungsstärke oder Leistungsdichte ist die auf eine Fläche fallende Strahlungsleistung je Flächeneinheit, ausgedrückt in Watt pro Quadratmeter.

(7) Bestrahlung ist das Integral der Bestrahlungsstärke über die Zeit, ausgedrückt in Joule pro Quadratmeter.

(8) Strahldichte ist der Strahlungsfluss oder die Strahlungsleistung je Einheitsraumwinkel je Flächeneinheit, ausgedrückt in Watt pro Quadratmeter pro Steradiant.

(9) Ausmaß ist die kombinierte Wirkung von Bestrahlungsstärke, Bestrahlung und Strahldichte von künstlicher optischer Strahlung, der Beschäftigte ausgesetzt sind.

(10) Fachkundig ist, wer über die erforderlichen Fachkenntnisse zur Ausübung einer in dieser Verordnung bestimmten Aufgabe verfügt. Die Anforderungen an die Fachkunde sind abhängig von der jeweiligen Art der Aufgabe. Zu den Anforderungen zählen eine entsprechende Berufsausbildung oder Berufserfahrung jeweils in Verbindung mit einer

zeitnah ausgeübten einschlägigen beruflichen Tätigkeit sowie die Teilnahme an spezifischen Fortbildungsmaßnahmen.

(11) Stand der Technik ist der Entwicklungsstand fortschrittlicher Verfahren, Einrichtungen oder Betriebsweisen, der die praktische Eignung einer Maßnahme zum Schutz der Gesundheit und zur Sicherheit der Beschäftigten gesichert erscheinen lässt. Bei der Bestimmung des Standes der Technik sind insbesondere vergleichbare Verfahren, Einrichtungen oder Betriebsweisen heranzuziehen, die mit Erfolg in der Praxis erprobt worden sind. Gleiches gilt für die Anforderungen an die Arbeitsmedizin und Arbeitshygiene.

(12) Den Beschäftigten stehen Schülerinnen und Schüler, Studierende und sonstige in Ausbildungseinrichtungen tätige Personen, die bei ihren Tätigkeiten künstlicher optischer Strahlung ausgesetzt sind, gleich.

Abschnitt 2 Ermittlung und Bewertung der Gefährdungen durch künstliche optische Strahlung; Messungen

§ 3 Gefährdungsbeurteilung

(1) Bei der Beurteilung der Arbeitsbedingungen nach § 5 des Arbeitsschutzgesetzes hat der Arbeitgeber zunächst festzustellen, ob künstliche optische Strahlung am Arbeitsplatz von Beschäftigten auftritt oder auftreten kann. Ist dies der Fall, hat er alle hiervon ausgehenden Gefährdungen für die Gesundheit und Sicherheit der Beschäftigten zu beurteilen. Er hat die auftretenden Expositionen durch künstliche optische Strahlung am Arbeitsplatz zu ermitteln und zu bewerten. Für die Beschäftigten ist in jedem Fall eine Gefährdung gegeben, wenn die Expositionsgrenzwerte nach § 6 überschritten werden. Der Arbeitgeber kann sich die notwendigen Informationen beim Hersteller oder Inverkehrbringer der verwendeten Arbeitsmittel oder mit Hilfe anderer ohne Weiteres zugänglicher Quellen beschaffen. Lässt sich nicht sicher feststellen, ob die Expositionsgrenzwerte nach § 6 eingehalten werden, hat er den Umfang der Exposition durch Berechnungen oder Messungen nach § 4 festzustellen. Entsprechend dem Ergebnis der Gefährdungsbeurteilung hat der Arbeitgeber Schutzmaßnahmen nach dem Stand der Technik festzulegen.

(2) Bei der Gefährdungsbeurteilung nach Absatz 1 ist insbesondere Folgendes zu berücksichtigen:

1. Art, Ausmaß und Dauer der Exposition durch künstliche optische Strahlung,
2. der Wellenlängenbereich der künstlichen optischen Strahlung,
3. die in § 6 genannten Expositionsgrenzwerte,
4. alle Auswirkungen auf die Gesundheit und Sicherheit von Beschäftigten, die besonders gefährdeten Gruppen angehören,
5. alle möglichen Auswirkungen auf die Sicherheit und Gesundheit von Beschäftigten, die sich aus dem Zusammenwirken von künstlicher optischer Strahlung und fotosensibilisierenden chemischen Stoffen am Arbeitsplatz ergeben können,
6. alle indirekten Auswirkungen auf die Sicherheit und Gesundheit der Beschäftigten, zum Beispiel durch Blendung, Brand- und Explosionsgefahr,
7. die Verfügbarkeit und die Möglichkeit des Einsatzes alternativer Arbeitsmittel und Ausrüstungen, die zu einer geringeren Exposition der Beschäftigten führen (Substitutionsprüfung),
8. Erkenntnisse aus arbeitsmedizinischen Vorsorgeuntersuchungen sowie hierzu allgemein zugängliche, veröffentlichte Informationen,
9. die Exposition der Beschäftigten durch künstliche optische Strahlung aus mehreren Quellen,
10. die Herstellerangaben zu optischen Strahlungsquellen und anderen Arbeitsmitteln,
11. die Klassifizierung der Lasereinrichtungen und gegebenenfalls der in den Lasereinrichtungen zum Einsatz kommenden Laser nach dem Stand der Technik,

12. die Klassifizierung von inkohärenten optischen Strahlungsquellen nach dem Stand der Technik, von denen vergleichbare Gefährdungen wie bei Lasern der Klassen 3R, 3B oder 4 ausgehen können,
13. die Arbeitsplatz- und Expositionsbedingungen, die zum Beispiel im Normalbetrieb, bei Einrichtvorgängen sowie bei Instandhaltungs- und Reparaturarbeiten auftreten können.

(3) Vor Aufnahme einer Tätigkeit hat der Arbeitgeber die Gefährdungsbeurteilung durchzuführen und die erforderlichen Schutzmaßnahmen zu treffen. Die Gefährdungsbeurteilung ist regelmäßig zu überprüfen und gegebenenfalls zu aktualisieren, insbesondere wenn maßgebliche Veränderungen der Arbeitsbedingungen dies erforderlich machen. Die Schutzmaßnahmen sind gegebenenfalls anzupassen.

(4) Der Arbeitgeber hat die Gefährdungsbeurteilung unabhängig von der Zahl der Beschäftigten vor Aufnahme der Tätigkeit in einer Form zu dokumentieren, die eine spätere Einsichtnahme ermöglicht. In der Dokumentation ist anzugeben, welche Gefährdungen am Arbeitsplatz auftreten können und welche Maßnahmen zur Vermeidung oder Minimierung der Gefährdung der Beschäftigten durchgeführt werden müssen. Der Arbeitgeber hat die ermittelten Ergebnisse aus Messungen und Berechnungen in einer Form aufzubewahren, die eine spätere Einsichtnahme ermöglicht. Für Expositionen durch künstliche ultraviolette Strahlung sind entsprechende Unterlagen mindestens 30 Jahre aufzubewahren.

§ 4 Messungen und Berechnungen

(1) Der Arbeitgeber hat sicherzustellen, dass Messungen und Berechnungen nach dem Stand der Technik fachkundig geplant und durchgeführt werden. Dazu müssen Messverfahren und -geräte sowie eventuell erforderliche Berechnungsverfahren

1. den vorhandenen Arbeitsplatz- und Expositionsbedingungen hinsichtlich der betreffenden künstlichen optischen Strahlung angepasst sein und
2. geeignet sein, die jeweiligen physikalischen Größen zu bestimmen; die Messergebnisse müssen die Entscheidung erlauben, ob die in § 6 genannten Expositionsgrenzwerte eingehalten werden.

(2) Die durchzuführenden Messungen können auch eine Stichprobenerhebung umfassen, die für die persönliche Exposition der Beschäftigten repräsentativ ist.

§ 5 Fachkundige Personen, Laserschutzbeauftragter

(1) Der Arbeitgeber hat sicherzustellen, dass die Gefährdungsbeurteilung, die Messungen und die Berechnungen nur von fachkundigen Personen durchgeführt werden. Verfügt der Arbeitgeber nicht selbst über die entsprechenden Kenntnisse, hat er sich fachkundig beraten zu lassen.

(2) Vor der Aufnahme des Betriebs von Lasereinrichtungen der Klassen 3R, 3B und 4 hat der Arbeitgeber, sofern er nicht selbst über die erforderlichen Fachkenntnisse verfügt, einen Laserschutzbeauftragten schriftlich zu bestellen. Der Laserschutzbeauftragte muss über die für seine Aufgaben erforderlichen Fachkenntnisse verfügen. Die fachliche Qualifikation ist durch die erfolgreiche Teilnahme an einem Lehrgang nachzuweisen und durch Fortbildungen auf aktuellem Stand zu halten. Der Laserschutzbeauftragte unterstützt den Arbeitgeber

1. bei der Durchführung der Gefährdungsbeurteilung nach § 3,
2. bei der Durchführung der notwendigen Schutzmaßnahmen nach § 7 und
3. bei der Überwachung des sicheren Betriebs von Lasern nach Satz 1.

Bei der Wahrnehmung seiner Aufgaben arbeitet der Laserschutzbeauftragte mit der Fachkraft für Arbeitssicherheit und dem Betriebsarzt zusammen.

Abschnitt 3
Expositionsgrenzwerte für und Schutzmaßnahmen gegen künstliche optische Strahlung

§ 6 Expositionsgrenzwerte für künstliche optische Strahlung

(1) Die Expositionsgrenzwerte für inkohärente künstliche optische Strahlung entsprechen den festgelegten Werten im Anhang I der Richtlinie 2006/25/EG des Europäischen Parlaments und des Rates vom 5. April 2006 über Mindestvorschriften zum Schutz von Sicherheit und Gesundheit der Arbeitnehmer vor der Gefährdung durch physikalische Einwirkungen (künstliche optische Strahlung) (19. Einzelrichtlinie im Sinne des Artikels 16 Absatz 1 der Richtlinie 89/391/EWG) (ABl. L 114 vom 27. 4. 2006, S. 38) in der jeweils geltenden Fassung.

(2) Die Expositionsgrenzwerte für Laserstrahlung entsprechen den festgelegten Werten im Anhang II der Richtlinie 2006/25/EG des Europäischen Parlaments und des Rates vom 5. April 2006 über Mindestvorschriften zum Schutz von Sicherheit und Gesundheit der Arbeitnehmer vor der Gefährdung durch physikalische Einwirkungen (künstliche optische Strahlung) (19. Einzelrichtlinie im Sinne des Artikels 16 Absatz 1 der Richtlinie 89/391/EWG) (ABl. L 114 vom 27. 4. 2006, S. 38) in der jeweils geltenden Fassung.

§ 7 Maßnahmen zur Vermeidung und Verringerung der Gefährdungen von Beschäftigten durch künstliche optische Strahlung

(1) Der Arbeitgeber hat die nach § 3 Absatz 1 Satz 7 festgelegten Schutzmaßnahmen nach dem Stand der Technik durchzuführen, um Gefährdungen der Beschäftigten auszuschließen oder so weit wie möglich zu verringern. Dazu sind die Entstehung und die Ausbreitung künstlicher optischer Strahlung vorrangig an der Quelle zu verhindern oder auf ein Minimum zu reduzieren. Bei der Durchführung der Maßnahmen hat der Arbeitgeber dafür zu sorgen, dass die Expositionsgrenzwerte für die Beschäftigten gemäß § 6 nicht überschritten werden. Technische Maßnahmen zur Vermeidung oder Verringerung der künstlichen optischen Strahlung haben Vorrang vor organisatorischen und individuellen Maßnahmen. Persönliche Schutzausrüstungen sind dann zu verwenden, wenn technische und organisatorische Maßnahmen nicht ausreichen oder nicht anwendbar sind.

(2) Zu den Maßnahmen nach Absatz 1 gehören insbesondere:

1. alternative Arbeitsverfahren, welche die Exposition der Beschäftigten durch künstliche optische Strahlung verringern,
2. Auswahl und Einsatz von Arbeitsmitteln, die in geringerem Maße künstliche optische Strahlung emittieren,
3. technische Maßnahmen zur Verringerung der Exposition der Beschäftigten durch künstliche optische Strahlung, falls erforderlich auch unter Einsatz von Verriegelungseinrichtungen, Abschirmungen oder vergleichbaren Sicherheitseinrichtungen,
4. Wartungsprogramme für Arbeitsmittel, Arbeitsplätze und Anlagen,
5. die Gestaltung und die Einrichtung der Arbeitsstätten und Arbeitsplätze,
6. organisatorische Maßnahmen zur Begrenzung von Ausmaß und Dauer der Exposition,
7. Auswahl und Einsatz einer geeigneten persönlichen Schutzausrüstung,
8. die Verwendung der Arbeitsmittel nach den Herstellerangaben.

(3) Der Arbeitgeber hat Arbeitsbereiche zu kennzeichnen, in denen die Expositionsgrenzwerte für künstliche optische Strahlung überschritten werden können. Die Kennzeichnung muss deutlich erkennbar und dauerhaft sein. Sie kann beispielsweise durch Warn-, Hinweis- und Zusatzzeichen sowie Verbotszeichen und Warnleuchten erfolgen. Die betreffenden Arbeitsbereiche sind abzugrenzen und der Zugang ist für Unbefugte einzuschränken, wenn dies technisch möglich ist. In diesen Bereichen dürfen Beschäftigte nur tätig werden, wenn das Arbeitsverfahren dies erfordert; Absatz 1 bleibt unberührt.

(4) Werden die Expositionsgrenzwerte trotz der durchgeführten Maßnahmen nach Absatz 1 überschritten, hat der Arbeitgeber unverzüglich weitere Maßnahmen nach Absatz 2 durchzuführen, um die Exposition der Beschäftigten auf einen Wert unterhalb der Expositionsgrenzwerte zu senken. Der Arbeitgeber hat die Gefährdungsbeurteilung nach § 3 zu wiederholen, um die Gründe für die Grenzwertüberschreitung zu ermitteln. Die Schutzmaßnahmen sind so anzupassen, dass ein erneutes Überschreiten der Grenzwerte verhindert wird.

Abschnitt 4 Unterweisung der Beschäftigten bei Gefährdungen durch künstliche optische Strahlung; Beratung durch den Ausschuss für Betriebssicherheit

§ 8 Unterweisung der Beschäftigten

(1) Bei Gefährdungen der Beschäftigten durch künstliche optische Strahlung am Arbeitsplatz stellt der Arbeitgeber sicher, dass die betroffenen Beschäftigten eine Unterweisung erhalten, die auf den Ergebnissen der Gefährdungsbeurteilung beruht und die Aufschluss über die am Arbeitsplatz auftretenden Gefährdungen gibt. Sie muss vor Aufnahme der Beschäftigung, danach in regelmäßigen Abständen, mindestens jedoch jährlich, und sofort bei wesentlichen Änderungen der gefährdenden Tätigkeit erfolgen. Die Unterweisung muss mindestens folgende Informationen enthalten:

1. die mit der Tätigkeit verbundenen Gefährdungen,
2. die durchgeführten Maßnahmen zur Beseitigung oder zur Minimierung der Gefährdung unter Berücksichtigung der Arbeitsplatzbedingungen,
3. die Expositionsgrenzwerte und ihre Bedeutung,
4. die Ergebnisse der Expositionsermittlung zusammen mit der Erläuterung ihrer Bedeutung und der Bewertung der damit verbundenen möglichen Gefährdungen und gesundheitlichen Folgen,
5. die Beschreibung sicherer Arbeitsverfahren zur Minimierung der Gefährdung auf Grund der Exposition durch künstliche optische Strahlung,
6. die sachgerechte Verwendung der persönlichen Schutzausrüstung.

Die Unterweisung muss in einer für die Beschäftigten verständlichen Form und Sprache erfolgen.

(2) Können bei Tätigkeiten am Arbeitsplatz die Grenzwerte nach § 6 für künstliche optische Strahlung überschritten werden, stellt der Arbeitgeber sicher, dass die betroffenen Beschäftigten arbeitsmedizinisch beraten werden. Die Beschäftigten sind dabei auch über den Zweck der arbeitsmedizinischen Vorsorgeuntersuchungen zu informieren und darüber, unter welchen Voraussetzungen sie Anspruch auf diese haben. Die Beratung kann im Rahmen der Unterweisung nach Absatz 1 erfolgen. Falls erforderlich, hat der Arbeitgeber den Arzt nach § 7 Absatz 1 der Verordnung zur arbeitsmedizinischen Vorsorge zu beteiligen.

§ 9 Beratung durch den Ausschuss für Betriebssicherheit

Das Bundesministerium für Arbeit und Soziales wird in allen Fragen der Sicherheit und des Gesundheitsschutzes bei künstlicher optischer Strahlung durch den Ausschuss nach § 21 der Betriebssicherheitsverordnung beraten. § 21 Absatz 5 und 6 der Betriebssicherheitsverordnung gilt entsprechend.

Abschnitt 5 Ausnahmen; Straftaten und Ordnungswidrigkeiten

§ 10 Ausnahmen

(1) Die zuständige Behörde kann auf schriftlichen Antrag des Arbeitgebers Ausnahmen von den Vorschriften des § 7 zulassen, wenn die Durchführung der Vorschrift im Einzelfall zu einer unverhältnismäßigen Härte führen würde und die Abweichung mit dem Schutz

VI

der Beschäftigten vereinbar ist. Diese Ausnahmen können mit Nebenbestimmungen verbunden werden, die unter Berücksichtigung der besonderen Umstände gewährleisten, dass die Gefährdungen, die sich aus den Ausnahmen ergeben können, auf ein Minimum reduziert werden. Die Ausnahmen sind spätestens nach vier Jahren zu überprüfen; sie sind aufzuheben, sobald die Umstände, die sie gerechtfertigt haben, nicht mehr gegeben sind. Der Antrag des Arbeitgebers muss mindestens Angaben enthalten zu

1. der Gefährdungsbeurteilung einschließlich der Dokumentation,
2. Art, Ausmaß und Dauer der Exposition durch die künstliche optische Strahlung,
3. dem Wellenlängenbereich der künstlichen optischen Strahlung,
4. dem Stand der Technik bezüglich der Tätigkeiten und der Arbeitsverfahren sowie zu den technischen, organisatorischen und persönlichen Schutzmaßnahmen,
5. den Lösungsvorschlägen, wie die Exposition der Beschäftigten reduziert werden kann, um die Expositionswerte einzuhalten, sowie einen Zeitplan hierfür.

Der Antrag des Arbeitgebers kann in Papierform oder elektronisch übermittelt werden.

(2) Eine Ausnahme nach Absatz 1 Satz 1 kann auch im Zusammenhang mit Verwaltungsverfahren nach anderen Rechtsvorschriften beantragt werden.

§ 11 Straftaten und Ordnungswidrigkeiten

(1) Ordnungswidrig im Sinne des § 25 Absatz 1 Nummer 1 des Arbeitsschutzgesetzes handelt, wer vorsätzlich oder fahrlässig

1. entgegen § 3 Absatz 3 Satz 1 Beschäftigte eine Tätigkeit aufnehmen lässt,
2. entgegen § 3 Absatz 4 Satz 1 und 2 eine Gefährdungsbeurteilung nicht richtig, nicht vollständig oder nicht rechtzeitig dokumentiert,
3. entgegen § 4 Absatz 1 Satz 1 nicht sicherstellt, dass eine Messung oder eine Berechnung nach dem Stand der Technik durchgeführt wird,
4. entgegen § 5 Absatz 1 Satz 1 nicht sicherstellt, dass die Gefährdungsbeurteilung, die Messungen oder die Berechnungen von fachkundigen Personen durchgeführt werden,
5. entgegen § 5 Absatz 2 Satz 1 einen Laserschutzbeauftragten nicht schriftlich bestellt,

5a. entgegen § 5 Absatz 2 Satz 2 einen Laserschutzbeauftragten bestellt, der nicht über die für seine Aufgaben erforderlichen Fachkenntnisse verfügt,

6. entgegen § 7 Absatz 3 Satz 1 einen Arbeitsbereich nicht kennzeichnet,
7. entgegen § 7 Absatz 3 Satz 4 einen Arbeitsbereich nicht abgrenzt,
8. entgegen § 7 Absatz 4 Satz 1 eine Maßnahme nicht oder nicht rechtzeitig durchführt oder
9. entgegen § 8 Absatz 1 Satz 1 nicht sicherstellt, dass ein Beschäftigter eine Unterweisung in der vorgeschriebenen Weise erhält.

(2) Wer durch eine in Absatz 1 bezeichnete vorsätzliche Handlung das Leben oder die Gesundheit von Beschäftigten gefährdet, ist nach § 26 Nummer 2 des Arbeitsschutzgesetzes strafbar.

VI

Gesetz zum Schutz vor der schädlichen Wirkung ionisierender Strahlung (Strahlenschutzgesetz – StrlSchG)

Vom 27. Juni 2017 (BGBl. I S. 1966)

Zuletzt geändert durch
Gesetz zur Neuordnung des Rechts zum Schutz
vor der schädlichen Wirkung ionisierender Strahlung
vom 27. Juni 2017 (BGBl. I S. 1966)[1])

– Auszug –

Inhaltsübersicht

VI

---

[1]) Die Änderungen durch dieses Gesetz treten am 31. Dezember 2018 in Kraft.
Dieses Gesetz dient der Umsetzung der Richtlinie 2013/59/Euratom des Rates vom 5. Dezember 2013 zur Festlegung grundlegender Sicherheitsnormen für den Schutz vor den Gefahren einer Exposition gegenüber ionisierender Strahlung und zur Aufhebung der Richtlinien 89/618/Euratom, 90/641/Euratom, 96/29/Euratom, 97/43/Euratom und 2003/122/Euratom (ABl. L 13 vom 17. 1. 2014, S. 1). Artikel 12 dieses Gesetzes dient auch der Umsetzung der Richtlinie 2001/42/EG des Europäischen Parlaments und des Rates vom 27. Juni 2001 über die Prüfung der Umweltauswirkungen bestimmter Pläne und Programme (ABl. L 197 vom 21. 7. 2001, S. 30).

VI

Teil 1
Allgemeine Vorschriften

§ 1 Anwendungs- und Geltungsbereich

(1) Dieses Gesetz trifft Regelungen zum Schutz des Menschen und, soweit es um den langfristigen Schutz der menschlichen Gesundheit geht, der Umwelt vor der schädlichen Wirkung ionisierender Strahlung insbesondere bei

1. geplanten Expositionssituationen,
2. Notfallexpositionssituationen,
3. bestehenden Expositionssituationen.

(2) Dieses Gesetz trifft keine Regelungen für

1. die Exposition von Einzelpersonen der Bevölkerung oder Arbeitskräften durch kosmische Strahlung, mit Ausnahme des fliegenden und raumfahrenden Personals,
2. die oberirdische Exposition durch Radionuklide, die natürlicherweise in der nicht durch Eingriffe beeinträchtigten Erdrinde vorhanden sind,
3. die Exposition durch Radionuklide, die natürlicherweise im menschlichen Körper vorhanden sind, und durch kosmische Strahlung in Bodennähe.

(3) Dieses Gesetz und die auf Grund dieses Gesetzes erlassenen Rechtsverordnungen sind im Rahmen der Vorgaben des Seerechtsübereinkommens der Vereinten Nationen vom 10. Dezember 1982 (BGBl. 1994 II S. 1799) auch im Bereich der ausschließlichen Wirtschaftszone und des Festlandsockels anzuwenden.

§ 2 Exposition; Expositionssituationen; Expositionskategorien

(1) Exposition ist die Einwirkung ionisierender Strahlung auf den menschlichen Körper durch Strahlungsquellen außerhalb des Körpers (äußere Exposition) und innerhalb des Körpers (innere Exposition) oder das Ausmaß dieser Einwirkung.

(2) Geplante Expositionssituation ist eine Expositionssituation, die durch Tätigkeiten entsteht und in der eine Exposition verursacht wird oder verursacht werden kann.

(3) Notfallexpositionssituation ist eine Expositionssituation, die durch einen Notfall entsteht, solange die Situation nicht unter Absatz 4 fällt.

(4) Bestehende Expositionssituation ist eine Expositionssituation, die bereits besteht, wenn eine Entscheidung über ihre Kontrolle getroffen werden muss.

(5) Folgende Expositionskategorien werden unterschieden:

1. Exposition der Bevölkerung,
2. berufliche Exposition,
3. medizinische Exposition.

(6) Exposition der Bevölkerung ist die Exposition von Personen, mit Ausnahme beruflicher oder medizinischer Exposition.

(7) Berufliche Exposition ist die Exposition

1. einer Person, die zum Ausübenden einer Tätigkeit nach diesem Gesetz in einem Beschäftigungsverhältnis steht oder diese Tätigkeit selbst ausübt,
2. von fliegendem und raumfahrendem Personal,
3. einer Person, die eine Aufgabe nach § 19 oder § 20 des Atomgesetzes, nach § 172 oder § 178 wahrnimmt,
4. einer Person, die in einer bestehenden Expositionssituation zum Ausübenden einer beruflichen Betätigung in einem Beschäftigungsverhältnis steht oder eine solche Betätigung selbst ausübt (Arbeitskraft) oder
5. einer Einsatzkraft während ihres Einsatzes in einer Notfallexpositionssituation oder einer anderen Gefahrenlage.

Einem Beschäftigungsverhältnis gleich steht ein Ausbildungsverhältnis oder eine freiwillige oder ehrenamtliche Ausübung vergleichbarer Handlungen.

(8) Medizinische Exposition ist die Exposition

1. eines Patienten oder einer asymptomatischen Person, an dem oder der im Rahmen seiner oder ihrer medizinischen oder zahnmedizinischen Untersuchung oder Behandlung, die seiner oder ihrer Gesundheit zugutekommen soll, radioaktive Stoffe oder ionisierende Strahlung angewendet werden,

VI

2. einer Person, an der mit ihrer Einwilligung oder mit Einwilligung des gesetzlichen Vertreters oder Bevollmächtigten radioaktive Stoffe oder ionisierende Strahlung zum Zweck der medizinischen Forschung angewendet werden oder
3. einer einwilligungsfähigen oder mit Einwilligung des gesetzlichen Vertreters oder Bevollmächtigten handelnden Person, die sich wissentlich und willentlich ionisierender Strahlung aussetzt, indem sie außerhalb ihrer beruflichen Tätigkeit freiwillig Personen unterstützt oder betreut, an denen im Rahmen ihrer medizinischen oder zahnmedizinischen Untersuchung oder Behandlung oder im Rahmen der medizinischen Forschung radioaktive Stoffe oder ionisierende Strahlung angewendet werden (Betreuungs- oder Begleitperson).

§ 3 Begriff der radioaktiven Stoffe

(1) Radioaktive Stoffe (Kernbrennstoffe und sonstige radioaktive Stoffe) im Sinne dieses Gesetzes sind alle Stoffe, die ein Radionuklid oder mehrere Radionuklide enthalten und deren Aktivität oder spezifische Aktivität nach den Regelungen dieses Gesetzes oder einer auf Grund dieses Gesetzes von der Bundesregierung mit Zustimmung des Bundesrates erlassenen Rechtsverordnung nicht außer Acht gelassen werden kann. Kernbrennstoffe sind besondere spaltbare Stoffe in Form von

1. Plutonium 239 und Plutonium 241,
2. mit den Isotopen 235 oder 233 angereichertem Uran,
3. jedem Stoff, der einen oder mehrere der in den Nummern 1 und 2 genannten Stoffe enthält,
4. Stoffen, mit deren Hilfe in einer geeigneten Anlage eine sich selbst tragende Kettenreaktion aufrechterhalten werden kann und die in einer durch die Bundesregierung mit Zustimmung des Bundesrates erlassenen Rechtsverordnung bestimmt werden.

Der Ausdruck „mit den Isotopen 235 und 233 angereichertem Uran" bedeutet Uran, das die Isotope 235 oder 233 oder diese beiden Isotope in einer solchen Menge enthält, dass die Summe der Mengen dieser beiden Isotope größer ist als die Menge des Isotops 238 multipliziert mit dem in der Natur auftretenden Verhältnis des Isotops 235 zum Isotop 238.

(2) Die Aktivität oder spezifische Aktivität eines Stoffes kann im Sinne des Absatzes 1 Satz 1 außer Acht gelassen werden, wenn dieser nach diesem Gesetz oder einer auf Grund dieses Gesetzes durch die Bundesregierung mit Zustimmung des Bundesrates erlassenen Rechtsverordnung

1. festgelegte Freigrenzen unterschreitet,
2. soweit es sich um einen im Rahmen einer genehmigungspflichtigen Tätigkeit nach diesem Gesetz, dem Atomgesetz oder nach einer auf Grund eines dieser Gesetze erlassenen Rechtsverordnung anfallenden Stoff handelt, festgelegte Freigabewerte unterschreitet und der Stoff freigegeben worden ist,
3. soweit es sich um einen Stoff natürlichen Ursprungs handelt, der nicht auf Grund seiner Radioaktivität, als Kernbrennstoff oder zur Erzeugung von Kernbrennstoff genutzt wird, nicht der Überwachung nach dem Atomgesetz, nach diesem Gesetz oder einer auf Grund dieses Gesetzes mit Zustimmung des Bundesrates erlassenen Rechtsverordnung unterliegt.

Abweichend von Satz 1 kann eine auf Grund dieses Gesetzes erlassene Rechtsverordnung, die von der Bundesregierung mit Zustimmung des Bundesrates erlassen wird, für die Verwendung von Stoffen am Menschen oder für den zweckgerichteten Zusatz von Stoffen bei der Herstellung von Arzneimitteln, Medizinprodukten, Pflanzenschutzmitteln, Schädlingsbekämpfungsmitteln, Stoffen nach § 2 Satz 1 Nummer 1 bis 8 des Düngegesetzes oder Konsumgütern oder deren Aktivierung festlegen, in welchen Fällen die Aktivität oder spezifische Aktivität eines Stoffes nicht außer Acht gelassen werden kann.

(3) Für die Anwendung von Genehmigungsvorschriften nach diesem Gesetz oder der auf Grund dieses Gesetzes erlassenen Rechtsverordnungen gelten Stoffe, in denen der Anteil der Isotope Uran 233, Uran 235, Plutoni-

um 239 und Plutonium 241 insgesamt 15 Gramm oder die Konzentration der genannten Isotope 15 Gramm pro 100 Kilogramm nicht überschreitet, als sonstige radioaktive Stoffe. Satz 1 gilt nicht für verfestigte hochradioaktive Spaltproduktlösungen aus der Aufarbeitung von Kernbrennstoffen.

(4) Die Absätze 1 bis 3 sind nicht auf Stoffe anzuwenden, die im Zusammenhang mit bestehenden Expositionssituationen und Notfallexpositionssituationen auftreten.

§4 Tätigkeiten, Tätigkeitsarten

(1) Tätigkeiten sind

1. der Umgang nach § 5 Absatz 39,
2. der Erwerb von künstlich erzeugten radioaktiven Stoffen und von natürlich vorkommenden radioaktiven Stoffen, die auf Grund ihrer Radioaktivität, als Kernbrennstoff oder zur Erzeugung von Kernbrennstoff genutzt werden, die Abgabe dieser Stoffe an andere, ihre Beförderung und ihre grenzüberschreitende Verbringung,
3. die Verwahrung von Kernbrennstoffen nach § 5 des Atomgesetzes und die Aufbewahrung von Kernbrennstoffen nach § 6 des Atomgesetzes,
4. die Errichtung, der Betrieb, die sonstige Innehabung, die Stilllegung, der sichere Einschluss einer Anlage sowie der Abbau einer Anlage oder von Anlagenteilen nach § 7 des Atomgesetzes,
5. die Bearbeitung, Verarbeitung und sonstige Verwendung von Kernbrennstoffen nach § 9 des Atomgesetzes,
6. die Errichtung, der Betrieb und die Stilllegung von Anlagen des Bundes zur Sicherstellung und zur Endlagerung radioaktiver Abfälle nach § 9b des Atomgesetzes,
7. die Errichtung und der Betrieb von Anlagen zur Erzeugung ionisierender Strahlung,
8. der Betrieb und die Prüfung, Erprobung, Wartung oder Instandsetzung von Röntgeneinrichtungen oder Störstrahlern,
9. der Zusatz radioaktiver Stoffe bei der Herstellung von Konsumgütern, von Arzneimitteln im Sinne des Arzneimittelgesetzes, von Pflanzenschutzmitteln im Sinne des Pflanzenschutzgesetzes, von Schädlingsbekämpfungsmitteln und von Stoffen nach § 2 Satz 1 Nummer 1 bis 8 des Düngegesetzes sowie die Aktivierung der vorgenannten Produkte und
10. Handlungen, die, ohne unter die Nummern 1 bis 9 zu fallen, bei natürlich vorkommender Radioaktivität die Exposition oder Kontamination erhöhen können,
    a) soweit sie im Zusammenhang mit dem Aufsuchen, der Gewinnung, Erzeugung, Lagerung, Bearbeitung, Verarbeitung und sonstigen Verwendung von Materialien durchgeführt werden,
    b) soweit sie im Zusammenhang mit Materialien durchgeführt werden, die bei betrieblichen Abläufen anfallen, soweit diese Handlungen nicht bereits unter Buchstabe a fallen,
    c) soweit sie im Zusammenhang mit der Verwertung oder Beseitigung von Materialien durchgeführt werden, die durch Handlungen nach Buchstaben a oder b anfallen,
    d) soweit in ihrer Folge natürliche terrestrische Strahlungsquellen einwirken, ausgenommen die Exposition durch Radon, das aus dem Boden in die freie Atmosphäre austritt oder aus dem geogenen Untergrund herrührt und in Aufenthaltsräume eintritt, und soweit diese Handlungen nicht bereits unter die Buchstaben a bis c fallen und nicht zu einem unter Buchstabe a genannten Zweck erfolgen, oder
11. der Betrieb von Luft- und Raumfahrzeugen im Zusammenhang mit der Berufsausübung des fliegenden und raumfahrenden Personals.

Zu den Tätigkeiten nach Satz 1 Nummer 1 bis 10 zählen auch die Beschäftigung von Personen, die diese Tätigkeit für Dritte ausüben, sowie sonstige Handlungen, die im Zusammenhang mit diesen Tätigkeiten die Exposition oder Kontamination erhöhen können. Nicht als Tätigkeit im Sinne von Satz 1 Nummer 10 gilt die landwirtschaftliche, forstwirtschaftliche und bautechnische Bearbeitung der Erdoberfläche, soweit diese Handlungen nicht zum Zweck der Entfernung von Kontaminationen nach § 64 Absatz 1 erfolgen.

(2) Tätigkeitsart ist die Gesamtheit von Tätigkeiten, die unter dem Aspekt des Grundsatzes der Rechtfertigung wesentlich gleich zu beurteilen sind.

§ 5 Sonstige Begriffsbestimmungen

(1) Abfälle: Alle Stoffe und Gegenstände, die Abfälle im Sinne des § 3 Absatz 1 des Kreislaufwirtschaftsgesetzes sind, einschließlich der Abfälle, die nach § 2 Absatz 2 Nummer 1 bis 4 oder 7 bis 15 des Kreislaufwirtschaftsgesetzes vom Geltungsbereich des Kreislaufwirtschaftsgesetzes ausgenommen sind. Keine Abfälle im Sinne dieses Gesetzes sind Reststoffe und Anlagenteile, die nach § 9a Absatz 1 des Atomgesetzes schadlos zu verwerten oder geordnet zu beseitigen sind, sowie andere den Bestimmungen des Standortauswahlgesetzes oder des Atomgesetzes unterliegende radioaktive Abfälle, Rückstände und sonstige radioaktive Stoffe.

(2) Anlagen zur Erzeugung ionisierender Strahlung: Vorrichtungen oder Geräte, die geeignet sind, Teilchen- oder Photonenstrahlung mit einer Teilchen- oder Photonengrenzenergie von mindestens 5 Kiloelektronenvolt gewollt oder ungewollt zu erzeugen, insbesondere Elektronenbeschleuniger, Ionenbeschleuniger, Plasmaanlagen. Eine Anlage zur Erzeugung ionisierender Strahlung umfasst im Zusammenhang mit der Anwendung am Menschen auch Anwendungsgeräte, Zusatzgeräte und Zubehör, die erforderliche Software und die Vorrichtungen zur Überprüfung und Beurteilung der unmittelbaren Ergebnisse der Anwendung. Keine Anlagen zur Erzeugung ionisierender Strahlung sind Röntgeneinrichtungen, Störstrahler, kerntechnische Anlagen und Anlagen im Sinne des § 9a Absatz 3 Satz 1 zweiter Satzteil des Atomgesetzes.

(3) Anwendung ionisierender Strahlung oder radioaktiver Stoffe am Menschen: Technische Durchführung

1. einer Untersuchung mit ionisierender Strahlung oder radioaktiven Stoffen und die Befundung der Untersuchung oder
2. einer Behandlung mit ionisierender Strahlung oder radioaktiven Stoffen und die unmittelbare Überprüfung und Beurteilung des Ergebnisses der Behandlung.

(4) Arbeitsplatz: Jeder Ort, an dem sich eine Arbeitskraft während ihrer Berufsausübung regelmäßig oder wiederholt aufhält.

(5) Aufenthaltsraum: Innenraum, der zum nicht nur vorübergehenden Aufenthalt von Einzelpersonen der Bevölkerung bestimmt ist, zum Beispiel in einer Schule, einem Krankenhaus, einem Kindergarten oder zum Wohnen.

(6) Bauprodukte: Baustoffe, Bausätze, Bauteile und Anlagen, die hergestellt werden, um dauerhaft als Wand-, Boden- oder Deckenkonstruktionen, einschließlich deren Bekleidungen, von Aufenthaltsräumen in Gebäuden eingebaut zu werden. Keine Bauprodukte sind kleinflächig und kleinvolumig verwendete Fertigprodukte wie Flickmörtel und Verfugungen.

(7) Beruflich exponierte Person: Eine Person, die eine berufliche Exposition aus Tätigkeiten erhalten kann, die

1. eine effektive Dosis von 1 Millisievert im Kalenderjahr überschreitet,
2. eine Organ-Äquivalentdosis für die Augenlinse von 15 Millisievert im Kalenderjahr überschreitet oder
3. eine Organ-Äquivalentdosis für die Haut, gemittelt über jede beliebige Hautfläche von 1 Quadratzentimeter unabhängig von der exponierten Fläche, von 50 Millisievert im Kalenderjahr überschreitet.

Berufliche Expositionen aus Notfallexpositionssituationen werden dabei nicht berücksichtigt. Eine Person, die eine berufliche Exposition ausschließlich in einer Notfallexpositionssituation oder einer anderen Gefahrenlage erhält, ist keine beruflich exponierte Person.

(8) Bestrahlungsvorrichtung: Gerät mit Abschirmung, das umschlossene radioaktive Stoffe enthält oder Bestandteil einer Anlage zur Spaltung von Kernbrennstoffen ist und das zeitweise durch Öffnen der Abschirmung oder Ausfahren dieser radioaktiven Stoffe ionisierende Strahlung aussendet,

1. die im Zusammenhang mit der Anwendung am Menschen oder der Anwendung am Tier in der Tierheilkunde verwendet wird oder
2. mit der zu anderen Zwecken eine Wirkung in den zu bestrahlenden Objekten hervorgerufen werden soll, wenn die Aktivität der radioaktiven Stoffe 20 Terabecquerel überschreitet.

Eine Bestrahlungsvorrichtung umfasst im Zusammenhang mit der Anwendung am Menschen auch Anwendungsgeräte, Zusatzgeräte und Zubehör, die erforderliche Software sowie die Vorrichtungen zur Befundung einer Untersuchung oder zur Überprüfung und Beurteilung der Ergebnisse einer Behandlung.

(9) Betrieb einer Röntgeneinrichtung: Eigenverantwortliches Verwenden oder Bereithalten einer Röntgeneinrichtung zur Erzeugung von Röntgenstrahlung. Nicht zum Betrieb gehört die Erzeugung von Röntgenstrahlung im Zusammenhang mit der geschäftsmäßigen Prüfung, Erprobung, Wartung oder Instandsetzung der Röntgeneinrichtung. Röntgeneinrichtungen werden ferner nicht betrieben, soweit sie im Bereich der Bundeswehr oder des Zivilschutzes ausschließlich für den Einsatzfall geprüft, erprobt, gewartet, instand gesetzt oder bereitgehalten werden.

(10) Betrieb eines Störstrahlers: Eigenverantwortliches Verwenden oder Bereithalten eines Störstrahlers. Nicht zum Betrieb gehört die Erzeugung von Röntgenstrahlung im Zusammenhang mit der geschäftsmäßigen Prüfung, Erprobung, Wartung oder Instandsetzung des Störstrahlers. Störstrahler werden ferner nicht betrieben, soweit sie im Bereich der Bundeswehr oder des Zivilschutzes ausschließlich für den Einsatzfall geprüft, erprobt, gewartet, instand gesetzt oder bereitgehalten werden.

(11) Effektive Dosis: Das zur Berücksichtigung der Strahlenwirkung auf verschiedene Organe oder Gewebe gewichtete Mittel von Organ-Äquivalentdosen; die Organe oder Gewebe werden mit den Wichtungsfaktoren berücksichtigt, die in der Rechtsverordnung nach § 175 Absatz 2 Nummer 2 festgelegt sind.

(12) Einrichtungen: Gebäude, Gebäudeteile, einzelne Räume oder vergleichbar abgegrenzte Freiflächen, in denen

1. nach § 5 oder § 9 des Atomgesetzes oder nach § 12 Absatz 1 Nummer 3 dieses Gesetzes mit radioaktiven Stoffen umgegangen wird, außer Zwischenlagerungen im Sinne des § 2 Absatz 3a Nummer 1 Buchstabe c des Atomgesetzes, oder
2. nach § 12 Absatz 1 Nummer 1 eine Anlage zur Erzeugung ionisierender Strahlung, nach § 12 Absatz 1 Nummer 4 eine Röntgeneinrichtung oder nach § 12 Absatz 1 Nummer 5 ein Störstrahler betrieben wird.

(13) Einsatzkraft: Person, die bei einem Notfall oder einer anderen Gefahrenlage eine festgelegte Aufgabe wahrnimmt und die bei ihrem Einsatz einer Exposition ausgesetzt sein kann.

(14) Einzelperson der Bevölkerung: Person, soweit sie nicht einer beruflichen Exposition oder einer medizinischen Exposition ausgesetzt ist.

(15) Freigrenzen: Werte der Aktivität und spezifischen Aktivität radioaktiver Stoffe, die in einer Rechtsverordnung nach § 24 Satz 1 Nummer 10 festgelegt sind und für Tätigkeiten im Zusammenhang mit diesen radioaktiven Stoffen als Maßstab für die Überwachungsbedürftigkeit nach diesem Gesetz und den auf seiner Grundlage erlassenen Rechtsverordnungen dienen.

(16) Früherkennung: Anwendung von Röntgenstrahlung oder radioaktiven Stoffen im Rahmen einer medizinischen Exposition zur Untersuchung von Personen, die keine Krankheitssymptome und keinen konkreten Krankheitsverdacht aufweisen (asymptomatische Personen), um eine bestimmte Krankheit festzustellen.

(17) Innenräume: Umschlossene ortsfeste Räume innerhalb und außerhalb von Gebäuden, in denen sich Menschen aufhalten können, einschließlich Höhlen und Bergwerken.

(18) Kerntechnische Anlage: Kerntechnische Anlage nach § 2 Absatz 3a Nummer 1 des Atomgesetzes.

(19) Körperdosis: Oberbegriff für die effektive Dosis und die Organ-Äquivalentdosis.

(20) Konsumgüter: Für den Endverbraucher bestimmte Bedarfsgegenstände im Sinne des Lebensmittel- und Futtermittelgesetzbuches sowie Güter und Gegenstände des täglichen Gebrauchs zur Verwendung im häuslichen und beruflichen Bereich. Keine Konsumgüter sind Bauprodukte und bauartzugelassene Vorrichtungen, wenn diese Bauprodukte oder Vorrichtungen sonstige radioaktive Stoffe enthalten.

(21) Kontamination: Verunreinigung mit Stoffen, die ein Radionuklid oder mehrere Radionuklide enthalten.

(22) Materialien: Stoffe, die natürlich vorkommende Radionuklide enthalten oder mit solchen Stoffen kontaminiert sind. Keine Materialien sind

1. Stoffe, die natürliche und künstliche Radionuklide enthalten, die Gegenstand von Tätigkeiten nach § 4 Absatz 1 Satz 1 Nummer 1 bis 9 und 11 sind oder waren,
2. Stoffe, die natürliche und künstliche Radionuklide enthalten, die aus Notfällen stammen, und
3. Stoffe, die in der Umwelt vorhanden und auf Grund von Kernwaffenversuchen kontaminiert sind.

(23) Medizinische Forschung: Fortentwicklung medizinischer Untersuchungsmethoden, Behandlungsverfahren oder der medizinischen Wissenschaft. Medizinische Forschung liegt nicht vor, wenn die Anwendung radioaktiver Stoffe oder ionisierender Strahlung ausschließlich der Untersuchung oder Behandlung der einzelnen Person dient.

(24) Medizinphysik-Experte: Person mit Masterabschluss in medizinischer Physik oder eine in medizinischer Physik gleichwertig ausgebildete Person mit Hochschulabschluss, die jeweils die erforderliche Fachkunde im Strahlenschutz besitzt.

(25) Nachsorgemaßnahmen: Überwachung, Aufrechterhaltung und Wiederherstellung der Wirksamkeit von Sanierungsmaßnahmen oder von sonstigen Maßnahmen zur Verhinderung oder Verminderung der Exposition bei bestehenden Expositionssituationen.

(26) Notfall: Ereignis, bei dem sich durch ionisierende Strahlung erhebliche nachteilige Auswirkungen auf Menschen, die Umwelt oder Sachgüter ergeben können. Kein Notfall liegt vor, wenn abzusehen ist, dass ein Ereignis, das im Rahmen einer geplanten Tätigkeit eingetreten ist, voraussichtlich durch die für geplante Expositionssituationen geregelten Maßnahmen bewältigt werden kann.

1. Überregionaler Notfall: Ein Notfall im Bundesgebiet, dessen nachteilige Auswirkungen sich voraussichtlich nicht auf das Land beschränken werden, in dem er sich ereignet hat, oder ein Notfall außerhalb des Bundesgebietes, der voraussichtlich innerhalb des Geltungsbereichs dieses Gesetzes nicht nur örtliche nachteilige Auswirkungen haben wird.
2. Regionaler Notfall: Ein Notfall im Bundesgebiet, dessen nachteilige Auswirkungen sich voraussichtlich im Wesentlichen auf das Land beschränken werden, in dem er sich ereignet hat.
3. Lokaler Notfall: Ein Notfall, der voraussichtlich im Geltungsbereich dieses Gesetzes im Wesentlichen nur örtliche nachteilige Auswirkungen haben wird.

(27) Organ-Äquivalentdosis: Ergebnis der Multiplikation der Energie, die durch ionisierende Strahlung in einem Organ oder Gewebe deponiert worden ist, geteilt durch die Masse des Organs oder Gewebes, mit einem zur Berücksichtigung der Wirkung für die Strahlungsart oder -energie gegenüber Photonen- und Elektronenstrahlung durch Rechtsverordnung nach § 175 Absatz 2 Nummer 1 festgelegten Wichtungsfaktor. Bei Vorliegen mehrerer Strahlungsarten oder -energien werden die Beiträge addiert.

(28) Radon: Das Radionuklid Rn-222 und dessen Zerfallsprodukte.

(29) Referenzwert: In bestehenden Expositionssituationen oder Notfallexpositionssituationen ein festgelegter Wert, der als Maßstab für die Prüfung der Angemessenheit von Maßnahmen dient. Ein Referenzwert ist kein Grenzwert.

(30) Röntgeneinrichtung: Eine Vorrichtung oder ein Gerät,

1. in der oder dem Röntgenstrahlung mit einer Grenzenergie von mindestens 5 Kiloelektronenvolt durch beschleunigte Elektronen erzeugt werden kann, wobei die Beschleunigung der Elektronen auf eine Energie von 1 Megaelektronenvolt begrenzt ist, und
2. die oder das zum Zweck der Erzeugung von Röntgenstrahlung betrieben wird.

Eine Röntgeneinrichtung umfasst auch Anwendungsgeräte, Zusatzgeräte und Zubehör, die erforderliche Software sowie Vorrichtungen zur medizinischen Befundung.

(31) Röntgenstrahler: Bestandteil einer Röntgeneinrichtung, der aus einer Röntgenröhre und einem Röhrenschutzgehäuse besteht und bei einem Eintankgerät auch die Hochspannungserzeugung umfasst.

(32) Rückstände: Materialien, die in den in Anlage 1 genannten industriellen und bergbaulichen Prozessen anfallen und die dort genannten Voraussetzungen erfüllen.

(33) Sanierungsmaßnahmen: Maßnahmen, die

1. der Beseitigung oder Verminderung einer Kontamination dienen oder
2. eine Ausbreitung von Radionukliden oder der von ihnen ausgehenden ionisierenden Strahlung langfristig verhindern oder vermindern.

(34) Offene radioaktive Stoffe: Alle radioaktiven Stoffe mit Ausnahme der umschlossenen radioaktiven Stoffe.

(35) Umschlossene radioaktive Stoffe: Radioaktive Stoffe, die ständig von einer allseitig dichten, festen, nicht zerstörungsfrei zu öffnenden, inaktiven Hülle umschlossen oder in festen inaktiven Stoffen ständig so eingebettet sind, dass bei üblicher betriebsmäßiger Beanspruchung ein Austritt radioaktiver Stoffe mit Sicherheit verhindert wird; eine Abmessung des umschlossenen radioaktiven Stoffes muss mindestens 0,2 Zentimeter betragen.

(36) Hochradioaktive Strahlenquellen: Umschlossene radioaktive Stoffe, deren Aktivität den in einer Rechtsverordnung nach § 24 Satz 1 Nummer 11 festgelegten Werten entspricht oder diese überschreitet. Keine hochradioaktiven Strahlenquellen sind Brennelemente und verfestigte hochradioaktive Spaltproduktlösungen aus der Aufarbeitung von Kernbrennstoffen sowie ständig dichte und feste Transport- oder Lagerbehälter mit radioaktiven Stoffen.

(37) Störstrahler: Gerät oder Vorrichtung, in der oder dem Röntgenstrahlung mit einer Grenzenergie von mindestens 5 Kiloelektronenvolt ausschließlich durch beschleunigte Elektronen erzeugt werden kann und bei dem oder der die Beschleunigung der Elektronen auf eine Energie von 1 Megaelektronenvolt begrenzt ist, ohne dass das Gerät oder die Vorrichtung zu dem Zweck der Erzeugung von Röntgenstrahlung betrieben wird. Als Störstrahler gilt auch ein Elektronenmikroskop, bei dem die erzeugte Röntgenstrahlung durch Detektoren ausgewertet wird.

(38) Teleradiologie: Untersuchung eines Menschen mit Röntgenstrahlung unter der Verantwortung eines Arztes, der die erforderliche Fachkunde im Strahlenschutz besitzt und der sich nicht am Ort der technischen Durchführung befindet (Teleradiologe).

(39) Umgang:

1. die Gewinnung, Erzeugung, Lagerung, Bearbeitung, Verarbeitung, sonstige Verwendung und Beseitigung von
   a) künstlich erzeugten radioaktiven Stoffen und
   b) natürlich vorkommenden radioaktiven Stoffen auf Grund ihrer Radioaktivität, zur Nutzung als Kernbrennstoff oder zur Erzeugung von Kernbrennstoffen,
2. der Betrieb von Bestrahlungsvorrichtungen und
3. das Aufsuchen, die Gewinnung und die Aufbereitung von radioaktiven Bodenschätzen im Sinne des Bundesberggesetzes.

(40) Zusatz radioaktiver Stoffe: Zweckgerichteter Zusatz von Radionukliden zu Stoffen zur Erzeugung besonderer Eigenschaften, wenn

1. der Zusatz künstlich erzeugter Radionuklide dazu führt, dass deren spezifische Aktivität im Produkt 500 Mikrobecquerel je Gramm überschreitet, oder
2. der Zusatz natürlich vorkommender Radionuklide dazu führt, dass deren spezifi-

sche Aktivität im Produkt ein Fünftel der Freigrenzen, die in einer Rechtsverordnung nach § 24 Satz 1 Nummer 10 festgelegt sind, überschreitet.

Es ist unerheblich, ob der Zusatz auf Grund der Radioaktivität oder auf Grund anderer Eigenschaften erfolgt.

Teil 2
Strahlenschutz bei geplanten Expositionssituationen

Kapitel 1
Strahlenschutzgrundsätze

§ 6 Rechtfertigung von Tätigkeitsarten; Verordnungsermächtigung

(1) Neue Tätigkeitsarten, mit denen Expositionen von Mensch und Umwelt verbunden sein können, müssen unter Abwägung ihres wirtschaftlichen, gesellschaftlichen oder sonstigen Nutzens gegen die möglicherweise von ihnen ausgehende gesundheitliche Beeinträchtigung gerechtfertigt sein. Bei der Rechtfertigung sind die berufliche Exposition, die Exposition der Bevölkerung und die medizinische Exposition zu berücksichtigen. Expositionen durch die Anwendung am Menschen sind nach Maßgabe des § 83 Absatz 2 zu berücksichtigen.

(2) Die Rechtfertigung bestehender Tätigkeitsarten kann überprüft werden, sobald wesentliche neue Erkenntnisse über den Nutzen oder die Auswirkungen der Tätigkeit oder wesentliche neue Informationen über andere Verfahren und Techniken vorliegen.

(3) Die Bundesregierung wird ermächtigt, durch Rechtsverordnung mit Zustimmung des Bundesrates zu bestimmen, welche Tätigkeitsarten nicht gerechtfertigt sind.

§ 7 Verfahren zur Prüfung der Rechtfertigung einer Tätigkeitsart; Verordnungsermächtigung

(1) Liegen der zuständigen Behörde in einem Genehmigungs- oder Anzeigeverfahren nach den §§ 10, 12, 17, 19 Absatz 1 Satz 1 Nummer 1, § 56 oder § 59 Anhaltspunkte vor, die Zweifel an der Rechtfertigung der Tätigkeitsart im Sinne des § 6 Absatz 1 und 2 aufwerfen, so übermittelt die Behörde, bei Landesbehörden über die für den Strahlenschutz zuständige oberste Landesbehörde, dem Bundesministerium für Umwelt, Naturschutz, Bau und Reaktorsicherheit die Unterlagen, die die Anhaltspunkte darlegen. Erfordern die Anhaltspunkte eine weitere Untersuchung, so veranlasst dieses eine Prüfung durch das Bundesamt für Strahlenschutz. Das Bundesministerium für Umwelt, Naturschutz, Bau und Reaktorsicherheit kann auch außerhalb laufender Genehmigungs- und Anzeigeverfahren in entsprechender Anwendung von Satz 2 für Tätigkeitsarten eine Prüfung durch das Bundesamt für Strahlenschutz veranlassen, sofern es aus Sicht des Strahlenschutzes geboten ist.

(2) Das Bundesamt für Strahlenschutz prüft innerhalb von zwölf Monaten nach Eingang der Unterlagen die Rechtfertigung der Tätigkeitsart im Sinne des § 6 Absatz 1 und 2 und veröffentlicht einen wissenschaftlichen Bericht. In dem Bericht sind Betriebs- und Geschäftsgeheimnisse und personenbezogene Daten unkenntlich zu machen.

(3) Die Bundesregierung wird ermächtigt, durch Rechtsverordnung mit Zustimmung des Bundesrates

1. zu bestimmen, welche Unterlagen vorzulegen sind,
2. Vorgaben über das Prüfungsverfahren zur Rechtfertigung von Tätigkeitsarten zu treffen,
3. zu regeln, auf welche Weise das Bundesamt für Strahlenschutz den wissenschaftlichen Bericht über die Rechtfertigung der Tätigkeitsart veröffentlicht.

§ 8 Vermeidung unnötiger Exposition und Dosisreduzierung

(1) Wer eine Tätigkeit plant, ausübt oder ausüben lässt, ist verpflichtet, jede unnötige Exposition oder Kontamination von Mensch und Umwelt zu vermeiden.

(2) Wer eine Tätigkeit plant, ausübt oder ausüben lässt, ist verpflichtet, jede Exposition oder Kontamination von Mensch und Umwelt auch unterhalb der Grenzwerte so gering wie möglich zu halten. Hierzu hat er unter Berücksichtigung aller Umstände des Einzelfalls

VI

1. bei Tätigkeiten nach § 4 Absatz 1 Satz 1 Nummer 1 bis 7 und 9 den Stand von Wissenschaft und Technik zu beachten,
2. bei Tätigkeiten nach § 4 Absatz 1 Satz 1 Nummer 8, 10 und 11 den Stand der Technik zu beachten.

§ 9 Dosisbegrenzung

Wer eine Tätigkeit plant, ausübt oder ausüben lässt, ist verpflichtet, dafür zu sorgen, dass die Dosisgrenzwerte nicht überschritten werden, die in diesem Gesetz und in den auf Grund dieses Gesetzes erlassenen Rechtsverordnungen festgelegt sind.

Kapitel 2
Vorabkontrolle bei radioaktiven Stoffen oder ionisierender Strahlung

Abschnitt 1
Errichtung von Anlagen zur Erzeugung ionisierender Strahlung

VI

§ 10 Genehmigungsbedürftige Errichtung von Anlagen zur Erzeugung ionisierender Strahlung

Wer eine Anlage zur Erzeugung ionisierender Strahlung der folgenden Art errichtet, bedarf der Genehmigung:

1. Beschleuniger- oder Plasmaanlage, in der je Sekunde mehr als 10^{12} Neutronen erzeugt werden können,
2. Elektronenbeschleuniger mit einer Endenergie der Elektronen von mehr als 10 Megaelektronenvolt, sofern die mittlere Strahlleistung 1 Kilowatt übersteigen kann,
3. Elektronenbeschleuniger mit einer Endenergie der Elektronen von mehr als 150 Megaelektronenvolt,
4. Ionenbeschleuniger mit einer Endenergie der Ionen von mehr als 10 Megaelektronenvolt je Nukleon, sofern die mittlere Strahlleistung 50 Watt übersteigen kann,
5. Ionenbeschleuniger mit einer Endenergie der Ionen von mehr als 150 Megaelektronenvolt je Nukleon.

§ 11 Voraussetzungen für die Erteilung der Genehmigung; Aussetzung des Genehmigungsverfahrens

(1) Die zuständige Behörde hat die Genehmigung für die Errichtung einer Anlage nach § 10 zu erteilen, wenn

1. keine Tatsachen vorliegen, aus denen sich Bedenken gegen die Zuverlässigkeit des Antragstellers, seines gesetzlichen Vertreters oder, bei juristischen Personen oder nicht rechtsfähigen Personenvereinigungen, der nach Gesetz, Satzung oder Gesellschaftsvertrag zur Vertretung oder Geschäftsführung Berechtigten ergeben,
2. gewährleistet ist, dass für die Errichtung der Anlage ein Strahlenschutzbeauftragter bestellt wird, der die erforderliche Fachkunde im Strahlenschutz besitzt und der die Anlage entsprechend der Genehmigung errichten oder errichten lassen kann; es dürfen keine Tatsachen vorliegen, aus denen sich Bedenken gegen die Zuverlässigkeit des Strahlenschutzbeauftragten ergeben,
3. gewährleistet ist, dass die Exposition von Personen auf Grund des Betriebs der Anlage die für Einzelpersonen der Bevölkerung zugelassenen Grenzwerte in den allgemein zugänglichen Bereichen außerhalb des Betriebsgeländes nicht überschreitet; bei der Ermittlung der Exposition sind die Ableitung radioaktiver Stoffe mit Luft und Wasser und die austretende und gestreute Strahlung zu berücksichtigen,
4. die Vorschriften über den Schutz der Umwelt bei dem beabsichtigten Betrieb der Anlage sowie bei Störfällen eingehalten werden können,
5. der erforderliche Schutz gegen Störmaßnahmen oder sonstige Einwirkungen Dritter gewährleistet ist,
6. es sich nicht um eine nicht gerechtfertigte Tätigkeitsart nach einer Rechtsverordnung nach § 6 Absatz 3 handelt oder wenn unter Berücksichtigung eines nach § 7 Absatz 2 veröffentlichten Berichts keine erheblichen Zweifel an der Rechtfertigung der Tätigkeitsart bestehen.

Satz 1 Nummer 2 ist nicht anzuwenden, wenn eine der in Satz 1 Nummer 1 genannten Personen die erforderliche Fachkunde im Strahlenschutz besitzt und die Anlage entsprechend der Genehmigung errichten oder errichten lassen kann.

(2) Leitet die zuständige Behörde ein Verfahren zur Prüfung der Rechtfertigung nach § 7 ein, so setzt sie das Verfahren zur Erteilung der Genehmigung für die Dauer des Verfahrens zur Prüfung der Rechtfertigung aus.

Abschnitt 2 Betrieb von Anlagen zur Erzeugung ionisierender Strahlung; Umgang mit radioaktiven Stoffen; Betrieb von Röntgeneinrichtungen oder Störstrahlern

§ 12 Genehmigungsbedürftige Tätigkeiten

(1) Einer Genehmigung bedarf, wer

1. eine Anlage zur Erzeugung ionisierender Strahlung betreibt; ausgenommen sind Anlagen, für deren Betrieb eine Anzeige nach § 17 ausreichend ist oder die nach der Rechtsverordnung nach § 24 Satz 1 Nummer 1 genehmigungs- und anzeigefrei betrieben werden dürfen,
2. ionisierende Strahlung aus einer Bestrahlungsvorrichtung, die Bestandteil einer nach § 7 Absatz 1 Satz 1 des Atomgesetzes genehmigten Anlage zur Spaltung von Kernbrennstoffen ist, im Zusammenhang mit der Anwendung am Menschen oder mit der Anwendung am Tier in der Tierheilkunde verwendet,
3. mit sonstigen radioaktiven Stoffen umgeht; ausgenommen ist der Umgang, der nach der Rechtsverordnung nach § 24 Satz 1 Nummer 1 genehmigungsfrei ist,
4. eine Röntgeneinrichtung betreibt; ausgenommen sind Röntgeneinrichtungen, für deren Betrieb, auch unter Berücksichtigung der Genehmigungsbedürftigkeit nach § 19 Absatz 2, eine Anzeige nach § 19 Absatz 1 ausreichend ist,
5. einen Störstrahler betreibt; ausgenommen ist ein Störstrahler, der nach der Rechtsverordnung nach § 24 Satz 1 Nummer 1 genehmigungsfrei betrieben werden darf.

(2) Einer Genehmigung bedarf auch, wer eine der in Absatz 1 Nummer 1 bis 5, jeweils erster Halbsatz, genannten genehmigungsbedürftigen Tätigkeiten wesentlich ändert.

(3) Eine Genehmigung nach Absatz 1 Nummer 1 kann sich auf einen nach Absatz 1 Nummer 3 genehmigungsbedürftigen Umgang erstrecken.

(4) Eine Genehmigung nach Absatz 1 Nummer 3 ist nicht erforderlich

1. soweit eine Genehmigung nach Absatz 1 Nummer 1, eine Genehmigung nach den §§ 6, 7, 9 oder 9b des Atomgesetzes oder ein Planfeststellungsbeschluss nach § 9b des Atomgesetzes vorliegt, die oder der sich gemäß § 10a Absatz 2 des Atomgesetzes auf den Umgang mit sonstigen radioaktiven Stoffen nach Absatz 1 Nummer 3 erstreckt, und
2. für das Aufsuchen, die Gewinnung oder die Aufbereitung von radioaktiven Bodenschätzen, wenn dies der Betriebsplanpflicht nach § 51 des Bundesberggesetzes unterfällt.

(5) Zwei oder mehr Tätigkeiten, die zu einem gemeinsamen Zweck zusammenhängend ausgeführt werden, können in einer Genehmigung beschieden werden,

1. wenn sie zwei oder mehr Genehmigungstatbestände nach Absatz 1 erfüllen und
2. wenn die Voraussetzungen für alle Genehmigungen erfüllt sind.

Satz 1 gilt entsprechend für Tätigkeiten, die sowohl genehmigungsbedürftig als auch anzeigebedürftig nach diesem Gesetz sind, wenn die mit der Anzeige einzureichenden Unterlagen im Genehmigungsverfahren vorgelegt werden und kein Grund für die Untersagung der anzeigebedürftigen Tätigkeit vorliegt. Bei wesentlichen Änderungen gelten die Sätze 1 und 2 entsprechend.

§ 13 Allgemeine Voraussetzungen für die Erteilung der Genehmigung; Aussetzung des Genehmigungsverfahrens

(1) Die zuständige Behörde hat eine Genehmigung für Tätigkeiten nach § 12 Absatz 1 zu erteilen, wenn

1. keine Tatsachen vorliegen, aus denen sich Bedenken gegen die Zuverlässigkeit des Antragstellers, seines gesetzlichen Vertreters oder, bei juristischen Personen oder nicht rechtsfähigen Personenvereinigungen, der nach Gesetz, Satzung oder Gesellschaftsvertrag zur Vertretung oder Geschäftsführung Berechtigten ergeben und, falls ein Strahlenschutzbeauftragter nicht notwendig ist, eine der genannten natürlichen Personen die erforderliche Fachkunde im Strahlenschutz besitzt,
2. keine Tatsachen vorliegen, aus denen sich Bedenken gegen die Zuverlässigkeit der Strahlenschutzbeauftragten ergeben und diese die erforderliche Fachkunde im Strahlenschutz besitzen,
3. die für eine sichere Ausführung der Tätigkeit notwendige Anzahl von Strahlenschutzbeauftragten bestellt ist und ihnen die für die Erfüllung ihrer Aufgaben erforderlichen Befugnisse eingeräumt sind,
4. gewährleistet ist, dass die bei der Tätigkeit sonst tätigen Personen das notwendige Wissen und die notwendigen Fertigkeiten im Hinblick auf die mögliche Strahlengefährdung und die anzuwendenden Schutzmaßnahmen besitzen,
5. keine Tatsachen vorliegen, aus denen sich Bedenken ergeben, ob das für die sichere Ausführung der Tätigkeit notwendige Personal vorhanden ist,
6. gewährleistet ist, dass die Ausrüstungen vorhanden und die Maßnahmen getroffen sind,
   a) die, bei einer Tätigkeit nach § 12 Absatz 1 Nummer 1 bis 3, nach dem Stand von Wissenschaft und Technik erforderlich sind, damit die Schutzvorschriften eingehalten werden, oder
   b) die, bei einer Tätigkeit nach § 12 Absatz 1 Nummer 4 oder 5, nach dem Stand der Technik erforderlich sind, damit die Schutzvorschriften eingehalten werden,
7. es sich nicht um eine nicht gerechtfertigte Tätigkeitsart nach einer Rechtsverordnung nach § 6 Absatz 3 handelt oder wenn unter Berücksichtigung eines nach § 7 Absatz 2 veröffentlichten Berichts keine erheblichen Zweifel an der Rechtfertigung der Tätigkeitsart bestehen sowie
8. sonstige öffentlich-rechtliche Vorschriften nicht entgegenstehen.

(2) Die Genehmigung für eine Tätigkeit nach § 12 Absatz 1 Nummer 1, 2 oder 3 wird nur erteilt, wenn die erforderliche Vorsorge für die Erfüllung gesetzlicher Schadensersatzverpflichtungen getroffen ist.

(3) Die Genehmigung für eine Tätigkeit nach § 12 Absatz 1 Nummer 1 oder 3 wird nur erteilt, wenn der erforderliche Schutz gegen Störmaßnahmen oder sonstige Einwirkungen Dritter gewährleistet ist; für die Genehmigung nach § 12 Absatz 1 Nummer 1 gilt dies nur, wenn die Errichtung der Anlage der Genehmigung nach § 10 bedarf.

(4) Die Genehmigung nach § 12 Absatz 1 Nummer 3 für den Umgang mit hochradioaktiven Strahlenquellen wird nur erteilt, wenn Verfahren für den Notfall und geeignete Kommunikationsverbindungen vorhanden sind.

(5) Lässt sich erst während eines probeweisen Betriebs oder Umgangs beurteilen, ob die Voraussetzungen der Absätze 1 und 3 vorliegen, so kann die zuständige Behörde die Genehmigung für eine Tätigkeit nach § 12 Absatz 1 Nummer 1 oder 3 befristet erteilen. Der Strahlenschutzverantwortliche hat zu gewährleisten, dass die Vorschriften über die Dosisgrenzwerte, über die Sperrbereiche und Kontrollbereiche sowie zur Begrenzung der Ableitung radioaktiver Stoffe während des probeweisen Betriebs oder Umgangs eingehalten werden. Während des probeweisen Betriebs oder Umgangs ist eine Anwendung am Menschen nicht zulässig.

(6) Leitet die zuständige Behörde ein Verfahren zur Prüfung der Rechtfertigung nach § 7 ein, so setzt sie das Verfahren zur Erteilung

VI

einer Genehmigung nach § 12 Absatz 1 für die Dauer des Verfahrens zur Prüfung der Rechtfertigung aus.

(7) Die zuständige Behörde kann von dem Inhaber einer Genehmigung nach § 12 Absatz 1 Nummer 3 eine Sicherheitsleistung für die Beseitigung von aus dem Umgang stammenden radioaktiven Stoffen verlangen. Satz 1 findet keine Anwendung, wenn Genehmigungsinhaber der Bund, ein oder mehrere Länder oder ein Dritter ist, der vom Bund, von einem oder mehreren Ländern oder vom Bund gemeinsam mit einem oder mehreren Ländern vollständig finanziert wird.

§ 14 Besondere Voraussetzungen bei Tätigkeiten im Zusammenhang mit der Anwendung am Menschen

(1) Die Genehmigung für eine Tätigkeit nach § 12 Absatz 1 Nummer 1, 2, 3 oder 4 im Zusammenhang mit der Anwendung ionisierender Strahlung oder radioaktiver Stoffe am Menschen wird nur erteilt, wenn neben dem Vorliegen der jeweiligen Voraussetzungen des § 13

1. der Antragsteller oder der von ihm bestellte Strahlenschutzbeauftragte als Arzt oder Zahnarzt approbiert oder ihm die vorübergehende Ausübung des ärztlichen oder zahnärztlichen Berufs erlaubt ist,
2. gewährleistet ist, dass
   a) bei einer Behandlung mit radioaktiven Stoffen oder ionisierender Strahlung, der ein individueller Bestrahlungsplan zugrunde liegt, ein Medizinphysik-Experte zur engen Mitarbeit nach der Rechtsverordnung nach § 86 Satz 2 Nummer 10 hinzugezogen werden kann,
   b) bei einer Behandlung mit radioaktiven Stoffen oder ionisierender Strahlung, der kein individueller Bestrahlungsplan zugrunde liegt (standardisierte Behandlung), und bei einer Untersuchung mit radioaktiven Stoffen oder ionisierender Strahlung, die mit einer erheblichen Exposition der untersuchten Person verbunden sein kann, ein Medizinphysik-Experte zur Mitarbeit nach der Rechtsverordnung nach § 86 Satz 2 Nummer 10 hinzugezogen werden kann,
   c) bei allen weiteren Anwendungen mit ionisierender Strahlung oder radioaktiven Stoffen am Menschen sichergestellt ist, dass ein Medizinphysik-Experte zur Beratung hinzugezogen werden kann, soweit es die jeweilige Anwendung erfordert,
3. gewährleistet ist, dass
   a) bei einer Behandlung nach Nummer 2 Buchstabe a Medizinphysik-Experten in ausreichender Anzahl als weitere Strahlenschutzbeauftragte bestellt sind,
   b) bei einer Behandlung oder Untersuchung nach Nummer 2 Buchstabe b ein Medizinphysik-Experte als weiterer Strahlenschutzbeauftragter bestellt ist, sofern dies aus organisatorischen oder strahlenschutzfachlichen Gründen geboten ist,
4. gewährleistet ist, dass das für die sichere Ausführung der Tätigkeit notwendige Personal in ausreichender Anzahl zur Verfügung steht,
5. gewährleistet ist, dass die Ausrüstungen vorhanden und die Maßnahmen getroffen sind, die erforderlich sind, damit die für die Anwendung erforderliche Qualität
   a) bei Untersuchungen mit möglichst geringer Exposition erreicht wird,
   b) bei Behandlungen mit der für die vorgesehenen Zwecke erforderlichen Dosisverteilung erreicht wird.

(2) Die Genehmigung für eine Tätigkeit nach § 12 Absatz 1 Nummer 4 zur Teleradiologie wird nur erteilt, wenn neben dem Vorliegen der Voraussetzungen des Absatzes 1 und des § 13 Absatz 1

1. die Verfügbarkeit des Teleradiologen während der Untersuchung gewährleistet ist,
2. gewährleistet ist, dass die technische Durchführung durch eine Person erfolgt, die die erforderliche Fachkunde im Strahlenschutz besitzt und die nach der Rechtsverordnung nach § 86 Satz 2 Nummer 6 zur technischen Durchführung der Untersuchung in der Teleradiologie berechtigt ist,
3. gewährleistet ist, dass am Ort der technischen Durchführung ein Arzt mit den er-

VI

forderlichen Kenntnissen im Strahlenschutz anwesend ist,

4. ein Gesamtkonzept für den teleradiologischen Betrieb vorliegt, das
   a) die erforderliche Verfügbarkeit des Teleradiologiesystems gewährleistet,
   b) eine im Einzelfall erforderliche persönliche Anwesenheit des Teleradiologen am Ort der technischen Durchführung innerhalb eines für eine Notfallversorgung erforderlichen Zeitraums ermöglicht; in begründeten Fällen kann auch ein anderer Arzt persönlich anwesend sein, der die erforderliche Fachkunde im Strahlenschutz besitzt,
   c) eine regelmäßige und enge Einbindung des Teleradiologen in den klinischen Betrieb des Strahlenschutzverantwortlichen gewährleistet.

Die Genehmigung für den Betrieb einer Röntgeneinrichtung zur Teleradiologie wird auf den Nacht-, Wochenend- und Feiertagsdienst beschränkt. Sie kann über den Nacht-, Wochenend- und Feiertagsdienst hinaus erteilt werden, wenn ein Bedürfnis im Hinblick auf die Patientenversorgung besteht. Die Genehmigung nach Satz 3 wird auf längstens fünf Jahre befristet.

(3) Die Genehmigung für eine Tätigkeit nach § 12 Absatz 1 Nummer 3 und 4 im Zusammenhang mit der Früherkennung wird nur erteilt, wenn neben dem Vorliegen der jeweiligen Voraussetzungen des § 13 sowie des Absatzes 1

1. die Früherkennung nach § 84 Absatz 1 oder 4 zulässig ist und
2. die Einhaltung derjenigen Maßnahmen gewährleistet ist, die unter Berücksichtigung der Erfordernisse der medizinischen Wissenschaft erforderlich sind, damit bei der Früherkennung die erforderliche Qualität mit möglichst geringer Exposition erreicht wird.

Die Genehmigung wird auf längstens fünf Jahre befristet.

VI

§ 15 Besondere Voraussetzungen bei Tätigkeiten im Zusammenhang mit der Anwendung am Tier in der Tierheilkunde

Die Genehmigung für eine Tätigkeit nach § 12 Absatz 1 Nummer 1, 2, 3 oder 4 im Zusammenhang mit der Anwendung am Tier in der Tierheilkunde wird nur erteilt, wenn neben dem Vorliegen der jeweiligen Voraussetzungen des § 13 der Antragsteller oder der von ihm bestellte Strahlenschutzbeauftragte als Tierarzt, Arzt oder Zahnarzt approbiert oder zur vorübergehenden Ausübung des tierärztlichen, ärztlichen oder zahnärztlichen Berufs berechtigt ist.

§ 16 Erforderliche Unterlagen

Einem Genehmigungsantrag für eine Tätigkeit nach § 12 Absatz 1 sind die zur Prüfung erforderlichen Unterlagen, insbesondere die Unterlagen nach Anlage 2, beizufügen.

§ 17 Anzeigebedürftiger Betrieb von Anlagen zur Erzeugung ionisierender Strahlung

(1) Wer beabsichtigt,

1. eine Plasmaanlage zu betreiben, bei deren Betrieb die Ortsdosisleistung von 10 Mikrosievert durch Stunde im Abstand von 0,1 Metern von den Wandungen des Bereichs, der aus elektrotechnischen Gründen während des Betriebs unzugänglich ist, nicht überschritten wird, oder
2. einen Ionenbeschleuniger zu betreiben, bei dessen Betrieb die Ortsdosisleistung von 10 Mikrosievert durch Stunde im Abstand von 0,1 Metern von der berührbaren Oberfläche nicht überschritten wird,

hat dies der zuständigen Behörde spätestens vier Wochen vor dem beabsichtigten Beginn schriftlich anzuzeigen. Nach Ablauf dieser Frist darf der Anzeigende die Anlage zur Erzeugung ionisierender Strahlung betreiben, es sei denn, die zuständige Behörde hat das Verfahren nach § 18 Absatz 2 ausgesetzt oder den Betrieb untersagt.

(2) Der Anzeige sind die folgenden Unterlagen beizufügen:

1. Nachweis, dass die Anlage den Anforderungen des Absatzes 1 Satz 1 Nummer 1 oder 2 entspricht,
2. Nachweis, dass die für eine sichere Ausführung des Betriebs notwendige Anzahl von Strahlenschutzbeauftragten bestellt ist und ihnen die für die Erfüllung ihrer Aufgaben erforderlichen Befugnisse eingeräumt sind,
3. Nachweis, dass jeder Strahlenschutzbeauftragte die erforderliche Fachkunde im Strahlenschutz besitzt oder, falls ein Strahlenschutzbeauftragter nicht notwendig ist, die zur Anzeige verpflichtete Person, ihr gesetzlicher Vertreter oder, bei juristischen Personen oder nicht rechtsfähigen Personenvereinigungen, die nach Gesetz, Satzung oder Gesellschaftsvertrag zur Vertretung oder Geschäftsführung berechtigte Person die erforderliche Fachkunde im Strahlenschutz besitzt.

(3) Bei einer wesentlichen Änderung einer Anlage nach Absatz 1 oder ihres Betriebs sind die Absätze 1 und 2 entsprechend anzuwenden.

§ 18 Prüfung des angezeigten Betriebs einer Anlage zur Erzeugung ionisierender Strahlung

(1) Die zuständige Behörde prüft die Unterlagen innerhalb von vier Wochen nach Eingang der Anzeige. Teilt die Behörde dem Anzeigenden vor Ablauf der Frist schriftlich mit, dass alle Nachweise nach § 17 Absatz 2 erbracht sind, darf der Anzeigende die Anlage zur Erzeugung ionisierender Strahlung bereits mit Erhalt der Mitteilung betreiben.

(2) Leitet die zuständige Behörde innerhalb der Frist nach Absatz 1 ein Verfahren zur Prüfung der Rechtfertigung nach § 7 ein, so setzt sie das Verfahren zur Prüfung der Anzeige für die Dauer des Verfahrens zur Prüfung der Rechtfertigung aus.

(3) Die zuständige Behörde kann den Betrieb der Anlage zur Erzeugung ionisierender Strahlung oder die Änderung des Betriebs untersagen, wenn

1. eine der nach § 17 Absatz 2 nachzuweisenden Anforderungen nicht oder nicht mehr erfüllt ist; dies gilt nach Ablauf der Frist nach Absatz 1 nur, wenn nicht in angemessener Zeit Abhilfe geschaffen wird,
2. Tatsachen vorliegen, aus denen sich Bedenken gegen die Zuverlässigkeit der zur Anzeige verpflichteten Person, ihres gesetzlichen Vertreters oder, bei juristischen Personen oder nicht rechtsfähigen Personenvereinigungen, der nach Gesetz, Satzung oder Gesellschaftsvertrag zur Vertretung oder Geschäftsführung berechtigten Person oder des Strahlenschutzbeauftragten ergeben,
3. es sich um eine nicht gerechtfertigte Tätigkeitsart nach einer Rechtsverordnung nach § 6 Absatz 3 handelt oder wenn unter Berücksichtigung eines nach § 7 Absatz 2 veröffentlichten Berichts erhebliche Zweifel an der Rechtfertigung der Tätigkeitsart bestehen,
4. gegen die Vorschriften dieses Gesetzes oder der auf Grund dieses Gesetzes erlassenen Rechtsverordnungen oder gegen die hierauf beruhenden Anordnungen und Verfügungen der Aufsichtsbehörden erheblich oder wiederholt verstoßen wird und nicht in angemessener Zeit Abhilfe geschaffen wird oder
5. dies wegen einer erheblichen Gefährdung der Beschäftigten, Dritter oder der Allgemeinheit erforderlich ist.

§ 19 Genehmigungs- und anzeigebedürftiger Betrieb von Röntgeneinrichtungen

(1) Wer beabsichtigt,

1. eine Röntgeneinrichtung zu betreiben,
   a) deren Röntgenstrahler nach § 45 Absatz 1 Nummer 2 bauartzugelassen ist,
   b) deren Herstellung und erstmaliges Inverkehrbringen unter den Anwendungsbereich des Medizinproduktegesetzes fällt oder
   c) die nach den Vorschriften des Medizinproduktegesetzes erstmalig in Verkehr gebracht worden ist und nicht im Zusammenhang mit medizinischen Expositionen eingesetzt wird,
2. ein Basis-, Hoch- oder Vollschutzgerät oder eine Schulröntgeneinrichtung zu betreiben,

VI

hat dies der zuständigen Behörde spätestens vier Wochen vor dem beabsichtigten Beginn schriftlich anzuzeigen, sofern der Betrieb nicht nach Absatz 2 der Genehmigungspflicht unterliegt. Nach Ablauf dieser Frist darf der Anzeigende die Röntgeneinrichtung betreiben, es sei denn, die zuständige Behörde hat das Verfahren nach § 20 Absatz 2 ausgesetzt oder den Betrieb untersagt.

(2) Abweichend von Absatz 1 Satz 1 Nummer 1 bedarf einer Genehmigung nach § 12 Absatz 1 Nummer 4, wer eine Röntgeneinrichtung

1. in der technischen Radiographie zur Grobstrukturanalyse in der Werkstoffprüfung betreibt,
2. zur Behandlung von Menschen betreibt,
3. zur Teleradiologie betreibt,
4. im Zusammenhang mit der Früherkennung betreibt,
5. außerhalb eines Röntgenraumes betreibt, es sei denn, der Zustand der zu untersuchenden Person oder des zu untersuchenden Tieres oder dessen Größe erfordert im Einzelfall zwingend, dass die Röntgeneinrichtung außerhalb des Röntgenraumes betrieben wird,
6. in einem Röntgenraum zu betreiben beabsichtigt, der in einem Prüfbericht eines behördlich bestimmten Sachverständigen oder in einer Genehmigung für eine andere Röntgeneinrichtung bezeichnet ist, oder
7. in einem mobilen Röntgenraum betreibt.

(3) Der Anzeige nach Absatz 1 Satz 1 Nummer 1 sind die folgenden Unterlagen beizufügen:

1. ein Abdruck der Bescheinigung eines behördlich bestimmten Sachverständigen nach § 172 einschließlich des Prüfberichtes, in der
   a) die Röntgeneinrichtung und der vorgesehene Betrieb beschrieben sind,
   b) festgestellt ist, dass der Röntgenstrahler bauartzugelassen oder die Röntgeneinrichtung nach den Vorschriften des Medizinproduktegesetzes erstmalig in Verkehr gebracht worden ist,
   c) festgestellt ist, dass für den vorgesehenen Betrieb die Ausrüstungen vorhanden und die Maßnahmen getroffen sind, die nach dem Stand der Technik erforderlich sind, damit die Schutzvorschriften eingehalten werden,
   d) bei einer Röntgeneinrichtung zur Anwendung von Röntgenstrahlung am Menschen festgestellt ist, dass die Voraussetzungen nach § 14 Absatz 1 Nummer 5 Buchstabe a vorliegen und die nach einer Rechtsverordnung nach § 86 Satz 2 Nummer 13 erforderliche Abnahmeprüfung durchgeführt wurde,
   e) bei einer Röntgeneinrichtung zur Untersuchung, deren Betrieb gemäß Absatz 2 Nummer 5 außerhalb eines Röntgenraums im Einzelfall zwingend erforderlich ist, festgestellt ist, dass besondere Vorkehrungen zum Schutz Dritter vor Röntgenstrahlung getroffen worden sind;
2. bei einer Röntgeneinrichtung nach Absatz 1 Satz 1 Nummer 1 Buchstabe a ein Abdruck des Zulassungsscheins nach § 47 für die Bauart des Röntgenstrahlers,
3. bei einer Röntgeneinrichtung nach Absatz 1 Satz 1 Nummer 1 Buchstabe b oder c ein Abdruck der EG-Konformitätserklärung gemäß Artikel 11 Absatz 3 in Verbindung mit Anhang II, IV, V oder VI der Richtlinie 93/42/EWG des Rates vom 14. Juni 1993 über Medizinprodukte (ABl. L 169 vom 12. 7. 1993, S. 1), die zuletzt durch die Richtlinie 2007/47/EG (ABl. L 247 vom 21. 9. 2007, S. 21) geändert worden ist,
4. der Nachweis, dass die für den sicheren Betrieb der Röntgeneinrichtung notwendige Anzahl von Strahlenschutzbeauftragten bestellt ist und ihnen die für die Erfüllung ihrer Aufgaben erforderlichen Befugnisse eingeräumt sind,
5. der Nachweis, dass jeder Strahlenschutzbeauftragte die erforderliche Fachkunde besitzt oder, falls ein Strahlenschutzbeauftragter nicht notwendig ist, die zur Anzeige verpflichtete Person, ihr gesetzlicher Ver-

treter oder, bei juristischen Personen oder nicht rechtsfähigen Personenvereinigungen, der nach Gesetz, Satzung oder Gesellschaftsvertrag zur Vertretung oder Geschäftsführung Berechtigte die erforderliche Fachkunde im Strahlenschutz besitzt,

6. der Nachweis, dass die beim Betrieb der Röntgeneinrichtung sonst tätigen Personen das notwendige Wissen und die notwendigen Fertigkeiten im Hinblick auf die mögliche Strahlengefährdung und die anzuwendenden Schutzmaßnahmen besitzen,
7. bei einer Röntgeneinrichtung zur Anwendung am Menschen der Nachweis, dass die in § 14 Absatz 1 Nummer 1, 2 Buchstabe b oder c, Nummer 3 Buchstabe b und Nummer 4 genannten Voraussetzungen erfüllt sind und
8. bei einer Röntgeneinrichtung zur Anwendung am Tier in der Tierheilkunde der Nachweis, dass die in § 15 genannten Voraussetzungen erfüllt sind.

Verweigert der Sachverständige die Erteilung der Bescheinigung nach Satz 1 Nummer 1, so entscheidet auf Antrag die zuständige Behörde, ob die nach Satz 1 Nummer 1 nachzuweisenden Anforderungen erfüllt sind. Sie kann in diesem Fall Auflagen für den Betrieb vorsehen.

(4) Der Anzeige nach Absatz 1 Satz 1 Nummer 2 sind die folgenden Unterlagen beizufügen:

1. der Abdruck des Zulassungsscheins nach § 47 für die Bauart der Röntgeneinrichtung und
2. bei einem Basis- oder Hochschutzgerät oder einer Schulröntgeneinrichtung die Nachweise nach Absatz 3 Satz 1 Nummer 4 bis 6.

(5) Bei einer wesentlichen Änderung des Betriebs einer nach Absatz 1 angezeigten Röntgeneinrichtung sind die Absätze 1 bis 4 entsprechend anzuwenden.

§ 20 Prüfung des angezeigten Betriebs einer Röntgeneinrichtung

(1) Die zuständige Behörde prüft die Unterlagen innerhalb von vier Wochen nach Eingang der Anzeige. Teilt die Behörde dem Anzeigenden vor Ablauf der Frist schriftlich mit, dass alle Nachweise nach § 19 Absatz 3 oder 4 erbracht sind, darf der Anzeigende die Röntgeneinrichtung bereits mit Erhalt der Mitteilung betreiben.

(2) Leitet die zuständige Behörde im Falle einer Anzeige nach § 19 Absatz 1 Satz 1 Nummer 1 innerhalb der Frist nach Absatz 1 ein Verfahren zur Prüfung der Rechtfertigung nach § 7 ein, so setzt sie das Verfahren zur Prüfung der Anzeige für die Dauer des Verfahrens zur Prüfung der Rechtfertigung aus.

(3) Die zuständige Behörde kann den Betrieb einer Röntgeneinrichtung nach § 19 Absatz 1 Satz 1 Nummer 1 oder die Änderung des Betriebs nach § 19 Absatz 5 untersagen, wenn

1. eine der nach § 19 Absatz 3 nachzuweisenden Anforderungen nicht oder nicht mehr erfüllt ist; dies gilt nach Ablauf der Frist nach Absatz 1 nur, wenn nicht in angemessener Zeit Abhilfe geschaffen wird,
2. Tatsachen vorliegen, aus denen sich Bedenken gegen die Zuverlässigkeit der zur Anzeige verpflichteten Person, ihres gesetzlichen Vertreters oder, bei juristischen Personen oder nicht rechtsfähigen Personenvereinigungen, der nach Gesetz, Satzung oder Gesellschaftsvertrag zur Vertretung oder Geschäftsführung berechtigten Person oder des Strahlenschutzbeauftragten ergeben,
3. Tatsachen vorliegen, aus denen sich Bedenken ergeben, ob das für die sichere Ausführung der Tätigkeit notwendige Personal vorhanden ist,
4. es sich um eine nicht gerechtfertigte Tätigkeitsart nach einer Rechtsverordnung nach § 6 Absatz 3 handelt oder wenn unter Berücksichtigung eines nach § 7 Absatz 2 veröffentlichten Berichts erhebliche Zweifel an der Rechtfertigung der Tätigkeitsart bestehen,
5. gegen die Vorschriften dieses Gesetzes oder der auf Grund dieses Gesetzes erlassenen Rechtsverordnungen oder gegen die hierauf beruhenden Anordnungen und Verfügungen der Aufsichtsbehörden erheblich oder wiederholt verstoßen wird

VI

und nicht in angemessener Zeit Abhilfe geschaffen wird,

6. dies wegen einer erheblichen Gefährdung der Beschäftigten, Dritter oder der Allgemeinheit erforderlich ist oder
7. sonstige öffentlich-rechtliche Vorschriften der beabsichtigten Tätigkeit entgegenstehen.

(4) Die zuständige Behörde kann den Betrieb eines Basis- oder Hochschutzgerätes oder einer Schulröntgeneinrichtung nach § 19 Absatz 1 Satz 1 Nummer 2 oder die Änderung des Betriebs nach § 19 Absatz 5 untersagen, wenn eine der nach § 19 Absatz 4 nachzuweisenden Anforderungen nicht oder nicht mehr erfüllt ist. Dies gilt nach Ablauf der Frist nach Absatz 1 nur, wenn nicht in angemessener Zeit Abhilfe geschaffen wird. Im Übrigen gilt Absatz 3 Nummer 2, 4 und 7 entsprechend.

(5) Die zuständige Behörde kann den Betrieb eines Vollschutzgerätes nach § 19 Absatz 1 Satz 1 Nummer 2 untersagen, wenn Tatsachen vorliegen, aus denen sich Bedenken gegen die Zuverlässigkeit des Strahlenschutzverantwortlichen ergeben oder wenn der Anzeige nicht der nach § 19 Absatz 4 Nummer 1 geforderte Zulassungsschein beigefügt wurde.

§ 21 Beendigung des genehmigten oder angezeigten Betriebs oder Umgangs

Wer den genehmigten oder angezeigten Betrieb einer Anlage zur Erzeugung ionisierender Strahlung, einer Röntgeneinrichtung oder eines Störstrahlers oder den genehmigten Umgang mit radioaktiven Stoffen beendet, hat dies der zuständigen Behörde unverzüglich mitzuteilen.

§ 22 Anzeigebedürftige Prüfung, Erprobung, Wartung und Instandsetzung von Röntgeneinrichtungen oder Störstrahlern

(1) Wer

1. geschäftsmäßig Röntgeneinrichtungen oder Störstrahler prüft, erprobt, wartet oder instand setzt oder
2. Röntgeneinrichtungen oder Störstrahler im Zusammenhang mit ihrer Herstellung prüft oder erprobt,

hat dies der zuständigen Behörde vor Beginn der Tätigkeit schriftlich anzuzeigen.

(2) Der Anzeige sind die folgenden Unterlagen beizufügen:

1. Nachweis, dass jeder Strahlenschutzbeauftragte die erforderliche Fachkunde im Strahlenschutz besitzt oder, falls ein Strahlenschutzbeauftragter nicht notwendig ist, dass die zur Anzeige verpflichtete Person, ihr gesetzlicher Vertreter oder, bei juristischen Personen oder nicht rechtsfähigen Personenvereinigungen, der nach Gesetz, Satzung oder Gesellschaftsvertrag zur Vertretung oder Geschäftsführung Berechtigte die erforderliche Fachkunde im Strahlenschutz besitzt,
2. Nachweis, dass die bei der Prüfung, Wartung, Erprobung oder Instandsetzung der Röntgeneinrichtung sonst tätigen Personen das notwendige Wissen und die notwendigen Fertigkeiten im Hinblick auf die mögliche Strahlengefährdung und die anzuwendenden Schutzmaßnahmen besitzen,
3. Nachweis, dass bei der Prüfung, Wartung, Erprobung oder Instandsetzung der Röntgeneinrichtung die Ausrüstungen vorhanden und die Maßnahmen getroffen sind, die nach dem Stand der Technik erforderlich sind, damit die Schutzvorschriften eingehalten werden und
4. Nachweis, dass die für die sichere Prüfung, Erprobung, Wartung oder Instandsetzung notwendige Anzahl von Strahlenschutzbeauftragten bestellt ist und ihnen die für die Erfüllung ihrer Aufgaben erforderlichen Befugnisse eingeräumt sind.

(3) Die zuständige Behörde kann Tätigkeiten nach Absatz 1 untersagen, wenn

1. Tatsachen vorliegen, aus denen sich Bedenken gegen die Zuverlässigkeit der zur Anzeige verpflichteten Person, ihres gesetzlichen Vertreters oder, bei juristischen Personen oder nicht rechtsfähigen Personenvereinigungen, der nach Gesetz, Satzung oder Gesellschaftsvertrag zur Vertretung oder Geschäftsführung berechtigten Person oder des Strahlenschutzbeauftragten ergeben,

2. eine der nach Absatz 2 nachzuweisenden Anforderungen nicht oder nicht mehr erfüllt ist oder
3. Tatsachen vorliegen, aus denen sich Bedenken ergeben, ob das für die sichere Ausführung der Tätigkeit notwendige Personal vorhanden ist.

§ 23 Verhältnis zum Medizinproduktegesetz

Die Anforderungen an die Beschaffenheit von Bestrahlungsvorrichtungen, von radioaktiven Stoffen, von Anlagen zur Erzeugung ionisierender Strahlung und von Röntgeneinrichtungen, die Medizinprodukte oder Zubehör im Sinne des Medizinproduktegesetzes sind, richten sich nach den jeweils geltenden Anforderungen des Medizinproduktegesetzes. Anforderungen des Medizinproduktegesetzes an die Beschaffenheit von Geräten und Einrichtungen zur Aufzeichnung, Speicherung, Auswertung, Wiedergabe und Übertragung von Röntgenbildern und digitalen Untersuchungs- und Behandlungsdaten bleiben unberührt.

§ 24 Verordnungsermächtigungen

Die Bundesregierung wird ermächtigt, durch Rechtsverordnung mit Zustimmung des Bundesrates zu bestimmen,

1. dass Ausnahmen von der Genehmigungs- oder Anzeigebedürftigkeit einer Tätigkeit zugelassen werden können, soweit wegen der Menge oder Beschaffenheit der radioaktiven Stoffe, Eigenschaften der Geräte oder wegen bestimmter Schutzmaßnahmen nicht mit Schäden infolge der Wirkung ionisierender Strahlung zu rechnen ist,
2. unter welchen Voraussetzungen die erforderliche Vorsorge für die Erfüllung gesetzlicher Schadensersatzverpflichtungen für die Genehmigung nach § 12 Absatz 1 Nummer 3 nicht getroffen werden muss,
3. unter welchen Voraussetzungen der Hersteller oder Einführer einen Störstrahler einem anderen überlassen darf,
4. welche Röntgeneinrichtungen in Schulen betrieben werden dürfen, mit welchen radioaktiven Stoffen in Schulen umgegangen werden darf, welche bauartzugelassenen Vorrichtungen, die radioaktive Stoffe enthalten, in Schulen verwendet werden dürfen und welche besonderen Anforderungen bei Tätigkeiten in Schulen gelten,
5. dass und in welcher Weise und in welchem Umfang der Inhaber einer kerntechnischen Anlage, einer Anlage im Sinne des § 9a Absatz 3 Satz 1 zweiter Satzteil des Atomgesetzes oder einer Anlage zur Erzeugung ionisierender Strahlung, in der mit radioaktiven Stoffen umgegangen wird oder umgegangen werden soll, verpflichtet ist, der Aufsichtsbehörde mitzuteilen, ob und welche Abweichungen von den Angaben zum Genehmigungsantrag einschließlich der beigefügten Unterlagen oder von der Genehmigung eingetreten sind,
6. dass in den Fällen, in denen der Umgang mit radioaktiven Stoffen oder der Betrieb einer Anlage zur Erzeugung ionisierender Strahlung, einer Röntgeneinrichtung oder eines Störstrahlers in der Verantwortung mehrerer Strahlenschutzverantwortlicher liegt, dies den zuständigen Behörden mitzuteilen ist, durch wen dies zu erfolgen hat und welche Unterlagen dabei vorzulegen sind,
7. dass radioaktive Stoffe
   a) in bestimmter Art und Weise oder für bestimmte Zwecke nicht verwendet oder nicht in Verkehr gebracht werden dürfen oder
   b) nicht grenzüberschreitend verbracht werden dürfen,

   soweit das Verbot zum Schutz von Leben und Gesundheit der Bevölkerung vor den Gefahren radioaktiver Stoffe oder zur Durchsetzung von Beschlüssen internationaler Organisationen, deren Mitglied die Bundesrepublik Deutschland ist, erforderlich ist,
8. dass und in welcher Weise der Schutz von radioaktiven Stoffen, von Anlagen zur Erzeugung ionisierender Strahlung, von Röntgeneinrichtungen und von Störstrahlern gegen Störmaßnahmen und sonstige Einwirkungen Dritter zu gewährleisten ist,

VI

9. unter welchen Voraussetzungen eine Genehmigung nach § 12 Absatz 1 Nummer 3
   a) für eine Zwischenlagerung von radioaktiven Abfällen, die von der Ablieferungspflicht von radioaktiven Abfällen an die Landessammelstellen und an die Anlagen des Bundes nach § 9a Absatz 3 des Atomgesetzes im Hinblick auf das Ausmaß der damit verbundenen Gefahr abweicht, erteilt werden kann oder
   b) unter Zulassung sonstiger Ausnahmen von der Ablieferungspflicht erteilt werden kann,
10. welche Werte der Aktivität und spezifischen Aktivität radioaktiver Stoffe als Freigrenzen gelten,
11. ab welcher Aktivität ein umschlossener radioaktiver Stoff eine hochradioaktive Strahlenquelle ist.

Die Rechtsverordnung kann auch diejenigen Vorschriften der Rechtsverordnung festlegen, für deren Einhaltung der Strahlenschutzverantwortliche zu sorgen hat.

VI

Abschnitt 3
Beschäftigung in fremden Anlagen oder Einrichtungen oder im Zusammenhang mit dem Betrieb fremder Röntgeneinrichtungen oder Störstrahler

§ 25 Genehmigungsbedürftige Beschäftigung in fremden Anlagen oder Einrichtungen

(1) Wer in fremden kerntechnischen Anlagen, Anlagen im Sinne des § 9a Absatz 3 Satz 1 zweiter Satzteil des Atomgesetzes, Anlagen zur Erzeugung ionisierender Strahlung oder Einrichtungen Personen beschäftigt, die unter seiner Aufsicht stehen, oder Aufgaben selbst wahrnimmt, bedarf der Genehmigung, wenn dies bei den beschäftigten Personen oder bei ihm selbst zu einer effektiven Dosis von mehr als 1 Millisievert im Kalenderjahr führen kann. Im Zusammenhang mit fremden Einrichtungen, in denen Röntgeneinrichtungen oder Störstrahler betrieben werden, ist eine Genehmigung nach Satz 1 entbehrlich, wenn eine Anzeige nach § 26 Absatz 1 erstattet wird.

(2) Dem Genehmigungsantrag sind die zur Prüfung erforderlichen Unterlagen, insbesondere die Unterlagen nach Anlage 2 Teil E, beizufügen.

(3) Die zuständige Behörde hat die Genehmigung zu erteilen, wenn

1. die Voraussetzungen nach § 13 Absatz 1 Nummer 1 bis 4 und 6 Buchstabe a erfüllt sind und
2. gewährleistet ist, dass die in den Anlagen und Einrichtungen beschäftigten Personen den Anordnungen der Strahlenschutzverantwortlichen und der Strahlenschutzbeauftragten dieser Anlagen oder Einrichtungen Folge zu leisten haben, die diese in Erfüllung ihrer Pflichten nach diesem Gesetz und nach den auf Grund dieses Gesetzes erlassenen Rechtsverordnungen treffen.

Die Genehmigung wird auf längstens fünf Jahre befristet.

§ 26 Anzeigebedürftige Beschäftigung im Zusammenhang mit dem Betrieb fremder Röntgeneinrichtungen oder Störstrahler

(1) Wer im Zusammenhang mit dem Betrieb einer fremden Röntgeneinrichtung oder eines fremden Störstrahlers Personen beschäftigt, die unter seiner Aufsicht stehen, oder Aufgaben selbst wahrnimmt, hat dies der zuständigen Behörde vor Beginn der Tätigkeit schriftlich anzuzeigen, wenn dies bei den beschäftigten Personen oder bei ihm selbst zu einer effektiven Dosis von mehr als 1 Millisievert im Kalenderjahr führen kann. Von der Anzeigepflicht ausgenommen sind Inhaber einer Genehmigung nach § 25 für die Tätigkeit nach Satz 1.

(2) Der Anzeige sind die folgenden Unterlagen beizufügen:

1. Nachweis, dass jeder Strahlenschutzbeauftragte die erforderliche Fachkunde im Strahlenschutz besitzt oder, falls ein Strahlenschutzbeauftragter nicht notwendig ist, die zur Anzeige verpflichtete Per-

son, ihr gesetzlicher Vertreter oder, bei juristischen Personen oder nicht rechtsfähigen Personenvereinigungen, der nach Gesetz, Satzung oder Gesellschaftsvertrag zur Vertretung oder Geschäftsführung Berechtigte die erforderliche Fachkunde im Strahlenschutz besitzt,
2. Nachweis, dass die beim Betrieb der Röntgeneinrichtung sonst tätigen Personen das notwendige Wissen und die notwendigen Fertigkeiten im Hinblick auf die mögliche Strahlengefährdung und die anzuwendenden Schutzmaßnahmen besitzen und
3. Nachweis, dass die im Zusammenhang mit dem Betrieb der fremden Röntgeneinrichtung oder des fremden Störstrahlers beschäftigten Personen den Anordnungen der dortigen Strahlenschutzverantwortlichen und Strahlenschutzbeauftragten Folge zu leisten haben, die diese in Erfüllung ihrer Pflichten nach diesem Gesetz und nach den auf Grund dieses Gesetzes erlassenen Rechtsverordnungen treffen.

(3) Die zuständige Behörde kann Tätigkeiten nach Absatz 1 Satz 1 untersagen, wenn

1. eine der Anforderungen nach Absatz 2 nicht oder nicht mehr erfüllt ist,
2. Tatsachen vorliegen, aus denen sich Bedenken gegen die Zuverlässigkeit der zur Anzeige verpflichteten Person, ihres gesetzlichen Vertreters oder, bei juristischen Personen oder nicht rechtsfähigen Personenvereinigungen, der nach Gesetz, Satzung oder Gesellschaftsvertrag zur Vertretung oder Geschäftsführung berechtigten Person oder des Strahlenschutzbeauftragten ergeben.

Abschnitt 4
Beförderung radioaktiver Stoffe; grenzüberschreitende Verbringung

§ 27 Genehmigungsbedürftige Beförderung

(1) Wer sonstige radioaktive Stoffe auf öffentlichen oder der Öffentlichkeit zugänglichen Verkehrswegen befördert, bedarf der Genehmigung. Die Genehmigung kann dem Absender oder Beförderer im Sinne der Vorschriften über die Beförderung gefährlicher Güter, dem Abgebenden oder demjenigen erteilt werden, der es übernimmt, die Versendung oder Beförderung zu besorgen. Sie ist für den einzelnen Beförderungsvorgang zu erteilen; sie kann jedoch einem Antragsteller allgemein für längstens drei Jahre für eine Vielzahl von Beförderungen erteilt werden. Die Genehmigung erstreckt sich auch auf die Teilstrecken eines Beförderungsvorgangs, der nicht auf öffentlichen oder der Öffentlichkeit zugänglichen Verkehrswegen stattfindet, soweit für diese Teilstrecken keine Genehmigung für den Umgang mit radioaktiven Stoffen vorliegt.

(2) Eine Genehmigung nach Absatz 1 ist nicht erforderlich, soweit eine Genehmigung nach § 4 Absatz 1 des Atomgesetzes vorliegt, die sich gemäß § 10a Absatz 3 des Atomgesetzes auf eine genehmigungsbedürftige Beförderung radioaktiver Stoffe nach Absatz 1 erstreckt.

(3) Bei der Beförderung ist eine Ausfertigung oder eine amtlich beglaubigte Abschrift des Genehmigungsbescheides mitzuführen. Die Ausfertigung oder Abschrift des Genehmigungsbescheides ist der für die Aufsicht zuständigen Behörde oder den von ihr Beauftragten auf Verlangen vorzuzeigen.

(4) Die Bestimmungen des Genehmigungsbescheides sind bei der Ausführung der Beförderung auch vom Beförderer, der nicht selbst Inhaber der Genehmigung ist, zu beachten.

(5) Die für die jeweiligen Verkehrsträger geltenden Rechtsvorschriften über die Beförderung gefährlicher Güter bleiben unberührt.

§ 28 Genehmigungsfreie Beförderung

(1) Keiner Genehmigung nach § 4 Absatz 1 des Atomgesetzes oder § 27 Absatz 1 dieses Gesetzes bedarf, wer folgende Stoffe befördert:

1. Stoffe, für die der Umgang nach einer nach § 24 Satz 1 Nummer 1 erlassenen Rechtsverordnung genehmigungsfrei ist,
2. Stoffe, die von der Anwendung der für radioaktive Stoffe geltenden Vorschriften für die Beförderung gefährlicher Güter befreit sind,

VI

3. sonstige radioaktive Stoffe
   a) unter den Voraussetzungen für freigestellte Versandstücke nach den Vorschriften für die Beförderung gefährlicher Güter,
   b) nach den Vorschriften der Gefahrgutverordnung See oder
   c) mit Luftfahrzeugen und der hierfür erforderlichen Erlaubnis nach § 27 des Luftverkehrsgesetzes.

Satz 1 gilt nicht für die Beförderung von Großquellen im Sinne des § 186 Absatz 1 Satz 2. Satz 1 Nummer 3 Buchstabe a gilt nicht für die Beförderung hochradioaktiver Strahlenquellen.

(2) Wer radioaktive Erzeugnisse oder Abfälle befördert, die Kernmaterialien im Sinne der Anlage 1 Absatz 1 Nummer 5 zum Atomgesetz sind, ohne hierfür der Genehmigung nach § 27 Absatz 1 Satz 1 zu bedürfen, darf die Kernmaterialien zur Beförderung oder Weiterbeförderung nur dann übernehmen, wenn ihm gleichzeitig eine Bescheinigung der zuständigen Behörde darüber vorgelegt wird, dass sich die Vorsorge der Person, die ihm die Kernmaterialien übergibt, auch auf die Erfüllung gesetzlicher Schadensersatzverpflichtungen im Zusammenhang mit der Beförderung oder Weiterbeförderung erstreckt. Die Vorlage der Bescheinigung ist entbehrlich, falls er selbst den Nachweis der erforderlichen Vorsorge für die Erfüllung gesetzlicher Schadensersatzverpflichtungen nach § 4b Absatz 1 des Atomgesetzes zu erbringen hat.

§ 29 Voraussetzungen für die Erteilung der Genehmigung

(1) Die zuständige Behörde hat die Genehmigung nach § 27 Absatz 1 zu erteilen, wenn

1. keine Tatsachen vorliegen, aus denen sich Bedenken gegen die Zuverlässigkeit des Abgebenden, des Absenders, des Beförderers und der die Versendung und Beförderung besorgenden Personen, ihrer gesetzlichen Vertreter oder, bei juristischen Personen oder nicht rechtsfähigen Personenvereinigungen, der nach Gesetz, Satzung oder Gesellschaftsvertrag zur Vertretung oder Geschäftsführung Berechtigten ergeben, und, falls ein Strahlenschutzbeauftragter nicht notwendig ist, eine der genannten natürlichen Personen die erforderliche Fachkunde im Strahlenschutz besitzt,
2. keine Tatsachen vorliegen, aus denen sich Bedenken gegen die Zuverlässigkeit der Strahlenschutzbeauftragten ergeben und wenn diese die erforderliche Fachkunde im Strahlenschutz besitzen,
3. die für eine sichere Ausführung der Beförderung notwendige Anzahl von Strahlenschutzbeauftragten bestellt ist und ihnen die für die Erfüllung ihrer Aufgaben erforderlichen Befugnisse eingeräumt sind,
4. gewährleistet ist, dass die Beförderung durch Personen ausgeführt wird, die das für die beabsichtigte Art der Beförderung notwendige Wissen und die notwendigen Fertigkeiten im Hinblick auf die mögliche Strahlengefährdung und die anzuwendenden Schutzmaßnahmen besitzen,
5. gewährleistet ist, dass die radioaktiven Stoffe unter Beachtung der für den jeweiligen Verkehrsträger geltenden Rechtsvorschriften über die Beförderung gefährlicher Güter befördert werden oder, soweit solche Vorschriften fehlen, auf andere Weise die nach dem Stand von Wissenschaft und Technik erforderliche Vorsorge gegen Schäden durch die Beförderung der radioaktiven Stoffe getroffen ist,
6. die erforderliche Vorsorge für die Erfüllung gesetzlicher Schadensersatzverpflichtungen getroffen ist bei der Beförderung
   a) von sonstigen radioaktiven Stoffen nach § 3 Absatz 1, deren Aktivität je Versandstück das 10^9fache der in einer nach § 24 Satz 1 Nummer 10 erlassenen Rechtsverordnung festgelegten Freigrenzen der Aktivität oder 10^{15} Becquerel überschreitet, oder
   b) von Kernbrennstoffen nach § 3 Absatz 3, deren Aktivität je Versandstück das 10^5fache der in einer nach § 24 Satz 1 Nummer 10 erlassenen Rechtsverordnung festgelegten Freigrenzen der Aktivität oder 10^{15} Becquerel überschreitet,

7. der erforderliche Schutz gegen Störmaßnahmen oder sonstige Einwirkung Dritter gewährleistet ist,
8. gewährleistet ist, dass bei der Beförderung von sonstigen radioaktiven Stoffen mit einer Aktivität von mehr als dem 10^{10}fachen der in einer nach § 24 Satz 1 Nummer 10 erlassenen Rechtsverordnung festgelegten Freigrenzen der Aktivität nach Maßgabe einer nach § 82 Absatz 1 Nummer 1 erlassenen Rechtsverordnung das erforderliche Personal und die erforderlichen Hilfsmittel vorgehalten werden, um Gefahren einzudämmen und zu beseitigen, die in Zusammenhang mit der Beförderung durch Störfälle oder Notfälle entstehen können,
9. die Wahl der Art, der Zeit und des Weges der Beförderung dem Schutz der Bevölkerung vor der schädlichen Wirkung ionisierender Strahlung nicht entgegensteht.

(2) Dem Genehmigungsantrag sind die zur Prüfung erforderlichen Unterlagen beizufügen.

(3) Sofern eine Haftung nach dem Pariser Übereinkommen in Verbindung mit § 25 des Atomgesetzes in Betracht kommt, gilt für Kernmaterialien anstelle der Regelung des Absatzes 1 Nummer 6 die Regelung der Anlage 2 zum Atomgesetz.

§ 30 Verordnungsermächtigung für die grenzüberschreitende Verbringung radioaktiver Stoffe

Die Bundesregierung wird ermächtigt, durch Rechtsverordnung mit Zustimmung des Bundesrates zu bestimmen, dass die grenzüberschreitende Verbringung radioaktiver Stoffe einer Genehmigung, Anzeige oder Anmeldung bedarf. In der Rechtsverordnung können insbesondere festgelegt werden:

1. die Voraussetzungen für die Erteilung der Genehmigung,
2. Art, Inhalt und Umfang der vorzulegenden Unterlagen oder beizubringenden Nachweise,
3. die Art und Weise der Abgabe dieser Unterlagen und Nachweise sowie
4. die Anforderungen an die Person, die die eingeführten radioaktiven Stoffe erstmals erwirbt.

In der Rechtsverordnung kann ebenfalls festgelegt werden, unter welchen Voraussetzungen die grenzüberschreitende Verbringung genehmigungsfrei ist.

Abschnitt 5
Medizinische Forschung

§ 31 Genehmigungsbedürftige Anwendung radioaktiver Stoffe oder ionisierender Strahlung am Menschen zum Zweck der medizinischen Forschung

(1) Wer zum Zweck der medizinischen Forschung radioaktive Stoffe oder ionisierende Strahlung am Menschen anwendet, bedarf der Genehmigung, sofern die Anwendung radioaktiver Stoffe oder ionisierender Strahlung am Menschen zum Zweck der medizinischen Forschung nicht nach § 32 Absatz 1 anzeigebedürftig ist. Einer Genehmigung bedarf ferner, wer von einer nach dieser Vorschrift genehmigten Anwendung wesentlich abweicht.

(2) Dem Genehmigungsantrag sind die zur Prüfung erforderlichen Unterlagen beizufügen.

(3) Die zuständige Behörde soll die zur Prüfung erforderlichen Unterlagen innerhalb von 21 Kalendertagen nach Eingang des Genehmigungsantrages auf Vollständigkeit prüfen. Sind die Unterlagen unvollständig, so soll die zuständige Behörde den Antragsteller auffordern, die von ihr benannten Mängel innerhalb einer Frist von 21 Kalendertagen nach Zugang der Aufforderung zu beheben. Die zuständige Behörde entscheidet über den Antrag auf Erteilung der Genehmigung innerhalb von 90 Kalendertagen nach Eingang der vollständigen Antragsunterlagen. Die zuständige Behörde kann die Frist um 90 Kalendertage verlängern, wenn dies wegen der Schwierigkeit der Prüfung erforderlich ist. Die Fristverlängerung ist zu begründen und rechtzeitig mitzuteilen. Die Genehmigung gilt als erteilt, wenn die zuständige Behörde nicht innerhalb der verlängerten Frist über den Genehmigungsantrag entschieden hat.

(4) Die zuständige Behörde darf die Genehmigung nur erteilen, wenn

VI

1. die strahlenbedingten Risiken, die für die in das Forschungsvorhaben eingeschlossene Person mit der Anwendung verbunden sind, gemessen an der voraussichtlichen Bedeutung der Ergebnisse für die Fortentwicklung medizinischer Untersuchungsmethoden oder Behandlungsverfahren oder der medizinischen Wissenschaft, gegebenenfalls unter Berücksichtigung des medizinischen Nutzens für die Person, ärztlich gerechtfertigt sind,
2. die für die medizinische Forschung vorgesehenen radioaktiven Stoffe oder Anwendungsarten ionisierender Strahlung dem Zweck des Forschungsvorhabens entsprechen und nicht durch andere Untersuchungs- und Behandlungsarten ersetzt werden können, die zu keiner oder einer geringeren Exposition für die Person führen,
3. die bei der Anwendung auftretende Exposition und die Aktivität der anzuwendenden radioaktiven Stoffe nach dem Stand von Wissenschaft und Technik nicht weiter herabgesetzt werden können, ohne die Erfüllung des Zwecks des Forschungsvorhabens zu gefährden,
4. die Anzahl der in das Forschungsvorhaben eingeschlossenen Personen auf das für die Erfüllung des Zwecks des Forschungsvorhabens notwendige Maß beschränkt wird,
5. die zustimmende Stellungnahme einer Ethikkommission nach § 36 zu dem Forschungsvorhaben vorliegt,
6. die Anwendungen von einem Arzt geleitet werden, der die erforderliche Fachkunde im Strahlenschutz und mindestens zwei Jahre Erfahrung in der Anwendung radioaktiver Stoffe oder ionisierender Strahlung am Menschen besitzt,
7. die erforderliche Vorsorge für die Erfüllung gesetzlicher Schadensersatzverpflichtungen getroffen ist und
8. eine Genehmigung nach § 12 Absatz 1 Nummer 1 bis 4 zur Anwendung am Menschen vorliegt oder der Betrieb einer nach § 19 Absatz 1 zur Anwendung am Menschen angezeigten Röntgeneinrichtung zulässig ist.

(5) Die Vorsorge zur Erfüllung gesetzlicher Schadensersatzverpflichtungen im Sinne des Absatzes 4 Nummer 7 ist für den Zeitraum vom Beginn der Anwendung bis zum Ablauf von zehn Jahren nach Beendigung des Forschungsvorhabens zu treffen. Absatz 4 Nummer 7 findet keine Anwendung, soweit die Vorgaben der Atomrechtlichen Deckungsvorsorge-Verordnung durch die getroffene Vorsorge zur Erfüllung gesetzlicher Schadensersatzverpflichtungen nach den entsprechenden Vorschriften des Arzneimittelgesetzes oder des Medizinproduktegesetzes dem Grunde und der Höhe nach erfüllt sind.

(6) Sieht der Antrag die Anwendung radioaktiver Stoffe oder ionisierender Strahlung in mehreren Einrichtungen vor (Multi-Center-Studie), so erteilt die zuständige Behörde eine umfassende Genehmigung für alle Einrichtungen, für die die Voraussetzungen nach Absatz 4 Nummer 6 und 8 erfüllt sind.

(7) Die zuständige Behörde übermittelt der für das Forschungsvorhaben zuständigen Aufsichtsbehörde einen Abdruck des Genehmigungsbescheids.

§ 32 Anzeigebedürftige Anwendung radioaktiver Stoffe oder ionisierender Strahlung am Menschen zum Zweck der medizinischen Forschung

(1) Wer beabsichtigt, radioaktive Stoffe oder ionisierende Strahlung am Menschen zum Zweck der medizinischen Forschung anzuwenden, hat dies der zuständigen Behörde vorher schriftlich oder elektronisch anzuzeigen, wenn

1. das Forschungsvorhaben die Prüfung von Sicherheit oder Wirksamkeit eines Verfahrens zur Behandlung volljähriger, kranker Menschen zum Gegenstand hat und
2. die Anwendung radioaktiver Stoffe oder ionisierender Strahlung selbst nicht Gegenstand des Forschungsvorhabens ist.

Anzeigepflichtig ist ferner, wer beabsichtigt, von einer nach dieser Vorschrift angezeigten Anwendung wesentlich abzuweichen.

(2) Im Rahmen der Anzeige ist nachvollziehbar darzulegen, dass

1. die Art der Anwendung anerkannten Standardverfahren zur Untersuchung von Menschen entspricht,
2. der Zweck des Forschungsvorhabens Art und Häufigkeit der Anwendung rechtfertigt,
3. gewährleistet ist, dass ausschließlich volljährige Personen in das Forschungsvorhaben eingeschlossen werden, bei denen eine Krankheit vorliegt, deren Behandlung im Rahmen des Forschungsvorhabens geprüft wird und
4. eine Genehmigung nach § 12 Absatz 1 Nummer 1 bis 4 zur Anwendung am Menschen vorliegt oder der Betrieb einer nach § 19 Absatz 1 zur Anwendung am Menschen angezeigten Röntgeneinrichtung zulässig ist.

(3) Der Anzeige ist der Nachweis beizufügen, dass die erforderliche Vorsorge für die Erfüllung gesetzlicher Schadensersatzverpflichtungen nach Maßgabe des § 35 getroffen ist. Einrichtungen des Bundes und der Länder sind nicht zur Vorlage dieses Nachweises verpflichtet, soweit das Prinzip der Selbstversicherung der jeweiligen Körperschaft zur Anwendung kommt.

(4) Ist das Forschungsvorhaben als Multi-Center-Studie vorgesehen, so kann die Anwendung radioaktiver Stoffe oder ionisierender Strahlung am Menschen zum Zweck der medizinischen Forschung für alle beteiligten Einrichtungen gemeinsam angezeigt werden. In diesem Fall hat der Anzeigende darzulegen, dass die Anforderungen nach Absatz 2 Nummer 4 in Bezug auf jede teilnehmende Einrichtung erfüllt sind.

§ 33 Prüfung der Anzeige durch die zuständige Behörde

(1) Ist die Anzeige nach § 32 vollständig, so bestätigt die zuständige Behörde dies dem Anzeigenden innerhalb von 14 Kalendertagen nach Eingang der Anzeige und teilt ihm das Eingangsdatum der Anzeige mit. Ist die Anzeige unvollständig, so fordert die zuständige Behörde den Anzeigenden innerhalb von 14 Kalendertagen nach Eingang der Anzeige einmalig auf, die von ihr benannten Mängel innerhalb einer Frist von zehn Kalendertagen nach Zugang der Aufforderung zu beheben. Innerhalb von zwölf Kalendertagen nach Eingang der ergänzenden Angaben oder Unterlagen schließt die zuständige Behörde im Falle von Satz 2 die Vollständigkeitsprüfung ab und teilt dem Anzeigenden das Ergebnis der Vollständigkeitsprüfung sowie das Eingangsdatum der ergänzenden Angaben oder Unterlagen mit.

(2) Die zuständige Behörde schließt die inhaltliche Prüfung der Anzeige innerhalb von 28 Kalendertagen nach der Bestätigung gemäß Absatz 1 Satz 1 oder der Mitteilung nach Absatz 1 Satz 3 ab. Hat die zuständige Behörde Einwände gegen die angezeigte Anwendung, so übermittelt sie dem Anzeigenden einmalig innerhalb des in Satz 1 genannten Zeitraums ihre mit Gründen versehenen Einwände und fordert ihn auf, seine Anzeige innerhalb von 21 Kalendertagen nach Zugang der Aufforderung entsprechend zu ändern. Im Falle von Satz 2 schließt die zuständige Behörde die inhaltliche Prüfung der Anzeige innerhalb von 21 Kalendertagen nach Eingang der geänderten oder ergänzten Anzeigeunterlagen ab.

(3) Mit der angezeigten Anwendung radioaktiver Stoffe oder ionisierender Strahlung am Menschen zum Zweck der medizinischen Forschung darf begonnen werden, wenn

1. der Zeitraum zur inhaltlichen Prüfung der Anzeige nach Absatz 2 verstrichen ist oder die zuständige Behörde dem Anzeigenden mitgeteilt hat, dass sie auf die Ausschöpfung dieser Frist verzichtet,
2. die zuständige Behörde dem Anzeigenden den Eingang einer zustimmenden Stellungnahme einer Ethikkommission nach § 36 Absatz 1 bis 3 zu dem Forschungsvorhaben bestätigt hat und
3. die Anwendung nicht nach § 34 Absatz 1 untersagt wurde.

Die zuständige Behörde hat dem Anzeigenden den Eingang einer zustimmenden Stellungnahme einer Ethikkommission nach § 36 zu dem Forschungsvorhaben unverzüglich zu bestätigen.

(4) Sobald nach Absatz 3 mit der Anwendung begonnen werden darf, gibt die für die An-

zeige zuständige Behörde der zuständigen Aufsichtsbehörde den wesentlichen Inhalt der Anzeige unverzüglich zur Kenntnis.

§ 34 Untersagung der angezeigten Anwendung radioaktiver Stoffe oder ionisierender Strahlung am Menschen zum Zweck der medizinischen Forschung

(1) Innerhalb des Zeitraums der inhaltlichen Prüfung der Anzeige nach § 33 Absatz 2 Satz 1, auch in Verbindung mit den Sätzen 2 und 3, kann die zuständige Behörde die angezeigte Anwendung untersagen, wenn eine der in § 32 Absatz 2 bis 4 genannten Anforderungen nicht erfüllt ist.

(2) Nach Ablauf des Zeitraums der inhaltlichen Prüfung kann die zuständige Behörde die angezeigte Anwendung untersagen, wenn

1. eine der in § 32 Absatz 2 bis 4 genannten Anforderungen nicht oder nicht mehr erfüllt ist und nicht in angemessener Zeit Abhilfe geschaffen wird,
2. der zuständigen Behörde nach Ablauf einer dem Anzeigenden mitgeteilten angemessenen Frist eine zustimmende Stellungnahme einer Ethikkommission nach § 36 Absatz 1 Satz 1 zu dem Forschungsvorhaben nicht vorliegt oder
3. gegen die Vorschriften dieses Gesetzes oder der auf Grund dieses Gesetzes erlassenen Rechtsverordnungen oder gegen die hierauf beruhenden Anordnungen und Verfügungen der Aufsichtsbehörden erheblich oder wiederholt verstoßen wird und nicht in angemessener Zeit Abhilfe geschaffen wird.

§ 35 Deckungsvorsorge bei der anzeigebedürftigen Anwendung radioaktiver Stoffe oder ionisierender Strahlung am Menschen zum Zweck der medizinischen Forschung

(1) Im Anzeigeverfahren ist der Nachweis über die erforderliche Deckungsvorsorge zu erbringen durch die Vorlage einer Bestätigung über eine bestehende Versicherung, die für den Fall, dass bei der Anwendung radioaktiver Stoffe oder ionisierender Strahlung am Menschen zum Zweck der medizinischen Forschung ein Mensch getötet oder der Körper oder die Gesundheit eines Menschen verletzt oder beeinträchtigt wird, auch Leistungen gewährt, wenn kein anderer für den Schaden haftet. Die Versicherung muss zugunsten der Personen, an denen die radioaktiven Stoffe oder die ionisierende Strahlung angewendet werden, bei einem in einem Mitgliedstaat der Europäischen Union oder einem anderen Vertragsstaat des Abkommens über den Europäischen Wirtschaftsraum zum Geschäftsbetrieb zugelassenen Versicherer genommen werden.

(2) Der Umfang der Versicherung muss in einem angemessenen Verhältnis zu den Risiken stehen, die mit den Anwendungen verbunden sind. Er muss auf der Grundlage der Risikoabschätzung so festgelegt werden, dass für den Fall des Todes oder der dauernden Erwerbsunfähigkeit einer jeden Person, an der die radioaktiven Stoffe oder die ionisierende Strahlung angewendet werden, mindestens 500 000 Euro zur Verfügung stehen.

(3) Abweichend von Absatz 1 kann der Nachweis über die erforderliche Deckungsvorsorge durch den Nachweis des Bestehens einer Versicherung zugunsten der von der klinischen Prüfung betroffenen Personen nach dem Arzneimittelgesetz oder nach dem Medizinproduktegesetz erbracht werden.

§ 36 Ethikkommission

(1) Eine im Anwendungsbereich dieses Gesetzes tätige Ethikkommission muss unabhängig, interdisziplinär besetzt, nach Landesrecht gebildet und bei der zuständigen Behörde registriert sein. Die Ethikkommission muss aus medizinischen Sachverständigen und nichtmedizinischen Mitgliedern bestehen, die die jeweils erforderliche Fachkompetenz aufweisen. Eine Registrierung erfolgt nur, wenn die Mitglieder, das Verfahren und die Anschrift der Ethikkommission in einer veröffentlichten Verfahrensordnung aufgeführt sind. Veränderungen der Zusammensetzung der Kommission, des Verfahrens oder der übrigen Festlegungen der Verfahrensord-

nung sind der für die Registrierung zuständigen Behörde unverzüglich mitzuteilen.

(2) Aufgabe der Ethikkommission ist es, auf Veranlassung des Antragstellers oder des Anzeigenden das Forschungsvorhaben nach ethischen und rechtlichen Gesichtspunkten mit mindestens fünf Mitgliedern mündlich zu beraten und innerhalb von 60 Kalendertagen nach Eingang der erforderlichen Unterlagen eine schriftliche Stellungnahme dazu abzugeben. Bei Multi-Center-Studien genügt die Stellungnahme einer Ethikkommission. Wird das Forschungsvorhaben durch eine Ethikkommission sowohl nach Arzneimittelrecht oder Medizinprodukterecht als auch nach diesem Gesetz geprüft, soll die Stellungnahme sowohl die arzneimittelrechtliche oder medizinprodukterechtliche als auch die strahlenschutzrechtliche Bewertung enthalten.

(3) Die Ethikkommission prüft und bewertet, ob das Forschungsvorhaben ethisch vertretbar ist. Sie gibt eine Stellungnahme dazu ab, ob

1. das Forschungsvorhaben geeignet ist, nach dem Stand der Wissenschaft einem wissenschaftlichen Erkenntnisgewinn zu dienen,
2. das Forschungsvorhaben, einschließlich der Anzahl der in das Forschungsvorhaben eingeschlossenen Personen, zur Beantwortung der wissenschaftlichen Fragestellung geeignet ist,
3. das Risiko für die einzelne Person im Hinblick auf den potentiellen Nutzen für die Gesellschaft vertretbar ist,
4. die Einbeziehung vertretbar ist, soweit eine besonders schutzbedürftige Personengruppe in das Forschungsvorhaben einbezogen werden soll, und
5. die schriftliche Information über das Forschungsvorhaben, die die in das Forschungsvorhaben eingeschlossene Person, ihr gesetzlicher Vertreter oder der Bevollmächtigte erhält, ausreichend über Nutzen und Risiken aufklärt und somit eine informierte Einwilligung ermöglicht.

(4) Rechtsbehelfe gegen Stellungnahmen der Ethikkommission können nur gleichzeitig mit den gegen die Sachentscheidung zulässigen Rechtsbehelfen geltend gemacht werden.

§ 37 Verordnungsermächtigung

(1) Die Bundesregierung wird ermächtigt, durch Rechtsverordnung mit Zustimmung des Bundesrates zu bestimmen, welche besonderen Anforderungen bei der Anwendung radioaktiver Stoffe oder ionisierender Strahlung zum Zweck der medizinischen Forschung einzuhalten sind, um die ordnungsgemäße Durchführung eines Forschungsvorhabens und den Schutz der in das Forschungsvorhaben eingeschlossenen Personen zu gewährleisten. In der Rechtsverordnung können insbesondere Regelungen getroffen werden über

1. Aufklärungspflichten und Einwilligungserfordernisse,
2. Verbote und Beschränkungen der Anwendung an einzelnen Personengruppen,
3. ärztliche oder zahnärztliche Untersuchungen der in das Forschungsvorhaben eingeschlossenen Personen vor Beginn der Anwendung,
4. die Befugnis der zuständigen Behörde, bei Überschreitung genehmigter oder angezeigter Dosiswerte für die Anwendung ärztliche oder zahnärztliche Untersuchungen der in das Forschungsvorhaben eingeschlossenen Personen anzuordnen,
5. Grenzwerte und Maßnahmen zur Einhaltung der Grenzwerte,
6. Maßnahmen zur Beschränkung und Überwachung der Exposition der in das Forschungsvorhaben eingeschlossenen Personen,
7. Aufzeichnungs- und Aufbewahrungspflichten,
8. Mitteilungs- und Berichtspflichten.

Die Rechtsverordnung kann auch diejenigen Vorschriften der Rechtsverordnung festlegen, für deren Einhaltung der Strahlenschutzverantwortliche zu sorgen hat.

(2) Das Grundrecht auf körperliche Unversehrtheit (Artikel 2 Absatz 2 Satz 1 des Grundgesetzes) wird nach Maßgabe des Absatzes 1 Satz 2 Nummer 3 und 4 eingeschränkt.

Abschnitt 7
Tätigkeiten im Zusammenhang mit kosmischer Strahlung

§ 50 Anzeigebedürftiger Betrieb von Luftfahrzeugen

(1) Wer beabsichtigt, ein Luftfahrzeug zu betreiben, das in der deutschen Luftfahrzeugrolle nach § 3 Absatz 1 des Luftverkehrsgesetzes vom 10. Mai 2007 in der jeweils geltenden Fassung eingetragen ist, hat dies der zuständigen Behörde vier Wochen vor der beabsichtigten Aufnahme des Betriebs anzuzeigen, wenn die effektive Dosis, die das fliegende Personal durch kosmische Strahlung erhält, 1 Millisievert im Kalenderjahr überschreiten kann. Satz 1 gilt entsprechend für den Betrieb von Luftfahrzeugen, die in einem anderen Land registriert sind, wenn der Betreiber deutscher Staatsangehöriger oder eine juristische Person oder Personengesellschaft mit Sitz im Geltungsbereich dieses Gesetzes ist und fliegendes Personal einsetzt, das in einem Beschäftigungsverhältnis nach dem deutschen Arbeitsrecht steht.

(2) Absatz 1 gilt entsprechend, wenn ein der Anzeigepflicht zuvor nicht unterfallender Betrieb eines Luftfahrzeugs derart geändert wird, dass die effektive Dosis, die das fliegende Personal durch kosmische Strahlung erhält, 1 Millisievert im Kalenderjahr überschreiten kann.

(3) Der Anzeige sind die folgenden Unterlagen beizufügen:

1. Nachweis, dass die für die sichere Durchführung der Tätigkeit notwendige Anzahl von Strahlenschutzbeauftragten bestellt ist und ihnen die für die Erfüllung ihrer Aufgaben erforderlichen Befugnisse eingeräumt sind,
2. Nachweis, dass jeder Strahlenschutzbeauftragte die erforderliche Fachkunde im Strahlenschutz besitzt oder, falls ein Strahlenschutzbeauftragter nicht notwendig ist, die zur Anzeige verpflichtete Person, ihr gesetzlicher Vertreter oder, bei juristischen Personen oder nicht rechtsfähigen Personenvereinigungen, der nach Gesetz, Satzung oder Gesellschaftsvertrag zur Vertretung oder Geschäftsführung Berechtigte die erforderliche Fachkunde im Strahlenschutz besitzt,
3. Nachweis, dass die bei der Tätigkeit sonst tätigen Personen das notwendige Wissen und die notwendigen Fertigkeiten im Hinblick auf die mögliche Strahlengefährdung und die anzuwendenden Schutzmaßnahmen besitzen,
4. Benennung eines von der zuständigen Behörde anerkannten Rechenprogramms oder der Nachweis, dass geeignete Messgeräte genutzt werden, die jeweils zur Ermittlung der Körperdosis verwendet werden und den Anforderungen der auf Grund des § 76 Absatz 1 Satz 2 Nummer 11 erlassenen Rechtsverordnung genügen.

(4) Die Anzeigepflicht gilt auch für Luftfahrzeuge, die im Geschäftsbereich des Bundesministeriums der Verteidigung betrieben werden.

§ 51 Prüfung des angezeigten Betriebs von Luftfahrzeugen

(1) Die zuständige Behörde prüft die Unterlagen innerhalb von vier Wochen nach Eingang der Anzeige. Teilt die Behörde dem Anzeigenden vor Ablauf der Frist schriftlich mit, dass alle Nachweise nach § 50 Absatz 3 erbracht sind, so darf der Anzeigende die Tätigkeit bereits mit Erhalt der Mitteilung aufnehmen.

(2) Die zuständige Behörde kann den angezeigten Betrieb untersagen, wenn

1. eine der nachzuweisenden Anforderungen nicht oder nicht mehr erfüllt ist; dies gilt nach Ablauf der Frist nach Absatz 1 nur, wenn nicht in angemessener Zeit Abhilfe geschaffen wird,
2. Tatsachen vorliegen, aus denen sich Bedenken gegen die Zuverlässigkeit der zur Anzeige verpflichteten Person, ihres gesetzlichen Vertreters oder, bei juristischen Personen oder nicht rechtsfähigen Personenvereinigungen, der nach Gesetz, Satzung oder Gesellschaftsvertrag zur Vertretung oder Geschäftsführung berechtigten Person oder des Strahlenschutzbeauftragten ergeben, oder

3. gegen die Vorschriften dieses Gesetzes oder der auf Grund dieses Gesetzes erlassenen Rechtsverordnungen oder gegen die hierauf beruhenden Anordnungen und Verfügungen der Aufsichtsbehörden erheblich oder wiederholt verstoßen wird und nicht in angemessener Zeit Abhilfe geschaffen wird.

§ 52 Anzeigebedürftiger Betrieb von Raumfahrzeugen

(1) Wer mit Sitz im Geltungsbereich dieses Gesetzes beabsichtigt, Raumfahrzeuge zu betreiben und dafür raumfahrendes Personal einzusetzen, das in einem Beschäftigungsverhältnis nach dem deutschen Arbeitsrecht steht, hat dies der zuständigen Behörde zwei Monate vor der beabsichtigten Aufnahme der Tätigkeit anzuzeigen, wenn die effektive Dosis, die das raumfahrende Personal durch kosmische Strahlung während des Betriebs des Raumfahrzeugs erhält, 1 Millisievert im Kalenderjahr überschreiten kann.

(2) Der Anzeige sind die folgenden Unterlagen beizufügen:

1. Nachweis, dass die für die sichere Durchführung der Tätigkeit notwendige Anzahl von Strahlenschutzbeauftragten bestellt ist und ihnen die für die Erfüllung ihrer Aufgaben erforderlichen Befugnisse eingeräumt sind,
2. Nachweis, dass jeder Strahlenschutzbeauftragte die erforderliche Fachkunde im Strahlenschutz besitzt oder, falls kein Strahlenschutzbeauftragter notwendig ist, die zur Anzeige verpflichtete Person, ihr gesetzlicher Vertreter oder, bei juristischen Personen oder nicht rechtsfähigen Personenvereinigungen, der nach Gesetz, Satzung oder Gesellschaftsvertrag zur Vertretung oder Geschäftsführung Berechtigte die erforderliche Fachkunde im Strahlenschutz besitzt,
3. Nachweis, dass die bei der Tätigkeit sonst tätigen Personen das notwendige Wissen und die notwendigen Fertigkeiten im Hinblick auf die mögliche Strahlengefährdung und die anzuwendenden Schutzmaßnahmen besitzen und
4. plausible Darlegung der beabsichtigten Vorgehensweise zur Ermittlung der Körperdosis nach den Anforderungen der auf Grund von § 76 Absatz 1 Satz 2 Nummer 11 erlassenen Rechtsverordnung.

(3) Ist zu erwarten, dass die Exposition des raumfahrenden Personals den Dosisgrenzwert nach § 78 Absatz 1 Satz 1 überschreitet, so ist zusätzlich eine gesonderte Anzeige der erhöhten Exposition spätestens zwei Monate vor dem Einsatz des raumfahrenden Personals erforderlich. In diesem Fall gelten die Grenzwerte nach den §§ 77 und 78 für die berufliche Exposition von raumfahrendem Personal durch kosmische Strahlung nicht.

(4) Der gesonderten Anzeige sind die folgenden Unterlagen beizufügen:

1. Darlegung, dass die erhöhte Exposition gerechtfertigt ist,
2. Nachweis, dass die erhöhte Exposition mit dem einzusetzenden raumfahrenden Personal und dem ermächtigten Arzt erörtert worden ist,
3. Nachweis, dass das einzusetzende raumfahrende Personal über die zu erwartenden Dosen, die mit der erhöhten Exposition verbundenen Risiken und die zu ergreifenden Vorsorgemaßnahmen unterrichtet worden ist,
4. Einwilligung des einzusetzenden raumfahrenden Personals zu der erhöhten Exposition.

§ 53 Prüfung des angezeigten Betriebs von Raumfahrzeugen

(1) Die zuständige Behörde prüft die Unterlagen innerhalb von zwei Monaten nach Eingang der Anzeige. Teilt die Behörde dem Anzeigenden vor Ablauf der Frist schriftlich mit, dass alle Nachweise nach § 52 Absatz 2 oder 4 erbracht sind, so darf der Anzeigende die Tätigkeit bereits mit Erhalt der Mitteilung aufnehmen.

(2) Die zuständige Behörde kann im Falle einer Anzeige nach § 52 Absatz 1 den Einsatz des Personals untersagen, wenn

1. eine der nach § 52 Absatz 2 nachzuweisenden Anforderungen nicht oder nicht mehr erfüllt ist; dies gilt nach Ablauf der

VI

Frist nach Absatz 1 nur, wenn nicht in angemessener Zeit Abhilfe geschaffen wird,

2. Tatsachen vorliegen, aus denen sich Bedenken gegen die Zuverlässigkeit der zur Anzeige verpflichteten Person, ihres gesetzlichen Vertreters oder, bei juristischen Personen oder nicht rechtsfähigen Personenvereinigungen, der nach Gesetz, Satzung oder Gesellschaftsvertrag zur Vertretung oder Geschäftsführung berechtigten Person oder des Strahlenschutzbeauftragten ergeben, oder
3. gegen die Vorschriften dieses Gesetzes oder der auf Grund dieses Gesetzes erlassenen Rechtsverordnungen oder gegen die hierauf beruhenden Anordnungen und Verfügungen der Aufsichtsbehörden erheblich oder wiederholt verstoßen wird und nicht in angemessener Zeit Abhilfe geschaffen wird.

(3) Im Falle einer gesonderten Anzeige nach § 52 Absatz 3 Satz 1 kann die zuständige Behörde den Einsatz des raumfahrenden Personals zusätzlich untersagen, wenn eine der nach § 52 Absatz 4 nachzuweisenden Anforderungen nicht erfüllt ist.

VI

§ 54 Beendigung der angezeigten Tätigkeit

Wer eine nach § 50 Absatz 1 oder § 52 Absatz 1 angezeigte Tätigkeit beendet oder derart verändert, dass die effektive Dosis, die das fliegende oder raumfahrende Personal durch kosmische Strahlung erhält, 1 Millisievert im Kalenderjahr nicht mehr überschreiten kann, hat dies der zuständigen Behörde unverzüglich mitzuteilen.

Abschnitt 8
Tätigkeiten im Zusammenhang mit natürlich vorkommender Radioaktivität

Unterabschnitt 1
Arbeitsplätze mit Exposition durch natürlich vorkommende Radioaktivität

§ 55 Abschätzung der Exposition

(1) Wer in seiner Betriebsstätte eine Tätigkeit nach § 4 Absatz 1 Satz 1 Nummer 10 ausübt oder ausüben lässt, die einem der in Anlage 3 genannten Tätigkeitsfelder zuzuordnen ist, hat vor Beginn der Tätigkeit eine auf den Arbeitsplatz bezogene Abschätzung der Körperdosis durchzuführen. Die Abschätzung ist unverzüglich zu wiederholen, wenn der Arbeitsplatz so verändert wird, dass eine höhere Exposition auftreten kann.

(2) Liegen Anhaltspunkte dafür vor, dass bei einer Tätigkeit nach § 4 Absatz 1 Satz 1 Nummer 10, die keinem der in Anlage 3 genannten Tätigkeitsfelder zuzuordnen ist, Expositionen auftreten, die denen der in Anlage 3 genannten Tätigkeitsfelder entsprechen, so kann die zuständige Behörde anordnen, dass eine Abschätzung nach Absatz 1 Satz 1 unverzüglich durchzuführen ist. Wird der Arbeitsplatz so verändert, dass eine höhere Exposition auftreten kann, so kann die zuständige Behörde anordnen, dass die Abschätzung unverzüglich zu wiederholen ist.

§ 56 Anzeige

(1) Ergibt die Abschätzung, dass die Körperdosis einen der Werte für die Einstufung als beruflich exponierte Person überschreiten kann, so hat der zur Abschätzung Verpflichtete der zuständigen Behörde die Tätigkeit schriftlich anzuzeigen. Die Anzeige auf Grund einer Abschätzung nach § 55 Absatz 1 Satz 1 hat spätestens vier Wochen vor der beabsichtigten Aufnahme der Tätigkeit zu erfolgen; nach Ablauf dieser Frist darf der Anzeigende die Tätigkeit aufnehmen, es sei denn, die zuständige Behörde hat das Verfahren nach § 57 Absatz 2 ausgesetzt oder die Tätigkeit untersagt. Die Anzeige auf Grund einer Abschätzung nach § 55 Absatz 1 Satz 2 oder nach § 55 Absatz 2 hat unverzüglich nach der Abschätzung zu erfolgen.

(2) Der Anzeige sind die folgenden Unterlagen beizufügen:

1. Prüfbericht eines behördlich bestimmten Sachverständigen nach § 172, in dem
   a) die angezeigte Tätigkeit und die vorgesehenen Strahlenschutzmaßnahmen beschrieben sind,
   b) die mögliche Körperdosis der beruflich exponierten Personen bestimmt ist und

c) nachgewiesen ist, dass bei der Tätigkeit die Ausrüstungen vorhanden und die Maßnahmen getroffen sind, die nach dem Stand der Technik erforderlich sind, damit die Schutzvorschriften eingehalten werden,

2. Nachweis, dass die für die sichere Durchführung der Tätigkeit notwendige Anzahl von Strahlenschutzbeauftragten bestellt ist und ihnen die für die Erfüllung ihrer Aufgaben erforderlichen Befugnisse eingeräumt sind,
3. Nachweis, dass jeder Strahlenschutzbeauftragte die erforderliche Fachkunde im Strahlenschutz besitzt oder, falls ein Strahlenschutzbeauftragter nicht notwendig ist, der Anzeigende, sein gesetzlicher Vertreter oder, bei juristischen Personen oder nicht rechtsfähigen Personenvereinigungen, der nach Gesetz, Satzung oder Gesellschaftsvertrag zur Vertretung oder Geschäftsführung Berechtigte die erforderliche Fachkunde im Strahlenschutz besitzt und
4. Nachweis, dass die bei der Tätigkeit sonst tätigen Personen das notwendige Wissen und die notwendigen Fertigkeiten im Hinblick auf die mögliche Strahlengefährdung und die anzuwendenden Schutzmaßnahmen besitzen.

Erfolgt die Anzeige auf Grund einer Abschätzung nach § 55 Absatz 1 Satz 2 oder nach § 55 Absatz 2, so kann die zuständige Behörde im Einzelfall eine Frist für eine spätere Vorlage aller oder einzelner Unterlagen bestimmen.

(3) Die Absätze 1 und 2 sind entsprechend anzuwenden, wenn die angezeigte Tätigkeit wesentlich verändert wird.

§ 57 Prüfung der angezeigten Tätigkeit

(1) Die zuständige Behörde prüft die Anzeige innerhalb von vier Wochen nach Eingang der Unterlagen. Teilt die Behörde dem Anzeigenden im Falle einer Abschätzung nach § 55 Absatz 1 Satz 1 vor Ablauf dieser Frist schriftlich mit, dass alle erforderlichen Nachweise erbracht sind, darf der Anzeigende die Tätigkeit bereits mit Erhalt der Mitteilung aufnehmen.

(2) Leitet die zuständige Behörde innerhalb der Frist nach Absatz 1 Satz 1 ein Verfahren zur Prüfung der Rechtfertigung nach § 7 ein, so setzt sie das Verfahren zur Prüfung der Anzeige für die Dauer des Verfahrens zur Prüfung der Rechtfertigung aus.

(3) Die zuständige Behörde kann die Tätigkeit untersagen, wenn

1. eine der nach § 56 Absatz 2 Satz 1 nachzuweisenden Anforderungen nicht oder nicht mehr erfüllt ist; dies gilt nach Ablauf der Frist nach Absatz 1 nur, wenn nicht in angemessener Zeit Abhilfe geschaffen wird,
2. Tatsachen vorliegen, aus denen sich Bedenken gegen die Zuverlässigkeit der zur Anzeige verpflichteten Person, ihres gesetzlichen Vertreters oder, bei juristischen Personen oder nicht rechtsfähigen Personenvereinigungen, der nach Gesetz, Satzung oder Gesellschaftsvertrag zur Vertretung oder Geschäftsführung berechtigten Person oder des Strahlenschutzbeauftragten ergeben,
3. Tatsachen vorliegen, aus denen sich Bedenken ergeben, ob das für die sichere Ausführung der Tätigkeit notwendige Personal vorhanden ist,
4. es sich um eine nicht gerechtfertigte Tätigkeitsart nach einer Rechtsverordnung nach § 6 Absatz 3 handelt oder wenn unter Berücksichtigung eines nach § 7 Absatz 2 veröffentlichten Berichts erhebliche Zweifel an der Rechtfertigung der Tätigkeitsart bestehen,
5. gegen die Vorschriften dieses Gesetzes oder der auf Grund dieses Gesetzes erlassenen Rechtsverordnungen oder gegen die darauf beruhenden Anordnungen und Verfügungen der Aufsichtsbehörden erheblich oder wiederholt verstoßen wird und nicht in angemessener Zeit Abhilfe geschaffen wird oder
6. dies wegen einer erheblichen Gefährdung der Beschäftigten, Dritter oder der Allgemeinheit erforderlich ist.

(4) Kommt der auf Grund von § 55 Absatz 2 zur Abschätzung Verpflichtete der vollziehbaren behördlichen Anordnung nicht nach, so

kann die zuständige Behörde die Tätigkeit ganz oder teilweise bis zur Erfüllung der Anordnung untersagen.

§ 58 Beendigung der angezeigten Tätigkeit

Wer eine nach § 56 Absatz 1 Satz 1 angezeigte Tätigkeit beendet oder derart verändert, dass eine Abschätzung nach § 55 Absatz 1 Satz 2 ergibt, dass die Körperdosis die Werte für die Einstufung als beruflich exponierte Person nicht mehr überschreiten kann, hat dies der zuständigen Behörde unverzüglich mitzuteilen.

§ 59 Externe Tätigkeit

(1) Die Pflicht zur Abschätzung der Körperdosis nach § 55 Absatz 1 gilt entsprechend für denjenigen, der die dort genannten Tätigkeiten in einer fremden Betriebsstätte in eigener Verantwortung ausübt oder von Personen ausüben lässt, die unter seiner Aufsicht stehen. Liegt für die fremde Betriebsstätte eine auf den Arbeitsplatz bezogene Abschätzung vor, so hat der Inhaber der Betriebsstätte eine Abschrift der Aufzeichnungen über die Abschätzung an den nach Satz 1 Verpflichteten unverzüglich zu übermitteln. § 55 Absatz 2 gilt entsprechend.

(2) Ergibt die Abschätzung nach Absatz 1 Satz 1 oder 3, dass die Körperdosis einen der Werte für die Einstufung als beruflich exponierte Person überschreiten kann, so hat der nach Absatz 1 Satz 1 oder 3 Verpflichtete die Tätigkeit der zuständigen Behörde entsprechend § 56 Absatz 1 anzuzeigen.

(3) Der Anzeige nach Absatz 2 sind das Ergebnis der Abschätzung nach § 55 Absatz 1 und die folgenden Unterlagen beizufügen:

1. Nachweis, dass jeder Strahlenschutzbeauftragte die erforderliche Fachkunde im Strahlenschutz besitzt oder, falls ein Strahlenschutzbeauftragter nicht notwendig ist, der Anzeigende, sein gesetzlicher Vertreter oder, bei juristischen Personen oder nicht rechtsfähigen Personenvereinigungen, der nach Gesetz, Satzung oder Gesellschaftsvertrag zur Vertretung oder Geschäftsführung Berechtigte die erforderliche Fachkunde im Strahlenschutz besitzt,
2. Nachweis, dass die bei der Tätigkeit sonst tätigen Personen das notwendige Wissen und die notwendigen Fertigkeiten im Hinblick auf die mögliche Strahlengefährdung und die anzuwendenden Schutzmaßnahmen besitzen,
3. Nachweis, dass die beschäftigten Personen den Anordnungen der Strahlenschutzverantwortlichen und Strahlenschutzbeauftragten derjenigen Betriebsstätten, in denen eine nach § 56 Absatz 1 angezeigte Tätigkeit ausgeübt wird, Folge zu leisten haben, die diese infolge ihrer Pflichten nach diesem Gesetz und der auf Grund dieses Gesetzes erlassenen Rechtsverordnungen treffen und
4. Nachweis, dass für die Beschäftigung in denjenigen Betriebsstätten, für die eine Anzeige nach § 56 Absatz 1 nicht erstattet ist, die Ausrüstungen vorhanden und die Maßnahmen getroffen sind, die nach dem Stand der Technik erforderlich sind, damit die Schutzvorschriften eingehalten werden.

(4) § 56 Absatz 3 und die §§ 57 und 58 gelten für die nach Absatz 2 angezeigte Tätigkeit entsprechend.

Unterabschnitt 2
Tätigkeiten mit Rückständen; Materialien

§ 60 Anfall, Verwertung oder Beseitigung von Rückständen

(1) Wer in seiner Betriebsstätte industrielle und bergbauliche Prozesse durchführt oder durchführen lässt, bei denen jährlich mehr als insgesamt 2000 Tonnen an Rückständen anfallen werden und verwertet oder beseitigt werden sollen, hat dies bei der zuständigen Behörde und der nach § 47 Absatz 1 Satz 1 des Kreislaufwirtschaftsgesetzes zuständigen Behörde zu Beginn jedes Kalenderjahrs anzumelden. Die Anmeldepflicht gilt entsprechend für denjenigen, der überwachungsbedürftige Rückstände, die im Ausland angefallen und ins Inland verbracht worden sind, verwertet oder zur Verwertung annimmt.

(2) Der zur Anmeldung nach Absatz 1 Verpflichtete hat ein Konzept über die Verwer-

tung und Beseitigung der Rückstände (Rückstandskonzept) zu erstellen und der zuständigen Behörde auf Verlangen vorzulegen. Das Rückstandskonzept hat Folgendes zu enthalten:

1. Angaben über Art, Masse, spezifische Aktivität und Verbleib der Rückstände, einschließlich Schätzungen der in den nächsten fünf Jahren anfallenden Rückstände, und
2. eine Darstellung der getroffenen und für die nächsten fünf Jahre geplanten Beseitigungs- oder Verwertungsmaßnahmen.

(3) Das Rückstandskonzept ist alle fünf Jahre oder auf Verlangen der zuständigen Behörde zu einem früheren Zeitpunkt fortzuschreiben.

(4) Der zur Anmeldung nach Absatz 1 Verpflichtete hat jährlich für das vorangegangene Jahr eine Bilanz über Art, Masse, spezifische Aktivität und Verbleib der verwerteten und beseitigten Rückstände (Rückstandsbilanz) zu erstellen, fünf Jahre lang aufzubewahren und der zuständigen Behörde auf Verlangen vorzulegen. Ergänzend kann die zuständige Behörde die Vorlage entsprechender Nachweise nach § 21 des Kreislaufwirtschaftsgesetzes verlangen.

(5) Die zuständige Behörde kann verlangen, dass Form und Inhalt des Rückstandskonzeptes und der Rückstandsbilanz bestimmten Anforderungen genügen, und die sachliche Richtigkeit überprüfen.

§ 61 Anfall und Lagerung überwachungsbedürftiger Rückstände; Verordnungsermächtigung

(1) Wer in eigener Verantwortung industrielle und bergbauliche Prozesse durchführt oder durchführen lässt, bei denen überwachungsbedürftige Rückstände anfallen, durch deren Lagerung, Verwertung oder Beseitigung für Einzelpersonen der Bevölkerung der Richtwert der effektiven Dosis von 1 Millisievert im Kalenderjahr überschritten werden kann, hat Maßnahmen zum Schutz der Bevölkerung zu ergreifen, um sicherzustellen, dass der Richtwert nicht überschritten wird, und sich hierzu von einer Person mit der erforderlichen Fachkunde im Strahlenschutz beraten zu lassen. Satz 1 gilt entsprechend für denjenigen, der überwachungsbedürftige Rückstände, die im Ausland angefallen und ins Inland verbracht worden sind, verwertet oder zur Verwertung annimmt.

(2) Rückstände sind überwachungsbedürftig, wenn nicht sichergestellt ist, dass bei ihrer Beseitigung oder Verwertung die durch Rechtsverordnung nach Satz 2 festgelegten Überwachungsgrenzen und Verwertungs- und Beseitigungswege eingehalten werden. Die Bundesregierung wird ermächtigt, durch Rechtsverordnung mit Zustimmung des Bundesrates die für Rückstände geltenden Überwachungsgrenzen und heranzuziehenden Verwertungs- und Beseitigungswege festzulegen.

(3) Anfallende Rückstände dürfen vor der beabsichtigten Beseitigung oder Verwertung nicht vermischt oder verdünnt werden, um die Überwachungsgrenzen gemäß Absatz 2 einzuhalten. Satz 1 gilt auch für im Ausland angefallene und zur Verwertung ins Inland verbrachte Rückstände.

(4) Werden die überwachungsbedürftigen Rückstände auf dem Betriebsgelände des nach Absatz 1 Verpflichteten gelagert, so hat dieser die Lagerung bei der zuständigen Behörde anzumelden. Die Beendigung der Lagerung ist der zuständigen Behörde unverzüglich mitzuteilen.

(5) Die zuständige Behörde kann verlangen, dass für die Rückstände, die nicht überwachungsbedürftig sind, die Einhaltung der durch Rechtsverordnung nach Absatz 2 Satz 2 bestimmten Überwachungsgrenzen und Verwertungs- und Beseitigungswege nachgewiesen wird. Sie kann hierfür technische Verfahren, geeignete Messverfahren und sonstige Anforderungen, insbesondere solche zur Ermittlung repräsentativer Messwerte der spezifischen Aktivität, festlegen.

(6) Der nach Absatz 1 Verpflichtete hat Rückstände vor ihrer Beseitigung oder Verwertung gegen Abhandenkommen und vor dem Zugriff durch Unbefugte zu sichern. Sie dürfen an andere Personen nur zum Zweck der Beseitigung oder Verwertung abgegeben werden.

(7) Die grenzüberschreitende Verbringung von Rückständen ins Inland zur Beseitigung ist verboten.

VI

§ 62 Entlassung von Rückständen aus der Überwachung; Verordnungsermächtigung

(1) Der nach § 61 Absatz 1 Satz 1 Verpflichtete hat unter Angabe von Art, Masse und spezifischer Aktivität die beabsichtigte Verwertung oder Beseitigung der Rückstände bei der zuständigen Behörde unverzüglich anzumelden, sobald er deren Überwachungsbedürftigkeit nach § 61 Absatz 2 festgestellt hat. Eine Anmeldung nach Satz 1 ist entbehrlich, wenn wegen der Art und spezifischen Aktivität der überwachungsbedürftigen Rückstände eine Anzeige nach § 63 Absatz 1 erstattet wird.

(2) Die zuständige Behörde entlässt auf Antrag des nach § 61 Absatz 1 Satz 1 Verpflichteten überwachungsbedürftige Rückstände zum Zweck einer bestimmten Verwertung oder Beseitigung aus der Überwachung, wenn

1. auf Grund der für die Verwertung oder Beseitigung getroffenen Maßnahmen der erforderliche Schutz der Bevölkerung vor Expositionen sichergestellt ist,
2. bei der Beseitigung oder Verwertung die Körperdosis der beruflich tätigen Personen die Werte für die Einstufung als beruflich exponierte Person nicht überschreiten kann und
3. keine Bedenken gegen die abfallrechtliche Zulässigkeit des vorgesehenen Verwertungs- oder Beseitigungsweges und seine Einhaltung bestehen.

Die Entlassung aus der Überwachung erfolgt durch schriftlichen Bescheid.

(3) Maßstab für den Schutz der Bevölkerung ist, dass als Richtwert für die Exposition von Einzelpersonen der Bevölkerung, die durch die Beseitigung oder Verwertung bedingt ist, eine effektive Dosis von 1 Millisievert im Kalenderjahr auch ohne weitere Maßnahmen nach Abschluss der Verwertung oder Beseitigung nicht überschritten wird. Sollen die überwachungsbedürftigen Rückstände als Bauprodukt verwertet werden, so ist Maßstab für den Schutz der Bevölkerung, dass die Anforderungen der §§ 133 bis 135 erfüllt sind.

(4) Die Exposition bei Rückständen ist unter Anwendung der Grundsätze der Rechtsverordnung nach Absatz 6 Nummer 1 zu ermitteln. Eine abfallrechtliche Verwertung oder Beseitigung überwachungsbedürftiger Rückstände ohne Entlassung aus der Überwachung ist nicht zulässig.

(5) Die Absätze 1 bis 4 gelten entsprechend für die Verbringung überwachungsbedürftiger Rückstände, die im Ausland angefallen sind. Wer beabsichtigt, im Ausland angefallene Rückstände zur Verwertung ins Inland zu verbringen, muss zuvor der zuständigen Behörde nachweisen, dass

1. die durch Rechtsverordnung nach § 61 Absatz 2 Satz 2 bestimmten Überwachungsgrenzen und Verwertungswege eingehalten werden oder
2. die Voraussetzungen der Entlassung aus der Überwachung zum Zweck einer bestimmten Verwertung vorliegen.

(6) Die Bundesregierung wird ermächtigt, durch Rechtsverordnung mit Zustimmung des Bundesrates

1. Grundsätze für die Ermittlung von Expositionen bei Rückständen festzulegen,
2. zu bestimmen, unter welchen Voraussetzungen die zuständige Behörde bei der Entlassung von Rückständen aus der Überwachung zur gemeinsamen Deponierung mit anderen Rückständen und Abfällen davon ausgehen kann, dass für die Exposition von Einzelpersonen der Bevölkerung, die durch die Beseitigung oder Verwertung bedingt ist, eine effektive Dosis im Bereich von 1 Millisievert im Kalenderjahr auch ohne weitere Maßnahmen nach Abschluss der Deponierung nicht überschritten wird und
3. zu bestimmen, in welchem Verfahren eine Entlassung überwachungsbedürftiger Rückstände aus der Überwachung erfolgt, insbesondere, wenn überwachungsbedürftige Rückstände als Bauprodukt verwertet werden sollen oder eine Verwertung oder Beseitigung in einem anderen Bundesland vorgesehen ist.

(7) Sofern eine Entlassung überwachungsbedürftiger Rückstände aus der Überwachung

nach diesem Gesetz, dem Atomgesetz oder nach einer auf Grund dieses Gesetzes oder des Atomgesetzes erlassenen Rechtsverordnung die Beseitigung nach den Vorschriften des Kreislaufwirtschaftsgesetzes oder den auf dessen Grundlage oder auf der Grundlage des bis zum 1. Juni 2012 geltenden Kreislaufwirtschafts- und Abfallgesetzes erlassenen Rechtsverordnungen vorsieht, dürfen diese Rückstände nach den genannten Vorschriften nicht wieder verwendet oder verwertet werden.

§ 63 In der Überwachung verbleibende Rückstände; Verordnungsermächtigung

(1) Ist eine Entlassung aus der Überwachung nach § 62 Absatz 2 nicht möglich, so hat der nach § 61 Absatz 1 Satz 1 Verpflichtete der zuständigen Behörde Art, Masse und spezifische Aktivität der in der Überwachung verbleibenden Rückstände sowie eine geplante Beseitigung oder Verwertung dieser Rückstände oder die Abgabe zu diesem Zweck innerhalb der Frist nach Satz 2 anzuzeigen. Die Anzeige hat nach Ablehnung eines Antrags nach § 62 Absatz 2 innerhalb eines Monats, anderenfalls unverzüglich, nachdem der Verpflichtete die Überwachungsbedürftigkeit nach § 61 Absatz 2 festgestellt hat, zu erfolgen.

(2) Die zuständige Behörde kann anordnen, dass und welche Schutzmaßnahmen zu treffen sind und wie die in der Überwachung verbleibenden Rückstände bei einer von ihr zu bestimmenden Stelle weiter zu behandeln oder zu lagern sind.

(3) Die Bundesregierung wird ermächtigt, durch Rechtsverordnung mit Zustimmung des Bundesrates festzulegen, auf welche Weise in der Überwachung verbleibende Rückstände zu beseitigen sind.

§ 64 Entfernung von Kontaminationen von Grundstücken

(1) Wer industrielle oder bergbauliche Prozesse, bei denen überwachungsbedürftige Rückstände angefallen sind, beendet, hat Kontaminationen durch überwachungsbedürftige Rückstände vor Nutzung des Grundstücks durch Dritte, spätestens jedoch fünf Jahre nach Beendigung der Nutzung, so zu entfernen, dass die Rückstände keine Einschränkung der Nutzung begründen. Maßstab für eine Grundstücksnutzung ohne Einschränkungen ist, dass die Exposition, der Einzelpersonen der Bevölkerung durch die nicht entfernten Rückstände ausgesetzt sind, den Richtwert einer effektiven Dosis von 1 Millisievert im Kalenderjahr nicht überschreitet.

(2) Der nach Absatz 1 Satz 1 Verpflichtete hat der zuständigen Behörde den Abschluss der Entfernung der Kontaminationen unter Beifügung geeigneter Nachweise nach Satz 2 innerhalb von drei Monaten mitzuteilen. Der Nachweis nach Satz 1 ist unter Anwendung der Grundsätze, die in einer Rechtsverordnung nach § 62 Absatz 6 Nummer 1 festgelegt werden, zu erbringen. Die Behörde kann verlangen, dass der Verbleib der entfernten Kontaminationen nachgewiesen wird.

(3) Die zuständige Behörde kann im Einzelfall ganz oder teilweise von der Pflicht nach Absatz 1 befreien, wenn die vorgesehene Nutzung des Grundstücks oder Schutzmaßnahmen eine Exposition von mehr als 1 Millisievert effektive Dosis im Kalenderjahr für Einzelpersonen der Bevölkerung auch ohne Entfernung der Kontaminationen verhindern. Sie kann die Durchführung der Pflicht nach Absatz 1 auch zu einem späteren Zeitpunkt gestatten, wenn auf dem Grundstück weiterhin industrielle oder bergbauliche Prozesse nach § 61 Absatz 1 durchgeführt werden sollen.

§ 65 Überwachung sonstiger Materialien; Verordnungsermächtigung

(1) Kann durch Tätigkeiten nach § 4 Absatz 1 Satz 1 Nummer 10 mit Materialien, die im Inland oder im Ausland angefallen und die keine Rückstände sind oder durch die Ausübung von industriellen oder bergbaulichen Prozessen, bei denen solche Materialien anfallen, die Exposition von Einzelpersonen der Bevölkerung so erheblich erhöht werden, dass Strahlenschutzmaßnahmen notwendig sind, kann die zuständige Behörde Anordnungen treffen. Sie kann insbesondere anordnen,

VI

1. dass und welche Schutzmaßnahmen zu ergreifen sind,
2. dass und wie die Materialien bei einer von ihr zu bestimmenden Stelle weiter zu behandeln oder zu lagern sind oder
3. dass derjenige, der Materialien angenommen hat, die im Ausland angefallen und ins Inland verbracht worden sind, diese an den ursprünglichen Besitzer im Versandstaat zurückführt.

(2) Die Bundesregierung wird ermächtigt, durch Rechtsverordnung mit Zustimmung des Bundesrates festzulegen, auf welche Weise Materialien zu beseitigen sind.

§ 66 Mitteilungspflichten zur Betriebsorganisation

Besteht bei juristischen Personen das vertretungsberechtigte Organ aus mehreren Mitgliedern oder sind bei teilrechtsfähigen Personengesellschaften oder nichtrechtsfähigen Personenvereinigungen mehrere vertretungsberechtigte Personen vorhanden, so ist der zuständigen Behörde mitzuteilen, wer von ihnen die Verpflichtungen nach diesem Unterabschnitt wahrnimmt. Die Gesamtverantwortung aller Organmitglieder oder vertretungsberechtigter Mitglieder der Personenvereinigung bleibt hiervon unberührt.

VI

Abschnitt 9
Ausnahme

§ 67 Ausnahme von dem Erfordernis der Genehmigung und der Anzeige

Wer als Arbeitnehmer oder Arbeitnehmerin anderweitig unter der Aufsicht stehend im Rahmen einer nach diesem Gesetz genehmigungs- oder anzeigebedürftigen Tätigkeit beschäftigt wird, bedarf weder einer Genehmigung noch hat er oder sie eine Anzeige zu erstatten.

Kapitel 4
Betriebliche Organisation des Strahlenschutzes

§ 69 Strahlenschutzverantwortlicher

(1) Strahlenschutzverantwortlicher ist, wer

1. einer Genehmigung nach § 10, § 12 Absatz 1, § 25 oder § 27, einer Genehmigung nach den §§ 4, 6, 7 oder 9 des Atomgesetzes, der Planfeststellung nach § 9b des Atomgesetzes oder der Genehmigung nach § 9b Absatz 1a des Atomgesetzes bedarf,
2. eine Tätigkeit nach § 5 des Atomgesetzes ausübt,
3. eine Anzeige nach den §§ 17, 19, 22, 26, 50, 52, 56 oder 59 zu erstatten hat oder
4. auf Grund des § 12 Absatz 4 keiner Genehmigung nach § 12 Absatz 1 Nummer 3 bedarf.

(2) Handelt es sich bei dem Strahlenschutzverantwortlichen um eine juristische Person oder um eine rechtsfähige Personengesellschaft, so werden die Aufgaben des Strahlenschutzverantwortlichen von der durch Gesetz, Satzung oder Gesellschaftsvertrag zur Vertretung berechtigten Person wahrgenommen. Besteht das vertretungsberechtigte Organ aus mehreren Mitgliedern oder sind bei nicht rechtsfähigen Personenvereinigungen mehrere vertretungsberechtigte Personen vorhanden, so ist der zuständigen Behörde mitzuteilen, welche dieser Personen die Aufgaben des Strahlenschutzverantwortlichen wahrnimmt. Die Gesamtverantwortung aller Organmitglieder oder Mitglieder der Personenvereinigung bleibt hiervon unberührt.

§ 70 Strahlenschutzbeauftragter

(1) Der Strahlenschutzverantwortliche hat für die Leitung oder Beaufsichtigung einer Tätigkeit die erforderliche Anzahl von Strahlenschutzbeauftragten unverzüglich schriftlich zu bestellen, soweit dies für die Gewährleistung des Strahlenschutzes bei der Tätigkeit notwendig ist. Der Strahlenschutzverantwortliche bleibt auch im Falle einer solchen Bestellung für die Einhaltung der Pflichten, die ihm durch dieses Gesetz und durch die auf seiner Grundlage erlassenen Rechtsverordnungen auferlegt sind, verantwortlich.

(2) Der Strahlenschutzverantwortliche hat bei der Bestellung eines Strahlenschutzbeauftragten dessen Aufgaben, dessen innerbetrieblichen Entscheidungsbereich und die zur Aufgabenwahrnehmung erforderlichen Befugnisse schriftlich festzulegen. Dem Strahlenschutzbeauftragten obliegen die Pflichten,

die ihm durch dieses Gesetz und durch die auf dessen Grundlage ergangenen Rechtsverordnungen auferlegt sind, nur im Rahmen seiner Befugnisse.

(3) Es dürfen nur Personen zu Strahlenschutzbeauftragten bestellt werden, bei denen keine Tatsachen vorliegen, aus denen sich Bedenken gegen ihre Zuverlässigkeit ergeben und die die erforderliche Fachkunde im Strahlenschutz besitzen.

(4) Die Bestellung eines Strahlenschutzbeauftragten hat der Strahlenschutzverantwortliche der zuständigen Behörde unter Angabe der festgelegten Aufgaben und Befugnisse unverzüglich schriftlich mitzuteilen. Der Mitteilung ist die Bescheinigung über die erforderliche Fachkunde im Strahlenschutz beizufügen. Dem Strahlenschutzbeauftragten und dem Betriebsrat oder dem Personalrat ist je eine Abschrift der Mitteilung zu übermitteln. Die Sätze 1 und 3 gelten entsprechend im Falle der Änderung der Aufgaben oder Befugnisse eines Strahlenschutzbeauftragten sowie im Falle des Ausscheidens des Strahlenschutzbeauftragten aus seiner Funktion. Satz 2 gilt im Falle der Änderung entsprechend, falls es eine Erweiterung der Aufgaben oder Befugnisse eines Strahlenschutzbeauftragten gibt.

(5) Die zuständige Behörde kann gegenüber dem Strahlenschutzverantwortlichen feststellen, dass eine Person nicht als Strahlenschutzbeauftragter anzusehen ist, wenn die Person auf Grund unzureichender Befugnisse, unzureichender Fachkunde im Strahlenschutz, fehlender Zuverlässigkeit oder aus anderen Gründen ihre Pflichten als Strahlenschutzbeauftragter nur unzureichend erfüllen kann.

(6) Der Strahlenschutzbeauftragte darf bei der Erfüllung seiner Pflichten nicht behindert und wegen deren Erfüllung nicht benachteiligt werden. Steht der Strahlenschutzbeauftragte in einem Arbeitsverhältnis mit dem zur Bestellung verpflichteten Strahlenschutzverantwortlichen, so ist die Kündigung des Arbeitsverhältnisses unzulässig, es sei denn, es liegen Tatsachen vor, die den Strahlenschutzverantwortlichen zur Kündigung aus wichtigem Grund ohne Einhaltung einer Kündigungsfrist berechtigen. Nach der Abberufung als Strahlenschutzbeauftragter ist die Kündigung innerhalb eines Jahres nach der Beendigung der Bestellung unzulässig, es sei denn, der Strahlenschutzverantwortliche ist zur Kündigung aus wichtigem Grund ohne Einhaltung einer Kündigungsfrist berechtigt.

(7) Strahlenschutzbeauftragte, die für das Aufsuchen, das Gewinnen oder das Aufbereiten radioaktiver Bodenschätze zu bestellen sind, müssen als verantwortliche Person zur Leitung oder Beaufsichtigung des Betriebes oder eines Betriebsteiles nach § 58 Absatz 1 Nummer 2 des Bundesberggesetzes bestellt sein, wenn auf diese Tätigkeiten die Vorschriften des Bundesberggesetzes Anwendung finden.

§ 71 Betriebliche Zusammenarbeit im Strahlenschutz

(1) Der Strahlenschutzverantwortliche hat den Strahlenschutzbeauftragten unverzüglich über alle Verwaltungsakte und Maßnahmen, die Aufgaben oder Befugnisse des Strahlenschutzbeauftragten betreffen, zu unterrichten.

(2) Der Strahlenschutzbeauftragte hat dem Strahlenschutzverantwortlichen unverzüglich alle Mängel mitzuteilen, die den Strahlenschutz beeinträchtigen. Kann sich der Strahlenschutzbeauftragte über eine von ihm vorgeschlagene Maßnahme zur Behebung von aufgetretenen Mängeln mit dem Strahlenschutzverantwortlichen nicht einigen, so hat dieser dem Strahlenschutzbeauftragten die Ablehnung des Vorschlages schriftlich mitzuteilen und zu begründen; dem Betriebsrat oder dem Personalrat sowie der zuständigen Behörde hat der Strahlenschutzverantwortliche je eine Abschrift der Mitteilung einschließlich der Begründung zu übermitteln. Unterbleibt die Mitteilung oder die Übermittlung an die zuständige Behörde, so kann der Strahlenschutzbeauftragte sich direkt an die zuständige Behörde wenden.

(3) Der Strahlenschutzverantwortliche und der Strahlenschutzbeauftragte haben bei der Wahrnehmung ihrer Aufgaben mit dem Betriebsrat oder dem Personalrat, den Fachkräften für Arbeitssicherheit und dem ermächtig-

VI

ten Arzt nach § 79 Absatz 1 Satz 2 Nummer 9 Buchstabe a zusammenzuarbeiten und sie über wichtige Angelegenheiten des Strahlenschutzes zu unterrichten. Der Strahlenschutzbeauftragte hat den Betriebsrat oder Personalrat auf dessen Verlangen in Angelegenheiten des Strahlenschutzes zu beraten.

§ 72 Weitere Pflichten des Strahlenschutzverantwortlichen und des Strahlenschutzbeauftragten; Verordnungsermächtigung

(1) Der Strahlenschutzverantwortliche hat bei Tätigkeiten nach § 4 Absatz 1 Satz 1 Nummer 1 bis 7 und 9 unter Beachtung des Standes von Wissenschaft und Technik, bei Tätigkeiten nach § 4 Absatz 1 Satz 1 Nummer 8, 10 und 11 unter Beachtung des Standes der Technik, zum Schutz des Menschen und der Umwelt vor den schädlichen Wirkungen ionisierender Strahlung durch geeignete Schutzmaßnahmen, insbesondere durch Bereitstellung geeigneter Räume, Ausrüstungen und Geräte, durch geeignete Regelung des Betriebsablaufs und durch Bereitstellung ausreichenden und geeigneten Personals, dafür zu sorgen, dass

1. im Sinne des § 8 Absatz 1 jede unnötige Exposition oder Kontamination von Mensch und Umwelt vermieden wird und im Sinne des § 8 Absatz 2 jede Exposition oder Kontamination von Mensch und Umwelt unter Berücksichtigung aller Umstände des Einzelfalls auch unterhalb der Grenzwerte so gering wie möglich gehalten wird;
2. die folgenden Vorschriften eingehalten werden:
   a) § 27 Absatz 3, § 77 Satz 1, § 78 Absatz 1 bis 4, § 80 Absatz 1 und 2, § 83 Absatz 1, 3 Satz 1 und 4 und Absatz 5 und § 166 sowie nach Maßgabe des § 115 Absatz 1 Nummer 1 und Absatz 2 Nummer 1 die Vorschriften der §§ 113, 114 und 116 und
   b) § 76 Absatz 2, § 85 Absatz 1 bis 3, § 90 Absatz 2, die §§ 167 und 168;
3. die Vorschriften und Schutzvorschriften einer auf Grund der §§ 24, 37 Absatz 1, von § 68 Absatz 1, der §§ 73, 76 Absatz 1, von § 79 Absatz 1, der §§ 81, 82, 85 Absatz 4, der §§ 86, 87, 89, 90 Absatz 2, von § 170 Absatz 10, § 171 erlassenen Rechtsverordnung eingehalten werden, soweit die Rechtsverordnung dies bestimmt, und
4. die erforderlichen Maßnahmen gegen ein unbeabsichtigtes Kritischwerden von Kernbrennstoffen getroffen werden.

Für Tätigkeiten nach § 4 Absatz 1 Satz 2 gilt Satz 1 entsprechend.

(2) Der Strahlenschutzbeauftragte hat dafür zu sorgen, dass

1. im Rahmen der ihm nach § 70 Absatz 2 übertragenen Aufgaben und Befugnisse
   a) die in Absatz 1 Satz 1 Nummer 1 und 2 genannten Vorschriften eingehalten werden,
   b) die in Absatz 1 Satz 1 Nummer 3 genannten Vorschriften und Schutzvorschriften eingehalten werden,

   soweit nicht auf Grund der Rechtsverordnung nach Satz 2 allein der Strahlenschutzverantwortliche für die Einhaltung zu sorgen hat, und
2. die Bestimmungen des Bescheides über die Genehmigung, Freigabe oder Bauartzulassung und die von der zuständigen Behörde erlassenen Anordnungen und Auflagen eingehalten werden, soweit ihm deren Durchführung und Erfüllung nach § 70 Absatz 2 übertragen worden sind.

Die Bundesregierung wird ermächtigt, durch Rechtsverordnung mit Zustimmung des Bundesrates festzulegen, dass für die Einhaltung bestimmter in Absatz 1 Satz 1 Nummer 3 genannter Vorschriften und Schutzvorschriften allein der Strahlenschutzverantwortliche zu sorgen hat. Die Bundesregierung wird ermächtigt, durch Rechtsverordnung mit Zustimmung des Bundesrates festzulegen, wie die Befugnisse des nach § 29 Absatz 1 Satz 1 Nummer 3 erforderlichen Strahlenschutzbeauftragten auszugestalten sind.

(3) Der Strahlenschutzverantwortliche und der Strahlenschutzbeauftragte haben dafür zu sorgen, dass bei Gefahr für Mensch und Umwelt unverzüglich geeignete Maßnahmen zur Abwendung dieser Gefahr getroffen werden.

§ 73 Verordnungsermächtigung für den Erlass einer Strahlenschutzanweisung

Die Bundesregierung wird ermächtigt, durch Rechtsverordnung mit Zustimmung des Bundesrates festzulegen, dass der Strahlenschutzverantwortliche eine Strahlenschutzanweisung zu erlassen hat und welchen Inhalt die Strahlenschutzanweisung haben muss.

§ 74 Erforderliche Fachkunde und Kenntnisse im Strahlenschutz; Verordnungsermächtigungen

(1) Die erforderliche Fachkunde im Strahlenschutz wird in der Regel durch eine für das jeweilige Anwendungsgebiet geeignete Ausbildung, durch praktische Erfahrung und durch die erfolgreiche Teilnahme an von der zuständigen Stelle anerkannten Kursen erworben.

(2) Die erforderlichen Kenntnisse im Strahlenschutz werden in der Regel durch eine für das jeweilige Anwendungsgebiet geeignete Einweisung und durch praktische Erfahrung erworben. Die in einer Rechtsverordnung nach Absatz 4 Nummer 5 bestimmten Personen erwerben in der Regel die erforderlichen Kenntnisse im Strahlenschutz durch eine geeignete Ausbildung, durch praktische Erfahrung und durch die erfolgreiche Teilnahme an von der zuständigen Stelle anerkannten Kursen.

(3) Die Bundesregierung wird ermächtigt, durch Rechtsverordnung mit Zustimmung des Bundesrates Näheres über die erforderliche Fachkunde und die erforderlichen Kenntnisse im Strahlenschutz in Abhängigkeit von dem Anwendungsgebiet und den Aufgaben der Person, die die erforderliche Fachkunde im Strahlenschutz oder die erforderlichen Kenntnisse im Strahlenschutz besitzen muss, festzulegen.

(4) Die Bundesregierung wird auch ermächtigt, durch Rechtsverordnung mit Zustimmung des Bundesrates zu bestimmen,

1. welche Nachweise über die erforderliche Fachkunde im Strahlenschutz oder die erforderlichen Kenntnisse im Strahlenschutz zu erbringen sind,
2. dass und auf welche Weise das Vorliegen der erforderlichen Fachkunde im Strahlenschutz oder der erforderlichen Kenntnisse im Strahlenschutz geprüft und bescheinigt wird,
3. welche Anforderungen an die Anerkennung von Kursen zum Erwerb der erforderlichen Fachkunde im Strahlenschutz oder der erforderlichen Kenntnisse im Strahlenschutz, an die Anerkennung einer Berufsausbildung, die den Erwerb der erforderlichen Fachkunde im Strahlenschutz oder der erforderlichen Kenntnisse im Strahlenschutz beinhaltet, sowie an Kurse zu ihrer Aktualisierung zu stellen sind,
4. welche Inhalte in den Kursen zum Erwerb der erforderlichen Fachkunde im Strahlenschutz oder der erforderlichen Kenntnisse im Strahlenschutz und zu ihrer Aktualisierung zu vermitteln sind,
5. welche Personen die erforderlichen Kenntnisse im Strahlenschutz nach Absatz 2 Satz 2 zu erwerben haben,
6. dass, in welchen Abständen und auf welche Weise Personen die erforderliche Fachkunde oder Kenntnisse im Strahlenschutz zu aktualisieren haben,
7. unter welchen Voraussetzungen eine vergleichbare Fachkunde im Strahlenschutz oder vergleichbare Kenntnisse im Strahlenschutz, die außerhalb des Geltungsbereichs dieses Gesetzes erworben wurden, oder die Teilnahme an einem Kurs, der außerhalb des Geltungsbereichs dieses Gesetzes stattgefunden hat, anerkannt werden können und
8. unter welchen Voraussetzungen die zuständige Stelle eine Bescheinigung über die erforderliche Fachkunde im Strahlenschutz oder die erforderlichen Kenntnisse im Strahlenschutz entziehen kann, die Fortgeltung der Bescheinigung mit Auflagen versehen kann oder eine Überprüfung der Fachkunde oder der Kenntnisse veranlassen kann.

§ 75 Überprüfung der Zuverlässigkeit

Für die Überprüfung der Zuverlässigkeit von Personen zum Schutz gegen unbefugte Handlungen, die zu einer Entwendung oder Freisetzung sonstiger radioaktiver Stoffe führen können, sind § 12b des Atomgesetzes

VI

und die Atomrechtliche Zuverlässigkeitsüberprüfungs-Verordnung anzuwenden.

Kapitel 5
Anforderungen an die Ausübung von Tätigkeiten

§ 76 Verordnungsermächtigungen für die physikalische Strahlenschutzkontrolle und Strahlenschutzbereiche; Aufzeichnungs- und Mitteilungspflichten der Daten der Körperdosis

(1) Die Bundesregierung wird ermächtigt, durch Rechtsverordnung mit Zustimmung des Bundesrates Anforderungen an die physikalische Strahlenschutzkontrolle festzulegen sowie Vorgaben für Überwachungsbereiche, Kontrollbereiche und Sperrbereiche als Teil des Kontrollbereichs (Strahlenschutzbereiche) und den Schutz von Personen, die sich in Strahlenschutzbereichen aufhalten, zu machen. In der Rechtsverordnung kann insbesondere festgelegt werden,

1. wann Strahlenschutzbereiche einzurichten sind und welche Merkmale sie erfüllen müssen,
2. wie Strahlenschutzbereiche abzugrenzen, zu sichern und zu kennzeichnen sind,
3. unter welchen Bedingungen Personen der Zutritt zu Strahlenschutzbereichen erlaubt wird,
4. dass Personen vor dem Zutritt zu Strahlenschutzbereichen, vor dem Einsatz als fliegendes oder raumfahrendes Personal oder vor dem Umgang mit radioaktiven Stoffen oder vor dem Betrieb von Anlagen zur Erzeugung ionisierender Strahlung, Röntgeneinrichtungen oder Störstrahlern oder vor der Beförderung radioaktiver Stoffe zu unterweisen sind, welchen Inhalt die Unterweisungen haben müssen, in welchen Zeitabständen die Unterweisung zu erfolgen hat,
5. dass aufzuzeichnen ist, wer an der Unterweisung nach Nummer 4 teilgenommen hat, wie lange die Aufzeichnung aufzubewahren und unter welchen Voraussetzungen sie der zuständigen Behörde vorzulegen ist,
6. dass persönliche Schutzausrüstungen zu verwenden sind und welche persönlichen Schutzausrüstungen zu verwenden sind,
7. dass und wie die messtechnische Überwachung zu erfolgen hat, einschließlich der Verwendung bestimmter Strahlungsmessgeräte,
8. wie Personen, die sich in Strahlenschutzbereichen aufhalten oder aufgehalten haben, zu überwachen sind, einschließlich der Pflicht dieser Personen, Dosimeter zu tragen,
9. dass aufzuzeichnen ist, wer sich in Strahlenschutzbereichen aufgehalten hat und welche Ergebnisse die Überwachung hat, dass und wie lange die Aufzeichnungen aufzubewahren sind, dass und unter welchen Voraussetzungen sie der zuständigen Behörde vorzulegen sind und unter welchen Voraussetzungen die Ergebnisse der Überwachung ermächtigten Ärzten und Arbeitgebern mitzuteilen sind,
10. dass und in welchem Umfang Personen, die einer beruflichen Exposition ausgesetzt sein können oder die sich in einem Strahlenschutzbereich aufhalten oder aufgehalten haben, verpflichtet sind, sich Messungen zur Bestimmung der Körperdosis, ärztlicher Untersuchung und, soweit zum Schutz anderer Personen oder der Allgemeinheit erforderlich, ärztlicher Behandlung zu unterziehen, und dass die Untersuchung oder die Behandlung durch ermächtigte Ärzte vorzunehmen ist,
11. dass, wie und durch wen die Körperdosis zu ermitteln ist,
12. welche technischen und organisatorischen Anforderungen für die nach Absatz 2, nach § 85 Absatz 1 Nummer 3 Buchstabe b sowie nach den §§ 167 und 168 erforderliche Aufzeichnung, Aufbewahrung und Weitergabe der ermittelten Daten zur Körperdosis gelten,
13. welche Dosimeter zur Messung der beruflichen Exposition verwendet werden

dürfen und dass sie der zu überwachenden Person zur Verfügung zu stellen sind,

14. welche Anforderungen an die Anerkennung eines Rechenprogramms zur Ermittlung der Körperdosis des fliegenden Personals zu stellen sind,
15. welche Schutzmaßnahmen in Strahlenschutzbereichen und beim Verlassen von Strahlenschutzbereichen zu ergreifen sind, um Kontaminationen von Personen und Gegenständen festzustellen und zu beseitigen sowie Aktivierungen von Gegenständen festzustellen und welche Werte der oberflächenspezifischen und spezifischen Aktivität hierfür heranzuziehen sind sowie welche Anforderungen an mit der Dekontamination betraute Personen zu stellen sind,
16. welche Vorkehrungen zum Schutz der Feuerwehr vor der schädlichen Wirkung ionisierender Strahlung bei der Brandbekämpfung zu treffen sind und
17. welche weiteren Aufzeichnungs-, Aufbewahrungs-, Mitteilungs- und Vorlagepflichten im Zusammenhang mit den Pflichten nach den Nummern 1 bis 16 bestehen.

Die Rechtsverordnung kann auch diejenigen Vorschriften der Rechtsverordnung festlegen, für deren Einhaltung der Strahlenschutzverantwortliche zu sorgen hat.

(2) Der Strahlenschutzverantwortliche hat dafür zu sorgen, dass die Ergebnisse der nach der Rechtsverordnung nach Absatz 1 Satz 2 Nummer 11 ermittelten Daten zur Körperdosis von Personen, die der physikalischen Strahlenschutzkontrolle unterliegen oder sich in Strahlenschutzbereichen aufgehalten haben und weder einer beruflichen Exposition unterliegen noch Betreuungs- und Begleitpersonen sind, unverzüglich aufgezeichnet werden. Die Aufzeichnungen sind zehn Jahre ab dem Zeitpunkt der Erstellung aufzubewahren und der zuständigen Behörde auf Verlangen vorzulegen.

(3) Das Grundrecht auf körperliche Unversehrtheit (Artikel 2 Absatz 2 Satz 1 des Grundgesetzes) wird nach Maßgabe des Absatzes 1 Satz 2 Nummer 10 eingeschränkt.

§ 77 Grenzwert für die Berufslebensdosis

Der Grenzwert für die Summe der in allen Kalenderjahren ermittelten effektiven Dosen beruflich exponierter Personen beträgt 400 Millisievert. Die zuständige Behörde kann im Benehmen mit einem ermächtigten Arzt eine zusätzliche berufliche Exposition zulassen, wenn diese nicht mehr als 10 Millisievert effektive Dosis im Kalenderjahr beträgt und die beruflich exponierte Person einwilligt. Die Einwilligung ist schriftlich zu erteilen.

§ 78 Grenzwerte für beruflich exponierte Personen

(1) Der Grenzwert der effektiven Dosis beträgt für beruflich exponierte Personen 20 Millisievert im Kalenderjahr. Die zuständige Behörde kann im Einzelfall für ein einzelnes Jahr eine effektive Dosis von 50 Millisievert zulassen, wobei in fünf aufeinander folgenden Jahren insgesamt 100 Millisievert nicht überschritten werden dürfen.

(2) Der Grenzwert der Organ-Äquivalentdosis beträgt für beruflich exponierte Personen

1. für die Augenlinse 20 Millisievert im Kalenderjahr,
2. für die Haut, gemittelt über jede beliebige Hautfläche von einem Quadratzentimeter, unabhängig von der exponierten Fläche, (lokale Hautdosis) 500 Millisievert im Kalenderjahr und
3. für die Hände, die Unterarme, die Füße und Knöchel jeweils 500 Millisievert im Kalenderjahr.

Für die Organ-Äquivalentdosis der Augenlinse gilt Absatz 1 Satz 2 entsprechend.

(3) Für beruflich exponierte Personen unter 18 Jahren beträgt der Grenzwert der effektiven Dosis 1 Millisievert im Kalenderjahr. Der Grenzwert der Organ-Äquivalentdosis beträgt

1. für die Augenlinse 15 Millisievert im Kalenderjahr,
2. für die lokale Hautdosis 50 Millisievert im Kalenderjahr,
3. für die Hände, die Unterarme, die Füße und Knöchel jeweils 50 Millisievert im Kalenderjahr.

Abweichend davon kann die zuständige Behörde für Auszubildende und Studierende im Alter zwischen 16 und 18 Jahren einen Grenzwert von 6 Millisievert im Kalenderjahr für die effektive Dosis und jeweils 150 Millisievert im Kalenderjahr für die Organ-Äquivalentdosis der Haut, der Hände, der Unterarme, der Füße und Knöchel zulassen, wenn dies zur Erreichung des Ausbildungszieles notwendig ist.

(4) Bei gebärfähigen Frauen beträgt der Grenzwert für die Organ-Äquivalentdosis der Gebärmutter 2 Millisievert im Monat. Für ein ungeborenes Kind, das auf Grund der Beschäftigung der Mutter einer Exposition ausgesetzt ist, beträgt der Grenzwert der effektiven Dosis vom Zeitpunkt der Mitteilung über die Schwangerschaft bis zu deren Ende 1 Millisievert.

(5) Die Befugnis der zuständigen Behörde nach der Rechtsverordnung nach § 79 Absatz 1 Satz 2 Nummer 1, unter außergewöhnlichen, im Einzelfall zu beurteilenden Umständen zur Durchführung notwendiger spezifischer Arbeitsvorgänge Expositionen zuzulassen, die von den Grenzwerten der Absätze 1 und 2 und Absatz 4 Satz 1 abweichen, bleibt unberührt.

VI

§ 79 Verordnungsermächtigung für die berufliche Exposition; Führung einer Gesundheitsakte

(1) Die Bundesregierung wird ermächtigt, durch Rechtsverordnung mit Zustimmung des Bundesrates festzulegen, welche Vorsorge- und Überwachungsmaßnahmen für den Schutz von Personen, die einer beruflichen Exposition unterliegen, zu treffen sind. In der Rechtsverordnung kann insbesondere festgelegt werden,

1. unter welchen Voraussetzungen eine Weiterbeschäftigung als beruflich exponierte Person bei Grenzwertüberschreitung zulässig ist und unter welchen Voraussetzungen von den Grenzwerten abweichende Expositionen zugelassen werden können,
2. in welchen Fällen, auf welche Weise und durch wen Dosisrichtwerte für berufliche Expositionen festgelegt werden können und wer diese Dosisrichtwerte bei der Durchführung von Strahlenschutzmaßnahmen zu berücksichtigen hat,
3. dass und wie Schutzvorkehrungen vor äußerer und innerer Exposition getroffen werden, welche Beschäftigungsverbote und Beschäftigungsbeschränkungen für Personen unter 18 Jahren gelten sowie Ausnahmen von diesen Verboten und Beschränkungen,
4. welche besonderen Schutzmaßnahmen für eine schwangere oder stillende Frau und ihr Kind zu treffen sind,
5. dass Personen zum Zweck der Kontrolle und ärztlichen Überwachung Kategorien zugeordnet werden,
6. in welchen Fällen Personen nur nach Vorlage einer Bescheinigung ermächtigter Ärzte so beschäftigt werden dürfen, dass sie einer beruflichen Exposition ausgesetzt sind, und dass die zuständige Behörde bei gesundheitlichen Bedenken gegen eine solche Beschäftigung nach Einholung eines Gutachtens ärztlicher Sachverständiger entscheidet, dass die ärztliche Untersuchung in regelmäßigen Abständen zu wiederholen ist und auch in kürzeren Abständen sowie nach Beendigung des Arbeitsverhältnisses angeordnet werden kann,
7. welche Unterlagen, einschließlich der Gesundheitsakte nach Nummer 10, ein ermächtigter Arzt für die Anfertigung der Bescheinigung nach Nummer 6 heranzuziehen hat, welche Angaben die Bescheinigung enthalten muss und welches Verfahren bei der Ausstellung der Bescheinigung zu beachten ist,
8. in welchen Fällen bei einer Person eine besondere ärztliche Überwachung durchzuführen ist und wie diese durchzuführen ist,
9. dass und unter welchen Voraussetzungen
   a) die zuständige Behörde Ärzte zur ärztlichen Untersuchung exponierter Personen ermächtigen darf (ermächtigte Ärzte),

b) die Ermächtigung befristet werden kann,

10. welche Aufgaben und Verpflichtungen, einschließlich der Pflicht zur Führung von Gesundheitsakten, die ermächtigten Ärzte haben,
11. dass und unter welchen Voraussetzungen ein ermächtigter Arzt
    a) die Bescheinigung nach Nummer 6 dem Strahlenschutzverantwortlichen, der untersuchten Person, einem anderen ermächtigten Arzt und der zuständigen Behörde zu übermitteln hat,
    b) die Gesundheitsakte einem anderen ermächtigten Arzt und, bei Beendigung der Ermächtigung, einer von der zuständigen Behörde benannten Stelle zu übermitteln hat,
12. dass bei der Aufstellung der Arbeitspläne für das fliegende Personal der ermittelten Exposition im Hinblick auf eine Verringerung der Dosen Rechnung zu tragen ist,
13. welche weiteren Aufzeichnungs-, Aufbewahrungs-, Mitteilungs- und Vorlagepflichten im Zusammenhang mit den Pflichten nach den Nummern 1 bis 12 bestehen.

Die Rechtsverordnung kann auch diejenigen Vorschriften der Rechtsverordnung festlegen, für deren Einhaltung der Strahlenschutzverantwortliche zu sorgen hat.

(2) Die Gesundheitsakte nach der Rechtsverordnung nach Absatz 1 Satz 2 Nummer 10 hat die folgenden Angaben zu enthalten:

1. Angaben über die Arbeitsbedingungen,
2. Angaben über die Ergebnisse der ärztlichen Überwachung,
3. die ärztliche Bescheinigung nach Absatz 1 Satz 2 Nummer 6,
4. Angaben über die Ergebnisse der besonderen ärztlichen Überwachung nach Absatz 1 Satz 2 Nummer 8,
5. Angaben über die Entscheidung der zuständigen Behörde auf Grund der Rechtsverordnung nach Absatz 1 Satz 2 Nummer 6,
    a) dass die ärztliche Überwachung innerhalb eines kürzeren Zeitraums als dem in der Rechtsverordnung festgelegten Zeitraum durchzuführen ist,
    b) bei gesundheitlichen Bedenken gegen eine Beschäftigung, einschließlich des Gutachtens des ärztlichen Sachverständigen, und
6. Angaben über die erhaltene Körperdosis.

(3) Die Gesundheitsakte ist während der Tätigkeit der beruflich exponierten Person auf dem neuesten Stand zu halten. Sie ist so lange aufzubewahren, bis die Person das 75. Lebensjahr vollendet hat oder vollendet hätte, mindestens jedoch 30 Jahre nach Beendigung der Wahrnehmung von Aufgaben als beruflich exponierte Person. Sie ist spätestens 100 Jahre nach der Geburt der überwachten Person zu vernichten.

(4) Der ermächtigte Arzt nach Absatz 1 Satz 2 Nummer 9 Buchstabe a ist verpflichtet, die Gesundheitsakte auf Verlangen der zuständigen Behörde einer von ihr bestimmten Stelle zur Einsicht vorzulegen und bei Beendigung der Ermächtigung zu übergeben. Dabei ist durch geeignete Maßnahmen sicherzustellen, dass die Wahrung des Patientengeheimnisses durch die bestimmte Stelle gewährleistet ist. Der ermächtigte Arzt hat der untersuchten Person auf ihr Verlangen Einsicht in ihre Gesundheitsakte zu gewähren.

(5) Das Grundrecht auf körperliche Unversehrtheit (Artikel 2 Absatz 2 Satz 1 des Grundgesetzes) wird nach Maßgabe des Absatzes 1 Satz 2 Nummer 6 und 8 eingeschränkt.

§ 80 Grenzwerte für die Exposition der Bevölkerung

(1) Für Einzelpersonen der Bevölkerung beträgt der Grenzwert der Summe der effektiven Dosen 1 Millisievert im Kalenderjahr durch Expositionen aus

1. genehmigungs- oder anzeigebedürftigen Tätigkeiten nach diesem Gesetz oder dem Atomgesetz,
2. der staatlichen Verwahrung von Kernbrennstoffen nach § 5 Absatz 3 Satz 1 des Atomgesetzes,

3. der planfeststellungsbedürftigen Errichtung, dem planfeststellungsbedürftigen Betrieb oder der planfeststellungsbedürftigen Stilllegung der in § 9a Absatz 3 des Atomgesetzes genannten Anlagen des Bundes und
4. dem Aufsuchen, Gewinnen oder Aufbereiten von radioaktiven Bodenschätzen, wenn dies der Betriebsplanpflicht nach § 51 des Bundesberggesetzes unterliegt.

(2) Der Grenzwert der Summe der Organ-Äquivalentdosen für Einzelpersonen der Bevölkerung beträgt

1. für die Augenlinse 15 Millisievert im Kalenderjahr und
2. für die lokale Hautdosis 50 Millisievert im Kalenderjahr.

(3) Expositionen auf Grund nichtmedizinischer Anwendung nach § 83 Absatz 1 Nummer 2 werden bei den Grenzwerten für Einzelpersonen der Bevölkerung nicht berücksichtigt.

(4) Die zuständige Behörde hat darauf hinzuwirken, dass bei mehreren zu betrachtenden genehmigungs- oder anzeigebedürftigen Tätigkeiten die in den Absätzen 1 und 2 genannten Grenzwerte insgesamt eingehalten werden.

§ 81 Verordnungsermächtigung für den Schutz der Bevölkerung und der Umwelt

Die Bundesregierung wird ermächtigt, durch Rechtsverordnung mit Zustimmung des Bundesrates festzulegen, welche Vorsorge- und Überwachungsmaßnahmen für den Schutz von Einzelpersonen der Bevölkerung in Zusammenhang mit geplanten Expositionssituationen zu treffen sind, damit bestimmte Körperdosen und bestimmte Konzentrationen radioaktiver Stoffe in Luft und Wasser nicht überschritten werden. In der Rechtsverordnung kann insbesondere festgelegt werden,

1. bei der Planung oder bei der Ausübung welcher Tätigkeiten die zu erwartende Exposition von Einzelpersonen der Bevölkerung zu ermitteln ist und welche Expositionen aus weiteren Tätigkeiten bei der Ermittlung zu berücksichtigen sind sowie welche Angaben der zuständigen Behörde zur Wahrnehmung der Aufgabe nach § 80 Absatz 4 zu übermitteln sind,
2. für welche genehmigten oder angezeigten Tätigkeiten die erhaltene Exposition von Einzelpersonen der Bevölkerung zu ermitteln ist und welche Angaben der Strahlenschutzverantwortliche hierzu der zuständigen Behörde zu übermitteln hat,
3. dass und auf welche Weise die Ermittlung der erhaltenen Exposition zu dokumentieren ist,
4. auf welche Weise und unter welchen Annahmen die Exposition von Einzelpersonen der Bevölkerung zu ermitteln ist und welche Beiträge bei der Bildung der Summe der Körperdosen nach § 80 Absatz 1 und 2 zu berücksichtigen sind,
5. welche Dosisgrenzwerte für Ableitungen mit Luft oder Wasser bei Planung, Errichtung, Betrieb, Stilllegung, sicherem Einschluss und Abbau von kerntechnischen Anlagen, Anlagen im Sinne des § 9a Absatz 3 Satz 1 zweiter Satzteil des Atomgesetzes, Anlagen zur Erzeugung ionisierender Strahlung und Einrichtungen gelten,
6. dass und auf welche Weise die zuständige Behörde in Zusammenhang mit kerntechnischen Anlagen, Anlagen im Sinne des § 9a Absatz 3 Satz 1 zweiter Satzteil des Atomgesetzes, Anlagen zur Erzeugung ionisierender Strahlung und Einrichtungen zulässige Ableitungen radioaktiver Stoffe mit Luft und Wasser festlegt sowie unter welchen Voraussetzungen die zuständige Behörde davon ausgehen kann, dass die Dosisgrenzwerte nach Nummer 5 eingehalten werden,
7. welche Vorgaben zur Emissions- und Immissionsüberwachung, die auch die Überwachung der Exposition durch Direktstrahlung umfasst, von kerntechnischen Anlagen, Anlagen im Sinne des § 9a Absatz 3 Satz 1 zweiter Satzteil des Atomgesetzes, Anlagen zur Erzeugung

VI

ionisierender Strahlung und Einrichtungen einzuhalten sind,

8. für welche Tätigkeiten eine allgemeine Untersuchung zur Einhaltung von Umweltkriterien für einen langfristigen Schutz der menschlichen Gesundheit durchzuführen ist und welche Verfahren hierzu zu verwenden sind,
9. in welchen Fällen, auf welche Weise und durch wen Dosisrichtwerte festgelegt werden können und wer diese Dosisrichtwerte bei der Durchführung von Strahlenschutzmaßnahmen zu berücksichtigen hat und
10. bei der Planung welcher Tätigkeiten bauliche oder sonstige technische Schutzmaßnahmen zur Begrenzung der Exposition durch Störfälle zu treffen und welche Grundsätze und welche Höchstwerte für Expositionen dabei zu beachten sind.

In der Rechtsverordnung können Verwaltungsbehörden des Bundes Aufgaben zur Qualitätssicherung, zur Verfahrensentwicklung für Probenahme, Analyse und Messung sowie zur Behandlung der Daten zugewiesen werden. Die Rechtsverordnung kann auch diejenigen Vorschriften der Rechtsverordnung festlegen, für deren Einhaltung der Strahlenschutzverantwortliche zu sorgen hat.

§ 82 Verordnungsermächtigung für Pflichten des Strahlenschutzverantwortlichen im Zusammenhang mit Störfällen und Notfällen

(1) Die Bundesregierung wird ermächtigt, durch Rechtsverordnung mit Zustimmung des Bundesrates festzulegen, welche Pflichten der Strahlenschutzverantwortliche zur Vorbereitung angemessener Reaktionen auf Störfälle, mögliche Notfälle sowie bei einem Notfall zu erfüllen hat, insbesondere

1. dass das erforderliche Personal und die erforderlichen Hilfsmittel vorzuhalten sind, um Gefahren, die im Zusammenhang mit der Tätigkeit des Strahlenschutzverantwortlichen durch Störfälle oder Notfälle entstanden sind, einzudämmen und zu beseitigen, und welche Anforderungen an die erforderliche Fachkunde oder die erforderlichen Kenntnisse im Strahlenschutz und die Hilfsmittel zu stellen sind,
2. dass und auf welche Weise die Bevölkerung über die Schutzmaßnahmen und die Empfehlungen für das Verhalten bei möglichen Notfällen zu informieren ist,
3. dass bei Notfällen unverzüglich alle angemessenen Maßnahmen zu treffen sind, um Gefahren für Mensch und Umwelt abzuwenden oder die nachteiligen Auswirkungen zu beschränken,
4. dass und auf welche Weise bestimmte Behörden unverzüglich über den Eintritt eines Notfalls zu unterrichten sind, dass diesen unverzüglich eine vorläufige erste Bewertung der Umstände und Abschätzung der Folgen des Notfalls zu übermitteln ist und dass den zuständigen Behörden und Hilfsorganisationen bei deren Entscheidungen und Schutzmaßnahmen Hilfe zu leisten ist, insbesondere durch die notwendigen Informationen und die erforderliche Beratung.

(2) Unberührt bleiben Pflichten der Strahlenschutzverantwortlichen auf Grundlage anderer Rechtsvorschriften des Bundes und der Länder zur Abwehr von Gefahren für die menschliche Gesundheit, die Umwelt oder für die öffentliche Sicherheit oder auf Grundlage unmittelbar anwendbarer Rechtsakte der Europäischen Union oder der Europäischen Atomgemeinschaft, soweit diese Rechtsvorschriften und Rechtsakte auch bei radiologischen Gefahren anwendbar sind.

§ 83 Anwendung ionisierender Strahlung oder radioaktiver Stoffe am Menschen

(1) Ionisierende Strahlung und radioaktive Stoffe dürfen am Menschen nur angewendet werden

1. im Rahmen einer medizinischen Exposition oder
2. im Rahmen der Exposition der Bevölkerung zur Untersuchung einer Person in durch Gesetz vorgesehenen oder zugelassenen Fällen oder nach Vorschriften des allgemeinen Arbeitsschutzes oder nach Einwanderungsbestimmungen anderer Staaten (nichtmedizinische Anwendung).

(2) Die Anwendung muss einen hinreichenden Nutzen erbringen. Bei der Bewertung, ob die Anwendung einen hinreichenden Nutzen erbringt, ist ihr Gesamtpotential an diagnostischem oder therapeutischem Nutzen, einschließlich des unmittelbaren gesundheitlichen Nutzens für den Einzelnen und des Nutzens für die Gesellschaft, gegen die von der Exposition möglicherweise verursachte Schädigung des Einzelnen abzuwägen.

(3) Die Anwendung darf erst durchgeführt werden, nachdem ein Arzt oder Zahnarzt mit der erforderlichen Fachkunde im Strahlenschutz entschieden hat, dass und auf welche Weise die Anwendung durchzuführen ist (rechtfertigende Indikation). Die rechtfertigende Indikation erfordert bei Anwendungen im Rahmen einer medizinischen Exposition die Feststellung, dass der gesundheitliche Nutzen der einzelnen Anwendung gegenüber dem Strahlenrisiko überwiegt. Die rechtfertigende Indikation erfordert bei nichtmedizinischen Anwendungen die Feststellung, dass der mit der jeweiligen Untersuchung verbundene Nutzen gegenüber dem Strahlenrisiko überwiegt. Die rechtfertigende Indikation darf nur gestellt werden, wenn der Arzt, der die Indikation stellt, die Person, an der ionisierende Strahlung oder radioaktive Stoffe angewendet werden, vor Ort persönlich untersuchen kann, es sei denn, es liegt ein Fall der Teleradiologie nach § 14 Absatz 2 vor.

(4) Absatz 3 gilt nicht für Untersuchungen mit Röntgenstrahlung nach dem Infektionsschutzgesetz und für Anwendungen am Menschen zum Zweck der medizinischen Forschung nach § 31 Absatz 1 oder § 32 Absatz 1.

(5) Die Exposition durch eine Untersuchung mit ionisierender Strahlung oder radioaktiven Stoffen ist so weit einzuschränken, wie dies mit den Erfordernissen der medizinischen Wissenschaft zu vereinbaren ist. Bei der Anwendung ionisierender Strahlung oder radioaktiver Stoffe zur Behandlung von Menschen ist die Dosis außerhalb des Zielvolumens so niedrig zu halten, wie dies unter Berücksichtigung des Behandlungsziels möglich ist. Satz 1 gilt entsprechend für nichtmedizinische Anwendungen.

VI

§ 84 Früherkennung; Verordnungsermächtigung

(1) Früherkennung zur Ermittlung nicht übertragbarer Krankheiten ist nur zulässig, wenn die Rechtsverordnung nach Absatz 2 dies vorsieht.

(2) Das Bundesministerium für Umwelt, Naturschutz, Bau und Reaktorsicherheit wird ermächtigt, durch Rechtsverordnung ohne Zustimmung des Bundesrates festzulegen, welche Früherkennungsuntersuchung unter welchen Voraussetzungen zur Ermittlung einer nicht übertragbaren Krankheit für eine besonders betroffene Personengruppe zulässig ist. In der Rechtsverordnung darf nur die Zulässigkeit solcher Früherkennungsuntersuchungen geregelt werden, bei denen mit einem wissenschaftlich anerkannten Untersuchungsverfahren eine schwere Krankheit in einem Frühstadium erfasst werden kann und so die wirksamere Behandlung einer erkrankten Person ermöglicht wird. Die Ergebnisse der wissenschaftlichen Bewertung nach Absatz 3 sind zu berücksichtigen.

(3) Früherkennungsuntersuchungen zur Ermittlung nicht übertragbarer Krankheiten werden durch das Bundesamt für Strahlenschutz unter Beteiligung von Fachkreisen wissenschaftlich bewertet, wobei Risiko und Nutzen der Früherkennungsuntersuchung gegeneinander abzuwägen sind. Die wissenschaftliche Bewertung ist zu veröffentlichen. Das Bundesministerium für Umwelt, Naturschutz, Bau und Reaktorsicherheit regelt das weitere Verfahren der wissenschaftlichen Bewertung und ihrer Veröffentlichung im Einvernehmen mit dem Bundesministerium für Gesundheit durch allgemeine Verwaltungsvorschriften.

(4) Früherkennung zur Ermittlung übertragbarer Krankheiten in Landesteilen oder für Bevölkerungsgruppen mit überdurchschnittlicher Erkrankungshäufigkeit ist nur zulässig, wenn die zuständige oberste Landesgesundheitsbehörde im Einvernehmen mit der obersten Strahlenschutzbehörde des Landes eine Früherkennungsuntersuchung zur öffentlichen Gesundheitsvorsorge zugelassen hat.

(5) Erfolgt die Früherkennungsuntersuchung im Rahmen eines Früherkennungsprogramms,

so kann die Rechtsverordnung nach Absatz 2 oder die Zulassung nach Absatz 4 Ausnahmen von der Pflicht zur rechtfertigenden Indikation zulassen, soweit Art und Umfang der Einschlusskriterien für das Früherkennungsprogramm eine Entscheidung darüber, ob oder auf welche Weise die Anwendung durchzuführen ist, entbehrlich machen.

§ 85 Aufzeichnungs-, Aufbewahrungs- und behördliche Mitteilungspflichten von Daten und Bilddokumenten bei der Anwendung am Menschen; Verordnungsermächtigung

(1) Der Strahlenschutzverantwortliche hat dafür zu sorgen, dass über die Anwendung ionisierender Strahlung oder radioaktiver Stoffe am Menschen Aufzeichnungen angefertigt werden. Die Aufzeichnungen müssen Folgendes enthalten:

1. Angaben zur rechtfertigenden Indikation,
2. den Zeitpunkt und die Art der Anwendung,
3. Angaben zur Exposition
   a) der untersuchten oder behandelten Person oder zur Ermittlung dieser Exposition, einschließlich einer Begründung im Falle der Überschreitung diagnostischer Referenzwerte, sowie
   b) von Betreuungs- und Begleitpersonen, sofern nach der Rechtsverordnung nach § 86 Satz 2 Nummer 3 ihre Körperdosis zu ermitteln ist,
4. den erhobenen Befund einer Untersuchung,
5. den Bestrahlungsplan und das Bestrahlungsprotokoll einer Behandlung.

Die Aufzeichnungen sind gegen unbefugten Zugriff und unbefugte Änderung zu sichern.

(2) Der Strahlenschutzbeauftragte hat die Aufzeichnungen sowie Röntgenbilder, digitale Bilddaten und sonstige Untersuchungsdaten aufzubewahren, und zwar

1. im Falle von Behandlungen für eine Dauer von 30 Jahren,
2. im Falle von Untersuchungen
   a) einer volljährigen Person für eine Dauer von zehn Jahren,
   b) bei einer minderjährigen Person bis zur Vollendung ihres 28. Lebensjahres.

Die zuständige Behörde kann verlangen, dass im Falle der Praxisaufgabe oder sonstigen Einstellung des Betriebes die Aufzeichnungen sowie die Röntgenbilder, die digitalen Bilddaten und die sonstigen Untersuchungsdaten unverzüglich bei einer von ihr bestimmten Stelle zu hinterlegen sind; dabei ist durch geeignete Maßnahmen sicherzustellen, dass die Wahrung des Patientengeheimnisses durch die bestimmte Stelle gewährleistet ist.

(3) Der Strahlenschutzverantwortliche hat

1. der zuständigen Behörde auf Verlangen die Aufzeichnungen vorzulegen; dies gilt nicht für medizinische Befunde,
2. der ärztlichen oder zahnärztlichen Stelle auf Verlangen die Aufzeichnungen sowie die Röntgenbilder, die digitalen Bilddaten und die sonstigen Untersuchungsdaten zur Erfüllung ihrer nach der Rechtsverordnung nach § 86 Satz 2 Nummer 9 festgelegten Aufgaben vorzulegen,
3. einem weiter untersuchenden oder behandelnden Arzt oder Zahnarzt Auskünfte über die Aufzeichnungen zu erteilen und ihm die Aufzeichnungen sowie die Röntgenbilder, die digitalen Bilddaten und die sonstigen Untersuchungsdaten vorübergehend zu überlassen.

Bei der Weitergabe sind geeignete Maßnahmen zur Einhaltung der ärztlichen Schweigepflicht zu treffen. Der untersuchten oder behandelten Person ist auf deren Wunsch eine Abschrift der Aufzeichnungen zu überlassen.

(4) Die Bundesregierung wird ermächtigt, durch Rechtsverordnung mit Zustimmung des Bundesrates festzulegen,

1. dass einer Person, die unter Anwendung von Röntgenstrahlung oder radioaktiven Stoffen untersucht wurde, Informationen über die durchgeführte Untersuchung anzubieten sind, welchen Inhalt diese Informationen haben müssen und in welcher Form diese Informationen zur Verfügung zu stellen sind,
2. welche Anforderungen an die Aufbewahrung von Aufzeichnungen, Röntgenbildern,

digitalen Bilddaten und sonstigen Untersuchungsdaten zu stellen sind, insbesondere zur Sicherung ihrer Verfügbarkeit und Verhinderung von Datenverlusten,
3. welche Anforderungen an die Weitergabe von Aufzeichnungen, Röntgenbildern, digitalen Bilddaten und sonstigen Untersuchungsdaten zu stellen sind.

Die Rechtsverordnung kann auch diejenigen Vorschriften der Rechtsverordnung festlegen, für deren Einhaltung der Strahlenschutzverantwortliche zu sorgen hat.

§ 86 Verordnungsermächtigungen zum Schutz von Personen bei der Anwendung ionisierender Strahlung oder radioaktiver Stoffe am Menschen

Die Bundesregierung wird ermächtigt, durch Rechtsverordnung mit Zustimmung des Bundesrates festzulegen, welche Maßnahmen, einschließlich Vorsorge- und Überwachungsmaßnahmen, für den Schutz von Personen, an denen ionisierende Strahlung und radioaktive Stoffe angewendet werden, sowie für den Schutz von Einzelpersonen der Bevölkerung bei oder nach der Anwendung ionisierender Strahlung oder radioaktiver Stoffe am Menschen zu treffen sind. In der Rechtsverordnung kann insbesondere festgelegt werden,

1. auf welche Weise jede einzelne Exposition zu rechtfertigen ist,
2. auf welche Weise bei der Anwendung die medizinische Exposition und die Exposition der Personen, an denen ionisierende Strahlung oder radioaktive Stoffe im Rahmen einer nichtmedizinischen Anwendung angewendet werden, zu beschränken ist,
3. dass und auf welche Weise bei der Anwendung die medizinische Exposition und die Exposition der Personen, die im Rahmen nichtmedizinischer Anwendungen untersucht werden, zu ermitteln und zu bewerten ist,
4. welche Maßnahmen vor, bei und nach der Anwendung zu ergreifen sind, damit die für den Strahlenschutz erforderliche Qualität unter Berücksichtigung der Erfordernisse der medizinischen Wissenschaften eingehalten wird,
5. auf welche Weise Teleradiologie durchzuführen ist und welche Anforderungen an die Qualität von Teleradiologiesystemen zu stellen sind,
6. welche Personen berechtigt sind, radioaktive Stoffe und ionisierende Strahlung am Menschen anzuwenden oder bei der technischen Durchführung der Anwendung tätig zu werden, und welche Kriterien für die Bemessung der ausreichenden Anzahl des notwendigen Personals nach § 14 Absatz 1 Nummer 4 zugrunde gelegt werden sollen,
7. dass und auf welche Weise diagnostische Referenzwerte ermittelt, erstellt und veröffentlicht werden,
8. dass und auf welche Weise für die Bevölkerung die medizinische Exposition ermittelt wird und dazu Erhebungen durchgeführt werden,
9. dass und auf welche Weise ärztliche und zahnärztliche Stellen zur Sicherung der Qualität bei der Anwendung radioaktiver Stoffe oder ionisierender Strahlung am Menschen tätig werden und dass die zuständigen Behörden ärztliche und zahnärztliche Stellen zu diesem Zweck bestimmen,
10. dass und in welchem Umfang ein Medizinphysik-Experte entsprechend dem radiologischen Risiko der Strahlenanwendung hinzuzuziehen ist sowie welche Untersuchungen mit radioaktiven Stoffen oder ionisierender Strahlung mit einer erheblichen Exposition der untersuchten Person verbunden sein können,
11. dass und auf welche Weise zu gewährleisten ist, dass die Bevölkerung vor einer Exposition durch eine Person, an der radioaktive Stoffe angewendet worden sind, geschützt wird,
12. welche Anforderungen an die eingesetzten Ausrüstungen, Geräte und Vorrichtungen, insbesondere im Hinblick auf das Qualitätsziel des § 14 Absatz 1 Nummer 5, zu stellen sind,

13. dass, durch wen und auf welche Weise bei den eingesetzten Ausrüstungen, Geräten und Vorrichtungen Maßnahmen zur Qualitätssicherung, insbesondere Überprüfungen der physikalisch-technischen Parameter durch Abnahme- und Konstanzprüfungen, im Hinblick auf das Qualitätsziel des § 14 Absatz 1 Nummer 5, durchzuführen sind,
14. dass und auf welche Weise im Zusammenhang mit der Behandlung von Menschen die eingesetzten Verfahren auf Risiken für unbeabsichtigte Expositionen zu untersuchen sind und wie die Ergebnisse dieser Untersuchung bei der Ausübung der Tätigkeit zu berücksichtigen sind,
15. dass der Behandlungserfolg nach der Behandlung zu prüfen ist und in welchen Zeiträumen er zu prüfen ist,
16. dass und auf welche Weise eine Person, an der ionisierende Strahlung oder radioaktive Stoffe angewendet werden, und ihre Betreuungs- oder Begleitperson vor und nach der Anwendung über die Risiken aufzuklären sind,
17. dass und auf welche Weise Aufzeichnungen über die Anwendung radioaktiver Stoffe oder ionisierender Strahlung einschließlich der eingesetzten Ausrüstungen, Geräte und Vorrichtungen sowie ein Verzeichnis der eingesetzten Ausrüstungen, Geräte und Vorrichtungen anzufertigen und aufzubewahren sind,
18. dass und auf welche Weise der zuständigen Stelle Informationen und Aufzeichnungen über die Anwendung radioaktiver Stoffe oder ionisierender Strahlung zur Verfügung zu stellen sind und
19. auf welche Weise Früherkennung durchzuführen ist und welche besonderen Anforderungen an die Ausrüstung, Geräte und Vorrichtungen sowie an das notwendige Wissen und die notwendigen Fertigkeiten im Hinblick auf die mögliche Strahlengefährdung und die anzuwendenden Schutzmaßnahmen des Personals zu stellen und Maßnahmen zur Qualitätssicherung erforderlich sind.

In der Rechtsverordnung kann auch bestimmt werden, welche Informationen und personenbezogenen Daten der Strahlenschutzverantwortliche der ärztlichen und zahnärztlichen Stelle zur Wahrnehmung ihrer Aufgabe nach Satz 2 Nummer 9 zur Verfügung zu stellen hat sowie ob und unter welchen Voraussetzungen die ärztliche und die zahnärztliche Stelle diese Informationen und personenbezogenen Daten verarbeiten und aufbewahren und der zuständigen Behörde übermitteln dürfen. In der Rechtsverordnung kann auch bestimmt werden, dass und auf welche Weise die ärztliche oder zahnärztliche Stelle die Ergebnisse ihrer Prüfungen, einschließlich des Namens und der Anschrift des Strahlenschutzverantwortlichen, an die Stelle übermitteln darf, die für die Qualitätsprüfung nach dem Neunten Abschnitt des Vierten Kapitels des Fünften Buches Sozialgesetzbuch zuständig ist; personenbezogene Daten der untersuchten oder behandelten Personen dürfen nicht übermittelt werden. Die Rechtsverordnung kann auch diejenigen Vorschriften der Rechtsverordnung festlegen, für deren Einhaltung der Strahlenschutzverantwortliche zu sorgen hat.

§ 87 Verordnungsermächtigungen zum Schutz von Personen bei der Anwendung radioaktiver Stoffe oder ionisierender Strahlung am Tier in der Tierheilkunde

Die Bundesregierung wird ermächtigt, durch Rechtsverordnung mit Zustimmung des Bundesrates zum Schutz der bei der Anwendung radioaktiver Stoffe oder ionisierender Strahlung in der Tierheilkunde anwesenden Personen festzulegen,

1. welche Personen radioaktive Stoffe oder ionisierende Strahlung in der Tierheilkunde anwenden dürfen oder die Anwendung technisch durchführen dürfen und
2. dass und auf welche Weise die Exposition von Tierbegleitpersonen zu beschränken ist.

Die Rechtsverordnung kann auch diejenigen Vorschriften der Rechtsverordnung festlegen, für deren Einhaltung der Strahlenschutzverantwortliche zu sorgen hat.

VI

§ 88 Register über hochradioaktive Strahlenquellen; Verordnungsermächtigungen

(1) Die Daten über hochradioaktive Strahlenquellen, die auf Grund dieses Gesetzes oder einer Rechtsverordnung nach § 89 Satz 1 Nummer 1 erhoben werden, werden zum Zweck der Sicherheit und Kontrolle von Strahlenquellen zum Schutz von Leben und Gesundheit in einem beim Bundesamt für Strahlenschutz eingerichteten Register erfasst.

(2) In das Register werden insbesondere folgende Angaben über die hochradioaktive Strahlenquelle, deren Kontrolle und über erteilte Genehmigungen nach diesem Gesetz, dem Atomgesetz oder einer Rechtsverordnung nach § 30 dieses Gesetzes oder § 11 Absatz 1 Nummer 6 des Atomgesetzes eingetragen:

1. Inhaber der Genehmigung, Ausstellungsdatum und Befristung der Genehmigung,
2. Identifizierungsnummer der hochradioaktiven Strahlenquelle,
3. Eigenschaften, Kontrollen und Verwendung der hochradioaktiven Strahlenquelle,
4. Ort des Umgangs mit der hochradioaktiven Strahlenquelle oder Ort ihrer Lagerung,
5. Erlangung oder Aufgabe der Sachherrschaft über die hochradioaktive Strahlenquelle,
6. Verlust, Diebstahl oder Fund der hochradioaktiven Strahlenquelle.

(3) Lesenden Zugriff auf das Register haben die nach den §§ 184, 185, 188, 190 und 191 zuständigen Behörden, die nach § 24 des Atomgesetzes zuständigen Behörden, das Bundesministerium für Umwelt, Naturschutz, Bau und Reaktorsicherheit und das Bundesamt für Bevölkerungsschutz und Katastrophenhilfe. Lesenden Zugriff haben zum Zweck der sofortigen Ermittlung eines Inhabers und der Eigenschaften einer hochradioaktiven Strahlenquelle auf Grund von Fund, Verlust oder der Gefahr missbräuchlicher Verwendung und bei Hinweisen und Ermittlungen im Zusammenhang mit der Bekämpfung des Nuklearterrorismus oder der Nuklearkriminalität sowie des Nuklearschmuggels oder des sonstigen illegalen grenzüberschreitenden Verbringens hochradioaktiver Strahlenquellen auch das Bundeskriminalamt und die Landeskriminalämter, die in der Rechtsverordnung nach § 58 Absatz 1 des Bundespolizeigesetzes bestimmte Bundespolizeibehörde, das Zollkriminalamt und die Verfassungsschutzbehörden des Bundes und der Länder gemäß ihren jeweiligen gesetzlichen Zuständigkeiten.

(4) Auskünfte aus dem Register dürfen erteilt werden

1. den sonstigen Polizeibehörden der Länder, den Zollbehörden, dem Militärischen Abschirmdienst und dem Bundesnachrichtendienst, soweit es für die Wahrnehmung der jeweiligen Aufgaben erforderlich ist,
2. Behörden anderer Staaten mit vergleichbaren Aufgaben und internationalen Organisationen, soweit es für die Wahrnehmung der jeweiligen Aufgaben erforderlich ist und bindende Beschlüsse der Europäischen Union dies vorsehen oder dies auf Grund sonstiger internationaler Vereinbarungen geboten ist.

(5) Die im Register gespeicherten Daten sind nach der letzten Aktualisierung der Angaben über eine hochradioaktive Strahlenquelle 30 Jahre lang aufzubewahren.

(6) Die Bundesregierung wird ermächtigt, durch Rechtsverordnung mit Zustimmung des Bundesrates das Nähere festzulegen über

1. Inhalt und Form der Datenerhebung und der Eintragung, über Zugriffsrechte und das Verfahren der Erteilung von Auskünften,
2. Zugriffsrechte der Genehmigungsinhaber auf die sie betreffenden Daten und
3. die Übermittlung, Berichtigung, Sperrung und Löschung von Daten.

§ 89 Verordnungsermächtigungen zu der Sicherheit von Strahlungsquellen

Die Bundesregierung wird ermächtigt, durch Rechtsverordnung mit Zustimmung des Bundesrates zum Schutz von Menschen vor der schädlichen Wirkung ionisierender Strahlung und zur Kontrolle und Sicherung radioaktiver Stoffe zu bestimmen,

1. dass und auf welche Weise Buch zu führen ist über die Erzeugung, die Gewinnung, den Erwerb, den Besitz, den Standort, die Abgabe und den sonstigen Verbleib von radioaktiven Stoffen und über Messungen von Dosis und Dosisleistungen, dass Meldungen zu erstatten und Unterlagen aufzubewahren, zu hinterlegen und zu übergeben sind sowie auf welche Weise die zuständige Behörde die übermittelten Daten prüft,
2. welche Anforderungen an die Sicherung und Lagerung radioaktiver Stoffe zu stellen sind,
3. welche Anforderungen an die Wartung und Überprüfung von Ausrüstungen, Geräten und sonstigen Vorrichtungen zu stellen sind und wer die Wartung und Überprüfung durchzuführen hat,
4. welche Anforderungen an die Dichtheitsprüfung von umschlossenen radioaktiven Stoffen zu stellen sind und wer die Dichtheitsprüfung durchzuführen hat,
5. welche Strahlungsmessgeräte zu verwenden sind und welche Anforderungen an sie zu stellen sind,
6. welche Bereiche, Räume, Geräte, Vorrichtungen, Behälter, Umhüllungen, Anlagen zur Erzeugung ionisierender Strahlung und welche bauartzugelassenen Vorrichtungen zu kennzeichnen sind, auf welche Weise und unter welchen Voraussetzungen die Kennzeichnung zu erfolgen hat sowie in welchen Fällen Kennzeichnungen zu entfernen sind,
7. welche Anforderungen an die Abgabe radioaktiver Stoffe zu stellen sind,
8. welche Anforderungen an die Rücknahme hochradioaktiver Strahlenquellen zu stellen sind,
9. in welchen Fällen bei Tätigkeiten mit Strahlungsquellen Röntgenräume oder Bestrahlungsräume zu nutzen sind und welche Anforderungen an Röntgenräume und Bestrahlungsräume zu stellen sind,
10. welche Personen bei Tätigkeiten mit Strahlungsquellen die Strahlung anwenden oder die Anwendung technisch durchführen dürfen, dass und wie Personen bei Tätigkeiten mit Strahlungsquellen einzuweisen sind und welche Unterlagen bei der Ausübung dieser Tätigkeiten verfügbar sein müssen, dass über die Einweisungen Aufzeichnungen anzufertigen und diese der Behörde auf Verlangen vorzulegen sind,
11. dass weitere Vorsorge- und Überwachungsmaßnahmen für eine Kontrolle radioaktiver Stoffe zum Schutz Einzelner und der Allgemeinheit zu treffen sind und welche solcher Maßnahmen zu treffen sind,
12. welche weiteren Aufzeichnungs-, Aufbewahrungs-, Mitteilungs-, Vorlage- und Hinterlegungspflichten im Zusammenhang mit den Pflichten nach den Nummern 1 bis 10 bestehen.

Die Rechtsverordnung kann auch diejenigen Vorschriften der Rechtsverordnung festlegen, für deren Einhaltung der Strahlenschutzverantwortliche zu sorgen hat.

Kapitel 6
Melde- und Informationspflichten

§ 90 Verordnungsermächtigung für Pflichten, Aufgaben und Befugnisse bei Vorkommnissen; Aufzeichnungs-, Übermittlungs- und Aufbewahrungspflichten

(1) Die Bundesregierung wird ermächtigt, durch Rechtsverordnung mit Zustimmung des Bundesrates im Hinblick auf Vorkommnisse in geplanten Expositionssituationen Pflichten des Strahlenschutzverantwortlichen sowie behördliche Aufgaben und Befugnisse festzulegen. In der Rechtsverordnung kann insbesondere festgelegt werden,

1. dass und welche Maßnahmen der Strahlenschutzverantwortliche einzuleiten hat, damit Expositionen bei einem solchen Vorkommnis so gering wie möglich gehalten werden,
2. dass und welche Maßnahmen der Strahlenschutzverantwortliche zu treffen hat, um solche Vorkommnisse zukünftig zu vermeiden,

3. dass und auf welche Weise der Strahlenschutzverantwortliche ein Vorkommnis aufzuzeichnen und zu untersuchen hat, dass und für welchen Zeitraum er diesbezügliche Aufzeichnungen aufzubewahren hat,
4. dass und auf welche Weise der Strahlenschutzverantwortliche der Aufsichtsbehörde
   a) ein Vorkommnis zu melden hat,
   b) Informationen und Erkenntnisse über Ursachen und Auswirkungen des Vorkommnisses sowie Maßnahmen zur Behebung oder Begrenzung der Auswirkungen des Vorkommnisses zu melden hat und
   c) Maßnahmen zur Vermeidung von Vorkommnissen zu melden hat,
5. dass und auf welche Weise die Aufsichtsbehörde Meldungen nach Nummer 4 erfasst, prüft und bewertet,
6. dass und wie im Bundesamt für Strahlenschutz eine zentrale Stelle zur Erfassung, Verarbeitung und Auswertung von Informationen und Erkenntnissen über Vorkommnisse im Zusammenhang mit der Anwendung radioaktiver Stoffe oder ionisierender Strahlung am Menschen einzurichten ist, welche Aufgaben die zentrale Stelle im Einzelnen wahrnimmt und wie sie diese Aufgaben wahrnimmt,
7. dass und auf welche Weise die Aufsichtsbehörde der zentralen Stelle Informationen und Erkenntnisse über ein Vorkommnis im Zusammenhang mit der Anwendung radioaktiver Stoffe oder ionisierender Strahlung am Menschen sowie ihre diesbezügliche Bewertung übermittelt,
8. unter welchen Voraussetzungen und in welcher Weise die Aufsichtsbehörde und die zentrale Stelle Informationen und Erkenntnisse über Vorkommnisse veröffentlichen.

(2) Der Strahlenschutzverantwortliche hat dafür zu sorgen, dass bei einem Vorkommnis, das der Rechtsverordnung nach Absatz 1 unterliegt, Name, Vornamen, Geburtsdatum und -ort, Geschlecht und Anschrift sowie Daten zur Exposition einer durch das Vorkommnis exponierten Person sowie zu den gesundheitlichen Folgen der Exposition unverzüglich aufgezeichnet werden. Sofern der Strahlenschutzverantwortliche das Vorkommnis nach der Rechtsverordnung nach Absatz 1 zu melden hat und Maßnahmen zum Schutz der exponierten Person erforderlich sind, übermittelt er die Daten unverzüglich der zuständigen Behörde. Die Daten sind vor dem Zugriff Unbefugter durch technisch-organisatorische Maßnahmen zu sichern. Sie sind der zuständigen Behörde in anderen Fällen als in Satz 2 auf Verlangen zu übermitteln. Die Daten sind 30 Jahre lang aufzubewahren und nach Ablauf dieser Frist unverzüglich zu löschen.

§ 91 Verordnungsermächtigung für Informationspflichten des Herstellers oder Lieferanten von Geräten

Die Bundesregierung wird ermächtigt, durch Rechtsverordnung mit Zustimmung des Bundesrates zu bestimmen, dass der Hersteller oder Lieferant von Anlagen zur Erzeugung ionisierender Strahlung, Röntgeneinrichtungen, Störstrahlern, Bestrahlungsvorrichtungen und weiteren im Zusammenhang mit Tätigkeiten eingesetzten Ausrüstungen, Geräten und Vorrichtungen dem Strahlenschutzverantwortlichen Informationen über diese Geräte zur Verfügung zu stellen hat. In der Rechtsverordnung kann insbesondere festgelegt werden,

1. zu welchem Zeitpunkt der Hersteller oder Lieferant dem Strahlenschutzverantwortlichen für welche der genannten Geräte Informationen zur Verfügung zu stellen hat,
2. welche Angaben und Unterlagen zur Verfügung gestellt werden müssen,
3. für welche Zwecke die Unterlagen geeignet sein müssen und welchen Anforderungen sie genügen müssen,
4. dass die Informationen auch demjenigen zur Verfügung zu stellen sind, der beabsichtigt, Strahlenschutzverantwortlicher zu werden.

Teil 3
Strahlenschutz bei Notfall-expositionssituationen

Kapitel 2
Schutz der Einsatzkräfte

§ 113 Unterrichtung, Aus- und Fortbildung der Einsatzkräfte im Rahmen der Notfallvorsorge

(1) Personen, die in den Notfallplänen des Bundes oder der Länder oder in internen Planungen der Strahlenschutzverantwortlichen

1. als Einsatzkräfte vorgesehen sind,
2. als Fachkräfte für die Mitwirkung an Entscheidungen über Aufgaben und Maßnahmen von Einsatzkräften vorgesehen sind oder
3. für die Unterrichtung der Einsatzkräfte im Notfalleinsatz vorgesehen sind,

sind über die gesundheitlichen Risiken, die ein Einsatz bei einem Notfall mit sich bringen kann, und über die bei einem Einsatz zu treffenden Schutz- und Überwachungsmaßnahmen angemessen zu unterrichten und entsprechend aus- und fortzubilden.

(2) Die Unterrichtung, Aus- und Fortbildung berücksichtigt die in den Notfallplänen berücksichtigten Notfälle sowie die entsprechenden Arten des Einsatzes oder der Mitwirkungs- oder Unterrichtungsaufgaben. Die Inhalte der Unterrichtung, Aus- und Fortbildung und die Lehr- und Lernmittel werden regelmäßig auf den neuesten Stand gebracht. Soweit es zweckdienlich ist, soll die Aus- und Fortbildung auch die Teilnahme an Notfallübungen umfassen.

§ 114 Schutz der Einsatzkräfte bei Notfalleinsätzen

(1) Bei Notfalleinsätzen ist durch dem jeweiligen Einsatzzweck angemessene Schutz- und Überwachungsmaßnahmen anzustreben, dass die Exposition von Einsatzkräften in dieser Expositionssituation unterhalb der Werte bleibt, die in § 78 bei geplanten Expositionssituationen als Dosisgrenzwerte festgesetzt sind.

(2) Sofern der Einsatz dem Schutz des Lebens oder der Gesundheit dient und einer der Werte nach Absatz 1 bei Einsätzen zum Schutz des Lebens oder der Gesundheit auch durch angemessene Schutz- und Überwachungsmaßnahmen nicht eingehalten werden kann, ist anzustreben, dass die Exposition der Einsatzkräfte den Referenzwert für die effektive Dosis von 100 Millisievert nicht überschreitet. Die Einsatzkräfte müssen vor dem jeweiligen Einsatz über die mit ihm verbundenen gesundheitlichen Risiken und die zu treffenden Schutz- und Überwachungsmaßnahmen angemessen unterrichtet werden. Bei Einsatzkräften, die bereits im Rahmen der Notfallvorsorge unterrichtet, aus- und fortgebildet wurden, ist deren allgemeine Unterrichtung entsprechend den Umständen des jeweiligen Notfalls zu ergänzen. Schwangere und Personen unter 18 Jahren dürfen nicht in Situationen nach Satz 1 eingesetzt werden.

(3) Sofern der Einsatz der Rettung von Leben, der Vermeidung schwerer strahlungsbedingter Gesundheitsschäden oder der Vermeidung oder Bekämpfung einer Katastrophe dient und die effektive Dosis 100 Millisievert auch bei angemessenen Schutz- und Überwachungsmaßnahmen überschreiten kann, ist anzustreben, dass die Exposition von Notfalleinsatzkräften den Referenzwert für die effektive Dosis von 250 Millisievert nicht überschreitet. In Ausnahmefällen, in denen es auch bei angemessenen Schutz- und Überwachungsmaßnahmen möglich ist, dass die effektive Dosis den Wert von 250 Millisievert überschreitet, kann die Einsatzleitung einen erhöhten Referenzwert von 500 Millisievert festlegen. Die Einsätze nach den Sätzen 1 und 2 dürfen nur von Freiwilligen ausgeführt werden, die vor dem jeweiligen Einsatz über die Möglichkeit einer solchen Exposition informiert wurden. Absatz 2 Satz 2 bis 4 gilt entsprechend.

(4) Es ist anzustreben, dass Einsatzkräfte, die bei einem Notfall bereits eine effektive Dosis von mehr als 250 Millisievert erhalten haben oder bei denen der Grenzwert der Berufslebensdosis nach § 77 erreicht ist, bei weiteren Notfällen nicht in Situationen nach Absatz 3 eingesetzt werden.

(5) Bei der Ermittlung oder Abschätzung der Exposition einer Einsatzkraft in einer Notfallexpositionssituation sind die ermittelten oder abgeschätzten Körperdosen aus allen Einsätzen zu addieren, die von der Einsatzkraft in dieser Notfallexpositionssituation ausgeführt werden. Die Exposition einer Einsatzkraft während ihres Einsatzes in einer Notfallexpositionssituation ist hinsichtlich des Grenzwertes für die Berufslebensdosis nach § 77 zu berücksichtigen.

§ 115 Verantwortlichkeit für den Schutz der Einsatzkräfte

(1) Verantwortlich für die Unterrichtung, Aus- und Fortbildung ihrer eigenen Einsatzkräfte sind

1. die Strahlenschutzverantwortlichen,
2. die Behörden, die gemäß den Notfallplänen des Bundes und der Länder für Maßnahmen der Notfallreaktion zuständig sind oder an diesen Maßnahmen mitwirken und
3. die an der Notfallreaktion mitwirkenden Organisationen.

(2) Verantwortlich für den Schutz der Einsatzkräfte im Notfalleinsatz sind

1. die Strahlenschutzverantwortlichen hinsichtlich ihrer eigenen und der in ihrem Auftrag tätigen Einsatzkräfte,
2. hinsichtlich der anderen Einsatzkräfte
   a) die Behörde, die den Notfalleinsatz mehrerer Behörden oder mitwirkender Organisationen leitet oder
   b) die Behörden und Organisationen, die für Maßnahmen der Notfallreaktion zuständig sind oder an diesen Maßnahmen mitwirken, soweit die Einsatzkräfte nicht einer den Notfalleinsatz leitenden Behörde unterstellt sind.

§ 116 Schutz der Einsatzkräfte bei anderen Gefahrenlagen

Bei der Vorbereitung und Durchführung von Einsätzen, die nicht der Bekämpfung eines Notfalls im Sinne dieses Gesetzes, sondern der Bekämpfung einer anderen Gefahrenlage dienen, und bei denen die Einsatzkräfte ionisierender Strahlung ausgesetzt sein können, sind die §§ 113 bis 115 entsprechend anzuwenden.

§ 117 Verordnungsermächtigungen zum Schutz der Einsatzkräfte

(1) Das Bundesministerium für Umwelt, Naturschutz, Bau und Reaktorsicherheit wird ermächtigt, durch Rechtsverordnung

1. wesentliche Inhalte der in § 113 vorgeschriebenen Unterrichtung, Aus- und Fortbildung zu regeln,
2. Art und Inhalte der in § 114 Absatz 2 und 3 vorgeschriebenen Unterrichtung zu regeln,
3. die in § 76 Absatz 1 und § 79 genannten weiteren Regelungen über die physikalische Strahlenschutzkontrolle, Schutzbereiche, Schutz-, Vorsorge- und Überwachungsmaßnahmen zum Schutz der Einsatzkräfte zu treffen,
4. zu bestimmen, welche Personen, Behörden oder Organisationen für die nach Nummer 3 geregelten Maßnahmen zum Schutz der Einsatzkräfte verantwortlich sind.

Rechtsverordnungen nach Satz 1 Nummer 2 bis 4 bedürfen der Zustimmung des Bundesrates.

(2) Bei Eilbedürftigkeit nach Eintritt eines Notfalls kann das Bundesministerium für Umwelt, Naturschutz, Bau und Reaktorsicherheit Regelungen nach Absatz 1 Satz 1 Nummer 2 bis 4 durch Rechtsverordnung ohne die Zustimmung des Bundesrates erlassen (Eilverordnungen), soweit noch keine entsprechenden Regelungen bestehen. Eilverordnungen treten spätestens sechs Monate nach ihrem Inkrafttreten außer Kraft. Ihre Geltungsdauer kann nur durch eine Rechtsverordnung mit Zustimmung des Bundesrates und im Einvernehmen mit den zu beteiligenden Bundesministerien verlängert werden. Eilverordnungen, die bestehende Regelungen ändern, sind unverzüglich aufzuheben, wenn der Bundesrat dies verlangt.

(3) Das Landesrecht regelt, ob und inwieweit Rechtsverordnungen nach Absatz 1 Satz 1 Nummer 1 auch für die Beschäftigten der zuständigen Behörden der Länder, Gemeinden und sonstigen Körperschaften, Anstalten und Stiftungen des öffentlichen Rechts der Länder sowie privater Hilfsorganisationen gelten, die

beim Katastrophenschutz oder beim Vollzug anderer landesrechtlicher Vorschriften zur Gefahrenabwehr und Hilfeleistung mitwirken.

(4) Das Grundrecht auf körperliche Unversehrtheit (Artikel 2 Absatz 2 Satz 1 des Grundgesetzes) wird nach Maßgabe des Absatzes 1 Satz 1 Nummer 3 eingeschränkt.

Teil 4
Strahlenschutz bei bestehenden Expositionssituationen

Kapitel 2
Schutz vor Radon

Abschnitt 3
Schutz vor Radon an Arbeitsplätzen in Innenräumen

§ 126 Referenzwert

Der Referenzwert für die über das Jahr gemittelte Radon-222-Aktivitätskonzentration in der Luft an Arbeitsplätzen beträgt 300 Becquerel je Kubikmeter.

§ 127 Messung der Radonkonzentration

(1) Wer für einen Arbeitsplatz in einem Innenraum verantwortlich ist, hat innerhalb der Frist nach Satz 2 Messungen der Radon-222-Aktivitätskonzentration in der Luft zu veranlassen, wenn

1. sich der Arbeitsplatz im Erd- oder Kellergeschoss eines Gebäudes befindet, das in einem nach § 121 Absatz 1 Satz 1 festgelegten Gebiet liegt, oder
2. die Art des Arbeitsplatzes einem der Arbeitsfelder nach Anlage 8 zuzuordnen ist.

Im Falle des Satzes 1 Nummer 1 muss die Messung innerhalb von 18 Monaten nach der Festlegung des Gebiets und Aufnahme der beruflichen Betätigung an dem Arbeitsplatz und im Falle des Satzes 1 Nummer 2 innerhalb von 18 Monaten nach Aufnahme der beruflichen Betätigung an dem Arbeitsplatz erfolgt sein. Die zuständige Behörde kann anordnen, dass der für den Arbeitsplatz Verantwortliche auch für andere Arbeitsplätze in Innenräumen Messungen der Radon-222-Aktivitätskonzentration in der Luft zu veranlassen hat, wenn Anhaltspunkte dafür vorliegen, dass die Radon-222-Aktivitätskonzentration in der Luft über dem Referenzwert nach § 126 liegt.

(2) Verantwortlich für einen Arbeitsplatz ist,

1. wer in seiner Betriebsstätte eine Betätigung beruflich ausübt oder ausüben lässt oder
2. in wessen Betriebsstätte ein Dritter in eigener Verantwortung eine Betätigung beruflich ausübt oder von Personen ausüben lässt, die unter dessen Aufsicht stehen.

(3) Der für den Arbeitsplatz Verantwortliche hat die Ergebnisse der Messungen nach Absatz 1 Satz 1 und 3 unverzüglich aufzuzeichnen, fünf Jahre ab dem Zeitpunkt der Erstellung aufzubewahren und der zuständigen Behörde auf Verlangen vorzulegen.

(4) Im Falle der Verantwortlichkeit nach Absatz 2 Nummer 1 hat der für den Arbeitsplatz Verantwortliche die betroffenen Arbeitskräfte und den Betriebsrat oder den Personalrat unverzüglich über die Ergebnisse der Messungen zu unterrichten. Im Falle der Verantwortlichkeit nach Absatz 2 Nummer 2 hat der für den Arbeitsplatz Verantwortliche unverzüglich den Dritten zu unterrichten; die Pflicht nach Satz 1 gilt entsprechend für den Dritten.

§ 128 Reduzierung der Radonkonzentration

(1) Überschreitet die Radon-222-Aktivitätskonzentration in der Luft an einem Arbeitsplatz den Referenzwert nach § 126, so hat der für den Arbeitsplatz Verantwortliche unverzüglich Maßnahmen zur Reduzierung der Radon-222-Aktivitätskonzentration in der Luft zu ergreifen.

(2) Der für den Arbeitsplatz Verantwortliche hat den Erfolg der von ihm getroffenen Maßnahmen durch eine Messung der Radon-222-Aktivitätskonzentration in der Luft zu überprüfen; die Messung muss innerhalb von 24 Monaten erfolgt sein, nachdem die Überschreitung des Referenzwerts durch die Messung nach § 127 Absatz 1 bekannt geworden ist. Der Verantwortliche hat das Ergebnis der Messung unverzüglich aufzuzeichnen, fünf Jahre ab dem Zeitpunkt der Erstellung aufzubewahren und der zuständigen Behörde auf Verlangen vorzulegen.

(3) Im Falle der Verantwortlichkeit nach § 127 Absatz 2 Nummer 1 hat der für den Arbeitsplatz Verantwortliche die betroffenen Arbeitskräfte und den Betriebsrat oder den Personalrat unverzüglich über die Ergebnisse der Messungen zu unterrichten. Im Falle der Verantwortlichkeit nach § 127 Absatz 2 Nummer 2 hat der für den Arbeitsplatz Verantwortliche unverzüglich den Dritten zu unterrichten; die Pflicht nach Satz 1 gilt entsprechend für den Dritten.

(4) Der für den Arbeitsplatz Verantwortliche muss keine Maßnahmen zur Reduzierung der Radon-222-Aktivitätkonzentration in der Luft ergreifen, wenn die Maßnahmen nicht oder nur mit unverhältnismäßig hohem Aufwand möglich sind, und zwar aus besonderen Gründen, die sich ergeben

1. aus überwiegenden Belangen des Arbeits- oder Gesundheitsschutzes oder
2. aus der Natur des Arbeitsplatzes.

Im Falle der Verantwortlichkeit nach § 127 Absatz 2 Nummer 2 hat der für den Arbeitsplatz Verantwortliche den Dritten unverzüglich nach Bekanntwerden der Gründe darüber zu unterrichten.

VI

§ 129 Anmeldung

(1) Der Verantwortliche nach § 128 Absatz 1 hat den Arbeitsplatz bei der zuständigen Behörde unverzüglich anzumelden, wenn eine Messung nach § 128 Absatz 2 Satz 1 keine Unterschreitung des Referenzwerts nach § 126 ergibt. Der Anmeldung sind beizufügen:

1. Informationen über die Art des Arbeitsplatzes und die Anzahl der betroffenen Arbeitskräfte,
2. die Ergebnisse der Messungen nach § 127 Absatz 1,
3. Informationen über die ergriffenen Maßnahmen zur Reduzierung der Radon-222-Aktivitätskonzentration sowie die Ergebnisse der Messungen nach § 128 Absatz 2 und
4. die weiteren vorgesehenen Maßnahmen zur Reduzierung der Exposition

(2) Ergreift der für den Arbeitsplatz Verantwortliche auf Grund des § 128 Absatz 4 keine Maßnahmen, so hat er den Arbeitsplatz unverzüglich nach Bekanntwerden der besonderen Gründe bei der zuständigen Behörde anzumelden. Der Anmeldung sind die Unterlagen nach Absatz 1 Satz 2 beizufügen; abweichend von Absatz 1 Satz 2 Nummer 3 ist zu begründen, warum keine Maßnahmen zur Reduzierung ergriffen wurden. Soweit die vorgetragenen Gründe den Verzicht auf Maßnahmen nicht rechtfertigen, kann die zuständige Behörde Maßnahmen zur Reduzierung der Radon-222-Aktivitätskonzentration in der Luft an diesem Arbeitsplatz anordnen.

(3) Ein Dritter, der in fremden Betriebsstätten eine Betätigung eigenverantwortlich beruflich ausübt oder ausüben lässt, hat diese Betätigung unverzüglich anzumelden, sobald sie an mehreren Arbeitsplätzen ausgeübt wird, die nach Absatz 1 Satz 1 anzumelden sind. Der Anmeldung sind Unterlagen entsprechend Absatz 1 Satz 2 beizufügen; die für die Arbeitsplätze Verantwortlichen haben dem Dritten die dafür erforderlichen Auskünfte zu erteilen.

(4) Für den zur Anmeldung Verpflichteten gilt die Pflicht zur betrieblichen Zusammenarbeit nach § 71 Absatz 3 entsprechend.

§ 130 Abschätzung der Exposition

(1) Der zur Anmeldung Verpflichtete hat innerhalb von sechs Monaten nach der Anmeldung eine auf den Arbeitsplatz bezogene Abschätzung der Radon-222-Exposition, der potentiellen Alphaenergie-Exposition oder der Körperdosis durch die Exposition durch Radon durchzuführen; im Falle der Anmeldung durch den Dritten nach § 129 Absatz 3 Satz 1 ist die Abschätzung bezogen auf die gesamte Betätigung durchzuführen. Die Abschätzung ist unverzüglich zu wiederholen, sobald der Arbeitsplatz so verändert wird, dass eine höhere Exposition auftreten kann. Die Ergebnisse der Abschätzungen sind aufzuzeichnen und der zuständigen Behörde unverzüglich vorzulegen. Die Ergebnisse der Abschätzung sind fünf Jahre lang aufzubewahren.

(2) Ergibt die Abschätzung, dass die effektive Dosis 6 Millisievert im Kalenderjahr nicht überschreiten kann, so hat der zur Abschätzung Verpflichtete die Exposition durch Ra-

don regelmäßig zu überprüfen. Er hat die Exposition durch geeignete Strahlenschutzmaßnahmen auf der Grundlage von Vorschriften des allgemeinen Arbeitsschutzes und unter Berücksichtigung aller Umstände des Einzelfalls so gering wie möglich zu halten. Die zuständige Behörde kann die Vorlage entsprechender Nachweise verlangen.

(3) Ergibt die Abschätzung, dass die effektive Dosis 6 Millisievert im Kalenderjahr überschreiten kann, so sind Anforderungen des beruflichen Strahlenschutzes nach Maßgabe des § 131 und der Rechtsverordnung nach § 132 Satz 2 Nummer 6 zu erfüllen.

§ 131 Beruflicher Strahlenschutz

(1) Erfordert das Ergebnis der Abschätzung nach § 130 Absatz 3 die Einhaltung von Anforderungen des beruflichen Strahlenschutzes, so hat der zur Abschätzung Verpflichtete

1. geeignete Maßnahmen zu treffen, um unter Berücksichtigung aller Umstände des Einzelfalls die Exposition durch Radon so gering wie möglich zu halten,
2. die Radon-222-Exposition, die potentielle Alphaenergie-Exposition oder die Körperdosis der an anmeldungsbedürftigen Arbeitsplätzen beschäftigten Arbeitskräfte auf geeignete Weise durch Messung zu ermitteln,
3. dafür zu sorgen, dass die Dosisgrenzwerte nicht überschritten werden und die Körperdosen nach § 166 ermittelt werden; die Regelungen und Grenzwerte der §§ 77 und 78 Absatz 1 und 3 Satz 1 und 3 gelten insoweit entsprechend,
4. dafür zu sorgen, dass die Anforderungen des beruflichen Strahlenschutzes nach der nach § 132 Satz 2 Nummer 6 erlassenen Rechtsverordnung eingehalten werden.

(2) Handelt es sich bei dem Verpflichteten um eine juristische Person oder um eine rechtsfähige Personengesellschaft, so gilt § 69 Absatz 2 entsprechend.

§ 132 Verordnungsermächtigung

Die Bundesregierung wird ermächtigt, durch Rechtsverordnung mit Zustimmung des Bundesrates Anforderungen an den Schutz vor Radon an Arbeitsplätzen festzulegen. In der Rechtsverordnung kann insbesondere festgelegt werden,

1. in welchen Fällen und auf welche Weise mehrere Arbeitsorte als Arbeitsplatz im Sinne dieses Abschnitts zu betrachten sind,
2. wie die Radon-222-Aktivitätskonzentration an Arbeitsplätzen über das Kalenderjahr zu mitteln ist,
3. wie die Messung der Radon-222-Aktivitätskonzentration in der Luft an Arbeitsplätzen nach den §§ 127 und 128 zu erfolgen hat, dass sie von einer anerkannten Stelle auszuführen ist und welche Anforderungen an die Messung und an die Stelle, die die Messung ausführt, sowie an das Verfahren der Anerkennung dieser Stelle zu stellen sind,
4. wie die Radon-222-Aktivitätskonzentration in der Luft und die Aufenthaltszeit oder die potentielle Alphaenergie-Exposition in eine effektive Dosis, die eine Arbeitskraft erhält, umzurechnen ist,
5. wie die arbeitsplatzbezogene Abschätzung der Radon-222-Exposition, der potentiellen Alphaenergie-Exposition oder der Körperdosis durch die Exposition durch Radon nach § 130 Absatz 1 durchzuführen ist und welche Anforderungen an das Verfahren der Abschätzung und an die Person, die die Abschätzung durchführt, zu stellen sind,
6. dass die für Teil 2 dieses Gesetzes geltenden sowie die in § 76 Absatz 1 und § 79 aufgezählten Maßnahmen und Anforderungen des beruflichen Strahlenschutzes zum Schutz der Arbeitskräfte auch im Falle des § 130 Absatz 3 anzuwenden sind,
7. wie die Radon-222-Exposition, die potentielle Alphaenergie-Exposition oder die Körperdosis im Falle des § 131 Absatz 1 Nummer 2 zu ermitteln ist und welche Anforderungen an das Verfahren der Ermittlung zu stellen sind,
8. dass die Ermittlung nach § 131 Absatz 1 Nummer 2 durch eine nach § 169 behördlich bestimmte Messstelle zu erfolgen hat und welche Informationen der Messstelle für die Ermittlung zur Verfügung zu stellen sind und

VI

9. welche Aufzeichnungs-, Aufbewahrungs-, Mitteilungs- und Vorlagepflichten im Zusammenhang mit den Pflichten nach § 131 und nach den Nummern 1 bis 8 bestehen.

Teil 5 Expositionssituations-übergreifende Vorschriften

Kapitel 1 Überwachung der Umweltradioaktivität

§ 161 Aufgaben des Bundes

(1) Aufgaben des Bundes sind

1. die großräumige Ermittlung
   a) der Radioaktivität in der Luft,
   b) der Radioaktivität in Niederschlägen,
   c) der Radioaktivität in Bundeswasserstraßen und in der Nord- und Ostsee außerhalb der Bundeswasserstraßen sowie in Meeresorganismen,
   d) der Radioaktivität auf der Bodenoberfläche und
   e) der Gamma-Ortsdosisleistung,
2. die Entwicklung und Festlegung von Probenahme-, Analyse-, Mess- und Berechnungsverfahren zur Ermittlung der Umweltradioaktivität sowie die Durchführung von Vergleichsmessungen und Vergleichsanalysen,
3. die Zusammenfassung, Dokumentation und Aufbereitung der vom Bund ermittelten sowie der von den Ländern und von Stellen außerhalb des Geltungsbereichs dieses Gesetzes übermittelten Daten zur Umweltradioaktivität,
4. die Erstellung von Ausbreitungsprognosen,
5. die Entwicklung und der Betrieb von Entscheidungshilfesystemen,
6. die Bewertung der Daten zur Umweltradioaktivität, soweit sie vom Bund oder im Auftrag des Bundes durch die Länder ermittelt worden sind, und
7. die Bereitstellung von Daten und Dokumenten nach den Nummern 1, 3, 4 und 5 für die Länder und die Unterrichtung der Länder über die Ergebnisse der Bewertung der Daten.

(2) Die zuständigen Behörden des Bundes übermitteln der Zentralstelle des Bundes für die Überwachung der Umweltradioaktivität (§ 163) die Daten, die sie gemäß Absatz 1 Nummer 1 ermittelt haben.

(3) Die Länder können weitergehende Ermittlungen der Radioaktivität in den in Absatz 1 Nummer 1 genannten Bereichen durchführen.

(4) Die Messstellen für die Ermittlung der Radioaktivität nach Absatz 1 Nummer 1 legt der Bund im Benehmen mit den zuständigen Landesbehörden fest.

§ 162 Aufgaben der Länder

(1) Die Länder ermitteln die Radioaktivität insbesondere

1. in Lebensmitteln, in Futtermitteln und in Bedarfsgegenständen, sofern diese als Indikatoren für die Umweltradioaktivität dienen,
2. in Arzneimitteln und deren Ausgangsstoffen,
3. im Trinkwasser, im Grundwasser und in oberirdischen Gewässern außer Bundeswasserstraßen,
4. in Abwässern, im Klärschlamm und in Abfällen sowie
5. im Boden und in Pflanzen.

(2) Die Länder übermitteln der Zentralstelle des Bundes für die Überwachung der Umweltradioaktivität (§ 163) die Daten, die sie gemäß Absatz 1 ermittelt haben.

§ 163 Integriertes Mess- und Informationssystem des Bundes

(1) Das Bundesamt für Strahlenschutz als Zentralstelle des Bundes für die Überwachung der Umweltradioaktivität betreibt ein integriertes Mess- und Informationssystem für die Überwachung der Umweltradioaktivität. In diesem Mess- und Informationssystem werden die nach § 161 Absatz 1 und § 162 Absatz 1 ermittelten Daten zusammengefasst.

(2) Die im integrierten Mess- und Informationssystem zusammengefassten Daten stehen den zuständigen Landesbehörden direkt zur Verfügung.

§ 164 Bewertung der Daten, Unterrichtung des Deutschen Bundestages und des Bundesrates

(1) Das Bundesministerium für Umwelt, Naturschutz, Bau und Reaktorsicherheit bewertet die Daten zur Umweltradioaktivität. Die Zentralstelle des Bundes für die Überwachung der Umweltradioaktivität unterstützt es bei der Wahrnehmung dieser Aufgabe.

(2) Das Bundesministerium für Umwelt, Naturschutz, Bau und Reaktorsicherheit leitet dem Deutschen Bundestag und dem Bundesrat jährlich einen Bericht über die Entwicklung der Radioaktivität in der Umwelt zu.

§ 165 Betretungsrecht und Probenahme

Die Beauftragten der zuständigen Behörden sind berechtigt, Grundstücke und Betriebs- und Geschäftsräume während der Betriebs- und Arbeitszeit zu betreten, die Radioaktivität zu ermitteln und Proben zu nehmen.

Kapitel 2
Weitere Vorschriften

§ 166 Festlegungen zur Ermittlung der beruflichen Exposition

(1) Die Körperdosen einer Person aus beruflicher Exposition sind zu addieren, wenn sie nach diesem Gesetz oder einer auf dieses Gesetz gestützten Rechtsverordnung in mehreren der folgenden Bereiche zu ermitteln sind:

1. bei Tätigkeiten als beruflich exponierte Person,
2. im Zusammenhang mit Radon am Arbeitsplatz,
3. bei Sanierungs- und sonstigen Maßnahmen zur Verhinderung und Verminderung der Exposition bei radioaktiven Altlasten sowie sonstigen Betätigungen im Zusammenhang mit radioaktiven Altlasten und
4. bei anmeldebedürftigen sonstigen bestehenden Expositionssituationen.

Für den Nachweis, dass die jeweils geltenden Grenzwerte nicht überschritten wurden, ist die Summe entscheidend.

(2) Außerhalb des räumlichen Geltungsbereichs dieses Gesetzes erfolgte Expositionen, die denen nach Absatz 1 entsprechen, sind bei der Ermittlung der beruflichen Exposition zu berücksichtigen.

§ 167 Aufzeichnungs-, Aufbewahrungs- und behördliche Mitteilungspflichten für die ermittelte Körperdosis bei beruflicher Exposition

(1) Der Strahlenschutzverantwortliche, der Verpflichtete nach § 131 Absatz 1 oder § 145 Absatz 1 Satz 1 sowie der Verantwortliche nach § 115 Absatz 2 oder § 153 Absatz 1 haben für Personen, die einer beruflichen Exposition unterliegen und für die eine Messung, Ermittlung oder Abschätzung der Körperdosis vorgenommen wurde,

1. die Ergebnisse dieser Messungen, Ermittlungen oder Abschätzungen sowie Daten, die zu dieser Messung, Ermittlung oder Abschätzung dienen,
2. Familienname, Vornamen, Geburtsdatum und -ort, Geschlecht, Staatsangehörigkeit (Personendaten),
3. die persönliche Kennnummer nach § 170 Absatz 3 Satz 1,
4. bei Strahlenpassinhabern die Registriernummer des Strahlenpasses sowie
5. die Beschäftigungsmerkmale und die Expositionsverhältnisse

unverzüglich aufzuzeichnen.

(2) Die zur Aufzeichnung Verpflichteten haben die Aufzeichnungen so lange aufzubewahren, bis die überwachte Person das 75. Lebensjahr vollendet hat oder vollendet hätte, mindestens jedoch 30 Jahre nach Beendigung der jeweiligen Beschäftigung.

(3) Die zur Aufzeichnung Verpflichteten haben die Aufzeichnungen auf Verlangen der zuständigen Behörde vorzulegen oder bei einer von dieser zu bestimmenden Stelle zu hinterlegen. § 168 Absatz 2 bleibt unberührt. Die zur Aufzeichnung Verpflichteten haben die Ermittlungsergebnisse bei einem Wechsel des Beschäftigungsverhältnisses dem neuen Arbeitgeber auf Verlangen mitzuteilen, wenn weiterhin eine Beschäftigung mit beruflicher Exposition ausgeübt wird. Satz 3 gilt ent-

sprechend für fliegendes Personal, das in einem Luftfahrzeug eines anderen Strahlenschutzverantwortlichen tätig wird. Die zur Aufzeichnung Verpflichteten haben die Aufzeichnungen, die infolge einer Beendigung der Beschäftigung nicht mehr benötigt werden, der nach Landesrecht zuständigen Stelle zu übergeben.

(4) Die zur Aufzeichnung Verpflichteten sind verpflichtet, der zuständigen Behörde Folgendes unverzüglich zu melden:

1. Überschreitungen der Grenzwerte der Körperdosis und
2. die Körperdosen bei besonders zugelassenen Expositionen nach der Rechtsverordnung nach § 79 Absatz 1 Satz 2 Nummer 1.

Dabei sind die Personendaten der betroffenen Personen und die ermittelte Körperdosis sowie die Gründe für eine Überschreitung der Grenzwerte der Körperdosis anzugeben. Die zur Aufzeichnung Verpflichteten sind verpflichtet, den betroffenen Personen unverzüglich die Körperdosis mitzuteilen.

VI

§ 168 Übermittlung der Ergebnisse der Ermittlung der Körperdosis

(1) Der Strahlenschutzverantwortliche, der Verpflichtete nach § 131 Absatz 1 oder § 145 Absatz 1 Satz 1 sowie der Verantwortliche nach § 115 Absatz 2 oder § 153 Absatz 1 haben, soweit sie sich einer Messstelle nach § 169 Absatz 1 zur Ermittlung der beruflichen Exposition bedienen, dieser Messstelle die Daten nach § 170 Absatz 2 Nummer 1 bis 7 derjenigen Personen zur Verfügung zu stellen, für die die Körperdosis ermittelt werden soll. Der zuständigen Behörde sind die Angaben nach Satz 1 sowie die ermittelte Körperdosis auf Verlangen vorzulegen.

(2) Soweit sich die nach Absatz 1 zur Übermittlung Verpflichteten zur Ermittlung der beruflichen Exposition keiner Messstelle nach § 169 Absatz 1 bedienen, haben sie die Daten nach § 170 Absatz 2 einschließlich der ermittelten Körperdosis der zuständigen Behörde vorzulegen.

§ 169 Bestimmung von Messstellen; Verordnungsermächtigung

(1) Die zuständige Behörde bestimmt Messstellen für die Ermittlung der beruflichen Exposition

1. durch äußere Exposition bei Tätigkeiten,
2. durch innere Exposition bei Tätigkeiten,
3. der Einsatzkräfte durch ihren Einsatz in einer Notfallexpositionssituation oder einer anderen Gefahrenlage,
4. durch Radon am Arbeitsplatz,
5. im Zusammenhang mit Maßnahmen bei radioaktiven Altlasten und
6. bei sonstigen bestehenden Expositionssituationen.

(2) Eine Messstelle darf nur bestimmt werden, wenn

1. sie über ausreichend Personal zur Ausführung ihrer Aufgaben verfügt und ihr Personal, insbesondere die Leitung der Messstelle und die weiteren leitenden Fachkräfte, die erforderliche Qualifikation, Eignung und Erfahrung besitzt,
2. sie über die erforderlichen Verfahren zur Ermittlung der Exposition verfügt,
3. sie über die zur Ausführung ihrer Aufgaben erforderliche räumliche und technische Ausstattung, insbesondere die erforderlichen Messgeräte, verfügt,
4. sie ein angemessenes Qualitätsmanagementsystem betreibt und
5. keine Tatsachen vorliegen, aus denen sich Bedenken gegen die Zuverlässigkeit des Leiters der Messstelle oder der weiteren leitenden Fachkräfte ergeben, und die Messstelle über die erforderliche Unabhängigkeit verfügt.

(3) Die Messstelle hat die Ergebnisse der Ermittlung der beruflichen Exposition aufzuzeichnen und sie der jeweiligen Person nach § 168 Absatz 1, die die Messung veranlasst hat, schriftlich mitzuteilen. Die Messstelle hat die Aufzeichnungen nach der Ermittlung fünf Jahre lang aufzubewahren. Sie hat der zuständigen Behörde auf Verlangen oder wenn sie es auf Grund der Ergebnisse ihrer Ermittlungen für erforderlich hält, diese Ergebnisse

einschließlich der Daten nach § 168 Absatz 1 mitzuteilen.

(4) Die Bundesregierung wird ermächtigt, durch Rechtsverordnung mit Zustimmung des Bundesrates festzulegen,

1. wie die Anforderungen nach Absatz 2 unter Berücksichtigung der verschiedenen Expositionen nach Absatz 1 näher auszugestalten sind,
2. welche Aufgaben die behördlich bestimmten Messstellen im Zusammenhang mit der Ermittlung der Exposition wahrnehmen,
3. dass die behördlich bestimmten Messstellen der Qualitätssicherung unterliegen, welche Stellen diese ausführen und wie diese ausgeführt wird,
4. welche Informationen zusätzlich zu den Informationen nach § 168 Absatz 1 den Messstellen zum Zweck der Ermittlung der Exposition sowie der Überwachung der Dosisgrenzwerte der jeweils überwachten Person und der Beachtung der Strahlenschutzgrundsätze zu Vorsorge- und Überwachungsmaßnahmen zur Verfügung zu stellen sind,
5. welche weiteren Aufzeichnungs-, Aufbewahrungs-, Mitteilungs- und Vorlagepflichten die Messstellen im Zusammenhang mit der Wahrnehmung ihrer Aufgaben haben und
6. dass und unter welchen Umständen die Bestimmung einer Messstelle befristet werden kann und unter welchen Voraussetzungen die Bestimmung zurückgenommen werden kann.

§ 170 Strahlenschutzregister; Verordnungsermächtigung

(1) Daten über berufliche Expositionen, die auf Grund dieses Gesetzes oder einer auf diesem Gesetz gestützten Rechtsverordnung erhoben werden, werden zum Zweck der Überwachung von Dosisgrenzwerten und der Beachtung der Strahlenschutzgrundsätze, zur Prüfung des Bestehens eines Anspruchs gegen einen Träger der gesetzlichen Unfallversicherung sowie zum Zweck der wissenschaftlichen Forschung im Bereich des Strahlenschutzes in einem beim Bundesamt für Strahlenschutz eingerichteten Register (Strahlenschutzregister) erfasst.

(2) In das Strahlenschutzregister werden die folgenden Daten eingetragen:

1. die persönliche Kennnummer nach Absatz 3,
2. die jeweiligen Personendaten,
3. Beschäftigungsmerkmale und Expositionsverhältnisse,
4. die Betriebsnummer des Beschäftigungsbetriebs,
5. Name und Anschrift des Strahlenschutzverantwortlichen, des Verpflichteten nach § 131 Absatz 1 und § 145 Absatz 1 Satz 1 sowie des Verantwortlichen nach § 115 Absatz 2 und § 153 Absatz 1,
6. Angaben über einen nach einer auf dieses Gesetz gestützten Rechtsverordnung registrierten Strahlenpass,
7. Angaben über die zuständige Behörde und
8. die nach diesem Gesetz oder einer auf dieses Gesetz gestützten Rechtsverordnung ermittelte Körperdosis infolge einer beruflichen Exposition, die Expositionsbedingungen sowie die Feststellungen der zuständigen Behörde hinsichtlich dieser Körperdosis und der Expositionsbedingungen.

(3) Zur eindeutigen Zuordnung der Eintragungen nach Absatz 2 vergibt das Bundesamt für Strahlenschutz für jede Person, für die Eintragungen vorgenommen werden, eine persönliche Kennnummer. Die persönliche Kennnummer ist mittels nicht rückführbarer Verschlüsselung aus der Versicherungsnummer nach § 147 des Sechsten Buches Sozialgesetzbuch abzuleiten, die der jeweiligen Person zugeordnet ist. Die Versicherungsnummer ist nach Ableitung der Kennnummer zu löschen. Ist einer Person bereits eine andere Identifikationsnummer zugeordnet, die eine zuständige Stelle außerhalb des Geltungsbereichs dieses Gesetzes vergeben hat, und ist diese Identifikationsnummer für die Verwendung im Strahlenschutzregister geeignet, so kann das Bundesamt für Strahlenschutz diese Identifikationsnummer als per-

VI

sönliche Kennnummer verwenden. Für eine Person, der weder eine Versicherungsnummer noch eine Identifikationsnummer zugeordnet ist, vergibt das Bundesamt für Strahlenschutz auf der Basis der Personendaten eine persönliche Kennnummer.

(4) Die Daten nach Absatz 2 werden dem Strahlenschutzregister übermittelt durch

1. die Messstellen nach § 169,
2. das Luftfahrt-Bundesamt,
3. die zuständigen Behörden oder
4. den Strahlenschutzverantwortlichen, den Verpflichteten nach § 131 Absatz 1 oder § 145 Absatz 1 Satz 1, den Verantwortlichen nach § 115 Absatz 2 oder § 153 Absatz 1.

Die Personen nach Nummer 4 übermitteln dem Strahlenschutzregister zur Erzeugung der persönlichen Kennnummer die Versicherungsnummer oder Identifikationsnummer nach Absatz 3 zusätzlich zu den für die Zuordnung erforderlichen Daten nach Absatz 2.

(5) Auskünfte aus dem Strahlenschutzregister werden erteilt, soweit dies für die Wahrnehmung der Aufgaben des Empfängers erforderlich ist,

1. einer zuständigen Behörde,
2. einer Messstelle nach § 169,
3. auf Antrag einem Strahlenschutzverantwortlichen, Verpflichteten nach § 131 Absatz 1 oder § 145 Absatz 1 Satz 1, Verantwortlichen nach § 153 Absatz 1 über Daten, die bei ihm beschäftigte Personen betreffen,
4. auf Antrag einem Verantwortlichen nach § 115 Absatz 2 über Daten für Personen, für die er verantwortlich ist,
5. auf Antrag einem Träger der gesetzlichen Unfallversicherung über Daten, die bei ihm versicherte Personen betreffen.

Die zuständige Behörde kann Auskünfte aus dem Strahlenschutzregister an einen Strahlenschutzverantwortlichen, Verpflichteten oder Verantwortlichen, an deren Strahlenschutzbeauftragten sowie an ermächtigte Ärzte nach § 79 Absatz 1 Satz 2 Nummer 9 Buchstabe a weitergeben, soweit dies zur Wahrnehmung ihrer Aufgaben erforderlich ist.

(6) Die betroffenen Personen sind über die Speicherung der sie betreffenden Daten zu informieren. Auskünfte aus dem Strahlenschutzregister über diese Daten werden ihnen auf Antrag erteilt.

(7) Die im Strahlenschutzregister gespeicherten personenbezogenen Daten dürfen unter den Voraussetzungen des § 14 Absatz 5 Satz 1 Nummer 2 und Satz 2 des Bundesdatenschutzgesetzes für Zwecke der wissenschaftlichen Forschung (Forschungszwecke) verwendet werden. Die Übermittlung der Daten zu Forschungszwecken an Dritte ist nur unter den Voraussetzungen der Absätze 8 und 9 zulässig. Forschungsergebnisse dürfen nur anonymisiert veröffentlicht werden. Auch nach dem Tod der betroffenen Personen sind die Bestimmungen des Bundesdatenschutzgesetzes und der Verordnung (EU) 2016/679 des Europäischen Parlaments und des Rates vom 27. April 2016 zum Schutz natürlicher Personen bei der Verarbeitung personenbezogener Daten, zum freien Datenverkehr und zur Aufhebung der Richtlinie 95/46/EG (Datenschutz-Grundverordnung) (ABl. L 119 vom 4. 5. 2016, S. 1) einzuhalten.

(8) Für Forschungszwecke im Bereich des Strahlenschutzes dürfen personenbezogene Daten aus dem Strahlenschutzregister mit Einwilligung der betroffenen Personen an Dritte übermittelt werden. Ohne diese Einwilligung dürfen die Daten übermittelt werden, wenn schutzwürdige Belange der betroffenen Personen der Übermittlung oder der beabsichtigten Verwendung der Daten nicht entgegenstehen oder wenn das öffentliche Interesse an der Forschungsarbeit das Geheimhaltungsinteresse der betroffenen Personen erheblich überwiegt. Eine Übermittlung personenbezogener Daten für Forschungszwecke ist ausgeschlossen, wenn der Zweck der Forschung mit einem vertretbaren Aufwand durch die Verwendung anonymisierter Daten erfüllt werden kann. Weitergehende datenschutzrechtliche Vorschriften über die Verarbeitung und Nutzung personenbezogener Daten für die wissenschaftliche Forschung bleiben unberührt.

(9) Wird eine Auskunft über personenbezogene Daten zu Forschungszwecken beantragt, so

ist eine schriftliche Einwilligung der betroffenen Personen beizufügen. Soll die Auskunft ohne Einwilligung der betroffenen Personen erfolgen, sind die für die Prüfung der Voraussetzungen nach Absatz 8 Satz 2 erforderlichen Angaben zu machen; zu Absatz 8 Satz 3 ist glaubhaft zu machen, dass der Zweck der Forschung bei Verwendung anonymisierter Daten nicht mit vertretbarem Aufwand erfüllt werden kann. Personenbezogene Daten dürfen nur für die Forschungsarbeit verwendet werden, für die sie übermittelt worden sind; die Verwendung für andere Forschungsarbeiten oder die Weitergabe richtet sich nach den Sätzen 2 und 3 und bedarf der Zustimmung des Bundesamtes für Strahlenschutz.

(10) Die Bundesregierung wird ermächtigt, durch Rechtsverordnung mit Zustimmung des Bundesrates zu bestimmen,

1. auf welche Weise die persönliche Kennnummer nach Absatz 3 erzeugt wird, wie sie beschaffen sein muss und unter welchen Voraussetzungen eine Identifikationsnummer, die außerhalb des Geltungsbereichs dieses Gesetzes vergeben wurde, genutzt werden kann,
2. welche technischen und organisatorischen Maßnahmen für die Übermittlung von Angaben nach Absatz 2 durch die Stellen nach Absatz 4 zum Strahlenschutzregister zu treffen sind,
3. unter welchen Voraussetzungen und in welchem Verfahren zum Zweck der Überwachung von Dosisgrenzwerten, der Beachtung der Strahlenschutzgrundsätze, zur Prüfung des Bestehens eines Auskunftsanspruchs oder zur Qualitätssicherung in erforderlichem Umfang an die Stellen und Personen nach Absatz 5 Auskünfte aus dem Strahlenschutzregister erteilt und weitergegeben und dabei personenbezogene Daten übermittelt werden dürfen.

§ 171 Verordnungsermächtigung für Vorgaben in Bezug auf einen Strahlenpass

Die Bundesregierung wird ermächtigt, durch Rechtsverordnung mit Zustimmung des Bundesrates festzulegen,

1. wann zum Zweck der Überwachung von Dosisgrenzwerten und der Beachtung der Strahlenschutzgrundsätze ein Strahlenpass zu führen ist, welche Daten nach § 170 Absatz 2 und welche Daten zum Ergebnis der ärztlichen Überwachungsuntersuchung eingetragen werden, welche Form der Strahlenpass hat, wie er zu registrieren ist und wer Einträge vornehmen und die Inhalte verwenden darf,
2. unter welchen Bedingungen Strahlenpässe, die außerhalb des Geltungsbereichs dieses Gesetzes ausgestellt wurden, anerkannt werden.

§ 172 Bestimmung von Sachverständigen; Verordnungsermächtigung

(1) Die zuständige Behörde bestimmt Sachverständige für die folgenden Sachverständigentätigkeiten:

1. Prüfung von Röntgeneinrichtungen, einschließlich der Erteilung der Bescheinigung, und die Prüfung von Röntgeneinrichtungen oder Störstrahlern gemäß der Rechtsverordnung nach § 89 Satz 1 Nummer 3,
2. Prüfung von Arbeitsplätzen mit Exposition durch natürlich vorkommende Radioaktivität,
3. Prüfung von Anlagen zur Erzeugung ionisierender Strahlung, von Bestrahlungsvorrichtungen und von Geräten für die Gammaradiographie,
4. Dichtheitsprüfung von umschlossenen radioaktiven Stoffen sowie von bauartzugelassenen Vorrichtungen, die radioaktive Stoffe enthalten.

Der behördlich bestimmte Sachverständige bedarf für die Ausübung der Sachverständigentätigkeit weder einer Genehmigung noch muss er sie anzeigen.

(2) Der behördlich bestimmte Sachverständige muss unabhängig sein von Personen, die an der Herstellung, am Vertrieb oder an der Instandhaltung von Anlagen zur Erzeugung ionisierender Strahlung, Bestrahlungsvorrichtungen, Röntgeneinrichtungen, Störstrahlern oder umschlossenen radioaktiven Stoffen be-

VI

teiligt sind. Der behördlich bestimmte Sachverständige oder, bei juristischen Personen oder nicht rechtsfähigen Personenvereinigungen, die Personen, die Aufgaben als behördlich bestimmte Sachverständige wahrnehmen, müssen die erforderliche Fachkunde im Strahlenschutz besitzen. Der behördlich bestimmte Sachverständige darf keinen fachlichen Weisungen im Hinblick auf die Sachverständigentätigkeit unterliegen.

(3) Für die Sachverständigentätigkeit eines behördlich bestimmten Sachverständigen gelten die Pflichten des Strahlenschutzverantwortlichen nach § 72 Absatz 1 entsprechend. Handelt es sich bei dem behördlich bestimmten Sachverständigen um eine juristische Person oder eine nicht rechtsfähige Personengesellschaft, so gilt für diese Person auch § 70 entsprechend. Übt der behördlich bestimmte Sachverständige die Sachverständigentätigkeit in einem Beschäftigungsverhältnis aus, so gelten die §§ 70 und 72 Absatz 1 abweichend von den Sätzen 1 und 2 entsprechend für diejenige Person, zu der das Beschäftigungsverhältnis besteht.

(4) Die Bundesregierung wird ermächtigt, durch Rechtsverordnung mit Zustimmung des Bundesrates

1. die Anforderungen an die Ausbildung, die beruflichen Kenntnisse und Fähigkeiten, insbesondere hinsichtlich Berufserfahrung und Eignung, der behördlich bestimmten Sachverständigen oder, bei juristischen Personen oder nicht rechtsfähigen Personenvereinigungen, der Personen, die Aufgaben als behördlich bestimmte Sachverständige wahrnehmen, festzulegen,
2. festzulegen, welche Anforderungen an die Zuverlässigkeit, Unabhängigkeit und Unparteilichkeit der Sachverständigen und, bei juristischen Personen oder nicht rechtsfähigen Personenvereinigungen, der Personen, die Aufgaben als behördlich bestimmte Sachverständige wahrnehmen, bestehen,
3. festzulegen, wie die Einweisung in die Sachverständigentätigkeit erfolgt, welchen Umfang die Prüftätigkeit umfasst, wie die Prüfmaßstäbe festgelegt werden und welche sonstigen Voraussetzungen und Pflichten, einschließlich der Qualitätssicherung, in Bezug auf die Prüfungen und die Zusammenarbeit mit den zuständigen Behörden für behördlich bestimmte Sachverständige gelten, und
4. festzulegen, welche Voraussetzungen bei der behördlichen Bestimmung eines Sachverständigen zu prüfen sind, dass und unter welchen Umständen die Bestimmung eines Sachverständigen befristet werden kann und unter welchen Voraussetzungen die Bestimmung zurückgenommen werden kann.

§ 173 Verordnungsermächtigungen für Mitteilungspflichten bei Fund und Erlangung

Die Bundesregierung wird ermächtigt, durch Rechtsverordnung mit Zustimmung des Bundesrates festzulegen, dass, auf welche Weise und durch wen den zuständigen Behörden Folgendes zu melden ist:

1. der Fund, das Abhandenkommen und das Wiederauffinden von Stoffen, sofern zu befürchten ist, dass deren Aktivität oder spezifische Aktivität die nach einer Rechtsverordnung nach § 24 Satz 1 Nummer 10 festgelegten Werte überschreitet,
2. das Vorhandensein von Wasser in einer Wasserversorgungsanlage oder in einer Abwasseranlage, das Radionuklide enthält, deren Aktivitätskonzentration die in der Rechtsverordnung festgelegten Werte oder Grenzen überschreitet,
3. die Vermutung oder die Kenntnis, dass eine herrenlose Strahlenquelle eingeschmolzen oder auf sonstige Weise metallurgisch verwendet worden ist.

§ 174 Verordnungsermächtigung für behördliche Befugnisse bei kontaminiertem Metall

Die Bundesregierung wird ermächtigt, durch Rechtsverordnung mit Zustimmung des Bundesrates festzulegen, dass kontaminiertes Metall nur nach den Vorgaben der zuständigen Behörde verwendet, in Verkehr gebracht oder entsorgt werden darf.

VI

§ 175 Dosis- und Messgrößen; Verordnungsermächtigung

(1) Für die Ermittlung der Organ-Äquivalentdosis ist, soweit nicht anders bestimmt, die äußere und innere Exposition zu berücksichtigen; für die innere Exposition ist auch die außerhalb des Bezugszeitraums auftretende Exposition infolge der während des Bezugszeitraums aufgenommenen Radionuklide nach Maßgabe der Rechtsverordnung nach Absatz 2 Nummer 3 zu berücksichtigen. Satz 1 gilt entsprechend für die effektive Dosis.

(2) Das Bundesministerium für Umwelt, Naturschutz, Bau und Reaktorsicherheit wird ermächtigt, durch Rechtsverordnung ohne Zustimmung des Bundesrates

1. nähere Anforderungen an die Bestimmung der Organ-Äquivalentdosis und ihre Berechnung festzulegen, insbesondere die für verschiedene Strahlungsarten und Strahlungsenergien zu nutzenden Wichtungsfaktoren sowie Einzelheiten der Mittelung über das Gewebe oder Organ,
2. nähere Anforderungen an die Bestimmung der effektiven Dosis sowie ihre Berechnung festzulegen, insbesondere die zu berücksichtigenden Gewebe oder Organe sowie die zu nutzenden Wichtungsfaktoren, und Festlegungen zur Bestimmung der effektiven Dosis des ungeborenen Kindes zu treffen,
3. zu bestimmen, auf welche Weise und für welchen Zeitraum bei der inneren Exposition die Dosis durch aufgenommene Radionuklide zu berücksichtigen ist,
4. festzulegen, welche Messgrößen im Hinblick auf die Ermittlung der äußeren Exposition zu benutzen sind und wie diese Ermittlung zu erfolgen hat,
5. die Daten festzulegen, die bei der Ermittlung der Körperdosis aus Größen des Strahlungsfeldes oder der Aktivität zugrunde zu legen sind, und
6. zu bestimmen, welche Einheiten für die Größen im Strahlenschutz zu verwenden sind.

§ 176 Haftung für durch ionisierende Strahlung verursachte Schäden

Im Anwendungsbereich dieses Gesetzes und der auf dieses Gesetz gestützten Rechtsverordnungen richtet sich die Haftung für durch ionisierende Strahlung verursachte Schäden nach den §§ 25 bis 40 des Atomgesetzes.

§ 177 Vorsorge für die Erfüllung gesetzlicher Schadensersatzverpflichtungen

Im Anwendungsbereich dieses Gesetzes und der auf dieses Gesetz gestützten Rechtsverordnungen richtet sich die Vorsorge für die Erfüllung gesetzlicher Schadensersatzverpflichtungen nach den §§ 13 bis 15 des Atomgesetzes und nach der Atomrechtlichen Deckungsvorsorge-Verordnung. § 35 bleibt unberührt. Abweichend von § 13 Absatz 1 Satz 2 des Atomgesetzes kann die zuständige Behörde bei Tätigkeiten nach § 12 Absatz 1 Nummer 1, 2 oder 3 und § 31 Absatz 1 auf eine erneute Festsetzung der Deckungsvorsorge verzichten, wenn die Überprüfung der Deckungsvorsorge ergeben hat, dass die Deckungssumme noch ausreichend bemessen ist.

Teil 8 Schlussbestimmungen

Kapitel 1 Bußgeldvorschriften

§ 194 Bußgeldvorschriften

(1) Ordnungswidrig handelt, wer vorsätzlich oder fahrlässig

1. einer Rechtsverordnung nach
   a) § 6 Absatz 3, § 24 Satz 1 Nummer 3, 4, 7 Buchstabe a oder Nummer 8 oder Satz 2, § 37 Absatz 1 Satz 1, 2 Nummer 2 bis 5 oder 6 oder Satz 3, § 49 Nummer 4 oder 5, § 61 Absatz 2 Satz 2, § 62 Absatz 6 Nummer 3, § 63 Absatz 3, § 65 Absatz 2, § 68 Absatz 1 Satz 1, § 72 Absatz 2 Satz 2, § 76 Absatz 1 Satz 1, 2 Nummer 1, 2, 6, 7, 8, 10, 11, 13, 15 oder 16 oder Satz 3, § 79 Absatz 1 Satz 1, 2 Nummer 1 bis 3

VI

oder 4, 6, 8 oder 12 oder Satz 3, § 81 Satz 1, 2 Nummer 5, 7, 8, 9 oder 10 oder Satz 4, § 82 Absatz 1 Nummer 1 oder 3, § 84 Absatz 2, § 86 Satz 1, 2 Nummer 2, 4, 5, 6, 9 bis 14 oder 15 oder 19 oder Satz 5, den §§ 87, 89 Satz 1 Nummer 2, 3, 4, 5, 7, 8, 9 oder 11 oder Satz 2, § 90 Absatz 1 Satz 1 oder Satz 2 Nummer 1 oder 2, § 95 Absatz 2 Satz 1 oder Absatz 3, § 123 Absatz 2, § 143 Absatz 1 Satz 3, § 169 Absatz 4 Nummer 1, 2 oder 3, § 174,

b) § 24 Satz 1 Nummer 1, 2, 5, 6 oder 9, § 37 Absatz 1 Satz 2 Nummer 1, 7 oder 8, § 38 Absatz 2 Nummer 1, § 68 Absatz 1 Satz 2, den §§ 73, 74 Absatz 3 oder 4 Nummer 1, 2, 4, 5 oder 6, § 76 Absatz 1 Satz 2 Nummer 3, 4, 5, 9, 12 oder 17, § 79 Absatz 1 Satz 2 Nummer 5, 7, 10, 11 oder 12, § 81 Satz 2 Nummer 1, 2, 3 oder 4, § 82 Absatz 1 Nummer 2 oder 4, § 85 Absatz 4, § 86 Satz 2 Nummer 1, 3, 7, 8, 16, 17 oder 18 oder Satz 3 oder 4, § 88 Absatz 6, § 89 Satz 1 Nummer 1, 6, 10 oder 12, § 90 Absatz 1 Satz 2 Nummer 3 oder 4, den §§ 91, 124 Satz 3, den §§ 132, 135 Absatz 1 Satz 3, § 136 Absatz 2, § 139 Absatz 4, § 169 Absatz 4 Nummer 4, 5 oder 6, § 170 Absatz 10 Nummer 2 oder 3, den §§ 171, 172 Absatz 4, § 173 oder § 175 Absatz 2,

c) § 24 Satz 1 Nummer 7 Buchstabe b oder § 30 Satz 1 oder 2

oder einer vollziehbaren Anordnung auf Grund einer solchen Rechtsverordnung zuwiderhandelt, soweit die Rechtsverordnung für einen bestimmten Tatbestand auf diese Bußgeldvorschrift verweist,

2. ohne Genehmigung nach
   a) § 10 eine dort genannte Anlage errichtet,
   b) § 12 Absatz 1 Nummer 1 erster Halbsatz eine dort genannte Anlage betreibt,
   c) § 12 Absatz 1 Nummer 2 ionisierende Strahlung aus einer dort genannten Bestrahlungsvorrichtung verwendet,
   d) § 12 Absatz 1 Nummer 3 erster Halbsatz mit sonstigen radioaktiven Stoffen umgeht,
   e) § 12 Absatz 1 Nummer 4 erster Halbsatz eine Röntgeneinrichtung betreibt,
   f) § 12 Absatz 1 Nummer 5 erster Halbsatz einen Störstrahler betreibt,
   g) § 12 Absatz 2, in Verbindung mit Absatz 1 Nummer 1, 4 oder 5, eine genehmigungsbedürftige Tätigkeit ändert,
   h) § 25 Absatz 1 Satz 1 in einer dort genannten Anlage eine Person beschäftigt oder eine Aufgabe selbst wahrnimmt,
   i) § 27 Absatz 1 Satz 1 sonstige radioaktive Stoffe auf öffentlichen oder der Öffentlichkeit zugänglichen Verkehrswegen befördert,
   j) § 31 Absatz 1 Satz 1, auch in Verbindung mit Satz 2, radioaktive Stoffe oder ionisierende Strahlung am Menschen anwendet,
   k) § 40 Absatz 1 Satz 1, auch in Verbindung mit Satz 2, radioaktive Stoffe zusetzt,
   l) § 42 Absatz 1 ein dort genanntes Konsumgut verbringt,
3. entgegen § 17 Absatz 1 Satz 1, § 19 Absatz 1 Satz 1, § 22 Absatz 1, § 26 Absatz 1 Satz 1, § 32 Absatz 1 Satz 1, auch in Verbindung mit Satz 2, § 50 Absatz 1, auch in Verbindung mit Absatz 2, § 52 Absatz 1, auch in Verbindung mit Absatz 3 Satz 1, § 56 Absatz 1, auch in Verbindung mit Absatz 3, § 59 Absatz 2, auch in Verbindung mit Absatz 4, oder § 63 Absatz 1 Satz 1 eine Anzeige nicht, nicht richtig, nicht vollständig, nicht in der vorgeschriebenen Weise oder nicht rechtzeitig erstattet,
4. einer vollziehbaren Anordnung nach § 18 Absatz 3, § 20 Absatz 3, 4 oder 5, § 22 Absatz 3, § 26 Absatz 3, den §§ 34, 51 Absatz 2, § 53 Absatz 2 oder 3, § 55 Absatz 2, § 57 Absatz 3 oder 4, jeweils auch in Verbindung mit § 59 Absatz 4, § 61

Absatz 5 Satz 1, § 63 Absatz 2, § 64 Absatz 2 Satz 3, § 65 Absatz 1, § 127 Absatz 1 Satz 3, § 129 Absatz 2 Satz 3, § 130 Absatz 2 Satz 3, § 134 Absatz 3, § 135 Absatz 3 Satz 1, § 139 Absatz 1 Satz 1, auch in Verbindung mit § 148 Satz 1, § 156 Absatz 3 Satz 1 oder Absatz 4 Satz 2 oder § 158 Absatz 2 zuwiderhandelt,

5. entgegen den §§ 21, 54, 58, auch in Verbindung mit § 59 Absatz 4, § 61 Absatz 4 Satz 2, § 64 Absatz 2 Satz 1, § 70 Absatz 4 Satz 1, § 71 Absatz 2 Satz 1 oder § 167 Absatz 3 Satz 3, auch in Verbindung mit Satz 4, eine Mitteilung nicht, nicht richtig, nicht vollständig oder nicht rechtzeitig macht,
6. entgegen § 28 Absatz 2 Satz 1 Kernmaterialien zur Beförderung oder Weiterbeförderung übernimmt,
7. entgegen § 39 Absatz 1 Satz 1, auch in Verbindung mit Absatz 2, radioaktive Stoffe zusetzt,
8. entgegen § 39 Absatz 1 Satz 2, auch in Verbindung mit Absatz 2, eine dort genannte Ware verbringt oder in Verkehr bringt,
9. einer vollziehbaren Auflage nach § 47 Satz 2 Nummer 4 zuwiderhandelt,
10. entgegen § 55 Absatz 1 Satz 1, auch in Verbindung mit Satz 2, jeweils auch in Verbindung mit § 59 Absatz 1 Satz 1, § 130 Absatz 1 Satz 1, auch in Verbindung mit Satz 2, oder § 145 Absatz 1 Satz 1, auch in Verbindung mit Satz 2, jeweils auch in Verbindung mit § 148 Satz 1, eine Abschätzung nicht, nicht richtig oder nicht rechtzeitig durchführt,
11. entgegen § 59 Absatz 1 Satz 2 eine Abschätzung nicht oder nicht rechtzeitig übermittelt,
12. entgegen § 60 Absatz 1 Satz 1, auch in Verbindung mit Satz 2, § 62 Absatz 1 Satz 1, auch in Verbindung mit Absatz 5 Satz 1, § 129 Absatz 1 Satz 1, Absatz 2 Satz 1 oder Absatz 3 Satz 1, § 145 Absatz 2 Satz 1, auch in Verbindung mit § 148, oder § 159 Absatz 2 Satz 1 eine Anmeldung nicht, nicht richtig, nicht vollständig oder nicht rechtzeitig macht,
13. entgegen § 60 Absatz 2 Satz 1 oder Absatz 4 Satz 1 ein Rückstandskonzept oder eine Rückstandsbilanz nicht, nicht richtig, nicht vollständig oder nicht rechtzeitig vorlegt,
14. entgegen § 61 Absatz 3 Satz 1, auch in Verbindung mit Satz 2, Rückstände vermischt oder verdünnt,
15. entgegen § 61 Absatz 6 Satz 1 Rückstände nicht, nicht richtig oder nicht rechtzeitig sichert,
16. entgegen § 61 Absatz 6 Satz 2 Rückstände abgibt,
17. entgegen § 61 Absatz 7 Rückstände ins Inland verbringt,
18. entgegen § 62 Absatz 4 Satz 2, auch in Verbindung mit Absatz 5 Satz 1, überwachungsbedürftige Rückstände verwertet oder beseitigt,
19. entgegen § 64 Absatz 1 Satz 1 eine Kontamination nicht, nicht richtig, nicht vollständig, nicht in der vorgeschriebenen Weise oder nicht rechtzeitig entfernt,
20. entgegen § 70 Absatz 1 Satz 1 einen Strahlenschutzbeauftragten nicht, nicht richtig, nicht in der vorgeschriebenen Weise oder nicht rechtzeitig bestellt,
21. entgegen § 72 Absatz 1 Satz 1 Nummer 1 oder Absatz 2 Nummer 1 Buchstabe a, jeweils auch in Verbindung mit Absatz 1 Satz 2, nicht dafür sorgt, dass eine dort genannte Exposition oder Kontamination vermieden oder so gering wie möglich gehalten wird,
22. entgegen § 72 Absatz 1 Satz 1 Nummer 2 Buchstabe a oder Absatz 2 Nummer 1 Buchstabe a, jeweils auch in Verbindung mit Absatz 1 Satz 2, nicht dafür sorgt, dass eine dort genannte Vorschrift eingehalten wird,
23. entgegen § 72 Absatz 1 Satz 1 Nummer 4, auch in Verbindung mit Satz 2, nicht dafür sorgt, dass die erforderlichen Maßnahmen gegen ein Kritischwerden von Kernbrennstoffen getroffen werden,

VI

24. entgegen § 85 Absatz 1 Satz 1 nicht dafür sorgt, dass eine Aufzeichnung angefertigt wird,
25. entgegen § 85 Absatz 1 Satz 3 eine Aufzeichnung nicht oder nicht richtig sichert,
26. entgegen § 85 Absatz 3 Nummer 1 Buchstabe a erster Halbsatz oder Buchstabe b eine Aufzeichnung nicht, nicht richtig, nicht vollständig oder nicht rechtzeitig vorlegt,
27. entgegen § 127 Absatz 1 Satz 1 eine Messung nicht, nicht richtig oder nicht rechtzeitig veranlasst,
28. entgegen § 127 Absatz 3, § 128 Absatz 2 Satz 2, § 130 Absatz 1 Satz 3, § 134 Absatz 2 oder § 145 Absatz 1 Satz 3, auch in Verbindung mit § 148 Satz 1, eine dort genannte Aufzeichnung nicht, nicht richtig, nicht vollständig oder nicht rechtzeitig fertigt oder nicht oder nicht mindestens fünf Jahre aufbewahrt oder nicht, nicht richtig, nicht vollständig oder nicht rechtzeitig vorlegt,
29. entgegen § 128 Absatz 1 eine Maßnahme nicht, nicht richtig oder nicht rechtzeitig ergreift,
30. entgegen § 128 Absatz 2 Satz 1 eine Überprüfung nicht, nicht richtig oder nicht rechtzeitig vornimmt,
31. entgegen § 129 Absatz 3 Satz 2 zweiter Halbsatz eine Auskunft nicht erteilt,
32. entgegen § 131 Absatz 1 Nummer 3 erster Halbsatz, auch in Verbindung mit dem zweiten Halbsatz, § 145 Absatz 3 Nummer 2 erster Halbsatz, auch in Verbindung mit dem zweiten Halbsatz, oder § 159 Absatz 3 Nummer 2 erster Halbsatz, auch in Verbindung mit dem zweiten Halbsatz, nicht dafür sorgt, dass ein Dosisgrenzwert nicht überschritten wird,
33. entgegen § 134 Absatz 1 die spezifische Aktivität nicht, nicht richtig oder nicht rechtzeitig bestimmt,
34. entgegen § 135 Absatz 1 Satz 1 oder Absatz 3 Satz 2 ein Bauprodukt in Verkehr bringt,
35. entgegen § 135 Absatz 2 eine Information nicht, nicht richtig, nicht vollständig oder nicht rechtzeitig übermittelt,
36. entgegen § 138 Absatz 1, auch in Verbindung mit § 148 Satz 1, oder § 167 Absatz 4 Satz 1 eine Meldung nicht, nicht richtig, nicht vollständig oder nicht rechtzeitig macht,
37. entgegen § 140, auch in Verbindung mit § 148 Satz 1, eine Mitteilung nicht, nicht richtig, nicht vollständig oder nicht rechtzeitig macht oder einen Nachweis nicht, nicht richtig, nicht vollständig oder nicht rechtzeitig vorlegt,
38. entgegen § 167 Absatz 1 eine Aufzeichnung nicht, nicht richtig, nicht vollständig oder nicht rechtzeitig fertigt,
39. entgegen § 167 Absatz 3 Satz 1 eine Aufzeichnung nicht, nicht richtig, nicht vollständig oder nicht rechtzeitig vorlegt oder nicht, nicht richtig, nicht vollständig oder nicht rechtzeitig hinterlegt,
40. entgegen § 168 Absatz 1 Satz 1 dort genannte Daten nicht, nicht richtig, nicht vollständig oder nicht rechtzeitig zur Verfügung stellt,
41. entgegen § 168 Absatz 1 Satz 2 oder § 168 Absatz 2 eine Angabe nicht, nicht richtig, nicht vollständig oder nicht rechtzeitig vorlegt oder
42. einer vollziehbaren Auflage nach § 179 Absatz 1 Nummer 1 dieses Gesetzes in Verbindung mit § 17 Absatz 1 Satz 2 oder 3 des Atomgesetzes oder einer vollziehbaren Anordnung nach § 179 Absatz 2 Nummer 1 dieses Gesetzes in Verbindung mit § 19 Absatz 3 des Atomgesetzes zuwiderhandelt.

(2) Die Ordnungswidrigkeit kann in den Fällen des Absatzes 1 Nummer 1 Buchstabe a und c, Nummer 2 bis 4, 6 bis 9, 14 bis 23, 29, 32, 34 und 42 mit einer Geldbuße bis zu fünfzigtausend Euro und in den übrigen Fällen mit einer Geldbuße bis zu zehntausend Euro geahndet werden.

(3) Verwaltungsbehörde im Sinne des § 36 Absatz 1 Nummer 1 des Gesetzes über Ordnungswidrigkeiten ist

1. in den Fällen des Absatzes 1 Nummer 1 Buchstabe a und b, Nummer 2, 5 bis 41 oder 42 das Bundesamt für kerntechnische Entsorgungssicherheit für seinen in § 186 bezeichneten Bereich,
2. in den Fällen des Absatzes 1 Nummer 1 Buchstabe c und Nummer 2 Buchstabe l das Bundesamt für Wirtschaft und Ausfuhrkontrolle,
3. in den Fällen des Absatzes 1 Nummer 3 und 4
   a) das Bundesamt für Strahlenschutz im Zusammenhang mit dem Betrieb von Raumfahrzeugen,
   b) das Luftfahrt-Bundesamt im Zusammenhang mit dem Betrieb von Luftfahrzeugen,
   c) das Bundesamt für kerntechnische Entsorgungssicherheit für seinen in § 186 bezeichneten Bereich.

§ 195 Einziehung

Ist eine Ordnungswidrigkeit nach § 194 Absatz 1 vorsätzlich begangen worden, so können Gegenstände eingezogen werden,

1. auf die sich die Ordnungswidrigkeit bezieht oder
2. die zur Begehung oder Vorbereitung gebraucht wurden oder bestimmt gewesen sind.

Kapitel 2
Übergangsvorschriften

§ 196 Genehmigungsbedürftige Errichtung von Anlagen (§ 10)

Eine Genehmigung für die Errichtung von Anlagen zur Erzeugung ionisierender Strahlen, die vor dem 31. Dezember 2018 erteilt worden ist, gilt als Genehmigung nach § 10 mit allen Nebenbestimmungen fort.

§ 197 Genehmigungsbedürftige Tätigkeiten (§ 12)

(1) Eine Genehmigung für den Betrieb von Anlagen zur Erzeugung ionisierender Strahlen, die vor dem 31. Dezember 2018 erteilt worden ist, gilt als Genehmigung nach § 12 Absatz 1 Nummer 1 mit allen Nebenbestimmungen fort. Dies gilt für Genehmigungen im Zusammenhang mit der Anwendung am Menschen für eine Behandlung mit ionisierender Strahlung, der ein individueller Bestrahlungsplan zugrunde liegt, wenn bis zum 31. Dezember 2020 bei der zuständigen Behörde nachgewiesen ist, dass die Voraussetzungen nach § 14 Absatz 1 Nummer 2 Buchstabe a, Nummer 3 Buchstabe a und Nummer 4 erfüllt sind.

(2) Eine Genehmigung für den Umgang mit sonstigen radioaktiven Stoffen, die vor dem 31. Dezember 2018 erteilt worden ist, gilt als Genehmigung nach § 12 Absatz 1 Nummer 3 mit allen Nebenbestimmungen fort. Dies gilt für Genehmigungen

1. für den Umgang mit hochradioaktiven Strahlenquellen nur, wenn bis zum 31. Dezember 2020 nachgewiesen ist, dass die Voraussetzung des § 13 Absatz 4 erfüllt ist,
2. im Zusammenhang mit der Anwendung am Menschen für eine Behandlung mit radioaktiven Stoffen und ionisierender Strahlung, der jeweils ein individueller Bestrahlungsplan zugrunde liegt, wenn bis zum 31. Dezember 2020 bei der zuständigen Behörde nachgewiesen ist, dass die Voraussetzungen nach § 14 Absatz 1 Nummer 2 Buchstabe a, Nummer 3 Buchstabe a und Nummer 4 erfüllt sind,
3. im Zusammenhang mit der Anwendung am Menschen für eine standardisierte Behandlung mit radioaktiven Stoffen sowie zur Untersuchung mit radioaktiven Stoffen, die mit einer erheblichen Exposition der untersuchten Person verbunden sein kann, wenn bis zum 31. Dezember 2022 bei der zuständigen Behörde nachgewiesen ist, dass die Voraussetzungen nach § 14 Absatz 1 Nummer 2 Buchstabe b, Nummer 3 Buchstabe b und Nummer 4 erfüllt sind.

Die zuständige Behörde kann von dem Inhaber einer Genehmigung nach Satz 1 innerhalb von zwei Jahren nach Inkrafttreten dieses Gesetzes die Erbringung einer Sicherheitsleistung gemäß § 13 Absatz 7 verlangen.

(3) Hat sich eine Genehmigung nach den §§ 6, 7 oder § 9 des Atomgesetzes oder ein

Planfeststellungsbeschluss nach § 9b des Atomgesetzes, die oder der vor dem 31. Dezember 2018 erteilt worden ist, auf einen genehmigungsbedürftigen Umgang mit radioaktiven Stoffen erstreckt, so gilt diese Erstreckung als Erstreckung auf einen genehmigungsbedürftigen Umgang nach § 12 Absatz 1 Nummer 3 dieses Gesetzes fort.

(4) Tätigkeiten nach § 4 Absatz 1 Satz 1 Nummer 1, die vor dem 31. Dezember 2018 genehmigungsfrei ausgeübt wurden und ab dem 31. Dezember 2018 einer Genehmigung nach § 12 Absatz 1 Nummer 3 bedürfen, dürfen fortgesetzt werden, wenn der Antrag auf Genehmigung bis zum 31. Dezember 2019 gestellt wurde.

§ 198 Genehmigungsbedürftiger Betrieb von Röntgeneinrichtungen und Störstrahlern (§ 12)

VI

(1) Eine vor dem 31. Dezember 2018 erteilte Genehmigung für den Betrieb von Röntgeneinrichtungen, mit Ausnahme der in den Absätzen 2 und 3 genannten Röntgeneinrichtungen, gilt als Genehmigung nach § 12 Absatz 1 Nummer 4 mit allen Nebenbestimmungen fort. Dies gilt für

1. Genehmigungen im Zusammenhang mit der Anwendung am Menschen für eine Behandlung mit ionisierender Strahlung, der ein individueller Bestrahlungsplan zugrunde liegt, wenn bis zum 31. Dezember 2020 bei der zuständigen Behörde nachgewiesen ist, dass die Voraussetzungen nach § 14 Absatz 1 Nummer 2 Buchstabe a, Nummer 3 Buchstabe a und Nummer 4 erfüllt sind,
2. Genehmigungen im Zusammenhang mit der Anwendung am Menschen für eine standardisierte Behandlung mit ionisierender Strahlung sowie zur Untersuchung mit ionisierender Strahlung, die mit einer erheblichen Exposition der untersuchten Person verbunden sein kann, wenn bis zum 31. Dezember 2022 bei der zuständigen Behörde nachgewiesen ist, dass die Voraussetzungen nach § 14 Absatz 1 Nummer 2 Buchstabe b, Nummer 3 Buchstabe b und Nummer 4 erfüllt sind,
3. unbefristete Genehmigungen zur Teleradiologie, wenn bis zum 31. Dezember 2022 bei der zuständigen Behörde nachgewiesen ist, dass die Voraussetzung des § 14 Absatz 2 Nummer 4 und, soweit einschlägig, die in Nummer 2 genannten Voraussetzungen erfüllt sind.

(2) Eine Genehmigung für den Betrieb von Röntgeneinrichtungen zur Teleradiologie über den Nacht-, Wochenend- und Feiertagsdienst hinaus, die vor dem 31. Dezember 2018 nach § 3 Absatz 1 der Röntgenverordnung in der bis zum 31. Dezember 2018 geltenden Fassung erteilt und nach § 3 Absatz 4 Satz 4 der Röntgenverordnung befristet worden ist, gilt bis zum Ablauf der in der Genehmigung genannten Frist mit allen Nebenbestimmungen fort.

(3) Eine Genehmigung für den Betrieb von Röntgeneinrichtungen zur Untersuchung von Menschen im Rahmen freiwilliger Röntgenreihenuntersuchungen, die vor dem 31. Dezember 2018 nach § 3 Absatz 1 der Röntgenverordnung in der bis zum 31. Dezember 2018 geltenden Fassung erteilt und nach § 3 Absatz 4a Satz 2 der Röntgenverordnung befristet worden ist, gilt bis zum Ablauf der in der Genehmigung genannten Frist mit allen Nebenbestimmungen fort.

(4) Eine vor dem 31. Dezember 2018 erteilte Genehmigung für den Betrieb von Störstrahlern gilt als Genehmigung nach § 12 Absatz 1 Nummer 5 mit allen Nebenbestimmungen fort.

§ 199 Anzeigebedürftiger Betrieb von Anlagen (§ 17)

Eine Anzeige des Betriebs einer Anlage zur Erzeugung ionisierender Strahlung, die vor dem 31. Dezember 2018 erfolgt ist, gilt als Anzeige nach § 17 Absatz 1 fort.

§ 200 Anzeigebedürftiger Betrieb von Röntgeneinrichtungen und Störstrahlern (§ 19)

(1) Eine Anzeige des Betriebs einer Röntgeneinrichtung, die vor dem 31. Dezember 2018 erfolgt ist, gilt als Anzeige nach § 19 Absatz 1 Nummer 1 fort. Dies gilt für Anzeigen im Zusammenhang mit der Anwendung am Men-

schen zur Untersuchung mit Röntgenstrahlung, die mit einer erheblichen Exposition der untersuchten Person verbunden sein kann, wenn die jeweils einschlägigen Voraussetzungen nach § 19 Absatz 3 Nummer 7 in Verbindung mit § 14 Absatz 1 Nummer 2 Buchstabe b und Nummer 4 bis zum 31. Dezember 2022 bei der zuständigen Behörde nachgewiesen sind.

(2) Eine Anzeige des Betriebs eines Basis-, Hoch- oder Vollschutzgerätes oder einer Schulröntgeneinrichtung, die vor dem 31. Dezember 2018 erfolgt ist, gilt als Anzeige nach § 19 Absatz 1 Nummer 2 fort.

§ 201 Anzeigebedürftige Prüfung, Erprobung, Wartung und Instandsetzung von Röntgeneinrichtungen und Störstrahlern (§ 22)

Eine Anzeige der Prüfung, Erprobung, Wartung und Instandsetzung von Röntgeneinrichtungen oder Störstrahlern, die vor dem 31. Dezember 2018 erfolgt ist, gilt als Anzeige nach § 22 Absatz 1 fort.

§ 202 Genehmigungsbedürftige Beschäftigung in fremden Anlagen oder Einrichtungen (§ 25)

Eine Genehmigung für die Beschäftigung in fremden Anlagen oder Einrichtungen, die vor dem 31. Dezember 2018 erteilt worden ist, gilt als Genehmigung nach § 25 Absatz 1 mit allen Nebenbestimmungen bis zum im Genehmigungsbescheid festgelegten Datum und längstens bis zum 31. Dezember 2023 fort.

§ 203 Anzeigebedürftige Beschäftigung im Zusammenhang mit dem Betrieb fremder Röntgeneinrichtungen und Störstrahler (§ 26)

Eine Anzeige der Aufgabenwahrnehmung im Zusammenhang mit dem Betrieb einer fremden Röntgeneinrichtung oder eines fremden Störstrahlers, die vor dem 31. Dezember 2018 erfolgt ist, gilt als Anzeige nach § 26 Absatz 1 fort.

§ 204 Genehmigungsbedürftige Beförderung radioaktiver Stoffe (§ 27)

(1) Eine Genehmigung für die Beförderung, die vor dem 31. Dezember 2018 erteilt worden ist, gilt als Genehmigung nach § 27 Absatz 1 mit allen Nebenbestimmungen fort, wenn die nach § 29 Absatz 1 Nummer 2 geforderte Fachkunde bis zum 31. Dezember 2021 bei der zuständigen Behörde nachgewiesen ist.

(2) Hat sich eine Genehmigung nach § 4 Absatz 1 des Atomgesetzes, die vor dem 31. Dezember 2018 erteilt worden ist, auf eine genehmigungsbedürftige Beförderung radioaktiver Stoffe erstreckt, so gilt diese Erstreckung als Erstreckung auf eine genehmigungsbedürftige Beförderung nach § 27 Absatz 1 dieses Gesetzes fort, wenn die nach § 29 Absatz 1 Nummer 2 dieses Gesetzes geforderte Fachkunde bis zum 31. Dezember 2021 bei der zuständigen Behörde nachgewiesen ist.

§ 205 Medizinische Forschung (§§ 31, 32)

(1) Eine nach § 23 Absatz 1 in Verbindung mit § 24 Absatz 1 der Strahlenschutzverordnung in der bis zum 31. Dezember 2018 geltenden Fassung oder nach § 28a Absatz 1 in Verbindung mit § 28b Absatz 1 der Röntgenverordnung in der bis zum 31. Dezember 2018 geltenden Fassung genehmigte Anwendung radioaktiver Stoffe oder ionisierender Strahlung am Menschen zum Zweck der medizinischen Forschung gilt mit allen Nebenbestimmungen als Genehmigung nach § 31 fort.

(2) Eine nach § 23 Absatz 1 in Verbindung mit § 24 Absatz 2 der Strahlenschutzverordnung in der bis zum 31. Dezember 2018 geltenden Fassung oder nach § 28a Absatz 1 in Verbindung mit § 28b Absatz 2 der Röntgenverordnung in der bis zum 31. Dezember 2018 geltenden Fassung genehmigte Anwendung radioaktiver Stoffe oder ionisierender Strahlung am Menschen zum Zweck der medizinischen Forschung gilt als Anzeige nach § 32 fort.

(3) Vor dem 31. Dezember 2018 begonnene Genehmigungsverfahren nach § 23 Absatz 1 in Verbindung mit § 24 Absatz 2 der Strahlenschutzverordnung in der bis zum 31. Dezember 2018 geltenden Fassung oder nach § 28a Absatz 1 in Verbindung mit § 28b Absatz 2 der Röntgenverordnung in der bis zum 31. Dezember 2018 geltenden Fassung der Anwendung radioaktiver Stoffe oder ionisie-

render Strahlung am Menschen zum Zweck der medizinischen Forschung werden nach Maßgabe der vor dem 31. Dezember 2018 geltenden Vorschriften abgeschlossen. Für Genehmigungen nach Satz 1 gilt Absatz 2 entsprechend.

(4) Registrierungen von Ethikkommissionen nach § 92 der Strahlenschutzverordnung in der bis zum 31. Dezember 2018 geltenden Fassung oder nach § 28g der Röntgenverordnung in der bis zum 31. Dezember 2018 geltenden Fassung gelten als Registrierungen nach § 36 Absatz 1 dieses Gesetzes fort.

§ 211 Bestellung von Strahlenschutzbeauftragten (§ 70)

Eine Bestellung eines Strahlenschutzbeauftragten, die vor dem 31. Dezember 2018 erfolgt ist, gilt als Bestellung nach § 70 Absatz 1 fort.

§ 212 Grenzwerte für beruflich exponierte Personen; Ermittlung der Exposition der Bevölkerung (§§ 78, 80)

(1) Der Grenzwert nach § 78 Absatz 2 Nummer 1 ist ab dem 1. Januar 2019 einzuhalten.

(2) Für die Ermittlung der Exposition der Bevölkerung ist § 80 ab dem 1. Januar 2019 anzuwenden.

§ 213 Zulassung der Früherkennung (§ 84)

Eine Zulassung freiwilliger Röntgenreihenuntersuchungen zur Ermittlung übertragbarer Krankheiten in Landesteilen oder für Bevölkerungsgruppen mit überdurchschnittlicher Erkrankungshäufigkeit nach § 25 Absatz 1 Satz 2 der Röntgenverordnung in der bis zum 31. Dezember 2018 geltenden Fassung gilt als Zulassung nach § 84 Absatz 4 fort.

§ 214 Anmeldung von Arbeitsplätzen in Innenräumen (§ 129)

(1) Eine vor dem 31. Dezember 2018 erfolgte Anzeige einer Arbeit, die einem in Anlage XI Teil A zur Strahlenschutzverordnung in der bis zum 31. Dezember 2018 geltenden Fassung genannten Arbeitsfeld zuzuordnen war, gilt als Anmeldung nach § 129 Absatz 1 mit der Maßgabe fort, dass Maßnahmen zur Reduzierung der Radon-222-Exposition, soweit sie nach § 128 Absatz 1 erforderlich sind, bis zum 31. Dezember 2020 zu ergreifen sind.

(2) Eine Messung der Radon-222-Aktivitätskonzentration, die vor dem 31. Dezember 2018 im Rahmen einer Abschätzung nach § 95 Absatz 1 in Verbindung mit Anlage XI Teil A zur Strahlenschutzverordnung in der bis zum 31. Dezember 2018 geltenden Fassung durchgeführt worden ist, erfüllt die Pflicht zur Messung nach § 127 Absatz 1.

§ 215 Radioaktive Altlasten

(1) Erlaubnisse, die vor dem 31. Dezember 2018 auf dem in Artikel 3 des Einigungsvertrags vom 6. September 1990 (BGBl. 1990 II S. 885, 889) genannten Gebiet erteilt wurden für Sanierungs-, Schutz- oder Nachsorgemaßnahmen an Hinterlassenschaften früherer menschlicher Betätigungen im Sinne von § 136 Absatz 1 sowie für die Stilllegung und Sanierung der Betriebsanlagen und Betriebsstätten des Uranerzbergbaus auf Grund

1. der Verordnung über die Gewährleistung von Atomsicherheit und Strahlenschutz vom 11. Oktober 1984 (GBl. I Nr. 30 S. 341) nebst Durchführungsbestimmung zur Verordnung über die Gewährleistung von Atomsicherheit und Strahlenschutz vom 11. Oktober 1984 (GBl. I Nr. 30 S. 348; Ber. GBl. I 1987 Nr. 18 S. 196) und
2. der Anordnung zur Gewährleistung des Strahlenschutzes bei Halden und industriellen Absetzanlagen und bei der Verwendung darin abgelagerter Materialien vom 17. November 1980 (GBl. I Nr. 34 S. 347),

gelten fort, soweit sie nach Inkrafttreten des Einigungsvertrags erteilt wurden oder vor diesem Zeitpunkt erteilt wurden, aber noch fortgelten.

(2) Die auf den Erlaubnissen beruhenden Maßnahmen können nach Maßgabe der jeweiligen Erlaubnis beendet werden.

§ 216 Bestimmung von Messstellen (§ 169)

Behördliche Bestimmungen von Messstellen, die vor dem 31. Dezember 2018 erfolgt sind, gelten als Bestimmungen nach § 169 Absatz 1 fort, wenn bis zum 31. Dezember 2020 bei der zuständigen Behörde nachgewiesen ist, dass die Voraussetzungen nach § 169 Absatz 2 erfüllt sind.

§ 217 Bestimmung von Sachverständigen (§ 172)

Behördliche Bestimmungen von Sachverständigen, die vor dem 31. Dezember 2018 erfolgt sind, gelten als Bestimmungen nach § 172 Absatz 1 Nummer 1, 3 oder 4 längstens fünf Jahre fort.

§ 218 Genehmigungsfreier Umgang mit Geräten, keramischen Gegenständen, Porzellan- und Glaswaren oder elektronischen Bauteilen sowie sonstigen Produkten

(1) Vor dem 1. April 1977 beschaffte Geräte, keramische Gegenstände, Porzellanwaren, Glaswaren oder elektronische Bauteile, mit denen nach § 11 der Ersten Strahlenschutzverordnung vom 15. Oktober 1965 ohne Genehmigung umgegangen werden durfte, dürfen weiter genehmigungsfrei verwendet und beseitigt werden, wenn diese Gegenstände zum Zeitpunkt der Beschaffung die Vorschrift des § 11 der Ersten Strahlenschutzverordnung vom 15. Oktober 1965 erfüllt haben.

(2) Sonstige Produkte, die den Anforderungen der Anlage III Teil A Nummer 5, 6 oder 7 zur Strahlenschutzverordnung in der Fassung vom 30. Juni 1989 entsprechen und vor dem 1. August 2001 erworben worden sind, können weiter genehmigungs- und anzeigefrei verwendet, gelagert oder beseitigt werden.

VI

Anlage 1
(zu § 5 Absatz 32)

Rückstände nach § 5 Absatz 32

Rückstände im Sinne dieses Gesetzes sind die folgenden Materialien:

1. Schlämme und Ablagerungen aus der Gewinnung, Verarbeitung und Aufbereitung von Erdöl und Erdgas und aus der Tiefengeothermie;
2. Kiese, Sande, Harze und Kornaktivkohle aus der Grundwasseraufbereitung;
3. nicht aufbereitete Phosphorgipse, Schlämme aus deren Aufbereitung sowie Stäube und Schlacken aus der Verarbeitung von Rohphosphat (Phosphorit);
4. Nebengestein, Schlämme, Sande, Schlacken und Stäube
   a) aus der Gewinnung und Aufbereitung von Bauxit, Columbit, Pyrochlor, Mikrolyth, Euxenit, Kupferschiefer-, Zinn-, Seltene-Erden- und Uranerzen,
   b) aus der Weiterverarbeitung von Konzentraten und Rückständen, die bei der Gewinnung und Aufbereitung dieser Erze und Mineralien anfallen;
5. Materialien, die den in Nummer 4 genannten Erzen entsprechen und die bei der Gewinnung und Aufbereitung anderer Rohstoffe anfallen;
6. Stäube und Schlämme aus der Rauchgasreinigung bei der Primärverhüttung in der Roheisen- und Nichteisenmetallurgie.

Rückstände im Sinne dieses Gesetzes sind auch

1. Materialien nach Satz 1, wenn das Anfallen dieser Materialien zweckgerichtet herbeigeführt wird,
2. Formstücke aus den in Satz 1 genannten Materialien sowie
3. ausgehobener oder abgetragener Boden und Bauschutt aus dem Abbruch von Gebäuden oder sonstigen baulichen Anlagen, wenn dieser Boden und Bauschutt Rückstände nach Satz 1 enthält und gemäß § 64 nach der Beendigung von Tätigkeiten oder gemäß § 141 von Grundstücken entfernt wird.

Keine Rückstände im Sinne dieses Gesetzes sind Materialien nach Satz 1,

1. deren spezifische Aktivität für jedes Radionuklid der Nuklidketten U-238sec und Th-232sec unter 0,2 Becquerel durch Gramm (Bq/g) liegt und die nicht als Bauprodukte verwertet werden, oder
2. die in dort genannte technologische Prozesse als Rohstoffe eingebracht werden.

VI

Anlage 2
(zu § 16, § 25 Absatz 2, § 40 Absatz 4, § 46 Absatz 1)

Erforderliche Unterlagen zur Prüfung von Genehmigungsanträgen

Teil A: Erforderliche Unterlagen für den Antrag auf Genehmigungen nach § 12 Absatz 1 Nummer 1 und 2

1. Sicherheitsbericht, der
   a) die Anlage und ihren Betrieb beschreibt und anhand von Lageplänen und Übersichtszeichnungen darstellt,
   b) die Auswirkungen und Gefahren beschreibt, die mit der Anlage und dem Betrieb verbunden sind, und
   c) die Ausrüstungen und Maßnahmen darlegt, die nach § 13 Absatz 1 Nummer 6 Buchstabe a vorzusehen sind,
2. ergänzende Pläne, Zeichnungen und Beschreibungen der Anlage und ihrer Teile,
3. Angaben, die es ermöglichen zu prüfen, ob
   a) die für eine sichere Ausführung der Tätigkeit notwendige Anzahl von Strahlenschutzbeauftragten bestellt ist und ihnen die für die Erfüllung ihrer Aufgaben erforderlichen Befugnisse eingeräumt sind,
   b) gewährleistet ist, dass die Ausrüstung vorhanden und die Maßnahmen getroffen sind, die nach dem Stand von Wissenschaft und Technik erforderlich sind, damit die Schutzvorschriften eingehalten werden,
   c) der erforderliche Schutz gegen Störmaßnahmen oder sonstige Einwirkungen Dritter gewährleistet ist, soweit die Errichtung der Anlage der Genehmigung nach § 10 bedarf,
4. Angaben, die es ermöglichen zu prüfen, ob der Strahlenschutzverantwortliche und die Strahlenschutzbeauftragten zuverlässig sind und die erforderliche Fachkunde im Strahlenschutz besitzen,
5. Exemplar einer Strahlenschutzanweisung gemäß der Rechtsverordnung nach § 73,
6. Nachweis über die erforderliche Vorsorge für die Erfüllung gesetzlicher Schadensersatzverpflichtungen,
7. im Zusammenhang mit
   a) der Anwendung am Menschen: Angaben, die es ermöglichen zu prüfen, ob die Voraussetzungen des § 14 Absatz 1 erfüllt sind,
   b) der Anwendung am Tier in der Tierheilkunde: Angaben, die es ermöglichen zu prüfen, ob die Voraussetzungen des § 15 erfüllt sind,
   c) dem Betrieb von Anlagen zur Erzeugung ionisierender Strahlung in der Medizin im Sinne des Medizinproduktegesetzes: Angaben zur Zweckbestimmung der Anlage, die es ermöglichen zu prüfen, ob das Medizinprodukt für die vorgesehene Anwendung geeignet ist.

Teil B: Erforderliche Unterlagen für den Antrag auf Genehmigungen nach § 12 Absatz 1 Nummer 3 und § 40

1. Pläne, Zeichnungen und Beschreibungen, die zur Prüfung der Genehmigungsvoraussetzungen erforderlich sind,
2. Angaben, die es ermöglichen zu prüfen, ob
   a) die für eine sichere Ausführung der Tätigkeit notwendige Anzahl von Strahlenschutzbeauftragten bestellt ist und ihnen die für die Erfüllung ihrer Aufgaben erforderlichen Befugnisse eingeräumt sind,
   b) gewährleistet ist, dass die Ausrüstung vorhanden und die Maßnahmen getroffen sind, die nach dem Stand von Wissenschaft und Technik erforderlich sind, damit die Schutzvorschriften eingehalten werden,
   c) der erforderliche Schutz gegen Störmaßnahmen oder sonstige Einwirkungen Dritter gewährleistet ist,

3. Angaben, die es ermöglichen zu prüfen, ob der Strahlenschutzverantwortliche und die Strahlenschutzbeauftragten zuverlässig sind und die erforderliche Fachkunde im Strahlenschutz besitzen,
4. Exemplar einer Strahlenschutzanweisung gemäß der Rechtsverordnung nach § 73,
5. Nachweis über die Vorsorge für die Erfüllung der gesetzlichen Schadensersatzverpflichtungen,
6. im Zusammenhang mit
   a) der Anwendung am Menschen: Angaben, die es ermöglichen zu prüfen, ob die Voraussetzungen des § 14 Absatz 1 erfüllt sind,
   b) der Anwendung am Tier in der Tierheilkunde: Angaben, die es ermöglichen zu prüfen, ob die Voraussetzungen des § 15 erfüllt sind,
   c) der Verwendung von radioaktiven Stoffen in Bestrahlungsvorrichtungen in der Medizin im Sinne des Medizinproduktegesetzes: Angaben zur Zweckbestimmung der Anlage, die es ermöglichen zu prüfen, ob das Medizinprodukt für die vorgesehene Anwendung geeignet ist,
   d) der Früherkennung von Krankheiten: Angaben, die es ermöglichen zu prüfen, ob die Voraussetzungen des § 14 Absatz 3 Nummer 2 erfüllt sind.

Teil C: Erforderliche Unterlagen für den Antrag auf Genehmigungen nach § 12 Absatz 1 Nummer 4

1. Pläne, Zeichnungen und Beschreibungen, die zur Prüfung der Genehmigungsvoraussetzungen erforderlich sind,
2. Angaben, die es ermöglichen zu prüfen, ob
   a) die für eine sichere Ausführung der Tätigkeit notwendige Anzahl von Strahlenschutzbeauftragten bestellt ist und ihnen die für die Erfüllung ihrer Aufgaben erforderlichen Befugnisse eingeräumt sind,
   b) gewährleistet ist, dass die Ausrüstung vorhanden und Maßnahmen getroffen sind, die nach dem Stand der Technik erforderlich sind, damit die Schutzvorschriften eingehalten werden,
3. Angaben, die es ermöglichen zu prüfen, ob der Strahlenschutzverantwortliche und die Strahlenschutzbeauftragten zuverlässig sind und die erforderliche Fachkunde im Strahlenschutz besitzen,
4. Exemplar einer Strahlenschutzanweisung gemäß der Rechtsverordnung nach § 73, wenn der Erlass einer Strahlenschutzanweisung erforderlich ist,
5. im Zusammenhang mit
   a) der Anwendung am Menschen: Angaben, die es ermöglichen zu prüfen, ob die Voraussetzungen des § 14 Absatz 1 erfüllt sind,
   b) der Anwendung am Tier in der Tierheilkunde: Angaben, die es ermöglichen zu prüfen, ob die Voraussetzungen des § 15 erfüllt sind,
   c) dem Einsatz einer Röntgeneinrichtung in der Teleradiologie: Angaben, die es ermöglichen zu prüfen, ob die Voraussetzungen des § 14 Absatz 2 erfüllt sind,
   d) der Früherkennung von Krankheiten: Angaben, die es ermöglichen zu prüfen, ob die Voraussetzungen des § 14 Absatz 3 Nummer 2 erfüllt sind.

Teil D: Erforderliche Unterlagen für den Antrag auf Genehmigungen nach § 12 Absatz 1 Nummer 5

Teil C Nummer 1 bis 4 ist entsprechend auf Genehmigungen nach § 12 Absatz 1 Nummer 5 anzuwenden.

Teil E: Erforderliche Unterlagen für den Antrag auf Genehmigungen nach § 25

1. Angaben, die es ermöglichen zu prüfen, ob
   a) die für eine sichere Ausführung der Tätigkeit notwendige Anzahl von Strahlenschutzbeauftragten bestellt ist und ihnen die für die Erfüllung ihrer Aufgaben erforderlichen Befugnisse eingeräumt sind,
   b) gewährleistet ist, dass die Ausrüstung vorhanden und Maßnahmen getroffen sind, die nach dem Stand von Wissen-

schaft und Technik erforderlich sind, damit die Schutzvorschriften eingehalten werden,

2. Angaben, die es ermöglichen zu prüfen, ob der Strahlenschutzverantwortliche und die Strahlenschutzbeauftragten zuverlässig sind und die erforderliche Fachkunde im Strahlenschutz besitzen,

3. Angaben, die die Aufgabenverteilung zwischen dem Strahlenschutzbeauftragten des Genehmigungsinhabers und dem Strahlenschutzbeauftragten der fremden Anlage oder Einrichtung darlegen; dies kann beispielsweise der Entwurf eines Abgrenzungsvertrags sein.

Teil F: Erforderliche Unterlagen für den Antrag auf Genehmigungen nach § 40 Absatz 1 und § 42 Absatz 1

1. Angaben zur beabsichtigten Verwendung des Konsumguts,

2. Angaben zu den technischen Eigenschaften des Konsumguts, einschließlich erforderlicher Zeichnungen, sowie zur Art der Einfügung, Befestigung, Einbettung oder Abdeckung der radioaktiven Stoffe,

3. Angaben zu den zugesetzten radioaktiven Stoffen, einschließlich der physikalischen und chemischen Beschaffenheit, sowie zur Aktivität und der spezifischen Aktivität jedes zugesetzten Radionuklids,

4. Angaben zu Dosisleistungen in den für die Verwendung des Konsumguts relevanten Entfernungen, einschließlich der Dosisleistungen in einer Entfernung von 0,1 Metern von jeder berührbaren Oberfläche,

5. Nachweis, dass die Aktivität der zugesetzten radioaktiven Stoffe nach dem Stand der Technik so gering wie möglich ist,

6. sofern in dem Konsumgut die in einer Rechtsverordnung nach § 24 Satz 1 Nummer 10 festgelegten Freigrenzen der Aktivität überschritten werden, Angaben zur möglichen Exposition von Personen durch die Nutzung des Konsumguts und

7. sofern die spezifische Aktivität der zugesetzten künstlichen radioaktiven Stoffe die in einer Rechtsverordnung nach § 24 Satz 1 Nummer 10 festgelegten Freigrenzen der spezifischen Aktivität oder die spezifische Aktivität der zugesetzten natürlichen radioaktiven Stoffe in dem Konsumgut 0,5 Becquerel je Gramm überschreitet, Angaben zum Rücknahmekonzept sowie die Information nach § 41 Absatz 1 Nummer 5.

Teil G: Erforderliche Unterlagen für den Antrag auf Zulassungen nach § 45 Absatz 1 Nummer 1

1. Zeichnungen, die für die Bauartprüfung erforderlich sind,

2. Beschreibungen der Bauart, der Betriebsweise und des Verwendungszwecks und erforderlichenfalls Hinweise zur Art der wiederkehrenden Dichtheitsprüfung nach der Rechtsverordnung nach § 89 Satz 1 Nummer 3,

3. Angaben zur Qualitätssicherung,

4. Angaben zur Rückführung der Vorrichtung, die radioaktive Stoffe enthält, an den Zulassungsinhaber oder Angaben zur Entsorgung der Vorrichtung.

Anlage 3
(zu § 55 Absatz 1)

Tätigkeitsfelder nach § 55 Absatz 1

1. Schleifen thorierter Schweißelektroden und Wechselstromschweißen mit thorierten Schweißelektroden,
2. Handhabung und Lagerung thorierter Gasglühstrümpfe,
3. Handhabung und Lagerung thoriumhaltiger Optikbauteile,
4. Verwendung von Thorium oder Uran in der natürlichen Isotopenzusammensetzung einschließlich der daraus jeweils hervorgehenden Tochternuklide, sofern vorhanden, zu chemisch-analytischen oder chemisch-präparativen Zwecken,
5. Handhabung von Produkten aus thorierten Legierungen, insbesondere Montage, Demontage, Bearbeiten und Untersuchen solcher Produkte,
6. Gewinnung, Verwendung und Verarbeitung von Pyrochlorerzen,
7. Verwendung und Verarbeitung von Schlacke aus der Verhüttung von Kupferschiefererzen,
8. Aufarbeitung von Niob- und Tantalerzen,
9. Handhabung, insbesondere bei Wartungs- oder Reinigungstätigkeiten, von Schlämmen und Ablagerungen bei der Gewinnung, Verarbeitung und Aufbereitung von Erdöl und Erdgas sowie in der Tiefengeothermie,
10. Verarbeitung zirkonhaltiger Stoffe bei der Herstellung feuerfester Werkstoffe,
11. Wartung von Klinkeröfen in der Zementproduktion und Heizkesseln in Kohlekraftwerken,
12. Lagerung überwachungsbedürftiger Rückstände und Entfernung von Kontaminationen von Grundstücken nach § 64.

Anlage 8
(zu § 127 Absatz 1 Nummer 2)

Arbeitsfelder mit erhöhter Exposition durch Radon

1. Arbeitsplätze in untertägigen Bergwerken, Schächten und Höhlen, einschließlich Besucherbergwerken,
2. Arbeitsplätze in Radonheilbädern und Radonheilstollen,
3. Arbeitsplätze in Anlagen der Wassergewinnung, -aufbereitung und -verteilung.

Anlage 9
(zu § 134 Absatz 1)

Radiologisch relevante mineralische Primärrohstoffe für die Herstellung von Gebäuden mit Aufenthaltsräumen

1. Saure magmatische Gesteine sowie daraus entstandene metamorphe und sedimentäre Gesteine,
2. Sedimentgestein mit hohem organischem Anteil wie Öl-, Kupfer- und Alaunschiefer,
3. Travertin.

Verordnung zum Schutz vor der schädlichen Wirkung ionisierender Strahlung (Strahlenschutzverordnung – StrlSchV)

Vom 29. November 2018 (BGBl. I S. 2034)

– Auszug –

Inhaltsübersicht

VI

Teil 2
Strahlenschutz bei geplanten Expositionssituationen

Kapitel 4
Betriebliche Organisation des Strahlenschutzes

§ 43 Pflichten des Strahlenschutzbeauftragten

(1) Der Strahlenschutzbeauftragte hat für die Einhaltung der dem Strahlenschutzverantwortlichen durch diese Verordnung zugewiesenen Pflichten zu sorgen, soweit ihm die entsprechenden Aufgaben und Befugnisse nach § 70 Absatz 2 des Strahlenschutzgesetzes übertragen wurden. § 70 Absatz 1 Satz 2 des Strahlenschutzgesetzes bleibt unberührt.

(2) Die Pflichten der folgenden Vorschriften dürfen dem Strahlenschutzbeauftragten nicht übertragen werden: § 44 Absatz 2, § 45 Absatz 1 Satz 1 und Absatz 3 und 4, § 54, § 79 Absatz 5, § 98 Satz 1 Nummer 4, auch in Verbindung mit Satz 2, § 99 Absatz 3, § 104 Absatz 1 Satz 1, Absatz 3 Satz 1 und Absatz 4, § 106 Absatz 2 und 4, § 117 Absatz 1 und 2 und § 138 Absatz 1.

§ 44 Pflichten bei Nutzung durch weitere Strahlenschutzverantwortliche

(1) Ein Strahlenschutzverantwortlicher, der Inhaber einer Genehmigung nach § 12 Absatz 1 Nummer 1, 3, 4 oder 5 des Strahlenschutzgesetzes ist oder der eine Anzeige nach § 17 Absatz 1 Satz 1 oder § 19 Absatz 1 Satz 1 des Strahlenschutzgesetzes erstattet hat, hat dafür zu sorgen, dass die zuständige Behörde unverzüglich unterrichtet wird, sobald eine weitere Person die Anlage zur Erzeugung ionisierender Strahlung, die radioaktiven Stoffe, die Röntgeneinrichtung oder den Störstrahler eigenverantwortlich nutzt. Die Pflicht der weiteren Person, als Strahlenschutzverantwortlicher eine Genehmigung nach § 12 Absatz 1 Nummer 1, 3, 4 oder 5 des Strahlenschutzgesetzes zu beantragen oder eine Anzeige nach §§ 17 oder 19 Absatz 1 des Strahlenschutzgesetzes zu erstatten, bleibt unberührt.

(2) Der Strahlenschutzverantwortliche und die weitere Person haben ihre Pflichten sowie die Pflichten ihrer jeweiligen Strahlenschutzbeauftragten, Medizinphysik-Experten und sonst unter ihrer Verantwortung tätigen Personen vertraglich eindeutig gegeneinander abzugrenzen. Der Vertrag ist der zuständigen Behörde auf Verlangen vorzulegen.

§ 45 Strahlenschutzanweisung

(1) Der Strahlenschutzverantwortliche hat dafür zu sorgen, dass eine Strahlenschutzanweisung erlassen wird. Die Strahlenschutzanweisung kann Bestandteil sonstiger erforderlicher Betriebsanweisungen insbesondere nach arbeitsschutz-, immissionsschutz-, gefahrgut- oder gefahrstoffrechtlichen Vorschriften sein.

(2) In der Strahlenschutzanweisung sind die in dem Betrieb zu beachtenden Schutzmaßnahmen aufzuführen. Zu diesen Maßnahmen können insbesondere gehören

1. die Aufstellung eines Plans für die Organisation des Strahlenschutzes, erforderlichenfalls mit der Bestimmung, dass ein oder mehrere Strahlenschutzbeauftragte oder Personen mit der erforderlichen Fachkunde im Strahlenschutz bei der Tätigkeit ständig anwesend oder sofort erreichbar sein müssen,
2. die Regelung des für den Strahlenschutz wesentlichen Betriebsablaufs,
3. die für die Ermittlung der Körperdosis vorgesehenen Messungen und Maßnahmen entsprechend den Expositionsbedingungen,
4. die Regelungen zur Festlegung von Dosisrichtwerten für die Exposition der Beschäftigten und anderer Personen,
5. die Führung eines Betriebsbuchs, in das die für den Strahlenschutz wesentlichen Betriebsvorgänge einzutragen sind,
6. Regelungen zur Vermeidung, Untersuchung und Meldung von Vorkommnissen,
7. die regelmäßige Funktionsprüfung und Wartung von Bestrahlungsvorrichtungen,

Anlagen zur Erzeugung ionisierender Strahlung, Röntgeneinrichtungen, Störstrahlern, Ausrüstung und Geräten, die für den Strahlenschutz wesentlich sind, sowie die Führung von Aufzeichnungen über die Funktionsprüfungen und über die Wartungen,

8. die Regelung des Schutzes gegen Störmaßnahmen oder sonstige Einwirkungen Dritter, gegen das Abhandenkommen von radioaktiven Stoffen oder gegen das unerlaubte Inbetriebsetzen einer Bestrahlungsvorrichtung, einer Anlage zur Erzeugung ionisierender Strahlung, einer Röntgeneinrichtung oder eines Störstrahlers, unter Einhaltung der Regelungen zur Behandlung von Verschlusssachen, und
9. die Aufstellung eines Planes für regelmäßige Alarmübungen sowie für den Einsatz bei Notfällen und Störfällen, erforderlichenfalls mit Regelungen für den Brandschutz und die vorbereitenden Maßnahmen für Notfälle und Störfälle.

(3) Die Strahlenschutzanweisung ist bei wesentlichen Änderungen unverzüglich zu aktualisieren.

(4) Beim anzeigebedürftigen Betrieb von Röntgeneinrichtungen und beim Betrieb von Störstrahlern und bei einer Anzeige nach §§ 56 oder 59 des Strahlenschutzgesetzes ist der Erlass einer Strahlenschutzanweisung nur erforderlich, wenn die zuständige Behörde den Strahlenschutzverantwortlichen dazu verpflichtet.

§ 46 Bereithalten des Strahlenschutzgesetzes und der Strahlenschutzverordnung

Der Strahlenschutzverantwortliche hat dafür zu sorgen, dass das Strahlenschutzgesetz und diese Verordnung in Betrieben oder selbständigen Zweigbetrieben, bei Nichtgewerbetreibenden an dem Ort der Tätigkeit, zur Einsicht ständig verfügbar gehalten wird, wenn regelmäßig mindestens eine Person beschäftigt oder unter der Aufsicht eines anderen tätig ist.

Kapitel 5
Fachkunde und Kenntnisse

§ 47 Erforderliche Fachkunde im Strahlenschutz

(1) Der Erwerb der erforderlichen Fachkunde im Strahlenschutz wird von der zuständigen Stelle geprüft und bescheinigt. Dazu sind der zuständigen Stelle in der Regel folgende Unterlagen vorzulegen:

1. Nachweise über eine für das jeweilige Anwendungsgebiet geeignete Ausbildung,
2. Nachweise über die praktische Erfahrung und
3. Nachweise über die erfolgreiche Teilnahme an anerkannten Kursen.

Die Kursteilnahme darf insgesamt nicht länger als fünf Jahre zurückliegen.

(2) Der Nachweis der praktischen Erfahrung erfolgt durch Vorlage einer schriftlichen Bestätigung derjenigen Person, in deren Verantwortungsbereich oder unter deren Aufsicht die praktische Erfahrung erworben wurde. Der Nachweis soll insbesondere folgende Angaben enthalten:

1. Angaben zur Person,
2. eine Auflistung der Tätigkeiten mit Angabe der Beschäftigungszeiten in dem jeweiligen Anwendungsgebiet und
3. den Namen der Einrichtung, in der die Tätigkeiten erbracht wurden.

Dauer, Art und Umfang der zu erwerbenden praktischen Erfahrung sind abhängig von der Ausbildung und dem jeweiligen Anwendungsgebiet. Die praktische Erfahrung darf nur an einer Einrichtung erworben werden, die auf Grund ihrer technischen und personellen Ausstattung in der Lage ist, die erforderlichen praktischen Fähigkeiten zu vermitteln.

(3) In den Kursen zum Erwerb der erforderlichen Fachkunde im Strahlenschutz ist das für das jeweilige Anwendungsgebiet erforderliche Wissen zu vermitteln. Neben den rechtlichen Grundlagen soll in Abhängigkeit von dem jeweiligen Anwendungsgebiet insbesondere Folgendes vermittelt werden:

VI

1. naturwissenschaftliche und technische Grundlagen,
2. angewandter Strahlenschutz und
3. allgemeine und anwendungsspezifische Strahlenschutzmaßnahmen.

Die Kurse sollen praktische Übungen im Strahlenschutz beinhalten. Von einer erfolgreichen Teilnahme an einem anerkannten Kurs kann ausgegangen werden, wenn die Abschlussprüfung über die Inhalte des Kurses erfolgreich absolviert wurde.

(4) Die zuständige Stelle kann eine im Ausland erworbene Qualifikation im Strahlenschutz vollständig oder teilweise als erforderliche Fachkunde im Strahlenschutz anerkennen, wenn diese mit der für das jeweilige Anwendungsgebiet erforderlichen Fachkunde im Strahlenschutz vergleichbar ist. Zur Feststellung der Vergleichbarkeit sind der zuständigen Stelle im Ausland erworbene Ausbildungsnachweise und Nachweise über einschlägige Berufserfahrung und sonstige Befähigungsnachweise vorzulegen, sofern diese zur Feststellung der Vergleichbarkeit erforderlich sind.

(5) Die erforderliche Fachkunde im Strahlenschutz wird mit Bestehen der Abschlussprüfung einer staatlichen oder staatlich anerkannten Berufsausbildung erworben, wenn die zuständige Behörde zuvor festgestellt hat, dass in dieser Ausbildung die für das jeweilige Anwendungsgebiet erforderliche Fachkunde im Strahlenschutz vermittelt wird. Die nach der jeweiligen Ausbildungs- und Prüfungsordnung oder Approbationsordnung für das Prüfungswesen zuständige Stelle erteilt die Bescheinigung über die erforderliche Fachkunde im Strahlenschutz.

(6) Für Medizinisch-technische Radiologieassistenten gilt der Nachweis der erforderlichen Fachkunde mit der Erlaubnis nach § 1 Absatz 1 Nummer 2 des MTA-Gesetzes für die vorbehaltenen Tätigkeiten nach § 9 Absatz 1 Nummer 2 des MTA-Gesetzes als erbracht.

§ 48 Aktualisierung der Fachkunde

(1) Die erforderliche Fachkunde im Strahlenschutz muss mindestens alle fünf Jahre durch eine erfolgreiche Teilnahme an einem von der zuständigen Stelle anerkannten Kurs oder anderen von der zuständigen Stelle als geeignet anerkannten Fortbildungsmaßnahmen aktualisiert werden. Der Nachweis der Aktualisierung der erforderlichen Fachkunde ist der zuständigen Stelle auf Anforderung vorzulegen.

(2) Abweichend von Absatz 1 kann die erforderliche Fachkunde im Strahlenschutz im Einzelfall auf andere geeignete Weise aktualisiert werden. Die Aktualisierung muss geeignet sein, einen Wissensstand zu gewährleisten, der der Wissensvermittlung in einem Kurs oder einer Fortbildungsmaßnahme nach Absatz 1 Satz 1 entspricht. Die Aktualisierung ist der zuständigen Stelle nachzuweisen. Diese entscheidet über die Anerkennung der Aktualisierung.

§ 49 Erforderliche Kenntnisse im Strahlenschutz bei der Anwendung am Menschen und am Tier in der Tierheilkunde

(1) Folgende Personen haben die erforderlichen Kenntnisse im Strahlenschutz in der Regel nach § 74 Absatz 2 Satz 2 des Strahlenschutzgesetzes zu erwerben:

1. Ärzte oder Zahnärzte nach § 145 Absatz 1 Nummer 2,
2. Ärzte, die nach § 14 Absatz 2 Satz 1 Nummer 3 des Strahlenschutzgesetzes am Ort der technischen Durchführung der Teleradiologie anwesend sind,
3. Personen mit einer erfolgreich abgeschlossenen sonstigen medizinischen Ausbildung nach § 145 Absatz 2 Nummer 5,
4. Tierärzte nach § 146 Absatz 1 Nummer 2,
5. Personen nach § 146 Absatz 2 Nummer 5.

(2) § 47 Absatz 1 bis 5 gilt entsprechend. Die zuständige Behörde kann auf Antrag eines Kursveranstalters zulassen, dass der Nachweis über den erfolgreichen Abschluss eines anerkannten Kurses die Bescheinigung über den Erwerb der erforderlichen Kenntnisse ersetzt.

(3) Für die Aktualisierung der erforderlichen Kenntnisse im Strahlenschutz gilt § 48 entsprechend.

§ 50 Widerruf der Anerkennung der erforderlichen Fachkunde oder der erforderlichen Kenntnisse

(1) Die zuständige Stelle kann die Anerkennung der erforderlichen Fachkunde oder der erforderlichen Kenntnisse im Strahlenschutz widerrufen oder deren Fortgeltung mit Auflagen versehen, wenn der Nachweis über Fortbildungsmaßnahmen nicht oder nicht vollständig vorgelegt wird oder eine Überprüfung nach Absatz 2 ergibt, dass die erforderliche Fachkunde oder die erforderlichen Kenntnisse im Strahlenschutz nicht oder nicht im erforderlichen Umfang vorhanden sind.

(2) Bestehen begründete Zweifel an der erforderlichen Fachkunde oder an den erforderlichen Kenntnissen im Strahlenschutz, kann die zuständige Behörde eine Überprüfung der Fachkunde oder der Kenntnisse veranlassen.

§ 51 Anerkennung von Kursen

Kurse nach § 47 Absatz 3, § 48 Absatz 1 Satz 1, § 49 Absatz 2 Satz 1 in Verbindung mit § 47 Absatz 3 und § 49 Absatz 3 in Verbindung mit § 48 Absatz 1 Satz 1 sind von der für die Kursstätte zuständigen Stelle anzuerkennen, wenn

1. die Kursinhalte geeignet sind, die für das jeweilige Anwendungsgebiet notwendigen Fertigkeiten und das notwendige Wissen im Strahlenschutz entsprechend § 47 Absatz 3 zu vermitteln,
2. die Qualifikation des Lehrpersonals, die verwendeten Lehrmaterialien und die Ausstattung der Kursstätte eine ordnungsgemäße Wissensvermittlung gewährleisten und
3. eine Erfolgskontrolle stattfindet.

Teil 6 Schlussbestimmungen

Kapitel 2 Übergangsvorschriften

§ 188 Betriebliche Organisation des Strahlenschutzes (§§ 44 und 45)

(1) Für eine Anlage zur Erzeugung ionisierender Strahlung, eine Röntgeneinrichtung oder einen genehmigungsbedürftigen Störstrahler, die oder der bereits vor dem 31. Dezember 2018 von mehreren Strahlenschutzverantwortlichen betrieben wurde, ist der Vertrag nach § 44 Absatz 2 Satz 1 bis zum 31. Dezember 2019 abzuschließen. Satz 1 gilt entsprechend für den vor dem 31. Dezember 2018 genehmigten Umgang mit radioaktiven Stoffen.

(2) Für Tätigkeiten, die vor dem 31. Dezember 2018 aufgenommen wurden, muss die Strahlenschutzanweisung nach § 45 Absatz 1 Satz 1 bis zum 1. Januar 2020 erstellt sein, wenn zuvor keine Strahlenschutzanweisung erforderlich war. Eine Strahlenschutzanweisung, die vor dem 31. Dezember 2018 erstellt wurde, ist unter Berücksichtigung des § 45 Absatz 2 bis zum 1. Januar 2020 zu aktualisieren.

§ 189 Erforderliche Fachkunde und Kenntnisse im Strahlenschutz (§§ 47, 49 und 51)

(1) Für Strahlenschutzbeauftragte, die

1. vor dem 1. August 2001 nach der Strahlenschutzverordnung in der bis zum 30. Juli 2001 geltenden Fassung bestellt wurden, oder
2. vor dem 1. Juli 2002 nach der Röntgenverordnung in der bis zum 30. Juni 2002 geltenden Fassung bestellt wurden,

gilt die erforderliche Fachkunde im Strahlenschutz als erworben und bescheinigt nach § 47 Absatz 1 Satz 1. Für Einzelsachverständige oder prüfende Personen einer Sachverständigenorganisation, die nach § 66 der Strahlenschutzverordnung in der bis zum 31. Dezember 2018 geltenden Fassung oder § 4a der Röntgenverordnung in der bis zum

VI

31. Dezember 2018 geltenden Fassung bestimmt wurden und die bis zum 31. Dezember 2018 noch als solche tätig waren, gilt die erforderliche Fachkunde im Strahlenschutz als erworben und bescheinigt nach § 47 Absatz 1 Satz 1. § 48 Absatz 1 Satz 1 bleibt unberührt. Im Übrigen gilt eine vor dem 31. Dezember 2018 erteilte Fachkundebescheinigung als Bescheinigung nach § 47 Absatz 1 Satz 1 fort.

(2) Hat die zuständige Behörde nach § 18a Absatz 1 Satz 5 der Röntgenverordnung in der bis zum 31. Dezember 2018 geltenden Fassung festgestellt, dass in einer staatlichen oder staatlich anerkannten Berufsausbildung die für den jeweiligen Anwendungsbereich geeignete Ausbildung und praktische Erfahrung im Strahlenschutz sowie den anerkannten Kursen entsprechendes theoretisches Wissen vermittelt wurde, so gilt diese Feststellung als Feststellung nach § 47 Absatz 5 Satz 1 fort. Galt die erforderliche Fachkunde im Strahlenschutz nach § 18a Absatz 1 Satz 5 der Röntgenverordnung in der bis zum 31. Dezember 2018 geltenden Fassung als geprüft und bescheinigt, so gilt sie als geprüft und bescheinigt fort. § 48 Absatz 1 Satz 1 bleibt unberührt.

(3) Eine vor dem 31. Dezember 2018 erteilte Bescheinigung über die erforderlichen Kenntnisse im Strahlenschutz gilt als Bescheinigung nach § 49 Absatz 2 Satz 1 in Verbindung mit § 47 Absatz 1 Satz 1 fort. Hat die zuständige Behörde nach § 30 Absatz 4 Satz 3 der Strahlenschutzverordnung in der bis zum 31. Dezember 2018 geltenden Fassung oder nach § 18a Absatz 3 Satz 3 der Röntgenverordnung in der bis zum 31. Dezember 2018 geltenden Fassung festgestellt, dass die erforderlichen Kenntnisse im Strahlenschutz mit dem Bestehen der Abschlussprüfung eines anerkannten Kurses erworben wurden, so gilt diese Feststellung als Zulassung nach § 49 Absatz 2 Satz 2 fort. Galten erforderliche Kenntnisse im Strahlenschutz nach § 30 Absatz 4 Satz 3 der Strahlenschutzverordnung in der bis zum 31. Dezember 2018 geltenden Fassung oder nach § 18a Absatz 3 Satz 3 der Röntgenverordnung in der bis zum 31. Dezember 2018 geltenden Fassung als geprüft und bescheinigt, so gelten sie als geprüft und bescheinigt fort. § 49 Absatz 3 in Verbindung mit § 48 Absatz 1 Satz 1 bleibt unberührt.

(4) Hat die zuständige Behörde nach § 18a Absatz 3 Satz 2 in Verbindung mit § 18a Absatz 1 Satz 5 der Röntgenverordnung in der bis zum 31. Dezember 2018 geltenden Fassung festgestellt, dass in einer staatlichen oder staatlich anerkannten Berufsausbildung die für den jeweiligen Anwendungsbereich geeignete Ausbildung und praktische Erfahrung im Strahlenschutz sowie den anerkannten Kursen entsprechendes theoretisches Wissen vermittelt wurde, so gilt diese Feststellung als Feststellung nach § 49 Absatz 2 Satz 1 in Verbindung mit § 47 Absatz 5 Satz 1 fort. Galten die erforderlichen Kenntnisse im Strahlenschutz nach § 18a Absatz 3 Satz 2 in Verbindung mit § 18a Absatz 1 Satz 5 der Röntgenverordnung in der bis zum 31. Dezember 2018 geltenden Fassung als geprüft und bescheinigt, so gelten sie als geprüft und bescheinigt fort. § 49 Absatz 3 in Verbindung mit § 48 Absatz 1 Satz 1 bleibt unberührt.

(5) Vor dem 31. Dezember 2018 von der zuständigen Stelle anerkannte Kurse zur Vermittlung der erforderlichen Fachkunde oder der erforderlichen Kenntnisse gelten bis zum 31. Dezember 2023 als anerkannt nach § 51 fort, soweit die Anerkennung keine kürzere Frist enthält.

Verordnung zum Schutz der Beschäftigten vor Gefährdungen durch elektromagnetische Felder (Arbeitsschutzverordnung zu elektromagnetischen Feldern – EMFV)

Vom 15. November 2016 (BGBl. I S. 2531)

Zuletzt geändert durch
Verordnung zur Änderung von Arbeitsschutzverordnungen und zur Aufhebung der Feuerzeugverordnung
vom 30. April 2019 (BGBl. I S. 554)

Inhaltsübersicht

Abschnitt 1
Anwendungsbereich und Begriffsbestimmungen

§ 1 Anwendungsbereich

(1) Diese Verordnung gilt zum Schutz der Beschäftigten bei der Arbeit vor tatsächlichen oder möglichen Gefährdungen ihrer Gesundheit und Sicherheit durch Einwirkung von elektromagnetischen Feldern.

(2) Diese Verordnung umfasst alle bekannten direkten und indirekten Wirkungen, die durch elektromagnetische Felder hervorgerufen werden. Sie gilt nur für die Kurzzeitwirkungen von elektromagnetischen Feldern.

(3) Diese Verordnung gilt nicht

1. für Gefährdungen durch das Berühren von unter Spannung stehenden elektrischen Teilen,
2. für vermutete Langzeitwirkungen von elektromagnetischen Feldern und
3. in Betrieben, die dem Bundesberggesetz unterliegen, soweit dort oder in den aufgrund dieses Gesetzes erlassenen Rechtsverordnungen entsprechende Rechtsvorschriften bestehen.

(4) Das Bundesministerium der Verteidigung kann für Beschäftigte, für die tatsächliche oder mögliche Gefährdungen ihrer Gesundheit und Sicherheit durch elektromagnetische Felder bestehen, Ausnahmen von den Vorschriften dieser Verordnung zulassen, soweit öffentliche Belange dies zwingend erfordern, insbesondere für Zwecke der Verteidigung oder zur Erfüllung zwischenstaatlicher Verpflichtungen der Bundesrepublik Deutschland. In diesem Fall ist festzulegen, wie die Sicherheit und der Gesundheitsschutz der Beschäftigten nach dieser Verordnung auf andere Weise gewährleistet werden können.

§ 2 Begriffsbestimmungen

(1) Im Sinne dieser Verordnung gelten die Begriffsbestimmungen der Absätze 2 bis 10.

(2) Elektromagnetische Felder sind statische elektrische, statische magnetische sowie zeitveränderliche elektrische, magnetische und elektromagnetische Felder mit Frequenzen bis 300 Gigahertz.

(3) Direkte Wirkungen sind die im menschlichen Körper durch dessen Anwesenheit in einem elektromagnetischen Feld unmittelbar hervorgerufenen Wirkungen. Zu denen zählen

1. thermische Wirkungen aufgrund von Energieabsorption aus elektromagnetischen Feldern im menschlichen Gewebe oder durch induzierte Körperströme in Extremitäten und
2. nichtthermische Wirkungen durch die Stimulation von Muskeln, Nerven oder Sinnesorganen. Diese Wirkungen können kognitive Funktionen oder die körperliche Gesundheit exponierter Beschäftigter nachteilig beeinflussen, durch die Stimulation von Sinnesorganen zu vorübergehenden Symptomen wie Schwindelgefühl oder Magnetophosphenen führen sowie das Wahrnehmungsvermögen oder andere Hirn- oder Muskelfunktionen beeinflussen und damit das sichere Arbeiten von Beschäftigten gefährden.

(4) Indirekte Wirkungen sind die von einem elektromagnetischen Feld ausgelösten Wirkungen auf Gegenstände, welche die Gesundheit und die Sicherheit von Beschäftigten am Arbeitsplatz gefährden können. Dies betrifft insbesondere Gefährdungen durch

1. Einwirkungen auf medizinische Vorrichtungen oder Geräte, einschließlich Herzschrittmachern sowie andere aktive oder passive Implantate oder am Körper getragene medizinische Geräte;
2. die Projektilwirkung ferromagnetischer Gegenstände in statischen Magnetfeldern;
3. die Auslösung von elektrischen Zündvorrichtungen (Detonatoren);
4. Brände oder Explosionen durch die Entzündung von brennbaren Materialien aufgrund von Funkenbildung sowie
5. Kontaktströme.

(5) Expositionsgrenzwerte sind maximal zulässige Werte, die aufgrund von wissenschaftlich nachgewiesenen Wirkungen im Inneren des menschlichen Körpers festgelegt wurden und deren Einhaltung nicht direkt durch Messungen am Arbeitsplatz überprüf-

bar ist. Folgende Expositionsgrenzwerte sind zu unterscheiden:

1. Expositionsgrenzwerte für gesundheitliche Wirkungen; dies sind diejenigen Grenzwerte, bei deren Überschreitung gesundheitsschädliche Gewebeerwärmung oder Stimulation von Nerven- oder Muskelgewebe auftreten können;
2. Expositionsgrenzwerte für sensorische Wirkungen; dies sind diejenigen Grenzwerte, bei deren Überschreitung reversible Stimulationen von Sinneszellen oder geringfügige Veränderungen von Hirnfunktionen auftreten können (Magnetophosphene, Schwindel, Übelkeit, metallischer Geschmack, Mikrowellenhören).

(6) Auslöseschwellen sind festgelegte Werte von direkt messbaren physikalischen Größen. Bei Auslöseschwellen, die von Expositionsgrenzwerten abgeleitet sind, bedeutet die Einhaltung dieser Auslöseschwellen, dass die entsprechenden Expositionsgrenzwerte nicht überschritten werden. Bei Exposition oberhalb dieser Auslöseschwellen sind Maßnahmen zum Schutz der Beschäftigten zu ergreifen, es sei denn, dass die relevanten Expositionsgrenzwerte nachweislich eingehalten sind. Bei Auslöseschwellen, die nicht von Expositionsgrenzwerten abgeleitet sind, sind bei Überschreitung dieser Auslöseschwellen direkt Maßnahmen zum Schutz der Beschäftigten durchzuführen. Im Frequenzbereich von 0 Hertz bis 10 Megahertz ist zwischen unteren und oberen Auslöseschwellen zu unterscheiden:

1. bei elektrischen Feldern bezeichnen die Ausdrücke untere Auslöseschwelle und obere Auslöseschwelle die Werte, ab deren Überschreitung spezifische Maßnahmen zur Vermeidung von direkten und indirekten Wirkungen durch Entladungen oder Kontaktströme nach § 6 Absatz 1 zu ergreifen sind, und
2. bei magnetischen Feldern ist die untere Auslöseschwelle vom Expositionsgrenzwert für sensorische Wirkungen und die obere Auslöseschwelle vom Expositionsgrenzwert für gesundheitliche Wirkungen abgeleitet.

(7) Besonders schutzbedürftige Beschäftigte sind insbesondere Beschäftigte

1. mit aktiven medizinischen Implantaten, insbesondere Herzschrittmachern,
2. mit passiven medizinischen Implantaten,
3. mit medizinischen Geräten, die am Körper getragen werden, insbesondere Insulinpumpen,
4. mit sonstigen durch elektromagnetische Felder beeinflussbaren Fremdkörpern im Körper oder
5. mit eingeschränkter Thermoregulation.

(8) Fachkundig ist, wer über die erforderlichen Fachkenntnisse zur Ausübung einer in dieser Verordnung bestimmten Aufgabe verfügt. Die Anforderungen an die Fachkunde sind abhängig von der jeweiligen Art der Aufgabe. Zu den Anforderungen zählen eine entsprechende Berufsausbildung oder Berufserfahrung jeweils in Verbindung mit einer zeitnah ausgeübten einschlägigen beruflichen Tätigkeit sowie die Teilnahme an spezifischen Fortbildungsmaßnahmen.

(9) Stand der Technik ist der Entwicklungsstand fortschrittlicher Verfahren, Einrichtungen oder Betriebsweisen, der die praktische Eignung einer Maßnahme zum Schutz der Gesundheit und zur Sicherheit der Beschäftigten gesichert erscheinen lässt. Bei der Bestimmung des Standes der Technik sind insbesondere vergleichbare Verfahren, Einrichtungen oder Betriebsweisen heranzuziehen, die mit Erfolg in der Praxis erprobt worden sind. Gleiches gilt für die Anforderungen an die Arbeitsmedizin und Arbeitshygiene.

(10) Beschäftigte sind Personen im Sinne des § 2 Absatz 2 des Arbeitsschutzgesetzes. Den Beschäftigten stehen folgende Personen gleich, sofern sie bei ihren Tätigkeiten elektromagnetischen Feldern ausgesetzt sein können:

1. Schülerinnen und Schüler,
2. Studierende und Praktikanten sowie
3. sonstige, insbesondere an wissenschaftlichen Einrichtungen tätige Personen.

Auf die den Beschäftigten gleichstehenden Personen finden die Regelungen dieser Verordnung über die Beteiligung der Personalvertretungen keine Anwendung.

(11) Den in dieser Verordnung verwendeten physikalischen Größen sind die in Anhang 1 enthaltenen Definitionen zugrunde zu legen.

Abschnitt 2
Gefährdungsbeurteilung; Fachkundige Personen; Messungen, Berechnungen und Bewertungen

§ 3 Gefährdungsbeurteilung

(1) Bei der Beurteilung der Arbeitsbedingungen nach § 5 des Arbeitsschutzgesetzes hat der Arbeitgeber zunächst festzustellen, ob elektromagnetische Felder am Arbeitsplatz von Beschäftigten auftreten oder auftreten können. Ist dies der Fall, hat er alle hiervon ausgehenden Gefährdungen für die Gesundheit und die Sicherheit der Beschäftigten zu beurteilen. Dazu sind die auftretenden Expositionen durch elektromagnetische Felder am Arbeitsplatz nach dem Stand der Technik zu ermitteln und zu bewerten. Für die Beschäftigten ist insbesondere dann von einer Gefährdung auszugehen, wenn die Expositionsgrenzwerte nach § 5 in Verbindung mit den Anhängen 2 und 3 überschritten werden. Der Arbeitgeber kann sich dazu für die Gefährdungsbeurteilung notwendige Informationen beim Wirtschaftsakteur, insbesondere beim Hersteller oder Inverkehrbringer der verwendeten Arbeitsmittel, oder von anderen ohne Weiteres zugänglichen Quellen beschaffen. Die Informationen umfassen insbesondere die für die verwendeten Arbeitsmittel verfügbaren Emissionswerte und andere geeignete sicherheitsbezogene Daten einschließlich spezifischer Informationen zur Gefährdungsbeurteilung, wenn diese auf die Expositionsbedingungen am Arbeitsplatz anwendbar sind. Ergebnisse aus Expositionsbewertungen von der Öffentlichkeit zugänglichen Bereichen können bei der Gefährdungsbeurteilung berücksichtigt werden, wenn die Expositionsgrenzwerte nach § 5 in Verbindung mit den Anhängen 2 und 3 eingehalten werden und sicheres Arbeiten gewährleistet ist. Lässt sich anhand der verfügbaren Informationen nicht sicher feststellen, ob die Expositionsgrenzwerte nach § 5 in Verbindung mit den Anhängen 2 und 3 eingehalten werden, ist der Umfang der Exposition durch Berechnungen oder Messungen nach § 4 festzustellen. Entsprechend dem Ergebnis der Gefährdungsbeurteilung hat der Arbeitgeber Maßnahmen nach dem Stand der Technik festzulegen.

(2) Bei Einhaltung der Auslöseschwellen nach § 5 in Verbindung mit den Anhängen 2 und 3 kann der Arbeitgeber davon ausgehen, dass die mit diesen Auslöseschwellen verbundenen Expositionsgrenzwerte nach § 5 in Verbindung mit den Anhängen 2 und 3 eingehalten sind und damit keine weiteren Maßnahmen nach § 6 Absatz 1 zum Schutz der Beschäftigten vor Gefährdungen durch direkte Wirkungen von elektromagnetischen Feldern erforderlich sind. Gefährdungen durch indirekte Wirkungen müssen gesondert betrachtet werden.

(3) Werden die Auslöseschwellen nach § 5 in Verbindung mit den Anhängen 2 und 3 überschritten und wird im Rahmen der Gefährdungsbeurteilung nach Absatz 1 nicht der Nachweis erbracht, dass Gefährdungen durch Überschreitung der relevanten Expositionsgrenzwerte oder dass Gefährdungen durch indirekte Wirkungen von elektromagnetischen Feldern ausgeschlossen werden können, so hat der Arbeitgeber zur Vermeidung oder Verringerung der Gefährdung nach Absatz 1 Satz 9 Maßnahmen nach dem Stand der Technik festzulegen.

(4) Bei der Gefährdungsbeurteilung nach Absatz 1 ist insbesondere Folgendes zu berücksichtigen:

1. Art, Ausmaß und Dauer der Exposition durch elektromagnetische Felder, einschließlich der räumlichen Verteilung der elektromagnetischen Felder am Arbeitsplatz und über den Körper des Beschäftigten,
2. die Frequenzen und erforderlichenfalls den Signalverlauf der einwirkenden elektromagnetischen Felder,

3. alle direkten und indirekten Wirkungen von elektromagnetischen Feldern, die zu Gefährdungen führen können,
4. die in § 5 in Verbindung mit den Anhängen 2 und 3 genannten Expositionsgrenzwerte für gesundheitliche und sensorische Wirkungen und die Auslöseschwellen,
5. die Verfügbarkeit und die Möglichkeit des Einsatzes alternativer Arbeitsmittel und Ausrüstungen zur Vermeidung oder Verringerung der Gefährdungen der Beschäftigten durch direkte oder indirekte Wirkungen von elektromagnetischen Feldern (Substitutionsprüfung),
6. Erkenntnisse aus der arbeitsmedizinischen Vorsorge sowie hierzu allgemein zugängliche, veröffentlichte Informationen,
7. die Exposition von Beschäftigten gegenüber elektromagnetischen Feldern aus mehreren Quellen,
8. die Exposition von Beschäftigten gegenüber elektromagnetischen Feldern mit mehreren Frequenzen,
9. die relevanten Herstellerangaben zu Arbeitsmitteln, die elektromagnetische Felder erzeugen oder emittieren, sowie weitere relevante gesundheits- und sicherheitsbezogene Informationen,
10. die Arbeitsplatz- und Expositionsbedingungen, die bei verschiedenen Betriebszuständen insbesondere bei Instandhaltungs- und Reparaturarbeiten und bei Einrichtvorgängen auftreten können sowie
11. alle Auswirkungen auf die Gesundheit und Sicherheit von besonders schutzbedürftigen Beschäftigten, insbesondere wenn der Arbeitgeber darüber informiert ist.

(5) Der Arbeitgeber hat vor Aufnahme einer Tätigkeit die Gefährdungsbeurteilung und die erforderlichen Maßnahmen nach dem Stand der Technik durchzuführen. Die Gefährdungsbeurteilung und die Wirksamkeit der daraus abgeleiteten Maßnahmen sind regelmäßig zu überprüfen. Die Gefährdungsbeurteilung und die Maßnahmen sind zu aktualisieren, wenn

1. neue sicherheits- oder gesundheitsrelevante Erkenntnisse, insbesondere aus der arbeitsmedizinischen Vorsorge, vorliegen,
2. maßgebliche Veränderungen der Arbeitsbedingungen dies erfordern oder
3. die Prüfung der Wirksamkeit der Maßnahmen ergeben hat, dass die Maßnahmen nicht wirksam oder nicht ausreichend sind.

(6) Der Arbeitgeber hat die Gefährdungsbeurteilung unabhängig von der Zahl der Beschäftigten vor Aufnahme der Tätigkeit nach Satz 2 in einer Form zu dokumentieren, die eine spätere Einsichtnahme ermöglicht. In der Dokumentation ist anzugeben, welche Gefährdungen am Arbeitsplatz auftreten können und welche Maßnahmen zur Vermeidung oder Verringerung der Gefährdung der Beschäftigten durchgeführt werden müssen. Die Dokumentation kann eine Begründung des Arbeitgebers einschließen, warum aufgrund der Art und des Umfangs der möglichen Gefährdungen durch elektromagnetische Felder nur eine vereinfachte Gefährdungsbeurteilung durchgeführt wurde. Der Arbeitgeber hat die Ergebnisse aus Messungen oder Berechnungen nach der Erstellung in Verbindung mit Satz 5 in einer Form aufzubewahren, die eine spätere Einsichtnahme ermöglicht. Werden an Arbeitsplätzen die oberen Auslöseschwellen bei nichtthermischen oder thermischen Wirkungen nach den Anhängen 2 und 3 überschritten, sind die ermittelten Ergebnisse aus Messungen oder Berechnungen mindestens 20 Jahre aufzubewahren.

(7) Bei der Festlegung der Maßnahmen nach Absatz 1 Satz 9 hat der Arbeitgeber nach § 4 Nummer 6 des Arbeitsschutzgesetzes die Erfordernisse von besonders schutzbedürftigen Beschäftigten entsprechend dem Ergebnis der Gefährdungsbeurteilung zu berücksichtigen und gegebenenfalls individuelle Schutzmaßnahmen vorzusehen.

§ 4 Fachkundige Personen; Messungen, Berechnungen und Bewertungen

(1) Der Arbeitgeber hat sicherzustellen, dass die Gefährdungsbeurteilung, die Messungen, die Berechnungen oder die Bewertungen nach dem Stand der Technik nach Absatz 2 fachkundig geplant und durchgeführt werden. Verfügt der Arbeitgeber dazu nicht

VI

selbst über die entsprechenden Kenntnisse, hat er sich von fachkundigen Personen beraten zu lassen.

(2) Messverfahren und -geräte sowie eventuell erforderliche Berechnungs- und Bewertungsverfahren müssen

1. an die vorhandenen Arbeitsplatz- und Expositionsbedingungen angepasst sein,
2. geeignet sein, die erforderlichen physikalischen Größen zu bestimmen, um feststellen zu können, ob die Expositionsgrenzwerte und Auslöseschwellen nach § 5 in Verbindung mit den Anhängen 2 und 3 eingehalten sind, und
3. die Mess- oder Berechnungsunsicherheiten berücksichtigen.

(3) Im Niederfrequenzbereich können als Bewertungsverfahren bei nicht sinusförmigen oder gepulsten elektromagnetischen Feldern Verfahren zur Bewertung im Zeitbereich nach dem Stand der Technik wie die Methode der gewichteten Spitzenwerte angewendet werden.

(4) Die durchzuführenden Messungen, Berechnungen oder Bewertungen können bei gleichartigen Arbeitsplatzbedingungen auch durch repräsentative Stichprobenerhebungen erfolgen.

Abschnitt 3 Expositionsgrenzwerte und Auslöseschwellen; Festlegungen zum Schutz vor Gefährdungen durch elektromagnetische Felder

Unterabschnitt 1 Expositionsgrenzwerte und Auslöseschwellen; allgemeine Festlegungen zum Schutz vor Gefährdungen durch elektromagnetische Felder

§ 5 Expositionsgrenzwerte und Auslöseschwellen für elektromagnetische Felder

Expositionsgrenzwerte und Auslöseschwellen für elektromagnetische Felder sind in den Anhängen 2 und 3 festgelegt. Die zugehörigen physikalischen Größen sind in Anhang 1 festgelegt.

§ 6 Maßnahmen zur Vermeidung und Verringerung der Gefährdungen von Beschäftigten durch elektromagnetische Felder

(1) Der Arbeitgeber hat die nach § 3 Absatz 1 Satz 9 festgelegten Maßnahmen nach dem Stand der Technik durchzuführen, um Gefährdungen der Beschäftigten auszuschließen oder so weit wie möglich zu verringern. Dazu sind die Entstehung und die Ausbreitung elektromagnetischer Felder nach dem Stand der Technik vorrangig an der Quelle zu verhindern oder zu reduzieren. Der Arbeitgeber hat dafür zu sorgen, dass die Expositionsgrenzwerte nach § 5 in Verbindung mit den Anhängen 2 und 3 eingehalten und Gefährdungen aufgrund direkter und indirekter Wirkungen von elektromagnetischen Feldern vermieden oder verringert werden und somit ein sicheres Arbeiten gewährleistet ist. Technische Maßnahmen haben Vorrang vor organisatorischen und personenbezogenen Maßnahmen. Geeignete persönliche Schutzausrüstung ist dann zu verwenden, wenn technische und organisatorische Maßnahmen nicht ausreichen oder nicht anwendbar sind.

(2) Zu den Maßnahmen nach Absatz 1 gehören insbesondere

1. alternative Arbeitsverfahren, durch die Gefährdungen durch elektromagnetische Felder vermieden oder verringert werden,
2. Auswahl, Einsatz und Betriebsweise von Arbeitsmitteln, die unter Berücksichtigung der auszuführenden Tätigkeit in geringerem Maße elektromagnetische Felder emittieren,
3. technische Maßnahmen zur Verringerung der Gefährdungen durch elektromagnetische Felder, falls erforderlich auch unter Einsatz von Abschirmungen, Verriegelungs- oder anderen Sicherheitseinrichtungen,
4. angemessene Abgrenzungs- und Zugangskontrollmaßnahmen, insbesondere Warnhinweise, Signale, Kennzeichnungen, Markierungen oder Schranken,
5. bei elektrischen Feldern Maßnahmen und Verfahren zur Vermeidung oder Mi-

nimierung von elektrischen Entladungen oder Kontaktströmen,

6. angemessene Wartungsprogramme und Kontrollen von Arbeitsmitteln, Arbeitsplätzen und Anlagen,
7. die Gestaltung und die Einrichtung der Arbeitsstätten und Arbeitsplätze,
8. organisatorische Maßnahmen zur Begrenzung von Ausmaß und Dauer der Exposition,
9. Auswahl und Einsatz von geeigneter persönlicher Schutzausrüstung sowie
10. die Verwendung der Arbeitsmittel nach den Herstellerangaben.

(3) Der Arbeitgeber hat Arbeitsbereiche, in denen die Auslöseschwellen für elektromagnetische Felder nach den Anhängen 2 und 3 überschritten werden, oder Arbeitsbereiche mit Gefährdungen für besonders schutzbedürftige Beschäftigte nach Satz 2 zu kennzeichnen. Die Kennzeichnung muss deutlich erkennbar und dauerhaft sein. Sie kann insbesondere durch Warn-, Hinweis- und Zusatzzeichen sowie Verbotszeichen und Warnleuchten erfolgen. Der Arbeitgeber hat die betreffenden Arbeitsbereiche für die Dauer der Tätigkeit abzugrenzen und den Zugang gegebenenfalls einzuschränken. In diesen Bereichen dürfen Beschäftigte nur tätig werden, wenn das Arbeitsverfahren dies erfordert. Absatz 1 bleibt unberührt.

1. Arbeitsbereiche müssen nicht gekennzeichnet werden, wenn der Zugang auf geeignete Weise beschränkt ist und die Beschäftigten in geeigneter Weise unterwiesen sind.
2. In Arbeitsbereichen mit öffentlich zugänglichen Arbeitsplätzen ist eine Kennzeichnung nach Satz 1 unterhalb der oberen Auslöseschwelle nach Anhang 2 Tabelle A2.10 nicht erforderlich, wenn gemäß der Gefährdungsbeurteilung nach § 3 für an diesen Arbeitsplätzen tätige Beschäftigte mit aktiven Implantaten oder am Körper getragenen medizinischen Geräten ein sicheres Arbeiten gewährleistet ist und die betroffenen Beschäftigten über die Gefährdungen aufgrund der elektromagnetischen Felder unterwiesen sind.

(4) Die Expositionsgrenzwerte für sensorische Wirkungen nach § 5 in Verbindung mit den Anhängen 2 und 3 dürfen nur überschritten werden, wenn

1. die Überschreitung auf kurzzeitige Einzelereignisse unter definierten Betriebsbedingungen beschränkt ist,
2. keine geeigneten alternativen Arbeitsverfahren zur Verfügung stehen, bei denen die Exposition der Beschäftigten minimiert oder beseitigt werden kann,
3. die besonderen Festlegungen nach den §§ 7, 14, 17 und 18 umgesetzt sind und
4. ein sicheres Arbeiten dadurch gewährleistet ist, dass nach Durchführung der entsprechend dem Ergebnis der Gefährdungsbeurteilung festgesetzten Maßnahmen Gefährdungen durch direkte und indirekte Wirkungen ausgeschlossen sind.

(5) Die Expositionsgrenzwerte für gesundheitliche Wirkungen nach § 5 in Verbindung mit den Anhängen 2 und 3 dürfen bei medizinischen Anwendungen von Magnetresonanzverfahren überschritten werden, wenn die besonderen Festlegungen nach § 18 umgesetzt sind.

(6) Werden abweichend von Absatz 4 und 5 die Expositionsgrenzwerte für sensorische oder gesundheitliche Wirkungen überschritten, hat der Arbeitgeber unverzüglich die Gründe zu ermitteln und weitere Maßnahmen nach Absatz 2 zu ergreifen, um die Exposition auf einen Wert unterhalb der Expositionsgrenzwerte zu senken und ein erneutes Überschreiten der Expositionsgrenzwerte zu verhindern.

(7) Treten trotz aller durchgeführten Maßnahmen bei Beschäftigten vorübergehende Symptome auf, so hat der Arbeitgeber unverzüglich die Gefährdungsbeurteilung und die nach § 3 Absatz 1 Satz 9 festgelegten Maßnahmen zum Schutz der Beschäftigten zu überprüfen und erforderlichenfalls zu aktualisieren. Vorübergehende Symptome können Folgendes umfassen:

1. durch die Bewegung im statischen Magnetfeld hervorgerufene Wirkungen, insbesondere Schwindelgefühl oder Übelkeit,
2. durch zeitveränderliche elektromagnetische Felder hervorgerufene Sinnesempfindungen, insbesondere Magnetophosphene oder Mikrowellenhören, sowie Wirkungen auf die im Kopf gelegenen Teile des Zentralnervensystems oder
3. Wirkungen durch Entladungen oder Kontaktströme in elektromagnetischen Feldern.

Unterabschnitt 2 Besondere Festlegungen zum Schutz vor Gefährdungen durch statische Magnetfelder

§ 7 Besondere Festlegungen für die Überschreitung der Expositionsgrenzwerte für sensorische Wirkungen bei Tätigkeiten im statischen Magnetfeld über 2 Tesla

Bei Überschreitung des Expositionsgrenzwertes für sensorische Wirkungen unter normalen Arbeitsbedingungen im statischen Magnetfeld über 2 Tesla nach Anhang 2 Tabelle A2.1 hat der Arbeitgeber dafür zu sorgen, dass

1. die Exposition am Arbeitsplatz nur die Gliedmaßen der Beschäftigten betrifft und eine gefährdende Exposition von Kopf und Rumpf ausgeschlossen ist oder
2. nach Durchführung der festgelegten Maßnahmen entsprechend der Gefährdungsbeurteilung nach § 3
   a) die Überschreitung der Expositionsgrenzwerte für sensorische Wirkungen nach Anhang 2 Tabellen A2.1 und A2.4 auf kurzzeitige Einzelereignisse unter definierten Betriebsbedingungen beschränkt ist,
   b) die Expositionsgrenzwerte für kontrollierte Arbeitsbedingungen nach Anhang 2 Tabellen A2.1 und A2.3 eingehalten werden,
   c) nur speziell unterwiesene und geschulte Beschäftigte Zugang zu den kontrollierten Bereichen haben,
   d) spezielle Arbeitspraktiken und Maßnahmen, insbesondere kontrollierte Bewegungen der Beschäftigten im Bereich mit hohen räumlichen Magnetfeldgradienten, angewendet werden und
   e) weitere Maßnahmen nach § 6 Absatz 2 ergriffen werden, wenn vorübergehende Symptome nach § 6 Absatz 7 auftreten.

§ 8 Besondere Festlegungen für die Überschreitung der Auslöseschwellen für die Projektilwirkung von ferromagnetischen Gegenständen im Streufeld von Anlagen mit hohem statischen Magnetfeld (> 100 Millitesla)

(1) Bei Überschreitung der unteren Auslöseschwellen für die Projektilwirkung von ferromagnetischen Gegenständen im Streufeld von Anlagen mit hohem statischen Magnetfeld (> 100 Millitesla) nach Anhang 2 Tabelle A2.11 hat der Arbeitgeber die betreffenden Arbeitsbereiche nach § 6 Absatz 3 zu kennzeichnen.

(2) Bei Überschreitung der oberen Auslöseschwellen für die Projektilwirkung von ferromagnetischen Gegenständen im Streufeld von Anlagen mit hohem statischen Magnetfeld (> 100 Millitesla) nach Anhang 2 Tabelle A2.11 hat der Arbeitgeber weitere Maßnahmen nach § 6 Absatz 2 zu ergreifen, um Gefährdungen der Beschäftigten zu beseitigen oder zu minimieren. Dazu zählen insbesondere folgende Maßnahmen:

1. Bereitstellung und Verwendung von geeigneten nichtferromagnetischen Arbeitsmitteln,
2. Abschirmungen, Verriegelungen oder andere Sicherheitseinrichtungen,
3. Zugangskontrolle zum betreffenden Arbeitsbereich, erforderlichenfalls Einsatz von Detektoren für ferromagnetische Gegenstände und
4. betriebsorganisatorische Maßnahmen, insbesondere Schulung und Unterweisung sowie erforderlichenfalls Hinweise für Dritte, damit Beschäftigte nicht gefährdet werden.

§ 9 Besondere Festlegungen für die Überschreitung der oberen Auslöseschwelle für die Beeinflussung von implantierten aktiven oder am Körper getragenen medizinischen Geräten in statischen Magnetfeldern

Bei Überschreitung der oberen Auslöseschwelle nach Anhang 2 Tabelle A2.10 hat der Arbeitgeber weitere Maßnahmen nach § 6 Absatz 2 zu ergreifen, um Gefährdungen der Beschäftigten mit implantierten aktiven oder am Körper getragenen medizinischen Geräten zu beseitigen oder zu minimieren. Dazu zählen insbesondere folgende Maßnahmen:

1. Bewertung der Einwirkung für den einzelnen Mitarbeiter auf der Grundlage von Informationen des Herstellers des implantierten aktiven medizinischen Gerätes und soweit möglich des behandelnden Arztes oder Arbeitsmediziners,
2. Zugangsbeschränkung zum betreffenden Arbeitsbereich insbesondere durch Kontroll- oder Absperrungsmaßnahmen und
3. betriebsorganisatorische Maßnahmen, insbesondere Schulung und Unterweisung, individuelle oder allgemeine Zugangsverbote.

VI

Unterabschnitt 3
Besondere Festlegungen zum Schutz vor Gefährdungen durch elektromagnetische Felder im Frequenzbereich von 0 Hertz bis 10 Megahertz

§ 10 Besondere Festlegungen für die Überschreitung der unteren Auslöseschwellen für externe elektrische Felder im Frequenzbereich von 0 Hertz bis 10 Megahertz

Bei Überschreitung der unteren Auslöseschwellen für externe elektrische Felder im Frequenzbereich von 0 Hertz bis 10 Megahertz nach Anhang 2 Tabelle A2.7 hat der Arbeitgeber, wenn keine geeigneten alternativen Arbeitsverfahren zur Verfügung stehen, dafür zu sorgen, dass

1. die Expositionsgrenzwerte der internen elektrischen Feldstärke E_i für sensorische Wirkungen im Frequenzbereich bis 400 Hertz nach Anhang 2 Tabelle A2.4 nicht überschritten und Gefährdungen durch direkte und indirekte Wirkungen vermieden oder verringert werden und damit ein sicheres Arbeiten gewährleistet ist oder
2. nach Durchführung der festgelegten Maßnahmen entsprechend der Gefährdungsbeurteilung
   a) die Gefährdung durch Entladungen oder Kontaktströme durch spezifische Maßnahmen ausgeschlossen ist. Dazu zählen insbesondere
      aa) geeignete technische Arbeitsmittel,
      bb) Maßnahmen zum Potentialausgleich,
      cc) die Erdung von Arbeitsgegenständen,
      dd) die spezielle Schulung und Unterweisung der Beschäftigten und
      ee) persönliche Schutzausrüstung wie isolierende Schuhe, Isolierhandschuhe und Schutzkleidung;
   b) die Gefährdungen in statischen elektrischen Feldern durch spezifische Maßnahmen beseitigt oder minimiert sind. Dazu zählen insbesondere
      aa) die Nichtüberschreitung des Expositionsgrenzwertes für die externe elektrische Feldstärke E_e von statischen elektrischen Feldern nach Anhang 2 Tabelle A2.2,
      bb) die Zugangskontrolle zum betreffenden Arbeitsbereich und
      cc) die spezielle Schulung und Unterweisung der Beschäftigten;
   c) die Expositionsgrenzwerte der internen elektrischen Feldstärke E_i für gesundheitliche Wirkungen im Frequenzbereich bis 10 Megahertz nach Anhang 2 Tabelle A2.3 nicht überschritten werden sowie
   d) die Gefährdungen durch direkte und indirekte Wirkungen ausgeschlossen sind und damit ein sicheres Arbeiten gewährleistet ist.

§ 11 Besondere Festlegungen für die Überschreitung der oberen Auslöseschwellen für externe elektrische Felder im Frequenzbereich von 0 Hertz bis 10 Megahertz

Bei Überschreitung der oberen Auslöseschwellen für die Exposition gegenüber externen elektrischen Feldern im Frequenzbereich von 0 Hertz bis 10 Megahertz nach Anhang 2 Tabelle A2.7 hat der Arbeitgeber, wenn keine geeigneten alternativen Arbeitsverfahren zur Verfügung stehen, dafür zu sorgen, dass über die in § 10 Nummer 2 genannten Maßnahmen hinaus weitere Maßnahmen nach § 6 Absatz 2 durchgeführt werden, damit Gefährdungen durch direkte und indirekte Wirkungen ausgeschlossen sind. Zu den Maßnahmen zählen insbesondere spezielle Unterweisungen.

§ 12 Besondere Festlegungen für die Überschreitung der unteren Auslöseschwellen für magnetische Felder im Frequenzbereich von 0 Hertz bis 10 Megahertz

Bei Überschreitung der unteren Auslöseschwellen für die Exposition gegenüber magnetischen Feldern im Frequenzbereich von 0 Hertz bis 10 Megahertz nach Anhang 2 Tabelle A2.8 insbesondere im Bereich von Kopf oder Rumpf hat der Arbeitgeber, wenn keine geeigneten alternativen Arbeitsverfahren zur Verfügung stehen, dafür zu sorgen, dass

1. die Expositionsgrenzwerte der internen elektrischen Feldstärke E_i für sensorische Wirkungen im Frequenzbereich bis 400 Hertz nach Anhang 2 Tabelle A2.4 nicht überschritten werden oder
2. nach Durchführung der festgelegten Maßnahmen entsprechend der Gefährdungsbeurteilung
   a) die Überschreitung der Expositionsgrenzwerte der internen elektrischen Feldstärke E_i für sensorische Wirkungen im Frequenzbereich bis 400 Hertz nach Anhang 2 Tabelle A2.4 auf kurzzeitige Einzelereignisse unter definierten Betriebsbedingungen beschränkt ist,
   b) die Expositionsgrenzwerte der internen elektrischen Feldstärke E_i für gesundheitliche Wirkungen im Frequenzbereich bis 10 Megahertz nach Anhang 2 Tabelle A2.3 eingehalten werden und
   c) die Gefährdungen durch direkte und indirekte Wirkungen ausgeschlossen sind und damit ein sicheres Arbeiten gewährleistet ist.

§ 13 Besondere Festlegungen für die Überschreitung der Auslöseschwellen für Kontaktströme bei berührendem Kontakt

Bei Überschreitung der Auslöseschwellen für Kontaktströme I_K bei berührendem Kontakt nach Anhang 2 Tabelle A2.9 hat der Arbeitgeber, wenn keine geeigneten alternativen Arbeitsverfahren oder Arbeitsmittel zur Verfügung stehen, dafür zu sorgen, dass

1. die Beschäftigten so unterwiesen sind, dass sie immer einen greifenden Kontakt herstellen,
2. die Expositionsgrenzwerte für kontinuierliche Kontaktströme I_K bei greifendem Kontakt nach Anhang 2 Tabelle A2.5 und für den Entladungspuls eines Kontaktstroms nach Anhang 2 Tabelle A2.6 eingehalten werden und
3. die Gefährdungen durch direkte und indirekte Wirkungen ausgeschlossen sind und damit ein sicheres Arbeiten gewährleistet ist.

§ 14 Besondere Festlegungen für die Überschreitung der Expositionsgrenzwerte für sensorische Wirkungen im Frequenzbereich bis 400 Hertz

Bei Überschreitung der Expositionsgrenzwerte für sensorische Wirkungen für im Frequenzbereich bis 400 Hertz nach Anhang 2 Tabelle A2.4 hat der Arbeitgeber, wenn keine geeigneten alternativen Arbeitsverfahren zur Verfügung stehen, dafür zu sorgen, dass nach Durchführung der festgelegten Maßnahmen entsprechend der Gefährdungsbeurteilung

1. die Überschreitung auf kurzzeitige Einzelereignisse unter definierten Betriebsbedingungen beschränkt ist,

VI

2. die Expositionsgrenzwerte der internen elektrischen Feldstärke E_i für gesundheitliche Wirkungen im Frequenzbereich bis 400 Hertz nach Anhang 2 Tabelle A2.3 nicht überschritten werden und
3. unverzüglich weitere Maßnahmen nach § 6 Absatz 2 ergriffen werden, wenn vorübergehende Symptome nach § 6 Absatz 7 auftreten.

Unterabschnitt 4
Besondere Festlegungen zum Schutz vor Gefährdungen durch elektromagnetische Felder im Frequenzbereich von 100 Kilohertz bis 300 Gigahertz

§ 15 Besondere Festlegungen für die Überschreitung der Auslöseschwellen für elektromagnetische Felder im Frequenzbereich von 100 Kilohertz bis 300 Gigahertz

(1) Bei Überschreitung der Auslöseschwellen für die Exposition gegenüber elektromagnetischen Feldern im Frequenzbereich von 100 Kilohertz bis 300 Gigahertz nach Anhang 3 Tabelle A3.4 hat der Arbeitgeber dafür zu sorgen, dass

1. die Expositionsgrenzwerte der spezifischen Absorptionsrate *SAR* für gesundheitliche Wirkungen bei Exposition gegenüber elektromagnetischen Feldern im Frequenzbereich von 100 Kilohertz bis 6 Gigahertz nach Anhang 3 Tabelle A3.1 und der Expositionsgrenzwert der Leistungsdichte *S* für gesundheitliche Wirkungen bei Exposition gegenüber elektromagnetischen Feldern im Frequenzbereich von 6 Gigahertz bis 300 Gigahertz nach Anhang 3 Tabelle A3.2 eingehalten werden und
2. nach Durchführung der festgelegten Maßnahmen entsprechend der Gefährdungsbeurteilung Gefährdungen der Beschäftigten durch direkte und indirekte Wirkungen ausgeschlossen sind und damit ein sicheres Arbeiten gewährleistet ist.

(2) Die besonderen Festlegungen für die Überschreitung der Expositionsgrenzwerte der lokalen spezifischen Energieabsorption *SA* für sensorische Wirkungen bei Exposition gegenüber gepulsten elektromagnetischen Feldern im Frequenzbereich von 0,3 Gigahertz bis 6 Gigahertz (Mikrowellenhören) nach § 17 gelten unabhängig von Absatz 1. Sie sind daher gesondert zu betrachten.

§ 16 Besondere Festlegungen für die Überschreitung der Auslöseschwellen für stationäre Kontaktströme oder induzierte Ströme durch die Gliedmaßen im Frequenzbereich von 100 Kilohertz bis 110 Megahertz

Bei Überschreitung der Auslöseschwellen für stationäre Kontaktströme I_K oder induzierte Ströme durch die Gliedmaßen I_G im Frequenzbereich von 100 Kilohertz bis 110 Megahertz nach Anhang 3 Tabelle A3.5 hat der Arbeitgeber dafür zu sorgen, dass

1. die Expositionsgrenzwerte der spezifischen Absorptionsrate *SAR* für gesundheitliche Wirkungen bei Exposition gegenüber elektromagnetischen Feldern nach Anhang 3 Tabelle A3.1 im Frequenzbereich von 100 Kilohertz bis 110 Megahertz eingehalten werden und
2. nach Durchführung der festgelegten Maßnahmen entsprechend der Gefährdungsbeurteilung Gefährdungen der Beschäftigten durch direkte und indirekte Wirkungen ausgeschlossen sind und damit ein sicheres Arbeiten gewährleistet ist.

§ 17 Besondere Festlegungen für die Überschreitung des Expositionsgrenzwertes der lokalen spezifischen Energieabsorption für sensorische Wirkungen von gepulsten elektromagnetischen Feldern im Frequenzbereich von 0,3 Gigahertz bis 6 Gigahertz (Mikrowellenhören)

Bei Überschreitung des Expositionsgrenzwertes der lokalen spezifischen Energieabsorption *SA* für sensorische Wirkungen bei Exposition gegenüber gepulsten elektromagnetischen Feldern im Frequenzbereich von 0,3 Gigahertz bis 6 Gigahertz (Mikrowellenhören)

VI

nach Anhang 3 Tabelle A3.3 hat der Arbeitgeber, wenn keine geeigneten alternativen Arbeitsverfahren zur Verfügung stehen, dafür zu sorgen, dass nach Durchführung der festgelegten Maßnahmen entsprechend der Gefährdungsbeurteilung

1. die Überschreitung auf kurzzeitige Einzelereignisse unter definierten Betriebsbedingungen beschränkt ist,
2. die Expositionsgrenzwerte der spezifischen Absorptionsrate *SAR* für gesundheitliche Wirkungen bei Exposition gegenüber elektromagnetischen Feldern im Frequenzbereich von 100 Kilohertz bis 6 Gigahertz nach Anhang 3 Tabelle A3.1 und der Expositionsgrenzwert der Leistungsdichte *S* für gesundheitliche Wirkungen bei Exposition gegenüber elektromagnetischen Feldern im Frequenzbereich von 6 Gigahertz bis 300 Gigahertz nach Anhang 3 Tabelle A3.2 nicht überschritten werden und
3. unverzüglich weitere Maßnahmen nach § 6 Absatz 2 ergriffen werden, wenn vorübergehende Symptome nach § 6 Absatz 7 auftreten.

Unterabschnitt 5
Besondere Festlegungen zum Schutz vor Gefährdungen durch elektromagnetische Felder bei medizinischen Anwendungen von Magnetresonanzverfahren

§ 18 Besondere Festlegungen für die Überschreitung von Expositionsgrenzwerten bei medizinischen Anwendungen von Magnetresonanzverfahren

Abweichend von den §§ 7 bis 16 hat der Arbeitgeber bei einer Überschreitung der Expositionsgrenzwerte nach den Anhängen 2 und 3 bei der Aufstellung, Prüfung, Anwendung, Entwicklung oder Wartung von medizinischen Geräten für bildgebende Verfahren mittels Magnetresonanz am Patienten oder damit verknüpften Forschungsarbeiten

1. Art, Ausmaß, Häufigkeit und Dauer der Überschreitung von Expositionsgrenzwerten in Arbeitsbereichen, in denen Beschäftigte tätig werden müssen, im Rahmen der Gefährdungsbeurteilung nach § 3 nachzuweisen,
2. alle technischen und organisatorischen Maßnahmen nach dem Stand der Technik nach § 6 Absatz 1 zur Vermeidung oder Verringerung der Exposition der betroffenen Beschäftigten durchzuführen,
3. zu begründen, für welche medizinische Anwendungsfälle die Notwendigkeit zur Überschreitung der Expositionsgrenzwerte gegeben ist,
4. alle spezifischen Merkmale des Arbeitsplatzes, der Arbeitsmittel oder der Arbeitsmethoden bei der Durchführung der Gefährdungsbeurteilung sowie die Festlegung und die Durchführung von Maßnahmen für den sicheren Betrieb und zum Schutz der betroffenen Beschäftigten zu berücksichtigen,
5. dafür zu sorgen, dass in der Dokumentation der Gefährdungsbeurteilung nach § 6 Absatz 1 ein Nachweis enthalten ist, wie Beschäftigte vor Gefährdungen durch direkte und indirekte Wirkungen geschützt sind,
6. sicherzustellen, dass die vom Hersteller bereitgestellten Bedienungsanleitungen und Sicherheitshinweise eingehalten werden und
7. sicherzustellen, dass nur speziell unterwiesene Beschäftigte tätig werden.

Abschnitt 4
Unterweisung der Beschäftigten; Beratung durch den Ausschuss für Betriebssicherheit

§ 19 Unterweisung der Beschäftigten

(1) Bei Gefährdungen der Beschäftigten durch elektromagnetische Felder am Arbeitsplatz stellt der Arbeitgeber sicher, dass die betroffenen Beschäftigten eine Unterweisung erhalten, die auf den Ergebnissen der Gefährdungsbeurteilung beruht und die Aufschluss über die am Arbeitsplatz auftretenden Gefährdungen gibt. Die Unterweisung

VI

muss vor Aufnahme der Tätigkeit, danach in regelmäßigen Abständen, mindestens jedoch jährlich, und unverzüglich bei wesentlichen Änderungen der gefährdenden Tätigkeit oder des Arbeitsplatzes erfolgen. Die Unterweisung muss in einer für die Beschäftigten verständlichen Form und Sprache erfolgen und mindestens folgende Informationen enthalten:

1. die mit der Tätigkeit verbundenen Gefährdungen durch direkte und indirekte Wirkungen von elektromagnetischen Feldern,
2. die durchgeführten Maßnahmen zur Beseitigung oder zur Minimierung der Gefährdung unter Berücksichtigung der Arbeitsplatzbedingungen,
3. die relevanten Expositionsgrenzwerte und Auslöseschwellen sowie ihre Bedeutung,
4. die Ergebnisse der Expositionsermittlung zusammen mit der Erläuterung ihrer Bedeutung und der Bewertung der damit verbundenen möglichen Gefährdungen und gesundheitlichen Folgen,
5. die Beschreibung sicherer Arbeitsverfahren zur Minimierung der Gefährdung aufgrund der Exposition durch elektromagnetische Felder,
6. die sachgerechte Verwendung der persönlichen Schutzausrüstung,
7. Hinweise zur Erkennung und Meldung von möglichen gesundheitsschädlichen Wirkungen einer Exposition,
8. möglicherweise auftretende vorübergehende Symptome nach § 6 Absatz 7 und wie diese vermieden werden können und
9. spezifische Informationen für besonders schutzbedürftige Beschäftigte.

(2) Im Rahmen der Unterweisung nach Absatz 1 ist auch eine allgemeine arbeitsmedizinische Beratung durchzuführen mit Hinweisen zu besonderen Gefährdungen insbesondere für besonders schutzbedürftige Beschäftigte. Die Beschäftigten sind dabei auch über den Anspruch und den Zweck der arbeitsmedizinischen Vorsorge nach der Verordnung über arbeitsmedizinische Vorsorge zu unterrichten. Falls erforderlich, hat der Arbeitgeber die Ärztin oder den Arzt nach § 7 Absatz 1 der Verordnung zur arbeitsmedizinischen Vorsorge zu beteiligen.

§ 20 Beratung durch den Ausschuss für Betriebssicherheit

Das Bundesministerium für Arbeit und Soziales wird in allen Fragen der Sicherheit und des Gesundheitsschutzes bei elektromagnetischen Feldern durch den Ausschuss nach § 21 der Betriebssicherheitsverordnung beraten. § 21 Absatz 5 und 6 der Betriebssicherheitsverordnung gilt entsprechend.

Abschnitt 5
Ausnahmen; Straftaten und Ordnungswidrigkeiten

§ 21 Ausnahmen

(1) Die zuständige Behörde kann auf schriftlichen oder elektronischen Antrag des Arbeitgebers Ausnahmen von den §§ 6 bis 17 zulassen, wenn die Durchführung der Vorschrift im Einzelfall zu einer unverhältnismäßigen Härte führen würde und die Abweichung mit dem Schutz der Beschäftigten vereinbar ist. Diese Ausnahmen können mit Nebenbestimmungen verbunden werden, die unter Berücksichtigung der besonderen Umstände gewährleisten, dass die Gefährdungen, die sich aus den Ausnahmen ergeben können, auf ein Minimum reduziert werden. Die Ausnahmen sind spätestens nach vier Jahren zu überprüfen. Sie sind aufzuheben, sobald die Umstände, die sie gerechtfertigt haben, nicht mehr gegeben sind. Der Antrag des Arbeitgebers muss mindestens Angaben enthalten zu

1. der Gefährdungsbeurteilung einschließlich der Dokumentation,
2. Art, Ausmaß und Dauer der Exposition durch die elektromagnetischen Felder,
3. den Frequenzen und erforderlichenfalls dem Signalverlauf der elektromagnetischen Felder,
4. dem Stand der Technik bezüglich der Tätigkeiten und der Arbeitsverfahren sowie zu den technischen, organisatorischen und persönlichen Schutzmaßnahmen und

5. den Lösungsvorschlägen, wie die Exposition der Beschäftigten reduziert werden kann, um die Expositionsgrenzwerte wieder einzuhalten, sowie einen Zeitplan hierfür.

(2) Eine Ausnahme nach Absatz 1 Satz 1 kann auch im Zusammenhang mit Verwaltungsverfahren nach anderen Rechtsvorschriften beantragt werden.

§ 22 Straftaten und Ordnungswidrigkeiten

(1) Ordnungswidrig im Sinne des § 25 Absatz 1 Nummer 1 des Arbeitsschutzgesetzes handelt, wer vorsätzlich oder fahrlässig

1. entgegen § 3 Absatz 5 Satz 1 eine Gefährdungsbeurteilung oder eine dort genannte Maßnahme nicht, nicht richtig, nicht in der vorgeschriebenen Weise oder nicht rechtzeitig durchführt,
2. entgegen § 3 Absatz 6 Satz 1 eine Dokumentation nicht, nicht richtig, nicht vollständig, nicht in der vorgeschriebenen Weise oder nicht rechtzeitig erstellt,
3. entgegen § 3 Absatz 6 Satz 5 ein Ergebnis nicht oder nicht mindestens 20 Jahre aufbewahrt,
4. entgegen § 3 Absatz 7 dort genannte Erfordernisse nicht, nicht richtig oder nicht rechtzeitig berücksichtigt,
5. entgegen § 4 Absatz 1 Satz 1 nicht sicherstellt, dass eine dort genannte Gefährdungsbeurteilung, Messung, Berechnung oder Bewertung geplant oder durchgeführt wird,
6. entgegen § 6 Absatz 1 Satz 3, § 12 Nummer 2 Buchstabe b, § 13 Nummer 2, § 15 Absatz 1 Nummer 1 oder § 16 Nummer 1 nicht dafür sorgt, dass dort genannte Expositionsgrenzwerte eingehalten werden oder eine Gefährdung vermieden oder verringert wird,
7. entgegen § 6 Absatz 3 Satz 1 einen Arbeitsbereich nicht oder nicht richtig kennzeichnet,
8. entgegen § 6 Absatz 3 Satz 4 einen Arbeitsbereich nicht oder nicht richtig abgrenzt,
9. entgegen § 8 Absatz 2 Satz 1 oder § 9 Satz 1 eine Maßnahme nicht, nicht richtig oder nicht rechtzeitig ergreift,
10. entgegen § 10 Nummer 1 oder 2 Buchstabe c, § 12 Nummer 1, § 14 Nummer 2 oder § 17 Nummer 2 nicht dafür sorgt, dass dort genannte Expositionsgrenzwerte nicht überschritten werden,
11. entgegen § 10 Nummer 2 Buchstabe a Satzteil vor Satz 2, Buchstabe b Satzteil vor Satz 2, § 12 Nummer 2 Buchstabe c, § 13 Nummer 3, § 15 Absatz 1 Nummer 2 oder § 16 Nummer 2 nicht dafür sorgt, dass eine Gefährdung ausgeschlossen, beseitigt oder minimiert ist,
12. entgegen § 11 Satz 1 nicht dafür sorgt, dass eine Maßnahme durchführt wird,
13. entgegen § 12 Nummer 2 Buchstabe a, § 14 Nummer 1 oder § 17 Nummer 1 nicht dafür sorgt, dass eine Überschreitung beschränkt ist,
14. entgegen § 13 Nummer 1 nicht dafür sorgt, dass die Beschäftigten unterwiesen sind,
15. entgegen § 14 Nummer 3 oder § 17 Nummer 3 nicht dafür sorgt, dass eine Maßnahme ergriffen wird,
16. entgegen § 18 Nummer 5 nicht dafür sorgt, dass ein Nachweis enthalten ist, oder
17. entgegen § 19 Absatz 1 Satz 1 nicht sicherstellt, dass ein Beschäftigter eine Unterweisung erhält.

(2) Wer durch eine in Absatz 1 bezeichnete vorsätzliche Handlung das Leben oder die Gesundheit von Beschäftigten gefährdet, ist nach § 26 Nummer 2 des Arbeitsschutzgesetzes strafbar.

Anhang 1

Physikalische Größen im Zusammenhang mit der Exposition gegenüber elektromagnetischen Feldern

Die folgenden physikalischen Größen werden zur Beschreibung der Exposition gegenüber elektromagnetischen Feldern verwendet:

1. Die elektrische Feldstärke *E* ist eine Vektorgröße, die der Kraft entspricht, die auf ein geladenes Teilchen ungeachtet seiner Bewegung im Raum ausgeübt wird. Sie wird ausgedrückt in Volt pro Meter (V/m). Es muss zwischen der externen elektrischen Feldstärke E_e eines in der Umgebung auftretenden elektrischen Feldes und der internen elektrischen Feldstärke E_i, wie sie im Körper *(in situ)* infolge einer Exposition gegenüber der Umgebungsfeldstärke auftritt, unterschieden werden.
2. Die magnetische Feldstärke *H* ist eine Vektorgröße, die neben der magnetischen Flussdichte zur Beschreibung des magnetischen Feldes in jedem Raumpunkt dient. Sie wird ausgedrückt in Ampere pro Meter (A/m).
3. Die magnetische Flussdichte *B* ist eine Vektorgröße, aus der sich eine Kraft auf bewegte Ladungen ergibt; sie wird in Tesla (T) ausgedrückt. Die magnetische Flussdichte *B* und die magnetische Feldstärke *H* können in biologischem Material gemäß der Gleichung $B = \mu_0 \cdot H$ mit $\mu_0 = 4\pi \cdot 10^{-7} \cdot T \cdot m \cdot A^{-1}$ ineinander umgerechnet werden.
4. Die Leistungsdichte *S* ergibt sich aus dem Betrag des Kreuzproduktes von elektrischer Feldstärke *E* und magnetischer Feldstärke *H*. Sie wird ausgedrückt in Watt pro Quadratmeter (W/m^2).
5. Die spezifische Absorption *SA* ist die je Masseneinheit biologischen Gewebes absorbierte Energie. Sie wird ausgedrückt in Joule pro Kilogramm (J/kg). In dieser Verordnung wird sie zur Festlegung von Grenzen für Wirkungen gepulster elektromagnetischer Felder im Frequenzbereich von 0,3 GHz bis 6 GHz benutzt.
6. Die spezifische Absorptionsrate *SAR* ist die über den ganzen Körper oder Teile gemittelte Rate, mit der Leistung je Masseneinheit des Körpergewebes absorbiert wird; sie wird ausgedrückt in Watt pro Kilogramm (W/kg). Die Ganzkörper-*SAR* ist die physikalische Größe, um Wärmewirkungen zu einer Exposition von elektromagnetischen Feldern in Beziehung zu setzen. Neben der Ganzkörper-*SAR* sind lokale *SAR*-Werte notwendig, um übermäßige Energiekonzentrationen in kleinen Körperbereichen infolge besonderer Expositionsbedingungen zu bewerten und zu begrenzen.
7. Die elektrische Ladung *Q* ist die physikalische Größe, die zur Beschreibung von transienten Kontaktströmen verwendet und in Coulomb (C) ausgedrückt wird.
8. Der Kontaktstrom I_K bezeichnet einen Strom, der beim Kontakt zwischen einem Beschäftigten und einem Gegenstand in einem elektromagnetischen Feld fließt. Er wird in Ampere (A) ausgedrückt. Beim Kontakt kann es zu einem transienten oder einem stationären Kontaktstrom kommen.
9. Der Strom durch die Gliedmaßen I_G bezeichnet den Strom in den Gliedmaßen von Beschäftigten, die elektromagnetischen Feldern im Frequenzbereich von 10 MHz bis 110 MHz ausgesetzt sind infolge eines Kontakts mit einem Gegenstand in einem elektromagnetischen Feld oder infolge des Fließens kapazitiver Ströme, die in dem exponierten Körper induziert werden. Er wird in Ampere (A) ausgedrückt.
10. Die Entladungsenergie *W* ist die bei einem Entladungspuls eines Kontaktstroms übertragene Energie. Sie wird in Millijoule (mJ) ausgedrückt.

Von den genannten physikalischen Größen lassen sich die externe elektrische Feldstärke E_e, die magnetische Feldstärke *H*, die magnetische Flussdichte *B*, die Leistungsdichte *S*, die elektrische Ladung *Q*, der Kontaktstrom I_K, der Strom durch Gliedmaßen I_G sowie die Entladungsenergie *W* direkt am Arbeitsplatz des Beschäftigten messen.

VI

Anhang 2

Nichtthermische Wirkungen: Expositionsgrenzwerte und Auslöseschwellen für statische und zeitveränderliche elektrische und magnetische Felder im Frequenzbereich bis 10 MHz

1. Expositionsgrenzwerte

Tabelle A2.1
Expositionsgrenzwerte für die magnetische Flussdichte *B* von statischen Magnetfeldern

Maximalwert der magnetischen Flussdichte *B* (T)		
Sensorische Wirkungen (normale Arbeitsbedingungen)	Sensorische Wirkungen (lokale Exposition von Gliedmaßen)	Gesundheitliche Wirkungen (kontrollierte Arbeitsbedingungen)
2	8	8

Anmerkung 1: Die Expositionsgrenzwerte in Tabelle A2.1 sind räumliche Maximalwerte für statische Magnetfelder zur Begrenzung der Wirkungen bei Beschäftigten, die in dem statischen Magnetfeld tätig werden. Wirkungen können insbesondere bei Bewegungen in den Bereichen mit hohen räumlichen Magnetfeldgradienten auftreten.

Anmerkung 2: Bei Tätigkeiten in einem statischen Magnetfeld mit einer magnetischen Flussdichte *B* bis 2 T sind die Expositionsgrenzwerte für sensorische Wirkungen nach Tabelle A2.4 für normale Arbeitsbedingungen im Frequenzbereich bis 10 Hz eingehalten.

Anmerkung 3: Ist bei Tätigkeiten in einem statischen Magnetfeld mit einer magnetischen Flussdichte *B* bis 8 T die Exposition nur auf die Gliedmaßen beschränkt, so sind die Expositionsgrenzwerte für sensorische Wirkungen nach Tabelle A2.4 im Frequenzbereich bis 10 Hz eingehalten.

Anmerkung 4: Bei Tätigkeiten in einem statischen Magnetfeld mit einer magnetischen Flussdichte *B* bis 8 T sind die Expositionsgrenzwerte für sensorische und gesundheitliche Wirkungen nach Tabelle A2.3 im Frequenzbereich bis 10 Hz nur für kontrollierte Arbeitsbedingungen eingehalten.

Tabelle A2.2
Expositionsgrenzwert für die externe elektrische Feldstärke E_e von statischen elektrischen Feldern

Maximalwert der externen elektrischen Feldstärke E_e (V/m)
$2{,}82 \cdot 10^4$

Anmerkung: Der Expositionsgrenzwert in Tabelle A2.2 ist ein räumlicher Maximalwert für statische elektrische Felder zur Begrenzung der Wirkungen bei Beschäftigten, die in dem statischen elektrischen Feld tätig werden.

Tabelle A2.3
Expositionsgrenzwerte der internen elektrischen Feldstärke E_i für gesundheitliche Wirkungen im Frequenzbereich bis 10 MHz

Frequenzbereich	Spitzenwert der internen elektrischen Feldstärke E_i (V/m)
0 Hz $< f <$ 3 kHz	1,1
3 kHz $\leq f \leq$ 10 MHz	$0{,}38 \cdot 10^{-3} \cdot f$

Anmerkung 1: *f* ist die Frequenz in Hertz (Hz).

Anmerkung 2: Die Expositionsgrenzwerte der internen elektrischen Feldstärke E_i für gesundheitliche Wirkungen sind räumliche Maximalwerte im Körper von Beschäftigten.

Tabelle A2.4
Expositionsgrenzwerte der internen elektrischen Feldstärke E_i für sensorische Wirkungen im Frequenzbereich bis 400 Hz

Frequenzbereich	Spitzenwert der internen elektrischen Feldstärke E_i (V/m)
0 Hz < f < 25 Hz	0,07
25 Hz ≤ f ≤ 400 Hz	$2{,}8 \cdot 10^{-3} \cdot f$

Anmerkung 1: f ist die Frequenz in Hertz (Hz).
Anmerkung 2: Die Expositionsgrenzwerte der internen elektrischen Feldstärke E_i für sensorische Wirkungen in Tabelle A2.4 sind räumliche Maximalwerte im Kopf von Beschäftigten.

Tabelle A2.5
Expositionsgrenzwerte für kontinuierliche Kontaktströme I_K bei greifendem Kontakt

Frequenz	Spitzenwert des stationären zeitveränderlichen Kontaktstroms I_K (mA)
Bis 3 kHz	5
3 kHz ≤ f < 45 kHz	f / 600
45 kHz ≤ f < 100 kHz	75
100 kHz ≤ f ≤ 10 MHz	75

Anmerkung 1: f ist die Frequenz in Hertz (Hz).
Anmerkung 2: Durch den greifenden Kontakt wird die Kontaktfläche größer als bei berührendem Kontakt.

VI

Tabelle A2.6
Expositionsgrenzwerte für den Entladungspuls eines Kontaktstroms

Maximale übertragene Entladungsenergie W (mJ)	Maximale übertragene Ladung Q (μC)
350	50

2. Auslöseschwellen

Tabelle A2.7
Auslöseschwellen für externe elektrische Felder im Frequenzbereich von 0 Hz bis 10 MHz

Frequenzbereich	Spitzenwert der externen elektrischen Feldstärke E_e (V/m)	
	Untere Auslöseschwelle	Obere Auslöseschwelle
0 Hz ≤ f < 25 Hz	$2{,}82 \cdot 10^4$	$2{,}82 \cdot 10^4$
25 Hz ≤ f < 50 Hz	$7{,}07 \cdot 10^5 / f$	$2{,}82 \cdot 10^4$
50 Hz ≤ f < 1,635 kHz	$7{,}07 \cdot 10^5 / f$	$1{,}41 \cdot 10^6 / f$
1,635 kHz ≤ f < 3 kHz	$7{,}07 \cdot 10^5 / f$	$8{,}62 \cdot 10^2$
3 kHz ≤ f ≤ 10 MHz	$2{,}36 \cdot 10^2$	$8{,}62 \cdot 10^2$

Anmerkung 1: f ist die Frequenz in Hertz (Hz).
Anmerkung 2: Die Auslöseschwellen für die Exposition gegenüber elektrischen Feldern stellen die gemessenen oder berechneten räumlichen Maximalwerte am Arbeitsplatz von Beschäftigten dar.
Anmerkung 3: Zur Vereinfachung der im Rahmen der Gefährdungsbeurteilung nach § 3 durchzuführenden Bewertung der Exposition können Mess- oder Berechnungsverfahren mit definierter räumlicher Mittelung nach dem Stand der Technik angewendet werden.

Tabelle A2.8
Auslöseschwellen für magnetische Felder im Frequenzbereich von 0 Hz bis 10 MHz

Frequenzbereich	Spitzenwert der magnetischen Flussdichte B (T)		
	Untere Auslöseschwelle	Obere Auslöseschwelle	Auslöseschwelle für die Exposition von Gliedmaßen
0 Hz $\leq f <$ 0,0175 Hz	2	2	8
0,0175 Hz $\leq f <$ 0,1575 Hz	$35 \cdot 10^{-3} / f$	2	8
0,1575 Hz $\leq f <$ 0,21 Hz	$35 \cdot 10^{-3} / f$	2	$1{,}26 / f$
0,21 Hz $\leq f <$ 25 Hz	$35 \cdot 10^{-3} / f$	$0{,}42 / f$	$1{,}26 / f$
25 Hz $\leq f <$ 300 Hz	$1{,}4 \cdot 10^{-3}$	$0{,}42 / f$	$1{,}26 / f$
300 Hz $\leq f <$ 3 kHz	$0{,}42 / f$	$0{,}42 / f$	$1{,}26 / f$
3 kHz $\leq f \leq$ 10 MHz	$0{,}14 \cdot 10^{-3}$	$0{,}14 \cdot 10^{-3}$	$0{,}42 \cdot 10^{-3}$

Anmerkung 1: *f* ist die Frequenz in Hertz (Hz).
Anmerkung 2: Die Auslöseschwellen für die Exposition gegenüber magnetischen Feldern stellen die gemessenen oder berechneten räumlichen Maximalwerte am Arbeitsplatz von Beschäftigten dar.
Anmerkung 3: Zur Vereinfachung der im Rahmen der Gefährdungsbeurteilung nach § 3 durchzuführenden Bewertung der Exposition können Mess- oder Berechnungsverfahren mit definierter räumlicher Mittelung nach dem Stand der Technik angewendet werden.

Tabelle A2.9
Auslöseschwellen für Kontaktströme I_K bei berührendem Kontakt

Frequenz	Spitzenwert des stationären zeitveränderlichen Kontaktstroms I_K (mA)
Bis 3 kHz	1
3 kHz $\leq f <$ 45 kHz	$f / 600$
45 kHz $\leq f <$ 100 kHz	15
100 kHz $\leq f \leq$ 10 MHz	15

Anmerkung: *f* ist die Frequenz in Hertz (Hz).

Tabelle A2.10
Auslöseschwellen der magnetischen Flussdichte *B* bei statischen Magnetfeldern für die Beeinflussung von implantierten aktiven oder am Körper getragenen medizinischen Geräten, z. B. Herzschrittmacher

Magnetische Flussdichte *B* (mT)	
Untere Auslöseschwelle	Obere Auslöseschwelle
0,5	1

Tabelle A2.11
Auslöseschwellen der magnetischen Flussdichte *B* für die Projektilwirkung von ferromagnetischen Gegenständen im Streufeld von Anlagen mit hohen statischen Magnetfeldern (> 100 mT)

Magnetische Flussdichte *B* (mT)		
Untere Auslöseschwelle	Obere Auslöseschwelle	
	aktiv geschirmte Magnete	sonstige Magnete
3	30	60

Anhang 3

Thermische Wirkungen: Expositionsgrenzwerte und Auslöseschwellen für zeitveränderliche elektromagnetische Felder im Frequenzbereich von 100 kHz bis 300 GHz

1. Expositionsgrenzwerte

Tabelle A3.1

Expositionsgrenzwerte der spezifischen Absorptionsrate *SAR* für gesundheitliche Wirkungen von elektromagnetischen Feldern im Frequenzbereich von 100 kHz bis 6 GHz

Expositionsgrenzwerte für gesundheitliche Wirkungen	Spezifische Absorptionsrate *SAR* (W/kg)
Ganzkörpermittelwert der *SAR*	0,4
Lokale *SAR*-Wärmebelastung für Kopf und Rumpf	10
Lokale *SAR*-Wärmebelastung für Gliedmaßen	20

Anmerkung 1: Die *SAR*-Werte sind über ein Sechs-Minuten-Intervall zu mitteln.
Anmerkung 2: Lokale *SAR*-Werte sind über 10 g eines beliebigen zusammenhängenden Körpergewebes zu mitteln.

Tabelle A3.2

Expositionsgrenzwert der Leistungsdichte *S* für gesundheitliche Wirkungen bei Exposition gegenüber elektromagnetischen Feldern im Frequenzbereich von 6 GHz bis 300 GHz

Frequenzbereich	Expositionsgrenzwert der Leistungsdichte *S* (W/m^2)
6 GHz $\leq f \leq$ 300 GHz	50

Anmerkung: Die Leistungsdichte wird über jedes Flächenelement von 20 cm^2 gemittelt. Die maximale örtliche Leistungsdichte, gemittelt über 1 cm^2, darf das 20-fache des Wertes von 50 W/m^2, also 1 kW/m^2, nicht überschreiten. Leistungsdichten im Frequenzbereich von 6 GHz bis 10 GHz werden über Sechs-Minuten-Intervalle gemittelt. Oberhalb von 10 GHz wird die Leistungsdichte über ein beliebiges Zeitintervall von jeweils $68/f^{1,05}$-Minuten gemittelt (wobei *f* die Frequenz in GHz ist).

Tabelle A3.3

Expositionsgrenzwert der lokalen spezifischen Energieabsorption *SA* für sensorische Wirkungen von gepulsten elektromagnetischen Feldern im Frequenzbereich von 0,3 GHz bis 6 GHz (Mikrowellenhören)

Frequenzbereich	Expositionsgrenzwert der lokalen spezifischen Energieabsorption *SA* (mJ/kg)
0,3 GHz $\leq f \leq$ 6 GHz	10

Anmerkung 1: Die zu mittelnde Gewebemasse für lokale *SA* beträgt 10 g.
Anmerkung 2: Die sensorische Wirkung des Mikrowellenhörens kann nur bei Pulsbreiten kleiner als 30 µs auftreten.

2. Auslöseschwellen

Tabelle A3.4
Auslöseschwellen für elektromagnetische Felder im Frequenzbereich von 100 kHz bis 300 GHz

Frequenzbereich	Effektivwert der elektrischen Feldstärke E (V/m)	Effektivwert der magnetischen Feldstärke H (A/m)	Mittelwert der Leistungsdichte S (W/m²)
$100\ kHz \leq f < 1\ MHz$	614	$1{,}63 \cdot 10^6 / f$	–
$1\ MHz \leq f < 10\ MHz$	$614 \cdot 10^6 / f$	$1{,}63 \cdot 10^6 / f$	–
$10\ MHz \leq f < 400\ MHz$	61,4	0,163	10
$400\ MHz \leq f < 2\ GHz$	$3{,}07 \cdot 10^{-3} \cdot \sqrt{f}$	$8{,}14 \cdot 10^{-6} \cdot \sqrt{f}$	$25 \cdot 10^{-9} \cdot f$
$2\ GHz \leq f < 300\ GHz$	137,3	0,364	50

Anmerkung 1: f ist die Frequenz in Hertz (Hz).

Anmerkung 2: Die Auslöseschwellen für E, H und S werden bis 10 GHz über ein Sechs-Minuten-Intervall gemittelt. Über 10 GHz werden die Auslöseschwellen für E, H und S über ein beliebiges Zeitintervall von jeweils $68/f^{1,05}$-Minuten gemittelt (wobei f die Frequenz in GHz ist).

Anmerkung 3: Die Leistungsdichte wird über ein beliebiges exponiertes Flächenelement von 20 cm² gemittelt. Die maximale örtliche Leistungsdichte, gemittelt über 1 cm², sollte das 20-fache des Wertes von 50 W/m², also 1 kW/m², nicht überschreiten.

Anmerkung 4: Bei Hochfrequenzpulsen im Frequenzbereich zwischen 100 kHz und 10 MHz berechnen sich die Spitzenwerte für die elektrischen Feldstärken E durch Interpolation des 1,5-fachen Wertes der Auslöseschwelle bei 100 kHz und des 32-fachen Wertes bei 10 MHz in Tabelle A3.4. Bei Frequenzen über 10 MHz überschreitet die über die Impulsbreite gemittelte Leistungsdichte S_{eq} nicht das Tausendfache der Auslöseschwellen oder die Feldstärken nicht das 32-fache der entsprechenden Auslöseschwellen.

Anmerkung 5: Zur Vereinfachung der im Rahmen der Gefährdungsbeurteilung nach § 3 durchzuführenden Bewertung der Exposition können Mess- oder Berechnungsverfahren mit definierter räumlicher Mittlung nach dem Stand der Technik angewendet werden.

Tabelle A3.5
Auslöseschwellen für stationäre Kontaktströme I_K und induzierte Ströme durch die Gliedmaßen I_G im Frequenzbereich von 100 kHz bis 110 MHz

Frequenzbereich	Effektivwert des stationären zeitveränderlichen Kontaktstroms I_K (mA)	Effektivwert des induzierten Stroms durch eine beliebige Gliedmaße I_G (mA)
$100\ kHz \leq f < 10\ MHz$	40	–
$10\ MHz \leq f \leq 110\ MHz$	40	100

Anmerkung: Die Auslöseschwellen I_K und I_G werden jeweils über ein Sechs-Minuten-Intervall gemittelt.

VI

VII Gesetzliche Unfallversicherung

Sozialgesetzbuch (SGB) Siebtes Buch (VII) – Gesetzliche Unfallversicherung – (SGB VII)

Vom 7. August 1996 (BGBl. I S. 1254)

Zuletzt geändert durch
Terminservice- und Versorgungsgesetz
vom 6. Mai 2019 (BGBl. I S. 646)

Inhaltsübersicht

VII

VII

VII

VII

VII

VII

Erstes Kapitel
Aufgaben, versicherter Personenkreis, Versicherungsfall

Erster Abschnitt
Aufgaben der Unfallversicherung

§ 1 Prävention, Rehabilitation, Entschädigung

Aufgabe der Unfallversicherung ist es, nach Maßgabe der Vorschriften dieses Buches

1. mit allen geeigneten Mitteln Arbeitsunfälle und Berufskrankheiten sowie arbeitsbedingte Gesundheitsgefahren zu verhüten,
2. nach Eintritt von Arbeitsunfällen oder Berufskrankheiten die Gesundheit und die Leistungsfähigkeit der Versicherten mit allen geeigneten Mitteln wiederherzustellen und sie oder ihre Hinterbliebenen durch Geldleistungen zu entschädigen.

Zweiter Abschnitt
Versicherter Personenkreis

VII

§ 2 Versicherung kraft Gesetzes

(1) Kraft Gesetzes sind versichert

1. Beschäftigte,
2. Lernende während der beruflichen Aus- und Fortbildung in Betriebsstätten, Lehrwerkstätten, Schulungskursen und ähnlichen Einrichtungen,
3. Personen, die sich Untersuchungen, Prüfungen oder ähnlichen Maßnahmen unterziehen, die aufgrund von Rechtsvorschriften zur Aufnahme einer versicherten Tätigkeit oder infolge einer abgeschlossenen versicherten Tätigkeit erforderlich sind, soweit diese Maßnahmen vom Unternehmen oder einer Behörde veranlaßt worden sind,
4. behinderte Menschen, die in anerkannten Werkstätten für behinderte Menschen, bei einem anderen Leistungsanbieter nach § 60 des Neunten Buches oder in Blindenwerkstätten im Sinne des § 226 des Neunten Buches oder für diese Einrichtungen in Heimarbeit tätig sind,
5. Personen, die
   a) Unternehmer eines landwirtschaftlichen Unternehmens sind und ihre im Unternehmen mitarbeitenden Ehegatten oder Lebenspartner,
   b) im landwirtschaftlichen Unternehmen nicht nur vorübergehend mitarbeitende Familienangehörige sind,
   c) in landwirtschaftlichen Unternehmen in der Rechtsform von Kapital- oder Personenhandelsgesellschaften regelmäßig wie Unternehmer selbständig tätig sind,
   d) ehrenamtlich in Unternehmen tätig sind, die unmittelbar der Sicherung, Überwachung oder Förderung der Landwirtschaft überwiegend dienen,
   e) ehrenamtlich in den Berufsverbänden der Landwirtschaft tätig sind, wenn für das Unternehmen die landwirtschaftliche Berufsgenossenschaft zuständig ist,
6. Hausgewerbetreibende und Zwischenmeister sowie ihre mitarbeitenden Ehegatten oder Lebenspartner,
7. selbständig tätige Küstenschiffer und Küstenfischer, die zur Besatzung ihres Fahrzeugs gehören oder als Küstenfischer ohne Fahrzeug fischen und regelmäßig nicht mehr als vier Arbeitnehmer beschäftigen, sowie ihre mitarbeitenden Ehegatten oder Lebenspartner,
8. a) Kinder während des Besuchs von Tageseinrichtungen, deren Träger für den Betrieb der Einrichtungen der Erlaubnis nach § 45 des Achten Buches oder einer Erlaubnis aufgrund einer entsprechenden landesrechtlichen Regelung bedürfen, während der Betreuung durch geeignete Tagespflegepersonen im Sinne von § 23 des Achten Buches sowie während der Teilnahme an vorschulischen Sprachförderungskursen, wenn die Teilnahme auf Grund landesrechtlicher Regelungen erfolgt,
   b) Schüler während des Besuchs von allgemein oder berufsbildenden Schulen und während der Teilnahme an unmittelbar vor oder nach dem Unter-

richt von der Schule oder im Zusammenwirken mit ihr durchgeführten Betreuungsmaßnahmen,

   c) Studierende während der Aus- und Fortbildung an Hochschulen,

9. Personen, die selbständig oder unentgeltlich, insbesondere ehrenamtlich im Gesundheitswesen oder in der Wohlfahrtspflege tätig sind,

10. Personen, die
   a) für Körperschaften, Anstalten oder Stiftungen des öffentlichen Rechts oder deren Verbände oder Arbeitsgemeinschaften, für die in den Nummern 2 und 8 genannten Einrichtungen oder für privatrechtliche Organisationen im Auftrag oder mit ausdrücklicher Einwilligung, in besonderen Fällen mit schriftlicher Genehmigung von Gebietskörperschaften ehrenamtlich tätig sind oder an Ausbildungsveranstaltungen für diese Tätigkeit teilnehmen,
   b) für öffentlich-rechtliche Religionsgemeinschaften und deren Einrichtungen oder für privatrechtliche Organisationen im Auftrag oder mit ausdrücklicher Einwilligung, in besonderen Fällen mit schriftlicher Genehmigung von öffentlich-rechtlichen Religionsgemeinschaften ehrenamtlich tätig sind oder an Ausbildungsveranstaltungen für diese Tätigkeit teilnehmen,

11. Personen, die
   a) von einer Körperschaft, Anstalt oder Stiftung des öffentlichen Rechts zur Unterstützung einer Diensthandlung herangezogen werden,
   b) von einer dazu berechtigten öffentlichen Stelle als Zeugen zur Beweiserhebung herangezogen werden,

12. Personen, die in Unternehmen zur Hilfe bei Unglücksfällen oder im Zivilschutz unentgeltlich, insbesondere ehrenamtlich tätig sind oder an Ausbildungsveranstaltungen dieser Unternehmen einschließlich der satzungsmäßigen Veranstaltungen, die der Nachwuchsförderung dienen, teilnehmen,

13. Personen, die
   a) bei Unglücksfällen oder gemeiner Gefahr oder Not Hilfe leisten oder einen anderen aus erheblicher gegenwärtiger Gefahr für seine Gesundheit retten,
   b) Blut oder körpereigene Organe, Organteile oder Gewebe spenden oder bei denen Voruntersuchungen oder Nachsorgemaßnahmen anlässlich der Spende vorgenommen werden,
   c) sich bei der Verfolgung oder Festnahme einer Person, die einer Straftat verdächtig ist oder zum Schutz eines widerrechtlich Angegriffenen persönlich einsetzen,
   d) Tätigkeiten als Notärztin oder Notarzt im Rettungsdienst ausüben, wenn diese Tätigkeiten neben
      aa) einer Beschäftigung mit einem Umfang von regelmäßig mindestens 15 Stunden wöchentlich außerhalb des Rettungsdienstes oder
      bb) einer Tätigkeit als zugelassener Vertragsarzt oder als Arzt in privater Niederlassung

      ausgeübt werden,

14. Personen, die
   a) nach den Vorschriften des Zweiten oder des Dritten Buches der Meldepflicht unterliegen, wenn sie einer besonderen, an sie im Einzelfall gerichteten Aufforderung der Bundesagentur für Arbeit, des nach § 6 Absatz 1 Satz 1 Nummer 2 des Zweiten Buches zuständigen Trägers oder eines nach § 6a des Zweiten Buches zugelassenen kommunalen Trägers nachkommen, diese oder eine andere Stelle aufzusuchen,
   b) an einer Maßnahme teilnehmen, wenn die Person selbst oder die Maßnahme über die Bundesagentur für Arbeit, einen nach § 6 Absatz 1 Satz 1

Nummer 2 des Zweiten Buches zuständigen Träger oder einen nach § 6a des Zweiten Buches zugelassenen kommunalen Träger gefördert wird,

15. Personen, die
    a) auf Kosten einer Krankenkasse oder eines Trägers der gesetzlichen Rentenversicherung oder der landwirtschaftlichen Alterskasse stationäre oder teilstationäre Behandlung oder stationäre, teilstationäre oder ambulante Leistungen zur medizinischen Rehabilitation erhalten,
    b) zur Vorbereitung von Leistungen zur Teilhabe am Arbeitsleben auf Aufforderung eines Trägers der gesetzlichen Rentenversicherung oder der Bundesagentur für Arbeit einen dieser Träger oder eine andere Stelle aufsuchen,
    c) auf Kosten eines Unfallversicherungsträgers an vorbeugenden Maßnahmen nach § 3 der Berufskrankheiten-Verordnung teilnehmen,
16. Personen, die bei der Schaffung öffentlich geförderten Wohnraums im Sinne des Zweiten Wohnungsbaugesetzes oder im Rahmen der sozialen Wohnraumförderung bei der Schaffung von Wohnraum im Sinne des § 16 Abs. 1 Nr. 1 bis 3 des Wohnraumförderungsgesetzes oder entsprechender landesrechtlicher Regelungen im Rahmen der Selbsthilfe tätig sind,
17. Pflegepersonen im Sinne des § 19 Satz 1 und 2 des Elften Buches bei der Pflege eines Pflegebedürftigen mit mindestens Pflegegrad 2 im Sinne der §§ 14 und 15 Absatz 3 des Elften Buches; die versicherte Tätigkeit umfasst pflegerische Maßnahmen in den in § 14 Absatz 2 des Elften Buches genannten Bereichen sowie Hilfen bei der Haushaltsführung nach § 18 Absatz 5a Satz 3 Nummer 2 des Elften Buches.

(1a) $_1$Versichert sind auch Personen, die nach Erfüllung der Schulpflicht auf der Grundlage einer schriftlichen Vereinbarung im Dienst eines geeigneten Trägers im Umfang von durchschnittlich mindestens acht Wochenstunden und für die Dauer von mindestens sechs Monaten als Freiwillige einen Freiwilligendienst aller Generationen unentgeltlich leisten. $_2$Als Träger des Freiwilligendienstes aller Generationen geeignet sind inländische juristische Personen des öffentlichen Rechts oder unter § 5 Abs. 1 Nr. 9 des Körperschaftsteuergesetzes fallende Einrichtungen zur Förderung gemeinnütziger, mildtätiger oder kirchlicher Zwecke (§§ 52 bis 54 der Abgabenordnung), wenn sie die Haftpflichtversicherung und eine kontinuierliche Begleitung der Freiwilligen und deren Fort- und Weiterbildung im Umfang von mindestens durchschnittlich 60 Stunden je Jahr sicherstellen. $_3$Die Träger haben fortlaufende Aufzeichnungen zu führen über die bei ihnen nach Satz 1 tätigen Personen, die Art und den Umfang der Tätigkeiten und die Einsatzorte. $_4$Die Aufzeichnungen sind mindestens fünf Jahre lang aufzubewahren.

(2) $_1$Ferner sind Personen versichert, die wie nach Absatz 1 Nr. 1 Versicherte tätig werden. $_2$Satz 1 gilt auch für Personen, die während einer aufgrund eines Gesetzes angeordneten Freiheitsentziehung oder aufgrund einer strafrichterlichen, staatsanwaltlichen oder jugendbehördlichen Anordnung wie Beschäftigte tätig werden.

(3) $_1$Absatz 1 Nr. 1 gilt auch für

1. Personen, die im Ausland bei einer amtlichen Vertretung des Bundes oder der Länder oder bei deren Leitern, Mitgliedern oder Bediensteten beschäftigt und in der gesetzlichen Rentenversicherung nach § 4 Absatz 1 Satz 2 des Sechsten Buches pflichtversichert sind,
2. Personen, die
    a) im Sinne des Entwicklungshelfer-Gesetzes Entwicklungsdienst oder Vorbereitungsdienst leisten,
    b) einen entwicklungspolitischen Freiwilligendienst „weltwärts" im Sinne der Richtlinie des Bundesministeriums für wirtschaftliche Zusammenarbeit und Entwicklung vom 1. August 2007 (BAnz. 2008 S. 1297) leisten,
    c) einen Internationalen Jugendfreiwilligendienst im Sinne der Richtlinie Inter-

nationaler Jugendfreiwilligendienst des Bundesministeriums für Familie, Senioren, Frauen und Jugend vom 20. Dezember 2010 (GMBl S. 1778) leisten,

3. Personen, die
   a) eine Tätigkeit bei einer zwischenstaatlichen oder überstaatlichen Organisation ausüben und deren Beschäftigungsverhältnis im öffentlichen Dienst während dieser Zeit ruht,
   b) als Lehrkräfte vom Auswärtigen Amt durch das Bundesverwaltungsamt an Schulen im Ausland vermittelt worden sind oder
   c) für ihre Tätigkeit bei internationalen Einsätzen zur zivilen Krisenprävention als Sekundierte nach dem Sekundierungsgesetz abgesichert werden.

$_2$Die Versicherung nach Satz 1 Nummer 3 Buchstabe a und c erstreckt sich auch auf Unfälle oder Krankheiten, die infolge einer Verschleppung oder einer Gefangenschaft eintreten oder darauf beruhen, dass der Versicherte aus sonstigen mit seiner Tätigkeit zusammenhängenden Gründen, die er nicht zu vertreten hat, dem Einflussbereich seines Arbeitgebers oder der für die Durchführung seines Einsatzes verantwortlichen Einrichtung entzogen ist. $_3$Gleiches gilt, wenn Unfälle oder Krankheiten auf gesundheitsschädigende oder sonst vom Inland wesentlich abweichende Verhältnisse bei der Tätigkeit oder dem Einsatz im Ausland zurückzuführen sind. $_4$Soweit die Absätze 1 bis 2 weder eine Beschäftigung noch eine selbständige Tätigkeit voraussetzen, gelten sie abweichend von § 3 Nr. 2 des Vierten Buches für alle Personen, die die in diesen Absätzen genannten Tätigkeiten im Inland ausüben; § 4 des Vierten Buches gilt entsprechend. $_5$Absatz 1 Nr. 13 gilt auch für Personen, die im Ausland tätig werden, wenn sie im Inland ihren Wohnsitz oder gewöhnlichen Aufenthalt haben.

(4) Familienangehörige im Sinne des Absatzes 1 Nr. 5 Buchstabe b sind

1. Verwandte bis zum dritten Grade,
2. Verschwägerte bis zum zweiten Grade,
3. Pflegekinder (§ 56 Abs. 2 Nr. 2 des Ersten Buches)

der Unternehmer, ihrer Ehegatten oder ihrer Lebenspartner.

§ 3 Versicherung kraft Satzung

(1) Die Satzung kann bestimmen, daß und unter welchen Voraussetzungen sich die Versicherung erstreckt auf

1. Unternehmer und ihre im Unternehmen mitarbeitenden Ehegatten oder Lebenspartner,
2. Personen, die sich auf der Unternehmensstätte aufhalten; § 2 Abs. 3 Satz 2 erster Halbsatz gilt entsprechend,
3. Personen, die
   a) im Ausland bei einer staatlichen deutschen Einrichtung beschäftigt werden,
   b) im Ausland von einer staatlichen deutschen Einrichtung anderen Staaten zur Arbeitsleistung zur Verfügung gestellt werden;

   Versicherungsschutz besteht nur, soweit die Personen nach dem Recht des Beschäftigungsstaates nicht unfallversichert sind,
4. ehrenamtlich Tätige und bürgerschaftlich Engagierte,
5. Kinder und Jugendliche während der Teilnahme an Sprachförderungskursen, wenn die Teilnahme auf Grund landesrechtlicher Regelungen erfolgt.

(2) Absatz 1 gilt nicht für

1. Haushaltsführende,
2. Unternehmer von nicht gewerbsmäßig betriebenen Binnenfischereien oder Imkereien und ihre im Unternehmen mitarbeitenden Ehegatten oder Lebenspartner,
3. Personen, die aufgrund einer vom Fischerei- oder Jagdausübungsberechtigten erteilten Erlaubnis als Fischerei- oder Jagdgast fischen oder jagen,
4. Reeder, die nicht zur Besatzung des Fahrzeugs gehören, und ihre im Unternehmen mitarbeitenden Ehegatten oder Lebenspartner.

§ 4 Versicherungsfreiheit

(1) Versicherungsfrei sind

1. Personen, soweit für sie beamtenrechtliche Unfallfürsorgevorschriften oder entsprechende Grundsätze gelten; ausgenommen sind Ehrenbeamte und ehrenamtliche Richter,
2. Personen, soweit für sie das Bundesversorgungsgesetz oder Gesetze, die eine entsprechende Anwendung des Bundesversorgungsgesetzes vorsehen, gelten, es sei denn, daß
   a) der Versicherungsfall zugleich die Folge einer Schädigung im Sinne dieser Gesetze ist oder
   b) es sich um eine Schädigung im Sinne des § 5 Abs. 1 Buchstabe e des Bundesversorgungsgesetzes handelt,
3. satzungsmäßige Mitglieder geistlicher Genossenschaften, Diakonissen und Angehörige ähnlicher Gemeinschaften, wenn ihnen nach den Regeln der Gemeinschaft Anwartschaft auf die in der Gemeinschaft übliche Versorgung gewährleistet und die Erfüllung der Gewährleistung gesichert ist.

VII

(2) Von der Versicherung nach § 2 Abs. 1 Nr. 5 sind frei

1. Personen, die aufgrund einer vom Fischerei- oder Jagdausübungsberechtigten erteilten Erlaubnis als Fischerei- oder Jagdgast fischen oder jagen,
2. Unternehmer von Binnenfischereien, Imkereien und Unternehmen nach § 123 Abs. 1 Nr. 2, wenn diese Unternehmen nicht gewerbsmäßig betrieben werden und nicht Neben- oder Hilfsunternehmen eines anderen landwirtschaftlichen Unternehmens sind, sowie ihre im Unternehmen mitarbeitenden Ehegatten oder Lebenspartner; das gleiche gilt für Personen, die in diesen Unternehmen als Verwandte oder Verschwägerte bis zum zweiten Grad oder als Pflegekind der Unternehmer, ihrer Ehegatten oder Lebenspartner unentgeltlich tätig sind. Ein Unternehmen der Imkerei gilt als nicht gewerbsmäßig betrieben, wenn nicht mehr als 25 Bienenvölker gehalten werden.

(3) Von der Versicherung nach § 2 Abs. 1 Nr. 9 sind frei selbständig tätige Ärzte, Zahnärzte, Tierärzte, Psychologische Psychotherapeuten, Kinder- und Jugendlichenpsychotherapeuten, Heilpraktiker und Apotheker.

(4) Von der Versicherung nach § 2 Abs. 2 ist frei, wer in einem Haushalt als Verwandter oder Verschwägerter bis zum zweiten Grad oder als Pflegekind der Haushaltsführenden, der Ehegatten oder der Lebenspartner unentgeltlich tätig ist, es sei denn, er ist in einem in § 124 Nr. 1 genannten Haushalt tätig.

(5) Von der Versicherung nach § 2 Abs. 2 sind frei Personen, die als Familienangehörige (§ 2 Abs. 4) der Unternehmer, ihrer Ehegatten oder Lebenspartner in einem Unternehmen nach § 123 Abs. 1 Nr. 1 bis 5 unentgeltlich tätig sind, wenn sie die Voraussetzungen für den Anspruch auf eine Rente wegen Alters nach dem Recht der gesetzlichen Rentenversicherung einschließlich der Alterssicherung der Landwirte erfüllen und die Rente beantragt haben.

§ 5 Versicherungsbefreiung

$_1$Von der Versicherung nach § 2 Abs. 1 Nr. 5 werden auf Antrag Unternehmer landwirtschaftlicher Unternehmen im Sinne des § 123 Abs. 1 Nr. 1 bis zu einer Größe von 0,25 Hektar und ihre Ehegatten oder Lebenspartner unwiderruflich befreit; dies gilt nicht für Spezialkulturen. $_2$Das Nähere bestimmt die Satzung.

§ 6 Freiwillige Versicherung

(1) $_1$Auf schriftlichen oder elektronischen Antrag können sich versichern

1. Unternehmer und ihre im Unternehmen mitarbeitenden Ehegatten oder Lebenspartner; ausgenommen sind Haushaltsführende, Unternehmer von nicht gewerbsmäßig betriebenen Binnenfischereien, von nicht gewerbsmäßig betriebenen Unternehmen nach § 123 Abs. 1 Nr. 2 und ihre Ehegatten oder Lebenspartner sowie Fischerei- und Jagdgäste,

2. Personen, die in Kapital- oder Personenhandelsgesellschaften regelmäßig wie Unternehmer selbstständig tätig sind,
3. gewählte oder beauftragte Ehrenamtsträger in gemeinnützigen Organisationen,
4. Personen, die in Verbandsgremien und Kommissionen für Arbeitgeberorganisationen und Gewerkschaften sowie anderen selbständigen Arbeitnehmervereinigungen mit sozial- oder berufspolitischer Zielsetzung (sonstige Arbeitnehmervereinigungen) ehrenamtlich tätig sind oder an Ausbildungsveranstaltungen für diese Tätigkeit teilnehmen,
5. Personen, die ehrenamtlich für Parteien im Sinne des Parteiengesetzes tätig sind oder an Ausbildungsveranstaltungen für diese Tätigkeit teilnehmen.

$_2$In den Fällen des Satzes 1 Nummer 3 kann auch die Organisation, für die die Ehrenamtsträger tätig sind, oder ein Verband, in dem die Organisation Mitglied ist, den Antrag stellen; eine namentliche Bezeichnung der Versicherten ist in diesen Fällen nicht erforderlich. $_3$In den Fällen des Satzes 1 Nummer 4 und 5 gilt Satz 2 entsprechend.

(2) $_1$Die Versicherung beginnt mit dem Tag, der dem Eingang des Antrags folgt. $_2$Die Versicherung erlischt, wenn der Beitrag oder Beitragsvorschuß binnen zwei Monaten nach Fälligkeit nicht gezahlt worden ist. $_3$Eine Neuanmeldung bleibt so lange unwirksam, bis der rückständige Beitrag oder Beitragsvorschuß entrichtet worden ist.

Dritter Abschnitt
Versicherungsfall

§ 7 Begriff

(1) Versicherungsfälle sind Arbeitsunfälle und Berufskrankheiten.

(2) Verbotswidriges Handeln schließt einen Versicherungsfall nicht aus.

§ 8 Arbeitsunfall

(1) $_1$Arbeitsunfälle sind Unfälle von Versicherten infolge einer den Versicherungsschutz nach § 2, 3 oder 6 begründenden Tätigkeit (versicherte Tätigkeit). $_2$Unfälle sind zeitlich begrenzte, von außen auf den Körper einwirkende Ereignisse, die zu einem Gesundheitsschaden oder zum Tod führen.

(2) Versicherte Tätigkeiten sind auch

1. das Zurücklegen des mit der versicherten Tätigkeit zusammenhängenden unmittelbaren Weges nach und von dem Ort der Tätigkeit,
2. das Zurücklegen des von einem unmittelbaren Weg nach und von dem Ort der Tätigkeit abweichenden Weges, um
   a) Kinder von Versicherten (§ 56 des Ersten Buches), die mit ihnen in einem gemeinsamen Haushalt leben, wegen ihrer, ihrer Ehegatten oder ihrer Lebenspartner beruflichen Tätigkeit fremder Obhut anzuvertrauen oder
   b) mit anderen Berufstätigen oder Versicherten gemeinsam ein Fahrzeug zu benutzen,
3. das Zurücklegen des von einem unmittelbaren Weg nach und von dem Ort der Tätigkeit abweichenden Weges der Kinder von Personen (§ 56 des Ersten Buches), die mit ihnen in einem gemeinsamen Haushalt leben, wenn die Abweichung darauf beruht, daß die Kinder wegen der beruflichen Tätigkeit dieser Personen oder deren Ehegatten oder deren Lebenspartner fremder Obhut anvertraut werden,
4. das Zurücklegen des mit der versicherten Tätigkeit zusammenhängenden Weges von und nach der ständigen Familienwohnung, wenn die Versicherten wegen der Entfernung ihrer Familienwohnung von dem Ort der Tätigkeit an diesem oder in dessen Nähe eine Unterkunft haben,
5. das mit einer versicherten Tätigkeit zusammenhängende Verwahren, Befördern, Instandhalten und Erneuern eines Arbeitsgeräts oder einer Schutzausrüstung sowie deren Erstbeschaffung, wenn diese auf Veranlassung der Unternehmer erfolgt.

(3) Als Gesundheitsschaden gilt auch die Beschädigung oder der Verlust eines Hilfsmittels.

VII

§ 9 Berufskrankheit

(1) 1Berufskrankheiten sind Krankheiten, die die Bundesregierung durch Rechtsverordnung mit Zustimmung des Bundesrates als Berufskrankheiten bezeichnet und die Versicherte infolge einer den Versicherungsschutz nach § 2, 3 oder 6 begründenden Tätigkeit erleiden. 2Die Bundesregierung wird ermächtigt, in der Rechtsverordnung solche Krankheiten als Berufskrankheiten zu bezeichnen, die nach den Erkenntnissen der medizinischen Wissenschaft durch besondere Einwirkungen verursacht sind, denen bestimmte Personengruppen durch ihre versicherte Tätigkeit in erheblich höherem Grade als die übrige Bevölkerung ausgesetzt sind; sie kann dabei bestimmen, daß die Krankheiten nur dann Berufskrankheiten sind, wenn sie durch Tätigkeiten in bestimmten Gefährdungsbereichen verursacht worden sind oder wenn sie zur Unterlassung aller Tätigkeiten geführt haben, die für die Entstehung, die Verschlimmerung oder das Wiederaufleben der Krankheit ursächlich waren oder sein können. 3In der Rechtsverordnung kann ferner bestimmt werden, inwieweit Versicherte in Unternehmen der Seefahrt auch in der Zeit gegen Berufskrankheiten versichert sind, in der sie an Land beurlaubt sind.

(2) Die Unfallversicherungsträger haben eine Krankheit, die nicht in der Rechtsverordnung bezeichnet ist oder bei der die dort bestimmten Voraussetzungen nicht vorliegen, wie eine Berufskrankheit als Versicherungsfall anzuerkennen, sofern im Zeitpunkt der Entscheidung nach neuen Erkenntnissen der medizinischen Wissenschaft die Voraussetzungen für eine Bezeichnung nach Absatz 1 Satz 2 erfüllt sind.

(3) Erkranken Versicherte, die infolge der besonderen Bedingungen ihrer versicherten Tätigkeit in erhöhtem Maße der Gefahr der Erkrankung an einer in der Rechtsverordnung nach Absatz 1 genannten Berufskrankheit ausgesetzt waren, an einer solchen Krankheit und können Anhaltspunkte für eine Verursachung außerhalb der versicherten Tätigkeit nicht festgestellt werden, wird vermutet, daß diese infolge der versicherten Tätigkeit verursacht worden ist.

(4) Setzt die Anerkennung einer Krankheit als Berufskrankheit die Unterlassung aller Tätigkeiten voraus, die für die Entstehung, die Verschlimmerung oder das Wiederaufleben der Krankheit ursächlich waren oder sein können, haben die Unfallversicherungsträger vor Unterlassung einer noch verrichteten gefährdenden Tätigkeit darüber zu entscheiden, ob die übrigen Voraussetzungen für die Anerkennung einer Berufskrankheit erfüllt sind.

(5) Soweit Vorschriften über Leistungen auf den Zeitpunkt des Versicherungsfalls abstellen, ist bei Berufskrankheiten auf den Beginn der Arbeitsunfähigkeit oder der Behandlungsbedürftigkeit oder, wenn dies für den Versicherten günstiger ist, auf den Beginn der rentenberechtigenden Minderung der Erwerbsfähigkeit abzustellen.

(6) Die Bundesregierung regelt durch Rechtsverordnung mit Zustimmung des Bundesrates

1. Voraussetzungen, Art und Umfang von Leistungen zur Verhütung des Entstehens, der Verschlimmerung oder des Wiederauflebens von Berufskrankheiten,
2. die Mitwirkung der für den medizinischen Arbeitsschutz zuständigen Stellen bei der Feststellung von Berufskrankheiten sowie von Krankheiten, die nach Absatz 2 wie Berufskrankheiten zu entschädigen sind; dabei kann bestimmt werden, daß die für den medizinischen Arbeitsschutz zuständigen Stellen berechtigt sind, Zusammenhangsgutachten zu erstellen sowie zur Vorbereitung ihrer Gutachten Versicherte zu untersuchen oder auf Kosten der Unfallversicherungsträger andere Ärzte mit der Vornahme der Untersuchungen zu beauftragen,
3. die von den Unfallversicherungsträgern für die Tätigkeit der Stellen nach Nummer 2 zu entrichtenden Gebühren; diese Gebühren richten sich nach dem für die Begutachtung erforderlichen Aufwand und den dadurch entstehenden Kosten.

(7) Die Unfallversicherungsträger haben die für den medizinischen Arbeitsschutz zuständige Stelle über den Ausgang des Berufskrankheitenverfahrens zu unterrichten, soweit ihre Entscheidung von der gutachterli-

chen Stellungnahme der zuständigen Stelle abweicht.

(8) Die Unfallversicherungsträger wirken bei der Gewinnung neuer medizinisch-wissenschaftlicher Erkenntnisse insbesondere zur Fortentwicklung des Berufskrankheitenrechts mit; sie sollen durch eigene Forschung oder durch Beteiligung an fremden Forschungsvorhaben dazu beitragen, den Ursachenzusammenhang zwischen Erkrankungshäufigkeiten in einer bestimmten Personengruppe und gesundheitsschädlichen Einwirkungen im Zusammenhang mit der versicherten Tätigkeit aufzuklären.

(9) $_1$Die für den medizinischen Arbeitsschutz zuständigen Stellen dürfen zur Feststellung von Berufskrankheiten sowie von Krankheiten, die nach Absatz 2 wie Berufskrankheiten zu entschädigen sind, Daten erheben, verarbeiten oder nutzen sowie zur Vorbereitung von Gutachten Versicherte untersuchen, soweit dies im Rahmen ihrer Mitwirkung nach Absatz 6 Nr. 2 erforderlich ist; sie dürfen diese Daten insbesondere an den zuständigen Unfallversicherungsträger übermitteln. $_2$Die erhobenen Daten dürfen auch zur Verhütung von Arbeitsunfällen, Berufskrankheiten und arbeitsbedingten Gesundheitsgefahren verarbeitet oder genutzt werden. $_3$Soweit die in Satz 1 genannten Stellen andere Ärzte mit der Vornahme von Untersuchungen beauftragen, ist die Übermittlung von Daten zwischen diesen Stellen und den beauftragten Ärzten zulässig, soweit dies im Rahmen des Untersuchungsauftrages erforderlich ist.

§ 10 Erweiterung in der See- und Binnenschiffahrt

(1) In der See- und Binnenschiffahrt sind Versicherungsfälle auch Unfälle infolge

1. von Elementarereignissen,
2. der einem Hafen oder dem Liegeplatz eines Fahrzeugs eigentümlichen Gefahren,
3. der Beförderung von Land zum Fahrzeug oder vom Fahrzeug zum Land.

(2) In Unternehmen der Seefahrt gilt als versicherte Tätigkeit auch die freie Rückbeförderung nach dem Seearbeitsgesetz oder tariflichen Vorschriften.

§ 11 Mittelbare Folgen eines Versicherungsfalls

(1) Folgen eines Versicherungsfalls sind auch Gesundheitsschäden oder der Tod von Versicherten infolge

1. der Durchführung einer Heilbehandlung, von Leistungen zur Teilhabe am Arbeitsleben oder einer Maßnahme nach § 3 der Berufskrankheiten-Verordnung,
2. der Wiederherstellung oder Erneuerung eines Hilfsmittels,
3. der zur Aufklärung des Sachverhalts eines Versicherungsfalls angeordneten Untersuchung

einschließlich der dazu notwendigen Wege.

(2) $_1$Absatz 1 gilt entsprechend, wenn die Versicherten auf Aufforderung des Unfallversicherungsträgers diesen oder eine von ihm bezeichnete Stelle zur Vorbereitung von Maßnahmen der Heilbehandlung, der Leistungen zur Teilhabe am Arbeitsleben oder von Maßnahmen nach § 3 der Berufskrankheiten-Verordnung aufsuchen. $_2$Der Aufforderung durch den Unfallversicherungsträger nach Satz 1 steht eine Aufforderung durch eine mit der Durchführung der genannten Maßnahmen beauftragte Stelle gleich.

§ 12 Versicherungsfall einer Leibesfrucht

$_1$Versicherungsfall ist auch der Gesundheitsschaden einer Leibesfrucht infolge eines Versicherungsfalls der Mutter während der Schwangerschaft; die Leibesfrucht steht insoweit einem Versicherten gleich. $_2$Bei einer Berufskrankheit als Versicherungsfall genügt, daß der Gesundheitsschaden der Leibesfrucht durch besondere Einwirkungen verursacht worden ist, die generell geeignet sind, eine Berufskrankheit der Mutter zu verursachen.

§ 12a Gesundheitsschaden im Zusammenhang mit der Spende von Blut oder körpereigenen Organen, Organteilen oder Gewebe

(1) $_1$Als Versicherungsfall im Sinne des § 7 Absatz 1 gilt bei Versicherten nach § 2 Absatz 1 Nummer 13 Buchstabe b auch der Gesundheitsschaden, der über die durch die

VII

Blut-, Organ-, Organteil- oder Gewebeentnahme regelmäßig entstehenden Beeinträchtigungen hinausgeht und in ursächlichem Zusammenhang mit der Spende steht. $_{2}$Werden dadurch Nachbehandlungen erforderlich oder treten Spätschäden auf, die als Aus- oder Nachwirkungen der Spende oder des aus der Spende resultierenden erhöhten Gesundheitsrisikos anzusehen sind, wird vermutet, dass diese hierdurch verursacht worden sind. $_{3}$Dies gilt nicht, wenn offenkundig ist, dass der Gesundheitsschaden nicht im ursächlichen Zusammenhang mit der Spende steht; eine Obduktion zum Zwecke einer solchen Feststellung darf nicht gefordert werden.

(2) $_{1}$Absatz 1 gilt auch bei Gesundheitsschäden im Zusammenhang mit den für die Spende von Blut oder körpereigenen Organen, Organteilen oder Gewebe erforderlichen Voruntersuchungen sowie Nachsorgemaßnahmen. $_{2}$Satz 1 findet auch Anwendung, wenn es nach der Voruntersuchung nicht zur Spende kommt.

§ 13 Sachschäden bei Hilfeleistungen

$_{1}$Den nach § 2 Abs. 1 Nr. 11 Buchstabe a, Nr. 12 und Nr. 13 Buchstabe a und c Versicherten sind auf Antrag Schäden, die infolge einer der dort genannten Tätigkeiten an in ihrem Besitz befindlichen Sachen entstanden sind, sowie die Aufwendungen zu ersetzen, die sie den Umständen nach für erforderlich halten durften, soweit kein anderweitiger öffentlich-rechtlicher Ersatzanspruch besteht. $_{2}$Versicherten nach § 2 Abs. 1 Nr. 12 steht ein Ersatz von Sachschäden nur dann zu, wenn der Einsatz der infolge der versicherten Tätigkeit beschädigten Sache im Interesse des Hilfsunternehmens erfolgte, für das die Tätigkeit erbracht wurde. $_{3}$Die Sätze 1 und 2 finden keine Anwendung bei Teilnahme an Ausbildungsveranstaltungen nach § 2 Abs. 1 Nr. 12 sowie bei Versicherungsfällen nach § 8 Abs. 2. $_{4}$§ 116 des Zehnten Buches gilt entsprechend.

Redaktionelle Anmerkung:
Aufgrund des Fünften Gesetzes zur Änderung des Vierten Buches Sozialgesetzbuch und anderer Gesetze vom 15. April 2015 (BGBl. I S. 583) wurde in § 13 Satz 3 rückwirkend zum 1. Januar 1997 auf „satzungsgemäße Veranstaltungen, die der Nachwuchsförderung dienen" Bezug genommen. Da § 13 Satz 3 jedoch erst zum 1. Januar 2005 angefügt wurde, läuft diese Änderung für die Zeit davor ins Leere.

Zweites Kapitel
Prävention

§ 14 Grundsatz

(1) $_{1}$Die Unfallversicherungsträger haben mit allen geeigneten Mitteln für die Verhütung von Arbeitsunfällen, Berufskrankheiten und arbeitsbedingten Gesundheitsgefahren und für eine wirksame Erste Hilfe zu sorgen. $_{2}$Sie sollen dabei auch den Ursachen von arbeitsbedingten Gefahren für Leben und Gesundheit nachgehen.

(2) Bei der Verhütung arbeitsbedingter Gesundheitsgefahren arbeiten die Unfallversicherungsträger mit den Krankenkassen zusammen.

(3) Die Unfallversicherungsträger nehmen an der Entwicklung, Umsetzung und Fortschreibung der gemeinsamen deutschen Arbeitsschutzstrategie gemäß den Bestimmungen des Fünften Abschnitts des Arbeitsschutzgesetzes und der nationalen Präventionsstrategie nach §§ 20d bis 20f des Fünften Buches teil.

(4) $_{1}$Die Deutsche Gesetzliche Unfallversicherung e. V. unterstützt die Unfallversicherungsträger bei der Erfüllung ihrer Präventionsaufgaben nach Absatz 1. $_{2}$Sie nimmt insbesondere folgende Aufgaben wahr:

1. Koordinierung, Durchführung und Förderung gemeinsamer Maßnahmen sowie der Forschung auf dem Gebiet der Prävention von Arbeitsunfällen, Berufskrankheiten und arbeitsbedingten Gesundheitsgefahren,
2. Klärung von grundsätzlichen Fach- und Rechtsfragen zur Sicherung der einheitlichen Rechtsanwendung in der Prävention.

§ 15 Unfallverhütungsvorschriften

(1) $_{1}$Die Unfallversicherungsträger können unter Mitwirkung der Deutschen Gesetzlichen Unfallversicherung e. V. als autonomes Recht Unfallverhütungsvorschriften über

Maßnahmen zur Verhütung von Arbeitsunfällen, Berufskrankheiten und arbeitsbedingten Gesundheitsgefahren oder für eine wirksame Erste Hilfe erlassen, soweit dies zur Prävention geeignet und erforderlich ist und staatliche Arbeitsschutzvorschriften hierüber keine Regelung treffen; in diesem Rahmen können Unfallverhütungsvorschriften erlassen werden über

1. Einrichtungen, Anordnungen und Maßnahmen, welche die Unternehmer zur Verhütung von Arbeitsunfällen, Berufskrankheiten und arbeitsbedingten Gesundheitsgefahren zu treffen haben, sowie die Form der Übertragung dieser Aufgaben auf andere Personen,
2. das Verhalten der Versicherten zur Verhütung von Arbeitsunfällen, Berufskrankheiten und arbeitsbedingten Gesundheitsgefahren,
3. vom Unternehmer zu veranlassende arbeitsmedizinische Untersuchungen und sonstige arbeitsmedizinische Maßnahmen vor, während und nach der Verrichtung von Arbeiten, die für Versicherte oder für Dritte mit arbeitsbedingten Gefahren für Leben und Gesundheit verbunden sind,
4. Voraussetzungen, die der Arzt, der mit Untersuchungen oder Maßnahmen nach Nummer 3 beauftragt ist, zu erfüllen hat, sofern die ärztliche Untersuchung nicht durch eine staatliche Rechtsvorschrift vorgesehen ist,
5. die Sicherstellung einer wirksamen Ersten Hilfe durch den Unternehmer,
6. die Maßnahmen, die der Unternehmer zur Erfüllung der sich aus dem Gesetz über Betriebsärzte, Sicherheitsingenieure und andere Fachkräfte für Arbeitssicherheit ergebenden Pflichten zu treffen hat,
7. die Zahl der Sicherheitsbeauftragten, die nach § 22 unter Berücksichtigung der in den Unternehmen für Leben und Gesundheit der Versicherten bestehenden arbeitsbedingten Gefahren und der Zahl der Beschäftigten zu bestellen sind.

$_2$In der Unfallverhütungsvorschrift nach Satz 1 Nr. 3 kann bestimmt werden, daß arbeitsmedizinische Vorsorgeuntersuchungen auch durch den Unfallversicherungsträger veranlaßt werden können. $_3$Die Deutsche Gesetzliche Unfallversicherung e. V. wirkt beim Erlass von Unfallverhütungsvorschriften auf Rechtseinheitlichkeit hin.

(1a) In der landwirtschaftlichen Unfallversicherung ist Absatz 1 mit der Maßgabe anzuwenden, dass Unfallverhütungsvorschriften von der landwirtschaftlichen Berufsgenossenschaft erlassen werden.

(2) $_1$Soweit die Unfallversicherungsträger Vorschriften nach Absatz 1 Satz 1 Nr. 3 erlassen, können sie zu den dort genannten Zwecken auch die Erhebung, Verarbeitung und Nutzung von folgenden Daten über die untersuchten Personen durch den Unternehmer vorsehen:

1. Vor- und Familienname, Geburtsdatum sowie Geschlecht,
2. Wohnanschrift,
3. Tag der Einstellung und des Ausscheidens,
4. Ordnungsnummer,
5. zuständige Krankenkasse,
6. Art der vom Arbeitsplatz ausgehenden Gefährdungen,
7. Art der Tätigkeit mit Angabe des Beginns und des Endes der Tätigkeit,
8. Angaben über Art und Zeiten früherer Tätigkeiten, bei denen eine Gefährdung bestand, soweit dies bekannt ist,
9. Datum und Ergebnis der ärztlichen Vorsorgeuntersuchungen; die Übermittlung von Diagnosedaten an den Unternehmer ist nicht zulässig,
10. Datum der nächsten regelmäßigen Nachuntersuchung,
11. Name und Anschrift des untersuchenden Arztes.

$_2$Soweit die Unfallversicherungsträger Vorschriften nach Absatz 1 Satz 2 erlassen, gelten Satz 1 sowie § 24 Abs. 1 Satz 3 und 4 entsprechend.

(3) Absatz 1 Satz 1 Nr. 1 bis 5 gilt nicht für die unter bergbehördlicher Aufsicht stehenden Unternehmen.

VII

(4) 1Die Vorschriften nach Absatz 1 bedürfen der Genehmigung durch das Bundesministerium für Arbeit und Soziales. 2Die Entscheidung hierüber wird im Benehmen mit den zuständigen obersten Verwaltungsbehörden der Länder getroffen. 3Soweit die Vorschriften von einem Unfallversicherungsträger erlassen werden, welcher der Aufsicht eines Landes untersteht, entscheidet die zuständige oberste Landesbehörde über die Genehmigung im Benehmen mit dem Bundesministerium für Arbeit und Soziales. 4Die Genehmigung ist zu erteilen, wenn die Vorschriften sich im Rahmen der Ermächtigung nach Absatz 1 halten und ordnungsgemäß von der Vertreterversammlung beschlossen worden sind. 5Die Erfüllung der Genehmigungsvoraussetzungen nach Satz 4 ist im Antrag auf Erteilung der Genehmigung darzulegen. 6Dabei hat der Unfallversicherungsträger insbesondere anzugeben, dass

1. eine Regelung der in den Vorschriften vorgesehenen Maßnahmen in staatlichen Arbeitsschutzvorschriften nicht zweckmäßig ist,
2. das mit den Vorschriften angestrebte Präventionsziel ausnahmsweise nicht durch Regeln erreicht wird, die von einem gemäß § 18 Abs. 2 Nr. 5 des Arbeitsschutzgesetzes eingerichteten Ausschuss ermittelt werden, und
3. die nach Nummer 1 und 2 erforderlichen Feststellungen in einem besonderen Verfahren unter Beteiligung von Arbeitsschutzbehörden des Bundes und der Länder getroffen worden sind.

7Für die Angabe nach Satz 6 reicht bei Unfallverhütungsvorschriften nach Absatz 1 Satz 1 Nr. 6 ein Hinweis darauf aus, dass das Bundesministerium für Arbeit und Soziales von der Ermächtigung zum Erlass einer Rechtsverordnung nach § 14 des Gesetzes über Betriebsärzte, Sicherheitsingenieure und andere Fachkräfte für Arbeitssicherheit keinen Gebrauch macht.

(5) Die Unternehmer sind über die Vorschriften nach Absatz 1 zu unterrichten und zur Unterrichtung der Versicherten verpflichtet.

§ 16 Geltung bei Zuständigkeit anderer Unfallversicherungsträger und für ausländische Unternehmen

(1) Die Unfallverhütungsvorschriften eines Unfallversicherungsträgers gelten auch, soweit in dem oder für das Unternehmen Versicherte tätig werden, für die ein anderer Unfallversicherungsträger zuständig ist.

(2) Die Unfallverhütungsvorschriften eines Unfallversicherungsträgers gelten auch für Unternehmer und Beschäftigte von ausländischen Unternehmen, die eine Tätigkeit im Inland ausüben, ohne einem Unfallversicherungsträger anzugehören.

§ 17 Überwachung und Beratung

(1) Die Unfallversicherungsträger haben die Durchführung der Maßnahmen zur Verhütung von Arbeitsunfällen, Berufskrankheiten, arbeitsbedingten Gesundheitsgefahren und für eine wirksame Erste Hilfe in den Unternehmen zu überwachen sowie die Unternehmer und die Versicherten zu beraten.

(2) 1Soweit in einem Unternehmen Versicherte tätig sind, für die ein anderer Unfallversicherungsträger zuständig ist, kann auch dieser die Durchführung der Maßnahmen zur Verhütung von Arbeitsunfällen, Berufskrankheiten, arbeitsbedingten Gesundheitsgefahren und für eine wirksame Erste Hilfe überwachen. 2Beide Unfallversicherungsträger sollen, wenn nicht sachliche Gründe entgegenstehen, die Überwachung und Beratung abstimmen und sich mit deren Wahrnehmung auf einen Unfallversicherungsträger verständigen.

(3) Erwachsen dem Unfallversicherungsträger durch Pflichtversäumnis eines Unternehmers bare Auslagen für die Überwachung seines Unternehmens, so kann der Vorstand dem Unternehmer diese Kosten auferlegen.

§ 18 Aufsichtspersonen

(1) Die Unfallversicherungsträger sind verpflichtet, Aufsichtspersonen in der für eine wirksame Überwachung und Beratung gemäß § 17 erforderlichen Zahl zu beschäftigen.

(2) 1Als Aufsichtsperson darf nur beschäftigt werden, wer seine Befähigung für diese Tä-

VII

tigkeit durch eine Prüfung nachgewiesen hat. 2Die Unfallversicherungsträger erlassen Prüfungsordnungen. 3Die Prüfungsordnungen bedürfen der Genehmigung durch die Aufsichtsbehörde.

§ 19 Befugnisse der Aufsichtspersonen

(1) 1Die Aufsichtspersonen können im Einzelfall anordnen, welche Maßnahmen Unternehmerinnen und Unternehmer oder Versicherte zu treffen haben

1. zur Erfüllung ihrer Pflichten aufgrund der Unfallverhütungsvorschriften nach § 15,
2. zur Abwendung besonderer Unfall- und Gesundheitsgefahren.

2Die Aufsichtspersonen sind berechtigt, bei Gefahr im Verzug sofort vollziehbare Anordnungen zur Abwendung von arbeitsbedingten Gefahren für Leben und Gesundheit zu treffen. 3Anordnungen nach den Sätzen 1 und 2 können auch gegenüber Unternehmerinnen und Unternehmern sowie gegenüber Beschäftigten von ausländischen Unternehmen getroffen werden, die eine Tätigkeit im Inland ausüben, ohne einem Unfallversicherungsträger anzugehören.

(2) 1Zur Überwachung der Maßnahmen zur Verhütung von Arbeitsunfällen, Berufskrankheiten, arbeitsbedingten Gesundheitsgefahren und für eine wirksame Erste Hilfe sind die Aufsichtspersonen insbesondere befugt,

1. zu den Betriebs- und Geschäftszeiten Grundstücke und Betriebsstätten zu betreten, zu besichtigen und zu prüfen,
2. von dem Unternehmer die zur Durchführung ihrer Überwachungsaufgabe erforderlichen Auskünfte zu verlangen,
3. geschäftliche und betriebliche Unterlagen des Unternehmers einzusehen, soweit es die Durchführung ihrer Überwachungsaufgabe erfordert,
4. Arbeitsmittel und persönliche Schutzausrüstungen sowie ihre bestimmungsgemäße Verwendung zu prüfen,
5. Arbeitsverfahren und Arbeitsabläufe zu untersuchen und insbesondere das Vorhandensein und die Konzentration gefährlicher Stoffe und Zubereitungen zu ermitteln oder, soweit die Aufsichtspersonen und der Unternehmer die erforderlichen Feststellungen nicht treffen können, auf Kosten des Unternehmers ermitteln zulassen,
6. gegen Empfangsbescheinigung Proben nach ihrer Wahl zu fordern oder zu entnehmen; soweit der Unternehmer nicht ausdrücklich darauf verzichtet, ist ein Teil der Proben amtlich verschlossen oder versiegelt zurückzulassen,
7. zu untersuchen, ob und auf welche betriebliche Ursachen ein Unfall, eine Erkrankung oder ein Schadensfall zurückzuführen ist,
8. die Begleitung durch den Unternehmer oder eine von ihm beauftragte Person zu verlangen.

2Der Unternehmer hat die Maßnahmen nach Satz 1 Nr. 1 und 3 bis 7 zu dulden. 3Zur Verhütung dringender Gefahren können die Maßnahmen nach Satz 1 auch in Wohnräumen und zu jeder Tages- und Nachtzeit getroffen werden. 4Das Grundrecht der Unverletzlichkeit der Wohnung (Artikel 13 des Grundgesetzes) wird insoweit eingeschränkt. 5Die Eigentümer und Besitzer der Grundstücke, auf denen der Unternehmer tätig ist, haben das Betreten der Grundstücke zu gestatten.

(3) 1Der Unternehmer hat die Aufsichtsperson zu unterstützen, soweit dies zur Erfüllung ihrer Aufgaben erforderlich ist. 2Auskünfte auf Fragen, deren Beantwortung den Unternehmer selbst oder einen seiner in § 383 Abs. 1 Nr. 1 bis 3 der Zivilprozeßordnung bezeichneten Angehörigen der Gefahr der Verfolgung wegen einer Straftat oder Ordnungswidrigkeit aussetzen würde, können verweigert werden.

§ 20 Zusammenarbeit mit Dritten

(1) 1Die Unfallversicherungsträger und die für den Arbeitsschutz zuständigen Behörden wirken bei der Beratung und Überwachung der Unternehmen auf der Grundlage einer gemeinsamen Beratungs- und Überwachungsstrategie gemäß § 20a Abs. 2 Nr. 4 des Arbeitsschutzgesetzes eng zusammen und

stellen den Erfahrungsaustausch sicher. 2Die gemeinsame Beratungs- und Überwachungsstrategie umfasst die Abstimmung allgemeiner Grundsätze zur methodischen Vorgehensweise bei

1. der Beratung und Überwachung der Betriebe,
2. der Festlegung inhaltlicher Beratungs- und Überwachungsschwerpunkte, aufeinander abgestimmter oder gemeinsamer Schwerpunktaktionen und Arbeitsprogramme und
3. der Förderung eines Daten- und sonstigen Informationsaustausches, insbesondere über Betriebsbesichtigungen und deren wesentliche Ergebnisse.

(2) 1Zur Förderung der Zusammenarbeit nach Absatz 1 wird für den Bereich eines oder mehrerer Länder eine gemeinsame landesbezogene Stelle bei einem Unfallversicherungsträger oder einem Landesverband mit Sitz im jeweiligen örtlichen Zuständigkeitsbereich eingerichtet. 2Die Deutsche Gesetzliche Unfallversicherung e. V. koordiniert die organisatorisch und verfahrensmäßig notwendigen Festlegungen für die Bildung, Mandatierung und Tätigkeit der gemeinsamen landesbezogenen Stellen. 3Die gemeinsame landesbezogene Stelle hat die Aufgabe, mit Wirkung für die von ihr vertretenen Unfallversicherungsträger mit den für den Arbeitsschutz zuständigen Behörden Vereinbarungen über

1. die zur Umsetzung der gemeinsamen Beratungs- und Überwachungsstrategie notwendigen Maßnahmen,
2. gemeinsame Arbeitsprogramme, insbesondere zur Umsetzung der Eckpunkte im Sinne des § 20a Abs. 2 Nr. 2 des Arbeitsschutzgesetzes,

abzuschließen und deren Zielerreichung mit den von der Nationalen Arbeitsschutzkonferenz nach § 20a Abs. 2 Nr. 3 des Arbeitsschutzgesetzes bestimmten Kennziffern zu evaluieren. 4Die landwirtschaftliche Berufsgenossenschaft wirkt an der Tätigkeit der gemeinsamen landesbezogenen Stelle mit.

(3) 1Durch allgemeine Verwaltungsvorschriften, die der Zustimmung des Bundesrates bedürfen, wird geregelt das Zusammenwirken

1. der Unfallversicherungsträger mit den Betriebsräten oder Personalräten,
2. der Unfallversicherungsträger einschließlich der gemeinsamen landesbezogenen Stellen nach Absatz 2 mit den für den Arbeitsschutz zuständigen Landesbehörden,
3. der Unfallversicherungsträger mit den für die Bergaufsicht zuständigen Behörden.

2Die Verwaltungsvorschriften nach Satz 1 Nr. 1 werden vom Bundesministerium für Arbeit und Soziales im Einvernehmen mit dem Bundesministerium des Innern, die Verwaltungsvorschriften nach Satz 1 Nr. 2 und 3 werden von der Bundesregierung erlassen. 3Die Verwaltungsvorschriften nach Satz 1 Nr. 2 werden erst erlassen, wenn innerhalb einer vom Bundesministerium für Arbeit und Soziales gesetzten angemessenen Frist nicht für jedes Land eine Vereinbarung nach Absatz 2 Satz 3 abgeschlossen oder eine unzureichend gewordene Vereinbarung nicht geändert worden ist.

§ 21 Verantwortung des Unternehmers, Mitwirkung der Versicherten

(1) Der Unternehmer ist für die Durchführung der Maßnahmen zur Verhütung von Arbeitsunfällen und Berufskrankheiten, für die Verhütung von arbeitsbedingten Gesundheitsgefahren sowie für eine wirksame Erste Hilfe verantwortlich.

(2) 1Ist bei einer Schule der Unternehmer nicht Schulhoheitsträger, ist auch der Schulhoheitsträger in seinem Zuständigkeitsbereich für die Durchführung der in Absatz 1 genannten Maßnahmen verantwortlich. 2Der Schulhoheitsträger ist verpflichtet, im Benehmen mit dem für die Versicherten nach § 2 Abs. 1 Nr. 8 Buchstabe b zuständigen Unfallversicherungsträger Regelungen über die Durchführung der in Absatz 1 genannten Maßnahmen im inneren Schulbereich zu treffen.

(3) Die Versicherten haben nach ihren Möglichkeiten alle Maßnahmen zur Verhütung von Arbeitsunfällen, Berufskrankheiten und arbeitsbedingten Gesundheitsgefahren sowie für eine wirksame Erste Hilfe zu unterstützen und die entsprechenden Anweisungen des Unternehmers zu befolgen.

§ 22 Sicherheitsbeauftragte

(1) $_{1}$In Unternehmen mit regelmäßig mehr als 20 Beschäftigten hat der Unternehmer unter Beteiligung des Betriebsrates oder Personalrates Sicherheitsbeauftragte unter Berücksichtigung der im Unternehmen für die Beschäftigten bestehenden Unfall- und Gesundheitsgefahren und der Zahl der Beschäftigten zu bestellen. $_{2}$Als Beschäftigte gelten auch die nach § 2 Abs. 1 Nr. 2, 8 und 12 Versicherten. $_{3}$In Unternehmen mit besonderen Gefahren für Leben und Gesundheit kann der Unfallversicherungsträger anordnen, daß Sicherheitsbeauftragte auch dann zu bestellen sind, wenn die Mindestbeschäftigtenzahl nach Satz 1 nicht erreicht wird. $_{4}$Für Unternehmen mit geringen Gefahren für Leben und Gesundheit kann der Unfallversicherungsträger die Zahl 20 in seiner Unfallverhütungsvorschrift erhöhen.

(2) Die Sicherheitsbeauftragten haben den Unternehmer bei der Durchführung der Maßnahmen zur Verhütung von Arbeitsunfällen und Berufskrankheiten zu unterstützen, insbesondere sich von dem Vorhandensein und der ordnungsgemäßen Benutzung der vorgeschriebenen Schutzeinrichtungen und persönlichen Schutzausrüstungen zu überzeugen und auf Unfall- und Gesundheitsgefahren für die Versicherten aufmerksam zu machen.

(3) Die Sicherheitsbeauftragten dürfen wegen der Erfüllung der ihnen übertragenen Aufgaben nicht benachteiligt werden.

§ 23 Aus- und Fortbildung

(1) $_{1}$Die Unfallversicherungsträger haben für die erforderliche Aus- und Fortbildung der Personen in den Unternehmen zu sorgen, die mit der Durchführung der Maßnahmen zur Verhütung von Arbeitsunfällen, Berufskrankheiten und arbeitsbedingten Gesundheitsgefahren sowie mit der Ersten Hilfe betraut sind. $_{2}$Für nach dem Gesetz über Betriebsärzte, Sicherheitsingenieure und andere Fachkräfte für Arbeitssicherheit zu verpflichtende Betriebsärzte und Fachkräfte für Arbeitssicherheit, die nicht dem Unternehmen angehören, können die Unfallversicherungsträger entsprechende Maßnahmen durchführen. $_{3}$Die Unfallversicherungsträger haben Unternehmer und Versicherte zur Teilnahme an Aus- und Fortbildungslehrgängen anzuhalten.

(2) $_{1}$Die Unfallversicherungsträger haben die unmittelbaren Kosten ihrer Aus- und Fortbildungsmaßnahmen sowie die erforderlichen Fahr-, Verpflegungs- und Unterbringungskosten zu tragen. $_{2}$Bei Aus- und Fortbildungsmaßnahmen für Ersthelfer, die von Dritten durchgeführt werden, haben die Unfallversicherungsträger nur die Lehrgangsgebühren zu tragen.

(3) Für die Arbeitszeit, die wegen der Teilnahme an einem Lehrgang ausgefallen ist, besteht gegen den Unternehmer ein Anspruch auf Fortzahlung des Arbeitsentgelts.

(4) Bei der Ausbildung von Sicherheitsbeauftragten und Fachkräften für Arbeitssicherheit sind die für den Arbeitsschutz zuständigen Landesbehörden zu beteiligen.

§ 24 Überbetrieblicher arbeitsmedizinischer und sicherheitstechnischer Dienst

(1) $_{1}$Unfallversicherungsträger können überbetriebliche arbeitsmedizinische und sicherheitstechnische Dienste einrichten; das Nähere bestimmt die Satzung. $_{2}$Die von den Diensten gespeicherten Daten dürfen nur mit Einwilligung des Betroffenen an die Unfallversicherungsträger übermittelt werden; § 203 bleibt unberührt. $_{3}$Die Dienste sind organisatorisch, räumlich und personell von den übrigen Organisationseinheiten der Unfallversicherungsträger zu trennen. $_{4}$Zugang zu den Daten dürfen nur Beschäftigte der Dienste haben.

(2) $_{1}$In der Satzung nach Absatz 1 kann auch bestimmt werden, daß die Unternehmer verpflichtet sind, sich einem überbetrieblichen arbeitsmedizinischen und sicherheitstechnischen Dienst anzuschließen, wenn sie innerhalb einer vom Unfallversicherungsträger gesetzten angemessenen Frist keine oder nicht in ausreichendem Umfang Betriebsärzte und Fachkräfte für Arbeitssicherheit bestellen. $_{2}$Unternehmer sind von der Anschlußpflicht zu befreien, wenn sie nachweisen, daß sie

ihre Pflicht nach dem Gesetz über Betriebsärzte, Sicherheitsingenieure und andere Fachkräfte für Arbeitssicherheit erfüllt haben.

§ 25 Bericht gegenüber dem Bundestag

(1) 1Die Bundesregierung hat dem Deutschen Bundestag und dem Bundesrat alljährlich bis zum 31. Dezember des auf das Berichtsjahr folgenden Jahres einen statistischen Bericht über den Stand von Sicherheit und Gesundheit bei der Arbeit und über das Unfall- und Berufskrankheitengeschehen in der Bundesrepublik Deutschland zu erstatten, der die Berichte der Unfallversicherungsträger und die Jahresberichte der für den Arbeitsschutz zuständigen Landesbehörden zusammenfaßt. 2Alle vier Jahre hat der Bericht einen umfassenden Überblick über die Entwicklung der Arbeitsunfälle und Berufskrankheiten, ihre Kosten und die Maßnahmen zur Sicherheit und Gesundheit bei der Arbeit zu enthalten.

(2) 1Die Unfallversicherungsträger haben dem Bundesministerium für Arbeit und Soziales alljährlich bis zum 31. Juli des auf das Berichtsjahr folgenden Jahres über die Durchführung der Maßnahmen zur Sicherheit und Gesundheit bei der Arbeit sowie über das Unfall- und Berufskrankheitengeschehen zu berichten. 2Landesunmittelbare Versicherungsträger reichen die Berichte über die für sie zuständigen obersten Verwaltungsbehörden der Länder ein.

Drittes Kapitel
Leistungen nach Eintritt eines Versicherungsfalls

Erster Abschnitt
Heilbehandlung, Leistungen zur Teilhabe am Arbeitsleben, Leistungen zur Teilhabe am Leben in der Gemeinschaft und ergänzende Leistungen, Pflege, Geldleistungen

Erster Unterabschnitt
Anspruch und Leistungsarten

§ 26 Grundsatz

(1) 1Versicherte haben nach Maßgabe der folgenden Vorschriften und unter Beachtung des Neunten Buches Anspruch auf Heilbehandlung einschließlich Leistungen zur medizinischen Rehabilitation, auf Leistungen zur Teilhabe am Arbeitsleben und am Leben in der Gemeinschaft, auf ergänzende Leistungen, auf Leistungen bei Pflegebedürftigkeit sowie auf Geldleistungen. 2Die Leistungen werden auf Antrag durch ein Persönliches Budget nach § 29 des Neunten Buches erbracht; dies gilt im Rahmen des Anspruchs auf Heilbehandlung nur für die Leistungen zur medizinischen Rehabilitation.

(2) Der Unfallversicherungsträger hat mit allen geeigneten Mitteln möglichst frühzeitig

1. den durch den Versicherungsfall verursachten Gesundheitsschaden zu beseitigen oder zu bessern, seine Verschlimmerung zu verhüten und seine Folgen zu mildern,
2. den Versicherten einen ihren Neigungen und Fähigkeiten entsprechenden Platz im Arbeitsleben zu sichern,
3. Hilfen zur Bewältigung der Anforderungen des täglichen Lebens und zur Teilhabe am Leben in der Gemeinschaft sowie zur Führung eines möglichst selbständigen Lebens unter Berücksichtigung von Art und Schwere des Gesundheitsschadens bereitzustellen,
4. ergänzende Leistungen zur Heilbehandlung und zu Leistungen zur Teilhabe am Arbeitsleben und am Leben in der Gemeinschaft zu erbringen,
5. Leistungen bei Pflegebedürftigkeit zu erbringen.

(3) Die Leistungen zur Heilbehandlung und zur Rehabilitation haben Vorrang vor Rentenleistungen.

(4) 1Qualität und Wirksamkeit der Leistungen zur Heilbehandlung und Teilhabe haben dem allgemein anerkannten Stand der medizinischen Erkenntnisse zu entsprechen und den medizinischen Fortschritt zu berücksichtigen. 2Sie werden als Dienst- und Sachleistungen zur Verfügung gestellt, soweit dieses oder das Neunte Buch keine Abweichungen vorsehen.

(5) ₁Die Unfallversicherungsträger bestimmen im Einzelfall Art, Umfang und Durchführung der Heilbehandlung und der Leistungen zur Teilhabe sowie die Einrichtungen, die diese Leistungen erbringen, nach pflichtgemäßem Ermessen. ₂Dabei prüfen sie auch, welche Leistungen geeignet und zumutbar sind, Pflegebedürftigkeit zu vermeiden, zu überwinden, zu mindern oder ihre Verschlimmerung zu verhüten.

Zweiter Unterabschnitt Heilbehandlung

§ 27 Umfang der Heilbehandlung

(1) Die Heilbehandlung umfaßt insbesondere

1. Erstversorgung,
2. ärztliche Behandlung,
3. zahnärztliche Behandlung einschließlich der Versorgung mit Zahnersatz,
4. Versorgung mit Arznei-, Verband-, Heil- und Hilfsmitteln,
5. häusliche Krankenpflege,
6. Behandlung in Krankenhäusern und Rehabilitationseinrichtungen,
7. Leistungen zur medizinischen Rehabilitation nach § 42 Abs. 2 Nr. 1 und 3 bis 7 und Abs. 3 des Neunten Buches.

(2) In den Fällen des § 8 Abs. 3 wird ein beschädigtes oder verlorengegangenes Hilfsmittel wiederhergestellt oder erneuert.

(3) Während einer aufgrund eines Gesetzes angeordneten Freiheitsentziehung wird Heilbehandlung erbracht, soweit Belange des Vollzugs nicht entgegenstehen.

§ 28 Ärztliche und zahnärztliche Behandlung

(1) ₁Die ärztliche und zahnärztliche Behandlung wird von Ärzten oder Zahnärzten erbracht. ₂Sind Hilfeleistungen anderer Personen erforderlich, dürfen sie nur erbracht werden, wenn sie vom Arzt oder Zahnarzt angeordnet und von ihm verantwortet werden.

(2) Die ärztliche Behandlung umfaßt die Tätigkeit der Ärzte, die nach den Regeln der ärztlichen Kunst erforderlich und zweckmäßig ist.

(3) Die zahnärztliche Behandlung umfaßt die Tätigkeit der Zahnärzte, die nach den Regeln der zahnärztlichen Kunst erforderlich und zweckmäßig ist.

(4) ₁Bei Versicherungsfällen, für die wegen ihrer Art oder Schwere besondere unfallmedizinische Behandlung angezeigt ist, wird diese erbracht. ₂Die freie Arztwahl kann insoweit eingeschränkt werden.

§ 29 Arznei- und Verbandmittel

(1) ₁Arznei- und Verbandmittel sind alle ärztlich verordneten, zur ärztlichen und zahnärztlichen Behandlung erforderlichen Mittel. ₂Ist das Ziel der Heilbehandlung mit Arznei- und Verbandmitteln zu erreichen, für die Festbeträge im Sinne des § 35 oder § 35a des Fünften Buches festgesetzt sind, trägt der Unfallversicherungsträger die Kosten bis zur Höhe dieser Beträge. ₃Verordnet der Arzt in diesen Fällen ein Arznei- oder Verbandmittel, dessen Preis den Festbetrag überschreitet, hat der Arzt die Versicherten auf die sich aus seiner Verordnung ergebende Übernahme der Mehrkosten hinzuweisen.

(2) ₁Die Rabattregelungen der §§ 130 und 130a des Fünften Buches gelten entsprechend. ₂Die Erstattungsbeträge nach § 130b des Fünften Buches gelten auch für die Abrechnung mit den Trägern der gesetzlichen Unfallversicherung.

§ 30 Heilmittel

₁Heilmittel sind alle ärztlich verordneten Dienstleistungen, die einem Heilzweck dienen oder einen Heilerfolg sichern und nur von entsprechend ausgebildeten Personen erbracht werden dürfen. ₂Hierzu gehören insbesondere Maßnahmen der physikalischen Therapie sowie der Sprach- und Beschäftigungstherapie.

§ 31 Hilfsmittel

(1) ₁Hilfsmittel sind alle ärztlich verordneten Sachen, die den Erfolg der Heilbehandlung sichern oder die Folgen von Gesundheitsschäden mildern oder ausgleichen. ₂Dazu gehören insbesondere Körperersatzstücke, orthopädische und andere Hilfsmittel einschließlich der notwendigen Änderung, In-

standsetzung und Ersatzbeschaffung sowie der Ausbildung im Gebrauch der Hilfsmittel. ₃Soweit für Hilfsmittel Festbeträge im Sinne des § 36 des Fünften Buches festgesetzt sind, gilt § 29 Abs. 1 Satz 2 und 3 entsprechend.

(2) ₁Die Bundesregierung wird ermächtigt, durch Rechtsverordnung mit Zustimmung des Bundesrates die Ausstattung mit Körperersatzstücken, orthopädischen und anderen Hilfsmitteln zu regeln sowie bei bestimmten Gesundheitsschäden eine Entschädigung für Kleider- und Wäscheverschleiß vorzuschreiben. ₂Das Nähere regeln die Verbände der Unfallversicherungsträger durch gemeinsame Richtlinien.

§ 32 Häusliche Krankenpflege

(1) Versicherte erhalten in ihrem Haushalt oder ihrer Familie neben der ärztlichen Behandlung häusliche Krankenpflege durch geeignete Pflegekräfte, wenn Krankenhausbehandlung geboten, aber nicht ausführbar ist oder wenn sie durch die häusliche Krankenpflege vermieden oder verkürzt werden kann und das Ziel der Heilbehandlung nicht gefährdet wird.

VII

(2) Die häusliche Krankenpflege umfaßt die im Einzelfall aufgrund ärztlicher Verordnung erforderliche Grund- und Behandlungspflege sowie hauswirtschaftliche Versorgung.

(3) ₁Ein Anspruch auf häusliche Krankenpflege besteht nur, soweit es einer im Haushalt des Versicherten lebenden Person nicht zuzumuten ist, Krankenpflege zu erbringen. ₂Kann eine Pflegekraft nicht gestellt werden oder besteht Grund, von einer Gestellung abzusehen, sind die Kosten für eine selbstbeschaffte Pflegekraft in angemessener Höhe zu erstatten.

(4) Das Nähere regeln die Verbände der Unfallversicherungsträger durch gemeinsame Richtlinien.

§ 33 Behandlung in Krankenhäusern und Rehabilitationseinrichtungen

(1) ₁Stationäre Behandlung in einem Krankenhaus oder in einer Rehabilitationseinrichtung wird erbracht, wenn die Aufnahme erforderlich ist, weil das Behandlungsziel anders nicht erreicht werden kann. ₂Sie wird voll- oder teilstationär erbracht. ₃Sie umfaßt im Rahmen des Versorgungsauftrags des Krankenhauses oder der Rehabilitationseinrichtung alle Leistungen, die im Einzelfall für die medizinische Versorgung der Versicherten notwendig sind, insbesondere ärztliche Behandlung, Krankenpflege, Versorgung mit Arznei-, Verband-, Heil- und Hilfsmitteln, Unterkunft und Verpflegung.

(2) Krankenhäuser und Rehabilitationseinrichtungen im Sinne des Absatzes 1 sind die Einrichtungen nach § 107 des Fünften Buches.

(3) Bei Gesundheitsschäden, für die wegen ihrer Art oder Schwere besondere unfallmedizinische stationäre Behandlung angezeigt ist, wird diese in besonderen Einrichtungen erbracht.

§ 34 Durchführung der Heilbehandlung

(1) ₁Die Unfallversicherungsträger haben alle Maßnahmen zu treffen, durch die eine möglichst frühzeitig nach dem Versicherungsfall einsetzende und sachgemäße Heilbehandlung und, soweit erforderlich, besondere unfallmedizinische oder Berufskrankheiten-Behandlung gewährleistet wird. ₂Sie können zu diesem Zweck die von den Ärzten und Krankenhäusern zu erfüllenden Voraussetzungen im Hinblick auf die fachliche Befähigung, die sachliche und personelle Ausstattung sowie die zu übernehmenden Pflichten festlegen. ₃Sie können daneben nach Art und Schwere des Gesundheitsschadens besondere Verfahren für die Heilbehandlung vorsehen.

(2) Die Unfallversicherungsträger haben an der Durchführung der besonderen unfallmedizinischen Behandlung die Ärzte und Krankenhäuser zu beteiligen, die den nach Absatz 1 Satz 2 festgelegten Anforderungen entsprechen.

(3) ₁Die Verbände der Unfallversicherungsträger sowie die Kassenärztliche Bundesvereinigung und die Kassenzahnärztliche Bundesvereinigung (Kassenärztliche Bundesvereinigungen) schließen unter Berücksichtigung der von den Unfallversicherungsträgern gemäß Absatz 1 Satz 2 und 3 getroffenen

Festlegungen mit Wirkung für ihre Mitglieder Verträge über die Durchführung der Heilbehandlung, die Vergütung der Ärzte und Zahnärzte sowie die Art und Weise der Abrechnung. 2Dem Bundesbeauftragten für den Datenschutz ist rechtzeitig vor Abschluß Gelegenheit zur Stellungnahme zu geben, sofern in den Verträgen die Erhebung, Verarbeitung oder Nutzung von personenbezogenen Daten geregelt werden sollen.

(4) Die Kassenärztlichen Bundesvereinigungen haben gegenüber den Unfallversicherungsträgern und deren Verbänden die Gewähr dafür zu übernehmen, daß die Durchführung der Heilbehandlung den gesetzlichen und vertraglichen Erfordernissen entspricht.

(5) 1Kommt ein Vertrag nach Absatz 3 ganz oder teilweise nicht zustande, setzt ein Schiedsamt mit der Mehrheit seiner Mitglieder innerhalb von drei Monaten den Vertragsinhalt fest. 2Wird ein Vertrag gekündigt, ist dies dem zuständigen Schiedsamt mitzuteilen. 3Kommt bis zum Ablauf eines Vertrags ein neuer Vertrag nicht zustande, setzt ein Schiedsamt mit der Mehrheit seiner Mitglieder innerhalb von drei Monaten nach Vertragsablauf den neuen Inhalt fest. 4In diesem Fall gelten die Bestimmungen des bisherigen Vertrags bis zur Entscheidung des Schiedsamts vorläufig weiter.

(6) 1Die Verbände der Unfallversicherungsträger und die Kassenärztlichen Bundesvereinigungen bilden je ein Schiedsamt für die medizinische und zahnmedizinische Versorgung. 2Das Schiedsamt besteht aus drei Vertretern der Kassenärztlichen Bundesvereinigungen und drei Vertretern der Verbände der Unfallversicherungsträger sowie einem unparteiischen Vorsitzenden und zwei weiteren unparteiischen Mitgliedern. 3§ 89 Absatz 6 des Fünften Buches sowie die aufgrund des § 89 Absatz 11 des Fünften Buches erlassenen Rechtsverordnungen gelten entsprechend.

(7) Die Aufsicht über die Geschäftsführung der Schiedsämter nach Absatz 6 führt das Bundesministerium für Arbeit und Soziales.

(8) 1Die Beziehungen zwischen den Unfallversicherungsträgern und anderen als den in Absatz 3 genannten Stellen, die Heilbehandlung durchführen oder an ihrer Durchführung beteiligt sind, werden durch Verträge geregelt. 2Soweit die Stellen Leistungen zur medizinischen Rehabilitation ausführen oder an ihrer Ausführung beteiligt sind, werden die Beziehungen durch Verträge nach § 38 des Neunten Buches geregelt.

Dritter Unterabschnitt
Leistungen zur Teilhabe am Arbeitsleben

§ 35 Leistungen zur Teilhabe am Arbeitsleben

(1) Die Unfallversicherungsträger erbringen die Leistungen zur Teilhabe am Arbeitsleben nach den §§ 49 bis 55 des Neunten Buches, in Werkstätten für behinderte Menschen nach den §§ 57 und 58 des Neunten Buches, bei anderen Leistungsanbietern nach § 60 des Neunten Buches sowie als Budget für Arbeit nach § 61 des Neunten Buches.

(2) Die Leistungen zur Teilhabe am Arbeitsleben umfassen auch Hilfen zu einer angemessenen Schulbildung einschließlich der Vorbereitung hierzu oder zur Entwicklung der geistigen und körperlichen Fähigkeiten vor Beginn der Schulpflicht.

(3) Ist eine von Versicherten angestrebte höherwertige Tätigkeit nach ihrer Leistungsfähigkeit und unter Berücksichtigung ihrer Eignung, Neigung und bisherigen Tätigkeit nicht angemessen, kann eine Maßnahme zur Teilhabe am Arbeitsleben bis zur Höhe des Aufwandes gefördert werden, der bei einer angemessenen Maßnahme entstehen würde.

(4) Während einer auf Grund eines Gesetzes angeordneten Freiheitsentziehung werden Leistungen zur Teilhabe am Arbeitsleben erbracht, soweit Belange des Vollzugs nicht entgegenstehen.

§ 36 (weggefallen)

§ 37 (weggefallen)

§ 38 (weggefallen)

Vierter Unterabschnitt
Leistungen zur Teilhabe am Leben in der Gemeinschaft und ergänzende Leistungen

§ 39 Leistungen zur Teilhabe am Leben in der Gemeinschaft und ergänzende Leistungen

(1) Neben den in den § 64 Abs. 1 Nr. 2 bis 6 und Abs. 2 sowie in den §§ 73 und 74 des Neunten Buches genannten Leistungen umfassen die Leistungen zur Teilhabe am Leben in der Gemeinschaft und die ergänzenden Leistungen

1. Kraftfahrzeughilfe,
2. sonstige Leistungen zur Erreichung und zur Sicherstellung des Erfolges der Leistungen zur medizinischen Rehabilitation und zur Teilhabe.

(2) Zum Ausgleich besonderer Härten kann den Versicherten oder deren Angehörigen eine besondere Unterstützung gewährt werden.

§ 40 Kraftfahrzeughilfe

(1) Kraftfahrzeughilfe wird erbracht, wenn die Versicherten infolge Art oder Schwere des Gesundheitsschadens nicht nur vorübergehend auf die Benutzung eines Kraftfahrzeugs angewiesen sind, um die Teilhabe am Arbeitsleben oder am Leben in der Gemeinschaft zu ermöglichen.

(2) Die Kraftfahrzeughilfe umfaßt Leistungen zur Beschaffung eines Kraftfahrzeugs, für eine behinderungsbedingte Zusatzausstattung und zur Erlangung einer Fahrerlaubnis.

(3) $_1$Für die Kraftfahrzeughilfe gilt die Verordnung über Kraftfahrzeughilfe zur beruflichen Rehabilitation vom 28. September 1987 (BGBl. I S. 2251), geändert durch Verordnung vom 30. September 1991 (BGBl. I S. 1950), in der jeweils geltenden Fassung. $_2$Diese Verordnung ist bei der Kraftfahrzeughilfe zur Teilhabe am Leben in der Gemeinschaft entsprechend anzuwenden.

(4) Der Unfallversicherungsträger kann im Einzelfall zur Vermeidung einer wirtschaftlichen Notlage auch einen Zuschuß zahlen, der über demjenigen liegt, der in den §§ 6 und 8 der Verordnung nach Absatz 3 vorgesehen ist.

(5) Das Nähere regeln die Verbände der Unfallversicherungsträger durch gemeinsame Richtlinien.

§ 41 Wohnungshilfe

(1) Wohnungshilfe wird erbracht, wenn infolge Art oder Schwere des Gesundheitsschadens nicht nur vorübergehend die behindertengerechte Anpassung vorhandenen oder die Bereitstellung behindertengerechten Wohnraums erforderlich ist.

(2) Wohnungshilfe wird ferner erbracht, wenn sie zur Sicherung der beruflichen Eingliederung erforderlich ist.

(3) Die Wohnungshilfe umfaßt auch Umzugskosten sowie Kosten für die Bereitstellung von Wohnraum für eine Pflegekraft.

(4) Das Nähere regeln die Verbände der Unfallversicherungsträger durch gemeinsame Richtlinien.

§ 42 Haushaltshilfe und Kinderbetreuungskosten

Haushaltshilfe und Leistungen zur Kinderbetreuung nach § 74 Abs. 1 bis 3 des Neunten Buches werden auch bei Leistungen zur Teilhabe am Leben in der Gemeinschaft erbracht.

§ 43 Reisekosten

(1) $_1$Die im Zusammenhang mit der Ausführung von Leistungen zur medizinischen Rehabilitation oder zur Teilhabe am Arbeitsleben erforderlichen Reisekosten werden nach § 53 des Neunten Buches übernommen. $_2$Im Übrigen werden Reisekosten zur Ausführung der Heilbehandlung nach den Absätzen 2 bis 5 übernommen.

(2) Zu den Reisekosten gehören

1. Fahr- und Transportkosten,
2. Verpflegungs- und Übernachtungskosten,
3. Kosten des Gepäcktransports,
4. Wegstreckenentschädigung

für die Versicherten und für eine wegen des Gesundheitsschadens erforderliche Begleitperson.

(3) Reisekosten werden im Regelfall für zwei Familienheimfahrten im Monat oder anstelle von Familienheimfahrten für zwei Fahrten eines Angehörigen zum Aufenthaltsort des Versicherten übernommen.

(4) Entgangener Arbeitsverdienst einer Begleitperson wird ersetzt, wenn der Ersatz in einem angemessenen Verhältnis zu den sonst für eine Pflegekraft entstehenden Kosten steht.

(5) Das Nähere regeln die Verbände der Unfallversicherungsträger durch gemeinsame Richtlinien.

Fünfter Unterabschnitt Leistungen bei Pflegebedürftigkeit

§ 44 Pflege

(1) Solange Versicherte infolge des Versicherungsfalls so hilflos sind, daß sie für die gewöhnlichen und regelmäßig wiederkehrenden Verrichtungen im Ablauf des täglichen Lebens in erheblichem Umfang der Hilfe bedürfen, wird Pflegegeld gezahlt, eine Pflegekraft gestellt oder Heimpflege gewährt.

(2) 1Das Pflegegeld ist unter Berücksichtigung der Art oder Schwere des Gesundheitsschadens sowie des Umfangs der erforderlichen Hilfe auf einen Monatsbetrag zwischen 300 Euro und 1199 Euro (Beträge am 1. Juli 2008) festzusetzen. 2Diese Beträge werden jeweils zum gleichen Zeitpunkt, zu dem die Renten der gesetzlichen Rentenversicherung angepasst werden, entsprechend dem Faktor angepasst, der für die Anpassung der vom Jahresarbeitsverdienst abhängigen Geldleistungen maßgebend ist. 3Übersteigen die Aufwendungen für eine Pflegekraft das Pflegegeld, kann es angemessen erhöht werden.

(3) 1Während einer stationären Behandlung oder der Unterbringung der Versicherten in einer Einrichtung der Teilhabe am Arbeitsleben oder einer Werkstatt für behinderte Menschen wird das Pflegegeld bis zum Ende des ersten auf die Aufnahme folgenden Kalendermonats weitergezahlt und mit dem ersten Tag des Entlassungsmonats wieder aufgenommen. 2Das Pflegegeld kann in den Fällen des Satzes 1 ganz oder teilweise weitergezahlt werden, wenn das Ruhen eine weitere Versorgung der Versicherten gefährden würde.

(4) Mit der Anpassung der Renten wird das Pflegegeld entsprechend dem Faktor angepaßt, der für die Anpassung der vom Jahresarbeitsverdienst abhängigen Geldleistungen maßgeblich ist.

(5) 1Auf Antrag der Versicherten kann statt des Pflegegeldes eine Pflegekraft gestellt (Hauspflege) oder die erforderliche Hilfe mit Unterkunft und Verpflegung in einer geeigneten Einrichtung (Heimpflege) erbracht werden. 2Absatz 3 Satz 2 gilt entsprechend.

(6) Die Bundesregierung setzt mit Zustimmung des Bundesrates die neuen Mindest- und Höchstbeträge nach Absatz 2 und den Anpassungsfaktor nach Absatz 4 in der Rechtsverordnung über die Bestimmung des für die Rentenanpassung in der gesetzlichen Rentenversicherung maßgebenden aktuellen Rentenwertes fest.

Sechster Unterabschnitt Geldleistungen während der Heilbehandlung und der Leistungen zur Teilhabe am Arbeitsleben

§ 45 Voraussetzungen für das Verletztengeld

(1) Verletztengeld wird erbracht, wenn Versicherte

1. infolge des Versicherungsfalls arbeitsunfähig sind oder wegen einer Maßnahme der Heilbehandlung eine ganztägige Erwerbstätigkeit nicht ausüben können und
2. unmittelbar vor Beginn der Arbeitsunfähigkeit oder der Heilbehandlung Anspruch auf Arbeitsentgelt, Arbeitseinkommen, Krankengeld, Pflegeunterstützungsgeld, Verletztengeld, Versorgungskrankengeld, Übergangsgeld, Unterhaltsgeld, Kurzarbeitergeld, Arbeitslosengeld, nicht nur darlehensweise gewährtes Arbeitslosengeld II oder nicht nur Leistungen für Erstausstattungen für Bekleidung bei Schwan-

gerschaft und Geburt nach dem Zweiten Buch oder Mutterschaftsgeld hatten.

(2) 1Verletztengeld wird auch erbracht, wenn

1. Leistungen zur Teilhabe am Arbeitsleben erforderlich sind,
2. diese Maßnahmen sich aus Gründen, die die Versicherten nicht zu vertreten haben, nicht unmittelbar an die Heilbehandlung anschließen,
3. die Versicherten ihre bisherige berufliche Tätigkeit nicht wieder aufnehmen können oder ihnen eine andere zumutbare Tätigkeit nicht vermittelt werden kann oder sie diese aus wichtigem Grund nicht ausüben können und
4. die Voraussetzungen des Absatzes 1 Nr. 2 erfüllt sind.

2Das Verletztengeld wird bis zum Beginn der Leistungen zur Teilhabe am Arbeitsleben erbracht. 3Die Sätze 1 und 2 gelten entsprechend für die Zeit bis zum Beginn und während der Durchführung einer Maßnahme der Berufsfindung und Arbeitserprobung.

(3) Werden in einer Einrichtung Maßnahmen der Heilbehandlung und gleichzeitig Leistungen zur Teilhabe am Arbeitsleben für Versicherte erbracht, erhalten Versicherte Verletztengeld, wenn sie arbeitsunfähig sind oder wegen der Maßnahmen eine ganztägige Erwerbstätigkeit nicht ausüben können und die Voraussetzungen des Absatzes 1 Nr. 2 erfüllt sind.

(4) 1Im Fall der Beaufsichtigung, Betreuung oder Pflege eines durch einen Versicherungsfall verletzten Kindes gilt § 45 des Fünften Buches entsprechend mit der Maßgabe, dass

1. das Verletztengeld 100 Prozent des ausgefallenen Nettoarbeitsentgelts beträgt und
2. das Arbeitsentgelt bis zu einem Betrag in Höhe des 450. Teils des Höchstjahresarbeitsverdienstes zu berücksichtigen ist.

2Erfolgt die Berechnung des Verletztengeldes aus Arbeitseinkommen, beträgt dies 80 Prozent des erzielten regelmäßigen Arbeitseinkommens bis zu einem Betrag in Höhe des 450. Teils des Höchstjahresarbeitsverdienstes.

VII

§ 46 Beginn und Ende des Verletztengeldes

(1) Verletztengeld wird von dem Tag an gezahlt, ab dem die Arbeitsunfähigkeit ärztlich festgestellt wird, oder mit dem Tag des Beginns einer Heilbehandlungsmaßnahme, die den Versicherten an der Ausübung einer ganztägigen Erwerbstätigkeit hindert.

(2) 1Die Satzung kann bestimmen, daß für Unternehmer, ihre Ehegatten oder ihre Lebenspartner und für den Unternehmern nach § 6 Abs. 1 Nr. 2 Gleichgestellte Verletztengeld längstens für die Dauer der ersten 13 Wochen nach dem sich aus Absatz 1 ergebenden Zeitpunkt ganz oder teilweise nicht gezahlt wird. 2Satz 1 gilt nicht für Versicherte, die bei einer Krankenkasse mit Anspruch auf Krankengeld versichert sind.

(3) 1Das Verletztengeld endet

1. mit dem letzten Tag der Arbeitsunfähigkeit oder der Hinderung an einer ganztägigen Erwerbstätigkeit durch eine Heilbehandlungsmaßnahme,
2. mit dem Tag, der dem Tag vorausgeht, an dem ein Anspruch auf Übergangsgeld entsteht.

2Wenn mit dem Wiedereintritt der Arbeitsfähigkeit nicht zu rechnen ist und Leistungen zur Teilhabe am Arbeitsleben nicht zu erbringen sind, endet das Verletztengeld

1. mit dem Tag, an dem die Heilbehandlung so weit abgeschlossen ist, daß die Versicherten eine zumutbare, zur Verfügung stehende Berufs- oder Erwerbstätigkeit aufnehmen können,
2. mit Beginn der in § 50 Abs. 1 Satz 1 des Fünften Buches genannten Leistungen, es sei denn, daß diese Leistungen mit dem Versicherungsfall im Zusammenhang stehen,
3. im übrigen mit Ablauf der 78. Woche, gerechnet vom Tag des Beginns der Arbeitsunfähigkeit an, jedoch nicht vor dem Ende der stationären Behandlung.

§ 47 Höhe des Verletztengeldes

(1) 1Versicherte, die Arbeitsentgelt oder Arbeitseinkommen erzielt haben, erhalten Ver-

letztengeld entsprechend § 47 Abs. 1 und 2 des Fünften Buches mit der Maßgabe, daß

1. das Regelentgelt aus dem Gesamtbetrag des regelmäßigen Arbeitsentgelts und des Arbeitseinkommens zu berechnen und bis zu einem Betrag in Höhe des 360. Teils des Höchstjahresarbeitsverdienstes zu berücksichtigen ist,
2. das Verletztengeld 80 vom Hundert des Regelentgelts beträgt und das bei Anwendung des § 47 Abs. 1 und 2 des Fünften Buches berechnete Nettoarbeitsentgelt nicht übersteigt.

$_2$Arbeitseinkommen ist bei der Ermittlung des Regelentgelts mit dem 360. Teil des im Kalenderjahr vor Beginn der Arbeitsunfähigkeit oder der Maßnahmen der Heilbehandlung erzielten Arbeitseinkommens zugrunde zu legen. $_3$Die Satzung hat bei nicht kontinuierlicher Arbeitsverrichtung und -vergütung abweichende Bestimmungen zur Zahlung und Berechnung des Verletztengeldes vorzusehen, die sicherstellen, daß das Verletztengeld seine Entgeltersatzfunktion erfüllt.

(1a) $_1$Für Ansprüche auf Verletztengeld, die vor dem 1. Januar 2001 entstanden sind, ist § 47 Abs. 1 und 2 des Fünften Buches in der vor dem 22. Juni 2000 jeweils geltenden Fassung für Zeiten nach dem 31. Dezember 1996 mit der Maßgabe entsprechend anzuwenden, dass sich das Regelentgelt um 10 vom Hundert, höchstens aber bis zu einem Betrag in Höhe des dreihundertsechzigsten Teils des Höchstjahresarbeitsverdienstes erhöht. $_2$Das regelmäßige Nettoarbeitsentgelt ist um denselben Vomhundertsatz zu erhöhen. $_3$Satz 1 und 2 gilt für Ansprüche, über die vor dem 22. Juni 2000 bereits unanfechtbar entschieden war, nur für Zeiten vom 22. Juni 2000 an bis zum Ende der Leistungsdauer. $_4$Entscheidungen über die Ansprüche, die vor dem 22. Juni 2000 unanfechtbar geworden sind, sind nicht nach § 44 Abs. 1 des Zehnten Buches zurückzunehmen.

(2) $_1$Versicherte, die Arbeitslosengeld, Unterhaltsgeld oder Kurzarbeitergeld bezogen haben, erhalten Verletztengeld in Höhe des Krankengeldes nach § 47b des Fünften Buches. $_2$Versicherte, die nicht nur darlehensweise gewährtes Arbeitslosengeld II oder nicht nur Leistungen für Erstausstattungen für Bekleidung bei Schwangerschaft und Geburt nach dem Zweiten Buch bezogen haben, erhalten Verletztengeld in Höhe des Betrages des Arbeitslosengeldes II.

(3) Versicherte, die als Entwicklungshelfer Unterhaltsleistungen nach § 4 Abs. 1 Nr. 1 des Entwicklungshelfer-Gesetzes bezogen haben, erhalten Verletztengeld in Höhe dieses Betrages.

(4) Bei Versicherten, die unmittelbar vor dem Versicherungsfall Krankengeld, Pflegeunterstützungsgeld, Verletztengeld, Versorgungskrankengeld oder Übergangsgeld bezogen haben, wird bei der Berechnung des Verletztengeldes von dem bisher zugrunde gelegten Regelentgelt ausgegangen.

(5) $_1$Abweichend von Absatz 1 erhalten Versicherte, die den Versicherungsfall infolge einer Tätigkeit als Unternehmer, mitarbeitende Ehegatten oder Lebenspartner oder den Unternehmern nach § 6 Abs. 1 Nr. 2 Gleichgestellte erlitten haben, Verletztengeld je Kalendertag in Höhe des 450. Teils des Jahresarbeitsverdienstes. $_2$Ist das Verletztengeld für einen ganzen Kalendermonat zu zahlen, ist dieser mit 30 Tagen anzusetzen.

(6) Hat sich der Versicherungsfall während einer aufgrund eines Gesetzes angeordneten Freiheitsentziehung ereignet, gilt für die Berechnung des Verletztengeldes Absatz 1 entsprechend; nach der Entlassung erhalten die Versicherten Verletztengeld je Kalendertag in Höhe des 450. Teils des Jahresarbeitsverdienstes, wenn dies für die Versicherten günstiger ist.

(7) (weggefallen)

(8) Die Regelung des § 90 Abs. 1 und 3 über die Neufestsetzung des Jahresarbeitsverdienstes nach voraussichtlicher Beendigung einer Schul- oder Berufsausbildung oder nach tariflichen Berufs- oder Altersstufen gilt für das Verletztengeld entsprechend.

§ 47a Beitragszahlung der Unfallversicherungsträger an berufsständische Versorgungseinrichtungen und private Krankenversicherungen

(1) Für Bezieher von Verletztengeld, die wegen einer Pflichtmitgliedschaft in einer berufsständischen Versorgungseinrichtung von der Versicherungspflicht in der gesetzlichen Rentenversicherung befreit sind, gilt § 47a Absatz 1 des Fünftes Buches entsprechend.

(2) Die Unfallversicherungsträger haben der zuständigen berufsständischen Versorgungseinrichtung den Beginn und das Ende der Beitragszahlung sowie die Höhe der der Beitragsberechnung zugrunde liegenden beitragspflichtigen Einnahmen und den zu zahlenden Beitrag für den Versicherten zu übermitteln. Das Nähere zum Verfahren regeln die Deutsche Gesetzliche Unfallversicherung e. V., die Sozialversicherung für Landwirtschaft, Forsten und Gartenbau und die Arbeitsgemeinschaft berufsständischer Versorgungseinrichtungen bis zum 31. Dezember 2017 in gemeinsamen Grundsätzen.

(3) Bezieher von Verletztengeld, die nach § 257 Absatz 2 des Fünften Buches und § 61 Absatz 2 des Elften Buches als Beschäftigte Anspruch auf einen Zuschuss zu dem Krankenversicherungsbeitrag und Pflegeversicherungsbeitrag hatten, die an ein privates Krankenversicherungsunternehmen zu zahlen sind, erhalten einen Zuschuss zu ihrem Krankenversicherungsbeitrag und Pflegeversicherungsbeitrag. Als Zuschuss ist der Betrag zu zahlen, der als Beitrag bei Krankenversicherungspflicht oder Pflegeversicherungspflicht zu zahlen wäre, höchstens jedoch der Betrag, der an das private Versicherungsunternehmen zu zahlen ist.

§ 48 Verletztengeld bei Wiedererkrankung

Im Fall der Wiedererkrankung an den Folgen des Versicherungsfalls gelten die §§ 45 bis 47 mit der Maßgabe entsprechend, daß anstelle des Zeitpunkts der ersten Arbeitsunfähigkeit auf den der Wiedererkrankung abgestellt wird.

§ 49 Übergangsgeld

Übergangsgeld wird erbracht, wenn Versicherte infolge des Versicherungsfalls Leistungen zur Teilhabe am Arbeitsleben erhalten.

§ 50 Höhe und Berechnung des Übergangsgeldes

Höhe und Berechnung des Übergangsgeldes bestimmen sich nach den §§ 66 bis 71 des Neunten Buches, soweit dieses Buch nichts Abweichendes bestimmt; im Übrigen gelten die Vorschriften für das Verletztengeld entsprechend.

§ 51 (weggefallen)

§ 52 Anrechnung von Einkommen auf Verletzten- und Übergangsgeld

Auf das Verletzten- und Übergangsgeld werden von dem gleichzeitig erzielten Einkommen angerechnet

1. beitragspflichtiges Arbeitsentgelt oder Arbeitseinkommen, das bei Arbeitnehmern um die gesetzlichen Abzüge und bei sonstigen Versicherten um 20 vom Hundert vermindert ist; dies gilt nicht für einmalig gezahltes Arbeitsentgelt,
2. Mutterschaftsgeld, Versorgungskrankengeld, Unterhaltsgeld, Kurzarbeitergeld, Arbeitslosengeld, nicht nur darlehensweise gewährtes Arbeitslosengeld II; dies gilt auch, wenn Ansprüche auf Leistungen nach dem Dritten Buch wegen einer Sperrzeit ruhen oder der Auszahlungsanspruch auf Arbeitslosengeld II gemindert ist.

Siebter Unterabschnitt Besondere Vorschriften für die Versicherten in der Seefahrt

§ 53 Vorrang der medizinischen Betreuung durch die Reeder

(1) [1]Der Anspruch von Versicherten in der Seefahrt auf Leistungen nach diesem Abschnitt ruht, soweit und solange die Reeder ihre Verpflichtung zur medizinischen Betreuung nach dem Seearbeitsgesetz erfüllen. [2]Kommen die Reeder der Verpflichtung nicht nach, kann der Unfallversicherungsträger von

VII

den Reedern die Erstattung in Höhe der von ihm erbrachten Leistungen verlangen.

(2) Endet die Verpflichtung der Reeder zur medizinischen Betreuung, haben sie hinsichtlich der Folgen des Versicherungsfalls die medizinische Betreuung auf Kosten des Unfallversicherungsträgers fortzusetzen, soweit dieser sie dazu beauftragt.

Achter Unterabschnitt Besondere Vorschriften für die Versicherten der landwirtschaftlichen Unfallversicherung

§ 54 Betriebs- und Haushaltshilfe

(1) 1Betriebshilfe erhalten landwirtschaftliche Unternehmer mit einem Unternehmen im Sinne des § 1 Abs. 2 des Gesetzes über die Alterssicherung der Landwirte während einer stationären Behandlung, wenn ihnen wegen dieser Behandlung die Weiterführung des Unternehmens nicht möglich ist und in dem Unternehmen Arbeitnehmer und mitarbeitende Familienangehörige nicht ständig beschäftigt werden. 2Betriebshilfe wird für längstens drei Monate erbracht.

(2) 1Haushaltshilfe erhalten landwirtschaftliche Unternehmer mit einem Unternehmen im Sinne des § 1 Abs. 2 des Gesetzes über die Alterssicherung der Landwirte, ihre im Unternehmen mitarbeitenden Ehegatten oder mitarbeitenden Lebenspartner während einer stationären Behandlung, wenn den Unternehmern, ihren Ehegatten oder Lebenspartnern wegen dieser Behandlung die Weiterführung des Haushalts nicht möglich und diese auf andere Weise nicht sicherzustellen ist. 2Absatz 1 Satz 2 gilt entsprechend.

(3) Die Satzung kann bestimmen,

1. daß die Betriebshilfe auch an den mitarbeitenden Ehegatten oder Lebenspartner eines landwirtschaftlichen Unternehmers erbracht wird,
2. unter welchen Voraussetzungen und für wie lange Betriebs- und Haushaltshilfe den landwirtschaftlichen Unternehmern und ihren Ehegatten oder Lebenspartnern auch während einer nicht stationären Heilbehandlung erbracht wird,
3. unter welchen Voraussetzungen Betriebs- und Haushaltshilfe auch an landwirtschaftliche Unternehmer, deren Unternehmen nicht die Voraussetzungen des § 1 Absatz 5 das Gesetzes über die Alterssicherung der Landwirte erfüllen, und an ihre Ehegatten oder Lebenspartner erbracht wird,
4. daß die Betriebs- und Haushaltshilfe auch erbracht wird, wenn in dem Unternehmen Arbeitnehmer oder mitarbeitende Familienangehörige ständig beschäftigt werden,
5. unter welchen Voraussetzungen die Betriebs- und Haushaltshilfe länger als drei Monate erbracht wird,
6. von welchem Tag der Heilbehandlung an die Betriebs- oder Haushaltshilfe erbracht wird.

(4) 1Leistungen nach den Absätzen 1 bis 3 müssen wirksam und wirtschaftlich sein; sie dürfen das Maß des Notwendigen nicht übersteigen. 2Leistungen, die diese Voraussetzungen nicht erfüllen, können nicht beansprucht und dürfen von der landwirtschaftlichen Berufsgenossenschaft nicht bewilligt werden.

§ 55 Art und Form der Betriebs- und Haushaltshilfe

(1) 1Bei Vorliegen der Voraussetzungen des § 54 wird Betriebs- und Haushaltshilfe in Form der Gestellung einer Ersatzkraft oder durch Erstattung der Kosten für eine selbst beschaffte betriebsfremde Ersatzkraft in angemessener Höhe gewährt. 2Die Satzung kann die Erstattungsfähigkeit der Kosten für selbst beschaffte Ersatzkräfte begrenzen. 3Für Verwandte und Verschwägerte bis zum zweiten Grad werden Kosten nicht erstattet; die Berufsgenossenschaft kann jedoch die erforderlichen Fahrkosten und den Verdienstausfall erstatten, wenn die Erstattung in einem angemessenen Verhältnis zu den sonst für eine Ersatzkraft entstehenden Kosten steht.

(2) 1Die Versicherten haben sich angemessen an den entstehenden Aufwendungen für die Betriebs- und Haushaltshilfe zu beteiligen

(Selbstbeteiligung); die Selbstbeteiligung beträgt für jeden Tag der Leistungsgewährung mindestens 10 Euro. $_{2}$Das Nähere zur Selbstbeteiligung bestimmt die Satzung.

§ 55a Sonstige Ansprüche, Verletztengeld

(1) Für regelmäßig wie landwirtschaftliche Unternehmer selbständig Tätige, die kraft Gesetzes versichert sind, gelten die §§ 54 und 55 entsprechend.

(2) Versicherte, die die Voraussetzungen nach § 54 Abs. 1 bis 3 erfüllen, ohne eine Leistung nach § 55 in Anspruch zu nehmen, erhalten auf Antrag Verletztengeld, wenn dies im Einzelfall unter Berücksichtigung der Besonderheiten landwirtschaftlicher Betriebe und Haushalte sachgerecht ist.

(3) $_{1}$Für die Höhe des Verletztengeldes gilt in den Fällen des Absatzes 2 sowie bei den im Unternehmen mitarbeitenden Familienangehörigen, soweit diese nicht nach § 2 Abs. 1 Nr. 1 versichert sind, § 13 Abs. 1 des Zweiten Gesetzes über die Krankenversicherung der Landwirte entsprechend. $_{2}$Die Satzung bestimmt, unter welchen Voraussetzungen die in Satz 1 genannten Personen auf Antrag mit einem zusätzlichen Verletztengeld versichert werden. $_{3}$Abweichend von § 46 Abs. 3 Satz 2 Nr. 3 endet das Verletztengeld vor Ablauf der 78. Woche mit dem Tage, an dem abzusehen ist, dass mit dem Wiedereintritt der Arbeitsfähigkeit nicht zu rechnen ist und Leistungen zur Teilhabe am Arbeitsleben nicht zu erbringen sind, jedoch nicht vor Ende der stationären Behandlung.

Zweiter Abschnitt
Renten, Beihilfen, Abfindungen

Erster Unterabschnitt
Renten an Versicherte

§ 56 Voraussetzungen und Höhe des Rentenanspruchs

(1) $_{1}$Versicherte, deren Erwerbsfähigkeit infolge eines Versicherungsfalls über die 26. Woche nach dem Versicherungsfall hinaus um wenigstens 20 vom Hundert gemindert ist, haben Anspruch auf eine Rente. $_{2}$Ist die Erwerbsfähigkeit infolge mehrerer Versicherungsfälle gemindert und erreichen die Vomhundertsätze zusammen wenigstens die Zahl 20, besteht für jeden, auch für einen früheren Versicherungsfall, Anspruch auf Rente. $_{3}$Die Folgen eines Versicherungsfalls sind nur zu berücksichtigen, wenn sie die Erwerbsfähigkeit um wenigstens 10 vom Hundert mindern. $_{4}$Den Versicherungsfällen stehen gleich Unfälle oder Entschädigungsfälle nach den Beamtengesetzen, dem Bundesversorgungsgesetz, dem Soldatenversorgungsgesetz, dem Gesetz über den zivilen Ersatzdienst, dem Gesetz über die Abgeltung von Besatzungsschäden, dem Häftlingshilfegesetz und den entsprechenden Gesetzen, die Entschädigung für Unfälle oder Beschädigungen gewähren.

(2) $_{1}$Die Minderung der Erwerbsfähigkeit richtet sich nach dem Umfang der sich aus der Beeinträchtigung des körperlichen und geistigen Leistungsvermögens ergebenden verminderten Arbeitsmöglichkeiten auf dem gesamten Gebiet des Erwerbslebens. $_{2}$Bei jugendlichen Versicherten wird die Minderung der Erwerbsfähigkeit nach den Auswirkungen bemessen, die sich bei Erwachsenen mit gleichem Gesundheitsschaden ergeben würden. $_{3}$Bei der Bemessung der Minderung der Erwerbsfähigkeit werden Nachteile berücksichtigt, die die Versicherten dadurch erleiden, daß sie bestimmte von ihnen erworbene besondere berufliche Kenntnisse und Erfahrungen infolge des Versicherungsfalls nicht mehr oder nur noch in vermindertem Umfang nutzen können, soweit solche Nachteile nicht durch sonstige Fähigkeiten, deren Nutzung ihnen zugemutet werden kann, ausgeglichen werden.

(3) $_{1}$Bei Verlust der Erwerbsfähigkeit wird Vollrente geleistet; sie beträgt zwei Drittel des Jahresarbeitsverdienstes. $_{2}$Bei einer Minderung der Erwerbsfähigkeit wird Teilrente geleistet; sie wird in der Höhe des Vomhundertsatzes der Vollrente festgesetzt, der dem Grad der Minderung der Erwerbsfähigkeit entspricht.

§ 57 Erhöhung der Rente bei Schwerverletzten

Können Versicherte mit Anspruch auf eine Rente nach einer Minderung der Erwerbsfähigkeit von 50 vom Hundert oder mehr oder auf mehrere Renten, deren Vomhundertsätze zusammen wenigstens die Zahl 50 erreichen (Schwerverletzte), infolge des Versicherungsfalls einer Erwerbstätigkeit nicht mehr nachgehen und haben sie keinen Anspruch auf Rente aus der gesetzlichen Rentenversicherung, erhöht sich die Rente um 10 vom Hundert.

§ 58 Erhöhung der Rente bei Arbeitslosigkeit

1Solange Versicherte infolge des Versicherungsfalls ohne Anspruch auf Arbeitsentgelt oder Arbeitseinkommen sind und die Rente zusammen mit dem Arbeitslosengeld oder dem Arbeitslosengeld II nicht den sich aus § 66 Abs. 1 des Neunten Buches ergebenden Betrag des Übergangsgeldes erreicht, wird die Rente längstens für zwei Jahre nach ihrem Beginn um den Unterschiedsbetrag erhöht. 2Der Unterschiedsbetrag wird bei dem Arbeitslosengeld II nicht als Einkommen berücksichtigt. 3Satz 1 gilt nicht, solange Versicherte Anspruch auf weiteres Erwerbsersatzeinkommen (§ 18a Abs. 3 des Vierten Buches) haben, das zusammen mit der Rente das Übergangsgeld erreicht. 4Wird Arbeitslosengeld II nur darlehensweise gewährt oder erhält der Versicherte nur Leistungen nach § 24 Absatz 3 Satz 1 des Zweiten Buches, finden die Sätze 1 und 2 keine Anwendung.

§ 59 Höchstbetrag bei mehreren Renten

(1) 1Beziehen Versicherte mehrere Renten, so dürfen diese ohne die Erhöhung für Schwerverletzte zusammen zwei Drittel des höchsten der Jahresarbeitsverdienste nicht übersteigen, die diesen Renten zugrunde liegen. 2Soweit die Renten den Höchstbetrag übersteigen, werden sie verhältnismäßig gekürzt.

(2) Haben Versicherte eine Rentenabfindung erhalten, wird bei der Feststellung des Höchstbetrages nach Absatz 1 die der Abfindung zugrunde gelegte Rente so berücksichtigt, wie sie ohne die Abfindung noch zu zahlen wäre.

§ 60 Minderung bei Heimpflege

Für die Dauer einer Heimpflege von mehr als einem Kalendermonat kann der Unfallversicherungsträger die Rente um höchstens die Hälfte mindern, soweit dies nach den persönlichen Bedürfnissen und Verhältnissen der Versicherten angemessen ist.

§ 61 Renten für Beamte und Berufssoldaten

(1) 1Die Renten von Beamten, die nach § 82 Abs. 4 berechnet werden, werden nur insoweit gezahlt, als sie die Dienst- oder Versorgungsbezüge übersteigen; den Beamten verbleibt die Rente jedoch mindestens in Höhe des Betrages, der bei Vorliegen eines Dienstunfalls als Unfallausgleich zu gewähren wäre. 2Endet das Dienstverhältnis wegen Dienstunfähigkeit infolge des Versicherungsfalls, wird Vollrente insoweit gezahlt, als sie zusammen mit den Versorgungsbezügen aus dem Dienstverhältnis die Versorgungsbezüge, auf die der Beamte bei Vorliegen eines Dienstunfalls Anspruch hätte, nicht übersteigt. 3Die Höhe dieser Versorgungsbezüge stellt die Dienstbehörde fest. 4Für die Hinterbliebenen gilt dies entsprechend.

(2) 1Absatz 1 gilt für die Berufssoldaten entsprechend. 2Anstelle des Unfallausgleichs wird der Ausgleich nach § 85 des Soldatenversorgungsgesetzes gezahlt.

§ 62 Rente als vorläufige Entschädigung

(1) 1Während der ersten drei Jahre nach dem Versicherungsfall soll der Unfallversicherungsträger die Rente als vorläufige Entschädigung festsetzen, wenn der Umfang der Minderung der Erwerbsfähigkeit noch nicht abschließend festgestellt werden kann. 2Innerhalb dieses Zeitraums kann der Vomhundertsatz der Minderung der Erwerbsfähigkeit jederzeit ohne Rücksicht auf die Dauer der Veränderung neu festgestellt werden.

(2) 1Spätestens mit Ablauf von drei Jahren nach dem Versicherungsfall wird die vorläufige Entschädigung als Rente auf unbestimmte Zeit geleistet. 2Bei der erstmaligen Feststellung der Rente nach der vorläufigen Entschädigung kann der Vomhundertsatz der

VII

Minderung der Erwerbsfähigkeit abweichend von der vorläufigen Entschädigung festgestellt werden, auch wenn sich die Verhältnisse nicht geändert haben.

Zweiter Unterabschnitt
Leistungen an Hinterbliebene

§ 63 Leistungen bei Tod

(1) 1Hinterbliebene haben Anspruch auf

1. Sterbegeld,
2. Erstattung der Kosten der Überführung an den Ort der Bestattung,
3. Hinterbliebenenrenten,
4. Beihilfe.

2Der Anspruch auf Leistungen nach Satz 1 Nr. 1 bis 3 besteht nur, wenn der Tod infolge eines Versicherungsfalls eingetreten ist.

(1a) Die Vorschriften dieses Unterabschnitts über Hinterbliebenenleistungen an Witwen und Witwer gelten auch für Hinterbliebenenleistungen an Lebenspartner.

(2) 1Dem Tod infolge eines Versicherungsfalls steht der Tod von Versicherten gleich, deren Erwerbsfähigkeit durch die Folgen einer Berufskrankheit nach den Nummern 4101 bis 4104 der Anlage 1 der Berufskrankheiten-Verordnung vom 20. Juni 1968 (BGBl. I S. 721) in der Fassung der Zweiten Verordnung zur Änderung der Berufskrankheiten-Verordnung vom 18. Dezember 1992 (BGBl. I S. 2343) um 50 vom Hundert oder mehr gemindert war. 2Dies gilt nicht, wenn offenkundig ist, daß der Tod mit der Berufskrankheit nicht in ursächlichem Zusammenhang steht; eine Obduktion zum Zwecke einer solchen Feststellung darf nicht gefordert werden.

(3) Ist ein Versicherter getötet worden, so kann der Unfallversicherungsträger die Entnahme einer Blutprobe zur Feststellung von Tatsachen anordnen, die für die Entschädigungspflicht von Bedeutung sind.

(4) 1Sind Versicherte im Zusammenhang mit der versicherten Tätigkeit verschollen, gelten sie als infolge eines Versicherungsfalls verstorben, wenn die Umstände ihren Tod wahrscheinlich machen und seit einem Jahr Nachrichten über ihr Leben nicht eingegangen sind. 2Der Unfallversicherungsträger kann von den Hinterbliebenen die Versicherung an Eides Statt verlangen, daß ihnen weitere als die angezeigten Nachrichten über die Verschollenen nicht bekannt sind. 3Der Unfallversicherungsträger ist berechtigt, für die Leistungen den nach den Umständen mutmaßlichen Todestag festzustellen. 4Bei Versicherten in der Seeschiffahrt wird spätestens der dem Ablauf des Heuerverhältnisses folgende Tag als Todestag festgesetzt.

§ 64 Sterbegeld und Erstattung von Überführungskosten

(1) Witwen, Witwer, Kinder, Stiefkinder, Pflegekinder, Enkel, Geschwister, frühere Ehegatten und Verwandte der aufsteigenden Linie der Versicherten erhalten Sterbegeld in Höhe eines Siebtels der im Zeitpunkt des Todes geltenden Bezugsgröße.

(2) Kosten der Überführung an den Ort der Bestattung werden erstattet, wenn der Tod nicht am Ort der ständigen Familienwohnung der Versicherten eingetreten ist und die Versicherten sich dort aus Gründen aufgehalten haben, die im Zusammenhang mit der versicherten Tätigkeit oder mit den Folgen des Versicherungsfalls stehen.

(3) Das Sterbegeld und die Überführungskosten werden an denjenigen Berechtigten gezahlt, der die Bestattungs- und Überführungskosten trägt.

(4) Ist ein Anspruchsberechtigter nach Absatz 1 nicht vorhanden, werden die Bestattungskosten bis zur Höhe des Sterbegeldes nach Absatz 1 an denjenigen gezahlt, der diese Kosten trägt.

§ 65 Witwen- und Witwerrente

(1) 1Witwen oder Witwer von Versicherten erhalten eine Witwen- oder Witwerrente, solange sie nicht wieder geheiratet haben. 2Der Anspruch auf eine Rente nach Absatz 2 Nr. 2 besteht längstens für 24 Kalendermonate nach Ablauf des Monats, in dem der Ehegatte verstorben ist.

(2) Die Rente beträgt

VII

1. zwei Drittel des Jahresarbeitsverdienstes bis zum Ablauf des dritten Kalendermonats nach Ablauf des Monats, in dem der Ehegatte verstorben ist,
2. 30 vom Hundert des Jahresarbeitsverdienstes nach Ablauf des dritten Kalendermonats,
3. 40 vom Hundert des Jahresarbeitsverdienstes nach Ablauf des dritten Kalendermonats,
   a) solange Witwen oder Witwer ein waisenrentenberechtigtes Kind erziehen oder für ein Kind sorgen, das wegen körperlicher, geistiger oder seelischer Behinderung Anspruch auf Waisenrente hat oder nur deswegen nicht hat, weil das 27. Lebensjahr vollendet wurde,
   b) wenn Witwen oder Witwer das 47. Lebensjahr vollendet haben oder
   c) solange Witwen oder Witwer erwerbsgemindert berufs- oder erwerbsunfähig im Sinne des Sechsten Buches sind; Entscheidungen des Trägers der Rentenversicherung über Erwerbsminderung, Berufs- oder Erwerbsunfähigkeit sind für den Unfallversicherungsträger bindend.

(3) 1Einkommen (§§ 18a bis 18e des Vierten Buches) von Witwen oder Witwern, das mit einer Witwenrente oder Witwerrente nach Absatz 2 Nr. 2 und 3 zusammentrifft, wird hierauf angerechnet. 2Anrechenbar ist das Einkommen, das monatlich das 26,4fache des aktuellen Rentenwerts der gesetzlichen Rentenversicherung übersteigt. 3Das nicht anrechenbare Einkommen erhöht sich um das 5,6fache des aktuellen Rentenwerts für jedes waisenrentenberechtigte Kind von Witwen oder Witwern. 4Von dem danach verbleibenden anrechenbaren Einkommen werden 40 vom Hundert angerechnet.

(4) 1Für die Einkommensanrechnung ist bei Anspruch auf mehrere Renten folgende Rangfolge maßgebend:

1. (weggefallen)
2. Witwenrente oder Witwerrente,
3. Witwenrente oder Witwerrente nach dem vorletzten Ehegatten.

2Das auf eine Rente anrechenbare Einkommen mindert sich um den Betrag, der bereits zu einer Einkommensanrechnung auf eine vorrangige Rente geführt hat.

(5) 1Witwenrente oder Witwerrente wird auf Antrag auch an überlebende Ehegatten gezahlt, die wieder geheiratet haben, wenn die erneute Ehe aufgelöst oder für nichtig erklärt ist und sie im Zeitpunkt der Wiederheirat Anspruch auf eine solche Rente hatten. 2Auf eine solche Witwenrente oder Witwerrente nach dem vorletzten Ehegatten werden für denselben Zeitraum bestehende Ansprüche auf Witwenrente oder Witwerrente, auf Versorgung, auf Unterhalt oder auf sonstige Rente nach dem letzten Ehegatten angerechnet, es sei denn, daß die Ansprüche nicht zu verwirklichen sind; dabei werden die Vorschriften über die Einkommensanrechnung auf Renten wegen Todes nicht berücksichtigt.

(6) Witwen oder Witwer haben keinen Anspruch, wenn die Ehe erst nach dem Versicherungsfall geschlossen worden ist und der Tod innerhalb des ersten Jahres dieser Ehe eingetreten ist, es sei denn, daß nach den besonderen Umständen des Einzelfalls die Annahme nicht gerechtfertigt ist, daß es der alleinige oder überwiegende Zweck der Heirat war, einen Anspruch auf Hinterbliebenenversorgung zu begründen.

§ 66 Witwen- und Witwerrente an frühere Ehegatten; mehrere Berechtigte

(1) 1Frühere Ehegatten von Versicherten, deren Ehe mit ihnen geschieden, für nichtig erklärt oder aufgehoben ist, erhalten auf Antrag eine Rente entsprechend § 65, wenn die Versicherten ihnen während des letzten Jahres vor ihrem Tod Unterhalt geleistet haben oder den früheren Ehegatten im letzten wirtschaftlichen Dauerzustand vor dem Tod der Versicherten ein Anspruch auf Unterhalt zustand; § 65 Abs. 2 Nr. 1 findet keine Anwendung. 2Beruhte der Unterhaltsanspruch auf § 1572, 1573, 1575 oder 1576 des Bürgerlichen Gesetzbuchs, wird die Rente gezahlt,

solange der frühere Ehegatte ohne den Versicherungsfall unterhaltsberechtigt gewesen wäre.

(2) Sind mehrere Berechtigte nach Absatz 1 oder nach Absatz 1 und § 65 vorhanden, erhält jeder von ihnen den Teil der für ihn nach § 65 Abs. 2 zu berechnenden Rente, der im Verhältnis zu den anderen Berechtigten der Dauer seiner Ehe mit dem Verletzten entspricht; anschließend ist § 65 Abs. 3 entsprechend anzuwenden.

(3) Renten nach Absatz 1 und § 65 sind gemäß Absatz 2 zu mindern, wenn nach Feststellung der Rente einem weiteren früheren Ehegatten Rente zu zahlen ist.

§ 67 Voraussetzungen der Waisenrente

(1) Kinder von verstorbenen Versicherten erhalten eine

1. Halbwaisenrente, wenn sie noch einen Elternteil haben,
2. Vollwaisenrente, wenn sie keine Eltern mehr haben.

(2) Als Kinder werden auch berücksichtigt

1. Stiefkinder und Pflegekinder (§ 56 Abs. 2 Nr. 1 und 2 des Ersten Buches), die in den Haushalt der Versicherten aufgenommen waren,
2. Enkel und Geschwister, die in den Haushalt der Versicherten aufgenommen waren oder von ihnen überwiegend unterhalten wurden.

(3) 1Halb- oder Vollwaisenrente wird gezahlt

1. bis zur Vollendung des 18. Lebensjahres,
2. bis zur Vollendung des 27. Lebensjahres, wenn die Waise
   a) sich in Schulausbildung oder Berufsausbildung befindet oder
   b) sich in einer Übergangszeit von höchstens vier Kalendermonaten befindet, die zwischen zwei Ausbildungsabschnitten oder zwischen einem Ausbildungsabschnitt und der Ableistung des gesetzlichen Wehr- oder Zivildienstes oder der Ableistung eines freiwilligen Dienstes im Sinne des Buchstabens c liegt, oder
   c) einen freiwilligen Dienst im Sinne des § 32 Absatz 4 Satz 1 Nummer 2 Buchstabe d des Einkommensteuergesetzes leistet oder
   d) wegen körperlicher, geistiger oder seelischer Behinderung außerstande ist, sich selbst zu unterhalten.

2Eine Schulausbildung oder Berufsausbildung im Sinne des Satzes 1 liegt nur vor, wenn die Ausbildung einen tatsächlichen zeitlichen Aufwand von wöchentlich mehr als 20 Stunden erfordert. 3Der tatsächliche zeitliche Aufwand ist ohne Bedeutung für Zeiten, in denen das Ausbildungsverhältnis trotz einer Erkrankung fortbesteht und damit gerechnet werden kann, dass die Ausbildung fortgesetzt wird. 4Das gilt auch für die Dauer der Schutzfristen nach dem Mutterschutzgesetz.

(4) 1In den Fällen des Absatzes 3 Nr. 2 Buchstabe a erhöht sich die maßgebende Altersgrenze bei Unterbrechung oder Verzögerung der Schulausbildung oder Berufsausbildung durch den gesetzlichen Wehrdienst, Zivildienst oder einen gleichgestellten Dienst um die Zeit dieser Dienstleistung, höchstens um einen der Dauer des gesetzlichen Grundwehrdienstes oder Zivildienstes entsprechenden Zeitraum. 2Die Ableistung eines Dienstes im Sinne von Absatz 3 Nr. 2 Buchstabe c ist kein gleichgestellter Dienst im Sinne von Satz 1.

(5) Der Anspruch auf Waisenrente endet nicht dadurch, daß die Waise als Kind angenommen wird.

§ 68 Höhe der Waisenrente

(1) Die Rente beträgt

1. 20 vom Hundert des Jahresarbeitsverdienstes für eine Halbwaise,
2. 30 vom Hundert des Jahresarbeitsverdienstes für eine Vollwaise

(2) (weggefallen)

(3) Liegen bei einem Kind die Voraussetzungen für mehrere Waisenrenten aus der Unfallversicherung vor, wird nur die höchste Rente gezahlt und bei Renten gleicher Höhe diejenige, die wegen des frühesten Versicherungsfalls zu zahlen ist.

§ 69 Rente an Verwandte der aufsteigenden Linie

(1) Verwandte der aufsteigenden Linie, Stief- oder Pflegeeltern der Verstorbenen, die von den Verstorbenen zur Zeit des Todes aus deren Arbeitsentgelt oder Arbeitseinkommen wesentlich unterhalten worden sind oder ohne den Versicherungsfall wesentlich unterhalten worden wären, erhalten eine Rente, solange sie ohne den Versicherungsfall gegen die Verstorbenen einen Anspruch auf Unterhalt wegen Unterhaltsbedürftigkeit hätten geltend machen können.

(2) 1Sind aus der aufsteigenden Linie Verwandte verschiedenen Grades vorhanden, gehen die näheren den entfernteren vor. 2Den Eltern stehen Stief- oder Pflegeeltern gleich.

(3) Liegen bei einem Elternteil oder bei einem Elternpaar die Voraussetzungen für mehrere Elternrenten aus der Unfallversicherung vor, wird nur die höchste Rente gezahlt und bei Renten gleicher Höhe diejenige, die wegen des frühesten Versicherungsfalls zu zahlen ist.

(4) Die Rente beträgt

1. 20 vom Hundert des Jahresarbeitsverdienstes für einen Elternteil,
2. 30 vom Hundert des Jahresarbeitsverdienstes für ein Elternpaar.

(5) Stirbt bei Empfängern einer Rente für ein Elternpaar ein Ehegatte, wird dem überlebenden Ehegatten anstelle der Rente für einen Elternteil die für den Sterbemonat zustehende Elternrente für ein Elternpaar für die folgenden drei Kalendermonate weitergezahlt.

§ 70 Höchstbetrag der Hinterbliebenenrenten

(1) 1Die Renten der Hinterbliebenen dürfen zusammen 80 vom Hundert des Jahresarbeitsverdienstes nicht übersteigen, sonst werden sie gekürzt, und zwar bei Witwen und Witwern, früheren Ehegatten und Waisen nach dem Verhältnis ihrer Höhe. 2Bei Anwendung von Satz 1 wird von der nach § 65 Abs. 2 Nr. 2 und 3 oder § 68 Abs. 1 berechneten Rente ausgegangen; anschließend wird § 65 Abs. 3 angewendet. 3§ 65 Abs. 2 Nr. 1 bleibt unberührt. 4Verwandte der aufsteigenden Linie, Stief- oder Pflegeeltern sowie Pflegekinder haben nur Anspruch, soweit Witwen und Witwer, frühere Ehegatten oder Waisen den Höchstbetrag nicht ausschöpfen.

(2) Sind für die Hinterbliebenen 80 vom Hundert des Jahresarbeitsverdienstes festgestellt und tritt später ein neuer Berechtigter hinzu, werden die Hinterbliebenenrenten nach Absatz 1 neu berechnet.

(3) Beim Wegfall einer Hinterbliebenenrente erhöhen sich die Renten der übrigen bis zum zulässigen Höchstbetrag.

§ 71 Witwen-, Witwer- und Waisenbeihilfe

(1) 1Witwen oder Witwer von Versicherten erhalten eine einmalige Beihilfe von 40 vom Hundert des Jahresarbeitsverdienstes, wenn

1. ein Anspruch auf Hinterbliebenenrente nicht besteht, weil der Tod der Versicherten nicht Folge eines Versicherungsfalls war, und
2. die Versicherten zur Zeit ihres Todes Anspruch auf eine Rente nach einer Minderung der Erwerbsfähigkeit von 50 vom Hundert oder mehr oder auf mehrere Renten hatten, deren Vomhundertsätze zusammen mindestens die Zahl 50 erreichen; soweit Renten abgefunden wurden, wird von dem Vomhundertsatz der abgefundenen Rente ausgegangen.

2§ 65 Abs. 6 gilt entsprechend.

(2) 1Beim Zusammentreffen mehrerer Renten oder Abfindungen wird die Beihilfe nach dem höchsten Jahresarbeitsverdienst berechnet, der den Renten oder Abfindungen zugrunde lag. 2Die Beihilfe zahlt der Unfallversicherungsträger, der die danach berechnete Leistung erbracht hat, bei gleich hohen Jahresarbeitsverdiensten derjenige, der für den frühesten Versicherungsfall zuständig ist.

(3) 1Für Vollwaisen, die bei Tod der Versicherten infolge eines Versicherungsfalls Anspruch auf Waisenrente hätten, gelten die Absätze 1 und 2 entsprechend, wenn sie zur Zeit des Todes der Versicherten mit ihnen in

VII

häuslicher Gemeinschaft gelebt haben und von ihnen überwiegend unterhalten worden sind. 2Sind mehrere Waisen vorhanden, wird die Waisenbeihilfe gleichmäßig verteilt.

(4) 1Haben Versicherte länger als zehn Jahre eine Rente nach einer Minderung der Erwerbsfähigkeit von 80 vom Hundert oder mehr bezogen und sind sie nicht an den Folgen eines Versicherungsfalls gestorben, kann anstelle der Beihilfe nach Absatz 1 oder 3 den Berechtigten eine laufende Beihilfe bis zur Höhe einer Hinterbliebenenrente gezahlt werden, wenn die Versicherten infolge des Versicherungsfalls gehindert waren, eine entsprechende Erwerbstätigkeit auszuüben, und wenn dadurch die Versorgung der Hinterbliebenen um mindestens 10 vom Hundert gemindert ist. 2Auf die laufende Beihilfe finden im übrigen die Vorschriften für Hinterbliebenenrenten Anwendung.

Dritter Unterabschnitt
Beginn, Änderung und Ende von Renten

VII

§ 72 Beginn von Renten

(1) Renten an Versicherte werden von dem Tag an gezahlt, der auf den Tag folgt, an dem

1. der Anspruch auf Verletztengeld endet,
2. der Versicherungsfall eingetreten ist, wenn kein Anspruch auf Verletztengeld entstanden ist.

(2) 1Renten an Hinterbliebene werden vom Todestag an gezahlt. 2Hinterbliebenenrenten, die auf Antrag geleistet werden, werden vom Beginn des Monats an gezahlt, der der Antragstellung folgt.

(3) 1Die Satzung kann bestimmen, daß für Unternehmer, ihre im Unternehmen mitarbeitenden Ehegatten oder mitarbeitenden Lebenspartner und für den Unternehmern im Versicherungsschutz Gleichgestellte Rente für die ersten 13 Wochen nach dem sich aus § 46 Abs. 1 ergebenden Zeitpunkt ganz oder teilweise nicht gezahlt wird. 2Die Rente beginnt spätestens am Tag nach Ablauf der 13. Woche, sofern Verletztengeld nicht zu zahlen ist.

§ 73 Änderungen und Ende von Renten

(1) Ändern sich aus tatsächlichen oder rechtlichen Gründen die Voraussetzungen für die Höhe einer Rente nach ihrer Feststellung, wird die Rente in neuer Höhe nach Ablauf des Monats geleistet, in dem die Änderung wirksam geworden ist.

(2) 1Fallen aus tatsächlichen oder rechtlichen Gründen die Anspruchsvoraussetzungen für eine Rente weg, wird die Rente bis zum Ende des Monats geleistet, in dem der Wegfall wirksam geworden ist. 2Satz 1 gilt entsprechend, wenn festgestellt wird, daß Versicherte, die als verschollen gelten, noch leben.

(3) Bei der Feststellung der Minderung der Erwerbsfähigkeit ist eine Änderung im Sinne des § 48 Abs. 1 des Zehnten Buches nur wesentlich, wenn sie mehr als 5 vom Hundert beträgt; bei Renten auf unbestimmte Zeit muß die Veränderung der Minderung der Erwerbsfähigkeit länger als drei Monate andauern.

(4) 1Sind Renten befristet, enden sie mit Ablauf der Frist. 2Das schließt eine vorherige Änderung oder ein Ende der Rente aus anderen Gründen nicht aus. 3Renten dürfen nur auf das Ende eines Kalendermonats befristet werden.

(5) 1Witwen- und Witwerrenten nach § 65 Abs. 2 Nr. 3 Buchstabe a wegen Kindererziehung werden auf das Ende des Kalendermonats befristet, in dem die Kindererziehung voraussichtlich endet. 2Waisenrenten werden auf das Ende des Kalendermonats befristet, in dem voraussichtlich der Anspruch auf die Waisenrente entfällt. 3Die Befristung kann wiederholt werden.

(6) Renten werden bis zum Ende des Kalendermonats geleistet, in dem die Berechtigten gestorben sind.

§ 74 Ausnahmeregelungen für die Änderung von Renten

(1) 1Der Anspruch auf eine Rente, die auf unbestimmte Zeit geleistet wird, kann aufgrund einer Änderung der Minderung der Erwerbsfähigkeit zuungunsten der Versicherten nur in Abständen von mindestens einem Jahr geändert werden. 2Das Jahr beginnt mit dem Zeit-

punkt, von dem an die vorläufige Entschädigung Rente auf unbestimmte Zeit geworden oder die letzte Rentenfeststellung bekanntgegeben worden ist.

(2) Renten dürfen nicht für die Zeit neu festgestellt werden, in der Verletztengeld zu zahlen ist oder ein Anspruch auf Verletztengeld wegen des Bezugs von Einkommen oder des Erhalts von Betriebs- und Haushaltshilfe oder wegen der Erfüllung der Voraussetzungen für den Erhalt von Betriebs- und Haushaltshilfe nicht besteht.

Vierter Unterabschnitt Abfindung

§ 75 Abfindung mit einer Gesamtvergütung

1Ist nach allgemeinen Erfahrungen unter Berücksichtigung der besonderen Verhältnisse des Einzelfalles zu erwarten, daß nur eine Rente in Form der vorläufigen Entschädigung zu zahlen ist, kann der Unfallversicherungsträger die Versicherten nach Abschluß der Heilbehandlung mit einer Gesamtvergütung in Höhe des voraussichtlichen Rentenaufwandes abfinden. 2Nach Ablauf des Zeitraumes, für den die Gesamtvergütung bestimmt war, wird auf Antrag Rente als vorläufige Entschädigung oder Rente auf unbestimmte Zeit gezahlt, wenn die Voraussetzungen hierfür vorliegen.

§ 76 Abfindung bei Minderung der Erwerbsfähigkeit unter 40 vom Hundert

(1) 1Versicherte, die Anspruch auf eine Rente wegen einer Minderung der Erwerbsfähigkeit von weniger als 40 vom Hundert haben, können auf ihren Antrag mit einem dem Kapitalwert der Rente entsprechenden Betrag abgefunden werden. 2Versicherte, die Anspruch auf mehrere Renten aus der Unfallversicherung haben, deren Vomhundertsätze zusammen die Zahl 40 nicht erreichen, können auf ihren Antrag mit einem Betrag abgefunden werden, der dem Kapitalwert einer oder mehrerer dieser Renten entspricht. 3Die Bundesregierung bestimmt durch Rechtsverordnung mit Zustimmung des Bundesrates die Berechnung des Kapitalwertes.

(2) Eine Abfindung darf nur bewilligt werden, wenn nicht zu erwarten ist, daß die Minderung der Erwerbsfähigkeit wesentlich sinkt.

(3) Tritt nach der Abfindung eine wesentliche Verschlimmerung der Folgen des Versicherungsfalls (§ 73 Abs. 3) ein, wird insoweit Rente gezahlt.

§ 77 Wiederaufleben der abgefundenen Rente

(1) Werden Versicherte nach einer Abfindung Schwerverletzte, lebt auf Antrag der Anspruch auf Rente in vollem Umfang wieder auf.

(2) 1Die Abfindungssumme wird auf die Rente angerechnet, soweit sie die Summe der Rentenbeträge übersteigt, die den Versicherten während des Abfindungszeitraumes zugestanden hätten. 2Die Anrechnung hat so zu erfolgen, daß den Versicherten monatlich mindestens die halbe Rente verbleibt.

§ 78 Abfindung bei Minderung der Erwerbsfähigkeit ab 40 vom Hundert

(1) 1Versicherte, die Anspruch auf eine Rente wegen einer Minderung der Erwerbsfähigkeit von 40 vom Hundert oder mehr haben, können auf ihren Antrag durch einen Geldbetrag abgefunden werden. 2Das gleiche gilt für Versicherte, die Anspruch auf mehrere Renten haben, deren Vomhundertsätze zusammen die Zahl 40 erreichen oder übersteigen.

(2) Eine Abfindung kann nur bewilligt werden, wenn

1. die Versicherten das 18. Lebensjahr vollendet haben und
2. nicht zu erwarten ist, daß innerhalb des Abfindungszeitraumes die Minderung der Erwerbsfähigkeit wesentlich sinkt.

§ 79 Umfang der Abfindung

1Eine Rente kann in den Fällen einer Abfindung bei einer Minderung der Erwerbsfähigkeit ab 40 vom Hundert bis zur Hälfte für einen Zeitraum von zehn Jahren abgefunden werden. 2Als Abfindungssumme wird das

VII

Neunfache des der Abfindung zugrundeliegenden Jahresbetrages der Rente gezahlt. 3Der Anspruch auf den Teil der Rente, an dessen Stelle die Abfindung tritt, erlischt mit Ablauf des Monats der Auszahlung für zehn Jahre.

§ 80 Abfindung bei Wiederheirat

(1) 1Eine Witwenrente oder Witwerrente wird bei der ersten Wiederheirat der Berechtigten mit dem 24fachen Monatsbetrag abgefunden. 2In diesem Fall werden Witwenrenten und Witwerrenten an frühere Ehegatten, die auf demselben Versicherungsfall beruhen, erst nach Ablauf von 24 Monaten neu festgesetzt. 3Bei einer Rente nach § 65 Abs. 2 Nr. 2 vermindert sich das 24fache des abzufindenden Monatsbetrages um die Anzahl an Kalendermonaten, für die die Rente geleistet wurde. 4Entsprechend vermindert sich die Anzahl an Kalendermonaten nach Satz 2.

(2) 1Monatsbetrag ist der Durchschnitt der für die letzten zwölf Kalendermonate geleisteten Witwenrente oder Witwerrente. 2Bei Wiederheirat vor Ablauf des 15. Kalendermonats nach dem Tode des Versicherten ist Monatsbetrag der Durchschnittsbetrag der Witwenrente oder Witwerrente, die nach Ablauf des dritten auf den Sterbemonat folgenden Kalendermonats zu leisten war. 3Bei Wiederheirat vor Ablauf dieses Kalendermonats ist Monatsbetrag der Betrag der Witwenrente oder Witwerrente, der für den vierten auf den Sterbemonat folgenden Kalendermonat zu leisten wäre.

(3) 1Wurde bei der Wiederheirat eine Rentenabfindung gezahlt und besteht nach Auflösung oder Nichtigerklärung der erneuten Ehe Anspruch auf Witwenrente oder Witwerrente nach dem vorletzten Ehegatten, wird für jeden Kalendermonat, der auf die Zeit nach Auflösung oder Nichtigerklärung der erneuten Ehe bis zum Ablauf des 24. Kalendermonats nach Ablauf des Monats der Wiederheirat entfällt, von dieser Rente ein Vierundzwanzigstel der Rentenabfindung in angemessenen Teilbeträgen einbehalten. 2Bei verspäteter Antragstellung mindert sich die einzubehaltende Rentenabfindung um den Betrag, der den Berechtigten bei frühestmöglicher Antragstellung an Witwenrente oder Witwerrente nach dem vorletzten Ehegatten zugestanden hätte.

(4) Die Absätze 1 bis 3 gelten entsprechend für die Bezieher einer Witwen- und Witwerrente an frühere Ehegatten.

(5) Die Absätze 1 bis 4 gelten entsprechend für die Bezieher einer Witwen- oder Witwerrente an Lebenspartner.

Fünfter Unterabschnitt
Vorschriften für die Versicherten der landwirtschaftlichen Unfallversicherung

§ 80a Voraussetzungen für den Rentenanspruch, Wartezeit

(1) 1Versicherte im Sinne des § 2 Abs. 1 Nr. 5 Buchstabe a und b haben abweichend von § 56 Abs. 1 Satz 1 Anspruch auf eine Rente, wenn ihre Erwerbsfähigkeit infolge eines Versicherungsfalls über die 26. Woche nach dem Versicherungsfall hinaus um wenigstens 30 vom Hundert gemindert ist. 2§ 56 Abs. 1 Satz 2 gilt mit der Maßgabe, dass die Vomhundertsätze zusammen wenigstens die Zahl 30 erreichen müssen.

(2) Für Versicherte im Sinne des § 2 Abs. 1 Nr. 5 Buchstabe a wird eine Rente für die ersten 26 Wochen nach dem sich aus § 46 Abs. 1 ergebenden Zeitpunkt oder, wenn kein Anspruch auf Verletztengeld entstanden ist, für die ersten 26 Wochen nach Eintritt des Versicherungsfalls, nicht gezahlt.

Dritter Abschnitt
Jahresarbeitsverdienst

Erster Unterabschnitt
Allgemeines

§ 81 Jahresarbeitsverdienst als Berechnungsgrundlage

Die Vorschriften dieses Abschnitts gelten für Leistungen in Geld, die nach dem Jahresarbeitsverdienst berechnet werden.

Zweiter Unterabschnitt
Erstmalige Festsetzung

§ 82 Regelberechnung

(1) 1Der Jahresarbeitsverdienst ist der Gesamtbetrag der Arbeitsentgelte (§ 14 des Vierten Buches) und Arbeitseinkommen (§ 15 des Vierten Buches) des Versicherten in den zwölf Kalendermonaten vor dem Monat, in dem der Versicherungsfall eingetreten ist. 2Zum Arbeitsentgelt nach Satz 1 gehört auch das Arbeitsentgelt, auf das ein nach den zwölf Kalendermonaten abgeschlossener Tarifvertrag dem Versicherten rückwirkend einen Anspruch einräumt.

(2) 1Für Zeiten, in denen der Versicherte in dem in Absatz 1 Satz 1 genannten Zeitraum kein Arbeitsentgelt oder Arbeitseinkommen bezogen hat, wird das Arbeitsentgelt oder Arbeitseinkommen zugrunde gelegt, das seinem durchschnittlichen Arbeitsentgelt oder Arbeitseinkommen in den mit Arbeitsentgelt oder Arbeitseinkommen belegten Zeiten dieses Zeitraums entspricht. 2Erleidet jemand, der als Soldat auf Zeit, als Wehr- oder Zivildienstleistender oder als Entwicklungshelfer, beim besonderen Einsatz des Zivilschutzes oder bei einem Dienst nach dem Jugendfreiwilligendienstegesetz oder dem Bundesfreiwilligendienstgesetz tätig wird, einen Versicherungsfall, wird als Jahresarbeitsverdienst das Arbeitsentgelt oder Arbeitseinkommen zugrunde gelegt, das er durch eine Tätigkeit erzielt hätte, die der letzten Tätigkeit vor den genannten Zeiten entspricht, wenn es für ihn günstiger ist. 3Ereignet sich der Versicherungsfall innerhalb eines Jahres seit Beendigung einer Berufsausbildung, bleibt das während der Berufsausbildung erzielte Arbeitsentgelt außer Betracht, wenn es für den Versicherten günstiger ist.

(3) Arbeitsentgelt und Ausbildungsbeihilfe nach den §§ 43 und 44 des Strafvollzugsgesetzes gelten nicht als Arbeitsentgelt im Sinne der Absätze 1 und 2.

(4) 1Erleidet jemand, dem sonst Unfallfürsorge nach beamtenrechtlichen Vorschriften oder Grundsätzen gewährleistet ist, einen Versicherungsfall, für den ihm Unfallfürsorge nicht zusteht, gilt als Jahresarbeitsverdienst der Jahresbetrag der ruhegehaltsfähigen Dienstbezüge, die der Berechnung eines Unfallruhegehalts zugrunde zu legen wären. 2Für Berufssoldaten gilt dies entsprechend.

§ 83 Jahresarbeitsverdienst kraft Satzung

1Für kraft Gesetzes versicherte selbständig Tätige, für kraft Satzung versicherte Unternehmer und Ehegatten oder Lebenspartner und für freiwillig Versicherte hat die Satzung des Unfallversicherungsträgers die Höhe des Jahresarbeitsverdienstes zu bestimmen. 2Sie hat ferner zu bestimmen, daß und unter welchen Voraussetzungen die kraft Gesetzes versicherten selbständig Tätigen und die kraft Satzung versicherten Unternehmer und Ehegatten oder Lebenspartner auf ihren Antrag mit einem höheren Jahresarbeitsverdienst versichert werden.

§ 84 Jahresarbeitsverdienst bei Berufskrankheiten

1Bei Berufskrankheiten gilt für die Berechnung das Jahresarbeitsverdienstes als Zeitpunkt des Versicherungsfalls der letzte Tag, an dem die Versicherten versicherte Tätigkeiten verrichtet haben, die ihrer Art nach geeignet waren, die Berufskrankheit zu verursachen, wenn diese Berechnung für die Versicherten günstiger ist als eine Berechnung auf der Grundlage des in § 9 Abs. 5 genannten Zeitpunktes. 2Dies gilt ohne Rücksicht darauf, aus welchen Gründen die schädigende versicherte Tätigkeit aufgegeben worden ist.

§ 85 Mindest- und Höchstjahresarbeitsverdienst

(1) 1Der Jahresarbeitsverdienst beträgt mindestens

1. für Versicherte, die im Zeitpunkt des Versicherungsfalls das 15., aber noch nicht das 18. Lebensjahr vollendet haben, 40 vom Hundert,
2. für Versicherte, die im Zeitpunkt des Versicherungsfalls das 18. Lebensjahr vollendet haben, 60 vom Hundert

der im Zeitpunkt des Versicherungsfalls maßgebenden Bezugsgröße. 2Satz 1 findet keine Anwendung auf Versicherte nach § 3 Abs. 1 Nr. 3.

VII

(2) 1Der Jahresarbeitsverdienst beträgt höchstens das Zweifache der im Zeitpunkt des Versicherungsfalls maßgebenden Bezugsgröße. 2Die Satzung kann eine höhere Obergrenze bestimmen.

§ 86 Jahresarbeitsverdienst für Kinder

Der Jahresarbeitsverdienst beträgt

1. für Versicherte, die im Zeitpunkt des Versicherungsfalls das sechste Lebensjahr nicht vollendet haben, 25 vom Hundert,
2. für Versicherte, die im Zeitpunkt des Versicherungsfalls das sechste, aber nicht das 15. Lebensjahr vollendet haben, 33 1/ 3 vom Hundert

der im Zeitpunkt des Versicherungsfalls maßgebenden Bezugsgröße.

§ 87 Jahresarbeitsverdienst nach billigem Ermessen

1Ist ein nach der Regelberechnung, nach den Vorschriften bei Berufskrankheiten, den Vorschriften für Kinder oder nach der Regelung über den Mindestjahresarbeitsverdienst festgesetzter Jahresarbeitsverdienst in erheblichem Maße unbillig, wird er nach billigem Ermessen im Rahmen von Mindest- und Höchstjahresverdienst festgesetzt. 2Hierbei werden insbesondere die Fähigkeiten, die Ausbildung, die Lebensstellung und die Tätigkeit der Versicherten im Zeitpunkt des Versicherungsfalls berücksichtigt.

§ 88 Erhöhung des Jahresarbeitsverdienstes für Hinterbliebene

Ist der für die Berechnung von Geldleistungen an Hinterbliebene maßgebende Jahresarbeitsverdienst eines durch einen Versicherungsfall Verstorbenen infolge eines früheren Versicherungsfalls geringer als der für den früheren Versicherungsfall festgesetzte Jahresarbeitsverdienst, wird für den neuen Versicherungsfall dem Arbeitsentgelt und Arbeitseinkommen die an den Versicherten im Zeitpunkt des Todes zu zahlende Rente hinzugerechnet; dabei darf der Betrag nicht überschritten werden, der der Rente infolge des früheren Versicherungsfalls als Jahresarbeitsverdienst zugrunde lag.

§ 89 Berücksichtigung von Anpassungen

Beginnt die vom Jahresarbeitsverdienst abhängige Geldleistung nach dem 30. Juni eines Jahres und ist der Versicherungsfall im vergangenen Kalenderjahr oder früher eingetreten, wird der Jahresarbeitsverdienst entsprechend den für diese Geldleistungen geltenden Regelungen angepaßt.

Dritter Unterabschnitt Neufestsetzung

§ 90 Neufestsetzung nach voraussichtlicher Schul- oder Berufsausbildung oder Altersstufen

(1) 1Tritt der Versicherungsfall vor Beginn der Schulausbildung oder während einer Schul- oder Berufsausbildung der Versicherten ein, wird, wenn es für die Versicherten günstiger ist, der Jahresarbeitsverdienst von dem Zeitpunkt an neu festgesetzt, in dem die Ausbildung ohne den Versicherungsfall voraussichtlich beendet worden wäre oder bei einem regelmäßigen Verlauf der Ausbildung tatsächlich beendet worden ist. 2Der Neufestsetzung wird das Arbeitsentgelt zugrunde gelegt, das in diesem Zeitpunkt für Personen gleicher Ausbildung und gleichen Alters durch Tarifvertrag vorgesehen ist; besteht keine tarifliche Regelung, ist das Arbeitsentgelt maßgebend, das für derartige Tätigkeiten am Beschäftigungsort der Versicherten gilt.

(2) 1Haben die Versicherten zur Zeit des Versicherungsfalls das 30. Lebensjahr noch nicht vollendet, wird, wenn es für sie günstiger ist, der Jahresarbeitsverdienst jeweils nach dem Arbeitsentgelt neu festgesetzt, das zur Zeit des Versicherungsfalls für Personen mit gleichartiger Tätigkeit bei Erreichung eines bestimmten Berufsjahres oder bei Vollendung eines bestimmten Lebensjahres durch Tarifvertrag vorgesehen ist; besteht keine tarifliche Regelung, ist das Arbeitsentgelt maßgebend, das für derartige Tätigkeiten am Beschäftigungsort der Versicherten gilt. 2Es werden nur Erhöhungen berücksichtigt, die bis zur Vollendung des 30. Lebensjahres vorgesehen sind.

(3) Können die Versicherten in den Fällen des Absatzes 1 oder 2 infolge des Versicherungs-

VII

falls einer Erwerbstätigkeit nicht nachgehen, wird, wenn es für sie günstiger ist, der Jahresarbeitsverdienst nach den Erhöhungen des Arbeitsentgelts neu festgesetzt, die zur Zeit des Versicherungsfalls von der Vollendung eines bestimmten Lebensjahres, der Erreichung eines bestimmten Berufsjahres oder von dem Ablauf bestimmter Bewährungszeiten durch Tarif festgesetzt sind; besteht keine tarifliche Regelung, ist das Arbeitsentgelt maßgebend, das für derartige Tätigkeiten am Beschäftigungsort der Versicherten gilt.

(4) Ist der Versicherungsfall vor Beginn der Berufsausbildung eingetreten und läßt sich auch unter Berücksichtigung der weiteren Schul- oder Berufsausbildung nicht feststellen, welches Ausbildungsziel die Versicherten ohne den Versicherungsfall voraussichtlich erreicht hätten, wird der Jahresarbeitsverdienst mit Vollendung des 21. Lebensjahres auf 75 vom Hundert und mit Vollendung des 25. Lebensjahres auf 100 vom Hundert der zu diesen Zeitpunkten maßgebenden Bezugsgröße neu festgesetzt.

(5) Wurde der Jahresarbeitsverdienst nach den Vorschriften über den Mindestjahresarbeitsverdienst oder über den Jahresarbeitsverdienst für Kinder festgesetzt, wird er, vorbehaltlich der Regelungen in den Absätzen 1 bis 4, mit Vollendung der in diesen Vorschriften genannten weiteren Lebensjahre entsprechend dem Vomhundertsatz der zu diesen Zeitpunkten maßgebenden Bezugsgröße neu festgesetzt.

(6) In den Fällen des § 82 Abs. 2 Satz 2 sind die Absätze 1 bis 3 entsprechend anzuwenden.

§ 91 Mindest- und Höchstjahresarbeitsverdienst, Jahresarbeitsverdienst nach billigem Ermessen bei Neufestsetzung

Bei Neufestsetzungen des Jahresarbeitsverdienstes nach voraussichtlicher Schul- oder Berufsausbildung oder Altersstufen sind die Vorschriften über den Mindest- und Höchstjahresarbeitsverdienst und über den Jahresarbeitsverdienst nach billigem Ermessen entsprechend anzuwenden.

Vierter Unterabschnitt
Besondere Vorschriften für die bei der Berufsgenossenschaft Verkehrswirtschaft Post-Logistik Telekommunikation versicherten Seeleute und ihre Hinterbliebenen

§ 92 Jahresarbeitsverdienst für Seeleute

(1) 1Als Jahresarbeitsverdienst für Versicherte, die an Bord eines Seeschiffs beschäftigt sind, gilt das Zwölffache des nach Absatz 2 oder 4 festgesetzten monatlichen Durchschnitts des baren Entgelts einschließlich des Durchschnittssatzes des Werts der auf Seeschiffen gewährten Beköstigung oder Verpflegungsvergütung (Durchschnittsentgelt) zur Zeit des Versicherungsfalls. 2Für Versicherte, die als ausländische Seeleute ohne Wohnsitz oder ständigen Aufenthalt im Inland auf Schiffen beschäftigt werden, die nach § 12 des Flaggenrechtsgesetzes in der Fassung der Bekanntmachung vom 26. Oktober 1994 (BGBl. I S. 3140) in das Internationale Seeschiffahrtsregister eingetragen sind, und denen keine deutschen Tarifheuern gezahlt werden, gelten für die Berechnung des Jahresarbeitsverdienstes die allgemeinen Vorschriften über den Jahresarbeitsverdienst mit Ausnahme der Vorschrift über den Mindestjahresarbeitsverdienst.

(2) Die Satzung kann bestimmen, daß für Versicherte mit stark schwankendem Arbeitsentgelt besondere Durchschnittsentgelte entsprechend dem üblicherweise erzielten Jahresarbeitsentgelt festgesetzt werden.

(3) Als Jahresarbeitsverdienst für die kraft Gesetzes versicherten selbständig tätigen Küstenschiffer und Küstenfischer und ihre mitarbeitenden Ehegatten oder mitarbeitenden Lebenspartner gilt der nach Absatz 4 festgesetzte Durchschnitt des Jahreseinkommens; dabei wird das gesamte Jahreseinkommen berücksichtigt.

(4) Das monatliche Durchschnittsentgelt für die in Absatz 1 Satz 1 und Absatz 2 genannten Versicherten sowie der Durchschnitt des Jahreseinkommens für die in Absatz 3 genannten Versicherten werden von Ausschüs-

VII

sen festgesetzt, die die Vertreterversammlung bildet.

(5) ₁Die Festsetzung erfolgt im Bereich gleicher Tätigkeiten einheitlich für den Geltungsbereich dieses Gesetzes. ₂Bei der Festsetzung werden die zwischen Reedern und Vereinigungen seemännischer Arbeitnehmer abgeschlossenen Tarifverträge berücksichtigt; ausgenommen bleiben die Entgelte für Versicherte, für deren Jahresarbeitsverdienst Absatz 1 Satz 2 gilt. ₃Für die in Absatz 1 genannten Versicherten, die neben dem baren Entgelt, der Beköstigung oder Verpflegungsvergütung regelmäßige Nebeneinnahmen haben, wird auch deren durchschnittlicher Geldwert bei der Festsetzung des Durchschnitts eingerechnet.

(6) ₁Die Festsetzung bedarf der Genehmigung des Bundesversicherungsamts. ₂Das Bundesversicherungsamt kann für die Festsetzung eine Frist bestimmen; nach Ablauf der Frist kann es die Durchschnittssätze selbst festsetzen.

(7) ₁Die Festsetzung wird in jedem Jahr einmal nachgeprüft. ₂Das Bundesversicherungsamt kann auch in der Zwischenzeit Nachprüfungen anordnen.

(8) Die Satzung hat zu bestimmen, daß und unter welchen Voraussetzungen die in Absatz 3 genannten Versicherten auf ihren Antrag mit einem höheren Jahresarbeitsverdienst versichert werden.

Fünfter Unterabschnitt Besondere Vorschriften für die Versicherten der landwirtschaftlichen Unfallversicherung und ihre Hinterbliebenen

§ 93 Jahresarbeitsverdienst für landwirtschaftliche Unternehmer, ihre Ehegatten und Familienangehörigen

(1) ₁Der Jahresarbeitsverdienst der kraft Gesetzes versicherten

1. landwirtschaftlichen Unternehmer,
2. im Unternehmen mitarbeitenden Ehegatten und Lebenspartner der landwirtschaftlichen Unternehmer,
3. regelmäßig wie landwirtschaftliche Unternehmer selbständig Tätigen,

beträgt für Versicherungsfälle, die im Jahre 1996 oder früher eingetreten sind, 19 115 Deutsche Mark. ₂Für Versicherungsfälle, die im Jahre 1997 oder später eintreten, wird der in Satz 1 genannte Betrag, erstmalig zum 1. Juli 1997, entsprechend § 95 angepaßt; § 215 Abs. 5 findet keine Anwendung. ₃Die landwirtschaftliche Berufsgenossenschaft unterrichtet die landwirtschaftlichen Unternehmer über den jeweils geltenden Jahresarbeitsverdienst.

(2) ₁Solange die in Absatz 1 genannten Personen Anspruch auf eine Rente auf unbestimmte Zeit nach einer Minderung der Erwerbsfähigkeit von 50 vom Hundert oder mehr haben, erhöhen sich die in Absatz 1 genannten Beträge um

1. 25 vom Hundert bei einer Minderung der Erwerbsfähigkeit von weniger als 75 vom Hundert,
2. 50 vom Hundert bei einer Minderung der Erwerbsfähigkeit von 75 vom Hundert und mehr.

₂Haben Versicherte Anspruch auf mehrere Renten auf unbestimmte Zeit, deren Vomhundertsätze zusammen wenigstens die Zahl 50 erreichen und für die ein Jahresarbeitsverdienst nach dieser Vorschrift festzusetzen ist, bestimmt sich der Jahresarbeitsverdienst nach dem Betrag, der sich aus Satz 1 für die Summe der Vomhundertsätze der Minderung der Erwerbsfähigkeit ergibt.

(3) ₁Für die im landwirtschaftlichen Unternehmen nicht nur vorübergehend mitarbeitenden Familienangehörigen im Sinne des § 2 Abs. 1 Nr. 5 Buchstabe b gilt der Mindestjahresarbeitsverdienst als Jahresarbeitsverdienst. ₂Hatte der mitarbeitende Familienangehörige im Zeitpunkt des Versicherungsfalls das 15. Lebensjahr noch nicht vollendet, gilt die Vorschrift über den Jahresarbeitsverdienst für Kinder entsprechend. ₃Der Jahresarbeitsverdienst wird mit Vollendung des 15. und 18. Lebensjahres entsprechend der Regelung über den Mindestjahresarbeitsverdienst neu festgesetzt.

(4) Ist ein vorübergehend unentgeltlich in einem landwirtschaftlichen Unternehmen Beschäftigter in seinem Hauptberuf auch in einem landwirtschaftlichen Unternehmen tätig, gilt als Jahresarbeitsverdienst für diese Beschäftigung der für den Hauptberuf maßgebende Jahresarbeitsverdienst.

(5) 1Die Satzung hat zu bestimmen, daß und unter welchen Voraussetzungen die in Absatz 1, 2 oder 3 genannten Versicherten auf ihren Antrag mit einem höheren Jahresarbeitsverdienst versichert werden. 2Die Satzung kann bestimmen, dass die in Absätzen 1 und 2 genannten Beträge um bis zur Hälfte erhöht werden.

(6) 1Für Versicherte im Sinne der Absätze 1 und 3, die im Zeitpunkt des Versicherungsfalls das 65. Lebensjahr vollendet haben, wird der sich aus Absatz 1, 2 oder 3 ergebende Jahresarbeitsverdienst verringert. 2Die Verringerung nach Satz 1 beträgt

1. 65 vom Hundert für Versicherte, die im Zeitpunkt des Versicherungsfalls das 75. Lebensjahr vollendet haben,
2. 50 vom Hundert für Versicherte, die im Zeitpunkt des Versicherungsfalls das 70. Lebensjahr und noch nicht das 75. Lebensjahr vollendet haben
3. 35 vom Hundert für die übrigen Versicherten.

3Für Versicherte, die im Zeitpunkt des Versicherungsfalls das 65. Lebensjahr noch nicht vollendet haben und die Anspruch auf

1. vorzeitige Altersrente oder Rente wegen voller Erwerbsminderung aus der Alterssicherung der Landwirte,
2. Witwen- oder Witwerrente aus der Alterssicherung der Landwirte wegen Erwerbsminderung,
3. Überbrückungsgeld aus der Alterssicherung der Landwirte oder
4. Produktionsaufgaberente nach dem Gesetz zur Förderung der Einstellung der landwirtschaftlichen Erwerbstätigkeit

haben, ist Satz 1 entsprechend anzuwenden; die Verringerung beträgt 35 vom Hundert.

(7) 1Soweit Geldleistungen nach dem Jahresarbeitsverdienst im Sinne des Absatzes 1 berechnet werden, ist der nach Absatz 1 Satz 1 und 2 am 31. Dezember 2001 geltende, in Euro umzurechnende Jahresarbeitsverdienst auf zwei Dezimalstellen aufzurunden. 2Absatz 1 Satz 2 gilt entsprechend.

Vierter Abschnitt
Mehrleistungen

§ 94 Mehrleistungen

(1) 1Die Satzung kann Mehrleistungen bestimmen für

1. Personen, die für ein in § 2 Abs. 1 Nr. 9 oder 12 genanntes Unternehmen unentgeltlich, insbesondere ehrenamtlich tätig sind,
2. Personen, die nach § 2 Abs. 1 Nr. 10, 11 oder 13 oder Abs. 3 Nr. 2 versichert sind,
3. Personen, die nach § 2 Abs. 1 Nr. 1 oder § 2 Absatz 3 Satz 1 Nummer 3 Buchstabe a versichert sind, wenn diese an einer besonderen Auslandsverwendung im Sinne des § 31a des Beamtenversorgungsgesetzes oder des § 63c des Soldatenversorgungsgesetzes, die nach § 2 Absatz 3 Satz 1 Nummer 3 Buchstabe c versichert sind teilnehmen.

2Dabei können die Art der versicherten Tätigkeit, insbesondere ihre Gefährlichkeit, sowie Art und Schwere des Gesundheitsschadens berücksichtigt werden.

(2) Die Mehrleistungen zu Renten dürfen zusammen mit

1. Renten an Versicherte ohne die Zulage für Schwerverletzte 85 vom Hundert,
2. Renten an Hinterbliebene 80 vom Hundert

des Höchstjahresarbeitsverdienstes nicht überschreiten.

(2a) 1Für die in Absatz 1 Satz 1 Nummer 3 genannten Personen kann die Satzung die Höhe des Jahresarbeitsverdienstes bis zur Höhe des Eineinhalbfachen des Jahresarbeitsverdienstes bestimmen, der nach dem Dritten Abschnitt des Dritten Kapitels maß-

VII

gebend ist. 2Absatz 2 ist in diesen Fällen nicht anzuwenden.

(3) Die Mehrleistungen werden auf Geldleistungen, deren Höhe vom Einkommen abhängt, nicht angerechnet.

Fünfter Abschnitt
Gemeinsame Vorschriften für Leistungen

§ 95 Anpassung von Geldleistungen

(1) 1Jeweils zum gleichen Zeitpunkt, zu dem die Renten der gesetzlichen Rentenversicherung angepasst werden, werden die vom Jahresarbeitsverdienst abhängigen Geldleistungen, mit Ausnahme des Verletzten- und Übergangsgeldes, für Versicherungsfälle, die im vergangenen Kalenderjahr oder früher eingetreten sind, entsprechend dem Vomhundertsatz angepaßt, um den sich die Renten aus der gesetzlichen Rentenversicherung verändern. 2Die Bundesregierung hat mit Zustimmung des Bundesrates in der Rechtsverordnung über die Bestimmung des für die Rentenanpassung in der gesetzlichen Rentenversicherung maßgebenden aktuellen Rentenwerts den Anpassungsfaktor entsprechend dem Vomhundertsatz nach Satz 1 zu bestimmen.

VII

(2) 1Die Geldleistungen werden in der Weise angepaßt, daß sie nach einem mit dem Anpassungsfaktor vervielfältigten Jahresarbeitsverdienst berechnet werden. 2Die Vorschrift über den Höchstjahresarbeitsverdienst gilt mit der Maßgabe, daß an die Stelle des Zeitpunkts des Versicherungsfalls der Zeitpunkt der Anpassung tritt. 3Wird bei einer Neufestsetzung des Jahresarbeitsverdienstes nach voraussichtlicher Schul- oder Berufsausbildung oder nach bestimmten Altersstufen auf eine für diese Zeitpunkte maßgebende Berechnungsgrundlage abgestellt, gilt als Eintritt des Versicherungsfalls im Sinne des Absatzes 1 Satz 1 der Tag, an dem die Voraussetzungen für die Neufestsetzung eingetreten sind.

§ 96 Fälligkeit, Auszahlung und Berechnungsgrundsätze

(1) 1Laufende Geldleistungen mit Ausnahme des Verletzten- und Übergangsgeldes werden am Ende des Monats fällig, zu dessen Beginn die Anspruchsvoraussetzungen erfüllt sind; sie werden am letzten Bankarbeitstag dieses Monats ausgezahlt. 2Bei Zahlung auf ein Konto ist die Gutschrift der laufenden Geldleistung, auch wenn sie nachträglich erfolgt, so vorzunehmen, dass die Wertstellung des eingehenden Überweisungsbetrages auf dem Empfängerkonto unter dem Datum des Tages erfolgt, an dem der Betrag dem Geldinstitut zur Verfügung gestellt worden ist. 3Für die rechtzeitige Auszahlung im Sinne von Satz 1 genügt es, wenn nach dem gewöhnlichen Verlauf die Wertstellung des Betrages der laufenden Geldleistung unter dem Datum des letzten Bankarbeitstages erfolgen kann.

(2) Laufende Geldleistungen können mit Zustimmung der Berechtigten für einen angemessenen Zeitraum im voraus ausgezahlt werden.

(3) 1Geldleistungen, die für die Zeit nach dem Tod des Berechtigten auf ein Konto bei einem Geldinstitut, für das die Verordnung (EU) Nr. 260/2012 des Europäischen Parlaments und des Rates vom 14. März 2012 zur Festlegung der technischen Vorschriften und der Geschäftsanforderungen für Überweisungen und Lastschriften in Euro und zur Änderung der Verordnung (EG) Nr. 924/2009 (ABl. L 94 vom 30. 3. 2012, S. 22) gilt, überwiesen wurden, gelten als unter Vorbehalt erbracht. 2Das Geldinstitut hat sie der überweisenden Stelle oder dem Unfallversicherungsträger zurückzuüberweisen, wenn diese sie als zu Unrecht erbracht zurückfordern. 3Eine Verpflichtung zur Rücküberweisung besteht nicht, soweit über den entsprechenden Betrag bei Eingang der Rückforderung bereits anderweitig verfügt wurde, es sei denn, daß die Rücküberweisung aus einem Guthaben erfolgen kann. 4Das Geldinstitut darf den überwiesenen Betrag nicht zur Befriedigung eigener Forderungen verwenden.

(4) 1Soweit Geldleistungen für die Zeit nach dem Tod des Berechtigten zu Unrecht erbracht worden sind, sind sowohl die Personen, die die Geldleistungen unmittelbar in Empfang genommen haben oder an die der entsprechende Betrag durch Dauerauftrag, Lastschrifteinzug oder sonstiges bankübli-

ches Zahlungsgeschäft auf ein Konto weitergeleitet wurde (Empfänger), als auch die Personen, die als Verfügungsberechtigte über den entsprechenden Betrag ein bankübliches Zahlungsgeschäft zu Lasten des Kontos vorgenommen oder zugelassen haben (Verfügende), dem Träger der Unfallversicherung zur Erstattung des entsprechenden Betrages verpflichtet. $_2$Der Träger der Unfallversicherung hat Erstattungsansprüche durch Verwaltungsakt geltend zu machen. $_3$Ein Geldinstitut, das eine Rücküberweisung mit dem Hinweis abgelehnt hat, dass über den entsprechenden Betrag bereits anderweitig verfügt wurde, hat der überweisenden Stelle oder dem Träger der Unfallversicherung auf Verlangen Name und Anschrift des Empfängers oder Verfügenden und etwaiger neuer Kontoinhaber zu benennen. $_4$Ein Anspruch gegen die Erben nach § 50 des Zehnten Buches bleibt unberührt.

(4a) $_1$Die Ansprüche nach den Absätzen 3 und 4 verjähren in vier Jahren nach Ablauf des Kalenderjahres, in dem der erstattungsberechtigte Träger der Unfallversicherung Kenntnis von der Überzahlung und in den Fällen des Absatzes 4 zusätzlich von dem Erstattungspflichtigen erlangt hat. $_2$Für die Hemmung, die Ablaufhemmung, den Neubeginn und die Wirkung der Verjährung gelten die Vorschriften des Bürgerlichen Gesetzbuchs sinngemäß.

(5) Die Berechnungsgrundsätze des § 187 gelten mit der Maßgabe, daß bei der anteiligen Ermittlung einer Monatsrente der Kalendermonat mit der Zahl seiner tatsächlichen Tage anzusetzen ist.

(6) Sind laufende Geldleistungen, die nach Absatz 1 auszuzahlen und in dem Monat fällig geworden sind, in dem der Berechtigte verstorben ist, auf das bisherige Empfängerkonto bei einem Geldinstitut überwiesen worden, ist der Anspruch der Erben gegenüber dem Träger der Unfallversicherung erfüllt.

§ 97 Leistungen ins Ausland

Berechtigte, die ihren gewöhnlichen Aufenthalt im Ausland haben, erhalten nach diesem Buch

1. Geldleistungen,
2. für alle sonstigen zu erbringenden Leistungen eine angemessene Erstattung entstandener Kosten einschließlich der Kosten für eine Pflegekraft oder für Heimpflege.

§ 98 Anrechnung anderer Leistungen

(1) Auf Geldleistungen nach diesem Buch werden Geldleistungen eines ausländischen Trägers der Sozialversicherung oder einer ausländischen staatlichen Stelle, die ihrer Art nach den Leistungen nach diesem Buch vergleichbar sind, angerechnet.

(2) Entsteht der Anspruch auf eine Geldleistung nach diesem Buch wegen eines Anspruchs auf eine Leistung nach den Vorschriften des Sechsten Buches ganz oder teilweise nicht, gilt dies auch hinsichtlich vergleichbarer Leistungen, die von einem ausländischen Träger gezahlt werden.

(3) $_1$Auf Geldleistungen, die nach § 2 Abs. 3 Satz 1 Nr. 3 und § 3 Abs. 1 Nr. 3 versicherten Personen wegen eines Körper-, Sach- oder Vermögensschadens nach diesem Buch erbracht werden, sind gleichartige Geldleistungen anzurechnen, die wegen desselben Schadens von Dritten gezahlt werden. $_2$Geldleistungen auf Grund privater Versicherungsverhältnisse, die allein auf Beiträgen von Versicherten beruhen, werden nicht angerechnet.

§ 99 Wahrnehmung von Aufgaben durch die Deutsche Post AG

(1) $_1$Die Unfallversicherungsträger zahlen die laufenden Geldleistungen mit Ausnahme des Verletzten- und Übergangsgeldes in der Regel durch die Deutsche Post AG aus. $_2$Die Unfallversicherungsträger können die laufenden Geldleistungen auch an das vom Berechtigten angegebene Geldinstitut überweisen. $_3$Im übrigen können die Unfallversicherungsträger Geldleistungen durch die Deutsche Post AG auszahlen lassen.

(2) $_1$Soweit die Deutsche Post AG laufende Geldleistungen für die Unfallversicherungsträger auszahlt, führt sie auch Arbeiten zur Anpassung der Leistungen durch. $_2$Die An-

passungsmitteilungen ergehen im Namen des Unfallversicherungsträgers.

(3) 1Die Auszahlung und die Durchführung der Anpassung von Geldleistungen durch die Deutsche Post AG umfassen auch die Wahrnehmung der damit im Zusammenhang stehenden Aufgaben der Unfallversicherungsträger, insbesondere die Erstellung statistischen Materials und dessen Übermittlung an das Bundesministerium für Arbeit und Soziales und die Verbände der Unfallversicherungsträger. 2Die Deutsche Post AG kann entsprechende Aufgaben auch zugunsten der Unfallversicherungsträger wahrnehmen, die die laufenden Geldleistungen nicht durch sie auszahlen.

(4) 1Die Unfallversicherungsträger werden von ihrer Verantwortung gegenüber den Berechtigten nicht entbunden. 2Die Berechtigten sollen Änderungen in den tatsächlichen oder rechtlichen Verhältnissen, die für die Auszahlung oder die Durchführung der Anpassung der von der Deutschen Post AG gezahlten Geldleistungen erheblich sind, unmittelbar der Deutschen Post AG mitteilen.

(5) Zur Auszahlung der Geldleistungen erhält die Deutsche Post AG von den Unfallversicherungsträgern monatlich rechtzeitig angemessene Vorschüsse.

(6) Die Deutsche Post AG erhält für ihre Tätigkeit von den Unfallversicherungsträgern eine angemessene Vergütung und auf die Vergütung monatlich rechtzeitig angemessene Vorschüsse.

§ 100 Verordnungsermächtigung

Das Bundesministerium für Arbeit und Soziales wird ermächtigt, im Einvernehmen mit dem Bundesministerium der Finanzen durch Rechtsverordnung mit Zustimmung des Bundesrates

1. den Inhalt der von der Deutschen Post AG wahrzunehmenden Aufgaben der Unfallversicherungsträger näher zu bestimmen und die Rechte und Pflichten der Beteiligten festzulegen, insbesondere die Überwachung der Zahlungsvoraussetzungen durch die Auswertung der Sterbefallmitteilungen der Meldebehörden nach § 101a des Zehnten Buches und durch die Einholung von Lebensbescheinigungen im Rahmen des § 60 Abs. 1 und des § 65 Abs. 1 Nr. 3 des Ersten Buches,
2. die Höhe und Fälligkeit der Vorschüsse, die die Deutsche Post AG von den Unfallversicherungsträgern erhält, näher zu bestimmen,
3. die Höhe und Fälligkeit der Vergütung und der Vorschüsse, die die Deutsche Post AG von den Unfallversicherungsträgern erhält, näher zu bestimmen.

§ 101 Ausschluß oder Minderung von Leistungen

(1) Personen, die den Tod von Versicherten vorsätzlich herbeigeführt haben, haben keinen Anspruch auf Leistungen.

(2) 1Leistungen können ganz oder teilweise versagt oder entzogen werden, wenn der Versicherungsfall bei einer von Versicherten begangenen Handlung eingetreten ist, die nach rechtskräftigem strafgerichtlichen Urteil ein Verbrechen oder vorsätzliches Vergehen ist. 2Zuwiderhandlungen gegen Bergverordnungen oder bergbehördliche Anordnungen gelten nicht als Vergehen im Sinne des Satzes 1. 3Soweit die Leistung versagt wird, kann sie an unterhaltsberechtigte Ehegatten oder Lebenspartner und Kinder geleistet werden.

§ 102 Schriftform

In den Fällen des § 36a Abs. 1 Satz 1 Nr. 2 des Vierten Buches wird die Entscheidung über einen Anspruch auf eine Leistung schriftlich erlassen.

§ 103 Zwischennachricht, Unfalluntersuchung

(1) Kann der Unfallversicherungsträger in den Fällen des § 36a Abs. 1 Satz 1 des Vierten Buches innerhalb von sechs Monaten ein Verfahren nicht abschließen, hat er den Versicherten nach Ablauf dieser Zeit und danach in Abständen von sechs Monaten über den Stand des Verfahrens schriftlich oder elektronisch zu unterrichten.

(2) 1Der Versicherte ist berechtigt, an der Untersuchung eines Versicherungsfalls, die am

VII

Arbeitsplatz oder am Unfallort durchgeführt wird, teilzunehmen. 2Hinterbliebene, die aufgrund des Versicherungsfalls Ansprüche haben können, können an der Untersuchung teilnehmen, wenn sie dies verlangen.

Viertes Kapitel Haftung von Unternehmern, Unternehmensangehörigen und anderen Personen

Erster Abschnitt Beschränkung der Haftung gegenüber Versicherten, ihren Angehörigen und Hinterbliebenen

§ 104 Beschränkung der Haftung der Unternehmer

(1) 1Unternehmer sind den Versicherten, die für ihre Unternehmen tätig sind oder zu ihren Unternehmen in einer sonstigen die Versicherung begründenden Beziehung stehen, sowie deren Angehörigen und Hinterbliebenen nach anderen gesetzlichen Vorschriften zum Ersatz des Personenschadens, den ein Versicherungsfall verursacht hat, nur verpflichtet, wenn sie den Versicherungsfall vorsätzlich oder auf einem nach § 8 Abs. 2 Nr. 1 bis 4 versicherten Weg herbeigeführt haben. 2Ein Forderungsübergang nach § 116 des Zehnten Buches findet nicht statt.

(2) Absatz 1 gilt entsprechend für Personen, die als Leibesfrucht durch einen Versicherungsfall im Sinne des § 12 geschädigt worden sind.

(3) Die nach Absatz 1 oder 2 verbleibenden Ersatzansprüche vermindern sich um die Leistungen, die Berechtigte nach Gesetz oder Satzung infolge des Versicherungsfalls erhalten.

§ 105 Beschränkung der Haftung anderer im Betrieb tätiger Personen

(1) 1Personen, die durch eine betriebliche Tätigkeit einen Versicherungsfall von Versicherten desselben Betriebs verursachen, sind diesen sowie deren Angehörigen und Hinterbliebenen nach anderen gesetzlichen Vorschriften zum Ersatz des Personenschadens nur verpflichtet, wenn sie den Versicherungsfall vorsätzlich oder auf einem nach § 8 Abs. 2 Nr. 1 bis 4 versicherten Weg herbeigeführt haben. 2Satz 1 gilt entsprechend bei der Schädigung von Personen, die für denselben Betrieb tätig und nach § 4 Abs. 1 Nr. 1 versicherungsfrei sind. 3§ 104 Abs. 1 Satz 2, Abs. 2 und 3 gilt entsprechend.

(2) 1Absatz 1 gilt entsprechend, wenn nicht versicherte Unternehmer geschädigt worden sind. 2Soweit nach Satz 1 eine Haftung ausgeschlossen ist, werden die Unternehmer wie Versicherte, die einen Versicherungsfall erlitten haben, behandelt, es sei denn, eine Ersatzpflicht des Schädigers gegenüber dem Unternehmer ist zivilrechtlich ausgeschlossen. 3Für die Berechnung von Geldleistungen gilt der Mindestjahresarbeitsverdienst als Jahresarbeitsverdienst. 4Geldleistungen werden jedoch nur bis zur Höhe eines zivilrechtlichen Schadenersatzanspruchs erbracht.

§ 106 Beschränkung der Haftung anderer Personen

(1) In den in § 2 Abs. 1 Nr. 2, 3 und 8 genannten Unternehmen gelten die §§ 104 und 105 entsprechend für die Ersatzpflicht

1. der in § 2 Abs. 1 Nr. 2, 3 und 8 genannten Versicherten untereinander,
2. der in § 2 Abs. 1 Nr. 2, 3 und 8 genannten Versicherten gegenüber den Betriebsangehörigen desselben Unternehmens,
3. der Betriebsangehörigen desselben Unternehmens gegenüber den in § 2 Abs. 1 Nr. 2, 3 und 8 genannten Versicherten.

(2) Im Fall des § 2 Abs. 1 Nr. 17 gelten die §§ 104 und 105 entsprechend für die Ersatzpflicht

1. Pflegebedürftigen gegenüber den Pflegepersonen,
2. der Pflegepersonen gegenüber den Pflegebedürftigen,
3. der Pflegepersonen desselben Pflegebedürftigen untereinander.

(3) Wirken Unternehmen zur Hilfe bei Unglücksfällen oder Unternehmen des Zivil-

VII

schutzes zusammen oder verrichten Versicherte mehrerer Unternehmen vorübergehend betriebliche Tätigkeiten auf einer gemeinsamen Betriebsstätte, gelten die §§ 104 und 105 für die Ersatzpflicht der für die beteiligten Unternehmen Tätigen untereinander.

(4) Die §§ 104 und 105 gelten ferner für die Ersatzpflicht von Betriebsangehörigen gegenüber den nach § 3 Abs. 1 Nr. 2 Versicherten.

§ 107 Besonderheiten in der Seefahrt

(1) 1Bei Unternehmen der Seefahrt gilt § 104 auch für die Ersatzpflicht anderer das Arbeitsentgelt schuldender Personen entsprechend. 2§ 105 gilt für den Lotsen entsprechend.

(2) Beim Zusammenstoß mehrerer Seeschiffe von Unternehmen, für die die Berufsgenossenschaft Verkehrswirtschaft Post-Logistik Telekommunikation zuständig ist, gelten die §§ 104 und 105 entsprechend für die Ersatzpflicht, auch untereinander, der Reeder der dabei beteiligten Fahrzeuge, sonstiger das Arbeitsentgelt schuldender Personen, der Lotsen und der auf den beteiligten Fahrzeugen tätigen Versicherten.

§ 108 Bindung der Gerichte

(1) Hat ein Gericht über Ersatzansprüche der in den §§ 104 bis 107 genannten Art zu entscheiden, ist es an eine unanfechtbare Entscheidung nach diesem Buch oder nach dem Sozialgerichtsgesetz in der jeweils geltenden Fassung gebunden, ob ein Versicherungsfall vorliegt, in welchem Umfang Leistungen zu erbringen sind und ob der Unfallversicherungsträger zuständig ist.

(2) 1Das Gericht hat sein Verfahren auszusetzen, bis eine Entscheidung nach Absatz 1 ergangen ist. 2Falls ein solches Verfahren noch nicht eingeleitet ist, bestimmt das Gericht dafür eine Frist, nach deren Ablauf die Aufnahme des ausgesetzten Verfahrens zulässig ist.

§ 109 Feststellungsberechtigung von in der Haftung beschränkten Personen

1Personen, deren Haftung nach den §§ 104 bis 107 beschränkt ist und gegen die Versicherte, ihre Angehörigen und Hinterbliebene Schadenersatzforderungen erheben, können statt der Berechtigten die Feststellungen nach § 108 beantragen oder das entsprechende Verfahren nach dem Sozialgerichtsgesetz betreiben. 2Der Ablauf von Fristen, die ohne ihr Verschulden verstrichen sind, wirkt nicht gegen sie; dies gilt nicht, soweit diese Personen das Verfahren selbst betreiben.

Zweiter Abschnitt Haftung gegenüber den Sozialversicherungsträgern

§ 110 Haftung gegenüber den Sozialversicherungsträgern

(1) 1Haben Personen, deren Haftung nach den §§ 104 bis 107 beschränkt ist, den Versicherungsfall vorsätzlich oder grob fahrlässig herbeigeführt, haften sie den Sozialversicherungsträgern für die infolge des Versicherungsfalls entstandenen Aufwendungen, jedoch nur bis zur Höhe des zivilrechtlichen Schadenersatzanspruchs. 2Statt der Rente kann der Kapitalwert gefordert werden. 3Das Verschulden braucht sich nur auf das den Versicherungsfall verursachende Handeln oder Unterlassen zu beziehen.

(1a) 1Unternehmer, die Schwarzarbeit nach § 1 des Schwarzarbeitsbekämpfungsgesetzes erbringen und dadurch bewirken, dass Beiträge nach dem Sechsten Kapitel nicht, nicht in der richtigen Höhe oder nicht rechtzeitig entrichtet werden, erstatten den Unfallversicherungsträgern die Aufwendungen, die diesen infolge von Versicherungsfällen bei Ausführung der Schwarzarbeit entstanden sind. 2Eine nicht ordnungsgemäße Beitragsentrichtung wird vermutet, wenn die Unternehmer die Personen, bei denen die Versicherungsfälle eingetreten sind, nicht nach § 28a des Vierten Buches bei der Einzugsstelle oder der Datenstelle der Rentenversicherung angemeldet hatten.

(2) Die Sozialversicherungsträger können nach billigem Ermessen, insbesondere unter Berücksichtigung der wirtschaftlichen Verhältnisse des Schuldners, auf den Ersatzanspruch ganz oder teilweise verzichten.

§ 111 Haftung des Unternehmens

1Haben ein Mitglied eines vertretungsberechtigten Organs, Abwickler oder Liquidatoren juristischer Personen, vertretungsberechtigte Gesellschafter oder Liquidatoren einer Personengesellschaft des Handelsrechts oder gesetzliche Vertreter der Unternehmer in Ausführung ihnen zustehender Verrichtungen den Versicherungsfall vorsätzlich oder grob fahrlässig verursacht, haften nach Maßgabe des § 110 auch die Vertretenen. 2Eine nach § 110 bestehende Haftung derjenigen, die den Versicherungsfall verursacht haben, bleibt unberührt. 3Das gleiche gilt für Mitglieder des Vorstandes eines nicht rechtsfähigen Vereins oder für vertretungsberechtigte Gesellschafter einer Personengesellschaft des bürgerlichen Rechts mit der Maßgabe, daß sich die Haftung auf das Vereins- oder das Gesellschaftsvermögen beschränkt.

§ 112 Bindung der Gerichte

§ 108 über die Bindung der Gerichte gilt auch für die Ansprüche nach den §§ 110 und 111.

§ 113 Verjährung

1Für die Verjährung der Ansprüche nach den §§ 110 und 111 gelten die §§ 195, 199 Abs. 1 und 2 und § 203 des Bürgerlichen Gesetzbuchs entsprechend mit der Maßgabe, daß die Frist von dem Tag an gerechnet wird, an dem die Leistungspflicht für den Unfallversicherungsträger bindend festgestellt oder ein entsprechendes Urteil rechtskräftig geworden ist. 2Artikel 229 § 6 Abs. 1 des Einführungsgesetzes zum Bürgerlichen Gesetzbuche gilt entsprechend.

Fünftes Kapitel Organisation

Erster Abschnitt Unfallversicherungsträger

§ 114 Unfallversicherungsträger

(1) 1Träger der gesetzlichen Unfallversicherung (Unfallversicherungsträger) sind

1. die in der Anlage 1 aufgeführten gewerblichen Berufsgenossenschaften,
2. die Sozialversicherung für Landwirtschaft, Forsten und Gartenbau; bei Durchführung der Aufgaben nach diesem Gesetz und in sonstigen Angelegenheiten der landwirtschaftlichen Unfallversicherung führt sie die Bezeichnung landwirtschaftliche Berufsgenossenschaft,
3. die Unfallversicherung Bund und Bahn,
4. die Unfallkassen der Länder,
5. die Gemeindeunfallversicherungsverbände und Unfallkassen der Gemeinden,
6. die Feuerwehr-Unfallkassen,
7. die gemeinsamen Unfallkassen für den Landes- und den kommunalen Bereich.

2Die landwirtschaftliche Berufsgenossenschaft nimmt in der landwirtschaftlichen Unfallversicherung Verbandsaufgaben wahr.

(2) 1Soweit dieses Gesetz die Unfallversicherungsträger ermächtigt, Satzungen zu erlassen, bedürfen diese der Genehmigung der Aufsichtsbehörde. 2Ergibt sich nachträglich, daß eine Satzung nicht hätte genehmigt werden dürfen, kann die Aufsichtsbehörde anordnen, daß der Unfallversicherungsträger innerhalb einer bestimmten Frist die erforderliche Änderung vornimmt. 3Kommt der Unfallversicherungsträger der Anordnung nicht innerhalb dieser Frist nach, kann die Aufsichtsbehörde die erforderliche Änderung anstelle des Unfallversicherungsträgers selbst vornehmen.

(3) Für die Unfallversicherung Bund und Bahn gilt Absatz 2 mit der Maßgabe, dass bei der Genehmigung folgender Satzungen das Einvernehmen mit dem Bundesministerium für Arbeit und Soziales und dem Bundesministerium der Finanzen erforderlich ist:

1. Satzungen über die Erstreckung des Versicherungsschutzes auf Personen nach § 3 Abs. 1 Nr. 2 und 3,
2. Satzungen über die Obergrenze des Jahresarbeitsverdienstes (§ 85 Abs. 2),
3. Satzungen über Mehrleistungen (§ 94) und
4. Satzungen über die Aufwendungen der Unfallversicherung Bund und Bahn (§ 186).

VII

§ 115 Prävention bei der Unfallversicherung Bund und Bahn

(1) 1Für die Unternehmen, für die die Unfallversicherung Bund und Bahn nach § 125 Absatz 1 Nummer 1 zuständig ist, erlässt das Bundesministerium des Innern im Einvernehmen mit dem Bundesministerium für Arbeit und Soziales nach Anhörung der Vertreterversammlung der Unfallversicherung Bund und Bahn durch allgemeine Verwaltungsvorschriften Regelungen über Maßnahmen im Sinne des § 15 Absatz 1; die Vertreterversammlung kann Vorschläge für diese Vorschriften machen. 2Die Unfallverhütungsvorschriften der Unfallversicherungsträger sollen dabei berücksichtigt werden. 3Die Sorge der Beachtung der nach Satz 1 erlassenen Vorschriften gehört auch zu den Aufgaben des Vorstands. 4Betrifft eine allgemeine Verwaltungsvorschrift nach Satz 1 nur die Zuständigkeitsbereiche des Bundesministeriums der Verteidigung oder des Bundesministeriums der Finanzen, kann jedes dieser Bundesministerien für seinen Geschäftsbereich eine allgemeine Verwaltungsvorschrift erlassen; die Verwaltungsvorschrift bedarf in diesen Fällen des Einvernehmens mit den Bundesministerien des Innern sowie für Arbeit und Soziales.

VII

(2) 1Abweichend von § 15 Absatz 4 Satz 1 bedürfen die Unfallverhütungsvorschriften der Unfallversicherung Bund und Bahn der Genehmigung des Bundesministeriums des Innern. 2Die Entscheidung hierüber wird im Benehmen mit dem Bundesministerium für Arbeit und Soziales getroffen.

(3) 1Die Aufgabe der Prävention wird in den Geschäftsbereichen des Bundesministeriums der Verteidigung und des Auswärtigen Amts hinsichtlich seiner Auslandsvertretungen von dem jeweiligen Bundesministerium oder der von ihm bestimmten Stelle wahrgenommen. 2Die genannten Bundesministerien stellen sicher, dass die für die Überwachung und Beratung der Unternehmen eingesetzten Aufsichtspersonen eine für diese Tätigkeit ausreichende Befähigung besitzen.

§ 116 Unfallversicherungsträger im Landesbereich

(1) 1Für die Unfallversicherung im Landesbereich errichten die Landesregierungen durch Rechtsverordnung eine oder mehrere Unfallkassen. 2Die Landesregierungen können auch gemeinsame Unfallkassen für die Unfallversicherung im Landesbereich und für die Unfallversicherung einer oder mehrerer Gemeinden von zusammen wenigstens 500 000 Einwohnern errichten.

(2) Die Landesregierungen von höchstens drei Ländern können durch gleichlautende Rechtsverordnungen auch eine gemeinsame Unfallkasse entsprechend Absatz 1 errichten, wenn das aufsichtführende Land durch die beteiligten Länder in diesen Rechtsverordnungen oder durch Staatsvertrag der Länder bestimmt ist.

(3) 1Die Landesregierungen regeln in den Rechtsverordnungen auch das Nähere über die Eingliederung bestehender Unfallversicherungsträger in die gemeinsame Unfallkasse. 2§ 118 Absatz 1 Satz 5 gilt entsprechend. 3Bis zu den nächsten allgemeinen Wahlen in der Sozialversicherung richtet sich die Zahl der Mitglieder der Selbstverwaltungsorgane der vereinigten oder neu gebildeten Unfallversicherungsträger nach der Summe der Zahl der Mitglieder, die in den Satzungen der aufgelösten Unfallversicherungsträger bestimmt worden ist; § 43 Absatz 1 Satz 2 des Vierten Buches ist nicht anzuwenden. 4Die Mitglieder der Selbstverwaltungsorgane der aufgelösten Unfallversicherungsträger und ihre Stellvertreter werden Mitglieder und Stellvertreter der Selbstverwaltungsorgane der aus ihnen gebildeten Unfallversicherungsträger. 5Beschlüsse in den Selbstverwaltungsorganen der neu gebildeten Unfallversicherungsträger werden mit der Mehrheit der nach der Größe der aufgelösten Unfallversicherungsträger gewichteten Stimmen getroffen; für die Gewichtung wird ein angemessener Maßstab in der Satzung bestimmt. 6Die an einer Vereinigung beteiligten Unfallversicherungsträger der öffentlichen Hand haben rechtzeitig vor dem Wirksamwerden der Vereinigung eine neue Dienst-

ordnung zur Regelung der Rechtsverhältnisse der dienstordnungsmäßig Angestellten aufzustellen, die in Ergänzung der bestehenden Dienstordnungen einen sozialverträglichen Personalübergang gewährleistet; dabei sind die entsprechenden Regelungen für Tarifangestellte zu berücksichtigen. 7Die neue Dienstordnung ist der nach der Vereinigung zuständigen Aufsichtsbehörde vorzulegen. 8Die Vereinigungen sind sozialverträglich umzusetzen.

§ 117 Unfallversicherungsträger im kommunalen Bereich

(1) Soweit die Unfallversicherung im kommunalen Bereich nicht von einer gemeinsamen Unfallkasse für den Landes- und den kommunalen Bereich durchgeführt wird, errichten die Landesregierungen durch Rechtsverordnung für mehrere Gemeinden von zusammen wenigstens 500 000 Einwohnern einen Gemeindeunfallversicherungsverband.

(2) 1Die Landesregierungen von höchstens drei Ländern können durch gleichlautende Rechtsverordnungen auch einen gemeinsamen Gemeindeunfallversicherungsverband entsprechend Absatz 1 errichten, wenn das aufsichtführende Land durch die beteiligten Länder in diesen Rechtsverordnungen oder durch Staatsvertrag der Länder bestimmt ist. 2§ 116 Abs. 3 gilt entsprechend.

(3) 1Die Landesregierungen können durch Rechtsverordnung mehrere Feuerwehr-Unfallkassen oder die Feuerwehr-Unfallkassen mit den Unfallversicherungsträgern im Landesbereich und im kommunalen Bereich vereinigen. 2Für die Feuerwehr-Unfallkassen sind die für die Gemeindeunfallversicherungsverbände geltenden Vorschriften entsprechend anzuwenden. 3Die beteiligten Gemeinden und Gemeindeverbände gelten als Unternehmer. 4Die Landesregierungen von höchstens drei Ländern können durch gleichlautende Rechtsverordnungen mehrere Feuerwehr-Unfallkassen zu einer Feuerwehr-Unfallkasse vereinigen, wenn das aufsichtführende Land in diesen Rechtsverordnungen oder durch Staatsvertrag der Länder bestimmt ist. 5§ 118 Abs. 1 Satz 3, 5 bis 7 gilt entsprechend.

(4) Die Landesregierungen können durch Rechtsverordnung die Unfallkassen der Gemeinden mit den Unfallversicherungsträgern im kommunalen Bereich vereinigen.

(5) Bei Vereinigungen nach den Absätzen 3 und 4 gilt § 116 Absatz 3 Satz 6 bis 8 entsprechend.

§ 118 Vereinigung von Berufsgenossenschaften

(1) 1Berufsgenossenschaften können sich auf Beschluß ihrer Vertreterversammlungen zu einer Berufsgenossenschaft vereinigen. 2Der Beschluß bedarf der Genehmigung der vor der Vereinigung zuständigen Aufsichtsbehörden. 3Die beteiligten Berufsgenossenschaften legen der nach der Vereinigung zuständigen Aufsichtsbehörde eine Satzung, einen Vorschlag zur Berufung der Mitglieder der Organe und eine Vereinbarung über die Rechtsbeziehungen zu Dritten und eine Vereinbarung über die Gefahrtarif- und Beitragsgestaltung vor. 4Diese Vereinbarung kann für eine Übergangszeit von höchstens zwölf Jahren unterschiedliche Berechnungsgrundlagen für die Beiträge oder unterschiedliche Beiträge und getrennte Umlagen für die bisherigen Zuständigkeitsbereiche der vereinigten Berufsgenossenschaften vorsehen; für Entschädigungslasten, die auf Versicherungsfällen vor der Vereinigung beruhen, kann die Vereinbarung Regelungen über den Zeitraum von zwölf Jahren hinaus vorsehen. 5Die beteiligten Berufsgenossenschaften können außerdem für eine Übergangszeit von bis zu zehn Jahren abweichend von § 36 Abs. 2 erster Halbsatz und Abs. 4 des Vierten Buches eine besondere Regelung über die weitere Tätigkeit der bisherigen Geschäftsführer und ihrer Stellvertreter als Geschäftsführer und Stellvertreter der neuen Berufsgenossenschaft sowie über die jeweilige Zuständigkeit vereinbaren; dabei kann die Zahl der stellvertretenden Geschäftsführer bis zu vier Personen betragen oder eine aus bis zu fünf Personen bestehende Geschäftsführung gebildet werden. 6Die Aufsichtsbehörde genehmigt die Satzung und die

VII

Vereinbarungen, beruft die Mitglieder der Organe und bestimmt den Zeitpunkt, an dem die Vereinigung wirksam wird. 7Mit diesem Zeitpunkt tritt die neue Berufsgenossenschaft in die Rechte und Pflichten der bisherigen Berufsgenossenschaften ein.

(2) Die Vereinigung nach Absatz 1 kann für abgrenzbare Unternehmensarten der aufzulösenden Berufsgenossenschaft mit mehreren Berufsgenossenschaften erfolgen.

(3) 1Die Einzelheiten hinsichtlich der Aufteilung des Vermögens und der Übernahme der Bediensteten werden durch die beteiligten Berufsgenossenschaften entsprechend der für das Kalenderjahr vor der Vereinigung auf die Unternehmensarten entfallenden Entschädigungslast in der Vereinbarung geregelt. 2Die an einer Vereinigung beteiligten Berufsgenossenschaften haben rechtzeitig vor dem Wirksamwerden der Vereinigung eine neue Dienstordnung zur Regelung der Rechtsverhältnisse der dienstordnungsmäßig Angestellten aufzustellen, die in Ergänzung der bestehenden Dienstordnungen einen sozialverträglichen Personalübergang gewährleistet; dabei sind die entsprechenden Regelungen für Tarifangestellte zu berücksichtigen. 3Die neue Dienstordnung ist zusammen mit den in Absatz 1 Satz 3 genannten Unterlagen der nach der Vereinigung zuständigen Aufsichtsbehörde vorzulegen. 4Vereinigungen sind sozialverträglich umzusetzen.

(4) 1In der Vereinbarung nach Absatz 1 über die Gefahrtarif- und Beitragsgestaltung oder in der Satzung der neuen Berufsgenossenschaft kann geregelt werden, dass die Rentenlasten und die Rehabilitationslasten sowie die anteiligen Verwaltungs- und Verfahrenskosten, die nach § 178 Abs. 1 bis 3 von der neuen Berufsgenossenschaft zu tragen sind, auf die bisherigen Zuständigkeitsbereiche der vereinigten Berufsgenossenschaften in dem Verhältnis der Lasten verteilt werden, als ob eine Vereinigung nicht stattgefunden hätte. 2Die Vertreterversammlung der neuen Berufsgenossenschaft kann mit Genehmigung des Bundesversicherungsamtes im letzten Jahr der Geltungsdauer der Regelung nach Satz 1 beschließen, die Geltung abweichend von Absatz 1 Satz 4 über den Zeitraum von zwölf Jahren hinaus für jeweils höchstens sechs weitere Jahre zu verlängern, wenn

1. eine der vereinigten Berufsgenossenschaften im Umlagejahr 2007 ausgleichsberechtigt nach § 176 Abs. 1 Nr. 1 oder Nr. 3 in der am 31. Dezember 2007 geltenden Fassung war und
2. ohne die Fortgeltung bei mindestens einem der bisherigen Zuständigkeitsbereiche der vereinigten Berufsgenossenschaften im Umlagejahr vor dem Beschluss die auf diesen Bereich entfallende anteilige Gesamtbelastung um mehr als 5 Prozent ansteigen würde.

(5) Bis zum Ende des Jahres, in dem eine Vereinigung wirksam wird, werden die sich vereinigenden Berufsgenossenschaften bezüglich der Rechte und Pflichten im Rahmen der Lastenverteilung nach den §§ 176 bis 181 als selbständige Körperschaften behandelt.

§§ 119 und 119a (weggefallen)

§ 120 Bundes- und Landesgarantie

Soweit durch Rechtsvorschriften des Bundes oder der Länder nicht etwas anderes bestimmt worden ist, gehen mit der Auflösung eines bundesunmittelbaren Unfallversicherungsträgers dessen Rechte und Pflichten auf den Bund und mit der Auflösung eines landesunmittelbaren Unfallversicherungsträgers dessen Rechte und Pflichten auf das aufsichtführende Land über.

Zweiter Abschnitt Zuständigkeit

Erster Unterabschnitt Zuständigkeit der gewerblichen Berufsgenossenschaften

§ 121 Zuständigkeit der gewerblichen Berufsgenossenschaften

(1) Die gewerblichen Berufsgenossenschaften sind für alle Unternehmen (Betriebe, Verwaltungen, Einrichtungen, Tätigkeiten) zuständig, soweit sich nicht aus dem Zweiten und Dritten Unterabschnitt eine Zuständig-

keit der landwirtschaftlichen Berufsgenossenschaft oder der Unfallversicherungsträger der öffentlichen Hand ergibt.

(2) 1Die Berufsgenossenschaft Verkehrswirtschaft Post-Logistik Telekommunikation ist über § 122 hinaus zuständig

1. für die Unternehmensarten, für die die Berufsgenossenschaft für Transport und Verkehrswirtschaft bis zum 31. Dezember 2015 zuständig war,
2. für Unternehmen der Seefahrt, soweit sich nicht aus dem Dritten Unterabschnitt eine Zuständigkeit der Unfallversicherungsträger der öffentlichen Hand ergibt,
3. für die Bundesanstalt für Post und Telekommunikation Deutsche Bundespost,
4. für die aus dem Sondervermögen der Deutschen Bundespost hervorgegangenen Aktiengesellschaften,
5. für die Unternehmen, die
   a) aus den Unternehmen im Sinne der Nummer 4 ausgegliedert worden sind und von diesen überwiegend beherrscht werden oder
   b) aus den Unternehmen im Sinne des Buchstabens a ausgegliedert worden sind und von diesen überwiegend beherrscht werden

   und unmittelbar und überwiegend Post-, Postbank- oder Telekommunikationsaufgaben erfüllen oder diesen Zwecken wie Hilfsunternehmen dienen,
6. für die betrieblichen Sozialeinrichtungen und in den durch Satzung anerkannten Selbsthilfeeinrichtungen der Bundesanstalt für Post und Telekommunikation Deutsche Bundespost,
7. für die Bundesdruckerei GmbH und für die aus ihr ausgegliederten Unternehmen, sofern diese von der Bundesdruckerei GmbH überwiegend beherrscht werden und ihren Zwecken als Neben- oder Hilfsunternehmen überwiegend dienen,
8. für die Museumsstiftung Post und Telekommunikation.

2§ 125 Absatz 4 gilt entsprechend. 3Über die Übernahme von Unternehmen nach Satz 1 Nummer 3 bis 8 und den Widerruf entscheidet das Bundesministerium der Finanzen.

(3) 1Seefahrt im Sinne dieses Buches ist

1. die Fahrt außerhalb der
   a) Festland- und Inselküstenlinie bei mittlerem Hochwasser,
   b) seewärtigen Begrenzung der Binnenwasserstraßen,
   c) Verbindungslinie der Molenköpfe bei an der Küste gelegenen Häfen,
   d) Verbindungslinie der äußeren Uferausläufe bei Mündungen von Flüssen, die keine Binnenwasserstraßen sind,
2. die Fahrt auf Buchten, Haffen und Watten der See,
3. für die Fischerei auch die Fahrt auf anderen Gewässern, die mit der See verbunden sind, bis zu der durch die Seeschiffahrtstraßen-Ordnung in der Fassung der Bekanntmachung vom 15. April 1987 (BGBl. I S. 1266), zuletzt geändert durch Artikel 3 der Verordnung vom 7. Dezember 1994 (BGBl. I S. 3744), bestimmten inneren Grenze,
4. das Fischen ohne Fahrzeug auf den in den Nummern 1 bis 3 genannten Gewässern.

2Die Fahrt von Binnenschiffen mit einer technischen Zulassung für die Zone 1 oder 2 der Binnenschiffs-Untersuchungsordnung vom 17. März 1988 (BGBl. I S. 238), zuletzt geändert durch Artikel 10 Abs. 1 der Verordnung vom 19. Dezember 1994 (BGBl. II S. 3822), binnenwärts der Grenzen nach Anlage 8 zu § 1 Abs. 1 der Schiffssicherheitsverordnung in der Fassung der Bekanntmachung vom 21. Oktober 1994 (BGBl. I S. 3281) gilt nicht als Seefahrt im Sinne des Satzes 1. 3Bei Inkrafttreten dieses Gesetzes bestehende Zuständigkeiten für Unternehmen der gewerblichen Schiffahrt bleiben unberührt.

§ 122 Sachliche und örtliche Zuständigkeit

(1) 1Das Bundesministerium für Arbeit und Soziales kann durch Rechtsverordnung mit Zustimmung des Bundesrates die sachliche Zuständigkeit der gewerblichen Berufsgenossenschaften nach Art und Gegenstand der

VII

Unternehmen unter Berücksichtigung der Prävention und der Leistungsfähigkeit der Berufsgenossenschaften und die örtliche Zuständigkeit bestimmen. ₂Werden dabei bestehende Zuständigkeiten verändert, ist in der Rechtsverordnung zu regeln, inwieweit die bisher zuständige Berufsgenossenschaft Betriebsmittel und Mittel aus der Rücklage an die nunmehr zuständige Berufsgenossenschaft zu übertragen hat.

(2) Soweit nichts anderes bestimmt ist, bleibt jede Berufsgenossenschaft für die Unternehmensarten sachlich zuständig, für die sie bisher zuständig war, solange eine nach Absatz 1 erlassene Rechtsverordnung die Zuständigkeit nicht anders regelt.

Zweiter Unterabschnitt Zuständigkeit der landwirtschaftlichen Berufsgenossenschaft

§ 123 Zuständigkeit der landwirtschaftlichen Berufsgenossenschaft

(1) Die landwirtschaftliche Berufsgenossenschaft ist für folgende Unternehmen (landwirtschaftliche Unternehmen) zuständig, soweit sich nicht aus dem Dritten Unterabschnitt eine Zuständigkeit der Unfallversicherungsträger der öffentlichen Hand ergibt:

1. Unternehmen der Land- und Forstwirtschaft einschließlich des Garten- und Weinbaues, der Fischzucht, Teichwirtschaft, Seen-, Bach- und Flußfischerei (Binnenfischerei), der Imkerei sowie der den Zielen des Natur- und Umweltschutzes dienenden Landschaftspflege,
2. Unternehmen, in denen ohne Bodenbewirtschaftung Nutz- oder Zuchttiere zum Zwecke der Aufzucht, der Mast oder der Gewinnung tierischer Produkte gehalten werden,
3. land- und forstwirtschaftliche Lohnunternehmen,
4. Park- und Gartenpflege sowie Friedhöfe,
5. Jagden,
6. die Landwirtschaftskammern und die Berufsverbände der Landwirtschaft,
7. Unternehmen, die unmittelbar der Sicherung, Überwachung oder Förderung der Landwirtschaft überwiegend dienen,
8. die Sozialversicherung für Landwirtschaft, Forsten und Gartenbau, deren Verbände und deren weitere Einrichtungen sowie die Zusatzversorgungskasse und das Zusatzversorgungswerk für Arbeitnehmer in der Land- und Forstwirtschaft.

(2) Landwirtschaftliche Unternehmen im Sinne des Absatzes 1 sind nicht

1. Haus- und Ziergärten,
2. andere Kleingärten im Sinne des Bundeskleingartengesetzes vom 28. Februar 1983 (BGBl. I S. 210), zuletzt geändert durch Artikel 5 des Gesetzes vom 21. September 1994 (BGBl. I S. 2538),

es sei denn, sie werden regelmäßig oder in erheblichem Umfang mit besonderen Arbeitskräften bewirtschaftet oder ihre Erzeugnisse dienen nicht hauptsächlich dem eigenen Haushalt.

(3) Das Bundesministerium für Arbeit und Soziales kann im Einvernehmen mit dem Bundesministerium für Ernährung und Landwirtschaft durch Rechtsverordnung mit Zustimmung des Bundesrates bestimmen, daß auch andere als die in Absatz 1 genannten Unternehmen als landwirtschaftliche Unternehmen gelten, wenn diese überwiegend der Land- und Forstwirtschaft dienen.

(4) ₁Unternehmen, die aufgrund von Allgemeinen Entscheidungen des Reichsversicherungsamtes beim Inkrafttreten dieses Buches einer landwirtschaftlichen Berufsgenossenschaft angehören, gelten als landwirtschaftliche Unternehmen. ₂Das Bundesministerium für Arbeit und Soziales kann im Einvernehmen mit dem Bundesministerium für Ernährung und Landwirtschaft diese Unternehmen in einer Rechtsverordnung mit Zustimmung des Bundesrates zusammenfassen. ₃Dabei können die Zuständigkeiten auch abweichend von den Entscheidungen des Reichsversicherungsamtes bestimmt werden, soweit dies erforderlich ist, um zusammengehörige Untemehmensarten einheitlich der landwirtschaftlichen Berufsgenossenschaft

VII

oder den gewerblichen Berufsgenossenschaften zuzuweisen.

§ 124 Bestandteile des landwirtschaftlichen Unternehmens

Zum landwirtschaftlichen Unternehmen gehören

1. die Haushalte der Unternehmer und der im Unternehmen Beschäftigten, wenn die Haushalte dem Unternehmen wesentlich dienen,
2. Bauarbeiten des Landwirts für den Wirtschaftsbetrieb,
3. Arbeiten, die Unternehmer aufgrund einer öffentlich-rechtlichen Verpflichtung als landwirtschaftliche Unternehmer zu leisten haben.

Dritter Unterabschnitt Zuständigkeit der Unfallversicherungsträger der öffentlichen Hand

§ 125 Zuständigkeit der Unfallversicherung Bund und Bahn

(1) Die Unfallversicherung Bund und Bahn ist zuständig

1. für die Unternehmen des Bundes,
2. für die Bundesagentur für Arbeit und für Personen, die nach § 2 Absatz 1 Nummer 14 Buchstabe a versichert sind,
3. für die Betriebskrankenkassen der Dienstbetriebe des Bundes,
4. für Personen, die im Zivilschutz tätig sind oder an Ausbildungsveranstaltungen einschließlich der satzungsmäßigen Veranstaltungen, die der Nachwuchsförderung dienen, im Zivilschutz teilnehmen, es sei denn, es ergibt sich eine Zuständigkeit nach den Vorschriften für die Unfallversicherungsträger im Landes- und im kommunalen Bereich,
5. für die in den Gemeinschaften des Deutschen Roten Kreuzes ehrenamtlich Tätigen sowie für sonstige beim Deutschen Roten Kreuz mit Ausnahme der Unternehmen des Gesundheitswesens und der Wohlfahrtspflege Tätige,
6. für Personen, die
   a) nach § 2 Absatz 3 Satz 1 Nummer 2 Buchstabe a versichert sind,
   b) nach § 2 Absatz 3 Satz 1 Nummer 2 Buchstabe b versichert sind,
7. für Personen, die nach § 2 Absatz 3 Satz 1 Nummer 1 versichert sind, wenn es sich um eine Vertretung des Bundes handelt,
8. für Personen, die nach § 2 Abs. 3 Satz 1 Nr. 3 versichert sind,
9. für Personen, die nach § 3 Abs. 1 Nr. 3 versichert sind.

(2) Die Unfallversicherung Bund und Bahn ist auch zuständig

1. für das Bundeseisenbahnvermögen,
2. für die Deutsche Bahn AG und für die aus der Gesellschaft gemäß § 2 Absatz 1 des Deutsche Bahn Gründungsgesetzes vom 27. Dezember 1993 (BGBl. I S. 2378, 2386) ausgegliederten Aktiengesellschaften,
3. für die Unternehmen,
   a) die gemäß § 3 Absatz 3 des Deutsche Bahn Gründungsgesetzes aus den Unternehmen im Sinne der Nummer 2 ausgegliedert worden sind,
   b) die von den in Nummer 2 genannten Unternehmen überwiegend beherrscht werden und
   c) die unmittelbar und überwiegend Eisenbahnverkehrsleistungen erbringen oder Eisenbahninfrastruktur betreiben oder diesen Zwecken wie Hilfsunternehmen dienen,
4. für die Bahnversicherungsträger und die in der Anlage zu § 15 Absatz 2 des Bundeseisenbahnneugliederungsgesetzes vom 27. Dezember 1993 (BGBl. I S. 2378; 1994 I S. 2439) aufgeführten betrieblichen Sozialeinrichtungen und der Selbsthilfeeinrichtungen mit Ausnahme der in der Anlage unter B Nummer 6 genannten Einrichtungen sowie für die der Krankenversorgung der Bundesbahnbeamten dienenden Einrichtungen,
5. für Magnetschwebebahnunternehmen des öffentlichen Verkehrs.

(3) [1]Der Bund kann für einzelne Unternehmen der sonst zuständigen Berufsgenossenschaft

VII

beitreten. 2Er kann zum Ende eines Kalenderjahres aus der Berufsgenossenschaft austreten. 3Über den Eintritt und den Austritt entscheidet das zuständige Bundesministerium im Einvernehmen mit dem Bundesministerium für Arbeit und Soziales und dem Bundesministerium der Finanzen.

(4) 1Der Bund kann ein Unternehmen, das in selbständiger Rechtsform betrieben wird, aus der Zuständigkeit der Berufsgenossenschaft in die Zuständigkeit der Unfallversicherung Bund und Bahn übernehmen, wenn er an dem Unternehmen überwiegend beteiligt ist oder auf seine Organe einen ausschlaggebenden Einfluß hat. 2Unternehmen, die erwerbswirtschaftlich betrieben werden, sollen nicht übernommen werden. 3Die Übernahme kann widerrufen werden; die Übernahme ist zu widerrufen, wenn die Voraussetzungen des Satzes 1 nicht mehr vorliegen. 4Für die Übernahme und den Widerruf gilt Absatz 3 Satz 3 entsprechend. 5Die Übernahme wird mit Beginn des folgenden, der Widerruf zum Ende des laufenden Kalenderjahres wirksam. 6Abweichend von Satz 5 wird die Übernahme, die im Kalenderjahr der Gründung eines Unternehmens erklärt wird, mit Beginn des Unternehmens wirksam.

VII

§ 126 (weggefallen)

§ 127 (weggefallen)

§ 128 Zuständigkeit der Unfallversicherungsträger im Landesbereich

(1) Die Unfallversicherungsträger im Landesbereich sind zuständig

1. für die Unternehmen des Landes,

1a. für Unternehmen, die in selbständiger Rechtsform betrieben werden und an denen das Land
   a) bei Kapitalgesellschaften unmittelbar oder mittelbar die Mehrheit der Kapitalanteile auf sich vereint oder
   b) bei sonstigen Unternehmen die Stimmenmehrheit in dem Organ, dem die Verwaltung und Führung des Unternehmens obliegt, auf sich vereint,

2. für Kinder in Tageseinrichtungen von Trägern der freien Jugendhilfe und in anderen privaten, als gemeinnützig im Sinne des Steuerrechts anerkannten Tageseinrichtungen, sowie für Kinder, die durch geeignete Tagespflegepersonen im Sinne von § 23 des Achten Buches betreut werden,

2a. für Kinder während der Teilnahme an vorschulischen Sprachförderungskursen nach § 2 Absatz 1 Nummer 8 Buchstabe a, die nicht in Tageseinrichtungen durchgeführt werden,

3. für Schüler an privaten allgemeinbildenden und berufsbildenden Schulen,

4. für Studierende an privaten Hochschulen,

5. für Personen, die nach § 2 Abs. 1 Nr. 3 versichert sind, soweit die Maßnahme von einer Landesbehörde veranlaßt worden ist,

6. für Personen, die in Einrichtungen zur Hilfe bei Unglücksfällen tätig sind oder an Ausbildungsveranstaltungen dieser Einrichtungen einschließlich der satzungsmäßigen Veranstaltungen, die der Nachwuchsförderung dienen, teilnehmen,

7. für Personen, die nach § 2 Abs. 1 Nr. 13 Buchstabe a und c versichert sind,

8. für Personen, die nach § 2 Abs. 2 Satz 2 versichert sind,

9. für Personen, die wie Beschäftigte für nicht gewerbsmäßige Halter von Fahrzeugen oder Reittieren tätig werden,

10. für Personen, die nach § 2 Absatz 3 Satz 1 Nummer 1 versichert sind, wenn es sich um eine Vertretung eines Landes handelt,

11. für Versicherte nach § 3 Absatz 1 Nummer 4 und 5.

(2) Die Landesregierungen können durch Rechtsverordnung die Zuständigkeit der Unfallversicherungsträger im kommunalen Bereich für die Versicherten nach Absatz 1 Nr. 6, 7, 9 und 11 bestimmen.

(3) und (4) (weggefallen)

(5) Übt ein Land die Gemeindeverwaltung aus, gilt die Vorschrift über die Zuständigkeit der Unfallversicherungsträger im kommunalen Bereich entsprechend.

§ 129 Zuständigkeit der Unfallversicherungsträger im kommunalen Bereich

(1) Die Unfallversicherungsträger im kommunalen Bereich sind zuständig

1. für die Unternehmen der Gemeinden und Gemeindeverbände,

1a. für Unternehmen, die in selbständiger Rechtsform betrieben werden und an denen Gemeinden oder Gemeindeverbände
   a) bei Kapitalgesellschaften unmittelbar oder mittelbar die Mehrheit der Kapitalanteile auf sich vereinen oder
   b) bei sonstigen Unternehmen die Stimmenmehrheit in dem Organ, dem die Verwaltung und Führung des Unternehmens obliegt, auf sich vereinen,

2. für Haushalte,

3. für in Eigenarbeit nicht gewerbsmäßig ausgeführte Bauarbeiten (nicht gewerbsmäßige Bauarbeiten), wenn für die einzelne geplante Bauarbeit nicht mehr als die im Bauhauptgewerbe geltende tarifliche Wochenarbeitszeit tatsächlich verwendet wird; mehrere nicht gewerbsmäßige Bauarbeiten werden dabei zusammengerechnet, wenn sie einem einheitlichen Bauvorhaben zuzuordnen sind; Nummer 1 und die §§ 125, 128 und 131 bleiben unberührt,

4. für Personen, die nach § 2 Abs. 1 Nr. 3 versichert sind, soweit die Maßnahme von einer Gemeinde veranlaßt worden ist,

5. für Personen, die Leistungen der Träger der Sozialhilfe zur Unterstützung und Aktivierung nach § 11 Absatz 3 des Zwölften Buches erhalten,

6. für Personen, die nach § 2 Abs. 1 Nr. 16 versichert sind,

7. für Pflegepersonen, die nach § 2 Abs. 1 Nr. 17 versichert sind.

(2) und (3) (weggefallen)

(4) 1Absatz 1 Nummer 1a gilt nicht für

1. Verkehrsunternehmen einschließlich Hafen- und Umschlagbetriebe,
2. Elektrizitäts-, Gas- und Wasserwerke sowie
3. Unternehmen, die Seefahrt betreiben.

2Absatz 1 Nummer 1 und 1a gilt nicht für landwirtschaftliche Unternehmen der in § 123 Absatz 1 Nummer 1, 4 und 5 genannten Art.

§ 129a Zuständigkeit bei gemeinsamer Beteiligung von Bund, Ländern, Gemeinden oder Gemeindeverbänden an Unternehmen

(1) Zur Feststellung der Voraussetzungen für die Zuständigkeit von Unfallversicherungsträgern im Landesbereich oder im kommunalen Bereich sind bei Kapitalgesellschaften Kapitalbeteiligungen von Bund, Ländern, Gemeinden und Gemeindeverbänden an Unternehmen, die in selbständiger Rechtsform betrieben werden, zusammenzurechnen.

(2) Bei einer gemeinsamen Kapitalbeteiligung von Bund, Ländern, Gemeinden oder Gemeindeverbänden an Kapitalgesellschaften richtet sich die Zuständigkeit nach der mehrheitlichen Kapitalbeteiligung.

(3) 1Bei gleicher Kapitalbeteiligung von Bund und Ländern sowie bei gleicher Kapitalbeteiligung von Bund und Gemeinden oder Gemeindeverbänden an Kapitalgesellschaften erfolgt die Festlegung der Zuständigkeit im gegenseitigen Einvernehmen. 2Das Einvernehmen ist herzustellen zwischen der jeweils nach Landesrecht zuständigen Stelle und dem Bund; § 125 Absatz 3 Satz 3 gilt entsprechend. 3Kann ein Einvernehmen nicht hergestellt werden, ist der Unfallversicherungsträger im Landesbereich oder im kommunalen Bereich zuständig.

(4) Bei gleicher Kapitalbeteiligung von Ländern an Kapitalgesellschaften erfolgt die Festlegung der Zuständigkeit im gegenseitigen Einvernehmen der nach Landesrecht zuständigen Stellen.

VII

(5) Bei gleicher Kapitalbeteiligung von Ländern und Gemeinden oder Gemeindeverbänden an Kapitalgesellschaften erfolgt die Festlegung der Zuständigkeit im gegenseitigen Einvernehmen durch die jeweils nach Landesrecht zuständige Stelle.

(6) Die Absätze 1 bis 5 gelten bei sonstigen Unternehmen in selbständiger Rechtsform hinsichtlich der gemeinsamen Stimmenmehrheit von Bund, Ländern, Gemeinden oder Gemeindeverbänden in dem Organ, dem die Verwaltung und Führung des Unternehmens obliegt, entsprechend.

Vierter Unterabschnitt Gemeinsame Vorschriften über die Zuständigkeit

§ 130 Örtliche Zuständigkeit

(1) 1Die örtliche Zuständigkeit des Unfallversicherungsträgers für ein Unternehmen richtet sich nach dem Sitz des Unternehmens. 2Ist ein solcher nicht vorhanden, gilt als Sitz der Wohnsitz oder gewöhnliche Aufenthaltsort des Unternehmers. 3Bei Arbeitsgemeinschaften gilt als Sitz des Unternehmens der Ort der Tätigkeit.

(2) 1Hat ein Unternehmen keinen Sitz im Inland, hat der Unternehmer einen Bevollmächtigten mit Sitz im Inland, beim Betrieb eines Seeschiffs mit Sitz in einem inländischen Seehafen zu bestellen. 2Dieser hat die Pflichten des Unternehmers. 3Als Sitz des Unternehmens gilt der Ort der Betriebsstätte im Inland, in Ermangelung eines solchen der Wohnsitz oder gewöhnliche Aufenthalt des Bevollmächtigten. 4Ist kein Bevollmächtigter bestellt, gilt als Sitz des Unternehmens Berlin.

(2a) Sind auf eine Beschäftigung im Ausland für ein Unternehmen ohne Sitz im Inland nach über- oder zwischenstaatlichem Recht die Vorschriften dieses Buches anzuwenden, richtet sich die örtliche Zuständigkeit nach dem Wohnsitz oder gewöhnlichen Aufenthalt des Versicherten im Inland.

(3) 1Betreiben mehrere Personen ein Seeschiff, haben sie einen gemeinsamen Bevollmächtigten mit Sitz in einem inländischen Seehafen zu bestellen. 2Dieser hat die Pflichten des Unternehmers.

(4) 1Für Personen, die nach § 2 Abs. 1 Nr. 13 Buchstabe a und c versichert sind, richtet sich die örtliche Zuständigkeit nach dem Ort der versicherten Tätigkeit. 2Wird diese im Ausland ausgeübt, richtet sich die örtliche Zuständigkeit nach dem letzten Wohnsitz oder gewöhnlichen Aufenthalt der Versicherten im Inland. 3Ist ein solcher nicht vorhanden, gilt Berlin als Ort der versicherten Tätigkeit.

(5) 1Erstreckt sich ein landwirtschaftliches Unternehmen im Sinne des § 123 Abs. 1 Nr. 1 auf die Bezirke mehrerer Gemeinden, hat es seinen Sitz dort, wo die gemeinsamen oder die seinen Hauptzwecken dienenden Wirtschaftsgebäude liegen, oder bei einem Unternehmen der Forstwirtschaft, wo der größte Teil der Forstgrundstücke liegt. 2Forstwirtschaftliche Grundstücke verschiedener Unternehmer gelten als Einzelunternehmen, auch wenn sie derselben Betriebsleitung unterstehen.

§ 131 Zuständigkeit für Hilfs- und Nebenunternehmen

(1) 1Umfaßt ein Unternehmen verschiedenartige Bestandteile (Hauptunternehmen, Nebenunternehmen, Hilfsunternehmen), die demselben Rechtsträger angehören, ist der Unfallversicherungsträger zuständig, dem das Hauptunternehmen angehört. 2§ 129 Absatz 4 bleibt unberührt.

(2) 1Das Hauptunternehmen bildet den Schwerpunkt des Unternehmens. 2Hilfsunternehmen dienen überwiegend den Zwecken anderer Untemehmensbestandteile. 3Nebenunternehmen verfolgen überwiegend eigene Zwecke.

(3) Absatz 1 gilt nicht für

1. Neben- und Hilfsunternehmen, die Seefahrt betreiben, welche über den örtlichen Verkehr hinausreicht,
2. landwirtschaftliche Nebenunternehmen mit einer Größe von mehr als fünf Hektar, Friedhöfe sowie Nebenunternehmen des Wein-, Garten- und Tabakbaus und anderer Spezialkulturen in einer Größe von mehr als 0,25 Hektar. Die Unfallversiche-

VII

rungsträger können eine abweichende Vereinbarung für bestimmte Arten von Nebenunternehmen oder für bestimmte in ihnen beschäftigte Versichertengruppen treffen.

§ 132 Zuständigkeit für Unfallversicherungsträger

Die Unfallversicherungsträger sind für sich und ihre eigenen Unternehmen zuständig.

§ 133 Zuständigkeit für Versicherte

(1) Sofern in diesem Abschnitt keine abweichenden Regelungen getroffen sind, bestimmt sich die Zuständigkeit für Versicherte nach der Zuständigkeit für das Unternehmen, für das die Versicherten tätig sind oder zu dem sie in einer besonderen, die Versicherung begründenden Beziehung stehen.

(2) Werden Versicherte einem Unternehmen von einem anderen Unternehmen überlassen, bestimmt sich die Zuständigkeit für die Versicherten nach der Zuständigkeit für das überlassende Unternehmen, sofern dieses zur Zahlung des Arbeitsentgelts verpflichtet ist.

§ 134 Zuständigkeit bei Berufskrankheiten

(1) 1Wurde im Fall einer Berufskrankheit die gefährdende Tätigkeit für mehrere Unternehmen ausgeübt, für die verschiedene Unfallversicherungsträger zuständig sind, richtet sich die Zuständigkeit nach dem Unternehmen, in dem die gefährdende Tätigkeit zuletzt ausgeübt wurde; die Unfallversicherungsträger können Näheres, auch Abweichendes, durch Vereinbarung regeln. 2Satz 1 gilt in den Fällen des § 3 der Berufskrankheiten-Verordnung entsprechend.

(2) Für die Feststellung einer Berufskrankheit sind auch Tätigkeiten zu berücksichtigen, die Versicherte im Rahmen einer Beschäftigung ausgeübt haben, für die nach § 4 Absatz 1 Versicherungsfreiheit bestand, wenn die Tätigkeiten ihrer Art nach geeignet waren, die Krankheit zu verursachen und die schädigende Einwirkung überwiegend durch die nach diesem Buch versicherten gefährdenden Tätigkeiten verursacht wurde.

§ 135 Versicherung nach mehreren Vorschriften

(1) Die Versicherung nach § 2 Abs. 1 Nr. 1 geht einer Versicherung vor

1. nach § 2 Abs. 1 Nr. 2, wenn die Versicherten an der Aus- und Fortbildung auf Veranlassung des Unternehmers, bei dem sie beschäftigt sind, teilnehmen,
2. nach § 2 Abs. 1 Nr. 3, wenn die Maßnahmen auf Veranlassung des Unternehmers durchgeführt werden, bei dem die Versicherten beschäftigt sind,
3. nach § 2 Abs. 1 Nr. 8, es sei denn, es handelt sich um Schüler beim Besuch berufsbildender Schulen,
4. nach § 2 Abs. 1 Nr. 12, wenn die Versicherten an der Ausbildungsveranstaltung einschließlich der satzungsmäßigen Veranstaltung, die der Nachwuchsförderung dient, auf Veranlassung des Unternehmers, bei dem sie beschäftigt sind, teilnehmen,
5. nach § 2 Abs. 1 Nr. 13 Buchstabe a oder c, wenn die Hilfeleistung im Rahmen von Verpflichtungen aus dem Beschäftigungsverhältnis erfolgt,

5a. nach § 2 Absatz 1 Nummer 14 Buchstabe b, wenn die Versicherten an einer Maßnahme teilnehmen, die von dem Unternehmer durchgeführt wird, bei dem sie beschäftigt sind,

6. nach § 2 Abs. 1 Nr. 17,
7. nach § 2 Abs. 2.

(2) Die Versicherung als selbständig Tätige nach § 2 Abs. 1 Nr. 5, 6, 7 und 9 geht der Versicherung nach § 2 Abs. 1 Nr. 13 Buchstabe a oder c vor, es sei denn, die Hilfeleistung geht über eine dem eigenen Unternehmen dienende Tätigkeit hinaus.

(3) 1Die Versicherung nach § 2 Abs. 1 Nr. 5, 9 und 10 geht der Versicherung nach § 2 Abs. 1 Nr. 17 vor. 2Die Versicherung nach § 2 Abs. 1 Nr. 9 geht der Versicherung nach § 2 Abs. 1 Nr. 10 vor.

(4) Die Versicherung des im landwirtschaftlichen Unternehmen mitarbeitenden Ehegatten oder Lebenspartners nach § 2 Abs. 1 Nr. 5

VII

Buchstabe a geht der Versicherung nach § 2 Abs. 1 Nr. 1 vor.

(4a) Die Versicherung nach § 2 Absatz 1 Nummer 13 Buchstabe d geht der Versicherung nach § 2 Absatz 1 Nummer 1 und 9 vor.

(5) Die Versicherung nach § 2 Abs. 1 Nr. 16 geht der Versicherung nach § 2 Abs. 1 Nr. 1 vor.

(5a) 1Die Versicherung nach einer Vorschrift des § 2 Abs. 1 geht der Versicherung nach § 2 Abs. 1a vor. 2Die Versicherung nach § 2 Abs. 1a geht der Versicherung nach § 2 Abs. 2 Satz 1 vor.

(6) Kann über die Absätze 1 bis 5 hinaus eine Tätigkeit zugleich nach mehreren Vorschriften des § 2 versichert sein, geht die Versicherung vor, der die Tätigkeit vorrangig zuzurechnen ist.

(7) 1Absatz 6 gilt entsprechend bei versicherten Tätigkeiten nach § 2 und zugleich nach den §§ 3 und 6. 2Die Versicherung nach § 2 Abs. 1 Nr. 9 geht der Versicherung nach § 6 Abs. 1 Nr. 3 vor.

VII

§ 136 Bescheid über die Zuständigkeit, Begriff des Unternehmers

(1) 1Der Unfallversicherungsträger stellt Beginn und Ende seiner Zuständigkeit für ein Unternehmen durch schriftlichen Bescheid gegenüber dem Unternehmer fest. 2Ein Unternehmen beginnt bereits mit den vorbereitenden Arbeiten für das Unternehmen. 3Bei in Eigenarbeit nicht gewerbsmäßig ausgeführten Bauarbeiten kann der Unfallversicherungsträger von der Feststellung seiner Zuständigkeit durch schriftlichen Bescheid absehen. 4War die Feststellung der Zuständigkeit für ein Unternehmen von Anfang an unrichtig oder ändert sich die Zuständigkeit für ein Unternehmen, überweist der Unfallversicherungsträger dieses dem zuständigen Unfallversicherungsträger. 5Die Überweisung erfolgt im Einvernehmen mit dem zuständigen Unfallversicherungsträger; sie ist dem Unternehmer von dem überweisenden Unfallversicherungsträger bekanntzugeben.

(2) 1Die Feststellung der Zuständigkeit war von Anfang an unrichtig, wenn sie den Zuständigkeitsregelungen eindeutig widerspricht oder das Festhalten an dem Bescheid zu schwerwiegenden Unzuträglichkeiten führen würde. 2Eine wesentliche Änderung der tatsächlichen Verhältnisse im Sinne des § 48 Abs. 1 des Zehnten Buches, die zu einer Änderung der Zuständigkeit führt, liegt vor, wenn das Unternehmen grundlegend und auf Dauer umgestaltet worden ist. 3Dies ist insbesondere dann der Fall, wenn der Zeitpunkt der Änderung der tatsächlichen Verhältnisse mehr als ein Jahr zurückliegt und seitdem keine der geänderten Zuständigkeit widersprechenden Veränderungen eingetreten sind oder wenn die Änderung der Zuständigkeit durch Zusammenführung, Aus- oder Eingliederung von abgrenzbaren Unternehmensbestandteilen bedingt ist. 4Eine Änderung gilt nicht als wesentlich, wenn ein Hilfsunternehmen im Sinne von § 131 Abs. 2 Satz 2 in eigener Rechtsform ausgegliedert wird, aber ausschließlich dem Unternehmen, dessen Bestandteil es ursprünglich war, dient. 5Satz 3 gilt nicht, wenn feststeht, dass die tatsächlichen Umstände, welche die Veränderung der Zuständigkeit begründen, innerhalb eines Zeitraums von zwei Jahren nach deren Eintritt entfallen. 6Stellt sich innerhalb eines Jahres nach Bestandskraft des Bescheides, mit dem erstmalig die Zuständigkeit für ein Unternehmen festgestellt wurde, heraus, dass die Zuständigkeit eines anderen Unfallversicherungsträgers gegeben ist, erfolgt eine Überweisung auch dann, wenn die weiteren Voraussetzungen in den Sätzen 1 bis 3 nicht erfüllt sind und kein Fall im Sinne des Satzes 5 vorliegt.

(3) Unternehmer ist

1. die natürliche oder juristische Person oder rechtsfähige Personenvereinigung oder -gemeinschaft, der das Ergebnis des Unternehmens unmittelbar zum Vor- oder Nachteil gereicht,
2. bei nach § 2 Abs. 1 Nr. 2 oder 15 versicherten Rehabilitanden der Rehabilitationsträger,
3. bei Versicherten nach § 2 Absatz 1 Nummer 2, 8 und 14 Buchstabe b der Sachkostenträger,
4. beim Betrieb eines Seeschiffs der Reeder,

5. bei nach § 2 Abs. 1 Nr. 10 Buchstabe a oder b Versicherten, die für eine privatrechtliche Organisation ehrenamtlich tätig werden oder an Ausbildungsveranstaltungen für diese Tätigkeit teilnehmen, die Gebietskörperschaft oder öffentlich-rechtliche Religionsgemeinschaft, in deren Auftrag oder mit deren Zustimmung die Tätigkeit erbracht wird,
6. bei einem freiwilligen Dienst nach dem Jugendfreiwilligendienstegesetz oder einem Internationalen Jugendfreiwilligendienst nach § 2 Absatz 3 Satz 1 Nummer 2 Buchstabe c der zugelassene Träger oder, sofern eine Vereinbarung nach § 11 Abs. 2 des Jugendfreiwilligendienstegesetzes getroffen ist, die Einsatzstelle,
7. bei einem Dienst nach dem Bundesfreiwilligendienstgesetz die Einsatzstelle.

(4) Absatz 1 Satz 1 gilt nicht für Unfallversicherungsträger der öffentlichen Hand.

§ 137 Wirkung von Zuständigkeitsänderungen

(1) 1Geht die Zuständigkeit für Unternehmen nach § 136 Abs. 1 Satz 4 von einem Unfallversicherungsträger auf einen anderen über, bleibt bis zum Ablauf des Kalenderjahres, in dem die Entscheidung über das Ende der Zuständigkeit des bisherigen Unfallversicherungsträgers gegenüber dem Unternehmen bindend wird, dieser Unfallversicherungsträger für das Unternehmen zuständig. 2Die Unfallversicherungsträger können Abweichendes vereinbaren.

(2) 1Geht die Zuständigkeit für ein Unternehmen oder einen Unternehmensbestandteil von einem Unfallversicherungsträger auf einen anderen über, ist dieser auch hinsichtlich der Versicherungsfälle zuständig, die vor dem Zuständigkeitswechsel eingetreten sind; die Unfallversicherungsträger können Abweichendes vereinbaren. 2Satz 1 gilt nicht, wenn die Zuständigkeit für ein Unternehmen von der Zuständigkeit der Unfallversicherung Bund und Bahn nach § 125 Absatz 1 auf einen anderen Unfallversicherungsträger übergeht.

§ 138 Unterrichtung der Versicherten

Die Unternehmer haben die in ihren Unternehmen tätigen Versicherten darüber zu unterrichten, welcher Unfallversicherungsträger für das Unternehmen zuständig ist und an welchem Ort sich seine für Entschädigungen zuständige Geschäftsstelle befindet.

§ 139 Vorläufige Zuständigkeit

(1) Ist ein Unfallversicherungsträger der Ansicht, daß ein entschädigungspflichtiger Versicherungsfall vorliegt, für den ein anderer Unfallversicherungsträger zuständig ist, hat er vorläufige Leistungen nach § 43 des Ersten Buches zu erbringen, wenn der andere Unfallversicherungsträger sich nicht für zuständig hält oder die Prüfung der Zuständigkeit nicht innerhalb von 21 Tagen abgeschlossen werden kann.

(2) 1Wird einem Unfallversicherungsträger ein Versicherungsfall angezeigt, für den nach seiner Ansicht ein anderer Unfallversicherungsträger zuständig ist, hat er die Anzeige mit etwaigen weiteren Feststellungen an den anderen Unfallversicherungsträger unverzüglich abzugeben. 2Hält der andere Unfallversicherungsträger sich nicht für zuständig oder kann die Zuständigkeit nicht innerhalb von 21 Tagen abschließend geklärt werden, hat der erstangegangene Unfallversicherungsträger die weiteren Feststellungen zu treffen und erforderliche Leistungen nach § 43 des Ersten Buches zu erbringen.

(3) Der von dem erstangegangenen Unfallversicherungsträger angegangene Unfallversicherungsträger hat diesem unverzüglich seine Entscheidung nach den Absätzen 1 und 2 mitzuteilen.

(4) Die Unfallversicherungsträger sind berechtigt, eine abweichende Vereinbarung über die Zuständigkeit zur Erbringung vorläufiger Leistungen nach Absatz 1 und zur Durchführung der weiteren Feststellungen nach Absatz 2 zu treffen.

§ 139a Deutsche Verbindungsstelle Unfallversicherung – Ausland

(1) Die Deutsche Gesetzliche Unfallversicherung e. V. nimmt die Aufgaben

VII

1. der Deutschen Verbindungsstelle Unfallversicherung – Ausland (Verbindungsstelle) auf der Grundlage des über- und zwischenstaatlichen Rechts sowie
2. des Trägers des Wohn- und Aufenthaltsorts aufgrund überstaatlichen Rechts für den Bereich der Unfallversicherung

wahr.

(2) Zu den Aufgaben nach Absatz 1 gehören insbesondere

1. der Abschluss von Vereinbarungen mit ausländischen Verbindungsstellen,
2. die Kostenabrechnungen mit in- und ausländischen Stellen,
3. die Koordinierung der Verwaltungshilfe bei grenzüberschreitenden Sachverhalten,
4. die Information, Beratung und Aufklärung sowie
5. die Umlagerechnung.

(3) 1Die Verbindungsstelle legt die ihr durch die Erfüllung ihrer Aufgaben entstandenen Sach- und Personalkosten nach Ablauf eines Kalenderjahres auf alle deutschen Träger der gesetzlichen Unfallversicherung um. 2Auf die Umlage kann sie Vorschüsse einfordern.

Dritter Abschnitt
Weitere Versicherungseinrichtungen

§ 140 Haftpflicht- und Auslandsversicherung

(1) Die landwirtschaftliche Berufsgenossenschaft kann für diejenigen Unternehmer und die ihnen in der Haftpflicht Gleichstehenden, deren Betriebssitz sich im örtlichen und sachlichen Zuständigkeitsbereich einer am 31. Dezember 2012 bestehenden landwirtschaftlichen Berufsgenossenschaft befindet, die bis zu diesem Zeitpunkt eine Versicherung gegen Haftpflicht nach den an diesem Tag geltenden Vorschriften betrieben hat, diese Versicherung weiter betreiben.

(2) Die Unfallversicherungsträger können durch Beschluß der Vertreterversammlung eine Versicherung gegen Unfälle einrichten, die Personen im Zusammenhang mit einer Beschäftigung bei einem inländischen Unternehmen im Ausland erleiden, wenn diese Personen nicht bereits Versicherte im Sinne dieses Buches sind.

(3) 1Die Teilnahme an der Versicherung erfolgt auf Antrag der Unternehmer. 2Die Mittel der Versicherung werden von den Unternehmern aufgebracht, die der Versicherung angeschlossen sind. 3Die Beschlüsse der Vertreterversammlung, die sich auf die Einrichtungen beziehen, bedürfen der Genehmigung der Aufsichtsbehörde.

§ 141 Träger der Versicherungseinrichtungen, Aufsicht

(1) 1Träger der Haftpflicht- und Auslandsversicherung ist der Unfallversicherungsträger. 2Die Aufsicht mit Ausnahme der Fachaufsicht führt die für den Unfallversicherungsträger zuständige Aufsichtsbehörde.

(2) 1Der Unfallversicherungsträger kann die Haftpflicht- und Auslandsversicherung auch in Form einer rechtsfähigen Anstalt des öffentlichen Rechts betreiben. 2Er kann seine Rechtsträgerschaft auf eine andere öffentlich-rechtliche Einrichtung übertragen.

§ 142 Gemeinsame Einrichtungen

(1) Unfallversicherungsträger, die dieselbe Aufsichtsbehörde haben, können vereinbaren, gemeinsame Einrichtungen der Auslandsversicherung zu errichten.

(2) 1Die Vereinbarung wird mit Beginn eines Kalenderjahres wirksam. 2Die Beschlüsse der Vertreterversammlungen über die Vereinbarung bedürfen der Genehmigung der Aufsichtsbehörde.

§ 143 (weggefallen)

Vierter Abschnitt
Dienstrecht

§ 144 Dienstordnung

1Die Vertreterversammlung des Unfallversicherungsträgers hat die Ein- und Anstellungsbedingungen und die Rechtsverhältnisse der Angestellten unter Berücksichtigung des Grundsatzes der funktionsgerechten Stellenbewertung durch eine Dienstordnung angemessen zu regeln, soweit nicht die Angestellten nach Tarifvertrag oder außertariflich angestellt werden. 2Dies gilt nicht für Unfallversicherungsträger mit Dienstherrnfähigkeit im Sinne des § 2 des Bundesbeamtengesetzes oder des § 2 des Beamtenstatusgesetzes.

§ 145 Regelungen in der Dienstordnung

1Die Dienstordnung hat die Folgen der Nichterfüllung von Pflichten und die Zuständigkeit für deren Festsetzung zu regeln. 2Weitergehende Rechtsnachteile, als sie das Disziplinarrecht für Beamte zuläßt, dürfen nicht vorgesehen werden.

§ 146 Verletzung der Dienstordnung

1Widerspricht ein Dienstvertrag der Dienstordnung, ist er insoweit nichtig. 2Dies gilt nicht, wenn der Widerspruch zwischen Dienstvertrag und Dienstordnung auf einer nach Abschluß des Vertrages in Kraft getretenen Änderung der Dienstordnung zum Nachteil des Angestellten beruht.

§ 147 Aufstellung und Änderung der Dienstordnung

(1) Vor Aufstellung der Dienstordnung hat der Vorstand des Unfallversicherungsträgers die Personalvertretung zu hören.

(2) Die Dienstordnung bedarf der Genehmigung der Aufsichtsbehörde.

(3) Wird die Genehmigung versagt und wird in der festgesetzten Frist eine andere Dienstordnung nicht aufgestellt oder wird sie nicht genehmigt, erläßt die Aufsichtsbehörde die Dienstordnung.

(4) Die Absätze 1 bis 3 gelten für Änderungen der Dienstordnung entsprechend.

§ 147a Dienstbezüge der Geschäftsführer der gewerblichen Berufsgenossenschaften und der Sozialversicherung für Landwirtschaft, Forsten und Gartenbau

(1) Die Dienstbezüge im Dienstordnungsverhältnis oder die vertraglich zu vereinbarende Vergütung der Geschäftsführerinnen oder der Geschäftsführer oder der Vorsitzenden der Geschäftsführung der gewerblichen Berufsgenossenschaften dürfen die Dienstbezüge der folgenden Besoldungsgruppen nicht übersteigen:

	Gewerbliche Berufsgenossenschaft	Höchstgrenze
1.	Berufsgenossenschaft Verkehrswirtschaft Post-Logistik Telekommunikation	Besoldungsgruppe B 6
2.	Berufsgenossenschaft Energie Textil Elektro Medienerzeugnisse	Besoldungsgruppe B 7
3.	Berufsgenossenschaft Handel und Warendistribution	Besoldungsgruppe B 7
4.	Berufsgenossenschaft Nahrungsmittel und Gastgewerbe	Besoldungsgruppe B 7
5.	Berufsgenossenschaft Rohstoffe und chemische Industrie	Besoldungsgruppe B 7
6.	Berufsgenossenschaft für Gesundheitsdienst und Wohlfahrtspflege	Besoldungsgruppe B 8
7.	Berufsgenossenschaft der Bauwirtschaft	Besoldungsgruppe B 8
8.	Berufsgenossenschaft Holz und Metall	Besoldungsgruppe B 8
9.	Verwaltungs-Berufsgenossenschaft	Besoldungsgruppe B 8

(2) Für die Geschäftsführerin oder den Geschäftsführer oder die Vorsitzende oder den Vorsitzenden der Geschäftsführung der Sozialversicherung für Landwirtschaft, Forsten und Gartenbau ist die Besoldungsgruppe B 7 die Besoldungshöchstgrenze.

(3) Die stellvertretende Geschäftsführerin oder der stellvertretende Geschäftsführer, die Mitglieder einer Geschäftsführung sowie die leitende technische Aufsichtsperson sind jeweils mindestens eine Besoldungsgruppe niedriger einzustufen als die Geschäftsführerin oder der Geschäftsführer oder die Vorsitzende oder der Vorsitzende einer Geschäftsführung.

(4) Für vertraglich zu vereinbarende Vergütungen im Sinne des Absatzes 1 ist die Obergrenze das jeweilige Grundgehalt zuzüglich des Familienzuschlags der Stufe 2.

§ 148 Dienstrechtliche Vorschriften der Unfallversicherung Bund und Bahn

(1) 1Die Unfallversicherung Bund und Bahn besitzt Dienstherrnfähigkeit im Sinne des § 2 des Bundesbeamtengesetzes. 2Die Beamten sind Bundesbeamte. 3Für die Arbeitnehmer und Auszubildenden gelten die Bestimmungen für Arbeitnehmer und Auszubildende des Bundes.

(2) 1Das Bundesministerium für Arbeit und Soziales ernennt und entlässt auf Vorschlag des Vorstandes der Unfallversicherung Bund und Bahn die Beamten. 2Es kann seine Befugnis auf den Vorstand übertragen mit dem Recht, diese Befugnis ganz oder teilweise auf den Geschäftsführer weiter zu übertragen.

(3) Oberste Dienstbehörde für den Geschäftsführer und seinen Stellvertreter ist das Bundesministerium für Arbeit und Soziales, für die übrigen Beamten der Vorstand der Unfallversicherung Bund und Bahn, der seine Befugnisse ganz oder teilweise auf den Geschäftsführer übertragen kann.

VII

§ 149 (weggefallen)

Sechstes Kapitel
Aufbringung der Mittel

Erster Abschnitt
Allgemeine Vorschriften

Erster Unterabschnitt
Beitragspflicht

§ 150 Beitragspflichtige

(1) 1Beitragspflichtig sind die Unternehmer, für deren Unternehmen Versicherte tätig sind oder zu denen Versicherte in einer besonderen, die Versicherung begründenden Beziehung stehen. 2Die nach § 2 versicherten Unternehmer sowie die nach § 3 Abs. 1 Nr. 1 und § 6 Abs. 1 Versicherten sind selbst beitragspflichtig. 3Für Versicherte nach § 6 Absatz 1 Satz 2 ist die jeweilige Organisation oder der jeweilige Verband beitragspflichtig. 4Entsprechendes gilt in den Fällen des § 6 Absatz 1 Satz 3.

(2) 1Neben den Unternehmern sind beitragspflichtig

1. die Auftraggeber, soweit sie Zwischenmeistern und Hausgewerbetreibenden zur Zahlung von Entgelt verpflichtet sind,
2. die Reeder, soweit beim Betrieb von Seeschiffen andere Unternehmer sind oder auf Seeschiffen durch andere ein Unternehmen betrieben wird.

2Die in Satz 1 Nr. 1 und 2 Genannten sowie die in § 130 Abs. 2 Satz 1 und Abs. 3 genannten Bevollmächtigten haften mit den Unternehmern als Gesamtschuldner.

(3) 1Für die Beitragshaftung bei der Arbeitnehmerüberlassung gilt § 28e Abs. 2 und 4 des Vierten Buches und für die Beitragshaftung bei der Ausführung eines Dienst- oder Werkvertrages im Baugewerbe gelten § 28e Absatz 3a bis 3f sowie § 116a des Vierten Buches entsprechend. 2Der Nachunternehmer oder der von diesem beauftragte Verleiher hat für den Nachweis nach § 28e Absatz 3f des Vierten Buches eine qualifizierte Unbedenklichkeitsbescheinigung des zuständigen Unfallversicherungsträgers vorzulegen; diese enthält insbesondere Angaben über die bei dem Unfallversicherungsträger eingetragenen Unternehmensteile und diesen zugehörigen Lohnsummen des Nachunternehmers oder des von diesem beauftragten Verleihers sowie die ordnungsgemäße Zahlung der Beiträge.

(4) Bei einem Wechsel der Person des Unternehmers sind der bisherige Unternehmer und sein Nachfolger bis zum Ablauf des Kalenderjahres, in dem der Wechsel angezeigt wurde, zur Zahlung der Beiträge und damit zusammenhängender Leistungen als Gesamtschuldner verpflichtet.

§ 151 Beitragserhebung bei überbetrieblichen arbeitsmedizinischen und sicherheitstechnischen Diensten

1Die Mittel für die Einrichtungen nach § 24 werden von den Unternehmern aufgebracht, die diesen Einrichtungen angeschlossen sind. ₂Die Satzung bestimmt das Nähere über den Maßstab, nach dem die Mittel aufzubringen sind, und über die Fälligkeit.

Zweiter Unterabschnitt Beitragshöhe

§ 152 Umlage

(1) ₁Die Beiträge werden nach Ablauf des Kalenderjahres, in dem die Beitragsansprüche dem Grunde nach entstanden sind, im Wege der Umlage festgesetzt. ₂Die Umlage muß den Bedarf des abgelaufenen Kalenderjahres einschließlich der zur Ansammlung der Rücklage sowie des Verwaltungsvermögens nötigen Beträge decken. ₃Darüber hinaus dürfen Beiträge nur zur Zuführung zu den Betriebsmitteln erhoben werden.

(2) Abweichend von Absatz 1 werden die Beiträge für in Eigenarbeit nicht gewerbsmäßig ausgeführte Bauarbeiten (nicht gewerbsmäßige Bauarbeiten) außerhalb der Umlage erhoben.

(3) Die Satzung kann bestimmen, dass die Aufwendungen für Versicherte, die im Sinne des § 2 Absatz 1 Nummer 9 zweite Alternative unentgeltlich, insbesondere ehrenamtlich in der Wohlfahrtspflege tätig sind, außerhalb der Umlage nach Absatz 1 auf die Unternehmen und Einrichtungen der Wohlfahrtspflege umgelegt werden.

§ 153 Berechnungsgrundlagen

(1) Berechnungsgrundlagen für die Beiträge sind, soweit sich aus den nachfolgenden Vorschriften nicht etwas anderes ergibt, der Finanzbedarf (Umlagesoll), die Arbeitsentgelte der Versicherten und die Gefahrklassen.

(2) Das Arbeitsentgelt der Versicherten wird bis zur Höhe des Höchstjahresarbeitsverdienstes zugrunde gelegt.

(3) ₁Die Satzung kann bestimmen, daß der Beitragsberechnung mindestens das Arbeitsentgelt in Höhe des Mindestjahresarbeitsverdienstes für Versicherte, die das 18. Lebensjahr vollendet haben, zugrunde gelegt wird. ₂Waren die Versicherten nicht während des ganzen Kalenderjahres oder nicht ganztägig beschäftigt, wird ein entsprechender Teil dieses Betrages zugrunde gelegt.

(4) ₁Soweit Rentenlasten nach § 178 Abs. 2 und 3 gemeinsam getragen werden, bleiben bei der Beitragsberechnung Unternehmen nach § 180 Abs. 2 außer Betracht. ₂Soweit Rentenlasten nach § 178 Abs. 2 Nr. 2 und Abs. 3 Nr. 2 gemeinsam getragen werden, werden sie auf die Unternehmen ausschließlich nach den Arbeitsentgelten der Versicherten in den Unternehmen unter Berücksichtigung des Freibetrages nach § 180 Abs. 1 umgelegt.

§ 154 Berechnungsgrundlagen in besonderen Fällen

(1) ₁Berechnungsgrundlage für die Beiträge der kraft Gesetzes versicherten selbständig Tätigen, der kraft Satzung versicherten Unternehmer, Ehegatten und Lebenspartner und der freiwillig Versicherten nach § 6 Abs. 1 Nr. 1 und 2 ist anstelle der Arbeitsentgelte der kraft Satzung bestimmte Jahresarbeitsverdienst (Versicherungssumme). ₂Beginnt oder endet die Versicherung im Laufe eines Kalenderjahres, wird der Beitragsberechnung nur ein entsprechender Teil des Jahresarbeitsverdienstes zugrunde gelegt. ₃Für die Berechnung der Beiträge der freiwillig Versicherten nach § 6 Abs. 1 Nr. 3 und 4 gilt § 155 entsprechend. ₄Die Beiträge werden für volle Monate erhoben.

(2) ₁Soweit bei der Berufsgenossenschaft Verkehrswirtschaft Post-Logistik Telekommunikation für das Arbeitsentgelt oder das Arbeitseinkommen Durchschnittssätze gelten, sind diese maßgebend. ₂Die Satzung der Berufsgenossenschaft Verkehrswirtschaft Post-Logistik Telekommunikation kann bestimmen, daß der Beitragsberechnung der Jahresarbeitsverdienst von Versicherten, die nicht als Besatzungsmitglied tätig sind, nur zum Teil zugrunde gelegt wird.

(3) Berechnungsgrundlagen für die Beiträge sind in den Fällen des § 152 Absatz 3 der für diesen Personenkreis erforderliche Finanzbedarf und das Arbeitsentgelt der Versicherten der Unternehmen und Einrichtungen der Wohlfahrtspflege.

§ 155 Beiträge nach der Zahl der Versicherten

$_{1}$Die Satzung kann bestimmen, daß die Beiträge nicht nach Arbeitsentgelten, sondern nach der Zahl der Versicherten unter Berücksichtigung der Gefährdungsrisiken berechnet werden. $_{2}$Grundlage für die Ermittlung der Gefährdungsrisiken sind die Leistungsaufwendungen. $_{3}$§ 157 Abs. 5 und § 158 Abs. 2 gelten entsprechend.

§ 156 Beiträge nach einem auf Arbeitsstunden aufgeteilten Arbeitsentgelt

Die Satzung kann bestimmen, daß das für die Berechnung der Beiträge maßgebende Arbeitsentgelt nach der Zahl der geleisteten Arbeitsstunden oder den für die jeweiligen Arbeiten nach allgemeinen Erfahrungswerten durchschnittlich aufzuwendenden Arbeitsstunden berechnet wird; als Entgelt für die Arbeitsstunde kann höchstens der 2100. Teil der Bezugsgröße bestimmt werden.

§ 157 Gefahrtarif

(1) $_{1}$Der Unfallversicherungsträger setzt als autonomes Recht einen Gefahrtarif fest. $_{2}$In dem Gefahrtarif sind zur Abstufung der Beiträge Gefahrklassen festzustellen. $_{3}$Für die in § 121 Abs. 2 genannten Unternehmen der Seefahrt kann die Berufsgenossenschaft Verkehrswirtschaft Post-Logistik Telekommunikation Gefahrklassen feststellen.

(2) $_{1}$Der Gefahrtarif wird nach Tarifstellen gegliedert, in denen Gefahrengemeinschaften nach Gefährdungsrisiken unter Berücksichtigung eines versicherungsmäßigen Risikoausgleichs gebildet werden. $_{2}$Für nicht gewerbsmäßige Bauarbeiten kann eine Tarifstelle mit einer Gefahrklasse vorgesehen werden.

(3) Die Gefahrklassen werden aus dem Verhältnis der gezahlten Leistungen zu den Arbeitsentgelten berechnet.

(4) $_{1}$Der Gefahrtarif hat eine Bestimmung über die Festsetzung der Gefahrklassen oder die Berechnung der Beiträge für fremdartige Nebenunternehmen vorzusehen. $_{2}$Die Berechnungsgrundlagen des Unfallversicherungsträgers, dem die Nebenunternehmen als Hauptunternehmen angehören würden, sind dabei zu beachten.

(5) Der Gefahrtarif hat eine Geltungsdauer von höchstens sechs Kalenderjahren.

§ 158 Genehmigung

(1) Der Gefahrtarif und jede Änderung bedürfen der Genehmigung der Aufsichtsbehörde.

(2) $_{1}$Der Unfallversicherungsträger hat spätestens drei Monate vor Ablauf der Geltungsdauer des Gefahrtarifs der Aufsichtsbehörde beabsichtigte Änderungen mitzuteilen. $_{2}$Wird der Gefahrtarif in einer von der Aufsichtsbehörde gesetzten Frist nicht aufgestellt oder wird er nicht genehmigt, stellt ihn die Aufsichtsbehörde auf. $_{3}$§ 89 des Vierten Buches gilt.

§ 159 Veranlagung der Unternehmen zu den Gefahrklassen

(1) $_{1}$Der Unfallversicherungsträger veranlagt die Unternehmen für die Tarifzeit nach dem Gefahrtarif zu den Gefahrenklassen. $_{2}$Satz 1 gilt nicht für nicht gewerbsmäßige Bauarbeiten.

(2) $_{1}$Für die Auskunftspflicht der Unternehmer gilt § 98 des Zehnten Buches entsprechend mit der Maßgabe, dass sich die Auskunfts- und Vorlagepflicht der Unternehmer auch auf Angaben und Unterlagen über die betrieblichen Verhältnisse erstreckt, die für die Veranlagung der Unternehmen zu den Gefahrklassen erforderlich sind. $_{2}$Soweit die Unternehmer ihrer Auskunftspflicht nicht nachkommen, nimmt der Unfallversicherungsträger die Veranlagung nach eigener Einschätzung der betrieblichen Verhältnisse vor.

§ 160 Änderung der Veranlagung

(1) Treten in den Unternehmen Änderungen ein, hebt der Unfallversicherungsträger den Veranlagungsbescheid mit Beginn des Monats auf, der der Änderungsmitteilung durch die Unternehmer folgt.

(2) Ein Veranlagungsbescheid wird mit Wirkung für die Vergangenheit aufgehoben, soweit

1. die Veranlagung zu einer zu niedrigen Gefahrklasse geführt hat oder eine zu niedrige Gefahrklasse beibehalten worden ist, weil die Unternehmer ihren Mitteilungspflichten nicht oder nicht rechtzeitig nachgekommen sind oder ihre Angaben in wesentlicher Hinsicht unrichtig oder unvollständig waren,
2. die Veranlagung zu einer zu hohen Gefahrklasse von den Unternehmern nicht zu vertreten ist.

(3) In allen übrigen Fällen wird ein Veranlagungsbescheid mit Beginn des Monats, der der Bekanntgabe des Änderungsbescheides folgt, aufgehoben.

§ 161 Mindestbeitrag

Die Satzung kann bestimmen, daß ein einheitlicher Mindestbeitrag erhoben wird.

§ 162 Zuschläge, Nachlässe, Prämien

(1) $_1$Die gewerblichen Berufsgenossenschaften haben unter Berücksichtigung der anzuzeigenden Versicherungsfälle Zuschläge aufzuerlegen oder Nachlässe zu bewilligen. $_2$Versicherungsfälle nach § 8 Abs. 2 Nr. 1 bis 4 bleiben dabei außer Ansatz. $_3$Das Nähere bestimmt die Satzung; dabei kann sie Versicherungsfälle, die durch höhere Gewalt oder durch alleiniges Verschulden nicht zum Unternehmen gehörender Personen eintreten, und Versicherungsfälle auf Betriebswegen sowie Berufskrankheiten ausnehmen. $_4$Die Höhe der Zuschläge und Nachlässe richtet sich nach der Zahl, der Schwere oder den Aufwendungen für die Versicherungsfälle oder nach mehreren dieser Merkmale. $_5$Die Satzung kann bestimmen, dass auch die nicht anzeigepflichtigen Versicherungsfälle für die Berechnung von Zuschlägen oder Nachlässen berücksichtigt werden. $_6$Die Sätze 1 bis 5 gelten auch für den Zuständigkeitsbereich der Unfallversicherung Bund und Bahn nach § 125 Absatz 2. $_7$Die landwirtschaftliche Berufsgenossenschaft kann durch Satzung bestimmen, daß entsprechend den Sätzen 1 bis 5 Zuschläge auferlegt oder Nachlässe bewilligt werden.

(2) $_1$Die Unfallversicherungsträger können unter Berücksichtigung der Wirksamkeit der von den Unternehmern getroffenen Maßnahmen zur Verhütung von Arbeitsunfällen und Berufskrankheiten und für die Verhütung von arbeitsbedingten Gesundheitsgefahren Prämien gewähren. $_2$Dabei sollen sie auch die in Inklusionsvereinbarungen (§ 166 des Neunten Buches) getroffenen Maßnahmen der betrieblichen Prävention (§ 167 des Neunten Buches) berücksichtigen.

(3) Die Absätze 1 und 2 gelten nicht für nicht gewerbsmäßige Bauarbeiten.

§ 163 Beitragszuschüsse für Küstenfischer

(1) $_1$Für die Unternehmen der Küstenfischerei, deren Unternehmer nach § 2 Abs. 1 Nr. 7 versichert sind, haben die Länder mit Küstenbezirken im voraus bemessene Zuschüsse zu den Beiträgen zu leisten; die Höhe der Zuschüsse stellt das Bundesversicherungsamt im Benehmen mit den obersten Verwaltungsbehörden der Länder mit Küstenbezirken jährlich fest. $_2$Die Zuschüsse sind für jedes Land entsprechend der Höhe des Jahresarbeitsverdienstes der in diesen Unternehmen tätigen Versicherten unter Heranziehung des Haushaltsvoranschlages der Berufsgenossenschaft Verkehrswirtschaft Post-Logistik Telekommunikation festzustellen.

(2) Die Länder können die Beitragszuschüsse auf die Gemeinden oder Gemeindeverbände entsprechend der Höhe des Jahresarbeitsverdienstes der Versicherten in Unternehmen der Küstenfischerei, die in ihrem Bezirk tätig sind, verteilen.

(3) Küstenfischerei im Sinne des Absatzes 1 ist

1. der Betrieb mit Hochseekuttern bis zu 250 Kubikmetern Rauminhalt, Küstenkuttern, Fischerbooten und ähnlichen Fahrzeugen,
2. die Fischerei ohne Fahrzeug auf den in § 121 Abs. 3 Nr. 1 bis 3 genannten Gewässern.

VII

Dritter Unterabschnitt
Vorschüsse und Sicherheitsleistungen

§ 164 Beitragsvorschüsse und Sicherheitsleistungen

(1) Zur Sicherung des Beitragsaufkommens können die Unfallversicherungsträger Vorschüsse bis zur Höhe des voraussichtlichen Jahresbedarfs erheben.

(2) 1Die Unfallversicherungsträger können bei einem Wechsel der Person des Unternehmers oder bei Einstellung des Unternehmens eine Beitragsabfindung oder auf Antrag eine Sicherheitsleistung festsetzen. 2Das Nähere bestimmt die Satzung.

Vierter Unterabschnitt
Umlageverfahren

§ 165 Nachweise

(1) 1Die Unternehmer haben nach Ablauf eines Kalenderjahres die Arbeitsentgelte der Versicherten und die geleisteten Arbeitsstunden mit dem Lohnnachweis nach § 99 des Vierten Buches zu melden. 2Soweit Beiträge für Beschäftigte erhoben werden, bei denen sich die Höhe des Beitrages nach den §§ 155, 156 und 185 Absatz 2 und 4 nicht nach den Arbeitsentgelten richtet, hat der Unternehmer die zur Berechnung der Umlage durch Satzung festgelegten Angaben nach § 99 des Vierten Buches zu melden. 3Soweit Beiträge für sonstige, nicht nach § 2 Absatz 1 Nummer 1 Versicherte nicht nach den Arbeitsentgelten erhoben werden, werden die vom Unternehmer zur Berechnung der Umlage zu meldenden Angaben sowie das Verfahren durch Satzung bestimmt.

(2) 1Die Unternehmer nicht gewerbsmäßiger Bauarbeiten haben zur Berechnung der Beiträge einen Nachweis über die sich aus der Satzung ergebenden Berechnungsgrundlagen in der vom Unfallversicherungsträger geforderten Frist einzureichen. 2Der Unfallversicherungsträger kann für den Nachweis nach Satz 1 eine bestimmte Form vorschreiben.

(3) Soweit die Unternehmer die Angaben nicht, nicht rechtzeitig, falsch oder unvollständig machen, kann der Unfallversicherungsträger eine Schätzung vornehmen.

(4) 1Die Unternehmer haben über die den Angaben nach den Absätzen 1 und 2 zugrunde liegenden Tatsachen Aufzeichnungen zu führen; bei der Ausführung eines Dienst- oder Werkvertrages im Baugewerbe hat der Unternehmer jeweils gesonderte Aufzeichnungen so zu führen, dass eine Zuordnung der Arbeitnehmer, der Arbeitsentgelte und der geleisteten Arbeitsstunden der Versicherten zu dem jeweiligen Dienst- oder Werkvertrag gewährleistet ist. 2Die Aufzeichnungen sind mindestens fünf Jahre lang aufzubewahren.

§ 166 Auskunftspflicht der Unternehmer und Beitragsüberwachung

(1) Für die Auskunftspflicht der Unternehmer und die Beitragsüberwachung gelten § 98 des Zehnten Buches, § 28p des Vierten Buches und die Beitragsverfahrensverordnung entsprechend mit der Maßgabe, daß sich die Auskunfts- und Vorlagepflicht der Unternehmer und die Prüfungs- und Überwachungsbefugnis der Unfallversicherungsträger auch auf Angaben und Unterlagen über die betrieblichen Verhältnisse erstreckt, die für die Veranlagung der Unternehmen und für die Zuordnung der Entgelte der Versicherten zu den Gefahrklassen erforderlich sind.

(2) 1Die Prüfung nach Absatz 1 bei den Arbeitgebern wird von den Trägern der Rentenversicherung im Auftrag der Unfallversicherung im Rahmen ihrer Prüfung nach § 28p des Vierten Buches durchgeführt. 2Unternehmen, bei denen der für das vorvergangene Jahr vor der Prüfung nach § 168 Absatz 1 festgestellte Beitrag einen Betrag in Höhe von 1,5 Prozent der Bezugsgröße nicht überstiegen hat, sind dabei bis auf eine durch den Unfallversicherungsträger festzulegende Stichprobe von der Prüfung ausgenommen. 3Satz 1 gilt nicht,

1. soweit sich die Höhe des Beitrages nach den §§ 155, 156, 185 Absatz 2 oder Absatz 4 nicht nach den Arbeitsentgelten richtet,
2. wenn der Unfallversicherungsträger das Ende seiner Zuständigkeit für das Unter-

VII

nehmen durch einen Bescheid nach § 136 Absatz 1 festgestellt hat.

4Unternehmer, bei denen keine Prüfung nach § 28p des Vierten Buches durchzuführen ist, prüfen die Unfallversicherungsträger; hierfür bestimmen sie die Prüfungsabstände. 5Die Unfallversicherungsträger können die Prüfung nach Absatz 1 selbst durchführen, wenn Anhaltspunkte vorliegen, dass der Unternehmer Arbeitsentgelte nicht oder nicht zur richtigen Gefahrklasse gemeldet hat. 6Der für die Prüfung zuständige Rentenversicherungsträger ist über den Beginn und über das Ergebnis der Prüfung zu informieren.

(3) 1Das Nähere über die Größe der Stichprobe nach Absatz 2 Satz 2 sowie über Art, Umfang und Zeitpunkt der Übermittlung der Angaben über die von der Prüfung ausgenommenen Unternehmen regeln die Deutsche Gesetzliche Unfallversicherung e. V. und die Deutsche Rentenversicherung Bund in einer Vereinbarung. 2Die Träger der Rentenversicherung erhalten für die Beitragsüberwachung von den Trägern der Unfallversicherung eine pauschale Vergütung, mit der alle dadurch entstehenden Kosten abgegolten werden. 3Die Höhe wird regelmäßig durch Vereinbarung zwischen der Deutschen Gesetzlichen Unfallversicherung e. V. und der Deutschen Rentenversicherung Bund festgesetzt. 4Die Deutsche Gesetzliche Unfallversicherung e. V. prüft bei den Trägern der Rentenversicherung deren Aufgabenerfüllung nach Absatz 2 Satz 1.

§ 167 Beitragsberechnung

(1) Der Beitrag ergibt sich aus den zu berücksichtigenden Arbeitsentgelten, den Gefahrklassen und dem Beitragsfuß.

(2) 1Der Beitragsfuß wird durch Division des Umlagesolls durch die Beitragseinheiten (Arbeitsentgelte × Gefahrklassen) berechnet. 2Beitragseinheiten der Unternehmen nicht gewerbsmäßiger Bauarbeiten werden nicht berücksichtigt; für diese Unternehmen wird der Beitrag nach dem Beitragsfuß des letzten Umlagejahres berechnet.

(3) Die Einzelheiten der Beitragsberechnung bestimmt die Satzung.

§ 168 Beitragsbescheid

(1) Der Unfallversicherungsträger teilt den Beitragspflichtigen den von ihnen zu zahlenden Beitrag schriftlich mit.

(2) 1Der Beitragsbescheid ist mit Wirkung für die Vergangenheit zuungunsten der Beitragspflichtigen nur dann aufzuheben, wenn

1. die Veranlagung des Unternehmens zu den Gefahrklassen nachträglich geändert wird,
2. die Meldung nach § 165 Absatz 1 unrichtige Angaben enthält oder sich die Schätzung als unrichtig erweist,

2Wird der Beitragsbescheid aufgrund der Feststellungen einer Prüfung nach § 166 Abs. 2 aufgehoben, bedarf es nicht einer Anhörung durch den Unfallversicherungsträger nach § 24 des Zehnten Buches, soweit die für die Aufhebung erheblichen Tatsachen in der Prüfung festgestellt worden sind und der Arbeitgeber Gelegenheit hatte, gegenüber dem Rentenversicherungsträger hierzu Stellung zu nehmen.

(2a) Enthält eine Meldung nach § 99 des Vierten Buches unrichtige Angaben, unterbleibt eine Aufhebung des Beitragsbescheides nach § 44 des Zehnten Buches zugunsten des Unternehmers, solange die fehlerhaften Meldungen nicht durch den Unternehmer korrigiert worden sind.

(3) Die Satzung kann bestimmen, daß die Unternehmer ihren Beitrag selbst zu errechnen haben; sie regelt das Verfahren sowie die Fälligkeit des Beitrages.

(4) Für Unternehmen nicht gewerbsmäßiger Bauarbeiten wird der Beitrag festgestellt, sobald der Anspruch entstanden und der Höhe nach bekannt ist.

§ 169 (weggefallen)

§ 170 Beitragszahlung an einen anderen Unfallversicherungsträger

1Soweit das Arbeitsentgelt bereits in dem Lohnnachweis für einen anderen Unfallversicherungsträger enthalten ist und die Beiträge, die auf dieses Arbeitsentgelt entfallen, an diesen Unfallversicherungsträger gezahlt sind, besteht bis zur Höhe der gezahlten Beiträge ein Anspruch auf Zahlung von Beiträgen nicht. 2Die Unfallversicherungsträger stellen untereinander fest, wem der gezahlte Beitrag zusteht.

Fünfter Unterabschnitt Betriebsmittel, Rücklage und Verwaltungsvermögen

§ 171 Mittel der Unfallversicherungsträger

Die Mittel der Unfallversicherungsträger umfassen die Betriebsmittel, die Rücklage und das Verwaltungsvermögen.

§ 172 Betriebsmittel

(1) Betriebsmittel dürfen nur verwendet werden

1. für Aufgaben, die gesetzlich oder durch die Satzung vorgesehen sind, sowie für die Verwaltungskosten,
2. zur Auffüllung der Rücklage und zur Bildung von Verwaltungsvermögen.

(2) 1Die Betriebsmittel sind im erforderlichen Umfang bereitzuhalten und im Übrigen so liquide anzulegen, dass sie für die in Absatz 1 genannten Zwecke verfügbar sind. 2Sie dürfen die Ausgaben des abgelaufenen Kalenderjahres am 31. Dezember des laufenden Kalenderjahres nicht übersteigen.

§ 172a Rücklage

(1) 1Der Unfallversicherungsträger hat zur Sicherstellung seiner Leistungsfähigkeit, vorrangig für den Fall, dass Einnahme- und Ausgabeschwankungen durch Einsatz der Betriebsmittel nicht mehr ausgeglichen werden können, sowie zur Beitragsstabilisierung eine Rücklage zu bilden. 2Sie ist so anzulegen, dass sie für die in Satz 1 genannten Zwecke verfügbar ist.

(2) Die Rücklage wird mindestens in zweifacher Höhe der durchschnittlichen monatlichen Ausgaben des abgelaufenen Kalenderjahres und höchstens bis zur vierfachen Höhe der durchschnittlichen monatlichen Ausgaben des abgelaufenen Kalenderjahres gebildet; Stichtag für die Bemessung ist der 31. Dezember des laufenden Kalenderjahres.

(3) Bis die Rücklage die in Absatz 2 vorgesehene Mindesthöhe erreicht hat, wird ihr jährlich ein Betrag in Höhe von 1,5 Prozent der Ausgaben des abgelaufenen Kalenderjahres zugeführt.

(4) Die Aufsichtsbehörde kann auf Antrag des Unfallversicherungsträgers genehmigen, dass die Rücklage bis zu einer geringeren Höhe angesammelt wird oder ihr höhere, geringere oder keine Beträge zugeführt werden.

(5) Die Zinsen aus der Rücklage fließen dieser zu, bis sie die Mindesthöhe erreicht hat, die sich aus Absatz 2 ergibt.

§ 172b Verwaltungsvermögen

(1) 1Das Verwaltungsvermögen des Unfallversicherungsträgers umfasst

1. alle Vermögensanlagen, die der Verwaltung des Unfallversicherungsträgers zu dienen bestimmt sind, einschließlich der Mittel, die zur Anschaffung und Erneuerung dieser Vermögensteile bereitgehalten werden,
2. betriebliche Einrichtungen, Eigenbetriebe, gemeinnützige Beteiligungen und gemeinnützige Darlehen,
3. die Mittel, die für künftig zu zahlende Versorgungsbezüge und Beihilfen der Bediensteten und ihrer Hinterbliebenen bereitgehalten werden,
4. die zur Finanzierung zukünftiger Verbindlichkeiten oder Investitionen gebildeten Sondervermögen,

soweit sie für die Erfüllung der Aufgaben des Unfallversicherungsträgers erforderlich sind. 2Mittel für den Erwerb, die Errichtung, die Erweiterung und den Umbau von Immobilien der Eigenbetriebe sowie der durch Beteiligungen oder Darlehen geförderten gemeinnützigen Einrichtungen der Unfallversicherungsträger oder anderer gemeinnütziger Träger dürfen nur unter der zusätzlichen Voraussetzung aufgewendet werden, dass diese Vorhaben auch unter Berücksichtigung des Gesamtbedarfs aller Unfallversicherungsträger erforderlich sind.

VII

(2) Als Verwaltungsvermögen gelten auch sonstige Vermögensanlagen aufgrund rechtlicher Verpflichtung oder Ermächtigung, soweit sie nicht den Betriebsmitteln oder der Rücklage zuzuordnen sind.

§ 172c Altersrückstellungen

(1) 1Die Unfallversicherungsträger sind verpflichtet, Altersrückstellungen für die bei ihnen beschäftigten Arbeitnehmerinnen und Arbeitnehmer, denen eine Anwartschaft auf Versorgung nach beamtenrechtlichen Vorschriften oder Grundsätzen gewährleistet wird, zu bilden. 2Die Altersrückstellungen umfassen Versorgungsausgaben für Versorgungsbezüge und Beihilfen. 3Die Verpflichtung besteht auch, wenn die Unfallversicherungsträger gegenüber ihren Tarifbeschäftigten Leistungen der betrieblichen Altersvorsorge unmittelbar zugesagt haben.

(1a) 1Für die Anlage der Mittel zur Finanzierung des Deckungskapitals für Altersrückstellungen gelten die Vorschriften des Vierten Titels des Vierten Abschnitts des Vierten Buches mit der Maßgabe, dass eine Anlage auch in Euro-denominierten Aktien im Rahmen eines passiven, indexorientierten Managements zulässig ist. 2Die Anlageentscheidungen sind jeweils so zu treffen, dass der Anteil an Aktien maximal 20 Prozent des Deckungskapitals beträgt. 3Änderungen des Aktienkurses können vorübergehend zu einem höheren Anteil an Aktien am Deckungskapital führen. 4Die Sätze 1 bis 3 gelten auch für das Deckungskapital für Altersrückstellungen nach § 12 der Sozialversicherungs-Rechnungsverordnung.

(2) Die Rückstellungen dürfen nur zweckentsprechend verwendet werden.

(3) 1Das Bundesministerium für Arbeit und Soziales wird ermächtigt, im Einvernehmen mit dem Bundesministerium für Ernährung und Landwirtschaft das Nähere zur Höhe der für die Altersrückstellungen erforderlichen Zuweisungssätze, zum Zahlverfahren der Zuweisungen, zur Überprüfung der Höhe der Zuweisungssätze sowie zur Anlage des Deckungskapitals durch Rechtsverordnung mit Zustimmung des Bundesrates zu regeln. 2Das Bundesministerium für Arbeit und Soziales kann die Befugnis nach Satz 1 mit Zustimmung des Bundesrates durch Rechtsverordnung auf das Bundesversicherungsamt übertragen. 3Rechtsverordnungen, die nach Satz 2 erlassen werden, bedürfen einer Anhörung der Deutschen Gesetzlichen Unfallversicherung e. V. sowie der landwirtschaftlichen Berufsgenossenschaft und ergehen im Einvernehmen mit dem Bundesministerium für Arbeit und Soziales sowie dem Bundesministerium für Ernährung und Landwirtschaft.

Sechster Unterabschnitt
Zusammenlegung und Teilung der Last, Teilung der Entschädigungslast bei Berufskrankheiten, Erstattungsansprüche der landwirtschaftlichen Berufsgenossenschaft

§ 173 Zusammenlegung und Teilung der Last

(1) 1Die gewerblichen Berufsgenossenschaften können vereinbaren, ihre Entschädigungslast ganz oder zum Teil gemeinsam zu tragen. 2Dabei wird vereinbart, wie die gemeinsame Last auf die beteiligten Berufsgenossenschaften zu verteilen ist. 3Die Vereinbarung bedarf der Zustimmung der Vertreterversammlungen und der Genehmigung der Aufsichtsbehörden der beteiligten Berufsgenossenschaften. 4Sie darf nur mit dem Beginn eines Kalenderjahres wirksam werden.

(2) Kommt eine Vereinbarung nach Absatz 1 nicht zustande und erscheint es zur Abwendung der Gefährdung der Leistungsfähigkeit einer Berufsgenossenschaft erforderlich, so kann das Bundesministerium für Arbeit und Soziales durch Rechtsverordnung mit Zustimmung des Bundesrates bestimmen, daß Berufsgenossenschaften ihre Entschädigungslast für ein Kalenderjahr ganz oder zum Teil gemeinsam tragen oder eine vorübergehend nicht leistungsfähige Berufsgenossenschaft unterstützen, und das Nähere über die Verteilung der Last und die Höhe der Unterstützung regeln.

(3) Der Anteil der Berufsgenossenschaft an der gemeinsamen Last wird wie die Entschä-

VII

digungsbeträge, die die Berufsgenossenschaft nach diesem Gesetz zu leisten hat, auf die Unternehmer verteilt, sofern die Vertreterversammlung nicht etwas anderes beschließt.

(4) 1Gilt nach § 130 Abs. 2 Satz 4 als Sitz des Unternehmens Berlin, kann der für die Entschädigung zuständige Unfallversicherungsträger von den anderen sachlich, aber nicht örtlich zuständigen Unfallversicherungsträgern einen Ausgleich verlangen. 2Die Unfallversicherungsträger regeln das Nähere durch Vereinbarung.

§ 174 Teilung der Entschädigungslast bei Berufskrankheiten

(1) In den Fällen des § 134 kann der für die Entschädigung zuständige Unfallversicherungsträger von den anderen einen Ausgleich verlangen.

(2) Die Höhe des Ausgleichs nach Absatz 1 richtet sich nach dem Verhältnis der Dauer der gefährdenden Tätigkeit in dem jeweiligen Unternehmen zur Dauer aller gefährdenden Tätigkeiten.

(3) Die Unfallversicherungsträger regeln das Nähere durch Vereinbarung; sie können dabei einen von Absatz 2 abweichenden Verteilungsmaßstab wählen, einen pauschalierten Ausgleich vorsehen oder von einem Ausgleich absehen.

§ 175 Erstattungsansprüche der landwirtschaftlichen Berufsgenossenschaft

Erleiden vorübergehend für ein landwirtschaftliches Unternehmen Tätige einen Versicherungsfall und ist für ihre hauptberufliche Tätigkeit ein anderer Unfallversicherungsträger als die landwirtschaftliche Berufsgenossenschaft zuständig, erstattet dieser der landwirtschaftlichen Berufsgenossenschaft die Leistungen, die über das hinausgehen, was mit gleichen Arbeiten dauernd in der Landwirtschaft Beschäftigte zu beanspruchen haben.

Siebter Unterabschnitt Lastenverteilung zwischen den gewerblichen Berufsgenossenschaften

§ 176 Grundsatz

Die gewerblichen Berufsgenossenschaften tragen ihre Rentenlasten nach Maßgabe der folgenden Vorschriften gemeinsam.

§ 177 Begriffsbestimmungen

(1) Rentenlasten sind die Aufwendungen der Berufsgenossenschaften für Renten, Sterbegeld und Abfindungen.

(2) Ausgleichsjahr ist das Kalenderjahr, für das die Rentenlasten gemeinsam getragen werden.

(3) 1Neurenten eines Jahres sind die Rentenlasten des Ausgleichsjahres aus Versicherungsfällen, für die im Ausgleichsjahr oder in einem der vier vorangegangenen Jahre erstmals Rente, Sterbegeld oder Abfindung festgestellt wurde. 2Abfindungen sind dabei auf den Gesamtbetrag zu reduzieren, der bei laufender Rentenzahlung bis zum Ende des vierten Jahres nach dem Jahr der erstmaligen Feststellung der Rente geleistet worden wäre; Abfindungen nach § 75 werden in Höhe der Abfindungssumme berücksichtigt.

(4) Rentenwert einer Berufsgenossenschaft sind die nach versicherungsmathematischen Grundsätzen bis zum Ende ihrer Laufzeit ohne Abzinsung und ohne Berücksichtigung von Rentenanpassungen zu erwartenden Aufwendungen für solche Versicherungsfälle, für die im Ausgleichsjahr erstmals Rente, Sterbegeld oder Abfindung festgestellt wurde.

(5) Entgeltsumme einer Berufsgenossenschaft sind die beitragspflichtigen Arbeitsentgelte und Versicherungssummen.

(6) Entgeltanteil einer Berufsgenossenschaft ist das Verhältnis ihrer Entgeltsumme zu der Entgeltsumme aller Berufsgenossenschaften.

(7) Latenzfaktor einer Berufsgenossenschaft ist das Verhältnis des Entgeltanteils im Ausgleichsjahr zum Entgeltanteil im 25. Jahr, das dem Ausgleichsjahr vorausgegangen ist.

(8) Freistellungsfaktor einer Berufsgenossenschaft ist das Verhältnis ihrer nach § 180

Abs. 2 reduzierten Entgeltsumme zu ihrer Entgeltsumme.

(9) Berufskrankheiten-Neurenten-Lastsatz einer in einer Tarifstelle gebildeten Gefahrgemeinschaft ist das Verhältnis der Berufskrankheiten-Neurenten der Gefahrgemeinschaft zu ihrer Entgeltsumme.

§ 178 Gemeinsame Tragung der Rentenlasten

(1) 1Jede Berufsgenossenschaft trägt jährlich Rentenlasten in Höhe des 5,5fachen ihrer Neurenten für Arbeitsunfälle und des 3,4fachen ihrer mit dem Latenzfaktor gewichteten Neurenten für Berufskrankheiten. 2Die in Satz 1 genannten Werte sind neu festzusetzen, wenn die Summe der Rentenwerte von dem 5,5fachen aller Neurenten für Arbeitsunfälle oder dem 3,4fachen aller Neurenten für Berufskrankheiten um mehr als 0,2 abweicht. 3Die Festsetzung gilt für höchstens sechs Kalenderjahre. 4Die Werte sind erstmals für das Ausgleichsjahr 2014 neu festzusetzen.

(2) Soweit die Rentenlasten für Arbeitsunfälle die nach Absatz 1 zu tragenden Lasten übersteigen, tragen die Berufsgenossenschaften den übersteigenden Betrag nach folgender Maßgabe gemeinsam:

1. 30 Prozent nach dem Verhältnis ihrer mit dem Freistellungsfaktor gewichteten Neurenten für Arbeitsunfälle und
2. 70 Prozent nach dem Verhältnis der Arbeitsentgelte ihrer Versicherten.

(3) Soweit die Rentenlasten für Berufskrankheiten die nach Absatz 1 zu tragenden Lasten übersteigen, tragen die Berufsgenossenschaften den übersteigenden Betrag nach folgender Maßgabe gemeinsam:

1. 30 Prozent nach dem Verhältnis ihrer mit dem Produkt aus Freistellungs- und Latenzfaktor gewichteten Neurenten für Berufskrankheiten und
2. 70 Prozent nach dem Verhältnis der Arbeitsentgelte ihrer Versicherten.

§ 179 Sonderregelung bei außergewöhnlicher Belastung

(1) 1Neurenten für Berufskrankheiten einer Tarifstelle gelten nicht als Neurenten im Sinne von § 177 Abs. 3, soweit

1. der Berufskrankheiten-Neurenten-Lastsatz der Tarifstelle einen Wert von 0,04 übersteigt,
2. die Berufskrankheiten-Neurenten der Tarifstelle an den Berufskrankheiten-Neurenten aller Berufsgenossenschaften mindestens 2 Prozent betragen und
3. die Tarifstelle mindestens zwölf Kalenderjahre unverändert bestanden hat.

2Wird die Tarifstelle aufgelöst, findet Satz 1 weiterhin Anwendung, wenn die Voraussetzungen der Nummern 1 und 2 im Übrigen vorliegen.

(2) 1Der von den Berufsgenossenschaften nach § 178 Abs. 2 und 3 gemeinsam zu tragende Betrag umfasst über die Rentenlasten hinaus auch die einer Tarifstelle zuzuordnenden Rehabilitationslasten für Arbeitsunfälle und Berufskrankheiten, wenn

1. die Gesamtrentenlast der Tarifstelle mindestens 2 Prozent der Gesamtrentenlast aller Berufsgenossenschaften beträgt,
2. die Entschädigungslast der Tarifstelle mindestens 75 Prozent der ihr zuzuordnenden Entgeltsumme beträgt und
3. die Tarifstelle mindestens zwölf Kalenderjahre unverändert bestanden hat;

dies gilt bis zum Ausgleichsjahr 2031 auch für die der Tarifstelle zuzuordnenden anteiligen Verwaltungs- und Verfahrenskosten. 2Wird die Tarifstelle aufgelöst, findet Satz 1 weiterhin Anwendung, wenn die Voraussetzungen der Nummern 1 und 2 im Übrigen vorliegen. 3Rehabilitationslasten nach Satz 1 sind die Aufwendungen der Berufsgenossenschaft für Leistungen nach dem Ersten Abschnitt des Dritten Kapitels einschließlich der Leistungen nach dem Neunten Buch. 4Entschädigungslast nach Satz 1 Nr. 2 sind die Aufwendungen für Rehabilitation nach Satz 3 und für Renten, Sterbegeld, Beihilfen und Abfindungen. 5Die anteiligen Verwaltungs- und Verfahrenskos-

VII

ten nach Satz 1 sind entsprechend dem Verhältnis der Entschädigungslast der Tarifstelle zur Entschädigungslast aller Tarifstellen der Berufsgenossenschaft zu ermitteln. 6Ergibt sich aus dem Verhältnis der Entschädigungslast der Tarifstelle zur Entschädigungslast aller gewerblichen Berufsgenossenschaften ein geringerer Verwaltungskostenbetrag, ist stattdessen dieser zugrunde zu legen. 7Er wird den jeweils nach § 178 Abs. 2 und 3 zu verteilenden Lasten im Verhältnis der Entschädigungslasten der Tarifstelle für Unfälle und Berufskrankheiten zugeordnet.

§ 180 Freibeträge, Unternehmen ohne Gewinnerzielungsabsicht

(1) 1Bei der Anwendung des § 178 Abs. 2 Nr. 2 und Abs. 3 Nr. 2 bleibt für jedes Unternehmen eine Jahresentgeltsumme außer Betracht, die dem Sechsfachen der Bezugsgröße des Kalenderjahres entspricht, für das der Ausgleich durchgeführt wird. 2Der Freibetrag wird auf volle 500 Euro aufgerundet.

(2) Außer Betracht bleiben ferner die Entgeltsummen von Unternehmen nicht gewerbsmäßiger Bauarbeiten sowie von gemeinnützigen, mildtätigen und kirchlichen Einrichtungen.

VII

§ 181 Durchführung des Ausgleichs

(1) 1Das Bundesversicherungsamt führt nach Ablauf des Ausgleichsjahres die Lastenverteilung nach § 178 durch. 2Zu diesem Zweck ermittelt es die auszugleichenden Beträge und berechnet den Ausgleichsanteil, der auf die einzelne Berufsgenossenschaft entfällt. 3Der Zahlungsausgleich aufgrund der auszugleichenden Beträge erfolgt durch unmittelbare Zahlungen der ausgleichspflichtigen an die ausgleichsberechtigten Berufsgenossenschaften nach Zugang des Bescheides.

(2) 1Die Berufsgenossenschaften haben dem Bundesversicherungsamt bis zum 20. März des auf das Ausgleichsjahr folgenden Kalenderjahres die Angaben zu machen, die für die Berechnung des Ausgleichs erforderlich sind. 2Das Bundesversicherungsamt stellt gegenüber den Berufsgenossenschaften bis zum 31. März diesen Jahres den jeweiligen Ausgleichsanteil fest. 3Die ausgleichspflichtigen Berufsgenossenschaften zahlen den auf sie entfallenden Ausgleichsbetrag nach Absatz 1 bis zum 25. Juni diesen Jahres an die ausgleichsberechtigten Berufsgenossenschaften.

(3) 1Die Werte nach § 178 Abs. 1 Satz 1 sind vom Bundesversicherungsamt unter Berücksichtigung der Rentenwerte zu überprüfen. 2Das Bundesministerium für Arbeit und Soziales wird ermächtigt, durch Rechtsverordnung ohne Zustimmung des Bundesrates die Werte nach § 178 Abs. 1 Satz 1 neu festzusetzen. 3Es kann die Befugnis nach Satz 2 durch Rechtsverordnung ohne Zustimmung des Bundesrates auf das Bundesversicherungsamt übertragen. 4Rechtsverordnungen, die nach Satz 3 erlassen werden, bedürfen einer Anhörung der Deutschen Gesetzlichen Unfallversicherung e. V. und ergehen im Einvernehmen mit dem Bundesministerium für Arbeit und Soziales.

(4) Die Bundesregierung hat dem Deutschen Bundestag und dem Bundesrat alle vier Jahre bis zum 31. Dezember des auf das Ausgleichsjahr folgenden Jahres, erstmals bis zum 31. Dezember 2012, über die Wirkungen der gemeinsamen Tragung der Rentenlasten nach § 178 zu berichten.

(5) 1Die Berufsgenossenschaften erstatten dem Bundesversicherungsamt die Verwaltungskosten, die bei der Durchführung des Ausgleichs entstehen. 2Das Bundesversicherungsamt weist die für die Durchführung der Abrechnung erforderlichen Verwaltungskosten pauschal nach Stellenanteilen nach. 3Der Ermittlung der Verwaltungskosten sind die Personalkostenansätze des Bundes einschließlich der Sachkostenpauschale zugrunde zu legen. 4Zusätzliche Verwaltungsausgaben können in ihrer tatsächlichen Höhe hinzugerechnet werden. 5Die Aufteilung des Erstattungsbetrages auf die gewerblichen Berufsgenossenschaften erfolgt entsprechend ihrem Anteil an dem Zahlungsvolumen für Rentenlasten im Ausgleichsjahr vor Durchführung des Ausgleichs.

(6) Klagen gegen Feststellungsbescheide nach Absatz 2 einschließlich der hierauf ent-

fallenden Verwaltungskosten nach Absatz 5 haben keine aufschiebende Wirkung.

Zweiter Abschnitt
Besondere Vorschriften für die landwirtschaftliche Unfallversicherung

§ 182 Berechnungsgrundlagen

(1) Auf die landwirtschaftliche Berufsgenossenschaft finden anstelle der Vorschriften über die Berechnungsgrundlagen aus dem Zweiten Unterabschnitt des Ersten Abschnitts die folgenden Absätze Anwendung.

(2) $_1$Berechnungsgrundlagen für die Beiträge der landwirtschaftlichen Berufsgenossenschaft sind das Umlagesoll, der Flächenwert, der Arbeitsbedarf, der Arbeitswert oder ein anderer vergleichbarer Maßstab. $_2$Die Satzung hat bei der Festlegung der Berechnungsgrundlagen die Unfallrisiken in den Unternehmen insbesondere durch die Bildung von Risikogruppen zu berücksichtigen; sie kann hierzu einen Gefahrtarif aufstellen. $_3$Ein angemessener solidarischer Ausgleich ist sicherzustellen. $_4$Die Satzung kann zusätzlich zu den Berechnungsgrundlagen nach den Sätzen 1 und 2 Mindestbeiträge und Berechnungsgrundlagen für Grundbeiträge festlegen.

(3) Für Unternehmen ohne Bodenbewirtschaftung und Nebenunternehmen eines landwirtschaftlichen Unternehmens kann die Satzung angemessene Berechnungsgrundlagen bestimmen; Absatz 2 Satz 2 und 3 gilt entsprechend.

(4) $_1$Der Flächenwert der landwirtschaftlichen Nutzung wird durch Vervielfältigung des durchschnittlichen Hektarwertes dieser Nutzung in der Gemeinde oder in dem Gemeindeteil, in dem die Flächen gelegen sind oder der Betrieb seinen Sitz hat, mit der Größe der im Unternehmen genutzten Flächen (Eigentums- und Pachtflächen) gebildet, wobei die Satzung eine Höchstgrenze für den Hektarwert vorsehen kann. $_2$Die Satzung bestimmt das Nähere zum Verfahren; sie hat außerdem erforderliche Bestimmungen zu treffen über die Ermittlung des Flächenwertes für

1. die forstwirtschaftliche Nutzung,
2. das Geringstland,
3. die landwirtschaftlichen Nutzungsteile Hopfen und Spargel,
4. die weinbauliche und gärtnerische Nutzung,
5. die Teichwirtschaft und Fischzucht,
6. sonstige landwirtschaftliche Nutzung.

(5) $_1$Der Arbeitsbedarf wird nach dem Durchschnittsmaß der für die Unternehmen erforderlichen menschlichen Arbeit unter Berücksichtigung der Kulturarten geschätzt und das einzelne Unternehmen hiernach veranlagt. $_2$Das Nähere über die Abschätzung und die Veranlagung bestimmt die Satzung. $_3$Der Abschätzungstarif hat eine Geltungsdauer von höchstens sechs Kalenderjahren; die §§ 158 und 159 gelten entsprechend.

(6) $_1$Arbeitswert ist der Wert der Arbeit, die von den im Unternehmen tätigen Versicherten im Kalenderjahr geleistet wird. $_2$Die Satzung bestimmt unter Berücksichtigung von Art und Umfang der Tätigkeit, für welche Versicherten sich der Arbeitswert nach dem Arbeitsentgelt, nach dem Jahresarbeitsverdienst, nach dem Mindestjahresarbeitsverdienst oder nach in der Satzung festgelegten Beträgen bemißt. $_3$Soweit sich der Arbeitswert nach den in der Satzung festgelegten Beträgen bemißt, gelten § 157 Abs. 5 und die §§ 158 bis 160 entsprechend.

§ 183 Umlageverfahren

(1) Auf die landwirtschaftliche Berufsgenossenschaft finden anstelle der Vorschriften über das Umlageverfahren aus dem Vierten Unterabschnitt des Ersten Abschnitts die folgenden Absätze Anwendung.

(2) Die Einzelheiten der Beitragsberechnung bestimmt die Satzung.

(3) $_1$Landwirtschaftlichen Unternehmern, für die versicherungsfreie Personen oder Personen tätig sind die infolge dieser Tätigkeit bei einem anderen Unfallversicherungsträger als der landwirtschaftlichen Berufsgenossenschaft versichert sind, wird auf Antrag eine Beitragsermäßigung bewilligt. $_2$Das Nähere bestimmt die Satzung.

VII

(4) Die Satzung kann bestimmen, daß und unter welchen Voraussetzungen landwirtschaftliche Unternehmer kleiner Unternehmen mit geringer Unfallgefahr ganz oder teilweise von Beiträgen befreit werden.

(5) $_1$Die landwirtschaftliche Berufsgenossenschaft teilt den Unternehmern den von ihnen zu zahlenden Beitrag schriftlich mit. $_2$Der Beitragsbescheid ist mit Wirkung für die Vergangenheit zuungunsten der Unternehmer nur dann aufzuheben, wenn

1. die Veranlagung des Unternehmens nachträglich geändert wird,
2. eine im Laufe des Kalenderjahres eingetretene Änderung des Unternehmens nachträglich bekannt wird,
3. die Feststellung der Beiträge auf unrichtigen Angaben des Unternehmers oder wegen unterlassener Angaben des Unternehmens auf einer Schätzung beruht.

(5a) $_1$Zur Sicherung des Beitragsaufkommens soll die landwirtschaftliche Berufsgenossenschaft Vorschüsse bis zur Höhe des voraussichtlichen Jahresbedarfs erheben. $_2$Die Satzung regelt das Nähere zur Fälligkeit der Beiträge und Vorschüsse sowie zum Verfahren der Zahlung.

(5b) Der Beitrag und die Vorschüsse sollen auf der Grundlage eines Lastschriftmandats eingezogen werden.

(6) $_1$Die Unternehmer haben der landwirtschaftlichen Berufsgenossenschaft über die Unternehmens-, Arbeits- und Lohnverhältnisse Auskunft zu geben, soweit dies für die Beitragsberechnung von Bedeutung ist; die Einzelheiten bestimmt die Satzung. $_2$§ 166 Absatz 1 gilt entsprechend; die Prüfungsabstände bestimmt die landwirtschaftliche Berufsgenossenschaft. $_3$Soweit die Unternehmer die Angaben nicht, nicht rechtzeitig, nicht richtig oder nicht vollständig machen, kann die landwirtschaftliche Berufsgenossenschaft eine Schätzung vornehmen. $_4$Die Unternehmer sollen der landwirtschaftlichen Berufsgenossenschaft eine Ermächtigung zum Einzug des Beitrags und der Vorschüsse erteilen.

§ 183a Rechenschaft über die Verwendung der Mittel

Die landwirtschaftliche Berufsgenossenschaft hat in ihrer Mitgliederzeitschrift und vergleichbaren elektronischen Medien in hervorgehobener Weise und gebotener Ausführlichkeit jährlich über die Verwendung ihrer Mittel im Vorjahr Rechenschaft abzulegen und dort zugleich ihre Verwaltungsausgaben gesondert auch als Anteil des Hebesatzes oder des Beitrages auszuweisen.

§ 184 Rücklage

$_1$Abweichend von § 172a Abs. 2 wird die Rücklage mindestens in einfacher Höhe der durchschnittlichen monatlichen Ausgaben des abgelaufenen Kalenderjahres und höchstens bis zur zweifachen Höhe der durchschnittlichen monatlichen Ausgaben des abgelaufenen Kalenderjahres gebildet. $_2$Bis sie diese Höhe erreicht hat, wird ihr jährlich ein Betrag von 0,5 Prozent der Ausgaben des abgelaufenen Kalenderjahres zugeführt. $_3$Es gilt § 172a Abs. 4.

Dritter Abschnitt
Besondere Vorschriften für die Unfallversicherungsträger der öffentlichen Hand

§ 185 Gemeindeunfallversicherungsverbände, Unfallkassen der Länder und Gemeinden, gemeinsame Unfallkassen, Feuerwehr-Unfallkassen

(1) $_1$Von den Vorschriften des Ersten Abschnitts finden auf die Gemeindeunfallversicherungsverbände, die Unfallkassen der Länder und Gemeinden, die gemeinsamen Unfallkassen und die Feuerwehr-Unfallkassen die §§ 150, 151, 164 bis 166, 168, 172, 172b und 172c über die Beitragspflicht, die Vorschüsse und Sicherheitsleistungen, das Umlageverfahren sowie über Betriebsmittel, Verwaltungsvermögen und Altersrückstellungen nach Maßgabe der folgenden Absätze Anwendung. $_2$Soweit die Beitragserhebung für das laufende Jahr erfolgt, kann die Sat-

zung bestimmen, dass die Beitragslast in Teilbeträgen angefordert wird.

(2) 1Für Versicherte nach § 128 Abs. 1 Nr. 2 bis 9 und 11 und § 129 Abs. 1 Nr. 3 bis 7 werden Beiträge nicht erhoben. 2Die Aufwendungen für diese Versicherten werden entsprechend der in diesen Vorschriften festgelegten Zuständigkeiten auf das Land, die Gemeinden oder die Gemeindeverbände umgelegt; dabei bestimmen bei den nach § 116 Abs. 1 Satz 2 errichteten gemeinsamen Unfallkassen die Landesregierungen durch Rechtsverordnung, wer die Aufwendungen für Versicherte nach § 128 Abs. 1 Nr. 6, 7, 9 und 11 trägt. 3Bei gemeinsamen Unfallkassen sind nach Maßgabe der in den §§ 128 und 129 festgelegten Zuständigkeiten getrennte Umlagegruppen für den Landesbereich und den kommunalen Bereich zu bilden. 4Für Unternehmen nach § 128 Abs. 1 Nr. 1a und § 129 Abs. 1 Nr. 1a können gemeinsame Umlagegruppen gebildet werden. 5Bei der Vereinigung von Unfallversicherungsträgern nach den §§ 116 und 117 können die gleichlautenden Rechtsverordnungen für eine Übergangszeit von höchstens zwölf Jahren jeweils getrennte Umlagegruppen für die bisherigen Zuständigkeitsbereiche der vereinigten Unfallversicherungsträger vorsehen.

(3) 1Die Satzung kann bestimmen, daß Aufwendungen für bestimmte Arten von Unternehmen nur auf die beteiligten Unternehmer umgelegt werden. 2Für die Gemeinden als Unternehmer können auch nach der Einwohnerzahl gestaffelte Gruppen gebildet werden.

(4) 1Die Höhe der Beiträge richtet sich nach der Einwohnerzahl, der Zahl der Versicherten, den Arbeitsstunden oder den Arbeitsentgelten. 2Die Satzung bestimmt den Beitragsmaßstab und regelt das Nähere über seine Anwendung; sie kann einen einheitlichen Mindestbeitrag bestimmen. 3Der Beitragssatz für geringfügig Beschäftigte in Privathaushalten, die nach § 28a Abs. 7 des Vierten Buches der Einzugsstelle gemeldet worden sind, beträgt für das Jahr 2006 1,6 vom Hundert des jeweiligen Arbeitsentgelts. 4Das Bundesministerium für Arbeit und Soziales wird ermächtigt, den Beitragssatz durch Rechtsverordnung mit Zustimmung des Bundesrates gemäß den nachfolgenden Bestimmungen zu regeln. 5Der Beitragssatz des Jahres 2006 gilt so lange, bis er nach Maßgabe der Regelung über die Festsetzung der Beitragssätze nach § 21 des Vierten Buches neu festzusetzen ist. 6Die Deutsche Gesetzliche Unfallversicherung e. V. stellt einen gemeinsamen Beitragseinzug sicher.

(5) 1Die Satzung kann bestimmen, daß die Beiträge nach dem Grad des Gefährdungsrisikos unter Berücksichtigung der Leistungsaufwendungen abgestuft werden; § 157 Abs. 5 und § 158 gelten entsprechend. 2Die Satzung kann ferner bestimmen, daß den Unternehmen unter Berücksichtigung der Versicherungsfälle, die die nach § 2 Abs. 1 Nr. 1 und 8 Versicherten erlitten haben, entsprechend den Grundsätzen des § 162 Zuschläge auferlegt, Nachlässe bewilligt oder Prämien gewährt werden.

§ 186 Aufwendungen der Unfallversicherung Bund und Bahn

(1) 1Im Zuständigkeitsbereich des § 125 Absatz 1 finden von den Vorschriften des Ersten Abschnitts die §§ 150, 152, 155, 164 bis 166, 168, 172, 172b und 172c Anwendung, soweit nicht in den folgenden Absätzen Abweichendes geregelt ist. 2Das Nähere bestimmt die Satzung.

(2) 1Die Aufwendungen für Unternehmen nach § 125 Absatz 1 Nummer 3 und Absatz 4 werden auf die beteiligten Unternehmer umgelegt. 2§ 185 Abs. 5 gilt entsprechend.

(3) 1Die Aufwendungen der Unfallversicherung Bund und Bahn für die Versicherung nach § 125 Abs. 1 Nr. 1, 4, 6 Buchstabe a, 7 und 8 werden auf die Dienststellen des Bundes umgelegt. 2Die Satzung bestimmt, in welchem Umfang diese Aufwendungen nach der Zahl der Versicherten oder den Arbeitsentgelten und in welchem Umfang nach dem Grad des Gefährdungsrisikos unter Berücksichtigung der Leistungsaufwendungen umgelegt werden. 3Die Aufwendungen für die Versicherung nach § 125 Abs. 1 Nr. 2 erstattet die Bundesagentur für Arbeit, die Aufwendungen für die Versicherung nach § 125

VII

Abs. 1 Nr. 5 das Bundesministerium für Arbeit und Soziales, die Aufwendungen für die Versicherung nach § 125 Absatz 1 Nummer 6 Buchstabe b das Bundesministerium für wirtschaftliche Zusammenarbeit und Entwicklung und die Aufwendungen für die Versicherung nach § 125 Abs. 1 Nr. 9 die jeweils zuständige Dienststelle des Bundes. 4Die Aufwendungen für Versicherte der alliierten Streitkräfte erstatten diese nach dem NATO-Truppenstatut und den Zusatzabkommen jeweils für ihren Bereich. 5Im Übrigen werden die Aufwendungen der Unfallversicherung Bund und Bahn im Zuständigkeitsbereich des § 125 Absatz 1 vom Bundesministerium für Arbeit und Soziales getragen.

(4) 1Die Dienststellen des Bundes und die Bundesagentur für Arbeit entrichten vierteljährlich im Voraus die Abschläge auf die zu erwartenden Aufwendungen. 2Die Unfallversicherung Bund und Bahn hat der Bundesagentur für Arbeit und den Dienststellen des Bundes die für die Erstattung erforderlichen Angaben zu machen und auf Verlangen Auskunft zu erteilen. 3Das Nähere über die Durchführung der Erstattung regelt die Satzung; bei den Verwaltungskosten kann auch eine pauschalierte Erstattung vorgesehen werden.

VII

Vierter Abschnitt Gemeinsame Vorschriften

Erster Unterabschnitt Gemeinsame Vorschriften

§ 187 Berechnungsgrundsätze

(1) 1Berechnungen werden auf vier Dezimalstellen durchgeführt. 2Geldbeträge werden auf zwei Dezimalstellen berechnet. 3Dabei wird die letzte Dezimalstelle um 1 erhöht, wenn sich in der folgenden Dezimalstelle eine der Zahlen 5 bis 9 ergeben würde.

(2) Bei einer Berechnung, die auf volle Werte vorzunehmen ist, wird der Wert um 1 erhöht, wenn sich in den ersten vier Dezimalstellen eine der Zahlen 1 bis 9 ergeben würde.

(3) Bei einer Berechnung von Geldbeträgen, für die ausdrücklich ein Betrag in vollem Euro vorgegeben oder bestimmt ist, wird der Betrag nur dann um 1 erhöht, wenn sich in der ersten Dezimalstelle eine der Zahlen 5 bis 9 ergeben würde.

(4) 1Der auf einen Teilzeitraum entfallende Betrag ergibt sich, wenn der Gesamtbetrag mit dem Teilzeitraum vervielfältigt und durch den Gesamtzeitraum geteilt wird. 2Dabei werden das Kalenderjahr mit 360 Tagen, der Kalendermonat mit 30 Tagen und die Kalenderwoche mit sieben Tagen gerechnet.

(5) Vor einer Division werden zunächst die anderen Rechengänge durchgeführt.

Zweiter Unterabschnitt Reduzierung der Kosten für Verwaltung und Verfahren

§ 187a Reduzierung der Kosten für Verwaltung und Verfahren in der landwirtschaftlichen Unfallversicherung

(1) 1Die landwirtschaftliche Berufsgenossenschaft ergreift Maßnahmen, damit die jährlichen Verwaltungs- und Verfahrenskosten für die landwirtschaftliche Unfallversicherung spätestens im Jahr 2016 nicht mehr als 95 Millionen Euro betragen. 2Die Sozialversicherung für Landwirtschaft, Forsten und Gartenbau legt dem Bundesministerium für Arbeit und Soziales und dem Bundesministerium für Ernährung und Landwirtschaft bis zum 31. Dezember 2017 einen Bericht über die Entwicklung der Verwaltungs- und Verfahrenskosten in der landwirtschaftlichen Unfallversicherung vor. 3Das Bundesministerium für Arbeit und Soziales und das Bundesministerium für Ernährung und Landwirtschaft leiten den Bericht an den Deutschen Bundestag und an den Bundesrat weiter und fügen eine Stellungnahme bei.

(2) Bei der Ermittlung der Verwaltungs- und Verfahrenskosten nach Absatz 1 Satz 1 bleiben Versorgungsaufwendungen und Zuführungen zum Altersrückstellungsvermögen unberücksichtigt.

Siebtes Kapitel
Zusammenarbeit der Unfallversicherungsträger mit anderen Leistungsträgern und ihre Beziehungen zu Dritten

Erster Abschnitt
Zusammenarbeit der Unfallversicherungsträger mit anderen Leistungsträgern

§ 188 Auskunftspflicht der Krankenkassen

1Die Unfallversicherungsträger können von den Krankenkassen Auskunft über die Behandlung, den Zustand sowie über Erkrankungen und frühere Erkrankungen des Versicherten verlangen, soweit dies für die Feststellung des Versicherungsfalls erforderlich ist. 2Sie sollen dabei ihr Auskunftsverlangen auf solche Erkrankungen oder auf solche Bereiche von Erkrankungen beschränken, die mit dem Versicherungsfall in einem ursächlichen Zusammenhang stehen können. 3Der Versicherte kann vom Unfallversicherungsträger verlangen, über die von den Krankenkassen übermittelten Daten unterrichtet zu werden; § 25 Abs. 2 des Zehnten Buches gilt entsprechend. 4Der Unfallversicherungsträger hat den Versicherten auf das Recht, auf Verlangen über die von den Krankenkassen übermittelten Daten unterrichtet zu werden, hinzuweisen.

§ 189 Beauftragung einer Krankenkasse

Unfallversicherungsträger können Krankenkassen beauftragen, die ihnen obliegenden Geldleistungen zu erbringen; die Einzelheiten werden durch Vereinbarung geregelt.

§ 190 Pflicht der Unfallversicherungsträger zur Benachrichtigung der Rentenversicherungsträger beim Zusammentreffen von Renten

Erbringt ein Unfallversicherungsträger für einen Versicherten oder einen Hinterbliebenen, der eine Rente aus der gesetzlichen Rentenversicherung bezieht, Rente oder Heimpflege oder ergeben sich Änderungen bei diesen Leistungen, hat der Unfallversicherungsträger den Rentenversicherungsträger unverzüglich zu benachrichtigen; bei Zahlung einer Rente ist das Maß der Minderung der Erwerbsfähigkeit anzugeben.

Zweiter Abschnitt
Beziehungen der Unfallversicherungsträger zu Dritten

§ 191 Unterstützungspflicht der Unternehmer

Die Unternehmer haben die für ihre Unternehmen zuständigen Unfallversicherungsträger bei der Durchführung der Unfallversicherung zu unterstützen; das Nähere regelt die Satzung.

§ 192 Mitteilungs- und Auskunftspflichten von Unternehmern und Bauherren

(1) Die Unternehmer haben binnen einer Woche nach Beginn des Unternehmens dem zuständigen Unfallversicherungsträger

1. die Art und den Gegenstand des Unternehmens,
2. die Zahl der Versicherten,
3. den Eröffnungstag oder den Tag der Aufnahme der vorbereitenden Arbeiten für das Unternehmen und
4. in den Fällen des § 130 Abs. 2 und 3 den Namen und den Wohnsitz oder gewöhnlichen Aufenthalt des Bevollmächtigten

mitzuteilen.

(2) Die Unternehmer haben Änderungen von

1. Art und Gegenstand ihrer Unternehmen, die für die Prüfung der Zuständigkeit der Unfallversicherungsträger von Bedeutung sein können,
2. Voraussetzungen für die Zuordnung zu den Gefahrklassen,
3. sonstigen Grundlagen für die Berechnung der Beiträge

innerhalb von vier Wochen dem Unfallversicherungsträger mitzuteilen.

(3) Die Unternehmer haben ferner auf Verlangen des zuständigen Unfallversicherungs-

VII

trägers die Auskünfte zu geben und die Beweisurkunden vorzulegen, die zur Erfüllung der gesetzlichen Aufgaben des Unfallversicherungsträgers (§ 199) erforderlich sind, Ist bei einer Schule der Schulhoheitsträger nicht Unternehmer, hat auch der Schulhoheitsträger die Verpflichtung zur Auskunft nach Satz 1.

(4) ₁Den Wechsel von Personen der Unternehmer haben die bisherigen Unternehmer und ihre Nachfolger innerhalb von vier Wochen nach dem Wechsel dem Unfallversicherungsträger mitzuteilen. ₂Den Wechsel von Personen der Bevollmächtigten haben die Unternehmer innerhalb von vier Wochen nach dem Wechsel mitzuteilen.

(5) ₁Bauherren sind verpflichtet, auf Verlangen des zuständigen Unfallversicherungsträgers die Auskünfte zu geben, die zur Erfüllung der gesetzlichen Aufgaben des Unfallversicherungsträgers (§ 199) erforderlich sind. ₂Dazu gehören

1. die Auskunft darüber, ob und welche nicht gewerbsmäßigen Bauarbeiten ausgeführt werden,
2. die Auskunft darüber, welche Unternehmer mit der Ausführung der gewerbsmäßigen Bauarbeiten beauftragt sind.

VII

§ 193 Pflicht zur Anzeige eines Versicherungsfalls durch die Unternehmer

(1) ₁Die Unternehmer haben Unfälle von Versicherten in ihren Unternehmen dem Unfallversicherungsträger anzuzeigen, wenn Versicherte getötet oder so verletzt sind, daß sie mehr als drei Tage arbeitsunfähig werden. ₂Satz 1 gilt entsprechend für Unfälle von Versicherten, deren Versicherung weder eine Beschäftigung noch eine selbständige Tätigkeit voraussetzt.

(2) Haben Unternehmer im Einzelfall Anhaltspunkte, daß bei Versicherten ihrer Unternehmen eine Berufskrankheit vorliegen könnte, haben sie diese dem Unfallversicherungsträger anzuzeigen.

(3) ₁Bei Unfällen der nach § 2 Abs. 1 Nr. 8 Buchstabe b Versicherten hat der Schulhoheitsträger die Unfälle auch dann anzuzeigen, wenn er nicht Unternehmer ist. ₂Bei Unfällen der nach § 2 Abs. 1 Nr. 15 Buchstabe a Versicherten hat der Träger der Einrichtung, in der die stationäre oder teilstationäre Behandlung oder die stationären, teilstationären oder ambulanten Leistungen zur medizinischen Rehabilitation erbracht werden, die Unfälle anzuzeigen.

(4) ₁Die Anzeige ist binnen drei Tagen zu erstatten, nachdem die Unternehmer von dem Unfall oder von den Anhaltspunkten für eine Berufskrankheit Kenntnis erlangt haben. ₂Der Versicherte kann vom Unternehmer verlangen, daß ihm eine Kopie der Anzeige überlassen wird.

(5) ₁Die Anzeige ist vom Betriebs- oder Personalrat mit zu unterzeichnen; bei Erstattung der Anzeige durch Datenübertragung ist anzugeben, welches Mitglied des Betriebs- oder Personalrats vor der Absendung von ihr Kenntnis genommen hat. ₂Der Unternehmer hat die Sicherheitsfachkraft und den Betriebsarzt über jede Unfall- oder Berufskrankheitenanzeige in Kenntnis zu setzen. ₃Verlangt der Unfallversicherungsträger zur Feststellung, ob eine Berufskrankheit vorliegt, Auskünfte über gefährdende Tätigkeiten von Versicherten, haben die Unternehmer den Betriebs- oder Personalrat über dieses Auskunftsersuchen unverzüglich zu unterrichten.

(6) (weggefallen)

(7) ₁Bei Unfällen in Unternehmen, die der allgemeinen Arbeitsschutzaufsicht unterstehen, hat der Unternehmer eine Durchschrift der Anzeige der für den Arbeitsschutz zuständigen Behörde zu übersenden. ₂Bei Unfällen in Unternehmen, die der bergbehördlichen Aufsicht unterstehen, ist die Durchschrift an die zuständige untere Bergbehörde zu übersenden. ₃Wird eine Berufskrankheit angezeigt, übersendet der Unfallversicherungsträger eine Durchschrift der Anzeige unverzüglich der für den medizinischen Arbeitsschutz zuständigen Landesbehörde. ₄Wird der für den medizinischen Arbeitsschutz zuständigen Landesbehörde eine Berufskrankheit angezeigt, übersendet sie dem

Unfallversicherungsträger unverzüglich eine Durchschrift der Anzeige.

(8) Das Bundesministerium für Arbeit und Soziales bestimmt durch Rechtsverordnung mit Zustimmung des Bundesrates den für Aufgaben der Prävention und der Einleitung eines Feststellungsverfahrens erforderlichen Inhalt der Anzeige, ihre Form und die Art und Weise ihrer Übermittlung sowie die Empfänger, die Anzahl und den Inhalt der Durchschriften.

(9) 1Unfälle nach Absatz 1, die während der Fahrt auf einem Seeschiff eingetreten sind, sind ferner in das Schiffstagebuch einzutragen und dort oder in einem Anhang kurz darzustellen. 2Ist ein Schiffstagebuch nicht zu führen, haben die Schiffsführer Unfälle nach Satz 1 in einer besonderen Niederschrift nachzuweisen.

§ 194 Meldepflicht der Eigentümer von Seeschiffen

Die Seeschiffe, die unter der Bundesflagge in Dienst gestellt werden sollen, haben die Eigentümer bereits nach ihrem Erwerb oder bei Beginn ihres Baus der Berufsgenossenschaft Verkehrswirtschaft Post-Logistik Telekommunikation zu melden.

§ 195 Unterstützungs- und Mitteilungspflichten von Kammern und der für die Erteilung einer Gewerbe- oder Bauerlaubnis zuständigen Behörden

(1) Kammern und andere Zusammenschlüsse von Unternehmern, die als Körperschaften des öffentlichen Rechts errichtet sind, ferner Verbände und andere Zusammenschlüsse, denen Unternehmer kraft Gesetzes angehören oder anzugehören haben, haben die Unfallversicherungsträger bei der Ermittlung der ihnen zugehörenden Unternehmen zu unterstützen und ihnen hierzu Auskunft über Namen und Gegenstand dieser Unternehmen zu geben.

(2) 1Behörden, denen die Erteilung einer gewerberechtlichen Erlaubnis oder eines gewerberechtlichen Berechtigungsscheins obliegt, haben den Berufsgenossenschaften über die Deutsche Gesetzliche Unfallversicherung e. V. nach Eingang einer Anzeige nach der Gewerbeordnung, soweit ihnen bekannt, Namen, Geburtsdatum und Anschrift der Unternehmer, Namen, Gegenstand sowie Tag der Eröffnung und der Einstellung der Unternehmen mitzuteilen. 2Entsprechendes gilt bei Erteilung einer Reisegewerbekarte. 3Im übrigen gilt Absatz 1 entsprechend.

(3) 1Die für die Erteilung von Bauerlaubnissen zuständigen Behörden haben dem zuständigen Unfallversicherungsträger nach Erteilung einer Bauerlaubnis den Namen und die Anschrift des Bauherrn, den Ort und die Art der Bauarbeiten, den Baubeginn sowie die Höhe der im baubehördlichen Verfahren angegebenen oder festgestellten Baukosten mitzuteilen. 2Bei nicht bauerlaubnispflichtigen Bauvorhaben trifft dieselbe Verpflichtung die für die Entgegennahme der Bauanzeige oder der Bauunterlagen zuständigen Behörden.

§ 196 Mitteilungspflichten der Schiffsvermessungs- und -registerbehörden

1Das Bundesamt für Seeschiffahrt und Hydrographie teilt jede Vermessung eines Seeschiffs, die für die Führung von Schiffsregistern und des Internationalen Seeschiffahrtsregisters zuständigen Gerichte und Behörden teilen den Eingang jedes Antrags auf Eintragung eines Seeschiffs sowie jede Eintragung eines Seeschiffs der Berufsgenossenschaft Verkehrswirtschaft Post-Logistik Telekommunikation unverzüglich mit. 2Entsprechendes gilt für alte Veränderungen und Löschungen im Schiffsregister. 3Bei Fahrzeugen, die nicht in das Schiffsregister eingetragen werden, haben die Verwaltungsbehörden und die Fischereiämter, die den Seeschiffen Unterscheidungssignale erteilen, die gleichen Pflichten.

§ 197 Übermittlungspflicht weiterer Behörden

(1) Die Gemeinden übermitteln abweichend von § 30 der Abgabenordnung zum Zweck der Beitragserhebung auf Anforderung Daten über Eigentums- und Besitzverhältnisse an Flächen an die landwirtschaftliche Berufsge-

nossenschaft, soweit die Ermittlungen von der landwirtschaftlichen Berufsgenossenschaft nur mit wesentlich größerem Aufwand vorgenommen werden können als von den Gemeinden.

(2) 1Die Finanzbehörden übermitteln in einem automatisierten Verfahren jährlich der landwirtschaftlichen Berufsgenossenschaft die maschinell vorhandenen Feststellungen zu

1. der nutzungsartbezogenen Vergleichszahl einschließlich Einzelflächen mit Flurstückkennzeichen,
2. den Vergleichswerten sonstiger Nutzung,
3. den Zu- und Abschlägen an den Vergleichswerten,
4. dem Bestand an Vieheinheiten,
5. den Einzelertragswerten für Nebenbetriebe,
6. dem Ersatzwirtschaftswert oder zu den bei dessen Ermittlung anfallenden Berechnungsgrundlagen sowie
7. den Ertragswerten für Abbauland und Geringstland.

2Die landwirtschaftliche Berufsgenossenschaft, die landwirtschaftliche Krankenkasse und die landwirtschaftliche Alterskasse dürfen diese Daten nur zur Feststellung der Versicherungspflicht, der Beitragserhebung oder zur Überprüfung von Rentenansprüchen nach dem Gesetz über die Alterssicherung der Landwirte nutzen. 3Sind übermittelte Daten für die Überprüfung nach Satz 2 nicht mehr erforderlich, sind sie unverzüglich zu löschen.

(3) 1Das Bundesministerium für Arbeit und Soziales wird ermächtigt, das Nähere über das Verfahren der automatisierten Datenübermittlung durch Rechtsverordnung im Einvernehmen mit dem Bundesministerium der Finanzen und dem Bundesministerium für Ernährung und Landwirtschaft und mit Zustimmung des Bundesrates zu regeln. 2Die Einrichtung eines automatisierten Abrufverfahrens ist ausgeschlossen.

(4) 1Die Flurbereinigungsverwaltung und die Vermessungsverwaltung übermitteln der landwirtschaftlichen Berufsgenossenschaft und den Finanzbehörden durch ein automatisiertes Abrufverfahren die jeweils bei ihnen maschinell vorhandenen Betriebs-, Flächen-, Nutzungs-, Produktions- und Tierdaten sowie die sonstigen hierzu gespeicherten Angaben. 2Die übermittelten Daten dürfen durch die landwirtschaftliche Berufsgenossenschaft, landwirtschaftliche Krankenkasse und landwirtschaftliche Alterskasse nur zur Feststellung der Versicherungspflicht, der Beitragserhebung oder zur Überprüfung von Rentenansprüchen nach dem Gesetz über die Alterssicherung der Landwirte und durch die Finanzbehörden zur Feststellung der Steuerpflicht oder zur Steuererhebung genutzt werden. 3Sind übermittelte Daten für dieÜberprüfung nach Satz 2 nicht mehr erforderlich, sind sie unverzüglich zu löschen. 4Die Sätze 1 und 2 gelten auch für die Ämter für Landwirtschaft und Landentwicklung, für die Veterinärverwaltung sowie sonstige nach Landesrecht zuständige Stellen, soweit diese Aufgaben wahrnehmen, die denen der Ämter für Landwirtschaft und Landentwicklung oder der Veterinärverwaltung entsprechen.

§ 198 Auskunftspflicht der Grundstückseigentümer

Eigentümer von Grundstücken, die von Unternehmern land- oder forstwirtschaftlich bewirtschaftet werden, haben der landwirtschaftlichen Berufsgenossenschaft auf Verlangen Auskunft über Größe und Lage der Grundstücke sowie Namen und Anschriften der Unternehmer zu erteilen, soweit dies für die Beitragserhebung erforderlich ist.

Achtes Kapitel Datenschutz

Erster Abschnitt Grundsätze

§ 199 Erhebung, Verarbeitung und Nutzung von Daten durch die Unfallversicherungsträger

(1) 1Die Unfallversicherungsträger dürfen Sozialdaten nur erheben und speichern, soweit dies zur Erfüllung ihrer gesetzlich vorge-

schriebenen oder zugelassenen Aufgaben erforderlich ist. 2Ihre Aufgaben sind

1. die Feststellung der Zuständigkeit und des Versicherungsstatus,
2. die Erbringung der Leistungen nach dem Dritten Kapitel einschließlich Überprüfung der Leistungsvoraussetzungen und Abrechnung der Leistungen,
3. die Berechnung, Festsetzung und Erhebung von Beitragsberechnungsgrundlagen und Beiträgen nach dem Sechsten Kapitel,
4. die Durchführung von Erstattungs- und Ersatzansprüchen,
5. die Verhütung von Versicherungsfällen, die Abwendung von arbeitsbedingten Gesundheitsgefahren sowie die Vorsorge für eine wirksame Erste Hilfe nach dem Zweiten Kapitel,
6. die Erforschung von Risiken und Gesundheitsgefahren für die Versicherten.

(2) 1Die Sozialdaten dürfen nur für Aufgaben nach Absatz 1 in dem jeweils erforderlichen Umfang verarbeitet oder genutzt werden. 2Eine Verwendung für andere Zwecke ist nur zulässig, soweit dies durch Rechtsvorschriften des Sozialgesetzbuches angeordnet oder erlaubt ist.

(3) Bei der Feststellung des Versicherungsfalls soll der Unfallversicherungsträger Auskünfte über Erkrankungen und frühere Erkrankungen des Betroffenen von anderen Stellen oder Personen erst einholen, wenn hinreichende Anhaltspunkte für den ursächlichen Zusammenhang zwischen der versicherten Tätigkeit und dem schädigenden Ereignis oder der schädigenden Einwirkung vorliegen.

§ 200 Einschränkung der Übermittlungsbefugnis

(1) § 76 Abs. 2 Nr. 1 des Zehnten Buches gilt mit der Maßgabe, daß der Unfallversicherungsträger auch auf ein gegenüber einem anderen Sozialleistungsträger bestehendes Widerspruchsrecht hinzuweisen hat, wenn dieser nicht selbst zu einem Hinweis nach § 76 Abs. 2 Nr. 1 des Zehnten Buches verpflichtet ist.

(2) Vor Erteilung eines Gutachtenauftrages soll der Unfallversicherungsträger dem Versicherten mehrere Gutachter zur Auswahl benennen; der Betroffene ist außerdem auf sein Widerspruchsrecht nach § 76 Abs. 2 des Zehnten Buches hinzuweisen und über den Zweck des Gutachtens zu informieren.

Zweiter Abschnitt
Datenerhebung und -verarbeitung durch Ärzte

§ 201 Datenerhebung und Datenverarbeitung durch Ärzte und Psychotherapeuten

(1) 1Ärzte und Zahnärzte sowie Psychologische Psychotherapeuten und Kinder- und Jugendlichenpsychotherapeuten, die nach einem Versicherungsfall an einer Heilbehandlung nach § 34 beteiligt sind, erheben, speichern und übermitteln an die Unfallversicherungsträger Daten über die Behandlung und den Zustand des Versicherten sowie andere personenbezogene Daten, soweit dies für Zwecke der Heilbehandlung und die Erbringung sonstiger Leistungen einschließlich Überprüfung der Leistungsvoraussetzungen und Abrechnung der Leistungen erforderlich ist. 2Ferner erheben, speichern und übermitteln sie die Daten, die für ihre Entscheidung, eine Heilbehandlung nach § 34 durchzufahren, maßgeblich waren. 3Der Versicherte kann vom Unfallversicherungsträger verlangen, über die von den Ärzten und den Psychotherapeuten übermittelten Daten unterrichtet zu werden. 4§ 25 Abs. 2 des Zehnten Buches gilt entsprechend. 5Der Versicherte ist von den Ärzten und den Psychotherapeuten über den Erhebungszweck, ihre Auskunftspflicht nach den Sätzen 1 und 2 sowie über sein Recht nach Satz 3 zu unterrichten.

(2) Soweit die für den medizinischen Arbeitsschutz zuständigen Stellen und die Krankenkassen Daten nach Absatz 1 zur Erfüllung ihrer Aufgaben benötigen, dürfen die Daten auch an sie übermittelt werden.

§ 202 Anzeigepflicht von Ärzten bei Berufskrankheiten

1Haben Ärzte oder Zahnärzte den begründeten Verdacht, daß bei Versicherten eine Berufskrankheit besteht, haben sie dies dem Unfallversicherungsträger oder der für den medizinischen Arbeitsschutz zuständigen Stelle in der für die Anzeige von Berufskrankheiten vorgeschriebenen Form (§ 193 Abs. 8) unverzüglich anzuzeigen. 2Die Ärzte oder Zahnärzte haben die Versicherten über den Inhalt der Anzeige zu unterrichten und ihnen den Unfallversicherungsträger und die Stelle zu nennen, denen sie die Anzeige übersenden. 3§ 193 Abs. 7 Satz 3 und 4 gilt entsprechend.

§ 203 Auskunftspflicht von Ärzten

(1) 1Ärzte und Zahnärzte, die nicht an einer Heilbehandlung nach § 34 beteiligt sind, sind verpflichtet, dem Unfallversicherungsträger auf Verlangen Auskunft über die Behandlung, den Zustand sowie über Erkrankungen und frühere Erkrankungen des Versicherten zu erteilen, soweit dies für die Heilbehandlung und die Erbringung sonstiger Leistungen erforderlich ist. 2Der Unfallversicherungsträger soll Auskunftsverlangen zur Feststellung des Versicherungsfalls auf solche Erkrankungen oder auf solche Bereiche von Erkrankungen beschränken, die mit dem Versicherungsfall in einem ursächlichen Zusammenhang stehen können. 3§ 98 Abs. 2 Satz 2 des Zehnten Buches gilt entsprechend.

(2) 1Die Unfallversicherungsträger haben den Versicherten auf ein Auskunftsverlangen nach Absatz 1 sowie auf das Recht, auf Verlangen über die von den Ärzten übermittelten Daten unterrichtet zu werden, rechtzeitig hinzuweisen. 2§ 25 Abs. 2 des Zehnten Buches gilt entsprechend.

Dritter Abschnitt
Dateien

§ 204 Errichtung einer Datei für mehrere Unfallversicherungsträger

(1) 1Die Errichtung einer Datei für mehrere Unfallversicherungsträger bei einem Unfallversicherungsträger oder bei einem Verband der Unfallversicherungsträger ist zulässig,

1. um Daten über Verwaltungsverfahren und Entscheidungen nach § 9 Abs. 2 zu verarbeiten, zu nutzen und dadurch eine einheitliche Beurteilung vergleichbarer Versicherungsfälle durch die Unfallversicherungsträger zu erreichen, gezielte Maßnahmen der Prävention zu ergreifen sowie neue medizinisch-wissenschaftliche Erkenntnisse zur Fortentwicklung des Berufskrankheitenrechts, insbesondere durch eigene Forschung oder durch Mitwirkung an fremden Forschungsvorhaben, zu gewinnen,
2. um Daten in Vorsorgedateien zu erheben, zu verarbeiten oder zu nutzen, damit Versicherten, die bestimmten arbeitsbedingten Gesundheitsgefahren ausgesetzt sind oder waren, Maßnahmen der Prävention oder zur Teilhabe angeboten sowie Erkenntnisse über arbeitsbedingte Gesundheitsgefahren und geeignete Maßnahmen der Prävention und zur Teilhabe gewonnen werden können,
3. um Daten über Arbeits- und Wegeunfälle in einer Unfall-Dokumentation zu verarbeiten, zu nutzen und dadurch Größenordnungen, Schwerpunkte und Entwicklungen der Unfallbelastung in einzelnen Bereichen darzustellen, damit Erkenntnisse zur Verbesserung der Prävention und der Maßnahmen zur Teilhabe gewonnen werden können,
4. um Anzeigen, Daten über Verwaltungsverfahren und Entscheidungen über Berufskrankheiten in einer Berufskrankheiten-Dokumentation zu verarbeiten, zu nutzen und dadurch Häufigkeiten und Entwicklungen im Berufskrankheitengeschehen sowie wesentliche Einwirkungen und Erkrankungsfolgen darzustellen, damit Erkenntnisse zur Verbesserung der Prävention und der Maßnahmen zur Teilhabe gewonnen werden können,
5. um Daten über Entschädigungsfälle, in denen Leistungen zur Teilhabe erbracht werden, in einer Rehabilitations- und Teilhabe-Dokumentation zu verarbeiten, zu

nutzen und dadurch Schwerpunkte der Rehabilitation darzustellen, damit Erkenntnisse zur Verbesserung der Prävention und der Maßnahmen zur Teilhabe gewonnen werden können,

6. um Daten über Entschädigungsfälle, in denen Rentenleistungen oder Leistungen bei Tod erbracht werden, in einer Renten-Dokumentation zu verarbeiten, zu nutzen und dadurch Erkenntnisse über den Rentenverlauf und zur Verbesserung der Prävention und der Maßnahmen zur Teilhabe zu gewinnen.

$_2$In den Fällen des Satzes 1 Nr. 1 und 3 bis 6 findet § 76 des Zehnten Buches keine Anwendung.

(2) $_1$In den Dateien nach Absatz 1 dürfen nach Maßgabe der Sätze 2 und 3 nur folgende Daten von Versicherten erhoben, verarbeitet oder genutzt werden:

1. der zuständige Unfallversicherungsträger und die zuständige staatliche Arbeitsschutzbehörde,
2. das Aktenzeichen des Unfallversicherungsträgers,
3. Art und Hergang, Datum und Uhrzeit sowie Anzeige des Versicherungsfalls,
4. Staatsangehörigkeit und Angaben zur regionalen Zuordnung der Versicherten sowie Geburtsjahr und Geschlecht der Versicherten und der Hinterbliebenen,
5. Familienstand und Versichertenstatus der Versicherten,
6. Beruf der Versicherten, ihre Stellung im Erwerbsleben und die Art ihrer Tätigkeit,
7. Angaben zum Unternehmen einschließlich der Mitgliedsnummer,
8. die Arbeitsanamnese und die als Ursache für eine Schädigung vermuteten Einwirkungen am Arbeitsplatz,
9. die geäußerten Beschwerden und die Diagnose,
10. Entscheidungen über Anerkennung oder Ablehnung von Versicherungsfällen und Leistungen,
11. Kosten und Verlauf von Leistungen,
12. Art, Ort, Verlauf und Ergebnis von Vorsorgemaßnahmen oder Leistungen zur Teilhabe,
13. die Rentenversicherungsnummer, Vor- und Familienname, Geburtsname, Geburtsdatum, Sterbedatum und Wohnanschrift der Versicherten sowie wesentliche Untersuchungsbefunde und die Planung zukünftiger Vorsorgemaßnahmen,
14. Entscheidungen (Nummer 10) mit ihrer Begründung einschließlich im Verwaltungs- oder Sozialgerichtsverfahren erstatteter Gutachten mit Angabe der Gutachter.

$_2$In Dateien nach Absatz 1 Satz 1 Nr. 1 dürfen nur Daten nach Satz 1 Nr. 1 bis 4, 6 bis 10 und 14 verarbeitet oder genutzt werden. $_3$In Dateien nach Absatz 1 Satz 1 Nr. 3 bis 6 dürfen nur Daten nach Satz 1 Nr. 1 bis 12 verarbeitet oder genutzt werden.

(3) Die Errichtung einer Datei für mehrere Unfallversicherungsträger bei einem Unfallversicherungsträger oder bei einem Verband der Unfallversicherungsträger ist auch zulässig, um die von den Pflegekassen und den privaten Versicherungsunternehmen nach § 44 Abs. 2 des Elften Buches zu übermittelnden Daten zu verarbeiten.

(4) $_1$Die Errichtung einer Datei für mehrere Unfallversicherungsträger bei einem Unfallversicherungsträger oder bei einem Verband der Unfallversicherungsträger ist auch zulässig, soweit dies erforderlich ist, um neue Erkenntnisse zur Verhütung von Versicherungsfällen oder zur Abwendung von arbeitsbedingten Gesundheitsgefahren zu gewinnen, und dieser Zweck nur durch eine gemeinsame Datei für mehrere oder alle Unfallversicherungsträger erreicht werden kann. $_2$In der Datei nach Satz 1 dürfen personenbezogene Daten nur verarbeitet werden, soweit der Zweck der Datei ohne sie nicht erreicht werden kann. $_3$Das Bundesministerium für Arbeit und Soziales bestimmt in einer Rechtsverordnung, die der Zustimmung des Bundesrates bedarf, die Art der zu verhütenden Versicherungsfälle und der abzuwendenden arbeitsbedingten Gesundheitsgefahren sowie die

VII

Art der Daten, die in der Datei nach Satz 1 verarbeitet oder genutzt werden dürfen. 4In der Datei nach Satz 1 dürfen Daten nach Absatz 2 Satz 1 Nr. 13 nicht gespeichert werden.

(5) 1Die Unfallversicherungsträger dürfen Daten nach Absatz 2 an den Unfallversicherungsträger oder den Verband, der die Datei führt, übermitteln. 2Die in der Datei nach Absatz 1 Satz 1 Nr. 1 oder 2 gespeicherten Daten dürfen von der dateiführenden Stelle an andere Unfallversicherungsträger übermittelt werden, soweit es zur Erfüllung ihrer gesetzlichen Aufgaben erforderlich ist.

(6) Der Unfallversicherungsträger oder der Verband, der die Datei errichtet, hat dem Bundesbeauftragten für den Datenschutz oder der nach Landesrecht für die Kontrolle des Datenschutzes zuständigen Stelle rechtzeitig die Errichtung einer Datei nach Absatz 1 oder 4 vorher schriftlich oder elektronisch anzuzeigen.

(7) 1Der Versicherte ist vor der erstmaligen Speicherung seiner Sozialdaten in Dateien nach Absatz 1 Satz 1 Nr. 1 und 2 über die Art der gespeicherten Daten, die speichernde Stelle und den Zweck der Datei durch den Unfallversicherungsträger schriftlich zu unterrichten. 2Dabei ist er auf sein Auskunftsrecht nach § 83 des Zehnten Buches hinzuweisen.

VII

§ 205 (weggefallen)

Vierter Abschnitt
Sonstige Vorschriften

§ 206 Übermittlung von Daten für die Forschung zur Bekämpfung von Berufskrankheiten

(1) 1Ein Arzt oder Angehöriger eines anderen Heilberufes ist befugt, für ein bestimmtes Forschungsvorhaben personenbezogene Daten den Unfallversicherungsträgern und deren Verbänden zu übermitteln, wenn die nachfolgenden Voraussetzungen erfüllt sind und die Genehmigung des Forschungsvorhabens öffentlich bekanntgegeben worden ist. 2Die Unfallversicherungsträger oder die Verbände haben den Versicherten oder den früheren Versicherten schriftlich über die übermittelten Daten und über den Zweck der Übermittlung zu unterrichten.

(2) 1Die Unfallversicherungsträger und ihre Verbände dürfen Sozialdaten von Versicherten und früheren Versicherten erheben, verarbeiten und nutzen, soweit dies

1. zur Durchführung eines bestimmten Forschungsvorhabens, das die Erkennung neuer Berufskrankheiten oder die Verbesserung der Prävention oder der Maßnahmen zur Teilhabe bei Berufskrankheiten zum Ziele hat, erforderlich ist und
2. der Zweck dieses Forschungsvorhabens nicht auf andere Weise, insbesondere nicht durch Erhebung, Verarbeitung und Nutzung anonymisierter Daten, erreicht werden kann.

2Voraussetzung ist, daß die zuständige oberste Bundes- oder Landesbehörde die Erhebung, Verarbeitung und Nutzung der Daten für das Forschungsvorhaben genehmigt hat. 3Erteilt die zuständige oberste Bundesbehörde die Genehmigung, sind die Bundesärztekammer und der Bundesbeauftragte für den Datenschutz anzuhören, in den übrigen Fällen der Landesbeauftragte für den Datenschutz und die Ärztekammer des Landes.

(3) Das Forschungsvorhaben darf nur durchgeführt werden, wenn sichergestellt ist, daß keinem Beschäftigten, der an Entscheidungen über Sozialleistungen oder deren Vorbereitung beteiligt ist, die Daten, die für das Forschungsvorhaben erhoben, verarbeitet oder genutzt werden, zugänglich sind oder von Zugriffsberechtigten weitergegeben werden.

(4) 1Die Durchführung der Forschung ist organisatorisch und räumlich von anderen Aufgaben zu trennen. 2Die übermittelten Einzelangaben dürfen nicht mit anderen personenbezogenen Daten zusammengeführt werden. 3§ 67c Abs. 5 Satz 2 und 3 des Zehnten Buches bleibt unberührt.

(5) 1Führen die Unfallversicherungsträger oder ihre Verbände das Forschungsvorhaben nicht selbst durch, dürfen die Daten nur anonymisiert an den für das Forschungsvorha-

ben Verantwortlichen übermittelt werden. 2Ist nach dem Zweck des Forschungsvorhabens zu erwarten, daß Rückfragen für einen Teil der Betroffenen erforderlich werden, sind sie an die Person zu richten, welche die Daten gemäß Absatz 1 übermittelt hat. 3Absatz 2 gilt für den für das Forschungsvorhaben Verantwortlichen entsprechend. 4Die Absätze 3 und 4 gelten entsprechend.

§ 207 Erhebung, Verarbeitung und Nutzung von Daten zur Verhütung von Versicherungsfällen und arbeitsbedingten Gesundheitsgefahren

(1) Die Unfallversicherungsträger und ihre Verbände dürfen

1. Daten zu Stoffen, Zubereitungen und Erzeugnissen,
2. Betriebs- und Expositionsdaten zur Gefährdungsanalyse

erheben, speichern, verändern, löschen, nutzen und untereinander übermitteln, soweit dies zur Verhütung von Versicherungsfällen und arbeitsbedingten Gesundheitsgefahren erforderlich ist.

(2) Daten nach Absatz 1 dürfen an die für den Arbeitsschutz zuständigen Landesbehörden und an die für den Vollzug des Chemikaliengesetzes sowie des Rechts der Bio- und Gentechnologie zuständigen Behörden übermittelt werden.

(3) Daten nach Absatz 1 dürfen nicht an Stellen oder Personen außerhalb der Unfallversicherungsträger und ihrer Verbände sowie der zuständigen Landesbehörden übermittelt werden, wenn der Unternehmer begründet nachweist, daß ihre Verbreitung ihm betrieblich oder geschäftlich schaden könnte, und die Daten auf Antrag des Unternehmers als vertraulich gekennzeichnet sind.

§ 208 Auskünfte der Deutschen Post AG

Soweit die Deutsche Post AG Aufgaben der Unfallversicherung wahrnimmt, gilt § 151 des Sechsten Buches entsprechend.

Neuntes Kapitel
Bußgeldvorschriften

§ 209 Bußgeldvorschriften

(1) 1Ordnungswidrig handelt, wer vorsätzlich oder fahrlässig

1. einer Unfallverhütungsvorschrift nach § 15 Abs. 1 oder 2 zuwiderhandelt, soweit sie für einen bestimmten Tatbestand auf diese Bußgeldvorschrift verweist,
2. einer vollziehbaren Anordnung nach § 19 Abs. 1 zuwiderhandelt
3. entgegen § 19 Abs. 2 Satz 2 eine Maßnahme nicht duldet,
4. entgegen § 138 die Versicherten nicht unterrichtet,
5. entgegen
   a) § 165 Absatz 1 Satz 1, auch in Verbindung mit einer Satzung nach § 165 Absatz 1 Satz 2 oder Satz 3 dieses Buches, jeweils in Verbindung mit § 34 Absatz 1 Satz 1 des Vierten Buches, oder
   b) § 194

   eine Meldung nicht, nicht richtig, nicht vollständig oder nicht rechtzeitig macht,
6. entgegen § 165 Absatz 2 Satz 1 in Verbindung mit einer Satzung nach § 34 Absatz 1 Satz 1 des Vierten Buches einen dort genannten Nachweis nicht, nicht richtig, nicht vollständig oder nicht rechtzeitig einreicht,
7. entgegen § 165 Abs. 4 eine Aufzeichnung nicht führt oder nicht oder nicht mindestens fünf Jahre aufbewahrt,

7a. entgegen § 183 Absatz 6 Satz 1 in Verbindung mit einer Satzung nach § 34 Absatz 1 Satz 1 des Vierten Buches eine Auskunft nicht, nicht richtig, nicht vollständig oder nicht rechtzeitig gibt,

8. entgegen § 192 Abs. 1 Nr. 1 bis 3 oder Abs. 4 Satz 1 eine Mitteilung nicht, nicht richtig, nicht vollständig oder nicht rechtzeitig macht,
9. entgegen § 193 Abs. 1 Satz 1, auch in Verbindung mit Satz 2, Abs. 2, 3 Satz 2, Abs. 4 oder 6 eine Anzeige nicht, nicht richtig oder nicht rechtzeitig erstattet,

10. entgegen § 193 Abs. 9 einen Unfall nicht in das Schiffstagebuch einträgt, nicht darstellt oder nicht in einer besonderen Niederschrift nachweist oder
11. entgegen § 198 oder 203 Abs. 1 Satz 1 eine Auskunft nicht, nicht richtig, nicht vollständig oder nicht rechtzeitig erteilt.

2In den Fällen der Nummer 5, die sich auf geringfügige Beschäftigungen in Privathaushalten im Sinne von § 8a des Vierten Buches beziehen, findet § 266a Abs. 2 des Strafgesetzbuches keine Anwendung.

(2) Ordnungswidrig handelt, wer als Unternehmer Versicherten Beiträge ganz oder zum Teil auf das Arbeitsentgelt anrechnet.

(3) Die Ordnungswidrigkeit kann in den Fällen des Absatzes 1 Nr. 1 bis 3 mit einer Geldbuße bis zu zehntausend Euro, in den Fällen des Absatzes 2 mit einer Geldbuße bis zu fünftausend Euro, in den übrigen Fällen mit einer Geldbuße bis zu zweitausendfünfhundert Euro geahndet werden.

§ 210 Zuständige Verwaltungsbehörde

Verwaltungsbehörde im Sinne des § 36 Abs. 1 Nr. 1 des Gesetzes über Ordnungswidrigkeiten ist der Unfallversicherungsträger.

§ 211 Zusammenarbeit bei der Verfolgung und Ahndung von Ordnungswidrigkeiten

1Zur Verfolgung und Ahndung von Ordnungswidrigkeiten arbeiten die Unfallversicherungsträger insbesondere mit den Behörden der Zollverwaltung, der Bundesagentur für Arbeit, den nach § 6 Abs. 1 Satz 1 Nr. 2 des Zweiten Buches zuständigen Trägern oder den nach § 6a des Zweiten Buches zugelassenen kommunalen Trägern, den Krankenkassen als Einzugsstellen für die Sozialversicherungsbeiträge, den in § 71 des Aufenthaltsgesetzes genannten Behörden, den Finanzbehörden, den nach Landesrecht für die Verfolgung und Ahndung von Ordnungswidrigkeiten nach dem Schwarzarbeitsbekämpfungsgesetz zuständigen Behörden, den Trägern der Sozialhilfe und den für den Arbeitsschutz zuständigen Landesbehörden zusammen, wenn sich im Einzelfall konkrete Anhaltspunkte für

1. Verstöße gegen das Schwarzarbeitsbekämpfungsgesetz,
2. eine Beschäftigung oder Tätigkeit von Ausländern ohne erforderlichen Aufenthaltstitel nach § 4 Abs. 3 des Aufenthaltsgesetzes, eine Aufenthaltsgestattung oder eine Duldung, die zur Ausübung der Beschäftigung berechtigen, oder eine Genehmigung nach § 284 Abs. 1 des Dritten Buches,
3. Verstöße gegen die Mitwirkungspflicht nach § 60 Abs. 1 Satz 1 Nr. 2 des Ersten Buches gegenüber einer Dienststelle der Bundesagentur für Arbeit, einem Träger der gesetzlichen Kranken-, Pflege- oder Rentenversicherung, einem nach § 6 Abs. 1 Satz 1 Nr. 2 des Zweiten Buches zuständigen Träger oder einem nach § 6a des Zweiten Buches zugelassenen kommunalen Träger oder einem Träger der Sozialhilfe oder gegen die Meldepflicht nach § 8a des Asylbewerberleistungsgesetzes,
4. Verstöße gegen das Arbeitnehmerüberlassungsgesetz,
5. Verstöße gegen die Bestimmungen des Vierten und Fünften Buches sowie dieses Buches über die Verpflichtung zur Zahlung von Sozialversicherungsbeiträgen, soweit sie im Zusammenhang mit den in den Nummern 1 bis 4 genannten Verstößen stehen,
6. Verstöße gegen die Steuergesetze,
7. Verstöße gegen das Aufenthaltsgesetz

ergeben. 2Sie unterrichten die für die Verfolgung und Ahndung zuständigen Behörden, die Träger der Sozialhilfe sowie die Behörden nach § 71 des Aufenthaltsgesetzes. 3Die Unterrichtung kann auch Angaben über die Tatsachen, die für die Einziehung der Beiträge zur Unfallversicherung erforderlich sind, enthalten. 4Medizinische und psychologische Daten, die über einen Versicherten erhoben worden sind, dürfen die Unfallversicherungsträger nicht übermitteln.

Zehntes Kapitel
Übergangsrecht

§ 212 Grundsatz

Die Vorschriften des Ersten bis Neunten Kapitels gelten für Versicherungsfälle, die nach dem Inkrafttreten dieses Gesetzes eintreten, soweit in den folgenden Vorschriften nicht etwas anderes bestimmt ist.

§ 213 Versicherungsschutz

(1) 1Unternehmer und ihre Ehegatten, die am Tag vor dem Inkrafttreten dieses Gesetzes nach § 539 Abs. 1 Nr. 3 oder 7 der Reichsversicherungsordnung in der zu diesem Zeitpunkt geltenden Fassung pflichtversichert waren und die nach § 2 nicht pflichtversichert sind, bleiben versichert, ohne daß es eines Antrags auf freiwillige Versicherung bedarf. 2Die Versicherung wird als freiwillige Versicherung weitergeführt. 3Sie erlischt mit Ablauf des Monats, in dem ein Antrag auf Beendigung dieser Versicherung beim Unfallversicherungsträger eingegangen ist; § 6 Abs. 2 Satz 2 bleibt unberührt.

(2) Die §§ 555a und 636 Abs. 3 der Reichsversicherungsordnung in der Fassung des Artikels II § 4 Nr. 12 und 15 des Gesetzes vom 18. August 1980 (BGBl. I S. 1469, 2218) gelten auch für Versicherungsfälle, die in der Zeit vom 24. Mai 1949 bis zum 31. Oktober 1977 eingetreten sind.

(3) § 2 Abs. 1 Nr. 16 in der Fassung des Artikels 1 Nr. 2 Buchstabe b des Unfallversicherungsmodernisierungsgesetzes vom 30. Oktober 2008 (BGBl. I S. 2130) gilt auch für Versicherungsfälle, die in der Zeit vom 1. Mai 2007 bis zum 4. November 2008 eingetreten sind.

(4) 1§ 12a gilt auch für Gesundheitsschäden, die in der Zeit vom 1. Dezember 1997 bis zum 31. Juli 2012 eingetreten sind. 2Ansprüche auf Leistungen bestehen in diesen Fällen ab dem 1. August 2012.

(5) Vom 1. November 2014 bis zum 31. Dezember 2015 gilt § 2 Absatz 1 Nummer 1 und 12 sowie Absatz 3 Satz 2 und 3 auch für Personen, die von Unternehmen zur Hilfe bei Unglücksfällen oder des Zivilschutzes in der Zuständigkeit der Unfallversicherung Bund und Bahn in das Ausland delegiert werden, wenn sie im Inland ihren Wohnsitz oder gewöhnlichen Aufenthalt haben oder die Tätigkeit im Inland beginnt oder beendet werden soll.

§ 214 Geltung auch für frühere Versicherungsfälle

(1) Die Vorschriften des Ersten und Fünften Abschnitts des Dritten Kapitels gelten auch für Versicherungsfälle, die vor dem Tag des Inkrafttretens dieses Gesetzes eingetreten sind; dies gilt nicht für die Vorschrift über Leistungen an Berechtigte im Ausland.

(2) 1Die Vorschriften über den Jahresarbeitsverdienst gelten auch für Versicherungsfälle, die vor dem Tag des Inkrafttretens dieses Gesetzes eingetreten sind, wenn der Jahresarbeitsverdienst nach dem Inkrafttreten dieses Gesetzes erstmals oder aufgrund des § 90 neu festgesetzt wird. 2Die Vorschrift des § 93 über den Jahresarbeitsverdienst für die Versicherten der landwirtschaftlichen Berufsgenossenschaften und ihre Hinterbliebenen gilt auch für Versicherungsfälle, die vor dem Inkrafttreten dieses Gesetzes eingetreten sind; die Geldleistungen sind von dem auf das Inkrafttreten dieses Gesetzes folgenden 1. Juli an neu festzustellen; die generelle Bestandsschutzregelung bleibt unberührt.

(3) 1Die Vorschriften über Renten, Beihilfen, Abfindungen und Mehrleistungen gelten auch für Versicherungsfälle, die vor dem Tag des Inkrafttretens dieses Gesetzes eingetreten sind, wenn diese Leistungen nach dem Inkrafttreten dieses Gesetzes erstmals festzusetzen sind. 2§ 73 gilt auch für Versicherungsfälle, die vor dem Tag des Inkrafttretens dieses Gesetzes eingetreten sind.

(4) Soweit sich die Vorschriften über das Verfahren, den Datenschutz sowie die Beziehungen der Versicherungsträger zueinander und zu Dritten auf bestimmte Versicherungsfälle beziehen, gelten sie auch hinsichtlich der Versicherungsfälle, die vor dem Tag des Inkrafttretens dieses Gesetzes eingetreten sind.

VII

§215 Sondervorschriften für Versicherungsfälle in dem in Artikel 3 des Einigungsvertrages genannten Gebiet

(1) 1Für die Übernahme der vor dem 1. Januar 1992 eingetretenen Unfälle und Krankheiten als Arbeitsunfälle und Berufskrankheiten nach dem Recht der gesetzlichen Unfallversicherung ist § 1150 Abs. 2 und 3 der Reichsversicherungsordnung in der am Tag vor Inkrafttreten dieses Gesetzes geltenden Fassung weiter anzuwenden. 2§ 1150 Abs. 2 Satz 2 Nr. 1 der Reichsversicherungsordnung gilt nicht für Versicherungsfälle aus dem Wehrdienst ehemaliger Wehrdienstpflichtiger der Nationalen Volksarmee der Deutschen Demokratischen Republik. 3Tritt bei diesen Personen nach dem 31. Dezember 1991 eine Berufskrankheit auf, die infolge des Wehrdienstes entstanden ist, gelten die Vorschriften dieses Buches.

(2) Die Vorschriften über den Jahresarbeitsverdienst gelten nicht für Versicherungsfälle in dem in Artikel 3 des Einigungsvertrags genannten Gebiet, die vor dem 1. Januar 1992 eingetreten sind; für diese Versicherungsfälle ist § 1152 Abs. 2 der Reichsversicherungsordnung in der am Tag vor Inkrafttreten dieses Gesetzes geltenden Fassung weiter anzuwenden mit der Maßgabe, dass der zuletzt am 1. Juli 2001 angepasste Betrag aus § 1152 Abs. 2 der Reichsversicherungsordnung ab 1. Januar 2002 in Euro umgerechnet und auf volle Euro-Beträge aufgerundet wird.

(3) Für Versicherungsfälle im Zuständigkeitsbereich der Unfallversicherung Bund und Bahn nach § 125 Absatz 1, die nach dem 31. Dezember 1991 eingetreten sind, gilt § 85 Abs. 2 Satz 1 mit der Maßgabe, daß der Jahresarbeitsverdienst höchstens das Zweifache der im Zeitpunkt des Versicherungsfalls geltenden Bezugsgröße (West) beträgt.

(4) Für Versicherte an Bord von Seeschiffen und für nach § 2 Abs. 1 Nr. 7 versicherte Küstenschiffer und Küstenfischer ist § 1152 Abs. 6 der Reichsversicherungsordnung in der am Tag vor Inkrafttreten dieses Gesetzes geltenden Fassung weiter anzuwenden mit der Maßgabe, daß an die Stelle der dort genannten Vorschriften der Reichsversicherungsordnung § 92 dieses Buches tritt.

(5) 1Die Vorschriften über die Anpassung der vom Jahresarbeitsverdienst abhängigen Geldleistungen und über die Höhe und die Anpassung des Pflegegeldes gelten nicht für Versicherungsfälle in dem in Artikel 3 des Einigungsvertrags genannten Gebiet; für diese Versicherungsfälle sind § 1151 Abs. 1 und § 1153 der Reichsversicherungsordnung in der am Tag vor Inkrafttreten dieses Gesetzes geltenden Fassung weiter anzuwenden mit der Maßgabe, daß an die Stelle der dort genannten Vorschriften der Reichsversicherungsordnung § 44 Abs. 2 und 4 sowie § 95 dieses Buches treten. 2Abweichend von Satz 1 ist bei den Anpassungen ab dem 1. Juli 2001 der Vomhundertsatz maßgebend, um den sich die Renten aus der gesetzlichen Rentenversicherung in dem in Artikel 3 des Einigungsvertrages genannten Gebiet verändern. 3§ 1151 Abs. 1 der Reichsversicherungsordnung gilt mit der Maßgabe, dass ab 1. Januar 2002 an die Stelle des Pflegegeldrahmens in Deutscher Mark der Pflegegeldrahmen in Euro tritt, indem die zuletzt am 1. Juli 2001 angepassten Beträge in Euro umgerechnet und auf volle Euro-Beträge aufgerundet werden.

(6) Für die Feststellung und Zahlung von Renten bei Versicherungsfällen, die vor dem 1. Januar 1992 eingetreten sind, ist § 1154 der Reichsversicherungsordnung in der am Tag vor Inkrafttreten dieses Gesetzes geltenden Fassung weiter anzuwenden mit der Maßgabe, daß an die Stelle der dort genannten Vorschriften der Reichsversicherungsordnung die §§ 56 und 81 bis 91 dieses Buches treten.

(7) 1Für die Feststellung und Zahlung von Leistungen im Todesfall ist § 1155 Abs. 1 Satz 2 und 3 sowie Abs. 2 und 3 der Reichsversicherungsordnung in der am Tag vor Inkrafttreten dieses Gesetzes geltenden Fassung weiter anzuwenden mit der Maßgabe, daß an die Stelle der dort genannten Vorschriften der Reichsversicherungsordnung § 65 Abs. 3 und § 66 dieses Buches treten. 2Bestand am 31. Dezember 1991 nach dem in

dem in Artikel 3 des Einigungsvertrags genannten Gebiet geltenden Recht ein Anspruch auf Witwenrente, Witwerrente oder Waisenrente, wird der Zahlbetrag dieser Rente so lange unverändert weitergezahlt, wie er den Zahlbetrag der Rente, die sich aus den §§ 63 bis 71 und aus Satz 1 ergeben würde, übersteigt.

(8) Die Vorschrift des § 1156 der Reichsversicherungsordnung in der am Tag vor Inkrafttreten dieses Gesetzes geltenden Fassung ist weiter anzuwenden.

§ 216 Bezugsgröße (Ost) und aktueller Rentenwert (Ost)

(1) Soweit Vorschriften dieses Buches beim Jahresarbeitsverdienst oder beim Sterbegeld an die Bezugsgröße anknüpfen, ist die Bezugsgröße für das in Artikel 3 des Einigungsvertrags genannte Gebiet (Bezugsgröße [Ost]) maßgebend, wenn es sich um einen Versicherungsfall in diesem Gebiet handelt.

(2) Soweit Vorschriften dieses Buches bei Einkommensanrechnungen auf Leistungen an Hinterbliebene an den aktuellen Rentenwert anknüpfen, ist der aktuelle Rentenwert (Ost) maßgebend, wenn der Berechtigte seinen gewöhnlichen Aufenthalt in dem in Artikel 3 des Einigungsvertrags genannten Gebiet hat.

§ 217 Bestandsschutz

(1) $_1$Ist eine Geldleistung, die aufgrund des bis zum Inkrafttreten dieses Gesetzes geltenden Rechts festgestellt worden ist oder hätte festgestellt werden müssen, höher, als sie nach diesem Buch sein würde, wird dem Berechtigten die höhere Leistung gezahlt. $_2$Satz 1 gilt entsprechend für die Dauer einer Geldleistung. $_3$Bei den nach § 2 Abs. 1 Nr. 5 Buchstabe b versicherten mitarbeitenden Familienangehörigen sind dabei auch die bisher gezahlten Zulagen an Schwerverletzte zu berücksichtigen.

(2) $_1$Die §§ 590 bis 593, 598 und 600 Abs. 3 in Verbindung mit den §§ 602 und 614 der Reichsversicherungsordnung in der am 31. Dezember 1985 geltenden Fassung sind weiter anzuwenden, wenn der Tod des Versicherten vor dem 1. Januar 1986 eingetreten ist. $_2$§ 80 Abs. 1 ist auch anzuwenden, wenn der Tod des Versicherten vor dem 1. Januar 1986 eingetreten ist und die neue Ehe nach dem Inkrafttreten dieses Gesetzes geschlossen wird. $_3$Bei der Anwendung des § 65 Abs. 3 und des § 80 Abs. 3 gilt § 617 Abs. 2 und 6 der Reichsversicherungsordnung in der am Tag vor dem Inkrafttreten dieses Gesetzes geltenden Fassung.

(3) Berechtigten, die vor dem Inkrafttreten dieses Gesetzes für ein Kind Anspruch auf eine Kinderzulage hatten, wird die Kinderzulage nach Maßgabe des § 583 unter Berücksichtigung des § 584 Abs. 1 Satz 2, des § 585, des § 579 Abs. 1 Satz 2 und des § 609 Abs. 3 der Reichsversicherungsordnung in der am Tag vor dem Inkrafttreten dieses Gesetzes geltenden Fassung weiter geleistet.

(4) Artikel 1 § 9 Abs. 3 und § 10 Abs. 1 Satz 2 des Einundzwanzigsten Rentenanpassungsgesetzes sind für die Anpassung der dort genannten Geldleistungen nach § 95 weiter anzuwenden.

§ 218 (weggefallen)

§ 218a Leistungen an Hinterbliebene

(1) Ist der Ehegatte vor dem 1. Januar 2002 verstorben oder wurde die Ehe vor diesem Tag geschlossen und ist mindestens ein Ehegatte vor dem 2. Januar 1962 geboren, gelten die Vorschriften über Renten an Witwen oder Witwer und Abfindungen mit der Maßgabe, dass

1. der Anspruch auf eine Rente nach § 65 Abs. 2 Nr. 2 ohne Beschränkung auf 24 Kalendermonate besteht,
2. auf eine Abfindung nach § 80 Abs. 1 eine Rente nach § 65 Abs. 2 Nr. 2 nicht angerechnet wird.

(2) $_1$Ist der Ehegatte vor dem 1. Januar 2012 verstorben, gelten die Vorschriften über Renten an Witwen oder Witwer mit der Maßgabe, dass der Anspruch auf eine Rente nach § 65 Abs. 2 Nr. 3 Buchstabe b ab Vollendung des 45. Lebensjahres besteht. $_2$Ist der Ehegatte nach dem 31. Dezember 2011 verstorben, gilt für die Altersgrenze des § 65 Abs. 2 Nr. 3

Buchstabe b der § 242a Abs. 5 des Sechsten Buches entsprechend.

§ 218b (weggefallen)

§ 218c Auszahlung laufender Geldleistungen bei Beginn vor dem 1. April 2004

(1) 1Bei Beginn laufender Geldleistungen mit Ausnahme des Verletzten- und Übergangsgeldes vor dem 1. April 2004 werden diese zu Beginn des Monats fällig, zu dessen Beginn die Anspruchsvoraussetzungen erfüllt sind; sie werden am letzten Bankarbeitstag des Monats ausgezahlt, der dem Monat der Fälligkeit vorausgeht. 2§ 96 Abs. 1 Satz 2 und 3 gilt entsprechend.

(2) Absatz 1 gilt auch für Renten an Hinterbliebene, die im Anschluss an eine Rente für Versicherte zu zahlen sind, wenn der erstmalige Rentenbeginn dieser Rente vor dem 1. April 2004 liegt.

§ 218d Besondere Zuständigkeiten

(1) Verändert sich aufgrund des § 128 Absatz 1 Nummer 1a, des § 129 Absatz 1 Nummer 1a und Absatz 4 oder des § 129a die Zuständigkeit für ein am 1. Januar 2013 bestehendes Unternehmen, ist dieses nach § 136 Absatz 1 Satz 4 zweite Alternative an den zuständigen Unfallversicherungsträger zu überweisen; die am 1. Januar 2013 in Kraft getretene Fassung des § 128 Absatz 1 Nummer 1a, des § 129 Absatz 1 Nummer 1a und Absatz 4 sowie des § 129a gilt insoweit als wesentliche Änderung.

(2) 1Absatz 1 gilt nicht für Unternehmen im Sinne des § 128 Absatz 1 Nummer 1a und des § 129 Absatz 1 Nummer 1a, die am 31. Dezember 1996 bestanden haben und bei denen seitdem keine wesentliche Änderung im Sinne des § 136 Absatz 1 Satz 4 zweite Alternative eingetreten ist. 2Dabei sind auch solche Änderungen wesentlich, die nach dem 31. Dezember 1996 eingetreten sind und nach dem § 128 Absatz 1 Nummer 1a, dem § 129 Absatz 1 Nummer 1a oder dem § 129a eine andere Zuständigkeit begründen.

(3) Absatz 1 gilt nicht für Unternehmen im Sinne des § 129 Absatz 1 Nummer 1, wenn deren Schwerpunkt im Ausnahmebereich des § 129 Absatz 4 Satz 1 liegt.

(4) Ab dem 1. Januar 2013 eintretende wesentliche Änderungen sind zu berücksichtigen.

(5) 1Die Deutsche Gesetzliche Unfallversicherung e. V. prüft die Auswirkungen der Zuständigkeit der Unfallversicherungsträger der Länder und Kommunen nach § 128 Absatz 1 Nummer 1a und § 129 Absatz 1 Nummer 1a auf die Belastung der betroffenen Unternehmen durch Unfallversicherungsbeiträge im Verhältnis zu gleichartigen Unternehmen, für die die gewerblichen Berufsgenossenschaften zuständig sind, und legt dem Bundesministerium für Arbeit und Soziales bis zum 31. Dezember 2013 einen Bericht über das Ergebnis der Prüfung vor. 2Bestehen hiernach wettbewerbsrelevante Unterschiede, die durch die Regelungen des Sechsten Kapitels begründet sind, enthält der Bericht auch Vorschläge zur Herstellung gleicher Wettbewerbsbedingungen der Unternehmen der betroffenen Gewerbezweige.

§ 218e Übergangsregelungen aus Anlass des Übergangs der Beitragsüberwachung auf die Träger der Deutschen Rentenversicherung

(1) 1Soweit der Übergang der Prüfung nach § 166 Abs. 2 auf die Träger der Rentenversicherung bei diesen Personalbedarf auslöst, können die Träger der Rentenversicherung in entsprechendem Umfang Beschäftigte der Unfallversicherungsträger übernehmen, die am 31. Dezember 2009 ganz oder überwiegend die Prüfung der Arbeitgeber vornehmen. 2Die Übernahme erfolgt im Zeitraum vom 1. Januar 2010 bis zum 31. Dezember 2011.

(2) 1Der jeweilige Träger der Rentenversicherung tritt in den Fällen der nach Absatz 1 übergetretenen Beschäftigten in die Rechte und Pflichten aus den Arbeits- und Dienstverhältnissen ein. 2Mit dem Zeitpunkt des Übertritts sind die bei dem neuen Arbeitgeber geltenden tarifvertraglichen Regelungen, Dienstvereinbarungen, Dienstordnungen

VII

oder sonstigen Vereinbarungen maßgebend. 3Bei Beamten erfolgt die Übernahme im Wege der Versetzung; entsprechende beamtenrechtliche Vorschriften bleiben unberührt. 4Die in einem Beschäftigungsverhältnis bei einem Träger der gesetzlichen Unfallversicherung verbrachten Zeiten gelten bei der Anwendung beamtenrechtlicher einschließlich besoldungs- und versorgungsrechtlicher Vorschriften und tarifvertraglicher Regelungen als bei der Deutschen Rentenversicherung verbrachte Zeiten. 5Haben Beschäftigte aufgrund einer bisherigen tarifvertraglichen Regelung Anspruch auf ein höheres Arbeitsentgelt, erhalten sie, solange die Tätigkeit der Arbeitgeberprüfung weiterhin ausgeübt wird, eine Ausgleichszulage in Höhe der Differenz zwischen dem bisherigen Entgelt und dem Entgelt, das nach den Regelungen des Satzes 2 zusteht. 6Der Anspruch auf Ausgleichszulage entfällt, sobald dazu eine neue tarifvertragliche Regelung vereinbart wird.

(3) 1Handelt es sich bei übernommenen Beschäftigten um Dienstordnungsangestellte, tragen der aufnehmende Träger der Rentenversicherung und der abgebende Unfallversicherungsträger die Versorgungsbezüge anteilig, wenn der Versorgungsfall eintritt. 2§ 107b des Beamtenversorgungsgesetzes gilt sinngemäß. 3Die übergetretenen Dienstordnungsangestellten sind innerhalb eines Jahres nach dem Übertritt in das Beamtenverhältnis zu berufen, wenn sie die erforderlichen beamtenrechtlichen Voraussetzungen erfüllen. 4Sie sind unmittelbar in das Beamtenverhältnis auf Lebenszeit unter Verleihung des Amtes zu berufen, das ihrer besoldungsrechtlichen Stellung nach dem Dienstvertrag am Tag vor der Berufung in das Beamtenverhältnis entspricht, sofern sie die erforderlichen beamtenrechtlichen Voraussetzungen erfüllen.

(4) Die Prüfung der Unternehmen nach § 166 für die Jahre 2005 bis 2008 wird in den Jahren 2010 und 2011 weiter von den Unfallversicherungsträgern durchgeführt.

§ 219 (weggefallen)

§ 219a Altersrückstellungen

(1) (weggefallen)

(2) Für Personen nach § 172c Abs. 1 Satz 1, deren Beschäftigungsverhältnis zu einem Unfallversicherungsträger erstmals nach dem 31. Dezember 2009 begründet worden ist, gelten die Zuweisungssätze, die in der Rechtsverordnung nach § 16 Abs. 1 Satz 4 des Versorgungsrücklagegesetzes festgesetzt sind, entsprechend.

(3) Versorgungsausgaben für die in § 172c genannten Personenkreise, die ab dem Jahr 2030 entstehen, sowie Ausgaben, die anstelle von Versorgungsausgaben für diese Personenkreise geleistet werden, sind aus dem Altersrückstellungsvermögen zu leisten; die Aufsichtsbehörde kann eine frühere oder spätere Entnahme genehmigen.

(4) 1Soweit Unfallversicherungsträger vor dem 31. Dezember 2009 für einen in § 172c genannten Personenkreis Mitglied einer öffentlich-rechtlichen Versorgungseinrichtung geworden sind, werden die zu erwartenden Versorgungsleistungen im Rahmen der Verpflichtungen nach § 172c entsprechend berücksichtigt. 2Wurde für die in § 172c genannten Personenkreise vor dem 31. Dezember 2009 Deckungskapital bei aufsichtspflichtigen Unternehmen im Sinne des § 1 Absatz 1 Nummer 1 und 5 des Versicherungsaufsichtsgesetzes gebildet, wird dieses anteilig im Rahmen der Verpflichtungen nach § 172c berücksichtigt.

§ 220 Ausgleich unter den gewerblichen Berufsgenossenschaften

(1) Die §§ 176 bis 181 gelten für die Ausgleichsjahre 2008 bis 2013 mit der Maßgabe, dass die Rentenlasten im Jahr 2008 in Höhe von 15 Prozent, im Jahr 2009 in Höhe von 30 Prozent, im Jahr 2010 in Höhe von 45 Prozent, im Jahr 2011 in Höhe von 60 Prozent, im Jahr 2012 in Höhe von 75 Prozent und im Jahr 2013 in Höhe von 90 Prozent nach § 178 gemeinsam getragen werden.

(2) 1Die §§ 176 bis 181 in der am 31. Dezember 2007 geltenden Fassung sind für die Ausgleichsjahre 2008 bis 2013 mit folgenden Maßgaben anzuwenden:

VII

1. Bei der Ermittlung der Ausgleichsberechtigung und deren Höhe sind die zugrunde zu legenden Rechengrößen für das Ausgleichsjahr 2008 in Höhe von 85 Prozent, für das Ausgleichsjahr 2009 in Höhe von 70 Prozent, für das Ausgleichsjahr 2010 in Höhe von 55 Prozent, für das Ausgleichsjahr 2011 in Höhe von 40 Prozent, für das Ausgleichsjahr 2012 in Höhe von 25 Prozent und für das Ausgleichsjahr 2013 in Höhe von 10 Prozent anzusetzen.
2. § 176 Abs. 2 Satz 1 gilt mit der Maßgabe, dass anstelle des Wertes 1,25 für das Ausgleichsjahr 2008 der Wert 1,35, für die Ausgleichsjahre 2009 und 2010 der Wert 1,3 und für das Ausgleichsjahr 2011 der Wert 1,275 anzuwenden ist.
3. § 178 Abs. 1 gilt mit den Maßgaben, dass
   a) für die Berechnung des Rentenlastsatzes anstelle des Wertes 2,5 für das Ausgleichsjahr 2008 der Wert 3,3, für das Ausgleichsjahr 2009 der Wert 3,0 und für das Ausgleichsjahr 2010 der Wert 2,7 und
   b) für die Berechnung des Entschädigungslastsatzes anstelle des Wertes 3 für das Ausgleichsjahr 2008 der Wert 3,8, für das Ausgleichsjahr 2009 der Wert 3,4 und für das Ausgleichsjahr 2010 der Wert 3,2 anzuwenden ist.

2Die Nummern 2 und 3 gelten nicht für die Lastenausgleichspflicht und -berechtigung von Berufsgenossenschaften vom Beginn des Ausgleichsjahres an, in dem sie sich mit einer oder mehreren anderen Berufsgenossenschaften nach § 118 in der am 31. Dezember 2007 geltenden Fassung vereinigt haben.

(3) § 118 Abs. 4 in der am 31. Dezember 2007 geltenden Fassung findet bis zum Umlagejahr 2013 auf gewerbliche Berufsgenossenschaften weiter Anwendung, die die Voraussetzungen des § 176 Abs. 5 in der am 31. Dezember 2007 geltenden Fassung erfüllen, wenn die sich vereinigenden Berufsgenossenschaften bis zum 31. Dezember 2013 eine Vereinbarung nach § 176 Abs. 5 in der am 31. Dezember 2007 geltenden Fassung abgeschlossen haben.

(4) Die §§ 176 bis 181 gelten für die Berufsgenossenschaft Verkehrswirtschaft Post-Logistik Telekommunikation mit der Maßgabe, dass für den Zuständigkeitsbereich nach § 121 Absatz 2 Nummer 3 bis 8

1. bei der Ermittlung der gemeinsamen Tragung der Rentenlasten die zugrunde zu legenden Rechengrößen für das Ausgleichsjahr 2016 in Höhe von 15 Prozent, für das Ausgleichsjahr 2017 in Höhe von 30 Prozent, für das Ausgleichsjahr 2018 in Höhe von 45 Prozent, für das Ausgleichsjahr 2019 in Höhe von 60 Prozent, für das Ausgleichsjahr 2020 in Höhe von 75 Prozent und für das Ausgleichsjahr 2021 in Höhe von 90 Prozent anzusetzen sind,
2. bis zum Jahr 2021 als Latenzfaktor nach § 177 Absatz 7 der für das jeweilige Ausgleichsjahr für den Bereich der in § 121 Absatz 2 Nummer 1 und 2 genannten Unternehmensarten zu berechnende Wert anzuwenden ist.

§ 221 Besondere Vorschriften für die landwirtschaftliche Unfallversicherung

(1) Für Leistungen nach § 54 Abs. 1 und 2 sind die §§ 54 und 55 in der bis zum 31. Dezember 2007 geltenden Fassung anzuwenden, wenn die Antragstellung oder, wenn den Leistungen kein Antrag vorausging, die Inanspruchnahme vor dem 1. Januar 2008 erfolgt ist.

(2) § 80a ist nur auf Versicherungsfälle anwendbar, die nach dem 31. Dezember 2007 eingetreten sind.

(3) 1Das Umlageverfahren nach § 183 für das Umlagejahr 2012 wird von der landwirtschaftlichen Berufsgenossenschaft auf der Grundlage des am 31. Dezember 2012 geltenden Rechts und der örtlichen und sachlichen Zuständigkeit der bis zum 31. Dezember 2012 bestehenden landwirtschaftlichen Berufsgenossenschaften durchgeführt. 2Dabei sind für das Ausgleichsjahr 2012 die §§ 184a bis 184d in der am 31. Dezember 2012 geltenden Fassung mit der Maßgabe anzuwenden, dass die landwirtschaftliche Berufsgenossenschaft den Ausgleich im Rahmen des Verfahrens nach Satz 1 durchführt. 3Die land-

wirtschaftliche Berufsgenossenschaft hat die Beitragsbescheide so rechtzeitig zu erteilen, dass geschuldete Beiträge am 15. März 2013 fällig sind.

(4) Die Vertreterversammlung hat bis zum 31. Oktober 2013 die ab der Umlage 2013 anzuwendenden Berechnungsgrundlagen nach § 182 Absatz 2 bis 6 festzulegen.

(5) Betriebsmittel dürfen im Jahr 2012 nicht zur freiwilligen Auffüllung der Rücklage und nicht zur Senkung der Umlage auf einen Betrag verwendet werden, der geringer ist als die Umlage des Vorjahres.

§ 221a (weggefallen)

§ 221b Übergangszeit und Beitragsangleichung in der landwirtschaftlichen Unfallversicherung

(1) Der Beitrag, den die Unternehmer auf die Umlagen für die Jahre 2013 bis 2017 (Übergangszeit) zu zahlen haben, ergibt sich, wenn der nach den §§ 182 und 183 berechnete Beitrag mit dem Angleichungssatz multipliziert wird.

(2) 1Der Angleichungssatz wird nach folgenden Rechengrößen bestimmt

1. Ausgangsbeitrag ist der auf die Umlage für das Jahr 2012 nach § 221 Absatz 3 zu zahlende Beitrag;
2. Zielbeitrag ist der Beitrag, der sich bei gleichen betrieblichen Verhältnissen und gleicher Umlage für das Jahr 2012 bei Anwendung der Berechnungsgrundlagen nach § 221 Absatz 4 ergeben würde;
3. Ausgangssatz ist der Prozentsatz des Ausgangsbeitrags im Verhältnis zum Zielbeitrag;
4. der jährliche Veränderungssatz ist ein Fünftel der Differenz zwischen dem Prozentsatz des Zielbeitrags und dem Ausgangssatz.

2Der Angleichungssatz im ersten Jahr ergibt sich aus der Summe des Ausgangssatzes und des jährlichen Veränderungssatzes. 3Die Angleichungssätze in den Folgejahren ergeben sich aus der Summe des Angleichungssatzes des Vorjahres und des jährlichen Veränderungssatzes. 4Bei der Berechnung der Angleichungssätze ist § 187 Absatz 1 anzuwenden. 5Die Angleichungssätze für die Übergangszeit sind dem Unternehmer zusammen mit dem Bescheid über die Umlage für das Jahr 2013 mitzuteilen.

(3) 1Ändern sich in der Übergangszeit die betrieblichen Verhältnisse gegenüber den für den Ausgangsbeitrag maßgebenden Verhältnissen, bleiben die Angleichungssätze nach Absatz 2 unverändert. 2Für während der Übergangszeit neu aufzunehmende Unternehmer sind die für vorherige Unternehmer nach Absatz 2 festgestellten Angleichungssätze anzuwenden.

(4) Zur Vermeidung unzumutbarer Beitragserhöhungen in der Übergangszeit kann die Satzung Härtefallregelungen vorsehen.

(5) 1Aus den Sondervermögen können Mittel entnommen werden, um die während der Übergangszeit erfolgende Angleichung der Beiträge nach Absatz 1 zu gestalten. 2Eine sich hierdurch ergebende Verringerung der Beiträge ist in den Beitragsbescheiden gesondert auszuweisen.

(6) In der Übergangszeit ist § 184 Satz 2 nicht anzuwenden.

Elftes Kapitel
Übergangsvorschriften zur Neuorganisation der gesetzlichen Unfallversicherung

§ 222 Neuorganisation der gewerblichen Berufsgenossenschaften

(1) und (2) (weggefallen)

(3) Bei Fusionen von gewerblichen Berufsgenossenschaften ist eine angemessene Vertretung der Interessen der in den bisherigen gewerblichen Berufsgenossenschaften vertretenen Branchen sowie eine ortsnahe Betreuung der Versicherten und Unternehmen sicherzustellen.

(3a) 1Vereinigen sich gewerbliche Berufsgenossenschaften zu einer neuen gewerblichen Berufsgenossenschaft, so ist dort ein neuer Personalrat zu wählen. 2Die bis zum Zeitpunkt des Wirksamwerdens der Vereinigung bestehenden Personalräte bestellen gemeinsam unverzüglich einen Wahlvorstand für die Neuwahl. 3Die bisherigen Personalräte nehmen die Aufgaben des Personalrats wahr, bis sich der neue Personalrat konstituiert hat, längstens jedoch für die Dauer von drei Monaten ab dem Tag der Vereinigung. 4Für die Jugend- und Auszubildendenvertretungen, die Schwerbehindertenvertretungen sowie die Gleichstellungsbeauftragten gelten die Sätze 1 bis 3 entsprechend.

(4) 1Die Deutsche Gesetzliche Unfallversicherung e. V. wirkt darauf hin, dass die Verwaltungs- und Verfahrenskosten vermindert werden. 2Vom Jahr 2009 an hat die Deutsche Gesetzliche Unfallversicherung e. V. jedes Jahr dem Bundesministerium für Arbeit und Soziales über die Entwicklung der Verwaltungs- und Verfahrenskosten bei den gewerblichen Berufsgenossenschaften sowie über die umgesetzten und geplanten Maßnahmen zur Optimierung dieser Kosten zu berichten. 3Dabei ist gesondert auf die Schlussfolgerungen einzugehen, welche sich aus dem Benchmarking der Versicherungsträger ergeben.

VII

§ 223 Neuorganisation der landesunmittelbaren Unfallversicherungsträger der öffentlichen Hand

(1) 1Die Selbstverwaltungen der landesunmittelbaren Unfallversicherungsträger der öffentlichen Hand erstellen Konzepte zur Neuorganisation und legen sie den jeweiligen Landesregierungen bis zum 31. Dezember 2008 vor. 2Die Konzepte enthalten eine umfassende Prüfung der Möglichkeiten, die Zahl der landesunmittelbaren Unfallversicherungsträger der öffentlichen Hand auf einen pro Land zu reduzieren.

(2) 1Die Länder setzen die Konzepte nach Absatz 1 bis zum 31. Dezember 2009 um. 2Dabei ist eine angemessene Vertretung der Interessen von Ländern, Kommunen und Feuerwehrverbänden in den Selbstverwaltungsgremien sowie eine ortsnahe Betreuung der Versicherten und Unternehmen sicherzustellen.

§ 224 Unternehmernummer

Die Deutsche Gesetzliche Unfallversicherung e. V. erstellt ein Konzept für die Einführung, Ausgestaltung und einheitliche Vergabe der Ordnungskennzeichen (Unternehmernummer), die für die Verwaltungsverfahren der Unfallversicherungsträger zur Beitragserhebung und der in diesem Gesetzbuch geregelten elektronischen Meldeverfahren notwendig sind, sowie für den Aufbau eines von allen Sozialversicherungsträgern nutzbaren Verzeichnisses dieser Ordnungskennzeichen und legt es dem Bundesministerium für Arbeit und Soziales bis zum 31. Dezember 2017 vor.

Anlage 1
(zu § 114)

Gewerbliche Berufsgenossenschaften

1. Berufsgenossenschaft Rohstoffe und chemische Industrie,
2. Berufsgenossenschaft Holz und Metall,
3. Berufsgenossenschaft Energie Textil Elektro Medienerzeugnisse,
4. Berufsgenossenschaft Nahrungsmittel und Gastgewerbe,
5. Berufsgenossenschaft der Bauwirtschaft,
6. Berufsgenossenschaft Handel und Warenlogistik,
7. Verwaltungs-Berufsgenossenschaft,
8. Berufsgenossenschaft Verkehrswirtschaft Post-Logistik Telekommunikation,
9. Berufsgenossenschaft für Gesundheitsdienst und Wohlfahrtspflege.

Berufskrankheiten-Verordnung (BKV)

Vom 31. Oktober 1997 (BGBl. I S. 2623)

Zuletzt geändert durch
Vierte Verordnung zur Änderung der Berufskrankheiten-Verordnung
vom 10. Juli 2017 (BGBl. I S. 2299)

Inhaltsübersicht

VII

Auf Grund des § 9 Abs. 1 und 6 und des § 193 Abs. 8 des Siebten Buches Sozialgesetzbuch – Gesetzliche Unfallversicherung – (Artikel 1 des Gesetzes vom 7. August 1996, BGBl. I S. 1254) verordnet die Bundesregierung:

§ 1 Berufskrankheiten

Berufskrankheiten sind die in der Anlage 1 bezeichneten Krankheiten, die Versicherte infolge einer den Versicherungsschutz nach § 2, 3 oder 6 des Siebten Buches Sozialgesetzbuch begründenden Tätigkeit erleiden.

§ 2 Erweiterter Versicherungsschutz in Unternehmen der Seefahrt

Für Versicherte in Unternehmen der Seefahrt erstreckt sich die Versicherung gegen Tropenkrankheiten und Fleckfieber auch auf die Zeit, in der sie an Land beurlaubt sind.

§ 3 Maßnahmen gegen Berufskrankheiten, Übergangsleistung

(1) Besteht für Versicherte die Gefahr, daß eine Berufskrankheit entsteht, wiederauflebt oder sich verschlimmert, haben die Unfallversicherungsträger dieser Gefahr mit allen geeigneten Mitteln entgegenzuwirken. Ist die Gefahr gleichwohl nicht zu beseitigen, haben die Unfallversicherungsträger darauf hinzuwirken, daß die Versicherten die gefährdende Tätigkeit unterlassen. Den für den medizinischen Arbeitsschutz zuständigen Stellen ist Gelegenheit zur Äußerung zu geben.

(2) Versicherte, die die gefährdende Tätigkeit unterlassen, weil die Gefahr fortbesteht, haben zum Ausgleich hierdurch verursachter Minderungen des Verdienstes oder sonstiger wirtschaftlicher Nachteile gegen den Unfallversicherungsträger Anspruch auf Übergangsleistungen. Als Übergangsleistung wird

1. ein einmaliger Betrag bis zur Höhe der Vollrente oder
2. eine monatlich wiederkehrende Zahlung bis zur Höhe eines Zwölftels der Vollrente längstens für die Dauer von fünf Jahren

gezahlt. Renten wegen Minderung der Erwerbsfähigkeit sind nicht zu berücksichtigen.

§ 4 Mitwirkung der für den medizinischen Arbeitsschutz zuständigen Stellen

(1) Die für den medizinischen Arbeitsschutz zuständigen Stellen wirken bei der Feststellung von Berufskrankheiten und von Krankheiten, die nach § 9 Abs. 2 des Siebten Buches Sozialgesetzbuch wie Berufskrankheiten anzuerkennen sind, nach Maßgabe der Absätze 2 bis 4 mit.

(2) Die Unfallversicherungsträger haben die für den medizinischen Arbeitsschutz zuständigen Stellen über die Einleitung eines Feststellungsverfahrens unverzüglich zu unterrichten; als Unterrichtung gilt auch die Übersendung der Anzeige nach § 193 Abs. 2 und 7 oder § 202 des Siebten Buches Sozialgesetzbuch. Die Unfallversicherungsträger beteiligen die für den medizinischen Arbeitsschutz zuständigen Stellen an dem weiteren Feststellungsverfahren; das nähere Verfahren können die Unfallversicherungsträger mit den für den medizinischen Arbeitsschutz zuständigen Stellen durch Vereinbarung regeln.

(3) In den Fällen der weiteren Beteiligung nach Absatz 2 Satz 2 haben die Unfallversicherungsträger vor der abschließenden Entscheidung die für den medizinischen Arbeitsschutz zuständigen Stellen über die Ergebnisse ihrer Ermittlungen zu unterrichten. Soweit die Ermittlungsergebnisse aus Sicht der für den medizinischen Arbeitsschutz zuständigen Stellen nicht vollständig sind, können sie den Unfallversicherungsträgern ergänzende Beweiserhebungen vorschlagen; diesen Vorschlägen haben die Unfallversicherungsträger zu folgen.

(4) Nach Vorliegen aller Ermittlungsergebnisse können die für den medizinischen Arbeitsschutz zuständigen Stellen ein Zusammenhangsgutachten erstellen. Zur Vorbereitung dieser Gutachten können sie die Versicherten untersuchen oder andere Ärzte auf Kosten der Unfallversicherungsträger mit Untersuchungen beauftragen.

§ 5 Gebühren

(1) Erstellen die für den medizinischen Arbeitsschutz zuständigen Stellen ein Zusam-

menhangsgutachten nach § 4 Abs. 4, erhalten sie von den Unfallversicherungsträgern jeweils eine Gebühr in Höhe von 200 Euro. Mit dieser Gebühr sind alle Personal- und Sachkosten, die bei der Erstellung des Gutachtens entstehen, einschließlich der Kosten für die ärztliche Untersuchung von Versicherten durch die für den medizinischen Arbeitsschutz zuständigen Stellen abgegolten.

(2) Ein Gutachten im Sinne des Absatzes 1 setzt voraus, daß der Gutachter unter Würdigung

1. der Arbeitsanamnese des Versicherten und der festgestellten Einwirkungen am Arbeitsplatz,
2. der Beschwerden, der vorliegenden Befunde und der Diagnose

eine eigenständig begründete schriftliche Bewertung des Ursachenzusammenhangs zwischen der Erkrankung und den tätigkeitsbezogenen Gefährdungen unter Berücksichtigung der besonderen für die gesetzliche Unfallversicherung geltenden Bestimmungen vornimmt.

VII

§ 6 Rückwirkung

(1) Leiden Versicherte am 1. August 2017 an einer Krankheit nach den Nummern 1320, 1321, 2115, 4104 (Eierstockkrebs) oder 4113 (Kehlkopfkrebs) der Anlage 1, ist die Krankheit auf Antrag als Berufskrankheit anzuerkennen, wenn sie vor diesem Tag eingetreten ist.

(2) Leiden Versicherte am 1. Januar 2015 an einer Krankheit nach Nummer 1319, 2113, 2114 oder 5103 der Anlage 1, ist die Krankheit auf Antrag als Berufskrankheit anzuerkennen, wenn sie vor diesem Tag eingetreten ist.

(3) Leiden Versicherte am 1. Juli 2009 an einer Krankheit nach Nummer 2112, 4114 oder 4115 der Anlage 1, ist diese auf Antrag als Berufskrankheit anzuerkennen, wenn der Versicherungsfall nach dem 30. September 2002 eingetreten ist. Leiden Versicherte am 1. Juli 2009 an einer Krankheit nach Nummer 4113 der Anlage 1, ist diese auf Antrag als Berufskrankheit anzuerkennen, wenn der Versicherungsfall nach dem 30. November 1997 eingetreten ist. Leiden Versicherte am 1. Juli 2009 an einer Krankheit nach Nummer 1318 der Anlage 1, ist die Krankheit auf Antrag als Berufskrankheit anzuerkennen, wenn der Versicherungsfall vor diesem Tag eingetreten ist.

(4) Leidet ein Versicherter am 1. Oktober 2002 an einer Krankheit nach Nummer 4112 der Anlage 1, ist diese auf Antrag als Berufskrankheit anzuerkennen, wenn der Versicherungsfall nach dem 30. November 1997 eingetreten ist. Satz 1 gilt auch für eine Krankheit nach Nummer 2106 der Anlage 1, wenn diese nicht bereits nach der Nummer 2106 der Anlage 1 in der am 1. Dezember 1997 in Kraft getretenen Fassung als Berufskrankheit anerkannt werden kann.

(5) Leidet ein Versicherter am 1. Dezember 1997 an einer Krankheit nach Nummer 1316, 1317, 4104 (Kehlkopfkrebs) oder 4111 der Anlage 1, ist diese auf Antrag als Berufskrankheit anzuerkennen, wenn der Versicherungsfall nach dem 31. Dezember 1992 eingetreten ist. Abweichend von Satz 1 ist eine Erkrankung nach Nummer 4111 der Anlage 1 auch dann als Berufskrankheit anzuerkennen, wenn die Erkrankung bereits vor dem 1. Januar 1993 eingetreten und einem Unfallversicherungsträger bis zum 31. Dezember 2009 bekannt geworden ist.

(6) Hat ein Versicherter am 1. Januar 1993 an einer Krankheit gelitten, die erst auf Grund der Zweiten Verordnung zur Änderung der Berufskrankheiten-Verordnung vom 18. Dezember 1992 (BGBl. I S. 2343) als Berufskrankheit anerkannt werden kann, ist die Krankheit auf Antrag als Berufskrankheit anzuerkennen, wenn der Versicherungsfall nach dem 31. März 1988 eingetreten ist.

(7) Hat ein Versicherter am 1. April 1988 an einer Krankheit gelitten, die erst auf Grund der Verordnung zur Änderung der Berufskrankheiten-Verordnung vom 22. März 1988 (BGBl. I S. 400) als Berufskrankheit anerkannt werden kann, ist die Krankheit auf Antrag als Berufskrankheit anzuerkennen, wenn der Versicherungsfall nach dem 31. Dezember 1976 eingetreten ist.

(8) Bindende Bescheide und rechtskräftige Entscheidungen stehen der Anerkennung als Berufskrankheit nach den Absätzen 1 bis 7 nicht entgegen. Leistungen werden rückwirkend längstens für einen Zeitraum bis zu vier Jahren erbracht; der Zeitraum ist vom Beginn des Jahres an zu rechnen, in dem der Antrag gestellt worden ist.

§ 7 (weggefallen)

§ 8 Inkrafttreten, Außerkrafttreten

(1) Diese Verordnung tritt am 1. Dezember 1997 in Kraft.

(2) Gleichzeitig treten außer Kraft:

1. die Berufskrankheiten-Verordnung vom 20. Juni 1968 (BGBl. I S. 721), zuletzt geändert durch Artikel 1 der Verordnung vom 18. Dezember 1992 (BGBl. I S. 2343);
2. Artikel 3 Abs. 2 der Verordnung zur Änderung der Berufskrankheiten-Verordnung vom 22. März 1988 (BGBl. I S. 400);
3. Artikel 2 Abs. 2 der Zweiten Verordnung zur Änderung der Berufskrankheiten-Verordnung vom 18. Dezember 1992 (BGBl. I S. 2343).

Anlage 1

Nr.	Krankheiten
1	**Durch chemische Einwirkungen verursachte Krankheiten**
11	**Metalle und Metalloide**
1101	Erkrankungen durch Blei oder seine Verbindungen
1102	Erkrankungen durch Quecksilber oder seine Verbindungen
1103	Erkrankungen durch Chrom oder seine Verbindungen
1104	Erkrankungen durch Cadmium oder seine Verbindungen
1105	Erkrankungen durch Mangan oder seine Verbindungen
1106	Erkrankungen durch Thallium oder seine Verbindungen
1107	Erkrankungen durch Vanadium oder seine Verbindungen
1108	Erkrankungen durch Arsen oder seine Verbindungen
1109	Erkrankungen durch Phosphor oder seine anorganischen Verbindungen
1110	Erkrankungen durch Beryllium oder seine Verbindungen
12	**Erstickungsgase**
1201	Erkrankungen durch Kohlenmonoxid
1202	Erkrankungen durch Schwefelwasserstoff
13	**Lösemittel, Schädlingsbekämpfungsmittel (Pestizide) und sonstige chemische Stoffe**
1301	Schleimhautveränderungen, Krebs oder andere Neubildungen der Harnwege durch aromatische Amine
1302	Erkrankungen durch Halogenkohlenwasserstoffe
1303	Erkrankungen durch Benzol, seine Homologe oder durch Styrol
1304	Erkrankungen durch Nitro- oder Aminoverbindungen des Benzols oder seiner Homologe oder ihrer Abkömmlinge
1305	Erkrankungen durch Schwefelkohlenstoff
1306	Erkrankungen durch Methylalkohol (Methanol)
1307	Erkrankungen durch organische Phosphorverbindungen
1308	Erkrankungen durch Fluor oder seine Verbindungen
1309	Erkrankungen durch Salpetersäureester
1310	Erkrankungen durch halogenierte Alkyl-, Aryl- oder Alkylaryloxide
1311	Erkrankungen durch halogenierte Alkyl-, Aryl- oder Alkylarylsulfide
1312	Erkrankungen der Zähne durch Säuren
1313	Hornhautschädigungen des Auges durch Benzochinon
1314	Erkrankungen durch para-tertiär-Butylphenol
1315	Erkrankungen durch Isocyanate, die zur Unterlassung aller Tätigkeiten gezwungen haben, die für die Entstehung, die Verschlimmerung oder das Wiederaufleben der Krankheit ursächlich waren oder sein können
1316	Erkrankungen der Leber durch Dimethylformamid
1317	Polyneuropathie oder Enzephalopathie durch organische Lösungsmittel oder deren Gemische
1318	Erkrankungen des Blutes, des blutbildenden und des lymphatischen Systems durch Benzol
1319	Larynxkarzinom durch intensive und mehrjährige Exposition gegenüber schwefelsäurehaltigen AerosolenZu den Nummern 11 01 bis 11 10, 12 01 und 12 02, 13 03 bis 13 09 und 13 15: Ausgenommen sind Hauterkrankungen. Diese gelten als Krankheiten im Sinne dieser Anlage nur insoweit, als sie Erscheinungen einer Allgemeinerkrankung sind, die durch Aufnahme der schädigenden Stoffe in den Körper verursacht werden, oder gemäß Nummer 51 01 zu entschädigen sind.

Nr.	Krankheiten
1320	Chronisch-myeloische oder chronisch-lymphatische Leukämie durch 1,3-Butadien bei Nachweis der Einwirkung einer kumulativen Dosis von mindestens 180 Butadien-Jahren (ppm × Jahre)
1321	Schleimhautveränderungen, Krebs oder andere Neubildungen der Harnwege durch polyzyklische aromatische Kohlenwasserstoffe bei Nachweis der Einwirkung einer kumulativen Dosis von mindestens 80 Benzo(a)pyren-Jahren [(µg/m³) × Jahre]
2	**Durch physikalische Einwirkungen verursachte Krankheiten**
21	**Mechanische Einwirkungen**
2101	Erkrankungen der Sehnenscheiden oder des Sehnengleitgewebes sowie der Sehnen- oder Muskelansätze, die zur Unterlassung aller Tätigkeiten gezwungen haben, die für die Entstehung, die Verschlimmerung oder das Wiederaufleben der Krankheit ursächlich waren oder sein können
2102	Meniskusschäden nach mehrjährigen andauernden oder häufig wiederkehrenden, die Kniegelenke überdurchschnittlich belastenden Tätigkeiten
2103	Erkrankungen durch Erschütterung bei Arbeit mit Druckluftwerkzeugen oder gleichartig wirkenden Werkzeugen oder Maschinen
2104	Vibrationsbedingte Durchblutungsstörungen an den Händen, die zur Unterlassung aller Tätigkeiten gezwungen haben, die für die Entstehung, die Verschlimmerung oder das Wiederaufleben der Krankheit ursächlich waren oder sein können
2105	Chronische Erkrankungen der Schleimbeutel durch ständigen Druck
2106	Druckschädigung der Nerven
2107	Abrißbrüche der Wirbelfortsätze
2108	Bandscheibenbedingte Erkrankungen der Lendenwirbelsäule durch langjähriges Heben oder Tragen schwerer Lasten oder durch langjährige Tätigkeiten in extremer Rumpfbeugehaltung, die zur Unterlassung aller Tätigkeiten gezwungen haben, die für die Entstehung, die Verschlimmerung oder das Wiederaufleben der Krankheit ursächlich waren oder sein können
2109	Bandscheibenbedingte Erkrankungen der Halswirbelsäule durch langjähriges Tragen schwerer Lasten auf der Schulter, die zur Unterlassung aller Tätigkeiten gezwungen haben, die für die Entstehung, die Verschlimmerung oder das Wiederaufleben der Krankheit ursächlich waren oder sein können
2110	Bandscheibenbedingte Erkrankungen der Lendenwirbelsäule durch langjährige, vorwiegend vertikale Einwirkung von Ganzkörperschwingungen im Sitzen, die zur Unterlassung aller Tätigkeiten gezwungen haben, die für die Entstehung, die Verschlimmerung oder das Wiederaufleben der Krankheit ursächlich waren oder sein können
2111	Erhöhte Zahnabrasionen durch mehrjährige quarzstaubbelastende Tätigkeit
2112	Gonarthrose durch eine Tätigkeit im Knien oder vergleichbare Kniebelastung mit einer kumulativen Einwirkungsdauer während des Arbeitslebens von mindestens 13 000 Stunden und einer Mindesteinwirkungsdauer von insgesamt einer Stunde pro Schicht
2113	Druckschädigung des Nervus medianus im Carpaltunnel (Carpaltunnel-Syndrom) durch repetitive manuelle Tätigkeiten mit Beugung und Streckung der Handgelenke, durch erhöhten Kraftaufwand der Hände oder durch Hand-Arm-Schwingungen

VII

Nr.	Krankheiten
2114	Gefäßschädigung der Hand durch stoßartige Krafteinwirkung (Hypothenar-Hammer-Syndrom und Thenar-Hammer-Syndrom)
2115	Fokale Dystonie als Erkrankung des zentralen Nervensystems bei Instrumentalmusikern durch feinmotorische Tätigkeit hoher Intensität
22	**Druckluft**
2201	Erkrankungen durch Arbeit in Druckluft
23	**Lärm**
2301	Lärmschwerhörigkeit
24	**Strahlen**
2401	Grauer Star durch Wärmestrahlung
2402	Erkrankungen durch ionisierende Strahlen
3	**Durch Infektionserreger oder Parasiten verursachte Krankheiten sowie Tropenkrankheiten**
3101	Infektionskrankheiten, wenn der Versicherte im Gesundheitsdienst, in der Wohlfahrtspflege oder in einem Laboratorium tätig oder durch eine andere Tätigkeit der Infektionsgefahr in ähnlichem Maße besonders ausgesetzt war
3102	Von Tieren auf Menschen übertragbare Krankheiten
3103	Wurmkrankheiten der Bergleute, verursacht durch Ankylostoma duodenale oder Strongyloides stercoralis
3104	Tropenkrankheiten, Fleckfieber
4	**Erkrankungen der Atemwege und der Lungen, des Rippenfells und Bauchfells und der Eierstöcke**
41	**Erkrankungen durch anorganische Stäube**
4101	Quarzstaublungenerkrankung (Silikose)
4102	Quarzstaublungenerkrankung in Verbindung mit aktiver Lungentuberkulose (Siliko-Tuberkulose)
4103	Asbeststaublungenerkrankung (Asbestose) oder durch Asbeststaub verursachte Erkrankung der Pleura
4104	Lungenkrebs, Kehlkopfkrebs oder Eierstockkrebs – in Verbindung mit Asbeststaublungenerkrankung (Asbestose) – in Verbindung mit durch Asbeststaub verursachter Erkrankung der Pleura oder – bei Nachweis der Einwirkung einer kumulativen Asbestfaserstaub-Dosis am Arbeitsplatz von mindestens 25 Faserjahren [25×10^6 [(Fasern/m^3) × Jahre]
4105	Durch Asbest verursachtes Mesotheliom des Rippenfells, des Bauchfells oder des Perikards
4106	Erkrankungen der tieferen Atemwege und der Lungen durch Aluminium oder seine Verbindungen
4107	Erkrankungen an Lungenfibrose durch Metallstäube bei der Herstellung oder Verarbeitung von Hartmetallen
4108	Erkrankungen der tieferen Atemwege und der Lungen durch Thomasmehl (Thomasphosphat)
4109	Bösartige Neubildungen der Atemwege und der Lungen durch Nickel oder seine Verbindungen
4110	Bösartige Neubildungen der Atemwege und der Lungen durch Kokereirohgase
4111	Chronische obstruktive Bronchitis oder Emphysem von Bergleuten unter Tage im Steinkohlebergbau bei Nachweis der Einwirkung einer kumulativen Dosis von in der Regel 100 Feinstaubjahren [(mg/m^3) × Jahre]
4112	Lungenkrebs durch die Einwirkung von kristallinem Siliziumdioxid (SiO_2) bei nachgewiesener Quarzstaublungenerkrankung (Silikose oder Siliko-Tuberkulose)

VII

Nr.	Krankheiten
4113	Lungenkrebs oder Kehlkopfkrebs durch polyzyklische aromatische Kohlenwasserstoffe bei Nachweis der Einwirkung einer kumulativen Dosis von mindestens 100 Benzo[a]pyren-Jahren [(µg/m^3) × Jahre]
4114	Lungenkrebs durch das Zusammenwirken von Asbestfaserstaub und polyzyklischen aromatischen Kohlenwasserstoffen bei Nachweis der Einwirkung einer kumulativen Dosis, die einer Verursachungswahrscheinlichkeit von mindestens 50 Prozent nach der Anlage 2 entspricht
4115	Lungenfibrose durch extreme und langjährige Einwirkung von Schweißrauchen und Schweißgasen – (Siderofibrose)
42	**Erkrankungen durch organische Stäube**
4201	Exogen-allergische Alveolitis
4202	Erkrankungen der tieferen Atemwege und der Lungen durch Rohbaumwoll-, Rohflachs- oder Rohhanfstaub (Byssinose)
4203	Adenokarzinome der Nasenhaupt- und Nasennebenhöhlen durch Stäube von Eichen- oder Buchenholz
43	**Obstruktive Atemwegserkrankungen**
4301	Durch allergisierende Stoffe verursachte obstruktive Atemwegserkrankungen (einschließlich Rhinopathie), die zur Unterlassung aller Tätigkeiten gezwungen haben, die für die Entstehung, die Verschlimmerung oder das Wiederaufleben der Krankheit ursächlich waren oder sein können
4302	Durch chemisch-irritativ oder toxisch wirkende Stoffe verursachte obstruktive Atemwegserkrankungen, die zur Unterlassung aller Tätigkeiten gezwungen haben, die für die Entstehung, die Verschlimmerung oder das Wiederaufleben der Krankheit ursächlich waren oder sein können
5	**Hautkrankheiten**
5101	Schwere oder wiederholt rückfällige Hauterkrankungen, die zur Unterlassung aller Tätigkeiten gezwungen haben, die für die Entstehung, die Verschlimmerung oder das Wiederaufleben der Krankheit ursächlich waren oder sein können
5102	Hautkrebs oder zur Krebsbildung neigende Hautveränderungen durch Ruß, Rohparaffin, Teer, Anthrazen, Pech oder ähnliche Stoffe
5103	Plattenepithelkarzinome oder multiple aktinische Keratosen der Haut durch natürliche UV-Strahlung
6	**Krankheiten sonstiger Ursache**
6101	Augenzittern der Bergleute

Anlage 2

Berufskrankheit Nummer 4114 Verursachungswahrscheinlichkeit in Prozent

BaP Jahre	Asbestfaserjahre																									
	0	1	2	3	4	5	6	7	8	9	10	11	12	13	14	15	16	17	18	19	20	21	22	23	24	25
0	0	4	7	11	14	17	19	22	24	26	29	31	32	34	36	38	39	40	42	43	44	46	47	48	49	**50**
1	1	5	8	12	15	17	20	22	25	27	29	31	33	35	36	38	39	41	42	44	45	46	47	48	49	**50**
2	2	6	9	12	15	18	21	23	25	28	30	32	33	35	37	38	40	41	43	44	45	46	47	48	49	**50**
3	3	7	10	13	16	19	21	24	26	28	30	32	34	35	37	39	40	42	43	44	45	47	48	49	**50**	51
4	4	7	11	14	17	19	22	24	26	29	31	32	34	36	38	39	40	42	43	44	46	47	48	49	**50**	51
5	5	8	12	15	17	20	22	25	27	29	31	33	35	36	38	39	41	42	44	45	46	47	48	49	**50**	51
6	6	9	12	15	18	21	23	25	28	30	32	33	35	37	38	40	41	43	44	45	46	47	48	49	**50**	51
7	7	10	13	16	19	21	24	26	28	30	32	34	35	37	39	40	42	43	44	45	47	48	49	**50**	51	52
8	7	11	14	17	19	22	24	26	29	31	32	34	36	38	39	40	42	43	44	46	47	48	49	**50**	51	52
9	8	12	15	17	20	22	25	27	29	31	33	35	36	38	39	41	42	44	45	46	47	48	49	**50**	51	52
10	9	12	15	18	21	23	25	28	30	32	33	35	37	38	40	41	43	44	45	46	47	48	49	**50**	51	52
11	10	13	16	19	21	24	26	28	30	32	34	35	37	39	40	42	43	44	45	47	48	49	**50**	51	52	53
12	11	14	17	19	22	24	26	29	31	32	34	36	38	39	40	42	43	44	46	47	48	49	**50**	51	52	53
13	12	15	17	20	22	25	27	29	31	33	35	36	38	39	41	42	44	45	46	47	48	49	**50**	51	52	53
14	12	15	18	21	23	25	28	30	32	33	35	37	38	40	41	43	44	45	46	47	48	49	**50**	51	52	53
15	13	16	19	21	24	26	28	30	32	34	35	37	39	40	42	43	44	45	47	48	49	**50**	51	52	53	53
16	14	17	19	22	24	26	29	31	32	34	36	37	39	40	42	43	44	46	47	48	49	**50**	51	52	53	54
17	15	17	20	22	25	27	29	31	33	35	36	38	39	41	42	44	45	46	47	48	49	**50**	51	52	53	54
18	15	18	21	23	25	28	30	32	33	35	37	38	40	41	43	44	45	46	47	48	49	**50**	51	52	53	54
19	16	19	21	24	26	28	30	32	34	35	37	39	40	42	43	44	45	47	48	49	**50**	51	52	53	53	54
20	17	19	22	24	26	29	31	32	34	36	37	39	40	42	43	44	46	47	48	49	**50**	51	52	53	54	55
21	17	20	22	25	27	29	31	33	35	36	38	39	41	42	44	45	46	47	48	49	**50**	51	52	53	54	55
22	18	21	23	25	28	30	32	33	35	37	38	40	41	43	44	45	46	47	48	49	**50**	51	52	53	54	55
23	19	21	24	26	28	30	32	34	35	37	39	40	42	43	44	45	47	48	49	**50**	51	52	53	53	54	55
24	19	22	24	26	29	31	32	34	36	37	39	40	42	43	44	46	47	48	49	**50**	51	52	53	54	55	55
25	20	22	25	27	29	31	33	35	36	38	39	41	42	44	45	46	47	48	49	**50**	51	52	53	54	55	56
26	21	23	25	28	30	32	33	35	37	38	40	41	43	44	45	46	47	48	49	**50**	51	52	53	54	55	56
27	21	24	26	28	30	32	34	35	37	39	40	42	43	44	45	47	48	49	**50**	51	52	53	53	54	55	56
28	22	24	26	29	31	32	34	36	38	39	40	42	43	44	46	47	48	49	**50**	51	52	53	54	55	55	56
29	22	25	27	29	31	33	35	36	38	39	41	42	44	45	46	47	48	49	**50**	51	52	53	54	55	56	56
30	23	25	28	30	32	33	35	37	38	40	41	43	44	45	46	47	48	49	**50**	51	52	53	54	55	56	57
31	24	26	28	30	32	34	35	37	39	40	42	43	44	45	47	48	49	**50**	51	52	53	53	54	55	56	57
32	24	26	29	31	32	34	36	38	39	40	42	43	44	46	47	48	49	**50**	51	52	53	54	55	55	56	57
33	25	27	29	31	33	35	36	38	39	41	42	44	45	46	47	48	49	**50**	51	52	53	54	55	56	56	57
34	25	28	30	32	33	35	37	38	40	41	43	44	45	46	47	48	49	**50**	51	52	53	54	55	56	57	57
35	26	28	30	32	34	35	37	39	40	42	43	44	45	47	48	49	**50**	51	52	53	53	54	55	56	57	57
36	26	29	31	32	34	36	37	39	40	42	43	44	46	47	48	49	**50**	51	52	53	54	55	55	56	57	58
37	27	29	31	33	35	36	38	39	41	42	44	45	46	47	48	49	**50**	51	52	53	54	55	56	56	57	58
38	28	30	32	33	35	37	38	40	41	43	44	45	46	47	48	49	**50**	51	52	53	54	55	56	57	57	58
39	28	30	32	34	35	37	39	40	42	43	44	45	47	48	49	**50**	51	52	53	53	54	55	56	57	57	58
40	29	31	32	34	36	37	39	40	42	43	44	46	47	48	49	**50**	51	52	53	54	55	55	56	57	58	58

BaP Jahre	Asbestfaserjahre																									
	0	1	2	3	4	5	6	7	8	9	10	11	12	13	14	15	16	17	18	19	20	21	22	23	24	25
41	29	31	33	35	36	38	39	41	42	44	45	46	47	48	49	**50**	51	52	53	54	55	56	56	57	58	59
42	30	32	33	35	37	38	40	41	43	44	45	46	47	48	49	**50**	51	52	53	54	55	56	57	57	58	59
43	30	32	34	35	37	39	40	42	43	44	45	47	48	49	**50**	51	52	53	53	54	55	56	57	57	58	59
44	31	32	34	36	37	39	40	42	43	44	46	47	48	49	**50**	51	52	53	54	55	55	56	57	58	58	59
45	31	33	35	36	38	39	41	42	44	45	46	47	48	49	**50**	51	52	53	54	55	56	56	57	58	59	59
46	32	33	35	37	38	40	41	43	44	45	46	47	48	49	**50**	51	52	53	54	55	56	57	57	58	59	59
47	32	34	35	37	39	40	42	43	44	45	47	48	49	**50**	51	52	53	53	54	55	56	57	57	58	59	60
48	32	34	36	38	39	40	42	43	44	46	47	48	49	**50**	51	52	53	54	55	55	56	57	58	58	59	60
49	33	35	36	38	39	41	42	44	45	46	47	48	49	**50**	51	52	53	54	55	56	56	57	58	59	59	60
50	33	35	37	38	40	41	43	44	45	46	47	48	49	**50**	51	52	53	54	55	56	57	57	58	59	59	60
51	34	35	37	39	40	42	43	44	45	47	48	49	**50**	51	52	53	53	54	55	56	57	57	58	59	60	60
52	34	36	38	39	40	42	43	44	46	47	48	49	**50**	51	52	53	54	55	55	56	57	58	58	59	60	60
53	35	36	38	39	41	42	44	45	46	47	48	49	**50**	51	52	53	54	55	56	56	57	58	59	59	60	60
54	35	37	38	40	41	43	44	45	46	47	48	49	**50**	51	52	53	54	55	56	57	57	58	59	59	60	61
55	35	37	39	40	42	43	44	45	47	48	49	**50**	51	52	53	53	54	55	56	57	57	58	59	60	60	61
56	36	38	39	40	42	43	44	46	47	48	49	**50**	51	52	53	54	55	55	56	57	58	58	59	60	60	61
57	36	38	39	41	42	44	45	46	47	48	49	**50**	51	52	53	54	55	56	56	57	58	59	59	60	60	61
58	37	38	40	41	43	44	45	46	47	48	49	**50**	51	52	53	54	55	56	57	57	58	59	59	60	61	61
59	37	39	40	42	43	44	45	47	48	49	**50**	51	52	53	53	54	55	56	57	57	58	59	60	60	61	61
60	38	39	40	42	43	44	46	47	48	49	**50**	51	52	53	54	55	55	56	57	58	58	59	60	60	61	62
61	38	39	41	42	44	45	46	47	48	49	**50**	51	52	53	54	55	56	56	57	58	59	59	60	60	61	62
62	38	40	41	43	44	45	46	47	48	49	**50**	51	52	53	54	55	56	57	57	58	59	59	60	61	61	62
63	39	40	42	43	44	45	47	48	49	**50**	51	52	53	53	54	55	56	57	57	58	59	60	60	61	61	62
64	39	40	42	43	44	46	47	48	49	**50**	51	52	53	54	55	55	56	57	58	58	59	60	60	61	62	62
65	39	41	42	44	45	46	47	48	49	**50**	51	52	53	54	55	56	56	57	58	59	59	60	60	61	62	62
66	40	41	43	44	45	46	47	48	49	**50**	51	52	53	54	55	56	57	57	58	59	59	60	61	61	62	62
67	40	42	43	44	45	47	48	49	**50**	51	52	53	53	54	55	56	57	57	58	59	60	60	61	61	62	63
68	40	42	43	44	46	47	48	49	**50**	51	52	53	54	55	55	56	57	58	58	59	60	60	61	62	62	63
69	41	42	44	45	46	47	48	49	**50**	51	52	53	54	55	56	56	57	58	59	59	60	60	61	62	62	63
70	41	43	44	45	46	47	48	49	**50**	51	52	53	54	55	56	57	57	58	59	59	60	61	61	62	62	63
71	42	43	44	45	47	48	49	**50**	51	52	53	53	54	55	56	57	57	58	59	60	60	61	61	62	63	63
72	42	43	44	46	47	48	49	**50**	51	52	53	54	55	55	56	57	58	58	59	60	60	61	62	62	63	63
73	42	44	45	46	47	48	49	**50**	51	52	53	54	55	56	56	57	58	59	59	60	60	61	62	62	63	63
74	43	44	45	46	47	48	49	**50**	51	52	53	54	55	56	57	57	58	59	59	60	61	61	62	62	63	64
75	43	44	45	47	48	49	**50**	51	52	53	53	54	55	56	57	57	58	59	60	60	61	61	62	63	63	64
76	43	44	46	47	48	49	**50**	51	52	53	54	55	55	56	57	58	58	59	60	60	61	62	62	63	63	64
77	44	45	46	47	48	49	**50**	51	52	53	54	55	56	56	57	58	59	59	60	60	61	62	62	63	63	64
78	44	45	46	47	48	49	**50**	51	52	53	54	55	56	57	57	58	59	59	60	61	61	62	62	63	64	64
79	44	45	47	48	49	**50**	51	52	53	53	54	55	56	57	57	58	59	60	60	61	61	62	63	63	64	64
80	44	46	47	48	49	**50**	51	52	53	54	55	55	56	57	58	58	59	60	60	61	62	62	63	63	64	64
81	45	46	47	48	49	**50**	51	52	53	54	55	56	56	57	58	59	59	60	60	61	62	62	63	63	64	64
82	45	46	47	48	49	**50**	51	52	53	54	55	56	57	57	58	59	59	60	61	61	62	62	63	64	64	65
83	45	47	48	49	**50**	51	52	53	53	54	55	56	57	57	58	59	60	60	61	61	62	63	63	64	64	65
84	46	47	48	49	**50**	51	52	53	54	55	55	56	57	58	58	59	60	60	61	62	62	63	63	64	64	65
85	46	47	48	49	**50**	51	52	53	54	55	56	56	57	58	59	59	60	60	61	62	62	63	63	64	64	65

BaP Jahre	Asbestfaserjahre																									
	0	1	2	3	4	5	6	7	8	9	10	11	12	13	14	15	16	17	18	19	20	21	22	23	24	25
86	46	47	48	49	**50**	51	52	53	54	55	56	57	57	58	59	59	60	61	61	62	62	63	64	64	65	65
87	47	48	49	**50**	51	52	53	53	54	55	56	57	57	58	59	60	60	61	61	62	63	63	64	64	65	65
88	47	48	49	**50**	51	52	53	54	55	55	56	57	58	58	59	60	60	61	62	62	63	63	64	64	65	65
89	47	48	49	**50**	51	52	53	54	55	56	56	57	58	59	59	60	60	61	62	62	63	63	64	64	65	65
90	47	48	49	**50**	51	52	53	54	55	56	57	57	58	59	59	60	61	61	62	62	63	64	64	65	65	66
91	48	49	**50**	51	52	53	53	54	55	56	57	57	58	59	60	60	61	61	62	63	63	64	64	65	65	66
92	48	49	**50**	51	52	53	54	55	55	56	57	58	58	59	60	60	61	62	62	63	63	64	64	65	65	66
93	48	49	**50**	51	52	53	54	55	56	56	57	58	59	59	60	60	61	62	62	63	63	64	64	65	65	66
94	48	49	**50**	51	52	53	54	55	56	57	57	58	59	59	60	61	61	62	62	63	64	64	65	65	66	66
95	49	**50**	51	52	53	53	54	55	56	57	57	58	59	60	60	61	61	62	63	63	64	64	65	65	66	66
96	49	**50**	51	52	53	54	55	55	56	57	58	58	59	60	60	61	62	62	63	63	64	64	65	65	66	66
97	49	**50**	51	52	53	54	55	56	56	57	58	59	59	60	60	61	62	62	63	63	64	64	65	65	66	66
98	49	**50**	51	52	53	54	55	56	57	57	58	59	59	60	61	61	62	62	63	64	64	65	65	66	66	66
99	**50**	51	52	53	53	54	55	56	57	57	58	59	60	60	61	61	62	63	63	64	64	65	65	66	66	67
100	**50**	51	52	53	54	55	55	56	57	58	58	59	60	60	61	62	62	63	63	64	64	65	65	66	66	67

VIII Betriebliche Gesundheitsförderung

Sozialgesetzbuch (SGB) Fünftes Buch (V) – Gesetzliche Krankenversicherung – (SGB V)

Vom 20. Dezember 1988 (BGBl. I S. 2477)

Zuletzt geändert durch
Gesetz für mehr Sicherheit in der Arzneimittelversorgung
vom 9. August 2019 (BGBl. I S. 1202)

– Auszug –

Inhaltsübersicht

VIII

Drittes Kapitel
Leistungen der Krankenversicherung

Dritter Abschnitt
Leistungen zur Verhütung von Krankheiten, betriebliche Gesundheitsförderung und Prävention arbeitsbedingter Gesundheitsgefahren, Förderung der Selbsthilfe sowie Leistungen bei Schwangerschaft und Mutterschaft

§ 20 Primäre Prävention und Gesundheitsförderung

(1) $_1$Die Krankenkasse sieht in der Satzung Leistungen zur Verhinderung und Verminderung von Krankheitsrisiken (primäre Prävention) sowie zur Förderung des selbstbestimmten gesundheitsorientierten Handelns der Versicherten (Gesundheitsförderung) vor. $_2$Die Leistungen sollen insbesondere zur Verminderung sozial bedingter sowie geschlechtsbezogener Ungleichheit von Gesundheitschancen beitragen. $_3$Die Krankenkasse legt dabei die Handlungsfelder und Kriterien nach Absatz 2 zugrunde.

(2) $_1$Der Spitzenverband Bund der Krankenkassen legt unter Einbeziehung unabhängigen, insbesondere gesundheitswissenschaftlichen, ärztlichen, arbeitsmedizinischen, psychotherapeutischen, psychologischen, pflegerischen, ernährungs-, sport-, sucht-, erziehungs- und sozialwissenschaftlichen Sachverstandes sowie des Sachverstandes der Menschen mit Behinderung einheitliche Handlungsfelder und Kriterien für die Leistungen nach Absatz 1 fest, insbesondere hinsichtlich Bedarf, Zielgruppen, Zugangswegen, Inhalt, Methodik, Qualität, intersektoraler Zusammenarbeit, wissenschaftlicher Evaluation und der Messung der Erreichung der mit den Leistungen verfolgten Ziele. $_2$Er bestimmt außerdem die Anforderungen und ein einheitliches Verfahren für die Zertifizierung von Leistungsangeboten durch die Krankenkassen, um insbesondere die einheitliche Qualität von Leistungen nach Absatz 4 Nummer 1 und 3 sicherzustellen. $_3$Der Spitzenverband Bund der Krankenkassen stellt sicher, dass seine Festlegungen nach den Sätzen 1 und 2 sowie eine Übersicht der nach Satz 2 zertifizierten Leistungen der Krankenkassen auf seiner Internetseite veröffentlicht werden. $_4$Die Krankenkassen erteilen dem Spitzenverband Bund der Krankenkassen hierfür sowie für den nach § 20d Absatz 2 Nummer 2 zu erstellenden Bericht die erforderlichen Auskünfte und übermitteln ihm nicht versichertenbezogen die erforderlichen Daten.

(3) $_1$Bei der Aufgabenwahrnehmung nach Absatz 2 Satz 1 berücksichtigt der Spitzenverband Bund der Krankenkassen auch die folgenden Gesundheitsziele im Bereich der Gesundheitsförderung und Prävention:

1. Diabetes mellitus Typ 2: Erkrankungsrisiko senken, Erkrankte früh erkennen und behandeln,
2. Brustkrebs: Mortalität vermindern, Lebensqualität erhöhen,
3. Tabakkonsum reduzieren,
4. gesund aufwachsen: Lebenskompetenz, Bewegung, Ernährung,
5. gesundheitliche Kompetenz erhöhen, Souveränität der Patientinnen und Patienten stärken,
6. depressive Erkrankungen: verhindern, früh erkennen, nachhaltig behandeln,
7. gesund älter werden und
8. Alkoholkonsum reduzieren.

$_2$Bei der Berücksichtigung des in Satz 1 Nummer 1 genannten Ziels werden auch die Ziele und Teilziele beachtet, die in der Bekanntmachung über die Gesundheitsziele und Teilziele im Bereich der Prävention und Gesundheitsförderung vom 21. März 2005 (BAnz. S. 5304) festgelegt sind. $_3$Bei der Berücksichtigung der in Satz 1 Nummer 2, 3 und 8 genannten Ziele werden auch die Ziele und Teilziele beachtet, die in der Bekanntmachung über die Gesundheitsziele und Teilziele im Bereich der Prävention und Gesundheitsförderung vom 27. April 2015 (BAnz. AT 19. 05. 2015 B3) festgelegt sind. $_4$Bei der Berücksichtigung der in Satz 1 Nummer 4 bis 7 genannten Ziele werden auch die Ziele und Teilziele beachtet, die in der Bekanntmachung über die Gesundheitsziele und Teilziele im Bereich der Prävention und Gesundheitsförderung vom 26. Februar 2013 (BAnz. AT 26. 03. 2013 B3) festgelegt sind. 5Der Spitzenverband Bund der Krankenkassen berücksichtigt auch die von der Nationalen Arbeitsschutzkonferenz im Rahmen der gemeinsamen deutschen Arbeitsschutzstrategie nach § 20a Absatz 2 Nummer 1 des Arbeitsschutzgesetzes entwickelten Arbeitsschutzziele.

(4) Leistungen nach Absatz 1 werden erbracht als

1. Leistungen zur verhaltensbezogenen Prävention nach Absatz 5,
2. Leistungen zur Gesundheitsförderung und Prävention in Lebenswelten für in der gesetzlichen Krankenversicherung Versicherte nach § 20a und
3. Leistungen zur Gesundheitsförderung in Betrieben (betriebliche Gesundheitsförderung) nach § 20b.

(5) 1Die Krankenkasse kann eine Leistung zur verhaltensbezogenen Prävention nach Absatz 4 Nummer 1 erbringen, wenn diese nach Absatz 2 Satz 2 von einer Krankenkasse oder von einem mit der Wahrnehmung dieser Aufgabe beauftragten Dritten in ihrem Namen zertifiziert ist. 2Bei ihrer Entscheidung über eine Leistung zur verhaltensbezogenen Prävention berücksichtigt die Krankenkasse eine Präventionsempfehlung nach § 25 Absatz 1 Satz 2, nach § 26 Absatz 1 Satz 3 oder eine im Rahmen einer arbeitsmedizinischen Vorsorge oder einer sonstigen ärztlichen Untersuchung schriftlich abgegebene Empfehlung. 3Die Krankenkasse darf die sich aus der Präventionsempfehlung ergebenden personenbezogenen Daten nur mit schriftlicher Einwilligung und nach vorheriger schriftlicher Information des Versicherten erheben, verarbeiten und nutzen. 4Die Einwilligung kann jederzeit schriftlich widerrufen werden. 5Die Krankenkassen dürfen ihre Aufgaben nach dieser Vorschrift an andere Krankenkassen, deren Verbände oder Arbeitsgemeinschaften übertragen. 6Für Leistungen zur verhaltensbezogenen Prävention, die die Krankenkasse wegen besonderer beruflicher oder familiärer Umstände wohnortfern erbringt, gilt § 23 Absatz 2 Satz 2 entsprechend.

VIII

(6) 1Die Ausgaben der Krankenkassen für die Wahrnehmung ihrer Aufgaben nach dieser Vorschrift und nach den §§ 20a bis 20c sollen ab dem Jahr 2019 insgesamt für jeden ihrer Versicherten einen Betrag in Höhe von 7,52 Euro umfassen. 2Von diesem Betrag wenden die Krankenkassen für jeden ihrer Versicherten mindestens 2,15 Euro für Leistungen nach § 20a und mindestens 3,15 Euro für Leistungen nach § 20b auf. 3Von dem Betrag für Leistungen nach § 20b wenden die Krankenkassen für Leistungen nach § 20b, die in Einrichtungen nach § 107 Absatz 1 und in Einrichtungen nach § 71 Absatz 1 und 2 des Elften Buches erbracht werden, für jeden ihrer Versicherten mindestens 1 Euro auf. 4Unterschreiten die jährlichen Ausgaben einer Krankenkasse den Betrag nach Satz 2 für Leistungen nach § 20a, so stellt die Krankenkasse diese nicht ausgegebenen Mittel im Folgejahr zusätzlich für Leistungen nach § 20a zur Verfügung. 5Die Ausgaben nach den Sätzen 1 bis 3 sind in den Folgejahren entsprechend der prozentualen Veränderung der monatlichen Bezugsgröße nach § 18 Absatz 1 des Vierten Buches anzupassen.

§ 20a Leistungen zur Gesundheitsförderung und Prävention in Lebenswelten

(1) 1Lebenswelten im Sinne des § 20 Absatz 4 Nummer 2 sind für die Gesundheit bedeutsame, abgrenzbare soziale Systeme insbesondere des Wohnens, des Lernens, des Studierens, der medizinischen und pflegerischen Versorgung sowie der Freizeitgestaltung einschließlich des Sports. 2Die Krankenkassen fördern unbeschadet der Aufgaben anderer auf der Grundlage von Rahmenvereinbarungen nach § 20f Absatz 1 mit Leistungen zur Gesundheitsförderung und Prävention in Lebenswelten insbesondere den Aufbau und die Stärkung gesundheitsförderlicher Strukturen. 3Hierzu erheben sie unter Beteiligung der Versicherten und der für die Lebenswelt Verantwortlichen die gesundheitliche Situation einschließlich ihrer Risiken und Potenziale

und entwickeln Vorschläge zur Verbesserung der gesundheitlichen Situation sowie zur Stärkung der gesundheitlichen Ressourcen und Fähigkeiten und unterstützen deren Umsetzung. 4Bei der Wahrnehmung ihrer Aufgaben nach Satz 2 sollen die Krankenkassen zusammenarbeiten und kassenübergreifende Leistungen zur Gesundheitsförderung und Prävention in Lebenswelten erbringen. 5Bei der Erbringung von Leistungen für Personen, deren berufliche Eingliederung auf Grund gesundheitlicher Einschränkungen besonders erschwert ist, arbeiten die Krankenkassen mit der Bundesagentur für Arbeit und mit den kommunalen Trägern der Grundsicherung für Arbeitsuchende eng zusammen.

(2) Die Krankenkasse kann Leistungen zur Gesundheitsförderung und Prävention in Lebenswelten erbringen, wenn die Bereitschaft der für die Lebenswelt Verantwortlichen zur Umsetzung von Vorschlägen zur Verbesserung der gesundheitlichen Situation sowie zur Stärkung der gesundheitlichen Ressourcen und Fähigkeiten besteht und sie mit einer angemessenen Eigenleistung zur Umsetzung der Rahmenvereinbarungen nach § 20f beitragen.

(3) 1Zur Unterstützung der Krankenkassen bei der Wahrnehmung ihrer Aufgaben zur Gesundheitsförderung und Prävention in Lebenswelten für in der gesetzlichen Krankenversicherung Versicherte, insbesondere in Kindertageseinrichtungen, in sonstigen Einrichtungen der Kinder- und Jugendhilfe, in Schulen sowie in den Lebenswelten älterer Menschen und zur Sicherung und Weiterentwicklung der Qualität der Leistungen beauftragt der Spitzenverband Bund der Krankenkassen die Bundeszentrale für gesundheitliche Aufklärung ab dem Jahr 2016 insbesondere mit der Entwicklung der Art und der Qualität krankenkassenübergreifender Leistungen, deren Implementierung und deren wissenschaftlicher Evaluation. 2Der Spitzenverband Bund der Krankenkassen legt dem Auftrag die nach § 20 Absatz 2 Satz 1 festgelegten Handlungsfelder und Kriterien sowie die in den Rahmenvereinbarungen nach § 20f jeweils getroffenen Festlegungen zugrunde. 3Im Rahmen des Auftrags nach Satz 1 soll die Bundeszentrale für gesundheitliche Aufklärung geeignete Kooperationspartner heranziehen. 4Die Bundeszentrale für gesundheitliche Aufklärung erhält für die Ausführung des Auftrags nach Satz 1 vom Spitzenverband Bund der Krankenkassen eine pauschale Vergütung in Höhe von mindestens 0,45 Euro aus dem Betrag, den die Krankenkassen nach § 20 Absatz 6 Satz 2 für Leistungen zur Gesundheitsförderung und Prävention in Lebenswelten aufzuwenden haben. 5Die Vergütung nach Satz 4 erfolgt quartalsweise und ist am ersten Tag des jeweiligen Quartals zu leisten. 6Sie ist nach Maßgabe von § 20 Absatz 6 Satz 5 jährlich anzupassen. 7Die Bundeszentrale für gesundheitliche Aufklärung stellt sicher, dass die vom Spitzenverband Bund der Krankenkassen geleistete Vergütung ausschließlich zur Durchführung des Auftrags nach diesem Absatz eingesetzt wird und dokumentiert dies nach Maßgabe des Spitzenverbandes Bund der Krankenkassen.

(4) 1Das Nähere über die Beauftragung der Bundeszentrale für gesundheitliche Aufklärung nach Absatz 3, insbesondere zum Inhalt und Umfang, zur Qualität und zur Prüfung der Wirtschaftlichkeit sowie zu den für die Durchführung notwendigen Kosten, vereinbaren der Spitzenverband Bund der Krankenkassen und die Bundeszentrale für gesundheitliche Aufklärung erstmals bis zum 30. November 2015. 2Kommt die Vereinbarung nicht innerhalb der Frist nach Satz 1 zustande, erbringt die Bundeszentrale für gesundheitliche Aufklärung die Leistungen nach Absatz 3 Satz 1 unter Berücksichtigung der vom Spitzenverband Bund der Krankenkassen nach § 20 Absatz 2 Satz 1 festgelegten Handlungsfelder und Kriterien sowie unter Beachtung der in den Rahmenvereinbarungen nach § 20f getroffenen Festlegungen und des Wirtschaftlichkeitsgebots nach § 12. 3Der Spitzenverband Bund der Krankenkassen regelt in seiner Satzung das Verfahren zur Aufbringung der erforderlichen Mittel durch die Krankenkassen. 4§ 89 Absatz 3 bis 5 des Zehnten Buches gilt entsprechend.

§ 20b Betriebliche Gesundheitsförderung

(1) 1Die Krankenkassen fördern mit Leistungen zur Gesundheitsförderung in Betrieben (betriebliche Gesundheitsförderung) insbesondere den Aufbau und die Stärkung gesundheitsförderlicher Strukturen. 2Hierzu erheben sie unter Beteiligung der Versicherten und der Verantwortlichen für den Betrieb sowie der Betriebsärzte und der Fachkräfte für Arbeitssicherheit die gesundheitliche Situation einschließlich ihrer Risiken und Potenziale und entwickeln Vorschläge zur Verbesserung der gesundheitlichen Situation sowie zur Stärkung der gesundheitlichen Ressourcen und Fähigkeiten und unterstützen deren Umsetzung. 3Für im Rahmen der Gesundheitsförderung in Betrieben erbrachte Leistungen zur individuellen, verhaltensbezogenen Prävention gilt § 20 Absatz 5 Satz 1 entsprechend.

(2) 1Bei der Wahrnehmung von Aufgaben nach Absatz 1 arbeiten die Krankenkassen mit dem zuständigen Unfallversicherungsträger sowie mit den für den Arbeitsschutz zuständigen Landesbehörden zusammen. 2Sie können Aufgaben nach Absatz 1 durch andere Krankenkassen, durch ihre Verbände oder durch zu diesem Zweck gebildete Arbeitsgemeinschaften (Beauftragte) mit deren Zustimmung wahrnehmen lassen und sollen bei der Aufgabenwahrnehmung mit anderen Krankenkassen zusammenarbeiten. 3§ 88 Abs. 1 Satz 1 und Abs. 2 des Zehnten Buches und § 219 gelten entsprechend.

(3) 1Die Krankenkassen bieten Unternehmen, insbesondere Einrichtungen nach § 107 Absatz 1 und Einrichtungen nach § 71 Absatz 1 und 2 des Elften Buches, unter Nutzung bestehender Strukturen in gemeinsamen regionalen Koordinierungsstellen Beratung und Unterstützung an. 2Die Beratung und Unterstützung umfasst insbesondere die Information über Leistungen nach Absatz 1 und die Klärung, welche Krankenkasse im Einzelfall Leistungen nach Absatz 1 im Betrieb erbringt. 3Örtliche Unternehmensorganisationen und die für die Wahrnehmung der Interessen der Einrichtungen nach § 107 Absatz 1 oder der Einrichtungen nach § 71 Absatz 1 oder 2 des Elften Buches auf Landesebene maßgeblichen Verbände sollen an der Beratung beteiligt werden. 4Die Landesverbände der Krankenkassen und die Ersatzkassen regeln einheitlich und gemeinsam das Nähere über die Aufgaben, die Arbeitsweise und die Finanzierung der Koordinierungsstellen sowie über die Beteiligung örtlicher Unternehmensorganisationen und der für die Wahrnehmung der Interessen der Einrichtungen nach § 107 Absatz 1 oder der Einrichtungen nach § 71 Absatz 1 oder 2 des Elften Buches auf Landesebene maßgeblichen Verbände durch Kooperationsvereinbarungen. 5Auf die zum Zwecke der Vorbereitung und Umsetzung der Kooperationsvereinbarungen gebildeten Arbeitsgemeinschaften findet § 94 Absatz 1a Satz 2 und 3 des Zehnten Buches keine Anwendung.

(4) 1Unterschreiten die jährlichen Ausgaben einer Krankenkasse den Betrag nach § 20 Absatz 6 Satz 2 für Leistungen nach Absatz 1, stellt die Krankenkasse die nicht verausgabten Mittel dem Spitzenverband Bund der Krankenkassen zur Verfügung. 2Dieser verteilt die Mittel nach einem von ihm festzulegenden Schlüssel auf die Landesverbände der Krankenkassen und die Ersatzkassen, die Kooperationsvereinbarungen mit örtlichen Unternehmensorganisationen nach Absatz 3 Satz 4 abgeschlossen haben. 3Die Mittel dienen der Umsetzung der Kooperationsvereinbarungen nach Absatz 3 Satz 4.

§ 20c Prävention arbeitsbedingter Gesundheitsgefahren

(1) 1Die Krankenkassen unterstützen die Träger der gesetzlichen Unfallversicherung bei ihren Aufgaben zur Verhütung arbeitsbedingter Gesundheitsgefahren. 2Insbesondere erbringen sie in Abstimmung mit den Trägern der gesetzlichen Unfallversicherung auf spezifische arbeitsbedingte Gesundheitsrisiken ausgerichtete Maßnahmen zur betrieblichen Gesundheitsförderung nach § 20b und informieren diese über die Erkenntnisse, die sie über Zusammenhänge zwischen Erkrankungen und Arbeitsbedingungen gewonnen haben. 3Ist anzunehmen, dass bei einem Versi-

cherten eine berufsbedingte gesundheitliche Gefährdung oder eine Berufskrankheit vorliegt, hat die Krankenkasse dies unverzüglich den für den Arbeitsschutz zuständigen Stellen und dem Unfallversicherungsträger mitzuteilen.

(2) 1Zur Wahrnehmung der Aufgaben nach Absatz 1 arbeiten die Krankenkassen eng mit den Trägern der gesetzlichen Unfallversicherung sowie mit den für den Arbeitsschutz zuständigen Landesbehörden zusammen. 2Dazu sollen sie und ihre Verbände insbesondere regionale Arbeitsgemeinschaften bilden. 3§ 88 Abs. 1 Satz 1 und Abs. 2 des Zehnten Buches und § 219 gelten entsprechend.

§ 20d Nationale Präventionsstrategie

(1) Die Krankenkassen entwickeln im Interesse einer wirksamen und zielgerichteten Gesundheitsförderung und Prävention mit den Trägern der gesetzlichen Rentenversicherung, der gesetzlichen Unfallversicherung und den Pflegekassen eine gemeinsame nationale Präventionsstrategie und gewährleisten ihre Umsetzung und Fortschreibung im Rahmen der Nationalen Präventionskonferenz nach § 20e.

(2) Die Nationale Präventionsstrategie umfasst insbesondere

1. die Vereinbarung bundeseinheitlicher, trägerübergreifender Rahmenempfehlungen zur Gesundheitsförderung und Prävention nach Absatz 3,
2. die Erstellung eines Berichts über die Entwicklung der Gesundheitsförderung und Prävention (Präventionsbericht) nach Absatz 4.

(3) 1Zur Sicherung und Weiterentwicklung der Qualität von Gesundheitsförderung und Prävention sowie der Zusammenarbeit der für die Erbringung von Leistungen zur Prävention in Lebenswelten und in Betrieben zuständigen Träger und Stellen vereinbaren die Träger nach Absatz 1 bundeseinheitliche, trägerübergreifende Rahmenempfehlungen, insbesondere durch Festlegung gemeinsamer Ziele, vorrangiger Handlungsfelder und Zielgruppen, der zu beteiligenden Organisationen und Einrichtungen sowie zu Dokumentations- und Berichtspflichten. 2Die Träger nach Absatz 1 vereinbaren auch gemeinsame Ziele zur Erhaltung und zur Förderung der Gesundheit und der Beschäftigungsfähigkeit der Beschäftigten in Einrichtungen nach § 107 Absatz 1 und Einrichtungen nach § 71 Absatz 1 und 2 des Elften Buches. 3Bei der Festlegung gemeinsamer Ziele werden auch die Ziele der gemeinsamen deutschen Arbeitsschutzstrategie sowie die von der Ständigen Impfkommission gemäß § 20 Absatz 2 des Infektionsschutzgesetzes empfohlenen Schutzimpfungen berücksichtigt. 4Die Rahmenempfehlungen werden im Benehmen mit dem Bundesministerium für Gesundheit, dem Bundesministerium für Arbeit und Soziales, dem Bundesministerium für Ernährung und Landwirtschaft, dem Bundesministerium für Familie, Senioren, Frauen und Jugend, dem Bundesministerium des Innern und den Ländern vereinbart. 5Das Bundesministerium für Gesundheit beteiligt weitere Bundesministerien, soweit die Rahmenempfehlungen ihre Zuständigkeit berühren. 6An der Vorbereitung der Rahmenempfehlungen werden die Bundesagentur für Arbeit, die kommunalen Träger der Grundsicherung für Arbeitsuchende über ihre Spitzenverbände auf Bundesebene, die für den Arbeitsschutz zuständigen obersten Landesbehörden sowie die Träger der öffentlichen Jugendhilfe über die obersten Landesjugendbehörden beteiligt.

(4) 1Die Nationale Präventionskonferenz erstellt den Präventionsbericht alle vier Jahre, erstmals zum 1. Juli 2019, und leitet ihn dem Bundesministerium für Gesundheit zu. 2Das Bundesministerium für Gesundheit legt den Bericht den gesetzgebenden Körperschaften des Bundes vor und fügt eine Stellungnahme der Bundesregierung bei. 3Der Bericht enthält insbesondere Angaben zu den Erfahrungen mit der Anwendung der §§ 20 bis 20g und zu den Ausgaben für die Leistungen der Träger nach Absatz 1 und im Fall des § 20e Absatz 1 Satz 3 bis 5 auch der Unternehmen der privaten Krankenversicherung und der Unternehmen, die die private Pflege-Pflichtversicherung durchführen, den Zugangswegen,

den erreichten Personen, der Erreichung der gemeinsamen Ziele und der Zielgruppen, den Erfahrungen mit der Qualitätssicherung und der Zusammenarbeit bei der Durchführung von Leistungen sowie zu möglichen Schlussfolgerungen. 4Der Bericht enthält auch Empfehlungen für die weitere Entwicklung des in § 20 Absatz 6 Satz 1 bestimmten Ausgabenrichtwerts für Leistungen der Krankenkassen nach den §§ 20 bis 20c und der in § 20 Absatz 6 Satz 2 bestimmten Mindestwerte für Leistungen der Krankenkassen nach den §§ 20a und 20b. 5Die Leistungsträger nach Satz 3 erteilen der Nationalen Präventionskonferenz die für die Erstellung des Präventionsberichts erforderlichen Auskünfte. 6Das Robert Koch-Institut liefert für den Präventionsbericht die im Rahmen des Gesundheitsmonitorings erhobenen relevanten Informationen. 7Die Länder können regionale Erkenntnisse aus ihrer Gesundheitsberichterstattung für den Präventionsbericht zur Verfügung stellen.

§ 20e Nationale Präventionskonferenz

(1) 1Die Aufgabe der Entwicklung und Fortschreibung der nationalen Präventionsstrategie wird von der Nationalen Präventionskonferenz als Arbeitsgemeinschaft der gesetzlichen Spitzenorganisationen der Leistungsträger nach § 20d Absatz 1 mit je zwei Sitzen wahrgenommen. 2Die Leistungsträger nach § 20d Absatz 1 setzen die Präventionsstrategie in engem Zusammenwirken um. 3Im Fall einer angemessenen finanziellen Beteiligung der Unternehmen der privaten Krankenversicherung und der Unternehmen, die die private Pflege-Pflichtversicherung durchführen, an Programmen und Projekten im Sinne der Rahmenempfehlungen nach § 20d Absatz 2 Nummer 1 erhält der Verband der privaten Krankenversicherungsunternehmen e. V. ebenfalls einen Sitz. 4Die Höhe der hierfür jährlich von den Unternehmen der privaten Krankenversicherung zur Verfügung zu stellenden Mittel bemisst sich mindestens nach dem Betrag, den die Krankenkassen nach § 20 Absatz 6 Satz 2 und 3 für Leistungen zur Gesundheitsförderung und Prävention nach § 20a aufzuwenden haben, multipliziert mit der Anzahl der in der privaten Krankenversicherung Vollversicherten. 5Die Höhe der hierfür jährlich von den Unternehmen, die die private Pflege-Pflichtversicherung durchführen, zur Verfügung zu stellenden Mittel bemisst sich nach dem Betrag, den die Pflegekassen nach § 5 Absatz 2 des Elften Buches für Leistungen zur Prävention in Lebenswelten aufzuwenden haben, multipliziert mit der Anzahl ihrer Versicherten. 6Bund und Länder erhalten jeweils vier Sitze mit beratender Stimme. 7Darüber hinaus entsenden die kommunalen Spitzenverbände auf Bundesebene, die Bundesagentur für Arbeit, die repräsentativen Spitzenorganisationen der Arbeitgeber und Arbeitnehmer sowie das Präventionsforum jeweils einen Vertreter in die Nationale Präventionskonferenz, die mit beratender Stimme an den Sitzungen teilnehmen. 8Die Nationale Präventionskonferenz gibt sich eine Geschäftsordnung; darin werden insbesondere die Arbeitsweise und das Beschlussverfahren festgelegt. 9Die Geschäftsordnung muss einstimmig angenommen werden. 10Die Geschäftsstelle, die die Mitglieder der Nationalen Präventionskonferenz bei der Wahrnehmung ihrer Aufgabe nach Satz 1 unterstützt, wird bei der Bundeszentrale für gesundheitliche Aufklärung angesiedelt.

(2) 1Die Nationale Präventionskonferenz wird durch ein Präventionsforum beraten, das in der Regel einmal jährlich stattfindet. 2Das Präventionsforum setzt sich aus Vertretern der für die Gesundheitsförderung und Prävention maßgeblichen Organisationen und Verbände sowie der stimmberechtigten und beratenden Mitglieder der Nationalen Präventionskonferenz nach Absatz 1 zusammen. 3Die Nationale Präventionskonferenz beauftragt die Bundesvereinigung für Prävention und Gesundheitsförderung e. V. mit der Durchführung des Präventionsforums und erstattet dieser die notwendigen Aufwendungen. 4Die Einzelheiten zur Durchführung des Präventionsforums einschließlich der für die Durchführung notwendigen Kosten werden in der Geschäftsordnung der Nationalen Präventionskonferenz geregelt.

§ 20f Landesrahmenvereinbarungen zur Umsetzung der nationalen Präventionsstrategie

(1) 1Zur Umsetzung der nationalen Präventionsstrategie schließen die Landesverbände der Krankenkassen und die Ersatzkassen, auch für die Pflegekassen, mit den Trägern der gesetzlichen Rentenversicherung, den Trägern der gesetzlichen Unfallversicherung und mit den in den Ländern zuständigen Stellen gemeinsame Rahmenvereinbarungen auf Landesebene. 2Die für die Rahmenvereinbarungen maßgeblichen Leistungen richten sich nach § 20 Absatz 4 Nummer 2 und 3, nach den §§ 20a bis 20c sowie nach den für die Pflegekassen, für die Träger der gesetzlichen Rentenversicherung und für die Träger der gesetzlichen Unfallversicherung jeweils geltenden Leistungsgesetzen.

(2) 1Die an den Rahmenvereinbarungen Beteiligten nach Absatz 1 treffen Festlegungen unter Berücksichtigung der bundeseinheitlichen, trägerübergreifenden Rahmenempfehlungen nach § 20d Absatz 2 Nummer 1 und der regionalen Erfordernisse insbesondere über

1. gemeinsam und einheitlich zu verfolgende Ziele und Handlungsfelder,
2. die Koordinierung von Leistungen zwischen den Beteiligten,
3. die einvernehmliche Klärung von Zuständigkeitsfragen,
4. Möglichkeiten der gegenseitigen Beauftragung der Leistungsträger nach dem Zehnten Buch,
5. die Zusammenarbeit mit dem öffentlichen Gesundheitsdienst und den Trägern der örtlichen öffentlichen Jugendhilfe und
6. die Mitwirkung weiterer für die Gesundheitsförderung und Prävention relevanter Einrichtungen und Organisationen.

2An der Vorbereitung der Rahmenvereinbarungen werden die Bundesagentur für Arbeit, die für den Arbeitsschutz zuständigen obersten Landesbehörden und die kommunalen Spitzenverbände auf Landesebene beteiligt. 3Sie können den Rahmenvereinbarungen beitreten. 4Auf die zum Zwecke der Vorbereitung und Umsetzung der Rahmenvereinbarungen gebildeten Arbeitsgemeinschaften wird § 94 Absatz 1a Satz 2 und 3 des Zehnten Buches nicht angewendet.

§ 20g Modellvorhaben

(1) 1Die Leistungsträger nach § 20d Absatz 1 und ihre Verbände können zur Erreichung der in den Rahmenempfehlungen nach § 20d Absatz 2 Nummer 1 festgelegten gemeinsamen Ziele einzeln oder in Kooperation mit Dritten, insbesondere den in den Ländern zuständigen Stellen nach § 20f Absatz 1, Modellvorhaben durchführen. 2Anhand der Modellvorhaben soll die Qualität und Effizienz der Versorgung mit Leistungen zur Gesundheitsförderung und Prävention in Lebenswelten und mit Leistungen zur betrieblichen Gesundheitsförderung verbessert werden. 3Die Modellvorhaben können auch der wissenschaftlich fundierten Auswahl geeigneter Maßnahmen der Zusammenarbeit dienen. 4Die Aufwendungen der Krankenkassen für Modellvorhaben sind auf die Mittel nach § 20 Absatz 6 Satz 2 anzurechnen.

(2) Die Modellvorhaben sind im Regelfall auf fünf Jahre zu befristen und nach allgemein anerkannten wissenschaftlichen Standards wissenschaftlich zu begleiten und auszuwerten.

§ 20h Förderung der Selbsthilfe

(1) 1Die Krankenkassen und ihre Verbände fördern Selbsthilfegruppen und -organisationen, die sich die gesundheitliche Prävention oder die Rehabilitation von Versicherten bei einer der im Verzeichnis nach Satz 2 aufgeführten Krankheiten zum Ziel gesetzt haben, sowie Selbsthilfekontaktstellen im Rahmen der Festlegungen des Absatzes 3. 2Der Spitzenverband Bund der Krankenkassen beschließt ein Verzeichnis der Krankheitsbilder, bei deren gesundheitlicher Prävention oder Rehabilitation eine Förderung zulässig ist; sie haben die Kassenärztliche Bundesvereinigung und die Vertretungen der für die Wahrnehmung der Interessen der Selbsthilfe maßgeblichen Spitzenorganisationen zu beteiligen. 3Selbsthilfekontaktstellen müssen für eine Förderung ihrer gesundheitsbezogenen

Arbeit themen-, bereichs- und indikationsgruppenübergreifend tätig sein.

(2) 1Der Spitzenverband Bund der Krankenkassen beschließt Grundsätze zu den Inhalten der Förderung der Selbsthilfe und zur Verteilung der Fördermittel auf die verschiedenen Förderebenen und Förderbereiche. 2Die in Absatz 1 Satz 2 genannten Vertretungen der Selbsthilfe sind zu beteiligen. 3Die Förderung kann als Pauschal- und Projektförderung erfolgen.

(3) 1Die Ausgaben der Krankenkassen und ihrer Verbände für die Wahrnehmung der Aufgaben nach Absatz 1 Satz 1 sollen insgesamt im Jahr 2016 für jeden ihrer Versicherten einen Betrag von 1,05 Euro umfassen; sie sind in den Folgejahren entsprechend der prozentualen Veränderung der monatlichen Bezugsgröße nach § 18 Abs. 1 des Vierten Buches anzupassen. 2Für die Förderung auf der Landesebene und in den Regionen sind die Mittel entsprechend dem Wohnort der Versicherten aufzubringen. 3Mindestens 70 vom Hundert der in Satz 1 bestimmten Mittel sind für die kassenartübergreifende Pauschalförderung aufzubringen. 4Über die Vergabe der Fördermittel aus der Pauschalförderung beschließen die Krankenkassen oder ihre Verbände auf den jeweiligen Förderebenen gemeinsam nach Maßgabe der in Absatz 2 Satz 1 genannten Grundsätze und nach Beratung mit den zur Wahrnehmung der Interessen der Selbsthilfe jeweils maßgeblichen Vertretungen von Selbsthilfegruppen, -organisationen und -kontaktstellen. 5Erreicht eine Krankenkasse den in Satz 1 genannten Betrag der Förderung in einem Jahr nicht, hat sie die nicht verausgabten Fördermittel im Folgejahr zusätzlich für die Pauschalförderung zur Verfügung zu stellen.

VIII

§ 20i Schutzimpfungen und andere Maßnahmen der spezifischen Prophylaxe, Verordnungsermächtigung

(1) 1Versicherte haben Anspruch auf Leistungen für Schutzimpfungen im Sinne des § 2 Nr. 9 des Infektionsschutzgesetzes, dies gilt unabhängig davon, ob sie auch entsprechende Ansprüche gegen andere Kostenträger haben. 2Satz 1 gilt für Schutzimpfungen, die wegen eines erhöhten Gesundheitsrisikos durch einen Auslandsaufenthalt indiziert sind, nur dann, wenn der Auslandsaufenthalt beruflich oder durch eine Ausbildung bedingt ist oder wenn zum Schutz der öffentlichen Gesundheit ein besonderes Interesse daran besteht, der Einschleppung einer übertragbaren Krankheit in die Bundesrepublik Deutschland vorzubeugen. 3Einzelheiten zu Voraussetzungen, Art und Umfang der Leistungen bestimmt der Gemeinsame Bundesausschuss in Richtlinien nach § 92 auf der Grundlage der Empfehlungen der Ständigen Impfkommission beim Robert Koch-Institut gemäß § 20 Abs. 2 des Infektionsschutzgesetzes unter besonderer Berücksichtigung der Bedeutung der Schutzimpfungen für die öffentliche Gesundheit. 4Abweichungen von den Empfehlungen der Ständigen Impfkommission sind besonders zu begründen. 5Zu Änderungen der Empfehlungen der Ständigen Impfkommission hat der Gemeinsame Bundesausschuss innerhalb von zwei Monaten nach ihrer Veröffentlichung eine Entscheidung zu treffen. 6Kommt eine Entscheidung nicht fristgemäß zustande, dürfen insoweit die von der Ständigen Impfkommission empfohlenen Schutzimpfungen mit Ausnahme von Schutzimpfungen nach Satz 2 erbracht werden, bis die Richtlinie vorliegt. 7Der Anspruch nach Satz 1 schließt die Bereitstellung des erforderlichen Impfausweises nach § 22 des Infektionsschutzgesetzes ein.

(2) Die Krankenkasse kann in ihrer Satzung weitere Schutzimpfungen und andere Maßnahmen der spezifischen Prophylaxe vorsehen.

(3) 1Das Bundesministerium für Gesundheit wird ermächtigt, nach Anhörung der Ständigen Impfkommission und des Spitzenverbandes Bund der Krankenkassen durch Rechtsverordnung ohne Zustimmung des Bundesrates zu bestimmen, dass die Kosten für bestimmte Schutzimpfungen oder für bestimmte andere Maßnahmen der spezifischen Prophylaxe von den Trägern der Krankenversicherung nach dem dritten Abschnitt des drit-

ten Kapitels getragen werden, sofern die Person bei dem jeweiligen Träger der Krankenversicherung versichert ist. 2Sofern das Bundesministerium für Gesundheit durch Rechtsverordnung nach Satz 1 festgelegt hat, dass die Kosten für bestimmte Schutzimpfungen oder für bestimmte andere Maßnahmen der spezifischen Prophylaxe von den Trägern der Krankenversicherung getragen werden, haben die Versicherten einen Anspruch auf Leistungen für diese Schutzimpfungen oder für diese anderen Maßnahmen der spezifischen Prophylaxe. 3In der Rechtsverordnung können auch Regelungen zur Erfassung und Übermittlung von anonymisierten Daten über die auf Grund der Rechtsverordnung durchgeführten Schutzimpfungen und anderen Maßnahmen der spezifischen Prophylaxe getroffen werden.

§ 20j Präexpositionsprophylaxe

(1) Versicherte mit einem substantiellen HIV-Infektionsrisiko, die das 16. Lebensjahr vollendet haben, haben Anspruch auf

1. ärztliche Beratung über Fragen der medikamentösen Präexpositionsprophylaxe zur Verhütung einer Ansteckung mit HIV sowie
2. Untersuchungen, die bei Anwendung der für die medikamentöse Präexpositionsprophylaxe zugelassenen Arzneimittel erforderlich sind.

(2) Das Nähere zum Kreis der Anspruchsberechtigten und zu den Voraussetzungen für die Ausführung der Leistungen vereinbaren die Kassenärztliche Bundesvereinigung und der Spitzenverband Bund der Krankenkassen bis zum 31. Juli 2019 mit Wirkung zum 1. September 2019 als Bestandteil der Bundesmantelverträge.

(3) Auf Grundlage der Vereinbarung nach Absatz 2 hat der Bewertungsausschuss den einheitlichen Bewertungsmaßstab für ärztliche Leistungen zu überprüfen und spätestens innerhalb eines Monats nach Abschluss dieser Vereinbarung anzupassen.

(4) Versicherte nach Absatz 1 haben nach Beratung Anspruch auf Versorgung mit verschreibungspflichtigen Arzneimitteln zur Präexpositionsprophylaxe.

(5) Das Bundesministerium für Gesundheit evaluiert die Wirkungen der ärztlichen Verordnung der Präexpositionsprophylaxe auf das Infektionsgeschehen im Bereich sexuell übertragbarer Krankheiten bis Ende 2020 nach allgemein anerkannten wissenschaftlichen Standards.

Stichwortverzeichnis

Sie finden das jeweilige Stichwort über die fettgedruckte Angabe der Leitziffer gefolgt durch die Vorschriftenabkürzung. Beispiel: V.1/BetrSichV weist auf die Leitziffer V.1; hier im Abschnitt V in der Ordnungsziffer 1 wurde das Betriebssicherheitsgesetz (BetrSichV) eingeordnet. Im angegebenen Paragrafen bzw. Anhang finden Sie den gesuchten Begriff.

Findex

Findex

Findex

Findex

Findex

Findex

Findex

Findex

Findex

Findex

Findex

Findex

Findex

Findex